金史纪事本末

一

〔清〕李有棠 撰　崔文印 点校

卷一至卷一三

中华书局

图书在版编目（CIP）数据

金史纪事本末/（清）李有棠撰；崔文印点校. —北京：
中华书局,2018.7（2024.7 重印）
ISBN 978 - 7 - 101 - 13209 - 0

Ⅰ.金…　Ⅱ.①李…②崔…　Ⅲ.中国历史 - 金代 -
纪事本末体　Ⅳ.K246.404.4

中国版本图书馆 CIP 数据核字（2018）第 087433 号

书　　　名	金史纪事本末（全三册）
撰　　　者	〔清〕李有棠
点　　　校	崔文印
责任编辑	许　桁
封面设计	刘　丽
责任印制	陈丽娜
出版发行	中华书局
	（北京市丰台区太平桥西里 38 号　100073）
	http://www.zhbc.com.cn
	E - mail:zhbc@ zhbc.com.cn
印　　　刷	大厂回族自治县彩虹印刷有限公司
版　　　次	2018 年 7 月第 1 版
	2024 年 7 月第 2 次印刷
规　　　格	开本/850×1168 毫米　1/32
	印张 34½　插页 6　字数 490 千字
印　　　数	3001 - 3500 册
国际书号	ISBN 978 - 7 - 101 - 13209 - 0
定　　　价	98.00 元

金史纪事本末总目

一

二

卷　末

金
史
纪
事
本
末

出版说明

一

金史纪事本末五十二卷，清末李有棠撰。

李有棠字芾生，江西萍乡人，生于道光二十年（1840）左右，卒于光绪末或宣统初年。昭萍志略仕籍志称其"幼补博士弟子员，食廪饩，以优行贡'成均'，就教职，考取八旗官学、汉国子监学，选授峡江训导"。辽史纪事本末和金史纪事本末就是他在任峡江训导时撰成的。江西学政吴士鉴，认为这两部书"纪述淹赅，考订完密"，于光绪二十九年（1903）上奏推荐，得到朝廷的嘉奖，特赏李有棠内阁中书衔。

除辽、金二种纪事本末外，李有棠还编著有历代帝王正闰统总纂、怡轩杂著等书。

二

金史纪事本末分正文和考异两部分。

正文"俱本正史"（见本书凡例），对金史纪传中所记史事，按专题纂辑，缕晰条分，基本上做到了章学诚所谓"文省于纪传，事豁于编年"（文史通义书教下），为研究金史的人提供了一些方便。

考异是本书下功力较多的部分，约占全书的一半以上。李有棠说："凡事有同异，词有详略"，即"仿裴世期注三国志及胡身之注通鉴"例，"小注双行，分载每条之下，名曰考异"（本书凡例）。考异不仅汇集了大量的材料，提供了研究和解决问题的线索，而且还提出了作者本人的见解，并对一些具体史实做了考订。例如本书卷三十七，李有棠根据金史阿喜传的有关记载，令人信服地考订了章宗纪所载泰和六年七月被杀的宋夏统制即夏兴国。又如本书卷十九，李有棠指出，金史卷六十六特进挞懒传和卷七十七本名完颜昌的挞懒传，都记有"破杞县军，获胡直孺事及擒石璜"事，"未知孰是"，"俟考"。虽仅仅提出了问题，但已清楚地表明，金史有关记载存在错误。凡此，都是对研究金史颇有裨益的。至于对人名异同、地理沿革等考订，不少地方亦足资参考。

但本书的不足也很明显。首先是正文在摘取金史原文方面，时间性注意不够，不少记载在时间上与金史出现了差异。如本书卷三十，大定二年二月，记有"定军煮私盐及盗官盐法……”据金史卷四十九食货志，此乃大定三年二月事。又如大定八年正月，记世宗谓海陵修起居注不任直臣一段话，考金史卷六世宗纪，此事在这年十月。这类情况甚多。另外，本书没有记述金代典章制度的专题，是一较大缺陷。其次是考异，往往不分问题大小，引书皆以多取胜，且多转述，非但臃肿，错误亦复不少。如本书卷十转述宋史魏矼传中的一段记载说：“魏矼传谓世忠饮内侍李廙家，刃伤弓匠，此皆少年粗豪之过。”查宋史卷三七六魏矼传，分明写着：“内侍李廙饮韩世忠家，刃伤弓匠，事下廷尉。”经李有棠转述，则南辕北辙，面目全非了。

至于作者的唯心史观，他的封建士大夫的地主阶级立场，如对农民起义的憎恨和否定，对帝王，尤其是对金世宗的颂扬，对金亡时天象的大量罗列，都表现得比较突出，这里就不再一一列举了。

三

本书于光绪十九年（1893）首次刊行，此后又经编者亲加修订，于光绪二十九年（1903）重刊。这次点校，即以重刊本为底本。

在点校过程中，正文主要校以金史，凡校记中未注明金史版本的，皆系采用1975年我局出版的点校本。本书考异，点校时只对可疑之处，检核原书，校补了一些明显的错误和衍脱。凡用圆括弧括起的字即表示删，凡增补的字皆用方括弧括起。此外，为了阅读方便，正文每段开始的纪年，注了公元纪年；<u>考异</u>原为双行，为了醒目，也改排成了单行。

本书采用了<u>清乾隆</u>间改译过的<u>金史</u>人名，正如<u>李慈铭</u>所说："旧名传习已久，新译所改，人所罕知，有猝迷其为何人者。"（<u>越缦堂读书记同治辛未</u>条）因此，这次点校增编了<u>金史</u>人名清元异译对照表附于书后，以便查核。

本书由我局<u>崔文印</u>同志点校。缺点、错误希望读者指正。

中华书局编辑部

1979 年 9 月 13 日

金史纪事本末凡例

一、金史叙事详核，用笔谨严。说者谓本刘祁归潜志、元好问壬辰杂编以成书，故称良史。然累朝实录在顺天张万户家，本纪实据以撰述。太宗天会六年，命完颜勖等掌国史，始综始祖以下十帝为三卷。皇统八年，勖等又进太祖实录二十卷。大定中，修睿宗实录。惟卫绍王被弑，记注无存。元初，王鹗修金史，采当时诏令及杨云翼等日历以补之，亦称确核。至正四年，丞相阿噜图等始勒为成书，凡一百三十五卷，于旧史多所增订。只南渡后事迹，多据元、刘二书，非全恃为稿本也。惟卷帙浩繁，参之辽、宋、元三史及各传记，纪载多歧。爰不揣谫陋，谨编金史纪事本末一书，缕晰条分，俱本正史。其或事有同异，词有详略，兼仿裴世期补注三国志及胡身之注通鉴，取温公所著考异三十卷，散入各条例，小注双行，分载每条之下，名曰〔考异〕，以便流览，而资参证。

一、太祖自珠赫店之捷，即于次年建号称帝，纪元收国，凡二年，又改元天辅。辽史于天庆五年未载其事，至七年乃载太祖用杨朴策，即位改元，则收国二年俱付阙如。金史于太祖建国，两次改元，纪载甚明，且谓为乌奇迈等所请，并无杨朴定策之事。至辽史所载杨朴劝太祖议和求封，金史亦未之载，列传且无杨朴其人。今撰金史纪事本末，参校二史，附见之〔考异〕中，以免疏漏。

一、辽天祚帝幸混同江，遇头鱼宴，太祖不肯起舞，欲杀之，嗣因事送咸州详衮司问状。及下诏亲征，太祖恸哭，欲自杀以激众怒，辽复遣使册为东怀国皇帝。辽史所载甚明，金史未载。他如宗弼顺昌之败，世宗从军亦曾大挫，而本纪未叙；李世辅劫执萨里罕，而本传不详；高汝砺党附高琪，传无贬词。今撰纪事本末，博采群书，附载之〔考异〕中，以昭核实。

一、张邦昌、刘豫均受金国册封，其与南宋交涉诸事，皆宜详载。考邦昌本传未叙僭位称号事，但云至汴劝进，及以隐事被诛。至豫徙都汴京，会兵侵宋，及一切苛暴诸政，概未详书。他若虚中、药师诸人，皆以降附立传；而吴曦叛蜀，册封为王，虽为时未久，亦宜备载。今撰纪事本末，蒐采传记于〔考异〕中，缕叙源流，以昭炯鉴。

一、金史所纪战事，繁简最为得法，然败衄之师，多为国讳。如天眷三年，金再用兵取江南，宗弼趋汴，萨里罕趋陕，逾月遂奏平定。然是时刘锜大捷于顺昌，岳飞连捷于郾城、朱仙镇，及复蔡州、颍昌、淮宁等处，韩世忠三捷于淮阳、迦口、潭城，张俊再捷于永城、亳州，王德亦捷于宿州；而陕西则吴璘捷于扶风石壁砦，王彦捷于青溪岭，田晟捷于泾州，金史一概未载。至皇统元年，金纪书四月宗弼请侵宋，九月议和罢兵。然考宋史所载，邵隆败金人于洪门，复商南；王德败之于含山，克其城及昭关；关师古等败之于巢县；崔皋败之于舒城；杨沂中、刘锜大破之于柘皋及店步，史皆未书。且宋史均系二三月事，史称四月始出师，亦不合。至兴定以后，淮、陕用兵，金、宋本纪互有详略。今撰纪事本末，参订互稽，于〔考异〕中皆补载之，以成信史。

　　一、金、宋交绥，国史各侈功绩，多系铺张。如大定间宿州之役，宋史李显忠传则云大破孛撒兵，嗣因邵宏渊不协，始退军，未尝言败也。而赫舍哩志宁传乃言屡败其兵，彼此互异。观赫舍哩约赫德等传，叙南侵淮、泗功，无一败衄；而宋史赵方、扈再兴、孟宗政、赵葵等传，记其击破金兵，均获大胜，纪载各岐。然考冯璧传，谓约赫德所至，宋人皆坚壁不战，绝无所资，故无功而归。胡失门传所言亦合。至武仙传谓宋孟珙袭仙于顺阳，为仙所败；而宋史孟珙传乃言仙屯顺阳，珙军扼之，退走马蹬，兵败潜遁，全不相符。今撰纪事本末，综览史传，互证参观，附见之〔考异〕中，以备稽核。

　　一、世宗为一代令主，众正盈朝，要以宰辅为最盛。按宋史纪事本末于真、魏诸贤用罢，勒为一编，叙次最为详整。今仿其例，将一朝贤辅之谋猷、爵里、用舍、存没，错综贯串，荟萃成文，以资取法。

一、金史有疏漏处。如卫绍王纪，大安二年九月，京师戒严。盖因蒙古兵逼。然上文未载蒙古起兵之事，直至大安三年四月始书元太祖东征。今参考元史，附载源流，使知缘起。至宣宗即位，乃图克坦镒劝胡沙胡迎立，而绍、宣二纪均不载。韩常为宗弼爱将，无役不从，战功最著，后并绘像衍庆宫，而竟无专传。乌陵思谋为宗翰、宗弼谋主，即乌凌噶色埒美也，亦未立传。北辽魏王之立，改元建福，萧氏称制，建号德兴，而金史但称自立于燕，建元德兴，合二人为一事。辽史载左企弓四人降金被杀，而金史企弓传，云为张觉所杀，他三人传皆令终，且卒皆称辽官，尤觉无据。今均于〔考异〕中汇辨之。

一、金国之郡县分合，山川隶属，及关津、堡寨之建置，与诸史有不相符者，今皆据国史地理志为主，而参之各史传记及方舆纪要、通鉴辑览等书，分注详晰，以归画一。

一、金史臣工名姓，与宋史多不相符。如窝斡叛党瓜里、扎巴降宋，李世辅用其谋攻取灵壁，而宋史显忠传则谓初约萧琦，琦背约，击败之，取灵壁。惟张子盖传有招降萧鹬巴事，官忠州团练使，或系扎巴，金志亦作萧鹬巴及耶律适里，而显忠传又无鹬巴其人。虹县叛将为都统奚托卜嘉，而宋史孝宗纪则谓为蒲察徒穆大周仁。后萧琦亦降于显忠。时金帅为布萨忠义，方驻汴，而统兵乃志窝，宋史谓宿州帅为孛撒，或因布萨旧作仆散，以此致讹。世忠传，兀术扼于黄天荡，挞辣在潍州遣孛堇太一来援，宗弼传则谓为移喇古。他若世忠传之聂儿孛堇、牙合孛堇、讹里也，岳飞传之拓跋邪乌、粘罕索孛堇、刘合孛堇、龙虎大王夏金吾，吴玠传之没立乌鲁折合，吴璘传之鹘眼郎君、胡盏习不祝、完颜悉列，王德传之万户卢孛，秦桧传之室撚，魏胜传之蒙恬镇国、五斤太师，杨再兴传之万户撒八孛堇，毕再遇传之完颜蒲辣都，赵方传之驸马阿海、枢密完颜小驴、监军合答，孟珙传之温端、兀陵达，考之金史，并无其人。大都以讹传讹，不必相合。今编纪事本末，于名氏之互岐者，详为考核，用昭异同。伏读国朝重订金史，悉遵国语解，用三合音改正，而御批通鉴辑览，亦将蒙古源流诸书，互相考证，多加译改。今谨遵新译，仍注旧作某字于其下，以便省览。

　　一、金史忠义列传，于中外殉节诸臣，详加采摭，著其事实，洵足以表彰毅烈。今撰纪事本末，因篇幅所限，不得不删繁就简。谨遵通鉴辑览所编胜朝殉难诸臣例，将官爵、姓名，大书特书，而附载事迹始末于其下，庶文省事增，足备考献征文之助，非创例也。其他义例，有与辽史纪事本末同者，不复赘。

金史纪事本末卷首

帝系考

太祖皇帝姓完颜氏，讳旻，本名阿固达，原作阿骨打。世祖第二子。母曰翼简后纳喇氏。辽咸雍四年戊申七月一日生。世居按春水侧。初，从康宗围哲克依水，擒玛察献于辽，拜为详衮。康宗殂，乃袭位为达贝勒，以宋政和五年乙未称帝，国号金，建元收国。三年丁酉，改元天辅，时辽天庆七年正月也。天辅七年八月，崩于布图泺西行宫。在位九年，年五十六，葬睿陵，追谥大圣武元皇帝。后：唐古氏谥圣穆、费摩氏谥光懿、赫舍哩氏谥钦宪、布萨氏谥宣献。子十六：景宣帝宗浚、睿宗宗辅、辽王宗干、宋王宗望、梁王宗弼、丰王乌里、赵王宗杰、兖王宗隽、沈王额鲁、幽王鄂尔多、卫王宗强、曹王宗敏、纪王实讷埒、息王寗吉、莒王燕孙、邺王斡珲。

　　太宗皇帝讳晟，本名乌奇迈，原作吴乞买。世祖第四子，母曰翼简后纳喇氏，太祖母弟也。辽太康元年乙卯生。初为穆宗养子。收国元年七月，为安班贝勒。太祖出征，常居守。天辅七年六月，太祖次鸳鸯泺，不豫，至鄂都山，驿召赴行在。八月，太祖崩。九月即位，改是年为天会元年。三年二月，灭辽。四年十二月，克汴京。八年九月，立刘豫为齐帝。十三年正月，崩于明德宫，在位十二年，年六十一，葬恭陵，追谥文烈皇帝。后唐古氏，谥钦仁。子十四：宋王宗磐、鲁王宗固、曹王宗雅、虞王宗伟、滕王宗英、郑王宗懿、潞王宗本、翼王呼兰、卫王宗美、豳王实图美、沈王哈必苏、鄂王沃哩、韩王宗哲、隋王宗顺。

熙宗皇帝讳亶，本名哈喇，原作合剌。太祖孙景宣帝宗浚子。母富察氏，追尊惠昭后。天辅三年己亥生。天会十年四月，授安班贝勒。十三年正月，太宗崩，即位，不改元。十五年十一月，废齐国，降刘豫蜀王。改明年为天眷元年。四年，改皇统。九年十二月，平章亮弑帝，降封东昏王。在位十四年，年三十一，葬思陵，追谥庄靖孝成皇帝。后，费摩氏为帝杀，谥悼平。子二：太子济安谥英悼、魏王道济。

废帝海陵庶人亮，字元功，本讳都古噜讷，原作迪古迺。辽王宗干次子。母大氏，谥慈宪。天辅六年壬寅生。皇统八年，拜平章政事。九年，弑熙宗自立，改是年为天德元年。五年，改贞元。四年，改正隆。六年八月，弑嫡母图克坦太后。九月，自将伐宋。十月，世宗即位于辽阳。十一月，与宋兵战江上，不胜，还次瓜洲，完颜元宜等弑之。在位十二年，年四十，降海陵郡王，谥曰炀，葬大房山鹿门谷诸王兆域中。后降为庶人，迁之西南四十里。后图克坦氏。子四：太子光英被杀、崇王元寿、宿王舒苏鄂博、滕王广阳。

世宗皇帝讳雍，本名乌禄。太祖孙，睿宗宗辅子也。母曰贞懿李后。天辅七年癸卯生。皇统间封葛王，为兵部尚书。天德初，判会宁牧。<u>贞元</u>三年为东京留守，进封<u>赵王</u>。<u>正隆</u>例，降封曹国公。六年，居母丧。九月，<u>海陵</u>南征。十月，<u>完颜默音</u>等奉帝即位，改是年为<u>大定</u>元年。二年五月，立<u>允迪</u>为太子。二十四年三月，如<u>上京</u>，命太子监国。明年六月，太子卒，九月，还都。二十六年十一月，立<u>原王璟</u>为皇太孙。二十九年正月崩。在位二十八年，年六十七，葬<u>兴陵</u>，追谥仁孝皇帝。后<u>乌凌阿氏</u>，谥昭德。弟一，<u>齐王沃里布</u>。子十：<u>显宗</u>、<u>卫绍王</u>、<u>夔王永升</u>、<u>郑王永韬</u>、<u>潞王永德</u>、<u>镐王永中</u>、<u>赵王苏尼</u>、<u>越王萨喽勒</u>、<u>越王永功</u>、<u>豫王永成</u>。

章宗皇帝讳璟，小字<u>玛达格</u>，原作<u>麻达葛</u>。<u>显宗</u>嫡子也。母<u>孝懿后图克坦氏</u>。<u>大定</u>八年七月生。十八年封<u>金源郡王</u>。二十五年十二月，进封<u>原王</u>。二十六年四月，赐名璟，拜右丞相，立为太孙。二十八年冬，<u>世宗</u>不豫，遂摄政。二十九年正月，<u>世宗</u>崩，即位。明年改元<u>明昌</u>。七年，改承安。六年，改泰和。八年十一月崩。在位十九年，年四十一，葬<u>道陵</u>，追谥英孝皇帝。后<u>富察氏</u>，谥钦怀。弟六：<u>宣宗</u>、<u>郓王琮</u>、<u>瀛王瑗</u>、<u>霍王从彝</u>、<u>瀛王从宪</u>、<u>温王玠</u>。子六：<u>绛王洪裕</u>、<u>荆王洪靖</u>、<u>荣王洪熙</u>、<u>英王洪衍</u>、<u>寿王洪辉</u>、<u>葛王德里</u>。

卫绍王讳允济，小字<u>兴胜</u>，避<u>显宗</u>讳，更名<u>永济</u>。<u>世宗</u>第七子。母曰<u>元妃李氏</u>。<u>大定</u>十一年封<u>薛王</u>，进封<u>滕</u>。二十九年<u>章宗</u>立，进封<u>潞王</u>。<u>承安</u>二年改封<u>卫王</u>，<u>泰和</u>八年<u>章宗</u>崩，无嗣，王即位，改明年为<u>大安</u>元年。四年改<u>崇庆</u>，明年改<u>至宁</u>。八月，<u>执中</u>反，被弑。在位五年，降东海郡侯，后追封<u>卫王</u>，谥曰<u>绍</u>。后<u>图克坦氏</u>，徙居<u>郑州</u>，不知所终。子六：太子<u>从恪</u>、<u>瑶</u>、<u>瑄</u>、<u>璪</u>，余二人，<u>史</u>未列名。

宣宗皇帝讳珣，本名<u>乌达布</u>，原作<u>吾睹补</u>。<u>显宗</u>长子。母曰<u>昭华刘氏</u>。<u>大定</u>三年癸未生。十八年封温国公。二十九年进封<u>圭</u>

王，加开府，判兵、吏部。章宗时赐名从嘉，徙封升王。至宁元年八月，卫王被弑，九月即位，改是年为贞祐元年。二年，迁南京。三年正月，太子守忠卒，立其子铿为太孙，寻逝。燕京陷。四年五月，立子守礼为太子。五年改兴定，六年改元光，二年十二月帝崩。在位十年，年六十一，葬德陵，追谥英武圣孝皇帝。后王氏，赐姓温都，谥仁圣，明惠后女弟也。子四：哀宗、庄献太子守忠、元龄、荆王守纯。

哀宗皇帝讳守绪，初名守礼，又名宁嘉苏，原作宁甲速。宣宗第三子。母曰明惠王后。承安三年八月二十三日生。女弟仁圣后无子，养为子。宣宗立，封遂王。贞祐四年册为太子。元光二年十二月宣宗崩，即位，改明年为正大元年。九年正月改开兴，四月改天兴。是冬走河朔，二年，走归德。崔立作乱，奉梁王从恪监国，汴京寻破，两宫北迁。帝谋幸蔡州，官努叛，幽帝照碧堂，未几诛，遂幸蔡。十二月，宋、元合围。三年甲午正月逊位承麟，城陷，帝缢于幽兰轩。在位十年，年三十六，谥曰哀宗。后图克坦氏，北迁，不知所终。

承麟，博索弟。正月受禅。城破，退保子城，为乱兵所杀，金亡。时宋理宗绍定七年甲午也。

计九帝，凡一百二十年。

纪年表

干支	金	辽	宋
乙未	金太祖收国元年 按史称太祖正月称帝，号金，建元收国。国。	辽天祚天庆五年	宋徽宗政和五年
丙申	二年 按史十二月上尊号曰大圣皇帝，改元天辅。	六年	六年
丁酉	天辅元年	七年	七年
戊戌	二年〈大金国志〉天辅元年	八年	八年 十一月改重和元年
己亥	三年〈大金国志〉二年	九年	重和二年 二月改宣和元年
庚子	四年〈大金国志〉三年	十年	宣和二年
辛丑	五年〈大金国志〉四年	保大元年	三年
壬寅	六年〈大金国志〉五年	二年 天祚出奔。淳立，改元建福，正月，金克辽，六月殂。	四年

干支	宋	辽	金
癸卯	宋徽宗宣和五年	辽天祚保大三年。五月,天祚子雅里称帝,改元神历。十月,雅里卒。	金太祖天辅七年。大金国志六年,按史是年八月太祖崩,弟晟立,改元天会。
甲辰	六年	四年。按史是年西辽大石称帝,改元延庆。	太宗天会二年。大金国志天会三年,下同。
乙巳	七年	五年。按史是年二月天祚为金擒,辽亡。	三年
丙午	钦宗靖康元年		四年
丁未	二年。四月,二帝北狩,康王构即位南京,改建炎元年。		五年
戊申	高宗建炎二年		六年
己酉	三年		七年
庚戌	四年		八年。按史是年九月立刘豫为齐帝。

干支	金纪年	宋纪年
辛亥	太宗天会九年	元年 宋高宗绍兴
壬子	十年	二年
癸丑	十一年	三年
甲寅	十二年	四年
乙卯	十三年　按〈史〉是年正月太宗崩，景宣帝亶立，不改元。	五年
丙辰	十四年　熙宗天会	六年
丁巳	十五年	七年
戊午	天眷元年	八年
己未	熙宗天眷二年	九年 宋高宗绍兴
庚申	三年	十年
辛酉	皇统元年	十一年
壬戌	二年	十二年
癸亥	三年	十三年
甲子	四年	十四年
乙丑	五年	十五年
丙寅	六年	十六年

干支	宋纪年	金纪年	备注
丁卯	宋高宗绍兴十七年	熙宗皇统七年	
戊辰	十八年	八年	
己巳	十九年	九年	九年。是年十二月,平章亮弑帝自立,改是年为天德元年。
庚午	二十年	废帝天德二年	
辛未	二十一年	三年	
壬申	二十二年	四年	
癸酉	二十三年	贞元元年	燕京。元贞元,是年三月,迁都改贞元元年。
甲戌	二十四年	二年	
乙亥	宋高宗绍兴二十五年	废帝贞元三年	
丙子	二十六年	四年	正隆。是冬方改正隆。大金国志称正隆二月改。史志正隆。
丁丑	二十七年	正隆二年	
戊寅	二十八年	三年	
己卯	二十九年	四年	
庚辰	三十年	五年	
辛巳	三十一年	六年	六年。是年六月迁南京。九月侵宋,十一月被弑。十月,世宗即位于辽阳,改元大定。
壬午	三十二年	世宗大定二年	三十二年。六月,禅位太子雍。

癸未	宋孝宗隆兴	世宗大定	辛卯	宋孝宗乾道	世宗大定	己亥	宋孝宗淳熙	世宗大定
癸未	元年	三年	辛卯	七年	十一年	己亥	六年	十九年
甲申	二年	四年	壬辰	八年	十二年	庚子	七年	二十年
乙酉	乾道元年	五年	癸巳	九年	十三年	辛丑	八年	二十一年
丙戌	二年	六年	甲午	淳熙元年	十四年	壬寅	九年	二十二年
丁亥	三年	七年	乙未	二年	十五年	癸卯	十年	二十三年
戊子	四年	八年	丙申	三年	十六年	甲辰	十一年	二十四年
己丑	五年	九年	丁酉	四年	十七年	乙巳	十二年	二十五年
庚寅	六年	十年	戊戌	五年	十八年	丙午	十三年	二十六年

干支	金	宋
丁未	世宗大定二十七年	宋孝宗淳熙十四年
戊申	二十八年	十五年　十月高宗崩。
己酉	二十九年　正月，世宗崩；太孙璟即位，改明年为明昌元年。	十六年　三月禅位太子惇。
庚戌	章宗明昌元年	光宗绍熙元年
辛亥	二年	二年
壬子	三年	三年
癸丑	四年	四年
甲寅	五年	五年　七月，禅位太子扩。
乙卯	六年	宋宁宗庆元元年
丙辰	承安元年　十一月改元承安。	二年
丁巳	二年	三年
戊午	三年	四年
己未	四年	五年
庚申	五年　十二月改明年元为泰和。	六年
辛酉	泰和元年	嘉泰元年
壬戌	二年	二年
癸亥		宋宁宗嘉泰三年
甲子		四年
乙丑		开禧元年
丙寅		二年
丁卯		三年
戊辰		嘉定元年
己巳		二年
庚午		三年

年 章宗泰和三		辛未	宋宁宗嘉定 四年	卫绍王大安 三年	元太祖六年。八月，元克金西京，遂入居庸关。
四年		壬申	五年	崇庆元年。正月，改崇庆。大金国志作重庆，续纲目作崇宁。	七年。十月，元克金东京。
五年		癸酉	六年	至宁元年。是年八月，王为呼沙呼弑，九月，昇王珣立，改元贞祐。	八年
六年	元太祖元年。太祖成吉思称帝于斡难河，灭乃蛮，是年十二月，	甲戌	七年	宣宗贞祐二年。四月及元平，五月迁都汴。	九年
七年	二年	乙亥	八年	三年	十年。五月，元克金燕京。
八年。十一月，帝崩，无嗣，弟永济立，改明年为大安元年。	三年	丙子	九年	四年	十一年
元年 卫绍王大安	四年	丁丑	十年	兴定元年。是年四月南侵宋。	十二年
二年	五年。是春，元起兵，袭金乌沙堡。	戊寅	十一年	二年	十三年。是年元伐夏，围兴州，主遵顼奔西凉。

干支	宋	金	元	宋理宗宝庆
己卯	宋宁宗嘉定十二年	宣宗兴定三年	元太祖十四年 是年六月,元征西域诸国。	丁亥
庚辰	十三年	四年	十五年	戊子
辛巳	十四年	五年	十六年	己丑
壬午	十五年	元光元年 按史是年八月改元元光。大金国志兴定六年。	十七年 是冬,元征西域班师。	庚寅
癸未	十六年	二年 按史是年十二月帝崩,子守绪立,明年改元正大。大金国志元光元年。	十八年 是冬,元灭钦察国。	辛卯
甲申	十七年 闰八月,帝崩,沂王子昫立,改明年元为宝庆。	哀宗正大元年 大金国志元光二年。	十九年	壬辰
乙酉	理宗宝庆元年	二年 大金国志正大元年。	二十年	癸巳
丙戌	二年	三年 大金国志正大二年。	二十一年	甲午

元	记事	金（大金国志）	金（哀宗纪年）	宋
元太祖二十二年　是年六月，元灭夏，以其主觊归。十二月，太祖殂于六盘山，年六十六，葬起辇谷。		大金国志正大三年	哀宗正大四年	三年
监国不纪元。太祖第四子。图类监国。		大金国志四	五年	绍定元年
太宗。于和林即位，是为察罕台，太祖第三子。太宗元年		大金国志五	六年	二年
二年		大金国志六	七年	三年
三年		大金国志七	八年	四年
四年　是年十月图类殁。	元围汴京，议和，退师。帝奔河朔，复围汴。	大金国志是夏，春改开兴，改元天兴，史同。	天兴元年	五年
五年	蔡，宋元合围。月，诛官努作乱，幽帝。六和，官努迁汴。三月，二王妃后走归德，崔立叛降元。四月，帝奔	大金国志二年	二年	六年
六年　蔡，宋东南地归宋。蔡灭金，以陈与史卷二太宗纪〔正〕改元月，据〔三〕	麟，城陷，帝传位宗室承麟，自焚。承麟为乱兵所杀，金亡。	大金国志三年	三年　是年正月，帝传位宗室承麟，城陷，帝	端平元年

金自太祖迄哀宗九主，凡一百二十年。肇基东土，抚有中原。版图式廓，可谓宏矣！余读金史，其间称帝、纪元，或与叶隆礼契丹国志、宇文懋昭大金国志不合，岂代远年湮，传讹袭谬，不免见闻异辞，后人遂不能征诸一是欤？兹撰纪事本末，另辑纪年表，其二志与史异者，附注于旁，以便观览，俟后之博雅君子论定云。萍乡李有棠苕生甫谨识。

金史纪事本末卷一

帝基肇造

辽道宗咸雍十年（甲寅一〇七四），以女直国和哩布原作勃里钵。〔考异〕一作劾里钵，御批通鉴辑览作合理博。为节度使。女直原作女真，避兴宗讳改。〔考异〕徐梦莘三朝北盟会编云，本名朱理真，番语讹为女真，系高丽朱蒙之遗。世居阿芝州涞流河，后名会宁府。有生女真、熟女真之别。外有东海女真、黄头女真二种。寻改号金，在爱新水之上。国语以金为爱新，水源于此，故又谓之金源。爱新水在宁古塔城东南，源出吉林乌喇，东北流入混同江。涞流河，即拉林水，在今宁古塔地。李心传系年要录云，金在汉称伊抡，南、北朝称和奇，隋、唐称默尔赫，至五代始称女真。元会汾金史考证云，女真，或曰虑真。又，按春，满州语"耳坠"也。耳坠以金饰之，金兴于爱新水源，因其水黄色而名。

旧作按出虎，今改。许亢宗奉使行程录云，第三十六程，自和里间塞九十里至句孤孛堇寨。自北而南，莫知远近，界隔甚明，乃辽、金二国古界也。又自呼勒希寨八十里直至涞流河，山无寸木，地不产泉，人携水以行，盖天以此限两国也。涞流河阔三十余（步）〔丈〕，（据许亢宗奉使行程录改）以船渡。　王圻续文献通考云，会宁府，初为州，天眷初置上京，设留守司，领会宁、曲江、宜春三县。元初立开元、南京二万户府，治黄龙府。至元中改辽东路，复改开元路，领咸平府，后隶辽东道宣慰司。明改置三万卫。钦定满州源流考云，满州语金曰"爱新"。金史旧解以金为按春，满州语"耳坠"也。耳坠以金为之，因误为金，并按出虎亦误为金。吉林境内无爱新水，亦并无按春水，以音与地考之，当为今阿勒楚喀河。河源在吉林城东北三百里。松漠纪闻、北盟会编、宇文懋昭大金国志等书所载上京行程，过拉林河一程即至上京驿馆。拉林河东去阿勒楚喀不过百余里，阿勒楚喀河源在吉林城东北三百里，拉林河源在吉林城东北二百二十五里。按之诸书所载，上京宫阙在混同江东二百六十里，去拉林河一百七十五里者，俱约略相合，此按出虎即阿勒楚喀之明证也。至金太祖建国号之诏，见本纪。又，太祖实录云，契丹以镔铁为号，其质虽坚，终有销毁，惟金一色，最为真宝，自今本国可号大金。所载略同，并未云有金水源。而金源县名，辽时已有，在今喀喇沁右翼界，与金初起之地无涉。史殊不足为据也。

先出靺鞨氏，号勿吉，古肃慎氏地也。〔考异〕肃慎之名，著于周初。考竹书纪年有虞舜二十五年息慎献弓矢之文。史记虞帝纪亦称北发、息慎。郑玄注曰，息慎或谓之肃慎。周书王会解又作稷慎。"息""稷"与"肃"音转之讹，其为一国无疑。后汉书挹娄传云，即古肃慎。迨魏、晋间通使聘，史臣皆以肃慎书之，传世二千余年不绝。宋刘恕称金之姓为朱理真。夫北音读"肃"为

"息"，"须""朱"同韵，"里""真"二字合呼之音近"慎"，盖即肃慎之转音，而不知者遂以为姓。国初旧称所属曰珠申，亦即肃慎，汉人不知原委，遂歧而二之也。见满州源流考。元魏时，勿吉有七部：曰粟末部，曰博绰原作伯咄。〔考异〕五代史、宋史、乐史太平寰宇记作泊咄。部、曰恩彻亨原作安车骨。部、曰佛宁原作拂涅。〔考异〕太平寰宇记作拂湟。部、曰哈沙原作号室。部、曰黑水部、曰白山部，隋时犹存。〔考异〕王钦若册府元龟云，靺鞨在高丽〔之北〕（据册府元龟卷九五七补），地居营州东二千里，南与新罗接，地方二千里，编户十余万，兵数万。北史云，靺鞨所居，多依山水，渠帅曰大莫弗瞒咄。隋书云，炀帝初与高丽战，频败其众，渠帅度地稽帅其部来归，拜右光禄大夫。及辽东之役，度地稽率其徒以从，每有战功，居之柳城。所载较详。至唐初，只有黑水靺鞨、粟末靺鞨二部。粟末靺鞨，始附高丽，姓大氏。李勣破高丽，粟末靺鞨保东牟山，顾祖禹方舆纪要云，在沈阳中卫东二十里，本挹娄地，今承德县东二十里。后为渤海，称王，传十余世。有五京、十五府、六十二州。黑水靺鞨居肃慎地，亦附高丽，尝以兵十五万助高丽拒唐太宗，败于安市。方舆纪要云，在盖州卫东北七十里。开元中入朝，置黑水府，拜都督，〔考异〕宋史云，时酋长入朝，拜勃利州刺史。王溥五代会要云，在京师东北六千余里。开元十年二月，安东都督薛泰请置黑水郡，其酋为都督，置长史一人监领之。旧唐书，武德初，突地稽入贡，以其部落置燕州，拜总管。贞观中，以战功封蓍国公，徙居幽州昌平城。会高开道引突厥来攻幽州，突地稽大破之，拜右卫将军，赐姓李。子谨行迁营州都督，封燕国公。自高丽灭后，并为渤海编户。惟黑水部全盛，分十六部。开元十三年，因薛泰请置黑水军，寻升为府。所载各异。赐姓名李献诚。其后服属渤海，朝贡遂绝。五代时，辽灭渤海，而黑水靺鞨亦附之。勿吉，始见北魏，亦曰靺鞨，故魏书为勿吉传，隋书为靺鞨传，而北史传云，勿吉，一名靺鞨，其实则为一国也。第自唐武德以前，则勿吉与靺鞨互称，武德以后，则黑水一部独强，始专称靺鞨。而粟末部自万岁通天以后，改称震国，又称渤海，无复目为勿吉矣。考粟末部以粟末水得名，即今之松阿哩江。白山，即今长白山，满州语谓之果勒敏珊延阿琳。黑水，今黑龙江，满州语谓之萨哈连乌拉，词异义同，尤信而可征也。见满州源流考。其地有混同江，即黑龙江，又有长白山，所谓白山黑水是也。〔考异〕陈士元东夷考略云，混同江，水色微黑，亦名黑龙江，即粟末河。发源太白山，即长白山，横亘百里，巅有水源，下注成湖。出东珠，贵者直千金。南流为鸭绿江。北流为混同江，达五国城，东入海。其出北山，南流入松花江。是为白山黑水。林本裕辽载云，一名宋瓦江，即松花江，在开原北千五百里。杨宾柳边纪略云，混同江发源长白山，北流而东，黑龙江发源塞北，南流而东，虽入海处合为一，而其源则截然两处。金史世纪称混同江亦号黑龙江，误。方舆纪要云，又东流为阿也苦河。长白山巅有潭，周八十里，渊深莫测。其山横亘千里，高二百里。续通考云，女直松花江，开原城北一千里，源出长白山。混同江，开原城北千五百里。西北三千三百里为兀良河。黑龙江，开原北二千五百里，源出北山黑水。胡里改江，源出达州卫东南山下，东北汇为镜泊，又北入混同江。忽剌温江，开原城北九百里。哈剌河，开原城东四百里，源出<u>长白山</u>北<u>松山</u>。<u>一迷河</u>，<u>开原</u>城北四百里。又千余里为<u>金水河</u>，六千里为<u>艾蒁河</u>、<u>莽哥河</u>。<u>稳秃河</u>，<u>开原</u>东北五百里，又东北千二百里入<u>理河</u>。<u>扫兀河</u>，<u>开原</u>东北五百七十里。又东北一千里为<u>忽儿海河</u>，合<u>兰河</u>源，经<u>建州卫</u>东南一千里入海。<u>忽汗河</u>，在<u>靺鞨国</u>三百里<u>恤品河</u>源，经<u>建州卫</u>东南一千五百里入海。<u>通鉴辑览</u>云，<u>混同江</u>，即<u>松花江</u>，在今<u>吉林乌喇城</u>东南，发源<u>长白山</u>，北流，会<u>鄂诺河</u>，又东合<u>黑龙</u>等江入于海。按，<u>鄂诺河</u>，旧作<u>鄂嫚河</u>，今改。<u>辽史圣宗纪</u>，<u>大平</u>四年改<u>鸭子河</u>为<u>混同江</u>，纪载各别。按，<u>长白山</u>在<u>吉林乌拉城</u>东南，横亘千余里，东自<u>宁古塔</u>，西至<u>奉天府</u>，诸山皆发脉于此。山巅有潭，为<u>鸭绿</u>、<u>混同</u>、<u>爱滹</u>三江之源。古名<u>不咸山</u>，亦名<u>太白山</u>，亦名<u>白山</u>，亦名<u>徒太山</u>，亦名<u>太末山</u>。其名<u>长白山</u>，则自<u>金</u>始也。又，<u>长白山</u>南麓分两干：一西南指者，东界<u>鸭绿江</u>，西界<u>佟佳江</u>，麓尽处，两江会焉；一绕山之西，南北亘数百里，以其为众水所分，谓之<u>分水岭</u>。<u>黑龙江</u>，在<u>黑龙江城</u>东，古名<u>黑水</u>，亦曰<u>完水</u>，又名<u>室建河</u>，亦名<u>鄂嫩河</u>，源北<u>喀勒喀</u>北界<u>肯特山</u>，折而东北流至<u>尼布楚城</u>南一千里，又三百余里入<u>黑龙江将军</u>界，又东南至<u>吉林乌拉</u>界，会<u>松花江</u>入海。旧<u>唐书</u>言源出<u>俱伦泊</u>，即今<u>库伦湖</u>。今<u>黑龙江</u>之源，自有<u>鄂嫩河</u>。<u>库伦湖</u>上流为<u>克鲁伦河</u>，其源与<u>鄂嫩河</u>相近，而<u>克鲁伦</u>又东北入<u>黑龙江</u>，此<u>唐书</u>之所由致误也。见<u>满州源流考</u>。在江南者入<u>辽</u>籍，号<u>熟女直</u>；〔考异〕<u>北盟会编</u>云，一曰<u>合苏款</u>。在江北者不入<u>辽</u>籍，号<u>生女直</u>。〔考异〕无名氏<u>北风扬沙录</u>云，<u>金国</u>本<u>三韩辰韩</u>之后，姓<u>挐</u>氏。其地有七十二部落，<u>阿保机</u>恐其为患，徙豪右数千家于<u>辽阳</u>之南而著籍焉，使不得与本国通，谓之<u>合苏款</u>，即所谓<u>熟女真</u>也。自<u>咸州</u>东北分界入<u>室口</u>至<u>东珠江</u>中所居之<u>女真</u>，隶<u>咸州</u>兵马司，与其国往来无禁，谓之<u>回霸</u>。其自<u>柬江</u>北，<u>宁江</u>东，散居山谷者曰<u>生女真</u>，均臣属契丹，世袭节度使，兄弟相传，周而复始。人皆辫发，与契丹异，耳垂金环，留颅后发，以色丝系。马端临文献通考，合苏款作哈斯罕，即熟女真。回霸作辉发，非熟女真，亦非生女真。其自涑沫江之北、宁江之东，地方千余里，户十余万，无大君长及国名，小者千户，大者数千，则谓之生女真。宋太宗时，契丹伐女真，女真众才万人，弓矢精劲，为灰城，以水淋之为坚冰，不可上，攻之不克，野无所取，遂退，大为所败。真宗时，契丹征高丽，女真与高丽合兵拒之，大败而还。自天圣后属契丹，世袭节度使。按，辉发河在吉林城南三百二十里，源出纳噜窝集，即辽吉善河、图们河、三屯河合流处，东北入混同江。而图们河与发源长白山之图们江非一水也。

始祖讳函普，初从高丽来，年六十余。兄阿库纳原作阿古乃好佛，留高丽不肯从。独与弟博和哩原作保活里俱。始居完颜部布尔罕原作仆干之涯，博和哩居札兰。原作耶懒其后呼实默原作胡十门以哈斯罕原作曷苏馆归太祖，自言其祖兄弟三人相别而去。盖阿库纳之后。实图美、原作胡土门都古噜讷，原作迪古迺博和哩之裔也。〔考异〕宗室表，阿库纳裔托卜嘉为辽太尉，子呼实默官骠骑（大）〔上〕（据金史卷六六胡十门传改）将军，以哈斯罕归太祖。呼实默子果实，原作钩室，哈斯罕达贝勒。又，和卓原作合住，辽领辰、复二州，亦阿库纳裔。和卓子富色克，辽中正节度；额哩页，曹州防御使；布呼，顺天节度。博和哩四世孙卓巴纳子实图美，金源郡王；阿索美，原作阿斯懑；忠，本〔名〕（据金史卷七〇完颜忠传补）都古噜纳，平章事。金源郡王实图美子实实，原作习失，特进；思敬，本名萨哈，平章事。按实图美子尚有察逊，表末列名。

久之，其部人与他部相恶，谓始祖曰："若能解此怨，我部有贤女，年六十未嫁，当以相配，仍为同部。"始祖为约和，部众悦服，因以其女归焉，并得其赀产。〔考异〕苗耀神麓记云，始，揩浦出自新罗，奔至阿触胡，无所归，遂依完颜，因而氏焉。时酋豪以强凌弱，无有制度，揩浦为立法令，果断不私，远近皆服，号为神明，六十未娶，有邻寨鼻察，其酋长姓结徒姑丹，小名圣者货，有室女，年四十余，嫁之。未言约和归女事。今从世纪。生二男：长乌噜，原作乌鲁次斡鲁。〔考异〕和卓子萨哈弟亦名斡鲁，官都统，封郑王，另一人。宗室表，斡鲁八世孙名匡，本名苏色，官太师、尚书令。史有传。一女，卓克索巴。原作注思板。〔考异〕斡鲁传，谓皆福寿之语。按，蒙古语，起立曰"卓克索巴"，盖祝其易于成立之意。又，满洲语，是非之是曰"乌噜"，赘疣之疣曰"斡鲁"，皆与福寿语不伦。当时载笔之家不通音译，往往附会以汉文，未可牵合并改，故仍其旧。自是遂为完颜部人。〔考异〕洪皓松漠纪闻云，后因号完颜氏。完颜，犹汉言"王"也。国语解云，即斡英基雅。宗室表，完颜凡十二部，后皆以部为氏。史臣记录，有称宗室者，有称完颜者。称完颜者亦有二：有同姓完颜，盖疏族，如实图美、都古噜纳是也。有异姓完颜，盖部人，如罕都，原作欢都是也。大定以前称宗室，明昌后避睿宗讳称内族，至宣宗时，诏宗室皆称完颜，不复识别矣。所载较详。天会十四年，追谥景元皇帝，庙号始祖。皇统四年，号其藏曰光陵。五年，增谥懿宪。邵经邦宏简录云，妻谥明懿皇后。

　　子德帝嗣，讳乌噜。卒，葬熙陵。皇统五年，增谥渊穆玄德皇帝。宏简录云，妻谥思皇后。子二：长跋海，次辈鲁。〔考异〕宗室表，辈鲁亦作博啰，其孙名呼实，曾孙和卓，原作劾者，官特进。与萨哈父韩国公同名，另一人。

子安帝嗣，讳巴哈。原作跋海卒，葬建陵。皇统五年，增谥和靖庆安皇帝。宏简录云，妻谥节皇后。子五：绥可、信德、谢库德、谢夷保、谢里忽。〔考异〕宗室表，谢库德，一作锡赫特。孙巴达，原作拔达，官仪同三司。谢夷保，一作锡哩布。子博诺，原作盆纳，官开府。谢里忽，一作锡里库。按，盆纳，同时人称恶盆纳，见卷六十五谢库德传。又，阿库德，一为完颜部勃堇，一为温迪痕部人，并见谢库德传。所载各异。

子献祖嗣，讳绥赫。原作绥可徙居海古勒水，耕种树艺，始筑室，有栋宇之制。〔考异〕马扩茅斋自叙云，混同江以北不种谷麦，所种止稗子。自过嫔、辰州，东京迤北，绝少麦面。每晨及夕，各以射到禽兽荐饭。同州地宜擦黍。东望大山，云新罗山，出人参、白附子。北盟录云，女真，土多林木，田宜麻谷，以耕凿为业。土产名马、生金、大珠、人参及蜜蜡、细布、松实、白附子；禽有鹰鹘、"海东青"；兽多牛、羊、麋鹿、白彘、青鼠、貂鼠；花果有白芍药、西瓜；海多大鱼、螃蟹。五代史云，女真地多牛、鹿、野狗。酿麋为酒。其南海曲有鱼盐之利，契丹仰食。洪皓松漠纪闻云，榛栝木〔名〕，（据松漠纪闻蒲鲁虎条补）有文缕，可爱，多用为椀。西瓜，形如扁蒲而圆，色极青翠，经岁则变黄。其胹类甜瓜，味甘脆，中有汁，尤冷。尝携以归，可留数月。有久苦目疾者，曝干服之而愈（按"西瓜"以下，为纪闻续中语）。契丹国志云，女真部族皆处山林，有屋，居舍门皆于山墙下开之，耕凿，与渤海人无出租税。又云，人无定居，行以牛负物，遇雨则张革为屋。又，俗以桦皮为屋。见文献通考。人呼其地为额讷格尔，原作讷葛里汉语"居室"也。史称额讷格尔，汉言"居室"也。佛叶，汉语"恶疮"也。和抢，汉语"慈乌"也。又云，得胜陀，国语"额特赫格们"也。日月山，国语"纳喇萨喇"也。陷帛，国语"垿绷吉"也。龙驹河，国语"达罕必喇"也。白泺，国语"舍音齐喇"也。鸳鸯泺，国语"昂吉尔"也。燕子城，国语"古勒达尔干"也。羊城，国语"和宁"也。狗泺，国语"音达珲尼约"也。古北口，国语"纽斡哩"也。居庸关，国语"齐喇哈藩"也。松亭关，国语"萨勒扎"也。化成关，国语"哈斯哈雅"也。见满洲源流考。自此，遂定居于按春水侧。原作安出虎。〔考异〕宏简录作按出浒。国语解云，金曰按春，即阿伊西。北盟会编云，世居阿木火。按，按春水当改作阿勒楚喀水。考见上。卒，葬辉陵。皇统五年，增谥纯烈定昭皇帝。宏简录云，妻谥恭靖皇后。子七：石鲁、朴都、阿保塞（据金史卷五九宗室表、卷六五始祖以下诸子传，"塞"当作"寒"，形近而讹。）、敌酷、敌古乃、撒里辇、撒葛周。〔考异〕宗室表，朴都，一作巴图。阿保塞，一作阿布哈。敌酷，一作图库。敌古乃，一作都古噜讷，与实图美弟官平章者同名。撒里辇，一作萨里罕。撒葛周，一作萨克苏。卷六十七留可传，世祖时温迪痕部字菫撒葛周，另一人。

　　子昭祖嗣，讳舒噜。原作石柳，亦作石鲁。〔考异〕汪辉祖金史同名录云，世祖时不术鲁部卜灰党、穆宗时纥石烈部人，并见世纪；卷六十八欢都传，其祖；卷一世纪穆宗时将乌林答氏；卷十八哀宗纪天兴二年护卫，六人同名石鲁。始以条教为治，部人不悦，欲害之，叔父锡里库原作谢里忽救之，得免。士众寝强，辽以特哩衮原作惕隐官之。因耀武至于青岭、白山，抚顺讨逆，所至克捷。卒，葬安陵。皇统五年，增谥武惠成襄皇帝。妻徒单氏，谥咸顺皇后。〔考异〕宗室表，昭祖子乌肯彻，原作乌骨出，伯赫，原作跋（里）〔黑〕（据金史卷五九宗室表改），伯勒赫，原作跋里黑，斡里雅，原作斡里安，和硕台，原作胡失答，与景祖，共六人。实古纳称昭祖曾孙；崇成，本名布呼，都指挥使，称昭祖玄孙，不知谁子。汪辉祖金史同名录云，卷六十五麻颇传太祖时系辽女直、卷一百二十一温迪罕蒲睹传迪斡，群牧副使，三人同名胡失答。

是时，尚未有文字，无官府，年寿修短，莫得而考焉。〔考异〕北盟会编云，其人不知纪年，以草一青为一岁。问之，则曰："吾见青草几度"。其言语则谓好为"感"，或为"塞痕"。不好为"辣撒"。酒为"勃苏"。拉杀为"蒙山不屈花不辣"。敲杀为"蒙霜特姑"，又曰"沾勃辣骇"。夫谓妻为"萨那罕"，妻谓夫为"爱根"也。北盟录云，女真言语谓好为"赛堪"，又为"赛音"。谓不好为"朗色"，谓酒为"博啰达喇苏"。谓棍子敲杀为"穆克珊坦塔哈"，又曰"穆克珊布彻赫噜布"，又曰"斡布哈"。夫谓妻为"萨尔罕"，妻谓夫为"额伊根"。又呼女巫妪为"萨满"。又云女真刻木为契，谓之刻字。赋敛调度，皆刻箭为号，事急者三刻之。旗帜之外，各有字记大小牌子系马上为号。乐有腰鼓、管笛、琵琶、方响、篥、笙、筝、箜篌、大鼓、拍板。苗耀神麓记云，女真始祖劈木为克，如文契约。法令严峻，果断不私，由是远近皆服，号为神明。至献祖，教人烧炭炼铁，刳木为器，制造舟车，种植五谷，建造屋宇，有上古之风。由是，邻近每有不平，皆诣诉请，遂号贝勒。北风扬沙录云，性嗜酒好杀。赋敛调发，刻箭为号，事急者三刻之。谓好为"臧"，酒为"勃苏"。官之等以九曜二十八宿为号。国有大事，适野环坐，画灰而议，自卑者始。议毕即灭，不闻人声，其密如此。史均未载。

子景祖嗣，讳乌古廼。原作乌古乃。〔考异〕毕沅续通鉴作乌库纳，云旧作乌古纳。辽圣宗太平元年辛酉岁生。自始祖至此六代矣。景祖始役属诸部，自白山页赫、原作耶悔，一作叶赫，河名，盖部族之居近是河者，因以为号。图们、原作统门。〔考异〕图们江，在宁古塔城南六百里，源出长白山，东北流，绕朝鲜北界，复东南折入海。扎兰、托卜古伦原作土骨论。之属，及五国之长皆听命。〔考异〕五国部：一，博和哩，满州语"碗豆"也，旧作剖阿里；一，博诺，满州语"雹"也，旧作盆奴；一、鄂罗木，满州语"渡口"也，旧作奥里米，一作伊垎图，满州语"明显"也，旧作越里笃；一、伊勒希，满州语"副"也，旧作越里吉，今俱改。圣宗时来附，重熙六年始设节度使领之，在西楼东北千里，东接大海，居宁古塔以东。而五国城则为五国至辽总集之所，即节度使所治之城也。见满州源流考。

时辽遣林牙赫噜原作曷鲁。〔考异〕太祖纪，天辅三年字董曷鲁，另一人。将兵来索逃户，景祖恐其深入也，以计止之。已而，五国佛宁原作蒲聂，又作富聂赫。部节度使巴哩美原作拔乙门，又作巴延玛勒。叛辽，鹰路不通，辽人将讨之，来谕旨。景祖乃阳与为好，袭而擒之，献于辽主。得召见，燕赐加等，拜节度使。辽谓节度为太师，金人称都太师者自此始。因置官属，纪纲渐立。邻国以铁来售，厚价购之，乃修弓矢器械，兵势稍振。鄂敏〔考异〕满州语"饮"也，原作斡泯，今改。水富察原作蒲察等部来附。辽道宗咸雍八年，五国穆延原作没撚部苏页原作谢野，一作舍音。贝勒叛辽，景宗率众击败之。卒，年五十四，葬定陵。皇统五年，增谥英烈惠桓皇帝。〔考异〕宗室表，景祖子和卓，原作劾者；噶顺，原作劾孙，沂国公；赫色布，原作劾真保，代国公；满丕，原作麻颇，虞国公；阿里罕，原作阿离合懑，隋国公；们图珲，原作谩都诃，阿斯罕贝勒，郑国公；子穆里延，原作谋里也，官工部尚书。至伊克、阿里布，均称系出景祖，不知世次。又卷六十八欢都传，父劾孙，另一人。续通考云，景祖长子名劾者，韩王；劾孙，沂王；劾保孙，代王；麻颇，虞王；谩都诃，郑王，皆天会中追封。又第九子谥定济。所载稍异。

第二子和哩布嗣，是为世祖。母唐古原作唐括氏。谥昭肃皇后。兴宗重熙八年己卯岁生。至是始袭节度使。

大安七年（辛未一○九一）和诺克、原作（拉）〔桓〕赧（据金史卷六七桓赧传改）。萨克达为乱，会诸军来攻，世祖率兵大击破之，各率其属来降。既而，博都哩原作不术鲁各旧部咸来附。时沃勒原作斡勒部博诺结乌春，乌木罕原作窝谋罕。〔考异〕国语解云，即武噶。举兵，复击擒之。未几，拉必、原作腊醅玛察原作麻产侵掠牧马，乌凌阿原作乌林答。〔考异〕国语解作乌林达云，即武礼英噶。部锡馨子颇克绰欢亦在其中，世祖克之，玛察遁去，遂擒拉必及颇克绰欢献之辽。已而，复索归。遂与罕都合兵攻破乌春等于实都，原作斜堆乌木罕弃城遁，进克其城。由是变弱为强，基业始大。

〔考异〕商辂续纲目云，劾里钵，严重多智，因败为功。初建官属，统诸部官之长者称贝勒，原作勃极烈。宗室传，时罕都、伊克及和卓、巴达、博诺五人者，不离左右，亲若手足，元勋之最著者，明昌五年皆配飨世祖庙廷。准塔、苏拉布，皆瓜尔佳部人。赛音诺延、绰哈皆图们部人。富哲尼玛哈，完颜部人。阿固岱、布达皆音德尔水完颜部贝勒。七人者，当携离之际，能竭力辅戴者。德济、呼逊皆珠嘉部贝勒。双宽、主保皆珠格部人。阿固岱，温特赫部人。五人者又其次者也。按，罕都，原作欢都，封代国公。卷七十杲传天辅六年将欢都，另一人。

八年（壬申一〇九二）夏五月，世祖卒。年五十四。立十九年，葬永陵。皇统五年，增谥神武圣肃皇帝。原娶纳喇氏，以明年卒。〔考异〕宏简录作拏懒氏，谥简肃皇后。据金史卷六三后妃传"简肃"当作"翼简"）续纲目云，子十一：长乌雅束，次即阿古达。薛应旂通鉴云，长吴剌束，次阿骨打，次吴乞买，次斡带，次撒也，次斡赛，次斡者，次乌故乃，次阇母，次查剌，次乌特。劾里钵疾笃，呼弟盈哥谓曰："乌雅束柔善，若办集辽事，阿骨打能之。"遂卒。宗室表，世祖子威泰，原作斡带，封魏王；杲，本名舍音，封辽王；乌色，原作斡赛，封（卫）〔郑〕王（据金史卷五九交聘表改）；乌哲，原作斡者，封鲁王；楝摩，原作阇母，封鲁王；扎拉，原作查剌，封沂王；昂，本名乌达，原作乌特，平章，封郓王；阿库纳，原作乌故乃，封汉王，与康宗、太祖、太宗共十一人。续通考，斡带谥定肃。斡赛封郑王。（按金史卷六五斡赛传记其追封卫国王，不记其封郑王，疑误。）子宗永（封鲁王宗）（据金史卷六五宗永传删）本名（排）〔挑〕挞（据金史卷六五宗永传改），封鲁王。（按，据金史本传，此人卒于震武军节度使，不载其封鲁王事，疑误。）斡者子神土懑封金源郡王。（按，据金史卷五九宗室表、卷六五斡者传，皆载其子神土懑为骠骑上将军，未及其封王事，疑误。）按，世祖曾孙绰欢传云，父乌里，祖巴噶布琳，则布琳为世祖子。表阙未书。

弟肃宗嗣，讳颇拉淑。原作颇剌束，一作蒲拉舒。景祖第四子。辽重熙十一年壬午岁生。初为国相，尽心匡辅，备知辽国政事、人情，凡有辽事，一切委之。世祖时，叔父伯赫有异志，诱诸部为乱，从征有功。袭位后，玛察尚据哲克依原作直屋铠水未服，率兵讨诛之，献馘于辽。明年，复遣兵伐尼玛哈原作尼麗古。〔考异〕国语解作尼忙古。诸部，皆平之。

十年（甲戌一〇九四）八月，肃宗卒，葬泰陵。天会十五年，追谥穆宪皇帝。皇统五年，增谥明睿。妻蒲察氏，谥宣靖皇后。（按金史卷六三后妃传作靖宣皇后。）〔考异〕续通考云，温国公耨酷款、崇国公蒲鲁虎，封时皆未详，均系出肃宗。按，耨酷款亦作讷古库，蒲鲁虎亦作富勒呼，均肃宗子。见宗室表。

弟穆宗嗣，讳英格，原作盈哥字额鲁温。〔考异〕宏简录作乌鲁完。景祖第五子。辽重熙二十一年癸巳岁生。肃宗时，擒玛察，辽命为详衮。原作详稳至是，袭节度使。〔考异〕世纪云，南人称扬割太师。又曰扬割号仁祖。金代无号仁祖者。穆宗讳英格，"英"近"扬"，"格"近"割"，南北音讹。凡丛言、松漠纪闻、张棣金志等书皆无足取。薛应旂通鉴云，宋徽宗建中靖国元年冬十月，颇剌束死，阿骨打嗣。按，是年即辽乾统元年也，中无穆宗、康宗嗣立之事。与世纪异。今从世纪。以兄和卓〔考异〕满州语"美好"也，旧作合住，宏简录作劲者，通鉴辑览作和琢。子萨哈原作撒改。〔考异〕满州语"小围"也。旧作撒合，今译改。汪辉祖金史同名录云，卷七十神土懑子思敬，官平章、卷九十三章宗子英王洪衍、卷八十二乌孙讹论传父谋克、卷九十一安武节度、卷九十八完颜（绷）〔纲〕传（据金史、金史同名录卷一四改）押军猛安，六人同名撒改。又，通鉴辑览萨哈作萨拉噶，又异。为国相。本传，世祖长兄和卓子，从穆宗讨阿苏，先克通恩城。及以都统讨埒克、卓多、乌塔等部，降之。嗣伐辽之举，决于都古噜讷，实自萨哈发之。敦厚多智，能驯服诸部。卒，追封燕国王，配飨太祖庙廷，谥忠毅。子：宗翰、宗宪。〔考异〕宗室表，萨哈子宗翰，原作粘没喝；扎巴台，原作扎保迪，官特进；宗宪，本名阿兰，尚书右丞相。稍异。

寿隆二年（丙子一〇九六），锡馨原作星显水赫舍哩原作纥石烈部阿苏、原作阿辣穆都哩原作毛睹禄阻兵为难。穆宗自将伐阿苏，萨哈以偏师攻通恩原作钝恩城，拔之。阿苏初闻来伐，往诉于辽。遂留和卓守阿苏城，穆宗乃还。嗣后屡索不遣，金人遂用此为兵端。会赫舍哩部阿勒班原作阿阁版及舒噜阻五国鹰路，执辽使者，辽诏穆宗讨之，攻克其城，出辽使归之。未几，乌库哩原作乌古论。〔考异〕国语解云即武库哩。部埒克、原作留可卓多原作诈都与苏伯水乌库哩达萨塔原作敌库德并起兵叛命，命萨哈为都统，希卜苏、原作习不出，本传一作辞不失。昭祖孙，乌肯彻之子。健捷，能左右射。从世祖败和诺克、萨克达于托果原，功居多。复从肃宗击败乌春兵，擒博诺以归。与萨哈攻垿克城，下之。珠赫店之战，破辽兵十万，挫其锋。与太宗劝进，授爱满贝勒，虽屡居守，无方面功，而倚任与萨哈比。卒，赠开府，曹国公，进金源郡王，配飨太祖庙廷，谥忠毅。子，呼沙呼，官真定留守。孙，宗亨，宁州刺史；宗贤，官丞相都元帅，为海陵杀，谥忠毅。见续通考。汪辉祖金史同名录云，即习不失，传在卷七十，阿买勃极烈，亦作习失，见礼志。又，思敬传思敬兄名习失，亦作习室、李老僧传熙宗时都点检、蒲察鼎寿传鼎寿子、温迪罕蒲睹传欧里不，群牧副使，均同名辞不失。又，海陵时武库直长名习失。阿里罕、原作阿里合懑。〔考异〕国语解云，即阿礼哈。通鉴辑览作鄂兰哈。玛尔本传，景祖第八子。健捷善战。伐辽之举，实赞成之。从征屡有功，官古伦英实贝勒，追封隋国王，赠开府，配享太祖庙廷，谥刚宪。宗室表，阿里罕长子赛音，赛音子宗尹，官平章；宗宁官平章，代国公。宗尹子尼楚赫袭明安；宗宁子亶，韩州刺史。阿里罕次子晏，本名鄂伦，左丞相，广平郡王。晏子伊呼讷。又，宗道官临洮尹。按，阿里合懑原作阿离合懑。宗室表永中子瑑、卷九十二克宁传大定四年镇国上将军，三人同名阿离合懑。卷六十九宗敏传子密国公、卷七十三宗尹传本名，三人同名阿里罕。见汪辉祖金史同名录。威泰副之，讨平诸叛，抚宁各部如旧时。

六年（庚辰一一〇〇）和卓尚守（通恩）〔阿苏〕城（据金史卷六七阿疎传改），穆都哩来降。阿苏在辽。辽使来罢兵，穆宗以计阻之，辽使走归，遂克其城。

天祚帝乾统二年（壬午——○二）冬十月，萧哈里原作海里叛辽，亡入阿克占原作阿典。〔考异〕辽史作阿克展。部，遣其族人额特埒〔考异〕薛应旂通鉴作斡达剌，通鉴辑览作乌达喇。来结和，穆宗执之送于辽。募兵，得甲千余。女直甲兵之数始见于此。前此，盖未尝满千也。次混同水，会辽兵数千攻哈里，弗克。穆宗请辽退师，命太祖策马突战，流矢中哈里首，堕马，擒杀之，献俘于辽。自此知辽兵之易与也。遂朝辽主于渔所，授以使相，赐予加等。

三年（癸未——○三）冬十月，穆宗卒。年五十一，葬献陵。皇统五年，增谥章顺孝平皇帝。妻乌古论氏，谥贞惠皇后。子五人：昌，本名达兰，原作挞懒，行台左丞相；芬彻，原作蒲察，齐国公；富尔丹，原作蒲里迭，崇国公；算卓，原作撒（祝）〔柷〕（据金史卷五九交聘表改），银青光禄大夫；勖，本名乌页，原作乌也，太师，金源郡王。勖子宗秀，本名色呼缰，昭义节度使。至哈布尔原作胡八鲁，宁州刺史。（字）〔子〕（据金史卷六六扫合传改）苏赫，一名齐，利涉节度。称穆宗〔曾〕（据金史卷六六扫合传补）孙，不知谁子，（按，金史卷六六扫合传已明言"父胡八鲁"则此处不得云"不知谁子"。考卷五九宗室表，谓胡八鲁"不称谁子"，则这里子作孙是）姑置之。均见宗室表。〔考异〕蒲里迭，与卷七十三阿离合懑子同名，另一人。按，辽史天祚纪，穆宗之卒，载在乾统元年。又，所载擒哈里事，乃穆宗卒后。毕沅续通鉴云，世纪，英格癸未岁卒，为干统三年，实宋崇宁二年也，而李焘续通鉴长编谓卒于建中靖国元年，一误也。是岁，乌雅舒袭节度，十一年而卒，而长编又谓英格死，阿古达立，竟脱却乌雅舒一代，二误也。盖沿汪藻金盟本末及直北辽事、史愿亡辽录之谬，而未加考证耳。

兄子康宗嗣，讳乌雅舒，原作乌雅束。〔考异〕辽史作武雅淑。字摩啰完。原作毛路（宅）〔完〕（据金史卷一世纪改）世祖长子也。辽清宁七年辛丑岁生。五年，康宗袭节度使。高丽使来议事，使者至高丽，拒不纳。语详高丽事中。〔考异〕续纲目云，时高丽复与女真通好。女真虽旧属高丽，然不相通者且久。会高丽医者至女真，还言于王曰："女真居黑水部者，部族日强，兵益精悍。"其王乃通使女真。自是来往无阻，并无拒而不纳之事。与世纪异，今从世纪。陶宗仪辍耕录云，高丽以北地名巴实伯里，其地极寒，海亦冰，自八月即合，至明年四、五月方解，人行其上如平地。征东行省每岁委官至尼噜干，须用站车，每车以四狗挽之。狗（恶）〔悉〕（据陶宗仪南村辍耕录卷八狗站条改）谙人性，若克减其分例，必啮其主者，至死乃已。命威泰等伐苏伯水斋沃赫，原作斡豁。克之，进拔欢塔原作（宏）〔泓〕忒（据金史卷一世纪改）城，乃止。本传，世祖子，太祖母弟，最所钟爱。临敌决策，刚毅果断。初从萨哈攻破埒克城，尽平额讷斯珲路、恩楚路冠盗。及归自欢塔城，世祖欲偕往宁江州，不果，遂卒。太祖哭之恸，赠仪同三司，魏王，谥定肃。孙古尔吉，宗室表未列名。立十一年，卒，年五十三，葬乔陵。皇统五年，增谥献敏恭简皇帝。妻唐括氏，谥敬僖皇后。子三：宗雄，本名摩啰欢，楚王；腾格彻，原作同括（留）〔苗〕（据金史卷六六始祖以下诸子传改），昭武大将军；威赫，劝农使，宋国公。见宗室表。〔考异〕续通考云，康宗子偎可，天德中封广平郡王，寻例降，大定初封宗国公，疑即威赫也。洪皓松漠纪闻云，金九代祖名堪布，号始祖，八代祖名额鲁，七代祖名雅哈，六代祖名苏赫，五代祖贝勒，名舒噜，高祖太师，名呼兰，曾祖名哈里，曾叔祖名富勒敏，曾季祖名扬格，伯祖名乌噜斯，俱加谥号。大金国志云，七世祖名龛福，谥景元皇帝；六世祖名讹鲁，谥德帝；五世祖名洋海，谥安帝；四世祖名随阔，谥定昭帝；三世祖名实鲁，谥成襄帝；二世祖名胡来，谥惠帝。胡来生三子，长核里颇，次蒲刺淑，季扬割。扬割生三子，长阿骨打，次吴乞买，季思改。苗耀神麓记云，始祖揩浦生讹辣鲁，讹辣鲁生佯海，佯海生随阔，始号孛堇。生三子：长兀烈，次失侣，季乌熟，为孛堇。生货曜北之五祖，迥然超群，拜宁江军节度使。生五子：长劾阇，次劾姑逊，次劾里孛，次浦辣叔，次扬割太师。劾里孛生长子兀啰末，三子兀古达，乃太祖。纪载各异。按，金始祖哈富即龛福，哈富生乌噜，即讹鲁，乌噜生雅哈，即洋海，雅哈生苏赫，即随阔，苏赫生实鲁，实鲁生呼兰，即胡来。呼兰三子：长和勒博，即核里颇，叔曰富勒苏，即蒲刺束，季曰伊克，即扬割，称太师，始称强诸部。和勒博生四子：长乌鲁斯，即吴剌束，次太祖，次太宗，次赛音，即撒也。永昌八年秋，太祖始称皇帝，建元天辅云。见满州源流考。

金史纪事本末卷二

太祖建国

辽天祚帝天庆三年（癸巳——一三）冬，女直国康宗卒，弟阿固达原作阿骨打。〔考异〕续纲目作阿古达，史愿亡辽录作阿姑打。钟邦直行程录云，名文，小字阿古忽。袭位，为达贝勒，是为太祖。后改名旻。世祖第二子也。母曰翼简皇后纳喇氏。辽道宗时，东方屡出五色云气，大若囷仓之状，司天孔致和窃谓人曰："其下当生异人，建非常事。"以咸雍四年戊申七月一日太祖生。幼即举止端重，〔考异〕大金国志云，太祖在妊时，骨重异常儿。将生，河水为沸，野兽尽㘭。及生，有光照其室，部落咸异之。既长，臂垂过膝，身长八尺，状貌雄伟，沈毅寡言笑而有大志。本纪未载。世祖尤爱之。甫成童，善射，所至逾三百二十步，时莫能及。年二十三，从世祖攻乌木罕原作窝谋罕城，壮士托云原作太峪驰刺，几中，舅氏和尔和原作活腊胡救之，得免。世祖寝疾甚，太祖适自辽归，乃执其手谓穆宗曰："乌雅束柔顺，惟此子足了契丹事。"穆宗亦雅重之。尝从征玛察，原作麻产擒杀之，献馘于辽，辽拜为详衮。原作详稳久之，以偏师伐尼玛哈原作泥庞古部伯赫、布尔噶等，克之，虏其妻子。

初，温都部人巴图原作跋忒杀唐古部巴噶，原作跋噶穆宗命伐之，临行，辞曰："昨夕见赤祥，此行必克。"遂追及于额斯浑原作阿斯温山杀之。寻从都统萨哈原作撒改攻垿克，原作留可破之。还，攻乌塔原作坞塔城，城中人以城降。普嘉努原作蒲家奴。本传，郑国公噶顺子，改名昱。官温贝勒，进都统。使袭辽主，从杲克中京，追败辽兵于石辇铎。乌珲部叛，讨平之。卒，官司空，封王，配享太祖庙廷。〔考异〕续通考谓劾孙子，正隆例降豫国公。明昌四年，始定配享太祖功臣位次，东廊，自杲以下十三人；西廊，自撒改以下十八人。后又增欢都等九人，共计四十人。东为杲、宗干、宗望、习〔不〕失（据金史卷三一礼志补）、希尹、宗雄、银术可、忠阿思魁、撒离喝、斡里古、（辞不失）〔习失〕（据金史卷三一礼志改）、克宁、张浩；西为撒改、宗翰、宗弼、斡鲁、娄室、阇母、阿离合懑、蒲家奴、刘彦宗、韩企先、李石、志宁、忠义、良弼、石琚、安礼、合喜、宗叙。后增者为完颜襄、张万公、仆散端、高汝砺、福兴诸人。所载甚详。招卓多原作诈都降之，释不诛。未几，萧哈里原作海里。〔考异〕汪辉祖金史同名录云，卷七十天眷时广宁尹、卷一百二十一粘割韩奴传辽同知，三人同名海里。叛辽，太祖亲击杀之，献于辽。康宗七年，岁饥，民转为盗，罕都欲悉杀之，太祖曰：“以财杀人，不可！财者，人所致也。”遂减盗贼征偿法为征三倍。民间多逋负，康宗患之，太祖请三年勿征，闻者感泣。自是远近归心焉。是岁，康宗即世，乃袭位。〔考异〕毕沅续通鉴云，时乌雅舒梦逐狼，屡射不能中，阿古达前，中之，旦日告僚佐，皆曰“吉！兄不能得而弟得之之兆也。”未几卒，阿古达代。

四年（甲午——一四）夏六月，太祖至江西，辽使致袭节度使之命。〔考异〕大金国志云，是春，苏源奚室蒲古率其部落内附，共七千余户。纪未载。初，康宗卒，太祖嗣位，辽使阿息保〔考异〕毕沅续通鉴作阿勒博，通鉴辑览作爱锡拉布。国语解云，以力助人曰“阿息保”。来，让曰：“何以不告丧？”太祖曰：“有丧不能吊，而乃以为罪乎？”他日，阿息保径骑至康宗殡所，欲取赗马，太祖怒，将杀之，〔考异〕马永真嬾贞子云，胡人长骑射，所取胜，独以马耳。故一人有两马，此古法也。北征诗曰：“阴风西北来，惨淡随同鹬。其王愿助顺，其俗喜驰突。送兵五千人，驱马一万匹。”是知一胡人两马也。中国若不修马政，岂能胜之。赵翼劄记云，金初最重马。景祖为部长时，有黄马，服乘如意。景祖殁，辽贵人争欲得之，世祖不允，割其两耳，谓之秃耳马。辽人乃弗取。见阿（辣）〔疎〕传（据金史卷六七阿疎传改）赞。时兵力尚微，桓掫、散达方强，欲得盈哥之大赤马及辞不失之赤骝马，世祖亦不许，遂战，败之。阿里合懑将死，太祖往问疾，询以国事，对曰："马者，甲兵之用，今四方未平，而国俗多以良马殉葬，当禁止之。"均见本传。故太祖欲杀阿息保也。谙达传，骑射绝伦，善相马。尝论及善射者，世宗曰："能如卿乎？"阅马于市，见良马，（甚）〔虽〕（据金史卷九一移剌按答传改）羸瘦，辄与善价取之，他日果良马也。宗雄本名摩啰欢。〔考异〕宋史作谋良虎。国语解云，谋良虎，无赖之名，即穆喇枯。通鉴辑览作穆哩库。本传，康宗长子。从太祖攻宁江州，败渤海兵。珠赫店之战，摧锋力居多。战达噜噶城，乘胜逐北，至页噜伯奇。又追败辽主于呼岱巴冈，进平西京。赠太师，封楚王，谥威敏。宗室表，宗雄子额哩页，原作余里也；富勒呼，原作蒲鲁虎，金紫光禄大夫；安塔哈，原作按（塔）〔答〕海（据金史卷五九宗室表改），太子太保，金源郡王；雅尔坚，原作燕京；阿林，原作阿邻，兵部尚书。又，额哩页孙富德，上京路提刑。富勒呼子和勒端，原作桓端，金吾卫上将军。史载常春、呼喇勒、呼喇、呼噜、彻珍、帕克巴、恩楚皆称摩啰欢孙，不知谁子，姑置之。续通考云，宗雄次子名答海（按，据金史卷七三本传，当作按答海），初封许王，后封郓王。汪辉祖金史同名录云，卷九十三显宗子玠、卷五海陵纪贞元二年翰林待诏、卷六世宗纪海陵臣官护卫、卷八十七合喜传太宗时恩州刺史、卷一百二十乌林答晖传都点检，六人同名谋良虎。又，燕京与兴定元年兰州水军提控同名；按答海与泰和六年部将同名。见承裕传。纪载各判。谏而止。〔考异〕辽史天祚纪云，天庆二年春，帝幸混同江钓鱼。值头鱼宴，酒酣，帝临轩，诸部长次第起舞，独阿固达辞，帝欲诛之，弗果。叶隆礼契丹国志云，道宗末年，阿骨打入朝，辽贵人与为双陆戏，相争，阿骨打怒，以刀戕其胸，不死。侍臣请诛之，不许；因以王衍纵石勒，张守珪赦禄山比之。终不听。史均未载。

　　既而，辽命久不至。辽主淫酗、好猎、荒政，四方奏事多不省。每岁遣使市名鹰"海东青"于海上，道出境内，使者贪纵，部人厌苦之。〔考异〕薛应旂通鉴云，女真岁以北珠、貂皮、良犬、俊鹰"海东青"贡于辽。"海东青"者，小而健，能擒天鹅。爪白者尤异。主酷爱，每岁大寒，必命女真发甲马数百至五国界取之。往往争战而得，国人厌苦。毕沅续通鉴云，宋河北转运使梁子美，尝捐缗钱三百万市北珠奉上。珠出女直，子美市于辽，辽嗜利，虐女直捕"海东青"以求珠，女直深怨之。北盟会编云，天鹅能食蚌，则珠藏其嗉，唯"海东青"能擒天鹅，则于其嗉得珠焉。又，辽使每至其国，必欲荐寝者。旧轮中下户之室女，后唯择美好妇人，不问其有夫及阀阅高者，女真深怨。所载最详。康宗尝以不遣阿苏原作阿（竦）〔疎〕（据金史卷六七阿疎传改）为言，稍拒其使者。至是，复遣宗室实古纳、〔考异〕蒙古语"审问"也。原作习古乃，今译改。通鉴辑览作舒固特。尼楚赫原作银术可。国语解云，珠也。本传，伐辽之举，发自尼楚赫。嗣战达噜噶城，凡九陷阵，大败之。从克中京，大败奚锡默于京西。辽主西奔天德，以兵绝其后，卒见获。从宗翰，侵宋，围太原，屡败宋兵。克汴，赐铁券，拜中书令，封蜀王，谥武襄，配享太祖庙廷。〔考异〕续通考云，银术可为平章，代王宗尹子，隋王阿离合懑孙。天会十三年，封蜀王，正隆例，降金源郡王。子古云，原作毂英，官平章。弟麻吉，猛安，谥毅敏。麻吉子沃侧，官西北招讨使，皆系出景祖。按，宗室表，尼楚赫，宗室子，中书令，金源郡王。子古云，上京留守。弟玛奇，银青光禄大夫。玛奇子乌色，西北招讨使。至续通考所称为宗尹子，阿离合懑孙者，同名尼楚赫，袭明安，另一人。阿离合懑，即阿里罕，为景祖子。续通考误。汪辉祖金史同名录云，卷二太祖纪纥石烈部阿竦族弟、卷五十四选举志大定七年宣徽院同签、卷七十四文传大定十三年南京路谋克、卷八十五郑王永蹈传本名、卷九十二克宁传大定时札也、卷一百二仆散安贞传兴定时大名路判官、卷一百三纥石烈桓端传兄谋克、卷一百三十独吉氏传兄护卫，十人同名银术可。又彀英偰名阿鲁瓦，与海陵伯母徒单氏传郎君同名。等往索。还言辽主骄肆废弛之状，始谋伐之。乃备冲要，建城堡，修戎器。辽人闻之，使节度使尼格原作捏哥来问状。曰：“汝等有异志乎？”太祖曰：“设险自守，又何问哉！”复遣阿息保来诘，太祖曰：“我小国也，事大国不敢废礼。大国德泽不施，而逋逃是主，以此字小，能无望乎？若以阿苏与我，请事朝贡。苟不获已，岂能束手受制！”阿息保归，辽始遣统军萧托卜嘉原作挞不野。〔考异〕汪辉祖金史同名录云，太祖初辽副都统，当是一人。又，同时辽节度为斡鲁杀；收国二年高永昌使人；天辅四年辽上京留守，后被诛。均见太祖纪。卷三太宗天会二年辽详稳、卷六十六胡十门传父辽太尉、卷七十六宗义传海陵妃父即大臭本名，传在卷八十七，七人同名挞不野，亦作挞不也。调诸军于宁江州。亦曰混同军。故城在今吉林乌喇北、混同江东。〔考异〕洪皓松漠纪闻云，宁江州（在）〔去〕（据松漠纪闻改）冷山〔百〕（同上补）七十里，地（甚）〔苦〕（同上）寒，多草木，如桃李之类，皆成（围）〔园〕（同上），至八月，则倒置土中，封土数尺，季春出之，否则冻死。每春冰始泮，辽主必至其地，凿冰钓鱼，放弋为乐。金起兵，首破此州。又云，冷山去燕山三千里，去金都二百余里，去宁江州百七十里。所载较详。高士奇扈从日录云，额木赫索啰站东北二百余里为冷山，自必尔罕必喇北望，相去约数十里。积素凝寒，高出众山上，土人呼白山，以其冬夏皆雪也。

太祖闻之，谓诸将佐曰："辽人知我将举兵，集军备我，我必先发制之，无为人制。"众曰："善!"乃入告宣靖皇后〔考异〕毕沅续通鉴云，系颇拉淑妻富察氏，一作蒲察。以伐辽事，并祷皇天后土，号令诸部。使博勒和原作婆卢火。〔考异〕国语解云"婆卢"即"佛哩"，满州语"洁净"也。今译改。本传，安帝五代孙，以伐辽功，为泰州都统。从取燕京，萧妃遁，命与和索哩追之，获其统军察剌、宣徽扎拉并其家族。寻与实古纳讨平达喇。守边屡有功，擢平章事，赠开府，谥刚毅。续通考云，子婆速，孙吾札忽。宗室表，婆速，一名博索，官特进；吾札忽，一名乌哲库，呼尔哈节度。按，博勒和之子尚有博硕，孙尚有威泰，表未列名。又，同时有博勒和者，罗索平陕西，博勒和、胜额监战，后为平阳尹。徙庆阳，另一人。见本传。汪辉祖金史同名录云，卷八世宗大定二十三年西京留守、宗室、大定二十八年参政；卷六十四显宗孝懿皇后传后祖，五人同名婆卢火。等征诸路兵，并抚谕各路系辽籍女直，执辽障鹰官。

　　秋九月，进军宁江州。次寥晦城，会诸路军于拉林水，〔考异〕宋史作来流水。洪皓松漠纪闻云，自上京一百五十里至拉林河。北盟会编云，第三十八程至拉林河，三十九程至上京。许亢宗奉使行程录云，三十六程，自呼勒希寨八十里至拉林河。明一统志云，在会宁北，出三万卫境马盂山，东流至黄龙府东，又东南流入女真界，又东北流入混同江。按，拉林河在吉林城东北二百五十里，源出吉林东北之拉林山，北流入混同江。明志稍误。得二千五百人，传梃誓众。进次唐古特旺结原作唐括带斡甲之地，有光如烈火，起人足及戈矛之上，共以为兵祥。抵辽界，与战，大破之，亲射杀其将耶律色实，原作谢十。〔考异〕通鉴辑览作色锡。辽军大奔，相蹂践死者十七八。〔考异〕朱翌猗觉寮杂记云，次年，契丹加兵女真，女真众裁万人。所居有灰城，以水沃其壁，凝冻成冰。距城三百里，焚其积聚，散居山林以待之。契丹至，则城不可攻，野无所取，遂退兵，为所袭，杀甚众。纪未载。国相萨哈在别路闻之，使其子宗翰〔考异〕钦定日下旧闻考作尼堪，云，满州语"汉人"也，旧作粘罕，今译改。又"心"也，即尼雅马。见国语解。辽史作尼雅满，宋史作粘没喝，通鉴辑览作尼玛哈。来贺，且劝进。太祖曰："一战而胜，遂称大号，何示人浅也！"

　　冬十月朔，进克宁江州，获防御使大药师努，〔考异〕卷六十三海陵贵妃定哥传小底，同名药师努。通鉴辑览作大约什努。阴纵之，使招谕辽人。铁骊部来送款。次拉林城，以俘获赐诸将。召渤海梁福、额特埒，〔考异〕宏简录作斡答剌。使招谕其乡人曰："女直、渤海，本同一家。我兴师伐罪，不滥及无辜也。"使完颜罗索原作娄室。〔考异〕汪辉祖金史同名录云，卷五海陵纪世宗大定二年小底、卷六世宗纪大定八年护卫、卷七世宗纪大定十六年武器直长姓粘葛氏、卷十五宣宗纪兴定三年邓州元帅府提控、卷十八哀宗纪天兴二年总帅、卷八十五世宗子豫王永成本名、卷八十七志宁传世宗时万户、卷八十八良弼传本名、一大娄室鹰扬都尉正大八年战死、一中娄室总帅、一小娄室元帅俱金亡后降宋被杀、卷一百二十二宣宗时权右都监姓蒲察氏、卷一百二十三杨沃衍传贞祐三年通远节度，十四人同名娄室。**招抚系辽籍女直，师还，命诸路以三百户为穆昆，**原作谋克**十穆昆为明安。**原作猛安。

〔考异〕国语解云，"猛安"即"密噶"，"谋克"即"墨克"。洪皓松漠纪闻云，猛安，夷言曰"盲安"，谋克即"毛毛可"。北盟会编云，其职有忒母万户，萌眼万户，毛毛可百人长，蒲里偃，牌子头之称，宗室皆谓之郎君。按，女真初时无徭役，壮者悉为兵，平居则渔畋射猎，有警则下令征之。凡步骑之仗、糗粮皆自备焉。部长曰孛堇，行兵则称猛安、谋克，犹千夫百夫长也。凡以众降者，以是官之。亦见宋史。续通考云，谋克之副曰蒲里衍，即富埒珲；士卒之副从曰阿里喜。天会五年，调燕、云八路民兵隶诸万户，而万户亦有专统汉军者。皇统三年置骁毅军。贞祐初，籍任子赴选监当官者为军。兴定三年置决胜军，又招集义军，设都统等官。元光二年，诏籍陕西侨居官民为军。时备御黄河，签闲居文武职事官充军。哀宗时选诸路精兵直隶密院。又置忠孝军，以石抹燕山奴、蒲察、定住统之。又立忠义军，皆燕、赵亡命，终不可用。至禁军之制，本于合扎谋克、合扎猛安，合扎者，言亲军也。谓之侍卫亲军。贞元迁都，立侍卫亲军司以统之。旧有护驾，海陵又设神勇军。正隆南伐，选骑兵为龙骧军，步兵为虎步军，以备宿卫。五年，罢亲军司，付大兴府，置左右骁卫，所谓从驾军也。骑兵隶点检司，步兵隶宣徽院。大定初，改防城军为武卫军，掌京师巡捕。寻设上京守卫军。章宗又设威捷军。至郡县兵，则太祖初设。东京州县猛安、谋克如内制。大定十五年，遣蒲察兀虎等十人分行天下，再定猛安、谋克户。又有东北路部族乣军及各部族军，皆置总管府及节度使以领之。外有渤海军、奚军、汉军、中都永固军，西北分番屯戍军，西北永屯军、驱军、边铺军，三虞候顺德军、诸路效节军、弩手军、射粮军、牢城军。史称金初猛安、谋克杂厕汉地，听与契丹、汉人婚姻，以相固结。迨国势既盛，则罢辽东、汉人、渤海之袭猛安、谋克者，渐以兵柄归其内族。然枢院募军，兼采汉制。伐宋之后，参用汉人，卒致猜忌日深，自相戕贼。忠孝等军构难于内，乣军杂人召祸于外，岂非自坏家法所致欤？赵翼劄记云，金初设明安、穆昆管军民，及得中原，始置屯田军。凡女直、奚、契丹之人皆自本部徙居中州，与百姓杂处，计户授甲仗，自耕种，春秋给衣，出军始给钱米。世宗时，不欲其与民杂处，始令其众自相保聚，其土田与民田犬牙相入者，互易之，遂为永制。嗣后，诸军户多行不法，不能屯种，赁民代耕，日益贫乏。初以三百户为一穆昆，十穆昆为一明安。至宣宗时则三十人为一穆昆，五穆昆为一明安。哀宗时，又二十五人为一穆昆，四穆昆为一明安。盖末年愈耗减矣。当蒙古兵起，种人往战辄败。承安中，主兵者谓种人所给田少，不足赡身家，故无斗志，请括民田之冒税者给之。于是武夫悍卒强夺民田。及贞祐南渡，盗贼群起，向之恃势夺田者，人视如仇，皆死于锋镝之下，虽赤子不免。见元遗山所作张万公碑，亦载完颜怀德碑。可见种人之安插河北诸郡者，尽歼于宣宗之时。史均未载。按，大定三年秋七月，诏罢契丹猛安、谋克户分隶女直。二十三年七月，奏猛安、谋克户口之数：猛安户二百二，口六十一万五千六百二十四；谋克户千八百七十八，口六百一十五万八千六百三十六。**绰哈**原作酬斡。〔考异〕太祖纪鳖古字董，天辅四年遇害。传附卷一百二十一仆忽得后，宗室。又见食货志。卷七十九字文虚中传，皇统时人，姓唐括氏，另一人。见元会汾金史考证。**等抚定成黙**原作逸谋水女直，拜格〔考异〕蒙古语，令其停止也。原作“鳌古”，今改。酋长和索哩〔考异〕满州语“曲皮”也。原作胡苏鲁，今改。以城降。

十一月，奚铁骊王和勒博原作回离保以所部降。

是月，乌奇迈、原作吴乞买萨哈、希卜苏原作习不出率官属诸将劝进，愿以新岁元日恭上尊号，不许。阿里罕、原作阿里合懑普嘉努、宗翰等进曰：“今大功已建，若不称号，无以系天下心。”太祖曰：“吾将思之。”

太祖收国元年（乙未——一一五）春正月壬申朔，群臣上尊号。是日即皇帝位。帝曰：“辽以镔铁为号，取其坚，然亦变坏，惟金不变不坏。金之色白，完颜部色尚白。”于是国号大金，〔考异〕金志云，太祖以国产大金及有金水源，故称大金。北盟会编云，以本土名阿禄阻为国号，女真语“金”也。纪未载。建元收国。时辽天庆五年也。〔考异〕辽史于金称帝，载在天庆七年。大金国志载在八年，契丹国志同。惟续纲目、通鉴辑览与金史合，盖载在政和五年也。毕沅续通鉴云，时铁州杨朴说阿固达称帝。北盟会编载朴劝称尊号之言甚详。大金国志云，朴本渤海大族，少第进士，官校书郎。降女真，颇用事，拜知枢密院内相，国初制度，皆出其手。系年要录作杨璞。史均未载。

三月辛未朔，猎于寥晦城。北盟录云，女真善骑，上下崖壁如飞，精射猎，每见巧兽之踪，能蹑而推之，得其潜伏之所。

以桦皮为角，吹作呦呦之声，呼鹿射之。马扩茅斋自叙云，扩随金主打围，自拉林河东行。每旦，金主于积雪中以一虎皮背风而坐，诸将各取所佩箭一枝，掷占远近，各随所占。左右上马，军马皆单行，每骑相去五七步，接行不绝，两头相望，常及一二十里。候放围尽，金主上马，去后队一二里立，认旗以行，两翼骑兵视旗进趋。凡野兽自内赴外者，四围得迫射；外赴内者须主将先射。凡围如箕掌，徐进约三四十里，近可宿之处，即两稍合围渐促。须臾，作二三十匝，野兽迸走，或射、或击，尽毙之。取火炙啗。骑散之宿处。金主言："我国中最乐，无如打围。"其行军布阵，大概出此。

夏五月庚午朔，避暑于近郊。甲戌，拜天射柳。自是每岁三日（按，此盖指五月五日、七月十五日、九月九日，凡三日）以为常。

秋七月戊辰，以弟乌奇迈为安班贝勒，国相萨哈为古伦贝勒，希卜苏为爱满原作阿买贝勒，弟舍音原作斜也为古伦贝勒。〔考异〕宋史云，以吴乞买为谙班勃极烈，撒改、斜也为国论勃极烈。（按，据金史卷二太祖纪、卷七六杲传，斜也时为国论昊勃极烈。）北盟会编又作谙版字极烈。纠官也，犹中国言总管。自五户字极烈推而上之，以至万户字极烈，皆自统兵。通鉴辑览"谙班"作"阿木班"，"古伦"作"固伦"。按，国语解云，都勃极烈，总治官名，犹汉云冢宰。"谙版"即"阿巴"，官之尊且贵者；"国论"即"固噜"，尊礼优崇得自由者；"胡鲁"即"库哷"，为统领官；"穆赉"即"伊拉"，位第三；"阿买"即"阿马"，治城邑者；"乙室"即"额西"，迎迓官；"扎失哈"，守官署；"昃"为阴阳官；"迭"即"德特"。沈炳震廿一史四谱，太祖朝宰辅，首曰谙班勃极烈，为之者太宗；次曰国论忽鲁勃极烈；又次曰国论勃极烈，为之者完颜撒改及完颜杲。均见本纪。

九月己卯，黄龙见于空中。癸巳，以萨哈为古伦乌赫哩原作忽鲁贝勒，阿里罕为古伦英实原作乙室贝勒。

二年（丙申——六）春正月戊子，诏曰："自破辽兵，四方来降者众，宜加优恤。自今契丹、奚、汉、渤海、系辽籍女直、室韦、达噜噶、乌舍、原作兀惹铁骊诸部〔考异〕册府元龟云，唐开元二年，铁利靺鞨首领囷许离等来朝。后屡朝贡，授中郎将。其故地，领广、汾等六州。当渤海盛时，号铁利府。入辽，屡通贡使，至天祚不绝，迄于金世。"利"与"骊"音同。续通考云不知其所始，非也。官民，已降或为军所俘获、逃遁而还者，勿以为罪。其酋长仍官之，从宜居处。"

二月己巳，诏曰："比以岁凶，庶民艰食，多为奴隶及犯法征偿莫办，折身为奴者；或私约立限，以人对赎，过期则为奴者，并听赎。"

夏五月，东京辽史地理志云，本朝鲜地，辽建为东京，号辽阳府，辖州府军城八十七，统县九。〔考异〕舆地广记云，辽东，春秋属燕，秦、汉立辽东，后为公孙度所据。魏、晋为辽东郡，慕容廆居之。后魏为高丽国都，唐李勣平之，得城百七十六，为都督府九，州四十二，县一百，置安东都护府于平壤城。上元三年，徙郡故城，仪凤二年，又徙新城，开元二年，徙平州，复徙辽西故郡城。至德后废，领羁縻州十四：曰新城州、辽城州、哥勿州、建安州，皆设都督府；南苏州、木底州、盖牟州、代那州、仓岩州、磨米州、积利州、黎山州、延建州、安市州。续通考云，辽东，唐以前为高句骊及渤海大氏所有。辽神册四年葺辽阳故城，以渤海俘户置东平郡，天显三年，辽东丹国民居之，升为南京，城曰天福，幅员三十里；府曰辽阳，统县九：辽阳、仙乡、鹤野、析木、紫蒙、兴辽、肃慎、归〔仁〕、〔顺〕化（据辽史卷三八地理志补）。金置辽阳府，户四万六百，领辽阳、鹤城、宜丰、石城四县。天会十年改南京路，设都统军司以镇高丽、宜丰、澄、复、盖、沈、贵德州，广宁府来远军并属焉。澄州，领临溟、析木二县。复州，领永康、化成二县。贵德州，领贵德、奉集二县。来远州，大定中升为军，后改州。平，诏除辽法，省赋税，置明安、穆昆如制。

冬十二月庚申朔，乌奇迈及群臣上尊号曰大圣皇帝，改元天辅。〔考异〕大金国志云，是年，北方寒甚，裂肤堕指，多有死者。纪未载。

天辅元年（丁酉——一一七）春正月，开州辽史地理志云本濊貊地，号开封府，更名镇国军，高丽为庆州，渤海为东京龙原府，圣宗时更今名，治开远县，本高丽龙原县。统州三：盐州，本渤海龙河郡；穆州保和军，本渤海会农郡，治会农县；贺州，本渤海吉理（府）〔郡〕（据辽史卷三八地理志改），均隶开州。叛，瓜尔佳萨哈〔考异〕宏简录作加古撒噶。等讨平之。

夏五月丁巳，诏："自收宁江州以后，同姓为婚者，杖而离之。"

秋七月戊申，以完颜鄂伦原作斡论。〔考异〕毕沅续通鉴作沃棱。知东京事。

冬十二月，<u>宋</u>使<u>马政</u>以国书来议和。<u>宋</u>、<u>金</u>之交自此始。

二年（戊戌——一一八）春三月癸未朔，<u>咸州路</u><u>辽</u>置，故城在今<u>奉天府</u><u>铁岭县</u>。〔考异〕<u>渤海</u>为<u>铜山郡</u>，初号<u>浩里太保城</u>。<u>续通考</u>云，<u>咸州</u>，<u>汉</u>属<u>乐浪郡</u>，<u>唐</u>灭<u>高丽</u>，置<u>安东都护府</u>。<u>辽</u>灭<u>渤海</u>，置<u>咸州安东军</u>，领<u>咸平县</u>。<u>金</u>升为府，领县八：<u>平郭</u>、<u>同山</u>、<u>新兴</u>、<u>庆云</u>、<u>清安</u>、<u>荣安</u>、<u>归仁</u>、<u>玉山</u>。都统<u>乌楞古</u>坐事降<u>穆昆</u>，原作<u>斡鲁古</u>。本传，宗室子，官<u>咸州</u>军帅，以专恣，降<u>穆昆</u>。寻讨贼于<u>牛心堡</u>，道卒，赠特进，配享<u>太祖</u>庙廷，谥<u>庄襄</u>。以<u>阇格</u>原作<u>阇哥</u>。续通考云，宗室子，赠特进，谥<u>庄翼</u>。（按，据<u>金史</u>卷七一<u>斡鲁古</u>传及<u>阇母</u>传，谥<u>庄翼</u>者为<u>阇母</u>，未载<u>阇哥</u>之谥，此处误。）代之。庚子，命<u>罗索</u>为万户，镇<u>黄龙府</u>。<u>辽史</u>地理志云，本<u>渤海</u><u>扶余府</u>，一名<u>夫余府</u>。<u>太祖</u>平<u>渤海</u>还，黄龙见，更名。<u>保宁</u>七年，军将<u>燕颇</u>叛，府废。<u>开泰</u>九年，迁城于所属<u>黄龙县</u>。

夏六月甲寅，诏有司严禁民凌虐典雇良人及倍取赎直者。

秋七月癸未，诏曰：“<u>博啰</u>原作<u>匹里</u><u>水路</u><u>完颜珠勒呼</u>、原作<u>术里古</u><u>渤海</u><u>大嘉努</u>等六<u>穆昆</u>贫民，昔尝给官粮，置之渔猎地，今历日已久，不知登耗，可具其数以闻。”复诏<u>达噜噶部</u>贝勒<u>色埒</u>：“凡降附新民，善为存抚。来者令从便安居，给以官粮，毋辄动扰。”

九月戊子，诏曰：“国书诏令，宜选善属文者为之。其令所在访求博学雄才之士，敦遣赴阙。”

闰月庚戌朔，九百奚部萧宝、伊逊，原作乙辛北部额里页，原作讹里（雅）〔野〕（据金史卷二太祖纪改）汉人王六儿、王伯龙，契丹特默、高从（勋）〔祐〕（据金史卷二太祖纪改）等，各率众来降。以降将霍石、韩庆和等为千户。

冬十月癸未，以龙化州辽史地理志云，本汉北安平县地，即龙庭，太祖于此建东楼。降者张应古、刘仲良为千户。汉人李孝功、渤海二哥率众来降。

〔十二月〕（据金史卷二太祖纪补）辽懿州在今广宁县境。〔考异〕续通考云，辽太平三年，越国公主以媵臣户置，曰广顺军，清宁中进入，改今名。宁昌军，金初隶咸平府，后属北京，领县二：顺安、灵山。节度使刘宏〔考异〕辽史属国表作刘完。以户三千降，拜千户。〔考异〕孔敬宗传，字仲先，辽阳人，为宁昌刘宏幕官。乌楞古兵至境上，劝宏迎降，为乡道，拔显州，授顺安令。寻奉诏与宏率懿州民徙内地，擢明安，知安州事。从宗望侵宋，汴京平，宗望命敬宗守汴。终归德节度使。所载较详。川州在今广宁县境。〔考异〕续通考云，本唐青州地，辽太祖弟安端置，诏名白川州，察剌诛，省为川州。领县三：宏圣、咸康、宜民。寇二万，已降复叛，赫舍哩卓哩原作纥石烈照里击破之。〔考异〕毕沅续通鉴云，是春正月，杨朴言：“自古英雄开国，或受禅，必先求大国封册。”金主遂遣使如辽。使至，辽值岁饥，萧奉先劝辽主许之。通鉴辑览系之元年。稍异。太祖纪未载，盖讳其事而不书耳。大金国志云，二年春，北方有赤色，长二三丈，西方有火五团，下行十余丈，皆不至城灭。又，是年，<u>杨朴</u>建议，请正后位，从之，诏册<u>蒲察</u>氏为皇后。今按，<u>国志</u>所书二年是三年，盖与<u>史</u>差一年，恐误。<u>纪</u>均未书。

三年（己亥——一九）春正月甲寅，<u>东京</u>人为质者<u>永吉</u>等五人结众叛。事觉，诛其首恶，余皆杖百，籍其资产之半。丙辰，诏拜格贝勒（按，据<u>金史</u>卷二<u>太</u><u>祖纪</u>，<u>酬斡</u>即<u>绰哈</u>为<u>鳖古</u>孛堇，这里作"格贝勒"，疑误）<u>绰哈</u>曰："<u>呼噜古</u>、<u>达巴噶</u>原作<u>迭八合</u>二部，先时交恶，今来送款，毋相侵扰。"

夏五月壬戌，诏<u>咸州</u>路都统司曰："兵兴以前，<u>哈斯罕</u>、<u>辉发</u>原作<u>回怕</u>〔<u>里</u>〕（据<u>金史</u>卷二<u>太祖纪</u>补）与系<u>辽</u>籍、不系<u>辽</u>籍<u>女直</u>户民，有犯罪流窜边境，或亡入<u>辽</u>者，本皆吾民，远在异境，朕甚悯之。今既议和，当行理索。可明谕诸路，遍访其官称、名氏、地理，具录以闻。"

秋八月己丑，颁<u>希尹</u>原作<u>兀室</u>。〔考异〕<u>续纲目</u>作谷神，<u>通鉴辑览</u>作固新。所制<u>女直</u>字。

四年（庚子——一二〇）夏四月乙未，帝自将伐<u>辽</u>。以<u>辽</u>和议无成，命进师。令<u>色克</u>原作<u>斜葛</u>留兵一千镇守，<u>栋摩</u>原作<u>阇母</u>。〔考异〕<u>国语解</u>云，"釜"也。即<u>西穆图</u>，<u>通鉴辑览</u>作多昂摩。<u>本传</u>，<u>世祖</u>第九子，<u>太祖</u>异母弟。初从<u>斡鲁</u>平<u>东京</u>。及克<u>上京</u>、<u>中京</u>，皆力战有功。又攻<u>西京</u>，先登，克之。平<u>南京</u>，杀<u>张敦固</u>。从侵<u>宋</u>，师还，拜右都监。从<u>宗辅</u>定<u>山东</u>，封鲁王，配享太祖庙廷，谥庄襄。子宗叙，本名德寿，官参政，为世宗重，配享庙廷。按，完颜安国传，本名阇母。传在卷九十四。章宗时枢副，道国公，另一人。见元会汾金史考证。**以余兵来会于浑河。**在今奉天府承德县南，流至海城县入辽，即小辽水也。〔考异〕汉书地理志云，高句骊辽山，辽水所出，西南至辽阳入大辽水。桑钦水经云，元菟高句骊县，有辽山，小辽水所出，西南至辽阳，入于大辽水。郦道元水经注云，小辽水出辽山，西南经辽阳县，与大梁水会，又东南迳襄平县为淡渊，入大梁水，即太子河也。元一统志，浑河源出废贵德州境瑚呼玛山。续通考云，源出塞外，西南流至沈阳卫，合沙河，又西南流至都司城西北，入太子河。太子河即东梁河，源出斡罗山，西流五百里至辽东都司城东北五里，折而西南流，至浑河，合为小口，会辽河入海。按，浑河源出长白山纳哈窝集。辽东行部志云，"呼图克"，汉言"浑河"也。"哈达"，汉言"山"也。"达巴罕"，汉言"岭"也。"桑阿"，汉言"城"也。"布拉克"，汉语"暖泉"也。"奎"，汉言"清河"也。"雅塔喇库"，汉言"火镰"也。"和勒端"，汉言"松"也。"茂摩啰"，汉言"水盂子"也。"博啰和屯"，汉言"范河"也。

秋九月，矩威原作烛（威）〔隈〕（据金史卷二太祖纪改）。**水部锡勒哈达**原作实里古达**等杀贝勒绰哈、布古得**原作仆忽得**以叛。**〔考异〕斡鲁传，绰哈，宗室子，魁伟善战，年十五隶军中。初以兵五百败室韦，获其民众。及招降矩威水部，拜穆昆。布古德初事萨哈。从讨萧哈里，降矩威水部，领行军千户。从破黄龙府，战达噜噶城皆有功。其破宁江州，渤海、伊实布叛，追获之。至是同被害。天显中，皆赠官。按，忠义传，绰哈赠奉国上将军，布古德赠昭义大将军。系死事于五年九月，又异。**命斡**

鲁〔考异〕毕沅续通鉴作鄂啰。本传，和卓第二子。康宗初，伐沃赫，拔其城。高丽筑九城于海兰甸，斡鲁亦筑城与抗。克东京，拜南（京）〔路〕（据金史卷七一斡鲁传改）都统。从征辽，屡有功。太祖疾，亟命为德特贝勒，守云中。及宗翰侵宋，遂代行两路都统事。封郑国王，配享太祖庙廷。子萨巴，〔银青〕（据金史卷七一斡鲁传补）光禄大夫。汪辉祖金史同名录云，卷六十五传始祖子。见世纪；卷七十二完颜仲传，仲兄，统军；卷四十四兵志，兴定五年京南行三司官，四人同名斡鲁。分呼古乌春〔考异〕汪辉祖金史同名录云，即纳合乌蠢，而卷一世纪，世祖时叛人，传在卷六十七，温都部人，同名乌春，亦作乌蠢。之兵以讨之。〔考异〕大金国志云，四年三月，始于渤海、辽阳等州榷筦库。岁课稍重，商人疑惑，不恤也。是春，日有眚，忽青黑无光，汹汹若动。但所书四年是五年，辨见上。史均未载。毛子廉传，是年，率户二千四百自临潢来降。按，子廉，本名巴克实。太祖纪天辅六年，汉人毛巴克实来降，一作八十。卷七十三宗道传，本名，官临洮知府，另一人。

五年（辛丑——二一）春正月，斡鲁败锡勒哈达于哈达拉山，诛首恶四人，余悉抚定。

夏五月，辽都统耶律伊都等诣咸州降。

闰月辛巳，古伦乌赫哩贝勒萨哈卒。

六月庚子，诏安班贝勒乌奇迈贰国政。以温贝勒舍音为乌赫哩贝勒，普嘉努为温贝勒，宗翰为伊拉齐原作移赍齐。（按，据金史卷二太祖纪、卷七四宗翰传，皆作移赍勃极烈，"齐"字衍）贝勒。〔考异〕宏简录云，斜也为忽鲁勃极烈，为统领官；昊为昊勃极烈，为阴阳之官；宗翰为移赍勃极烈。按国语解，"昊"宜作"戾"，宏简录恐误。

秋七月庚辰，诏咸州都统司曰："自伊都来，灼见辽国事宜，已决议亲征，其治军以俟师期。"会连雨乃罢。命温贝勒昱为都统，宗翰副之，帅师而西。

冬十（一）〔二〕（据金史卷二太祖纪改）月辛丑，以昊为内外诸军都统，以昱、宗翰、宗干、原作斡本，金主庶长子。〔考异〕通鉴辑览作斡布。宗望、原作斡离不。〔考异〕一作斡里雅布。通鉴辑览作斡喇布，张汇节要作沃哩布。满州语"使留"也。旧作斡离不，今译改。宗盘原作蒲（卢火）〔鲁虎〕（据金史卷七六宗磐传改）。〔考异〕通鉴辑览作博勒郭。等副之，率师伐辽。〔考异〕大金国志云，五年五月，金用杨朴议，始合祭天地于南北郊及祶享太庙，颁赐有差。所书五年，亦是六年。史未载。

六年（壬寅——二二）春三月，辽秦晋国王称帝于燕。辽史云，系兴宗第四孙，宋魏王和啰噶子。时守燕京，会天祚入夹山，宰相李处温劝之称尊号，未几卒，伪谥宣宗章帝。

夏四月，栋摩、罗索招降天德详卷三。等州，获阿苏而还。

六月戊子朔，帝自将伐辽，发自上京。〔考异〕史称上京路〔即〕（据金史卷二四地理志补）海古勒之地，金旧土也，初称为内地。天会二年号所筑新城为会平州。天眷元年号上京。海陵迁燕，削上京之号，止称会宁府。大定十三年，复为上京。府一，领节镇四，防御一，县六，镇一。其宫室有乾元殿、庆元宫、朝殿、凉殿。行宫有天开殿，约罗春水之地〔也〕。（据金史卷二四地理志补）有混同江行宫，兴圣宫、永祚宫、光兴宫；有皇武殿，云锦亭、临漪亭。按，海古勒之地，阿勒楚喀水源于此，一名海古勒水，阿勒楚喀，旧作按出虎，今改正。考详卷一。命安班贝勒乌奇迈监国。辛亥，诏谕上京官民曰："朕顺天吊伐，已定三京，但以辽主未获，兵不能已。今者亲征，欲由上京路进，恐抚定新民，惊疑失业，已出自登穆鲁。原作笃密吕其先降后叛逃入险阻者，诏后出首，悉免其罪。若犹拒命，孥戮无赦。"是月，耶律聂呼卒。斡鲁、罗索败夏人于野谷。〔考异〕薛应旂通鉴云，夏将李良辅将兵三万救辽，金娄宿、斡鲁败之于宣水，追至野谷，涧水暴至，夏人漂没者无数。续纲目宣水作宜水。赵良嗣燕云奉使录作八月事。所载较本纪为详。

秋七月甲子，诏诸将无得远迎，以废军务。丙寅，以额特呼招降者众，命领八千户，以呼逊原作忽薛（领）〔副〕（据金史卷二太祖纪改）之。壬午，希尹以阿苏见，杖而释之。本传，锡馨水赫舍哩部人。初起兵，以索阿苏为辞，至是被获，军士问之曰："尔为谁?"曰："我破辽鬼也。"

九月乙丑，诏六部奚〔考异〕欧阳修五代史云，五部奚：一阿荟、二啜米、三粤质、四怒皆、五黑纥支。王溥五代会要啜米作啜末，粤质作奥质，怒皆作奴皆，黑纥支作黑讫支。薛居正五代史云，奚之先为匈奴破，保乌丸山，分五姓，皆有辱纥主以领之。续通考云，奚种在金时有遥里氏、伯德氏、奥里氏、梅智氏、揣氏。

按，<u>史</u>称<u>库莫奚</u>，历<u>元魏</u>、<u>周</u>、<u>隋</u>、<u>唐</u>皆兵强。后<u>契丹</u>破之，西保<u>隆科</u>，留者臣<u>契丹</u>，号<u>东</u>、<u>西奚</u>，有五世族，与<u>契丹</u>世为婚姻，附姓<u>舒噜</u>，凡十三部、二十八落，一百一帐，六十二族。所载各异。曰：“汝等既降复叛，扇诱众心，罪在不赦。尚以归附日浅，恐绥怀之道有所未孚，故复令招谕。若能速降，当释其罪，官皆仍旧。”

冬十月丙戌朔，次<u>奉圣州</u>。诏曰：“朕屡敕将臣，安辑怀附，无或侵扰。然愚民尚多逃匿山林，即欲加兵，深所不忍。今其逃散人民，罪无轻重，咸与矜免。率众归附，授以世官。或奴婢先其主降，并释为民。其布告之，使谕朕意。”

十二月，帝亲抚定<u>南京</u>。〔考异〕<u>辽史地理志</u>云，<u>南京</u>，古<u>幽州</u>地，<u>辽</u>建为<u>南京</u>，号<u>析津府</u>，统州六，县十一。<u>金</u>号为<u>中都路</u>，号<u>大兴府</u>。<u>天会</u>七年，析<u>河北</u>为<u>东</u>、<u>西路</u>，时属<u>河北东路</u>。<u>贞元</u>二年更今名。县十：<u>大兴</u>、<u>宛平</u>、<u>安次</u>、<u>漷阴</u>、<u>永清</u>、<u>宝坻</u>、<u>香河</u>、<u>昌平</u>、<u>武清</u>、<u>良乡</u>。见<u>地理志</u>。<u>舆地广记</u>云，<u>幽州</u>，<u>召公奭</u>赴<u>燕</u>，都此。<u>秦</u>为<u>上谷郡</u>，<u>汉</u>初分立<u>燕国</u>，后为<u>广阳郡</u>，<u>东汉</u>并入<u>上谷</u>，后<u>汉</u>兼立<u>幽州</u>，<u>前燕慕容俍</u>都之，<u>元魏</u>号<u>幽州</u>及<u>燕郡</u>，<u>周</u>改<u>涿郡</u>，<u>唐</u>为<u>幽州</u>，后为<u>范阳郡</u>，升<u>卢龙军</u>，县九。<u>蒋一葵长安客话</u>云，<u>顺天府</u>附郭二县，东曰<u>大兴</u>，西曰<u>宛平</u>。府境南为<u>固安</u>、<u>霸州</u>；北为<u>昌平</u>；东为<u>通州</u>、<u>三河</u>、<u>香河</u>、<u>玉田</u>；西为<u>良乡</u>、<u>房山</u>；东北为<u>蓟州</u>；东南为<u>武清</u>；西南为<u>涿州</u>。<u>固安</u>之东为<u>东安</u>、<u>永清</u>；<u>霸州</u>之南为<u>保定</u>、<u>文安</u>、<u>大城</u>，<u>昌平</u>之东为<u>怀柔</u>、<u>密云</u>；<u>通州</u>之北为<u>顺义</u>，南为<u>漷县</u>，东南为<u>宝坻</u>；<u>蓟州</u>之北为<u>平谷</u>，东为<u>丰润</u>，东北为<u>遵化</u>。国初设布政使司，改府曰<u>北平</u>。<u>永乐</u>中，以<u>北平</u>为行在所，改府曰

顺天，府署在地安门外鼓楼东。朱彝尊日下旧闻云，大兴，本秦蓟县地，汉为广阳国，辽改为析津，金天德五年改为大兴县。县治在北城教忠坊。宛平县，唐析西界置，名幽都县，辽改为宛平，今因之，县治在积庆坊。安次县，元改为东安州，明初降为东安县。张文举东安县志云，桃水首受涞水，分，东至安次入河，见汉志。省柳宫，在县南，辽会同中建。辽中丞韩泽墓，在县西北更生村。又，长庆宫旧在广平淀，金天会三年移安次南五十里，东接巴纳，南通番、汉，有大石桥，以受诸国礼。清类天文分野之书，漷县，汉泉州地，辽改漷阴，金同，元并漷州，明复故。辽时延芳淀在漷县西。又县南有崔氏园亭，四乡学谕崔礼因金亡隐此，为名人游观地。见寰宇通志。明一统志云，永清，唐县，宋为霸州治，后并入文安，金复置，在府南五十里。方舆纪要云，宝坻，汉泉州县地，后汉置盐仓，金初为新仓镇，大定中置县，故城在大觉寺西。县志云，城内有金大定十年所建舍利砖塔。日下旧闻考谓辽大安间建。又，城中有石幢七级，雕刻工巧，金皇统中建，俗传下有海眼。见长安客话。漕河图志云，香河，在漕河东八里，本武清县之孙村，辽置，县东南滨水，芰荷香馥，因名。日下旧闻云，昌平，汉县，东魏为东燕州，后唐改燕平县，晋复旧，辽属析津府，金属大兴府。元好问中州集载蔡松年宿昌平诗曰："燕尘都送入关山，自断何如二顷田。记得鸣蛩碧花句，蹉跎秋思又三年。"按昌平州有天寿山，明十三陵均在焉。武清，本汉雍奴县，在通州东南九十里，三角淀在县南，周二百里。见顺天府志。许亢宗奉使行程录云，赵德钧镇幽州，于盐沟置良乡县，辽属析津府，金属大兴府。赵渢良乡县学诗云："儒官宜地僻，竟日有余清，殿古碑仍在，庭空草自生。风高时落木，云重欲摧城。客兴已潇洒，秋空更雨声。"按，碑指李北海云麾将军碑。碑有二：一为李思训，在陕西；一为范阳李秀，在良乡学宫。官同姓同。赵崡石墨镌华以为一碑，且以此碑为松雪所临，误。见孙承泽春明梦余录。**黄龙府叛，宗辅讨平之。**〔考异〕大金国志云，六年春，升皇帝寨曰会宁府，建为上京。其辽之上京，改为北京。先是，初无城郭，只呼皇帝寨、国相寨、太子庄，至是，改焉。置三省、六部、尹贰曹属。本纪未载，但所书六年作七年。杨循吉金小史云，太祖，豁达有大度，知人善任，与下同甘苦，称帝时，臣下前跪奏事，辄止之。京城宫室，无异州县廨舍，仪卫护卫，只类中州守令。在内庭，或遇雨雪，虽后妃亦去韈履而行焉。纪未载。

七年 （癸卯一一二三） 春正月丁巳，辽奚王和勒博

原作回离保 僭称帝，寻被执。〔考异〕辽史天祚纪云，和勒博即〔箭〕笴山（据辽史卷一一四回离保传补）僭号，改元天复，建官属。命都统玛格讨之，为郭药师所败，一军离心，其党阿古齐、甥伊实巴沁等杀之。本传作阿固齐，及甥巴锦、家奴伯特赫等所杀。其妻阿古自刭死。汪辉祖金史同名录云，卷六十三寿宁县主传海陵时宫人、卷七十四文传大定十三年南京路猛安、卷九章宗纪大定二十九年中侍，四人同名阿古。通鉴辑览云，和勒博即萧幹。续纲目误分为二人，非是。萧旺嘉努传，奚人，居奎腾河，为辽率府率，降都统杲。从征和勒博亲党彻底、阿固齐，擒之于色克山，降其余众。后从南伐，屡有功，卒，官招讨都监。**甲申，诏曰：“诸州部族，归附日浅，民心未宁。今农事将兴，可遣分谕典兵之官，无纵军士动扰人民，以废农桑。”**〔考异〕续通考云，金之田制，量田以营造，凡五尺为步。阔一步，长二百四十步为亩。百亩为顷。民田业，各从其便，卖质与人无禁，但令随地输租。凡桑枣，民户以多植为勤，少者必植其地十之三。猛

安、谋克户，少者必课种其地十之一，除枯补新，使之不缺。凡讲射荒地者，以最下第五等减半定租，八年始征之。作己业者，以第七等减半为税，七年始征之。自首冒比邻者输官租三分之二。佃黄河退滩者，次年纳租。其租税法，官地输租，私田输税。租之制不传，大率分田之等为九而差次之。夏税亩取三合，秋税亩取五升。又纳秸一束，束十有五斤。夏税六月，止八月；秋税十月，止十二月。为初、中、末三限。州三百里外，纾其期一月。墓田、学宫租税皆免。民艰水旱，如限者免，限外艰者不理。非时之灾，则无限：损十之八者全免；七分免所伤之数；六分则全征。桑被灾不能蚕者，免丝绵绢税。诸路雨雪及收获之数，月申户部。

二月壬辰，诏安班贝勒曰："前后起迁户民，去乡未久，岂无怀土之心？可令所在有司，深加存恤，毋辄有骚动。衣食不足者，官振贷之。"癸巳，诏曰："顷因兵事未息，诸路关津绝其往来。自今显、咸、东京等路往来，听从其便。〔考异〕北盟录云，辽道路无旅店，行者息于民家，主人与饮食而纳之。其市易，惟以物博易，无钱，无蚕桑，无工匠，屋舍车帐，往往自能为之。俗重油煮面食，以蜜涂拌，名曰茶食，非厚意不设。寝榻皆土床，厚铺毡褥及锦绣貂鼠被，大头枕。史未载。其间被掳及鬻身者，并许自赎为良。"乙巳，诏都统杲曰："新附之民有材能者，可录用之。"癸丑，大赦。

夏四月癸巳，诏曰："自今军事若皆申覆，不无留滞。应此路事务申都统司，余皆取决枢密院。"

五月己巳，次拉林原作落黎泺。奚路都统达兰原作挞懒攻苏库、原作（连）〔速〕古（据金史卷二太祖纪改）卓琳、原作啜里托纽原作铁尼所部十三岩，皆平之。奚人以次附属，置明安、穆昆领之。又遣奚马和尚攻萨必、原作下品达噜噶并五院司诸部，执其节度伊里。〔考异〕辽史天祚纪，是年五月，梁王雅里奔西北部称帝。纪未载。

六月丙辰，帝不豫，将还上京，辽史地理志云，本汉辽东西安平地，辽建为上京，号临潢府，统军州二十五，县十。命宗翰为都统，温贝勒昱、德特贝勒斡鲁驻兵云中，以备边。己酉，次谔都原作斡独山，命驿召安班贝勒乌奇迈。

八月乙未，次浑河，乌奇迈上谒。戊申，帝崩于布图原作部堵泺西行宫。〔考异〕系年要录云，五月乙丑，太祖卒于白水泺。大金国志云，金主自入燕，所携中原士大夫家姝姬丽色、光美娟秀凡二三千人北归。酣歌宴乐，惟知声色之娱。至此形神已病，未几遂殂。宋史系之五月，辽史又系之保大四年八月，均与史异。今从本纪。年五十六。

九月癸丑，梓宫至上京。乙卯，葬于宫城西南，（之）〔建〕（据金史卷二太祖纪改）宁神殿。天会三年，追谥武元皇帝，〔考异〕礼志云应乾兴运昭德定功睿神章孝仁明大圣武元皇帝。庙号太祖。寻改葬和陵，复改葬大房山，号睿陵。〔考异〕通鉴辑览云，葬于海呼城西。苗耀神麓记云，太祖至燕京，入内，见大殿动摇，出城东柴村建寨，不旬日病殂，以白矾大盐酸归阿触胡御寨葬焉。后迁于坟山，号泰陵。

续通考云，后唐括氏谥圣穆；裴满氏谥光懿；纥石烈氏谥钦宪；乌古论氏谥宣献。见谥法考。宗室表，太祖子十六人：宗干，本名斡布，太师，辽王；宗望，即斡离不，右副元帅，宋王；宗弼，即兀术，太师，梁王；乌里，原作乌烈，丰王；宗杰，本名穆里延，赵王，宗隽，本名额尔衮，太保，兖王；额鲁，原作讹鲁，沈王；鄂尔多，原作讹鲁朵，豳王；宗强，本名阿噜，卫王；宗敏，本名阿里布，曹王；实讷埒纪王；宁吉息王；燕孙莒王；斡浑，（鄂）〔邺〕王（据金史卷六九太祖诸子传改），与景宣帝宗峻、睿宗宗辅共十六人。按，卷三太宗纪天会三年，保州路都孛堇，与丰王同名乌烈。见汪辉祖金史同名录。

金史纪事本末卷三

克辽诸路

辽天祚帝天庆四年（甲午一一一四）秋九月，太祖起兵伐辽，军次寥晦城。博勒和原作婆卢火，征兵后期，杖之，复遣督军。诸路兵皆会于拉林原作来流水，致辽之罪，申告天地曰："世事辽国，恪修职贡，定乌春、乌木罕原作窝谋罕之乱，破萧哈里原作海里之众，有功不省，而侵侮是加。罪人阿苏，原作阿疎屡请不遣。今将问罪于辽，天地其鉴佑之。"遂命诸部传梃而誓曰："汝等同心尽力，有功者，奴婢部曲为良，庶人官之，有官者叙进，轻重视功。苟违誓言，身死梃下，家属无赦。"进抵辽界，先使宗干原作斡本督士卒夷堑。既渡，遇渤海军攻我左翼七穆昆，原作谋克军少却，敌兵直犯中军。舍音原作斜也出战，齐达原作哲垤先驱。太祖命宗干止之，遂俱还。敌人从之，耶律色实原作谢十坠马，辽人前救，帝射救者毙，并射色实，中之，色实死。宗干陷辽军，帝救之，免胄战。众从之，勇气百倍，敌大奔，相蹂践死者十七八。国相萨哈原作撒改在别路，以战胜告之，并所获色实马赐焉。进攻宁江州城，辽兵自东门出，邀击，尽殪之。〔考异〕辽史天祚纪云，时帝在庆州，略不介意，遣海州刺史高仙寿统渤海军应援，萧托卜嘉遇女直军于宁江东，败绩。纪未载仙寿应援事。

冬十月朔，克宁江州城。师还，谒宣靖皇后。以所获颁宗室，以色尔衮〔考异〕宏简录作实里馆。赀产给将士。

十一月，辽都统萧嘉哩、原作乣里。〔考异〕辽史作敌里。副都统托卜嘉原作挞不野将步骑十万会于鸭子河北。帝自将击之。既夜，方就枕，若有扶其首者三，寤而起曰："神明警我也。"即鸣鼓举燧而行。黎明及河，辽兵方坏陵〔考异〕通鉴辑览作凌。道，遣壮士击走之。大军继进，遂登岸。俄与敌遇于珠赫店。原作出河店。〔考异〕史愿亡辽录作幽州店。地理志云，后以王迹肇基于此，建为肇州武兴军，治始兴。续通考云，天眷中，置防御使，隶会宁府，海陵升为兴武军。贞祐初，改武兴军，置招讨使。

在鸭子河、黑龙江之侧，与元所立肇州在乃颜故地者，另一处。所载较详。**会大风，尘埃蔽天，乘势击之，辽兵溃，逐至沃棱**原作斡论，一作斡邻。〔考异〕通鉴辑览作沃楞。**泺，杀获首虏及车马、甲兵、珍玩不可胜计。**〔考异〕辽史萧托斯和传云，天祚闻宁江陷，召群臣议，托斯和请大发诸道兵，以威压之，北枢密萧塔喇台曰："如此，徒示弱，但发滑水以北兵足矣。"乃以萧嗣先为都统，托卜嘉副之。兵败出河店，崔公义等死之，免者十七人。萧奉先奏赦溃军，嗣先但免官。十一月，萧敌里复败于沃棱泺。太祖纪两败均作萧嘉哩，未书嗣先名。今从纪。史愿亡辽录，嗣先作嗣光，又异。**遍赐官属将士，燕犒弥日。**〔考异〕洪皓松漠纪闻云，金旧俗，炙股烹脯，以余肉和菜捣臼中，糜烂而进，率以为常。凡宰羊，但食其肉，贵人享重客，间（煎）〔兼〕（据松漠纪闻续改。又"凡宰羊"以下，为纪闻续中之文。）皮以进，曰（全）〔潜〕（同上）羊。北盟录云，凡食器，无瓠陶，止用木盆。注粥以木杓，数柄，回环共食。下粥，肉味无多，止以鱼生、獐生，间用烧肉。饮酒无算，亦用木杓，循环酌之。**辽人尝言女直兵满万则不可敌，至是，始满万云。**〔考异〕石茂良避戎夜话云，金人凡遇敌，必布围圆阵当锋，次张左右翼夹攻，谓之三生阵。每队十五人，一人为旗头，二人为角，三人为从，四人为副，五人为徼。旗头死，从不生还，还者并斩，胜者赏。谓之同命队。详北盟会编，史未载。北盟录云，女真用兵，以戈为前行，号曰"硬军"。人马皆全甲，刀棓自副，弓矢在后，设而不发，非五十步不射。弓力七斗，箭镞至六七寸，形如凿，入辄不可出。队伍之法：伍长击柝，十长执旗，百长挟鼓，千人长则旗帜金鼓悉备。将自执旗，人视所向而趋。自主帅至步卒，皆自控马。每五十人为一队，二十人全装重甲，持棍枪。后三十人轻甲，操弓矢。遇敌，必有一二人跃马而出，先观敌阵之虚实，或向其左右前后结队而驰击之。百步之内，弓矢齐发，中者常多。其分合出入，应变如神。

斡鲁败辽兵，斩其节度托卜嘉。布呼原作仆虺等攻宾州，辽史地理志云，即怀化军，本渤海城。统和中置，隶黄龙府。破之。乌舍楚古尔苏原作兀惹雏鹊室来降。辽将实古尔〔考异〕宏简录作赤狗儿。战于宾州，布呼、珲楚〔考异〕宏简录作浑黜。败之。乌达布、原作吾睹补芬彻原作蒲察。本传，一作蒲查。自上京密齐显河徙屯，卒官开远军节度，西北招讨使。〔考异〕伊克传，系出景祖。与罕都常在世祖左右，居与谋议，出莅行阵，赠特进，谥忠济，配享世祖庙廷。子阿里布，原作阿鲁补，从克汴城，官右监军；固纳，原作骨骸，从南侵，官天德节度；额尔古讷，原作讹古乃，官临洮尹；萨克达，原作散答；子芬彻，与穆宗子齐国公芬彻同名。见宗室表。汪辉祖金史同名录云，卷九十八完颜匡传泰和六年副统、卷一百二田琢传贞祐二年易州刺史、卷十五宣宗纪兴定二年戌将、卷一百十八郭文振传兴定五年葭州刺史，五人同名蒲察。又，一作蒲查。卷六十八大定时西北招讨使、卷六世宗纪大定五年宿直将军、卷六十五斡者传海陵末中都守城军官、卷百三十三窊斡传大定元年泰州司吏及曷懒路押军万户，六人同名蒲查。复败实古尔、萧伊苏原作乙薛军于祥州东。辽史地理志云，即瑞圣军，兴宗时置，隶黄龙府。斡珲、集赛两路降。乌楞古原作斡鲁古败辽军于咸州西，斩统军锡垯原作实娄于阵。罗索原作娄室克咸州。〔考异〕辽史天祚纪云，十二月，咸、宾、祥三州及铁骊、乌舍皆叛入女直。伊实往援宾州，实喇、图烈往援咸州，均败。太祖纪未言三州叛降，且言斩锡烈，稍异，今从纪。大金国志云，天祚两败后，谓奉先不知兵，召宰相张琳，付兵十万，使讨之。计户出军。兵分四路，独涞流河一军深入，交锋，稍却。都统斡离朵弃营遁，众推武朝彦为帅，再战，大败。余三路各退保其城，均陷。史愿亡辽录云张琳外，尚有吴庸。史均未载。

太祖收国元年（乙未——一一五），即辽天庆五年也。春正月丙子，帝自将攻黄龙府，进临益州。〔考异〕契丹国志云，宋政和五年，金太祖攻辽，取宾、祥、咸三州，进薄益州。按，鸭渌江，一名益州江，则益州实与鸭渌江相近，当在长白山西南，辽改属黄龙府。辽史不言仍渤海之旧，或因其名，而不必即其故地也。州人走保黄龙，取其余民以归。辽遣都统耶律鄂尔多，原作讹里朵。〔考异〕辽史作斡里朵，通鉴辑览作鄂尔德。左副统萧伊苏，原作乙薛。〔考异〕辽史作伊实，通鉴辑览作伊锡。右副统耶律漳努，原作张奴。〔考异〕辽史作章努，卷一百二十二粘割贞传贞祐元年保州录事亦名张奴，另一人。都监萧色佛埒原作谢佛留。〔考异〕通鉴辑览作谢佛哩。骑二十万、步卒七万戍边。〔考异〕辽史载在四年十一月。帝率兵次宁江州西，辽使僧嘉努原作僧家奴。〔考异〕汪辉祖金史同名录云，卷十四宣宗纪贞祐四年权右监军，亦见田琢传，贞祐时沃州刺史，卷八十四高桢传海陵时近侍，三人同名僧家奴。来议和，国书斥帝名，且使为属国，遂进师。有火光正圆自空坠，帝曰："此祥征，殆天助也。"〔考异〕续通考云，是年十二月，帝以骑兵亲侵辽，师还，至熟结淶，有光见于矛端。天辅六年三月，师次西京，有火如斗坠其城中。宗雄曰：

"此城破之象也。"是月，城降而复叛，后复取之。纪未载。进逼达噜噶原作达鲁古。〔考异〕辽史作达里库，通鉴辑览作达啰克。城，登高望辽兵，若连云灌木状，曰："敌人心贰而情怯，虽多不足畏。"遂趋高阜为阵。宗雄原作摩啰欢（按，摩啰欢即谋良虎之改译，是其本名，这里称"原作"误。下宗翰原作粘罕、宗望原作斡离不，同误）以右翼先驰辽左军，左军却。罗索、尼楚赫原作银术可冲其中坚，宗翰、原作粘罕宗望原作斡离不等助之，敌兵遂败。乘胜围其营，辽军溃出，逐北至阿噜原作阿娄。〔考异〕宗雄传，追杀至页噜伯奇而还。地名互异。冈，尽殪其步卒，获耕具数千以给诸军。是役也，辽欲屯田，且战且守，故并其耕具得之。

二月，师还。〔考异〕珠噜传，宗室子，初从乌色败高丽于海兰，取雅鲁城，克宁江州，收黄龙府。珠赫店、达噜噶城、呼岱巴冈诸役，皆力战有功。东京降，为本路招安副使。败辽兵，破通古营。苏州汉民叛走，追复之，以功为穆昆，赠镇国上将军。纪均未载。

夏四月，辽耶律漳努以国书来，帝以辞慢，留五人，独遣漳努回报，书亦如之。〔考异〕大金国志云，是夏五月，北方有光烛地，火星出，殷殷如雷声，生红芍药花，以为瑞。纪未载。

六月，辽漳努复以国书来，犹斥名，帝亦斥辽主名以报，且谕降。

秋七月甲戌，<u>辽</u>使<u>萨喇</u>原作辞剌，又作赛剌。〔考异〕
<u>汪辉祖金史同名录</u>云，卷七十一<u>斡鲁古传</u>、卷七十四<u>宗望传</u><u>天会四</u>
<u>年</u>将，卷九十二<u>克宁传</u><u>大定</u>四年猛安，三人同名赛剌。以书来，
留不遣。

八月戊戌，亲征<u>黄龙府</u>，次<u>混同江</u>，无舟，帝
使一人道前，乘赭白马径涉，曰："视吾鞭所指而
行。"诸军随之，水及马腹。后使舟人测其渡处，
深不见底。<u>熙宗纪</u>，<u>天眷</u>二年，以<u>黄龙府</u>为<u>济州利涉军</u>，盖以<u>太</u>
<u>祖</u>涉济故也。〔考异〕<u>续通考</u>云，<u>大定</u>末，有司言："<u>太祖</u>征辽，策马
径渡，<u>混同江</u>神助顺，宜加封爵，修祠宇。"遂封神为<u>兴国应圣公</u>，
致祭如礼。又，<u>静宁山</u>旧名<u>旺国崖</u>，<u>太祖</u>征辽，尝驻跸。<u>大定五年</u>
更名建庙，<u>明昌</u>六年册神为<u>镇安公</u>。<u>契丹国志</u>云，<u>混同江</u>之地，其
俗刳木为舟，长可八尺，形如梭，曰梭船。船上施一桨，止以捕鱼。
至渡车，则方舟或三舟。按，此即<u>威呼</u>之制，梭船乃<u>汉</u>人语耳。

九月，克<u>黄龙府</u>，遣<u>萨喇</u>还，遂班师。至江，
径渡如前。

冬十一月，<u>辽</u>主自将兵七十万至<u>图们</u>，原作<u>驮门</u>。
〔考异〕<u>通鉴辑览</u>作<u>图敏</u>。驸马<u>萧特默</u>、原作<u>特末</u>。〔考异〕<u>萧仲</u>
<u>恭传</u>，父<u>特末</u>，<u>辽</u>中书令，尚主。当是一人。<u>汪辉祖金史同名录</u>云，
卷七十四<u>宗望传</u><u>太祖</u>时将、卷八十四<u>呆传</u><u>陕西</u>旧将为<u>海陵</u>杀、卷二
<u>太祖纪</u><u>天辅</u>二年<u>契丹</u>降人，四人同名特末。林牙<u>萧扎拉</u>原作<u>查</u>
<u>剌</u>等将骑五万、步四十万至<u>沃棱</u>〔考异〕<u>续纲目</u>作<u>噶琳</u>。
<u>泺</u>。帝自将御之。

十二月己亥，师次<u>约啰</u>，原作<u>爻剌</u>。〔考异〕<u>通鉴辑览</u>

作鸭绿。深沟高垒以待。寻谍知辽主以漳努叛，西还已二日矣。〔考异〕辽史天祚纪云，章努、章嘉努为二人，汪藻谋夏录误合为一人，非是。又，纪云，章努反，奔上京，谋立魏国王淳，不果，遂掠庆、（晓）〔饶〕（据辽史卷二八天祚纪改）、怀、祖等州，为顺国女直阿古齐所败，奔金，为逻者获之，伏诛。通鉴辑览章努作卓诺。遂选骑追及辽主于呼岱巴原作护步答。〔考异〕辽史作科卜多，续纲目作呼卜图，通鉴辑览作和斯布达。冈。视其中军，最坚，辽主必在焉。使右翼先战，兵数交，左翼合而攻之，辽兵大溃。遂驰之，横出其中，辽师败绩，死者相属百余里。获舆辇、帟幄、兵械、军资，他宝物、马牛无算。萧特默焚营遁，乃班师。〔考异〕大金国志云，天祚率兵十余万，以萧奉先为都统，将精兵二万为先锋，余分五路，车骑亘百里，期必灭之。阿骨打与之遇，乘其未阵，击败之。天祚退保长春，女真遂并渤海辽阳五十四州。通鉴辑览：奉先作呼都克。史愿亡辽录云，时萧呼睹姑充都统，学士柴谊副之，分路进兵，均为所败，天祚一日夜走三百里。辽史天祚纪云，女直主时闻天祚亲征，聚众，劙面恸哭以激众怒。史均未载。又，天祚纪谓科卜多之败，系与章嘉努战。按之续通鉴及续纲目、宏简录诸书皆不合，恐误。瓜尔佳萨哈〔考异〕宏简录作夹谷撒合。取开州，博勒和下德里原作特邻城，萨里罕〔考异〕宏简录作辞里罕。降。

二年（丙申——一六）春闰正月，高永昌据辽东京，僭号，使托卜嘉来求援。

夏四月乙丑，以斡鲁统内外诸军，与芬彻、都古噜讷<u>本传</u>，字鄂斯欢，改名忠。<u>实图美</u>弟。<u>太祖</u>将伐<u>辽</u>，与之议，始决。从征屡有功，官<u>扎兰路</u>达贝勒、<u>保大</u>节度、平章事，配享<u>太祖</u>庙廷，追封<u>金源郡王</u>。〔考异〕<u>续通考</u>云，<u>博和哩</u>作<u>保活里</u>，始祖弟，四世孙名<u>石土门</u>，<u>正隆</u>二年封<u>金源郡王</u>。<u>石土门</u>之弟名<u>迪古迺</u>，一名<u>忠</u>，<u>大定</u>二年追封<u>金源郡王</u>。<u>保活里</u>之后名<u>赛不</u>，<u>哀宗</u>时殉难<u>徐州</u>。<u>迪古迺</u>一作<u>迪古迺</u>。卷五<u>海陵</u>纪，本讳<u>迪古迺</u>。<u>实图美</u>传，一作<u>神徒们</u>，<u>扎兰路完颜部</u>人，始祖弟<u>博和哩</u>后，勇敢善战，与<u>世祖</u>交好最深。邻部来攻，击败之，因招谕诸部内附。从伐<u>乌春</u>、<u>乌木罕</u>等皆有功。<u>太祖</u>访以伐<u>辽</u>议，方会祭，有飞鸟，<u>太祖</u>射之殪，<u>实图美</u>称庆，谓为之兆，即以金版献。寻从伐<u>高丽</u>及征<u>辽</u>，功尤多，卒，封<u>金源郡王</u>。**会<u>咸州路</u>都统<u>乌楞古</u>讨<u>永昌</u>。<u>华沙布</u>等被害。**〔考异〕<u>契丹国志</u>云，<u>永昌</u>称<u>大渤海帝</u>，改元<u>应顺</u>，并<u>辽东</u>五十余州。<u>辽史</u>天祚纪云，<u>永昌</u>杀留守<u>萧保先</u>，改元<u>隆基</u>。<u>王宗沐续通鉴</u>云，<u>永昌</u>时以兵三千屯<u>八甗口</u>，诱戍卒为乱，旬日至八千人，求援于<u>金</u>。令归款，不从。<u>斡鲁</u>传，<u>永昌</u>称藩，<u>斡鲁</u>使<u>华沙布</u>、<u>萨巴</u>往报。会<u>渤海</u><u>高桢</u>降，言<u>永昌</u>非真降，乃进兵。<u>华沙布</u>等遂被杀。<u>桢</u>传，<u>渤海</u>人。<u>桢</u>母时在<u>沈州</u>，遂来降。贼平，同知<u>东京</u>留守事，判<u>广宁</u>尹。在镇八年，政令清肃，吏畏民安。<u>海陵</u>时，历<u>中京</u>留守，以平盗功，封<u>河内郡王</u>，进<u>代王</u>，行御史大夫，弹劾无所避。<u>正隆</u>例，降<u>冀国公</u>，卒。<u>毕沅续通鉴</u>，<u>华沙布</u>作<u>呼实布</u>，云系支解。<u>通鉴辑览</u>云，旧作<u>呼沙补</u>，<u>完颜部</u>人。<u>续通考</u>作<u>胡沙虎</u>，云，<u>太祖</u>时从军，为诈降人<u>高永昌</u>所执，神色自若，骂<u>永昌</u>曰："汝叛君逆天，今日杀我，明日及汝矣。"骂不绝口。死，赠节度使。又，<u>特虎</u>，<u>雅挞澜水</u>人。<u>太祖</u>时从军，以死捍<u>辽</u>兵，殁于阵。<u>皇统</u>间赠明威将军。<u>王政</u>传，<u>熊岳</u>人。其先仕<u>渤海</u>，<u>永昌</u>知<u>政</u>才，欲用之，辞不就。及败，<u>渤海</u>人争缚<u>永昌</u>以为功，<u>政</u>独引退，<u>栋摩</u>异之，荐授穆昆，终保静节度。八甋口在承德县东。所载较详。

五月，斡鲁等败永昌，托卜嘉擒之来献，戮于军。东京州县及南路系辽女直皆降。诏改斡鲁为南路都统。〔考异〕斡鲁传，永昌来拒，遇于鄂尔和水，不战而却。追至城下，复大败之，遂奔长松岛。恩胜努、仙格等执其妻子，以城降。未几，托卜嘉执永昌及家奴道拉以献，皆杀之。栋摩传，与永昌隔鄂尔和水，众遇淖不敢进，栋摩以所部先济，诸军毕渡。城中人出战，击破之于首山，歼其众，获马五百匹。瓜尔佳沃哩布传，天德人。从讨永昌，以四十骑伏津要，获候骑，尽知其虚实。永昌驻军兔儿陁，先据要害，官军不得渡。与萨哈射杀其先锋二人，永昌军遂却，大军始渡辽水。嗣后伐辽举宋皆有功，终节度使、芮国公。按，沃哩布原作吾里补，初为南图珲河人。同时有沃哩布，姓乌雅，海南路禅岭人，从侵宋中山，东及淮南，有功，终镇远节度，另一人。张元素传，字子贞，与浩同曾祖。祖祐，父匡，辽节度。元素以荫得官。永昌据辽阳，元素在其中，斡鲁军至，开门降，历镇武节度。兄汝弼，官参政。卢克忠传，贵德州人。永昌败，克忠与托卜嘉追获之，终靖难节度。契丹国志云，金兀室讷波字蕫追及于长松岛，斩之。汉儿军溃，相聚为盗，自称"云队"、"海队"之类。续纲目云时辽遣张琳讨永昌，不克。与斡鲁军战，复败。沈州陷，永昌遇金军于活水，亦败。史载鄂尔和水，一作沃里活水。通鉴辑览云，即沈水，在承德县南，源出县东，下流入浑河。沈州，今奉天府。是长松岛在辽阳东，纪载各异，今从太祖纪。按鄂尔和，原作沃里活，明志删去原文"沃里"二字，谓为活水，云即浑河，非是。**德特贝勒额图珲破辽兵六万于昭苏**原作照散城。本传，温特赫部人。尝从攻宁江州，辽兵自东门出，逆击，尽殪之，授穆昆。攻黄龙府，力战，被数十创，登其城。后与鄂博沙津援昭苏城，夜过伊图水，诘朝，大败之，斡鲁上其功。天辅四年，卒。
〔考异〕斡鲁传所载略同，惟载在平东京之前，与此稍异，今从太祖
纪。按，伊图水即伊屯河，在三万卫西北吉林城西二百九十余里，
源出额赫峰，北流出边，东入混同江。伊屯门即在河西。见盛京通
志。又，伊尔们河在吉林西百四十里，源出库呼讷窝集，北流会伊
屯河入混同江。

天辅元年（丁酉——一七）春正月，古伦温贝勒舍
音原作斜也以兵一万取泰州。辽史地理志云，即德昌军，治乐
康县。〔考异〕续通考云，本辽二十部游牧地。金正隆间始置德昌军，
大定中罢，承安中复置于长春县，以旧泰州为金安县，隶焉。

夏四月，辽秦晋国王耶律聂呼原作捏里。〔考异〕刘
彦宗传捏里作雅里。汪辉祖金史同名录云，卷三太祖纪辽梁王、卷
八十一鹘谋琶传康宗时蒲察部孛堇，三人同名雅里。来伐，〔考
异〕契丹国志云，自张琳败后，国人皆谓王贤，东征必克，乃授都元
帅，置怨军，科派骚扰。会武朝彦作乱，欲杀王，匿之获免。史愿
亡辽录云，时副统为北府宰相萧德恭，监军者永兴宫使耶律佛顶、
延昌宫使萧昂。史均未载。诏都古噜讷、罗索、博勒和将
兵二万，会乌楞古兵击之。

冬十二月甲子，乌楞古等败聂呼兵于蒺藜山，
在广陵县境外。拔显州，其乾、懿、豪、徽、成、川、
惠等州皆降。〔考异〕陈邦瞻宋史纪事本末云，时斡鲁古与斡论
等攻显州，袭破辽怨军帅郭药师，进与王战，败走之。斡鲁古追至
河里真陂，拔显州。乌楞古传，河里真作额勒锦，又作阿里真，云，
乾州后为闾阳县，辽诸陵多在此，禁无所犯。徙成、川州人于同、
银二州居之。大金国志云，时燕王将讨怨军，而金人适至，遇于徽

州，未阵而溃，退保长泊鱼务。金大掠新、成、懿、濠、卫五州，皆降之。史愿亡辽录云：退泊长鱼务。所载各异，今从太祖纪。显州，辽置，今锦州府广宁县。是乾、懿、川、豪四州皆在今广宁县境。惠州，在今喀喇沁右翼。成州，在宜州北，号长庆军。徽州亦在宜州北，号宣德军。见辽史地理志。续通考云，锦州本汉无虑县，辽建为临海军，亦号奉先军，今升广宁府。川州，辽置，本白川州，领宏圣、咸康、宜民三县。成州，领树德一镇。惠州，辽号惠和军，领惠和一县。

二年（戊戌——一八）春正月庚寅，辽双州辽史地理志云，本挹娄故地，渤海号安定郡，辽名保安军。节度使张崇降。

二月癸丑朔，辽使耶律努格原作奴哥。〔考异〕辽史作努克。等来议和。寻以国书来。

夏四月丁巳，辽使复以国书来。

五月丙申，命呼图克琨原作胡突衮如辽，未几还。努格复以国书来。

秋七月丙申，呼图克琨如辽。辽通、祺、双、辽等州辽史地理志云，通州，本渤海扶余城，号安远军。祺州，本渤海蒙州地，号祐圣军。辽州，即始平军，号东平府。八百余户来降，命择膏腴地处之。

八月，呼图克琨还自辽。努格与托迪原作突迭复以国书来。

九月，努格复以国书来。

冬十二月，努格复以国书来。

三年（己亥——一九）春三月，耶律努格以国书来。

夏六月辛卯，辽遣太傅实讷埒^{原作习泥烈}等奉册玺来，帝摘册文不合者数事复之。〔考异〕辽史天祚纪云，天庆九年三月，遣右伊勒希巴萧实讷埒册金主为东怀国皇帝。七月，金遣乌林达赞谟来，责册文无"兄事"之语，不言"大金"而云"东怀"，乃小邦怀其德之义，语皆非善，殊（乘）〔乖〕（据辽史卷二八天祚纪改）体式。如依前书，然后可从。九月，复遣实讷埒、杨立忠先持册稿使金，不从。明年，复持副稿来，仍责乞兵高丽。又复以金人所定"大圣"二字，与先世称号同，遣实讷埒往议，金主怒，遂绝之。所载较详。北盟会编云，时副习泥烈者为杨勉，其庆问使为张孝伟、王甫，押礼物为刘湜，读册文为杨立忠。使至，金主大怒，鞭其使，却回之。史未书。其册文词多，不具载。

秋七月辛亥，辽杨询卿、罗子韦各率众来降，命各以所部为穆昆。

九月，以辽册礼使失期，诏诸军过江屯驻。

四年（庚子——二〇）春三月甲辰，帝谓群臣曰："辽人屡败，遣使求成，惟饰虚辞，为缓师计，当议进讨。其令咸州路统军司治军旅、修器械，具数以闻。"

〔四月〕（据金史卷二太祖纪补）乙未，帝自将伐辽，以辽使实讷埒、宋使赵良嗣等从行。〔考异〕王偁东都事略云，使赵良嗣如金，阿骨打已出师趋上京，良嗣与会于青牛山。与太祖纪异，今从纪。

五月壬子，至上京，诏曰："辽主失道，上下同怨。朕兴兵以来，所过城邑负固不服者攻拔之，降者抚恤之，汝等必闻之矣。今汝国和好之事，反覆见欺，朕不欲天下生灵久罹涂炭，遂决策进讨。比遣宗雄等相继招谕，尚不听从。今若攻之，则城破矣。重以吊伐之义，不欲残民，故开示明诏，谕以祸福，其审图之。"城中人恃御备储蓄为固守计。帝亲临督战，克其外城，留守托卜嘉以城降。〔考异〕王伯龙传作三年事。赵良嗣等奉觞为寿，皆称万岁。是日，赦上京官民。招谕辽副统伊都。原作余睹进次沃赫原作沃黑。〔考异〕毕沅续通鉴作沃里。河。宗干劝班师，从之，命分兵攻庆州。辽史地理志云，号广宁军，即黑河州。伊都袭栋摩原作阇母于辽河，方舆纪要云，出东北山口为大河，西南流为大口，入海，行千二百五十里，自广宁至辽阳为津要云。〔考异〕桑钦水经云大辽水出塞外卫白平山，东南入塞，过辽东襄平县西，又东南过房县西，又东过安市县西南入于海。郦道元水经注云，辽水亦言出砥石山，自塞外东流，直辽东之望平县，西屈而西南流迳襄平县故城西，又东迳辽阳县故城西，又南，小辽水注之，又右，会白狼水，至安市县入海。杜佑通典谓李勣征高丽，还至颇利城，渡白狼、黄嵒二水，土人云，此二水今西南流，即称辽水，更无辽源可得。按，辽河东源出吉林城西南之库呼讷窝集，为赫尔苏河，北流，出边西北，绕邓子村，又西南折与潢河会，其西源即潢河也。二源合流，自开原县入边，经铁岭至开城为巨流河，经海城县西，与太子河会为三汊河入海。卫白平山，郭璞作御白平山，又异。续通考云，辽河源出塞外三万卫，西北入境，南流经铁岭、沈阳西境、广宁东境，又南至海州卫，西南入海。又有珠子河，源出广宁卫东北百里白云山，南流入辽河。又，大清河，源出三万卫东北分水岭，南流经城东南十五里，合小清河入辽河。又，南、北通江，源出海州卫东二十里滑石山，自东而西，横渡辽河，折而南流，又折而东，复入于辽河。按，珠子河，即辽史所称锥子河也。又，范河在铁岭县城南三十里，亦名汎河，源出嘉穆呼山，至蚂蜂沟入辽河。完颜布达、原作背塔乌塔等击却之，特库原作特虎战死。

五年（辛丑——二一）夏四月乙丑朔，宗翰请伐辽。诏诸路预戒军事。

五月，辽都统伊都等诣咸州降，命与其将吏来见。

冬十（一）〔二〕（据金史卷二太祖纪改）月辛丑，遣乌赫哩贝勒杲原作舍音，旧作斜也。（按，舍音即斜也之改译，为杲之本名。此云"原作"，误。）等将兵伐辽，诏曰："辽政不纲，人神共弃，今欲中外一统，故行讨伐。尔其慎重兵事，择用善谋，赏罚必行，粮饷必继，勿扰降服，勿纵俘掠，见可而进，毋淹师期。事有从权，毋须申禀。"

六年（壬寅——二二）春正月癸酉，都统杲克高、恩、高州，辽开泰中伐高丽以俘户置，治三韩。恩州，亦开泰中以渤海户置，号怀德军，均在大宁卫境。〔考异〕北蕃地理志云，高州在中京北百四十里，乃唐松漠府故垒。新州，武安故州也。恩州在中京北六十里，西南至上京二百二十五里，东北至高州百二十里。马孟山在西六十里，又三十里有馒头山。**回纥三城，遂取中京**，辽史地理志云，本辽西地，即营州，辽建为中京，号大定府，统州十，县九。〔考异〕续通考云，中京本奚郡，唐初属荣州，后置饶乐府。辽圣宗建中京，号大定府，领恩、惠、高、武安、利、(渝)〔榆〕(据辽史卷三九地理志改)泽、北安、潭、松(江)〔山〕(同上)十州；领大定、长(安)〔兴〕、(同上)富庶、劝农、文定、升平、归化、神(木)〔水〕(同上)、金源(十)〔九〕(同上)县。恩州领恩化；惠州领惠和；高州领三韩；武安州领沃野；利州领阜俗；渝州领和众；泽州领神山、滦河；北安州领利民；潭州领龙山；松江州领松江。其所领又十一县，金初因之，海陵改北京，领大定、长兴、富庶、松山、神山、惠和、金源、和众、武平、静封、三韩十一县；恩化、文安二镇。元初设总管府，后改为大宁路。又云，长兴县本汉宾从县地。劝农县本汉宾从县地。顾炎武京东考古录云，汉书辽西郡宾从县，莽曰勉武，今本亦有作宾徒者。后汉书，辽东属国宾徒，故属辽西。通鉴，晋赵王伦贬吴王宴为宾徒县王，秦苻坚封慕容垂为宾徒侯。晋书载记作宾都侯。"都"之与"徒"，音近致讹，尤为明证。辽史作宾从，盖承汉志传写之误而未深考也。**下泽州**。辽置，汉右北平郡地。〔考异〕辽史天祚纪云，是年正月，天祚至鸳鸯泺，闻伊都引金兵奄至，用萧奉先言，赐其子晋王死，人心解体。伊都引金人逼行宫，天祚幸云中，遗传国玺于桑乾河。史愿亡辽录云，时祖宗二百年所有珍宝，尽被金掠。纪均未载。

　　二月己亥，宗翰等败辽奚王锡默原作霞末**于北安州**，辽置，金改兴州，亦曰宁朔军，故城在今热河喀喇河屯。**降**。

奚部西节度使额哩埒原作讹里剌。〔考异〕汪辉祖金史同名录云，卷十六宣宗兴定四年元使、卷八十九魏子平传大定时易州同知、卷六十一交聘表大定十四年赵王府长史、卷一百完颜伯嘉传兴定时永城县主，五人同名讹里剌。以本部降。都统杲遣使来奏捷，并献所获宝货，诏奖谕之。

三月，都统杲出青岭，在开平废卫西南。今开原城东南四十里有大青山，疑即是也。宗翰出瓢岭，在青岭北。追辽主于鸳鸯泺。在今赤城县西北。孙世芳宣府镇志云，自辽、金来为飞放之所。辽主奔西京。宗翰复追至白水泺，在大同府北。不及，获其货宝。进薄西京，降之。希尹原作兀室。（按，希尹本名谷神，兀室是其又称。此处云"原作"，误）追辽主于伊苏原作乙室部，不及。〔考异〕辽史天祚纪云，三月，天祚至努克特仓，闻金兵将近，计无所出，乘轻骑入夹山。方悟奉先不忠，逐之，寻与其子并赐死。又以奔西京为正月事，与太祖纪异，今从纪。系年要录云，夹山者，在沙漠北，有泥淖六十里，惟契丹能达，他国不能至，金人每以为恨。史未书。乙亥，西京复叛。〔考异〕伊喇谙达传，辽横帐人。父瑠和，与伊都俱来降。西京下，复叛，瑠和遇害，谙达以死事之。子授左奉宸，历兵部侍郎，武定节度，改临洮尹，卒。

夏四月辛卯，复取西京，辽史地理志云，西京为古云中郡，辽号大同府，统州二，县七。〔考异〕舆地广记云，云州，本戎狄郡。秦属雁门、定襄、代三郡，二汉因之，后魏徙都平城，置司州代尹，孝文都洛阳，改代尹为万年尹，隋属马邑郡，唐置北常州，后置云州，天宝初改云中郡，升大同军，县一。云中，本平城县地，隋改曰云内，唐改定襄，寻复旧。续通考云，大同，唐为北恒州，又为云州，辽置节度使，升西京，领宏、德二州，大同、云中、天成、长青、奉义、怀仁、怀安七县。宏州领永宁、顺圣二县。德州领宣德一县。金为大同府，领大同、云中、宣宁、怀安、天成、白登、怀仁七县。宏州，辽号博宁军，金置保宁军，领襄阳、顺圣二县。**都统杲趋白水泺。温贝勒昱**原名普嘉努，旧作蒲家奴。**袭皮室**原作毗室**部于德里**原作铁吕**川，为敌所败。还会扎拉兵，追至潢水北，大破之。耶律坦招徕西南诸部，**〔考异〕郭企忠传，字元弼，子仪后。郭氏自子仪至承勋，世镇北方。唐季承勋入辽，子孙继为天德节度使，至昌金，降副使。企忠官常侍，会坦至云中，招徕诸部，遂降，仍故官，徙韩州。入见，太祖礼遇优隆，卒官沁州刺史。纪未载。**西至夏，其招讨使耶律佛德**原作佛顶**降。金肃、**属西京，故城在今废胜州东北。**西平二郡汉军四千人叛去，耶律坦等袭取之。**〔考异〕续通考云，辽宗室。又有耶律怀义，辽主谋夺贡，阻之，不听，取厩马来降。屡立战功，官中京留守，封萧王。耶律涂山，系出遥辇氏，世为显族，克宋洛阳、平陕西皆有功，官左仆射，赠邠国公。耶律恕，字（仲）〔忠〕厚（据金史卷八二本传改），通契丹大小字，屡从宗干立战功，官太子少保，封广平郡王。**栋摩、罗索招降天德、云内、宁边、东胜等州。**云内州本唐中受降城地，在大同府西北。宁边州，在朔州西，号镇西军，即唐隆镇。东胜州，即武兴军，唐榆林郡地。〔考异〕辽史地理志云，本中受降城，唐置天德军。辽太祖平党项，克天德，尽掠吏民以东。后置招讨司，渐成井邑。而丰州亦号天德军。富民县属西京路。舆地广记云，唐景云（三）〔二〕（据舆地广记卷一七改）年，朔方总管张仁愿筑三受降城。中受降城有拂云祠堆。西受降城为河圮，张说于城东别置新城，城北三百里〔有〕（同上补）鹏鹈泉。胜州，本戎狄地，秦属云中、九原二郡，隋立胜州，后改榆林郡，唐因之，县二：榆林、河滨。元好问中州集，边元勋，丰州人，祖贯道，辽日状元。旧唐书云，张仁愿夺汉南之地，筑三城，东西相去各四百里。新唐书云，中城南置朔方，西城南置灵武，东城南置榆林。续通考云，唐初立云中都督府，后改横塞军，一名天德，金为云内州开远军，领云川、柔服二县。东胜州，唐为胜州，一名榆林郡。东受降城滨河，徙置于此，辽领榆林、河滨二县，金领东胜一县，元割宁边州之半入东胜，又割其半入武州，领宁边一县。是时，山西城邑诸部虽降，人心未固，辽主保阴山。本中受降城地，为中外分界。〔考异〕舆地广记云：唐立瀚海都督府，后更名安北大都护，开元二年治中受降城，十年徙治丰、胜二州之境，十二年徙天德军，县二：阴山、通济。阴山故北戎地，赵武灵筑长城，自代至阴山下，至高阙为塞，秦通匈奴，置三十四县，汉为匈奴据，武帝复置阴山县，属西河郡，唐因之。所载甚详。聂呴在燕京。都统杲遣宗望入奏，请帝临军，许之。

六月戊子朔，帝亲征，发上京。

秋八月己丑，次鸳鸯泺。都统杲率官属来见。癸巳，追及辽主于大鱼泺。方舆纪要云，在兴和城西，即鱼儿泺。今抚州城，在张家口外。昱、宗望与辽军战于石辇铎，〔考异〕辽史作石辇驿，通鉴辑览作锡讷图。方舆纪要云，在大同西北边外。败之，辽主遁。己亥，帝次居延北。辛丑，中京将完颜珲楚败契丹、奚、汉六万于高州，贝勒玛奇原作麻吉死之。玛奇传，尼楚赫弟。杲取中京，与素赫和硕台等别降绰里特部。屯兵高州，以兵援蒙克贝勒，大败敌兵，复败恩州兵五万，讨平辽人聚中京山谷中者，降三千人。战于高州境上，伏矢中目。卒，谥毅敏。汪辉祖金史同名录云，卷九章宗明昌元年祗候郎君、卷七十六衮传天德初护卫、卷一百二蒙古纲传万户，四人同名玛奇。达勒达穆尔原作得里得满部降。昱、宗望追辽主于谔勒哲图，原作乌里质铎不及。〔考异〕大金国志云，八月，金主追袭天祚于国崖，擒其都统萧规；天祚脱身走。及夏国引兵数万袭天德军，金主遣偏师七千击破之。载在天辅五年，即是年也。史未载。

九月庚申，次草泺。栋摩平中京部族之先叛者，及招抚沿海郡县。节度使耶律慎思领诸部入内地。乙丑，归化州降。戊辰，次归化州。丁丑，奉圣州降。

十月丙戌朔，次奉圣州。武州，唐置，辽改为归化州，今宣化府是。新州，本北燕州，辽改为奉圣州，今保安州是。〔考异〕舆地广记云，毅州，本武州，唐末置，后唐改毅州。续通考云，唐武州，辽为德州，金为宣德州，元初为宣宁府，改顺宁府，领三县、二州，明为宣府卫。又，保安州，本唐新州，辽改奉圣州武定军，领归化、可汗、儒、蔚四州；永兴、矾山、龙门、望云四县。其归化州雄武军领文德一县。可汗州为清平军。儒州为缙阳军。蔚州，见下。儒州，唐末置，县一：缙山。新州，唐末置，升威胜军，县四：永兴、矾山、龙门、怀安。李师夔传，字贤佐，奉圣州永兴人。主郡事，蒐卒治兵。都古噜讷军至，与同里沈璋谋出城诣伊都降。领节度，以璋佐之，讨平剧贼张胜、焦望天、尹智穆等。历武平节度，<u>陕西东路转运使</u>。封（儒）〔<u>任</u>〕国公（据<u>金史</u>卷七五<u>李师</u><u>夔</u>传改）。<u>璋</u>，字<u>之达</u>，终镇<u>西军</u>节度。<u>纪</u>未载。<u>蔚州</u>在<u>大同府</u>东南。〔考异〕<u>舆地广记</u>云，<u>蔚州</u>，本<u>代</u>地，在<u>常山</u>北。<u>赵襄子</u>定<u>代</u>地，<u>武灵</u>置<u>代郡</u>，<u>后周</u>置<u>蔚州</u>，<u>唐</u>因之，县三<u>灵邱</u>、<u>兴唐</u>、<u>飞狐</u>。<u>续通考</u>云，<u>蔚州</u>，<u>唐</u>为<u>安边郡</u>，又改<u>兴唐郡</u>，后仍旧，<u>辽</u>升<u>忠顺军</u>，更<u>武安军</u>，隶<u>奉圣州</u>，今仍为<u>蔚州</u>，领<u>仙灵</u>、<u>定安</u>、<u>飞狐</u>、<u>灵邱</u>、<u>广陵</u>五县。降，以其降臣<u>翟昭彦</u>、<u>田庆</u>皆为刺史，<u>徐兴</u>为团练使。丁酉，<u>昭彦</u>等杀知州事<u>萧观宁</u>等以叛。丙午，复降。

十一月，诏谕<u>燕京</u>官民，王师所至，降者赦罪、复官。

十二月，取<u>居庸关</u>。<u>方舆纪要</u>云，关在<u>昌平州</u>西北二十四里。<u>南口</u>、<u>北口</u>相距四十里。两山夹峙，称为绝险。亦曰<u>军都关</u>，即<u>蓟门关</u>。〔考异〕<u>大金国志</u>云，<u>尼雅满</u>攻<u>居庸关</u>，虑难取，分兵由<u>紫荆口</u>、<u>金坡关</u>攻<u>易州</u>。及出奇取<u>凤山</u>，沿<u>皇太妃岭</u>以侵<u>昌平县</u>。既至<u>昌平</u>，则反顾<u>居庸</u>矣。于是<u>居庸</u>亦溃，金人遂入<u>居庸</u>。又，<u>史</u><u>列传</u>，<u>太祖</u>取<u>燕京</u>，<u>博勒和</u>为左翼，兵出<u>居庸关</u>大败<u>辽</u>兵，遂取<u>居庸</u>。<u>居庸关</u>，国名<u>齐喇哈番</u>。<u>新唐书志</u>云，关在<u>昌平县</u>西北三十五里。<u>北齐</u>曰<u>纳款关</u>，古<u>夏阳州</u>也。<u>刘定之</u><u>呆斋集</u>云，元<u>王恽</u>谓始<u>皇</u>筑<u>长城</u>，居<u>息庸</u>徒于此，因名。<u>狮山掌录</u>云，上关七里有<u>弹琴峡</u>，水流石罅，声若弹琴。<u>宇文虚中</u><u>过居庸关</u>诗云："奔峭从天坼，悬流赴壑清。路回穿石细，崖裂与籐争。花已从南发，人今又北行。节旄都落尽，奔走愧平生。"<u>蔡珪</u><u>出居庸</u>诗云："乱石妨车毂，深沙困马蹄。天分斗南北，人间日东西。侧目柴荆短，平头土舍低。山花两三树，笑杀<u>武陵溪</u>。"见<u>元好问</u><u>中州集</u>。丁亥，次<u>妫州</u>。戊子，次居庸关。庚寅，辽统军都监高陆等来送款。帝至燕京，入自南门，次城南。辽臣左企弓等奉表降。壬辰，御德胜殿，群臣称贺。〔考异〕蔡絛北征纪实云，时阿骨打与数臣握拳坐殿户限上受降。且询黄盖有几柄，欲与群臣共张之，中国传以为笑。金后自尊大，皆燕人及良嗣辈教之尔。纪未载。唯萧妃与官属数人遁去。后归，见天祚，被杀，废为庶人，改姓虺氏。见契丹国志。甲午，命左企弓等抚定燕京诸州县。〔考异〕呼实哈传，宗室子。从太祖攻宁江，战达噜噶城，破辽主亲兵，皆有功。与其兄实古纳攻克济州城，取春、泰州。辽主西走，追至中京，获其宫人辎重凡八百两。德州叛，攻克之。从罗索降归化，从取居庸关，并燕属县及山谷诸屯。历武定节度，徙汴京留守，卒。纪均未载。

七年（癸卯——二三）春二月乙酉朔，命萨巴原作撒巴招谕兴中府，即霸州地古柳城，亦曰彰武军。降之。辽来州节度使田（显）〔颢〕（据金史卷八一田颢传、辽史卷二九天祚纪改）、湿州刺史杜师回、迁州刺史高永福、〔考异〕赵翼陔余丛考云，辽史天祚纪作高永昌。按，永昌于天庆六年为金将所杀，安得此时又降金，误也。金史作永福为是。润州刺史张成皆降。辽史地理志云，来州归德（州）〔军〕（据辽史卷三九地理志改）治来宾县。（湿）〔隰〕州（同上）平海军治海（阳）〔滨〕县（同上）。迁州兴（晋）〔善〕军（同上）治迁民县。润州海阳军治海（滨）〔阳〕县（同上）。〔考异〕续通考云，瑞州，本来州，金天德中更为中州，泰和末改今名，领瑞安、海阳、海滨三县，迁民一镇。明置广宁前屯卫。许亢宗奉使行程录云，第十六程，自迁州九十里至习州，迁州东门外十数步即古长城，所筑遗址宛然。程大昌北边备对云，古者筑长城以捍北虏者四世，燕、赵、秦、隋也。秦制多承燕、赵，而隋氏不尽因秦也。史记，燕城起于造阳，西至襄平、辽阳。造阳者，上谷地也；襄平者，辽东县也；辽阳者，辽水北也，皆燕国边胡之地，故其建筑在此。赵则自代地而西，属于高阙。代者，雁门郡也；高阙者，灵州北流河之西，阴山之上游也。赵国于云、代，故其城只并河而西以极乎赵境耳。秦灭六国，西自上郡北地，而东至辽东、西，悉为秦有。故西起临洮，则中国极西之地也；北属辽东，则中国极东之地也。东西迄万余里，无论燕、赵之与岷、兰，盖无一地而无长城也。于是会今三制，则秦城之长，固周乎中国之北矣。然其地不皆秦筑也，秦但补筑使足耳。按，迁州古长城，以程泰之言考之，殆燕筑也。见厉鹗辽史拾遗。北蕃地理志云，润州在卢龙寨东。北接辽东驿，取润水为名，在中京南五百五十里；东至辽州四十里；西至渝关四十里；南至海三十里。薛延宠全辽志云，广宁前屯卫，在辽阳城西九百六十里。唐置营州，后改瑞州，辽改来州，置来宾县，隶大定府。方舆纪要，来州有万松山、五指山、三州山。又觉华岛上有海云、龙宫二寺。

　　夏四月丁亥，遣斡鲁、宗望袭辽主于阴山。遂追辽权六院司喀勒札原作喝离质于白水泺，获之。其宗属秦王、许王等十五人降。闻辽主留辎重青冢，辽史地理志云，丰州有青冢，即王昭君墓。以兵万人往应州，地理志云，即彰国军，治金城县，隶西京路。〔考异〕舆地广记云，唐末置，后唐升彰国军，县二：金城、（混）〔浑〕源（据下文及辽史卷四一地理志改）。续通考云，应州领金城、浑源、河阴三县。浑源，唐县，金升为州。河阴，辽置，金改山阴。遣卓哩、布达、宗望、罗索、尼楚赫等追袭之。宗望追及辽主，决战，大败之，获其子赵王实讷埒原作习泥烈。续纲目云，系辽主长子。〔考异〕汪辉祖金史同名录云，卷二太祖天辅三年辽太傅、六年辽护卫；卷三太宗天会二年婆速路猛安；卷五十九宗室表太祖子纪王；卷六十一交聘表大定十七年右副都点检，亦作习泥列；卷七十六兖传正隆六年南京副都指挥，七人同名习泥烈。及传国玺。〔考异〕辽史天祚纪，遗传国玺于桑乾河，载在保大二年正月，则此所获者非传国玺。辨见毕沅续通鉴。时林牙耶律达实〔考异〕史愿亡辽录作达什，满州语"吉祥"也，旧作大石，今译改。

壁龙门东二十五里，都统斡鲁闻之，遣卓哩、罗索、马和尚等率兵讨之，生擒达实，悉降其众。〔考异〕辽史达实传，云太祖八代孙。通辽、汉文字，善骑射，第进士，为翰林应奉，升承旨，历节度使。天祚入夹山，达实与诸大臣谋立魏王，王卒，立其妻萧德妃。金主至居庸关，被擒。亡归天祚，谋兴复，谏不听，乃杀萧伊实等自立为王，率所部西去，传九十年，国亡，是为西辽。系年要录，达实作达锡，云，辽亡，达锡以残众奉天祚子梁王北奔。洪皓松漠纪闻云，辽亡，达锡降金，因与尼玛哈双陆争道，惧祸，携五子遁，妻被杀；深入商安（按，"商安"，松漠纪闻作"沙子"。），立梁王为帝而相之。按辽史，立梁王者迪里，非达锡也，纪闻疑误。又，大石党亦名迪里，辽人，既降后遁，见太宗纪及回离保传。汪辉祖金史同名录云，卷八十二郭企忠传天会四年代州同知卷三太宗纪天会八年将，三人同名迪里。耶律纠坚原作九斤聚众兴中府作乱，讨擒之。纠坚自杀。

五月己巳，次拉林泺。斡鲁等以赵王实讷埒、林牙达实、驸马儒努原作乳奴等来献，并上所获国玺。宗隽以所获秦王、许王、女额页等来见。〔考异〕辽史天祚纪云，四月，金兵围辎重于青冢，硬寨太保萧特默格窃梁王雅里遁，秦王、许王、诸妃、公主、从臣皆陷没，惟梁宋大长公主托里亡归。金寻遣兵送族属辎重东行，乃遣兵邀战于白水泺，赵王实讷埒、萧道宁皆被执。天祚伪降，遂西遁。所载与史异，今从太宗纪。

六月壬午朔，次鸳鸯泺。丙申，帝不豫，命宗翰等驻兵云中以备边。〔考异〕元纳新金台集云，太祖武元皇帝平辽碑在南城丰宜门外，史臣韩昉撰文，宇文虚中书。元宋褧燕石集云，循宜泉桥北少东，园内有太祖平辽碑，扃守严秘。园后有小亭，四旁卉木成列，峙二灵璧石于巽坤隅。元郝经读金太祖睿德神功碑诗云："杂花装树烟草绿，珠翠重重拥燕玉。踏青车骑同一簇，巉天一碑青梢出。弹肩垂袖立马看，穿龟交龙势屈蟠。四面浑镌堆字山，填金剜尽黑猎班。冒头迁史学舜典，序字班书杂文选。铭章生民丽且婉，太祖帝纪都一卷。初赇肃慎兆已陈，日出之国生圣人。周维四邦命维新，不事杀戮义与仁。'海青'一翅海西落，两国君臣俱不觉。鹧鸪声里降王缚，汉民不失生聚乐。平地突起金天龙，面如紫玉真英雄。化行江、汉服羌、戎，百年以来夸俊功。参用辽、宋为帝制，文采风流几学士。磊磊高文辞称事，卓冠一代谁复似。汴亡文物委地坏，不收，独有此碑岿崒在。幽州荒烟莽苍无人读，使我掩面涕泗流。郑王已自磨甘露，故陇移来立新墓。小民世情多忌讳，更欲去除谁爱护？不久拽仆野火焚，后人不复见此文。攀花再读倾一樽，朗咏直过宣阳门。"见陵川集。又，果啰洛纳延诗云："十丈丰碑势倚空，风云犹忆下辽东。百年功业秦皇帝，一代文章太史公。石断龙鳞秋雨后，苔封鳌背夕阳中。行人立马空惆怅，禾黍离离满故宫。"均见日下旧闻考。

金史纪事本末卷四

燕云弃取　张觉　郭药师附

太祖天辅元年（丁酉——一七）冬十二月，宋使登州〔考异〕舆地广记云，古牟子国。唐置登州，天宝初曰东牟郡，宋复故，领县四。蓬莱，本汉黄县，唐登州，治牟平，后更名黄为蓬莱，徙治焉。后又析蓬莱置黄县，有莱山，汉轵县地在此，有蹲狗山。牟平，二汉旧县东牟、腄县地在此，有东牟山、之罘山，秦皇、汉武尝登之。文登，汉不夜腄县地，有文登山、成山、不夜城、始皇石桥，明升为府，统州一：宁海。县七：蓬莱、黄县、福山、栖霞、招远、莱阳、文登。防御使马政〔考异〕宏简录作马宏，宋史载在重和元年三月，为金天辅二年，官武义大夫。东都事略云，马政，熙河人。其子扩，应武举，有口辨，令随父使女真，著书，名茅斋自叙，载金事甚详。以国书来，曰："日出之分，

实生圣人。窃闻征辽，屡破勍敌。若克辽日，**五代**
时陷入**契丹汉地**，愿界下邑。"〔考异〕**续纲目**云，**宋林摅**
坐使**辽**失言，贬知**颍州**。徙**大名**，过阙，为帝言**辽**可取状，帝始有
北伐意。**宋史**，摅字**彦振**，**福州**人。官中书侍郎。罢归。子**纬**，死，
无嗣。后以**京**党贬官。**北盟会编**云，**政和**初，**宋遣郑允中**、**童贯**使
辽，携燕人**马植**归，改姓名**李良嗣**，荐于朝，后赐姓**赵**。复燕之议
自此始。**系年要录**云：**植**得罪于**辽**，间道说**贯**以取燕策，**贯**纳之。
政和五年，始自**雄州**来奔。七年春，**宋**使**陶悦**自**辽**归，具言敌未可
图，会枢密**邓洵武**亦言，事暂止。而**陶悦奉使录**亦谓**贯**北伐，前军
发；**悦**归奏事未可图，乃寝。**悦**后赠秘阁修撰。**郑昂危史**云，**植**来
归，匿**贯**家。能文，数上书，帝喜，赐姓名。**三国谋谟录**云，**良嗣**
以五年三月上蜡书，**雄守和诜**以闻，**京**、**贯**奏许之。四月，由**雄州**
入觐。盖**贯**与之约而后纳之，非携以归也。**岳珂桯史**云，**良嗣**颇能
文，间以诗篇进邀眷遇，至命兼史局。推修国朝会要等书赏，**良嗣**
亦转秩。后坐诛。有集，凡数十卷，人唾去不视，无收拾者。**周煇**
清波杂志云，**政和**间，选接伴**辽**使至**邢台**，**辽**使**柴谊**指呼左右令猎，
回，诧曰："南朝有乐事乎？"**诜**曰："南朝所乐，猎德耳！"使为羞
赧。**陈邦瞻宋史纪事本末**云，初，**建隆**中，**女真**尝自**苏州**泛海至**登**
州卖马，故道犹存。至是，**汉**人**高药师**来言**女真**破**辽**事，**登州**守臣
王师中以闻。命**京**、**贯**议，令**师中**募人同往，未达而还。帝复委**贯**，
遂使**政**与**药师**往。**北盟会编**，**药师**外，尚有**曹孝才**、**僧郎荣**等。**李**
焘长编云，**元丰**五年正月，诏在先朝，**女真**常至**登州**卖马，后闻**女**
真马行道径，已属**高丽**，隔绝岁久不至。今朝廷与**高丽**通使往返，
可谕国王："**女真**如愿以马与中国为市，宜许假道。"后卒不至。见
汪藻金盟本末。**毕沅续通鉴**云，议夹攻，实自**宣和**二年**赵良嗣**始。
马政、**呼庆**两番所议，但卖马耳。此云国书，或是**良嗣**所赍，误系

之<u>马政</u>也。<u>长编</u>亦谓封氏有功编年之说未可全信云。<u>方舆纪要</u>云，<u>苏州</u>，<u>辽</u>置，治<u>来苏县</u>，即古<u>南苏城</u>，今<u>金州卫</u>治。<u>隋大业七年</u>伐<u>高丽</u>，分遣段文振出<u>南苏道</u>。<u>唐贞观</u>末，<u>李世勣</u>伐<u>高丽</u>，历<u>南苏</u>等城，败其兵。<u>乾封初</u>，<u>薛仁贵</u>破<u>高丽</u>，拔<u>南苏</u>等城，即此。

二年（戊戌——一八）**春正月庚寅，使索多**〔考异〕<u>蒙古</u>语"乌翅大翎"也。原作散睹，今译改。<u>通鉴辑览</u>作<u>索都</u>。**如<u>宋</u>报聘，书曰："所请之地，今当与<u>宋</u>夹攻，得者有之。"**〔考异〕<u>毕沅续通鉴</u>云，<u>重和元年</u>十二月，<u>政</u>等还，与其使者偕来。<u>政</u>初下海达北岸，为逻者执，欲杀者屡矣。寻见<u>金</u>主于<u>拉林河</u>，遂遣<u>索多</u>及<u>李善庆</u>赍国书，并北珠、生金、貂革、人参，同<u>政</u>等来报使。<u>宋史</u>略同，载在明年正月为异，今从<u>史</u>。<u>蔡絛铁围山丛谈</u>云，<u>政和八年</u>，改十一月朔为<u>重和元年</u>，会左丞<u>范致虚</u>言犯<u>北朝</u>年号，盖<u>辽</u>先有<u>重熙</u>年，时后主名<u>禧</u>，因避<u>重熙</u>为<u>重和</u>。朝廷不乐。明年三月，遽改<u>重和二年</u>为<u>宣和二年</u>。<u>陆游老学庵笔记</u>云，<u>政和</u>末，议改元，<u>王黼</u>拟用<u>重和</u>。既下诏矣，<u>范致虚</u>白上曰："此<u>契丹</u>号也。"未几，改<u>宣和</u>。然<u>宣和</u>乃<u>契丹</u>宫门名，年名则实名<u>重熙</u>，<u>辽</u>避<u>天祚</u>嫌名，追谓<u>重熙</u>为<u>重和</u>耳，不必避可也。

三年（己亥——一九）**春正月。**〔考异〕<u>毕沅续通鉴</u>云，<u>金</u>使<u>李善庆</u>等来，馆于<u>宝相院</u>。诏<u>蔡京</u>、<u>童贯</u>与议。寻命<u>赵有开</u>、<u>马政</u>、<u>王师中</u>子<u>瓖</u>赍诏及礼物，与<u>善庆</u>报聘。会<u>有开</u>死，谍言<u>辽</u>已册<u>金</u>为<u>东怀王</u>，诏<u>政</u>还。差军校<u>呼庆</u>送<u>善庆</u>等归，时<u>宣和元年</u>正月也。<u>宋史</u>谓册为帝，与<u>辽</u>、<u>金史</u>同。<u>北盟会编</u><u>呼庆</u>作<u>呼延庆</u>，<u>系年要录</u><u>王瓖</u>作<u>环</u>。<u>有开</u>，<u>燕京</u>人，名<u>秉直</u>。

夏六月辛卯，<u>索多</u>还自<u>宋</u>。<u>宋</u>使<u>马政</u>及其子<u>宏</u>来聘。〔考异〕<u>毕沅续通鉴</u>云，<u>宏</u>即<u>扩</u>，声之讹也。先是，<u>马政</u>已辍行，独呼庆至耳。本纪恐误。索多受宋团练使，帝怒，杖而夺之。〔考异〕毕沅续通鉴云，金史，善庆补修武郎，散都从义郎，勃达秉义郎，给全俸。按，散都即索多，与善庆等同时受宋官。太祖纪只载索多，疑脱误。北盟会编散都作小散多，系熟女真。勃达作渤达，系生女真。所载各异。宋使还，复遣贝勒色埒、赫噜等如宋。〔考异〕毕沅续通鉴云，六月，呼庆至军前，金主与宗翰诘责，留六月，辨不屈，乃遣归，语曰："归见皇帝，若欲结好，早示国书，仍用诏，决难行也！"宋史纪事本末云，初，高丽求医，帝命二医往。王曰："闻天子将与女真图契丹，苟存契丹，犹足捍边。女真虎狼，不可交，宜早为备。"帝闻之，不乐。时广安安尧臣谏，隙不可开，不听。又施元之注苏诗云，范坦于徽宗时再使辽，边议萌芽，故非时遣使以观衅。坦言不宜始祸，力辞行。帝怒，责团练副使。宋史未载。

四年（庚子——二〇）春二月，贝勒色埒、赫噜还自宋。宋使赵良嗣、王晖来议燕京、西京地。〔考异〕北盟会编云，宣和二年二月，呼延庆还，具道女真言，并赍其文字来见贯议事。贯议别遣使。三月，诏右文殿修撰赵良嗣同王瓖往，议夹攻取燕、云及岁币。毕沅续通鉴云，夹攻之约，盖始于此。宋史载是年十二月复遣马政如金议地，薛应旂通鉴亦同，交聘表未书。见元会汾金史考证。

夏四月乙未，帝自将伐辽，克上京，宋使赵良嗣等奉觞上寿，皆称万岁。〔考异〕北盟会编云，七月，金遣斯喇习鲁，渤海高随、大迪乌偕良嗣还，因遣政报聘，岁币同辽。辽请和，均勿从。系年要录，时金使为锡琳赫噜。赵良嗣燕云奉使录，时在上京，作诗云："建国旧碑胡日（按，桯史卷五作月）暗，兴王故地野风干。回头笑谓（按，<u>桯史</u>卷五作向）王公子，骑马随军上五銮。"主令<u>契丹</u>吴王妃起舞献酒，醉酢甚欢。回书略曰："隔于素昧，未相致于礼容。酌以权宜，在交驰于使传。共计成夫大事，盍备露于信华。"云云。<u>毕沅续通鉴</u>云，八月，<u>金</u>遣<u>萨喇</u>、<u>哈噜</u>来。九月，命<u>马政</u>持国书偕往。书略曰："远承信介，特示函书，具聆启处之详，殊副瞻怀之素。<u>契丹</u>逆天贼义，干纪乱常，肆害忠良，恣为暴虐。知夙严于军旅，用绥集于人民，致罚有辞，逖闻为慰。今者确示同心之好，共图问罪之师。念彼群黎，旧为赤子，既久沦于涂炭，思永靖于方垂。诚意不渝，义当如约。"<u>薛应旂通鉴</u>云，时命<u>童贯</u>屯兵于边以应<u>金</u>，钤辖<u>赵隆</u>极言不可，<u>郑居中</u>亦谓宜守盟约。<u>京</u>曰："上厌岁币五十万故尔。"<u>居中</u>曰："公独不思<u>汉</u>世和戎用兵之费乎？使百万生灵，肝脑涂地，公实为之。"由是议寝。及<u>辽</u>数败，<u>贯</u>复乞举兵，<u>居中</u>又言不宜幸灾而动，独<u>王黼</u>力请取<u>燕</u>、<u>云</u>，议遂决。<u>通鉴辑览</u>云，<u>黼</u>信牒言<u>辽</u>主有亡国相，遣<u>陈尧臣</u>绘其像归，劝帝用兵，并图其山川险易以上。<u>居中</u>，字<u>建夫</u>，<u>开封</u>人。谓<u>汉</u>世南单于岁给一亿九十万，<u>西域</u>七千四百八十万，与此孰为多？<u>潜说友咸淳临安志</u>云，<u>陈尧臣</u>，<u>婺州</u>人。初为画学，（<u>正</u>）〔<u>王</u>〕<u>黼</u>（据上文改）荐为水部员外郎。假尚书使<u>辽</u>，事还，擢右司谏，赐予巨万，时年三十三。历侍御史。<u>黼</u>贬，坐除名。<u>桧</u>当国，以素交复官。筑园亭<u>西湖</u>上，今陈侍御花园也。<u>宋史徽宗纪</u>，二月，遣<u>赵良嗣</u>使<u>金</u>，九月，<u>金</u>使<u>勃谨</u>等来，寻遣<u>马政</u>报聘。交聘表失书。

五年（辛丑一一二一）**春二月。**〔考异〕<u>毕沅续通鉴</u>云，<u>政</u>等初至<u>金</u>，与<u>金</u>主议<u>西京</u>地，不许。草国书，使<u>哈噜</u>与<u>政</u>等还报。略曰："适纾使傅，遥示英华，载详别属之辞，备形书外之意。事须审而后度，礼当具以先闻。前日<u>赵良嗣</u>等回，许<u>燕京</u>东路州镇，已载国书，若不夹攻，应难如约。今若更欲<u>西京</u>，请便计度收取，若难果意，冀为报示。"至是，哈噜至登州，守臣以童贯讨方腊未还，留金使不遣。哈噜怒，寻令诣阙。留月余，遣呼庆送归，但付国书，不遣报使，用王黼议也。蔡絛北征纪实云，时上悔前举，意欲罢约，谕女真使可复回。宋史，哈噜作曷鲁，载在五月。太祖纪及交聘表均未书。

六年（壬寅——二二）春三月，辽秦晋国王耶律聂呼原作捏里称帝于燕。

夏四月壬辰，遣图克坦乌济、原作徒单乌甲。〔考异〕北盟会编作徒姑旦乌歇。高庆裔如宋。〔考异〕大金国志云，初闻宋不遣报使，疑有谋，复遣字蕫乌歇、高庆裔来，帝礼待甚厚，过契丹数倍。以赵良嗣报聘，马扩副之。东都事略云，差锡剌曷鲁为使，大迪乌、高随为副。时宋宣和四年也。所载姓名各异，今从史。吴曾能改斋漫录云，金攻辽，辽遣王纬来乞师，许之。时金只檄代州不得受逃亡人，未尝遣使，诸书亦无王纬乞师事，今不取。

五月，辽聂呼遣使请罢兵。寻遣杨勉以书如燕京，谕使聂呼降。〔考异〕毕沅续通鉴云，时王黼专治边事，计口出算，得钱二千六百余万缗以充用。诏童贯、蔡攸勒兵十五万应金。五月，贯至高阳关，用知雄州和诜计，降黄榜及旗，述吊伐意。命种师道总东路兵，趋白沟。辛兴宗总西路兵，趋范村。耶律达实、萧幹来拒，兵败，师道退保雄州。辽使来言："射一时之利，弃百年之好，结新起之邻，基他日之祸。"贯不能对，乃班师。北盟会编，辽使为王介儒、王仲孙。宋史徽宗纪云，前军统制杨可世败于兰沟甸，又为幹败于白沟。丁亥，辛兴宗败于范村。六月，师道退保雄州，辽人追击至城下。九月，朝散郎宋昭上书谏北伐，窜广南。方舆纪要云，范村在涿州西南。东都事略云，贯北伐，帝授三策。贯用刘韐、宇文虚中为参谋，程唐、王序为转运，而机务专倚曹州吏李宗振。钟邦直行程录云，时惟幕僚李积中投书切谏，累数万言，不省。潘永因宋稗类钞云，宣和用兵燕、云，厚赋天下缗钱，督责甚急。时海州杨刘氏寡居，使二子献缗钱百万，免下户之输，一郡数县免于流亡者，皆刘氏赐也。又云，蔡攸尝赐饮禁中，上频以巨觥宣劝，恳辞不免，上曰："就令灌死，亦不至失一司马光。"黼事徽庙极褒，宫中为市，使为市令，上挞之，黼窘呼曰："告尧、舜免一次。"上曰："吾非唐、虞，汝非稷、契也。"一日，与逾垣微行，黼以肩承帝趾，不相接，上曰："耸上来，司马光！"黼曰："伸下来，神宗皇帝！"君臣相谑乃尔。陆游老学庵笔记云，黼作相，子阆孚为待制，造朝，方十四岁，都人目为胡孙待制。方勺泊宅编云，宣和七年，驾幸龙德宫，黼献诗，有"巧将干幰遮晴日，借得三眠作翠帏。"人以为谶，谓其不复见君也。而洪迈钦宗实录，谓即位时，先谕阁门勿纳，贬官，安置永州，安得入龙德宫献诗，误矣。蔡絛北征纪实云，时首倡北伐者薛嗣昌、侯益。嗣昌后被黜，死，然每事犹关白宰相。益则专出贯门，罪尤大。岳珂桯史云，宇文虚中在西掖，昌言开边非策，黼恶之，使为谋谋官窒其口。因上书极谏，书下三省，谪修撰。和子美谠以事诣京，郑居中荐于徽庙，敷奏明叵，进阶，还任。上制胜强远弓，诏颁行，能破坚于三百步外，即凤凰弓，韩世忠改名克敌弓，至今便焉。洪迈容斋三笔，谓祖熙宁神臂之规，实不然也。谠知兵，尝阻伐燕，议坐责。北事作，未及用，死，盖两河名将云。会编则曰，先是，和谠以取燕山图来上，安抚吴玠等皆献议取燕、云。所载各异。

六月，耶律聂哷卒，妻萧妃称制。先是，聂哷立，改"怨军"为"常胜军"，擢其渠帅铁州续通考云，本汉安市县，辽为建武军，领定戎一镇。郭药师〔考异〕汪辉祖金史同名录云，卷一百三十阿邻妻沙里质传，子谋克；卷十八哀宗天兴二年镇南节度；卷一百完颜伯嘉传贞祐四年御史；卷一百二十九萧裕传海陵时显武将军，五人同名药师。诸卫上将军。至是以涿、易二州涿州，在顺天府西南百四十里。易州，在保定府西北百二十里，辽改高阳军。舆地广记云，涿州，汉置，魏为范阳郡，晋为范阳国，隋立涿郡，唐因之，县四：范阳、固安、新昌、新城。易州，秦属上谷郡，二汉属涿郡，隋立易州，后改上谷郡，唐因之，县四：易县、涞水、满城、五回。日下旧闻考引国门近游录云，房山县南五十里有狮山口，涿、易二州交界处，西行约十余里有兜率寺、十方院，僧塔甚众。中一塔有碑，曰六聘山天开寺忏悔上人坟塔记，金朝朝议大夫、干文阁大学士、知制诰、赐紫金鱼袋王虚中撰，布衣贾漈书。文称："师讳守常，族曹姓，易州新安府人。礼六聘山铁头陀为师。住持本山，三十余年，所度白黑四众二十余万，以咸雍六年迁化。"塔建于大安己巳姑洗月。末书涿州邵师儒镌。朱彝尊吉金贞石志云，六聘山，在房山县西三十里。天开寺，钜刹，自后汉历辽、金，废兴难具载云。归宋。〔考异〕中兴叛逆传云，药师以金吾卫上将军守涿州，囚其刺史萧馀庆，遣赵鹤寿送款于贯，将兵八千五百并一州四县归朝。北盟会编云，药师以涿州降，高凤以易州降。宋史误连为一，且事在九月，而东都事略作八月，陈均九朝编年备要与会编同。史本传又与宋史同，今从之。汪藻贺收复涿州表云："臣闻黄帝得天，始正阪泉之伐；宣王复古，爰兴狁之师。缅维幽、蓟之区，久失汉、唐之旧。厥留丕绩，以待圣时。出成算于九交，拓提封之万里。风声鹤唳，何劳震叠之余；箪食壶浆，惟恐欢迎之后。皇帝功高，治古道，冒绵区，兼收区夏之心，克绍祖宗之志。得皇天之所覆，徕上古之不臣，前矛突入殊疆，破竹遂无遗策。臣幸逢嘉会，适守遐藩。传闻垂带之朝，悉陈灞上；遥想龙墀之庆，独阻国南。"见**五百家播芳文粹**。**药师寻以宋兵六千人奄至燕京，甄五臣以五千人夺迎春门**，皆入城。**萧妃令闭城门，与宋兵巷战，药师大败，失马步走，逾城免。宋人犹厚赏之。**〔考异〕**系年要录**云，时**中山**守臣**詹度**言，**燕**人无主，愿纳土。始议再兴师，诏**贯**、**攸**再出，异议者斩。**宋史纪事本末**云，七月，**贯**复以**刘延庆**为都统制。九月，**药师**降，授**恩州观察使**，为乡道，**至良乡**，为**斡**败。及入城，后密报**斡**，还击之，兵败，走免，**刘世宣**死焉。**延庆**烧营遁，**斡**追至**涿水**还。**契丹国志**于**白沟**不言败，而袭城之役，谓**药师使延庆**，恐误。**薛应旂通鉴**云，自**熙**、**丰**以来，所纳军实殆尽，**燕**人知**宋**无能为，作赋及歌诗诮之。**药师**还，犹授**安远承宣使**，进**武泰**节度。**陈均九朝编年备要**云，**药师**遣人谕**萧后**降，不从，合战至晚不解。**萧斡**亟来救，或疑**延庆**兵，登高望之，则**燕王**家上立四军旗矣。寻自南门入，**药师**与战，屡败，奔门不得出，缒城下，还者数百骑而已。**封有功编年**云，时**延庆**闻兵败，又琉璃河护粮将**王渊**亦陷贼，次日烧营及辎重奔还，师大溃。**朱胜非秀水闲居录**云，时**萧后**与四军大王尚守**燕城**，**药师**入，纵兵四掠，无复纪律。一夕，四军以残卒击王师，奔还芦沟，大军亦溃。**大金国志**云，时**马扩**随行，抵**居庸关**，国主谓**扩**曰："**辽**疆土我得十九，止**燕京**数州地留与汝家。我与大军三面掩之，令汝家俯拾，亦不能取。"**北盟会编**云，时**萧妃**遣使纳款，乞数州地为南朝外屏，**贯**不许。

冬十二月，帝亲伐**燕京**。命**宗望**原作斡离不率兵七千以先之。**都古噜讷**改名忠出**得胜口**，**尼楚赫**原作银术可出**居庸关**。**罗索**原作娄室为左翼，**博勒和**原作婆卢火为右翼。进次**居庸关**，**辽**统军都监**高陆**原作高六等来送款。至燕京，入自南门。尼楚赫、罗索阵于城上，辽知枢密院左企弓、虞仲文、枢密使曹勇义、副使张彦忠，参知政事康公弼，签书刘彦宗奉表降。辛卯，辽百官诣军门请罪，诏释之。壬辰，御德胜殿，群臣称贺。甲午，命左企弓等抚定燕京。萧妃遁。〔考异〕辽史天祚纪云，萧德妃五表于金，求立秦王，不许，乃以劲兵守居庸关。及金兵临关，崖石自崩，戍卒多压死，遂大溃。德妃出古北口，趋天德军。史愿亡辽录云，金游骑逼城，左企弓集百官议未定，统军副使萧一信开启夏门，放入洛索贝勒军，登城，遣先获辽相韩秉，传令不杀，催百官出丹凤门毬场内投降。阿古达戎服坐万胜殿，皆服罪。宋史徽宗纪云，九月，金遣徒姑且乌歇等来议师期。寻遣赵良嗣报聘。十一月，金遣李靖等来，许山前六州。十二月，复遣赵良嗣报聘。是月，药师败萧幹于永清县。系年要录，李靖外尚有乌凌噶色呼美。靖，宾州人。元会汾金史考证云，时金令普嘉努责宋以出兵失期，始背初盟，改十七州为六州。此南北构兵之端，而交聘表均未载。毕沅续通鉴云，十月，复遣良嗣如金。金遣李靖、王度喇、萨鲁谟来。时贯再举伐燕，不克。惧得罪，乃密遣王瓌如金，金乃分兵三道遂克燕。遣兵送良嗣还，且致俘。北盟会编载金国书，略云："适凭使传，特示音题，然已露于深悰，斯未洽于旧约。载惟大信，理有所陈，爰念前言，义当可许。"又云："除许燕京及六州属县，余平、滦、营三州，纵贵朝克服，亦不在许与之限。如或广务于侵求，诸虑难终于信义。"云云。按六州，系涿、易、檀、顺、蓟、景。涿、易见上。辽史地理志云，檀州武威军，本燕渔阳郡地，汉为白檀县，县二：密云、行唐。宋白续通典云，密云，即汉厗奚县旧治，后汉以居斤奚。谢承续汉书云，白檀县，即古北平，后魏为密云郡，后周号安州，隋、唐为檀州，晋入辽，宋改横山郡镇远军，金复旧。通鉴地理通释云，顺州顺义郡，唐天宝初置，治宾义县。顾炎武昌平山水记云，顺义县在州东南九十里。金人疆域图云，至燕京百一十五里。乐史太平寰宇记云，即秦上谷郡地。朱彝尊日下旧闻云，本汉狐奴县地，唐末为顺州，晋入辽曰归宁军，亦曰归化，宋改名顺兴，金复故，县二：渔阳、密云。王恽秋涧集云，顺州旧治，唐归顺州。见大历五年试太子洗马、郑宣力所撰开元寺碑。金节使刚忠王子明死节于州，名晦，高平人。汉书地理志云，蓟，古燕国，召公所封。史记正义云，召公始封，盖在北平无终县，以燕山得名。后强盛并蓟，徙居之。索隐谓北燕在今幽州蓟县故城是也。秦置渔阳郡，隋立元州，寻复旧，唐废郡属幽州，开元十八年置蓟州，治焉。辽为尚武军，宋号广川郡，金复故，属中都。唐书地理志云，景州，贞元三年析沧州置，后屡废屡复。辽史地理志云，名清安军，本蓟州遵化县，重熙中置。宋改永静军，金避章宗讳，改景州为观州，领县六：东光、阜城、将陵、吴桥、蓨、宁津。舆地广记云，营州，本孤竹国，秦汉属辽西郡，前燕、后燕、北燕都此。隋为辽西郡，唐为营州，中为契丹陷，侨治渔阳，开元中徙治柳城，曰柳城郡，又为平卢，辽号邻海军，治广宁。续通考云，滦州在卢龙寨南，辽置滦州，金置节度，领县四：义丰、马城、石城、乐亭。平州，见下。马扩茅斋自叙云，时良嗣在金，作诗曰："朔风吹雪下鸡山，烛暗穹庐夜色寒。闻道燕然好消息，晓来驿骑报平安。"某和诗曰："未见燕铭勒故山，耳闻殊议骨毛寒。愿君共事烹身语，易取皇家万世安。"所载较详。

七年（癸卯——二三）九月以后为太宗天会元年。春正月甲子，辽平州节度使时立爱〔考异〕辽史作锡凌阿。降，诏曲赦**平州**。〔考异〕本传，**立爱**迁辽兴节度，金遣韩询入**平州**招降，**立爱**请先下诏抚慰，许之。命沃赫阿里为之副。至张觉为留守，**立爱**乃去**平州**，归乡里。是**立爱**本官**平州**，而**辽史**云，萧妃遣锡凌阿知州事，毅拒弗纳。恐误，今从**史**。陈士元**滦志**云，韩询持招谕**平州**诏曰："朕亲巡西土，底定全燕，号令所加，城邑皆下。爱嘉忠款，特示优恩：一应在彼大小官员，可皆充旧职；诸囚禁配隶，并从释免。"时辽主尚在**天德**，虽开谕而民不从。與地广记云，**平州**，商为孤竹国，**秦**、**汉**为辽西、右北平二郡地，**元魏**并立**平州**，隋为北平郡，唐曰平州，后为北平郡。县三：卢龙、石城、马城。续通考云，辽为卢龙军，改兴化，领县三：卢龙、安喜、望都。金初为**南京**，后为**平州**兴平军，领县五：卢龙、抚宁、海山、迁安、昌黎。**己卯**，**宋使来议燕京**、**西京**地。〔考异〕大金国志云，燕、云之地有居庸关、金坡关、古北口、松亭关、榆关诸险要，乃**蕃**、**汉**之界。当时割地若得诸关，则燕山可保。然平、营、滦三州，**契丹**据之，改**平州**为辽兴府，以营、滦隶之，号平州路。至石晋所赂诸州，建燕山为燕京，以控六郡，号燕京路。宋初议割地，但谓燕山之路，尽得关内之地，不知**平州**与燕山异路。金破辽，得据**平州**，则关内之地，**蕃**、**汉**杂处。故斡离不自**平州**入攻，此当时不明地理之故也。方舆纪要云，松亭关在喜峰口北百二十里，辽人自燕京之**中京**，每由松亭趋柳河。居庸关在昌平州西北三十里。古北口在密云县东北百二十里，亦曰虎北口。许亢宗奉使行程录云，第十四程，自**营州**一百里至润州。离营州东六十里，至榆关。东自碣石西彻五台，沃野千里，北限大山。重峦中有五关，居庸可以通大车，运转饷；松亭、金坡、古北口止通人马，不可行车。外有十八路，尽兔径鸟道，止通人，不可行马。山南则五谷，百果、良材、美木无所不有。出关未数十里，则黄茅白苇，莫知其极，盖天设此以限南北也。按，<u>金坡关</u>，即<u>紫荆关</u>，在<u>易州</u>西北。<u>榆关</u>乃<u>山海关</u>，在<u>平州</u>之东。<u>顾炎武</u><u>昌平山水记</u>云，<u>黄花镇</u>距州北八十里。镇城直<u>天寿山</u>之后，当<u>居庸</u>、<u>古北</u>二关之中。北连<u>四海冶水</u>，曰<u>黄花镇川</u>。河出塞外，自<u>二道</u>南入口，迳<u>渤海</u>，至<u>顺义</u>界，入<u>白河</u>。其流九曲，俗呼<u>九渡河</u>。<u>祝穆</u><u>方舆胜略</u>云，<u>黄花镇</u>以东，历<u>密云</u>、<u>马兰</u>、<u>太平</u>、<u>燕河</u>，属于<u>山海</u>，谓之<u>东关</u>；以西历<u>居庸</u>、<u>白竿</u>、<u>紫荆</u>、<u>倒马</u>，属于<u>龙泉</u>，谓之<u>西关</u>。<u>郭造卿</u><u>碣石丛谈</u>云，<u>铁门山</u>，距<u>铁门关</u>三里。南有<u>穹窿山</u>，与之并高。其洞十丈，内周十余里，悬石皆五色，鼓以八音，莫不应焉，名<u>应乐轩</u>。出洞口十里为<u>西山岭</u>，即<u>喜峰</u>，古<u>松亭山</u>也。<u>许有壬</u>纪事，谓有久戍士，父子相逢，喜笑俱死，葬焉。掘，则风雨大作。今戍者祀之曰<u>喜逢</u>，乃<u>乌梁海</u>贡道。<u>日下旧闻考</u>引<u>图书编</u>云，京城口九十里<u>昌平州</u>，州东北九十里<u>黄花镇</u>。自镇历<u>白马</u>、<u>陈家</u>、<u>吊马</u>等峪关口四十八而<u>古北口</u>。又一十四关口至<u>羲崄塞</u>，中历<u>黄松峪</u>、<u>将军石</u>凡五口而<u>蓟州</u><u>东崖峪</u>。自关以东，历<u>宽峪</u>等关凡十口而<u>遵化县</u>之<u>乌兰峪</u>。乃历<u>沙皮</u>、<u>罗文</u>、<u>松青</u>、<u>龙井儿</u>、<u>潘家口</u>、<u>团营寨</u>关口三十一而<u>喜峰口</u>。又七十里而<u>迁安县</u>之<u>青山口</u>。又十二口而<u>冷口</u>。又三口而<u>刘家口</u>。又四口而<u>卢龙县</u>之<u>桃林口</u>。又四口而<u>昌黎县</u>之<u>界岭</u>、<u>箭杆</u>等六口，而<u>抚宁县</u>之<u>义院口</u>。又<u>石门</u>等五口而<u>董家口</u>，历<u>大毛山</u>、<u>小青山</u>等十四而<u>山海关</u>。此<u>蓟</u>、<u>昌</u>各路关砦之大略也。所载各异。<u>北盟会编</u>云，五月，<u>良嗣</u>自<u>金</u>还，得<u>金</u>国书，略曰："远辱华函，继形温问，因遽成于小补，感特赐于隆仪。载循计议之辞，未悉听从之谕。致烦驰报，冀示诚音！"云云。词多不具载。

二月癸巳，<u>宋</u>复使<u>赵良嗣</u>〔考异〕<u>毕沅</u><u>续通鉴</u>，<u>良嗣</u>外尚有<u>周武仲</u>、<u>马扩</u>，今从<u>太祖纪</u>。来，请加岁币以代燕税，及议画疆与遣使贺正旦、生辰，置榷场交易，并计议西京等事。癸卯，尼楚赫、道拉〔考异〕一作道喇，蒙古语"下"也，旧作铎刺，今译改。汪辉祖金史同名录云，是年三月，辽族人谋叛，亦见太祖纪；卷七十一斡鲁传高永昌家奴；卷一百三十三窝斡传世宗时将，四人同名铎刺。又北盟会编作松度刺。如宋。戊申，诏平州官与宋使同分割所与燕京六州之地。〔考异〕北盟会编载金国书，略云："使轺荐居，荣讯迭承，既增岁币之优，深悉善邻之意。俟成誓约，永保惟和。"词多不具载。又云，宋平燕北，群臣表贺，有曰："舜肇十二州，始别冀都之壤。周建八百国，首疏召公之封。当天津、析木之交，实上谷、广阳之胜，形胜有金汤之险，膏腴号陆海之饶。"宋史纪事本末云，初，朝廷与金约，但求石晋赂契丹故地，而不思平、营、滦三州非晋赂，乃刘仁恭献契丹以求援者。既而王黼悔，欲并得之，复遣良嗣往，不许。乃与李靖来，且索燕京租税。时左企弓献金主诗曰："君王莫听捐燕议，一寸山河一寸金。"故金人欲背初约，要求不已。良嗣还，金闻辽主欲复故地，乃悉断桥梁，焚次舍以防之。黼欲功速成，复遣良嗣于岁币外许每年代税钱一百万缗，及议画疆诸事，金遂遣宁术割等持誓书来，帝曲意从之。复遣良嗣往，并许粮二十万石。四月，金始遣杨朴来割燕京六州地。庚子，命贯等往，所得七空城，以王安中知燕山府，郭药师为副，诏班师。黼总治三省，贯封广阳郡王，良嗣延康殿学士。平燕录云，时金人用阿骨爽计，寸金寸土，掊取殆尽，席卷而东回，住白水泊。朱彝尊日下旧闻云，贯以詹度权大帅府。度作平燕诗送之，诗曰："长亭春色送英雄，满目江山映日红。剑戟夜摇杨柳月，旌旗晓拂杏花风。行时已决平戎策，到后须成济世功。为报燕山诸将吏，太平只在笑谈中。"吕中大事记讲义云，初，朝廷信良嗣等虚言，谓金人归我云中，故曲报并及山后地，然实不得山后也。朱昆田日下旧闻补遗阿骨爽作阿克董，满州语"发水投树木上挂的紫草"也。旧作阿骨爽，今译改。宰辅编年录云，安中罢左丞，授庆远节度、燕山路宣抚使。制曰："惟燕山之作屏，应析木以奠方；念抚绥之维新，在阜成之有术。云霓之苏大旱，爰契群情；文武之宪万邦，适符予欲。特辍政机之要，出临朔寒之雄。"时宣和五年正月。会编庆远作静难。又为安抚使者尚有詹度。大金国志云，金许还西京，而誓书无一语及之，皆良嗣与宁术割共为欺罔，卒启兵端。按，仁恭无献地求援之事。营、平二州，当唐庄宗、明宗时契丹攻陷；滦州乃太祖自置。见顾炎武京东考古录。续纲目本长编之说，不足信。宏简录云，金叛盟，良嗣坐窜柳州，以御史胡舜〔涉〕〔陟〕（据宋史卷四七二赵良嗣传改）言，诏广西运副李升之枭其首，妻子徙万安军。赵翼劄记云，宋史良嗣传，谓其往返六七，颇能缓颊尽心，与金争议，使不纳张觳，金亦难遽启兵端。中华疆士，复归版图，良嗣方且当入功臣传。迨追原祸始，坐以重辟，未免失刑。修史者复列之奸臣，殊非平情之论。然图燕议起，终是召祸首谋，强为出脱，无以惩后。今不取。

诏改平州为南京，以张觉〔考异〕辽史作张觳，平州义丰人。贾子庄陷燕录作张壳，曹勋北狩见闻录作张珏。时介休剧贼亦名张觉，聚党掠县邑，屡招不服，后命沈璋往招，即日降。见璋传。为留守。觉在辽第进士，官辽兴节度副使，至是来降，擢留守。〔考异〕宋史纪事本末云，辽主走夹山，平州军乱，杀节度萧谛里。众推觳领州事，练兵为备。金使康公弼往觇，还言无足虑，乃加平章事兼留守。续纲目谛里作敌里。太祖纪均未载，今从纪。

三月戊午，宋使卢益、赵良嗣、马宏以国书来。

夏四月壬辰，复书于宋。〔考异〕北盟会编载金誓书，略云："惟信与义，取天下之大器也，以通神明之心，以除天地之害。"末云："所贵久通欢好，庶保万世。苟违此约，天地监察，神明速应，子孙不绍，社稷倾危。本朝志欲协和万邦，大示诚信，如变渝在彼，一准誓约，不以所与为定。"词多不具载。毕沅续通鉴云，宋旧制，待辽使礼遇有限且迂其程途，次第燕犒，防微杜渐意也。及蕭遣良嗣，唯务欲速，自燕山至阙下，限以七日，凡金使四五往返皆然。每至，侈陈尚方锦绣，以夸富盛，金人益生心，要索不已。翟耆年籀史云，宣和中，师复幽、燕，获德光所盗古宝玉尊，形制与黄目等，莹然无少玷缺。在廷莫知所用，帝独识为周之灌尊。乃诏圜邱祭天之器，仿古尽用吉玉。癸巳，命实古纳、原作习古乃，亦作实古乃。尝与尼楚赫言辽可取，太祖计遂决。官东南路都统，后移〔泊〕〔治〕（据金史卷七二习古乃传改）高丽，镇东京。〔考异〕罗索子亦名实古纳，原作石古乃，本名仲。官北京留守，另一人。博勒和监护长胜军及燕京豪族、工匠，由松亭关徙之内地。

五月甲寅，南京留守张觉据城叛。时左企弓、虞仲文、曹勇义、康公弼等同士民北徙，赴广陵，过平州，觉使人杀之于栗林下。〔考异〕辽史天祚纪云，穀时召李石议，遣张谦召企弓等至滦河西岸，令赵秘校往数十罪，缢杀之。许采陷燕录云，杀辽宰相四人。宋史同。而史本传只企弓一人被杀，余皆令终，今从觉传。续通考云，企弓，苏州人，降封燕国公。仲文，宁远人，封秦国公，后赠特进、濮国公，谥文正。公弼封陈国公，后赠侍中，道国公，谥忠肃。出尚古类氏编。寻以南京降宋，宋人纳之。太祖诏谕南京官吏曰："朕初驻跸燕京，嘉尔吏民率先降附，故升府治以为南京，减徭役，薄赋税，恩亦至矣，何可辄为叛逆。今欲进兵攻取，时方农月，不忍以一恶人而害及众庶。且辽国举为我有，孤城自守，终欲何为。今止坐首恶，余并释之。"觉兵五万屯润州近郊，欲胁迁、来、润、（湿）〔隰〕（据金史卷一三三张觉传改）四州。南路军帅栋摩原作阇母自锦州往讨之，败之于营州。欲乘胜攻南京，以暑雨不可进，退屯于海壖。无何，再击之于楼峰口，败之。〔考异〕阿里传，是役也，阿里、苏都哩、呼拉布三明安之力居多。宏简录云，九月，败觉将王孝古于新安。纪均未载。复与战于兔耳山，方舆纪要云，在永平府抚宁县西七里。双峰耸峙，绝顶有潭，岭上广平可容数万人。栋摩败绩。觉报捷于宋。宋建平州为泰宁军，拜觉节度使，张敦固等皆加徽猷阁待制，〔考异〕毕沅续通鉴，敦固外，尚有卫甫、赵仁彦、张钧。宋史，觉加平章事。以银绢数万犒军。觉复整军来，乌雅富埒珲绐诸将曰："敌军少，急击可破也。若入城不可复制。"遂合战破之。〔考异〕王伯龙传谓讨张觉系天辅五年事，与纪异。

十一月壬子，命宗望问栋摩罪，并代领其军，发广宁，即锦州附郭邑。下濒海诸郡县。会觉闻宋犒赏将至，出迎，宗望引兵袭之，战于南京城东，大败之。觉奔燕，宋帅王安中字履道，中山阳曲人。后坐罪，安置道州，卒。匿之甲仗库。宗望以纳叛责宋，并索觉。

安中斩貌类者当之，识其非，乃杀觉，函其首来献。自是，降将卒皆解体，卒用此为兵端。〔考异〕大金国志云，宋令李安弼赍诏赐毂，仍以金花笺御笔付其弟，授毂，均为金获，归曲宋朝。史愿亡辽录云，觉为药师所获，藏常胜军中。金来索，帝不欲与，安中与药师再三执奏，乃缢杀之。汪藻谋夏录云，隐药师军中，命安中行刑，语不逊，遂斩之。宋史纪事本末云，觉既死，降将及常胜军皆泣下。药师曰："若来索药师，亦将与之乎？"系年要录云，时命药师斩觉首送金。所载各异。方觉之奔宋也，城中人执其父及二子以献，戮之军中。子谨言后仕世宗，为劝农使，卒，赠辅国将军。〔考异〕宏简录谨言作仅言。壬申，张忠嗣、张敦固降。遣使与敦固入城招谕，复杀使者以叛。是月，诏谕南京，割武、朔二州入于宋。〔考异〕宋史纪事本末云，时朝廷以山后诸州请于金，金主新立，将许之，因粘没喝言乃止。以武、朔二州来归。辽史地理志云，武州，即归化州。朔州，本汉马邑地，号顺义军。舆地广记云，朔州，本戎狄地，秦、汉属代、雁门二郡，魏立新兴郡，晋改晋昌郡，后魏置怀朔镇及朔州，北齐为广安郡，隋置代郡，又改马邑郡，县二：鄯阳、马邑。续通考云，唐末为朔州，后唐升镇武军，宋为朔宁府，辽升顺义军，县三：鄯阳、宁远、马邑。武州，唐隶定襄、马邑二郡，辽置武州宣威军，县一：神武。

太宗天会二年（甲辰——一二四）春正月壬子，命赏宗望及将士克南京功，赦栋摩罪。命赍宋书索俘虏叛亡。甲戌，西南、西北两路都统宗翰、宗望请勿割山西郡县与宋。帝曰："是违先帝之命也，其速与之。"既而以宗翰言，罢之。丁丑，始自京师至南京每五十里置驿。

二月乙巳，诏南京官僚，大小之事，必关白军帅，无得专达朝廷。

三月己酉朔，命宗望以宋岁币银绢分赐将士有功者。己未，南京将刘公鼎、王永福弃家逾城来奔，以公鼎为广宁尹，续通考云，广宁府，本汉望平县地，辽为显州奉先军，金天辅中升为广宁府，天会间改镇宁军。初隶东京，后改隶北京，领县三：广宁、望平、闾阳。永福为奉先节度使。

夏五月乙巳，栋摩克南京，杀都统张敦固。〔考异〕太宗纪，是年四月，宋使来吊丧。以高卓佛和原作术仆古，充遣留国信使，高兴辅、刘兴嗣等充告前位使，如宋。马扩茅斋自叙云，吴乞买立，遣奚人富谟、汉人李简充国信使副。宋遣张璘、马扩往燕山。宋史徽宗纪，正月，为金主辍朝，遣连南夫吊祭金国。三月，金来匄粮，不与。五月，金使告嗣位。七月，遣许亢宗往贺。九月，金遣富谟弼献遗留物。交聘表，高卓佛和作高珠巴克。又云：八月，以贝勒乌哲纳、李用弓贺宋正旦。十月，宋使贺天清节。十二月，贝勒高居庆、大理卿邱忠贺宋正旦。毕沅续通鉴云，是岁七月，金攻蔚州，杀守臣陈诩，陷飞狐、灵邱。二月，逐应州守臣苏京，谭稹坐免官。仍以贯为宣抚使。贯寻遣马扩至云中议山后地，归为贯言，金包藏祸心，愿速营边备，贯不能用。史未载攻蔚、应二州事，今削而不书。

三年（乙巳——二五）秋八月壬子，诏有司拣选善射勇健之士以备宋。

冬十月甲辰，命诸将分道侵宋。南京路都统宗望自南京入燕山。至三河，在通州东七十里。及宋郭药师、张（企）〔令〕徽、（据宋史纪事本末卷五六改）刘舜仁，战于白河，方舆纪要云，在今通州东二十里，源出宣府卫龙门所东滴水崖，东流入密云，至通州界，经武清县东入直沽。〔考异〕续通考云，白河自密云县南至牛栏口与潮河合，流至通州，入直沽，一名白遂河。潮河，在宝坻县东，一名白龙港，源自黎河、胸河、鲍邱河，至宝坻三义口合流为潮河，入海。又：密云县东南有潮河，下流至顺义县界，合白河。大破之，药师降。燕山州县悉平。〔考异〕宋史纪事本末云，药师初与詹度同职，军横暴，度莫能制。命蔡靖代度。药师遂专制一路，增兵至三十万，仍用契丹服饰，朝廷疑之。进太尉，召入朝，不至。令贯行边察之，药师迎拜，称为父，遂释然。邀视师，至野，略无人迹。药师下马，掉旗一挥，铁骑耀日，莫测其数，贯失色。归为帝言，必能抗敌。蔡攸亦力主之，故内地无防制。屡告变，皆不省。及兵败，遂劫靖及吕颐浩降。靖康小录云，初得燕山，靖为大帅，药师副之。药师每伪出猎，动经旬日，与金人通谋。靖料其必叛，屡言于朝。李邦彦专事蒙蔽，奏不为达。岳珂桯史云，药师桀骜不可驯，宇文虚中请留之京师，挈家居、赐第，用则单骑遣行，事毕即归，以杜后患，弗听。名臣琬琰之集，药师叛，道以陷燕。眉山唐重言开边始童贯，宜诛之以谢边人，庶可缓师，宰相不能决。陆游老学庵笔记云，太平兴国中，灵州贡马，足各有二距，其后地陷西戎。宣和时燕山府贡马亦然，而北戎之祸遂作。东都事略云，常胜军在燕，计口给钱粮，月费米三十万石，钱一百万缗。河北难给，乃下诸路起免夫钱六百二十万亿以助之，天下困弊。<u>蔡絛北征纪实</u>云，<u>黼</u>起免夫钱，计六千二百余万缗，以二千万应副<u>燕山</u>。又，<u>药师</u>忌<u>张令徽</u>，每抑之，只加承宣使，故<u>金</u>兵至，<u>令徽</u>先降，<u>药师</u>亦降。败闻，群小匿不奏。除<u>永清</u>节度、<u>燕王</u>，<u>令徽</u>郡王，令世守<u>燕</u>，然无及矣。<u>朱胜非秀水闲居录</u>云，<u>药师</u>初降，<u>宋</u>赐第京师，喜饮酒，尚酝绝品曰小糟真珠红者，日赐一樽，置驿送。尝至京，召入禁，凡寝殿奥密珍奇之物，悉令纵观。<u>令徽</u>本<u>契丹</u>旧将，官居<u>药师</u>上，今反为副，常怏怏。<u>安中</u>荐为节度使，及战，望阵降，大军遂溃。<u>方舆纪要</u>云，今<u>保安州</u>东<u>合河镇</u>有<u>药师城</u>，系<u>药师</u>守<u>燕山</u>时所筑。<u>许采陷燕录</u>载<u>药师</u>降表云："臣素提一旅之师，偶遭百六之运，<u>大金</u>有难通之路，亡<u>辽</u>无可事之君。<u>宋</u>主载嘉，<u>秦</u>官是与，念一饭之恩必报，则六尺之躯可捐。虽知上帝之式临，敢忘困兽之犹斗。"又云："昔也东征，虽雷霆之怒敢犯，今焉北面，祈天地之量并容。"儒林郎<u>王枢</u>作也。

诏以<u>药师</u>为燕京留守，给金牌，赐姓完颜。

〔考异〕<u>续通考</u>云，<u>金</u>制，国姓，<u>药师</u>、<u>董才</u>俱以来降赐。<u>耶律慎思</u>，<u>辽</u>宗室，亦以降<u>金</u>赐国姓。<u>海陵</u>时诏凡赐姓者，皆复旧。<u>慎思</u>子<u>元宜</u>仍姓<u>耶律</u>；<u>药师</u>子<u>安国</u>仍姓<u>郭</u>。<u>世宗</u>立，复赐<u>元宜</u>姓<u>完颜</u>。或言弑君者不宜尊宠，乃令其子<u>习涅阿补</u>仍姓<u>耶律</u>。后<u>宣宗</u>以<u>王狗儿</u>杀伪统制<u>董九</u>赐国姓，<u>郭仲元</u>、<u>李雄</u>、<u>阿邻</u>均以募兵赐官至节度使。<u>阿邻</u>既赐姓，以兄守（节）〔楫〕（据金史卷一〇三完颜阿邻传改）及从父兄弟为请，从之。盖朝制：赐国姓者，凡以千人败敌三千者赐及缌麻以上；败二千人以上者赐及大功以上；败千人以上者赐止其身故也。嗣<u>仲元</u>援<u>阿邻</u>为例，不允。时<u>李霆</u>、<u>乌</u>（鲁古）〔古论〕<u>长寿</u>（据金史卷一〇三乌古论长寿传改）、<u>梁佐</u>、<u>李黻住</u>、<u>张甫</u>、<u>张进</u>、<u>程琢</u>皆以功赐国姓。<u>蒙古</u>、<u>国用安</u>、<u>兰州</u><u>汪三郎</u>复以内附赐。而<u>张资禄</u>以功赐姓<u>女奚</u>〔烈〕氏（据金史卷一二二女奚烈资禄传补），<u>杨沃衍</u>以功赐姓兀林答氏，郭虾蟆以功赐姓颜盏氏，其后皆死节。史称贞祐以来赐姓有格，计功而得国姓，则以其贵者反贱矣。用为乡道，凡宋事虚实尽知之，宗望得悬军深入，约质、纳币、割地、全胜以归者，药师能测宋人之情，中其肯綮故也。及命诸将讨两镇，药师破顺安军营，杀三千余人。子安国仕海陵，复姓郭。从南侵，以刑部尚书为副都统，被众所杀。〔考异〕大金国志云，斡离不师还，夺常胜军器甲、鞍马，散归辽东、西，寻因其家富，悉夺其赀。又云，伊都叛，粘罕下平州守药师于元帅府狱，得免，以其家富，尽夺之。北盟会编云，斡离不发常胜军归本贯，至松亭关尽杀之，于是起义八千人皆尽。后药师与家属同往山西，拘之于泊淀中。方金人北去，尝以兵至磁州取寄收银三十万两，知州赵将之不能拒。后转运张格欲斩将之，郎中黄锷救免。本传均未载。

金史纪事本末卷五

太宗灭辽　<u>辽主被俘后事</u>　<u>伊都附</u>

<u>太祖天辅</u>七年（癸卯——二三）秋九月丙辰，<u>太宗</u>即皇帝位，改元<u>天会</u>。本名<u>乌奇迈</u>，原作吴乞买，亦作吴乞马。〔考异〕钟邦直行程录云，名慎，小字<u>吾克埋</u>。改讳<u>晟</u>，<u>世祖</u>第四子，<u>太祖</u>同母弟。<u>辽</u>太康元年乙卯岁生。初为<u>穆宗</u>养子。<u>收国</u>元年七月为安班贝勒。<u>太祖</u>征伐常居守，<u>天辅</u>五年命贰国政，至是乃即位。后谥<u>体元应运世德昭功哲惠仁圣文烈皇帝</u>。后唐括氏，谥钦仁。见续通考。

冬十月壬辰，诏以空名宣头百道给<u>西南</u>、<u>西北</u>两路都统<u>宗翰</u>，原作粘罕命以便宜从事。

十一月，<u>罗索</u>破<u>朔州</u>西山，擒其帅<u>赵公直</u>。贝

勒斡鲁别及博尔苏_{原作勃烈苏}。〔考异〕宏简录作勃刺速。破
走伊实布达_{原作乙室白答}于归化。己巳，徙迁、润、
来、隰四州之民于沈州。_{辽史地理志云，本挹娄国地，号昭}
_{德军，统州一、县二。〔考异〕续通考云，渤海为定理府，领沈、定}
_{二州，辽只领岩州一州，乐郊、灵源二县，今因之，又改显德军，}
_{领乐郊、章义、辽滨、挹娄、双城五县。许亢宗奉使行程录云，自}
_{显州一百五十里至梁渔务，又一百三里至摩绰寨，又八十里至沈州。}
十二月甲午，以古伦贝勒杲为安班贝勒，宗干_{原作斡}
_本为古伦贝勒。_{按，是年十月己亥，（上）〔庆〕元寺（据金史卷}
_{三太宗纪改）僧献佛骨，却之。见本纪。敕有司轻徭赋，劝稼穑。}
_{见续通考。}

二年_{（甲辰——二四）}春二月丙午，宗翰乞济师，
诏选精兵五千给之。诏有盗发辽诸陵者罪死。

闰三月己丑，乌库哩、_{原作乌虎里}达鲁特_{原作迪烈底}
两部来降。舍音_{原作斜野}袭约尼_{原作遥辇}札古雅，_{原作昭}
_{古牙}走之，并破奚七岩而抚其民。

秋七月乙未，乌珲_{原作乌虎}部及诸营叛，以斋_原
_{作戾}贝勒昱等讨平之。

八月丁巳，六部都统达兰_{原作挞懒}击走札古雅，
杀其队将克尔叟_{原作曷（苏）〔鲁〕燥（据金史卷三太宗纪改）}
等。又破降骆驼山、金源、_{县名，属大定府}。兴中
诸军。

冬十月甲子，约尼札古雅率众来降。兴中府

降。戊辰，西南、西北两路〔权〕（据金史卷三太宗纪补）都统斡鲁言："辽详衮原作详稳托卜嘉来降，言耶律达实自称为王，置官属，有战马万匹。辽主从者不过四千户，步骑万余，欲趋天德，驻伊都原作余睹谷。"诏曰："追袭辽主，必酌事宜。其讨达实，则俟报下。"

十一月癸未，栋摩原作阇母下宜州，本辽西累县地，号崇义军。〔考异〕续通考云，金天德中改名义州，领宏正、开义、同昌三县，饶庆一镇。拔权丫山，今广宁卫西北六十里有擦牙山，未知是否。见方舆纪要。杀节度使韩庆民。〔考异〕赵翼陔余丛考云，韩庆民尽节于辽，而其妻又尽于庆民，辽史宜有专传，竟略之不载，入金史，此编次之失检也。辽史天祚纪云，是年七月，天祚再谋出兵复燕、云，下渔阳岭，取天德、东胜、宁边、云内等州，南下武州，为金兵败于昂阿下水，复趋山阴。托卜嘉等降。纪未载。

三年（乙巳——二五）春二月壬戌，罗索原作娄室获辽主于伊都谷。赐以铁券。〔考异〕辽史天祚纪云，是年正月，天祚过沙漠，金兵忽至，徒步走，得脱；至天德，途次绝粮，珠展进面与枣，宿民家，拜为节度使。趋党项，以小呼噜为招讨使。二月，至应州新城东，为洛索获。契丹国志云，天祚趋渔阳岭，粘罕复回云中。乃奔山金司，与小胡鲁谋归宋与夏；未决，娄宿驰至，跪于前曰："奴婢不佞，乃以甲胄犯天威。"因奉觞进，遂俘以还。时从骑尚千余，有精金铸佛，长丈六，他宝称是，皆委之遁，值大雪，有辙迹，遂为金兵所及。按，珠展即萧仲恭，后仕金，官宰相。

见本传。史愿亡辽录云，天祚兵败于辽遇水，还奔山金司，小胡虏密报粘罕，遣骑劫，迁入云中。马扩茅斋自叙云，天祚欲趋武州，南投宋朝，随行僧劝其径归女真，从之。兀室遣人护送归国。洪皓松漠纪闻云，天祚走，小骨碌兵败逸去，粘罕分兵布武、朔境上，遇之，骑兵将加执缚，叱曰："尔敢缚天子耶？"因使拜阿骨打像，遣归国。蔡絛北征纪实亦同。毕沅续通鉴云，黑龙江有洛索碑，具言擒天祚事。是擒天祚者为洛索，非粘罕与兀室也。至被擒年月，宋史系之宣和七年正月，即是年正月也，史愿亡辽录载在保大四年秋，乃宣和六年秋，惟元符诏旨与史同作是年二月。诸书纪载各殊。续通考云，铁券，以铁为之，状如秦瓦，刻字画栏，以金填之，外以御宝为合，半留内府，以赏殊功。

夏四月壬寅朔，诏以辽主赴京师。

五月己丑，萧巴锦原作八斤。〔考异〕汪辉祖金史同名录云，卷六十九奚王回离保传，甥，乙室部人；卷四熙宗皇统九年武库署令耶律氏；卷十四宣宗贞祐三年前华州防御判官；卷九十移剌斡里朵传，别名，五人同名八斤。获辽玉宝来献。〔考异〕续通考云，天会三年三月，斡鲁献传国宝。时获于辽者，玉宝四、金宝二。玉宝者："通天万岁之玺"一，"受天明命惟德乃昌之宝"一，皆方二寸。嗣圣宝一，御封不辨印文宝一。金宝：御前之宝一，书诏之宝一，二宝金初用之。获于宋者，玉宝十五、金宝七、印一、金盘银宝五。玉宝者：受命宝一，咸阳所得，三寸六分，文曰："受命于天，既寿永昌。"相传为秦玺者也。白玉、盘螭纽。传国宝者一，螭纽，二玉并碧色。镇国宝一，文曰："承天休，延万亿，永无极。"又，受命宝一，文曰："受命于天，既寿永昌。"余宝详卷七。皇统五年，始铸金御前之宝一，赐宋国书及常例目则用之。书诏之宝一，赐高丽、西夏诏并颁诏则用之。大定十八年，御史大夫完颜璋请制大金受命宝，有司以秦玺文进，上命以"大金受用，万世之宝"为文。礼尚张景仁、少府监张仅言领工事，诏（康）〔左〕光庆（据金史卷七五左光庆传改）篆之。二十三年三月，铸宣命之宝，金玉各一。二十五年十二月，铸礼信之宝，凡赐方外礼物给信袋则用。初以铜，后改银。又太皇太后、皇太后、皇后、皇太妃宝，皆用金。又大定二十四年幸上京，铸金宝授太子，文曰："守国比亲王"，印广长各一分，龟纽。及疾，太孙摄政，铸摄政之宝。贞祐三年，以太子守绪控制枢密院，金铸抚军之宝，启禀用之。天会二年，诏给诸司印。正隆元年，命礼部更铸三卿、三公、亲王、尚书令金印，郡王宰执金镀银，三四品以下铜。所载甚详。

秋八月癸卯，斡鲁以辽主至京师。甲辰，告于太庙。〔考异〕续通考云，太宗天会元年正月，即帝位，告祀天地。海陵贞元四年正月，上尊号前三日，遣使奏告天地于常武殿。拜天，分设褥位：昊天上帝居中，皇、地只居西少却，行一献礼。正隆六年十月，官属劝进，世宗亲告于太祖庙，即帝位。大定七年正月十一日，上尊号，前期三日，命皇子许王告天地，英王告太庙。十四年三月，更御名，命左相良弼告天地，平章守道告太庙，右相石琚告昭德皇后庙，礼部张景仁告社稷，及遣官祭中岳。明昌六年五月，以出师，遣礼部尚书张晲告庙、社。大安元年四月，徐、邳河清五百里，告宗庙社稷。贞祐四年三月，以将修太庙，遣李革告祖宗神主于明俊殿。兴定三年十月，以庆云见告太庙。丙午，入见，降封海滨县名，属瑞州。王。

冬十一月庚辰，以降封辽（王）〔主〕（据金史卷三太宗纪改）诏天下。〔考异〕北盟会编引亡辽遗录云，天祚降书，末曰："念秦、汉之仁恩，诞敷濡泽；诮项羽之过恶，奚免终伤。乞谐轵道之留，免效新安之祸”云云。朱胜非秀水闲居录云，童贯至河东，闻天祚匿近寨，报金人取之，乃露章称贺。其词为舍人王云作，或云宇文虚中，识者叹息。贺表略云："遣李嗣本统兵，斩首四千余级，内有首领刘忠廉等二十三名，刘庆等四名，夺获粮械无算，耶律氏灭亡。"亦见会编。毕沅续通鉴云，金初疑宋匿天祚，遣使来索。贯使诸将出境搜之，会金人自得天祚，事乃息。太宗纪未载。许采陷燕录云，宣和，入燕士大夫为买珠玉、锦罽等物，相高低，至数十倍。一日，金字牌来，令置玫瑰一百斤，岁以为例，此唯一僧善造。僧曰："往年，天祚于春水秋山外，以此扰民，今又如此。"张端义贵耳集云，契丹有玉注碗，每北主生辰称寿，徽宗闻而慕之，遣人于阗国求良玉，得一璞，甚大，使玉工为中节，往辽觇之，如其制琢之。因圣节，北使得见，归告虏主也，知中国亦有此注。金灭辽，首索得之。及靖康之祸，金亦索此注，与辽注为对。南烬余闻云，二帝入金，金引与延禧相见。延禧曰："我宗真皇帝有百穴珠一颗，大如鸡卵，上有百穴，每穴中上有珍珠一颗。月圆之夕，以珠映之，其生珠穴中自落下，以绛纱盛之，每日可得珠百颗。又有通香木一段，长尺许，沸汤沃之，取其汁洒衣服及各物，经年不散，人有奇病，服之即愈；烧之，天神皆降，其气闻数百里。契丹灭时，二物不知所在。今拘我索此二物，三年未得，释去我妻子族属，尽皆分散给他家人。"所载较详。按，天祚被获，大约逾年而殂，诸书所纪想不诬。至天会五年，宗翰等始以宋二帝归。是天祚与二帝未尝相见也。见厉鹗辽史拾遗。

四年（丙午——一二六）春二月丁巳，海滨王家奴诬其主欲亡去，诏诛其首恶，余并释之。

熙宗皇统元年（辛酉——一四一）春二月乙酉，改封海滨王延禧为豫王。〔考异〕辽史天祚纪云，王后以疾终。年五十四，立二十四年。皇统五年葬于广陵府间阳县乾陵旁。大金国志云，王削封后，筑城长白山东居之，逾年卒。史均未载。窃愤录谓海陵正隆六年，大阅兵马，以箭射延禧，贯心而死。不足信。

四年（甲子——一四四）冬十月乙卯，遣使祭辽主陵。

海陵正隆六年（辛巳——一六一）秋七月己丑，杀亡辽耶律氏、宋赵氏子男凡百三十余人。

世宗大定十七年（丁酉——一七七）春二月壬戌，诏辽豫王、宋天水郡王被害子孙各葬于广宁、河南旧茔。寻诏其亲属未入本茔者，亦迁祔之。

辽末有耶律伊都原作余睹。〔考异〕洪皓松漠纪闻作余都姑，蔡絛北征纪实作俞睹。卷一百二十一粘割韩奴传大定时秃里亦名余睹，另一人。者，宗室子。仕辽至金吾卫（上）〔大〕（据金史卷一三三耶律余睹传改）将军，东路都统。太祖天辅元年与耶律玛格原作马哥军于浑河北，尼楚赫、原作银术可希尹原作兀室拒之，不敢战而遁。二年，龙化州人张应古、刘仲良来降，伊都复取之。太祖已取临潢府，旧名西楼，即辽上京地，领县五。赐诏招谕。及班师，栋摩还至辽河，方渡，伊都来袭，完颜布达、原作背塔乌塔等力战，却之，获甲马五百匹，完颜特库原作特虎死焉。

五年，（辛丑——一二一）伊都因辽主游畋荒政，倚任枢密德呼台原作得里底及其子摩格，委以军事。长子晋王贤，不得立为储副，欲与伊共图大计，弗果；〔考异〕辽史晋王传，伊都实有谋立事，与此同，而天祚纪谓系萧奉先诬告，未知孰是。遂率部族送款咸州，并求援接。召入见，赐坐，班同宰相。命以旧官领所部，徙其家属于内地。自伊都来降，益知辽虚实，用为乡道。

久之，耶律玛展原作麻（吉）〔者〕（据金史卷一三三耶律余睹传改）告其谋叛，都统杲言于帝，召问之，杖其党道拉七十，余释不问。

太宗天会三年（乙巳——一二五），大举南侵宋，伊都为元帅右都监，击败宋师于汾河方舆纪要云，源出太原府静乐县管涔山，行经千三百四十里至荣河县北，入大河。〔考异〕续通考云，经太原、源清、交城、文水、祁县至平遥、介休，南入平阳府灵石县界。又云，汾水源出岢岚州，流经灵石、赵城、洪洞、临汾，南历襄陵、太平、绛州、稷山、河津、荣河入黄河。北，擒其将郝仲连、张关索，统制马忠，杀万余人。

宗翰复南下，伊都留西京。〔考异〕靖康要盟录载宋赐耶律余睹书曰："大宋皇帝致书于左金吾上将军、（有）〔右〕（据金史卷一三三耶律余睹传改。又上文"上将军"，据本传当作"大将军"）都监耶律太师：昔我烈祖章圣皇帝，与大辽结好于澶渊，惇修信睦，百有余年，边境晏安，苍生蒙福，义同一家，靡有兵革战斗之事，通和远久，振古所无。金人不道，称兵朔方，拘縻天祚，翦灭其国。在于中国誓好之旧，义当兴师以拯颠危，而奸臣童贯等迷国擅命，沮遏信使，结纳仇仇，购以金缯，分据燕土。金匮之约，藏在庙祧，委弃勿遵，神人怨恫。致金人之强暴，敢肆陆梁，倏扰边境，达于都城。则惟此之故，道君太上皇帝深悼前非，因成内禅。肆朕初即大位，惟怀永图，念烈祖之遗德，思大辽之旧好，辍食兴念，无时敢忘。凡前日大臣先误国构祸，皆已窜逐，思欲亲仁善邻，以为两国生灵无穷之福。此志既定，未有以达。而使人萧仲恭、赵翰等能道辽国与燕、云之人民不忘耶律氏之德，冀假中国诏令，拥立耆哲，众望所属，无如金吾者。适谐至意，良用欣怀。昔闻金吾前为辽国将兵，数有大功。谋立晋王，实为大辽宗社之计。不幸事不克就，避祸去国。向使前之计行，晋王有国，则天祚安享荣养。耶律氏不亡于天祚，不害其为孝，而于耶律氏之计，诚至忠矣。宗社之英，天人所相，为宜继有辽国，克绍前休，以慰遗民之思。方今总兵于外，且有西南招讨太师之助，一德协心，足以共成大事。以中国之势，竭力拥卫，何事不成？谋事贵断，时不可失，惟金吾图之。书不尽言，已令萧仲恭、赵翰回奏，面道委曲。天时蒸染，更冀保绥。"沈良靖康遗录，宋用吴敏、徐处仁之计，致书余睹，使得书渡河，宣言其事。粘罕见书益忿。惟萧仲恭作萧庆。余同。续纲目云，天会九年，尼玛哈以伊都辽之宗族，必知达实巢穴，以蕃、汉及女真军万人付之，使攻其军于和勒端城。临行，质其妻子，仍起燕、云、河东夫运饷，道计三千余里，夫死者不可胜计。大金国志和勒端城作漠北曷董城。余同。史未载。**十年，谋反，为耶律努格所告，亡去。其党燕京统军萧高六伏诛，蔚州节度使萧特默**〔考异〕宏简录作特谋葛。**自杀。边部**〔考异〕宏简录作节度使土古厮。**斩伊都及其诸子，函首来献。**〔考异〕契丹国志云，余睹为金西军大监军，久不迁，怏怏，有异志。尽约契丹、汉儿，令诛女真之在官、在军者。适悟室自云中来，中途获其叛书，即回燕诛统军。余睹父子遁，入夏，不纳。投鞑靼，诈出迎，遂擒杀之。凡与谋者皆伏诛，契丹、汉儿之黠者悉不免。大金国志云，燕京统军槁里，族诛。并分捕叛党，令诸路尽杀。契丹诸路大乱，月余方止。部族亡入夏国及沙漠者无数，由此一乱，几成灰烬。兀室既杀余睹，并杀粘罕次室萧氏，本天祚元妃也。蔚州守萧（毛）特〔毛〕可（久）〔叛〕（据大金国志卷七改），平州守郭药师，都总管萧庆下元帅府狱，寻免。以药师家富，尽夺之。留守李处能预逆谋，族诛。金主以粘罕不能抚驭，各决柳条有差。系年要录云，处能于宣和末归宋，拜延康殿学士，赐姓名赵敏修，金人交燕时取以去。史均未载。赵翼劄记云，额尔古讷，一名讹古乃。善驰驿，日能行千里。天会八年从宗翰。在燕，闻余睹反，驰驿往探，黎明走天德，及至，日未曛也。宗室伊克子，官西南招讨使、临洮尹。见本传。惟余睹反作八年，稍异。

金史纪事本末卷六

太宗克汴

太宗天会三年（乙巳——一二五），即宋徽宗宣和七年也。夏六月庚申，遣李用和等充告庆使，以获辽主告宋。〔考异〕毕沅续通鉴用和作孝和，且系之九月。云，诏宇文虚中、高世则馆之。其实金将举兵，先使来觇也。时河东奏，宗翰至云中，颇经营南下。命童贯行边，且议割云中地。然其谋已深，惧宋为备，且多为好辞以绐之。及清化县榷盐场申燕山府，金拥大兵南来，守臣蔡靖及吕颐浩、李与权入奏。大臣以郊礼在近，恐碍推恩，匿不以闻。虚中，字叔通，华阳人。靖，余杭人。颐浩，字元直，齐州人，封秦国公，谥忠简。大金国志云，金获天祚，连遣三使〔聘宋〕（据大金国志卷三补），供应疲弊，实觇道路。会"义胜"、"常胜"二军衅归，益知虚实。刘彦宗、伊都力劝南侵，宗翰计遂决。史均未载。日下旧闻考云，清化，即辽香河县，在府东百二十里。宋宣和四年更名清化，寻入金，属大兴府。蒋一葵长安客话云，县境有大、（中）〔小〕（据长安客话卷五改）龙湾二水，夏秋始合流，经宝坻县界，入七里海，相传为辽时海运故道。

冬十月〔考异〕交聘表，是年七月，以耶律固为报谢宋国使。十月，宋使贺天清节。纪未载。甲辰，诏诸将侵宋。以安班贝勒杲原作舍音兼领都元帅，伊勒齐贝勒宗翰原作粘罕兼左副元帅，希尹原作兀室为元帅右监军，伊都原作余睹为元帅右都监，自西京入太原。方舆纪要云，古冀州地，秦置太原郡，两汉为并州，〔五代〕（据读史方舆纪要卷四〇补）唐号西京，领州五，县二十。〔考异〕舆地广记云，秦昭、襄使蒙骜攻赵，初置太原郡，唐开元中为太原府，领河东节度，县九。续通考云，金属河东北路，统节镇三，刺郡九，县三十九，镇四十，堡十，寨八。领阳曲、太谷、平晋、清源、徐沟、榆次、祁、文水、交城、（孟）〔盂〕、（据金史卷二四地理志改。下同）寿阳十一县。唐改汾阳为阳曲，金倚郭。太谷，唐初置太州，后废州置太谷县。平晋，金末废，寻复旧。清源，隋故县，金移晋州治此。徐沟，本为镇，金大定中置县。文水，隋、唐名天寿，后改武兴，后复旧。交城，唐分置灵州县南，宋置文通监于此。金废监，以县属太原。寿阳，唐为寿州，改置县，金初为晋州治，后移清源县，仍旧。（孟）〔盂〕县，金后升为州。六部路军帅达兰原作挞懒为六部〔路〕（据金史卷三太宗纪补）都统，舍音原作斜野副之，宗望原作斡离不为南京路都统，栋摩原作阇母副之，知枢密院事刘彦宗兼汉军都统，自南京即平州入燕山。〔考异〕大金国志云，时斡离不主东路，建密院于燕京，彦宗知院事。

粘罕主西路，建密院于云中，时立爱知院事，人号东西朝廷。续通考云，金初燕京枢密院，后改为行台尚书省。天会三年侵宋，更西南、西北两路都统府为元帅府。官曰元帅，从一品；左右副元帅，正二品；左右监军，正三品；左右都监，从三品。其都元帅，必谙班勃极烈为之，居守不出。海陵天德二年置统军司，分设于山西、河南、陕西三路，以都监、监军为使。及南侵，立左右领军大都督府，将三十二总管。其都监、监军官如故。泰和时，每行时则枢密院更为元帅府，罢则复旧，设平南抚军上将军、平南冠军大将军。又有龙骧、虎威、荡江诸将军，殄寇、郎将、都尉等官。贞祐时，沿河诸路设行元帅府，大者号便宜，小者名从宜。元光中，招义军设总领、提控，故时称元帅为总领。金制，诸路设都总管府，诸府镇有都军司，设都指挥使。各官外有招讨司，设于西北、西南、东北三路，置正副使，下有判官、签判、知事、司法等官。又诸州镇设节度使，下有同知、判官等官。沿边州镇又设防御使。所载甚详。

丁巳，因宗望言，以栋摩为南京路都统，苏赫原作扫喝副之，宗望为栋摩、刘彦宗两军监战。〔考异〕毕沅续通鉴云，十一月，贯至太原，遣马扩往，宗翰责行庭参礼。扩请蔚、应、飞狐、灵邱之地。宗翰曰："汝尚欲两州两县耶？别割数城，或可赎罪。"扩归告，贯始惊。未几，王介儒、萨里穆尔来，复劝贯速割大河以北，益忧懑不知所为。即托赴阙禀议，谕帅臣张孝纯固守。孝纯谏不听，遂逃归。孝纯叹曰："平生童太师作几许威望，临事乃奉头鼠窜，何面目见天子乎？"周密齐东野语云，宣和中，童贯伐燕，败而窜。一日内宴，教坊进伎，首饰皆不同，其一满头为髻如小儿，曰童（太师）〔大王〕（据齐东野语卷一三优语条改）家人也。问之，曰："大王方用兵，此三十六髻也。"陆游老学庵笔记云，宣和中，百司庶府悉有内侍官为承受，实专其事，而长贰皆取决焉。

梁师成为秘书省承受，坐于长贰之上，所不置承受者，三省、密院、学士院而已。又云，赵高为中丞相，龚澄枢为内太师，犹稍与外庭异。童贯真为太师，领枢密院，振古所无。大金国志，金使作撒卢拇，云，宋使傅察贺正旦，至境，斡离不执之，副使蒋噩等皆罗拜臣服，察不屈，死之。宋史，察时官太常少卿，字公晦，孟州济源人。北盟会编云，察死，将官（蒋）〔武〕汉英（据三朝北盟会编卷二二改）命军士沙立裹其骨归。事闻，赠徽猷阁待制。李邴志其墓。靖康小雅云，察遇害，在蓟州玉田县韩城镇，时官吏部员外郎，迓贺正旦使。十二月二十七日，不屈死。蔡絛北征纪实云，本朝与辽人文移，在两界对境，谓之关报。金人灭辽，我师于玉田县筑一州，曰清州，以对平州，相与通使人之路。清州有使臣贺允中、副使武汉英适至，斡里雅命邀二人观打毬，知其渝盟，拒之恐托事生衅，勉从之。及界，则以是日举兵矣。允中被锁，汉英颇黠，虏爱之，常在左右，谓此南朝第一降人也。汉英本玉田巡检使差充副使。史均未载。

十二月庚子，**宗翰下朔州，进克代州**。在太原府东北三百五十里。〔考异〕舆地广记云，后魏曰繁畤郡，后周为肆州。宋领县四：雁门县，本汉广武县，有夏屋山、勾注山，即西陉、滹沱水；崞县，元魏为石城县，有崞山，即故楼烦县地；五台，本虑虒县，有五台山、虑虒水；繁畤县，元魏置郡，隋复为县。续通考云，唐代州置总管府，宋曰雁门郡，金名震武军。领县五。五台，金后升为州。又号繁畤县为坚州，隶太原路。宋时多广武一县。系年要录云，冬，国相宗维檄宣抚使问罪，遂侵河东。按，宗维即粘罕。耿氏痛哭流涕编载此檄文，系之三年十一月二十七日，盖起兵之日；至寇边，则在十二月。见宋史。**乙卯，中山降**，〔考异〕宏简录云，时中山戍将王彦、刘璧率部下二千来降。蒲察绳果以三百骑遇中山戍兵三万于隘口，力战，死之。术烈速活里改军继至，杀二万余人。萧恭传，字敬之，纳琳奥王后。宗望南侵，恭以材勇代父翊为万户（军帅）（按，金史卷八二萧恭传云："父翊……归朝，从攻兴州……翊当领……五州兵为万户，军帅以恭材勇，使代其父行。"则此处"军帅"二字衍）。至中山，宋兵出战，恭先以所部击败之。平山东，及（汉）〔渡〕（据金史卷八二萧恭传改）淮，袭康王，皆在军中。授德州防御使，奥人之屯滨、棣间者皆属焉。仕终兵部尚书。纪均未载。中山，在真定府东北百三十里，今定州是。舆地广记云，尧始封此，春秋为鲜虞，战国为中山国。续通考云，唐为定州，宋改中山郡。金为定州博陵郡定武军，后复故。领县七：安喜，本汉卢奴县；新乐，本汉新市县地，古鲜虞国；无极，亦汉县，唐武后改毋作无；望都，为尧母庆都所居，登尧山可望庆都，故名，唐为北平县，金为庆都；曲阳，古桓州地，唐置县，北至常山，在其西；行唐，为唐玉城县，改章武，后魏名行唐；永平，即汉曲逆县。所载较详。**遂围太原**。〔考异〕大金国志云，粘罕进兵取朔、武、忻、代四州，进距石岭关，遂围太原。代州安抚史抗父子迎战，死之。诸守将孙翊、李嗣本、贺权、冀景、耿守忠，或降或遁，金师如入无人之境。粘罕始有轻中国心，然过城必攻，故比斡离不行稍缓焉。续纲目云，时代州骂贼死者，尚有巡检李翼、折可与、李耸、王唐臣、刘子英、阎诚翼，赠武德郎。封氏纪年云，孙翊知朔宁府，与金战，被杀。宋史云，朔州守孙翊援太原，为麾下所害。府州守折可求亦败于交城。方舆纪要云，金围太原，孙翊赴援，由宁化、宪州出天门关，败没。关在太原府西北六十里。无名氏靖康要录云，朔州守将孙翊勇而忠，与金战，未决，汉儿开门献于金。至武州，汉儿亦为内应。至代，李嗣本拒守，汉儿擒之，以陷隆、代。至忻州，贺权开门，张乐以迎贼。贼喜，不入城，遂

卷六 太宗克汴

一二五

抵石岭关。张孝纯强令冀景往守，以耿守忠助之。至则守忠献关，景奔还，遂薄太原。纪载各判。**伊都破宋河东、陕西援兵于汾河北。布希**〔考异〕满州语"膝"也，又"去毛鹿皮"也。旧作蒲苋，今译改。**败宋兵于古北口。**方舆纪要云，在密云县东北百二十里，亦曰虎北口。两崖壁立，凡四十五里，为险绝之道。**宗望大破宋军于白河。郭药师等降，定燕山州县。时王伯龙当其左军，麾兵疾驰蹂之，宋军乱，诸军乘胜进击，药师以是大败。**〔考异〕大金国志云，金兵初破檀、蓟州，药师兵屯近郊，戈甲鲜明，金人初见亦惧。及交战，金兵已北，张令徽等先遁，金追之，药师遂降。所载较悉。李三锡传，字怀邦，锦州安昌人。初从刘彦宗，辟将兵保白云山。寻以众降，改知严州。从宗望南侵，领行军明安，败郭药师军于白河。擢（汝）〔安〕州（据金史卷七五李三锡传改）防御使。政事强明，所至称治。仕终河北西路转运使。纪未载。**宗望进破宋兵于真定。**古钜鹿郡，亦曰常山，号恒州，领州县二十七。〔考异〕舆地广记云，春秋属鲜虞，秦属钜鹿郡，汉为恒山郡，改常山，唐为恒州成德军，寻为镇州，领县九：真定、藁城、获鹿、平山、滦城、井陉、行唐、灵寿、元氏。续通考云，宋为真定府，金为镇州成德军，正隆间复为府，领九县，有阜平而无井陉。真定，倚郭，唐初改中山，后复旧。藁城，唐置，后更藁中，寻复故。滦城，唐末改为滦氏，寻复旧。元氏，为赵公子元封邑，唐因汉名。获鹿，本名鹿泉，唐改今名，金升镇宁军。平山，唐为岳州，天宝中改为县，名平山。灵寿，本唐县，宋省入行唐，寻复置。阜平，本隋行唐县地，宋置北寨，金改北镇，寻升阜平县。**时富埒珲**原作蒲卢浑。〔考异〕国语解云，即富勒呼。本传，乌雅氏，海兰路人，巴克埒子。膂力绝人，能挽强射二百七十步。从军，屡有功，历真定尹，豳国公。从海陵南侵。大定间除东京留守，卒官。续通考云，姓乌延，曷懒路人。

将汉兵千骑，与蒙克攻真定，进取赞皇，属定州。**所获人畜、甲仗无算，遂薄信德府**。即今顺德府。〔考异〕舆地广记，春秋为邢国，秦属钜鹿邯郸郡，张耳、石勒皆都焉。隋为襄国郡。有龙冈、尧山而无邢台、唐山。尧山，本汉柏人县。龙冈，秦为信都，张耳居此，更名襄国。续通考云，信德府，本唐邢州，宋改今名，一号钜鹿郡，金为邢州安国军，领邢台、唐山、内邱、平乡、任县、沙河、南和、钜鹿八县；道武、新唐、棋村、团城四镇。邢台，倚郭，唐因隋为龙冈县，宋改今名。唐山，本唐东龙州，又改尧山县，金改唐山。内邱，本唐县。平乡，本唐封州，宋省入钜鹿，寻复旧。任县，唐置，宋省入南和，寻复旧。沙河为唐温州，后废州，改沙河县。南和，本唐和州，州废置县。钜鹿为唐起州，州废置县。

初，宗望欲攻信德，恐难下，议未决。大㚟本名托卜嘉，原作挞不也。其先，辽阳人，世仕辽，有显者。少从军，辽兵败，宁江破，㚟脱身走，为金获，太祖以为东京奚民穆昆，擢同知东京留守。从栋摩破辽兵二十万，由是显名。见本传。**独率本部兵，选善射者射其城楼，别以精兵潜升楼角，遂克其城。**〔考异〕大金国志云，宗望使王芮来取和议书，闻徽宗内禅，大惊，欲回，药师曰：“南朝未必有备，不如姑行。”遂至信德府。不移时，克之，执守臣杨信功。先攻保州安肃军，不克。北盟会编云，时用蔡攸议，废安肃、保信二军，复为梁门、遂城县。及燕山既下，安肃、保信莫能守御。沈琯南归录云，金闻内禅，皆惊，斡离不谓太史曰：“尔前日言南朝帝星复明，今验矣。”以金帛赏之。按，斡离不初告蔡靖以讲和，靖留燕；沈琯恐中辍，遂草和议书达金廷。宋、金议和自此始。史未载。宋史，宣和七年十二月，金分两道入攻，诏内禅。辛酉，即位，日有五色晕，挟赤黄珥，重日相摩荡久之。岳珂桯史载徽祖将内禅前一夕祈天词云："奉行玉清神霄保仙元一六阳三五璇玑七九飞元大法师都天教主臣某，诚惶诚恐顿首顿首再拜上言高上玉清神霄大阳总真自然金阙：臣曩者君临四海，子育万民，缘德菲薄，治状无取，干戈并兴，弗获安靖，以宗庙社稷、生民赤子为念，已传大宝于今嗣圣，庶几上应天心，下镇兵革。所冀迩归远顺，宇宙得宁，而基业有无疆之休，中外享升平之乐。如是贼兵偃戢，普率康宁。之后，臣即寸心守道，乐处闲寂，愿天昭鉴，臣弗敢妄，将来事定，复有改革，窥伺旧职，获罪当大。已上祈恳，或未至当，更乞垂降灾咎，止及眇躬。庶安宗社之基，次保群生之福，五兵永息，万邦咸宁。伏望真慈，特赐省鉴。臣谨因神霄值日功曹吏赍臣密表一道，上诣神霄玉清三府，引进仙曹，伏愿告报！臣诚惶诚恐顿首顿首再拜以闻。"按，蔡絛国史后补载徽祖教门尊号为玉京金阙七宝元台紫微上宫灵宝至真玉宸明皇大道君，与此不同，靖康要录作七九飞天大阳略异。靖康要录云，渊圣为道君长子，母惠恭王后。初名亶，改名焕，更名桓。大观四年三月立为太子。王黼撰册文，蔡攸书册。六年六月纳故少傅朱伯材女为妃。宣和七年十二月二十三日登位，大赦，制曰："我国家创业守成，绍二百年之祚运，宅中图大，奠三万里之幅员。施及眇躬，嗣膺神器。永念缵承之重，惧及春冰；载惟临驭之艰，凛深朽索。矧今边陲未静，师旅方兴，肆惟旷荡之恩，用慰迩遐之望，可大赦天下。"立妃朱氏为后。上道君帝后尊号。靖康改元诏曰："朕光膺眷佑，寅奉燕诒，载惟菲薄之资，获抚盈成之运。宵衣罔怠，旰食靡遑，发政施仁，怀日靖四方之志；经文纬武，图永康兆民之功。

式纪初元，是新美号，庶格神明之助，遂臻华夏之和。茂谨王春，岂特遵鲁史逾年之义；逭宁国步，盖将绍周人过历之期。布告多方，咸体朕意！"寻降求言诏及亲征诏，罢内外官司局凡一百五处。复赠司马光等官，除元祐党籍。王楙野客丛书云，宣和乙巳，上皇内禅，吴敏元中建议及谢门下侍郎表曰："上皇倦勤，授皇图于元子，微臣摄直，适视草于禁中。初无一言以赞大议，君子与其不伐。"赵翼劄记云，时徽宗欲命太子为开封牧。李纲谓吴敏，非传以位号不可。明日，敏遂以禅位说进。并谓纲亦有此议。见纲传。是传位之议，本起于纲也。而敏传谓徽宗将内禅，蔡攸探知上意，引敏入对，遂荐纲，并入见。蔡攸传亦谓帝欲内禅，亲书传位东宫字，授李邦彦。邦彦不敢承，以付攸，攸荐其客吴敏，遂定议。又，李熙靖传，道君曰："外人以内禅为敏功，不知乃出自吾意，不然，言者且灭族矣。"合数传观之，是内禅本出于徽宗，纲议适与帝合，遂赞决耳。按，张端义贵耳录，徽宗闻金人破燕，即命当直学士黄中令草诏罪己，并传位太子。明日，诏出，渊圣登极。又记徽宗语，谓诏中处分蔡攸尽道，不是只传位一事，要做他功劳。此亦可证内禅出自帝意也。

四年（丙午——二六）春正月戊辰，宗弼原作兀术，一作乌珠。〔考异〕国语解云，兀术曰头，即武诸。取汤阴。本唐汤源县，属彰德府。大臭攻下濬州。即今濬县，属大名府。〔考异〕续通考云，濬州为唐黎州，石晋改今名，宋设通判，又改平川军，金皇统中改为通州。天德间领黎阳、卫二县，卫桥、淇门二镇，后为濬州，元隶大名路。时军至濬州，宋人已烧河桥，宗望已令军中："有能先渡者，功为上。"大臭捕得十余舟，径渡，击其守者，夺其戍栅，由是诸军悉济，遂下之。〔考异〕大臭传作三年事。达呼布原作迪古补。
〔考异〕布传云，一作敌古（不）〔本〕（据金史卷八一黄掴敌古本传
改），姓洪果氏。一作黄掴，改作洪郭。世居锡馨水。平东京、上京
皆在事有功。从攻回鹘城，破其兵九万。攻平州，解乌春之围。南
侵，以功袭穆昆，历隶州防御使，卒。取黎阳。县名，在滑县西
二里，今废。有白马津，为大河津渡处。己巳，诸军济河。
庚午，取滑州。即今滑县，属大名府。〔考异〕舆地广记云，滑
州古豕韦国，春秋属卫（南）（据舆地广记卷九删），宋为兖州，隋
号杞州，后为滑州，今因唐旧。领县二：韦城、胙城。王存元丰九
域志云，滑州灵河郡为唐义成军，治白马县。续通考云，唐为灵昌
郡，宋为武城军，金大定中隶大名府，领白马、内黄二县。白马，
本卫曹邑，隋、唐为州治，今省韦城县入焉。内黄，本唐县，属黎
州，金属滑州。持嘉晖传，宗望初伐宋，孟阳之战，敌中军径薄其
营，晖与诸将击败之，追杀至城下。阿里传，孟阳之役，阿里扼桥
渡，力战。纪均未载。薛应旂通鉴云，帝以金人南下，悉以禁旅付
内侍梁方平守黎阳。何灌言于白时中，请留卫根本，不从。金斡离
不陷相、濬二州，迪古补奄至，方平奔溃。河南守桥者，望金旗帜，
皆烧桥遁。何灌帅兵二万，退保滑州，亦望风迎溃。官军在河南者，
无一人御敌，金遂取小舟以济。凡五日，骑兵方绝，步兵犹未渡也，
旋渡旋行，无复队伍。金人笑曰："南朝可谓无人，若以一二千人守
河，我岂得渡哉！"遂破滑州。灌奔还。所载较详。灌，字仙原，祥
符人。时中，字蒙亨，寿春人。宗望使吴孝民等入汴，方舆
纪要云，即河南开封府。领州四、县三十。汴京以汴水得名。汴水
受陈留、浚仪、阴沟至蒙城入泗，即禹贡瀍水，春秋之邲水，秦、
汉曰鸿沟。〔考异〕舆地广记云，开封府，春秋为卫、陈、郑三国地，

秦属三川郡，东魏分置开封郡，兼立梁州，后周始改汴州，唐初为宣武军，宋改开封府，县十四。续通考云，唐置总管府，宋为东京，建都焉。金改南京路，统府三，节镇三、防御郡八、刺郡八、县一百八。开封府领县十二：祥符、阳武、通许、太康、中牟、鄢陵、扶沟、陈留、延沟、洧川、长垣、封邱。汴水源出荥阳县大周山，合京、索、须、郑四水，东南至中牟县，北入黄河。京水，源出嵩渚山，经郑州西南十五里，东北入郑水。索水，源出荥阳县小陉山，北流入京水。郑水，源出郑州城东二十五里，东北至中牟县入汴。又云，汴河，当归德府宁陵县之冲，由陈留下达于徐。刘延世孙升谈圃云，隋开汴河，其势正冲今南京，至城外，迁其势以避之，故老相传为留赵湾。至艺祖以宋州节钺，乃其谶也。袁氏枫窗小牍云，汴河渠凡四：曰蔡河，自陈、蔡由西南戴楼门入京城，缭绕向东南陈州门出。曰汴河，自西京洛口分水，从东水门入京城，绕州桥、御路、水西门出。曰五丈河，表自济、郓，自新曹门入，通汴河。曰金水河，自京城西南分京、索河筑堤，从汴河上用水槽架过，从西北水门入京城，夹墙遮拥入大内，灌后苑池浦。**问宋取首谋平山童贯、谭稹、詹度等，宋太上皇帝出奔。**〔考异〕潘永因宋稗类抄云，靖康初，金攻濮州，徽庙夜御骏骒名"鹁鸽青"，望睢阳而奔，滨河有一老姥家，张灯，上排户入，姬问姓氏，曰："姓赵，居东京，已致仕，举长子自代。"姬进酒，复延至卧内，爇薪释袜烘趾。及还京，姬没，以白金赐其诸孙。初，徽宗幸京口，驻跸郡治，曾空青以江南转运摄府事，置酒行宫内，命乔贵妃出见，曰："汝每问曾三，此即是，特令汝一识。"盖空青喜作长短句，流入中禁故尔。取七宝杯，令乔手擎满酌，并以杯赐之。空青名纡，王仲言外祖也。吴曾能改斋漫录云，宣和乙巳冬，徽宗幸亳州，途次御制临江仙词曰："过水穿山前去也，吟诗约句千余。淮波寒重雨疏疏，烟笼滩上鹭，人买就船鱼。古寺幽房（奴）〔权〕（据能改斋漫录卷一六乐府御词条改）且住，夜深宿在僧居。梦魂惊起转嗟吁。愁牵心上虑，和泪写回书。”时蔡攸为恭谢行宫使，矫诏降札，截留东南勤王兵马，借以自卫，不忠甚大。见胡舜陟劾疏，载靖康要录。徽宗将还京，郎中刘观代宰臣贺表曰：“汉室太公，本是蓬蒿之叟，唐朝肃帝，殊非揖逊之人。”何文缜以语大朴，因改曰：“拥彗迎门，陋未央之末礼，御鞍驰道，笑至德之未情。”陆游老学庵笔记云，徽宗南幸，至润郡，官迎驾于西津。及御舟抵岸，上御棕顶轿子，一宦者立轿旁，呼曰：“道君传语，众官不须远来。”卫士胪传以告，遂退。及还京，服栗玉并桃冠白玉簪，赭红羽衣，乘七宝辇盖。吴敏定仪注云。赵彦卫云麓漫钞云，徽宗既逊位，过亳州烧香。时赵子潆知宁陵县，道由其邑，赐金带。赵时服绿，许于绿袍上系。薛应旂通鉴云，上皇南幸，如亳州，百官多潜遁。贯以胜捷亲军万人自随。上皇过浮桥，卫士攀望号恸，贯使亲军射之，中而踣者百余人。京亦尽室南行。黼载孥以东，贬官安置，李纲请诛之，开封尹聂昌使人杀之于雍邱，取首以献。李彦赐死，籍其家。朱勔放归田里，寻伏诛，党与皆罢。梁师成贬彰化，行及八角镇，赐死。八角镇，在顺天门外。京，儋州；攸，雷州，子孙二十三人分窜远地。京行至潭州死。攸及儵皆赐死。遣御史张澂诛童贯于南雄州，枭首阙下。宋史贯传，少出李宪门，初主杭州明金局，京由之进。京号公相，贯号媪相。京，字元长，兴化仙游人。攸，字居安。师成，字守道。黼，字将明，祥符人。勔，苏州人，冲子，良嗣亦被诛。后治弃河罪，斩梁方平于市，皆自陈东发之也。东，字少阳，丹阳人。后用黄潜善谮，弃市。布衣欧阳澈同死。澈，字德明，崇仁人。沈良靖康遗录云，黼至负固村，遣使追斩之，因呼负国村。靖康前录云，在应天府杞县南十里。靖康要录云，辅固村在雍邱城南二十

里永丰乡。毕沅续通鉴谓由聂山所杀。宋稗类抄又云，京南迁，诏
追取所宠姬慕容、邢、武者三人，金指名来索也。因作诗别曰："为
爱飞花三树红，年年岁岁惹春风。如今去逐他人手，谁复尊前念老
翁。"时在道中，市饮食，居民不肯售，至随以诟骂。京叹曰："京
失人心，一至于此！"至潭州作词曰："八十衰年初谢，三千里外无
家。孤行骨肉各天涯，遥望神京泣下。金殿五曾拜相，玉堂十度宣
麻，追思往昔漫繁华，到此番成梦话。"寻死。先是，徐神翁赠京
"东明"二字，卒贬死潭州城南五里外东明寺。攸闻赐死，曰："误
国如此，死又何憾！"乃饮药。儵犹豫不能决，左右授以绳，乃自缢
死。薛应旂通鉴谓攸、儵皆即所至斩之。徐神翁自海陵到京，蔡京
谓时方太平。徐云："太平，天上方遣许多魔君作坏世界。"再问，
笑云："太师亦是。"又谓蒋颖叔，"天上已遣五百魔王作官，发运使
亦是一赤天魔王也。"宣和末，黄安时曰："乱作不过一二年，天使
蔡京八十不死，病亟复苏，是将使之身受祸也。天下能久无事乎?"
靖康兵乱，旧臣悉远窜，安时居寿春，叹曰："造祸者全家去岭外，
却令我辈横尸路隅耶！"后卒死于兵，可哀也。贯死所忽有物在地，
如水银镜，径三四尺，俄敛不见。征函贯首，以生油、水银浸之，
又以生牛皮固其函。贯状貌魁梧，颐下生须十数茎，皮骨劲如铁，
不类阉人。潜说友咸淳临安志云，京少贵，建第钱塘，极雄丽，即
今行在殿前司。宣和末，金寇豕突，尽以所积置宅中。靖康初籍没，
诏下，适其门下士毛友守杭州，密喻其家，藏隐过半，所以蔡氏之
后皆不贫。又尝以金银宝货四十担，寄其族人家海盐者，已而一门
诛窜，不暇往索，掩为己有。至今海盐蔡氏富冠浙右。又，京初褫
职居钱塘，有风和尚直造其室，题诗一绝，又书其下云："众生受
苦，两纪都休。"后悉如其言。张淏云谷杂纪云，京南迁，道中市
物，知为京，皆不肯售，至于诟骂，无所不至，州县吏卒驱逐，稍

息。袁文瓷甏闲评云，京三子：长攸、次翛、次儵。当时语曰："蔡京之后尤萧条。"亦谶兆也。周煇清波杂志云，京之死，适潭守乃其仇，数日不得敛，随行使臣辈藁葬于漏泽园。见靖康祸胎记。京师染色，宣和间有名"太师青"者，京殓时无棺，以青布条裹尸。亦其谶也。赵甡之中兴遗史云，师成安置循州，未行，自杀。蔡絛国史后补云，师成得罪，缢杀之，以自缢闻。所载互异。**癸酉，诸军围汴**。〔考异〕大金国志云，药师尝打球于牟驼冈，知天驷监有马二万匹，刍豆山积，道斡离不奄取之。李纲传信录，上即位，召对，宰相白时中、李邦彦请出狩，纲力谏，拜尚书右丞、亲征行营使，曹曚副之。靖康要录云，初，纲闻宰执议出狩，遇知阁门朱孝庄，请奏取旨，与宰执廷辨。孝庄辞以无此例。纲曰："此何时而用例耶？"孝庄入言，即召对。纲奏："出狩果行，宗社必危。且太上以宗社传陛下，舍之去可乎？"与时中争。未既，有内侍陈良弼自内出，言城难守，命纲与良弼、蔡懋往观。懋与良弼同回，奏纲言无虞。帝问将，因言时中、邦彦可。时中推纲，因拜留守，以李棁副。追还中宫，未回，明日复戒行。纲拉殿帅王宗濋入见，力争乃留。令大臣撰数十诏勉将士，阁门宣读，皆声喏固守，议始决。靖康前录云，时中等劝帝幸襄阳。驾至南薰门，纲与燕、越二王恳留，曚具陈军情，方止。治战守之具，八日粗毕。以前军居通济门外护延丰仓，后勤王兵至，赖之以济。幼老春秋云，邦彦为怀州银匠浦之子。美姿容，阿附梁师成，荐用至宰辅，号"浪子宰相"。宋史，纲，字伯纪，邵武人，谥忠定。**甲戌，宋使李棁**〔考异〕大金国志作李邺，东都事略作李锐。北盟会编，邺与棁，系二人，同使金营，外有高世则为副。今从太宗纪。系年要录云，邺，钜野人。棁，临沂人。靖康前录云，邺归，盛谈敌强，以济和议。谓人如虎，马如龙，上山如猿，入水如獭，其势如泰山，中国如累卵。时号"六如给事"。来谢罪，且请修好，<u>宗望</u>许之。并约质，割<u>中山</u>、<u>河间</u>、府名。唐、宋为<u>瀛州</u>，领州二，县十六。〔考异〕<u>舆地广记</u>云，<u>河间</u>，<u>秦</u>属<u>上谷郡</u>，<u>汉</u>属<u>涿郡</u>，<u>后汉</u>为<u>河间国</u>，<u>魏</u>为<u>河间郡</u>，<u>孝文</u>置<u>瀛州</u>，<u>宋大观</u>间升为<u>瀛海军</u>，领<u>河间</u>、<u>乐寿</u>二县。<u>续通考</u>云，<u>河间</u>，本<u>唐瀛州</u>，<u>宋</u>为<u>河间府</u>，<u>金</u>为<u>河北东路</u>，统节镇二、刺郡五、县三十、镇三十五。领<u>河间</u>、<u>肃宁</u>二县。<u>明</u>隶京师，领<u>景</u>、<u>沧</u>二州，<u>河间</u>、<u>献</u>、<u>阜城</u>、<u>肃宁</u>、<u>任邱</u>、<u>交河</u>、<u>青城</u>、<u>兴济</u>、<u>静海</u>、<u>宁津</u>、<u>吴桥</u>、<u>东光</u>、<u>故城</u>、<u>南皮</u>、<u>盐山</u>、<u>庆云</u>十六县。<u>河间县</u>，<u>后魏</u>置<u>肃宁县</u>，<u>元</u>废为镇，后复旧。<u>献县</u>，<u>商</u>为<u>乐善</u>，<u>金</u>改<u>献州</u>，领<u>乐寿</u>、<u>交河</u>二县。<u>阜</u>（成）〔<u>城</u>〕（据上文改），<u>唐</u>本名<u>汉阜</u>，<u>宋</u>改今名，<u>金</u>属<u>景州</u>。<u>任邱</u>，<u>元</u>省入<u>河间</u>，后复故。<u>交河</u>，<u>金大定</u>中以<u>石家圈</u>置。<u>青城</u>，本<u>清平镇</u>。<u>兴济</u>，<u>宋范桥镇</u>地，<u>大观</u>初置县，<u>金</u>属<u>清州</u>。<u>靖海</u>，<u>宋</u>为<u>清州窝口寨</u>，<u>大观</u>中置县，<u>金</u>属<u>清州</u>。<u>宁津</u>，本<u>保安镇</u>，<u>金</u>置县，属<u>景州</u>。<u>吴桥</u>，<u>金</u>于<u>将汉县</u>之<u>吴川</u>置<u>吴桥县</u>。<u>盐山</u>，<u>唐</u>初置<u>东盐州</u>，州废置县。<u>太原</u>三镇地，输金五百万两，银五千万两，牛马万头，表段百万匹。载书称伯侄。<u>宋</u>以<u>康王构</u>、字<u>德基</u>。<u>道君</u>第九子。母为<u>韦贤妃</u>。初封<u>蜀国公</u>、<u>广平郡王</u>，进<u>康王</u>。<u>少宰张邦昌</u>为质。上誓书、地图。癸未，诸军解围。〔考异〕<u>薛应旂通鉴</u>云，帝召群臣议，<u>邦彦</u>力主和，<u>纲</u>谏击之便，不从；使<u>郑望之</u>往。会<u>金</u>使<u>吴孝民</u>来，与偕还。命<u>枅</u>使<u>金</u>军，至则膝行而前，恐怖丧胆，失其所言，遂与<u>金</u>使<u>萧三宝奴</u>、<u>耶律忠</u>、<u>王汭</u>等偕来。凡<u>金</u>所要求，皆<u>药师</u>教之也。时攻<u>天津</u>、<u>景阳</u>等门，<u>纲</u>力战御之，斩数千级，<u>何灌</u>战死。都统制<u>马忠</u>自京西募兵至，击<u>金</u>人于<u>顺天门</u>外，败之，<u>金</u>师暂敛，援路稍通。<u>枅</u>至，<u>邦彦</u>力劝从<u>金</u>议，括金得二十万两，银四百万两，余悉如约。**纲**言："金币数太多，三镇不可割，亲王不当往，姑遣辨士与议和。宿留数日，大军四集，彼孤军深入，虽不得所欲，亦当速归。此时与和，则不敢轻中国，而和可久也。"弗听。命**沈晦**先持誓书往，并三镇地图示之。初，**邦昌**亦主和议，不意身自为质，遂与主达金营。**纲**独留三镇，诏不遣。时**金**陷阳武，知县事蒋兴祖死之。**望之**，彭城人。著**靖康奉使录**一卷。**李心传朝野杂记**云，时**康王**北使，将就马，小婢**招儿**见四金甲神各执弓剑以卫上，指示众，皆云不见。**显仁后**闻之曰："我事四圣真君甚谨，必其阴功。"及陷北，夜深，必四十拜。及**曹勋**南归，令奏请加崇奉，答景贶，建延祥观像，皆沈香斫之。今在**西湖**上，极壮丽。**靖康要录**云，正月八日，**金**攻**西水门**，以（大）〔火〕（据靖康要录卷一改）船数十顺流下。行营司募死士二千布城下，以长钩搭就岸，以石碎之。于中流安顿叉木。运**蔡京**家假山石叠门。道间斩百余人。攻城北，**灌**战死。九日，攻封邱、**酸枣门**，**纲**乞禁卒善射者千人，射之，应弦倒。募壮士缒城下烧云梯，获酋首，杀贼数千人。贼退，遣萧三宝奴来献玉带、名马讲和。**北盟会编**，**金**使**三宝奴**外，尚有**高永**、**张愿恭**。诏中书侍郎**王孝迪**收簇金银，得金三十万两、银千二百万两，及祖宗宝藏、乘舆、服御之物，悉数津送。**靖康前录**云，**孝迪**出榜，借士庶所有。否则，男子杀尽，妇人虏尽，宫室焚尽，金银取尽。谓之"四尽中书"。所载甚详。

二月丁酉朔，夜，宋将姚平仲兵四十万来袭宗望营，击败之。〔考异〕东都事略作万人，**赵甡之遗史**作七千，云：是役也，宋将陈福没于阵，**杨可胜**被执，不屈死。**靖康前录**云，西将陈开死之。**系年要录**云，**平仲**，古养子。尝从**童贯**平方腊，回京，夸杀魔贼之多。大臣信其说，意谓杀金人如杀魔贼。故败后隐**九江**山中。**高宗**召之，不出。**陆游清尊录**云，人尝有见于**庐山**者。

史均未载。薛应旂通鉴云，时种师道入援，沿道揭榜，言领西兵百万来。经过敌营，金人惧，敛游骑，增垒自卫。召入对，拜同知枢院，统四方勤王兵。请缓给金币，俟彼惰归，扼而歼诸河，邦彦不从，惟纲议与合。纲言："金人贪婪无厌，非用师不可。且敌兵号六万，而勤王兵且二十万，若扼河津，绝饷道，分兵复畿北诸邑，以重兵临敌营，坚壁勿战，俟其食尽力疲，以一檄取誓书，复三镇，纵其北归，半渡而击之，此必胜之计也。"帝深然之。会平仲虑功名独归种氏，夜率万骑斫敌营，兵败亡去。纲率诸将出救，战于幕天坡，射却之。师道复请劫寨及每夕扰之，邦彦不能用。师道，字彝叔，世衡孙。少从张载学。赠少保，谥忠宪。弟，师中，字端孺。山西人。陆游老学庵笔记云，种彝叔，靖康初以保静节钺致仕，居长安村墅。一夕，旌节有声，甚异。旦而中使至，遂起。方彝叔赴召时，有华山道人献诗曰："北蕃群犬窥篱落，惊起南朝老大虫。"赵翼劄记云，靖康围城之事，平仲欲劫营，以士卒不得速战为言，纲主其议，令城外兵俱归平仲节度，遂及于败。见平仲传。而纲传则谓平仲密奏斫营，夜半中使传旨，使纲策应，似纲初不知者。盖因平仲败，以见失策不在纲。此事本载纲所著靖康传信录，史馆即据以立传也。**己亥，宗望复进师围汴。宋使宇文虚中以书来，改以肃王枢为质，遣康王构归。师还。**〔考异〕薛应旂通鉴云，金使王汭来致责。用邦彦言，罢纲以谢金人，废亲征行营司。太学生陈东等上书请复用纲，斥邦彦等，以阃外付师道。军民不期而集者数万，欲殴邦彦，走免，杀内侍朱拱之等数十人。命复纲右丞。虚中冒锋镝至金营往辨，以肃王代康王、邦昌还。汪彦章投李伯纪启云："孤忠贯日，正二仪倾侧之中；凛气横秋，挥万骑笑谈之顷。"又云："士讼公冤，咸举幡而集阙下；帝从民望，令免胄以见国人。"其赞美至矣。及居翰苑，草谪词曰："朋奸罔上，有虞必去夫欢兜；欺世盗名，孔子先诛夫正卯。"继又云："专杀尚威，伤列圣好生之德；信谗喜佞，为一时群小之宗。"当时有以此问者，彦章曰："我前启自直一翰林学士，而彼不我用，安得不丑诋之。"是可笑也。北盟会编云，代纲者为蔡懋，禁放矢石，阴怀二心。时城上有皂旗红灯，皆宦官欲为内应者所为。金遣崇义节度使大怀仁、龙州团练使耶律忠送还康王，书曰："使至，迭承来谕，谨送康王，备聆圣心怀注之切。今如命遣送前去。缘以康王久留军中，谨赠金一万锭，聊用压惊，式表微意。"懋，确子。钱士升南宋书云，袭营后，金人见责，邦昌恐惧涕泣，康王不为动，宗杰疑非亲王，更请肃王，乃得还。时副肃王者，尚有驸马都尉曹晟。靖康要录云，时副虚中者，尚有王俅。差王时雍、高世则馆伴金使。晟尚荣德帝姬，与上同生，故遣之。避金酋，改名晟为（实）〔寔〕（据靖康要录卷二改）。潘永因宋裨类抄云，靖康初，金退，吴敏等秉政，有十不管之谣。云不管太原，只管太学；不管防秋，只管春秋；不管炮石，只管安石；不管肃王，却管舒王；不管燕山，却管聂山；不管疆界，却管举人免解；不管河东，却管陈东；不管二太子，却管立太子。腐儒之误国如此。毕沅续通鉴云，金遣韩光裔告辞。帝使虚中持纲所留三镇诏往。金人北去，师道请乘其半济，击之，不许。寻用纲言，分遣诸将，追金兵及于邢、赵间，相去二十里，宰执密启追还，将士解体。沈良靖康遗录云，金师北归，所过残破。自京至黄河数百里，井间萧然，尸骸无算。史均未载。**壬子，以滑、濬二州与宋。宗翰定威胜军，**宋史地理志云，在潞州铜鞮县乱柳石围中，领县四。〔考异〕续通考云，唐初为沁州，又改阳城郡，后仍旧，（隋）〔宋〕（据续通考卷二二九改）改威胜军，金仍为沁州，升义胜军，统铜鞮、武乡、沁源、绵上四县。**下隆德府。**即今潞安府，领县八。〔考异〕舆地广记云，春秋为黎侯，

赤狄夺其地，而潞子婴儿为晋灭。战国称<u>上党</u>，为<u>韩</u>王别都。<u>秦</u>置
<u>上党郡</u>，后<u>周</u>为<u>潞州</u>，<u>隋</u>号<u>韩州</u>，<u>唐</u>改昭（夷）〔义〕军（据<u>舆地广</u>
<u>记</u>卷一八改），<u>宋</u>初为<u>昭德军</u>，后改今名。<u>续通考</u>云，<u>唐</u>初为<u>潞州</u>，
又改<u>上党郡</u>，仍复旧，<u>宋</u>改<u>隆德军</u>，今为<u>潞州</u>，领<u>上党</u>、<u>壶关</u>、<u>屯</u>
<u>留</u>、<u>长子</u>、<u>潞城</u>、<u>襄垣</u>、<u>黎县</u>、<u>涉</u>八县。<u>上党</u>，<u>唐</u>置，属<u>潞州</u>。<u>壶</u>
<u>关</u>，<u>唐</u>初复置<u>壶关</u>于<u>高望堡</u>，寻移治<u>清流川</u>。<u>屯留</u>，<u>唐</u>自<u>霍壁</u>移今
治。<u>长子</u>，本<u>隋</u>置。<u>潞城</u>，<u>唐</u>末改<u>潞子县</u>，寻复旧。<u>襄垣</u>，<u>隋</u>置。
<u>黎城</u>，本<u>黎侯</u>国，<u>隋</u>置县。<u>涉县</u>，古<u>沙侯</u>国，<u>汉</u>置县，<u>金</u>升为<u>崇州</u>，
州废，置县，属<u>真定</u>。丁巳，次<u>泽州</u>。在<u>潞安府</u>南百九十里，
领县四。〔考异〕<u>续通考</u>云，<u>泽州</u>，<u>唐</u>后改<u>高平郡</u>，寻复旧，<u>宋</u>隶<u>河</u>
<u>东路</u>，<u>金</u>属<u>潞州</u><u>昭义军</u>，<u>元光</u>中，升为<u>忠昌军</u>，领<u>晋城</u>、<u>高平</u>、<u>阳</u>
<u>城</u>、<u>沁水</u>、<u>陵川</u>五县。<u>晋城</u>，<u>唐</u>初徙<u>盖州</u>治此，后废<u>盖州</u>移<u>泽州</u>治。
<u>晋城</u>，<u>宋</u>、<u>金</u>仍旧。<u>高平</u>，即<u>赵</u><u>长平</u>地，<u>唐</u>置<u>盖州</u>，州废，以县属
<u>泽州</u>。<u>阳城</u>，本<u>唐</u><u>护泽县</u>改，<u>金</u>末升为<u>勋州</u>。<u>沁水</u>，本<u>隋</u><u>永宁县</u>改，
<u>唐</u>、<u>宋</u>因之。<u>陵川</u>，<u>唐</u>以后属<u>泽州</u>。

三月癸未，<u>尼楚赫</u>原作<u>银术可</u>围<u>太原</u>。〔考异〕<u>靖康要</u>
<u>录</u>云，<u>太原</u>不下，于城外用植鹿角木，环城厚数里，中为小径，往
来纵火以警之。时天气热，贼兵番休，分食十邑，城守益固。<u>方舆</u>
<u>纪要</u>云，<u>金</u>围<u>太原</u>久不下，于城下筑旧城居之，号元帅府。内外断
绝，城中大困。所载各异。<u>宗翰</u>还<u>西京</u>。〔考异〕<u>北盟会编</u>云，
<u>金</u>破<u>威胜军</u>，守臣<u>詹丕远</u>被杀。帝闻<u>粘罕</u>兵次<u>高平</u>，遣<u>路允迪</u>、<u>滕</u>
<u>茂实</u>往，且告割三镇。<u>靖康要录</u>云，外尚有<u>宋彦通</u>、<u>王介儒</u>、<u>刘思</u>
等。又，割地使为<u>臧硡</u>、<u>秦桧</u>。<u>耶律怀义</u>传，本名<u>伯特</u>，<u>辽</u>宗室子。
来降，授<u>西南</u>〔路〕（据<u>金史</u>卷八一<u>耶律怀义</u>传补）招讨使。从<u>宗翰</u>
南侵，降<u>马邑</u>，破<u>雁门</u>，屯兵，进攻<u>太原</u>。时<u>山</u>、<u>陕</u>兵来救，<u>刘光</u>
<u>世</u>、<u>折可求</u>栅于<u>文水西山</u>。捕得<u>宋</u>生口，尽知其屯兵要害，分兵袭

败之。再侵宋，从军，皆有功。仕终中京留守，封萧王。纪未书。毕沅续通鉴云，宗翰闻宗望议和，亦遣人来索赂，宰相拘其使不与。乃分兵破忻、代，折可求、刘光世均败。平阳叛卒道入南北关，李植以威胜军降。破隆德府，知府张确、通判赵伯臻、司录张彦遹死之。进屯泽州。诏种师道、师中、姚古援三镇。古复隆德府，威胜军扼南北关。确，字子固，汾州宜禄人，元祐间进士。续纲目李植作李桢。时行移文字出枢密者，则迫令破贼；出三省者，则令护出境。莫之适从，师中患之。方舆纪要云，南北关，在灵石县东八十里。宋史，光世，字平叔，保安军人，延庆次子。封鄜王，谥武僖。元好问中州集，滕茂实，字秀颖，姑苏人。以太学正兼明堂司令，与路允迪、宋彦通奉使割三镇，被囚云中。后允迪、彦通南归，茂实留雁门，与兄宗正（承）〔丞〕福（据中州集癸集滕茂实传改）、淮南发运使（褋）〔褋〕（同上）共居。未几，家人亦至。临终有诗，令黄幡裹尸而葬，刻宋使者东阳滕茂实墓。后如其志。又云，（褋）〔褋〕（同上）当作褋，见南（仲）〔申〕高济叔碑（同上）。周密齐东野语云，北人为起墓雁门山，岁时致祭。所记张浮休之弟确，尝为乌延帅幕，独不廷谒童贯及徽宗。本以五月五日生，以俗忌，移之十月十日，皆可以补史阙。后其友董选自拔南归，上所为诗，赠直龙图阁。

夏四月乙丑，耿守忠大败宋人于西都谷。〔考异〕

毕沅续通鉴云，东兵正将古沇与金人战于交城县，死之。北盟会编云，粘罕破黄迪诸寨，悉被害。托克索传，从玛武、乌噜破宋四千人于文水。闻宋将黄迪等兵三十万屯西山，与耿守忠合击之，杀八万余人，俘获甚众。靖康要录云，统制黄迪应援太原，于文水县溃散逃走，赏钱告捕。所载各异。又云，四月七日，立皇子大宁郡王谌为皇太子，制略曰：“生有奇姿，性得异禀，弱龄好弄，屹尔成人之仪；长则嗜书，粹然盛德之器。比肇封于西土，犹虚位于东宫。是用宪祖之彝章，信龟筮之叶吉；实天心之是佑，非朕志之敢私。"云云。是月，<u>斡离不</u>遣计议使<u>贾霆</u>、<u>冉企</u>有议三镇。未下，时，差<u>王俅</u>迎<u>肃王</u>。因三镇事留不遣，欲令<u>贾霆</u>等随<u>俅</u>先到阙。<u>尉氏</u>主簿<u>曹嗣宗</u>、（言）（据靖康要录卷五删）<u>李充美</u>死于职守，皆赠官。遣<u>武安国</u>、<u>王观</u>奉使绝域。<u>史</u>多未载。

五月辛未，宋种师中以兵十万出井陉，即勾注山，一名雁门关，在<u>代州</u>西北二十五里。**据<u>榆次</u>，**县名，在<u>太原</u>府东南六十里。**完颜和尼、**原作<u>活女</u>**托克索**原作<u>突合速</u>。<u>本传</u>，宗室子，<u>纳罕寨</u>人。尝自领偏师破<u>云中</u>寇，讨<u>应州</u>贼，平之。从<u>宗翰</u>南侵，破<u>石岭关</u>屯兵数万，下<u>祁县</u>、<u>文水</u>，屯<u>汾州</u>，连败<u>郝仲连</u>、<u>张思正</u>、<u>张关索</u>、<u>马忠</u>等军。复破<u>师中</u>兵。再从南下，平<u>汴京</u>，定<u>河东</u>，官左监军，封<u>定国公</u>。**破之于<u>杀熊岭</u>，**在<u>文水县</u>西六十里。**斩<u>师中</u>于阵。托克索复与巴尔斯**原作<u>拔离速</u>。<u>本传</u>，<u>尼楚赫</u>弟。从<u>希尹</u>，大破<u>辽</u>兵于<u>古北口</u>。南侵<u>宋</u>，从克<u>太原</u>。后与<u>玛武</u>等袭<u>宋</u>帝于<u>扬州</u>。<u>宗弼</u>再定<u>河南</u>，<u>萨里罕</u>经略<u>陕西</u>，皆在事有功，迁元帅左监军，卒，谥<u>敏定</u>。〔考异〕<u>续通考</u>作<u>尼楚赫</u>族叔，系出<u>景祖</u>。未知孰是。**败<u>宋姚古</u>军于<u>隆州谷</u>。**〔考异〕<u>一统志</u>作<u>隆舟峪</u>。又，<u>隆德</u>系军名。<u>方舆纪要</u>云，<u>祁县</u>有<u>隆州谷</u>，<u>明</u>洪武时于此建关。**盘陀驿，**在县东五十里。**<u>薛应旂</u>通鉴云，**<u>太原</u>围不解，诏师（古）〔中〕（据上下文改）与<u>姚古</u>进军，相为犄角。进次<u>平定军</u>，乘胜复<u>寿阳</u>、<u>榆次</u>等县。留屯<u>真定</u>，时，<u>粘没喝</u>避暑还<u>云中</u>，觇者以为将遁，<u>许翰</u>信之，数遣使趣战，责以逗挠。<u>师中</u>办古及<u>张灏</u>等俱进。为<u>金活女</u>所袭，五战三胜。回，趋<u>榆次</u>，至<u>杀熊岭</u>，统制<u>焦安节</u>妄传<u>粘没喝</u>将至，<u>古</u>等失期，<u>师中</u>力战死。<u>金</u>进败古军于盘陀岭、退保隆德。事闻，纲召安节斩之。安置古广州。师中赠少师，谥庄愍。大金国志云，师中为娄室所破。靖康小雅云，先锋杨志不战，遁，参谋官黄友战没。李纲传信录云，师中心轻敌，金乘间冲突，诸军射却之。寻以赏不足而散，师中为流矢所中，死之。赵甡之遗史云，师中战殁，师道告病归。耿南仲议出纲为宣抚使，中丞陈过庭及陈公辅、余应求言纲不当去，皆罢之。靖康要录广州作廉州。御史余应求，初官校书郎，上疏陈七失，嗣后屡进忠说，纠劾奸邪。纲辞宣抚，许翰书"杜邮"二字示之。及行，赐御筵于琼林苑。按，河东，一作两河。为副者，刘韐、解潜。赵德麟侯鲭录云，种师道（经制）〔预知〕（据侯鲭录卷七改）金虏反覆，进二诗，为张（大）〔六〕（同上）太尉收藏不达。诗曰："外塞胡儿里党臣，勾连数众赴京城。团团阔阔孤平寨，不识皇家王气星。"又云："飞蛾视火残生灭，燕逐群鹰命不（从）〔存〕（同上）。从今一扫胡兵尽，万年不敢正南行。"后金人犯阙，皆如其言。初，与（扬）〔折〕可存（同上）（中）（据知不足斋丛书本侯鲭录卷七删）立殊勋，后欲击贼，不听，气愤卒。元好问中州集，雁门何宏中，字定远，初调韦城尉，汴京被围，州郡多避走，独韦不下。兵退，统制武汉英奏辟，召见，不果。时副帅种师中兵已溃，宣抚檄宏中副汉英守银冶路。汉英战死，拜宏中河东、河北统制接应使。粮尽被禽，不屈。放为黄冠师，起紫薇殿，奉徽宗像事之。正隆四年卒。著成真、通理二集。有述怀诗云："马革盛尸每恨迟，西山饿踣更何辞。姓名不到中兴（历）〔历〕（据中州集癸集改），付与皇天后土知。"宋史，翰字崧老，襄邑人。过庭，字宾玉，山阴人。友，字龙友，温州平阳人。官其后八人。公辅，字国佐，临海人。系年要录云，过庭后没于金。尝得疾，其卒割胁及肝以愈之。赠官。潞州复叛，宋兵十七万，固纳、本传：伊克子。善骑射，有才干。从伐辽，战宁江州、珠赫店皆以有功受赏。从宗翰下中、西二京。围汴，屡败其援兵，终天德军节度。伊克系出景祖，与罕都常在世祖左右。卒，赠特进，谥忠济。**托克索、巴尔斯皆被围。托克索麾军下马力战，遂溃围而出。**

秋七月戊子，萧仲恭使宋还，以所持宋帝与耶律伊都蜡书自陈。〔考异〕毕沅续通鉴云，先是，仲恭来索所许金帛，逾月不遣。其副赵伦惧见留，给馆伴邢倞曰："金有耶律伊都者，领契丹兵甚众，贰于金，宜结之使南向，金可袭而取。"徐处仁、吴敏信之，以蜡书命仲恭致之。以书献宗望，复议南伐。靖康要盟录载其书甚详。宣和录同，但谓伦还，首其书于粘罕为异。沈良靖康遗录云：斡离不使萧庆来，拘于都亭驿。庆见敏恸哭，约共复仇。敏奏以书授之。李焘长编注：谓萧庆当作萧伦。王宗沐续通鉴又谓以肃王不归，欲留其使萧仲恭，恐传闻之讹，不足信也。熊克中兴小纪云，高宗谓李纲志大才疏，用之误国。如听邢倞之计，结徐睹，开衅敌人。周望曰："如宣抚河东以救太原，先于河阳置纳级军，敌笑之，亦足见其疏也。"按，熊克于忠定每多微辞，恐难尽信。靖康要录云，大臣谓金领肃王过河，留其使术者等，逾月不归；及伦还，赠金帛各千两匹。伦献书粘罕，表闻其主。又云，七月一日（按，靖康要录卷九于七月十日之后载此书。考大金吊伐录卷二此书只标明七月，不注某日。此"一日"者显系讹误。），帝致书金大元帅云，"比因专使，常以布书，具载悃诚，想加通亮。但以三镇之民，怀土顾恋，以死坚守，虽令不从。致宿师，引日已久。惟兵民各为其主，困于暴露，深可悯伤。是用欲以三镇税租，（佃）〔纳〕（据大金吊伐录卷二改）充岁币。既不失通和之义，抑亦为长久之图。谅惟仁明，必能矜察。已遣使大金皇帝及皇子郎君，今再命单车，复陈本末，愿加聪亮。有少礼物，具于别幅。秋暑尚烦，更希保护。"又致书皇子郎君云:"比常布问,具致悃诚,近因使介之施,尤详敦好之意。但以三镇之民,怀土顾恋,虽令不从。"又云:"方昭大信,谅不受于闲言,将究远图,岂是生于细故。成长利于两国,在仁人之立谈。想惟英俊,必能体(充)〔亮〕。"(据靖康要录卷九改)余略同前书。北盟会编云,麟府折可求言,夏国之北,有辽梁王萧太师统兵十万,欲结南朝,以复怨。敏劝帝致书,亦为粘罕得。纪载各异。宋史,敏,字元中,真州人。处仁,字摄之,应天谷熟人,系恕子。

八月庚子,诏左副元帅宗翰、右副元帅宗望南侵。庚戌,宗翰发西京,宗望发保州。〔考异〕耿氏痛哭流涕编作八月十日。靖康要录云,八月,遣刘岑、马识远充计议使副赴金。命宗泽使斡离不军,李若冰使粘罕军。若冰改名若水。差周望充正旦国信使。九月,差张(元)〔亢〕(据靖康要录卷一一改)使粘罕军,刘衍使斡离不军,黄夏卿、赵说充生辰使副。北盟会编云,粘罕令杨天吉、王汭等来诘遗书事,并原割三镇。宋遣刑部尚书王云使军前辨明:书系奸人伪造,非朝廷意,并计三镇租税。云归奏,帝大喜,吴敏力沮乃止。云疏争,不听。保州即今保定府。舆地广记云,宋初为保塞军,升保州,政和三年为清苑郡,领保塞一县,即清苑。续通考云,本唐清苑县,隶郑州,宋升保州,金为顺天军,隶河北东路,明为保定府。领祁、安、易三州,清苑、唐、安肃、定兴、博野、庆都、雄、蠡、新城、深泽、束鹿、高阳、涞水、满城、容城、完、新安十七县。清苑,倚郭,以河得名,宋改保塞县,金复旧;唐县,唐因隋旧,朱梁改中山,石晋改博陵,汉复旧;安肃,宋初为州,后置县,金升为徐州,后为安肃州;定兴,本范阳县地,金大定中置县;博野,本汉蠡吾县地,后魏置县,名博野;庆都,唐为北平县,金改今名,属中山府;雄州,唐归(义)

〔义〕县（据舆地广记卷一〇改），五代为瓦桥关，周置雄州，宋置归信县，金升永定军；蠡县，唐置州，宋改永宁，金升为宁州，改蠡州，领博野一县；新州，唐以督亢地置县，辽、金因之；深泽，宋曾省入鼓城县，后复旧；束鹿，唐本鹿城县改；高阳，唐以县置满州，州罢置县，金属莫州；涞水，宋曾并入易县，辽复置；满城，唐以永乐县改，金因之；容城，唐改为全忠县，金属安肃州；完县，唐为北平县，宋升北平军，金改永平县，升完州；新安，金置新安州渥城县。**宋张灏出兵十万，出汾州**，即今汾州府。〔考异〕舆地广记云，春秋属晋，秦属太原郡，元魏置西河郡，兼立汾州，北齐置南朔州，后周曰介州，宋因唐旧为汾州，领县五：西河、灵石、孝义、介休、平遥。续通考云，唐改西河郡为浩州，又改汾州，金置汾阳军，元立元帅府，领汾阳、孝义、介休、平遥四县。孝义，魏置中阳县，唐改今名；平遥，唐县，属太原府，元改属汾州；介休，秦县，后魏置定阳郡，县曰平昌，周改介休，今因之。

巴尔斯击走之，罗索、原作娄室**托克索等复破之于文水。**〔考异〕薛应旂通鉴云，宣抚李纲赴两河，进次怀州。诏罢所起兵，纲疏争，不报，趣赴太原。乃遣解潜屯威胜军，刘韐充辽州幕官，王以宁与统制折可求、张思正等屯汾州，范琼屯南北关。时诸将皆承受御画，宣抚徒有节制名。韐兵溃，潜兵败于南关，以师道代，召纲还。张灏与金战文水，败绩。斡离不犯真定。张思正夜袭金营于文水，败之；明日复战，师溃，死者数万人。思正奔汾州，折可求亦溃于子夏山。于是威胜、隆德、汾、晋、潞、泽、绛民皆渡河南奔，州县悉空。金复攻太原，纲上书极论节制不专之弊，请合大兵为一路进。及范世雄以湖南兵至，荐为判官，方欲会合击敌，会议和，止进兵，遂代还。言者论敏由蔡京进，安置洛州。北盟会编云，灏为孝纯子。官采访使，收败将冀景诛之。文水作郭山寨。

方舆纪要云，文水源出永宁州北境之方山，流入文水县境，至汾阳县入汾水，亦曰文谷水。又，子夏山即隐泉山，在文水县西南二十五里。子夏退居西河，即此。所载较详。刘臻以兵出寿阳，县名，属太原府。罗索破之。耶律铎败宋兵三万于雄州。即今保定府雄县，详卷九。纳延原作那野等败宋兵七千于中山。庚申，托纽原作突撚取新乐。县名，属定州。〔考异〕宗望传，时高陆、董才败宋师三千于广信。王伯龙传，以先锋次保州，遇敌五万，破之。招降新乐军民十余万。太宗纪未载。

九月丙寅，宗翰克太原，执经略使张孝纯。〔考异〕薛应旂通鉴云，孝纯力竭不能克，城遂陷，被执，释而用之。副都总管王禀负原庙中太祖御容赴汾水死，通判方笈、转运韩揔等三十六人皆被害。张汇节要云，禀欲出西门，不及，自尽死。赵甡之遗史云，禀负御容，缒城，投谿死。大金国志云，粘罕得禀尸，大骂，践之而暴于野。围城凡二百六十日，军民（前）〔饿〕（据大金国志卷四太宗纪改）死者十八九。韩揔作韩总。三十六人，一作三十人。时死节可考者，尚有禀子阁门祇候荀、统制高子祐、统领李宗颜、提举单孝忠、廉访狄流、通判张叔达、王逸，判官王毖。见北盟会编。呼沙呼原作鹘沙虎，曹国公，希卜苏子。官真定留守，国初有功。〔考异〕汪辉祖金史同名录云，卷二十七河渠志大定十八年同知真定尹、卷八十乌延蒲卢浑传其兄、卷八十六蒲察斡论传大定时猛安，四人同名鹘沙虎。取平遥、灵石、介休、孝义诸县。灵石县属霍州，余属汾州府。辛未，宗望破宋种师闵〔考异〕毕沅续通鉴云，师闵系师道，金史恐传闻之误，今姑从之。军于井陉，取天威军，宋史地理志云，属河北西路。

〔考异〕王存元丰九域志，河北路，兴国二年分河北南路，雍熙四年分东、西路。东路领澶、瀛、沧、冀、博、棣、雄、莫、霸、德、滨、恩十二州，永静、乾宁、信安、保定四军。西路领相、定、邢、怀、卫、洺、深、雄、祁、赵、保十一州，安肃、永宁、广信、顺安四军。并未列天威军名。**克真定，杀其守李邈。**〔考异〕阿里传，宗望攻真定，阿里与罗索乘风纵火，焚其楼橹，诸军毕登，遂克其城。纪未载。薛应旂通鉴云，真定被围，钤辖刘翊昼夜力战，城陷，自缢死。知府李邈被执，北去。先是，真帅刘韐守御备具，总管王渊、钤辖李质练卒数千，敌不敢犯。会太原危急，命韐守辽州，辟渊、质自随。以邈代，措置无策，城遂陷。宋史作十月事，谓之孙氏山亭中缢死。邈，字彦思，清江人，谥忠壮。大金国志云，邈至燕山，刘彦宗逼之降，不屈，粘罕命斩之，谈笑赴市。史未书刘翊战死事，今从纪。

冬十月，罗索克汾州，〔考异〕大金国志云，粘罕既下太原，纵兵汾、（绛）〔泽〕（据大金国志卷四太宗纪改），下县、镇、寨、垒十数。汾州固守，逾月乃克之。知州张克戬巷战死，一门死者八人。都监贾亶亦死之。宋史，克戬，字德祥。侍中耆曾孙，谥忠确。史未载张、贾死事。**石州**即今永宁州。〔考异〕舆地广记云，石州，在战国为赵之离石邑，东汉为西河郡治，北齐置西汾州及怀政郡，后周改州为石州，郡为离石郡，今因唐旧，领县三。续通考云，唐初改离石郡为石州，又为昌化郡，后仍为石州。金兴定中隶晋阳，领离石、方山、孟门、温泉、临泉、宁乡六县。离石，旧名平夷，明昌中改宁乡。又，宁乡，本汉离石县地，后周析置宁乡、平夷二县，隋废宁乡，以平夷属石州，金改平夷曰宁乡。**降。芬彻克平定军，辽州降。**宋置，属平定军，县二。〔考异〕舆地广记云，晋为乐平郡，后魏为辽阳郡，隋属辽州，唐辽州徙治此，中和三年复曰辽州，今因之，领县四，有平城无仪城。续通考云，唐置辽州，又改箕州，又改仪州。宋复旧为乐平郡。金天会中以与东京、辽州同，加"南"字，天德中复去"南"字，领辽山、榆社、和顺、仪城四县。辽山，倚郭，隋置；榆社，隋置，唐号榆州，州罢置县；和顺，宋熙宁中省入辽山县，属平定军。北盟会编云，金陷麟州建宁寨，知寨杨震及其子居中、执中皆被害，惟沂中方从征河朔，得免。南宋书云，辽亡，其将小鞠鞯西奔，招合杂羌十余万破丰州，攻麟府诸城，杨宗闵屡摧败之，俘其父母妻子。靖康元年十月，太原陷，鞠鞯驱幽、蓟叛人与夏人、奚人围建宁，语宗闵子震曰："汝父夺我居，掩我骨肉，我忍死到今，降则全汝躯命。"越旬，城陷，阖门俱丧。宋史作小鞘鞯，所载各异，纪均未书。

十一月甲子，宗翰自太原趋汴。戊辰，下威胜军。癸酉，萨喇达原作撒刺答破天井关。一曰太行关，在泽州南四十五里。乙亥，克隆德府。〔考异〕北盟会编云，粘罕军至城下，通判李谔许送犒军物，民不与，以刃中谔。城陷，杀戮甚众。知府张有极被俘。又陷平阳府，经略使林积仁、统制刘锐弃城走。毕沅续通鉴云，宋遣刘琬扼平阳回牛岭，兵溃，金遂破平阳。靖康要录云，时府库困乏，士守回牛岭者，日给豌豆二升或陈麦。士笑曰："军食如此，而使我战乎？"贼锐师至于山下仰观，官兵曰："彼若以矢石自上而下，吾曹殆矣，为奈何？"未敢前进。俄，官兵自溃，贼乃登，遂至平阳，琬遁，城陷。河东逢虏记云，绛州军乱，太守李弼传遁，帑藏甚富，掠夺一空。赵甡之遗史作李元儒。又有通判李昌言，亦走。纪均未载。和尼渡盟津。即孟津，今孟县，在怀庆府西北六十里。西京、永安军、宋史地理志云，本乾宁军。周平三关，置永安县，属沧州。太宗升为军，即清州。郑州在河南府城西北四十里。〔考异〕舆地广记云，郑为火正祝融之墟。管叔鲜及虢、郐封地。东迁，郑武公灭二国，徙都之，今为奉宁军，县六。续通考云，唐置郑州，又改荥阳郡，宋为奉国军，今仍为郑州，领管城、荥阳、密、河阴、原武、汜水、荥泽七县。管城，隋为荥泽县，宋省荥泽入管城；荥阳，唐析置武泰县，属潞州，寻省入荥阳，宋、金因之；河阴、汜水，金均属郑州；密县，唐为州，州废置县；原武，唐本原陵县改，宋省入阳武，后复旧；荥泽，旧隶郑州，宋省入管城。皆降。庚辰，克泽州。时罗索至泽州。托克索、乌噜以五百骑为前驱，往招河阳。县名，属孟州。先据黄河津，宋兵万余背水阵，进击，破之，皆格于水，遂降河阳。〔考异〕大金国志云，粘罕军至河阳，宋宣抚折彦质领兵十二万夹河而守，签书李回以万骑至河上。金人曰："南兵亦众，与战，胜负未可知，不若加以虚声"，遂击战鼓达旦。宋师溃散，提刑许高、许亢各军皆望风溃。金兵悉渡，官吏皆弃城走。西道都总管王襄、河阳守燕瑾皆遁。宋史钦宗纪作燕瑛，旋为乱兵所杀。系年要录云，高、亢后至南康谋叛，为守臣李定、韩璹所诛。熊克小纪，高、亢作一人。建炎初，用纲言，诏定、璹皆转一官，谓为健侠。靖康要录谓金之击鼓惊众者，计出娄宿。北盟会编云，粘罕自河阳渡大河，分兵五万守潼关，以扼西兵。后范致虚至陕，不敢进，钱盖兵出商、虢、唐、邓而军散，职是故也。毕沅续通鉴云，致虚会兵八十万，以僧赵宗印为谋主，未尝知兵。至千秋镇，为罗索败走，还。洪迈夷坚志云，宗印，本陕西士人，为僧，好大言，致虚命反儒服，官至直龙图阁。兵败得疾，自食其粪，经旬死。史未载。进攻怀州，即今怀庆府。〔考异〕舆地广记云，怀州为禹贡覃怀地，太行山在焉。汉为河内郡，后魏置怀州，唐后改为河内郡，今县三，无山阳。续通考云，唐为怀州，金加"南"字，又改沁南军，天德初去"南"字，领河内、修武、山阳、武陟四县。河内，唐为怀州治，以太行、紫陵、忠义三县省入，宋、金仍旧；修武，唐徙治西修武，宋省入武陟，寻复置，金因之；武陟，唐置陟州，州废，以县属怀州，省怀县入焉，宋、金仍旧。

克之。〔考异〕薛应旂通鉴云，怀州被围，知州事霍安国扦御不遗余力，鼎沣兵亦至，相与拒守，拜徽猷阁待制。城陷，不屈死，一门无噍类。通判林渊、钤辖张彭年、都监赵士訢、张谌、于潜，鼎沣将沈敦、张行中及队将五人，皆不屈死。面缚，杀十三人而释其余。毕沅续通鉴云，王美投濠死。靖康要录作王英。大金国志，士訢作士谔；谌作訢；于潜作丁潜；五人作五百人。所载各异。宗望自真定趋汴。闻宋会诸路军于睢阳，即今归德府。〔考异〕舆地广记云，南京应天府，古阏伯所居商邱地，微子封宋，即此。汉为梁国，后周置梁州，隋置宋州。续通考云，唐为宋州，又为睢阳郡，后唐为归德军，宋升南京，金为归德府宣府军，领睢阳、宁陵、夏邑、虞城、谷熟、楚邱六县。金亡，宋复取之。睢阳，倚郭，唐曰宋城，改睢阳，金仍旧；宁陵，本古葛伯国，宋属拱州，后属应天府，金属归德府；夏邑，金本下邑，改属宋州；虞城，禹封商均地，唐置县；楚邱，隋本己氏县改。遣达兰、原作挞懒阿里库将兵往拒，败其前锋军三万于杞县。今属开封府。取拱州，宋史地理志云，拱州，本襄邑县，隶开封府，属京东西路。〔考异〕王存元丰九域志云，京东路，熙宁七年分东、西路。东路领青、密、齐、登、莱、潍、淄七州；淮阳一军。西路领兖、徐、曹、郓、济、单、濮七州，无拱州名。舆地广记云，拱州，春秋属宋、陈，秦属三川砀郡，汉属陈留、淮阳、梁国，今属开封应天府，建名辅州，又改拱州，县六：襄邑、考城、太康、宁陵、楚邱、柘城。续通考云，唐属曹州，宋改拱州，又升保庆军，金改睢州，领四县：襄邑，附郭；考城，唐县，金仍，唐属曹州，又改睢州；仪封，金为通安堡；柘城，唐省入谷熟、宁陵二县，寻复置。**降宁陵**，县名，今属归德府。**复破二万兵于睢阳。取亳州，**今属凤阳府。〔考异〕舆地广记，亳州，东汉属沛国，为豫州刺史治，魏置谯郡，后魏因之，兼立南兖州，后周曰亳州，今县七。续通考云，唐初为亳州，后改谯郡，后仍旧，宋升集庆军，金复为州，宣宗升为节镇州，领谯、鹿邑、卫真、城父、永贞、郑六县。谯县，汉置，附郭。**败宋兵四万，擒其将石瑱。庚辰，诸军渡河，临河、**县名，属归德府。**大名**在大名府东南十里。**二县，德清军、**在清丰县西三十里。**开德府**今开州，在大名府南百六十里。〔考异〕舆地广记，春秋属卫国，秦置东郡，唐属澶、濮、魏三州，石晋移濮阳于澶州南郭为治所，寻升镇宁军，宋县七：濮阳、观城、临河、清丰、卫南、朝城、南乐。续通考云，唐为澶州，宋升开德府，后仍旧，金皇统中改开州，领濮阳、清丰二县，元加入长垣、东明。清丰，唐置，宋为德清军治，金罢州以属开州；长垣，唐为匡城县，五代后复旧，金属开州。**皆下，遂至汴。**

〔考异〕大金国志云，斡离不留韩庆和守真定，自侵庆源府，宋都统王渊遣将韩世忠拒之。宣抚范（汭）〔讷〕（据大金国志卷四太宗纪改）军五万守滑、濬，知有备，乃由恩州王榆渡趋大名，由李固渡济河抵汴。薛应旂通鉴云，先是，金兵未渡河，王云固请康王往使。诏王与云偕行，许割三镇，奉金主为皇叔，上尊号十八字。行至磁州，宗泽请勿往。先是，云奉使过磁、相，劝二郡撤城外民舍，运

粟入保，民怨之。及是，王谒嘉应神祠，民噪，执云杀之。金兵游
骑日至城下，踪迹王所在。知相州汪彦章以帛书迎王至相。彦章由
是受知。东都事略谓因耿延禧等言回相州。熊克小纪云，崔府君，
为东汉崔子玉，封嘉应侯，号应王。上至州，人拥神马，谓应王出
迎。泽启王宜谒其庙。云从上入，上既出，云被害。泽捕害云者斩
之。宋史，延禧为南仲子。云字子飞，潭州人，赠观文殿学士。王
上徽号表文系汪藻草定。载丁特起泣血录。博士华初平谏，不听。
初，使南仲辞，以子延禧代行。见系年要录。周煇清波杂志云，高
宗初渡河，一神将善人伦，密语同列曰："大王神观甚佳，此行必成
大事。余舍人、观察亦保终吉。但资政气貌甚恶，祸在旦夕。"谓王
云也。后果被害于应王庙中。舍人耿延禧、观察高世则皆参谋议。
潘永因宋稗类抄云，高宗初至磁州，人不欲其北行，谏，不从。宗
泽欲假神道以止之，曰："此有崔府君庙，甚灵，可以卜珓。"仍言
其庙有马更显应，遂入烧香。其马衔车辇等物塞去路，遂止不往。
后就玉津园口造庙，令曹泳作记。因桧言金以为功，不宜归功神，
遂毁之。曹泳、汤思退皆桧晚年所信用者。曹尤狡，桧妻儿皆为所
离间。桧没，编置海外死。李心传朝野杂记云，故事，百官出入皆
乘马。建炎初，上以维扬砖滑，许乘轿。盖东都旧制，唯妇人得乘
车，大臣宗室，特旨许乘肩舆为异（数）〔礼〕（据朝野杂记甲集卷
三百官肩舆盖条改）。靖康末，高宗奉使至磁，磁守宗泽以所乘轿
进，黑漆紫褥而已，上犹却之。盖京百官不用肩舆，避至尊也。今
行在官，非入朝无乘马者。旧在京，非宰辅、使相、亲王无得张盖。
绍兴后，北使至则用之，伴使亦然。至今为例。又，乾道后，（每）
（据上书甲集卷三教坊条删）北使每岁两至，亦用乐，但呼市人为
之。靖康要录云，初副康王者为翰林学士王寓，擢左丞；寻惮远行，
以梦诬上，乞免，上震怒，责寓散官，安置新州，黜其父易简宫祠，

以冯澥代行。又以吴开辞奉使，降三官。命黄锷由海道往，以礼物议和。十一月七日，云驰归，中外大骇，犹集百官议三镇弃守。耆水归，恸哭，求从其请。梅执礼建议清野。未几，王及之偕金使王汭来，不复言三镇，直以过河为言。命耿南仲、聂昌往使，均辞，免官。昌后行至绛州被杀。所载较详。又，浮溪文粹云，卫公肤敏使金，至涿州，与沃哩布遇，请相见，问其仪，以例对。公笑曰："所谓例者，非趋伏罗拜乎？皇子虽贵，人臣也。使者虽贱，亦人臣也。两国之臣相见而僭君，是一国二君也，不祥莫大焉！"乃长揖而入。

闰月壬辰朔，宋出兵拒战，宗望等击败之。时宋人夜出兵焚攻具，持嘉晖以二穆昆兵击走之，所当无不捷。当是时，阿里锡默阿里传，父欢塔，穆宗时内附，有战功。阿里年十七从征高丽，屡获捷。伐辽举宋，功皆最。历泰宁节度、济南尹，封王，正隆例，降封韩国公，谥智敏。与察逊雅萨亦合兵御之，宋军大溃。太尉何桌以军数万出酸枣门，王伯龙本传，沈州双城人。辽末为盗，率众来降，授明安。从伐辽，攻下中京，为静江留后，进节度。从平张觉于平州。南侵，败宋兵于白河。从平汴京，下庐、和，收河南，功居多。历延安尹，宁昌节度，封广平郡王，正隆例，降定国公。又以本部遮击，多所斩获。癸巳，宗翰至汴。〔考异〕薛应旂通鉴云，金斡离不屯刘家寺，粘罕自河阳来会，驻青城，使刘晏来要帝出盟。时西南两道援兵为唐恪、耿南仲遣还，于是四方无一人至者。城中卫士七万人，以万人分五军，命姚友仲、辛永宗领之；以五万七千人四壁守御。遣使出关召兵。恪请幸西洛，何桌引苏轼论周东迁失策以阻之。都总管张叔夜、胡直孺皆将兵入卫。直孺至拱

卷六 太宗克汴

一五三

州，兵败被执。金纵兵攻通津、朝阳二门，都指挥王宗濋败，遁，统制高师旦死之。叔夜与战，初斩金、环二贵将。既而败还。范琼出战，渡河冰裂，没者五百人。槃趣郭京出师，兵败，堕死于护龙河。京南遁。后至襄阳，欲为乱，张思正杀之。宋史，恪，字钦叟，钱塘人。南仲，开封人。叔夜，字稽仲，侍中耆孙。钦宗纪云，时都民杀统制辛亢宗。毕沅续通鉴云，时有刘孝竭亦效京所为，其兵有"北斗神兵"、"天阙大将"之称。时叔夜请幸襄阳，天大风雪，卒寒噤不能执兵。赵甡之遗史云，枢密承旨王健，创置奇兵，自为统领官，槃领之。寻作乱，殿帅王宗濋捕斩数十人乃定。靖康要录云，御史胡舜陟荐秦元提点京城刑狱，训练保甲。元进所撰师律并大小八阵图，舜陟称其知兵。寇至，请集保甲三万当一面，不许，请乘间出战，刘鞈取元保甲自益，谋遂塞。然元兵怯，寻溃走。二十八日，城上兵杀辛（庆）〔康〕宗（据靖康要录卷一三改）及其子。三十日，遣聂昌、耿南仲为告和使，以黄河为界，王及之擅改为黄流，敌不许，再遣杨天吉、王汭入议。先是，帝命李棁阅兵刘家寺，取炮石置寺中，至是尽为贼有。闰月，进士司文政力言不可战，恐城破称臣不及，槃斩之。时有刘宗杰、傅临政等均效京所为，登城绘天王像，曰可令敌胆落，故邱濬感事诗有"郭京、杨适、刘无忌，尽向东南卧白云"之句。识者早知其必败也。**丙辰，克汴城。**〔考异〕岳珂桯史云，初，艺祖修汴城，大其基址，纡曲纵斜，时人罔测。蔡京乃撤而方之。靖康，戎马南牧，二将扬鞭城下曰："是易攻耳。"遂令植炮四隅，随方而击，一炮所压，一壁皆不可守，城遂陷。其里城，周世宗所筑，用虎牢土，坚密如铁，元将速不台炮石环攻不能克。见方舆纪要。朱翌倚觉寮杂记云，宣和己亥，都城北民家，晨起见一物，如龙，伏床下，大惊，都人往观，禁中取去，验之，鼍也，杖杀之。城北去水远，不知所从来。已而大水，不数年有金人之祸。叶梦得石林燕语云，京师大内，梁氏建国止为建昌宫，本唐宣武节度治所，未暇增大也。后唐庄宗迁洛，复废以为宣武军。晋天福中，因高祖临幸，更号大宁宫，今新城是也。其增展外罗城，盖周世宗始为之。宋建隆初，以大内制度草创，诏图洛阳宫殿，展皇城东北隅，命李怀义董其役。周密癸辛杂识云，汴外城，周世宗筑，神宗展拓，其高际天，坚壮雄伟。南关外有太祖讲武池，周美成汴都赋形容尽矣。又云，梁寿可丙申再游汴梁，书所见梗概：太学内有大金登科题名，女真进士题名，其字类汉篆而不可识。司天台，太岁殿，徽宗草书。九曜之殿、朝元宫，殿前有大石香鼎二，制作高雅。闻熙春阁前原有十余座。徽宗每宴熙春，则用此烧香于阁下。香烟蟠结凡数里，有临春结绮之意也。汴有大殿九间者五。相国、太乙、景德、五岳，尽雕镂，穷极华侈。塑像皆金时所为，绝妙。徽宗定鼎碑，瘦金书，蔡京题额。政和定鼎之碑，或云九鼎，金人未尝迁，亦只在土中或水中耳。光教寺，在汴城东北角，普贤洞记石碑，甚雅，金皇统四年四月一日奉议大夫、行台吏部郎中、飞骑尉施生撰并书，所谓方人者也。后为金相，字步骤。东坡寺，入门先经藏殿，藏极工巧，四隅不动，其中运转经卷无伦次，皆唐人书也。潘永因宋稗类抄云，元祐党籍碑，成于蔡氏父子，实则王安石启之。吕惠卿载诸谢章曰："九金聚粹，尽图魑魅之形，自此党论大兴，卒致戎马南骛。"后金兵入汴，见铸鼎之象而叹曰："宋之君臣，用舍如此，焉得久长。"遂怒而击碎之。**时日已暮，宋人犹力战，枪刺中富垿珲手，战益力，遂败宋师。**〔考异〕栋摩传，汴城破，诸军屯城上，城中宋军溃而西出者十三万人。栋摩、达兰分击，大败之。耶律怀义传，我军围汴，怀义屯京西，汴城既下，宋兵出奔者，逐击尽殪之。后从定中京，皆有功，还镇，加左仆射。纪均未载。薛应旂通鉴云，金焚南薰诸门，统制姚友仲死于乱兵，宦者黄经国赴火死。统制何庆言、陈克礼，中书舍人高振力战，与其家人皆被杀。刘延庆出奔，为追骑所杀，城遂陷。叔夜被创，父子犹力战。帝恸哭曰："不用种师道言，以至于此。"卫士入都亭驿，杀金使刘晏。其长蒋宣欲邀驾犯围出，不果。奥欲率都人巷战，金宣言和议，乃止。熊克小纪云，延庆陷敌中，后与同志谋逃归，事觉，遇害。嗣保捷军卒王进自北还，子光世始知之，乞解官，寻起复。稍异。宣和录云，延庆夺门，陷金明池中死。子光国携王黼爱妾张氏逃，敌骑至，杀妾，自缢。又异。靖康小雅何庆言作庆彦；黄经国作经臣。提举官田灏中炮死。靖康要录云，二十四日，大雪深数尺，刘晏邀亲王、宰相出城。俄报金兵登城，晏等被杀。金寻来索晏等四尸，以首还之。初薄城，每夜鼓鼗四发，城屋皆震，闻者不安。城破，亦然，曰平安鼓。嗣后间一击之。自十一月十三日雪作，至次年二月一日方晴。初用兵置烽火达北边，贼初入境，日数千炬，自渡河，不复见矣。贼索京、黼等家族，先以京妾慕容氏及二小孙以往。宋史钦宗纪，宦者黄经赴火死。斩指挥蒋宣、李福、卢万。时大雨雪，连日夜不止，赤气亘天，白气出紫微，彗星见，日赤如火，无光。洪迈夷坚志云，景州马仙姑于靖康元年十一月二十五日衰麻，哭于市曰："今日天帝死，吾为行服。"市人逐之。后闻京师是日失守。又，东平龙可精历学，谓赵九龄曰："京师将有大变，吾从此去。"扣之，曰："火龙日飞雪满天。"明年丙辰，果不守，时大雪连绵。见潘永因宋稗类抄云，龙伯康，游京师，嗜酒谐谑，携矢于大阅之所，射皆中的。忽指其地曰："后三年，此间皆胡人。"宣和末，有题字于宝箓宫瑶仙殿左扉云："家中木蛀尽，南方火不明。吉人归塞漠，亘木又摧倾。"后靖康之变，方知家中木，宋也。南方火，乃火德。"吉人"、"亘木"，二帝御名。又，宣和元年秋，道德院奏金芝生，车驾往观，因幸蔡京第。京有诗，帝和云："道德方今喜迭兴，万邦从化本天成。定知金帝来为主，不待春风便发生。"后金以宣和七年冬犯京师，十二月二十五日城破，太史预借立春，出土牛以迎新岁，竟无助于事。又崇宁间，徽宗尝梦青童从天下，出玉牌，上有字曰："丙午昌期，真人当出。"及觉，预制诏书访异人。已而，乙巳内禅，明年北狩，乃悟丙午是猰㺝之期，而女真之人出也。又，道君改元宣和，人或离合其字曰"一旦宋亡。"要录谓信日者王俊民言迎土牛，且令新城益张黄旗，以应木德，仍自东壁始。**辛酉，宋帝出居青城。**〔考异〕靖康要录云，三十日黎明，开朱雀门，上御马，素队三百人诣青城见二贼。至南薰门南，立马移时，候报，许来日入城相见。十二月一日，上宿郊宫，遣宰执议和者数四始定，乃往青城见二酋。方舆纪要云，青城有二：一在南薰门外，宋祭天斋宫也，曰南青城；其北青城，在封邱门外，则祭地斋宫也。宋二帝及金末后妃所居皆南青城。袁文瓷牖间评云，青城宫室亭榭皆结彩为之，颇壮丽。至宣和中始以瓦石为宫室，宏壮拟于宸极。后金人之来，正据青城。二圣北狩由此，若或使之者焉。

十二月癸亥，宋帝降。是日归于汴城。〔考异〕毕沅续通鉴云，帝遣何㮚与济王栩使金营，及还，喜和议成。既归都堂，作会饮酒，谈笑竟日。遂奉帝诣青城。萧庆入居尚书省，朝廷动静，皆先关白。帝还宫，金使来，索金一千万锭，银二千万锭，帛（二）〔一〕（据续资治通鉴卷九七改）千万匹。于是大括金银。遣陈过庭、折彦质往两河割地。分遣庐陵欧阳珣等持诏往。珣力谏，不听。至深州，恸哭，勉以忠义。金执送燕焚死之。靖康后录云，㮚日于都堂饮醇酒，讴柳辞。闻敌宣索，乃曰："便饶俪漫天索价，待我略地酬伊。"闻者大惊。东都事略云，金索监书苏、黄集及通鉴，遣兵百卫光坟，凡王安石说皆弃之。北盟会编云，寻富郑公、

文潞公、温公子孙。潘永因宋稗类抄云，斡离不破汴京，杀太宗子
孙几尽。宋臣诣其营，观其貌，绝类宋太祖。伯颜下临安，有识之
者，后于帝王庙见周世宗像，分毫不爽。世又传王介甫为秦王廷美
后身。

五年（丁未——二七）春正月癸巳，宗翰、宗望使
使以宋降表来上。〔考异〕系年要录云，降表系晋陵孙觌秉笔，
橐与程振、胡交修同润色之。表至，渊圣诣端诚殿，尼玛哈设饮，
别。后马伸论觌草表罪，不问。表略曰："三里之城，已失籓篱之
守；七祖之庙，几为煨烬之余。久烦汗马之劳，辄效牵羊之请。"见
靖康要录。又云，帝见二贼，迎于门，设香案望金国拜。以表授粘
罕，讲宾主礼。上卒就主位，供给良厚。驾回，令官民诣军前谢，
僧道作功德报金国全活生灵恩。初见粘罕，作二表，皆觌笔。云：
"社稷不损，宇宙再安。"粘罕抹大金二字，只称皇帝。又易宇宙二
字，云大金亦宇宙也。皆从之。后二太子遣国相持书云："既往不
念，均无可言；事至于今，良为惊悸。"并命唤回康王，其书不书
名。正月九日，贼欲帝再出，以上金主徽号为辞，橐谓须亲出，上
信之。橐自谓折冲有术，对北使歌曰："细雨共斜风，作轻寒。"左
右皆笑。时若水亦劝上再出，保无他。泊留数日无还意，诘粘罕，
谓金银未如数。因取手诏督取甚急，且具军令状。既知帝见废，即
嫚骂粘罕无信，而贪贼怒，驱出青城击杀之，赠观文殿学士，官其
后七人。薛应旂通鉴云，金再邀帝出，有难色，橐、若水谓无虞。
乃命孙傅、谢克家辅太子监国，复如青城。吴革谓天文帝座甚倾，
出必堕其计，叔夜叩马谏，均不听。刘韐至金营，酌卮酒自缢。字
仲偃，崇安人。第进士，历延康殿学士，两河宣抚副使，谥忠显。
子羽父。二月，金逼二帝易服，若水抱帝哭，骂贼，死之。字清卿，
曲周人。登第，历吏部侍郎，谥忠愍。靖康小雅云，时金枢密使韩

正年高，尼玛哈欲使刘韐代之，韐自经。按，实录，正时为尚书仆射，非枢密使。大金国志云，与韐同死者徐揆。与若水同死者王履。履，开封人，赠武胜节度；揆衢州人，太学生，试开封为举首。赵甡之遗史云，金以金帛不足，杀户部尚书梅知礼、工部侍郎陈知质、礼部侍郎安扶。开封尹程振，鞭胡唐老、胡舜陟、黎确等四人，唐老遂死。系年要录谓唐老未死，此误。宋史，知礼作执礼，字和胜，浦江人，扶耒子。振，字伯启，乐平人，赠端明殿学士，谥刚愍。潘永因宋稗类抄云，执礼初为给事中，忤王黼，黜守滁，黼罢复职，知镇江。靖康初，以翰林学士召，谢表略曰："喜照壁间而见蝎，乍离枫下而闻钟。"方应举，未捷。时有诗自遣曰："天之未丧斯文也，吾亦何为不豫哉。"后蔡嶷榜登科，死靖康之难。宣和录云，姚舜明、王重侔亦杖百。夏少曾朝野佥言云，执礼四人，欲结兵以救二圣，与王时雍议不合，金假金银事杀之。帝通谒二酋，礼数迥异于前，不胜忧懑。编修胡珵、太学生余觉民等上书，请驾回宫。要录尚有汪如海。王明清挥麈后录云，进士黄时俦、段光远上书，请斩内侍蓝忻等，且言不得以金帛久留车驾，不报。赵彦卫云麓漫钞云，明清，字仲言，有挥麈录。其从祖王彦辅复撰麈史，则二书皆出一家。沈良靖康遗录云，金以金帛不足，欲纵兵入城，帝问萧庆，答曰："须自见元帅。"及往，粘罕不相见，严兵护守。靖康小雅云，时帝所居止一榻，二小机绣坐，萧然独坐，夜召孙觌等赋"归、回"二韵诗。吕本中痛定录云，上赋时字，诗曰："噬脐有愧平燕日，尝胆无忘在莒时。"藻诗曰："戎帐梦回惊日外，都城心切望云时。"语达帅酋，遂迟留车驾。遗史又云，上元日，金酋请帝至刘家寺观灯，约赴打毬，会即还，不果。语云："七将渡河，溃万屯之禁旅；八人登垒，摧千仞之空城。"宣和录又云，自帝蒙尘，二帅既不许见，日遣萧庆须索城中物，胁帝传旨取之。幼老春秋云，吴开、莫俦持帅府文字，请上皇出宫，<u>孙傅</u><u>时雍</u>等乞与诸王后妃偕，上皇乘竹轿出城，铁骑簇拥而去，百姓痛哭。<u>靖康后录</u>云，上皇与二酋相见，厉声责之，皆无言，<u>庆</u>等亦不出。少顷，少帝见上皇，号泣，上皇曰："汝若听老夫之言，不遭今日之祸。"盖尝劝其出幸，为<u>粢</u>所阻也。<u>靖康要录</u>云，帝蒙尘后，雨雪不止，物价踊贵，米斗千三百，麦斗千，驴肉斤千五百，岁前羊肉斤四千，猪肉斤三千，至是不复有矣。冻〔馁〕（据靖康要录卷一五补）死十五六，遗骸枕籍。正月十七日，雾气四塞。二十四日，<u>开</u>、<u>佺</u>持废帝伪诏入城，<u>孙傅</u>等读之，号恸欲死。文曰："元帅府达以<u>宋王</u>降表申奏，今奉圣旨：先皇帝有大造于<u>宋</u>，<u>宋</u>人悖德，故去年有问罪之举。乃因嗣子遣信军前，哀鸣祈请，遂许自新。既而不改前愆，变盟愈速，是用再讨，犹敢抗师。洎官兵力击，京城摧破，方申待罪之礼。况追寻载书，有违斯约，子孙不绍，社稷倾覆。父子所盟，其实如一。今既伏罪，宜从誓约。<u>宋</u>之旧封，颇亦广袤，既为我有，理宜混一。然此举止为吊民，本非贪土；宜别择贤人，立为屏藩，以王兹土。其<u>汴京</u>人民，许随主迁居。"云云。初，<u>上皇</u>之未出也，<u>金</u>点兵洗城，穴城四壁，每壁为五洞门，以通铁骑，取东宫亦然。会如期而出乃止。<u>史</u>多未载。

夏四月，诸军北还。〔考异〕<u>宣和录</u>云，<u>金</u>既不能下<u>南京</u>，乃自<u>宁陵</u>而上，尽置伪官，安抚士民，至是尽驱而北，屋舍焚蓺殆尽。东至<u>柳子</u>，西至<u>西京</u>，南至<u>汉</u>上，北至<u>河朔</u>，皆被其毒。坟冢发掘殆遍，郡县为之一空。<u>靖康要录</u>云，戎人搬运器物，自<u>阳武</u>九十里<u>黄河</u>内，入<u>北青州</u>，径趋<u>金国</u>。二酋左右姬侍各数百，皆秀曼光丽，紫帻青袍，金束带为饰。他将亦不下百人。珍宝山积，求取无厌。内侍权贵，向<u>鬻爵</u>纳贿者，尽归于敌矣。四月一日北去，留檄书数百道付邦昌，传谕四方。略曰："十三人鼓舞登城，百万师号呼请命。"<u>周密</u><u>齐东野语</u>云，<u>政和</u>中，地不爱宝，所在奏贡芝草者，动二三万本。蕲、黄间有一铺，二十五里，遍野而出。密州山至弥满四野，有一本数十叶，众色咸备者。太守李仲文采及三十万本作一纲进，除本道运使。汝、海诸郡县，山石变为玛瑙，动以千百。伊阳太和山崩，出水晶几万斤，皆以匣进京师。长沙益阳山溪流出生金数百斤，大者至重四十九斤。君臣称颂，殆无虚日。然越数岁，遂罹狄难，父子播迁，所谓瑞应又如此也。岳珂桯史云，政和间，濮人王老志以方术幸，号洞微先生。一日，帝后召入禁中，老志出幅纸曰："陛下他日与中宫俱有难，臣行死不及见。臣有乾坤鉴法，可厌禳，然当修德始回天意。请如法铸鉴，各以五色流苏垂之，实寝殿。臣死后，当时坐鉴下。忆臣，语曰：'儆一日，思所以消变于未形者。'"上悚然。诏尚方庀工，鉴成进御。老志归濮卒。靖康陟方之祸，二宫每宝持之，叹其先识焉。又云，宣和末，京师士庶，竞以鹅黄为腹围，谓之"邀上皇。"妇人便服，不施衿纽，束身短制，谓之"不制衿。"始自宫掖，后至通国皆行。明年，徽宗称上皇，而有青城之邀，金敌乱华，卒于不能制也。斯亦服妖之比欤？袁文瓮牖闲评云，蔡绦国史后补载惠恭王皇后初怀孕，梦宣德正门大启，两红旗各书"吉"字，入，生钦宗。两吉字，乃"喆"字也。人言钦宗为喆和尚后身无疑。及立为太子，梁师成奏，言术者谓东宫命不久，盖意在郓王也。然即位一年北狩。术者言亦可信。（按）（据瓮牖闲评卷八删）喆和尚，徽宗朝人。既死，（朱）〔米〕元章（同上书改）为书行业碑，真有道德者。又云，岭南无雪。大观庚寅岁忽有之，寒气大甚，虽岭南地暖莫能胜也，此乃北方兵起之兆，后遂有靖康之变。陆游老学庵笔记云，政和间，妖言至多。织文及缬帛有遍地桃，冠有并桃，香有佩香，曲有赛儿，而道流为公卿受箓。议者谓桃者，逃也；佩香者，背乡也；赛者，塞也；箓者，戮也。蔡京书宫观扁，玉字旁一点，笔势险急，有道士曰："此点乃金笔，而锋铤侵上，岂吾教之福哉。"又，林灵素诋释教为金狄乱华。当时"金狄"之语，虽诏令、章奏、碑版多用之。或谓灵素预知金狄之祸，故欲废释氏以厌之，亦妖言耳。又云，靖康初，京师织帛及妇人首饰衣服，皆备四时。如节物则春幡、灯球、竞渡、艾虎、云月之类。花则桃、杏、荷、菊、梅皆并为一景，谓之"一年景。"而靖康纪年，果只一年，盖服妖也。周煇清波杂志云，端邸闻相国寺陈彦明数学，令人持生年月密问之，彦乃屏人告以大横之兆，事应在两月后。至是果验。积官至节钺。政和全盛时，或云彦尝叹运数中微，密告徽宗为作石记埋宣和殿下。又，郭天信亦尝以炎正中否告。郭彖睽车志云，宣和间，沂、密有优人，持二子，号"胡孩儿"，年各六七岁，童首而长鬣，所至观者如堵。自云其妇孪生，后不知所在。寻而胡丑乱华，盖人妖也。又，李公若水宣和壬寅为元城尉，村民持献关大王书，公骇愕。其缄曰"书上元城县尉李尚书，汉前将军关某押。"并曰："夜梦金甲神曰：'汝来日诣县，逢著铁冠道士索取关大王书，下与李县尉。'"既觉，如言，果得之。公发书皆预言。靖康祸变，火其书，作诗纪之，曰："金甲将军传好梦，铁冠道士寄新书。我与云长隔异代，翻疑此事大荒虚。"后皆验。复记其事刻之石。袁氏枫窗小牍云，靖康以前，汴中家户门神多番样，戴虎头盔，而王公之门，至以浑金饰之。识者谓虎头男子是"虎"字，金饰，更是"金虎"在门也。不三数年，家户被掠，而王公被祸尤酷。赵德麟侯鲭录云，数年，雍邱菜园人浚井，得石刻，铭曰："汉代功臣铭，隐在秦城井。到得靖康春，方显千年景。金狄乱天下，诸贼皆来并。瓮下有甘泉，能疗千年病。"江万里宣政杂录云，宣和初，收燕，辽民居汴者，夜有臻蓬蓬歌，词曰："臻蓬蓬，外头花花里头空，但看明年正二月，满城不见主人翁。"此本辽谚，为宋北辕之谶。又有伎者投竿，念诗曰："百尺竿头望九州，前人田土后人收。后人收得休欢喜，更有收人在后头。"亦辽人作，竟成宋谶。刘子翚汴京纪事云："仓皇禁陌夜飞戈，南去人稀北去多。自古黄沙埋皓齿，不堪重唱蓬蓬歌。"见李纯甫屏山集。元全愚蒋（正子）〔子正〕（据四库提要卷一四一改）山房随笔云，直北某州有道君题壁诗云："彻夜西风撼破扉，萧条孤馆一灯微；家山回首三千里，目断山南无雁飞。"

金史纪事本末卷七

宋帝北迁　和议附

太宗天会五年（丁未——一二七），即宋钦宗靖康二年也。五月以后，高宗改元建炎。春二月丙寅，诏降宋二帝为庶人。〔考异〕陆游老学庵笔记云，靖康二年，浙西路勤王兵：杭州二千人，湖州九百一十五人，秀州七百一十六人，平江府一千七百三十八人，常州七百八十五人，镇江府一百人，一路共六千七百五十四人。以二月七日起发，东都之陷，已累月矣。沈良靖康余录云，二月六日宣金主诏，即丙寅。何烈靖康草史作丁卯。疑误。系年要录载诏，略曰："赂河外之三城，既而不与；结军前之二使，本以间为。既为待罪之人，盍为异姓之事。所有措置条件，并已宣谕元帅府施行。"高庆裔宣诏讫，萧庆迫帝易御服，时在端诚殿。丁特起泣血录云，金去赭袍，悉皆扯裂。宋史纪事本末云，时范琼劫迁上皇及宗戚等三千人如金军，独元（祐）〔祐〕（据宋史卷二四三后妃传改）、孟后以废居私第，获免。开封尹徐秉哲奉金命尽取之，下令五家为保，毋得藏匿，且使衣袂相联属以往。俞文豹清夜录云，时上皇将赴金军，中书舍人姜尧臣极谏，番使以骨朵击之死。南宋书云，初索教坊妓女至，皆泥首垢面，秉哲令盛饰登车。内侍梁平指言宫中珍玩，邓述具录妃主，秉哲皆奉文搜括，无一得脱。上皇幼子藏民间，亦搜出。一切征索，皆其经营，自旦至暮，指顾喧呼，不胜其劳，人皆服其才而叹其悖。时官开封少尹，淄人。靖康要录云，御笔赐秉哲曰："朕之宗庙二百年矣，为阉竖奸臣败坏，朕父兄弟侄致无所归。"令秉哲多出文榜，晓谕军民，善事新主。指挥左藏库支钱一千贯买针线、瓜果赍来，并衣物皂角。二月二十三日，白虹贯日，白气如虹。时开封府等处镕金银共四千炉。靖康要盟录载诸帝姬之名甚详。陆游老学庵笔记又云，时二帝播迁，有小崔才人与道君幼子广平郡王匿民间，五十日，金亦不问。有从官馈以食，遂为人所发，亦不免。不十日，敌去矣。城中士大夫可罪至此。金人劫迁宗室，我有司不遗余力，然比其去，义士匿之获免者，犹七百人，人心可知。潘永因宋稗类抄云，京城不守，王时雍搜取妇女与敌人，时号为"金人外公"。又云：靖康之乱，龙德宫服御，多为都监王殊藏匿，事露，思陵欲诛之，王子裳为棘卿为营救，以陈公密研为谢。所谓熨斗焦者，成一黑龙奋迅之状，二鹡鸰眼以为目，遇阴晦则云雾兴。政和间归内府，祐陵置于宣和殿，为书符之用。李心传朝野杂记云，靖康之变，六宫皆北去，惟先朝嫔御得免。高宗建永庆院以处之。系年要录云，郓王楷等三十余人，同诣青城。见洪迈钦宗实录，恐误。要录又云，金索宗室，莫俦劝取玉牒则得实数，侍郎邵溥及黄哲匿之，给以被焚，疏属获免。大金国志云，宗族自太子谌外，王公如郓王楷等二十四人，妃嫔王夫人十六人，帝姬十五人，诸姬千二百余人，绢五千四百万匹，金三百万锭，银八百万锭，大物段子等千五百万匹，宝印二十九颗。宣和录又云，内侍邓珪降金，一切呼索皆其谋。珍珠四百二十三斤，北珠四十斤，西海夜明珠百三十八个，玉六百二十三斤，珊瑚六百斤，玛瑙千二百斤，祖宗二百年蓄积，扫地尽矣。夏少曾朝野金言云，内侍王仍等亦说粘罕尽取库藏。周煇清波杂志云，政和三四年间，府畿汝、蔡之间所出玛瑙，尚方因制作宝带器玩之属，至宣和以后，御府所藏，往往变而为石，成白骨色，悉为弃物，民间有得之者，竟莫测所以。特记异尔。周密志雅堂杂钞云，宣和殿所藏殷玉钺，长三尺余，一段，美玉、文藻精甚，三代之宝也。后归于金，今入元。每大朝会，必设于外庭。续通考云，金玺宝获于宋者：玉宝十五，金宝七，印一，金涂银宝五。玉宝内受命二宝及传国镇国二宝详卷五。余天子之宝一、天子信宝一、天子行宝一、皇帝之宝（一）〔二〕（据续通考卷九五改）、皇帝信宝一、皇帝行宝一、皇帝恭膺天命之宝二，皆螭纽，御书之宝二，〔一〕（同上）龙纽一螭纽；宣和御笔之宝一，螭纽；金宝并印者，天下同文之宝一、龙纽；御前之宝二、御书之宝一、宣和殿宝一、皇后之宝一、皇太子宝一，龟纽；皇太子妃印一，龟纽；金涂银宝者，皇帝钦崇国祀之宝一、天下合同之宝一、御前之宝一、御前锡赐之宝一、书诏之宝一。外有宋内府图书印三十八：内府图书之印一、御书三、御笔一、御画一、御书御宝一、天子万年一、天子万寿一、龟龙上珍一、河洛元瑞二、云汉之章一、奎璧之文一、华国之瑞一、大观中秘一、大观宝篆一、政和一、宣和一、宣和御览一、宣和中秘一、宣和殿制一、宣和大宝一、宣和书宝二、宣和画宝一、常乐未央一；古文二封，共三十五面。并玉封字一、御画一、二面并玛瑙；政和御笔一、系水晶。又元圭一、白玉圭一十九。朝野杂记又云，御宝备于政和，自元符间，得汉传国玺，因为受命宝，又作镇国、定命二宝，共号九宝。京城破，自定命宝外，悉为金所得。而大宋受命之宝，邵泽民侍郎给以随葬，乃得全。邦昌复辟，奉宝归高宗。玉海云，靖康二年四月，谢克家赍至大元帅府。绍兴元年五月，内殿宣示视定命宝，犹大半分玉甚明润，追琢精巧。玉海又云，初，东京浑仪凡四：至道仪在刻漏所，皇祐仪在翰林天文院，熙宁仪在太史局，元祐仪在合台，每座约重二万斤。城破，皆为金所索。扬州之陷也，吕颐浩得浑仪、法物二事献诸朝。嗣后折半，但用铜八千四百八斤有奇，卒不就。赵牲之遗史云，唯开封府捉事使窦鉴，不忍以大宋宗族交送敌人，自缢死。袁氏枫窗小牍，李后主手题梁孝元与王仲宣在荆州焚书事，作诗曰："牙签万轴裹红绡，王粲书目付火烧。不是祖龙留面目，遗编那得到今朝？"书卷皆薛涛纸所抄，惟"今朝"字误作"金朝"，徽宗恶之，用笔抹去。后书竟如谶入金也。又云，洪驹父才而傲，比汴京失守，粘没喝勾括金银，驹父以奉命行事，日惟觞酌，幸醉中不见此时情状，竟为纲纪自利，峻于搜索，坐贬沙门。元好问中州集，吴学士激时亦北迁，见故宫人，赋词悯之，云："南朝千古伤心事，犹唱后庭花。旧时王谢、堂前燕子，飞向谁家。恍然一梦，仙肌胜雪，宫（髩）〔鬓〕（据中州乐府改）堆鸦。江州司马，青衫泪湿，同是天涯。"词寄人月圆。容斋随笔云，先公在燕山，赴侍御张总家集，出侍儿佐酒，乃宣和殿小宫姬也。激为作词，闻者挥泪。词内字小异。续通考云，激，字彦高，建州人，米芾婿，使金见留，官翰林学士，出知（洙）〔深〕州（据中州集甲集、金史卷一二五吴激传改）。有东山集十卷。

夏四月丙戌，宗翰、宗望以宋二帝北归。〔考异〕宋史纪事本末云，四月，斡离不胁上皇、太后、亲王、皇孙、驸马、公主、妃嫔及康王母韦贤妃、康王夫人邢氏等由滑州去。粘没喝以

帝后、太子、妃嫔、宗室、及何㮚、孙傅等由郑州去。沈良靖康遗
录云，北狩分四路：上皇、景、肃诸王为一处；上及太子燕、越二
王为一处；太长帝姬从郑皇后为一处；帝姬诸王从朱皇后为一处。
诸驸马别为一处。袁氏枫窗小牍云，花石纲，百卉臻集。广中美人
蕉，大都不能过霜节，惟郑皇后宅中，鲜茂倍常，盆盎溢坐，不独
过冬便能作花，此亦后随北驾，美人憔悴之应也。薛应旂通鉴云，
上皇离青城，金以牛车数百乘载诸王后宫，皆胡人牵驾，不通华言。
至邢、赵间，郭药师迎谢，上皇曰："天时如此，非公之罪。"药师
惭而退。斡离不又请王婉容位帝姬，与粘没喝次子为妇，许之。帝
自离青城，顶青毡笠，乘马，后有监军随之。每过一城，辄掩面号
泣。至代，滕茂实请俱行，不许，遂度太和岭至云中。太和岭，亦
曰太和岩，在雁门山。时，宗泽在卫，欲渡河据金归路，邀还二帝，
弗果。从行者张叔夜至界河，扼吭死，赠开府，谥忠文。何㮚、孙
傅从渊圣至燕山，相继卒。㮚，字文缜，仙井人。举进士第一，历
官宰相，因议立异姓，不食死。后赠开府。大学士。傅，字伯野，
海州人。举进士，中词科，历右丞，同知枢院，赠开府，谥忠定。
史臣谓钦宗再幸金营，㮚实误之。傅匿太子用郭京事尤谬，死不足
以偿其失也。系年要录云，㮚在金营，谋奉渊圣间道亡归，事泄，
被焚死。靖康野录云，初，上以太子监国，傅为留守。及太子出，
傅不能阻，与叔夜送至门。继又取傅及家属，时人非之。遗录又云，
傅既遣皇族出城，尼玛哈令至青城见上，谓曰："相公断送我一门家
眷。"傅无言而退。林泉野记谓亦不屈卒，附传谓不知所终。曹勋北
狩见闻录云，四太子求王婉容为粘罕子妇，婉容自刎死。上皇剳与
粘罕曰："愿以身代嗣子，远朝阙庭，却令男某等，乞一广南烟瘴郡
奉宗祀，终天年，某即分甘斧钺，一听大国之命。"自制表焚之。闻
邦昌僭位，泣下沾襟。明日，有臣进诗曰："伊尹定归商社稷，霍光

终作汉臣邻。"上皇骂曰:"待其归时,吾已在龙荒北矣!"至真定,二太子请看打球求御诗,曰:"锦袍骏马晓棚分,一点星驰百骑奔;夺得头筹须正过,无令拨绰入斜门。"勋,字公显,阳翟人。岳珂桯史云,康与之有题徽祖御画扇诗曰:"玉辇宸游事已空,尚余奎藻绘春风。年年花鸟无穷恨,尽在苍梧夕照中。"高皇见之,一恸而已。余尝见王卢溪作宣和殿双鹊图诗曰:"玉(鑳)〔鑱〕(据桯史卷四改)宫扉三十六,谁识连昌满宫竹?内(院)〔苑〕(同上)寒梅欲放春,龙池水暖鸳鸯浴。宣和殿后新雨晴,两鹊菶来东向鸣。人间画工貌不(同)〔成〕(同上),君王笔下春风生。长安老人眼曾见,万岁山头翠华转。恨臣不及宣、政初,痛哭天涯观画图。"许〔彦周〕诗话(据说郛本许彦周诗话补)云,宣和初,何棠官中书舍人,赐御画双鹊图,诸公多赋诗,校书郎韩驹子苍亦赋诗二章,曰:"君王妙画出神机,弱羽争巢并占时。想见春风鵁鹊观,一双飞上万年枝。""舍人簪笔上蓬山,辇路春风从驾还。天上飞来两乌鹊,为传喜色到人间。"周密齐东野语云,丰县姚孝锡,字仲纯。宣和登第,调代州兵曹,改五台簿,不仕,因家焉。治生积粟,至数万石,遇饥出以赈,乡人德之。日放浪山水诗酒间,自号"醉轩"。著鸡肋集。有题滕茂实(词)〔祠〕(据齐东野语卷十一改)曰:"本期苏、郑共扬镳,不意芝兰失后凋。遗老(只)〔秖〕(同上)今犹涕泪,后生无复识风标。西陉雁度霜前塞,滹水樵争日暮桥。追想平生英伟魄,凌云一笑岂能招。"

五月庚寅朔,宋康王构即位于归德。今为府,州一、县八。〔考异〕靖康要录云,康王自金归,上甚喜,赐予良渥,加太傅。制曰:"皇弟某,德宇清深,风度凝远。出神明之胄,阅义理以居多;依日月之光,(要)〔安〕(据靖康要录卷二改)誉处而无斁。比戎骑之侵轶,至郊(垌)〔坰〕(同上)之驿骚,毅然请行，奋不图己。有此奇节，顾烈士而（何）〔或〕（同上）难，压以至诚，虽强敌而可感。幸退师而底绩，遂拥斾以言归。是用跻帝傅之（崇）〔荣〕（同上）班，分州牧之重寄，申威双钺，进退两藩，以励群伦，以惇至爱。呜乎！原隰衰矣，既（具）〔见〕（同上）急难之情；福禄媲之，宜共安平之乐。往膺光宠，益介酬庸。"及陛辞，赐排方玉带。大元帅府建，梦帝解所服御袍赐之。又尝登<u>相州郡国飞仙亭</u>，指牌字，三发三中。初，<u>睢阳</u>当<u>五代</u>末有狂僧日呼于市，曰："此地当有圣人出。及<u>太祖</u>以<u>归德</u>节受禅，人以为应，至是，乃正符其语。又载<u>康王</u>檄云："见危致命者，忠臣之心；视死如归者，烈士之勇。凡在率土，世沐湛恩，今陈沥血之辞，庶获捐躯之效。迩者，上皇禅位，下诏责躬，事出忱诚，人皆恻隐。恭惟皇帝，遵养潜邸，十有五年，克勤克俭，博通经史，天下延颈，莫不归心。及受禅之初，<u>金</u>人大入，许割三镇，乃肯退师。皇帝念祖宗之故疆，乃陵寝之重地，请许赋租之入，以为岁币之常。乃曰渝盟，实惟求衅，再操戈而（诣）〔指〕（据<u>靖康要录</u>卷一六改）阙，遂鼓众而乘墉。至于屈己称臣，露章引咎。初，兵敛不下，诡曰通和，既邀驾出临，乃辄留住。二圣、太子、诸王、近臣皆在贼营，恐将北去。考之自昔，未有或然。臣子之心，痛愤彻骨。〔某〕（同上补）昨奉（谕）〔睿〕（同上改）旨，充兵马大元帅，唱义率众，影从响答，数百万众，愤怒而前。内揆人心，可知天意。逼逐狂虏，今兹已行，而强抑臣僚，俾僭位号。天怒人怨，曷能安居。除已遣发大兵，纠合诸路，把扼险阻，焚绝<u>河梁</u>。或迎击于前，或追蹑于后，期于扫清千里，迎还两宫外，帅臣、监司、郡守、县令，共统骁锐之众，使坚忠义之心，其抚柔良之民，无忘归向之旧。凡关津之出入，谨于防奸；或文书之往来，审于辨诈，以报皇朝之涵养，以底天下之治安。报德赏功，非言可究，三辰在上，实闻斯言。檄书到

日，晓示军民，各仰知悉。"时靖康二年四月二日也。又，四月三
日，淮宁府知府赵子崧、京西北路安抚何志同、〔江淮荆浙制置〕
（同上补）发运使翁彦国、都水使者荣嶷，起兵誓众。彦国撰文云：
"敢告众士：金（人称）〔戎再〕（同上补）犯京阙，侵侮暴虐，人
神共愤。圣天子屈己议和，犹未退师，旷日持久，包藏祸心，宗社
危辱，王命隔绝，天下臣子，各奋忠勇，誓不与贼俱生。今诸道之
师大集于近辅，凡我同盟，无徇私，无怀异，无观衅，戮力合谋，
共安王室，以效臣节。三军之士，视死如归，千万人惟一心。进则
厚赏，荣于家邦，退则重刑，杀及妻子。有渝此盟，神明殛之！皇
天后土，太祖太宗实鉴斯言。"彦国后为两浙经制使，横征致乱，判
官吴昉助之。建炎初，坐贬。彦国为李纲姻党，欲免之，朱胜非言，
乃正其罪。周辉清波杂志云，高宗开府相州，继登宝位。建炎初，
诏汪伯彦等省记事迹，成书来上，付之史馆。其间所纪符瑞，如冰
泮复凝，红光如火，云覆华盖，其类不一。独诸路文书申帅府，或
曰康王，或曰靖王。有解拆"靖康"二字，乃立十二月而立康王，
祥契昭灼。识者谓本朝无亲王将兵在外故事，一旦付大元帅之柄于
皇弟，盖本天意云。又云，高宗自相州提兵渡河，初程宿新兴店。
幕府进言，为宋室中兴之兆。绍兴辛巳，视师江上，至无锡，幸惠
山酌泉，泉上有汲桶，桶间书"吴安"二字，吴安，（阄）〔阇〕
（据清波杂志卷一改）隶姓名也。侍卫者喜，谓吴地可安，亦尝达于
圣听云。宋史高宗纪云，初，钦宗因胡唐老言，命阁门祇候秦仔持蜡
书，拜康王大元帅，陈亨伯、汪伯彦、宗泽副之，开府相州。诸将
渐集，兵威稍振。以明年五月至应天府，即位。赵甡之遗史云，时
帝降指挥，其真迹后在何㮚弟椁之子处得之，宣付史馆。唐老弟世
将为兄请谥，言及此，帝以为偶然，不许。帝立时年二十一，册文
赦文，皆记室滕康笔。汪伯彦中兴日历谓朱胜非撰，误也。胜非为

邦昌僚婿。李心传朝野杂记云，房再犯京师，康王在河北，何文缜请以帛书拜为大元帅，渊圣可之。文缜北去，御笔藏于其家。后其弟桼乞进于朝，桧抑不奏。桧死，桼知万州，索还于秦氏。淳熙中，洪端明请下隆州，索其书，编于中兴日历。桼子令修以闻，诏付史馆。迁令修一官。又云：时，宗室承宣使仲琮，谓宜用昔武陵王遵承制故事，称制不改元，下书（告）〔诰〕（据朝野杂记甲集卷五改）四方，称副元帅。汪廷俊等以唐肃宗事折之，耿伯顺劝其避嫌，乃语塞，议始定。告天册文曰："嗣天子臣某，敢昭告于昊天上帝：金戎乱华，二帝北狩，天支戚属，混于穹居。宗社罔所（凭依）〔依凭〕（据朝野杂记甲集卷五改），夷夏莫知攸主。臣某以道君皇帝之子，奉宸旨以总六师，握大元帅之权，倡义旅以先诸将，冀清京邑，复两宫；而百辟卿士，万邦黎献，皆谓人思宋德，天眷赵宗，宜以神器属于臣某。辞之再四，惧不克负荷，贻羞于来世。九州四海，万口一辞，咸曰'不可稽皇天之宝命。'（懔懔）〔栗栗〕（同上改）震惕，敢不钦承。尚祁阴相中兴于宋祚。"记室滕子（所）济〔所〕（同上改补）撰也。罗大经鹤林玉露云，建炎登极诏曰："亹亹万机，难以一日而旷位，皇皇四海；讵可三月而无君。"又曰："圣人何以（为）〔加〕（据鹤林玉露卷一五改）孝，朕每怀问寝之思；天子必有所尊，朕欲（报）〔救〕（同上）在原之急。嗟我文武之列，若时忠义之家，不食而哭秦廷，士当勇于报国；左祖而为刘氏，人咸乐于爱君。期一德而一心，佇立功而立事。同俟两宫之复，终图万世之安。"其词明白，亦占地步。然胡致堂万言书，首论此事，谓建炎以来，有举措大失人心之事：陛下以介弟受命，出帅河北，二帝既迁，则当纠合义师，北向迎请；而遽膺翼戴，亟居尊位，遥上徽号，建立太子，不复归觐宫阙，展省陵寝，南巡淮海，偷安岁月，此失人心之最大者。周煇清波杂志云，高宗即位，肆赦文有两本，首尾

皆同。如道君发德音而罪己，退辞履位之尊；乾龙以震长继天，首
正误国之罪。悉捐金币，分割膏腴，（恩）〔思〕（据清波杂志卷一
改）爱惜于两朝，忍轻加于一矢。生灵受赐，夷夏闻风。要质贤王，
既驱车而北渡；连结异域，复拥众以南侵。慨豀壑之无厌，昧蜂虿
之有毒。廷臣乏策，虏使诡和，款貔虎以退师，致金汤之失险，肆
令狼子，荐食都畿等语，与今所传本异，盖时有忌器之嫌也。皆太
常少卿滕康行。后签书枢密院，南京人。枫窗小牍云，宋自建隆至
靖康，自建炎至乾道，大赦凡一百二十有三，恩治率士，可谓至矣。
潘永因宋稗类抄云，宋艺祖立三年，立誓碑于太庙，封闭甚严。敕
有司值时享及新主嗣位谒庙礼毕，读誓词，止一小黄门从，皆不知
所誓何事。靖康之变，悉取礼乐祭祀诸法物而去，门洞开，人得纵
观。碑高七八尺，阔四尺余。誓词三行：一云：柴氏子孙有罪，不
得加罪；犯谋逆，止赐自尽，不刑诸市曹，亦不连坐。一云：不得
杀士大夫及上书言事人。一云：子孙有渝此誓者，天必殛之。后建
炎中，曹勋自金回，太上寄语，祖宗誓碑在太庙，恐今天子不及知
云。曹勋北狩见闻录云，上皇自出城至过河，谕勋曰："我梦四日并
出，是中原争立之象，不知民肯推戴康王否？"因命勋归。出御衣，
写字领中曰："可便即真，来救父母。"并持韦贤妃信。邢夫人亦寄
金环曰："愿早如此环，遂得相见。"又付拭泪白纱帕曰："深致我血
泪之痛。"遂皆哭。且曰："但有清中原之策，悉举行之，勿以我为
念。"七月，始以手书至。因建议由海道邀驾归，出之外。续纲目
云，五月，论主和误国罪：窜李邦彦浔州；吴敏柳州；蔡懋英州。
李棁、宇文虚中、郑望之、李邺以请割地，安置广南诸州。耿南仲
窜南雄州，死。

六月庚辰，宗望卒，以宗辅为右副元帅。

冬十月辛未，宋二帝自燕徙居于中京。〔考异〕赵

子砥燕云录云，五月，道君至燕山，居延寿寺，二太子两次请打球，宴会奉巵酒，跪劝道君、郑后。七月初，渊圣至燕山，寓愍忠寺，与上皇于昊天寺相见，亲王东序，驸马西序，道君在左面，渊圣居右面，皇太子祁次南面西，酒五盏，自早至午，礼毕而归。嗣濮王仲理居燕山仙露寺，日给米一升，半月支盐一升。九月，同赴中京，馆相府院。二圣同圣眷起行时，金纳绢万匹。道君分百五十匹与仙露寺宗室作冬衣。子砥，艺祖后令珦子，辟和议，初陷燕，后还，知台州，卒。毕沅续通鉴云，嗣濮王仲理等千八百余人尚在燕，计口给粮，监视严密。宗室死者甚众。元一统志云，大延寿寺在愍忠寺东北。魏元象元年，幽州刺史尉长命造，命为大云，后改智泉。后周毁，隋复之。唐窦抗建浮图，名普觉，寻改隆兴，后名延寿。辽保宁中，建殿九间，穷极壮丽。重熙中灾，复修。金皇统二年，留守邓王加完葺。天德三年为宫。大定中别锡地重建。泰和初工竣，立石，翰林待制路铎撰记。孙承泽春明梦余录云，初名尉使君寺，今遗址无考。东都事略，童、蔡入燕，勒碑于延寿寺以纪功，将佐姓名附列，留十日乃回。周箸析津日记云，京师延寿寺凡五六所，皆为祝釐设。惟琉璃厂东北一区，明正统六年得断碑，上有"大金延寿寺"可辨。太原僧湛然为之重建，检讨四明汪奉记。此尚是辽、金旧址也。汪碑尚存。辽史游幸表载圣宗统和六年四月幸延寿、延洪二寺，十五年四月复幸延寿寺。兴宗重熙十一年十二月幸延寿寺饭僧，诏宋使观击鞠。圣宗纪，十二年四月，以景宗石像成，幸延寿寺饭僧。洪皓松漠纪闻云，燕京兰若相望，大者三十有六，然皆（律）〔建〕（据松漠纪闻改）院。自南僧至，始立四禅寺，曰大觉（按松漠纪闻作太平）、招提、竹林、瑞像。延寿院主有质坊二十八所，僧职有正副判录，或呼司空。文惟简虏廷事实云，燕山京城东壁有一大寺，名愍忠，廊下有石刻，云唐太宗征辽东回，念忠义没于王事者，建此寺以荐福。东西有两砖塔，高可十丈，云是安、史所建。明正统中，改名崇祐，在今外城之西隅。唐太宗又葬隋征辽亡卒于府西南，名哀忠墓，今白云观西十余里。王若升北狩行录云，仙露寺在今宣武门西南。王恽秋涧集，仙露寺僧，宝藏商鼎有年，燕士张文季不惜百金购得之，恽因作歌以纪之。朱彝尊日下旧闻云，据燕云录称，奉使官中书侍郎陈过庭、门下侍郎耿南仲并文武五十余员，原在真定，丁未八月，遣诣燕山崇国寺安泊，则崇国寺金已有之，盖南北二寺，北建自演公，南则金之旧，今已迷其处矣。孙国枚燕都游览志云，崇国寺在皇城西北隅定府大街。元时有东西二崇国寺，后惟西崇国寺存，赵孟頫书有寺碑，宣德间重建，赐名大降善护国寺，在今西四牌楼大街东。石邦政丰润县志云，天宫寺在城西南，辽清宁元年盐监张日成建。有塔十三级，初名南塔院，寿昌三年赐额极乐院。至金人与宋修好，行府悉寓于此。天会五年，敕加大天宫寺。徐昌祚燕山丛录云，丰润县北八十里有浭水，源出崖儿口，经丰润、玉田、运河入海。凡水皆自西而东，此水独西，俗呼还乡河。徽宗过河桥，驻马四顾，凄然曰："过此渐近大漠，吾安得似此水还乡乎？"不食而去。人谓其桥为思乡桥。江万里宣政杂录云，太上北狩，经蓟县梁鱼务，务有还乡桥石，少主命名，人至今呼之。上曰："此乃乱世之主，后圣必能力伸此冤，令我回此桥。"不食去。

　　十二月丙寅，诏宗辅侵宋。〔考异〕毕沅续通鉴云：五月，王伦假（礼）〔刑〕（据续通鉴卷九八改）部侍郎充通问使，进士朱弁副之，傅（雱）〔雱〕（同上书改，下同）假工部侍郎充通和使，赵哲副之。用黄潜善等议，改（雱）〔雱〕为祈请使，副以马识远，而伦、弁、哲皆不遣。复以周望充通问使，赵哲为副。八月，雱等至云中，见希尹，以二帝表及国书献，留弥月，会张焕渡河，被杀。希尹以用兵责（雩）〔雱〕遣还。乃遣伦、弁往，时诏求能使绝域者，许自陈，得宇文虚中、刘诲、杨应诚、刘正彦，皆擢用。熊克小纪云，应诚官浙东副总管，为帅臣翟汝文所抑。应诚愿使绝域，假道三韩，以图迎二圣，命韩纡副之，汝文奏阻。应诚航海以往，后高丽不允假道，遂还。宋史，伦字正道，莘县人。弁，字彦章，婺源人。（雩）〔雱〕字彦济，临江军人。李纲所荐，著建炎通问录一卷。系年要录云，时司马朴在燕，得登极赦书，遣持诣上皇，为人告，金主释之。蔡絛铁围山丛谈云，上皇命人市茴香，得黄纸包，乃中兴赦书也。赵子砥燕云录谓二太子得之，呈道君；洪皓行述谓令商人陈忠密告。潘永因宋稗类抄云，高宗好养鹁鸽，躬自收放。有士人题诗云："鹁鸽飞腾绕帝都，暮收朝放费工夫。何如养个南来雁，沙漠能传二帝书。"帝闻，召见，补官。吴曾能改斋漫录云，建炎初，有诏谕河北，曰："桑麻千里，盖祖宗涵养之恩；忠义百年，亦父老教训之义。"盖吴元中辞也。聂昌奉使，未还，加官。制曰："风寒易水，嗟一往以难还；日远长安，望重来而不见。"盖舍人孙觌辞也。窃愤续录云，少帝自天眷五年十月至燕京，居安普寺，前后三四年。天眷十年，金主令帝出寺，赐宅燕京北，令人监守。十二年九月，燕京大火，旬日不息，焚死者千人。金主勒兵出城北门，避之于宝盖寺，去帝居仅数十步。南烬余闻云，少帝到燕京，居安普寺，后徙居城东玉帛观。朱彝尊谓窃愤续录、南烬余闻皆伪书，所纪与王若冲、蔡絛北狩行录、赵子砥燕云录不同，未足信。按，宋、金二史皆载宋二帝以天会五年四月至燕。天眷，熙宗号，在天会之后十年。且天眷三年后即改称皇统，并无五年，谬舛滋甚。见日下旧闻考。

六年（戊申——二八）秋七月乙巳，宋帝遣使奉表请和。〔考异〕毕沅续通鉴云，五月，伦、弁等渡河至云中，见宗翰计事，留不遣。薛应旂通鉴云，二月，以宇文虚中为祈请使，杨可辅副之。又以刘海为通问使，王贶副之。纪均未载。元好问中州集载虚中写金刚经与王正道，〔正道与朱少章复以诗来，〕（据中州集甲集补）即次其韵，诗云："平生幸识系珠衣，穷（乏）〔走〕（同上改）他乡未得归。有客为传只树法，此心便息汉阴机。百千三昧一门入，四十九年诸（事）〔是〕（同上改）非。寄与香山老居士，要凭二义发余辉。"又次朱少章韵，诗云："前世曾为粥饭僧，此生随处且腾腾。经中因认人我相，教外都忘大、小乘。写去欲云居士颂，信来如续祖师灯。他年辱赠茅庵句，谁谓因缘昔未曾。"诏进兵，以宋二帝赴上京。

〔八月〕（据金史卷三太宗纪补）丁丑，宋二帝素服见太祖庙，遂入见于乾元殿，降宋上皇为昏德公，帝为重昏侯。

冬十月戊寅，徙昏德公、重昏侯于韩州。辽史地理志云，本果啰国，旧治柳河县，辽号韩州东平军。〔考异〕辽东行部志，癸酉，次柳河县，旧韩州也。先徙州于营州，后改为县。又以城近柳河，故以名之。乙亥，次韩州，辽圣宗时并三河、榆河二州为韩州。三河，本燕之三河，辽俘其民于此置州。故城在辽水侧，常苦风沙，移于白塔寨，后为辽水所浸，移于今柳河县。又以州非冲途，即徙于旧九百奚营，即今所治县也。见满州源流考。北盟会编云，三月，迁天眷于通（寨）〔塞〕州（据北盟会编卷一一六改），去燕山千五百里，给地千五百顷。宋史纪事本末云，八月，金徙二帝于韩州。令下之日，尽空其城。命晋康郡王孝骞等九百余人同往。给田十五顷，种莳自给。惟秦桧不与，依挞懒以居，厚待之。李心传朝野杂记云，宋宗室皆聚于京师，熙、圭间始许居于外。蔡京为

政，因即河南、应天置西南二敦宗院，设宗官主之。靖康之祸，在
京宗室无得免者，而睢、雒二都得全。建炎初，上将南幸，先徙诸
宗室于江、淮。又太祖太宗九王宅曰睦亲，秦王宅曰广亲，英宗三
（按朝野杂记甲集卷二作二）王曰亲贤，神宗五王曰棣华，徽宗诸王
曰蕃衍。棣华以下子孙，皆陷异域。续纲目云，魏行可应募使金军，
假礼部侍郎，见金人于澶渊，知其布衣借官，待之甚薄，留不遣。
遗书金人，戒以不载自焚之祸。竟卒于金。毕沅续通鉴云，时为副
者郭元迈，亦留不归。纪均未载。**庚辰，宗翰、宗辅会于**
濮，州名，今属东昌府。〔考异〕续通考云，唐初为濮州，又改濮阳
郡，后仍旧。宋升防御郡，领鄄城、范二县。鄄城，唐为濮州治。
范县，唐于县置范州，州废，属济州，后改属濮州，宋、金因之。
侵宋。〔考异〕宗翰传，时康王遣王师正奉表，密以书招诱契丹、
汉人，获其书，入奏，乃下诏伐之。按，交聘表无王师正名。宋史
及续通鉴均未载，岂以王伦字正道而遂致讹？今阙疑。

七年（己酉——二九）夏五月乙卯，巴尔斯等袭宋
帝于扬州。今隶江南省。〔考异〕舆地广记云，春秋属吴，吴灭属
越，越亡属楚，秦属九江郡，汉为荆国、吴国、江都国、广陵国，
东汉为郡，宋置广阳郡，隋初改扬州，后为江都郡。宋县三：江都、
广陵、天长。续通考云，唐初改南兖州，又改邗州，又为广陵郡，
后仍为扬州，宋为淮东路，明领高邮、通、泰三州；江都、仪征、
泰兴、兴化、宝应、如皋、海门七县。江都，倚郭，唐析置江阳县，
南唐以江阳省入广陵，宋省广陵入江都；仪征，五代皆属扬州，宋
以迎銮镇为建安军，又升为真州；泰兴，唐析海陵县地置，属太州，
宋属扬州；兴化，杨吴始因海陵县地置，宋改为镇，后复为县，属
高邮州；宝应，后升为军，元改安宜府，仍为县；如皋，唐析海陵

置如皋镇，南唐升为县；海门，本海陵县东东州镇，五代置县，属通州。

冬十月，宗弼原作兀术渡江南侵。

十二月壬寅，宋帝入于海。〔考异〕续通考云，是年三月己卯朔，日中有黑子。七月己巳，昏，有大星陨于东南，如散火。十一月甲寅，天旗明，河鼓直。毕沅续通鉴云，正月，通问使刘海、王贶、杨可辅自河东还行在，唯虚中独留，后降金。续纲目云，金遣虚中归，曰："奉命北来，求请二帝，二帝未还，虚中不可归。"遂留。时金国初建，制度草创，颇爱虚中有才艺，每加官爵，即受之，遂与韩昉俱掌制。薛应旂通鉴云，二月，金兵至扬州，帝奔镇江，用朱胜非计，诏录用张邦昌亲属，遣阁门祗候刘俊明使金军，仍命持邦昌贻金人约和书稿以行。毕沅谓取之于常州李纲家。俊民请邦昌一子同行，庶可借口。遂录用其子元亨，及婿山阳廉布与其兄邦荣、兄婿安阳吴若，悉录用。见系年要录。袁文瓮牖闲评云，廉宣仲，幼年及第，邦昌纳为婿，自谓早步青云。及邦昌得罪，宣仲官竟不显，病废累年，死。作画松诗曰："独倚寒崖生意绝，任他桃李自成蹊。"情况可想。赵甡之遗史刘俊民作刘仲，云，五月，起复朝散郎洪皓为徽猷阁待制，假礼部尚书，充通问使，龚璹副之。薛应旂通鉴又云，帝遣粘没喝书，愿去尊号，用金正朔，比于藩臣。皓至云中，迫之仕刘豫，曰："万里衔命，不得奉两宫南归，恨力不能磔逆豫，忍事之耶？愿鼎镬无悔。"流冷山。七月，复遣工部尚书崔纵往，不屈，死。皓字光弼，鄱阳人。纵字元矩，临川人，同年进士。八月，又遣杜时亮、宋汝为往。书云："守则无人，奔则无地，冀阁下之见哀而已。"九月丙辰，遣直龙图阁张邵使金，武臣杨宪副之。邵至潍州，接伴使张乐，不忍听，请止至三四。见挞懒不肯拜，且责其封刘豫，怒取国书去，执邵送密州，囚于柞山砦。按，皓以七年五月使金，八年，见尼玛哈于云中。具载北盟会编。交聘表均未载。宋史高宗纪，是年二月，命忠训郎刘俊民赍书使金。三月，以王孝迪、卢益为国信使，进士黄大本、莫时敏为先期告请使。诸书所载较详。

八年（庚戌——三〇）夏六月癸酉，诏以昏德公六女为宗妇。

秋七月丁卯，徙昏德公、重昏侯于呼尔哈路。地理志云，国初置万户，后海陵改节度，西至上京六百三十里，北至边界哈喇巴图千户千五百里。按，呼尔哈路，为渤海上京。满州源流考云，渤海王都忽汗城，因河得名，当即今呼尔哈河。源出吉林乌拉界，会毕尔腾湖东流，经故会宁城北，又九十余里绕宁古塔城南，北流七百里入混同江。〔考异〕宋史"丁卯"作"乙卯"，系年要录同，今从史。薛应旂通鉴云，乙卯，金人将立刘豫，徙二帝于韩州之五国城，去上京东北千里。洪皓密遣人奏书，以桃梨粟面等献，二帝始知康王即帝位。宏简录，呼尔哈作鹊里改。毕沅续通鉴云，时统军锡库令二帝减随行宗室官吏，同行者惟晋康郡王孝骞、和义郡王有奕六人。其余宗室仲琥等五百余人、内侍黎安国数百人，皆留。周密齐东野语云，南烬余闻言二帝初迁安肃军及云州，又迁西江州及五国城，去燕凡三千八百余里，去黄龙府二千一百里，乃李陵战败之所。又迁西均从州，乃契丹移州。按，此书乃阿计替手录，所申金国文，后得之金贵人者。又云，阿计替，本河北棣州人，陷金。金使随二帝入燕及五国城，故备知之。不知金房多疑，安肯使南人终始追随乎？此必宣、政间不得志小人妄造，凌辱猥嫚之事也。熊克小纪云，道君自燕迁霅郡，草一书使驸马蔡鞗示秦桧，得达尼雅满。寻徙韩州。鞗劝观春秋，恨见之晚。每南望，辄曰："陵寝在何处？"泣数行下。遇忌辰，辍膳，追慕终日。教子必以义方，宗室有挟私不和者，必戒之，然绍述神宗之意未尝忘。有货安石日录者，辄衣而易之。时五国贝勒巴克塔下通事庆哥，诈传巴克塔言求北珠，道君与之，事觉，巴克塔欲杀庆哥，使人审覆，道君曰："初无此事，恐系误传。"北人闻之，以手加额。太子乌拉罕遗书求内侍，遣王佃、陈思正往，且嘱优容之。北盟会编云，时挞懒南侵，以秦桧随行，为参谋官、随军转运使。抵淮岸，约梢工孙静挂帆去。同妻王氏、兴儿、砚童、翁顺及亲信高益恭等至涟水军，为丁禩水寨所执，几被杀，因秀才王安道救免，桧遂赴行在。以范宗尹、李回、张守荐，擢礼部尚书。安道、静补官。妻兄王唤，先取王氏子为之儿，名曰禧，桧甚喜。赐诏，略曰："当干戈之际，有社稷之言，以忠信笃敬而行蛮貊之邦，以靖共正直而为神明之听。四年去国，万里还朝，乃申常伯之联，用示匪躬之劝"云云。纪末书挞懒纵桧还事。系年要录云，时副将刘靖欲杀桧而取其赀，不果。与桧定计者，尚有郎中张炳熺，为王唤孽子。朱胜非秀水闲居录云，桧为王氏婿，王仲山有别业在济南，金取千缗赆其行。林泉野记云，桧为上皇作书遗尼玛哈，赐钱万贯，绢万匹。及攻楚州，纵之，厚载而归，俾讲和为内助。又，救免者安道外，尚有冯由义。王明清挥麈录余话云，时楚州守杨揆欲斩桧，客管当可劝送赴行在。洪皓行述，时有室撚知桧状，皓归，对桧言托寄声，桧色变。要录，室撚作锡纳。罗大经鹤林玉露云，桧少游太学，博记工文，善干鄙事。同舍号为秦长卿，每出游饮，必委之办集。既登第及中词科，靖康初，为御史中丞，请复立赵氏。北迁，情态遂变，谄事挞懒。及兀术用事，阴与桧约，纵之南归，主和议。房邀以七事，有毋易首相之说，正为桧设。皓自房回，戏谓挞懒郎君致意。桧大恨之。金迁汴，张师颜作南迁录，载孙大鼎疏，备言其事，桧奸始彰矣。其初归一节，中兴遗史所说尤详。桧，字会之，江宁人。后建一德格天阁，朝士贺启曰："我闻在昔，惟伊尹格于皇天，民到于今微管仲，吾其左衽超擢之。"潜说友咸淳临安志云，绍兴元年二月，以礼部尚书兼侍读秦桧参知政事。时孙觌知临安府，以启贺曰："尽室航海，复还中州。四方传闻，感涕交下。汉苏武节旄尽落，止得属国；唐杜甫麻鞋入见，乃拜拾遗，未有如公，独参大政。"桧以为议己，始大怒之。

九年（辛亥——三一）夏六月壬辰，赐昏德公、重昏侯时服各两袭。

冬十一月己未，迁赵氏疏属于上京。〔考异〕毕沅续通鉴云，迁者计五百余人。

十一年（癸丑——三三）秋八月戊子，赵楒诬告其父昏德公谋反，楒及其婿刘文彦伏诛。〔考异〕续通鉴云，沂王楒告二帝谋变，金人欲令其父子对质，会蔡絛力辨其诬乃止。王若冲北狩行录，文彦作彦文。薛应旂通鉴云，绍兴二年九月，王伦还自金。先是，伦久困思归，倡为和议。乌陵思谋以告粘没喝，因纵之归。会议讨刘豫，事中格，久之，以潘致尧为通问使。时金天会十年也。明年五月，致尧还，言金欲重臣通使，遂寝出师议。遣签书韩肖胄偕胡松年往议和。十二月，肖胄偕金使李永寿、王翊来，请还豫俘及西北士民在南者。且欲画江益豫，与桧前议吻合。议者知金与桧合谋矣。复遣章谊为通问使，请还两宫及河南地。王明清挥麈第三录云，肖胄见金主所系带，光彩绚目，注视久之。主曰："此石晋少主献耶律氏者，唐家日月带也。"又命取磁碗一枚，曰："亦少主所献，内有画，双鲤在焉，水满则跳跃如生，覆之无他。"二物诚绝代之珍也。并见厉鹗辽史拾遗。毕沅续通鉴云，为副者给事中孙近。且命王伦作书与高庆裔等。伦系旦侄孙，家贫无行，京城破，兵乱，<u>伦</u>径造御前，赐以<u>夏国</u>宝剑，除兵部侍郎，传旨抚定。<u>太宗纪</u>均未载，<u>交聘表</u>亦未书遣使事。<u>赵翼劄记</u>云，<u>王伦使金</u>，间关百死，终成和议。世徒以<u>胡铨</u>疏斥其狎邪小人，<u>张焘</u>疏斥其虚诞，<u>许忻</u>疏斥其卖国，遂众口一词，谓非善类。<u>史</u>传亦有家贫无行，数犯法幸免语。然<u>伦</u>系<u>旦</u>弟<u>勔</u>后，本非市侩里魁，其奉使在<u>建炎</u>元年，<u>虏</u>焰正炽，<u>伦</u>独请行。及至金，被留，动<u>乌陵思谋</u>以和议，欲使其还两宫、归故地，<u>尼玛哈</u>虽不答，然和议实肇端于此。即<u>洪皓</u>之以"畏天保天"语悟<u>室</u>，犹在后也。迨往返议定，境土先归，使<u>金</u>不渝盟，其功岂诸臣所可及哉。况被拘辞职，甘一死而不挠志节，尤可恕也。故<u>皓</u>归亦极言<u>伦</u>以身殉国，弃之不取，缓急何以使人。乃以市井无赖数语传为口实，此宜急为别白者也。然<u>伦</u>首倡和议，终堕恢复之功，南渡不竞，实由于此。今不取。

十二年（甲寅——三四），<u>阿里</u>与<u>高彪</u>本名昭<u>和硕</u>，<u>渤海</u>人。从征<u>辽</u>、<u>宋</u>屡有功，卒，官枢副，<u>舒国公</u>，谥<u>桓</u>（庄）〔壮〕（据<u>金史</u>卷八一<u>高彪</u>传改）。见<u>本</u>传。监护水运，<u>宋</u>以舟师阻<u>亳州</u>河路，击败之，追杀六十余里，获其将<u>萧通</u>。破<u>涟水</u>水寨，尽得其大船，遂取<u>涟水</u>军，<u>宋史地理志</u>云，<u>涟水</u>，县名，嗣升为军，属<u>楚州</u>。〔考异〕<u>王存元丰九域志</u>，<u>兴国</u>三年，以<u>泗州涟水</u>县建军，<u>熙宁</u>五年废军，以<u>涟水</u>隶<u>楚州</u>。<u>续通考</u>云，<u>涟水</u>在<u>安东</u>县，自<u>沭水</u>分流入县境，在<u>沭阳</u>者曰<u>南涟水</u>，入<u>安东</u>者曰<u>北涟水</u>。<u>沭河</u>自<u>青州</u>西北<u>马春固</u>诸涧会流至<u>沭阳</u>县界，东入<u>桑墟河</u>，同入海。<u>桑墟河</u>，一名<u>桑墟湖</u>，在<u>海州</u>城西南九十里。安辑余众。〔考异〕<u>薛应旂通鉴</u>云，初，<u>章谊</u>至<u>云中</u>，与论三事，惟画疆未定。<u>粘没喝</u>答书，遣还。八月，遣员外郎<u>魏良臣</u>奉表通问，时金已定议出兵，而帝未之知也。十二月，<u>良臣</u>还，议再遣，因<u>魏</u>

矼言而罢。**毕沅续通鉴**云，为副者宣赞舍人王绘。**大金国志**云，时豫乞师南侵，粘罕适自云中入见，与兀室均以为难。惟窝里嗢请行，遂与挞懒权左右副元帅，使兀术将前军，兵败而还。**续纲目**云，金主与尼玛哈议南侵，乌珠力言不可，尼玛哈斥其偷安。纪载各异，史均未载。**熊克小纪**云，是岁，道君在五国城，谕王若冲曰："一自北迁，于今八年，所履风俗异事多矣，深欲著录，未有其人。蔡絛谓文学无如卿者。高居山东，躬稼之余，为予记之，善恶必书，不可隐晦，将为后世之戒。"未几书成，所谓北狩行录是也。道君谦虚待下，从行群臣，不以大小，未尝名呼。或有使令，则温颜谕之。

十三年（乙卯——三五）正月，熙宗即位，不改元。**夏四月丙寅，昏德公赵佶薨，遣使致祭及赗赠。**〔考异〕宋史作四月甲子，东都事略作四月乙未，系年要录引国史拾遗作正月二十五日，皆传闻之误，今从史。**薛应旂通鉴**云，四月甲子，上皇卒于五国城，年五十四。遗言欲归葬内地，不许。时兵部侍郎司马朴及朱弁在燕山，服斩衰，朝夕哭，金人义之。洪皓在冷山，北向泣血，遣同使臣沈珍往燕山建道场于开泰寺作功德。疏曰："千岁厌世，莫遂乘云之仙。四海遏音，同深丧考之感。况故宫为禾黍，改馆徒馈于秦牢；新庙游衣冠，招魂漫歌于楚些。虽置河东之赋，莫止江南之哀。遗民失望而痛心，孤臣久絷而呕血。伏愿盛德之祀，传百世以弥昌；在天之灵，继三后而不朽。"故臣读之，无不掩涕。见洪忠宣行述。潘永因宋稗类抄载弁送大行文，首曰："臣等茂林丰草，被雨露于当年；异域殊乡，犯风霜于将老。节上之旄尽落，口中之舌徒存。"又曰："叹马角之未生，魂消雪窖；攀龙髯而莫逮，泪洒冰天。"朴系温公兄孙。初因纳款使金营，复遗书请存赵氏，遂北去。**续纲目**云，遣忠训郎何藓使金，胡寅上疏谏，罢知邵州。因张浚言使事兵家机权，后将辟地复土，终归于和，乃遣藓行。**宋史**，浚字德远，汉州绵竹人，封魏国公，谥忠献。寅，字致堂，安国子。靖康要录，初为员外郎，奉使议和，迁兵部侍郎。初见粘罕，使问其族，曰："先祖司马光。"曰："贤者之后。"乃稍加礼。元好问中州集，朴字文季，温公犹子。奉使见留，居于祁阳，授以官，托疾不拜。遨游王公门，以寿终。工书翰，有晋人笔意。兴陵尝购其遗墨学之。有雪霁同韩公度登圆福寺阁和李效诗。弁仕宋，为吉州团练使。通问见留，命以官，托目疾辞，猝然以锥刺之，不为瞬，遂得免。居云、朔二十年，号观如居士。有曲洧风月堂诗话行世。李任道编虚中与弁所制，合为一集，名曰云馆二星。弁题诗云："绝域山川饱所经，客蓬岁晚任飘零。词源未得窥三峡，使节何容比二星？萝茑施松惭弱质，蒹葭倚玉怪殊形。齐名李、杜吾安敢？千载公言有汗青。"时虚中受官，而少章以死自守，耻用见比，故托辞以见志云。马永卿嬾真子云，朴极知星，力辨河鼓乃牵牛星，分为二，失之矣。又藏王摩诘所画先圣像。陆游老学庵笔记云，朴陷金，后妾生一子于燕，名之曰通国。实取苏武胡妇所生子之名名之。而国史不书，其家亦讳之。

十五年（丁巳——三七）冬十一月丙午，齐国刘豫废，诏置行台尚书省于汴。〔考异〕薛应旂通鉴云，正月丁亥，何藓还自金，始知道君及郑太后丧。帝成服，百官七上表，请遵以日易月之制，因胡寅言，遂终服。二月，以王伦为奉迎梓宫使，如金，纳币。十二月，伦还，谓金许还梓宫及太后，且允归河南地。复遣之。按，伦数往还，为之副者皆高公绘。毕沅续通鉴云，因伦言，诏存恤奉使未还者：朱弁、魏行可、郭元迈、洪皓、龚璹、崔纵、郭元、杜时亮、宋汝为、张邵、杨宪、孙悟、卜世昌家属，各赐钱三百缗。赵彦卫云麓漫钞云，郭元迈，字英远。由开封徙吴，宣和中上舍。高宗驻（淮）〔维〕扬（据云麓漫钞卷八改），募使金者，元迈请行，以和州团练使为魏行可副。既至，贻书粘罕，辨〔用兵〕（同上补）利害，乞归二圣，被留。绍兴壬戌，忠（定）〔宣〕（同上改）洪公归，奏公与王伦以身殉国。朱公弁还，亦言在燕及宜州与元迈唱酬，携诗文数篇归。张公邵归，奏云，靖康来，使臣不返者数人，若陈过庭、聂昌、司马朴、滕茂实、崔纵、魏行可、郭元迈，尝请于金，只得崔纵、〔魏行可〕（同上补）榇归葬焉。周密齐东野语云，邵，字才彦，历阳人。建炎三年，自承奉郎上书，赐对，假（太）〔大〕（据齐东野语卷一三改）宗伯使挞辣军，留燕十五年。绍兴十三年，与皓还。先是，太母归，将发，与天族别。渊圣偃卧车前，泣曰："幸语丞相归我，处我一郡足矣。"才彦闻之，痛愤。至是，服中遗桧书，谓彼欲留渊圣坚和约，然所贪者金帛。实可还，宜遣使。忤相意，大悔。上疏颂其靖康乞立赵氏，躐进敷文阁待制。秦终疑之。因弟祁子安国为状元，居秦埙右，得罪。乃诬祁致死伊妻李氏，冀自免。祁坐囚系，桧死得释。邵后知池阳，卒。安国更入部，有德爱，早卒。

熙宗天眷元年 （戊午——三八）秋八月己卯，诏以河南地与宋，命右司侍郎**张通古**本传，字乐之，易州人。辽进士。用刘彦宗荐，擢工部侍郎。海陵立，亦敬惮。卒官平章事，封曹王。全金诗载其题灵璧寺诗，多警句。〔考异〕本传又谓除中京副留守，为招谕江南使。与熙宗纪异。李心传朝野杂记云，绍兴八年，通古以行台侍郎来使。其归也，归正燕人周襟与通古旧知，奏乞送至境。通古至安丰军，赠别诗曰："良人轻一别，奄忽几经秋。明月望不见，白云徒自愁。征鸿悲北渡，江水奈东流。会语知何日，如今已白头。"桧尝以胡邦衡封事示之，一览即记诵。**等使江南。宋帝欲南面，令通古北面，不从，乃西面受诏如常**

仪。时宋置戍河南，通古言而罢。〔考异〕薛应旂通鉴云，绍兴八年，挞懒自河南还朝，请以废齐旧地与宋，斡本力言不可。蒲卢虎位在其上，执议以陕、豫地与宋，遂遣伦偕乌陵思谋来议。秦桧力主之，复遣伦往，遂偕张通古、萧哲来。诏谕江南，胡铨等抗疏谏，不听。时豫既废，金欲立渊圣于南京，因和定而止。毕沅续通鉴斡本作宗干，蒲卢虎作宗磐，挞懒作昌，云通古以十一月入境，与史异，今从史。叶绍翁四朝闻见录云，铨以枢掾请诛桧以谢天下，请竿王伦首以谢桧，斩臣以谢陛下。所载疏语与宋史异。又云，帝怒，欲正典刑，或以陈东谏，乃贬儋耳。进士吴师古锓铨疏于木，金人募其疏千金。字邦衡，庐陵人。卒官资政殿学士，谥忠简。孙槼、榘皆仕至尚书。熊克小纪云，为思谋副者，尚有石庆元。时铨编管昭州，有孕妾临月，寓湖上，府趣行，芮如圭、方琦同见晏敦复曰：“某言桧奸，诸公不信；方专国便如此，赵元镇虽无状，不至是也！”敦复即见知府张澄宽之。载方畴稽山语录。罗大经鹤林玉露云，胡淡庵乞斩桧，得贬。泸溪先生王廷珪，字民瞻，送以诗曰：“痴儿不了公家事，男子要为天下奇。”坐贬辰阳。太府寺。丞陈刚中，字彦柔，亦以启贺曰：“屈膝请和，知庙堂御侮之无策；张胆论事，喜枢廷经远之有人。身为南海之行，名若泰山之重。”又云：“谁能屈大丈夫之志，宁忍为小朝廷之谋。知无不言，愿请尚方之剑；不遇故去，聊乘下泽之车。”贬安远军。泸溪晚年，孝宗召赴阙，除直秘阁，一子扶掖上殿，亦予官，年逾九十。寺丞竟死安远，无子，妻为尼。又三山寓公张仲宗，亦以作启与词为饯得罪。岳珂桯史载卢溪全诗云：“襄封初上九重关，是日清都虎豹闲。百辟动容观奏牍，几人回首愧朝班。名高北斗星辰上，身堕南州瘴海间。岂待他年公议出，汉廷行召贾生还。”“大厦元非一木支，欲将独力拄倾危。痴儿不了官中事，男子要为天下奇。当日奸谀皆胆落，平生忠义只心知。端能饱吃新州饭，在处江山足护持。"坐流夜郎。及桧死，复作诗曰："夜读文公猛虎诗，云何虎死忽悲啼？人生未有向来事，虎死方羞前所为。昨日犹能食熊豹，今朝无计奈狐狸。我曾道汝不了事，唤作痴儿果是痴。"盖复前说也。召复，除国子监主簿，乞祠去。再召，欲与一子官，不果。潘永因宋稗类抄云，胡铨上书乞斩桧，金闻之，以千金求其书，得之，君臣失色曰："南朝有人。"盖破其阴遣桧归之谋。干道初，金使来，犹问铨安在？张浚曰："桧专柄十九年，只成就得一胡邦衡。"又云："杀岳武穆，范同谋也。"胡铨上封事，桧怒甚，问范如何处置？范曰："莫采，半年便冷了。若重行谴谪，必成竖子之名。"桧甚畏范，后竟出之。宋史高宗纪云，张通古欲帝面受书，且索百官备礼迎，用桧议摄冢宰代受国书于使馆，命三省枢院吏朝服乘马道从。与史异。按，此议实出勾龙如渊，见其所著退朝录。小纪又云，时世忠伏兵洪泽，欲劫金使坏和议。其将郝忠密告漕臣胡纺，纺使告肖胄，故由淮西去，不得而劫焉。

二年（己未——三九）**夏四月己卯，宋遣使谢河南地。**〔考异〕系年要录云，正月，以金讲和，下赦文，略曰："乃上穹开悔祸之期，而大金（许报）〔报许〕（国）〔和〕（据系年要录卷一二五改）之约。割河南之境土，归我舆图；戢宇内之干戈，用全民（力）〔命〕（同上）。"楼炤笔也。东南述闻以为桧门客所代草。毕沅续通鉴云，正月，王伦签书充迎奉梓宫、两宫、交割地界使，蓝公佐为副，与（回）〔报〕（据续通鉴卷一二一改）谢使副韩肖胄、钱愐偕往，许岁贡银绢各五十万两匹。寻以伦为东京留守。三月，宗弼由沙店渡河之祁州，移行台于大名。薛应旂通鉴云，正月，遣判宗正士㒟、兵部侍郎张焘诣河南修奉陵寝。六月庚戌，邢后崩于五国城。焘，字子公，德兴人。熊克小纪云，士㒟等归曰："诸陵下石涧水，自兵兴来久涸，二使到日，水即大至，父老惊叹，以为中兴之祥。"上语宰执，谓<u>焘</u>必不妄言。又奏<u>徽宗</u>山陵乞不用金玉，帝深知薄葬之益。又，<u>肖胄</u>充报谢使，<u>金</u>廷欲改为谢恩使。<u>肖胄</u>以使名敕授，不敢辄易，论难再三，不能（辱）〔夺〕（据<u>中兴小纪</u>卷二八改）。时<u>金</u>欲得<u>王威</u>、<u>赵荣</u>二人，诏遣还之。<u>韩世忠</u>遗书<u>秦桧</u>，争之，不从。<u>周密齐东野语</u>云：<u>士㒟</u>衔命道<u>荆</u>、<u>襄</u>、<u>宛</u>、<u>洛</u>，只谒<u>巩原</u>。过<u>南邓</u>，<u>岳飞</u>曰："<u>金</u>虏无信，君宜少驻。"<u>㒟</u>以上命有程，辞去。不数舍，烟尘四起，军声嚣然，于是失色南奔，忽遇大军，望之<u>岳</u>帜也，遂驰就之。<u>岳</u>笑曰："固谓君勿行，正虑此耳。然已遣将与交锋。君，<u>王</u>人，且近属，吾当亲卫。"道行数里，捷书至，盖<u>㒟</u>未行前一日出师也。后<u>飞</u>下狱，<u>㒟</u>力辨无辜，且以百口保之，坐与祠。

秋七月辛巳，<u>宋</u>国王<u>宗磐</u>、原作<u>蒲卢虎</u>。〔考异〕<u>续纲目</u>作<u>富勒呼</u>。兖国王<u>宗隽</u>原作<u>讹鲁观</u>。〔考异〕<u>续纲目</u>作<u>额尔衮</u>。谋反，诛。

八月辛亥，行台左丞相<u>达兰</u>原作<u>挞懒</u>叛，诛。

九月壬寅，<u>宋</u>使<u>王伦</u>等来，留不遣。〔考异〕<u>薛应旂通鉴</u>云，<u>兀术</u>言于<u>金</u>主曰："<u>挞懒</u>等割地与<u>宋</u>，必有阴谋。"<u>伦</u>行至<u>中山</u>，会<u>挞懒</u>等反。<u>金</u>执<u>伦</u>拘于<u>河间</u>，遣副使<u>蓝公佐</u>还，别议岁贡、正朔、誓命等事。<u>挞懒</u>南走，被杀。<u>毕沅续通鉴</u>云，时<u>宗磐</u>等谋为变，遂命<u>中山府</u>拘<u>伦</u>。且会本路签军，以复取<u>河南</u>为名，遂作乱。十月，<u>伦</u>始见<u>金</u>主于御林，诘责之。所载各异。

三年（庚申——四○）夏五月丙子，诏都元帅<u>宗弼</u>原作<u>兀术</u>复取<u>河南</u>、<u>陕西</u>地，皆平之。〔考异〕<u>薛应旂通鉴</u>云，六月，<u>东京</u>副留守<u>刘锜</u>，大败<u>兀术</u>兵于<u>顺昌</u>；<u>岳飞</u>又破之于<u>朱</u>

仙镇。会奉诏班师，所复河南州县悉陷。史未载。锜，字信叔，德顺军人，赠开府，谥武穆。交聘表，是年，宋礼部尚书莫将等来迎护梓宫。按，宋史莫将官工部侍郎，表所书者，假摄之官也。其副使则宜州观察使韩恕。毕沅续通鉴云，八月，宋以给事中苏符、王公亮充正旦使副。符，轼孙也。纪亦未载。朱仙镇在开封府南四十里。潘永因宋稗类抄云，桧主和，金偏师来伐，桧问策安出？时，张巨山诵"德无常师"，桧心异之，留与语，召诸将为攻战计。命巨山作奏，首二句云："伊尹告成汤曰：'德无常师，主善为师。'孔子曰：'陈力就列，不能者止。'"遂急书进呈，播告天下，决策用兵。俄，顺昌大捷，敌退，桧专其功，擢巨山中书舍人。时有诗嘲之曰："成汤为太甲，孔子（按宋稗类钞卷六纰谬作"宣圣"）作周任。"

皇统元年（辛酉——一一四一）春二月乙酉，改封昏德公赵佶为天水郡王，封重昏侯赵桓为天水郡公。地理志云，天水郡即秦州雄武军，隶凤翔路。〔考异〕舆地广记云，秦州，周孝王封非子于此。秦属陇西郡，汉武分置天水郡，东汉更汉阳郡，晋并立秦州，唐升雄武军。今县四：成纪、天水、陇城、清水。续通考云，金后升秦州为镇远军，领成纪、（治）〔冶〕坊（据金史卷二六地理志改）、甘谷、清水、鸡川、陇城、西宁、秦安八县。后以西宁为州，以甘（泉）〔谷、鸡川〕（同上）属焉，止领六县。成纪今废。清水，唐初置邽州于清水城，州废，县属秦州，五代移置上邽镇，宋、金仍旧，秦安本宋纳甲城，金置秦安县。

是秋，都元帅宗弼复侵宋，渡淮，淮水，出南阳府桐柏山，过郡四，行三千二百四十里至清河，合黄流至安东入海。〔考异〕续通考云，淮水入颍上界至寿州西北，合（肥）〔淝〕水（据下文改）至怀远县，合涡水东流，经凤阳府北境，又东北入泗州，至清河口，会泗水，东入于海，府境诸水皆入焉。淝水，源出宿州龙山湖，东流至怀远县入淮。又有东淝河，在寿州城东北，西流十里入淮；西淝河在下蔡废城西南境，东流十里入淮。涡水，自黄河东流，经崇城县，沿怀远县东北与淮合，至临淮县东入海。泗水，出山东泗水县，源有泉四，四泉俱道，因名。西南过徐州，东南过邳州入淮。睢水，源自灵璧县，东流经睢宁县界至宿迁县入泗。洪泽湖山阳县界旧有闸，魏胜运粮，由此入淮。沂河，自山东沂州城西流，至下邳西南入泗达于淮。又，濠水东源出钟乳山，西源出镆铘山，合流至凤阳府故濠梁，庄子观鱼于此，东流经新河口入沂。洛水自定远县西白望堆入寿州界，至新村南十五里入淮。颍水流经颍州北门外，俗称小河，上通古汴，下达淮、泗。汝水在颍州南，源发大息山，经新蔡、朱皋东流入淮。薛应旂通鉴云，正月，杨沂中大破兀术兵于柘皋，死者万计。又败之于店步。史未载。北盟会编云，张俊有爱妾，钱塘妓张秾也。知书。柘皋之役，秾遗书引赵云不问家事以坚其意。及战胜，遂以其书缴奏，加封雍国夫人。潜说友咸淳临安志云，建炎元年八月，杭州军校陈通等叛，囚守臣叶梦得，逼薛昂领州事。安抚翟汝文等讨之，不克；知秀州赵叔近招降之。都统制王渊袭破其城，执通及其党诛之，凡百八十余人。张俊取杭州甲妓张秾以归。李心传朝野杂记云，中兴异姓凡七王：俊，循王；存中，和王；吴玠，涪王；璘，信王；世忠，蕲王；光世，郧王；飞，鄂王；皆追封。宋史，沂中，后名存中，字正甫，代州崞县人。祖，宗闵；父，震，皆死国难。存中，谥武恭。俊，字伯英，成纪人。毕沅续通鉴云，是夏，洪皓求得皇太后书，遣布衣李微赍至临安，帝喜，命以官。**以书让宋，宋复书乞罢兵。**

宗弼以便宜画淮为界。〔考异〕续纲目云，乌珠欲议和，纵莫将还以道意，桧奏遣刘光远为通问使。寻遣还，要官尊望重者为使。桧复遣魏良臣往禀议。十一月，金以萧毅、邢具瞻偕良臣来议，以淮水为界，求割唐、邓二州及陕西余地，岁币银绢各二十五万两匹，仍许归梓宫及太后，帝悉从其请。命宰执告祭天地、宗庙、社稷，遣何铸充金国报谢进誓表使。毕沅续通鉴云，光远方以赃罪为监司所按，趣召之，擢利州观察使；以吉州刺史曹勋为副使。复遣魏良臣往，偕金使萧庆、邢具瞻来。所载较详。

冬十二月癸巳，天水郡公乞本品俸，诏赒济之。

二年（壬戌——一四二）春二月辛卯，宋使曹勋来，许岁币银绢二十五万两匹，永守誓言。〔考异〕王伦传，皇统元年，宋请和。二年二月，宋端明殿学士何铸、容州观察使曹勋进誓表。薛应旂通鉴载誓表曰：“臣构言，今来画疆，以淮水中流为界，西有唐、邓州割属上国。自邓州西四十里，并南四十里为界属邓。四十里外并西南尽属光化军，为敝邑沿边州城。既蒙恩造，许备藩方，世世子孙，永守臣节。有渝此盟，明神是殛，堕命亡氏，踏其国家。臣今既进誓表，伏望上国早降誓诏，庶使敝邑永为凭焉。”十二月乙亥，铸至汴见兀术，遂如会宁见金主。且趣割地，后遣使求商州及和尚、方山二原。遂命周聿、郑刚中等分画京西，割唐、邓二州，陕西割商、秦之半，止存上津、天水、丰阳三县、及陇西成纪余地，并和尚、方山二原，以大散关为界。于是，宋仅有两浙，两淮，江东、西，湖南、北，四蜀、福建、广东、西十五路。西京西南路，止襄阳一府。陕西路，止偕、成、和、凤四州。凡有府州军监百八十五，县七百三。金既画界，建五京，置十四总管府，凡十九路，其间散府九，节镇三十六，守御郡二十二，刺史郡七十三，军十有六，县六百三十二。宋史高宗纪云，绍兴十六年二月，复割金州丰阳县，洋州干祐县畀金人。又，大金国志，宋割地使作莫将、周聿，稍异。熊克小纪云，宋弃和尚原，仍于大散关内得兴赵原为控扼之所。亦见祝穆方舆胜览。又，凤县志云，兴赵原，在县东北。续通考云，金之壤地：东吉里迷、兀的改诸野人之地。北自蒲与路之北三〔十〕〔千〕（据金史卷二四地理志改）余里火鲁火疃谋克地为边，右旋入泰州婆卢火所〔浚界〕（据金史卷二四地理志补）壤而西，经临潢、金山，跨庆、桓、抚、昌、净州之地；出天山外，包东胜，接西夏，逾黄河，复西历葭州及米脂寨，出临洮府、会州、积石之外，与生羌地相错。复自积石诸山之南左折而东，逾洮州、越盐（州）〔川〕堡（同上改），循渭至大散关北，并（入山）〔山入〕（据金史卷二四地理志改）京兆，络商州，南以唐、邓西南皆四十里，取淮之中流为界，而与宋为表里。京府州郡诸袭辽制。其余城塞堡关百二十二，镇四百八十八。此其可考也。周密齐东野语云，绍兴岁币银二十万两，绢二十万匹。红绢十二万匹，匹重十两；浙绢八万匹，匹重九两。枢密院差使臣四员管押银纲，户部差使臣十二员管押绢纲，于先年腊月至盱眙。岁币库卸续差将官防护，过淮交割。岁前三日，先赉银百铤，绢五百匹过淮呈样，金交币使副三分之：以一分往燕京；一分往汴京漕司；一分往泗州岁币库以备参照。例用开岁三日，长交不过两月结局。初，胥吏作难，交绢十退其九，迨所需如数，方始通融，然亦十退四五。又，贴耗银二千四百余两，每岁增银二百余两，并淮东漕司管认。凡吾使副以下经费，彼不与闻。淳熙末，干官权安节为交币使，拣退银绢，安节固拒，声色俱厉，彼不能夺，后竟如数收受。寿皇喜曰："安节在彼界能如此，甚可重。"遂除监六部门。时通判汪大定亦同奖拔焉。若正旦、生辰遣使，每次礼物：金器一千两，银器一万两，彩段一千匹，杂物不与。至外遣泛使，则礼物倍之。又有起发副使土物之费及朝辞、回程、宣赐等费。而盱眙四处，应办南北使副往返赐筵凡八次，每处费钱万八千五百余贯，而沿途供应，复不预。若北使之来，赐予尤不赀焉。时聘使往来过盱眙，例游第一山，酌玻璃泉，题诗石壁，纪岁月，遂成故事。绍兴癸丑，郑汝谐诗曰："忍耻包羞事北庭，奚奴得意管逢迎。燕山有石无人勒，却向都梁记姓名。"可谓知言矣。宣和甲辰，岁币银二十万两，绢二十万匹，代输燕京税物，计一百万贯。绍兴壬戌，初讲和，银绢各二十五万两匹，今每岁各减五万两匹。

三月丙辰，遣左宣徽使刘筈以衮冕圭册册宋康王为帝。〔考异〕系年要录云，筈，时官中书侍郎，为副者礼部尚书完颜宗表。宏简录载册文曰："咨尔宋康王赵构，不吊，天降丧于尔邦，亟渎齐盟，自贻颠覆。尔越在江表，用勤我师，十有八年于兹，朕用震悼，斯民其何罪，〔今〕（据宏简录卷二一五金主之三补）天其悔（祸）〔过〕（同上书改），诞诱尔衷，封奏狎至，愿身列于藩辅。今遣光禄大夫筈等持节，册尔为帝，国号宋，世服臣职，永为屏翰。"熙宗纪未载。归其母韦氏及故妻邢氏、天水郡王并妻郑氏丧于江南。〔考异〕王伦传，三月，遣左副点检赛里、都转运使刘祹送天水郡王丧柩及帝母韦氏。系年要录作四月事，金使为明威将军高居安及内侍二人扈从。又，泛使为左副都点检沂王宗贤、秘书监刘祹。交聘表未列史臣名，纪亦未载。李心传朝野杂记云，北使至阙，先遣伴使赐御筵于班荆馆，在赤岸，去府十五里。翌日，登舟至北郭税亭，茶酒毕，上马入余杭门。至都亭驿，分位，上赐被褥钞锣等。明日，临安府书送酒食，阁门官说朝见仪，投朝见榜子。又明日，入见，伴使至南宫门外下马，北使至阁门内，上御紫宸殿，六参官起居；北使见毕，退赴客省茶酒，遂燕垂拱殿，酒五行，惟（侍）〔从〕（据朝野杂记甲集卷三改）官以上预坐，赐茶器名果。明日，赐生饩。见之二日，与伴使（皆）〔偕〕（同上）往天竺寺烧香，上赐斋筵，次至冷泉亭、呼猿洞而归。翼日，赐内中酒、果、风药、花（锡）〔饧〕（同上）。赴守岁夜筵，酒五行，用傀儡。正旦，朝贺礼毕，上遣大臣就驿赐御筵，中使宣劝，酒九行。三日，客省签赐酒食，内中（贻）〔赐〕（同上）酒果；赴浙江亭观潮，酒七行。四日，赴玉津园燕射，赐弓矢，酒行乐作，正使射弓，副使射弩，伴使亦如之，酒九行。五日，大燕集英殿，学士撰致语。六日，朝辞，赐袭衣金带、大银器。临安〔府〕（同上补）送贶仪。遣执政就驿赐燕，晚赴；解换（衣）〔夜〕（同上改）筵，伴使、北使亲劝，酬以衣物为侑。次日，赐龙凤茶、金镀合，乘马出北关门登舟，宿赤岸。次日，遣近臣赐御筵。凡大使得中金千四百两，副使八百八十两，衣各三袭，金带各一（按，朝野杂记甲集卷三作“三”）条。都管上中下三节皆赐银两有差。又云：自和戎后，金人正旦馈上金酒器六事：注碗一，盏四，盘一。色绫罗纱縠三百段，马六匹。生辰，珠一袋，金带一条，衣七对，稻一合，色绫罗五百段，马十匹。而戎主生辰正旦，朝廷皆遗金茶器千两，银酒器万两，锦绮千匹。绍兴以来，凡遣往北境使副及三节人从，往返皆迁一官。正使赐装钱千缗，副八百缗，银二百两，帛二百匹。上中下三节人银帛钱货有差。又，旧例：南使入北境，北遣伴使来迓，正副使及三节人皆乘马。后以南人不习骑，乃易以车。又发白军四百人护送，县令皆迎迓于境上。至开封，乃赐御宴。真定又赐之。常使至燕京，寓于来远驿。若泛使，则居宁远驿。赵翼劄记云，宋之于金，岁币外，每金使至又有馈赠。大使金二百两、银二千两；副使半之，币帛称是。此例，庙堂之上亦知之。故路伯达使宋回，上所得金银以助边费。见伯达传。梁肃使宋回，以所得礼物多，至推排物力时，自增六十贯。见肃传。金使至夏国者，夏国馈赠，视诏书几道为多寡。完颜纲为赐夏国生辰使，章宗特命赍三诏以厚之。见纲传。而伯达传赞曰：“受岁币，礼也。使者至，燕享，亦礼也。

纳其贿可乎？乃习以为常，莫有知其非者。"寻以臣<u>宋</u>诏天下。

〔五月〕（据<u>金</u>史卷四<u>熙宗</u>纪补）乙卯，赐<u>宋</u>誓诏。

秋八月丁卯，诏归<u>朱弁</u>、<u>张邵</u>、<u>洪皓</u>于<u>宋</u>。〔考异〕系年要录云，中兴奉使凡三十人，生还者三。<u>皓</u>中途为留守<u>易王</u>所阻，赖<u>吉祥</u>护出之。所载较详。<u>宋</u>寻遣使来谢。自是信使不绝。〔考异〕系年要录载<u>宋</u>报书（按，据系年要录卷一四六，此乃<u>绍兴</u>十二年九月壬寅大赦制词，非报<u>金</u>之书），略曰："上穹悔祸，副生灵顺治之心；大国行仁，遂子道事亲之孝。可谓非常之盛事，敢忘莫报之深恩。"<u>程克俊</u>笔也。<u>岳珂</u>桯史云，<u>金酋兀术</u>以前次赦文不归德其国，明年复起兵陷各地。后二年和议成，<u>桧</u>以孽子<u>熺</u>及其党<u>程克俊</u>当制，其末曰："申遣使轺，许<u>光宗</u>庙讳盟好，来存殁者万余里，慰契阔者十六年。礼备送终，天启固陵之吉壤；志伸就养，日承长乐之慈颜。"于是邮传至四方，遗黎读之有泣者。<u>蜀</u>士<u>刘望之</u>作诗曰："一纸盟书换战尘，万方呼舞却沾巾。<u>崇陵</u>访<u>沈</u>空遗恨，<u>郢</u>国怜怀尚有人。收拾金（绘）〔缯〕（据桯史卷五<u>刘观堂</u>读赦诗条改）烦庙算，安排钟鼎诵宗臣；小儒何敢知机事，终望君王赦奉春。"

九月壬辰，诏给<u>天水郡王</u>子、侄、婿，<u>天水郡公</u>子俸给。〔考异〕交聘表云，十二月，<u>宋</u>使上表谢归三丧及母<u>韦</u>氏。正使为参政<u>王次翁</u>、副使为<u>德庆</u>节度<u>钱愐</u>。又遣参政<u>万俟卨</u>为报谢使，<u>荣州</u>防御、<u>邢孝扬</u>为副。表失载，见<u>钱大昕</u>集。<u>王明清</u>挥麈后录云，时皇太后南归，遣<u>王次翁</u>、<u>韦渊</u>往迓。后恐事变，贷金使<u>金</u>三百星犒从者，及境索还，<u>次翁</u>以未得<u>桧</u>指，不允；留三日，人情汹汹，<u>王晼</u>代偿乃得发。后归，泣诉，上欲诛<u>次翁</u>，<u>桧</u>因遣出使以避之，卒得免。<u>潘永因</u>宋稗类抄云，<u>次翁</u>，字<u>庆曾</u>，后罢职，奉祠居四明。桧怜之，馈问不绝。殁后，赠恤加厚。桧居政府二十年，始终不二者，只庆曾一人。时金取赵彬等三十人家属，诏归之。洪皓曰：“昔韩起谒环于郑，郑，小国也，能引义不与。金既陷淮，官属皆吴人，宜留不遣。彼方困于蒙兀，姑示强以尝中国；若遽从之，则知我虚实，谓秦无人，益轻我矣。”桧变色曰：“公无谓秦无人。”又云：靖康之变，柔福帝姬随北狩。建炎四年，有女子诣阙，称为柔福帝姬。（随）〔自〕（据宋稗类钞卷四改）北归。询宫禁旧事，略能言仿佛。诏入宫，授福国长公主，下降高世荣。汪龙溪行制词云：“彭城方急，鲁元尝困于面驰；江左既兴，益寿宜充于禁脔。”资妆一万八千缗。后显仁太后回銮，言柔福死沙漠久矣，付诏狱，讯之，乃一女巫也。前后给赐四十七万九千缗。遂伏诛。熊克小纪云，女巫，乃阿（吉）〔李〕，（据中兴小纪卷三〇改）本于明寺尼，法名善静。北去，逃归，诈称柔福。遣宣政冯益、宗妇吴心儿识认，收入。至是，益、心儿坐编管外州。时复命沈昭远、王公亮贺金生辰；杨愿、何（孝）〔彦〕良（据中兴小纪卷三〇改）贺正旦。嗣后宋使（疑乃“始”字之误）贺生辰正旦，交聘表均未书姓名。周密癸辛杂识云，徽、钦初葬五国城，追梓宫还，寓龙德别宫，论功受赏。时选人杨炜贻书执政李光，以真伪未辨；左宣义郎王之道贻书谏官曾统，乞奏命大臣取神椟之下者研视之。既而礼官请用安陵故事，梓宫入境，即承之入椁，仍纳衮冕翟衣于椁中，不改敛，遂从之。近者，杨髡发诸陵，于徽陵止有杉木一段，钦陵则木灯檠一事耳。盖二帝遗骸飘流沙漠，初未尝还也，悲哉。李心传朝野杂记云，显仁韦后，开封人，高宗母也。北迁时，遥尊为宣和皇后。及归，居慈宁殿，崩年八十。季弟渊，封平乐郡王，侄孙（璋）〔璞〕（据朝野杂记甲集卷一改）明州观察使。宪节邢后，祥符人。父焕，庆远节度，追封安王。后北迁，遥册为后。及归，将压境而

崩。初,<u>孟后</u>在<u>建康</u>,有司月奉千缗。<u>显仁</u>归,岁奉钱二十万缗,
帛二万余匹。后<u>高宗</u>在<u>德寿</u>,月供十万缗,兵兴,减六万缗。<u>孝宗</u>
在<u>重华</u>,月供三万缗。宋稗类抄又云,时<u>显仁韦太后</u>还,<u>钦宗</u>挽其
裾曰:"当语九哥,吾南归,但为<u>太乙宫</u>主足矣,他无望也。"后与
誓:"苟不来迎,瞽吾目。"归见时事不敢言,未几目失明。寻募得
道士,左翳复明。更求治其右,道士谓其一存誓言,后惕然起拜,
拂衣去。上命迹之,无所得,乃<u>灵仙观朱仙</u>也。后<u>王刚中</u>帅<u>成都</u>,
图<u>朱仙</u>像,俨然当日道士。又后北归至<u>临平</u>,问何不见大小眼将军。
或曰:"<u>岳飞</u>死狱矣。"遂怒帝,欲出家,乃服道装终身焉。<u>潘永因</u>
曰:"当是<u>金</u>人畏<u>飞</u>,传其状貌,后习闻之耳。不知后北辕时,<u>飞</u>尚
未知名也。"<u>中兴小纪</u>,后在北方,闻<u>韩世忠</u>名,召至帝前曰:"此
为<u>韩相公</u>耶?"慰问良久。<u>袁文瓮牖闲评</u>云,南渡前,士夫燕服,止
是冠带,惟下吏便趋走,则服紫衫。及<u>金</u>兵扰攘,以冠带不轻,使
士夫亦尽服紫衫。迨<u>绍兴</u>末,因臣僚言,悉改服凉衫纯白之衣,未
几,<u>显仁</u>升遐,亦其验已。后又以凉衫近丧服,仍用紫衫,至今不
变,终未有言宜仍用冠带者,可叹也。又南渡前,军州戎服皆用绯,
自<u>绍兴</u>末,忽变为皂色,用墨汁染成,殊非古意。

四年(甲子——一一四四)春正月癸丑朔,<u>宋</u>遣使来
贺。己未,以<u>宋</u>使<u>王伦</u>为<u>平州</u>转运使,既受命,复
辞,罪其反覆,诛之。〔考异〕<u>系年要录</u>谓<u>伦</u>死在七月。<u>宋史</u>
<u>王伦传</u>,<u>伦</u>死,<u>河间</u>地震,而<u>沈世泊宋史就正编</u>,谓<u>金史五行志</u>是
年未书地震,疑其失实。然<u>熙宗纪</u>,是年十月<u>河朔</u>地震,乃<u>五行志</u>
失书,然究非因<u>伦</u>而致变也。见<u>毕沅续通鉴</u>。<u>熊克小纪</u>云,<u>绍兴</u>十
四年七月,<u>伦</u>居<u>河间</u>。六年,<u>金</u>欲用为<u>平</u>、<u>滦</u>三路转运使,不从,
被缢而死。后其子<u>述</u>使北人访其骨,得之以归。上尝语宰执曰:"<u>伦</u>
虽不矜细行,乃能死节,此为难也。"归骨在立冬,上语在十月。<u>述</u>

后乞外任，添差平江府通判。薛应旂通鉴云，光宗绍熙元年十二月，赐王伦谥曰节愍。湘山樵夫绍兴正论，时力排和议者，张浚、赵鼎、胡铨、胡寅、连南夫、张戒、常同、吕本中、张致远、魏矼、张绚、曾开、李弥逊、晏敦复、王庶、毛叔度、范如圭、汪应辰、许忻、方廷宝、韩训、陈鼎、冯时行、洪皓、沈长卿、陈康伯、张焘、陈括、陈刚中，均坐贬谪。见北盟会编。按，靖康初，不主和者李纲，而岳飞终身不主和议，被祸尤烈。均未载。汪应辰当海陵败盟后献复和策，宜削而不书。又，南宋书尚有尹焞、苏符、薛徽言、方廷实、胡珵、朱松、张扩、凌景、夏常明、张九成、喻樗、樊光远、元盟、梁汝嘉、楼炤，亦失载。赵彦卫云麓漫钞云，韩纫，字子礼，绍兴八年任潭州判官，上书论和议之非，知州李昭祖得其副本，申朝廷，得旨："韩纫小官，动摇国是，编管循州。"后为将官韩京所陷，举家死。

金史纪事本末卷八

张邦昌之僭

太宗天会四年（丙午——一二六），即宋钦宗靖康元年也。春正月癸酉，南京路都统宗望原作斡离不围汴，宋使李棁来谢罪，且请修好，许之。宋以康王构、少宰张邦昌为质，寻遣归。师还。〔考异〕宏简录云，邦昌，字子能，东光人。登进士，累官大司成。政和末，改礼部侍郎，阿时所好，历尚书左右丞，中书侍郎。钦宗立，拜少宰，进太宰，门下侍郎。质于金，斡离不以斫营事责之，对曰："非朝廷意。"乃免。还，为河北割地使，上书者目为社稷贼，坐贬中太乙宫使。中兴姓氏录云，邦昌，尝以工部尚书使高丽，会国王死，国人权立邦昌为国王，后诏还之。与童贯议事，不合，面折其短，及再领军取燕山，邦昌建议止其行。洪迈夷坚志云，邦昌以中书舍人使高丽，

二〇一

至明州谒东海庙，夜梦神告曰："他日至中书侍郎，但不可为秉国大夫。"后果败。续纲目云，邦昌临行，邀帝署御批无变割地议，不许，遂与康王乘筏渡濠，自午至夜始达金营。未几，肃王及曹晟往，乃得还。所载较详。靖康要录云，元年正月七日，制曰："股肱之起元首，庸闻帝舜之歌；舟楫之济巨川，备载高宗之命。聿求隽望，式赞鸿图，在考慎以惟精，顾登庸之敢后？诞扬（字）〔孚〕（据靖康要录卷一改）号，明告治廷：通奉大夫、守中书侍郎张邦昌，识敏而器安，才全而学博。洁于行己，保礼义廉耻之四维；端以立朝，茂正直刚柔之三德。粤登膴仕，亟告嘉猷，念天步之方艰，忧民心之未定，允资厌难，尤赖协恭。是用擢升揆亚之崇，进贰上台之重，仍兼官于凤沼，俾亮采于龙（池）〔墀〕（同上）。并衍爰田，申加真食，庸昭异数，益示殊私。以朕初载论相之明，为尔盛年得君之宠。於戏！柉宁中外，矫情当慕于谢安；镇服迄退，守正宜师于裴度。钦承予训，益懋乃恭。可〔特授正奉大夫〕（同上补）少宰兼中书侍郎。"三月三日，制曰："难进易退，允高君子之风；崇旧优贤，实重公朝之义。诞扬（用）〔明〕（据靖康要录卷三改）命，敷告治廷：光禄大夫、太宰兼门下侍郎张邦昌，知沉而识精，器博而用远。早登禁路，廷臣无出其先；久预政机，天下实受其赐。嘉有功于社稷，俾正位于台衡。丙吉有声，独擅边书之对；王商多质，能严汉相之威。念其素行之勤，处以真祠之逸。升华秘殿，庶便于谘询；倍赋爰田，用昭于物采。於戏！留侯知足，愿遗人事之劳；南仲将归，毋惮简书之急。其全明哲，以保功名。可〔特授〕（同上）观文殿大学士、太乙宫使。"

秋八月庚子，左副元帅宗翰、原作粘罕右副元帅宗望复侵宋。

冬闰十一月丙辰，克汴城。

十二月癸亥，宋帝降。

五年（丁未——二七）春正月癸巳，宗翰等以宋帝降表来上。知枢密院事刘彦宗请复立赵氏，不听。

二月丙寅，诏降宋二帝为庶人。〔考异〕毕沅续通鉴云，金以金银不足，欲纵兵入城大索，宗彦谏而止。东都事略云，同知密院孙傅累状请少帝复位，及另择神宗二子立之，若立异姓，必不服从。南宋书云，金令吴开、莫俦来推立异姓，留守孙傅等请立赵氏。金怒，劫傅等，议立邦昌。傅与张叔夜不署状，执赴军前。秦湛回天录云，吴开与入内都知李石赍文字来。宋史纪事本末云，二月，翰林承旨吴开、吏部尚书莫俦入城，召百官议，众莫敢出声。开封尹王时雍问于开、俦，二人微言敌意在张邦昌，时雍未以为然，适宋齐愈至自金营，书张邦昌三字，议乃决。太常寺簿张浚、开封士曹赵鼎、员外胡寅皆逃入太学，不书名。唐恪书名，仰药死。马伸、秦桧不从，金怒，执桧去。实录恪附传，谓恪闻议立异姓，即仰药自杀，先事而死。恐误。系年要录云，后齐愈弃市，制词曰："所幸探符之未获，奈何援笔以遽书，遗毒至今，造端自汝。"当书状时，有奉直大夫寇庠、朝请郎高世彬独异议，大恊。喻汝砺、吴给、王庭秀皆致仕去。靖康要录云，开、俦以议状往。略曰："准元帅府牒：限十一日须得共荐一人者。契勘：自古受命之主，必上膺图箓，下有勋德在民，或雄强近臣，或英豪特起，有大材略，因而霸有天下，方为人所乐推。今本国臣僚如孙傅等，召自外方，被用日浅，率皆驽下，迷误赵氏，以至亡国，若备屏藩，必至变乱，上负选用之意。伏望元帅台慈体念，乞于军前选命邦昌以治国事；如军前别有道德隆茂为天命所归者，乞赐选择，则本国臣民敢不推戴。"其日早，于宣德楼晓示取班簿具在京官员名衔以报。吴曾能改斋漫录云，齐愈，字文渊。有宫词云："禁城春水碧溶溶，洗出飞花万片红；叶上细看无一字，可知无女怨春风。"开、俦，乌程人，皆进士及第第一。时雍，蜀人，附王黼得进。鼎，字元镇，解州闻喜人，赠太傅，丰国公，谥忠简。伸，字时中，东平人，以劾汪、黄，贬濮州，卒。桧，字会之，江宁人，死夺王爵，谥谬丑。

三月丁酉，立宋少宰张邦昌为大楚皇帝。〔考异〕宋史纪事本末云，金遣邦昌北向，拜舞受册，升文德殿受贺。是日，风霾，日晕无光，百官惨沮。独时雍、开、俦等欣然以为有佐命功。时雍权知密院，领尚书省，开〔权〕（据宋史纪事本末卷五八补，下同）同知，俦〔权〕（同上）签书，吕好问〔权〕领门下省，徐秉哲权领中书省。时犹未以帝礼事，唯时雍每言事称臣启陛下。北盟会编云，军器少监王绍草推戴表，先叙金主，略曰："道合三光，功高九有。惇德允元，智将几于虞帝；吊民伐罪，义实过于周王。"及叙邦昌，曰："惟大冢宰相公，识探天人，学贯今古，膺大国褒崇之礼，希前王至盛之功，可治国事，以主斯民。"赵甡之遗史载金册文曰："无德而王，故天命假于我手；当仁不让，知历数在于尔躬。"岳珂桯史载金立邦昌册曰："维天会五年，岁次丁未二月辛亥朔，二十有一日辛巳，皇帝若曰，朕，惟我太祖武元皇帝肇建区夏，务安元元。肆朕纂承，不敢荒怠，夙夜兢兢，思与万国格于治。粤惟有宋，实乃通邻，贡岁币以交欢，驰星轺而讲好，期于万世，永保无穷，盖我有大造于宋也。不图变誓渝盟，以怨报德，开端招祸，反义为仇。今者，国既乏主，民宜混同。然念厥功，诚非卖土。遂命帅府与众推贤，金曰：'太宰张邦昌，天毓疏通，神资睿哲，处位著忠良之誉，居家闻孝友之名。'实天命之有归，仍人情之所僾，择其贤者，非子而谁？是用遣使备礼，以玺绂宝册命汝为皇帝，以援斯民。国号大楚，都于金陵。自黄河以外，除西夏封坼，疆场仍旧。世辅王室，永为藩臣。贡礼时修，勿疑于述职；问音岁至，无缓于披诚。

於戏！天生蒸民，不能自治，故立君以临之，君不能独理，故设官以教之，乃知民非后罔治，后非贤不守，其（在）〔有〕（据楻史卷七改）位者，可不谨欤！予懋乃德，嘉乃丕绩，日敬一日，虽休勿休。钦哉！其听朕命。"伪楚录载邦昌手诏曰："洪惟非常之变，适遭会于斯时，当冀有永之图，讫救宁于区夏。庶几多士，共识予怀。"吴曾能改斋漫录云，邦昌知汝州日，百姓状，有曰："乞上命指挥者系之狱，朝命杖之。"后竟有援此为开国之祥者。时邦昌逆迹昭然，后见勤王兵集，家属拘縻庐州，方议复辟宣赞。舍人吴革起兵救驾，范琼、左言诱杀之，并其子及使臣百余人。革，字义夫，华阳人。国初佐命廷祚七世孙。见宣和录。好问，字舜徒，希哲子。系年要录云，时邦昌弟邦基通判庐州，邦昌母及妻子均在焉。江淮运副向子諲檄冯询、范冲拘之，奏闻。史多未载。

夏四月，师还。丙戌，宗翰、宗望以宋二帝北归。

〔考异〕靖康要录云，邦昌求免宣索，致书金营曰："冒承褥礼，愿展谢悰，虽历贡于忱词，终未亲于台表，退增感悚，岂易敷陈。载惟草创之初，实轸怗危之虑。"又云："非仁何以守位？非民何以守邦？坐观转壑之忧，不啻履冰之惧。与其局天蹐地，莫救于黎民；曷若归命竭诚，仰干于鸿造。伏念察其恳迫，赐以矜容，特宽冒昧之诚，诞布蠲除之惠，幸被始终之德，遂全亿兆之生。"不报。寻下令不御殿，不朝百官，引对群臣于延东殿小轩，言必呼名，饮食居处不用天子礼。宋史纪事本末云，金人将还，邦昌祖道（按，据宋史纪事本末卷五八，"祖道"当作"诣营祖之"。），服赭袍，张红盖，所过设香案起居，时雍等从。士庶感怆。因目时雍为"卖国牙郎。"通鉴辑览云，开、傅为金人须索，朝往暮还，人皆称为"捷疾鬼"。邦昌令谭世勋、李熙靖直学士院，皆卧疾不起，愤卒。时工侍何昌言与弟昌辰皆避讳改名，独徐俯置婢名昌奴，客至则呼前驱使之。世勋，字彦成，长沙人。熙靖，字子安，常州晋陵人，德裕裔。俯，字师川，洪州分宁人，禧子。时不受伪命者，博士孙逢发疾卒。秦湛回天录云，或劝肆赦。好问曰："赦书日行五百里，今四城之外，并是番人，欲赦伊谁？况公权摄，当俟复辟。"邦昌然之。而赵甡之遗史载赦文曰："天下承平，几二百载；百姓乐业，岂复知兵？奸臣首结边难，招致祸变，城守不坚，越在郊野。子以还车，横见推逼，有尧、舜之揖让，无汤、武之干戈。四方之广，弗通者半年；京城之大，无君者三月。从宜康济，庶拯危难。"云云。靖康要录有云："既自残而弗获，乃忍死以救民。言念生灵，系心宸翰，道路阻音邮之达，吏民无诏令之承。想其憔悴之忧，同此危亡之急。倘不深求于民瘼，岂能安济于时艰？宜示抚循，用舒陲厄，庶亟臻于宁谧，以终究于远图。"潘永因宋稗类抄云，颜博文作赦书，略曰："无德者亡，知讴歌之已去；当仁不让，信历数之有归。"无非吷尧之辞，闻者骇愕。邦昌传均未载。陆游老学庵笔记云：贾公望，昌朝孙，晚守泗州，翁彦国勤王不进，面叱之；且约不复饷其军。彦国愧而去。及张邦昌伪赦至，率郡官哭于天庆观圣祖殿，而焚其赦书伪命，卒不能越泗而南。所试才一郡，而所立如此，许、颍间谓之贾大夫云。又云：靖康末，括金赂虏，诏群臣服金带者，权以通犀带易之，独存金鱼。又执政则正透，从官则倒透。至建炎中兴，朝廷草创，犹用此制。吕好问为右丞，特赐金带，高宗面谕曰："此带，朕自视上方工为之。"盖特恩也。绍兴三年，兵革粗定，始诏依故事，服金带。

五月庚寅朔，康王即位于归德。〔考异〕薛应旂通鉴云，初，金欲留兵卫邦昌，好问力阻止，因谓邦昌曰："相公欲真立耶？抑姑塞虏意而徐为图也？"邦昌愕然。乃曰："为今计，当迎元祐皇后，请康王早正大位，庶获保全。"御史马伸亦具书劝之，邦昌气沮，乃尊元祐孟后为宋太后，居延福宫，册诏，略曰："当念宋氏之初，首崇西宫之礼。"盖用太祖迎周太后入西宫故事。南宋书云，好问曰："如此，则人心疑惧矣。"乃收回册诏。靖康要录云，二月二十八日，延宁宫火，后急就天汉桥南遇仙店，门垂帘幕以避，移居观音院，回私第。是夜，白气贯斗，大风寒。四月四日，尊后手书曰："余世受宋恩，身相前帝，每欲舍生而取义，唯期尊主以庇民。岂图祸变之非常，以至君臣之易位。既重罹于罗网，实难逭于刀锯。外逼大国兵火之威，内（拯）〔极〕（据靖康要录卷一六改）黎元涂炭之命，顾难施于面目，徒自（惮）〔悼〕（同上）于凤宵。杵臼之存赵孤，惟初心之有（合）〔在〕（同上）；契丹之立，晋祖，考殊迹以甚明。载惟本朝开创之图，首议（尊崇西宫）〔西宫尊崇〕（据靖康要录卷一六改）之礼，号同母后，国系周朝。兹为臣子之至恭，以示邦家之大任。肆稽成（命）〔宪〕（同上改），（聿）〔爰〕（同上）举徽章。"云云。李心传朝野杂记云：后，洺州人，眉州防御元之孙，兄，天祥官使相，封信安郡王。兄子忠厚，镇汉军节度。朱胜非秀水闲居录云，哲宗方择后，京城作打球戏，以一击入窠者为胜，曰"孟入"。绍圣间，宫掖造禁缬，有巫者姓孟，献新样，两大蝴蝶相对，缭以结带，曰"孟家蝉"，民间竞服。及后废处，瑶华宫人以为谶。蝉者，禅也，为出家之兆。靖康出狩，渊圣欲留孟后为兴复基本，因遣人入城取物，纸尾批瘦辞与秉哲云，赵氏注孟子，相度分付。金人以后废岁久，无预时事，不复取。至是前谶乃验。盖"孟入"者，两复入也，两御帘帷之应也。可谓异人矣。此次及苗、刘之乱。要录又云，邦昌遣（韩）〔蒋〕师愈（据靖康要录卷一六改）、蔡（淑）〔琳〕（同上）、程巽自陈（按，据靖康要录卷一六"自陈"当作"等赍"）诣目，略曰："邦昌伏自拜（达）〔违〕（同上改），已而北去，所遭祸难，不可备详，惟王慈必蒙矜悯。昨自燕山九月朔日金师再举之后，杳不闻耗。至去冬腊月二十日还阙，以今年正月十五日到城外，方知国（难）〔变〕（同上）之酷，主上蒙尘于郊，凡使回一行，尽留不遣。二月七日，又闻宣金酋之令，遂迁二帝、后妃皆出，六宫遂（定）〔空〕（同上）。又欲洗城，焚烧宗庙、社稷，百万生灵，分为鱼肉，俾推异姓，方免屠城。寻奉少帝御笔付孙傅等，令依指挥，方为长计。兹时公卿大臣，号恸军前，以救君父。而邦昌对二太子哀号蹴踊，以身投地，绝而复苏，虏执酋命，终莫能回。度非口舌可争，则以首触柱求死，不能，（忍）〔忽〕（同上）刘彦宗赍城中文字与开、傅俱至，对众诃责，不复饮食，凡六七日，垂死。而百官陈述祸福，力劝从权，以济大事，故遂隐忍于此。兹幸虏骑已还，道路可通，故差师愈赍此，以明本心。伏惟殿下盛德在躬，四海系望，愿宽悲痛，以幸臣民。"康王复书，略曰："天降大祸，不使某前期殒灭，而使闻君亲之流离，见宗族之荡覆，肝心摧烈，涕泪不禁。穷天下之楚毒，不足为喻！欲（使）〔便〕（同上）引绳伏刃，而二圣之銮舆未复，四方之兵马方集，将士忠愤，责以大义，欲（忍）〔饮〕（同上）泣忍死，力图奉迎。今两河忠义之兵，数逾百万，预使邀迎，率皆响应。早夜以觊，闻人音而矍然。念与相公去岁同处贼营，从容浃日，自谓知心。故比来之事，闻流言而不信。今奉教，备陈始终，有伊尹之志，达周公之权，然后知所期之不谬。天或悔祸，可冀二圣之复，所谕遣谢克家之意，（怦怦）〔读之〕（同上）愕眙失措，其何敢承？愿皆缄藏内府，责在守者，候銮舆归而上之。九庙之不毁，生灵之获全，相公之功也。某方身率士卒，图援父兄，愿相公协忠尽力，奉迎二圣，复还中都，克终伊周之志。某身膏贼斧，受赐而死矣。气令渐热，动止康裕，方寸方乱，修谢不多。"使臣为成忠郎黄永锡。邦昌又遣其甥吴何，及国舅韦渊往。大约言封内府库以待大王，孔子曰："子

在，回何敢死！”邦昌所不死者，以君王之在外也。王喜悦。何，向
与王同使金营，召饮酒，叙旧不忘。孟后劝进文，略云：“正惟
（闵）〔闲〕（同上）废之余，当此危亡之际，冒居宠数，诚亦何心；
而百官建言，请权听政，然神器久虚，必须真主，今中外近属，惟
王一人。矧忠勇英明，四方属望，入继大统，非王而谁？王其速驱
舆卫，入处宸居，上以安九庙之灵，下以弭四方之变。”又迎立诏
云：“吾以薄德，罹此多艰，虽救时敢爱于发肤，而昧道若临于渊
谷。顾邦基之攸赖，系神器之有归。比遣使辂，往驰书牍，盖上天
之眷命，实四海之倾心。谅惟拨乱之姿，已定兴王之业。方长嬴之
应序，宜祉福之具膺。竚来御于法宫，以诞扬于丕号。群欣攸属，
遐想增怀。故兹书示，想宜知悉。”康王至虞城，邦昌札子：“伏见
谢克家自元帅府回，恭闻车驾自济州由金乡单父径至南京，即艺祖
受命之邦，嗣王朝无疆之历。天人合应，以启中兴，凡在臣民，不
任忭蹈。所有合排办仪物，百官有司，各以其职，并合发赴南京，
以候册立，礼毕遂开朝廷，以出号令。臣猥以驽下，承乏宰司，当
躬率百（官）〔司〕（同上）赴行在，所欲于今月二十五日起发前
去，庶伸翊戴之诚，以请权宜之罪”云云。康王榜：“近者，金师深
入，奄及郊畿，京城失守，二圣播迁，欲立异姓，覆我宗社，赖大
臣因时权宜，济此艰危，因是以存九庙，保全生灵，实社稷之大计，
乃心可嘉。深虑百官将士并诸色人尚怀疑虑，晓谕各宜知悉。”续纲
目云，遣人至济州访康王，会宗室子崧起兵，移书诃斥，使其反正，
并晓王时雍等。乃遣谢克家往奉迎，时雍曰：“骑虎之势不得下，所
宜熟虑，噬脐无及。”秉哲从旁赞之，均不听。克家至，劝进，王不
许。宗泽请亟行天讨，好问亦遣人来，言大王不自立，恐有不当立
而立者。邦昌遣蒋师愈持书自陈，复使克家与韦渊奉宝诣济州，奉
孟后垂帘听政。以冯澥为奉迎使。退居资善堂。后命太常少卿汪藻

草手敕，俾王嗣统，曰："比以敌国兴师，都城失守，祲缠宫阙，既二帝之蒙尘；诬及宗祊，谓三灵之改卜。众恐中原之无统，姑令旧弼以临朝。虽义形于色，而以死为辞；然事迫于危，而非权莫济。内以拯黔首将亡之命，外以纾邻国见逼之威。遂成九庙之安，坐免一城之酷。乃以衰癃之质，起于间废之中，迎置宫闱，进加位号，举钦圣以还之典，成靖康欲复之心。永言运数之屯，坐视邦家之覆，抚躬独在，流涕何从？缅惟艺祖之开基，实自高穹之眷命，历年二百，人不知兵；传序九君，世无失德。虽举族有北辕之衅，而敷天同左袒之心。乃眷贤王，越居近服，已徇群情之请，俾膺神器之归。繇康邸之旧藩，嗣宋朝之大统。汉家之厄十世，宜光武之中兴；献公之子九人，唯重耳之尚在。兹惟天意，夫岂人谋？尚期中外之协心，同定安危之至计。庶臻小憩，同底丕平。用敷告于多方，其深明于吾意。"王至应天府，邦昌来见，伏地请死。既即位，拜太保，封同安郡王。一月两赴都堂，参决大事。北盟会编云，胡舜陟亦上札子，乞正名位。大金国志云，邦昌劝进表，略曰："使生灵维顾以无归，虽沟渎自经而何益？辄学周勃安刘之计，庶几程婴存赵之心。"僭位凡三十三日。李纲论异姓建都四十余日，所载各异。藻，字彦章，饶州德兴人。舜陟，字汝明，绩溪人。潘永因宋稗类抄所载，以大宝奉上，表云："孔子从佛肸之召，意在尊周；纪信乘汉王之车，誓将诳楚。"又云，神宗幸秘书省，见江南李主像，人物俨雅，再三叹讶，而徽宗生。生时，梦李主来谒，然其文采风流过李主百倍。及北狩，女真亦用江南国主见艺祖故事。又，徽宗梦钱王乞还两浙甚急，明日与郑后言，梦亦同。顷来报韦妃诞高宗既三日，徽宗戏妃曰："酷似涮脸。"盖妃籍开封，原占于涮，亦遂成南渡之谶云。又云：宣和中，燕诸王于禁中，高宗困酒，小憩幄次，徽宗揭帘，见金龙丈余，蜿蜒榻上，以为天命，因异待焉。后显仁皇后在沙漠，尝用象戏局子，裹以黄罗，书<u>康王</u>字，贴于将上焚香，祷曰："今三十二子俱掷于局，若<u>康王</u>字入九宫者，必得天位，一掷果然。后喜甚，即具奏，<u>徽庙</u>大喜曰："瑞卜，昭应异常，可无虑矣。"

<u>宋</u>罪<u>张邦昌</u>，以隐事杀之。<u>太宗</u>闻之大怒，诏元帅府南侵，<u>宋</u>帝走<u>扬州</u>。〔考异〕<u>续纲目</u>云，<u>李纲</u>拜右相，入朝，力言<u>邦昌</u>僭逆不可留，贬<u>昭化军</u>节度副使，<u>潭州</u>安置。<u>薛应旂通鉴</u>云，九月，<u>邦昌</u>伏诛。初，<u>邦昌</u>僭居禁中，<u>华国靖恭夫人李氏</u>以果实相赠遗。一夕被酒，<u>李氏</u>拥之，以赭色半臂加其身，掖入<u>福宁殿</u>，夜饰养女<u>陈氏</u>以进，<u>邦昌</u>还东府，私送之，语斥乘舆。事闻，下于狱，词伏；诏<u>马伸</u>至<u>潭州</u>数其罪，赐死。<u>毕沅续通鉴</u>云，<u>邦昌</u>读诏，不忍自尽，共逼之，乃登<u>平楚楼</u>自缢。<u>蔡絛百衲丛谈</u>云，死于<u>平楚门</u>下官舍。<u>王明清挥麈录余话</u>云，<u>平楚楼</u>在<u>天宁寺</u>。<u>潘永因宋稗类抄</u>云，<u>平楚楼</u>，盖取<u>唐沈传师</u>诗"目伤平楚<u>虞</u>帝魂"之句。时<u>邦昌</u>不能引决，仰首忽睹三字，长叹就缢。<u>陆游老学庵笔记</u>云，<u>邦昌</u>既死，有旨〔月〕（据老学庵笔记卷八补）赐其家钱十万，于所在〔州〕（同上）勘支。<u>曾文清</u>为<u>广东</u>漕，取其券缴奏曰："<u>邦昌</u>，在古法当族诛，今贷与之生足矣，乃加横恩如此，朝廷何以待仗节死事之家？"诏自今勿与。余铭<u>文清</u>墓载此事，及刻石乃削去，可恨。<u>陈随隐漫录</u>云，<u>真西山</u>尝承旨，令述<u>太乙宫</u>明禋祈晴设醮青词，曰："我将我享，爰有事于明堂；载祷载祈，肃致忱于楚帝。"上自改为上帝。楚，<u>邦昌</u>逆号也，凡代王言，不可不谨。<u>宏简录</u>云，<u>李氏</u>坐杖脊，配军营务。<u>挥麈后录</u>作<u>彭氏</u>，云，<u>道君</u>在藩邸，纳为妾，慧黠，因小故出为<u>聂氏</u>妇，及即位，复召入。北狩时，以无名位免。<u>续通鉴</u>云，<u>王时雍</u>、<u>徐秉哲</u>、<u>吴开</u>、<u>莫俦</u>、<u>李擢</u>、<u>孙觌</u>初坐党逆，安置<u>高</u>、<u>梅</u>、<u>永</u>、<u>全</u>、<u>柳</u>、<u>归州</u>。后因<u>李氏</u>事，并诛之。<u>南宋书</u>云，

颜博文草伪诏，王绍劝进，文尤悖逆。胡思撰赦文，犯濮王讳。陈冲、洪刍、张卿材、李彝、夏承、周懿文皆搜括金银。时凌侮劫夺，如系济王夫人，鞭宁德皇后亲妹，收乔贵妃侍儿，淫郑绅家婢，取宫人唱曲饮酒，种种不道。及黎确、陈戬、卢襄、李会、李健、范宗尹皆从贬黜。迨宗尹为相，诸人皆复原职。靖康要录云，王时雍集百官作推戴表，王绍草之。李纲靖康传信录云，王及之坐蕃衍宅门，诟骂诸王，余大均诱取宫嫔为妾，外，范琼、冯澥、李回皆坐贬。赵子崧奏劾国贼十人，邓肃请分五恶、三恶，次第窜逐。潘良贵请三等定罪。外又有朱宗、曹辅、胡舜陟、胡唐老、齐之礼、姚舜明、王俣皆坐尝为邦昌官，贬秩。宋史，良贵，字子贱，金华人。宗尹，字觉民，襄阳邓城人。子崧，字伯山，燕懿王后，官延康殿学士。初起兵勤王，后坐贬南雄州，卒。赵翼劄记云，靖康之变，朝臣多污伪命，高宗以邓肃在围城中，目击其事，令肃陈奏。肃请分三等以定罪：以待制而为伪朝执政者，置一等，乃时雍、秉哲、开、傅、李回及吕好问，共六人。见肃传。乃好问传不载其从逆，反备书谏阻邦昌毋（千）〔干〕（据廿二史劄记卷二三改）大位及趣邦昌遣使迎高宗等事。史亦未免回护也。熊克小纪云，肃，沙县人。官鸿胪主簿。宣和间因进花石纲诗得名。纲论水灾，谪沙县监税，与相善，至是为右正言。吕本中杂说云，肃因纲荐得官，汪伯彦荐为右正言，故傅会纲意。时纲客胡珵，晋陵人，亦请分三等，以次行戮。纲罢，编管梧州。

金史纪事本末卷九

攻取中原

太宗天会五年（丁未一一二七），即宋高宗建炎元年也。〔考异〕封有功编年云，是年三月，陕州范致虚兵溃于千秋池。致虚走入关。统制张换败金人于兴仁府，间邱陞破之于濮州，孔彦威破之于开德府。致虚，字谦叔，建阳人。耿延禧中兴记云，宗泽、权邦彦自南华赴援，兵败，遁还。统领王孝忠中箭死。孙傅父振，时知博州，为乱兵杀。所载战车五百两，为敌所得。系年要录云，泽大败金人于韦城县，孝忠战死。敌夜来劫营，得空壁，大惊，以泽先移军南华，得免。汪伯彦中兴日历谓泽兵败南华，失戎车百五十两，盖诬之也。泽复败金人于大沟河。北盟会编云，解州将邵兴据神稷山，大破金军。毕沅续通鉴云，四月，金破陕州，〔权〕（据续通鉴卷九七补）知州种广死之，统领刘逵战死，朱弁、孙旦悉遇害。后皆赠官。时，忠州防御屈坚，不屈死。薛应旂通鉴云，正月，副元帅宗泽自大名至开德，与金人十三战，皆捷。以书劝康王檄诸道兵会京城。复移书赵野、范讷、曹杺合兵入援，均不答，遂孤军进至卫南，大败金兵，斩首数千，自是惮泽。又遣兵过河，袭败之。金犯蔡州，崇阳令李涓死之，〔涓〕上党人，赠朝奉郎。史均未载。袁氏枫窗小牍云，绍兴二年五月，京师大火，被毁者万三千余家；六年十二月，临安复大火，焚万余家，人以为中兴之始改元建炎致此。

夏五月庚寅朔，宋高宗即位，罗索原作娄室克宋河中府，及解、绛、慈、隰诸州，岢岚、宁化、火山等城。〔考异〕河中之破，张钧续中兴义录作五月十七日丙午，盖据川、陕宣抚案牍书之。舆地广记云，河中府，周时为魏国，晋以封毕万地，秦置河东郡，晋置雍州，后魏为秦州，后周为蒲州，唐置中都，后为河中节度，今为护国军；县八：河东、临晋、猗氏、虞乡、万泉、龙门、荣河、永乐。解州，后汉置，即秦解梁城，县三：解县、闻喜、安邑。绛州，为晋国都，后魏置东雍州，后周改绛，县七：正平、曲沃、太平、翼城、稷山、绛县、垣曲。慈州，东魏为定阳郡及南汾州，隋为耿州，后改汾州，寻为慈州，取慈乌成为名，亦曰文（成）〔城〕郡，（据舆地广记卷一八改）县一：吉乡。隰州，后魏为沁州，隋为西汾州，改隰州，县六：隰川、温泉、蒲、大宁、石楼、永和。岢岚，春秋时为楼烦胡地，后魏置岚州，宋析置岢岚军，县一：岚谷。宁化军，宋初析岚州地置，宁化县，后改军，以岚州雄勇镇置火山军。方舆纪要云，慈州，今为吉州，隶平阳。续通考云，河中府，金天德中置节度，大定中，升元帅府，领河东、荣河、虞乡、万泉、临晋、河津、猗氏七县。解州，金升保昌军，领安邑、解县、夏县、闻喜、平陆、（芮）〔芮〕城（据金史卷二六地理志改）六县。绛州，金升绛阳军，晋安府，领正平、曲沃、稷山、翼城、太平、垣曲、绛、平水八县。慈州，宋置吉乡军，金改吉州。隰州，金为南隰州，领隰川、蒲县、大宁、石楼、永和等县。岢岚，唐、宋为岚州，金升镇西军，领宜芳、合河、楼烦三县。**时汴京平，诸将西趋陕津，略定河东郡县。托克索取宪州，**故城在今静乐县。〔考异〕舆地广记云，宪州，唐末李克用奏置，县一：楼烦。后楼烦属岚州，以静乐县来属，宋为静乐军，金为郡，后改管州，领静乐一县。**败其援军。贝勒宁温珠噜等攻保德，**军名，属河东路。〔考异〕续通考云，本岚州地，宋为保德军，立为州，附郭为保德县。舆地广记云，国初析岚州地置定羌军，景德初，改保德。**未下，托克索进兵助击，梯冲并进，遂克其城。贝勒乌尔古攻石州，屡败，亡其三将；托克索令诸军去马战，尽殪之。**〔考异〕宋史纪事本末云，先是，粘没喝等北去，留银术可屯太原，韶合屯真定，娄室围河中，蒙哥进据磁、相。渤海大挞不也围河间，帝命马忠、张换袭之。俄，汪、黄等复主和议，遂留驻河南。至是，娄室以重兵压河中，守臣席益遁，权府事郝仲连力竭，先杀家人，与子致厚皆不屈，死。潘永因宋稗类抄云，靖康初，东州解习为郎于朝，未尝与人接谈，金兵南下，择西北帅守，时相以其谨厚不泄，谓沈鸷有谋，除知河中府。习云："某实讷于言，故寻常不敢妄措辞于朝列，今一旦委付如此，习死不足惜，窃恐朝廷以此择人，庙谟误矣。"习竟没于难。毕沅续通鉴，张换作张焕，席益作温益。宋史高宗纪，马忠时为河北经制使。换作涣，时官河北制置使。黄潜善，字茂和，邵武人。汪伯彦，字廷俊，祁门人。仲连，昌元人，赠明州观察使。所载较详。**达兰徇地山东，下密州。**〔考异〕北盟会编云，时赵野以前执政知密州，军卒杜彦等作乱，野弃城走，彦追杀之。宋史地理志云，密州，亦曰安化军，属京东路。野，开封人。舆地广记，密州，秦置琅琊郡，元魏置胶州，隋改密州，唐因之，复为高密郡，今为安化军。县五：诸城、安邱、莒、高密、胶西。续通考云，宋为临海军，复为密州高密郡安化军，金领诸城、安邱、高密、胶西四县。**达呼**原作迪虎下**单州，广信军**降。宋史地理志云，单州，隶京西路，领县四。广信军，易州遂城县，亦曰威勇军。〔考异〕舆地广记云，单州，秦为砀郡，唐末以宋州之砀山为全忠乡里，置辉州。今县四：单父、砀山、成武、鱼台。广信军，初为威房军，后改。续通考云，单州，唐治单父，后唐改单州，金隶归德府。广信军，金泰和中改为县，属保州，领遂城一县。王存元丰九域志云，京西路兴国二年分南、北路，后并一路，熙宁五年，复分二路：南路领襄、邓、隋、金、房、均、郢、唐八州；北路领颍昌、淮宁、顺昌三府，郑、（潩）〔滑〕（据元丰九域志卷一改）、孟、蔡、汝五州，信阳一（州）〔军〕（同上）。

六月，宗望卒。〔八月，〕（据金史卷三太宗纪补）以宗辅原作窝里嗢代为右副元帅。

秋九月辛亥，栋摩原作阇母取河间，时持嘉晖从攻城，李成以雄、莫宋史地理志云，雄州，本涿州瓦桥关。莫州，治任邱县。〔考异〕舆地广记云，周置雄州，政和三年改易阳郡，县二：归信、容城。莫州，汉为莫县，属涿郡，唐置鄚州，寻以鄚郑文相类，更为莫州，县一：任邱。兵来援，迎击，败之，七战皆胜。敌将刘先生以兵二万夜袭营，晖力战达旦，敌大败，逾月始克之。〔考异〕北盟会编云，城陷，孙钤辖、李廉访皆被杀。晖传，以功加桂州观察使，留镇河间，仕终平章政事，封荣国公，谥武康。成字伯友，雄州归信人。本县弓手，以勇闻河朔，官归信令，会妻子为乱兵杀，率万众来归，授忠州防御捉杀使。道士陶子思谓有割据相，劝成取蜀，遂叛，寇两淮，为刘光世破，北走，能左右手运双刀，所向无前。见熊克小纪。潘永因宋稗类抄云，政和间，谋臣议增税赋，置西城所，命内侍李彦主之，尽行根刷，专供御前支用。其推行为尤者，京东漕臣王宓、刘寄是也。胡马未南牧，河北盗蜂起，钦宗立命斩彦，窜宓、寄以徇，下宽恤之诏，然寻及矣。其后散为巨寇于江、淮间，如张遇、曹成、钟相、李成之徒，皆其人也。**进破宋兵于莫州，雄州降。**〔考异〕宏简录云，撒离喝从攻，下河间，雄州李成弃城走，追击，大破之，雄州降。纪未载。**达兰克祁州、永宁军，王伯龙攻拔北平，复取保州，顺安军亦降。**宋史地理志云，祁州，治蒲阴，领县二。永宁军，治博野县。顺安军，本瀛州高阳关。〔考异〕王存元丰九域志云，祁州蒲阴郡，在东京千二百里，县二：蒲阴、鼓城。续通考云，祁州，为唐义丰县，属定州，宋为蒲阴县，金升为祁州，属真定，领蒲阴、古城、深泽三县。博野，本汉蠡吾县地，唐属蒲州，后置蠡州，宋改永宁军，金升宁州博野郡，天德中，改蠡州，领博野一县。薛应旂通鉴云，九月，都统制王彦率岳飞等渡河至新乡，金兵盛，彦不敢进，飞独引所部鏖战，夺其纛而舞，诸军争奋，遂复新乡。明日，战于侯兆川，又败之，追击于太行山，擒其将拓跋耶乌，单骑刺杀黑风大王，金兵败走。飞知彦不悦己，复归宗泽为统制。金骑数万薄彦垒，彦走保共城西山，结两河豪杰，众十余万；金遣兵挠彦粮道，多被斩获。侯兆川，在辉县西北。西山，即苏门山。见方舆纪要。赵甡之遗史云，金帅遣众酋攻彦垒，皆跪曰：王都统寨，坚如铁石，未易图。耶乌，一作雅尔乌。彦，字子才，上党人。宏简录云，自李纲罢，所议招兵买马、料理两河事皆废，并罢诸路经制招抚，自是两河州郡悉陷，

唯中山庆原府邢、洺、冀、磁、相州，久之乃破。李心传朝野杂记
云，建炎初，王观察彦制置河北，聚兵太行山，皆河北土人，涅其
面，曰"誓杀金贼（按朝野杂记甲集卷一八作"誓竭心力"），不负
赵王。"号为"八字军"，嗣随张忠献至蜀，守金州。绍兴三年春，
撒离喝入寇，彦兵大败，走达州。四年，移知襄阳。六年，召赴行
在，以彦为行营都统制；七年，罢之。十年，刘信叔将"八字军"，
大败兀术于顺昌，还临安。今侍卫马军，皆其子孙也。又云：寿皇
时，李伯纪家请谥，上偶未省，宰相周子充为言平生大略，上曰：
"志广才疏，其张浚之徒欤？"于是赐谥忠定。田灏传，字默之，兴
中人。天庆间进士。权归德节度使。太祖定燕，举四州归朝，累官
彰德军节度。时新定力役，灏蠲籍之半而上之，故相之繇赋，比他
州独轻。后入为刑部尚书，卒。

冬十二月丙寅，宗辅南侵，徇地淄、青。宋史地
理志云，淄州，领县四；青州，领县六，均隶京东路。〔考异〕舆地
广记云，淄州，秦属齐郡，汉、晋属乐安国，后魏置东清河郡，隋
置淄州，唐因之，复改淄川郡，今县四：淄川、长山、邹平、高苑。
青州，成王封太公于此，为齐国。秦置齐郡，汉置青州，晋为石勒
陷，刺（州）〔史〕（据舆地广记卷六改）曹嶷为晋守，造广固城，
后慕容恪都焉。隋置北海郡，唐复旧，今县六：益都、寿光、临朐、
博兴、千乘、临淄。续通考云，淄州，隋置，改贝邱为淄川县，附
郭长山，唐初属邹州，后属淄州，宋、金因之，新城蒲台均属青州，
唐升卢龙军，宋改镇海，金为燕都路，领益都、临朐、穆陵、寿光、
博兴、临淄、乐安七县，明改青州府。攻青州城，未下，城
中夜出兵来袭，王伯龙不及甲，击杀数十人，俄率
军士杀伤宋兵，不可胜计，并擒斩其将。〔考异〕毕沅
续通鉴云，时知青州曾孝序及其子讦为乱兵所攻，骂贼死。宋史高

宗纪，谓孝序为青州败将王定所杀。字逢原，晋江人。史未载守臣名。乌凌阿托云原作乌林答泰欲败宋将李成于淄州，赵州领县六，属真定府。〔考异〕舆地广记云，赵州，春秋属晋，战国属赵，秦属邯郸郡，晋为赵国，后魏为赵郡，北齐兼置殷州，寻改赵州，隋尝改为栾州，后复故，县五：平棘、宁晋、临松、隆平、高邑。续通考云，赵州，宋为庆源军，金改今名，领平棘、临城、高邑、赞皇、宁晋、北乡、隆平七县；奉城一镇。降。阿里库原作阿里刮徇地濬州，败敌兵，取滑州。〔考异〕续纲目云，金闻帝如扬州，分道南侵。尼玛哈自河阳渡河攻河南，鄂尔多、乌珠自沧州渡河攻山东，罗索、萨里罕自同州渡河攻陕西。分遣尼楚赫攻汉上，阿里、富勒珲趋淮南。尼玛哈至汜水关，陷西京，留守孙昭远走死。时宗泽为东京留守，保护河梁，乌珠乃不敢向汴。罗索至河中，官军扼河西岸，不得渡，乃自韩城履冰过，陷同、华，安抚郑骧赴井死；破潼关，经制王玶引兵遁蜀，中原大震。韩城县志云，冰桥在县东北禹门处，每岁大雪时合，惊蛰时解，时日不差。龙门断岸危峡，河冰蔽天而下，至此山立，若有神驱之者，顷刻成桥，车马行同陆路。宋建炎元年，金分道入寇，官军扼于河，乃自韩城履冰渡，即此。大金国志云，先是，粘罕破西京，使高世由守之，翟进杀世由，据其城，至是与郑建雄扼河；不得渡，乃以重兵屯河阳北城以疑之，阴遣银朱取九鼎渡河攻南城，军溃，遂得济。首败姚庆军于偃师，庆死，以李嗣本守西京。宏简录云，留守孙昭远遁，少尹阮骏死之。阿里朵围棣州，守臣姜刚之（按，宋史卷二四高宗纪作纲之）固守，解去。毕沅续通鉴云，昭远走至陈、蔡间，为叛兵杀，谥忠愍。北盟会编云，金人自龙门渡河，安抚曲方遁。银朱陷汝州，提点刑狱谢京走，被杀。李心传朝野杂记云，金围西京急，留守孙昭远遣其将王仔奉启运宫神御，间道走扬州，后迁于福州；而永安军会圣宫、扬州章武宫之御容，则迁于温州天庆观，绍兴中，奉还临安。昭远，忭孙也，字显叔，眉山人。赠徽猷阁待制。骧，字潜翁，玉山人，赠枢密直学士，谥威愍。

六年（戊申——二八）春正月丙戌朔。宗弼原作兀术破宋郑宗孟军于青州，克之。〔考异〕毕沅续通鉴云，时知县陆有常、张侃，县丞丁兴宗均死之。栋摩克潍州，领县三，隶京东路。〔考异〕舆地广记云，潍州，二汉为北海郡，北齐改高阳，隋分置雄州，唐始名潍州，政和初改北海郡，县三：北海、昌邑、昌乐。续通考云，宋名北海军，后仍为潍州。时持嘉晖从攻城，督兵先登，城中乘风纵火，发机石，晖力战，败之；复破敌于范桥，连战甚力，卒破其城。〔考异〕宋史高宗纪云，窝里嗢陷青、潍二州，寻弃去。知潍州韩浩，与通州朱廷杰皆力战，死之。毕沅续通鉴云，朝议大夫周中与弟辛，（阎）〔阖〕（据毕鉴卷一〇一改）门百口死难。浩，琦孙也。系年要录青州、潍州之破，并作二月癸卯。与史异。达呼布败宋将赵子昉兵。萨里罕原作撒离喝，改名杲。〔考异〕熙宗纪作撒离合。婆卢火传作撒剌喝。卷六十五斡者传海陵末中京留守判官另一人。系年要录云，或作撒里曷，系金主晟从弟。至萨里干，系赛音名。本传，安帝六代孙，（秦）〔泰〕州（据金史卷八四完颜撒离喝传改）和勒博缴子。从平陕西，徇地自渭西，降德顺军及泾原、熙河二路，及保（州）〔川〕（同上）。又同璸都讨平河外诸寨，降西宁庆阳。陕西平，宗辅率宗弼等还，留萨里罕总兵。续通考云，和勒博缴作胡特孛山，为博勒和，原作婆卢火族兄弟。其孙为宗安，官御史大夫。败宋兵于河上。宗辅又败宋将马括兵于乐安。今属青州府。宗弼进败宋兵于河上。〔考异〕薛应旗通鉴云，兀术自郑抵白沙，汴京震恐，僚属入问计，宗泽方对客围棋，笑曰："何事张皇？刘衍等在外，必能破贼。"乃选精锐数千，使绕出敌后，金人方与衍战，前后夹击，大败，去。粘没喝据西京，泽与相持，遣部将阎中立、郭俊民、李景良趋郑，遇敌，大战，中立死之，俊民降，景良遁，泽捕斩之。既而，俊民复来说降，并诛之。衍还，部将张扐往救，至滑战死，急命王宣赴援，破走之，以宣知滑州。金自是不复犯东京。寻得辽臣王策，知金虚实，决大举之计，屡上疏请帝还京，不报，威声日著，敌对南人言，必以爷称之。所载较详。**尼楚赫**原作银术可**取邓州**，宋史地理志云，为南阳郡领县五，隶京南路。〔考异〕舆地广记，邓州，春秋时申、邓二国地，战国属韩，后属楚，秦置南阳郡，后魏兼置荆州，隋改邓州，梁升宣化军，后唐改威胜，周改武胜，县五：穰、南阳、内乡、浙川、顺昌。续通考云，唐初为邓州，又改南阳郡，寻复故，宋因之，金升武胜军，领穰城、南阳、内乡三县，后置新野、浙川。续纲目云，尼玛哈谍知邓州将为行在所，命尼楚赫急攻之，范致虚遁，安抚刘汲登陴，力战，死之。储峙甚多，悉为金有。系年要录云，汲时官西京转运使，右文殿修撰，摄府事。见家传。赵甡之遗史云，汲率两都监出南门，声言欲战，或以为出奔，均被执。或曰登时杀死。后赐谥忠介。签判李操等以城降，银术可搜括既尽，焚其城，迁士民北去。宋史，汲，字直夫，丹棱人，赠大中大夫。高宗纪系之正月。梁克家中兴会要谓汲时官直龙图阁。北盟会编云，是月，翟兴、翟进败金人于伊川之皂（樊）〔矾〕岭（据北盟会编卷一一五改）及驴道（堆）〔堰〕（同上），擒傅太尉，金闻大翟、小翟之名。史均未载。**苏玛拉**原作萨谋鲁。**入襄阳**，**巴尔斯入均州**，**马武**一作马五。〔考异〕毕沅续通鉴作玛图。**取房州**。

二月乙卯朔，巴尔斯进克唐州，癸亥，取蔡

州。〔考异〕北盟会编云，银术陷均州，知州杨彦明弃城走；陷唐、蔡、汝阳，县丞郭瓒死之。宋史高宗纪云，金陷蔡州，执守臣阎孝忠。史均未载。地理志云，襄阳，本襄州，领县六；均州，本武当郡，领县一；房州，为房陵郡，领县二；唐州，为淮安郡，领县五，皆属京西南路。蔡州，一曰淮康军，领县十，属京西北路。舆地广记，襄州，春秋属楚，魏置襄阳郡，晋因之，兼置荆州，东晋置雍州，后梁萧詧都此，西魏始改襄州，唐因之，后为山（西）〔南〕东道（据舆地广记卷八改），今县六：襄阳、邓城、谷城、宜城、中卢、南漳。均州，春秋属（虞）〔麇〕（同上），战国属韩，宋置始平郡，后改武当，齐号齐兴郡，梁置兴州，后周改丰州，隋改均州，县二：武当、郧乡。房州，春秋时为（麇）〔麇〕、庸二国，魏置新城郡，西魏置光迁国，隋改房州，复为房陵郡，今县二：房陵、竹山。唐州，战国属韩，秦属南阳郡，后魏置东荆州，西魏改淮州，隋改显州，后为淮安郡，唐号唐州，今县五：（沁）〔泌〕阳、（同上）湖阳、比阳、桐柏；淮水，方城所出。蔡州，春秋属沈蔡，战国属楚，汉置汝南郡，宋及后魏兼置豫州，后周改舒州，后为蔡州，今县十：汝阳、上蔡、新蔡、褒信、平舆、遂平、新息、确山、真阳、西平。续通考云，唐初为襄州，后改襄阳郡，宋为襄阳府，领襄阳、南漳、宜城、谷城、光化、枣阳等县。均州，宋为武当军，治武当。房州，唐初为迁州，宋置保康军，领房陵、竹山二县。唐州，唐初号显州，后改今名，金属南京，领（沁）〔泌〕阳（据金史卷二五地理志改）、比阳、湖阳、桐柏四县。蔡州，今汝宁府，金升镇南军，领汝阳、上蔡、西平、确山、遂平、平舆六县。己巳，伊喇古败宋台宗隽军于大名。庚午，再破其军，遂擒台宗隽及宋忠。甲戌，巴尔斯取陈州。癸未，克

<u>颍昌府</u>。<u>方舆纪要</u>云，<u>大名府</u>，古<u>魏州</u>，即<u>邺都</u>，领州一，县十。<u>陈州</u>，秦为<u>颍川郡</u>，宋号<u>淮宁府</u>，领县四。<u>宋史地理志</u>云，<u>颍昌府</u>为<u>许昌郡</u>，号<u>忠武军</u>，本<u>许州</u>，领县七。〔考异〕<u>舆地广记</u>云，<u>大名府</u>，春秋属<u>晋</u>，<u>魏文帝</u>分置<u>阳平郡</u>，后周置<u>魏州</u>，隋曰<u>武阳郡</u>，<u>唐</u>亦曰<u>冀州</u>，后为<u>魏郡</u>、<u>天雄军</u>，后唐建<u>邺都</u>，今县十一：<u>元城</u>、<u>莘</u>、<u>内黄</u>、<u>成安</u>、<u>魏</u>、<u>馆陶</u>、<u>临清</u>、<u>宗城</u>、<u>夏津</u>、<u>清平</u>、<u>冠氏</u>。<u>陈州</u>，春秋<u>陈国</u>，<u>楚顷襄王</u>徙都焉，后魏立<u>陈郡</u>及<u>北扬州</u>，北齐改<u>信州</u>，隋号<u>陈州</u>，晋为<u>镇安军</u>，今县五：<u>宛邱</u>、<u>项城</u>、<u>商水</u>、<u>南顿</u>、<u>西华</u>。<u>颍昌府</u>，春秋属<u>许国</u>，秦置<u>颍川郡</u>，东魏改<u>郑州</u>，后周为<u>许州</u>，<u>唐</u>为<u>颍川郡</u>、<u>忠武军</u>，梁号<u>匡国军</u>，今曰<u>颍昌府</u>，县七：<u>长社</u>、<u>郾城</u>、<u>阳翟</u>、<u>长葛</u>、<u>临颍</u>、（<u>邢</u>）〔<u>郏</u>〕（据<u>舆地广记</u>卷九改）、（<u>鲁</u>）〔<u>舞</u>〕<u>阳</u>（同上）。<u>续通考</u>云，<u>大名</u>，宋<u>北京魏郡</u>，金改（<u>安武</u>）〔<u>天雄</u>〕军（据续通考卷二三一改），寻升总管府。<u>陈州</u>，<u>唐</u>名<u>淮阳郡</u>，宋为府，金为<u>陈州</u>防御使。<u>颍昌</u>，金改<u>武昌军</u>。所载各异。<u>颍昌</u>之破，宋史作正月，时知府<u>孙默</u>死之。**郑州叛入宋，复取之。迁洛阳、襄阳、颍昌、汝、郑、均、房、唐、邓、陈、蔡之民于河北。**<u>宋史地理志</u>云，<u>洛阳</u>，<u>西京</u>，领县十六。<u>汝州</u>，为<u>临汝郡</u>，<u>陆海军</u>，领县五。〔考异〕<u>舆地广记</u>云，周定鼎，卜<u>瀍水</u>西，作<u>洛邑</u>，曰<u>王城</u>，今皇城是。卜<u>瀍水</u>东作下都，迁<u>商</u>顽民，曰<u>成周</u>，今<u>洛阳</u>故城是。<u>平王</u>东迁，居<u>王城</u>，<u>子朝</u>据之，晋<u>魏舒</u>城<u>成周</u>居<u>敬王</u>，至<u>考王</u>封弟<u>桓公</u>于<u>河南</u>，居<u>王城</u>，遂为<u>西周</u>。<u>惠公</u>封少子于<u>巩</u>，为<u>东周</u>。<u>赧王</u>居<u>王城</u>，为秦灭，置<u>三川郡</u>。汉置<u>河南郡</u>，东汉都之。魏、晋为<u>司州</u>，唐曰<u>河南府</u>，今县十五：<u>河南</u>、<u>洛阳</u>、<u>永安</u>、<u>偃师</u>、<u>巩县</u>、<u>登封</u>、<u>颍阳</u>、<u>新安</u>、<u>渑池</u>、<u>永宁</u>、<u>长水</u>、<u>寿安</u>、<u>福昌</u>、<u>伊阳</u>、<u>河清</u>。<u>汝州</u>，东周为<u>王畿</u>，汉属<u>河南颍川郡</u>，隋置<u>汝州</u>，今县五：<u>梁县</u>、<u>襄城</u>、<u>叶</u>、<u>鲁山</u>、<u>龙兴</u>。<u>续通考</u>云，<u>洛</u>

阳，唐初为洛州，改东京，金为中京，金昌府。续纲目云，郑州破，
通判赵伯振死之，知州董庠弃城走。薛应旂通鉴云，娄宿陷永兴，
秦州帅李积降。犯熙河，经略张深遣都监刘惟辅趋新店，刺杀其将
黑锋，敌为夺气。深复檄都护张严往追至五里坡，遇伏，死。粘没
喝初闻严入关，弃西京赴援，至是归云中。翟进复西京。凤翔府志
云，五里坡，在府西四十里。宋置五里镇，其西与汧阳接界。系年
要录，黑锋作贝勒哈藩，吴玠功绩记作黑风，龚颐正中兴忠义录作
黑杀大王。北盟会编云，翟兴、翟进败金人于福昌三乡及龙门，遂
复西京。毕沅续通鉴，西京之复作三月事，云，二月，金陷淮宁，
知府向子韶死之，弟子褒与（闳）〔阊〕（据毕鉴卷一○一改）门俱
死，惟存一子鸿，谥忠毅。史未书。克淮宁事。子韶，字和卿，开
封人，赠通议大夫，官其家六人。见宋史要录。又云，第三将岳景
绶战死，而赵甡之遗史谓子褒守陈州，为景绶杀，疑误。时金主居
涞流河御寨，左右半南人，谋起义，劫之渡河以为质，事觉，皆被
诛。纪未载。**罗索攻下同、华、京兆、凤翔，执宋经**
制使傅亮。阿林破河中。斡鲁入冯翊。宋史地理志云，
同州为定国军，领县六；华州为镇国军，领县五；京兆，府名，领
县十三；凤翔，府名，号扶风郡，领县九，皆隶永兴军路。〔考异〕
唐书地理志云，同州，隋冯翊郡，唐改同州，县八。华州，隋华阴
郡，唐改名太州，又为兴德府，后复为州，县四。舆地广记云，同
州，周为（芮）〔芮〕伯（据舆地广记卷一三改）韩侯国，汉置河上
郡，景帝分为左内史，武帝为左冯翊，元魏兼置华州，西魏改同州，
唐因复为冯翊郡，梁为忠武军，今为安国军，县六：冯翊、澄城、
朝邑、郃阳、（泉）〔白水〕、（同上）韩城。华州，本郑国，汉属京
兆尹，元魏置华山郡及东雍州，西魏改华州，唐尝改太州，后复故，
亦曰华阴郡、兴德府，梁为感化军，后唐为镇国军，今为镇漳军，

县五：郑县、下邽、蒲城、华阴、渭南。京兆府，周室所居，东迁入于秦，孝公都焉。汉为渭南郡，武帝分为右内史，更为京兆尹，晋为京兆郡，兼置雍州，后周、隋、唐皆为帝都。唐末废为佑国军，梁为永平军，后唐为西京，晋为晋昌军，汉曰永兴军，今县十五：长安、万年、鄠、蓝田、咸阳、醴泉、泾阳、栎阳、高陵、兴平、临潼、武功、乾祐、奉天、终南。凤翔府，春秋以来为秦都，汉为中地郡，后分为右内史、右扶风，魏、晋为扶风郡，西魏为岐阳郡，唐为岐州，肃宗置凤翔府，今县十：天兴、岐山、扶风、盩厔、（邵）〔郿〕县，（据舆地广记卷一五改）宝鸡、虢县、麟游、普润、好畤。宋史纪事本末云，罗索围永兴军。时京兆兵皆为钱盖调赴行在，经略唐重誓死守，副使傅亮夺门出降，重死之。高宗纪系之正月。续纲目云，重作书切父，城陷，遂与副总管杨宗闵、提举马军程迪、提点刑狱郭忠孝等八人同死。毕沅续通鉴云，转运副使桑景询、判官曾谓、主管机宜文字王尚友及其子建中亦死。事闻，赠重资政殿学士，谥恭愍。眉山人。系年要录云，重中流矢死，尝上四急务五大患疏。父名克臣。赵甡之遗史谓自缢死。史未书重死节事。宋史程迪作陈迪，王尚友作王尚。熊克小纪云，重辟雅州知录丹棱扬仁以自助，仁辞不至，为重言全陕之重，必宰辅亲临，号召天下，势可百倍。昔娄敬一言，汉高感悟，即日驾幸关中。况近臣有请，上当必从。重未及用而死。刘于义陕西通志云，金天会六年戊申，同州有红巾十万，攻城危甚，忽大兵至，破贼统兵乌鲁大王。憩兵同州界八鱼井，见老翁驰白马，汗如流，诣军门告急，莫知为谁。忽有人曰："城隍庙塑马，迄今有汗。"本同州志。

三月己酉，达兰克恩州。宋史地理志云，恩州，本清河郡，晋曰永清军，县三。〔考异〕舆地广记云，春秋属齐，汉置清河郡，后周兼置贝州，唐因之，后为清河郡，今县三：清河、武城、历亭。续通考云，唐为清河郡，宋改恩州，金隶大名府路，领历亭、武城、清河、临清四县。明降为县，属高唐州。薛应旂通鉴云，时中山受围三年，粮绝，士卒羸困不能执兵。知府陈遘欲括兵力战，部将沙振潜衷刃入府害遘，并子锡等十七人。振出，为卒所杀，捽裂之，身首无余。城陷，金人曰："忠臣也"，敛而葬之。字亨伯，永州人，官资政殿学士。见宋史忠义传。毕沅续通鉴作二月事（按毕鉴卷一〇一云："三月辛卯，金人破中山府。"则不作"二月"事，此处误。）续纲目云，四月，罗索寇泾原，曲端遣吴玠逆击于青溪岭，敌败走。同、华李彦仙屡败金师，复陕州及解、绛诸县，诏彦仙知陕州兼安抚使。字少严，彭原人。

夏六月己未，达兰遣兵下磁州、宋史地理志云，本滏阳郡，旧名慈，县三。〔考异〕王存元丰九域志云，在东京四百三十里，治滏阳县。兴国初，昭义县为昭德，熙宁中，降为镇，入滏阳。续通考云，宋属滏阳郡，金为滏阳军，隶彰德府，领滏阳、武安、邯郸三县。信德府。〔考异〕薛应旂通鉴云，四月，宗泽遣将赵世兴复滑州，翟进袭兀术于河南，兵败，子亮死之。韩世忠等又败于文家寺，兀术寻弃西京去。金克唐州。五月，娄宿大掠而东，陷绛州。初，泽承制以王庶为陕西制置使，曲端为河东制置使。钱盖又檄庶兼节制怀庆、泾原兵。及金人东还，庶欲袭取重载，移文两路，兵不出。金兵至青溪，为吴玠扼，至咸阳，畏渭南义兵，不得渡，遂徇渭而东，分兵入鄜延，攻康定。庶遣兵断河桥及归路，敌遂去，陷绛州。曲端复秦州。熊克小纪云，四月，统制韩世忠至西京，金乌克绅、伊都之众屯河阳，世忠约翟进及新降丁进、孟世宁等三军与金战。进夜攻金营，金预知，反为所袭。乌克绅复入西京，进与世忠再与金战于永安县，会丁进等不至，陈思恭先走，世忠败绩，张遇救免，收兵归行在。寻闻金兵渡河，诏世忠等追敌至京东，复为金败，张遇死焉。史均未载。世忠，字良臣，延安人，封蕲王，谥忠武。庶，字子尚庆阳人。**真定贼自称元帅，秦王萨里罕讨平之。**〔考异〕毕沅续通鉴云，时金主下诏，开贡举取士，有司以辽、宋制不同为请，命南北各因所习之业取之，号南北选。真定拘籍进士试安国寺，侍中刘霄，故辽官，发策问：宋上皇无道少帝失位，宋进士褚承亮不对而出，放第七十二人，号七十二贤榜。状元许必仕为郎官。金史本纪及选举志作五年事。隐逸传及周密癸辛杂志作六年事。云，褚，字茂先，宣和中已擢第。至是语霄曰："君上之过，岂臣子所宜言耶？"长揖而去。霄，咸雍中状元，怨宋人海上之盟，故发此问。苏轼东坡题跋云，昔余与北使刘霄会食，霄诵余诗曰："痛饮从今有几日，西轩月色夜来新。"公岂不饮者耶，戎人亦喜吾诗，可怪也。茂先子席珍，正隆二年进士，历州县，有声。许必后出左掖门，堕马死，余多无显者。熊克小纪云，金试举人于蔚州，张孝纯主文柄，辽人皆用词赋，两河人皆用经义。而孙九鼎为第一，忻州人。政和间，游太学，与洪皓同舍。陷敌十年，登第。皓在北方屡见之，时建炎三年七月也。续通考云，金初设科制，（由）〔因〕（据金史卷五一选举志改）辽、宋有词赋、经义、策试、律科、经童之制，天眷元年五月，诏南北选各以经义、词赋两科取士。天德三年，罢经义、策试科。大定十一年，创置女直进士科，初但试策，后增试论，所谓策论进士也。明昌初，又设制举宏词科，以待非常之士，故金取士之科有七焉。其试词赋、经义、策论中选者曰进士，律科、经童中选者曰举人。凡诸进士举人，由乡至府，由府至省，及殿廷共四试皆中选，则官之。至廷试五被黜则赐第，曰恩例。其特命及第者曰特恩。正隆元年，始定三年一举。大定十八年，因赵承元无行，令榜首先取乡行可取则授应奉，否则，从常调，或与外除。初，南北选共取进士三百五十人，嗣只二百五十人，及止设词赋科，不过六七十人。世宗令毋限以数。承安四年，上以一场放二状元，非是；遂令御试日，词赋第一名为状元，经义魁次之。恩例与词赋第二人同，后傲此。五年五月，定进士试弓箭格，寻罢。泰和元年，省臣奏，搜捡严切，至解发、袒衣，索及耳鼻，非待士之礼。故大定末，已尝依前故事，使就沐浴，官置衣更之，上从之。按，制举科试无常期，听内外六品以下官、从内外五品以上荐于所属，诏试之。（名）〔若〕（据金史卷五一选举志改）草泽士，德行为乡（生）〔里〕（同上）所服者，从府州荐之。先投所业策论三十道于学士院，优则试之，授以官。后卫绍王大安元年正月，试宏词科，余不多见。承安二年三月，定保举德行才能格。又按，天眷二年系石琚中进士第一。天德元年，胡砺第一；二年，吕忠翰第一；三年，杨建第一。时王彦潜、常大荣皆进士第一，不知何年。大定十九年，张行简第一。明昌五年，杨云翼第一。贞祐三年，李献能第一。哀宗正大元年五月，赐策论进士李术里长河以下十余人及第，经义进士张介以下五人及第，词赋进士王鹗以下五十人及第。天兴二年，入归德，赐进士终场王辅以下十六人出身。又，正隆时，孟宗献发解第一，及府试、省试、廷试皆第一，号孟四元。

秋七月乙巳，宋帝请和，不许。〔考异〕薛应旂通鉴云，是月，宗泽卒，字汝霖，义乌人。初举进士，退居东阳山谷间。靖康初，用陈过庭荐，历东京留守，招集群盗，聚兵储粮，谓克复可指日计。前后二十余奏，每为汪、黄所抑，复用郭仲荀为副留守，以察之，忧愤，疽发，卒年七十。临终，连呼"过河"者三，无一语及家事。讣闻，赠观文殿学士，谥忠简。子颖，素得士心，都人请以继父任，不许，以杜充代。林泉野记谓为婺州人，登第，历秘阁修撰。南宋书云，泽母刘氏，梦雷电光烛其身而生。靖康小雅云，

是年，命泽总兵，会韩世忠、刘锡自滑州而北，集于中山府，闻命
欣跃。行有日矣，汪、黄忌其成功，力阻之。靖康遗事云，除门下
侍郎。方勺泊宅编云，泽，婺州农家子，第进士，为馆陶尉，获逃
军即杀之，一境无盗。时，吕惠卿帅大名，荐之，且戒其好杀。刘
逵鸿书云，华阴道有泽石刻诗曰："菅茅作屋几家居，云碓风帘路不
纡。坡侧杏花溪畔柳，分明摩诘辋川图。"见刘于义陕西通志。熊克
小纪云，汪、黄初疑泽，用郭仲荀为副，继复欲罢之，赖中丞许景
衡力言其能保东京，张悫亦曰："如泽忠义，得数人，天下定矣。"
泽后谥威愍。（按据宋史卷三六〇宗泽传，泽谥忠简。）悫终中书侍
郎，谥忠穆。景衡卒官右丞。

八月，罗索败宋兵于华州。额特埒原作讹特剌。
〔考异〕汪辉祖金史同名录云，卷十章宗承安二年平章，即斡特剌，
姓粘割；卷七十五卢彦伦传太祖时招抚临潢，亦作斡特剌，三人同
名讹特剌。破敌于渭水，遂取下邽。

九月辛丑，胜额原作绳果等败宋兵于蒲城，又破
之于同州，取丹州。方舆纪要云，渭水出临洮府渭源县西南
谷山。宋史地理志云，下邽、蒲城，均县名，属华州。丹州，隶永
兴军路。〔考异〕舆地广记云，丹州，春秋为白翟，西魏置汾州及义
川郡，后改州为丹州，隋置丹阳郡，唐为丹州，今县一：宜川。宋
史纪事本末云，八月，金陷冀州，将官李政死之。再犯永兴军，贺
师范与战于八公原，死之。九月，讹里朵袭破信王榛军于五马山。
初，和州防御使马扩聚兵真定，奉上皇子榛总军，制诸砦。扩赴行
在，金乘虚袭破之，榛亡走，不知所终。熊克小纪云，初官保州防
御，童贯命募兵真定，为刘鞈所收，系狱；鞈去，真定陷，扩走出，
为金掳，因与邦杰合。扩至行在，拜总管，以榛为河外兵马都元帅，
将兵北讨。靖康要录云，靖康元年三月，皇弟平阳郡王榛为检校太

传、宁江军节度，以即位推恩也。四月，进封信王。毕沅续通鉴云，
扩初引兵攻清平与宗辅战城南，统制阮师中、巩仲达及其子元忠皆
死，扩众乱，由济南走归，万俟虞及子刚中死之。扩至扬州待罪，
罢军职。史未书宗辅败扩兵事。

冬十月丁丑，芬彻、罗索败宋兵于临真。庚
辰，宗翰、宗辅会于濮，侵宋。

十一月庚寅，芬彻、罗索取延安府。宋史地理志
云，临真，县名，属延安府，府号彰武军，本延州，县七。〔考异〕
舆地广记云，濮州，春秋属卫，秦属东郡，唐为濮州，今县四：鄄
城、雷泽、临濮、范县。延安，春秋为白翟地，汉为翟国，改上郡，
后魏置东夏州，西魏改延州，隋置延安郡，唐曰延州，梁号忠义军，
后唐改彰武，今县七：肤施、延川、延长、门山、敷政、临真、甘
泉。续通考云，金皇统二年，置彰武军总管府。续纲目云，通判魏
彦明死之。时，罗索谋知王庶与曲端不和，并兵攻鄜延，庶据险自
守，金兵渡清水河，破潼关，秦陇皆震。庶趣端赴援，不应；遣吴
玠复华州，自赴襄乐。庶引兵救延安，闻既陷，赴襄乐劳军，端谋
杀之，不果。熊克小纪云，庶帅鄜延，用端为统制，庶军政严，多
杀将士，尝曰：“设曲端忤我，亦当斩。”端闻，恨之。及延安随端
至龙坊，讥庶爱身，庶曰：“数令不从，谁其爱身者。”端怒，欲杀
庶，商之使者谢亮，不可。端乃去，庶以故懊端，欲死之。王瓒亦
为端袭，遁入蜀。所载较详。乙未，取濮州，安抚使王伯
龙破李固寨众十余万于濮州。濮州城守，城中镕铁
挥军中，攻之不能克。伯龙被重甲，首冠大釜，挺
枪先登，杀守陴者，诸军相继而上，遂克之。〔考异〕
续纲目云，初，金围濮州，知州杨粹中使将姚端袭破其军。尼玛哈

跌足走，仅以身免。未几，城陷，死之。<u>北盟会编</u>云，<u>金</u>执<u>粹中</u>归，大肆屠掠，庐舍俱烬。<u>大金国志</u>只载<u>姚端</u>，无<u>粹中</u>名。<u>粹中</u>，<u>真定府</u>人，赠<u>徽猷阁</u>待制。<u>史未书金兵败事</u>。**绥德军降。罗索再攻晋宁军，宋将徐徽言固守，不能克。**<u>宋史地理志</u>云，<u>绥德军</u>，为<u>唐绥州</u>地，隶<u>延州</u>，在州东北三十里。<u>晋宁军</u>，本<u>西界葭芦寨</u>，县二，属<u>河东路</u>。〔考异〕<u>舆地广记</u>云，<u>绥德军</u>，春秋为<u>白翟</u>，秦属<u>上郡</u>，<u>西魏</u>置<u>安乐郡</u>，兼立<u>绥州</u>，今为<u>绥德城</u>，升为军，县五：<u>龙泉</u>、<u>延</u>（禄）〔<u>福</u>〕（据<u>舆地广记</u>卷一四改）、<u>绥德</u>、<u>城平</u>、<u>大斌</u>。<u>晋宁军</u>，由<u>石州</u>分置，县二：<u>临泉</u>、<u>定胡</u>。<u>续通考</u>云，<u>绥德州</u>，金领<u>清涧</u>一县，<u>暖泉</u>、<u>义合</u>、<u>清边</u>、<u>临夏</u>、<u>白草</u>、<u>米脂</u>、<u>绥平</u>、<u>怀宁</u>、<u>镇边</u>、<u>定戎</u>十寨，<u>嗣武</u>一城。<u>晋宁军</u>，本<u>唐银州</u>改，金为<u>葭州</u>，领寨八，堡九。<u>徽言</u>，字<u>彦猷</u>，<u>衢州西安</u>人。<u>熊克小纪</u>云，<u>折可求</u>（字）〔子〕（据<u>中兴小纪</u>卷四改）<u>彦文</u>，自<u>东京</u>来，被执，至<u>云中</u>，<u>尼雅满唻</u>以利，使为书以招其父，遂降<u>金</u>。<u>可求</u>与<u>徽言</u>，亲也，（今）〔<u>金</u>〕（同上）故挟<u>可求</u>以招<u>徽言</u>。<u>徽言</u>引弓射之，<u>可求</u>走，进击，大破之，斩<u>娄宿</u>之子。<u>史未书娄宿兵败及子被杀事</u>。

　　十二月丙辰，宗弼取开德府。〔考异〕<u>薛应旂通鉴</u>云，时守臣<u>王棣</u>死之。<u>宏简录</u>，<u>棣</u>外尚有<u>杨彭年</u>，亦死城中，杀戮无遗。<u>毕沅续通鉴</u>云，知府<u>王棣</u>走，为军民践死，<u>郑建古</u>亦被杀。<u>系年要录</u>，<u>棣</u>赠<u>资政殿</u>学士。<u>建古</u>，<u>铅山</u>人，赠朝议大夫。<u>宋史忠义传</u>无<u>王棣</u>名，死事见<u>高宗纪</u>。**丁卯，宗辅克大名府。呼沙呼败宋兵于巩。**<u>宋史地理志</u>，州名，本<u>通远军</u>，县三，属<u>熙河路</u>。〔考异〕<u>舆地广记</u>云，<u>巩州</u>，古<u>雍州</u>地，春秋属<u>羌戎</u>，汉末立<u>南安郡</u>，元<u>魏</u>置<u>渭州</u>，隋置<u>陇西郡</u>，唐因之，今县三：<u>陇西</u>、<u>永宁</u>、<u>宁远</u>。<u>续通考</u>云，<u>唐</u>初置<u>渭州</u>，后曰<u>陇西郡</u>，陷入北蕃，<u>宋</u>取之，置<u>巩州</u>，今为巩昌府，领陇西、宁远、伏羌、通渭、津县、文县。薛应旂通鉴云，九月，薛广败于相州，死之，岳飞与金战胙城及黑龙潭、泛水关，皆大捷。金克东平府及济南府。讹里朵克大名，提点刑狱郭永死之，家属均遇害，谥勇节。进陷袭庆府，军士欲发孔子墓，高庆裔言而止。熊克小纪云，谥节勇，赠资政殿学士，元城人。守臣张益谦判官裴亿降金。续纲目云，十月，杨进复叛，寇汝、洛，翟进战死，弟兴为招讨使。兴，字公祥，伊阳人。弟进，字先之，为杨进杀，赠忠州刺史。系年要录云，兴与子琮复击杀杨进于鲁山县婆娑店。大金国志云，相州破，守臣赵不试同家属赴井死。陷德州，都监赵叔醇死之。克东平，守臣权邦彦遁。下济南，守将赵德降。南宋书叔醇作叔皎。宋史及宏简录作叔皈。毕沅续通鉴云，破棣州，直秘阁姜刚中死之。宋史高宗纪作姜刚之。又云，是冬，杜充决黄河，自泗入淮以阻金兵。方舆纪要云，胙城，县名，今属卫辉府。黑龙潭，在府城西。史均未载。

七年（己酉——二九）春二月戊辰，宋麟府路安抚使折可求以麟、府、丰三州宋史地理志云，麟州新秦郡，亦曰建宁军，县一；府州为靖康军，治府谷；丰州为宁丰郡，县二，皆隶河东路。〔考异〕舆地广记云，麟州，汉属五原、西河二郡，隋属银、胜二州，唐张说奏置麟州，今为镇西郡，县三：新秦、银城、连谷。府州，汉属太原郡，隋属楼烦郡，唐末置府州，后唐以折从阮为刺史，汉为永安军。折氏世守其地，今因之，县一：府谷。丰州，分府州萝（䕽）泊川掌地（据舆地广记卷一九删）置，与麟、府接，不统县。降。罗索、色哩、呼沙呼破晋宁军，徐徽言拒战，率众溃围出，擒之。使之拜，不拜。临之兵，不动。命降将折可求谕之，指可求大骂，出不逊语，遂杀之。统制孙昂及士卒皆不屈，被害。

〔考异〕史书折可求以是月降，而薛应旂通鉴，金使可求谕徽言降作去冬事，稍异。徽言，赠晋州观察使，谥忠壮。熊克小纪云，一夕，内应者启扉纳敌，徽言力战，被禽。又异。

夏四月，芬彻、罗索取鄜、坊二州。宋史地理志云，鄜州为保大军，治宜川；坊州领县二，皆隶永兴军路。〔考异〕舆地广记云，鄜州，春秋属白翟，汉为上郡及左冯翊，隋为鄜城郡，唐升保大军，今县四：洛交、洛川、鄜城、直罗。坊州，唐初分鄜州置，亦曰中部郡，今县二：中部、宜君。续通考云，唐初为鄜州，又改洛交郡，后仍旧，金置保大军，仍领四县。坊州，唐本中部地置，领宜君一县，宋、金因之。宏简录云，正月，金再陷青州、潍州，焚其城而去。安抚刘宏道入据之。都统邵兴败金人于潼关，复虢州。毕沅续通鉴云，二月，金破沧州，通判孔德基以城降。北盟会编云，三月，金陷青州，知州刘宏道弃城走，金命向大猷知青州，兵遂趋鄜延，经略郭浩驻兵境上，鄜州遂陷。系年要录云，洪道寻拔青州，执向大猷，张成以莱州降金。金命吴球守之，知莱阳县解致明遁归。纪载各异。

秋九月庚午，宗弼败宋兵于睢阳，降其城。是月，曹州降。时，持嘉晖从克泗州，屯汶阳，破贼众于梁山泺，获舟千余。移军攻济州，降之。晖约束军士，秋毫无犯，自是，曹、单等州皆望风下。

方舆纪要云，曹州，属兖州府，县二；泗州，属凤阳府，县二；汶阳，今汶上县，属东平州；梁山泺，在东平州西南五十里，古大野泽。济州，今济南府。〔考异〕舆地广记云，曹州，古曹国，汉彭越都焉。后别为济阴国，更名定陶，改济阴郡。晋为济阳郡，后魏置沛郡及西兖州，后周为曹州，石晋为威信军，周改彰信，今为兴仁府，县四：济阴、冤亭、乘氏、南华。泗州，春秋属徐，秦属泗水郡，汉属临淮郡，元魏置盱眙郡，梁置高平郡，又改济阴郡，今县三：盱眙、临淮、招信。济州，隋为砀郡，唐废入郓州，周别置济州于钜野，今因之，县四：钜野、任城、金乡、郓城。又，齐州，后魏曰济州，唐为济南郡，今升兴德军，县五：历城、禹城、章邱、长清、临邑。续通考云，唐改济阴郡，后仍为曹州，宋因之。金大定中，城为河没，迁州治于古乘氏县，领济阴、定陶、东明三县。泗州，唐改临淮郡，后仍旧，金正隆四年罢诸路榷场，但存泗州一处，领淮平、临淮、睢宁、淮滨四县。济州，唐以前为济北郡，治单父，唐改济州，宋因之，元领任城、鱼台、沛县。又云，济州，唐改临淄郡，又为济南郡，宋为济南府，金因之，领历城、临邑、商河、章邱、禹城、长青、济阳七县。大金国志云，时金兵分下山东，惟济、单、兴仁、广济以水阻而存。民人兵火之后，复患河决，岁复大荒，人相食，巨盗王江、宫仪车载干尸以充粮食，为金所乘，尽破之。宋史纪事本末云，七月，留守杜充弃东京，归行在。岳飞谏曰："中原地尺寸不可弃，今一举足，此地非我有，他日取之，非数十万众不可。"弗听。命程昌寓、郭仲荀相继代，亦名存而已。熊克小纪云，闰八月，金分河间、真定为河北东、西两路。平阳、太原为河东南、北两路，去中山、庆源、信德、隆德府号，皆复旧州名。自余军垒，亦多改焉。下令禁民汉服，及削发不如式者，皆死。薛应旂通鉴云，九月，金陷单州兴仁府，遂陷南京，守臣凌唐佐见刘豫，责以大义，被杀。毕沅续通鉴云，唐佐被执，金因而用之。六月，金破磁州，将官苏珪降迎，下武功。九月，下沂州，守臣以城降。南宋书云，唐佐后与李亘谋疏豫虚实以闻，事泄，被杀。宋赠官。钤辖孙安道亦死。乌雅呼尔喀传，初从栋摩围平州有功，及伐宋，围汴，五穆昆与宋兵万人遇于城南，先驰击败之。五年，攻宗城县，敌弃城走恩州，追杀千余人，获车四百辆。七年，讨平泰山群盗及兖州寇三千。乌雅沃哩布传，从攻沧州，下青州，皆力战有功。将十二穆昆军救德克济布于莱州，降四营，拔一营，得户四千。又败贼兵五万于恩州，抵临清，擒贼首以献。宋兵十万在单父，从总管宗室伊楞古往（救）〔讨〕（据金史卷八二乌延吾里补传改）之，遇敌，先登，战功最。进败贼兵万人于高密，复与伯腾败贼王义军十万于密州南。终通远节度使。纪均未载。

　　冬十月丙子朔，京兆府降。丁丑，巩州降。〔考异〕北盟会编云，三月，苗傅、刘正彦叛，帝逊位。四月，复辟。五月，张浚抚谕淮南，为薛庆所执，几被杀，寻释之。六月，苗、刘伏诛。闰八月，宫仪兵败于密州，李逵、吴顺以州降金。

　　八年（庚戌——三〇）夏四月辛丑，罗索败宋兵于醇化。醴州降，遂克邠州。宋史地理志云，醇化，县名，属邠州；醴州，本京兆府奉天县，旧号乾州，领县五；邠州为靖难军，县五，均属永兴军路。〔考异〕舆地广记云，唐文明元年置奉天县以奉乾陵，陵在县北五里。德宗居此，为朱泚所围，使（珲）〔浑〕瑊（据舆地广记卷一三改）扞，得不陷，以县置乾州，今熙宁五年州废，县复属京兆。邠州，汉末为新平（县）〔郡〕（同上），西魏置豳州，后因之，唐改为〔名〕（据文义补），县四：新平、宜禄、三水、永寿。续通考云，醴州，宋本干州改，金仍旧，领奉天、醴泉、武亭、好畤四县。邠州，唐本豳州，以字类“幽”，改为邠，宋、金因之，领新平、淳化、宜禄、永寿、三水五县。北盟会编云，二月，聂渊入（东京）〔京师〕（据三朝北盟会编卷一三七改），留守上官悟及其副赵伦出奔。三月，金遣镇国郎君入据之。自是四京皆没于金。悟在唐门，为董平所杀。熊克小纪云：城破，悟为金所害。时，河东民，所在结为红巾，出没城邑，皆用建炎年号，俟天兵到，尽戮敌人。金兵稍稍北去，盖金兵械亦不甚精，但奋不顾死，故多取胜，然河东人与习熟，亦无所惧。劫尼雅满寨，几胜，复下令捕之甚急，而势转横矣。有撰勇文者，揭于关庙，言虽俚而切，略曰："敌乱甚久，百姓破家者，皆当复仇。否则，枉作男儿，虽活何益！汝若怕敌，则败，不怕则胜。况敌有五事易乘：连年争战，辛苦，易杀；马倒不能走，易杀；深入重地，力孤，易杀；多带金银，易杀；作虚势吓人，易杀。各宜齐心戮力，共保无虞！"提刑谢睨得而上之朝，诏兵部、刑部，散布诸路。吕中大事记云，吾观建炎元年金之内侵，三道也，不惟监司帅府皆死于义，虽小如通判、县官、将校亦皆死节，降者惟刘豫、傅亮等三人耳。彼之所以固守者，以朝廷之不弃，而必有援兵也。而元年即位之敕，刑部指挥，已不腾报于河之东北，陕之蒲、解，是明系三路矣。使忠臣义士守孤城以待尽，惜哉。玉海云，绍兴十三年六月，诏史馆编修靖康建炎忠义录，用吏部郎中王扬英言也。书不克成。

金史纪事本末卷十

南侵江浙

太宗天会七年（己酉——二九），即宋高宗建炎三年也。夏五月，巴尔斯等袭宋帝于扬州。〔考异〕宋史纪事本末云，正月，金粘罕陷徐州，知州王复死之。时韩世忠屯淮扬，会山东兵援濮州。粘罕闻之，分兵万人趋扬州，自率大军迎战。世忠夜引还，粘罕蹑之，至沭阳，世忠弃军走盐城，众遂溃。粘罕入淮扬，以骑兵三千取彭城，间道克淮东入泗州。毕沅续通鉴云，淮扬破，执守臣李宽，转运李绂被杀，孙荣战死。发运副使吕源，收淮北舟船泊南岸，命张瑾焚浮桥。贻书辅臣，乞为宗社计。南宋书云，阎瑾闻临淮警，弃泗州走死。时边汛急，汪、黄禁不得传说；瑾报至，帝欲南幸，复沮之。续纲目云，时王复与子倚，百口被害。沭阳之役，张遇战死。二月，尼玛哈至楚州，守臣朱琳降。刘光世遁，陷天长军。内侍邝询入报，帝即乘骑至瓜洲，得小舟渡江，惟护圣军卒数人及王渊、张俊等从。日暮，抵镇江。汪、黄方听浮屠说法，堂吏呼曰："驾已行矣。"二人相顾苍黄，乃戎服策马南驰，居民争门出，死者枕藉，无不怨愤。司农卿黄锷至江上，军士以为潜善，骂之曰："误国误民，皆汝罪！"锷方辨，而首已断。是日，金将马五率骑先至，闻帝已行，追至杨子桥。时事起仓卒，太常少卿季陵亟取九庙神主出，寻亡太祖神主于道。帝宿镇江府。翌日，召从臣问去留，王渊劝都钱塘，张邵劝都金陵，帝从渊议。越四日，次平江；又二日，次崇德，进驻杭州。戊辰，金焚扬州去，陈彦复之。中丞张征劾汪、黄大罪二十，罢免。三月，赵立复徐州。靖康要录云，初，知扬州许汾言，济、郓与寇为邻，南京虽兴王之邦，寇骑屡至；惟扬州前江后淮，有险可恃，愿驻跸于此。下诏，略曰："屡方勤于北顾，难遽议于东巡。"汾，侯官人，将子也。维扬巡幸记云，敌至瓜洲，民未渡江者尚数十万，堕江者半，妇女被虏，金帛委弃江畔。只取渡江费，或渡一人得三百星者，舟子为富。阻于堰闸得免者，百中一二。时继锷死者，史继徽、李处遁、黄哲、范浩、朱端及汪彦章。中兴日历云，安徽范浩走至宜兴，为盗杀。胡元质成都丁记云，哲，字圣微，朝服扈从，被执死。尚有黄唐俊，渡江溺死。按，史作五月袭扬州，疑误，今姑从史。周密齐东野语云，彦章初拜相于维扬，正谢，上殿，而笏坠中断，上以他笏赐之，非吉征也，未几有南渡之变。陆游老学庵笔记云，维扬南渡，虽甚仓猝，二府犹张盖搭绒坐而出，军民怀砖徂击。黄相既至临安，二府因言时方艰危，臣等当一切贬损，今张盖搭坐，犹用承平故事，乞权省，事平依旧。诏从之。盖惩维扬事也。熊克小纪云，湖州民王永锡献钱五万缗，执政言版计无阙，诏却之。潜说友咸淳临安志云，时帝幸杭州，赵忠简趋三衢，有别故人诗云："飘零泽国几春风，又触惊涛泛短篷；四海未知栖息地，百年半在别离中。功名元与世缘薄，兵火向来吾道穷；独倚危楼凄望眼，青山无数浙江东。"
又，驻跸于杭时，有侍臣召对者，既对，所陈劄子，首曰"恭惟陛下，岁二月东巡狩至于钱塘"，吕相颐浩见之，笑曰："秀才家识甚好恶。"又，汪龙溪撰车驾幸临安起居表云："化行裔土，昭武节之亲临；感动中邦，仰天声之复迩。神只交相，徒御则安。恭惟皇帝陛下，躬服禹勤，世隆周德。念海寓兴师之久，知黎元厌乱之深，蒙犯风霜，犹屈河阳之狩，按行士卒，岂惟灞上之巡。众俣来苏，天将悔祸，故三年鬼方之伐，虽若淹延；而七月王业之艰，终期绍复。肆巡方岳，暂驻戎行"云云。赵翼劄记云，拔离速传，天会四年，与泰欲、马五袭宋康王于扬州。康王渡江入于建康。按高宗闻警，即至镇江往杭州，未尝至建康也。史恐误。

　　冬十月，阿里本传，锡默阿里自结发从军，大小数十战，尤习舟楫，人以水星目之。正隆中，召赴阙造战船，卒。余详卷六。〔考异〕续通考，锡默作斜卯，父浑坦，穆宗时内附。正隆例，降封韩国公。卷八十利涉军节度浑坦，另一人。取阳谷，县名，属东平州。莘县，属东昌府。降。海（舟）〔州〕（据金史卷八〇斜卯阿里传改）败宋军八万。破贼船万余于梁山泊。招降滕阳、东平、滕阳，军名，今滕州。东平州，属兖州府。〔考异〕舆地广记云，东平府郓州，春秋须句国，晋为东平国，隋为郓州，后为东平郡，唐为郓州，大观初升大都督府，县六：须城、阳谷、中都、东（河）〔阿〕（据舆地广记卷七改）寿张、平阴。续通考云，滕阳，唐为滕县，属徐州，宋仍旧，金升滕阳军，改滕州，又置滕县，属兖州。东平，唐郓州，改兴平军，宋改东平府，属河东，金改隶山东路，元后为散府。泰山在泰安州境北五里，曰岱宗，五岳之一。群盗。盗攻范县，属濮州。击走之，获船

七百艘。复与当堪、原作当海大臭〔考异〕本传，宗弼济淮，
宋时康民军十七万来拒，臭击败之；复与当堪败淮南兵十万，杀万
余人，王善降。纪未载。破敌于寿春。今寿州，亦曰安丰军，
县二，属凤阳府。〔考异〕舆地广记云，春秋属楚，东汉属九江郡，
兼置扬州，后属淮南郡，后唐升忠正军，周徙治下蔡，今因之，县
五：下蔡、安丰、霍邱、寿春、六安。续通考云，唐改寿春郡，宋
为寿春府，又置安丰军，金为寿州，领下蔡、蒙城二县。己亥，
安抚使马世元以城降。〔考异〕系年要录作马识远，时知府事，
以印授王摅，具降书迎拜。识远留金营三日，以周企代守。企归金，
摅械系识远闻于朝，命摅知寿春府。识远寻为所杀。摅合乐享士，
见识远索命，仆地死。见洪迈夷坚志。大金国志云，十月，兀术请
于粘罕、窝哩温乞提兵侵淮，许之，以女真万户聂耳银朱拔束、渤
海万户大挞不也、汉军万户王伯隆大起燕、云、河朔民兵附之。宋
史纪事本末云，兀术分兵两道：一自滁、和入江东，一自蕲、黄入
江西。遂取寿春，掠光州，陷黄州，守臣赵令峗死之。克江州，刘
光世走南康，守臣韩相通，遂由大冶趋洪州。黄州破，时殉难者尚
有都监王达、判官吴源、巡检刘卓。令峗赠待制，谥愍。史未载分
道入江西事。甲辰，庐州降。

十一月丙辰，宗弼取和州，〔考异〕舆地广记云，庐
州，春秋属舒，秦属九江郡，曹魏于合肥立州治，梁置南豫州，改
合州，隋为庐州，后唐升昭（信）〔顺〕军（据舆地广记卷二一改），
周改保信军，今县三：合肥、舒城、慎县。和州，秦汉属九江郡，
北齐立和州，隋复为历阳郡，今县三：历阳、含山、乌江。续通考
云，庐州，即汉庐子国，唐改庐江郡，仍改庐州，宋为淮西路，领
合肥、梁县、舒城三县。王伯龙传，从攻徐州，败高托山兵十五万

于清河，击走韩世忠于邳州，追至扬州，还，降泗州。屯嶧阳，败陈宏贼众四十万，破王善于巢县。取庐、和，伯龙功居多。宋史高宗纪，十一月，金犯庐州，守臣李会以城降；克和州，李侔降，通判唐璟死之。南宋书，璟作琛。史未载。王存元丰九域志云，淮南路，兴国元年分东、西路。东领扬、亳、宿、楚、海、泰、泗、滁、真、通十州，三十七县，西领寿、庐、蕲、和、舒、濠、光、黄八州，无为一军，三十二县。遂渡江。时宋列兵江口，大臭麾兵舍舟登岸，击走之，诸军相继而济。俄遇宋副元帅杜充军于江宁之西，〔考异〕舆地广记云，江宁，春秋属吴、越，二汉属丹阳郡，孙吴徙都秣陵，晋改丹阳郡，隋置蒋州，唐改扬州，后析置江宁郡，今县五：江宁、句容、溧水、溧阳、上元。续通考云，唐初为蒋州，改白下，贞观中改江宁，寻为升州，杨吴改金陵府，南唐为江宁府，宋为升州，仁宗以升王建国，升建康军，高宗改建康府，领八县，多高淳、江浦、六合。王存元丰九域志云，江南路，兴国元年分东、西路。东领江宁一府，宣、歙、江、池、饶、信、太平七州，南康、广德二军，四十八县；西领洪、虔、吉、袁、抚、筠六州，兴国、南安、临江、建昌四军，四十七县。大臭与呼拉布击走之。先是，宗弼渡淮，阿里先具舟于江上。闻王善兵扼其前，使乌苏额琳原作乌孙讹论。本传，萨哈子，袭穆昆。初从宗望侵宋，至汴，破尉氏、中牟援兵，取其城。又破敌于沧州西。再侵宋，蒙克戍开州，额琳以骑四百守河，斩首七百。从宗弼渡淮，败王善、李成兵，及沂州窦防御叛，击擒之，以功除唐州刺史，移淄州，加节度使，卒。败之于和州北。李成兵七万据乌江，乌江废县，在和州东北四十里。额琳又败之，宗弼乃得济。丁卯，守臣陈邦光以江宁城降。〔考异〕宋史纪事本末云，金陷无为军，守臣李知几遁。下真州及溧水，县尉潘振死之。克太平州，王瓒遁。渡江入建康，守臣陈邦光、尚书李棁迎降；通判杨邦乂不屈死。帝问策于吕颐浩，劝航海，遂如明州。北盟会编云，时知太平府郭伟，屡败金人于采石，改趋马家渡，陈淬战死，遂渡江如履平地。王明清挥麈录云，帝初过萧山，宗室赵不衰迎拜，喜曰："符兆如是，吾无虑矣！"进三秩。郭彖睽车志云，建炎间，术者周生观人书字，知休咎。车驾自明驻杭，人心危疑，执政戏书"杭"字示之。周曰："惧有警报，戎骑将逼。"遂拆其字以右边一点配木字为术，下即为兀。不旬日，果传兀术南侵。陆游老学庵笔记云，建康城，李景所作，其高三丈，因江山为险固，其受敌，唯东（西）〔北〕（据老学庵笔记卷一改）两面，濠堑重复，皆可坚守。至绍兴间，已二百余年，所损不及十之一。熊克小纪云：邦乂，庐陵人。骂乌珠曰："汝无厌，而图中原。天宁久假？行诛汝矣，尚安能污我！"遂遇害。薛应旂通鉴云，邦乂，字晞稷，吉水人。第进士。事闻，赠直秘阁，谥忠襄，赐庙衷忠。时知徐州赵立，率兵三万赴行在，与金遇于淮阴，转斗四十里，至楚州。议者谓：自燕山之役，南北争战，未有若此之鏖战者。滕康、刘珏奉太后将趋虔州，江西制置使王子献弃洪州走。金陷临江及洪州，抚、袁二州刺史王仲山、王仲嶷皆降。太后至吉州，金兵追急，后乘舟夜行至太和县，舟人景信反，杨惟忠兵溃，失宫人一百六十，康、珏遁，兵卫不满百。自万安登陆，后及潘贵妃肩舆至虔，乡兵陈新围城，胡友击破之。后稍安。金兵至庐陵，太守杨渊弃城走。时胡铨乡居，领民兵入城固守，责渊罪，乃还。后赦之。铨散兵归里。宋史高宗纪，金破临江军，吴将之遁。一作吴江。陷洪州，李积中降。王宗望以濠州降。毕沅续通鉴云，陷永丰，知县赵训之、县尉陈自仁遇害。攻建昌，蔡延世拒却之。

破吉州，还，屠洪州。系年要录云，时上元丞赵垒之战死。陷潭州，通判孟彦卿、赵民彦皆死。乌玛剌太师屠洪州。史未载江西兵事，今备录之。赵鼎戚从录云，洪州御史台申太后赴虔州，至太和，杨惟忠军作乱，内人被害者众。后、贤妃皆村民荷轿，无一人护从。李心传朝野杂记云，后往洪州，太庙神主、天章阁神御偕行，舟过落星湾，六宫及后军舟飘覆者数十，惟太后舟无虞。四年，上幸会稽，遣学士卢益奉后还。罗大经鹤林玉露云，吉州江滨有石材庙，后避寇泊舟庙下，梦神告曰："速行，寇至！"后惊，即发舟，指章贡，寇追不及而还。事定，封神刚应侯。太府寺丞陈刚中南迁，题诗庙柱。周辉清波杂志云，后上宾，廷臣进挽歌，辞皆纪垂箔事。林通诗云："饮马驱骄虏，飞龙纪建炎；艰危三改岁，仓卒两垂帘"云云。一时传诵。

十二月丙戌，宗弼取湖州。丁亥，克杭州。〔考异〕舆地广记云，湖州，春秋属吴、越，战国属楚，汉属会稽、丹阳二郡，孙吴分置吴兴郡，梁兼置震州，隋始号湖州，唐号吴兴郡，周升宣德军，今改昭庆军，县六：乌程、归安、安吉、长兴、德清、武康。杭州，春秋属越，战国属楚，秦属会稽郡，汉因之，陈置钱塘郡，隋始号杭州，寻改余杭郡，唐复旧，升镇海军，今为宁海军，县九：钱塘、仁和、余杭、临安、富阳、于潜、新城、盐官、昌化。续通考云，湖州，宋改安吉州，多孝丰县。杭州，宋为临安府，有海宁而无盐官。阿里、富埒珲追宋帝于明州。越州降。大臬败宋周望军于秀州，〔考异〕舆地广记云，明州，秦属会稽郡，汉因之，唐齐澣以州有四明山，奏置明州，寻为余姚郡，梁升望海军，今为奉国军，县六：鄞县、奉化、慈溪、定海、象山、昌国。越州，春秋为越都，秦属会稽郡，汉因之，东汉置会稽郡，治山阴，宋、梁曰东扬州，隋置吴州，寻为越州，唐升镇东军，今因之，县七：会稽、山阴、剡县、诸暨、余姚、萧山、新昌。秀州，春秋吴、越分界，秦属会稽郡，汉因之，隋、唐属苏州，后属杭州，吴越奏置秀州，今因之，县四：嘉兴、华亭、海盐、崇德。续通考云，明州，唐为鄞州，又为余姚郡，宋升庆元府，领五县，无昌国。越州，唐改会稽郡，宋升绍兴府，领八县，有上虞、嵊县，而无剡县。秀州，唐为嘉兴县，石晋为秀州，宋为嘉禾郡，领七县，有秀水、嘉善、平湖、桐乡，而无华亭。陆游老学庵笔记云，南渡后，每边事危急，则住常程，谓专治军旅，其他皆权止施行。又急则放百司，谓官吏权听自便。幸明州时，吕欲并从官令自便，高宗不可，乃止。**又败宋兵于杭州东北。阿里、富勒珲败宋兵于东关，遂济曹娥江**。在绍兴府东九十二里，为剡溪下流。**败宋兵于高桥**。在宁波府西南二十五里。**宋帝入于海**。〔考异〕宋史纪事本末云，兀术进攻广德军，岳飞邀击，六战皆捷，擒其将王权。攻常州，飞复追至，四战皆捷。广德无援，守臣张烈被杀。兀术遂过独松关，见无戍者，曰："南朝若以羸卒数百守此，吾岂独得渡哉！"犯临安，守臣康允之弃城走，知县朱跸力战，死之。遣阿里、富埒珲渡浙来追，帝乘楼船次定海，进次昌国。犯越州，安抚李邺以城降，卫士唐琦击金帅琶八，死之。毕沅续通鉴，琦时为亲事官。琶八作巴哩巴。熊克小纪、赵甡之遗史均谓击乌珠，误。盖乌珠留杭未尝过江也。小纪，唐琦作唐宝。时温州通判曾忞不屈，并其家杀之。忞乃巩孙。潘永因宋稗类抄云，琦，开封人。时李邺与琶八并马行，琦持二大礔击之，中马，琦被执，琶八曰："大金兵数（万）〔百〕（据宋稗类钞卷三改）万，汝杀我一人何益？"琦曰："愿碎汝脑，以愧降贼者。"骂邺曰："我（日）〔月〕（同上）请官一石米，且不肯负国，汝受国厚恩，乃甘心从贼，尚得为人耶？"琶八怒曰："汝欲何以死？"琦曰："我愿（油）〔以〕（同上）布裹尸，灌油，焚三日。"琶八如其言，焚之。琦恐琶八追及高宗，故以焚尸缓其程。会稽帅傅崧请立庙祀之。又云：兀术既入鄞，将犯跸，风涛稽天，不得进，遥望大洋一山，问海师何所？曰："阳山。"兀术叹曰："昔唐斥境极阴山，吾至此足矣，遂下令返棹。其日，御舟将如馆头，亦遇于风，不尔，几殆。盖天襜其魄也。龙舒在淮，最殷富，金独不入其境，说者谓其语忌，盖"舒"之为音"输"也。南宋书云，帝在四明，御史林之平召募海船，适至，张公裕又进海舟二十，以田经船作御舟。大金国志公裕作公佑。系年要录，公裕，平棘人。敏求孙。时转运赵亿舟先至。北盟会编云，帝欲幸海道，扈从班直作乱，帝射中二人，擒张宝十七人，斩之；优遇辛永宗等，乱乃定。杭州军乱，杀知州刘海，陷其城。小纪又云，卫士张宝、谭焕等不欲入海，谋乱，命内侍宣谕，遂定。统制辛企宗（按，三朝北盟会编卷一三五作辛永宗，未知孰是）斩宝、焕十七人，余分隶诸军。赵鼎事实云，时班直登舟，不能容，诉于内侍，陈省不决，人众语喧，肆恶言，盖激于一时，非本谋也。后斩二十余人。时，范宗尹等至明州，昨随崔纵奉使人卢伸自敌中归，令与归朝官程晖来。所携国书，语极不逊，宗尹却不见。潜说友咸淳临安志云，乙酉，兀术犯临安，允之知府事，遁保赭山。赭山与龛山对峙，为海门，在仁和县东北六十五里。时直显谟阁刘海在城中，军民推之以守。金遣李俦来说降，未果，海为军杀。钱塘令朱跸在天竺山遇害。海赠直龙图阁。余杭令曾恩率父老迎拜金兵。恩亦巩孙。薛应旂通鉴云，是年，戚方叛，犯镇江，杀守臣胡唐老。字俊明，枢副胡宿曾孙世将兄，赠徽猷阁直学士，谥定愍。广德守张烈，作周烈。帝次温、台，黄潜善死于英州，郑凝之亦以兵死。按，帝登舟幸海，汪伯彦日历作十二月十一日，李正民乘桴记作十五日，王庭秀阅世记作十六日，所载各异。刘侗帝京景物略云，杭州上天竺大士像，晋天福中僧道翊刻。后汉干祐间，僧从勋自洛阳奉佛舍利安大士顶。宋建炎四年，乌珠入临安，知像所在，与玉帛图籍尽航而北。僧智完从至燕，于玉河乡建寺奉之，曰观音寺。明成化间于土中得石，乃金大定十七年载天会七年梁王徙像事甚悉。今寺有学士程敏政碑记，然咸淳临安志谓僧道元逢金难时，秘大士于井，兵退，闻铿然声，知井所在，得像归之院。据此，则观音寺之像，非天竺像明矣。

八年（庚戌——三〇）春正月，宗弼使当堪济师，遂与阿里、富埒珲克明州，执其守臣赵伯谔。进至昌国县，明为昌国卫，在象山县西南八十里。宋帝走温州，〔考异〕舆地广记云，温州，秦、汉属会稽郡，晋置永嘉郡，唐曰东嘉州，后改温州，石晋升静海军，县四：永嘉、平阳、瑞安、乐清。续通考云，唐为东嘉州，又为永嘉郡，后改温州，宋升瑞安府，领五县，多泰顺。由海道追三百余里，弗及。遂隳明州城，引军还。〔考异〕宋史高宗纪，正月，金犯明州，张俊及刘洪道击却之；再犯，俊遁，遂陷。夜大雨，震电，乘胜破定海，以舟师追袭御舟，张公裕以大舶击却之。续纲目云，三年十二月，阿里、富埒珲至明州西门之高桥，统制刘保战败，杨沂中等复殊死战，舍舟登岸，刘洪道帅兵射其旁，大破之，杀数千人。四年正月，金复来攻，俊、洪道坐城楼，遣兵掩击，杀伤大半，金人奔北，溺死无数。拔砦，退屯余姚。乌珠遣兵助攻，俊等遁，屠明州。毕沅续通鉴云，高桥之战，其将党用、邱横死之。熊克小纪，刘保作刘宝，尚有田师中、赵密皆力战。时，扈从航海者，宰执外，唯赵鼎、富直柔、叶份、李正民、綦宗礼、陈戬六人。郑居中子亿年被掠北去，后降金。南宋书云，帝移舟海澳至章安镇，在海郁郁，游宴六鳌峰以消怀。金追至昌国，纵火焚掠，至沈家门而还。帝去才隔一日。

赵甡之遗史六鳌峰作金鳌峰。潘永因宋稗类抄云，高宗航海次金鳌山，徒步入福济寺，闻住持僧道祝圣之词，甚喜。少焉车骑毕集，僧惊怖失措。有司教以起居仪。山下曰黄椒村，妇女咸来瞻拜龙颜，欢声如雷。曰："不图今日得睹天日。"帝敕"夫人各自便。"故今村妇皆曰夫人。赵彦卫云麓漫钞云，祥符寺僧师颜曰："年十四时，事悟讲主。建炎三年十二月二十六日，民间欢言，天子航海东来，泊金鳌山下。二十八日平明，有十八（按云麓漫钞卷七"十八"作"十六"）人皆衣战袍，步（月）〔自〕（同上）金鳌入寺。有黄领者坐，顷之，问寺有素食否？时方修岁谶，乃取炊饼五枚，进，〔食〕（同上补）其三，已，又食其半。悟讲主撷蔬荶以荐（按，云麓漫钞卷七作姜）盐献。晚复幸金鳌，凡留十四日，始航海幸永嘉。又留四十五日，复航海幸金鳌。留八日，忽闻六军呼万岁，捷书至也。遂由四明还绍兴。"李正民乘桴记云："己酉十二月五日，上至四明。十五日大雨，遂登舟至定海。十九日至昌国。二十六日移舟温、台。连日南风，舟行缓，庚戌正月二日，北风稍劲，晚泊台州港。三日早，至章安，知台州晁公为来，上幸祥符寺，得余杭陈彦报，金兵至县，击退。六日，得张俊报，四（按，同上书作三）次遇敌，杀伤相当。十四日，俊来。十八日，移舟离章安。二十日，泊青（澳）〔隩〕门（同上书改）。二十一日泊温州港。"均与史异。金鳌盖一独峰，顶有善（齐）〔际〕寺（同上书改）与祥符塔院。绍兴末，赐额。先有人题诗曰："牡蛎滩头一艇横，夕阳多处待潮生。与君不负登临约，同上金鳌背上行。"高庙以为诗谶。又壁间有诗曰："黄帽当年驾舳舻，东浮鲸海出三吴。中兴事业风波恶，好作君王坐右图。"不著姓名。

阿里布、原作阿鲁补。本传，宗室伊克子，魁伟善战，破辽举宋均有功。时从宗弼渡淮，以兵四千留和州，总督江、淮间戍将，讨未附郡县。嗣与达呼布败敌万众于柘皋，历（左）

〔右〕（据金史卷六八阿鲁补传改）监军，归德节度，为海陵杀。大定中，赠仪同三司。传在卷六十八。至卷八十，阿里布，原作阿离补，另一人。色哩页原作斜里也下太平、顺昌及濠州。

〔考异〕舆地广记云，唐分宣州置太平州，南唐升雄远军，今为平南军，复改太平州。县三：当涂、芜湖、繁昌。顺昌，春秋为胡国，秦为颍昌郡，魏曰汝阴郡，唐为颍州，今升顺昌军，县四：汝阴、万寿、颍上、沈邱。濠州，古钟离子国，秦、汉属九江郡，东晋置钟离郡，齐兼置北徐州，隋始号濠州，或作豪，县二：钟离、定远。续通考云，太平，唐为南豫州，宋升为路。顺昌，唐初为信州，金复为颍州，有太和而无万寿。濠州，南唐为定远军，明为凤阳府，建中都。伊喇温传，本名阿萨尔，辽横帐人。初从侵宋，渡江，辟巡检。时江宁、太平初下，宋遣谍扇构百姓，应者数万，温擒谍，遂不敢窃发。终临海节度。纪未载。

是月，宋副元帅杜充叛宋，以其众来降。〔考异〕宋史载充降于三年十一月，即天会七年。南宋书云，建康陷，充走真州。守臣向子忞劝由通、泰渡江入浙。充有异志，不听。子忞弃州南奔。宗弼遣人说充，许如张邦昌故事，遂降。宋削官爵，子孙徙广州。宏简录，充，字（子）〔公〕美（据中州集壬集小传改），相人。事闻，徙其子嵩、昆、岩，婿韩汝惟于广州。元好问中州集载其尘诗云："汩汩劳生为尔忙，只除不到白云乡。步回洛浦生罗袜，歌断秦楼簌杏梁。闲扑衣襟迷远望，静穿窗隙锁斜阳。帝城别有风流在，辇路春风十里香。"

二月乙亥，宗弼还自杭州，取秀州。〔考异〕毕沅续通鉴云，时宗弼屯兵临安之吴山，纵火焚掠，以辎重不可遵陆，取道秀州，陷其城，都监赵士豎死之。潜说友咸淳临安志云，先是，成州团练使陆渐迎降，为钤辖，劝宗弼括金银，焚临安北去。纪均

未载。**别将巴尔斯追宋孟后于江南。**〔考异〕薛应旂通鉴诸

书，后出奔事系之去年。详见上。**古云**原作固云。〔考异〕唐古特

语"才能"也，旧作縠英，本名达兰，尼楚赫子，官平章，上京留

守。**前行趋潭州。**〔考异〕舆地广记云，潭州，古三苗国地，秦

置长沙郡，晋置湘州，隋曰潭州，唐升武安军，今因之，县十一：

长沙、安化、衡山、醴陵、攸县、湘乡、湘潭、益阳、浏阳、湘阴、

宁乡，属荆湖南路。续通考云，潭州，唐置，元改大临路，领县五、

州七。王存元丰九域志云，荆湖路，咸平三年分南、北路。南领潭、

衡、道、永、郴、邵、全七州，桂阳一监，三十四县；北领江陵一

府，鄂、安、鼎、澧、峡、岳、归、辰、沅、诚十州，四十七县。

宋大军在常武，古云以选军薄其城，败千余人。明

日，城中出兵来战，古云以五百骑败之，获马二百

匹，遂攻常武。巴尔斯以诸军为大阵，居其后，古

云为小阵，当前行，即麾兵驰宋军，宋军乱，遂大

败之。〔考异〕宋史纪事本末云，金既破江西诸郡，乃引兵犯湖南，

陷潭州。将吏王睐、刘玠、赵聿之力战死，向子諲弃城遁，金屠其

城，去。子諲乃复入。宏简录云，金陷荆南澧州，守臣唐悫、王淑

弃城去。纪均未载。**戊戌，取平江。**〔考异〕舆地广记云，周封

太伯为吴国，秦置会稽郡，汉因之，东汉置吴郡，陈曰吴州，隋曰

苏州，南唐升中吴军，今为平江军，政和三年改为府，县五：吴县、

长洲、昆山、常熟、吴江。续通考云，唐为苏州，改吴郡，后仍旧，

宋为平江府，领县七：多嘉定、崇明。薛应旂通鉴云，金游骑至平

江，周望奔太湖，守臣汤东野弃城遁。兀术入城，纵火焚掠，死者

五十万人，得脱者十之一二。既而，沈与求劾望罪，安置连州。三

月，金入常州，守臣周杞弃城去。**大金国志云，兵过吴县，统制陈**

思恭以舟师邀击于<u>太湖</u>，几获<u>兀术</u>。<u>张邦基墨庄漫录</u>云，时金陷<u>平江</u>，两浙宣抚<u>周望</u>退军<u>昆山县</u>，泊<u>马鞍山</u>下湖边，吏方用印，忽旋风起，印与文卷尽堕水，求之不获，<u>望</u>惧北兵来袭，走屯<u>惠通镇</u>，留吏求之，祷于<u>马鞍山</u>神，曰<u>静济侯</u>。乃作堰捍水，凿数尺，始得之。所载较详。

三月丁卯，<u>宗弼</u>及<u>韩世忠</u>战于<u>镇江</u>，〔考异〕<u>舆地广记</u>云，春秋属<u>吴</u>、<u>越</u>，汉属<u>会稽郡</u>，东汉属<u>吴郡</u>，<u>孙权</u>初镇<u>丹徒</u>，曰<u>京城</u>，晋置<u>毗陵郡</u>，隋置<u>润州</u>，今为<u>镇江军</u>，县三：<u>丹徒</u>、<u>丹阳</u>、<u>金坛</u>。<u>续通考</u>云，唐为<u>润州</u>，又改<u>丹阳郡</u>曰<u>镇海军</u>。不利。

夏四月丙辰，复战于<u>江宁</u>，败之。时<u>宗弼</u>军还，<u>阿里</u>率兵先趋<u>镇江</u>。<u>宗弼</u>舟小，<u>契丹</u>、汉军没者二百，遂沂流西上。<u>世忠</u>袭之，夺<u>世忠</u>大舟十艘，于是<u>宗弼</u>循南岸，<u>世忠</u>循北岸，且战且行。<u>世忠</u>艨艟大舰数倍<u>宗弼</u>军，出<u>宗弼</u>军前后数里，击柝之声，自夜达旦。<u>世忠</u>以轻舟来挑战，一日数接。将至<u>黄天荡</u>，<u>宗弼</u>乃因<u>老鹳河</u>故道，开三十里通<u>秦淮</u>，〔考异〕<u>方舆纪要</u>云，<u>大江</u>过<u>升州</u>东，浸以深广。自<u>老鹳嘴</u>度<u>白沙</u>横阔三十余里，俗名<u>黄天荡</u>，在<u>江宁府</u>东北八十里。<u>秦淮</u>在<u>上元县</u>治东南三里，有二源：一出<u>句容县</u><u>华山</u>；一出<u>溧水县</u>东<u>庐山</u>，合流于<u>方山</u>，贯府城，至<u>石头城</u>入<u>大江</u>。<u>续通考</u>云，<u>老鹳河</u>，<u>周世宗</u>所开，在<u>淮安府</u>城西。<u>秦淮</u>，<u>始皇</u>所开，以断地脉者，因名。一日夜成，乃得至<u>江宁</u>。<u>达兰</u>原作<u>挞懒</u>使<u>伊喇古</u>自<u>天长</u>县名，属<u>泗州</u>。赴援，<u>乌凌阿托云</u>亦至，连败宋兵。

<u>宗弼</u>发<u>江宁</u>，将渡<u>江</u>而北。<u>宗弼</u>军渡自东，<u>伊</u>

喇古渡自西，与世忠战于江渡。世忠分舟师绝江流上下，将左右掩击之。世忠舟皆张五綵，宗弼选善射者，乘轻舟，以火箭射其五綵，皆自焚，烟焰满江，世忠舟军歼焉。宗弼渡江北还。〔考异〕薛应旂通鉴云，金人至镇江。初，韩世忠以前军驻青龙镇，中军驻江湾，后军驻海口，欲俟兀术还，击之。及兀术由秀州趋平江，世忠计不就，遂移师镇江以待之。先以八千人屯焦山寺，兀术欲济江，乃遣使通问，且约战期，许之。谓诸将曰："是间形势，无如金山龙王庙者，敌必登以觇虚实。"遣苏德将百人伏庙中，百人伏庙下岸侧。袭执之，兀术跳而免。及接战江中，凡数十合，妻梁氏亲执桴鼓，敌终不得济，俘获甚众，擒其婿龙虎大王。兀术惧，请归所掠及名马以假道，均不许。自镇江西上，至黄天荡，势益窘，乃开老鹳河趋建康，岳飞邀击于新城，大破之。会贝勒太一来援，兀术引还，欲北渡，世忠与相持于黄天荡。太一军江北，兀术军江南，世忠以海舰进泊金山下，豫以铁绠贯大钩授健者，明旦，敌舟躁而前，海舟分两道出，其背每缒一绠，则曳一舟沈之，兀术穷蹙，求会语，祈请甚哀。世忠曰："还我两宫，复我疆土，则可相全"。乃募人献破海舟策，闽人王姓者，教其舟中载土，以平板铺之，穴悬板以棹浆，风息则出，海舟无风不能动也，且以火箭射其篛篷，不攻自破矣。及天霁风止，遂以小舟出江，世忠绝流击之，兀术命射以火箭，烟焰蔽江，遂败，焚溺死者甚众，世忠仅以身免，奔还镇江。兀术济江屯六合。是役也，世忠以八千人拒兀术十万众四十八日，败；然金人自是不敢复渡江矣。南宋书云，世忠败，堕江，为崇福院僧普伦救免。孙世询、严允吉战死。北盟会编云，兀术既破海舟，欲至建康谋北归，又为世忠扼，乃开芦阳池新河，一夕成，舟出建康，世忠尾击之。赵雄元勋碑，是役，兀术仅以身免，俘获杀伤，不可胜计。辎重山积，被擒男女得免者，无算。均与史异。罗大经鹤林玉露云，梁夫人，京口倡，尝五更入帅府，见一虎蹲卧，骇走；复往视，乃一卒。蹶起，询知为世忠，邀至家，约为夫妇。蕲王立功，封国夫人。及扼兀术，几成擒，一夕凿河遁去。夫人劾奏世忠失机纵敌，请加罪。朝廷为动色。韩王墓在苏州灵岩山寺西麓，绍兴中敕葬，礼尚赵雄撰碑，周必大书。见江南通志。熊克小纪云，初，金围扬州，金坛张绩固守不肯动。至是，命偏师控扼要处，与世忠为犄角之势。世忠悉师督战，风弱帆缓，我师不利，所掠尽为金夺，得舟十余艘。赵翼劄记云，宋史世忠传谓龙王庙在金山。按金山在水中，岂能骑而入，又骑而逃，此必误也。舆地纪胜谓伏兵北固山龙王庙，较为近理。王明清避乱录载，杭妓吕小小以罪系狱，会钱塘守邀世忠饮，世忠为言而出之，遂饮巨觥，携妓去。挥麈录载王渊妓周氏为赵叔近得。陈通之乱，叔近招降之。渊遣张俊、世忠讨通，并斩叔近，以妓归渊。渊赐俊，辞，乃予世忠。按，此二事，或因梁氏事附会，近于诬。至宋史常同传，谓世忠屯镇江，光世屯建康，私忿欲交兵，常同劾其骄狠无忌惮。赵鼎传，谓光世部将王德擅杀世忠部将，因其移屯，遣兵袭其后，夺建康府廨。张俊传，谓世忠所部，逼逐谏臣坠水死，因劾奏夺观察使。魏矼传，谓世忠饮内侍李扆家，刃伤弓匠，此皆少年（租）〔粗〕（据文义改。又，据宋史卷三七六魏矼传云，"内侍李扆饮韩世忠家，刃伤弓匠，事下廷尉"。与此处所叙"世忠饮内侍李扆家"正相反，此误）豪之过。世忠传不载。玉海云，建炎四年，上以世忠不亲文墨，命写郭子仪传赐诸将。**是日，阿里布战于柘皋；己亥，周企战于寿春，皆胜之。**〔考异〕方舆纪要云，柘皋镇，在巢县西北六十里，即春秋之橐皋，"橐"讹为"拓"，复讹为"柘"，今属无为州。薛应旂通鉴云，时金人犯江西者，闻兀术北还，自荆门引去，统制牛皋潜军击败之于宝丰之宋村，擒金将马五太师。其在建康者，大肆焚掠，执李梲、陈邦光等，自静安，渡宣化而去。梲道死，邦光归刘豫。岳飞邀击于静安镇，大败之。自杜充降，所部多剽掠，独飞严辑其下，不扰居民。士夫避寇者，多赖以免。大金国志云，兀术至六合，为岳飞败。屯楚州九里（泾）〔径〕，（据大金国志卷六太宗纪改）为赵立败。立寻中炮死。会闻宋师出陕右，托言西去。又，自江南回，每遇亲识，必相持泣下，诉以过江艰危，几不免。毕沅续通鉴云，五月，陈德结众入建康，阖家被害，都监金沨死之。陷定远，承宣使（阎）〔间〕勍（据毕沅续通鉴卷二〇七改）被执，不屈死。攻和州，胡广射宗弼，中其左臂，遂破之。守臣宋昌祚、唐景、蹇誉、徐烑、邵元通皆死。进士龚楫袭金人于新塘，为所杀。八月，镇抚使薛庆战于扬州城下，死之。熊克小纪云，时达兰遣泰伊，原作太乙，贝勒玷提兵援乌珠，因围楚州。达兰居祁州，众尚留承、楚。刘光世守镇江，欲携贰之，乃以金银铜为三色钱，其文曰："招纳信宝"，获金人，则燕钱而遗之。踵至者数万。因创置赤心奇兵，颇得其力。潘永因宋稗类抄云，唐牛奇章元怪录载萧至忠欲出猎，群兽求哀于山神曰："当令巽二起风，滕六致雨。"翼日风雨，萧不复出郊。建炎中，张、韩拥兵于高邮，时金兵驻楚、泗间，二将自料非敌，甚怯；将交锋，风雨大作，敌众散走，损折甚多，遂奏凯。范师直方素滑稽，参军事，笑曰："焉知张七、韩五，乃得巽二、滕六力耶？"闻者哄堂。韩淲涧泉日记云，北兵渡江，建康五县惟句容自保赤山，并无侵害，今户口比他县独多，此民兵聚结之利也。续纲目云，九月，楚州陷，镇抚使赵立死之。初，达兰围楚，立固守，不克；乌珠将北归，以辎重假道，立斩其使。遂设南北两屯，绝饷道，围攻数月，飞炮中其首死，旬余，城陷，赠奉国节度，谥忠烈，徐州人。宋史高宗纪，八月，金陷承州。命陈思恭屯明州防海道。王德、郦琼败金游兵于召伯埭。九月，赵霖复和州，金犯扬州，靳赛败之于港河。楚州之破，镇抚李彦先来救，兵败，亦死。十月，岳飞破金人于承州，寻弃泰州，渡江，退保江阴。十一月，金陷泰州，通州守臣吕仲弃城去。皋，字伯远，汝州鲁山人。德，字子华，通远军人。琼，字国宝，临漳人。陆游老学庵笔记云，建炎初，驾驻南京扬州，而东京置留守司，则百司庶府为二：一曰在京某司；一曰行在某司。后驾幸建康、会稽，而六宫往江西，亦分为二：曰行在某司、行宫某司。已而，驾幸建康，六宫留临安，则建康为行在，临安为行宫。今东京阻隔，而临安官司犹曰行某司，示不忘恢复也。时按景德幸澶州故事，置御营使，领以宰相，执政副之。上御朝，御营使副先上奏本司事，然后三省枢院相继奏事，其重如此。高宗驻跸扬州，郡人李易为状元。次幸临安，而状元张九成亦贯临安。时以为王气所在。周淙乾道临安志云，五代史，唐末豫章人有善术者，望牛斗间有王气，乃吴、越分野也。宋史地理志，两浙路当天文南斗须女之分，太内在凤凰山东，以临安府旧治子城增东南曰丽正门，外建东西阙亭，百官待漏院，北曰和宁门，东曰东华门。按潜说友咸淳临安志载高宗驻跸次第甚详，云，建炎三年二月壬戌，帝自扬州幸杭州。四月癸丑，侍御史王庭秀请幸江宁。丁卯，发杭州，录事洪浩谏，不听。五月乙酉，至江宁府。七月辛卯，升杭州为临安府。闰八月丁丑，降御笔，欲定居建康。诏行在职事官条具以闻。始，张浚建武昌之议，百官言不可；辅臣入对，遂定东巡之策。丁亥，帝召诸将问移跸地，张俊、辛企宗劝自岳、鄂幸长沙，帝以为非。壬辰，周元曜自京太庙奉艺祖以下神位九室至临安。壬寅，车驾发建康。十月癸未，至临安府。庚寅，幸浙东。壬辰，至越州。四年四月，韩世忠蹙金江上，吕颐浩请幸浙西。甲申，下诏亲征。绍兴二年正月丙午，帝自绍兴幸临安。四年十月丙子，诏亲征。戊戌，发临安。壬寅，入居平江行宫。五年二月壬午，还临安。先是，留守孟庾上表请还跸，诏答曰："朕夙严戎驾，底定边虞，小次舍于吴门，往宅师于建邺。载念江山之胜，屡经兵火之余。虽有司版筑以时，并缮官府城池之役；顾斯民襁负而至，尚无邑屋庐舍之依。复览封章，力祈还幸，见官仪而思汉，谅南北之一心；从仁人而居邻，亦父老之诚意。勉从来牍，暂议回辕，想迟警跸之意，遂慰羽毛之喜。可依所请，暂回临安府驻跸。"侍郎梁汝嘉率本府士庶，复上表来迎，赐诏曰："朕，万骑时巡，方图远略；九庙未复，其敢奠居。比临江上之师，觊殄目中之寇。遂颁前诏，暂议还辕。汝等并倾向日之心，咸起望云之意。有嘉爱戴，谅慰忠忱。"遂以二月丁丑发平江。六年八月甲辰，从张浚议，下诏视师，进幸平江。九月丙寅，发临安府。七年三月辛未，幸建康，八年二月戊寅，还跸临安。复下诏曰："昔在光武之兴，虽定都于洛，而车驾往返见于前史者非一，用能奋扬英威，递行天讨，上继隆汉，朕甚慕之。朕荷祖宗之休，克绍大统，夙夜危惧，不常厥居。比者，巡幸建康，抚绥淮甸，既已申固边圉，奖率六军，是故复还临安，内修政事，缮治甲兵，以定基业，非厌霜露之苦，而图宫室之安也。自今应诸路宣抚、制置使等，其深戒不虞，益励士卒，常若敌至，以听号令，帅府、监司，其协心同力，共济军旅，罔或不勤，以副朕经营之意。"时用赵鼎议，降旨，先发百官，设建康行宫留守，示往复两都，居无常所。是以上下帖然云。考临安府治，旧在凤凰山右，中兴驻跸，因以为行宫。而徙建府治于清波门北净因寺故基。

金史纪事本末卷十一

规取陇蜀

太宗天会八年（庚戌——一三〇），即宋高宗建炎四年也。秋七月辛亥，以皇子、右副元帅宗辅原作窝哩嗢，亦作讹里朵。赴陕援罗索。原作娄室。〔考异〕南宋书作娄宿，通鉴辑览作洛索。本传，完颜部人。从太祖伐辽，屡有功，命为万户，镇黄龙府。寻获辽主于伊都谷。从宗翰侵宋，定两河，进兵陕西，城邑多降。汪辉祖金史同名录云，父白答，七水诸部长；卷三太宗纪天会元年辽乙室部人；卷一百二十九萧裕传海陵时牌印，三人同名白答。先是，遣罗索经略陕西，宋史地理志云，禹贡雍、梁、冀、豫之域，而雍州全得焉。分永兴、鄜延、环庆、秦凤、泾原、熙河六路，各置经略安抚司。〔考异〕王存元丰九域志云，陕西路，兴国二年分河北、河南路。又有陕府西路，后并一路。熙宁五年，分永兴、秦凤二路。永兴军领京兆、河中二府，陕、延、同、华、耀、邠、鄜、解、庆、虢、商、宁、坊、丹、环十五州，保安一军；秦凤路，领凤翔一府，秦、泾、熙、陇、成、凤、岷、渭、原、阶、河、兰十二州，镇戎、德顺、通远三军。续通考云，金并陕西为京兆、泾原、鄜延四路，置陕西路统军司及转运使。所下城邑，叛服不常。其监战之阿里布原作阿鲁布请益兵，〔考异〕实嘉努传，时罗索讨陕西未下，实嘉努领本部兵援之，后戍西京，封鲁国公，太祖婿。纪未载。汪辉祖金史同名录云，实嘉努，原作石家奴。卷六十五斡者传海陵时中都守城军官、卷一百一田琢传兴定三年福山县令，三人同名石家奴。帅府会诸将议，乃命宗辅往。诏曰：“罗索往者所向辄克，今使专征陕西，淹延未定，岂倦于兵而自爱耶？关陕重地，卿等其戮力焉。”〔考异〕薛应旂通鉴云，建炎四年正月，娄宿陷陕州，李彦仙死之。彦仙，在陕为战守备，遣邵兴复虢州，败金乌鲁兵。娄宿至，复大败之，仅以身免。俄以十万众环攻，张浚檄曲端往援，不进，城陷，彦仙投河死。其属官居民无一人降者。字少严，彭原人，赠彰武节度，谥忠威。先是，张浚既平苗刘乱，谓中兴当自关陕始，命为宣抚处置使，治兵兴元以图中原，置幕府秦州，积粟理财，以待巡幸。用赵开总川赋，拜曲端为威武大将军、本司都统制，辟刘子羽参议军事，以吴玠、吴璘掌帐前亲兵。子羽，字彦修，崇安人，韐长子。开，字应祥，普州安居人。玉海云，拜浚宣抚，赐川、陕官吏军民诏曰：“今遣浚往谕密旨，其念祖宗积累之勤，勉人臣忠义之节。以身殉国，无贻名教之羞；同德一心，共建隆平之业。尚有懋赏，以答殊勋。”熊克小纪载曲端拜官诏，略曰：“卿久提貔虎之师，式遏虎狼之寇。览行台之边奏，知分

阃之贤劳。已建隆名，俾护诸将，兼制五路，折冲二边。庶展尽于
猷为，岂复忧于谗间。"学士张守词也。又云，开总财赋，大变酒
法，推行四路。于秦州置钱引务，兴州铸铜钱，官卖银绢，听民以
钱引或饷钱买之；凡民钱当入官，并听用引折纳官，支出亦如之，
民以为便。朱胜非秀水闲居录云，浚便宜行事，事多出敕末，以便
衔押字，黄纸大书，席益、徐俯皆不平之。胜非曰："彼自建康出国
门，已行便宜事矣。"后因沈与求言，令浚等止降指挥，勿得为诏。
时赤气蔽天，中有白气如练，贯之。宋史高宗纪云，四年二月，金
人内犯，浚自秦州入援，进至房州，后闻金兵退，乃还。三月，金
寇终南县，经略郑恩战死。续纲目云，金入潼关，端使玠拒于彭原，
败之。萨里罕惧而泣，罗索复战，玠败，部将杨晟死之。端退屯泾
源，邠州被焚，玠怨端不救，由是有隙。浚寻罢端兵柄，卒用玠与
王庶言杀之。北盟会编云，端马名铁象，日驰四百里。及被逮，连
呼铁象可惜。既为康随害，铁象亦毙。林泉野记云，端，字师尹，
镇戎军人。通书史，善属文，精骑射。死之后，军民解体。潘永因
宋稗类抄云，端，字平甫，屡战有声。浚欲大举，使张彬往觇，语
不合，卒为所陷。时建炎四年八月也。追浚得罪，诏追复端职，制
曰："顷失意于权臣，卒下狱于谴死，恩莫追于三宥，人将赎以百
身。"及金归河南，又诏谥壮愍，制曰："属委任之非人，致刑诛之
横被，兴言及此，流涕何追。"端为泾原都统日，有叔为偏将，战
败，诛之，祭以文曰："呜呼！斩副将者，泾原都统制也，祭叔者，
侄曲端也。尚飨！"一军畏服。浚尝按视端军，端以军礼见，异之；
及点视，放五鸽，则五军毕集，旗械鲜明，浚虽称善，心忌之。浚
自兴州移师阆州，端诗云："不向关中兴事业，却来江上泛扁舟。"
其重得罪以此。周密齐东野语又载其诗云："破碎〔江〕山（河）（据
宋稗类钞卷一、齐东野语卷一五改）不足论，（几）〔何〕（同上）

时重到渭南村？一声长啸东风里，多少未归人断魂。"陆游老学庵笔记云，曲端、吴玠均有重名，西人为之语曰："有文有武是曲大，有谋有勇是吴大。"端能书，金阆中锦屏山壁间有其书，奇伟可爱。又，姚福进者，兕麟之祖也，德顺军人。以挽强名于秦陇间，至今西人谓其族为"姚硬弓家。"赵翼劄记云，浚一生不主和议，以复仇雪耻为（念）〔志〕，（据廿二史劄记卷二三改）固属正人。然李纲入相时，宋齐愈以附逆伏诛，浚为御史，劾纲以私意杀侍从，且论其招军买马之罪。见纲传。而赵鼎传谓浚尝荐秦桧可任大事，汪伯彦传谓伯彦既贬，浚以旧尝引己，与桧援郊祀恩，起伯彦知宣州。高宗纪载浚尝与飞论淮西事，不合，飞因解兵。奔丧归，浚奏其意在并兵，以去要君，遂命张宗元权其军事。戴植鼠璞谓陈东上书被杀，浚又奏胡珵笔削东书，以布衣挟进退大臣之权，遂追勒编置。盖浚乃黄潜善客，珵则李纲客也。今浚传皆不载，惟略载杀曲端事，而又谓端部将张忠彦降金，故下端于狱，似非枉杀者，未免意从回护也。费士戣蜀口用兵录谓端非因庶潜。王之望西事记谓端素少浚，浚因衔之。又云，浚前至襄阳，荐程千秋为京西制置使，便宜行事，守令以下得诛赏，寻为桑仲败。仲据襄阳，千秋遁走，以王以宁、王择仁代。续通考云，兴元府，本唐梁州，改汉中郡，又为兴元府，宋因之。邠州，本唐豳州，以字类"幽"，改为邠，宋、金皆因之，领新平、淳化、宜禄、永寿、三水五县。

九月癸亥，宗辅等败宋张浚军于富平，耀州降。宋史地理志云，耀州为华原郡，号威义军，属永兴路，县六，富平其一。〔考异〕舆地广记云，耀州，春秋属秦，秦属内史，汉属左冯翊，元魏置北雍州，西魏改宜州，复为通川郡，隋置宜君郡，李茂贞置耀州，升义胜军，梁改崇州静胜军，后唐为顺义军，今县七：华原、富平、三原、云阳、同官、美原、淳化。续通考云，耀州，唐初为宜州，后为华原县，改耀州，宋为威义军，改威德，后仍旧，金降为刺史，军，领华原、同官、美原、三原四县。富平，唐徙治义原城，五代，梁属耀州，宋、金因之。乙丑，凤翔府降。〔考异〕续纲目云，七月，张浚遣兵复陕西州郡。闻乌珠将至，檄召熙河刘锡、秦凤孙偓、泾原刘锜、环庆赵哲及吴玠兵四十万人，马七万匹。锡系锜兄，为统帅，迎战，王彦及刘子羽谏，不从。行次富平，玠劝据高阜，不听；罗索引兵骤至，舆柴囊土，借淖平行，进薄诸营，方力战，胜负未分，敌铁骑直冲赵哲军，哲军惊遁，诸将皆溃，金乘胜而进，关陕大震。浚退保秦州，斩哲，置锡合州，自是关陕不可复，论者咎之。李心传朝野杂记云，赵哲，当复辟时，功在西边，称为名将，故魏公诛之，当时不以为是。周密齐东野语云，时端部将张中孚、李彦琪诸州羁管，及富平败，与赵彬等相继降金，遂犯秦州，五路悉陷。浚以三人皆端心腹，疑其知情，西人多上书讼端冤，浚益忌其得众心，杀之。绍兴四年，浚还朝，侍御史辛炳奏劾，落职，居福州。罗大经鹤林玉露云，浚惧端得士心，杀之。端死，众心益离。富平之战，我师诈传端旗以惧敌，娄室知端已死，抚掌笑曰："何绐我也！"尽锐力攻，我师败绩，西陕非我有矣。后高庙配享，洪景卢举此为魏公罪，遂不得侑食。王之望西事记云，时浚贷民赋五年，钱帛所在山积。又谓端负才喜犯上，非浚所能御，不若杀之。议者罪浚，蜀士多贻书诋诃，浚优容之。有题六言诗于传舍者，又从而拔之，皆诮讪之辞，浚笼以碧纱，且书后，谓中其病。此所以败而不亡也。续通鉴云，是役也，洛索已病，既战，乌珠左翼部将将却，罗索以右翼力战，遂败浚军。张浚行状云，九月二十四日，乌珠与尼玛哈会。按，尼玛哈时在云中，盖误。赵甡之遗史云，诸军惊乱，浚乘骑急奔，诸军皆溃。时浚在邠州，亦误。南宋书云，浚初榜曰："能生得娄宿者，白衣授节钺。"娄宿

亦榜曰："能生擒浚者，赏牛一头。"北盟会编云，时郭奕为诗诮浚
曰："秦山未尽蜀山来，日照关门两扇开。刺史莫嫌迎候远，相公新
送陕西回。"系年要录云，奕，万年人。为幕官，尝谏用兵。眉山王
赏亦献养威、持重二策，浚不纳。张浚丁巳潇湘录云，初奉使川、
陕，上谓五年后方可大举，嗣闻兀术南侵，欲传檄举兵以图牵制，
子羽曰："相公不记临行天语乎？此兵非五年训练不可用。"浚曰：
"万一有前日海道之行，变生不测，吾侪奈何？"子羽议遂塞。论者
谓浚轻举，归罪子羽为多，天实鉴之也。宋史高宗纪云，八月，统
制阎兴屡破金人于解州东。九月，李彦琦败金人于洛河车渡。金陷
延安府，执吕世存，又陷保安军。史未载。玉海云，绍兴六年，召
张浚入见，献中兴备览四十一篇，上嘉叹，置座隅。又八年，教授
李昌言应诏撰中兴要览十篇。七年，林保进中兴龟鉴。十三年，何
俌又上十卷。十二年，布衣陈靖上中兴统论。

冬十（二）〔一〕（据金史卷三太宗纪改）月甲辰，宗
辅下泾州。丁未，渭州降，败宋刘倪军于瓦亭。戊
申，原州降。宋泾原路统制张中孚、知镇戎军李彦
琦以众降。马武等击宋吴玠军于陇州。宋史地理志云，
泾州为安定郡彰化军，县四；渭州，陇西郡平凉军，县五；原州平
凉郡，县二；镇戎军，本原州高县地，砦七；陇州，汧阳郡，县四，
皆属秦凤路。〔考异〕舆地广记云，泾州，秦属北地郡，汉武分置安
定郡，元魏并立泾州，唐为彰义军，今县四：保定、灵台、良原、
长武。渭州，秦属北地郡，汉属安定郡，隋初属原州，后属平凉郡，
唐没于吐蕃，后以原州之平凉县置行渭州，后为陇西郡，县五：平
凉、潘原、安化、崇信、华亭。原州，唐分泾州置，后没吐蕃，于
灵台之百里城置行原州，后唐曰平凉郡，今县二：临泾、彭阳。镇
戎军，秦、汉属北地郡，元魏置高平镇，后为郡，隋为平凉郡，唐

曰原州，后没吐蕃，今以故平高县地置。陇州，秦属内史，二汉属右扶风，西魏置陇州，唐曰汧阳郡，县四：汧源、汧阳、吴山、陇安。续通考云，唐改安定郡，后为泾州，宋为彰化军，金改保定县为泾州，徙治长武，领泾州、长武、良原、灵台四县。平凉府，唐为马监，隶原州，宋为泾原路，升平凉军，金立平凉府，设转运提刑司，大定中改属凤翔路，领平凉、潘原、崇信、华亭、化平五县。又唐原州，宋为镇戎军，金升镇戎州，县二：东山、三川。元立开成府，寻降为州，废广安为县，隶焉。明改名固原。陇州，宋、金置防御使，大定中隶凤翔，领汧阳、汧源、陇安三县，后增灵山镇为四县。方舆纪要云，瓦亭，关名，在华亭县西北百八十里，属平凉府。中孚，字信甫，张义堡人。仕金至右丞，开府，赠邓王。周密齐东野语云，张中孚降金，实秦相阴遣，虽吴氏兄弟亦不知其谋，每欲剿其族，故金人信之不疑。及虞允文以兵书开宣幕，以王爵告命招之，乃径自屯所来归。按，金史中孚传，中孚降睿宗，载在九年，与太宗纪及睿宗世纪异。**癸亥，宗辅以陕西事状闻，诏奖谕之。**〔考异〕薛应旂通鉴云，十一月，金陷泾原，刘锜退屯瓦亭，遂陷渭州，镇戎军叛将慕有引金兵克环庆。毕沅续通鉴慕有作慕容洧。续纲目云，浚闻金入德顺军，乃退保兴州。时辎重焚弃，将士散亡，惟亲兵千余自随，人情大沮。或请徙治夔州，子羽叱之曰："孺子可斩也。"因请留驻兴州，外系关中之望，内安全蜀之心，浚然其计。子羽请行，单骑至秦州，召诸亡将，皆以兵会，凡十余万，军势复振，且请遣吴玠驻军凤翔大散关东之和尚原，以断敌来路。关师古聚熙河兵于岷州大潭，孙偓、贾世芳等聚泾原、凤翔兵于阶、成、凤三州，以固蜀口，金人知有备，遂引去。吕大麟见闻录，绍兴初，富平大衄，王庶籍兴元及诸县良家子弟义士，知县为军正，尉为军副，日阅武于县，月阅武于州，不半年有兵二十万。

州校厚犒赏，可战则令尉改秩。今川口义士尚众，皆庶倡之。擢徽
猷阁直学士。

十二月丁丑，罗索卒。本传，赠侍中，开府，追封莘
王，谥（庄）〔壮〕义，（据金史卷七二娄室传改）配享太宗庙廷。
子和尼，历京兆尹，封广平郡王，谥贞济；默音，官东京留守，封
荣国公；实古纳，终北京留守。大金国志谓娄室之卒，在天会十年，
追封郜王。〔考异〕续通考，娄室，字斡里衍，正隆例降金源郡王。
和尼作活（汝）〔女〕（据金史卷七二活女传改），降代国公；默音
作谋衍，官右副元帅。乙酉，宗辅败宋刘维辅军。壬辰，
熙州降。时师至熙河，持嘉晖别降诸寨将、钤辖及
吐蕃酋长等，并民户万五千余。兰州叛，与鄂勒博
等攻下之，获河州安抚使白常、熙河副都总管刘维
辅以献。宋史地理志云，熙州为临洮郡，镇洮军，治狄道。河州
为安乡郡，治宁河，号熙河路，统州五。兰州为金城郡，治兰泉。
〔考异〕舆地广记云，熙州，春秋为西羌，秦置陇西郡，晋分置狄道
郡，元魏置临洮郡，唐陷吐蕃，号武胜军，今升镇洮军，县一：狄
道。河州，古西羌地，秦、汉属陇西，晋置晋兴郡，苻坚立河州，
后周为抱罕郡，唐为安昌郡，县三：抱罕、大夏、凤林。兰州，亦
西羌地，秦、汉属陇西郡，隋置兰州，又为金城郡，唐因之，县二：
五泉、金城。后陷吐蕃，今复。县一：兰泉。续通考云，熙州，金
为临洮府，明领兰、河二州，狄道、金县、渭源三县。河州，在临
洮府东南，元领定羌、宁河、安乡三县。兰州金县，即金州。续纲
目，金掠熙河，维辅击败之，杀五千人，俄复至，（惟）〔维〕辅
（据上文改，下同）急出城，欲焚积粟，为金执，摔以去，（惟）
〔维〕辅曰："死犬，斩即斩，吾头岂汝摔也！"即闭口不言，死。所

部多不屈，被杀。<u>毕沅续通鉴</u>云，将官<u>韩青、高子儒</u>皆不降而死。<u>太宗纪</u>未载（惟）〔维〕辅死，姑从之。

九年（辛亥——三一）春正月癸丑，<u>宗弼</u>、<u>阿里布</u>原作<u>阿离补</u>，系出<u>景祖</u>。灭<u>辽</u>举<u>宋</u>皆有功。从<u>睿宗</u>定<u>陕西</u>，历右都监，迁左监军。后<u>宗弼</u>复<u>河南</u>，为左副元帅，<u>谭国公</u>，卒，官行台左丞相，传在卷八十。至卷六十五之<u>阿里布</u>，系<u>伊克</u>子，另一人。抚定<u>巩、洮、河、乐、西宁、兰、廓、积石</u>等州，<u>泾原、熙河</u>两路皆平。<u>宋史地理志</u>云，<u>洮州</u>，号临城。<u>乐州</u>旧<u>邈川城</u>，即<u>湟州</u>。<u>西宁州</u>，旧<u>青唐城</u>，即<u>鄯州</u>，为<u>西平郡宾德军</u>。<u>廓州</u>为<u>宁塞城</u>，<u>积石军</u>，本<u>溪哥城</u>，皆隶<u>秦凤路</u>。〔考异〕<u>舆地广记</u>云，<u>洮州</u>，古<u>羌</u>地，为<u>吐谷浑</u>据，后<u>周</u>置<u>洮阳郡</u>，兼立<u>洮州</u>，<u>隋</u>、<u>唐</u>为<u>临洮郡</u>，县一：临（津）〔潭〕（据<u>舆地广记</u>卷一六改），后陷<u>吐蕃</u>，今收复。<u>乐州</u>，<u>汉</u>、<u>晋</u>后属<u>西平郡</u>，<u>唐</u>属<u>鄯州</u>，今为<u>湟州</u>。<u>西宁州</u>，古<u>西羌</u>地，<u>汉武</u>逐诸羌，乃渡河、湟，筑令居塞，<u>东汉</u>末置<u>西平郡</u>，后<u>魏</u>置<u>鄯州</u>，后<u>周</u>置<u>乐都郡</u>，<u>隋</u>、<u>唐</u>为<u>西平郡</u>，后陷<u>吐蕃</u>，今收复为<u>宾德军</u>。<u>廓州</u>，古<u>西羌</u>地，<u>汉</u>末属<u>西平郡</u>，后<u>周</u>为<u>廓州</u>，<u>唐</u>曰<u>宁塞郡</u>，后陷<u>吐蕃</u>，今收复。<u>积石军</u>，本<u>汉金城郡河关县</u>地，<u>唐</u>置军，后陷<u>吐蕃</u>，今复置。<u>薛应旂通鉴</u>云，<u>绍兴</u>元年三月，<u>金</u>破<u>福津</u>蹂<u>同谷</u>以迫<u>兴州</u>，<u>浚</u>退保<u>阆州</u>，以<u>张深</u>为<u>四川</u>制置使，与<u>子羽</u>趋<u>益昌</u>，<u>王庶</u>为<u>利夔</u>制置使，知<u>兴元府</u>。<u>宋史</u>蹂<u>同谷</u>作躁<u>同谷</u>。又以<u>吴玠</u>为<u>陕西</u>都统制。时关、陇六路尽陷，只存阶、成、岷、凤、洮五郡及和尚、方山二原。<u>金</u>既得<u>陕西</u>地，悉与<u>伪齐</u>。见<u>太宗纪</u>。<u>毕沅续通鉴</u>云，正月，<u>金</u>掠<u>天水县</u>，知县<u>赵璧</u>、<u>雷震</u>、<u>张昔</u>不屈死。知<u>扶风县康杰</u>，知<u>天兴县李伸</u>及<u>卢大受</u>、<u>田敢</u>，都监<u>刘宣</u>，巡检<u>王琦</u>，通判<u>刁翚</u>皆为<u>金</u>杀。<u>明一统志</u>，<u>扶风</u>，县名，<u>宋</u>仍旧，<u>唐</u>属<u>凤翔</u>。<u>文献通考</u>云，<u>凤翔府</u>治<u>天兴县</u>。

冬十月戊寅，<u>萨里罕</u>原作撒离喝改名杲。〔考异〕<u>南宋书</u>作杲。<u>本传</u>，<u>海陵</u>立，召为行台左丞相兼左副元帅，寻诬其谋反，被诛于其家。<u>大定</u>初，追封<u>金源郡王</u>，谥（忠）〔<u>庄</u>〕<u>襄</u>（据<u>金史</u>卷八〇<u>杲</u>传改），配享<u>太宗</u>庙廷，详卷九。攻下<u>庆阳</u>。古<u>庆州</u>，为<u>顺化军</u>，县四，州一。〔考异〕<u>舆地广记</u>云，<u>周</u>之先不（窟）〔<u>窋</u>〕（据<u>舆地广记</u>卷一四改）所居，<u>春秋</u>为<u>义渠</u>之戎，<u>秦</u>、<u>汉</u>属<u>北地郡</u>，<u>西魏</u>置<u>朔州</u>，<u>隋</u>立<u>庆州</u>，<u>唐</u>曰<u>安化郡</u>，改<u>顺化</u>，升<u>定安军</u>，县三：<u>安化</u>、<u>合水</u>、<u>彭原</u>。<u>续通考</u>云，<u>宋</u>改<u>庆阳军</u>，<u>金</u>为<u>庆源路</u>，<u>庆阳</u>置<u>安定军</u>，领三县，明加<u>西宁</u>一州，除<u>彭</u>（源）〔<u>原</u>〕（据上文改），加<u>环县</u>、<u>真宁</u>，属<u>河西道</u>。别将持<u>嘉晖</u>两败重敌，杀其将<u>戴巢</u>。<u>慕洧</u>以<u>环州</u>降。即<u>通远军</u>，今为<u>环县</u>。〔考异〕<u>舆地广记</u>云，<u>环州</u>，<u>元魏</u>分<u>灵州</u>置，<u>后周</u>为<u>会州</u>，<u>隋</u>改<u>环州</u>，<u>唐</u>末置<u>安乐州</u>，居<u>吐谷浑</u>，后没<u>吐蕃</u>，<u>大中</u>间收复，号<u>威州</u>，<u>周</u>曰<u>环州</u>，改<u>通远军</u>，今复旧，县一：<u>通远</u>。<u>续通考</u>云，<u>环州</u>，<u>隋</u>置立<u>鸣沙县</u>，<u>唐</u>革州以县隶<u>灵州</u>，<u>宋</u>没于<u>夏</u>，仍旧名，<u>元</u>立<u>鸣沙州</u>。此之<u>环州</u>当是今<u>环县</u>，并录之，以资考证。<u>系年要录</u>云，时<u>环庆</u>帅<u>赵哲</u>诛，以<u>孙</u><u>恂</u>代，斩败将<u>张思</u>、<u>乔泽</u>，<u>洧</u>，大惧，遂叛。所载较详。<u>宗弼</u>攻<u>宋</u><u>吴玠</u>于<u>和尚原</u>，在<u>凤翔府</u><u>宝鸡县</u>西南三十五里。抵险不可进，乃退军。伏兵起，且战且走，行三十里，将至平地，<u>宋</u>军阵于山上，<u>宗弼</u>大败，将士多战死。〔考异〕<u>薛应旂</u><u>通鉴</u>云，<u>玠</u>自<u>富平</u>兵败，收散卒保<u>和尚原</u>，积粟、缮兵、列栅，为死守计。<u>凤翔</u>民感其遗惠，多输刍粟以助军。<u>金</u>将<u>没立</u>自<u>凤翔</u>，<u>乌鲁折合</u>自<u>阶</u>、<u>成</u>，约期会兵。<u>折合</u>先期至，阵北山索战，<u>玠</u>更战迭休，<u>金</u>败遁。<u>没立</u>方攻<u>箭筈关</u>，<u>玠</u>遣将击败之，两军终不得合。<u>金</u>自起海角，狃于常胜，与<u>玠</u>战辄败，愤甚，谋必取<u>玠</u>。

兀术会诸部兵十余万，造浮梁跨渭，自宝鸡结连珠营，垒石为城，夹涧与官军相拒，进薄和尚原，玠与弟璘选劲弩，分番迭射，号"驻队"，矢连发不绝，敌稍却，则以奇兵夹击，绝粮道，度其困，且走，设伏神坌，敌至伏发，遂大乱，因纵兵夜击，大败之。兀术仅以身免，亟剃其须髯而去。熊克小纪云，乌珠中箭而遁，俘其将英格贝勒及队领三百、甲兵八百，杀敌甚众，横尸遍野。是役也，乌珠往返万里，始末三年，损众逾半。初有从马数百，仅留其六，道由平阳，守臣萧庆以三马奉之，得归燕山。北盟会编云，追至玉女津，擒羊角孛堇等二十余人。玠，字晋卿，德顺军陇干人，封涪王，谥武安。弟璘，字唐卿，赠太师，封信王。没立、乌鲁折合，续纲目作摩哩、敖拉扎哈，通鉴辑览作默啜、额勒济格。又乌鲁折合，小纪作鄂拉扎哈。毕沅续通鉴谓为二人。系年要录，折合作珠赫。旧唐书地理志云，宝鸡，本隋陈仓县，至德二年改名宝鸡。陈仓城在县东二十里。又，宝鸡县西南二十五里有玉女潭，在玉女祠下，未知即系玉女津否？箭筈关，即箭筈岭，其山两歧，俗呼箭筈，在汧阳南十五里。见通鉴胡注。岐山县志云，岐山，一名天柱山，即箭筈岭，在县东北五十里。麟游县志云，县南五十里，有箭筈山，接岐山界。宋末，粘没喝攻此，吴玠遣兵击败之，盖邑之险峻处也。未知孰是。均见刘于义陕西通志。

十年（壬子——一三二）冬十一月癸未，萨里罕请取剑外十三州。与宋王彦军七千人遇于沙会渌，遂克金州。宋史地理志云，号为安康郡昭化军，即今兴安州，隶京西南路。〔考异〕王存元丰九域志云，金州，即晋怀德军，县四：西〔城〕（据舆地广记卷八补）为州治、洵阳、汉阴、石泉。薛应旂通鉴云，时金久窥蜀，以和尚原扼其冲，不得逞，将出奇取之，乃以叛将李彦琪驻秦州睨仙人关，以缀吴玠河池之师；复游骑出熙河，以缀关师古；撒离喝自商于直捣上津，攻金州，败王彦兵三千。彦焚积聚，退保石泉，金州陷。宋中兴四朝志云，和尚原，凤之东境，抵凤翔不能百里。自两当县直出凤州，取大散关，距和尚原才咫尺。仙人关，兴之东境，距利州才七驿。祝穆方舆胜览云，敌凭和尚原下视散关，仅如蚁蛭，猝有缓急，惟仙人关可恃。明一统志云，路分左右：自成州经天水，出皂郊堡，直抵秦州，此左出之路；自两当趋凤州，直出大散关，至和尚原，此右出之路。宋白续通典云，石泉，县名，宋仍唐旧。宋史地理志，河池郡，即凤州，县三，河池县在今巩昌界。续通考云，明金州属汉中府，领平利、洵阳、白河、紫阳、沔县、略阳六县。续纲目云，时朝廷疑浚杀赵哲、曲端为无辜，任子羽、开、玠为非是。乃以王似为宣抚副使，浚始不安。闻似来，求解兵柄，且论似不可任。颐浩、胜非日短浚，召知密院，命卢法原与似同治司事，寻落浚职，命赵鼎代，不果行。鼎号称贤相，深喜伊川学，凡门人皆擢用，浚客桐庐喻樗，久乃见知，荐为正字，王居正草词，称为"伊、洛渊源"，为众所嫉。因有伊川三魂之说：鼎为真魂；居正为强魂；杨时为还魂。谓身死而道犹行世，时以配元祐五鬼。熊克小纪云，谏议唐辉等言，刘子羽、程唐为浚谋主，即行贬黜，诏贬子羽于白州，唐落职奉祠，惟张澄迁直徽猷阁，除漕江西。毕沅续通鉴云，是年三月，金经略使萨里干等合兵来侵方山原，吴玠遣杨政、雷仲等击败之。浚擢政知凤州。金州之破，统制郭进战死。辑览谓系明年正月事，今从太宗纪。续通考云，是年闰四月丙申，荧惑入氐。纪未载。

十一年（癸丑——一三三）春正月丁卯，萨里罕败宋吴玠军于饶风关。戊辰，取洋州。甲戌，入兴元府。即汉中府，领州二，县六。洋州，今洋县，在府东南百二十里。〔考异〕舆地广记云，兴元，秦为汉中郡，魏末兼立梁州，后周改汉川郡，唐曰襄州，升山南西道，德宗巡幸，升兴元府，今县四：南郑、城固、襄城、西县。续通考云，洋州，唐为郡，后仍旧，明为洋县。兴元领县五，多廉水。宋史地理志云，洋州为洋川郡武康军，县三。薛应旂通鉴云，撒离喝既克金州，乘胜长驱，趋洋、汉。刘子羽闻彦败，亟命田晟守饶风关，召玠入援。玠自河池日夜驰三百里至饶风，以黄柑遗敌曰："大军远来，聊用止渴。"撒离喝大惊，以杖击地曰："尔来何速耶？遂悉力仰攻六昼夜，死者山积。乃更募死士，由间道自祖溪关入，绕出玠后，乘高阚之，诸军遂溃，敌入洋州，玠退保兴元之西县；子羽亦焚兴元退保三泉。金入兴元至金牛镇，四川大震。子羽遗玠书诀别，玠因爱将杨政劝，间道往会，复扼仙人关；子羽筑垒潭毒山，方成，金骑奄至，子羽据胡床、坐垒口，金兵寻引去。撒离喝回凤翔以书招子羽，斩其使。初，子羽闻有金师预徙梁、洋之积，金深入，馈饷不继，杀马及两河所签军士以食。宋兵腹背要击，死伤十五六。疫疠且作，引众还。因出师掩其后，金人堕溪涧死者无算，尽弃辎重走，余兵多降。子羽还兴元。金始谋，本谓玠在西边，故涉险东来，不虞玠驰至，虽入三州，得不偿失。王彦复金州，金遂弃均、房。毕沅续通鉴云，金用降将言，自蝉溪岭绕出关背，乘夜攻克郭仲荀山寨，乃能乘高下视饶风。吴玠传，谓小校奔金，道以祖溪关间道，关在饶风北四十里。饶风关在西乡县东北百六十里。熊克小纪祖溪作租溪，疑误。又云：金遣人赍书招子羽，斩一人，令一人还，问曰："孰遣汝来？"曰："国相刘益也。"石泉县志云，饶风岭在县西七十里，南枕汉江，与西乡接界。为秦、楚、蜀要道，有关置此。雍大记云，山下有饶风河。县道记云，西县，本属兴元府，宋平蜀，以县当冲要，直属朝廷。三泉，县名，隶兴元，宋仍唐旧。西乡隶洋州、宁羌州。沔县志云，潭毒山在县西八十五里，为子羽筑垒处。略阳县志云，有青野原在县北，绍兴三年，吴璘拒金兵，曾驻兵于此。均见刘于义陕西通志。

十一月丙寅，宗弼克和尚原。〔考异〕瓜尔佳实讷传，隆州人，呵哈孙，都统布尔噶苏子。从攻和尚原，出仙人关，宋兵据险，明安绰尔齐突战不利，实讷选麾下五十人战，克之。与吴玠相拒，乌雅布行阵不整，为所乘，实讷领兵逆战，大破之。计前后功，袭父明安。耶律恕传，本名槈埒，辽秦王族。罗索与宗翰侵宋，恕隶前锋，取和尚原，攻仙人关，特为睿宗所知，终参政，封广平郡王。纪未书。系年要录云，宋失和尚原，史及吴玠传俱不载，惟见胡世将奏议。然据玠自奏，则在是年春夏之间耳。周淙乾道临安志云，绍兴元年，宣抚张浚札子，据吴玠陈请陕西出兵，自来祈祷三圣，屡获显应，乞于和尚原立庙，赐额曰旌忠庙，封忠烈灵应王、忠显昭应王、忠惠顺应王。三年，张俊等于临安踏道桥东立庙，改赐观额。三十二年，徙于觉苑寺故基。宋史纪事本末云，兀术既陷和尚原，于是宣抚司分陕西之地：自秦、凤至洋州，吴玠主之，屯仙人关；金、房至巴、达，王彦主之，屯通州；文、龙至威、茂，刘锜主之，屯巴西；洮、岷至阶、成，关师古主之，屯武都。通鉴辑览云，通州，今四川达州，本西魏通州，宋改达州通川郡。此云通州，盖通川之误。续通考云，是年五月乙丑，月忽失行而南，顷之复故。纪未载。

十二年（甲寅——三四）春二月丁酉，萨里罕败宋吴玠军于固镇。方舆纪要云，在汉中府凤县西百二十里。〔考异〕宋史纪事本末云，是年三月，吴玠、吴璘与金兀术战于仙人关，败之。先是，玠因和尚原馈饷艰，令弟璘别筑垒于仙人关右之杀金坪，移兵戍守。至是，兀术、撒离喝、刘夔由和尚原进攻，自铁山凿崖开道，循岭东下。玠以万人守杀金坪，璘自武、阶入援，遗书劝玠修第二隘，示死守，冒围转战七昼夜，始与玠会。敌屡攻营垒，率杨政击走之。兀术阵于东，韩常阵于西，麟率锐师介其间，左右迎击，军少衰，急屯第二隘。金生兵踵至，被重铠，铁钩相连，鱼贯上，璘以"驻队矢"叠射，死者层积，践而登。撒离喝命攻西北楼，姚仲登楼，酣战，楼倾，挽以帛，复正。金用火攻，仲以酒缶扑灭之。玠急遣田晟以长刀大斧左右击，明炬四山，震鼓动地。明日出兵，统领王喜、王武率锐士，分紫、白旗入金营，金阵乱，奋击，韩常中左目，金人始宵（道）〔遁〕（据宋史纪事本末卷六九改）。玠遣统制张彦劫横山砦，王俊伏河池，扼其归路，又败之。是役也，兀术以下皆携妻孥来，夔为豫腹心，欲图蜀不得逞，乃还凤翔，授甲士田，为久〔留〕（同上补）计，不敢妄动矣。赵甡之遗史云，乌珠决计入川，刘豫弟益，时知长安，告玠早为备，因为垒关侧，号杀金坪，本林泉野记，恐误。大金国志云，初，统制郭震为兀术所袭，破其寨，军屡败，玠斩震以徇，乃胜。祝穆方舆胜览云，杀金坪在长举县境。略阳县志云，保福山在县西北百十里白水江北，相近有杀金岭，其傍地名杀金坪，吴玠拒金人即此处。陇州志云，八渡河，即一水河，发源望輦峰，右旋，绕庙前，东北流入汧水。又，神坌沟在阆苑西三里许，一通五峰山壑，一通一水河源，即吴玠败兀术处。又有沙金谷，在州西北十五里，宋建炎中败金人于此。"沙"作"杀"。薛应旂通鉴云，四月，关师古击败金人于熙河，拔寨数十，既而慕洧与金人合兵攻之，师古战不胜，降金。毕沅续通鉴云，正月，师古袭伪齐大潭县，至石要岭，兵败，降。刘豫失洮、岷地，玠并师古军，厚资给，兵益精强。又，十三年春，牛皓、高万、任安、秦元、薛琪、张亨与金人遇于瓦吾谷，死之。宋史刘豫传，石要岭作左要领。熊克小纪云，师古因和议，请归朝，授马军都虞候，卒，谥毅勇。同归者，尚有赵彬、张中孚、中彦，皆补官。富察和珍传，按春水人。天会三年，从侵宋，攻太原，败敌兵，复破宋兵三万于榆次境。六年，攻京兆，先登，有功。七年，取邠州，败宋兵二十余万，克张浚于富平。十二年，击关师古于临洮，败其众三万。从取德顺、秦、巩、临洮、河、兰等州，败吴璘兵，终陇州防御使，凤翔尹。纪均未书。

熙宗天眷三年（庚申——一四〇）夏五月丙子，诏元帅府复取河南、陕西地。右监军萨里罕出河中趋陕西。既至凤翔，击走宋军。时，师至耀州。宋人每旦出城，张旗阅队，郝总管、古云请兵五百伏山谷，俟其出，举旗，伏兵发，宋兵驰入城。古云麾军登城，拔宋帜，立金帜。宋军未入者遂降，拔其城。宋军在京兆西者甚众。诸将以暑雨，欲驻军。且闻宋兵九万会于泾州，都元帅宗弼遣河南步卒来会，遂留诸军屯环、庆，独以轻骑取泾州。

六月，击败宋兵。初，萨里罕欲退，古云曰："我退守，吴玠必取凤翔，据潼关，在今华阴县东四十里，古桃林塞。吾属无类矣，不如速战。"从之。玠军自泾之西原来，古云、锡卜察击其左右，军少却。巴尔斯当其前，冲击之，遂败。玠军僵尸满地。〔考异〕宋史纪事本末云，绍兴九年，和议成，授吴玠四川宣抚使。六月，卒，以胡世将代。十年五月，诏璘同节制〔陕西〕（据宋史纪事本末卷六九补）诸军，金渝盟，撒离喝入同州，趋永兴，陕西州县，所至迎降，遂进驻凤翔。初，关、陕新复，分军屯熙、秦、鄜延诸路。至是皆隔在敌后，远近大震。六月，世将召诸将议。璘以百口保破敌，乃分兵据渭南。金犯石壁〔砦〕（同上），璘遣姚仲等破走之。既而鹘眼郎君三千骑冲璘军，统制李师颜击败之，拔其扶风、新城二县（按宋史纪事本末卷六九及宋史卷三七〇胡世将传皆不及"新城"一县，疑误），获二将（按"二将"宋史纪事本末卷六九作"三将"）及女真百七十七人。撒离喝怒甚，自战百通坊，仲力战，破之。还凤翔，自是不敢渡陇。诸军得还。闰月，撒离喝畏璘驻大虫岭，不敢争，趋邠州。田晟及王彦、杨从仪屡击破之；复败之于泾州，俘获甚众，走还凤翔。史未书国兵屡败事。宋史高宗纪云，六月，郑建〔充〕（同上书补）复醴州，傅忠信败之于华阴，王喜破之于沔阳，吴琦再败之于陕州，孔文清败之于铁城堡，王俊败之于（整）〔鳌〕屋（据元丰九域志卷三改，下同）杨政等破之于凤翔城南寨。熊克小纪云，世将遣王俊复兴平、醴泉二县。吴璘攻秦州，拔之，守臣武谊、将官邵卞、成纪知县荔谏皆降。时，萨里罕遣刺客刺杨政，事觉，诛之。北盟会编云，初，张焘诣永安朝陵回，奏虏情难测，乞陕西早命大帅，桧出焘知成都，见宣抚世将，劝守和尚原及保蜀口，乞料外钱五百万贯备缓急，蜀得无虞。陆游老学庵笔记云，吴武安玠葬德顺军陇干县，今虽隔在虏境，松楸甚盛，岁时祠享不辍，虏不敢问也。玠，谥武安，而梁、益间有庙赐额曰忠烈，故西人至今但谓之吴忠烈云。韩淲涧泉日记云，赵开府副吴玠军须，绍兴四年，总为钱千九百五十五万七十余缗。五年视四年，又增四百二十万五千缗。所谓赵开府，疑即鼎也。薛应旆通鉴云，十月，撒离喝陷庆阳，知府宋万年降，经略王忠植死之。史未载。系年要录云，忠植步佛山人。初取石州十一郡，拜华州观察使，后赠奉国〔军〕（据系年要录卷一三八补）节（庆）〔度〕（同上书改）使，谥义节，世将枢副宿子。小纪谓忠植赠开府仪同节度使，官其子孙十人。不拜金诏，死于延安。刘于义陕西通志云，西平原，一名大虫岭，在宝鸡县东北十五里，吴玠与金将相持于此。其原延亘，东接凤翔界。渭南、华阴，县名，属华州。汧阳，县名，今陇州。
（整）〔鳌〕屋，县名，属凤翔。雍大记云，邠州城南有紫薇山，远跨
外郭，上有宋、金时屯兵故砦。

冬十二月己亥，以萨里罕为右副元帅。宏简录谓
雄伟有才略。大金国志云，智勇俱无。昔曲端邠州之战，见黑锋死，
号哭，众目为"啼哭郎君"。赵峋石墨镌华：金都统经略郎君行记，
郎君称皇弟，无姓名，天会十二年，记，当为太宗之弟。按，金史
世祖子十一人，自康宗、太祖、太宗而外，尚有八人，未知谁是？
碑一字不能辨，盖女真字如是。王元美所录"明王慎德四夷咸宾"
八字，正与此同法。字刻唐乾陵无字碑上，凡一百五字，后有译书
汉字，具录左方："大金皇弟都统经略郎君，向以疆场无事，猎于梁
山之阳，至唐乾陵，殿庑颓然，一无所睹，爰命有司，鸠工修饰。
今复谒陵下，绘像一新，回廊四起，不胜欣（怿）〔然〕（据金石萃
编卷一五四改），与醴阳太守酣饮而归，时天会十二年岁次甲寅仲冬
十有四日。尚书职方郎中黄应期、宥州刺史王圭从行，奉命题。"
按：金世祖子皆未尝经略陕西，惟萨里干为安帝六代孙，又为世祖
养子，其在陕西最久，金时宗室皆称郎君，此或为萨里干也。碑在
陕西，而字体无从辨识，恐不免传刻之讹。石墨镌华传写，恐尤失
真。今谨载译文，以谨阙疑。延札们都传，李世辅叛，邀至私署，
劫执之。们都奔告达兰，率兵追及，与战，始得脱。们都，隆州人。

正隆初为宁州刺史。大定初，宋吴璘据秦、陇，以勇烈军都总管从
克德顺，授通远节度。北盟会编云，世辅执撒离喝，率兵走，半途，
以江南议和，许还河南地，出文字示之，遂放归。世辅奔夏，家属
尽被害。寻自夏执其宰相王枢归宋。世辅后更名显忠，绥德军人，
卒，赠开府，谥忠襄。宋名臣言行录云，显忠初仕金，知同州，以
计执金撒离喝，密图南归，后由汉村经临高原奔夏。原在澄城县南

五十里，有龙泉，味甘如醴。隋文帝在同州，每取致焉。见西安府志。又，雒川县志云，县南八十里有马翅谷，宋李显忠尝屯兵于此。绍兴中，李永奇谋南归，金人贼杀之于马翅谷。见宋史。又，黑水砦在威戎城南六十里，绍兴中，金以李显忠为苏尾九族都巡检使，驻兵黑水堡。见地理志。

皇统元年（辛酉——四一）**秋，宗弼侵宋，宋乞罢兵，宗弼以便宜，画淮为界。**〔考异〕宋史高宗纪云，绍兴十一年正月，杨从仪败金人于渭南。金陷商州，邵隆走。二月，隆破金人于洪门，复（商南）〔南商〕（据宋史卷二九高宗纪改）。四月，慕洧陷新泉砦，攻会州，朱勇破之。九月，璘拔秦州，州将武谊降。姚仲败金人于丁刘圈，邵隆复虢州，杨政败金人于宝鸡，擒通检字董，隆复陕州。薛应旂通鉴云，九月，璘既拔秦州，闻金统军胡盏与习不祝合兵五万屯刘家圈，请于胡世将，击之，用新立叠阵法。先一日请战，敌皆笑，璘遣王彦、姚仲衔枚渡河，陟峻岭，截坡上，约二将上岭，而后发火；二将至岭，寂无人声，军已毕列，万炬齐发，敌骇愕曰："吾事败矣。"习不祝善谋，胡盏善战，二人异议。璘先以兵挑之，胡盏果出鏖战，璘以叠阵法更休迭战，轻裘驻马，亟麾之，士殊死斗，金人大败，降者万人。胡盏走保腊家城，围而攻之，城垂破，会议和，诏班师。时陕、晋首领争来附。政下陇州，破岐下诸屯，郭浩复华州，入陕州。诏至，各引师还，世将浩叹而已。按，刘家圈一作剡家湾，在秦州东北。胡盏作罕占。习不祝作希卜苏。系年要录胡盏作罕札。时西和州巡检元成战死。熊克小纪云，璘进兵剡家湾，与敌将贺珍郎君战，兵大溃。稍异。又云，璘尝著兵书，大略言金有四长，我有四短，当反我之短，以制彼之长。瓜尔佳实讷传，时宋人欲潜兵袭取石闰诸营，实讷潜自渭南大禹镇掩其伏兵，射中其军帅，宋兵败走，多所俘获。除华州防御使，终昭义节度。纪未载。大金国志云，宋割商、秦之半畀金人。初，宋邵隆在商州，始终十年，披荆榛，招离散，至是割属金，始怏怏，后徙金州，桧酖杀之。

废帝海陵正隆六年（辛巳一一六一）十月以后，为世宗大定元年。秋九月，南侵宋。命河中尹图克坦喀齐喀原作徒单合喜。〔考异〕宏简录喜作嘉。为西蜀道都统制，平阳尹张（忠）〔中〕彦（据金史卷五海陵纪改）副之。中彦，字才甫，中孚弟，初仕宋，知德顺军，降金，官至开府。〔考异〕大金国志云，以金紫光禄大夫张忠彦（按，金史作中彦）统步军，孟州防御使王彦章副之，将五万众据秦、凤以伺巴、蜀。未载喀齐喀名，今从史。王存元丰九域志云，乾德三年，平两川，并为西川路，开宝六年，分峡路，咸平四年，分益、梓、利、夔四路，嘉祐四年，以益（都）〔州〕路（据元丰九域志卷七改）为成都府路，领成都一府，眉、蜀、彭、绵、汉、嘉、邛、黎、雅、茂、简、威十二州，一监，五十八县；梓州路，领梓、遂、果、资、普、昌、戎、泸、合、荣、渠十一州，怀安、广安二军，一监，四十九县；利州路，领兴元一府，利、洋、阆、剑、巴、文、兴、蓬、政九州，三十九县；夔州路，领夔、黔、达、施、忠、万、开、涪、渝九州，云安、梁山、南平三军，大宁一监，三十县。由凤翔取散关。宋人攻秦州腊家城、德顺州，克之。方舆纪要云，大散关，在凤翔府宝鸡县西南，为南北险要。秦州为天水郡雄武军，县三，隶巩昌府。德顺州为德顺军，即渭州陇干县。〔考异〕大散关，一曰散关。水经注云，汧水，东入散关。唐书地理志云，宝鸡西南有大散关。杜佑通典云，旧关故城在宝鸡西南。王存元丰九域志云，宝鸡县有武城、车舍、大散三大镇。中兴四朝志云，属梁泉县，在宝鸡南，为秦、蜀往来要道。关距和尚原近，两山关控斗绝，出可以攻，入可以守，实表里之形势也。凤县志云，黄牛堡，在县东北百十五里，交宝鸡界，据黄牛寨山，当散关之冲，吴玠将杨从义所筑营，与金散离喝（按，据金史卷八四，当作撒离喝）大战于此。安丙传，两修黄牛堡，筑赵兴原，屯千余人。凤州秋防原尤为险绝。绍兴初，州治于此。均见刘于义陕西通志。薛应旂通鉴云，绍兴三十一年五月，以吴璘为四川宣抚使，王刚中副之。八月，金徒单合喜将五千骑扼大散关，游骑攻黄牛堡，守将李彦坚告急，刚中跨一马驰二百里至璘营，起璘于帐中，责之曰："大将与国，义同休戚，临敌安得高枕卧？"璘大惊。驰至杀金坪，进军青野原，调内郡兵，分道进援黄牛。刚中又檄张正彦济师，西师大集，李彦坚以神臂弓射金师，却之。璘遣别将彭青至宝鸡渭河，夜劫桥头寨，破之；进复陇州。分遣刘海复秦州，曹洮复洮州。金师退，刚中驰还，谓其属李焘曰："将帅之功，吾何有焉？"李焘曰："身督而功成不居，过人远矣。"宋史：刚中，字时亨，饶州乐平人，谥恭简。时兰州将王宏杀其刺史温敦乌也来降。潘青复陇州。毕沅续通鉴云，十月，姚仲遣王俊败金人于东洛谷口；任天锡等克丰阳县及商洛县，复商州，获其将完颜守能；柳万克伏羌城；吴挺败金人于治平寨；任天锡取朱阳县；武钜复卢氏县及虢州。史未载。

冬十一月，宋人破陕州，号保平军，县七，属永兴军。〔考异〕舆地广记云，陕州昔周召分陕之所，春秋虢国地，秦属三川郡，汉、晋属弘农郡，后魏兼立陕州，唐末号兴唐府，又为保义军。续通考云，唐初为陕州，改陕郡，宋号保平军，金贞祐中升为节镇，领陕、灵宝、湖城、阌乡四县。防御使折可直降，同知使事李柔立死之。〔考异〕大金国志云，金人侵陕州，宋任天锡击败之。毕沅续通鉴云，十一月，任天锡复虢州，败守臣萧信兵；邢进复华州，获其将韩端愿等二十余人。十二月，**王中正克治平寨**。宋史高宗纪云，任天锡复上津、商洛二县及陕州；杨坚复滦川县，又败金兵，复长水县；王彦复福昌县；阎玘复渑池县；吴璘复水洛城及治平寨。史均未载。

世宗大定二年（壬午——六二）**春二月丁巳，郑州防御使富察世杰**本传，原名阿萨尔，辽阳人。从海陵南侵，败宋王权兵于和州。历华州、亳州防御使。〔考异〕汪辉祖金史同名录云，本名阿散，亦作阿撒。卷十八哀宗天兴二年右副点检、卷八十二武定节度移剌温，三人同名阿撒。**取陕州。时，宋兵屯石壕镇**，旧为硖石县，属陕州。〔考异〕王存元丰九域志云，陕县六乡，石壕、乾壕、故县三镇。**世杰击败之。复败宋援兵三千。宋兵二千自潼关来，射却之。复败之于土壕山，生擒其将。又破之于斗门城及土华，遂围之，亲率选卒二百穴地以入，城遂拔。再破宋兵三万，复虢州**。属永兴军路。〔考异〕舆地广记云，虢州，春秋时，虢南境，为晋取，秦置三川郡，汉、晋属弘农郡，隋为弘农郡改凤林郡，唐初置鼎州，后为虢州，今县三：虢略、卢氏、朱阳。续通考云，卢氏县，因卢敖得仙而名，本虢州治，唐徙州治宏农，五代、宋、金俱属虢州。宋史高宗纪云，二月，金犯虢州，璘遣将杨从仪等攻之，分兵守和尚原，金人走宝鸡，马贵断河中桥，败金兵。王彦败金人于虢州东，姚仲遣段彦复原州，姚仲攻德顺军，败金人于瓦亭砦、新店。毕沅续通鉴云，二月，惠逢败金将温特棱兵，复河州及积石军来羌城，姚仲遣将复镇戎军，杨从仪等拔大散关，均未言其破虢州事，今从史。岳珂桯史云，绍兴壬午春，南北既交兵，宣抚吴璘谋取雍，使大将姚仲攻大散关，不下，妄谓赏给薄。时王之望总军赋，<u>仲</u>使幕属<u>宋绂</u>以书抵之，邀取银绢、钱引若干，<u>之望</u>覆书取保状，<u>绂</u>渐悔，<u>仲</u>亦大恐；闰月辛酉，率诸将肉薄，登城，遂克之。

三月癸卯，<u>图克坦喀齐喀</u>败<u>宋</u>兵于<u>德顺州</u>。时，<u>宋吴璘</u>侵<u>古镇</u>，分据<u>散关</u>、<u>和尚原</u>，兵十余万。<u>喀齐喀</u>请济师，诏益<u>河南</u>兵万人。遣<u>丹州</u>刺史<u>持嘉乌苏埒克</u>原作<u>赤盏胡速鲁</u>〔改〕（据<u>金史</u>卷八七<u>徒单合喜传</u>补）以兵（二）〔四〕（同上改）千守<u>德顺</u>，<u>璘</u>以二十万人围之。会统军都监<u>舒穆噜迪里</u>破<u>宋</u>兵于<u>河州</u>，〔考异〕<u>毕沅续通鉴</u>云，闰二月，<u>金</u>将<u>温特棱</u>攻破<u>河州</u>，屠其城。与史异。<u>李师雄传</u>，字伯（成）〔威〕（据<u>金史</u>卷八六<u>李师雄传</u>改），<u>雁门</u>人。仕<u>宋</u>，官<u>清平</u>尉。入<u>齐</u>，擢都统制，知<u>淄州</u>。<u>齐</u>废，历<u>武胜</u>节度。<u>正隆</u>末，为<u>河州</u>防御使。<u>吴璘</u>攻<u>秦</u>、<u>陇</u>，（令）〔会〕（同上）<u>师雄</u>就逮<u>临洮</u>，<u>宋</u>兵至、州人欲降，<u>师雄</u>射<u>宋</u>将<u>权仪</u>，擒之，<u>宋</u>兵退。后从<u>喀齐喀</u>以兵攻<u>河州</u>，有功。纪未载。还过<u>德顺</u>，乞益兵以救之。<u>喀齐喀</u>遂遣节度使<u>乌雅富埒赫</u>本传，率<u>宾路</u>人。初从<u>太祖</u>伐<u>辽</u>，勇闻军中，累官<u>顺义</u>节度使。从救<u>德顺</u>，改<u>延安</u>、<u>平凉</u>尹，封<u>任国公</u>。将兵二万，与<u>迪里</u>合。<u>璘</u>将大军迎战，日暮乃解。<u>璘</u>闻讲和，率兵遁，围城凡四十余日。是役也，押军<u>明安富勒哈</u>之功居多。〔考异〕<u>续纲目</u>云，<u>璘</u>遣<u>姚仲</u>取<u>巩</u>。<u>王彦</u>屯<u>商</u>、<u>虢</u>、<u>陕</u>、<u>华</u>。<u>惠逢</u>取<u>熙河</u>，或久攻不下，或既得复失，竟无成功。<u>仲</u>舍<u>巩</u>攻<u>德顺</u>，逾四旬不克，以<u>李师颜</u>代。遣子<u>挺</u>节制军马，<u>挺</u>与敌战于<u>瓦亭</u>，大败之，擒其千户<u>耶律纠坚</u>等百三十七人。<u>金</u>人惩其败，悉兵趋<u>德顺</u>。<u>璘</u>亲往督师，先壁于险，且治夹河战地，按行诸屯，斩不用命者。先以数百骑尝敌，敌锐卒空壁跃出，突璘军，璘先得治地，无不一当百。至暮，璘忽传呼某将战不力，人益奋，敌大败，遁入壁。黎明，师再出，敌不动，会大风雪，金人拔营去。凡八日，克其城。璘还河池，遣严忠取环州，姚仲等复兰、会、熙、巩等州及永安军。系年要录云，时兴州路得秦、陇、环、原、熙、河、兰、会、洮州、积石、镇戎、德顺军凡十二郡，金州路得商、虢、陕、华州凡四郡，独北以重兵扼凤翔，故散关之兵未得进。宋史纠坚作九斤。通鉴辑览永安作永兴。纪载各异。

夏五月丁巳，押军万户费摩阿拉、原作裴满按剌。〔考异〕元会汾金史考证云，卷八十八唐括安礼传大定十七年契丹叛人，后官汝州都巡检，亦名按剌，另一人。明安伊喇萨尔拉原作移剌沙里〔剌〕（据金史卷六世宗纪补）败宋兵于华州。时，宋人驱率商、州名，属西安府，县四。〔考异〕舆地广记云，商州，商契始封于此，秦为内史地，汉属弘农郡，东汉属京兆郡，晋置上洛郡，西魏兼置洛州，后周改商州，唐后为上洛郡，今县五：上洛、商洛、洛南、丰阳、上津。续通考云，唐为商州，又改上洛郡，后仍旧，宋因之，金升为防御，隶陕州，明初为县，后升为州，领镇安、洛南、商南、镇阳四县。虢及华山、在华阴县南十里，即西岳也。南山在西安府南五十里，亦曰终南。民五万攻华〔州〕，（据金史卷八七徒单合喜传补）阿拉欲坚壁守之，萨尔拉曰："宋兵虽多，半是居民，不习战，不如击之。"阿拉遂以骑兵千败宋前锋，追至其大军，亦败〔之〕（同上），斩首五千级。

秋七月丁酉，陕西都统璋败宋姚良辅军于原州，克其城。〔考异〕毕沅续通鉴七月作五月，良辅作公辅。时主将为姚仲，坐系河池狱。系年要录云；时统制郑师廉战死，统领以下官百一十员皆死。姚仲犹推姚志为奇功，以捷报。汉中府志云，沔县北五里有铁山，宋隆兴间，姚仲置寨于此以御金，相近又有龟山。宋戍兵自宝鸡以西至大虫岭，皆自散关遁去。璋复败吴璘于张义堡。属镇戎军。〔考异〕王存元丰九域志云，在镇戎军西南五十里，熙宁五年置。

九月甲午朔，喀齐喀败吴璘于德顺州。〔考异〕南宋书云，八月，宋统制高师中与金人战于摧沙堡，死之。九月，金攻东山堡，宋中军将李庠战死。史均未载。

冬十月壬辰，华州防御使富察世杰、丹州刺史持嘉乌苏埒克败宋兵于德顺州。璘时率兵号二十万，复据德顺取巩州，临洮府少尹赫舍哩萨恰原作纥石烈骚洽死之。喀齐喀使璋与实讷埒攻之，连战皆胜。璘分兵守秦州，喀齐喀自驻水洛城东，在泾州西南百里，即德顺军。〔考异〕王存元丰九域志云，水洛城，庆历四年置，在德顺军西南一百里，领王家一城，石门一堡。分军断其饷道，璘乃引去。璋等邀击宋经略荆皋，自上八节至甘谷城，在通渭县东五十里，属巩昌府。〔考异〕王存元丰九域志云，在秦州西北百八十五里，熙宁元年置，领陇阳、太甘、吹藏、陇诺、（炎）〔尖〕竿（据元丰九域志卷三改）五堡。杀数千人。实讷埒擒宋将朱永等十二人。张安抚守德顺，亦弃城遁，乌苏埒克复击败之，擒将校十余人，遂复德

顺及秦州。高景山定商、虢，聂赫取环州。于是一
十六府州皆复，陕西平。〔考异〕延札们都传，时吴璘军数十
万据秦、陇，们都为勇烈军都总管，领军讨之。宋人保据德顺。们
都与璋策其必败，曰："都监亲至，敌必退矣。"喀齐喀领军四万来
赴，遂复德顺。明年，秦、陇平，授通远军节度，庆阳都总管，卒。
纪未载。薛应旂通鉴云，时金以重兵扼凤翔，争吴璘新复十三州、
三军，璘亟驰德顺以备之。已而金蒲察世杰率师十万来攻，璘力战
拒之。会史浩议弃三路，诏璘班师，遂还河池。所亡失者三万三千，
部将数十人，连营痛哭，声震原野。秦、熙、永三路新复州、军悉
陷。先是，虞允文疏争，罢知夔州。既而还朝入对，陈弃地利害，
帝曰："此史浩误朕也。"改允文知太平。见续纲目。毕沅续通鉴载
于孝宗兴隆元年正月，即大定三年正月也。世宗纪又系之三年四月。
所载各异。李心传朝野杂记云，乾道三年九月，虞丞相入蜀宣抚，
使二库见在钱引八十九万缗，迨五年三月，虞入朝，是年拘收钱物
赴行在。虞公之将没也，奏言拘籍到总领所积年岁用瓜金钱七百九
十余万缗，合本司所积为一千六百二十余万缗。迨宣抚使罢，吴挺
为兴州都统制，利源多为所擅，前后二十年，财帛不胜计矣。玉海
云，宋初，岁入缗钱千六百余万，天禧末增至二千六百五十余万缗，
嘉祐间又增至三千六百八十余万缗，至熙、丰间，行新法，所入乃
至六千余万，元祐初，除其苛急，尚四千八百余万。南渡岁入不满
千万，逮淳熙末增至六千五百三十余万，宜民力之困。而皇祐二年
命王尧臣等总较天下财赋出入之数：皇祐元年岁入一亿二千六百二
十五万一千九百六十四两，所出无余，为书七卷，上之。熊克小纪
云，建炎初，在京榷货物，鬻盐钞、茶引，而道路未通，发运使梁
扬祖请置司真州，扬祖领之，岁入六百万缗，子美之子也。自中原
俶扰，内外财赋，吏毁其籍，漫无可稽。上独委中书侍郎张焘理财，

晓钱谷利害，吏无敢欺。赵开言自改修茶、盐、酒已坏之法，岁有常息。起建炎己酉，至绍兴癸丑，共缴钱一千五百余万缗，兼陕西茶驮及陕西造铜钱引，计川钱又八百三十余万缗，大约自川、陕屯兵岁用可计者，粮一百六十余万石，而对籴居其半；钱三千余万缗，而盐、酒税亦半之，此其大略也。又言绍兴四年应酬吴玠军须，岁为钱千九百五十余万缗，五年又增四百二十万有奇。

章宗泰和五年（乙丑—一二〇五）春三月乙丑，宋兵入秦（州）〔川〕（据金史卷一二章宗纪改）界。辛巳，复入巩州来远镇。宋史地理志云，旧为来远砦，属秦州，后改为镇，隶巩州，在宁远县西南三十里。谍言韩侂胄统兵鄂、岳，将谋北侵。宋史地理志云，鄂州江夏郡武昌军，县七。岳州巴陵郡、岳阳军，县四，皆属荆湖北路。〔考异〕舆地广记云，鄂州，二汉属江夏郡，吴分置武昌（军）〔郡〕（据舆地广记卷二七改），晋、宋兼置郢州，梁分置北新州及上隽郡，隋置鄂州，唐升武昌军，今县七：江夏、崇阳、武昌、蒲圻、咸宁、通城、嘉鱼。岳州，古三苗国地，秦、汉属长沙郡，晋立建昌郡，宋置巴陵郡，隋改岳州，又改罗州，唐为巴州，复为巴陵郡，今县五：巴陵、华容、平江、临湘、沅江。续通考云，唐初为鄂州又改宁夏郡，升武昌军，明为府，领兴国一州，江夏、嘉鱼、武昌、蒲圻、咸宁、崇阳、大冶、通山、通城九县。岳州，唐巴州，后改今名，宋为岳阳军，明升为府，领澧州一，巴陵、平江、华容、石门、慈利、临湘、安乡县七。

冬十一月，宋吴曦拥众兴元，欲窥关、陇。〔考异〕薛应旂通鉴云，宁宗嘉泰元年七月，以吴曦为兴州都统制。曦至兴州，因潜罢副都统制王大节，由是兵权悉归于曦，异志遂成矣。

先是，自绍兴末，王人出总蜀赋，移课宣司，势钧礼敌。至侂胄以总计隶宣抚副使，得节制按劾，利权亦归于曦。按，嘉泰元年，即金泰和元年。时吴挺子曦官殿前副指挥，赂宰辅谋帅蜀，何淡以赂未及，持不可，淡罢奉祠，遂用曦。见续纲目。迨四年春，侂胄定议伐金，命曦练兵西蜀。李心传朝野杂记云，先是，吴挺死，光宗已属疾，不之信；赵子直在枢筦，用邱宗卿、杨嗣勋之议，更遣张诏代之，人服其远识。周密癸辛杂志云，曦由蜀入朝，多买珍异：孔雀四，华亭鹤数十，金鱼、比目鱼等，及作粟金台盏遗陈自强者，在今观之，皆不足道。

六年（丙寅—二〇六）春正月丙申，宋吴曦遣兵围穆舒隆原作抹熟龙堡，部将布希原作蒲鲜〔考异〕毕沅续通鉴作富鲜。长安击走之，斩其将。宋人入萨满原作撒牟谷。完颜果啰、原作掴剌。〔考异〕毕沅续通鉴作固喇。元会汾金史考证云，卷六世宗纪大定六年宿直将军斜卯掴剌，另一人。完颜齐勤原作七斤，官巩州兵马钤辖。〔考异〕毕沅续通鉴作齐锦。汪辉祖金史同名录云，卷一百三十三窝斡传大定初猛安、卷七世宗纪大定十二年叛人、卷十一章宗纪泰和元年右卫将军纥石烈氏、卷十四宣宗纪贞祐三年右副元帅蒲察氏、卷十七哀宗纪正大四年伪平阳知府李氏、卷一百一仆散端传本名、卷一百十六庆山奴传正大八年近侍裴满氏、卷一百十七粘割荆山传天兴二年亳州乱人崔氏、卷一百十八苗道润传贞祐四年降人独吉氏，十（八）（据金史同名录卷一三删）人同名七斤。约宋将会境上，被袭，赵彦雄等七人死焉。果啰中流矢，齐勤仅以身免。

夏四月甲子，宋人入天水界。乙丑，入东柯谷，部将刘铎战败之。丙寅，以完颜充为陕西都

统，舒穆噜仲温副之。辛未，吴曦攻来远镇之兰
家岭。

六月乙亥，曦复攻盐(州)〔川〕（据金史卷一二章宗
纪改），即五原郡，今为宁夏后卫。〔考异〕舆地广记云，春秋戎狄
地，秦、汉属北地郡，元魏立大兴郡，西魏改五原郡，兼立西安州，
后为盐州，隋立盐川郡，唐为盐州，后没吐蕃，县二：五原、白池。
完颜王喜一作王善。见完颜纲传。败之。

秋七月甲午，吴曦兵五万入秦州，副都统（按据
金史卷十二章宗纪、卷九三承裕传当作"都统副使"）承裕等败
之。时，承裕与防御使完颜瑃屯成纪界，属秦州曦兵
由保(垒)〔岔〕（据金史卷九三承裕传改）、姑苏等谷来
袭，承裕与瑃击走之，追奔四十里，凡六战，宋人
大败，斩首四千余级。降诏奖谕。曦别将入来远
镇，珠格高琪原作术虎高琪。〔考异〕毕沅续通鉴作珠赫埒果勒
齐。破之。

八月辛未，宋程松遣将曲昌世袭方山原，自率
兵袭和尚原、西山寨、龙门等关，克之。富察贞遣
副统费摩阿里〔考异〕汪辉祖金史同名录云：卷四十七食货志，
大定二十年，前太保；卷七十八，时立爱传，太祖时抚谕西京；卷
十八，哀宗天兴二年右副点检温敦氏；卷八十，济南尹韩国公斜卯
氏；卷九十三，荆王守纯传，兴定时员外郎王氏；卷一百三，元帅
左都监蒲察氏；卷一百八，把胡鲁传，元光元年，御史粘割氏；卷
一百二十，道国公唐括德温本名，九人同名阿里。等分路伏兵，

击破之。遂遣珠格哈达等出黄儿谷取和尚原，钮祜禄囊嘉特等出大宁谷取西山寨，贞由中路取龙门等关，大破之，斩杨廷于阵。诸路兵皆胜，尽复故地。

九月甲辰，吴曦将冯兴、杨雄、李珪等以步骑八千入秦州，承裕与璘等击破之。宋步兵保西山，骑兵走赤谷。承裕遣唐古安塔哈率兵驰击宋步兵，败之，追奔至皂郊城，<small>在秦州西南三十里，为陇右要区。</small>斩首二千。明安巴恬努追杀宋骑兵千人，斩杨雄、李珪于阵，冯兴仅以身免。

冬十一月庚子，完颜纲围祐州，降之。徇下荔川、闾川等城，及宕昌，次大潭县，降之。富察贞克天水及西和州，进克成州。<small>宋史地理志云，即同谷郡，县二，隶秦凤路。天水，县名，属秦州。〔考异〕舆地广记云，成州，秦以前为白马氏，汉属武都郡，后为杨氏所据，封仇池公，元魏置南秦州，西魏改成州，隋置汉阳郡，唐复旧，更名同谷郡，今县二：同谷、栗亭。岷州，西魏置，及同和郡，隋属临洮郡，唐为岷州，曰和政郡，今为西和州。县三：（福）〔祐〕（据舆地广记卷一五改）川、大潭、长道。续通考云，岷州，宋收复祐川县置，治长道县之白石镇，改西和州，属利州路。成州之克，承裕传作成裕事。与纪异。</small>

十二月癸丑，宋太尉、昭信节度使、四川宣抚副使吴曦纳款于完颜纲，<small>本传，原名元努，由同签宣徽院为陕西安抚，招降叠州羌酋青伊克诸部，以降吴曦功，擢宣抚副使，</small>

进左丞。卫王立行省，缗山兵败，为执中所害，后复官爵。弟鼎努，官参政。〔考异〕汪辉祖金史同名录云，卷七十六永元传本名，官彰德节度；卷一百三十三张仅言传幼名，官劝农使，三人同名元努。

并献阶州。本唐武州，号武都郡，县二。〔考异〕舆地广记云，阶州，古白马氏〔国〕（据舆地广记卷一六补），西戎别种，汉武置武都郡，后为杨氏据；元魏置武卫郡，西魏置武州，隋为武都郡，唐后没吐蕃，复置为行州，后复故地，号阶州，今县二：福津、将利。

戊（子）〔午〕，（据金史卷一二章宗纪改）**完颜充攻下大散关，遣乌鸦绰哈**原作兀颜抄合**以兵趣凤州**即河池郡，县三。〔考异〕舆地广记云，春秋北羌所居，秦属陇西郡，汉属武都郡，晋为杨氏据，元魏置道郡，兼立南岐州，西魏改道郡为归真，后周立凤州，隋为河池郡，唐因之，今县三：梁泉、河池、两当。续通考云，凤州，唐置，后升节度府，宋为团练州，明降为县。**城，入焉。纲承制，立曦为蜀王。曦遣使奉表及蜀地图志、吴氏谱牒来。**〔考异〕薛应旂通鉴云，开禧二年三月，以程松为四川宣抚使，吴曦副之。松移司兴元，东军三万；曦屯河池，西军六万，仍听节制。财赋，按劾计司。曦益得自专。松始至，欲责曦庭参礼，及境而还。松用东、西军千八百自卫，曦抽摘以去。松不悟。寻诏曦兼陕西、河东安抚使，知大安军。安丙陈十可忧于松。松开府汉中，夜延丙议，丙言曦必误国，盖丙尝为其父客，素知曦，松亦不省。四月，曦与其从弟暆及徐景望、赵富、米脩之、董镇共为反谋，阴遣其客姚淮源献关外阶、成、和、凤四州于金，求封蜀王。十二月，曦既降，按兵不进，侂胄日趣之、乃伪攻秦、陇以坚其心。金许封如康王故事。纲进兵水洛，署曦族人吴端巡检使，报曦；曦诈称杖杀端，而阴送款。金主赐诏诱降，略曰："（以卿）〔卿以〕（据金史卷九八完颜纲传改）英伟之姿，处危疑之地，必能深识天命，洞见事机。若按兵闭境，不为异同，使（其）〔我〕（同上）师东下，无西顾之忧，则全蜀之地，卿所素有，当加封册。更能顺流东下，则旌麾所指，（便）〔尽〕（同上）以相付。天日在上，朕不食言！"续纲目云，及蒲察贞破和尚原，犯西和州，曦将王喜等方力战，曦忽传令退保黑谷，军遂溃，贞入成州。曦因焚河池，退屯青野原。时，兴州都统制母思守大散关，金由板闸谷绕出关后，遂陷。曦退屯置口，纲遣张仔会之，曦尽出告身付仔，纲乃遣马良显持诏书、金印立为蜀王，还兴州。是夜，天赤如血，光烛地如昼，有两日相摩。翼日，召幕属谕意。王翼、杨驭之抗言曰："如此，则相公忠孝八十年门户，一朝扫地矣！"曦曰："吾志已决。"即遣任辛奉表及蜀地图、谱牒于金。金完颜绰哈攻凤州。程松自兴元逃归。按，毕沅续通鉴，张仔作张纾，宋史全文作三月事，曦遣姚淮源献地求封，六月，金封为蜀王，赐金印。宋史方信孺传谓金诱降在三月，金史本纪作十二月，然金实先诱降，非曦先求封。至金下诏，则在六月，纲设间久乃得达耳。至宋史宁宗纪，十二月，曦始自称蜀王。此据其拒命之日，其僭号则在明年也。纲传姚淮源作姚圆。任辛外，尚有果州团练使郭澄，所持表为谢恩表、誓表及贺全蜀归附表三道。大金国志置口作置口。方舆纪要云，置口戍在凤县西南，或云在洛阳北。亦作沮口。凤翔府志云，置口在略阳县西北三十里宝虹山下，沿江迤西五里。纪载各异。

七年（丁卯—二○七）春二月癸酉，遣珠格高琪等册吴曦为蜀国王。曦寻为宋臣安丙所杀。〔考异〕完颜纲传，事闻，下诏责纲。赠曦太师，命德顺州刺史完颜思忠招魂，葬于水洛县。以其族兄吴端之子为曦后。纪未书。薛应旂通鉴云，正月，曦自称蜀王，遣将利吉引金兵入凤州，付以四郡，表铁山为界。即兴州为行宫，号兴德府，改元，置百官。遣董镇至成都治宫殿。召随军转运使安丙为长史，权行都省事。先是，从事郎钱巩之梦曦祷神祠，神告以安子文足办此事，巩之告曦，遂召用。又召杨震仲，不屈，饮药死。陈咸自髡其发，史次秦自瞽其目，李道传、邓性甫、杨泰之悉弃官去。二月，以杨辅为四川制置使，曦逐之。初，辅知成都，尝言曦必反，帝谓辅能诛曦，密诏许便宜行事。安世通力劝举义兵，迁延不发，曦移辅知遂宁府。续纲目云，时监兴州合江仓杨巨源谋讨曦，阴与曦将张林、朱邦宁，义士朱福等深相结。眉州程梦锡知之，告安丙，乃延巨源至卧内，因劝丙出主其事。会兴州将李好义亦结李贵、杨君玉、李坤辰、李彪等谋诛曦。二月乙亥，丙等矫诏入伪宫，好义与巨源前驱，李贵执曦诛之。僭立凡四十一日。推丙宣抚，巨源参军事。时金使犹未至也。曦首至临安，枭之市三日。诏诛其妻子，家属徙岭南，夺父挺官，迁祖璘子孙出蜀，独存其庙祀。玠子孙免连坐。东南纪闻云，曦未叛时，猎，夜归，见月中人与己肖，自念当贵，卒被诛。亦见岳珂桯史。桯史又云，曦家素事梓潼，自玠、璘以来，事必祷，有验，乃斋而请。是夕，梦神坐堂上，已被赭玉谒焉，因告以逆，且卜年之修永。神不答，第曰："蜀土已悉付安丙矣。"既寐，大喜，谓事必遂。时安以随军漕在鱼关驿，召归，辞相印，但以长史权知都省事。逾月，成获嘉之绩。罗大经鹤林玉露云，安丙等矫诏诛逆曦，其词曰："惟干戈省厥，躬朕既昧圣贤之戒，虽犬马识其主，尔乃甘夷虏之臣。邦有常刑，罪在不赦。"词旨明白，乃李好义姊夫杨君玉笔也。潘永因宋稗类抄云，曦幼时，父挺问其志，曦有不臣语，父怒，蹴之炉火中，灼其面，号"吴巴子。"李顺与曦先后叛于蜀，僭称蜀王，说者析顺字，谓居川之旁，一百八日；析曦字，谓三十八日，我乃被戈。后均验。后安丙移帅长沙，贪秽狼籍，罢政，捆载而归。值蜀帅杨九鼎，刻剥失军心，牙校莫简叛杀九鼎，剖腹实金银，曰："使其贪腹饫饱。"丙生擒莫简，剖心祭九鼎，再平蜀难。李心传朝野杂记云，诛曦官赏，自王喜下凡四百二十八，约共转三十万，官资锡赉不计也；岁增支总领所钱物七百八十万缗，而犒赏不与焉。时方信孺往河南议和，既还，仆散揆复使人谕之曰："已奏朝廷，更得安宣抚与西元帅一书，乃善。"侂胄以书遗安，观文谕（指）〔旨〕（据朝野杂记乙集卷一〇改），安难之。久之，乃作书如所云，且饷以药物缣币，西帅启缄，却馈，而令凤翔都统使完颜昱作书以来，但言当听命于行省而已。周密齐东野语云，三年二月，安丙与李好义，杨巨源等诛曦，以巨源为四川宣抚使，丙副之。六月，丙杀巨源。丙初矫制，自称宣抚副使，遂（经）〔径〕（据齐东野语卷一一改）入衔上奏。时章良能直学士院，谓一时权宜则可，奏功遂称所假则不可。朝廷宜先罪而后赏，时相不从，竟以所矫官职授之。宋史，丙，广安人，赠少师，谥忠定。巨源，字子渊，益昌人。

三月壬辰，宋攻破阶州及西和州。宣抚副使完颜纲至凤翔。诏撤五州之兵，分保要害，纲召诸将还。〔考异〕续纲目云，杨巨源、李好义谓安丙曰："曦死，贼破胆矣。关外四州为蜀要害，盍乘势复取之；不然，必为后患。"丙然之，于是分遣好义复西和州，张林、李简复成州，刘昌国复阶州，张翼复凤州，孙忠锐复大散关。好义兵次独头岭，会忠义及民兵夹击，金人死者蔽路。七日至西和，金将完颜钦遁，克其城。欲乘胜取秦、陇，宣抚使不许，士气大沮。所载较详。又，两朝纲目备要未载阶州，史未载凤州，稍异。

夏四月，富察贞撤黄牛戍，宋安丙乘之。癸丑，攻破散关，巩州钤辖乌雅爱实原作兀颜阿失死之。

纲与贞合兵，潜自昆谷西山入，复取散关，斩宋将二人。〔考异〕完颜纲传，时诏降兵部侍郎，命尼玛哈怀忠往按治，会复取散关，斩宋将张统领、于团练，捷闻，释不问。续纲目云，曦既诛，丙趣杨辅还成都，诏拜宣抚使，丙副之，兼知兴州。许奕为宣谕使，改兴州为沔州，朝廷察丙与辅异，召辅赴阙。辅抵建康，杨简言其弃成都，不当召，遂命知建康。程松以罪窜澧州。

五月丙申，安丙遣李好义率步骑三万攻秦州，围皂角堡，珠格高琪以兵赴之。宋兵列阵山谷，以武车为左右翼，伏弩其下来逆战。既合，宋兵佯却。高琪军觉，不前。退整阵，宋兵复来。凡五战，宋兵益坚。乃分骑为二番，更休迭战。遣将潜兵上山，自山驰下合击，大破之，斩首四千级，生擒数百人，围乃解。〔考异〕宋史宁宗纪，时杨巨源战至长桥，败绩。两朝纲目备要同。盖本安丙报疏。史未载长桥兵捷事。续纲目云，好义攻秦州，为高琪所败，师还，曦将王喜毒之而卒。朝廷虑喜为变，授节度使，移荆鄂都统制。六月，丙杀巨源。初，诛曦，奖谕诏至兴州，巨源谓人曰："诏命一字不及巨源，疑有以蔽其功者。"俄报王喜授节钺，巨源通判，心益不平，乃愬功于朝。或谓其谋乱，丙令鞫其党，皆抵罪。会巨源兵败长桥，丙密使兴元都统制彭辂收巨源，械送阆州狱，至大安龙尾滩，丙使将校樊世显杀之。闻者扼腕。薛应旂通鉴云，喜遣其死党刘昌国毒死好义。后昌国白日见好义，持刃刺之，惊怖扑地，疽发背死。按，曦之诛，本巨源、好义之力，均为丙所忌。巨源则使其杀孙忠锐，以罪归之；命彭辂收付狱，而樊世显杀之。好义号为喜毒，亦丙所使也。观李心传朝野杂记续、陈均编年，所载多略，惟吴师道礼部集、俞文豹吹剑录具书本末，足资考证。按，朝野杂记云，武兴之乱，时人记录者，有新、旧安西楼记，安丙撰；靖蜀编，胡南仲撰；杨巨源自叙书，上刘阁学者；巨源事迹，益昌人撰；巨源传，李瑞撰；李好义诛曦本末、复四州本末、实人伪官人数，皆李好古自记；好义行状，白子中撰；平蜀实录，杨君玉撰；切齿录，任光旦撰；固陵录，李季允撰；毛氏寓录，毛方平撰；公议榜，成都人撰；佚爵录，赵公宅撰；及耆定录，长沙板行，海滨渔父记。而士大夫之在新沔者，又有编录、辨沔等书。最后，西陲泰定录，尽为采辑，一从公论云。又，大安军志云，龙门山东南，去军城十里。又，大安军有龙尾滩，由凤州入阆州之路，宋开禧中，四川帅安丙杀杨巨源于此，或曰即龙尾坡也。见刘于义陕西通志。

冬十月辛未，陕西宣抚使图克坦镒遣副统巴噶罕原作回海，姓把（只）（据金史卷九八完颜纲传删），终彰化节度副使。见完颜纲传。〔考异〕汪辉祖金史同名录云，卷八十四昂传世宗初牌印祗候、卷八十六独吉义传义祖、卷八十七忠义传大定初符宝祗候，俱姓驼满氏，四人同名回海。（及）〔下〕（据金史卷一二章宗纪改）苏岭关。都统雅尔页原作押剌。〔考异〕镒传作沃呼伊啰斡。宏简录作叶禄瓦。拔鹘岭关，在兴安州，洵阳县东北，为金、宋分界处。〔考异〕雍胜略云，在兴安州东，接上津县界，地极险要。兴安州志云，在洵阳县东北二百五十里，与秦岭相连。南属宋，北属金。均见刘于义陕西通志。果啰别将攻破燕子关、新道口。巴噶罕取小湖关、敖仓至营口镇，破宋兵千人，追至上津县，本平利县，地属金州。见宋史。今属郧阳府。斩首八百余级，遂取其城。伊啰斡破宋兵二千于平溪，将趋金州，以议和还师。

八年（戊辰—一二〇八）春正月乙亥，宋安丙遣兵袭鹘岭关，副统巴噶罕等击走之，斩其将景统领。

二月乙巳，宋参知政事钱象祖遣王柟来，以书上行省，复请川、陕关隘。

夏五月丁未，宋献韩侂胄、苏师旦首，诏以陕西关隘还之。〔考异〕薛应旂通鉴系之嘉定元年六月。

金史纪事本末卷十二

刘豫之立

太宗天会六年（戊申——二八）冬十二月，宋知济南府刘豫以城叛来降。豫，字彦游，阜城人。汉书地理志，阜城，属渤海郡，宋时为永静军，隶河间府。〔考异〕徐昌祚燕山丛录云，阜城县南七里，乃伪齐刘豫故宅，至今人称御庄。宋宣和末仕为河北西路提刑，徙浙西，抵仪真，县名，属扬州府。丧妻翟氏，继值父忧。康王至扬州，枢密张悫字诚伯，河间乐寿人。荐知济南府。〔考异〕杨克弼伪豫传云，豫丁父忧，以建炎二年起复，除中奉大夫，知济南府。李心传谓豫以宣和六年十二月，自朝请大夫，新判北京国子监，除河北西路提刑，以致仕召赴阙，非丁忧起复。所载各异。是时，山东盗贼满野，豫欲得江南一郡，宰相不与，忿忿而去。〔考异〕大金国志云，豫世业农，登元符中进士第。历（州）〔郡〕（据大金国志卷三一改）县，除侍御史。尝盗同舍生白金盂、紫纱衣，言者诋之，上疏辨，不问。累章言礼制，忤旨，出为两浙察访，遂家真州。高宗命张悫守济南，未行；用张悫荐，以豫代。到郡，严刑快私忿，除父子容隐条，犯者皆坐罪。伪豫传载谢表云："孰云河朔村俗之人，来领浙右廉访之事。"议者谓其怨望之迹已见。南宋书云，徽宗斥为种田叟，黜之，避乱仪真。毕沅续通鉴云，张悫守济南，不行，以邓绍密代；绍密留知兴仁府，乃命豫往。所载各异。绍密后守寿春，为范琼杀。**达兰**原作挞懒**攻济南，骁将关胜屡出城拒战，豫杀之而降。**〔考异〕大金国志云，金围济南，令郡倅张（东）〔东〕（据伪齐录卷一伪豫传改，下同）往援，寻解去。挞懒遣人啗以利，率（东）〔东〕出，通款，未载杀关胜事。赵甡之遗史云，时李成侵济南，豫求援于沧州刘锡，会金兵先至，豫谓沧州兵，开门纳之，乃金人也，遂降。恐系传闻之误，今从豫传。**时，**宋建炎**二年十二月也。遂为京东**〔东、西〕（据金史卷七七刘豫传补）**淮南安抚使、知东平府、兼诸路马步军都总管，节制河外诸军。其子麟知济南府。达兰屯兵冲要以镇抚之。**〔考异〕王恽闲谈，刘齐王故事诗序：陈教授说豫未贵时，一日顾见白龙见妇翁家大镜中，但无鳞与角耳。后乃翁亦见，以女妻之。及生二子，以鳞、角名之。或谓二子长，豫当大贵，果然。元裕之诗云："河边殺翘尚能飞，无角无鳞自一齐。"大金国志，豫遣使说东京留守上官（悟）〔晤〕（据大金国志卷三一改，下同），（悟）〔晤〕焚书斩使。以赂啗其左右乔思恭、宋厚，俾说（悟）〔晤〕反，（悟）〔晤〕杀之。伪豫传，宋厚作宋愿，史未载。

八年（庚戌——三○）秋九月戊申，立刘豫为大齐皇帝，世修子礼。〔考异〕张汇节要作九月九日，豫传作五月，系年要录作七月。时册使为西京留守、检校太（尉）〔保〕（据系年要录卷三五改）、尚书右仆射、大同尹、山西〔兵马〕（同上补）都部署、广陵郡开国公高庆裔，礼部侍郎、南阳县开国侯韩昉。按，史无庆裔名，附载之以备参考。岳珂桯史载金册豫文曰："维天会八年岁次庚戌、七月辛丑朔、二十有七日丁卯，皇帝若曰：'朕，公于御物，不以天下为己私；职在牧民，乃知王者为通器。威罚既已殄罪，位号宜乎授能。乃者，有辽运属颠危，数穷否塞，获罪上帝，流毒下民。太祖武元皇帝仗黄钺而拯黎元，麾白旄而誓师旅，妖气既殄，区宇大宁。爰有宋人，来从海道，愿输岁币，祈复汉疆。太祖方务善邻，即从来议。重念斯民，久罹涂炭，未获昭苏，不委仁贤，孰能保定？咨尔刘豫，凤擅直言之誉，素怀济世之材，居于乱邦，生不偶世。百里虽智，亦奚补于虞亡；三仁至高，或（愿）〔显〕（据桯史卷七改）从于周仕。当奸贼扰攘之际，正愚氓去就之间。举郡来王，奋然独断；逮（予）〔乎〕（同上）历试，厥勋克成。夫委之安抚，教化行；任之尹牧，狱讼理；付之总戎，盗贼息；专之节制，郡国清。况有定衰救乱之谋，必挟拯变扶危之策。使民无事，则囊弓力穑，有役则释耒荷戈。罢无名之征，捐不急之务。征隐逸，举孝廉，振纪纲，修制度，省刑罚而去烦酷，发仓廪而息蠡螟。神人以和，上下协应。比下明诏，询考舆情，列郡同辞，一心仰在，宜即归仁之地，以昭建业之元。是用遣西京留守高庆裔，副使礼部侍郎知制诰韩（昭）〔昉〕（同上），备礼，以玺（绘）〔绂〕（同上）宝册命尔为皇帝，国号大齐，都于大名。岁修子礼，（承）〔永〕（同上）贡虔诚；畀尔封疆，并从楚旧。更须安集，自相攸居。尔其上体天心，下从人欲。忠以藩王室，信以保邦圻。惟天难谌，惟命靡常，谨厥德，保厥位，尔其勉哉，勿忽朕命。'"玉册皆以六十六方为制，每方字两行，以金书之。韩昉作韩昭。所载册文最详。要录谓册文为昉笔。**建都大名府，号北京。**〔考异〕毕沅续通鉴云，初，北京军民闻豫至，杀金人，闭门拒豫，豫击而降之，遂即位。史未载。

初，康王既杀张邦昌，自归德赴扬州，诏发兵南侵，谕曰："俟宋平，当援立藩辅如邦昌故事。"及宋帝航海，宗弼北还，议所立，众议折可求及豫皆可立。豫乞达兰为求封，遂僭位。〔考异〕大金国志云，济南有渔得鳣者，豫妄谓神灵之应，遂祀之。北京豫顺门下生禾，五穗同（登）〔本〕（据大金国志卷三一改），为受命之符。乃使子麟赍重宝，赂粘罕左右，许之。豫诡词乞立张孝纯，乃使问军（中）〔民〕（同上）所欲立。进士张浃愿立豫，议遂决。或谓本叛臣张刚中献策于高庆裔转告粘罕，非也。大抵庆裔欲归功粘罕，恐挞懒先之，故力为赞成。后酬贿赂不可胜计。麟、猊辈有恩府门生之称。宋史谓豫持重宝赂挞懒，宏简〔录〕（据本书卷末引用书目及宏简录补）谓巨鳣长数十丈，稍异。洪迈夷坚志云，伪齐初受册，告天祝版，误书年号靖康，又纯用赵野家庙器，识者以为不详。史均未载。赵翼劄记云，豫受金册为齐帝，时宗翰等议，既为藩辅，奉表称臣，则诏至当避正殿，与使者抗礼。太宗曰："既为邻国之君，又为大朝之子，惟使至，躬问起居；及归，时有奏则起立，余并行帝礼。"此伪齐之仪注可考者。**置丞相以下官，赦境内。**〔考异〕伪齐录载赦文，略曰："自念凤猷寡陋，家世侧微。昔也壮年，久林泉（之是）〔而自〕（据伪齐录伪齐僭位赦文改）乐；今焉晚节，岂轩冕之为心？屡乞退闲，（迄）〔竟〕（同上）无（成）〔允〕（同上）命。

当天造之草昧，念王业之艰难。恭受册仪，尚循墙而欲避；勉膺位号，若负刺之不遑。虽非虞、舜之明扬，幸无汤、武之惭德"云云。豫传未载。**还居东平，曰东京，汴州曰汴京，降宋南京为归德府。张孝纯等为宰相，弟益为北京留守。子麟为尚书左丞相、诸路兵马大总管。宋待以敌国礼，孝纯及郑亿年、李邺家人在宋者，加意抚之**〔考异〕朱胜非秀水闲居录，亿年为居中子，母为王仲山亲妹，桧为仲山婿，桧子熺复娶亿年女，后归朝，桧佐之除杂学士，后复资政殿学士，李光争之，不听，士论汹汹。**以明年为阜昌元年。**〔考异〕伪齐录载改元诏曰："王者受命，必建元以正始。近古以来，仍（给）〔纪〕（据伪齐录建元阜昌诏改）嘉号，以与天下更新。（者）（按，伪齐录原文为"乃者即位之初"此者字为省略原文而衍）今使命逼临，促立别号，以昭受命之元（用）〔运〕（同上改），新我齐人之耳目。嘉与诸夏，共受天休，其以十二月二十三日为阜昌元年。"据此，则非明年改元也，今从史。**母翟氏**〔考异〕南宋书作瞿氏。北盟会编又谓翟氏为豫嫡妻。今从本传。**为皇太后。妾钱氏为皇后，宣和内人也。**〔考异〕大金国志云，孝纯守尚书右丞相，李孝扬权左丞，张（东）〔柬〕（据伪齐录改）权右丞，郑亿年工部侍郎，王麡汴京留守，以〔豫〕（据大金国志卷三一补）生景州，守济南，节制东平，僭号大名，起四郡云从子弟凡六千人，设翼卫、勋卫、亲卫，六年，合格出官。沧州进士邢希载、毛澄皆上书请密通江南，斩之。宋史豫传王麡作王琼，云，博州判官刘长孺遗书劝反正，囚之。大索宋宗室，承务郎（关）〔阎〕琦（据宋史卷三七五刘豫传改）匿之，杖死。招楚州赵立，使为所杀。宏简录张东作张柬，关琦作阎琦，云，召迪功郎王宠、文林郎李喆，尉氏令姚邦基皆弃官去。朝奉郎赵俊书甲子不书僭年，伪经略折可求缺望，杀之。立陈东、欧阳澈双庙于归德。毕沅续通鉴云，封东安义侯，澈全节侯。进士薛笃力劝豫归宋，几见杀，孝纯救免。史均未载。熊克小纪云，萨里罕在云中，尝因军事召折可求，语以将废豫而立可求意。及后废豫，达兰欲割河南地归宋，萨里罕因燕可求，置毒，卒于路。据此，则可求又非豫杀。稍异。周煇清波杂志云，东死于应天府，被逮，作家书，区处后事。其帖今在其外孙括苍潘景夔家。顷年，许右丞翰为作哀辞，具著本末。少（阳）〔旸〕（据清波杂志卷五改）初不识李公，李念"伯仁（由）〔因〕（同上）我而死"，祀之家。时上书被行遣者欧阳彻。高宗临朝，尝曰："朕即位，听用非人，至今痛恨。"各加赠秘阁修撰，赐官田（二）〔十〕（同上）顷。寻令镇江府致祭。彻于靖康初金犯阙，请质二子二女而使穹庐，御亲王归，不报。死时年三十三。又进士徐晖乞借官入金奉亲王归，诏假通直郎往使，卒，无闻。罗大经鹤林玉露云，时与陈东陈六贼之罪，且言金不可和状，尚有津浦高登，字彦先，绍兴间对策鲠直，拟降文学，高宗擢为静江府古县令。时桧当国，父尝宰是邑，胡舜陟欲为立祠，登不从，逮系讯掠无罪状。校文潮阳，"出则将焉用彼相"赋，桧怒，谓附鼎，削籍，流容州，死焉。又，吴元美三山文士作"夏二子"赋，讥桧立潜光亭、商隐堂，怨家告桧曰："亭号潜光，盖有心于党李，堂名商隐，本无意于事秦。亦削籍流容州死。均立祠学宫。

　　冬十月乙亥，豫遣使谢封册。〔考异〕续纲目云，十月，淮甯镇抚使冯长甯叛，降为工部侍郎。薛应旂通鉴云，是年，金迫朱弁仕豫，誓不为屈；复迫洪皓，亦不屈，流冷山。时尹焞居商州，豫遣伪帅赵斌礼聘，不从，恐以兵，奔阆州。史未载。沈必先日记云，奏事殿中，高宗言近有人自东京逃归，闻张九成见为刘豫用事，可怪。必先对曰："九成在其乡里临安府盐官县寄居，去行阙无百里。"上云："如此，则所传安矣。"便与一差遣召来，盖子韶廷试策，流播伪齐，人悉讽诵，故传疑焉。翼日，降旨除秘书郎。

十一月庚戌，以遥镇节度使乌克新原作乌克寿等为豫生日使。〔考异〕范拱传，字清叔，济南人。宋末第进士，调广济军曹，权邦彦辟为记室，摄学事。刘豫镇东平，拱撰谒庙文，豫奇之，因献六箴。齐国建，擢中书舍人。上初政录十五篇，不能用，进左丞兼门下侍郎。豫以什一为税，其实哀敛，而刑法严急，吏缘为奸，民益穷困，境内苦之。时丞相孝纯、拱兄侍郎巽，极言其弊，不从，巽坐贬。拱力言，寻改为五等税，民犹以为重也。豫废，宗弼用拱言，减旧三分之一。大定中（按，考金史卷一〇五范拱传，当作"大定初"）为太常卿，卒官。李上达传，仕齐，为吏部员外郎，摄户部事。公私苦什一之法，上达论其弊，豫改定五等之制，卒官山东西路转运使。字达道，济阴人。熊克小纪云，初侍郎冯长宁与御史许伯通同定十一税法，与皇昌敕令、敕式皆成，二法并行，文意相妨者，从税法。谓宋之税法，为民大蠹，权豪交通州县而欺愚弱，入田宅不承其税。间有陈词，官吏附势，不为推割，产已尽而税犹在。监锢拘囚，死而后已。官拥逃户之税，使邑里代输。又方田高下，土色不实。朝行宽恤之诏，暮下割剥之令，故民穷起而为盗。大抵皆吠尧之言也。豫传均未载。

九年（辛亥——三一）春正月己亥朔，刘豫遣使来贺。

冬十月戊寅，豫遣使贺天清节。

十一月己未，以陕西地赐豫，从邦昌所受封界故也。〔考异〕豫传系之皇昌二年壬子，即天会十年，与太宗纪异。

系年要录云，是岁为绍兴元年辛亥，即金天会九年，乃刘豫之阜昌二年，又异，今从纪。熊克小纪云，绍兴元年五月，真、扬镇抚使郭仲威擅补官，与刘豫通和，刘光世遣王德渡江，诱擒之，诏斩于平江府。余将佐非同谋者，皆释之。时，李成既败，其谋主李雩为张俊擒，成势益蹙，将残党遁居顺昌，诏淮、蔡二郡掩杀，成遂奔伪齐，余众赵瑞等降。宋史豫传云，时豫置招受司于宿州，诱宋逋逃。十月，遣王世冲寇庐州，镇抚使王亨诱斩之，大破其众。史未载。

十年（壬子——三二）春正月癸巳朔，刘豫遣使来贺。己（亥）〔酉〕（据金史卷三太宗纪改），复表谢赐地。〔考异〕系年要录云：是秋，伪齐分野长星见。史未载。

冬十月壬寅，豫遣使贺天清节，寻遣使来告母丧。

十一月癸亥，以武良谟为豫吊祭使。〔考异〕大金国志云，阜昌（二）〔四〕（据大金国志卷三一齐国刘豫录改）年，豫母卒，谥慈献，葬东平，所揭皆田家衣，仪仗同朝廷礼。（按，据大金国志卷三一，以下皆阜昌二年事）封子麟梁国公，张昂权右丞相，益守汴京，李俦知袭庆府。本传均未载。

是年四月，迁都于汴。〔考异〕大金国志云，是年十二月，东京官属请迁都，遂以阜昌三年四月迁于汴。而本传作阜昌二年，乃绍兴二年也，与宋史合，今从本传。续通考云，豫伪谥祖为毅文皇帝，号徽祖，伪谥父为睿（文）〔仁〕皇帝（据宋史卷四七五刘豫传改），号衍祖。宋史豫传云，豫徙汴，尊其祖考为帝，置于宋太庙。是日，暴风卷旗，屋瓦皆震，士民大惧。麟籍乡兵十余万为太子府军，赋敛烦苛，民不聊生。先是，襄阳桑仲请正豫罪，命节制军马，复所陷州郡，诏河南翟兴，荆南解潜，金、房王彦，德安陈规，蕲、黄孔彦舟，庐、寿王亨相为应援。未几，仲为霍明杀。兴进屯伊阳山，豫啗以王爵，焚书斩使；麾下杨伟受豫金，杀兴持首降。十二月，李横败豫兵阳石，趋汝州，伪守彭玘以城降。赵甡之遗史云，豫使蒋颐说兴降，被杀；因约杨伟为内应，举兵攻兴，力战死。张汇节要云，伟先降，豫引贼由间道袭兴营，力战，遇害，赠保信节度。熊克小纪云，当汴人震惧时，豫曲赦以安之，因与民约曰："今后更不肆赦，及不用宦官，不度僧道，文武杂用，不限资格。"又云：绍兴二年二月，知寿春府陈辨始贰于豫，并用绍兴、阜昌年号。知濠州寇宏，本盗，与伪宿州守胡彬通，至是叶梦得遣使抚之，皆听命；会豫遣其将王彦充攻寿春，为辨所败，宏遂与彬绝。辨复固始县，宏招纳吴青等二千余人，会豫众复犯二州，梦得命王冠等往援，遂复光州。前尚书郎乾封李亘，建炎末避地不及，为豫用，使留守北京，谋归本朝，豫族诛之。彦舟初隶权邦彦麾下，因事叛去，至是为签枢，彦舟不自安，又闻韩世忠已破群盗，顺流下，益有异志，询于幕官王玠，阻之。南宋书云，六月，彦舟叛，降豫。宏简录云，董先以商、虢二州附豫。续纲目云，韩世忠败刘忠于蕲阳，忠走降豫。伪豫传，时刘从善为河南淘沙官，谷俊为汴京淘沙官，两京冢墓，发掘殆尽。系年要录云，豫因李英卖注碗，疑非人间物，验治得实，始置淘沙官。薛应旂通鉴云，王彦败豫将郭振于白石镇，复秦州。史均未载。彦舟，字巨济，相州林虑人。见本传。

十一年（癸丑——一三三）春正月丁巳朔，刘豫遣使来贺。

冬十月丙申，豫复遣使来贺天清节。〔考异〕续纲目云，正月，李横屡败豫兵，复颍昌府，伪安抚赵弼遁，以横为襄阳、邓、随、郢宣抚使。三月，横传檄复东京，与金将战于牟驼冈，败绩，颍昌复陷。四月，豫将董震以虢州来归，李成复寇陷之。会议和，禁诸路侵齐，及招纳淮北与中原人来归者。八月，翟琮弃军奔襄阳，豫陷伊阳，尽有梁、卫地。十月，成寇襄、邓，横奔荆南，成遂陷京西六郡。宏简录云，横破颍顺军，降伪守兰和，败长葛兵。南宋书，颍顺作顺昌，兰和作蔺和。毕沅续通鉴云，颍昌破，谭世则遇害。四月，虢州陷，成欲降谢皋，指腹示曰："此吾赤心也。"自剖其心，死。七月，河南镇抚使翟琮因豫据梁、卫地，孤军不能独立，奔襄阳，豫遂得伊阳。兴子也。系年要录云，琮初入西京，伪留守孟邦雄方醉卧，俘其族归。九月，统领吴胜败伪齐兵于黄堆塞，追杀无遗。还至腊家城，彭宸战死，贺吉自杀，皆赠官。宋史豫传云，五月，知寿春府罗兴叛，降豫。通鉴辑览云，二月，李吉败豫将梁进于伊阳台，殪之。三月，金兀术来援，豫亦遣成逆战牟驼冈，横败，颍昌陷。玉海载李横檄文曰："伪齐僭号，自速剪夷；国运中兴，王师已进。西压淮泗，东接海沂。驿骑交驰，羽书迭至。我则兼收南阳智谋之士，提大河忠孝之人，仗义以行，乘时而动。"又曰："金商之兵出其先，荆、湖之师继其后，若能纳款，则悉仍旧贯；执迷不悟，则后悔难追。"熊克小纪云，横约信阳镇抚使牛皋复颍昌府及汝州、叶县。七月，金、齐兵复犯襄阳，横弃城遁，敌随至随、郢，远近震惧。横欲奔荆南，鄂帅钧洪道拒之。其属赵去疾、阎大钧等劝往江西，赵鼎适遣米船至，众遂安。董先、牛皋率兵先至洪州，横继至。鼎遣人迎犒，横大喜。鼎遣赴阙，既至，为桑仲诉冤，下霍明于狱，竟薄其罪。后琮亦归朝，授江东钤辖，其众多隶诸军。纪载各异，豫传均未书。

是年，宋阁门宣赞舍人徐文来奔。初，元帅府使萧庆如汴议南侵事，豫报曰："宋军帅韩世忠屯润州、刘光世屯江宁，今举大兵，欲往采石方舆纪要云，山名，一曰采石圻，在<u>太平府</u>西北二十五里。<u>渡江</u>，而<u>光世</u>拒守。若抵扬州，则<u>世忠</u>必聚海船截<u>瓜洲</u>渡。<u>方舆纪要</u>云，唐初<u>京口江</u>面阔四十里，后沙壅为<u>瓜洲</u>只阔十八里。明嘉靖时仅阔七八里，又有<u>谈家洲</u>横列其中。若轻兵直趋<u>采石</u>，彼未有备，我必（竟）〔径〕（据<u>金史</u>卷七七<u>刘豫</u>传改）渡江矣。<u>光世</u>海船亦在<u>润州</u>，<u>世忠</u>必先取之，二将由此必不和，以此逼<u>宋</u>帝其可也。"至是，<u>文</u>将大小船六十只、军七百来奔，至<u>密州</u>界中，率将佐至<u>汴</u>。〔考异〕<u>续纲目</u>云，四月，水军都统制<u>徐文</u>以众叛附<u>豫</u>。<u>文</u>勇力过人，挥刀重五十斤，呼<u>徐大刀</u>。以功领<u>淮东</u>、<u>浙西</u>沿海水军，诸将忌之，潜其将叛，遣兵袭之，遂以海舟六十艘，官军四千余，自<u>明州</u>浮海抵<u>盐城</u>附<u>豫</u>。谓二<u>浙</u>可袭，<u>豫</u>喜，命知<u>莱州</u>，寇<u>通</u>、<u>泰州</u>。<u>南宋书</u>，<u>文</u>，字<u>彦武</u>，<u>胶水</u>人。少为商，应募从军。<u>绍兴</u>二年立御前忠锐军，凡七将，其一也。阎毕潜其谋叛，遂降<u>豫</u>。<u>北盟会编</u>云，初，<u>徐聚</u>、<u>徐文</u>在<u>东海县</u>，有舟船数百。<u>聚</u>为<u>李彦</u>先害；<u>文</u>下海，据<u>灵山寺</u>，受招安，拜武经大夫。及<u>邵青</u>寇<u>明州</u>，命<u>文</u>备之。<u>绍兴</u>三年五月，<u>文</u>欲作乱，命<u>朱师闵</u>往袭，泛海附<u>豫</u>。<u>系年要录</u>云，<u>文</u>至<u>定海</u>，为武德郎<u>赵琦</u>拒，制置<u>仇悆</u>追之不及，坐贬官。<u>毕沅续通鉴</u>云，初，与<u>文</u>起事者，<u>李齐</u>、<u>范温嗣</u>，同归<u>宋</u>者，<u>宋稳</u>。<u>宋史豫</u>传云，<u>文</u>后寇<u>通</u>、<u>泰</u>。及<u>南</u>侵，效力居多。<u>玉海</u>云，<u>建炎</u>元年六月，置水军以习水战，号"楼船军"、"凌波军"，从<u>李纲</u>请也。三年正月，<u>吕颐浩</u>请令<u>江</u>、<u>淮</u>习水战。而飞虎战船始于<u>王彦恢</u>，戈船始于<u>方滋</u>，海鳅船则<u>允文</u>用之，多桨飞江船则<u>郭刚</u>造之。<u>绍兴</u>二年五月，密院言，据探报，敌人分屯<u>淮阳</u>，军<u>海州</u>。窃虑以轻兵南来，震惊<u>江</u>、<u>浙</u>，缘<u>苏洋</u>之南，海道通快，径趋<u>浙江</u>。诏<u>两浙路</u>帅司速遣官相度控扼，次第，图本闻奏。中丞沈与求言，海州自京东入浙，必由泰州石港、通州料角、陈贴、通明镇等处，次至平江南北洋，次至秀州金山，次至明州向头。又闻料角水势湍险，觅于石港、料角等处，拘收水手，优给庸直，以待缓急，彼亦安能冲突？七月，吕颐浩言，近置沿海制置司，最为得策。然虏舟从大海北来，抛洋直至定海，此浙东路也，自通州入料角放洋至青龙港，又沿流至金山、海盐县直泊临安府江岸，此浙西路也。望令仇念专管淮东、浙西，别除一员专管浙东、福建路，从之。豫与元帅府书曰："文言宋帝在杭州，其候潮门外钱塘江方舆纪要云，江源有三一出徽州夥山，曰新安江；一出金华大盆山，曰东阳江；一出衢州百际岭，曰信安江。流至严州府城东南二里合，经杭州城南，谓之钱塘江。〔考异〕续通考云，浙江，在府城西三里，出歙县玉山，经建德合婺溪，过富春为浙江，入海。江口有山居江中，潮水投山下折而曲，因名浙江。其上游曰富春江。又云，钱塘在府城南。唐元和志，邑境偏近江流，功曹华信议立埭以防海水，募能致土石一斛与千钱，旬月，塘遂成，因号钱塘。潜说友咸淳临安志云，浙江在郡之东南。东汉郡国志，会稽郡有浙江，注引郭璞所注山海经云，出歙县玉山。又丹阳郡歙县，注引山海经云，三天子都在闽西海北，郭璞曰在县东，谓之玉山，其水过今建德，合婺溪，至富春为浙江，入于海。虞喜志林云，今钱塘江口，浙山正居江中，潮水投山下折而曲，一云江有反涛，水势折归，故云浙江。史记云，水至会稽山阴为浙江。卢肇曰："浙者，折也。"盖取其潮出海，屈折而倒流也。一名渐河，山海经云，禹治水至于渐河。庄周亦曰，渐河之水，每日昼夜潮再上，常以月十日、二十五日最小，月三日、十七日最大云。内有船二百只。〔宋主〕（据金史卷七七刘豫传补）初入海时，于此上船。别有河入越州，向明州定海口，达昌国县。其县在海中，为聚船积粮处。今大军可先往昌国取船粮，还趋明州夺御船，抵钱塘江。今自密州上船，风顺可五日至昌国，迟亦半月可至。"〔考异〕宋史纪事本末云，是年，金遣李永寿等来请画江益豫。学士綦宗礼言，永寿从豫所来，谋必出豫，请严备。宏简录云，吴伸请乘敌使在廷，一战擒之。毕沅续通鉴云，初，伪齐侍御史卢载阳陈结南夷扰川、广之策，豫遣通判傅维永及进士宋囷等五十余人册封交趾李阳焕为广王，且结诸奚洞酋长。金亦使毛都鲁者二十余人偕行。系年要录，金使作穆都哩。史均未载。

十二年（甲寅——三四）春正月辛亥朔，刘豫遣使来贺。〔考异〕熊克小纪云，绍兴四年三月，初，伪宿迁令张泽率其邑二千余人自拔来归，泗州守徐宗诚受之。韩世忠以闻，徐俯欲斩泽送首刘豫，赵鼎力争。用常同言，释宗诚罪，命泽以官，且给闲田，处其众于淮西。六月，岳飞进次襄阳，率统制王贵等自鄂渚往，与金、齐兵遇，大破之，遂复襄阳及随、郢诸州。分遣张显等进拔邓州，军声大振。史未载。

冬十月庚寅，豫复遣使来贺天清节。

初，宗弼自江南还，宗翰将入朝，再议南侵事。宗翰坚执以为可，宗弼曰："江南卑湿，今士马困惫，粮储未丰足，恐无成功。"宗翰曰："都监务偷安尔。"〔考异〕大金国志云，豫乞师，金主召诸将议，粘罕、兀室以为难，窝哩嘿以为可。于是窝里嘿、挞懒权左右副元帅以行，粘罕遂失兵柄。时兀术无一言，因使将前军。宏简录同。豫使为伪枢密卢伟。毕沅续通鉴作卢伟卿，均与本传异，今从本传。

及豫以书报，而睿宗即宗辅亦不肯用豫策，使达兰帅师至瓜洲而还。〔考异〕赵甡之遗史云，岳飞遣军校王大节招李成，因诈降。刘麟说其侵蜀，不听，决计犯淮甸；及归，飞奏闻，召见，请为防江之备，授阁门祗候。熊克小纪载刘豫书，略云："朕受命数年，治颇有叙。永惟吴越、巴蜀、江湖、岭海，皆元议一统之地。（争）〔重〕（据中兴小记卷一六改）念生民久困，不忍用兵，故为请于大金，欲割地封之，使永保赵氏之祀。岂图蔑弃大德，乃敢伪遣使聘，密图吞噬，先劫汝、颍，次掠襄、邓，至有收复燕、云之谋。是用遣皇子麟领东南行（省）〔台〕（同上）尚书令，会大金元帅大军，直捣僭垒，务使六合混一。"其吠尧之辞，悖逆如此。毕沅续通鉴云，七月，豫闻飞复襄、邓，求援于金。九月，金遣宗辅等调兵五万，豫亦遣子麟、侄猊会兵南侵。骑兵自泗攻滁，步兵自楚攻承，帝相赵鼎议亲征。十月，世忠进屯扬州，适魏良臣出使，绐以退屯守江，复向大仪，勒兵设伏。良臣至金营，以所见告。聂埒贝勒引骑趋江口，距大仪五里，伏发，金军乱，遂败，擒其将托卜嘉。别将董旼又破之于鸦口桥，擒四十余人。统制解元败之于承州北门，擒一百四十八人。宋史纪事本末作聂儿孛堇，董旼作董攸。云，擒挞不野二百余人。世忠亲追至淮，金卒死甚众。论者谓中兴武功第一。赵雄撰世忠碑，托卜嘉作挞孛耶，汪伯彦日历作闼字也。系年要录云，时金陷濠州，寇宏通，国奉卿被杀，将官丁成、杨熙、丁元皆死。攻楚州，李东遇害，悉赠官。薛应旂通鉴云，十一月，帝次平江，下诏暴豫罪。以张浚知枢密，视师。十二月，金、齐合兵围庐州，守臣仇悆求救，飞遣牛皋、徐庆援之，击破金兵，死者不可胜计。良臣还，金索银绢千万，复约再使。侍御史魏矼请罢"讲和"二字，以攻守代之，遂不遣。金挞懒屯泗州，兀术屯竹墅镇，为世忠所扼。书约战，世忠遣王愈及两人以橘茗报之，且言张浚将至，兀术色变，又馈。道不通，闻主疾笃，夜引还，麟等弃辎重遁。北盟会编云，十二月，王进薄金人于淮，执其酋程师回、张延寿，皆名将也。史均未载。大金国志云，金兵屡败，宵遁。麟还定远，一（日）（据大金国志卷三一删）夜驰二百四十里，始入宿州，北方大恐，军多散亡。载于阜昌六年，乃天会十三年，与史异。赵彦卫云麓漫钞云，绍兴甲寅、乙卯，刘麟道金南侵，时车驾驻平江，策士赵九龄请决淮西水以灌金营，朝廷不能用。已而，韩世忠得戎酉约战书曰：“闻江南欲决淮西水以浸吾军。”书到之明日，敌实退师。当时但以为却敌之功，殊不知九龄之力居多。熊克小纪载宋帝亲征诏曰：“朕以两宫万里，一别九年，觊迎銮辂之还，期尽庭闱之奉，卑辞厚币，遣使请和。比得敌疆之情，稍有休兵之议，而逆豫惧祸及身，造为事端。间谍和好，信逆雏之狂悖，率群偷而陆梁。警奏既闻，神人共愤，誓挺身而效死，不与敌以俱生。今朕此行，士气百倍，殪彼逆党，成此隽功。咨尔六军，咸知圣意。”（乃）〔及〕（据文义改）麟遁归，率伪官上言，略曰：“以中原制江表，强弱之势，何啻得百二之利，故自古王者兴起，必于河北、山东之地，然后为真。若乃崛起，及遁居吴越之会，计其强者，能自保一隅，有不道，则中原之兵已进，而墟其国者，非一也。”豫以其言晓示伪境。又云，时刘光世屯马家渡，俊军采石，世忠退保镇江，各持私隙，莫肯协心。帝遣魏矼、田如鳌和解之。矼至光世营，劝贻书二帅，始复书，交致其情焉。

十三年（乙卯——一三五）熙宗亶即位，不改元。春正月癸酉，遣使告哀于刘豫，仍诏自今称臣，勿称子。并定朝贺、赐宴、朝辞仪。〔考异〕大金国志云，七月，毁明堂。是日，天地晦冥。八月，麟出猎陈留，义党百余欲擒以南归，事觉，被杀。以刘复知济南，观知淮宁军。张东（按伪齐录作张束）

卒。时豫遣人持海道图来献，金大起燕、云四十万人于蔚州，造战船于雄州之北虎州，谋由海入侵，百姓大困，盗贼蜂起，事中辍。宋史豫传云，正月，郭琼复光州，降伪守许约。闰二月，伪将商元攻信阳军，舒继明死之。八月，复陷光州。十月，令民鬻子依商税法取其算。北盟会编云，九月，华旺克光州。十月，齐寇涟水军，呼延通击败之。豫毁景灵东西宫，碎真宗玉石像为二十八段，开圣佛像鼻䶧三日，百姓耸观。本传多未载。熊克小纪云：豫毁明堂，得金龙之金四百两，大铜钱三百万。

十四年 (丙辰——三六) 秋八月癸亥，诏齐国与本朝军民诉讼相关者，文移署年，止用天会。〔考异〕薛应旂通鉴云，二月，韩世忠闻刘豫聚兵淮阳，即引军渡淮，傍符离西北，至其城下，为贼围，奋戈溃围而出，不遗一镞。呼延通与金将牙合字董战，擒之，乘胜掩击，金人败去，遂围淮阳。兀术与刘猊皆来救，世忠求援于张俊，不赴，世忠临阵，遣人语敌曰："锦衣骢马立阵前者，韩相公也。"敌至，杀其道战者，寻引去。世忠还楚州，从者万计。四月，刘豫陷唐州。七月，刘光世复寿春。八月，岳飞遣王贵等下虢州，牛皋复镇汝军，擒薛亨、杨再兴，复长水县，进克蔡州。时飞檄豫，略曰："契勘伪齐僭号，窃据汴都。旧忝台臣，屡蒙任使，是宜执节效死，图报国恩。乃敢背弃君父，无天而行，以祖宗涵养之泽，翻为仇怨；率华夏礼义之俗，甘事猩羶。紫色余分，拟乱正统。想其面目，何以临人？方且妄图襄汉之行，欲窥川蜀之路，专犯不韪，自速诛夷。"云云。宋史纪事本末云：豫闻张浚会师，告急于金，〔乞师救援〕。(文意不明，据宋史纪事本末卷六七补) 蒲卢虎谓不可许，遣兀术提兵黎阳以观衅。豫签兵三十万，分兵三道：麟由寿春犯合肥为中路；猊出涡口犯定远为东路；孔彦舟、李成由光州犯六安为西路。浚命诸将分道御之，有渡江者斩。

猊至淮东，为世忠扼，犯定远，杨沂中遇于越家坊，败之，改趋合肥，与麟合，至藕（埌）〔塘〕（同上改）沂中率吴锡、张宗颜等腹背夹击，大败之，张浚复破之于李（张）〔家〕湾，（同上）僵尸满野。猊与数骑遁。麟在顺昌，拔寨去。彦舟亦解光州围。回，北方大恐，金始有废豫意。大金国志云，是役，失车七千两，船七百只，器械无算。废猊为庶人，免刘复官。伪豫传，军始行，知临汝军宋著以后期，斩。继斩使臣赵倚，曰："已去赵宋矣。"玉海云，时张浚在采石，上赐手诏，遣内侍赐浚端石砚、笔墨、刀剑、犀甲，且召浚还，劳之，曰："却敌，卿之功也。"宏简录云，六月，豫筑刘龙城以窥淮西，王师晟破之，执华知冈，俘其众而还。毕沅续通鉴云，是春，豫再开贡举，得邵世等六十九人。改明堂基为讲武殿，于其地造战船。四月，豫将王威陷唐州，扈举臣、张从之皆死。八月，伪相张孝纯遣薛笫间道上书言利害，且请分兵守京西诸州。系年要录及伪齐录均载，其书不见宋史，豫传亦未载。又，小纪邵世作邵世矩，稍异。

十五年（丁巳——三七）春正月癸亥朔，刘豫遣使来贺。己卯，豫复遣使贺万寿节。

夏六月庚戌，尚书左丞高庆裔等诛。

秋七月辛巳，宗翰卒。〔考异〕薛应旂通鉴云，四月，淮西刘光世引疾乞解兵柄，罢奉朝请。岳飞自鄂入见，拜太尉、宣抚使，数论恢复之略，帝曰："中兴之事，一以委卿。"为桧忌。与张浚议淮西事，复不合，飞因乞终制，步归庐山。命张宗元监其军。遂以王德为淮西都统制，郦琼副之。闻不协，召德还，命吕祉往谕诸军。祉奏罢琼兵柄。靳赛书吏漏语于琼，琼遮得其书，遂杀祉及统制张璟、刘永衡，钤辖乔仲福皆死。率兵四万渡淮叛降豫。时有得祉括发之帛归吴中者，祉妻吴氏持帛自缢以殉葬，闻者哀之。刘锜、吴锡追之，不及而还。祉，字安老，建阳人，宣和初上舍，历官有声。又云，浚悔不用飞言。及闻报，色不变，曰："此有说，第恐虏觉耳！"为蜡书遗琼，言事可成，成之；否则，全军归。敌得书，疑琼，分其众困苦之，边赖少安。熊克小纪云，飞解兵柄，召入觐，薛弼移书劝其行，至是飞偕弼入奏事，飞手（书）〔疏〕（据中兴小纪卷二一改）储贰事，风吹纸动，飞声战，读不能句。飞退，弼进，上视之，色动。弼曰："臣在道，（见）〔怪〕（同上）其习写细字，乃作此奏，虽其子弟无知者。"朱胜非秀水闲居录云，飞下殿，面如死灰。弼进，上曰："适乞正资（善）〔宗〕（据中兴小纪卷二一小注改）名，朕谕以卿虽忠，然握重兵于外，此事非所当与也。"命弼出，开谕之。周密齐东野语云，浚尝督师陛辞，与高宗约曰："臣当先驱清道，望陛下六龙凤驾。"约至汴京作上元。飞闻之，曰："相公得非睡语乎？"浚憾之终身。大金国志云，琼到汴，为靖难节度，知巩州。复遣冯长宁如金乞师。北盟会编云，同叛者，尚有王世忠、靳赛、赵世臣、王师晟；被杀者，尚有邢支。初，浚欲改淮西军政，参政张守谏，不听；及败，坐落职。宗元惧，请斩浚，士论恶之，寻罢。系年要录云，时，詹至、张焘、叶梦得、王缙均以为不可，弗听。郑克撰祉行状云，祉密以利害闻奏，不可易将分军。与诸卒异。赵鼎逸事谓浚用韩璋为淮南漕。璋尝倅建康，光世不以礼待之，又为其属刘巍所辱，积此二忿，故力建议罢其军，以祉代。书吏为朱照，漏言。南宋书，同祉死者作张景、赵康直，时知庐州为赵康国，亦死。见洪迈夷坚志。小纪又云，执祉及庐之新旧二帅赵康直、赵不群皆北去，祉中途被害，统制尚（宗）〔世〕元（据中兴小纪卷二二改）持其首去。琼以全军七万人降豫。豫遣韩元英乞师于金，不许；使李师雄将兵纳琼七万，一作三万。张遇不从，遂归朝，转一官。刘永衡作刘永、史衡，巩州，作拱州。时

劾浚者，周秘、石公揆、李谊，奏留者，王缙、张守、赵令衿。上
欲窜浚岭表，鼎力救，分司，居永州。又，赵鼎事实，四万人作五
万人。浚使张俊宣抚淮西，杨沂中为制置，分其兵。齐东野语又云，
时台谏交章劾浚，而司谏则谓罪在刘光世，张守力求末减，郎官赵
令（裕）〔衿〕（据齐东野语卷二改）乞留浚，陈公辅谓不可因将帅
而罢宰相，卒坐落职。寻诏安置岭表，因鼎救，分司西京。出言官
于外。宋敏求春明退朝录云，绍兴二十年，浚复上疏论兵，高宗谓
其生事，遂有永州之命。王明清挥麈录云，淮西军叛后，冯楫劝复
用浚收后效，高宗正色曰："朕宁至覆国，不用此人！"遂终高宗朝
不复再用。琼本传，字国宝，临（津）〔漳〕（据金史卷七九郦琼传
改）人，仕宋，官武泰军承宣使，叛降齐，知拱州，齐废，入金，
历泰宁节度，迁归德尹，卒官。尝语同列曰："琼从南伐，每见元帅
亲冒锋镝，宜其所向无前。江南诸帅，每身居数百里外，谓之持重。
召军易将，谕以虚文，谓之调发。制敌决胜，委之偏裨，小捷则增
加俘级以为功。而又国政不纲，滥赏弛罚，不亡已为天幸，何能振
起耶？"时谓确论。子权，字元舆，以门资召为著作郎，有坡轩集行
世，见中州集。

冬十月乙卯，以达兰为左副元帅，宗弼为右副
元帅。

十一月丙午，废齐国，降封刘豫为蜀王，置行
台尚书省于汴。〔考异〕宋史纪事本末云，初，豫由粘没喝、高
庆裔得立，故奉之特厚，兀术以下多憾之。会粘没喝死，岳飞遣间
持蜡书与豫，约诛兀术。为所得，驰白金主，废计遂决。豫请立麟
为太子，不许，且日乞援。乃建元帅府于太原，令豫兵悉听节制。
以束拔、挞不野为左、右都监，戍诸郡。尚书省奏，豫治国无状，
令挞懒、兀术袭之。先召麟议事，至武城，擒之。抵汴，豫方射讲

武殿，兀术突入，执其手，偕至宣德门，强乘以羸马，露刃夹之，因于金明池。翌日，宣诏废之。略曰："朕丕席洪休，光宅诸夏，将俾内外，悉登承平，故自浊河之南，割为邻壤之界。灼见先帝举合大公，罪在遄征，固不贪其土地，从其变置，庶共抚其生灵。建尔一邦，逮兹八稔，尚勤兵戎，安用国为？宁负尔君，无滋民患，已降帝号，别膺王封。咎有所归，余皆罔治。将大革于弊政，用一陶于新风，勿谓夺蹊田之牛，其罚则甚；不能为托子之友，非弃而何？凡尔臣（工）〔民〕（据伪齐录卷下废刘豫诏改。又，此诏全文不载宋史纪事本末），当体至意！"乃宣言："自今不签（汝）〔尔〕（据宋史纪事本末卷六七改）为军，不取免行钱，为汝敲杀貌事人，请汝旧主少帝来。"人心稍安。系年要录束拔作布尔噶苏。毕沅续通鉴云，时王伦见达兰、宗弼于涿州，言刘豫营私结怨，必负上国，颇纳其言。浚行状云，尝使人以手榜诱豫，略曰："如能诱致，使之疲弊，精兵健马，渐次消磨，兹报国之良图，亦为臣之后效。"金见此榜，亦疑之。十将传，岳飞获金谍，佯以为己所遣军士，责以约刘豫共擒乌珠。谍归，豫遂废。赵鼎事实云，鼎欲使张俊出不意趣寿春，取其城，措置已定，会金废豫，乃止。又遣谍者散布两淮，诱其守将，由是诸郡降者相继，得精兵万余，西马数千匹。潘永因宋稗类抄云，刘豫尝揭榜山东，妄言御茶冯益遣人收买飞鸽，因有不逊语，知泗州刘纲奏之，张浚请诛益以释谤，因鼎言出之浙东。金宋二史多未载。**以张孝纯权行台左丞相。**〔考异〕宋史豫传，时以胡沙虎为留守，李俦副之。毕沅续通鉴云，萧保寿努为右丞相，温敦师中为左丞，张通古为右丞。林泉野记云，后宋得河南地，招孝纯来归，不应，请于兀术，归徐州，致仕，卒。子颖，建炎中为守臣。熊克小纪云，金以孝纯为豫伪相，送归乡。宇文虚中赠诗曰："闾里共惊新白发，儿孙将整旧斑衣。"元好问中州集云，字永锡，滕阳人。谥安简，致仕。时二兄尚健在，乡人为作三老图。子名公药，字元石，以荫入仕，官郾城令，昌武节度副使。诗号竹堂集。寒食云："一百五日寒食节，二十四番花信风。"孙观，字彦国，世为文章家。曾孙厚之，字茂宏，承安二年进士。时武功杜佺，字真卿，宋末以诗名关中，阜昌中登科，莅官有声。其过马嵬诗云："垂柳阴阴水拍堤，春晴茅屋燕争泥。海棠正好东风恶，狼籍残红送马蹄。"道陵第为高等，有舒溪集。**诏除豫弊政，人情大悦。迁豫家属于临潢府**。〔考异〕薛应旂通鉴云，豫废，求哀于二帅，挞懒曰："昔赵氏少帝出京，百姓燃顶爇臂号泣，今汝废无一人怜者，何不自责耶？"豫语塞。大金国志云，豫弟益守陕，遣撒离喝擒之。时得钱九千八百七十余万缗，绢二百七十余万匹，金一百二十余万两，银一千六百余万两，粮九千万石，方州不在此数。立九年，宫嫔百，妊身者九；麟婢百二十人，进女献妻，得官者多。北盟会编云，如高立之、宋绲、廉公谨、侯湜皆是。百姓日纳官钱，内庭种菜出卖。禁隐语，若云南头去及衣稍鲜丽，均斩。宏简录云，时数见变异，枭鸣后苑，龙撼宣德门，灭宣德二字。伪豫传，枭数千鸣南庭，皆作休也之声，命捕一枭者赏千钱。毕沅续通鉴云，豫初作楮币，自一千至百千，皆题其末曰"过八年不（准）〔在〕（据毕沅续通鉴卷一一九改）行用。"其兆已见。星陨平原镇，贾百祥谓祸在百日内，劝修德以禳，被杀。本传均未载。熊克小纪云，金初立豫，深有悔割山东之意，故达兰屡画山东、河北图以献，晟不从。及达兰专权，遂谋山东，诸将谓不若废豫以取之，议遂决。洪迈夷坚志云，绍兴三年，刘子羽知兴元府，祈梦灵显王庙问边事。梦神持一桦示之，曰："贺废刘。"中惟猪肺一具，石榴一颗，觉而喜，豫将废。又四岁果灭。续纲目云，飞奏乘废豫之际，捣其不备，长驱以取中原；韩世忠亦上疏言机不可失，请全师北讨，不报。

皇统三年（癸亥——一四三），进封豫为曹王。〔考异〕伪齐录，时豫谢表云："俄知废罢之议，愈坚措画之心。"是金之废豫，豫盖先知之也。窃愤漫录云，天眷四年十一月，废刘豫为河南道行台，传送燕京，囚于柏王寺。按，此寺，元一统志及析津志俱不载，或元时已无此寺矣。见日下旧闻考。

六年（丙寅——一四六）九月，豫卒。〔考异〕宋史豫传云，绍兴十三年六月卒，乃金皇统三年也，稍异，今从史。元好问中州集，豫，字彦由。载其杂诗六首及客馆诗一首，云有集十卷行于世。子麟、猊。孙通，海陵时参知政事。四世孙瑛，今在太康。张汇节要云，豫既废，挞懒逼其北行，居上京天子庙，在燕山东北千七百里。顾奎光金诗选载其杂诗有"红日转西渔艇散，一川山影暮天凉"及"无限岭云遮不断，数声和月到山家"，皆潇洒有风致。本传均未载。

子麟，字元瑞，仕宋，补承务郎。豫降，麟因从军，讨水贼王江，破降之。寻知济南府事。豫僭立，拜兴平节度使、开府、梁国公、充诸路兵马大总管、尚书左丞相。及达兰以军废豫赴汴，止刁马河，在中牟县东南召麟渡河议事，因执之。〔考异〕熊克小纪云，时豫请兵益坚，金令先调发山东兵会淮上。约其子麟以二百骑会濬、滑间，即为金所擒。豫废、麟迁临潢。顷之，授北京路都转运使。历参政、左丞、开府，封梁国公，卒。〔考异〕南宋书云，崇宁间有望气者，言阜城有天子气甚明，诏断支陇以泄之。居一年，犹云气故在，特稍晦，将为偏闰之象，不克有终。张、刘二逆皆阜城人，卒如所占。至罗诱上南征策，马定国进君臣名分论，祝简献迁都、国马赋，语多指斥，许清臣毁景灵宫，孟邦雄发永安陵，桀犬吠尧，盖无责焉。北盟会编谓诱系豫所取状元，宏简录作罗许。又，孟邦雄发掘南京冢墓。熊克小纪载祝简赋，略云："嘉尔蛮荆，弗宾弗降。固将突骑，长驱不资。一苇之杭，岂惟观长淮饮大江而已哉。"豫批曰："文赋非治天下者所尚。此赋极陈马之有用，有补马政，与减磨勘，以示无言不酬。"元好问中州集云，马定国，茌平人，字于卿，唐中书令周裔孙。宣和末题诗酒家壁，有"苏、黄不作文章伯，童、蔡翻为社稷臣；三十年来无定论，到头奸党是何人"句，因是得罪。阜昌初，游历下亭，以诗撼刘豫，豫召与语，大悦，授监察御史，历翰林学士。作石鼓辨余万言，自号茅堂先生，有集行世，国史有传。祝简，字廉夫，单父人。宋末登科，国初官太常丞兼直史馆，有鸣鸣集行世。诗甚工，如书怀云："白发浑无赖，朱颜更不回。遮眼细书聊引睡，扶头浊酒最关情。"此类甚多。又有朱之才者，字师美，洛西人。宋崇宁间登科，入齐为谏官，坐直言，黜为泗水令。乞退，家嶵阳，自号庆霖居士，有霖堂集行世，昆弟数人，皆有文名。子澜，字巨观。

金史纪事本末卷十三

征抚西夏

太祖天辅六年（壬寅——二二）夏六月，大破辽兵，辽主走阴山，夏将李良辅将兵三万救辽，次天德境野谷，斡鲁、原作鄂啰罗索原作娄室败之于宜水，〔考异〕薛应旂通鉴作宜水。赵良嗣燕云奉使录云，夏人来援，为暴涨所溺，不言战，且系之八月。宜水在榆林府东北边外。追至野谷，涧水暴至，漂没者不可胜计。宗望原作斡离不至阴山，以便宜与夏议和。并谕"辽主至彼，可令执送。"

夏本元魏后，魏衰，居松州在大宁卫西北。者，因以旧姓为托跋氏。〔考异〕辽史作拓跋氏。初，党项八部有托跋部，自党项入居银、夏银州为银川郡，县四。夏州故城在榆林镇西北二百里。古朔方，秦为上郡地。〔考异〕舆地广记云，银州，春秋为白（翟）〔狄〕（据舆地广记卷一四改），秦属上郡，二汉属西河郡，元魏为开（先）〔光〕郡（同上），后周为真乡郡，兼立银州，唐改银川郡，后没吐蕃，今收复，县四：儒林、真乡、开（先）〔光〕（同上）、抚宁。夏州，古为戎狄，秦属上郡，后为匈奴据，汉武立朔方郡，夏赫连氏都焉。元魏立夏州，西魏为宏化郡，唐复旧，升静难军，县三：朔方、德静、宁朔。之间者，号平夏部。唐末，托跋思恭以破黄巢功，赐姓李氏，兄弟相继为节度使，居夏州，在河南。继迁再立国，元昊始大，乃北渡河，城兴州即怀远镇，属灵州。而都之。其地，初有夏、绥、银、宥、灵、盐等州，后遂取武威、张掖、酒泉、燉煌郡地。方舆纪要云，绥为唐绥州，即绥德军。宥州在故夏州城西二百二十里。灵州即今宁夏镇。武威，郡名，即凉州。张掖，郡名，即甘州。酒泉，郡名，即肃州。燉煌，县名，古瓜州地，今属沙州。〔考异〕舆地广记云，宥州，在宁夏南境，唐立宥州，后为宁朔郡，后没吐蕃，复置，县二：延恩、长泽。灵州，为戎狄地，秦、汉、魏、晋属北地郡，元魏立灵州，唐升朔方军，县四：回乐、灵武、怀远、保静。凉州，初属匈奴，汉武立武威郡，晋兼立凉州，唐为河西节度，县五：姑臧、神乌、昌松、天宝、嘉麟。甘州，初为匈奴有，汉武立张掖郡，西魏为西凉州，改甘州，县二：张掖、删丹。肃州，古月氏地，汉立酒泉郡，隋号肃州，唐复故，县三：酒泉、福禄、玉门。瓜州，初属匈奴，汉、魏属燉煌郡，晋立晋昌郡，魏号常乐郡，唐立瓜州，县二：晋昌、常乐。沙州，古三危地，春秋为（允）〔元〕

（据舆地广记卷一七改）姓之戎，汉初入匈奴，后分立燉煌郡，唐改沙州，后没吐蕃，后唐立归义军，县二：燉煌、寿昌。续通考云，灵州，唐置，又为灵武郡，宋陷于夏，改为翔庆军。凉州，唐置，宋为西凉府，为夏陷，元立永昌路，又有西凉州，明改为卫。甘州，宋为夏所陷，改镇夷郡，又改宣德府，元立甘州路，明改为卫。肃州，唐置，又为酒泉郡，宋为夏据，元立肃州路，明改为卫。瓜州，唐为晋昌郡，后仍旧，宋为夏陷，夏亡，州废。沙州，唐改燉煌郡，宋改沙州，为夏陷，元立沙州路，瓜州隶焉。又有庄浪州，本汉武威郡，唐凉州地。南界横山，东距西河，土宜三种，善水草，宜畜牧，民俗强梗，敢战斗。元昊称帝，辽以公主下嫁，世修朝贡，事具辽史。至是，救辽兵败，始议和。〔考异〕太祖纪，是年四月，耶律坦招徕西南诸部，西至夏，其招讨使耶律佛德降。金肃、西平二郡汉军四千余人叛去，坦等袭取之。栋摩、罗索招降天德、云内、宁边、东胜等州。西夏传未载。

太宗天会二年（甲辰——二四）春正月甲戌，夏国奉表称藩，宗翰承制割下寨以北、阴山以南伊苏伊喇 原作耶剌。〔考异〕西夏传作页赫，注云，原作耶刮。毕沅续通鉴作伊实伊喇，云，旧作乙室耶剌。部、图噜 原作吐禄泺西之地赐之。

三月辛未，夏国王李干顺遣巴哩 原作把里公亮等来上誓表。

闰月戊寅朔，使王阿哈 原作阿海、杨天吉往赐誓诏。〔考异〕二国往还使臣，太宗纪未列四人姓名，今据交聘表书之。<u>西夏</u>传载誓诏，略曰："先皇帝诞膺骏命，肇启鸿图，而卿国据<u>夏</u>台，境连<u>辽</u>右，以效力于昏主，致结衅于王师。先皇帝以谓忠于所事，务施恩而释过。追眇躬之篡绍，仰遗训以遵行，卿乃深念前非，乐从内附，饬使辂而奉贡，效臣节以称藩。载锡宠光，用彰复好，所有割赐地土、使聘礼节、相为援助等事，一切恭依先朝制诏。其依应征兵，所请宜允。三辰在上，朕岂食言？苟或变渝，亦如卿誓。远垂戒论，毋替厥诚。"

冬十月甲（申）〔辰〕（据<u>金史</u>卷三<u>太宗</u>纪改）朔，<u>夏</u>遣使谢誓诏，并论<u>宋</u>所侵地。初，<u>宋与夏</u>俱受<u>山西</u>地，<u>宋</u>侵取之。诏曰："省表具悉！已命<u>西南</u>、<u>西北</u>两路都统府从宜定夺。"戊午，<u>夏</u>使贺天清节。

三年（<u>乙巳</u>——二五）春正月癸酉朔，<u>夏</u>遣使来贺。乙未，<u>夏</u>使奉表致奠于<u>和陵</u>。

冬十月壬子，<u>夏</u>使贺天清节。

四年（<u>丙午</u>——二六）春正月丁卯朔，<u>夏</u>遣使来贺。〔考异〕<u>太宗</u>纪未载贺正旦事，今据交聘表书之。

冬十月丁未，<u>夏</u>遣使贺天清节。〔考异〕<u>续纲目</u>云，先是，<u>尼玛哈</u>遣<u>撒拇</u>使<u>夏</u>，许割<u>天德</u>、<u>云内</u>、<u>金肃</u>、<u>河清</u>四军及<u>武州</u>等八馆之地。约攻<u>麟州</u>，以牵<u>河东</u>之势。<u>夏</u>人遂由<u>金肃</u>、<u>河清</u>渡河，取<u>天德</u>、<u>云内</u>、<u>武州</u>、<u>河东</u>八馆之地，因攻镇<u>威城</u>，兵马监押<u>朱昭</u>杀其妻子，力战死之，城遂陷。既而<u>金</u>将<u>古绅</u>以数万骑阳为出猎，掩至<u>天德</u>，逼逐<u>夏</u>人，悉夺其地。<u>夏</u>请和，<u>金</u>执其使。时<u>靖康</u>元年四月也。九月，<u>夏</u>陷<u>西安州</u>。十一月，复陷<u>怀德军</u>，知军事<u>刘铨</u>、<u>林翊世</u>死之。<u>史</u>均未载。

初，以山西九州与宋，而天德远在一隅，缓急不可及，割以与夏。后破宋都，获二帝，乃画陕西界，自麟府路洛阳沟东距黄河西岸，西历暖泉堡，属绥德军，在米脂县东四十里，隶延州。鄜延路米脂谷在绥德军北八十里，后建城砦，今为县。至累胜寨，环庆路威（延）〔边〕寨（据金史卷一三四西夏传改）过九星原至委布谷口，泾原路威川寨略古萧关属怀德军，东葫芦河西十五里。至北谷川，秦凤路通怀堡至古会州，治敷文，初隶熙河路，后属泾原路。〔考异〕舆地广记云，古为西羌，秦属陇西郡，西魏置会州，唐曰会宁郡，县二：会宁、乌兰，后没吐蕃，今收复，县一，敷川。自此直距黄河，依现今流行，分熙河路，尽西（域）〔边〕（据金史卷一三四西夏传改）以限封域。复分陕西北鄙以易天德、云内，以河为界。及罗索定陕西，博勒和原作婆卢火率兵先取威戎城，地本升平塔，在绥德军西百三十里。军至威戎东与敌遇，击走之，生致二人，问之，乃知为夏将李遇取威戎也，乃还其人，而与遇通问。遇军威戎西，芬彻原作蒲察军威戎东，而使之议事于罗索。〔罗索〕（据道光殿本金史卷一三四西夏传补）报曰：“元帅府约束，若兵近夏境，则与夏犄角，无相侵犯。”遇答曰：“夏国既以天德、云内归大国，大国许我陕西北鄙之地，是以至此。”芬彻等遂旋师，卒不与北鄙地。〔考异〕大金国志云，时粘罕复夺夏国所割天德、云内、河东八馆、武州，于是绝好。

惟金肃、河清二军在大河西，不能取之。史未言绝好事。洪皓松漠纪闻云，黄头女真者，皆山居，号合苏馆女真，蠻朴勇骜，金人出战，令披重甲前驱，谓之硬军，疑即黄头室韦也。按，合苏馆，河西亦有之，有八馆，在黄河东，今皆属金，与金粟城、五花城隔河相近，三城八馆旧属契丹，今属夏。金约以兵取关中，以三城八馆报之，后背约，再取八馆，而三城在河西，屡争不能得。其一城忘其名，所载较详。

十三年（乙卯——三五）熙宗亶即位，不改元。**春正月，遣使如夏报哀。**

冬十二月癸亥，始定夏使朝贺，赐宴、朝辞仪。〔考异〕赵翼劄记云，世宗问张汝弼曰："夏、高丽皆称臣，我使者至高丽，与王抗礼，夏王则立受使者拜，何也？"左丞完颜襄曰："辽、夏本甥舅国，夏以辽公主故，受使者拜，本朝与夏约，遵用辽礼故耳。"汝弼曰："行之已数十年，不可改也。"世宗从之。见汝弼传。此可见西夏之于辽、金，虽称臣而受其使拜，与宋所定使臣宾主相见之礼不同，及哀宗重与夏议和，则为兄弟国，不复称臣矣。毕沅续通鉴云，时夏国有芝生于后堂，乾顺作灵芝歌，俾中书相王仁宗和之。见只编言，兰谿顾某尝客华州王槐野家，架上有夏国书，阅三旬始遍。详王士祯香祖笔记。西夏传未载。

十四年（丙辰——三六）**春正月己巳朔，夏遣使来贺。乙酉，复遣使贺万寿节。**〔考异〕熊克小纪云，绍兴六年初，夏国马多为鞑靼所盗。是岁，夏国兴兵，自河清军渡河，由云中径之鞑靼，取马而归，往来均不假道于金国。初，尼雅满、乌古绅皆镇云中，故夏人不敢动，二帅已罢兵柄，而左监军萨里罕代守云中，夏人知其无能为，所以径行不顾，金人亦不敢问。按，绍兴六年，即是年。纪未载。

十五年（丁巳——一三七）春正月（戊子）〔癸亥〕（据
金史卷四熙宗纪改）朔，夏遣使来贺。己卯，复遣使贺
万寿节。嗣后，每岁以为常，不复赘。

天眷二年（己未——一三九）冬十月癸酉，夏遣使来
告哀。〔考异〕毕沅续通鉴云，初，李世辅归夏，说乾顺取陕西五
路，许之。命先擒青面夜叉以归，遂遣王枢偕世辅率兵攻延安。时
金已还河南地。有耿焕者，与有旧，说世辅，遂执枢等归宋。西夏
传未载。

三年（庚申——一四〇）夏五月己卯，诏册仁孝为夏
国王。初，夏主乾顺以二年卒，子仁孝立。至是，
遣使册命，加开府、上柱国。

秋九月庚申，夏遣使谢赙赠及封册。

皇统元年（辛酉——一四一）春正月己未，夏国请置
榷场，许之。

初，王阿哈等以太宗誓诏赐夏国，欲以契丹旧
仪见，不肯曰："契丹与夏甥舅也，故国王坐受。
今君臣也，当如仪。"争数日不决。至是，始起立
受焉。

宋慕洦〔考异〕毕沅续通鉴作慕容洦。以环州降，及割
河南、陕西地与宋，洦奔夏，夏以为僧格原作山讹首
领。及萨里罕原作撒离喝再定陕西，洦思（之）〔归〕，
（据金史卷一三四西夏传改）夏人觉，遂族洦，以表闻，

诏责之。〔考异〕毕沅续通鉴云，明年三月，地震，逾月不止，地裂泉涌，出黑沙，岁大饥，乃立井里以分赈之。西夏传未载。

五年（乙丑——一四五）夏四月，遣右卫将军蕯哈、原作撒海兵部郎中耶律福为横赐夏国使。〔考异〕熙宗纪未载，兹据交聘表书之。

六年（丙寅——一四六）春正月庚寅，以边地赐夏国王。〔考异〕毕沅续通鉴云，是岁，尊孔子为文宣帝。西夏传未载。

九年（己巳——一四九）冬十二月，海陵篡立，改为天德元年。夏贺正旦使至，中道遣还。遣使以即位报谕。至境上，夏人问曰："圣德皇帝何为见废?"不肯纳，乃使有司以废立故，移文报之。

海陵天德二年（庚午——一五〇）秋七月戊戌，夏使御史大夫察喇公济等来贺即位及受尊号，如旧仪。〔考异〕交聘表元年十二月，夏贺正使至广宁，命人谕以废立事，遣还。二年正月，以名讳报谕夏。再遣使报谕夏。七月，中丞公济、中书舍人李崇德贺登宝位；开封尹苏执义、秘书监王举贺受尊号。纪均未载使者姓名。

三年（辛未——一五一）秋九月，夏主遣使上表，请不去尊号。以经武将军萧朋格原作彭哥为夏生日使。〔考异〕贺夏生日使者：天德四年九月为吏部郎中萧中立，贞元元年为翰林学士摩诺欢，二年三月，夏使贺迁都者为王公佐。均见交聘表。熙宗纪未书王公佐名，且学士作待制，稍异。

正隆二年（丁丑——一五七）夏四月戊戌，以宿直将军温都斡罕原作温敦斡喝为横赐夏国使。

秋九月乙丑，以宿直将军布萨乌呼赫原作仆散乌里黑为夏生日使。

三年（戊寅——一五八）春正月丙寅，夏奏告使还，遣左宣徽使敬嗣晖谕之。〔考异〕熙宗纪未载，兹据交聘表书之。

秋九月庚午，以宿直将军阿勒巴原作阿鲁保为夏生日使。

四年（己卯——一五九）春三月丙辰朔，遣兵部尚书萧恭经画夏国边界。

秋九月，以宿直将军〔考异〕交聘表尚有昭毅大将军五字。瓜尔佳达兰原作加古挞懒为夏生日使。

六年（辛巳——一六一）十月，世宗即位，改为大定元年。秋九月，南侵宋，宋人入秦、陇，夏攻取荡羌、通峡、九羊、会川等城寨。宋史地理志云，荡羌、通峡、九羊，三寨名，属怀德军。会川，城名，属会州。宋亦侵入夏境。〔考异〕海陵纪未载，今据夏国传。

世宗大定二年（壬午——一六二）夏四月，夏左金吾卫上将军梁元辅、翰林学士焦景颜、押进枢密副都承旨任纯忠贺登宝位。再遣武功大夫贺义忠、宣德郎高慎言贺万春节。

秋八月癸酉，夏左金吾卫上将军苏执礼、瓯押使王（琪）〔琪〕（据金史卷六一交聘表改）、押进中丞赵良贺尊号。

九月庚子，以左司员外郎完颜正臣为夏生日使。

冬十二月辛未，以夏乞兵复宋侵地，遣尚书吏部郎中完颜德济体究陕西利害。〔考异〕元会汾金史考证云，按金史百官志，尚书省与六部各自一官。六部有尚书、侍郎、郎中、员外郎等官；尚书省则设尚书令、左右丞相、左右丞等官，其属则有左右司郎中、员外郎。国初为左右司侍郎，至天眷三年始更今名，并无尚书某部郎中、员外郎之名，表中每多误载。此处德济使夏，于吏部郎中上冠以尚书二字，考之西夏传则但称吏部郎中，更可证表文之误矣。夏遣巴哩昌祖、杨彦敬贺正旦。〔考异〕西夏传，是岁，复以城寨来归，且乞兵复宋侵地，诏书嘉奖。世宗纪未载。

三年（癸未——六三）春三月壬辰朔，夏使额鲁元智、程公济贺万春节。

夏五月，以宿直将军珠勒根呼雅克为横赐夏国使。

秋七月甲寅，诏市马夏国。

九月癸巳，遣布萨实讷为夏生日使。

冬十月己巳，夏使苏执礼、李子美谢横赐。〔考异〕世宗纪未书夏使姓名。实讷作实讷埒，今从交聘表。

四年（甲申——六四）春正月丁亥朔，夏使威伊原作嵬嗲执信、李师白贺正旦。

三月丙戌朔，夏使纽鄂原作纽卧文忠、陈师古贺万春节。

秋九月，遣宗室乌哩雅为夏生日使。

冬十二月，夏殿前太尉梁惟忠、翰林学士焦景颜乞免征索正隆末年所虏人口。〔考异〕世宗纪只书乌哩雅一人，其余夏使均未载姓名，今从交聘表书之。以下同。

五年（乙酉一一六五）春正月辛亥朔，夏使鄂啰世、原作讹啰世高岳贺正旦。

秋九月，以宿直将军珠格芬彻原作术虎蒲查为夏生日使。

六年（丙戌一一六六）春正月丙午朔，夏使高遵义、安世贺正旦。

三月甲辰朔，夏使曹公达、孟伯达、押进知中兴府赵衍贺万春节。戊申，中丞李克勤、学士焦景颜奏乞免索俘虏，许之。

夏四月，遣锡默果啰原作斜卯捆剌为横赐夏国使。

秋九月辛亥，遣伊喇熙载为夏生日使。

冬十二月戊戌，夏中丞贺义忠、学士杨彦敬谢横赐。

七年（丁亥一一六七）春正月庚子朔，夏使刘志真、李师白贺正旦。

三月己亥朔，夏使任得仁、李澄贺万春节。

秋九月乙亥，遣唐古呼噜原作唐括鹘鲁。〔考异〕元会汾金史考证，卷七十三，宗雄孙鹘鲁，另一人。为夏生日使。

冬十二月壬戌，夏使巴哩昌〔祖〕（据金史卷六一交

聘表补，下同）、赵衍为其臣任得敬求医，许之。〔考异〕
世宗纪未书夏使巴哩昌〔祖〕求医事，今从交聘表。

八年（戊子——一六八）春正月甲子朔，夏使利守
信、李穆贺正旦。

三月癸亥朔，夏使明博原作咩布师道、严立本贺
万春节。

夏四月戊午，夏使任得聪谢恩，诏却其礼物。

秋九月丁卯，遣引进使高希甫为夏生日使。

九年（己丑——一六九）春正月戊午朔，夏使庄浪义
显、刘裕贺正旦。

三月丁巳朔，夏使浑进忠、王德昌贺万春节。

夏五月丙辰，遣完颜赛音原作赛也为横赐夏
国使。

秋九月，遣布萨忠为夏生日使。〔考异〕世宗纪忠作
守中，稍异，今从交聘表。

是岁，西番乔嘉族首领札实结往省其母于庄浪
族，夏人袭之，力战，溃围出，寻死，其母为夏人
所虏。遣大理卿李昌图等往按，且止勿筑祈安城。
使还，诏以其侄赵师古为乔嘉等四族都钤辖，加宣
武将军。〔考异〕钮祜禄额特埒传，盖州人，官左司员外郎。十年，
以夏发兵筑祈安城及袭杀乔嘉族首领札实结，又谍言夏与宋通谋犯
边，诏额特埒副李昌图往按其事。夏言札实结犯夏境，故杀之，祈
安城本上国所赐旧积石地，发兵修筑备他盗。又察知宋、夏无交通

状，及乔嘉族拥其侄赵师古为首领，世宗悦，转右将军。所载较详。

先是，大定四年，临洮尹伊喇成招降，札实结乃率木波、隆普、庞巴、巴哩四族来附，进马百匹，诏厚加赏赐。成迁南京留守，召拜枢副，封任国公。至是，为夏人所败。〔考异〕成传，本名娄。其先，辽横帐人，卒官北京留守。子馆苏鄂博，官武功将军。续通考云，西番木波苗裔曰董氊，其子曰巴毡角，附宋，赐姓赵，名（忠顺）〔顺忠〕（据金史卷九一结什角传改），子永吉，孙世昌，皆受宋官为左武大夫，领来州防御，袭把羊族长。金定陕西，世昌换忠翊校尉。既而，鬼芦族表京臧杀世昌，金遣兵执京臧诛之，以其子铁哥袭。大定初，宋破洮州，铁哥弟结什角与其母走入乔家族避之。首领播逋与邻族木波、陇逋、庞拜、丙离四族共立结什角为木波四族长，号王子。其地北接临洮积石军，南限大山，八百余里不通人行。东南与叠州羌接。西与卢甘羌接。北与西夏客鲁族接，共八千余里。结什角寻来贡马，赐诏抚谕。后间入寇掠，边将杨仲武从数骑入营晓谕，羌人感悦，寇遂息。所载姓名，与成传异。

十年（庚寅——七〇）春正月壬子朔，夏使刘志直、韩德容贺正旦。

三月壬子朔，夏使张兼善、李师白贺万春节。

夏闰五月乙未，夏权臣任得敬〔考异〕宋史孝宗纪作任敬德。毕沅续通鉴系于干道四年，盖大定八年，亦异。中分其国，胁其主李仁孝遣左枢密使朗鄂特原作浪讹（特）（据金史卷六一交聘表删）进忠、参知政事杨彦敬、押进翰林学士焦景颜上表求封，诏不许，并却其贡物。

初，仁孝嗣位，其臣屡作乱，任得敬抗御有功，遂相夏国二十余年，阴蓄异志，欲图夏国，诬杀宗亲大臣，其势渐逼，仁孝不能制。至是，乃分〔西〕南(北) 路（据金史卷一三四西夏传改）及灵州罗彭原作罗庞地与得敬自为国，且上表求封，不许。赐诏，略曰："我国家（勘）〔戡〕（同上）定中原，怀柔西土，始得画疆于乃父，继而赐命于尔躬，恩厚一方，年垂三纪。今兹请命，事颇靡常，未知措意之由来，续当遣使以询问。所有贡物，已经发回。"得敬密通宋求助，宋以蜡书答之，〔考异〕毕沅续通鉴云，时任得敬遣间使至四川宣抚司，约发兵攻西番，虞允文报以蜡书。所载较详。为夏人得。求封又不见许，仁孝乃谋诛之。

秋（七）〔九〕（据金史卷六世宗纪改）月庚寅，遣瓜尔佳阿里布原作夹谷阿里补为夏生日使。八月晦，仁孝诛任得敬及其党与，上表谢，并以宋人蜡书献，诏慰谕之。〔考异〕夏使为巴哩昌祖、高岳。见交聘表。纪未书姓名。未几，罢保安军名，隶鄜延路。兰州榷场。嗣因尚书省奏边民滋为奸弊，并绥德榷场罢之，止存东胜、环州而已。

十一年（辛卯一一七一）春正月丙子朔，夏使萨原作煞执直、马子才贺正旦。

秋八月己巳，遣刘玘为夏生日使。

十二年（壬辰一一七二）春正月庚午朔，夏使威纽原作<u>鬼</u><u>恋</u><u>执忠</u>、<u>刘昭</u>贺正旦。

三月己巳，<u>夏</u>使<u>党得敬</u>、<u>田公懿</u>贺万春节。<u>鄂罗绍甫</u>、<u>吕子温</u>、押进<u>巴哩直信</u>贺尊号。

<u>夏</u>四月癸亥，遣<u>唐古阿古尔</u>原作<u>唐括阿忽里</u>横赐<u>夏国</u>。

秋九月辛巳，<u>钮祐禄额特埒</u>原作<u>粘割斡特剌</u>。〔考异〕<u>世宗纪额特埒</u>作<u>噶达尔</u>，今从<u>交聘表</u>。为<u>夏</u>生日使。

冬十二月癸亥，<u>夏</u>使（<u>周</u>）〔<u>罔</u>〕<u>荣忠</u>（据<u>金史</u>卷六一<u>交聘表</u>改）、<u>严立本</u>谢横赐。

十三年（癸巳——一七三）春正月乙丑朔，<u>夏</u>使<u>鄂罗</u>原作<u>卧落</u><u>绍昌</u>、<u>张希道</u>贺正旦。

三月癸巳朔，<u>夏</u>使<u>巴哩安仁</u>、<u>焦蹈</u>贺万春节。

秋九月辛卯朔，遣<u>和索哩</u>原作<u>胡什赉</u>为<u>夏</u>生日使。

十四年（甲午——一七四）春正月己丑朔，<u>夏</u>使<u>萨进德</u>、<u>李师旦</u>贺正旦。

三月戊子朔，<u>夏</u>使<u>巴哩安仁</u>、<u>焦蹈</u>贺万春节。

秋九月乙未，遣宗室<u>崇肃</u>为<u>夏</u>生日使。

十五年（乙未——一七五）春正月，<u>夏</u>使<u>李嗣卿</u>、<u>白庆嗣</u>贺正旦。

（秋）〔闰〕（据<u>金史</u>卷六一<u>交聘表</u>改）九月己未，遣（舍音）〔<u>锡默</u>〕（据<u>道光殿本金史</u>卷六一<u>交聘表</u>改）原作<u>斜</u>（也）〔<u>卯</u>〕（同上）<u>和尚</u>为<u>夏</u>生日使。

冬十二月，夏使鄂罗绍甫、王师信谢横赐。〔考异〕世宗纪正月以下阙，今从交聘表。

十六年（丙申——七六）春正月戊申朔，夏使威载原作嵬宰师宪、宋宏贺正旦。

三月丙午朔，夏使古沁原作骨（勤）〔勒〕（同上）文昌、王禹珪贺万春节。

秋九月癸（酉）〔丑〕（据金史卷六一交聘表改）遣完颜托果斯原作觇古速为夏生日使。

十七年（丁酉——七七）春正月壬寅朔，夏使额伊原作讹嗦德昌、杨彦和贺正旦。

三月辛丑朔，夏使巴哩庆祖、梁宇贺万春节。

秋九月丁酉朔，遣舒穆噜呼图原作石抹忽土为夏生日使。

冬十月己巳，夏进百头帐，诏却之。〔考异〕西夏传，仁孝再表上，乃许与正旦使同来。世宗纪未书。

十二月甲午，夏遣东经略使苏执礼横进。〔考异〕世宗纪未载横进事，今从交聘表。

十八年（戊戌——七八）春正月丙申朔，夏使纽纽原作恶恶存忠、武用和贺正旦。

三月乙未朔，夏使威明原作嵬峚仁显、赵崇道贺万春节。

夏四月己丑，遣阿布哈原作阿不罕德甫横赐夏国。

秋九月辛未，遣完颜富勒呼为夏生日使。

冬十二月戊午，<u>夏使朗鄂特元智、刘昭</u>谢横赐。〔考异〕<u>世宗纪</u>，<u>德甫</u>作横赐<u>高丽</u>使，又未书<u>夏</u>使谢横赐，今从交聘表。

十九年（己亥——七九）春正月庚申朔，<u>夏使张兼善、张希圣</u>贺正旦。

三月乙未朔，<u>夏使来子敬、梁介</u>贺万春节。

秋九月戊午，遣<u>费摩呼喇</u>原作<u>裴满呼刺</u>为<u>夏</u>生日使。

二十年（庚子——八〇）春正月（庚申）〔甲寅〕（同上）朔，<u>夏使安德信、吴日休</u>贺正旦。

三月癸丑朔，<u>夏使闾进忠、王禹玉</u>贺万春节。

秋九月壬戌，遣宗室<u>萨布</u>原作<u>赛补</u>为<u>夏</u>生日使。

冬十二月癸卯，诏<u>夏</u>使入界，如遇当月小尽，限二十五日至京，二十七朝见。丙午，<u>夏使闾永德、刘昭</u>入见。

二十一年（辛丑——八一）春正月戊申朔，<u>夏使穆纳</u>原作<u>谋宁</u><u>好德、郝处俊</u>贺正旦。壬子，<u>夏</u>请复<u>绥德军</u>榷场，仍许就馆市易。

三月丁未朔，<u>夏使苏志纯、康忠义</u>贺万春节。

夏四月戊辰，遣<u>巴达尔呼</u>横赐<u>夏国</u>。

秋八月乙丑，遣<u>奚呼实罕</u>原作<u>胡失海</u>为<u>夏</u>生日使。〔考异〕交聘表未载复榷场事，今从世宗纪。

二十二年（壬寅——八二）秋九月（己）〔乙〕（同

上）酉，遣布萨哈斯罕原作仆散曷速罕为夏生日使。

二十三年（癸卯——一八三）春正月丁卯朔，夏使刘进忠、李国安贺正旦。

三月丙寅朔，夏使吴德昌、刘思忠贺万春节。

秋九月己巳，遣完颜锡里库原作斜里虎为夏生日使。

二十四年（甲辰——一八四）春正月辛卯朔，夏使刘执中、李昌辅贺正旦。

二月（甲）〔丙〕（同上）戌，遣宗室亘横赐夏国。

三月庚寅朔，夏使晁直信、王庭彦贺万春节。

夏五月丙申，尚书省奏夏国王以车驾幸上京，愿遣使入贺。帝曰："往复万里，暑雨泥泞，不须遣使。"令谕止之。

秋八月癸亥，遣约啰特默格原作遥里特末哥为夏生日使。

二十五年（乙巳——一八五）冬十（二）〔一〕（同上）月丙申，夏使李崇懿、米崇吉、押进李嗣卿朝见，贺车驾还京。〔考异〕是岁，贺正旦、生辰、谢横赐，先有诏权止一年，故均未遣使。纪、表同。

二十六年（丙午——一八六）春正月庚辰朔，夏使莽古原作麻骨进德、刘光国贺正旦。

三月己卯朔，夏使莽古德懋、王庆崇贺万春节。

秋八月己丑，遣<u>李达可</u>为<u>夏</u>生日使。

二十七年（丁未——一八七）春正月癸卯朔，<u>夏使兊</u><u>德昭</u>、<u>索遵德</u>贺正旦。

三月癸卯朔，<u>夏使遇忠辅</u>、<u>吕昌龄</u>贺万春节。

秋九月己酉，遣<u>锡默安图</u>_{原作斜卯（安）〔阿〕土（同}_{上）}为<u>夏</u>生日使。

冬十二月，<u>夏使鄂啰绍先</u>、<u>严立本</u>谢横赐。

二十八年（戊申——一八八）春正月丁酉朔，<u>夏使玛</u><u>纳</u>_{原作麻奴}<u>绍文</u>、<u>安惟敬</u>贺正旦。

三月丁酉朔，<u>夏使浑进忠</u>、<u>邓昌祖</u>贺万春节。

秋九月甲午朔，遣<u>崇夔</u>为<u>夏</u>生日使。

二十九年（己酉——一八九）春正月壬辰朔，<u>夏使诺</u><u>尔桑</u>_{原作纽尚}<u>德昌</u>、<u>字得贤</u>贺正旦。帝大渐，<u>夏使</u>遣还。

三月，<u>夏使李元贞</u>、<u>余良</u>来陈慰。

夏四月，<u>夏使邹显忠</u>、<u>李国安</u>入奠。

五月，<u>夏使纳琳</u>_{原作乃令}<u>思敬</u>、<u>梁介</u>贺登位，<u>田</u><u>周臣</u>押进。

秋八月丙辰，<u>夏使威明彦</u>、<u>刘文庆</u>贺天寿节。

九月戊辰，以卫尉<u>巴尔斯章</u>_{原作把思忠}为<u>夏</u>生日使。〔考异〕生日之使，<u>交聘表</u>未载，今从章宗纪书之。

<u>章宗明昌</u>元年（庚戌——一九〇）春正月丙辰朔，<u>夏</u>

使唐彦超、杨彦直贺正旦。

夏四月丙辰，遣伊喇宁横赐夏国。

秋八月己酉，夏使雅苏原作拽税守节、张仲文贺天寿节，罔进忠谢横赐。

九月己未，遣乌凌阿玛展原作乌林答谋甲为夏生日使。〔考异〕横赐夏国及生日二使，交聘表阙书，而章宗纪于正旦、生辰，均未载夏使姓名，今从交聘表。以下同。

二年（辛亥一一九一）春正月庚戌朔，夏使王全忠、张思义贺正旦，许使馆贸易三日。

三月丁巳，夏使李元膺、高俊英为陈慰使。丁卯，复遣李嗣卿、永昌奉（叔）（据金史卷六二交聘表删）奠皇太后。

秋八月（丁丑朔）〔乙巳〕（据金史卷六二交聘表改），夏使舒威原作孰（鬼）〔嵬〕（同上）英、焦元昌贺天寿节。

九月丁巳，遣白琬为夏生日使。

十一月戊午，夏厢官吴明契等袭杀边将阿噜岱，诏索之，不已，夏人乃杀明契等。〔考异〕章宗纪只书杀阿噜岱，而西夏传所载较详，今从之。

三年（壬子一一九二）春正月乙巳朔，夏使赵好、史从礼贺正旦。

秋八月丁卯，夏使罔敦信、韩伯容贺天寿节。

九月，遣唐古哈达原作唐括合达为夏生日使。〔考异〕生日之使，交聘表未载，今从章宗纪。

四年（癸丑——一九三）春正月己巳朔，夏使乌伊原作吴嘚遂良、高崇德贺正旦。

夏五月丙寅朔，遣舒穆噜贞横赐夏国。

秋八月辛酉，夏使巴沁原作庞静师德、张崇师贺天寿节，纳琳思聪谢横赐。

九月，仁孝卒，子纯佑立。

冬十一月庚寅，（按，金史卷六二交聘表作壬申）夏使李元吉、李国安告哀。

十二月甲午朔，密莽原作咩铭友直、李昌辅进遗留物。〔考异〕章宗纪，九月，贺夏生日使为西上阁门使大磐，旋充敕祭慰问使，交聘表未书，而横赐使之为舒穆噜贞，表亦阙载。

五年（甲寅——一九四）春正月癸亥朔，夏使纽纽世忠、刘思问贺正旦。辛巳，命国子祭酒刘玑、郎中乌库哩庆裔为夏册封起复使。

夏四月壬寅，夏使郎鄂特文广、刘俊才，押进页允原作野遇克忠来报谢。

秋八月乙卯，夏使页允思文、张公辅贺天寿节。

冬闰十月丙戌，遣完颜忠为夏生日使。〔考异〕交聘表未书生日使，今从章宗纪。

六年（乙卯——一九五）春正月丁亥朔，夏使王彦才、高大节贺正旦。

三月丙申，夏使李彦崇、（邦）〔郝〕庭俊（据金史卷六二交聘表改）谢赐生日。

秋八月己卯，夏使宋克忠、吴子正贺天寿节。

九月辛卯朔，遣钮祜禄哈尚原作粘割胡（土）〔上〕（据金史卷九章宗纪改）为夏生日使。〔考异〕章宗纪，天寿节夏使，载在九月壬午，而哈尚贺夏生日，交聘表又未书。

承安元年（丙辰——一九六）春正月辛巳朔，夏使员元亨、元叔贺正旦。

秋八月甲戌，夏使同崇义、吕昌邦贺天寿节。〔考异〕章宗纪，五月壬辰，遣钮祜禄忠横赐夏国。九月（辛）〔乙〕（同上）巳，遣乌库里达希布为夏生日使，交聘表均未书。而天寿节夏使，章宗纪系之九月丁丑朔。所载互异。

二年（丁巳——一九七）春正月乙亥朔，夏使威明世安、李师广贺正旦。

秋八月（甲）〔戊〕（据金史卷六二交聘表改）戌，夏使罗伊原作罗嗦守忠、王彦国贺天寿节、李德冲、刘思问奏告榷场。

冬十二月丁酉，夏使李嗣卿、高德崇谢复榷场。〔考异〕章宗纪，天寿节之使，系之九月辛丑朔。又书乙巳以夏使朝辞，诏答许复保安、兰州榷场。十月丙申，遣蒙古仁本赐夏生日，交聘表均未载。所纪各异。

三年（戊午——一九八）春正月己亥朔，夏使隗敏修、钟伯达贺正旦。

夏五月戊申，遣伊喇郁为夏生日使。

秋八月甲午，夏使哲伊<small>原作折哶</small>俊乂、罗（寿）〔世〕昌<small>（同上）</small>贺天寿节。〔考异〕章宗纪，系之九月丙申朔，而伊喇郁使夏，交聘表未书。

四年（己未——一九九）春正月癸巳朔，夏使李庆源、邓昌祖贺正旦。

秋八月己丑，夏使诺尔桑德昌、李公达贺天寿节，纳琳思聪、杨德先谢横赐。〔考异〕章宗纪，天寿节之使，系之九月庚寅朔，夏使谢横赐，阙载。而五月壬寅，遣萨里罕赐夏生日；庚申，图克坦仲华横赐夏国，交聘表又未书。

五年（庚申一二〇〇）春正月戊子朔，夏使连都敦信、丁师周贺正旦，附奏为母疾求医。遣太医时德元、王利贞往，并赐御药。

秋八月壬子，夏使连都敦信、丁师周贺天寿节，刘忠亮、高永昌来谢。〔考异〕章宗纪，天寿节之使，系之九月甲寅朔，而十月丁未，遣完颜观音努赐夏生日，交聘表未载。

泰和元年（辛酉一二〇一）春正月壬子朔，夏使谞<small>原作卧</small>德忠、刘筠国贺正旦。

三月乙丑，夏使页允思文、田文徽来谢恩。

秋八月戊寅朔，夏使柔思义、焦思元贺天寿节。〔考异〕章宗纪，系之九月戊申朔，而十月庚辰，遣完颜纲赐夏生日，交聘表未载。

二年（壬戌一二〇二）春正月丁未朔，夏使白克忠、苏（寅）〔夤〕孙（同上改）贺正旦。

秋八月庚子，夏使台楚噜原作天籍辣忠毅、王安道贺天寿节，李建德、杨绍直谢横赐。〔考异〕章宗纪，天寿节之使，系之九月壬寅朔，而十月壬辰，遣赫舍哩毅赐夏生日，通吉温横赐夏国，交聘表均未载。

三年（癸亥一二〇三）春正月辛未朔，夏使崔元佐、刘彦辅贺正旦。

秋八月甲子，夏使㲄（尭）德元（据金史卷六二交聘表删）、高大亨贺天寿节。〔考异〕章宗纪，系之九月丙寅朔，而十月壬戌，遣完颜太平赐夏生日，交聘表未载。

四年（甲子一二〇四）春正月乙丑朔，夏使美赫原作梅讹宇文、韩师正贺正旦。

秋八月（己）〔癸〕（同上改）丑，夏使李德广、韩承庆贺天寿节。〔考异〕章宗纪，系之九月庚申朔，而十月甲寅，遣完颜銮赐夏生日，交聘表未书。

五年（乙丑一二〇五）春正月己未朔，夏使遇惟德、高大伦贺正旦。（秋）〔闰〕（同上）八月辛巳，夏使赵公良、米元懿贺天寿节，鼐尔原作乃来思聪、刘俊德谢横赐。〔考异〕章宗纪天寿节之使，系之九月甲申朔，而遣使赐夏生日，纪、表均未载。

六年（丙寅一二〇六）春正月癸未朔，夏使诺尔桑德、郑勖贺正旦。乙丑，夏李安全废其主纯佑自立，令<u>纯佑</u>母<u>罗氏</u>遣御史大夫<u>罔佐执忠</u>求封册。夏（六）〔七〕（同上）月戊戌，诏问废立故。

〔九月〕（同上补）辛丑，遣<u>温特赫思敬</u>、<u>黄震</u>册<u>安全</u>为<u>夏国王</u>。

冬十二月乙丑，<u>夏</u>使<u>穆纳光祖</u>、<u>张公甫</u>谢封册，押进使<u>梁德枢</u>入见。〔考异〕<u>西夏传</u>，三月，<u>仁孝</u>弟<u>仁友</u>子<u>安全</u>废<u>纯佑</u>自立，再阅月死于废所。七月，使<u>纯佑</u>母<u>罗氏</u>上表言废立事，而<u>章宗纪</u>书七月丙申，<u>夏李纯佑</u>废，侄<u>安全立</u>，奉表来告。九月辛丑，遣<u>思敬</u>册封。所载月日互异，今从<u>交聘表</u>。

七年（丁卯—一二〇七）春正月丁丑朔，<u>夏</u>使<u>隗敏修</u>、<u>邓昌福</u>贺正旦。

秋八月甲辰朔，<u>夏</u>使<u>罗伊思忠</u>、<u>安礼</u>贺天寿节。〔考异〕<u>章宗纪</u>，系之九月甲戌朔，而十二月丙午，<u>乌库哩福龄</u>赐<u>夏</u>生日，<u>交聘表</u>未载。

八年（戊辰—一二〇八）春正月辛未朔，<u>夏</u>使<u>浑光中</u>、<u>梁德懿</u>贺正旦。

三月甲申，<u>夏</u>使<u>李元吉</u>、<u>罗世昌</u>奏告。

夏五月辛亥，<u>夏</u>使<u>锡勒</u>原作习勒<u>遵义</u>、<u>苏寅孙</u>谢赐生日。

冬十月己（酉）〔卯〕（同上改），<u>夏</u>使<u>李世昌</u>、<u>米元杰</u>贺天寿节，<u>权鼎雄</u>、<u>李文政</u>谢横赐，<u>朗鄂特德光</u>、<u>田文徽</u>奏告。〔考异〕<u>章宗纪</u>，秋月未书<u>夏</u>贺天寿节，而十月辛巳，书<u>夏</u>使来贺，<u>夏国</u>有兵，遣使来告，<u>交聘表</u>均失载。

卫绍王大安二年（庚午一二一〇）秋八月乙丑，夏人侵葭州。属延安府，县三。〔考异〕西夏传未载，今从卫王纪。

三年（辛未一二一一），安全卒，族子遵顼立。遵顼先以状元及第，充大都督府主，立在安全卒前一月。是时金兵败绩于会河堡，夏人乘之，侵掠边境，而通使如故。〔考异〕韩玉传，是年，都城受围，夏连陷邠、泾，陕西安抚檄玉募军万余与战，败之。时夏兵五万方围平凉，又战于（平）〔北〕原（据金史卷一一〇韩玉传改），夏疑大军至，解去。授河平军节度副使。先是，华州李公直谋勤王，玉乃传檄州郡，京兆统军使不察，谓公直据华州反，遣都统杨珪袭杀之。公直尝为书约玉，为安抚得，当路忌玉功，奏玉与夏寇有谋，并公直事，下华州郡学狱，死。士论冤之。玉，字温甫，相人，第进士，为翰林应奉。刘祁归潜志云：燕人檄，略曰："人谁无死，有臣子之当为；事至于今，忍君亲之弗顾。王侯将相，宁有种乎？富贵功名，当自致耳！"或诬其有异志，收鞫，死狱中。卫王纪、西夏传未载玉战事。续通考云，玉，渔阳人。以经义词赋两科进士，入翰林，应制，一日百篇，文不加点。尝作元勋传，章宗叹曰："元勋何幸得此。"元好问中州集载其临危手书与子云："此去冥路，吾心皎然。刚直之气，必不下沉。儿可无虑；世乱时艰，努力自护。幽明虽异，宁不见尔。"又临终二诗云："客自朝那戍，东（还）〔过〕（据中州集辛集改）古郑原。衰年会凶运，奇祸发流言。白骨将为土，青蝇且在樊。仰呼天外恨，沉思地中冤。母丧半途鬼，儿孤千里魂。此心终不灭，有路诉天阍。""天下无双士，军中有一韩。才名两相累，世道一何（囏）〔艰〕（同上）。旅次穷冬（莫）〔暮〕（同上），囚孤永夜寒。身亡家亦破，巢覆卵宁完。矍铄鞍仍在，惊呼铗屡弹。丈夫忠义耳，无须感歌还。"史均未载。

崇庆元年（壬申—二—二）春三月，遣使册李遵顼为夏国王，夏人犯莨州，延安路总管完颜诺尔布原作奴婢御之。

冬十二月，遵顼谢封册。

至宁元年（癸酉—二—三）夏六月，夏人犯保安州，杀刺史。犯庆阳府，杀同知府事。〔考异〕卢庸传，字子宪，丰润人。第进士，至宁元年，任陕西按察副使。夏犯边，缮治平凉城池，积粟，练兵为备。十一月，夏掠镇戎，陷邠、泾，遂围平凉，庸死守，城赖以完，迁按察转运使。西夏传均未载。

宣宗贞祐元年（癸酉—二—三）冬十一月戊辰，夏人攻会州，图克坦酧尔原作徒单丑儿。〔考异〕卷一百二十五乌古论黑汉传天兴二年总领丑儿，另一人。击走之。

十二月癸亥朔，夏人陷〔巩州〕（同上补），泾州节度使瓜尔佳守中死之。〔考异〕酧尔之事，宣宗纪及西夏传均载，而交聘表未书，表只载守中之死，而纪、传又阙，所载各异。按忠义传系之至宁元年。云，守中时为通远〔军〕（据金史一二一夹谷守中传补）节度使，夏人数万入巩州，城陷，被执，使招诱平凉，不从，交刃杀之，赠东京留守，仍官其子。

二年（甲戌—二—四）秋八月丁未，夏人入边，命移文责之。〔考异〕西夏传，时归国人乔成赍夏国书，略言金边吏侵掠，乞禁戢。诏移文答之，不果。寻攻延安、庆（源）〔原〕（据金史一三四西夏传改）、积石州，乃诏有司移文诘问。所载较详。

冬十一月丙子，兰州译人程察逊〔考异〕宣宗纪作程陈僧，今从西夏传。以州叛，西结夏为援，边将败其兵三千。〔考异〕交聘表系之乙卯。云，自是连岁与夏交兵矣。薛应旂通鉴云，七月，夏与宋书，议夹攻金，以恢复故疆。时董居谊初入蜀，得书，不之报，由是虏讯中绝。李心传朝野杂记云，金为鞑靼扰，夏遂叛金，改元光定，时辛未春矣。光定之四年，其左枢密使、吐蕃路都招讨使万庆义勇者，令募僧减波把波赍蜡书二丸，至西和州之宕昌寨，欲与宋犄角，恢复故疆，番兵总管傅翌得而上之，时嘉定七年七月也。西夏传未载。

三年（乙亥—一二一五）春正月，夏兵攻武延川，在平凉府隆德县西北七十里。进寇环州及积石州，都统姜伯通败之。又入安乡关，至河州界三十五里，旧名城桥关。都统曹吉逊等御却之。

二月辛卯，攻环州，刺史乌库哩延寿及锡默摩啰欢原作斜卯毛良虎败之境上。

三月，诏议伐夏，未果。

夏四月，诏曹吉逊、完颜果勒讨程察逊，夏人援之。

秋九月，遂破西关堡，夏人复攻第五将（营）〔城〕（同上），万户杨再兴击走之。

冬十月丁亥，夏攻保安及延安，都统完颜果嘉努原作国家奴破之。既而深入临洮，总管图们呼图克们原作陀满胡土门。〔考异〕通鉴辑览作和博。不能御，完颜和索哩原作胡失（剌）〔来〕（同上）来援，大败于渭源堡，〔考异〕王存元丰九域志云，熙州治狄道县，有白石山，洮水，浩亹河；寨一：康乐；堡八：渭源、庆平、通谷，熙宁五年置，南川、当川六年置，结河，七年置。城陷，和索哩被执。

十一月戊辰，夏兵败于克戎寨，初属延州，改隶绥德城。伊喇托卜嘉原作移剌塔不也。本传，东北路明安人。泰和侵宋有功，历武宁节度。高琪庇之，为苏呼所劾；及破熟羊寨，高琪入贺，拜劝农使，知平凉府，终左都监。破之于熟羊寨。初隶秦州，后属巩州。〔考异〕王存元丰九域志云，在通远军北。熙宁元年置军，本渭州地，古渭寨有威远、镇定、西城，及永宁、宁远、通渭、熟羊、盐川、通西六寨。又，三岔堡，熙宁四年置。进围临洮，总管图们呼图克们破之。〔考异〕宣宗纪云，夏犯绥平，又败之。西夏传未载。

四年（丙子一二一六）夏四月己亥，夏巴鄂原作葩俄特族总管汪三郎率众来降，进羊千口，诏优给其直。

五月己巳，来远镇获夏谍者陈臦等，知夏将图临洮、巩州，窥长安。命陕西行省备之。〔考异〕西夏传但言宋、夏相结来攻，未言其图临洮等处，稍异。夏于来羌城属河州。〔考异〕王存元丰九域志云，河州定羌城，在州东七十里，熙宁七年置，无来羌名。界河起（斫）〔折〕（据金史卷一三四西夏传改）桥，右都监完颜萨布原作赛不焚之，斩馘甚众。

六月，鄜延路奏，夏牒报用彼国光定年号，诏封还其牒。

秋闰七月，庆阳总管庆善努等伐夏，完颜果勒败夏人于阿密湾。

八月，左监军乌库哩庆寿败夏兵于（寇）〔塞〕堡（同上改补）；〔考异〕宣宗纪作安塞堡，今从西夏传。萨布击走夏兵于结耶嘴（山）〔川〕（同上），〔考异〕宣宗纪山作川，今从西夏传。复破之于车儿堡。

冬十一月，提控实嘉喀齐喀、杨沃哩解定西寨名，在秦州西北四十五里，领宁西、牛鞍、上碶、下碶、注鹿、圆川六堡。见王存元丰九域志。之围。〔考异〕持嘉喀齐喀传，时官兰州刺史。夏人四万余围定西，与杨沃哩击走之，斩二千级，俘数千人，获马八百，器械称是，余悉遁去。宣宗纪，萨布来献捷，命行省视其功赏之。所载较详。

十二月丙寅，帝与太子议伐夏。左监军图们呼图克们等分三道攻盐、宥、威、灵、安、会等州。

兴定元年（丁丑—二一七）春正月，夏兵三万自宁州〔考异〕舆地广记云，本公刘地，春秋为义渠戎国，秦属北地郡，元魏置华州，改班州，后为豳州，西魏号宁州，后周分置赵兴郡，唐后改彭原郡，今县四：定安、定平、襄乐、真宁。还，庆善努击败之。夏人福山以俘户来降，除同知泽州。

夏五月戊寅，夏兵入大北（垒）〔岔〕（同上），都统赫舍哩珠赫原作纥石烈猪狗掩击，败之。

秋七月甲辰，右都监完颜闾山败夏兵于黄鹤

（坌）〔岔〕（同上）。夏围羊狼寨，都统党世昌等击走之。

八月，李公直败夏兵三千。

九月戊寅，夏犯克戎寨，都统罗世晖击却之。〔考异〕喀齐喀传，正月，以屡败夏人，遥授同知临洮府事兼前职。是冬，权元帅府，驻来远寨以张声势，既而获捷。纪未载。

二年（戊寅—一二一八）春正月乙酉，陕西行省奏元兵围夏王城，李遵顼出走西凉，命子居守。诏严边备。

夏五月，夏人入葭州，庆善努败之于马吉峰。〔考异〕宣宗纪云，丙子，夏人自葭州入鄜延，元帅承立败之马吉峰。按，庆善努，旧作庆山奴，字献甫，本内族，名承立，据此，则系一人，纪载各别耳。

秋七月辛未，夏犯龛谷，瓜尔佳瑞、赵防败之，追至质孤堡。地理志云，龛谷，宋旧寨。质孤堡临夏边，均属兰州。〔考异〕王存元丰九域志云，龛谷寨，元丰四年置，在兰州东九十四里。又四年，置东关、皋兰二堡。五年废胜如、质孤二堡。六年置河千、西关二堡。未几复来侵，瑞大破之。

三年（己卯—一二一九）春闰三月戊午，夏人破葭州之通（泰）〔秦〕砦（同上），属葭州，在黄河西，临夏界。刺史赫舍哩王嘉努原作王家奴。战没。

夏四月乙酉，提控纳哈塔迈珠击败之，自葭芦川在葭州西五里。遁去。华州元帅完颜哈达原作合达败夏兵（三）〔二〕（同上）千于<u>隆州</u>，遂攻其城，陷西（北）〔南〕（同上）隅，会暮乃还。

冬十一月癸巳朔，前<u>岚州</u>仓使<u>张祐</u>自<u>夏</u>来归。

十二月，诏移文责问<u>夏国</u>。〔考异〕<u>薛应旂</u>通鉴云，二月乙丑，<u>夏</u>复以书来<u>四川</u>，议夹攻<u>金</u>人，<u>利州</u>安抚<u>丁焴</u>许之。<u>史</u>未载。

四年（庚辰—一二二〇）春二月，<u>夏</u>犯<u>镇戎</u>，国兵败绩。

夏四月癸亥，<u>夏</u>兵犯边，元帅<u>喀齐喀</u>遇于<u>鹿儿原</u>，提控<u>乌库哩世显</u>〔考异〕<u>喀齐喀</u>传<u>世显</u>作<u>锡馨</u>，一作<u>世鲜</u>。以偏师败之，〔考异〕<u>宣宗</u>纪书喀（彦）〔齐〕喀（据<u>金史</u>卷一六<u>宣宗</u>纪改）击破<u>夏</u>兵，无<u>世显</u>名，今从<u>西夏</u>传。都统<u>王定</u>复破其众于<u>新泉城</u>。元帅<u>庆善努</u>攻<u>宥州</u>，围<u>神堆府</u>，败其援兵，斩首二千余。

秋八月庚午，<u>夏</u>陷<u>会州</u>，<u>乌库哩世显</u>叛降<u>夏</u>。复犯<u>竉谷</u>，<u>瓜尔佳瑞</u>连战破之，乃引去。诏有司移文与<u>夏</u>议和，不克就。<u>夏</u>人三万围<u>定西</u>，刺史<u>爱新爱实拉</u>击走之。

九月，<u>夏</u>围<u>绥平寨</u>安定堡，未几，陷<u>西宁州</u>，再攻<u>定西</u>，<u>乌库哩长寿</u>击却之。乃袭<u>巩州</u>，<u>实嘉喀齐喀</u>逆战十余次，乃解去。〔考异〕<u>喀齐喀</u>传，时<u>夏</u>人退据<u>南冈</u>，遣精兵三万傅城，又击走之，生擒<u>夏</u>将<u>喇卜丹</u>、<u>置卜裕勒</u>等，讯知<u>夏</u>大将<u>尼赐鼎</u>、<u>乌明</u>二人谋，以为<u>巩</u>，帅府所在，<u>巩</u>既下，余

不攻自破。且构宋统制程信等四万来攻，喀齐喀督兵搏战，却之，
斩数千人。攻益急，将士殊死战，杀伤万计，夏兵遁，（要）〔邀〕
（据金史卷二三赤盏合喜传改）击斩首甚众。薛应旂通鉴云，九月，
夏遣枢密宁子真率众二十万围巩州，趣宋会兵，四川宣抚安丙命诸
将分道进兵。统制王仕信发宕昌；质俊、李实发下城；张威出天水；
程信出长道；陈立出大散关；田冒出子午谷；陈昱出上津。张威寻
下令诸将，毋得擅进兵。质俊等克来远镇，败金人于定边城。王仕
信克盐川镇，信会攻巩州城，不克，趋秦州。夏退师，信邀攻秦州，
不从，亦还。遂以宣抚司命，斩王仕信于西和州，罢张威官。纪、
传均未书。哈达传，十月，夏攻绥德州，遣提控樊泽等分三道击败
之。西夏传亦未载。

五年（辛巳——二一）春二月，宁远节度使瓜尔佳
海寿破夏兵于搜嵬堡。

三月己亥，夏因叛人窦赵儿招，入据来羌城，
富珠哩和卓督兵急攻城，拔之。

冬十月壬戌，夏复攻凫谷，博索原作白撒连败
之。丁卯，犯定西、积石之境。

十一月，夏攻安寨堡，哈达与元帅迈珠潜军夜
袭其营，夏人大溃，坠崖谷者无数，下诏奖谕。〔考
异〕续纲目云，十月，蒙古穆呼哩侵夏。夏主遣塔海、甘布将兵五万
属焉，遂入葭州，金将王公佐遁，以石天应守之。自将兵攻绥德等
寨，夏遣玛尔布往会之。进攻延安，金哈达等大败，走入城，穆呼
哩留兵围之，而南攻鄜、坊等州。通鉴辑览塔海作特格，甘布作甘
普，玛尔布作篾布，余同。宣宗纪及西夏传均未载。

元光元年（壬午一二二二）春正月，夏陷大通城，

宋史地理志云，旧名达南城，属乐州，隶熙河路。复取之。〔考异〕宣宗纪于大通城之陷及克复，均未载，只书陕西行省谋复大通城，命密院筹之。

三月癸酉，李师林败夏人于永木岭。

秋八月，夏攻宁安寨，复入德顺。

冬十月丁丑，夏攻神林堡，寻入质孤堡，唐古昉败之。〔考异〕宣宗纪未载攻宁安寨，今从西夏传。

二年（癸未—一二二三）秋七月壬寅朔，夏人犯积石州，羌界寺族多陷没，寺僧拒而不从者，诏给廪禄。

是年，李遵项遣其太子德任来侵，固谏，不从，幽之灵州。遣人代将，会天旱不果。嗣元兵问罪夏国，延安、庆源帅府欲乘其敝伐之，陕西行省博索、哈达不可，乃止。陇安节度使阿林〔考异〕汪辉祖金史同名录云，亦名阿邻。卷二太祖天辅六年以罪诛；卷三太宗天会六年将；卷五海陵武平总管，宗雄子，迁兵部尚书；卷五十九宗室表显宗子瓒本名，霍王，亦作阿邻；宗强子爽，封荣王；又太宗子薛王宗懿；卷一百三十沙里质传，其夫；卷十五宣宗兴定二年皂郊堡主将，姓郭；卷八十八移剌道传大定时陈州防御，十人同名阿邻。不治军事，夏人乘之，掠五千余口、杂畜数万而去。

哀宗正大元年（甲申—一二二四）冬十月戊午，夏国遣使来修好。先是，自天会议和，八十余年，与夏人未尝有兵革之事。及<u>贞祐</u>初，小有侵掠，以至构难，十年不解，两国俱敝。至是，<u>遵顼</u>为<u>蒙古</u>所侵，奔<u>西凉</u>，传位于其子<u>德旺</u>，乃遣使修好。

明年九月，和议成，称兄弟之国。遣使来聘，奉国书称弟。〔考异〕<u>交聘表</u>云，<u>正大</u>二年九月，<u>夏</u>遣吏部尚书<u>李仲谔</u>、南院宣徽使<u>罗世昌</u>、左司郎中<u>李绍膺</u>来聘。十月，遣<u>聂天骥</u>、<u>张天纲</u>使<u>夏</u>讲和事。十二月，遣礼部尚书<u>鄂屯良弼</u>、大理卿<u>费摩钦甫</u>、侍御史<u>乌克逊宏毅</u>充报成使。三年正月，<u>夏</u>遣精鼎瓯匝使<u>武绍德</u>、副仪增、御史中丞<u>茂元礼</u>贺正旦。十月，<u>夏</u>使报哀。十一月，遣<u>完颜履信</u>、<u>图克坦居正</u>为吊祭使。纪均未书。四年，<u>夏</u>遣精方瓯匝使<u>王立之</u>来，未复命，国亡。后以本官居<u>申州</u>，主管<u>唐</u>、<u>邓</u>、<u>申</u>、<u>裕</u>等处<u>夏</u>国降户，听帅府节制。给田千亩。申州人。见<u>西夏传</u>。<u>元好问</u><u>中州集</u>云，<u>正大</u>初，<u>夏</u>请和，命<u>冯子骏</u>往议。<u>李献甫</u>时以成阳簿辟行台掾，预行。<u>夏</u>使以岁币为言，<u>献甫</u>从旁进曰：“<u>夏</u>国与敝邑和好百年，今虽易君臣之名，而为兄弟之国，使兄而输币，宁有据耶？”曰：“兄弟且不论，<u>宋</u>人曾与吾家二十五万匹，典故具在，<u>金</u>朝欲修好，非（比）〔此〕（据<u>中州集</u>癸集改）例不可！”<u>献甫</u>曰：“<u>宋</u>以岁币饵君家而赐之姓，岸然以君父自居，<u>夏</u>国君臣无一悟者。使者果能主此议，以从赐姓例，敝邑虽输五十万，某请以身任之。”<u>夏</u>（便）〔使〕（同上）语塞，议和乃定。使还，录功授<u>庆阳</u>经历官。后死<u>蔡州</u>之难。按，<u>子骏</u>，名<u>延登</u>，时官翰林待制。<u>献甫</u>以书表官从行。见<u>潘永因</u><u>宋稗类抄</u>。立三年，<u>蒙古</u>深入，忧悸而卒。其弟<u>睍</u>嗣立二年，而<u>蒙古</u>围之，出降，执之以归。<u>夏</u>亡。时<u>正大</u>四年，即<u>宋理宗</u><u>宝庆</u>三年也。立国凡十主，合二百一年。〔考异〕<u>宋史</u><u>夏国传</u>，历世二百五十八年，境土方二万余里，河之内外州郡凡二十有二，设兵总计五十余万。见夏国枢要等书。元朝秘史云，狗儿年，宋理宗宝庆二年丙戌，太祖征唐兀，即西夏，至灵州城，唐兀主不儿罕，宋史作睍，奉金佛、器币、男女、驼马来降。太祖杀不儿罕，尽灭其族。钱大昕三史艺文志云，斡道冲：周易卜筮断，又论语小义二十卷。按，斡道冲，字宗圣，西夏国相。沈炳震廿一史四谱，夏起景宗元昊显道元年壬申，当宋仁宗明道元年，尽南平王（睍）〔睍〕（据二十一史四谱卷二改）二年丁亥，当理宗宝庆三年。十主，合一百九十六年。

金史纪事本末

〔清〕李有棠 撰　崔文印 点校

二

卷一四至卷三六

中华书局

金史纪事本末卷十四

高丽宾服

太祖收国元年（乙未——一一五）秋九月，帝克黄龙府，命瓜尔佳萨哈攻保州。辽史地理志云，号宣义军，统州军二、县一。宣州定远军、怀化军均开泰三年置。来远县，徙辽西诸县及奚汉户置。高丽降，于此置榷场。保州近高丽，辽侵高丽置保州。至是，命萨哈取之。高丽国王王楷。其地鸭渌江新唐书云，马訾水，出靺鞨长白山，色若鸭头绿，号鸭渌水，经元菟郡至辽东安平县入海，行一千一百里。以东，海兰路旧置总管府，改为尹。东南至高丽界五百里。〔考异〕元史，海兰府有海兰河，流入于海。元一统志，海兰河在沈阳路，经旧建州东南一千里入于海。明一统志、海兰河在建州东，东南流千余里入海。元海兰府以此名。又有伊勒呼水。今宁古塔城至图们江朝鲜界六百里皆有海兰河，则自海兰窝集至大、小海兰河皆金时海兰路一带旧境欤。以南，东南皆至于海。自辽时岁时遣使修贡事，具辽史。唐初，靺鞨有粟末、黑水两部，皆臣属于高丽。唐灭高丽，粟末保东牟山，在沈阳中卫东二十里。渐强大，号渤海，姓大氏。至唐末为辽灭。金伐辽，渤海来归，盖其遗裔也。黑水靺鞨居古肃慎氏地。有长白山，金国所由起，虽旧属高丽，久不相通。及金灭辽，高丽以事辽旧礼，称臣于金。初，高丽有医者居女直之完颜部。穆宗时，戚属有疾，医之愈，使桑阿原作叟阿送归高丽。医者归，语人曰："女直居黑水部者，部族日强，兵益精悍，年谷屡稔。"王闻之，乃通使女直。既而和索哩来归，遂率伊勒呼岭东诸部皆内附。〔考异〕高丽与金通好，在穆宗十年癸未，维时在辽为天祚帝乾统二年，在宋为徽宗崇宁二年。是年，高丽使来，十月，康宗嗣位，交聘表俱略而不书。见元会汾金史考证。今按，崇宁二年，乃乾统三年，恐误。厥后，海兰甸诸部，尽欲纳款，高丽使人邀止之。会穆宗卒，康宗嗣，遣硕硕欢〔考异〕杨复吉辽史拾遗补作石适欢。率兵趋和尼原作活涅水，徇地海兰甸，〔考异〕辽史拾遗补作曷懒甸。收叛亡七城。高丽使来请议事，使者往，拒不纳。五水之民附高丽，执团练使十四人。〔康宗〕（据金史卷一世纪补）二年，高丽再来伐，硕硕欢再败之。高丽复请和，前所执团练使皆遣还。〔考异〕高丽传，胜昆乌林答部人，康宗时使<u>高丽</u>见杀，即<u>世宗</u>昭德皇后曾祖胜管也。见<u>世纪</u>。又<u>世祖</u>时兀虎部人<u>乌春</u>党泽不乃弟，卷六十五<u>谢库德</u>传<u>世祖</u>时加古部字堇，三人同名<u>胜昆</u>。**硕硕欢立幕府于三潺〔水〕**（据金史卷一三五<u>高丽</u>传补），**抚定边民，<u>康宗</u>以为能。**〔考异〕<u>薛应旂</u>通鉴云，三年三月，<u>高丽</u>侵<u>女真</u>，<u>女真</u>败之。<u>高丽</u>既与<u>女真</u>通好，会<u>乌雅束</u>遣<u>石适欢</u>以兵徇<u>曷懒甸</u>之地，下其七城，<u>高丽</u>恐不利于己，使人请议事。<u>石适欢</u>使<u>盉鲁</u>往，而<u>曷懒甸</u>亦使二详稳如<u>高丽</u>，<u>高丽</u>执二详稳，而拒<u>盉鲁</u>不纳，于是<u>五水</u>之民皆附<u>高丽</u>，执团练使十四人，进攻<u>女真</u>，<u>石适欢</u>连破之，追入<u>辟登水</u>，逐其残众逾境，<u>高丽</u>乃遣使议和。所载较详。按，<u>辟登水</u>，<u>高丽</u>传作<u>布腾水</u>，又异。**四年丙戌，<u>高丽</u>使黑欢方石来贺袭位，遣博啰**原作<u>盉鲁</u>**报之。<u>高丽</u>约还诸亡在彼者，乃使阿古、**原作<u>阿話</u>**双宽往受之。<u>高丽</u>背约，杀二使，筑九城于<u>海兰甸</u>，以兵数万来攻，<u>乌色</u>**原作<u>斡赛</u>。本传，<u>世祖</u>子，军还，卒，后追封卫国王。子宗永诛宗磐有功，<u>世宗</u>时历震武节度使。**败之。<u>斡鲁</u>**原作<u>鄂啰</u>**亦筑九城，与<u>高丽</u>九城相对。<u>高丽</u>复来攻，<u>乌色</u>复败之，进围其城。<u>高丽</u>约还逋逃，退九城之军，复所侵故地，遂与之。**〔考异〕额图珲传，时从<u>乌色</u>为前锋，<u>高丽</u>兵屯海岛，率众三十人夜渡，焚其营寨战舰，大破之，遂下<u>托津城</u>。既而八城皆下，功最。<u>阿里</u>传，欢塔攻<u>高丽</u>九城，遇敌于<u>穆尔茂水</u>，力战，子<u>阿里</u>驰刺其将，敌遂溃。欢塔与<u>硕硕欢</u>合兵于<u>图们水</u>，<u>阿里</u>首败敌兵，取二城。及入寇，复御却之。<u>阿里</u>追及于<u>海兰水</u>，杀略几尽。复合<u>硕硕欢</u>兵，败敌兵五万，又遇敌七万，<u>阿里</u>先登，大破之。<u>赫木颇</u>传，锡默部人，性忠直，勇于战。初，内附和勒端，合军攻降诸部，因领其众。及弟和摩尔噶、欢塔、侄阿里攻下诸城，破高丽戍兵，与硕硕欢讨平诸部。及破海兰甸，下托啰城，均有功。卒，赠银青光禄大夫。续通考云，太祖未即位时，使斡赛伐高丽，为具于毬场以待捷音，有二麐渡水至，获之，太祖曰："此休征也。"言未既而捷书至。高丽传均未载。太祖即位，使萨哈攻保州，久不下，请济师，屡破敌，多所俘获，诏奖之。冬十一月，系辽籍女直玛穆丹原作麻潢大湾等十五人皆降。攻开州，辽史地理志云，本涉貊地，号镇国军，高丽为广州，在咸兴府西北。取之，尽降保州诸部女直。以萨哈为保州路都统。时，太祖已破走辽主军。萨哈破和卓、顺化二城，复请济师攻保州，使斡鲁以甲士千人往。

二年（丙申——一一六）春正月，〔考异〕高丽传作闰月。高丽遣使来贺捷，且求保州，诏许自取之。仍命萨哈等谨守边戍。及进攻保州，辽守将遁去，而高丽兵已在城中。其王使富尼玛再请保州，诏谕当别议。

天辅元年（丁酉——一一七）春正月，开州叛，瓜尔佳萨哈等讨平之。

秋八月癸亥，高丽遣使来请保州。〔考异〕高丽传均未载，今从太祖纪。

二年（戊戌——一一八）冬十二月，诏谕高丽国王曰："朕始兴师伐辽，已尝布告，赖皇天助顺，屡败敌兵，北至上京，南至于海，其间京府州县部族人民悉皆抚定。今遣贝勒卓巴克〔考异〕太祖纪作珠卜，云原作术孛。报谕，仍赐马一匹，至可领也。"

三年（己亥——一九）冬十一月，海兰甸长城，高丽增筑三尺，边吏发兵止之，弗从，报曰："修补旧城。"贝勒呼噜古、原作胡剌古锡馨原作习显以闻。诏曰："无得侵轶生事，但慎固营垒，广布耳目而已。"

四年（庚子——二〇），咸州路都统司以兵分屯于保州、博啰威原作毕里围（三）〔二〕（据金史卷一三五高丽传改）城，请益兵，诏曰："汝等分列屯戍，以固封守，甚善。高丽累世事辽，或有交通，可常遣人侦伺。"使锡馨以获辽国州郡谕高丽。其国方诛乱者，使谓锡馨曰："此与先父国王之书。"锡馨就馆。凡诛戮官僚七十余人，即以旧礼接见，而以表来贺，并贡方物。

太宗天会元年（癸卯——二三），以辽主亡入夏国报之，高随、舍音奉使高丽，至境上，接待之礼不逊，随等不敢往。太宗曰："高丽世臣于辽，当以事辽之礼事我。而我国有新丧，辽主未获，勿遽强之。"命随等还。

二年（甲辰——二四）夏（六）〔五〕（据金史卷三太宗纪改）月乙巳，海兰路军帅完颜呼噜古原作忽剌古等言：“往者岁捕海狗、海东青、鸦、鹘于高丽之境，近以二舟往，彼乃以战舰十四要而击之，尽杀二舟之人，夺其兵仗。”帝曰：“以小故起战争，甚非所宜。今后非奉命，毋辄往。”

秋七月壬辰，和硕台原作鹘实答言：“高丽纳吾叛亡，增其边备，必有异图。”诏曰：“纳我叛亡而弗归，其曲在彼。凡有通问，毋违常式。或来侵略，整尔行列，与之从事。敢先犯者，虽捷必罚。”

冬十月丙寅，命南路军帅楝摩原作阇母以甲士千人益哈斯罕路地理志云，初置节度使，治宁州，本高丽盖葛牟城，后建为辰州辽海军，改盖州奉国军，县四。〔考异〕续通考云，初为盖州路，金罢曷苏馆，建辰州辽海军，领汤池、建安、秀岩、龙岳四县，神乡、大宁二镇。贝勒完颜爱实拉戍海岛，以备高丽。

四年（丙午——二六）夏六月丙申朔，高丽王楷奉表称藩，优诏答之。

秋七月丙寅，遣高伯淑等宣谕高丽。〔考异〕高丽传，副使系乌至忠，谕凡遣使往来，当尽循辽旧，仍取保州路及边地人口在彼者，须尽数发还。仍敕伯淑曰：“若一一听从，即赐以保州地。”伯淑至，王楷附表谢，一依事辽旧制。毕沅续通鉴云，金遣知制诰韩昉使高丽责誓表，高丽谓要盟长乱，圣人所弗与。昉以古者巡守朝觐之事折之，乃如约。<u>太宗纪</u>未载。靖康要录云，元年冬，<u>高丽王楷</u>遣使贺登宝位，差<u>卫肤敏</u>为馆伴。至<u>明州</u>，差官押送礼物赴阙。明年四月，使人归国。

冬十月丁未，<u>高丽</u>贺天清节。

十一月庚申，以<u>高随</u>充<u>高丽</u>生日使。

五年（丁未——一二七）秋八月戊寅，遣<u>耶律居谨</u>等充宣庆使，以<u>宋捷</u>谕<u>高丽</u>。

冬十月辛未，天清节，<u>高丽</u>遣使来贺。自是信使不绝。〔考异〕交聘表，为居谨副者尚有<u>张淮</u>。<u>太宗纪</u>未载。

八年（庚戌——一三〇）春正月甲辰朔，<u>高丽</u>遣使来贺。

是岁，<u>楷</u>上表乞免索<u>保州</u>亡入边户。既而，<u>勔</u>复表请之，<u>太宗</u>从之。封域始定。〔考异〕交聘表系之九年二月，稍异。

十年（壬子——一三二）春正月癸巳朔，<u>高丽</u>遣使来贺。〔考异〕<u>薛应旂</u>通鉴云，是年四月，<u>高丽王楷</u>遣<u>崔惟信</u>、<u>沈起</u>入贡于<u>宋</u>，献金、银、参、帛，诏赐惟（清）〔信〕（据上文改）、起金币及酒食于<u>同文馆</u>，时<u>绍兴</u>二年也。据此，则<u>高丽</u>复有通<u>宋</u>之事。<u>玉海</u>云，<u>绍兴</u>四年闰四月，<u>高丽</u>遣使贡金币。<u>高丽传</u>俱未载。

十三年（乙卯——一三五）<u>熙宗</u>亶即位，不改元。春正月，遣使如<u>高丽</u>告哀，且报即位。

三月己卯，<u>高丽</u>使祭奠吊慰。

夏四月戊午，<u>高丽</u>使贺登宝位。

冬十二月癸亥，始定使臣朝贺、赐宴、朝辞仪。

十四年（丙辰——三六）春正月癸酉，颁历于高丽。

冬十月甲寅，遣乾文阁待制吴激赐高丽生日。〔考异〕元好问中州集载吴学士激有送韩凤阁使高丽诗句云："海东绝域皇华使，天上仙官碧落（乡）〔卿〕（据中州集甲集改）。"激字彦高，宋宰臣拭子，米芾婿也。工诗能文，字、画得其妇翁笔意。将命帅府，被留为待制，出知深州，旋卒。有东山集十卷并乐府行世。

皇统二年（壬戌——四二）春正月乙未朔，高丽遣使来贺。乙巳，命伐高丽。辛亥，万寿节，高丽遣使来贺。诏加楷开府仪同三司、上柱国。

冬十二月乙丑，高丽遣使谢封册。

六年（丙寅——四六）夏五月壬申，高丽王楷卒。

六月乙丑，遣使吊祭高丽并起复嗣王晛。明年遣使来谢。〔考异〕毕沅续通鉴云，九月，高丽请入贡，宋不许。给事中汪藻草诏，略曰："坏晋馆以纳车，庶无后悔；闭玉关而谢质，匪用前规。"帝善之，以为得体。时建炎三年，乃天会七年也。熊克小纪云，系高丽王楷事。诏略曰："比年多故，强敌称兵，如信使之果来，恐有司之不戒，俟休边境，当问聘期。"直学士汪藻笔。所载各异。据此，则高丽有通宋之事，金盖未之知耳。

八年（戊辰——四八）春二月壬子，遣克埒克巴噶原作哥鲁葛波古横赐高丽。甲寅，以大理卿宗安等为高丽封册使。

夏六月乙卯，<u>高丽</u>使谢赐封册。〔考异〕<u>高丽</u>传均未载，<u>交聘表</u>亦未书<u>宗安</u>等封册事，今从<u>熙宗纪</u>。

<u>海陵天德</u>元年（己巳——一四九）冬十二月，<u>高丽</u>贺正旦使至<u>广宁</u>，遣人谕以废立事，中路遣还。〔考异〕<u>高丽</u>传于<u>海陵</u>朝凡使报往来均未载，今从<u>交聘表</u>及<u>海陵纪</u>备载之。

二年（庚午——一五〇）春正月辛巳，以名讳告谕<u>高丽</u>。

三月丙戌，<u>高丽</u>遣知枢密院事<u>文公裕</u>、殿中（丞）〔监〕（据<u>金史</u>卷六〇<u>交聘表</u>改）<u>朴纯冲</u>贺登宝位。〔考异〕<u>海陵纪</u>系之六月丙午，未列<u>公裕</u>等名，今从<u>交聘表</u>。

三年（辛未——一五一）秋九月庚戌，遣判官<u>萧子敏</u>赐<u>高丽</u>生日。

四年（壬申——一五二）秋九月丙午，遣都水使者<u>完颜满丕</u>原作<u>麻泼</u>赐<u>高丽</u>生日。

<u>贞元</u>元年（癸酉——一五三）春正月辛卯朔，以弟衮丧，不视朝，命有司受<u>高丽</u>贡献。

秋九月丁亥朔，遣郎中<u>斡克珊</u>原作<u>窊合山</u>赐<u>高丽</u>生日。

<u>正隆</u>二年（丁丑——一五七）夏四月，遣签书宣徽院事<u>张喆</u>横赐<u>高丽</u>。

三年（戊寅——一五八）秋九月丁丑，遣<u>高存福</u>赐<u>高丽</u>生日。

四年（己卯——一五九）秋九月，遣宣武将军<u>完颜德</u>

济赐高丽生日。

六年（辛巳——六一）秋八月，遣太常博士张崇赐高丽生日。

世宗大定元年（辛巳——六一）冬十一月壬午，命完颜乌肯彻原作兀古出报谕高丽。〔考异〕高丽传未载，今从交聘表及世宗纪。

二年（壬午——六二）冬十二月，高丽卫尉少卿丁应起贺正旦。〔考异〕世宗纪、高丽传均未载，今从交聘表。

三年（癸未——六三）春二月庚寅，高丽守司空金永（允）〔胤〕（据金史卷六一交聘表改，下同）、礼部侍郎金淳夫进奉使，礼宾少卿许势修贺登宝位，秘书少监金居实谢宣谕。

三月壬辰朔，李公老贺万春节。

夏四月己卯，韩纲横赐高丽。

冬十月丙寅，伊喇塔富拉原作移剌天佛留赐高丽生日。

十二月乙酉，金存夫谢横赐。〔考异〕世宗纪只于二月庚寅书高丽使贺万春节，未列金永（允）〔胤〕等五人名，而金存夫之谢横赐亦未载，今从交聘表。

四年（甲申——六四）春正月丁亥朔，高丽遣高处约贺正旦。

三月丙戌朔，崔孝温、郑孝俑贺万春节。

秋九月辛亥，遣乌库哩萨哈原作三合赐高丽

生日。

冬十二月，<u>高丽</u>使<u>金庄</u>谢赐生日。〔考异〕<u>世宗</u>纪于<u>高丽</u>使人均未列名，今从<u>交聘表</u>，下做此。<u>高丽</u>传云，时<u>鸭渌江</u>堡戍颇被侵越焚毁。纪、表表均未载。

五年（乙酉——一六五）春正月辛亥朔，<u>高丽</u>使<u>高珍缙</u>贺正旦。帝因朝辞，谕曰："边境小小不虞，尔主使然耶？疆吏为之耶？果疆吏为之，尔主亦当惩戒之也。"初，<u>高丽</u>使者别有私进礼物，以为常。是岁，万春节使者<u>陈力升</u>、<u>元颐冲</u>私进，帝以不应典礼，诏罢之。

冬十月辛巳，遣大宗正丞<u>璋</u>赐<u>高丽</u>生日。

十二月，<u>高丽</u>使<u>李知深</u>、<u>尹敦信</u>贺尊号，<u>王辅</u>谢赐生日。

六年（丙戌——一六六）春正月丙午朔，<u>高丽</u>使<u>李世仪</u>贺正旦。

三月甲辰朔，<u>赵仁贵</u>、<u>李复基</u>贺万春节。

夏四月戊戌，遣<u>伊喇道横</u>赐<u>高丽</u>。

冬十月己卯，遣<u>伊喇谙达</u>原作（伊）〔移〕剌按答（据<u>金史</u>卷六一<u>交聘表</u>改）赐<u>高丽</u>生日。

十二月戊戌，<u>高丽</u>使<u>崔椿</u>谢赐生日，<u>金资用</u>谢横赐。

七年（丁亥——一六七）春正月庚子朔，<u>高丽</u>使<u>潘咸有</u>贺正旦。

三月己亥朔，柳德容贺万春节。

冬十二月壬戌，崔偡谢赐生日。〔考异〕世宗纪，是年九月遣都水监李卫国赐高丽生日，交聘表未载。

八年（戊子——六八）春正月甲子朔，高丽使金起贺正旦。

三月癸亥朔，金光利、赵湜贺万春节。

冬十月乙未，遣宗室靖赐高丽生日。

九年（己丑——六九）春正月戊午朔，高丽使陈元光、徐诹贺正旦。

三月丁巳朔，金利诚贺万春节，崔俏进奉。

夏五月，遣图克坦怀贞横赐高丽。

秋九月丙辰，遣马贵中赐生日。

冬十二月庚戌，高丽使裴衍谢赐生日，李世美谢横赐。〔考异〕世宗纪于高丽遣使谢赐生日及横赐，均未载。

十年（庚寅——七〇）春正月壬子朔，高丽使陈升贺正旦。

三月壬子朔，崔（侊）〔侂〕（据金史卷六一交聘表改）崔光陟贺万春节。

冬十月己酉，遣宗室坚原作糺。〔考异〕高丽传作大宗正丞糺。赐高丽生日。

十一月己卯，高丽翼阳公晧废睍自立，称兄让国，求封册，不受赐睍生日使。诏遣使详问。〔考异〕世宗纪未载。

十一年（辛卯——一七一）春正月壬辰，<u>高丽</u>王<u>晗</u>报称，前王病，不治事，<u>晗</u>权国政。

夏四月丁卯，<u>晗</u>上表，并以兄表求封。〔考异〕<u>高丽传</u>系之三月。

五月，遣宗室<u>靖</u>宣问。<u>晗</u>实篡国，囚<u>睍</u>海岛，<u>靖</u>至<u>高丽</u>，竟不得见。乃以诏授<u>晗</u>，转取<u>睍</u>表附奏。<u>靖</u>还，帝问大臣，皆曰："<u>睍</u>表如此，可遂封之。"丞相<u>良弼</u>等曰："得<u>晗</u>祈请未晚也。"

冬十二月丁卯，<u>晗</u>遣礼部侍郎<u>张翼明</u>等请封。〔考异〕<u>交聘表</u>作<u>张明翼</u>，<u>世宗纪</u>未书，今从<u>高丽传</u>。

十二年（壬辰——一七二）春三月己巳朔，<u>高丽</u>使<u>金黄裕</u>贺万春节，<u>蔡祥正</u>贺加上尊号。丁丑，遣<u>乌库哩思列</u>、<u>张亨</u>为封册使。

夏四月丁卯，<u>高丽</u>使<u>李著</u>，<u>崔誧</u>贺尊号。

冬十月，<u>金于蕃</u>、<u>金瑄</u>谢封册。

十三年（癸巳——一七三）春正月乙丑朔，<u>高丽</u>使<u>史正儒</u>贺正旦。

三月癸巳朔，<u>李应求</u>贺万春节。

冬十一月甲午，遣<u>大洞</u>赐<u>高丽</u>生日。

十四年（甲午——一七四）春正月己丑朔，<u>高丽</u>使<u>崔均</u>贺正旦。

〔二月〕（据<u>金史</u>卷六一<u>交聘表</u>补）丙戌，<u>车仁撽</u>进奉。

三月戊子朔，金练光贺万春节。

夏四月乙亥，遣完颜佛宁原作蒲湼横赐高丽。

冬十一月戊申，遣曹士元赐生日。

十五年（乙未——一七五）秋九月辛卯，高丽西京留守赵位宠叛其君，请以慈悲岭以西、鸭渌江以东四十余城来献，不纳。未几，伏诛，来告，诏慰答之。时，位宠谋叛晧，遣徐彦（宁）（据金史卷一三五高丽传删，下同）等九十六人上表曰："前王本非避让，大将军郑冲、郎将李义方实弑之。臣位宠纳土，请兵助援。"帝曰："王晧已加封册，位宠辄敢称兵为乱，且欲纳土，朕怀抚万方，岂助叛臣为虐。"诏执彦（宁）等送高丽，乱定，遣使谢。〔考异〕交聘表，奏告平乱使为朴绍。十一月，遣阿克古富勒呼赐高丽生日。十二月，高丽使赵永仁来谢。世宗纪均未载。王寂拙轩集有送田元长接伴高丽告奏使诗云："圣朝万里息烽烟，冀马吴牛尽稳眠。蜗国弄兵贪裂地，蚁臣将命恳呼天。政须老手不生事，故遣吾髯更著鞭。想到鸭江文字饮，德星清对两诗仙。"时王晧定乱，遣使告奏。即此诗所云。

十六年（丙申——一七六）春正月戊申朔，高丽使李章贺正旦。

三月丙午朔，蔡顺禧贺万春节。

冬十一月甲子，遣伊喇子元赐高丽生日。

十二月庚子，高丽使王珪谢赐生日，吴光陟、尹崇诲以不许赵位宠内附，陈谢。

十七年（丁酉——一七七）春正月壬寅朔，高丽使吴淑夫贺正旦。丙午，有司奏所进玉带，乃石似玉者，诏勿问。

二月己亥，高丽使丁守弼进奉。

三月辛丑朔，崔光远贺万春节。

夏四月戊子，遣图克坦乌哲原作乌者横赐高丽。

冬十二月戊辰，遣布萨怀忠赐高丽生日。甲午，高丽使崔美谢横赐。

十八年（戊戌一一七八）春正月丙申朔，高丽使孙应时贺正旦。

二月癸巳，崔孝求进奉。

三月乙未朔，李仁成贺万春节。

冬十一月丙戌，遣左光庆赐高丽生日。

十二月戊午，高丽奇世谢赐生日。

十九年（己亥一一七九）春正月庚申朔，高丽使金节贺正旦。

二月丁巳，柳得仁进奉。

三月己未朔，卢卓儒贺万春节。

冬十一月戊辰，遣卢拱赐高丽生日。

十二月壬子，高丽使柳得义谢赐生日。

二十年（庚子一一八○）春正月〔庚申〕〔甲寅〕（据

朔，高丽使尹东辅贺正旦。

二月辛亥，金铉公进奉。

三月癸丑朔，孙硕贺万春节。

夏四月己亥，遣郭喜国横赐高丽。

冬十一月乙亥，遣任佣赐高丽生日。

十二月丙午，高丽使沈晋升谢生日，王晫谢横赐。

二十一年（辛丑——一八一）春二月甲辰朔，高丽使李德基进奉。

三月丁未朔，申宝至贺万春节。

二十二年（壬寅——一八二）冬十一月甲申，遣布萨忠佐赐高丽生日。

二十三年（癸卯——一八三）春正月丁卯朔，高丽使崔永濡贺正旦。

二月甲子，文章炜进奉。

三月丙寅朔，卢孝敦贺万春节。

夏四月癸丑，遣赫舍哩珠尔苏原作述列速横赐高丽。

冬十二月丁亥，高丽使崔孝著朝辞，以诏答王晫。

是岁，晫母任氏卒。

二十四年（甲辰——一八四）春二月甲戌，王晫以母忧未卒哭，请免今年万春节及进贡，诏允不陈贺，其进贡方物，令随明年正旦使同来。〔考异〕高丽传云，晧以母丧，乞免赐生日及贺谢等事，诏从之。且系之二十三年，稍异。丙戌，遣完颜济勒、郝（侯）〔侯〕（同上）为敕祭使，大仲尹慰问，永明起复。

冬十月，以上京天寒，诏明年贺使权停一年，其回谢使，后随朝贺使同来。

二十五年（乙巳——一八五）冬十一月壬寅，遣伊喇履赐高丽生日。

十二月戊寅，高丽使梁翼、崔素谢敕祭，康勇儒谢慰问，崔仁谢起复。

二十六年（丙午——一八六）春正月庚辰朔，高丽使崔仁贺正旦。

二月丁丑，门义赫进奉。

三月己（巳）〔卯〕（同上）朔，柳公权贺万春节。

夏四月壬戌，遣李磐横赐高丽。

冬十二月庚子，高丽使任濡谢横赐，卢元谢生日。〔考异〕世宗纪，是年十一月，遣韩景懋赐高丽生日。交聘表未载。

二十七年（丁未——一八七）春正月癸卯朔，高丽使崔匡辅贺正旦。

二月辛丑，车若松进奉。

三月癸卯朔，李公钧贺万春节。

冬十二月庚午，遣赵可赐高丽生日。甲午，高丽使崔存谢赐生日。

二十八年（戊申——一八八）春正月丁酉朔，高丽使崔迪元贺正旦。

二月乙未，吉仁进奉。

三月丁酉朔，李禧贺万春节。

冬十二月丙寅，遣伊喇彦拱赐高丽生日。庚寅，高丽使周匡美谢赐生日。

二十九年（己酉——一八九）春正月壬辰朔，高丽使李尚儒贺正旦，帝大渐，使还。

夏六月乙卯，高丽使李英揖、黄清来奏会葬并祭奠。

秋八月，崔膺庸贺天寿节。

冬十二月，闵湜谢生日，孙衍谢横赐。

章宗明昌元年（庚戌——一九〇）秋八月己酉，高丽使陈克修、郑世鬈贺天寿节及进奉。初，章宗即位，诏使至界上，颇稽迟，诏移问，高丽逊谢。

冬十二月丁未，卢湜谢赐生日。〔考异〕章宗纪，十一月辛未，遣伊喇托卜嘉赐高丽生日。交聘表未载。（考异）（重复，据本书例删）王寂拙轩集，有别高丽大使诗二首，曰："万里朝天礼告成，归途冰泮积峥嵘。相从遽作春云散，款语何妨夜月倾。两地关河伤远别，一天风雪叹劳生。他年币玉重来日，对立罘罳眼更明。”“送迓都忘百日劳，匆匆言别奈无聊。渡江相见迎桃叶，分马能忘赠柳条。烟抹鸡林山隐隐，云横鹤野路超超。君侯此去应前席，为赞忠嘉事圣朝。”按，寂于大定二十九年提点辽东刑狱，明昌初召还。此诗未知作于是时否，姑附录于此。

二年（辛亥——一九一）春正月庚戌朔，高丽使郑克温贺正旦。

三月乙亥，韩正修、崔敦礼奉慰，文得品、李世长祭奠。〔考异〕章宗纪，正月乙卯，太后崩，遣使告哀于高丽。交聘表未书。

秋八月乙巳，柳光寿贺天寿节，宋宏迪进奉。

冬十二月癸卯，李至纯谢赐生日。〔考异〕章宗纪，十一月丙寅，遣完颜匡赐高丽生日。交聘表未载。

三年（壬子——一九二）春正月乙巳朔，高丽使洪孝忠贺正旦。

秋八月（辛丑朔）〔丁卯〕，（据金史卷六二交聘表改）朴初贺天寿节，师威谢横赐，石城柱进奉。

冬十二月丁卯，丁光叙谢赐生日。〔考异〕章宗纪，五月，遣富珠哩子元横赐高丽。十二月，遣张汝猷赐高丽生日。交聘表未载。王寂拙轩集：有送张仲谋使三韩诗云：“照海旌幢出乐浪，过家上冢路生光。鸭江桃叶朝迎渡，岊岭松花夜煮汤。恩诏肃将芝检重，醉鞭低袅玉鞘长。遗民笑指天车道，酷似南阳异姓王。”按，高丽称中原使节，皆曰“天车某官”。事见阎子秀鸭江行记。仲谋，名汝猷，浩子，金史无传。此诗送其使高丽，然交聘表不载其事，姑附录于此。又，蔡相松年有在高丽馆中诗二首，云：“哈唎风味解朝醒，松顶云痴雨不晴。悄悄重（檐）〔帘〕（据中州集甲集改）断人语，碧壶春笋更同倾。”“晚风高树一襟清，人与缥（瓽）〔甃〕（同上）相照明。谢女微吟有（高）〔深〕（同上）致，海山星月总关情。”

四年（癸丑——九三）春正月己巳朔，高丽使杨淑节贺正旦。

秋八月辛酉，苏良美贺天寿节，门侯轼进奉。

冬十二月庚申，陈光卿谢赐生日。〔考异〕章宗纪，十二月，遣赫舍哩珵赐高丽生日。交聘表未载。

五年（甲寅——九四）春正月癸亥朔，高丽使李居正贺正旦。

秋八月己丑朔，权信贺天寿节，柳泽进奉。

冬十二月丁巳朔，刘邦氏谢赐生日。〔考异〕章宗纪，十二月，遣李敬义赐高丽生日。交聘表未载。

六年（乙卯——九五）春正月丁亥朔，高丽使白存儒贺正旦。

秋八月己卯，徐谐贺天寿节，周元迪谢横赐。

冬十二月丁丑，孙宏谢赐生日。〔考异〕章宗纪，十二月，遣贾益赐高丽生日。交聘表未载。

承安元年（丙辰——九六）春正月辛巳朔，高丽使宋韪贺正旦。

秋八月甲戌，赵冲贺天寿节，刘应举进奉。

冬十二月丙午朔，金光当谢赐生日。〔考异〕章宗纪，十二月，遣阿布哈德刚赐高丽生日。交聘表未载。

二年（丁巳——一九七）春正月乙亥朔，高丽使牙应卿贺正旦。

秋八月戊戌，赵谦贺天寿节，梁元进奉。〔考异〕是岁，赐高丽生日及高丽谢赐生日，纪表均未书。

三年（戊午——九八）春三月丙寅，王晧以老疾，令母弟晫权国事，遣使来告。是岁，晧卒，晫立，白汝舟来奏告。

四年（己未——九九）秋八月己（酉）〔丑〕据金史卷六二交聘表改），高丽使刘元顺贺天寿节，郑邦辅进奉。

冬十二月乙酉，金陟侯、王仪谢封册。

五年（庚申—二〇〇）春正月戊子朔，高丽使白元轼贺正旦。

秋八月壬子，池资深贺天寿节，申周锡进奉。

冬十月辛丑，遣刘公宪赐高丽生日。

泰和元年（辛酉—二〇一）春正月壬子朔，高丽使李惟卿贺正旦。

秋八月，郑公顺贺天寿节，赵淑进奉，秦彦匡谢赐生日。

冬十二月乙巳，崔南敷进奉。〔考异〕章宗纪，五月，遣刘（颇）〔頵〕（据金史卷一一章宗纪改）横赐高丽；十月，纳哈塔铉赐高丽生日。交聘表均未书。

二年（壬戌—一二〇二）春正月丁未朔，高丽使门孝轼贺正旦。

秋八月庚子，史洪祐贺天寿节，韩氏谢赐生日。

冬闰十二月己巳，宋宏烈进奉。〔考异〕章宗纪，十月，遣李仲元赐高丽生日。交聘表未载。

三年（癸亥—一二〇三）春正月辛未朔，高丽使郭公仪贺天寿节，师公直谢赐生日。

冬十二月癸亥，林德元进奉。是岁，王暉卒，子韺嗣立。〔考异〕高丽传、章宗纪，暉之没，均系之四年，稍异。

四年（甲子—一二〇四）春正月乙丑朔，高丽使李延寿贺正旦。

三月庚寅，王永龄来告哀。

秋八月（乙）〔癸〕（据金史卷六二交聘表改）丑，曹光寿贺天寿节，李儆谢赐生日。

冬十二月丁巳，姜植材进奉，车富民谢横赐，金庆夫、崔克遇谢敕祭，门存谢慰问，黄孝卿谢起复。〔考异〕章宗纪，四月，遣张俣为敕祭使，石壹等为慰问、起复、横赐使。交聘表、高丽传均未载。

五年（乙丑—一二〇五）春正月己未朔，高丽使林仁硕贺正旦。

秋闰八月辛巳，崔义贺天寿节。

冬十（一）〔二〕（同上）月辛巳，吴应天进奉。

六年（丙寅—一二〇六）春正月癸未朔，高丽使崔甫淳贺正旦。

秋八月丙子，李迪儒贺天寿节，金升谢赐生日，李佾谢起复，韩奇、李承白谢封册。

冬十二月乙亥，庆裕升进奉。

七年（丁卯—一二〇七）春正月丁丑朔，高丽使师应瞻贺正旦。

夏四月壬子，遣杨序横赐高丽。

秋八月壬申，高丽使徐珖贺天寿节，金义元谢赐生日。

冬十二月壬寅朔，郑光习进奉。〔考异〕章宗纪，十月，遣珠嘉佛新赐高丽生日。交聘表未载。高丽传云，时用兵侵宋，夏亦有故，独高丽遣正旦使，诏不赐曲宴。至七年，诏依故事。

八年（戊辰—一二〇八）春正月辛未朔，高丽使林柱材贺正旦。（二）〔十〕月（乙酉）〔己卯〕（同上），林（承）〔永〕祖（同上）贺天寿节，池利中谢赐生日。

卫绍王至宁元年（癸酉—一二一三）秋八月，王（韺）〔禊〕（据金史卷一三五高丽传改）卒，嗣子权主国事。明年，宣宗迁汴，辽东道路不通。兴定三年，辽东行省奏高丽复有奉表朝贡之意，乃遣使抚谕，终以道梗未达，诏羁縻之。然自是不复通问矣。〔考异〕交聘表，兴定二年四月癸丑，以诏付行省必喇出谕高丽贷粮、开市二事，遣典客署书表刘丙从行。外、纪未载。

金史纪事本末卷十五

宗翰军谋　希尹事附

辽天祚帝天庆四年（甲午——一四）秋九月，太祖起兵破辽兵于宁江州，国相萨哈遣其子宗翰来贺，且劝进，不许。宗翰本名尼玛哈，〔考异〕满州语"鱼"也。旧作粘没罕，亦作粘没喝，满州语"心"也。卷五十九世宗子永功子琳本名、卷一百二十广宁尹，三人同名粘没曷，亦作粘没合，辽史作尼雅满。汉语讹为尼堪，原作粘罕。〔考异〕礼志作粘哥。大金国志云，小名乌家奴，一名粘汉，改名宗维。萨哈长子也。〔考异〕萨哈系世祖长兄，和卓子，宗翰乃和卓孙，太祖为世祖第二子，于宗翰盖从父也。辽史天祚纪以尼雅满为太祖弟，洪皓松漠纪闻作宗干，谓为吴乞买三从兄弟，张棣金志以宗本为尼玛哈。大金国志云，粘罕祖曰劾阊，父师阿卢里。粘罕姿貌雄杰，骁健如风（轮）。（按大金国志卷二七粘罕传云，粘罕"姿貌雄杰，能披甲周贯马腹，骁捷如风，轮剑入敌，人莫敢当"。则此处衍"轮"字，据删）纪载各异。年十七，军中服其勇。议伐辽，与太祖意合。至是，偕希尹原作兀室来贺捷，并称帝为贺。太祖犹谦让，宗翰等再三言，意乃决。

太祖收国元年（乙未——一五）春正月，辽都统鄂尔多一作（干）〔讹〕里朵。（据金史卷二太祖纪改）以二十万兵戍边，太祖逆击之，宗翰为右军，大破之于达噜噶原作达鲁古城。〔考异〕大金国志云，辽兵盛，众谋降，粘罕不可，奋铁挝而前，诸将随之，辽兵大败。所载较详。

天辅五年（辛丑——二一）夏四月乙丑朔，宗翰请伐辽，奏曰："辽主失德，中外离心。我朝兴师，大业既定，而根本弗除，后必为患。今乘其衅，可袭取之。天时人事，不可失也。"太祖然之，命诸路戒备军事。

五月，射柳，宴群臣。太祖谓议西征，宗翰计多合，当治兵以俟师期。亲酌酒饮之，解御衣衣之。诸臣言时方暑月，乃止。拜为伊拉齐贝勒。〔考异〕宏简录作移赉勃极烈。

冬十一月辛丑，太祖用宗翰策，进取中京，以杲原作舍音都统内外诸军，宗翰等副之，伊都原作余睹为向导。

六年（壬寅—二二二）春正月乙亥，克中京。宗翰率偏师趋北安州，与罗索原作娄室等合兵，大败奚王萨满〔考异〕太祖纪作锡默，云，原作霞末，辽史作哈玛尔，今从宗翰传。兵，北安遂降。乃遣希尹往略边地，获辽护卫锡里，〔考异〕太祖纪作实讷埒，宏简录作习泥烈。乃知辽主猎于鸳鸯泺，杀其子晋王，众离心，兵弱不可用。宗翰使努延温敦〔考异〕太祖纪作诺延温都，宏简录作耨盌温都。伊喇保〔考异〕宏简录作移剌保。往报都统呆，请会师，及呆使瑸都〔考异〕宏简录作奔睹。与伊喇保同来，知无意进取。即决策进兵，使伊喇保往报呆曰："初受命，虽未令便取山西，亦许便宜从事。今恐失机会，已进兵，当会于何地？"宗干劝呆如其策，意乃决，约会于奚王岭。〔考异〕巴尔斯传，宗翰在北安州，时会舍音于奚王岭，辽兵奄至古北口，奋击，大败之。传未载。

三月，呆出青岭，宗翰出瓢岭，期于羊城泺在大同府东北境。会军。宗翰率精兵六千袭辽主于五院司，辽主遁去，使希尹等追之。西京既降复叛，耿守忠以兵五千来救，至城东四十里，富察乌里、固纳先击之，斩首千余。宗翰等继至，守忠败走，其众歼焉。宗翰弟扎巴台没于阵。〔考异〕宏简录作扎保迪，天眷中赠特进。西京州县悉降。〔考异〕栋摩传，宗翰等攻西京，栋摩、罗索等于城（中）〔东〕（据金史卷七一阇母传改）为木洞以蔽矢石，于北隅以刍茭塞其隙，城中兵万余出烧之，温特赫博恰击却之。又为四轮革车，高出于堞，栋摩乘车先登，诸军继之，遂克西京。斡鲁传，时敌拒城西浮图，下射攻城者。斡鲁与哈布尔攻浮图，夺之，复以精锐乘浮图下射城中，遂破西京。所载各异。

冬十二月，宗翰已抚定西路部族，谒帝于行在所，遂从取燕京，赐金器。

七年（癸卯——一二三）太宗九月即位，改为天会元年。夏六月，帝不豫，将归京师。丙申，以宗翰为都统，斋贝勒昱、原作普嘉努德特贝勒斡鲁原作鄂啰副之，驻军云中以备边。

冬十月壬辰，太宗以空名宣头百道赐西南、西北两路都统宗翰，诏曰："今寄尔以方面，如当迁授，其以便宜从事。"

太宗天会二年（甲辰——一二四）春正月，宋人来请割诸城，宗翰报以武、朔二州。复请曰："宋人不归我叛亡，阻绝燕山往来道路，后必败盟，请勿割山西郡县。"帝曰："是违先帝之命也，其速与之。"未几，复谏，乃罢。

二月丙午，宗翰请济师，诏有司选精兵五千给之。

夏四月己酉，以宗翰经略西夏及破辽功，赐以良马。

三年（乙巳——一二五）冬十月甲辰，诏诸将侵宋。先是，斡鲁奏宋不遣岁币户口事，且将渝盟。帝命宗翰取诸路户籍，按籍索之。而栋摩原作闍母再奏宋人败盟有状，<u>宗翰</u>、<u>宗望</u>原作<u>斡离不</u>均请伐之。于是<u>安班贝勒杲</u>领都元帅，居京师，<u>宗翰</u>为左副元帅，自<u>太原</u>路南侵。发自<u>河阴</u>，降<u>朔州</u>，克<u>代州</u>，〔考异〕<u>大金国志</u>云，<u>粘罕</u>自<u>云中</u>遣<u>女真</u>万户<u>温敦郎君</u>等东侵<u>居庸关</u>，以应<u>燕山</u>之师。又虑<u>居庸</u>难取，分兵由<u>紫荆口</u>、<u>金坡关</u>攻<u>易州</u>。及出奇取<u>凤山</u>，入<u>昌平县</u>。既至<u>昌平</u>，则反顾<u>居庸</u>矣。若是，则<u>白河</u>之战，不惟<u>药师</u>乘胜追敌而东，而西亦为<u>粘罕</u>乘虚而入也。<u>史</u>未载。围<u>太原府</u>，败<u>宋河东</u>、<u>陕西</u>军四万于<u>汾河</u>之北，杀万余人。〔考异〕<u>太祖纪</u>作<u>耶律伊都</u>事。

四年（丙午——一二六）春正月癸酉，<u>宗望</u>围<u>汴</u>，遂许<u>宋</u>和。时<u>宗望</u>自<u>河北</u>趋<u>汴</u>，音问未通，<u>宗翰</u>遂留<u>尼楚赫</u>原作<u>银术可</u>围<u>太原</u>，已乃率师而南，降定诸县及<u>威胜军</u>，下<u>隆德府</u>，实<u>潞州</u>。军至<u>泽州</u>，<u>宋</u>使至军中，始知割三镇讲和事。<u>路允迪</u>以<u>宋</u>割<u>太原</u>诏来，城中人不受诏。<u>宗翰</u>取<u>文水</u>及（孟）〔盂〕县，（据<u>金史</u>卷七四<u>宗翰传</u>改）复留<u>尼楚赫</u>围<u>太原</u>。<u>宗翰</u>乃还<u>山西</u>。〔考异〕<u>续纲目</u>云，<u>尼玛哈</u>闻<u>宋</u>议和，只遣人来求赂，宰臣以勤王兵大集，拘其使，不与。<u>宗翰</u>大怒，分兵趋<u>汴</u>，入南北关。未几，还<u>云中</u>。<u>宗翰传</u>未载。

秋七月戊子，<u>萧仲恭</u>使<u>宋</u>还，献<u>宋</u>少帝所遗<u>耶律伊都</u>书，以兴复<u>辽国</u>为言，诏<u>宗翰</u>等复侵<u>宋</u>。〔考异〕<u>大金国志</u>云，时二帅会议，<u>兀室</u>曰："<u>河东</u>既得<u>太原</u>，<u>河北</u>已得<u>真定</u>，乃两河领袖也。乘此之势，可先取<u>两河</u>，再往<u>东京</u>，未晚。"

斡离不未有语，粘罕怫然掷貂帽于地曰："不得东京，两河虽得而莫守；既得东京，两河不取可自下。况今我行，得之必矣。如运臂取物，回首可得也。"斡离不忻然，计遂决。宗翰传未载。八月庚戌，宗翰发西京。九月丙寅，克太原，执宋经略使张孝纯等。冬十一月甲子，宗翰自太原趋汴，降威胜军，克隆德府，遂取泽州。萨喇达〔考异〕宏简录作撒剌答。等先已破天井关，进逼河阳，破宋兵万人，降其城。进攻怀州，克之，遂渡河。

闰月癸巳，宗翰至汴，〔考异〕大金国志，靖康初元，彗星如箕芒，亘数丈，自北拂帝坐，并扫文昌，或谓粘罕乃妖星之精。宗翰传未载。与宗望会兵。宋约画河为界，复修好，不许。丙辰，尼楚赫等克汴城。〔考异〕大金国志云，自十一月二十五日围城，凡四十日。有炮五百余座在郊外，皆弃不取，金师得之，以为攻城之用。城破，时粘罕与刘宣军屡欲血洗，数次登门，望城中有黄旗兵将在空中，不可洗，乃止。史未载。辛酉，宋少帝诣军前，舍青城。十二月癸亥，宋少帝奉表降。〔考异〕大金国志云，五年二月十一日，钦宗幸金营，十八日还宫。三月初三日复至金营，粘罕坐而言曰："皇帝不从汝请，别立异姓。"使人拥帝降至一室，以兵刃守之。天明，呼曰："太上至矣。"帝视之，果然。太上与帝各居一室，后妃诸王皆不得相见。十六日，粘罕坐帐中，二帝立阶下，宣诏曰："宜择立异姓以代赵后。赵某父子，差人津遣前来。"以青袍易二帝衣服，以常服易二后之服。惟李若水抱持大哭，被害。所载年月与史异，今从史。使勖就军中劳赐宗翰等，使皆执其手以劳之。

五年（丁未——二七）夏四月丙戌，宗翰等以宋二帝及其宗族四百七十余人及珪璋、宝印、衮冕、车辂、祭器、大乐、灵台、图书与大军北还。〔考异〕续通考云，皇统九年十月，礼部下太常书镇圭式样，大礼使据三礼图以进，用之。大定十一年，太常寺按礼大圭长三尺，杼上终葵首，天子服之。自西魏、隋、唐以来，大圭长（三）〔以〕（据续通考卷九五改）尺一寸，与镇圭同。盖镇圭以镇天下，四镇山为饰。今其圭已依古制，惟无大圭。今御府有故宋白（圭玉），〔玉圭〕（同上书改）圆无上枓及终葵首。自西魏以来，所制玉笏皆长尺有二寸，方而不折，虽非先王之法，盖后世玉难得，随宜故也。拟合以御府所藏，行礼就用。太子所执桓圭，长九寸、广三寸、厚半寸，用白玉。太子入朝起居及与宴则执之。金克宋有金石之乐，及大定、明昌，日修月辑，灿然大备。其隶太常者，郊庙宴享、大朝会，宫悬二舞是也。隶教坊者，则有铙歌、鼓吹，天子行幸，卤簿导引之乐也。有散乐、有渤海乐，有本国旧音，世宗尝写其意，度为雅曲。太宗取汴，得宋钟、磬、乐簴。熙宗加尊号，有司以钟磬刻晟字者，犯太宗讳，封以黄纸。大定十四年，令宋乐器凡犯庙讳者皆刮去，更为制名，曰太和之乐。又，乐曲之名，唐以和，宋以安，至金则以宁。初，海陵建宗庙于汴，宣宗南迁修之，其地为宋景灵宫故址，掘得编钟十三、编磬八，皆刻大晟为字。时值多故，礼器散亡，竟不能备。按：大晟乐，系宋徽宗时蜀黥卒魏汉律所制，并颁其乐于天下，后世遂相沿袭而不变。见金华文统。

秋七月甲午，赐宗翰铁券，除反逆外，余皆不问。宗翰奏河北、河东请择贤能官任之，以安新民，遂趋洛阳。〔考异〕大金国志云，是年，除窝哩嘔为右副元帅，代斡离不。粘罕约诸将分征河南，窝哩嗢遂自燕山率众由清沧渡河以定山东。粘罕又遣杨天吉约夏人同取陕西，夏人许之。系年要录云，时金主遣使谕宗维，止南下之兵，不听。盖宗维久专权，金主不能令，唯守虚位而已。按，以宗翰为宗维，其说得之传闻，不足信。宗翰传均未载。

六年（戊申——二八）春二月癸未，宋董植以兵至郑州，州人复叛入于宋。宗翰遣兵复郑州，遂迁洛阳、襄阳、颍昌、汝、郑、均、房、唐、邓、陈、蔡之民于河北，而遣罗索平陕西州郡。时河东盗贼尚多，乃遣兵夹河屯守，还师，驻山西。昏德公致书请立赵氏，宗翰受其书而不答。〔考异〕蔡絛北狩行录载其书，略云："唐太宗复突厥，而沙陀救唐；冒顿纵高帝，而呼韩赖汉。近契丹灭石氏，中原灰烬，终为他人所有，其度量岂不相远哉！近闻嗣子中有为人推戴者，盖祖宗德泽在人，至深至厚，未易忘也。若左右欲法太宗、冒顿，受兴灭继绝之名，享岁币玉帛之奉，当遣一介之使，奉咫尺之书，谕嗣子以大计，使子孙永修职贡，为万世之利也。"毕沅续通鉴云，秦桧南还，自言此书曾为润色，无可考证。世传桧在金已倡和议，因是得归，或知其为上皇草书，度其肯任此事，是以归之耳。宗翰传未载。

秋七月乙巳，宋帝遣王师正奉表请和，〔考异〕是时为宋建炎二年，交聘表未载王师正名，太宗纪亦未书宋遣使请和，今从宗翰传。密以书招诱契丹、汉人，获其书奏之，诏进兵南侵。宗翰请先定陕西然后取宋，与诸将议，久不决。帝曰："康王当穷追，俟平宋，当立藩辅如张邦昌者。陕西亦未可置〔而不取〕（据金史卷七四宗翰传补）。”于是，罗索、芬彻原作蒲察等平陕西，命宗翰会东军于黎阳津。

冬十月庚子，与右副元帅宗辅会于濮。进兵至东平，宋知府权邦彦遁，降其城，进克徐州。〔考异〕舆地广记云，徐州，春秋属宋，秦属泗水郡，项羽都之，汉属楚国沛郡，晋置徐州，隋为彭城郡。续通考云，唐号彭城郡，又升武宁军，宋因之，金属山东西路，元隶归德府，明隶南京，升为府，今州一：邳州；县七：铜山、萧县、砀山、丰、沛、宿迁、睢宁。续纲目徐州之克，载在建炎三年正月，乃天会七年也。宗翰传连书于会濮之下，今从之。先是，宋运江、淮金币皆在徐州，尽为所取，分给诸军。袭庆府本兖州，为泰宁军，县七。〔考异〕舆地广记云，春秋为鲁、邾二国境，秦置薛郡，二汉属鲁国，晋置兖州，北齐改任城郡，隋为鲁郡，升泰宁军，今因之，县七：瑕（邱）〔丘〕（据舆地广记卷七改）、奉符、泗水、龚（邱）〔丘〕（同上）、仙源、莱芜、邹县。续通考云，宋为袭庆府，金改泰定军，大定中更名兖州，领磁阳、曲阜、泗水、宁阳四县。来降。宋知济南府刘豫叛，以城降于达兰。原作挞懒。〔考异〕续纲目云，冬十月，尼玛哈克濮州，屠之。先是，尼玛哈为姚端败，跣足走免故也。宗翰传未载。

七年（己酉——二九）夏五月乙卯，宗翰遣巴尔斯、原作拔离速乌凌阿托云、原作乌林答泰欲玛武原作马五袭宋帝于扬州，未至百五十里，玛武先以五百骑驰至扬州，宋帝已前一日渡江。于是贻宗翰书，请存赵氏社稷，自称"宋康王赵构，谨致书元帅阁下"，元帅府答其书，招之使降。〔考异〕续纲目云，时韩世忠兵溃沐阳，尼玛哈入淮、泗。刘光世军溃，走还，遂陷天长军。金马五先驰至扬州，闻帝已南行，追至扬子桥而还。寻焚扬州去。大金国志云，粘罕既下澶、濮，时杜充守东京，虑敌西来，决大河阻之。金不能西，乃东会窝哩温，同下北京。继攻兖、郓，始由徐州回至扬州。所载各异。

冬十月，宗弼等请于宗翰，将兵南侵宋。

八年（庚戌——三〇）秋九月戊申，宗翰用高庆裔议，请于太宗，立刘豫为齐帝。其后宗翰欲用宋降将徐文策伐江南，与宗辅、宗弼议不合，乃止。语详刘豫事中。〔考异〕大金国志云，时粘罕与挞懒谋归秦桧于宋以讲和。宋叛臣杜充至云中，粘罕鄙之。后知相州，密谕诸路同日大索两河之民，籍为客户，刺字鬻卖，或驱之异国以易马。乐寿县六十八人，误作六百八人，责数以偿；患贫民之多，诱三千人，令甲士坑之。明年，余睹叛，大杀辽宗室。用高庆裔言，禁窃盗，赃及一钱者死。令诸州军置地牢，深三丈。熊克小纪云，金签军之法，以家业高下定者，曰家户军；以人数多寡定者，曰人丁军。时云中有陈氏姑妇，持产簿诉于尼雅满，谓父子均已阵亡，愿尽纳产，乞免充军，乌克绅等怒其沮法，赞尼雅满诛之，于是国人皆怨。毕沅续通鉴云，时禁诸路，行李必给番、汉公据，方准行走，道路几无人迹。萧庆知平阳，拔葱蔬圃亦斩之。高景山告杜充阴通江南，擅纳其孙，下元帅府掠治，逾年乃释。九年六月，宗翰与希尹自云中之白水泊避暑，山西汉民将其执盖者毒之，宗翰几死。系年要录云，时都总管萧庆招降太行红巾盗齐实、武渊、贾敢等送宗维，均下狱杀之。宗翰传未载。

十年（壬子——三二）夏四月丁卯，**宗翰**朝京师，拜为古伦右贝勒，兼都元帅。寻用其言，以**太祖**孙**亶**为安班贝勒，皇子**宗磐**为乌赫哩贝勒。〔考异〕毕沅续通鉴云，是年秋，宗翰悉起女直士人，散居汉地，唯金主及将相亲属卫兵之家得留。史未载。

十三年（乙卯——三五）熙宗**亶**，正月即位，不改元。春三月甲午，以**宗翰**为太保，领三省事，封**晋国王**。乞致仕，不许。〔考异〕大金国志云，十二年秋，刘豫乞援，粘罕、兀室以为难，窝哩嗢、挞懒请行，粘罕遂失兵柄，故太宗殂而亶得立也。不然，粘罕内操兵权，必得其位，则驾群豪、服诸蕃，其忧大矣。毕沅续通鉴云，宗翰为国重臣，以功名终，不应有此。本传亦未载。熊克小纪云，自靖康以来，中原民不从金者，于太行山相保聚。初，太原张横者，众二万，往来岚、宪境，知州同知领兵千五百人入山捕之，为横败，两同知皆被执。又，梁小哥，众四千，破神山县。神山距平阳帅府百里。府遣判官邓襄讨之，金军遥见小哥旗帜，不敢进。都统马五领契丹铁骑至，责襄逗遛，并将其军，与小哥战，亦败。小哥，名青，怀、卫间人。时绍兴五年，即天会十三年也。

十五年（丁巳——三七）夏六月庚戌，尚书左丞高庆裔、转运使刘思有罪，伏诛。

秋七月辛巳，**宗翰**卒，年五十八，〔考异〕续纲目云，金主召尼玛哈为相，以鄂尔多代守云中，遂失兵柄。富勒呼欲挫之，因其所善高庆裔以赃败，下狱，尼玛哈乞为庶人，以赎其罪，不许。临刑与别，庆裔曰："公早听我言，岂有今日！"盖尝教其反也。尼玛哈党，连坐甚众，乃愤闷绝食、纵饮，卒。按，鄂尔多，即宗辅，富勒呼，即宗磐，一作博勒郭。大金国志云，粘罕总国政，虽卿相拜前亦不为礼。命相亦取决淫刑毒政，皆庆裔教成。防御使李兴麟坐杖脊除名，赵温讯值赦得免。北盟会编载粘罕狱中书云："功成名遂身退，天之道也。臣尝有此志，踌躇犹豫以至于此。使臣伊、吕之功，反当长平之祸，愿陛下释臣缧绁之难，愿为五湖之游，誓效犬马之报。"诛粘罕诏云："持重兵权，阴怀异议，国人皆曰可杀，朕躬曷敢私徇，理当弃磔以彰厥过。呜乎！四皓出而复兴汉室，二叔诛而再造周基，去恶用贤，其鉴如此。布告中外，咸使闻知。"钱大昕云，徐梦莘所载出于传闻，似未可信。要其晚节失势，则确然矣。金中杂事云，秦、宋二王恶尼玛哈专权，因群聚会，历吐积愤，忍辱归第，成疾，遂卒。宗翰传均未载。**追封周宋国王。正隆例，封金源郡王。大定间，改赠秦王，谥桓忠**，〔考异〕本传，宗翰之卒，系之十四年。大金国志云，谥忠献，立庙大兴府，祀以天子礼乐。李大谅征蒙记云，伪谥威烈皇帝，均与本传异。**配享太祖庙廷。**

　　孙秉德，别入逆臣传。色克〔考异〕宏简录作斜哥。又卷七十二谋衍传其子亦名斜哥，另一人。又见世宗纪大定二年魏子平传。**累官节度使。大定初，除刑部侍郎，三坐赃，当死，杖一百五十，除名，后起为劝农副使。宗翰子孙坐秉德事死者，三十余人，后嗣遂绝。**

　　同时有希尹者，本名古新，原作谷神，一作兀室，又作悟室，今译作固新。**罕都子也。**〔考异〕宏简录，罕都作欢都，代国公，谥忠敏。本传，完颜部人，噶顺子。与昭祖交相得，誓曰：

"生则同川居，死则同谷葬。"土人呼昭祖为勇舒噜，呼罕都为贤舒噜。（按，据金史卷六八欢都传，此皆欢都祖石鲁事。作欢都事叙，误）世祖初袭节度使，伯赫属尊，谋为变，罕都左右之。平乌春、乌木罕、拉必、玛察之乱，功称最。事四君，出入四十年。遇敌先战，廷议多用其谋，赠开府。大金国志云，兀室系武元疏族，于属为子。自太祖举兵，常在行阵，征伐比有功。〔考异〕茁耀神麓记云，母姙三十月而生，音如巨钟，面长而色黄，少须髯。常闭目坐，怒睁如环。大金国志云，为武元谋主，粘罕倚为腹心。深密多智，睛黄而夜有光，顾视如虎。希尹传未载。制女直字，命颁行之。其后，熙宗亦制字，谓之小字，因目希尹所制为大字。从伐辽，取中京，时辽达鲁、和尚、伊勒希〔考异〕宏简录作迪六、和尚、雅里斯。弃中京走，希尹与实古纳、原作迪古迺罗索、伊都袭之，降其旁近人民。〔考异〕希尹传，时辽兵屯古北口，宗翰使博勒和将兵二百击之，珲楚亦将二百人为后援。寻闻辽兵众，请益兵。宗翰欲亲往，希尹、洛索请行。珲楚至古北口，遇辽游兵，逐之入谷中。辽步骑万余出战，死者数人。珲楚据关口，希尹等至，大破辽兵，斩馘甚众。按，珲楚，满州语"冰床"也，旧作浑黜，今译改。纪未载。奚人罗和原作落虎来降，使招其父西节度使额哩埒，原作讹里剌以本部降。

　　宗翰驻军北安，使经略近地，获辽护卫实讷埒，知辽主在鸳鸯泺。从宗翰进兵，与都统杲会于羊城泺，袭辽主，追及于白水泺，获其内库宝物。进至伊实〔考异〕太祖纪作伊苏。部，不及而还。〔考异〕大金国志云，兀室索宋代税钱一百万缗。又遣娄室追辽主，获之。其后余睹谋反，兀室自云中闻其事，见二人交马议事，擒之，余睹伏诛。本传均未载。及侵宋，为元帅右监军。师还，赐铁券。复从宗翰追宋帝于扬州。寻入朝请立熙宗为储嗣。及即位，拜左丞相，封陈王。与宗干共诛宗磐、宗隽。

三年（庚申——一四〇）（五）〔九〕（据金史卷四熙宗纪改）月癸亥，诏赐死，略曰："（师）〔帅〕（据金史卷七三希尹传改）臣密奏，奸状已萌，心在无君，言宣不道。逮燕居而窃议，谓神器以何归？稔于听闻，遂致章败。"并杀右丞萧庆及希尹子巴达、原作把答满达。原作漫带。〔考异〕诏略曰："庆迷国罔悛，欺天相济，既致于理，咸伏厥辜。赖天之灵，诛于两观。"史未载。皇统三年，以死非其罪，赠仪同、邢国公，以礼改葬。后追封豫王，嗣降金源郡王，大定间谥贞宪。〔考异〕熊克小纪云，乌克绅之党，皆为乌珠所诛。奉使洪皓，尝与乌克绅持论，几死。乌珠知之，故得免。乌克绅尝副尼雅满行事，为国人所忌，常以智得免，国人号为"珊变"。女真语"巫妪"也，以其通变如神，故云。系年要录云，希尹、萧庆皆宗翰腹心，宗弼素出其下，及得权，遂构成希尹等罪。先是，客星守陈，宇文虚中以告，希尹不为怪，至是被诛，连坐者数百人。苗耀神麓记云，兀术往祁州，众官饯送。兀（术）〔室〕（据文义改）于其甲第饮酒，酣，啮其臂曰："尔鼠辈岂容我啮哉！汝之军马能几何？天下之兵皆我兵也。"兀术佯醉如厕，求救于宗干，以言解之，遂因后密奏，帝曰："朕欲诛老贼久矣!"是夜执之，赐死，同男卧鲁、南撒、瀛虚、哥滋四人遇害。萧庆子男同被诛。洪皓松漠纪闻云，兀室第三子挞挞，智勇兼人。蒲路虎之诛挞挞，自后执其手而诛之。为明威将军，以烝寡婶事，兀室杖之百，遂病，见蒲路虎来而死。毕沅续通鉴挞挞作达勒达。希尹传均未载。

孙守道，世宗朝官左丞相；守贞，仕至平章政事，萧国公，谥肃；守能，历西北招讨使，坐赃，杖，除名。

金史纪事本末卷十六

宗望战事

太祖天辅五年（辛丑——二一）冬十（一）〔二〕（据金史卷二太祖纪改）月辛丑，以乌赫哩贝勒杲原名舍音为诸军都统，昱、原名普嘉努宗翰、原作粘罕宗望等副之。宗望，本名斡剌布，原作斡鲁补。〔考异〕汪辉祖金史同名录云，卷四十四食货志，大定二十年大名男子；卷八十七仆散忠义传，忠义高祖；卷一百二十七，以孝为护卫，姓温迪罕氏；卷一百三十二元宜传，正隆末延安少尹，五人同名斡鲁补。又名斡里雅布，原作斡离不。〔考异〕张汇节要作窝里孛，礼志作斡里不，又作讹鲁补。卷七十一斡鲁古传，太祖时人，亦名讹鲁补，另一人。太祖次子也。〔考异〕大金国志作宗杰，武元第四子。系年要录谓为昱嫡子。每从太祖征伐，常在左右，至是始命将兵。〔考异〕大金国志云，为人眇小，性仁慈，喜谈佛、道，号为菩萨太子。本传未载。

六年（壬寅——一二二）春三月，都统杲等追辽主于鸳鸯泺，遂奔西京。时宗翰在北安州，获辽护卫实讷埒，〔考异〕宗翰传作锡里。知辽主在鸳鸯泺，请杲会兵袭之。杲出青岭，辽兵三百余掠降人家赀，宗望曰："若能生致此辈，可审得辽主所在虚实。"独与马和尚逐越卢、孛古、野里斯等，留一骑趣后军，即驰击，败之，生擒五人。因审辽主未去，遂进兵。追至五院司及白水泺，不及，辽主走阴山。耶律聂呼自立于燕京。山西新附州郡，人心未固，杲使宗望请太祖临军。宗望至京师，百官入贺。太祖曰："宗望与十余骑径涉兵寇数千里，可嘉也。"赐宴欢甚。宗望固请幸军中，许之。

夏六月戊子朔，太祖亲征辽。次大泺，杲使希尹原作兀室奏徙西南招讨司诸部于内地。宗望谓宜徙之上京，下其议，命军帅度宜行之。

秋八月癸巳，太祖闻辽主在大鱼泺，自将精兵袭之。昱、宗望率兵四千为前锋，昼夜兼行，追及辽主于石辇驿，〔考异〕辽史同，惟太祖纪作石辇铎。军士至者才千人，辽军余二万五千，方治营垒。〔考异〕普嘉努传，帝自草泺追辽帝，次古尔珍川，乌舍、马和尚夜潜入辽帝营，执斯勒年还，知辽帝所在，普嘉努等遂追及之。与纪异。昱与诸将议，伊都原作余睹曰："我军未集，人马疲剧，未可战。"宗望曰："今追及辽主而不亟战，日入而遁，则无及。"遂战。短兵接，辽兵围之数重，士皆殊死斗。辽主谓宗望兵少，必败，与嫔御皆自高阜下平地观战，伊都指示诸将曰："此辽主麾盖也，若萃而薄之，可以得志。"骑兵驰赴之，辽主望见，大惊，即遁去。辽军大溃，太祖命宗望以千骑追之，昱为后继，追辽主于谔勒哲图，原作乌里质铎不及。

冬十二月，宗望率兵七千，从克燕京。

七年（癸卯——一二三）太宗九月即位，改为天会元年。夏四月丁亥，命鄂啰原作斡鲁为都统，宗望副之，袭辽主于阴山、青冢之间。宗望将至青冢，遇泥泞，众不敢进，自与当堪四骑以绳系辽都统达实，原作大石使为向导，直至辽主营。时，辽主往应州，辽史地理志云，州为彰国军，属西京，县三，治金城。其（大）〔太〕（据金史卷七四宗望传改）叔呼拉塔原作胡卢瓦妃、国王聂呀原作捏里次妃、辽汉夫人并其子秦王、许王，女古裕、原作骨欲伊林、原作余里衍斡里延、原作干里衍大额页、次额页，原作大奥（衍）〔野〕、次奥（衍）〔野〕（同上）。赵王妃斡里延，招讨达鲁、原作迪六详衮原作详稳鲁尔锦、原作六〔斤〕（同上）。节度使特实古尔原作迪赤狗儿（按，据金史卷七四宗望传，"迪"当作"孛迭"）皆降。〔考异〕太祖纪云，宗望等袭辽权六院司喀勒扎于白水泺，获之。其宗属秦王、许王等十五人降。与宗望传稍异。斡鲁传，时为西南路都统，往袭辽主，使博尔苏、萨噶尔玛克以兵二百袭喀勒扎，获之。辽主往应州，遣卓哩、布达各举兵邀之，宗望奄至辽主营，尽俘其宗属。斡鲁使之奏捷。叙次又殊。凡得车万余乘，惟（宁）〔梁〕王雅里（据金史卷七四宗望传改）〔考异〕辽史作梁王雅里。及其长女辽史云，名托里。乘军乱亡去。罗索原作娄室等获其左右舆帐。进至索勒敏，原作扫里门为书招辽主。主自金城县名，属应州。来，知族属被俘，率兵五千余决战。宗望击败之。辽主遁，获其子赵王实讷垮原作习泥烈及传国玺。别将获牧马万四千匹，车八千乘。辽主使穆隆阿原作谋卢瓦持兔纽金印请降。视之，乃元帅燕国印。复遗书招谕，遂趋天德，辽耶律慎思降。遣使谕夏，曲示和好，以阻其救辽之心。候人乌舍原作吴十回，言夏迎辽主渡河，传檄谕之。

五月己巳，宗望献辽俘及传国玺于行在所，太祖嘉其功，以辽蜀国公主伊林赐之。未几，平州张觉〔考异〕辽史作张毂。叛，栋摩原作阇母与战于兔耳山，败绩。使宗望问状，就以栋摩军讨之。

冬十一月癸亥，发广宁，下濒海州县，寻及觉，战于南京城东，大破之。觉奔宋，城中人执其父及其二子以献，戮之军中。张敦固以城降，复叛，进围其城，<u>敦固</u>大败。

<u>太宗天会</u>二年（甲辰——二四）春正月壬子，命赏<u>宗望</u>平<u>南京</u>功，以空名宣头五十、银牌十给之。〔考异〕<u>续通考</u>云，初，<u>穆宗</u>时，诸部长各刻信牌，交互驰驿，讯事，扰人。<u>太祖</u>定议，非<u>穆宗</u>命，擅制牌号者實重法。<u>收国</u>二年九月，制金牌，后又制银牌、木牌。金牌授万户，银牌授猛安，木牌则谋克、蒲辇所佩。与空名宣头，均付军帅，以为功赏。至递牌，则国之信牌也。<u>大定</u>末制红油黑字者，尚书省、文字省递用之；朱漆金字者，敕递用之，并掌之左右司。有司递文字，则牌送各部，付马铺转递，日行二百五十里。如台部别奉圣旨文字，亦给如上制。所载甚详。诏（威）〔<u>咸</u>〕<u>州</u>（同上）输粟<u>宗望</u>军。

二月乙巳，诏<u>南京</u>官僚，事必关白军帅，毋得专达朝廷。〔丁未〕（据<u>金史</u>卷三<u>太宗</u>纪补）命<u>宗望</u>凡<u>南京</u>留守及诸阙员，可选勋贤注拟以闻。

三月己酉朔，诏<u>宗望</u>以<u>宋</u>岁币银绢分赐将士〔之有功者〕（同上）。<u>宗望</u>请选良吏招抚<u>迁</u>、<u>闰</u>、<u>来</u>、<u>隰</u>之民保山砦者，从之。

夏六月，帝召<u>宗望</u>赴阙，<u>栋摩克南京</u>，杀<u>张敦固</u>，<u>南京</u>平。<u>宗望</u>赴京师。（按，<u>金史</u>卷七一<u>阇母传</u>、卷七四<u>宗望传</u>，不载克<u>南京</u>日期，卷三<u>太宗</u>纪系之五月，此作六月，疑误）

是岁，<u>宗翰</u>请勿割<u>山西</u>州县与<u>宋</u>，<u>宗望</u>亦力言之，事遂寝。

三年（乙巳——二五）冬十月甲辰，诏诸将侵<u>宋</u>。

先是，宗望至军，宋兵三千自海道来，破九寨，杀马城县<u>辽史地理志</u>云，本卢龙县地，在滦州西南四十里。戍将节度使图尔噶，原作度卢斡取其银牌兵仗及马而去。宗望索户口，宋人弗遣，且闻童贯、郭药师治军燕山，由是奏请侵宋。曰："苟不先之，恐为后患。"宗翰亦以为然，故南侵之谋，宗望实启之。遂命宗望为南京路都统，栋摩副之，自燕山路入侵。寻奏栋摩于臣为叔父，请栋摩为都统，臣监战事，从之。

十二月甲辰，至三河，败宋郭药师兵四万五千于白河，药师降，遂取燕山府，尽收其军实，州县悉平。进破真定兵五千人，下信德府，次邯郸。县名，属广平府。宋李邺请修旧好，留军中不遣。〔考异〕系年要录云，是冬，都经略处置使宗杰自檀州入河北，义胜军在河东者皆叛，童贯通，常胜军亦囚宣抚余札、蔡靖以燕降。事闻，命钜野李邺持省院牒诣金军，迎献三镇地以和，且言内禅。按，宗杰，即斡喇布，犯檀州在十二月，使名见上渊圣书，与史稍异。

自药师降，益知宋虚实，宗望表为南京留守。及董才降，兼知地理，又请任以军事，太宗从之。俱赐姓完颜氏，给以金牌。

四年（丙午——一二六）春正月，宗望率诸军渡河，取滑州。使吴孝民入汴责纳叛事，执送首谋，以黄河为界，纳质奉贡。遂围城。宋少帝请为伯侄国，增币议和，以康王构、张邦昌为质。沈晦持誓书及三镇地图来，语详克汴事中。

二月〔丁酉朔〕（下文有"是夜"二字，无所承，今据<u>金史卷七四宗望传</u>补），<u>宗望</u>与<u>宋成</u>，退军<u>孟阳</u>。〔考异〕<u>续通考</u>云，<u>唐置河阳军</u>，升<u>孟州</u>，<u>宋</u>为<u>济源郡</u>，<u>金</u>为州，领<u>河阳</u>、<u>王屋</u>、<u>济源</u>、<u>温</u>四县。<u>大定</u>中为河坏，移新城，谓之<u>上孟州</u>，故址谓之<u>下孟州</u>。<u>方舆纪要</u>云，<u>孟县</u>，即<u>孟津</u>，一曰<u>盟津</u>，<u>唐</u>曰<u>孟州</u>，治<u>河阳</u>。是夜，<u>宋</u>兵来袭营，迎击，大败之，复围<u>汴</u>。<u>宋</u>遣<u>宇文虚中</u>来辩，改<u>肃王枢</u>为质，<u>康王构</u>遣归。师还，<u>河北</u>两镇不下，分兵讨之。罢<u>常胜军</u>，给还<u>燕</u>人田业，命将士屯守边境，遂还<u>山西</u>。

夏六月庚戌，<u>宗望</u>献所获三象。庚申，命<u>宗望</u>为右副元帅。顷之，<u>宋</u>少帝以书贻<u>伊都</u>，<u>萧仲恭</u>发其事，诏复侵<u>宋</u>。

秋八月癸丑，<u>宗望</u>会诸军，发自<u>保州</u>，<u>宋种师闵</u>〔考异〕<u>宋史</u>作<u>种师道</u>。军<u>井陉</u>，县名，属<u>真定府</u>。<u>宗望</u>大破之，遂取<u>天威军</u>。东还，克<u>真定</u>，执知府<u>李邈</u>，〔考异〕<u>邈</u>执至<u>燕山</u>，被害，故<u>太宗纪</u>书执为杀。得户三万，降五县，遂趋<u>汴</u>。

十一月，<u>宗望</u>至<u>河上</u>，降<u>魏县</u>。属<u>大名府</u>。诸军渡河，留诸军分出<u>大名</u>之境。降<u>临河县</u>，至<u>大名县</u>，克<u>德清军</u>、<u>开德府</u>。<u>阿里库</u>〔考异〕<u>宏简录</u>作<u>阿里刮</u>。以三千骑先驱破<u>宋</u>兵六千于路，取<u>胙城</u>，县名，属<u>卫辉</u>

府。抵汴城下，覆宋兵千人，擒数将。宗望至，复遣诸将遏宋援兵，瑸都原作奔睹等连破之。

闰月壬辰朔，宋兵一万自汴城来战，宗望选劲勇五千，使当堪等击败之。宗翰来会军，克汴城，宋少帝诣军前。

十二月癸亥，宋帝奉表降。使勖就军中执宗望手以劳之。

五年（丁未——一二七）夏四月丙戌，宗望等以宋二帝北还，乃分诸将镇守河北，遂西上凉陉。诏宗望曰："自河之北，今既分画，重念其民，见城邑有被残者，遂阻命坚守，其申谕招辑安全之。傥坚执不移，自当致讨。若诸军（有）〔敢〕（据金史卷七四宗望传改）利于俘掠，辄肆焚荡者，当底于罚。"

六月庚辰，宗望卒。〔考异〕大金国志云，斡离不会粘罕于草地，议还徽宗，粘罕未之许。会打毬，冒热，以水沃胸背，致伤寒，死，遂中辍。时六月二十一日也。赵子砥燕云录云，七月二十日，太子在御寨，离燕山七百里，到凉淀，伤寒，病亡。系年要录以宗望为宗杰，云，宗杰闻帝中兴，议归上皇，宗维未之许。按，宗望首谋南侵，岂肯遽归之徽宗，均传闻之误也。然傅雱通问录，馆伴李侗尝曰："汴城初下，二太子欲立宋后，刻碑梁、宋间，使知行兵有名，国相然之。后其说变，以固新之言为然。"据此，则欲归上皇之说，亦必有因也。

十三年（乙卯——一三五），熙宗亶正月即位，不改元。追封宗望为魏王。皇统三年，进许国王，徙晋国王。

天德二年，赠太师，加辽燕国王，配享太（祖）〔宗〕（据金史卷七四宗望传改）庙廷。正隆例，降金源郡王，大定三年，改封宋王，谥桓肃。〔考异〕大金国志云，谥忠武，系年要录作神武。

子齐，本名舒苏庸滞无材能，累官特进、安武军_{地理志谓即冀州信都郡，县五。}节度使；文，本名胡剌，亦作答剌。〔考异〕汪辉祖金史同名录云，卷九章宗明昌三年安武军节度副使；卷十明昌六年右补阙；卷七世宗大定十九年左卫率府率；卷七十三宗雄传宗雄孙；又，守能传本名；卷八十二宁昌节度；卷八十五永功传章宗时彰国节度；卷八十六海陵时行军猛安；卷一百十一古里甲石伦传贞祐三年汾州权右都监，亦作胡鲁剌；卷一百二十一乌古论仲温本名，十一人同名胡剌。仕至武定军_{地理志云即德兴府，晋新州，辽奉圣军地。}节度使，大名尹，封荆王，坐赃，夺爵，大定中，以反诛；京，历北京留守，封寿王，谋反，免死，安置楼烦，卒。〔考异〕宗室表：文本名呼喇，德州防御使；京，本名呼噜，西京留守。所载稍异。汪辉祖金史同名录云，京本名忽鲁。卷七十习〔不〕失传（据三史同名录卷一三、金史卷七〇习不失传改，又，此段引文脱宗望传太祖时将亦同名忽鲁）太祖时术甲孛里笃（觉）〔党〕；（据三史同名录卷一三改）又京传海陵时护卫；卷一百十八武仙传天兴元年刑部主事，五人同名忽鲁。

同时宗辅，亦太祖子。后妃传，母为布萨氏，追尊宣献皇后。〔考异〕大金国志作宗尧，名窝里嗢，武元第五子。宋史作讹里朵，续纲目作鄂尔多，系年要录作鄂尔昆，熊克小纪作鄂勒珲，云，原名翰离喝。按，讹里朵，与卷二太祖纪收国元年辽都统同名，亦作斡里朵。卷六十九可喜传令史，反，诛；又移剌斡里朵，官通远节度，均另一人。**太宗天会五年八月，代宗望为右副元帅。十二月，侵宋，自清、沧**〔考异〕舆地广记云，沧州，春秋为齐、赵二国地，汉置渤海郡，（梁）〔宋〕（据舆地广记卷十改）立乐陵郡，后魏为沧水郡，复置沧州，唐改景城郡，今县五：清池、无棣、盐山、乐陵、南皮。清州，分沧州置，五代时置乾宁军，县一：乾宁。续通考云，清州，宋号乾宁军，后以河清改今名，金为乾宁郡，领会川、兴济、靖海三县。沧州，领清池、无棣、南皮、盐山、乐靖五县。地理志，清州领县三。沧州为横海军，属河间府，领县三。所载各异。**渡河，徇地淄、青，遣将败宋兵淄州，赵州降，败敌兵，遂取滑州，下汝州。**

六年（戊申——二八）**正月，克清州，使栋摩取潍州。十月，与宗翰会于濮，侵宋，克大名府。**〔考异〕大金国志云，窝里喝、挞懒败马扩于北京、清平，以攻河南。粘罕既破澶、濮，会窝里喝之众攻北京，继攻兖、郓。所载较详。

八年（庚戌——三○）**七月，命专征陕西以援罗索。九月，败宋张浚军于富平。下泾州，败刘维辅军，熙州降。十年，进左副元帅。十三年五月，卒。**〔考异〕大金国志云，秋九月，刘豫来乞援，命窝里喝、挞懒将兵往。冬，刘麟等兵败，窝里喝等粮尽，引还。自燕山入见，卒于路。兀术取其妻寿昌娘子归黎阳。宏简录云，卒于妫州。稍异。**世宗即位，追尊豳王为立德显仁启圣广运文武简肃皇**

帝，庙号睿宗。〔考异〕大金国志云，太宗朝封晋王，熙宗时封冀王，世宗立，追称懿宗。续纲目云，封许王。宏简录云，卒时年四十，追封潞王，谥襄穆，赠太师，陪葬睿陵，改葬大房山，号景陵。按，睿宗子沃里布，原作吾里补，封齐王，与世宗为兄弟，凡二人。见宗室表。皇妣富察氏为钦慈皇后，〔考异〕后曾祖名赛补，而卷七世宗大定二十年，少府少监宗室；卷八十六蒲察斡论传大定时押军万户，姓徒单氏；卷一百二十徒单思忠传其曾祖，从太祖伐辽，战没，四人同名赛补。祖名蒲刺，而卷六十三寿宁县主传宗望女亦名蒲刺。父名按补，与乌延胡里改传太宗时监军同名。见汪辉祖金史同名录。李氏为贞懿皇后。

金史纪事本末卷十七

舍音宗干辅政 韩企先等附

太祖收国元年（乙未一一一五）秋七月戊辰，以舍音〔考异〕满州语"色白"，原作斜也，今译改。太宗纪作斜野，礼志作赛也。汪辉祖金史同名录云，卷六十三熙宗悼平后传，曾祖，姓裴满氏，卷一百二十徒单恭传本名，太师，巩国公，三人同名斜也。又卷五海陵纪贞元二年乌古迪烈司招讨亦名斜野，另一人。卷七十三阿离合懑子及守能传世宗时番部通事；卷六世宗大定九年宿直将军；卷十六宣宗兴定四年怀、孟帅，三人同名赛也，系年要录作赛音。为古伦贝勒，〔考异〕宏简录作昊勃极烈。世祖第五子，太祖母弟也。太祖伐辽，次寥晦城，抵辽界，敌兵犯中军，舍音出战，遣宗干止之，乃还。

冬十二月丁未，从太祖追及辽主于呼岱巴原作护步答冈，大败之。是战，<u>舍音</u>援矛杀数十人，功称最。

天辅元年（丁酉——一七）春正月，古伦温贝勒<u>舍音</u>，以兵一万攻<u>泰州</u>，下<u>金山县</u>。〔考异〕地理志云，<u>泰州</u>为<u>昌德军</u>，隶<u>上京</u>，治<u>金安县</u>。此云<u>金山县</u>，未知属何处。<u>孟古</u>原作<u>女固脾室</u>四部及<u>渤海</u>人皆来降，遂克<u>泰州</u>。城中积粟转致<u>乌哩雅</u>原作<u>乌林野</u>振先降诸部，因徙之内地。

五年（辛丑——一二一）夏闰五月辛巳，古伦乌赫哩贝勒〔考异〕宏简录作忽鲁勃极烈。<u>萨哈</u>原作<u>撒改</u>卒。六月庚子，以<u>舍音</u>代之。

冬十（一）〔二〕（据<u>金史</u>卷二<u>太祖纪</u>改）月辛丑，大举伐<u>辽</u>，以<u>杲</u>为内外诸军都统，时<u>舍音</u>改名<u>杲</u>。<u>宗翰</u>原作<u>粘罕</u>等副之，<u>伊都</u>原作<u>余睹</u>为向导。诏曰："<u>辽</u>政不纲，人神共弃。今欲中外一统，故命汝率大军以行讨伐。〔尔〕（同上补）其慎重兵事，择用善谋，赏罚必行，粮饷必继，勿扰降服，勿纵俘掠，见可而进，（母）〔无〕（据<u>金史</u>卷二<u>太祖纪</u>、卷七六<u>杲</u>传改）淹师期，事有从权，无烦奏禀。"又诏曰："若克<u>中京</u>，礼乐、仪仗、图书、文籍，并许津发赴阙。"〔考异〕宏简录云，是年，<u>杲</u>率兵取<u>中京</u>，牒知<u>辽</u>人欲焚刍粮，徙居民遁去。<u>奚王霞末</u>又欲窥我兵少则迎战，若不敌，则退保<u>山西</u>。其实皆无斗志，<u>杲</u>乃委辎重，以轻兵驰击之。纪未载。

六年（壬寅——一二二）春正月癸酉，都统<u>杲</u>克<u>高</u>、恩、回纥三城。乙亥，取中京，获军赀、牲畜亿计，遂下泽州，分兵屯守要害。适完颜罕都游兵出中京南，遇骑兵，绐曰："乞明旦降。"杲信之，使温特赫额埒春原作温迪痕阿里出等往迎，奚王锡默围之。纳哈塔通恩等据坂去马，殊死战，败其兵。〔考异〕太祖纪作宗翰等败锡默兵，今从杲传。宗翰知辽主猎鸳鸯泺，请进兵袭之。因宗干言，乃约会军奚王岭。

三月，杲出青岭，宗翰出瓢岭，辽主西走。宗翰遣达兰原作挞懒追击辽都统玛格于道兰。〔考异〕宏简录作马哥，云趋捣里。达兰请益兵于杲，而获枢密德勒岱父子。〔考异〕宏简录作得里底及节度使和尚、雅里斯、余里野等。太祖纪未载。

西京已降复叛，杲进攻之。夏四月辛卯，复取西京。〔考异〕宏简录云，时留守萧察剌逾城降。太祖纪未载。卷七十一婆卢火传辽统军，系一人。汪辉祖金史同名录云，太祖纪作查剌。卷二收国元年辽林牙，天祚纪作察剌；卷四熙宗皇统九年安武节度，被杀；亦见宗室表景宗子；卷八世宗大定二十二年寿州同知，处死；卷五十九宗室表世祖子，沂王；卷六十三海陵母徒单氏传宁德宫护卫；卷八十六大定时兴平节度，姓乌延氏；同卷大定时西北招讨，姓夹谷氏；卷九十八完颜匡传大定时中侍局都监，姓蒲察氏；卷一百二十徒单恭传恭季弟；卷一百二十三杨沃衍传元光二年提控，十一人同名查剌。〔杲〕（据金史卷七六杲传补）率大军趋白水泺，遣将招抚未降州郡。是时，耶律聂哷原作捏里自立于燕京。山西诸城人心未固，遣宗望原作斡离不请太祖临军。聂呀遗书于杲请和，杲复书，责以不先禀命，辄称大号，若能自归，当以燕京留守处之。聂呀复书自明，杲复以书责之。

夏六月戊子朔，太祖发京师，杲使马和尚奉迎于塔鲁原作挞鲁河。斡鲁原作鄂啰败夏兵，杲使希尹原作兀室等奏捷，且请徙西南招讨司诸部于内地。太祖至鸳鸯泺，杲上谒，嘉赏之。太祖追辽主于古尔珍〔考异〕宏简录作回离畛。川，南伐燕京，次奉圣州。诏曰："自今诸诉讼书付都统杲决遣。若有大疑，即令闻奏。"太祖定燕京，还次鸳鸯泺，以宗翰为都统，杲从太祖还京师。

七年（癸卯——一二三）太宗九月即位，改为天会元年。冬十二月甲午，以杲为安班贝勒，原作谙班勃极烈。与宗干共治国政。〔考异〕沈炳震廿一史四谱，太宗朝宰辅为谙班勃极烈者，杲及熙宗；为国论忽鲁勃极烈者，宗磐；为国论勃极烈者，宗干、宗翰；为阿舍勃极烈者，谩都诃；为平章者，韩企先、时立爱及铁骊突离剌。均见本传。

太宗天会三年（乙巳——一二五）冬十月甲辰，大举侵宋，以杲领都元帅，居京师。宗翰、宗望分道进兵。四年，再侵宋，以宋二帝归。八年，杲卒。熙宗皇统三年，追封为辽越国王。配享太祖庙廷，谥智烈。

第九子博济，原作孛吉，亦作孛极。〔考异〕元会汾金史考证，卷一百四移剌福僧传宣宗时原州刺史孛吉另一人。苗耀神麓记作孛急。一名宗义，天德间，官平章政事，为海陵所杀，并舍音子孙百余人；唯幼子阿古尔〔考异〕宏简录作阿虎里。得免，后封为王，世袭千户。大定间皆追复官爵。〔考异〕宏简录，弟蒲马、孛论出、呵噜、限噶，并赠龙虎卫上将军。纪未载。宗室表，杲子宗义，原作孛吉；佛门，原作蒲马；博勒准，原作孛论出；呵哈，原作阿噜；威赫，原作偎喝；阿古尔，原作阿虎里，凡六人。汪辉祖金史同名录云，卷六十七石显传昭祖末太湾；卷八十九梁肃传大定时赵王府长史；卷一百三十五高丽传收国二年使人，四人同名蒲马。又卷四熙宗皇统六年封任王，太祖子，详太祖崇妃萧氏传，亦作限喝，见宗义传；卷二十七河渠志大定二十七年卫州新乡主簿，三人同名偎喝，与康宗子劝农使宗国公同名，即限可。

当天会间，与杲同辅政者曰宗干。

太宗天会元年（癸卯一一二三）即天辅七年九月，即位改。冬十二月甲午，以宗干为古伦贝勒。宗干本名斡布，原作干布（按，据金史卷七六宗干传当作斡本），一作乌布。太祖庶长子。〔考异〕续通考，太祖系：一、辽王宗干；次、宋王宗望；三、梁王宗弼；丰王乌烈；赵王宗杰；陈王宗隽；沈王讹鲁；豳王讹鲁朵；卫王宗强；曹王宗敏；纪王习泥烈；息王宁吉；莒王燕孙；邺王斡忽。所载与史稍异。初，太祖伐辽，遇辽兵于境上，使宗干率众填堑，（土）〔士〕（据金史卷七六宗干传改）卒毕渡，渤海军驰突而前，左翼七穆昆少却，直犯中军。杲辄出战，使宗干止之，乃还。

达噜噶原作达鲁古城之战，宗干以中军为疑兵。未几，从昊取春、泰州。太祖克上京，次沃赫原作沃黑河，宗干率群臣请班师，从之。从都统昊取中京，宗翰自北安州遗书，请进兵追袭辽主，昊犹豫未决，宗干固请，乃许会师。既会军于羊城泺，昊使宗干与宗翰以兵六千袭辽主至五院司，主遁，败其将耿守忠兵于西京城东。至是，太宗立，拜古伦贝勒，同昊辅政。

三年（乙巳——二五）春二月壬戌，罗索获辽主于伊都谷，始命宗干等议礼制度，正官名，定服色，兴庠序，设选举，治（历）〔历〕（据金史卷七六宗干传改）明时，皆自宗干启之。〔考异〕宗雄传，初学契丹大小字，尽通之。凡金国初建立法、定制，皆与宗干建白行焉。及与辽议和，书诏契丹、汉字，宗雄与宗翰、希尹主其事。纪未载。续通考云，太祖收国元年初即位，陈耕具九，视以辟土养民之意。以良马九队，队九匹，别为色，并介胄、弓矢、矛戟奉上。熙宗天眷二年，详定常朝及朔、望仪。准前代制，以朔日、六日、十一日、十五日、二十一日、二十六日为六参日。后又定制以朔望为朝参，余日为常朝。大定二年，命台臣定朝参礼。又有元旦、圣诞上寿仪，受尊号仪，肆赦仪，臣下拜赦诏仪，册后仪，册太后仪，册太子仪，太子生日，正旦受贺仪，太子与百官相见仪，外国使入见仪，曲宴仪、朝辞仪，详礼志。又律吕制度，辽用周黍尺九寸，管空，径三分为本。又诏行秬黍所定升斗。金明昌五年，诏〔用〕（据金史卷三九乐志补）唐、宋故事，置所，讲议礼乐。有司谓"雅乐自周、汉来止存大法，<u>魏</u>、<u>晋</u>后更造律度，讫无定论。至<u>周保定</u>中，得古玉（尺）〔斗〕（同上改）于地中，以造尺律。<u>牛宏</u>改用<u>苏绰</u>铁尺，<u>隋</u>、<u>唐</u>因之。<u>黄巢</u>乱后，乐悬散失，博士<u>殷盈孙</u>以<u>周</u>法铸鎛钟、编钟，处士<u>萧承训</u>等校石磬，合奏之。至<u>周显德</u>以黍定律，比<u>唐</u>乐高五律。<u>宋</u>初亦用<u>王朴</u>所制乐。时<u>和岘</u>以<u>周显德</u>律音近哀思，乃依<u>西京</u>铜望臬、石尺重造十二管，取声下<u>王朴</u>一律。<u>景祐</u>初，<u>李照</u>以声犹高，更用太府布帛尺，遂下太常乐三律。<u>皇祐</u>中，<u>阮逸</u>、<u>胡瑗</u>改造（上）〔止〕（同上改）下乙律，声不和，仍用<u>王朴</u>乐。<u>元丰</u>间，<u>杨杰</u>参用<u>李照</u>钟磬加四清声，下<u>王朴</u>乐二律，为新乐。<u>元祐</u>间，<u>范镇</u>造新律，下<u>李照</u>乐一律，未用。至<u>崇宁</u>中，<u>魏汉津</u>以人君指节为尺，其所造钟磬，即今所用乐是也。<u>汉津</u>所用指尺，殆与<u>周</u>、<u>隋</u>、<u>唐</u>玉尺同，故乐律无太高太下，可久用。惟宜补铸辰钟十五、辰磬二十一、通旧各为二十四簴。上曰："乐律不当泥于器，要在声和。"遂敕<u>南京</u>取<u>宋</u>旧工，更铸〔辰钟〕（同上补）十有二。又（二）〔以〕（同上改）旧钟，姑洗、夷则皆高五律，无射高二律，别铸以补之，乃协。所载甚详。

四年（丙午——一二六），官制行，诏中外。〔考异〕续

<u>通考</u>云，<u>金国</u>官长，初皆称勃极烈，升拜宗室功臣。其部长曰孛堇，统数部者曰忽鲁。至<u>熙宗</u>定官制，皆废。后惟镇抚边民官曰秃里、乌鲁。国之下，有扫稳、脱朵；详稳之下，有摩忽、习尼昆，皆踵<u>辽</u>旧。至汉官，则<u>天辅</u>七年设行枢密院。<u>天会</u>四年，建尚书省，遂有三省之制。至<u>天眷</u>初，颁新官制及换官格，始定勋封、食邑入衔。<u>正隆</u>元年，罢中书门下省，止置尚书，设尚书令，左右丞相、平章为宰相；左右丞、参政为执政官；左右司，郎中、员外郎带修起居注，及都事二员、祗候郎君等。又设六部，各尚书侍郎、郎中、员外郎等。外官：则五京设留守司，留守带府尹，兼本路兵马都总管；

副留守带少尹，兼副总管，及判官、推官、司狱之属。诸路有提刑司，后改按察使，兼宣抚使、劝农、采访事，及副使、签事、判官、通判等官。其管领钱谷曰转运使，后惟设都转运使，及同知判官。而诸路转运皆兼于按察。外设漕运司，提举及同提举各一员，管河仓、漕运之事。赵彦卫云麓漫钞云：近日优人作杂班，似杂剧而简略。金国官制，有文班，武班。若医卜、倡优，谓之杂班。每宴集，伶人进，曰杂班上，故流传至此。

十年（壬子——三二）夏四月庚午，以宗干为古伦左贝勒。未几，改定制度，诏中外。

十三年（乙卯——三五）熙宗亶正月即位，不改元。春三月，以宗干为太傅，领三省事。

熙宗天眷二年（己未——三九）秋七月辛丑，以宗干为太师，进封梁宋国王，入朝不拜，策杖上殿，以足疾，设坐奏事，监修国史。〔考异〕宏简录云，是年，诏侵宋，宗干率群臣奏："宋妄自鸥张，祈求无厌，今若不取，后患难图。"遂诏中外复河南疆土。先是，宗磐等执议，以废齐旧地与宋，宗干力争不能得，至是始与宗弼议合，复取之。见毕沅续通鉴，本传未载。

皇统元年（辛酉——四一），赐宗干辇舆上殿，制诏不名。帝幸燕京，宗干从。会有疾，帝亲临问。自燕京还，至野狐岭，宗干疾亟，不行，帝复亲临视，语及军国事，帝悲泣不已。明日，仍与后同往。后亲与宗干馈食，至暮乃还。并赦罪囚，为禳解。居数日，卒，帝哭之恸，辍朝七日，亲临祭葬。海陵篡立，追尊明肃皇帝，庙号德宗。世宗即位，追削之，〔考异〕宗干传，大定二十二年，太子允恭奏，略曰：“追惟熙宗世嫡统绪，海陵无道，弑帝自立，崇正昭穆，削其炀王，俾齿庶人之列。瘗之闲旷，不封不树，既已申大义而明至公矣。海陵追崇其亲，逆配于庙。今海陵既废为庶人，而明肃犹窃帝尊之名，列庙祧之数。海陵大逆，正名定罪，明肃亦当缘坐。臣谓当削去明肃帝号，止从旧爵，明诏中外。”书奏，帝嘉纳。所载甚详。改封皇伯、太师、辽王，谥忠烈，配享太祖庙廷。

子充，本名实图美，原作神土懑。〔考异〕汪辉祖金史同名录云，卷六十五斡者传其子骠骑上将军；卷七十思敬传其父金源郡王；卷九十一宗室，婆速路都总管，四人同名神土懑。亦作神土门，一见卷七十六宗本传幽王；一见卷八十五永中传其子璋本名，亦作神徒门。官（右）〔左〕（据金史卷七六神土懑传改）丞相，封代王。其子塔纳原作檀奴官归德节度使，阿里布原作阿里白官辅国上将军，皆为海陵杀。〔考异〕宗室表，充封郑王，子四，次子永元，本名元努，彰德节度；三子额布勒，原作鄂补，同知济南尹。本传未载。

亮即海陵。

兖，本名梧桐，历太尉、枢密使，封王。子阿哈原作阿合同知（武定）〔定武〕（据金史卷五九宗室表、卷七六兖本传改）节度使。

襄，本名永庆，辅国上将军，追封卫王，赠司徒。子和尚，封应国公，赐名乐善，坐事诛。

衮，本名博恰，一名富勒坚，〔考异〕汪辉祖金史同名录云，衮本名蒲甲，亦作蒲家，传在卷七十六。而卷一百二十九李通传正隆六年昭义节度副使蒲甲，另一人。又，衮传，家奴喝里，与卷三太宗纪天会五年回鹘可汗喝里同名。官西京留守，封王，坐与穆隆阿等交通，诛。

同时汉人称贤相者，惟韩企先。企先，燕京人。九世祖知古仕辽为中书令，徙居柳城，县名，属营州。世贵显。乾统间第进士。都统杲定中京，擢枢密副都承旨，迁转运使。宗翰经略山西，表为西京留守。天会六年，刘彦宗卒，本传，宛平人，六世仕辽，相继为相。父霄，官中京留守。太祖定燕京，彦宗随左企弓降，官平章，知密院，卒，封衮国公，谥英敏。子萼，济南尹，任国公；筈，右丞相，郑王。按，刘霄系辽咸雍十年状元。见元遗山集及周密癸辛杂识。〔考异〕赵子砥燕云录云，戊申正月，刘彦宗搜索举人赴燕山杂试，于竹林寺作试院。南北同院，异场引试。二月十七日，引试北人，诗赋一场；二十八日，引试南人，三场，至三月二十七日开院。北，四百人，取六分；南，六千人，取五百七十一人。彦宗曰：“第一番进士，须宽取诱之。”竹林寺，辽道宗清宁八年，楚国大长公主舍诸私第，刱厥精庐，奉敕以竹林为额。见奉福寺尊胜陀罗尼幢。纳新金台集云，竹林寺，金熙宗驸马宫也。寺僧云：“一塔无影。”日下旧闻考云，竹林寺，景泰中重建，易名法林寺，在笔管衚衕，今废。有天顺中翰林学士吕原碣其塔，今无可考。洪皓松漠纪闻云，国少浮屠氏，有赵崇德者，为燕都运，未六十，休致为僧，自为大院。请燕竹林寺慧日师住持，约供众僧三年费。果啰洛纳延诗云：“城南天尺五，只树给孤园。甲第王侯去，精蓝帝释尊。老僧夸塔影，稚子斫松根。何日天台路，相从一问源。”续通考云，彦宗，字鲁开，天会六年卒，追封郓王，正隆例降，后封兖国公。
次子筈，辽进士，归金，元帅府号令约束，多所擘画。熙宗时法驾
仪仗，亦筈讨论。时有贾少冲，字若虚，通州人，天眷二年进士。
筈欲妻以妹，不就，曰：“富贵当自致之！”后官顺天节度使。见少
冲传。以企先同平章事，知枢密院。七年，迁尚书左
仆射兼侍中，封楚国公。

　　先是，太祖平燕京，始用汉官宰相，赏左企弓
等，置中书、枢密于广宁府；而朝廷宰相，自用女
直官号。太宗立仍旧。及诛张敦固，移置中书、枢
密于平州，寻移燕京，凡汉地选授、调发、租税皆
（称）〔承〕（据金史卷七八韩企先传改）制行事。故自时立
爱本传，涿州人。仕辽至御史中丞，汉军都统。太祖克燕山，先送
款，宗望再至，拜平章，封陈国公。数从宗望军，谋画居多。历侍
中，中书令，加开府，卒官。〔考异〕续通考云，立爱，字（寿昌）
〔昌寿〕（据金史卷七八时立爱传改），辽太康九年进士，天会十
〔五〕（同上补）年，改封郑国公。刘彦宗及企先，官为宰
相，其职大抵如此。〔考异〕元好问作张万公碑云，金制，自
尚书令而下，有左右丞相为宰相，尚书左右丞为执政官，凡内族外
戚及国人有战功者为之，其次则奚、渤人，又次则参用汉进士，不
过以示公道而已，无相权也。

　　舍音、宗干当国，劝太宗改旧制，立尚书省以
下诸司府寺。十二年，以企先为尚书（左）〔右〕（据
金史卷七八韩企先传改）丞相，〔考异〕赵翼劄记云，十二年，以
企先为尚书右丞，汉人为真相此自始。与史异。召入见，太宗

惊异曰："朕畴昔尝梦此人，今果见之。"于是方议礼制度，损益旧章。企先博通经史，因革咸取折衷。〔考异〕文艺传韩昉，字公美，燕京人。天庆二年，中进士第一。天会四年，使高丽，还，擢礼部尚书兼太常卿。在职凡七年，礼制因革，均在事有功为最。久历参政，郓国公，卒官。元好问中州集，昉，宛平人。辽末状元，仕国朝至宰相，尝撰武元圣德神功碑，为作者所称。子，汝嘉。其为相，为官择人，专以奖励后进为己任。推毂士类，甄别人物，一时台省多君子。密谋显谏，必（资）〔咨〕（同上改）于（正）〔王〕（同上），宗翰、宗干雅器重之，世称贤相焉。皇统元年封濮王。六年卒，年六十五。配享太宗庙廷，图像衍庆宫，谥简懿。世宗亟称之，谓前后汉人宰相无能及者。

次子铎，仕至顺天军即保州，县二。节度使。

金史纪事本末卷十八

熙宗刑政得失

太宗天会十三年（乙卯——三五）春正月己巳，太宗崩，年六十一，谥曰文烈皇帝，葬和陵。〔考异〕苗耀神麓记云，太宗患风疾，半身不遂，约一年，至是年元旦，见佛像在日傍，从者皆睹，遂僵仆，寻殂。张汇节要云，绍兴四年冬，乌奇迈以病死。时诸军在江上未归，不敢发丧，至次年军回，乃告各路。赵子砥燕云录云，金置库积财，惟行兵用之。国主私用过度，谙班告粘罕请罪之，扶下殿，杖二十，群臣谢罪，继时过盏。其说诞妄不足信。纪均未载。庚午，熙宗亶即位。本名哈喇，原作合剌。〔考异〕苗耀神麓记作喝啰。熊克小纪云，小名哈尔满。太祖孙，丰王宗（浚）〔峻〕（据金史卷一九世纪补改）〔考异〕洪皓松漠纪闻作绳果，张汇节要作室曷，系年要录作胜果。云，胜果死，其妻为库堪所收。库堪乃宗干小名，盖视亶如己子，因劝立之。婆卢火传太宗天会六年将，亦名绳果，另一人。子。母曰富察氏。先是，安班贝勒杲卒，太宗意未决，会宗翰、原作粘罕宗辅原作窝里嗢入朝，与宗干固请，立为储嗣。至是袭位，不改元。〔考异〕续通考云，是年正月辛巳，太白昼见，凡四十余日伏。天眷二年五月戊子、八月丁（五）〔丑〕（据金史卷四熙宗纪改），太白均昼见。皇统七年正月丁亥、七月己巳，太白均经天。八年十月甲子，太白昼见。十一月壬申，太白经天。十二月丙寅，太白昼见。详五行志。（按，当系天文志。下同。）三月甲午，以都元帅宗翰为太保，领三省事。

夏五月甲申，左副元帅宗辅卒。〔考异〕沈炳震廿一史四谱，熙宗朝宰辅领三省事者，宗翰、宗磐、宗干、宗隽、宗弼、宗贤、宗敏、宗本及萧仲恭、完颜勖。海陵丞相，则希尹、宗固、完颜充及秉德、韩企先；平章，则完颜奕、完颜昂、刘筈；左右丞，则高庆裔、萧庆、宗宪、李德固、唐括辨、完颜禀。均见本纪。

秋九月壬申，追尊皇考丰王为景宣皇帝，庙号徽宗，皇妣富察氏为惠昭皇后，改葬兴陵。戊寅，尊太祖后赫舍哩原作纥石烈氏为太皇太后，〔考异〕纪书二月（己）〔乙〕（同上）巳，追谥太祖后唐古氏曰圣穆皇后，费摩氏曰光懿皇后，与此为三。太宗后唐古原作唐括氏亦尊为太皇太后。

冬十一月，以尚书令宋国王宗磐原作蒲卢虎，亦作蒲鲁虎，本名富勒呼。〔考异〕汪辉祖金史同名录云，卷十五宣宗兴定三年，治书侍御史；卷五十〔九〕（据金史卷五九宗室表补）宗室表肃宗子崇国公，康宗子谋良虎子猛安；卷八十一夹谷谢奴传太祖时总管，五人同名蒲鲁虎。亦为蒲卢浑，子名阿虎迭，见卷六十三海陵昭妃阿里虎传，与卷一百二十武定节度同名。又作阿虎特。为太师，希尹原作兀室为尚书左丞相，高庆裔为左丞，萧庆为右丞。

十二月癸亥，以京（师）〔西〕（同上）鹿囿赐贫民。〔考异〕洪皓松漠纪闻云，鹿顶合，燕以（壮）〔北〕（据松漠纪闻补遗改）者方可车，须是未解角之前。才解角，血脉通，冬至方解。好者有人字，不好者成八字。有髓眼不实，北人谓角为鹿角合，顶为鹿顶合。南鹿不实，定有髓眼，不可车。北地角未老，不至秋时不中。又，麋角与鹿角不同，麋角如驼骨，通身可车，却无纹；鹿顶骨有纹，上下无之，亦可熏成纹。按，鹿角解于五月，此云冬至，恐误。续通考云，十三年，诏公私禁酒。先是，天会初始命榷酤官，以周岁为满。至大定二年，诏宗室私酿者，从转运司鞫治。三年，命设军百人，（禁）〔隶〕（据金史卷四九食货志改）兵马司，同酒使副合干人巡察。八年，更定酒使司课及五万贯以上者，注右职。二十七年，改收曲课，听民酤。承安初，令酒务，元额上通取三分作糟醅钱。（按，此乃泰和四年事，见金史卷四九食货志，这里称"承安初"疑误）大金国志云，是冬，宗盘攻盲骨子，败之，由是失归附心，诸部解体。志又作蒙古，云金初起，尝假兵于蒙古，及得国，不偿元约，遂有怨言。纪均未载。

熙宗天会十四年（丙辰——三六）春三月壬午，以太保宗翰、太师宗磐、太傅宗干并领三省事。

秋八月丙辰，追尊九代祖以下曰皇帝、皇后，定始祖、景祖、世祖、太祖、太宗庙皆不祧。时程案上疏，请诏有司定议谥号，上慰祖宗在天之灵，帝嘉纳，始赠太祖尊谥。〔考异〕大金国志云，是秋，刘豫乞师侵宋，遣兀术提兵黎阳以观衅。纪未书。续通考云，是年正月壬辰，荧惑入月。三月丁酉夜，中星摇。九月癸未，有星大如缶，起西南，流于正西。十一月己巳，狼星摇。丙寅，日中有黑子，斜角交行。详五行志。

十五年（丁巳——三七）夏六月庚戌，尚书左丞高庆裔、转运使刘思有罪，伏诛。〔考异〕大金国志云，是春，左丞庆裔以赃下大理寺，乃粘罕腹心也。宗磐之徒欲挫粘罕，故先折其羽翼，斩于会宁府市。所载较详。续通考云，是年正月戊辰，岁星犯积尸气。

秋七月辛巳，宗翰卒。丙戌夜，京师地震。封皇叔宗隽原作讹鲁观，亦名额尔衮。等为王。丁亥，汰兵兴滥爵。

冬十月乙卯，以达兰原作挞懒为左副元帅，宗弼原作兀术为右副元帅。

十一月丙午，废齐国，置行台尚书省于汴。

十二月癸未，命韩昉、耶律绍文等编修国史。以勖本名乌页，一作乌野。〔考异〕汪辉祖金史同名录云，本名乌也。卷六十五斡者传大定时万户，姓特里失氏；卷九十二克宁传太宗时肇州防御使，姓唐括氏，三人同名乌也。又，卷八十三椿年传本名，海陵时参政，姓纳合氏；卷一百三十六元宜传正隆时猛安，姓唐括氏，三人同名乌野。为尚书左丞、同平章事。本传，穆宗第五子，刚正寡言。海陵方用事，会议，〔海陵〕（据金史卷六六勖传补）后至，勖面责之。封秦汉国王，太师，领三省事。子宗秀，官昭义节度使，广平郡王。续通鉴乌野作乌延，云，好学，平汴，唯载书数车。既掌修国史，自始祖以下十帝，综为三卷，详略得体。尝奏上太祖实录二十卷，又作女直郡望姓氏谱。字勉道，国人称为秀才。同掌国史者，尚有耶律迪延，原作迪越。见勖传。嗣后宗弼修太祖实录，皇统八年进；良弼修太宗实录，天德七年进。又，睿宗实录，大定十一年进；国史院修世宗实录明昌四年进；王若虚修章宗实录兴定四年进；又修宣宗实录，正大五年进。承安五年，杨廷秀言编太祖、太宗、世宗、熙宗四朝圣训。又正大四年，史奕进世宗遗训。所载甚详。大金国志云，是年，大内都点检出（忽）〔忍〕质（据大金国志卷九熙宗纪改）之子，与国主元妃乱，并伏诛。纪未载。

天眷元年（戊午——三八）春正月戊子朔，颁女直小字。〔考异〕熙宗所制女真小字，用以译经、史试科举，迨蒙古字行，而女真字遂中辍。明秘阁书目尚有女真字母一书，今亦失传。见满州源流考。

二月壬戌，如约罗春水。己巳，诏罢拉林原作来流水、混同江护逻地与民耕牧。

三月庚寅，以禁（院）〔苑〕（据金史卷四熙宗纪改）隙地分给百姓。

夏四月壬午，立妃费摩原作裴满氏为皇后。〔考异〕熙宗纪作立为贵妃，恐误。洪皓松漠纪闻作图克坦氏。续通考云，裴满达，本名忽挞，婆卢（本）〔木〕部（据金史卷一二〇裴满达传改）人，质直孝友。天辅六年，从蒲家奴追叛寇于铁吕川，力战，有功。熙宗娶其女，是为悼平后，拜太尉，徐国公，进封王。又云，是夏，见一苍龙，一爪承一婴儿，为龙所戏，略无惧色。三日如故。

五月己亥，诏以经义、词赋两科取士。

秋八月甲寅朔，颁行官制。〔考异〕金国闻见录载诏，略云："可则循，否则革，事不惮于改。为言之易，成之难，政或讥于欲速。作室肯构，第遵底法之良；若网在纲，庶乿有条之紊。"纪未载。己卯，诏以河南地与宋。以右司侍郎张通古等使宋。〔考异〕元好问中州集，安阳王竞，字无竞。宋末登进士，仕国朝至礼部尚书、翰林学士承旨。大定四年卒。善作大字，广丈，结密如小楷，京师宫殿题牓皆其笔，闲闲公以为古今第一手。其奉使江左，题同官萧显西湖行记后诗云："云烟浓淡费临摹，行记看来即画图。云梦不妨吞八九，笔头滴水了西湖。"国史有传。其奉使年月未载交聘表，姑附录于此。以京师为上京，府曰会宁，旧上京为北京。〔考异〕续纲目云，会宁，即海古勒地，金旧土也。安春水源于此，故名金源。至是升为上京会宁府，改辽上京临潢府为北京，而东京辽阳、西京大同、南京大兴、中京大定诸府则仍旧。所载较详。

〔九月〕（据金史卷四熙宗纪补）丁酉，改燕京枢密院为行台尚书省。甲辰，以奕为平章政事。

冬十月甲寅朔，以李德固参知政事。丙寅，封叔宗强为纪王，宗敏邢王，太宗子呼拉布原作斛鲁补等十三人为王。己巳，始禁亲王以下佩刀入宫。辛未，定封国制。〔考异〕续通考云，定封国制，属吏部。凡封王大国号二十，曰：恒、邵、汴、镐、并、益、彭、赵、越、谯、郧、鲁、冀、绛、兖、豫、鄂、夔、宛、曹；次国三十，小国三十。封王之郡号十：金源、广平、平原、南阳、常山、太原、平阳、东平、安定、延安。封公主（三）〔之〕（据金史卷五五百官志改）县号三十。凡白号之姓，封金源郡、广平郡、陇西郡，分三等。黑号之姓，皆封彭城郡。其封爵正从品级高下：正从一品曰郡王，曰国公；正从二品曰郡公；正从三品曰郡侯；正从四品曰郡伯；正五品曰县子，从五品曰县男。凡食邑封王者，万户实封千户；郡王五千户，实封五百。以次递减。郡伯以下无实封。命妇：凡母妻从其夫、子，皆封夫人；五品封郡君、县君。**癸酉，以东京留守宗隽为尚书左丞相，封陈王。**〔考异〕大金国志云，是岁，府州守折可求为撒离喝所酖，子彦文挈家走河东，命知代州。宋史高宗纪，绍兴八年正月，寿州宋超来归。蔡州提辖白安时杀金将兀鲁，执其守刘永寿来降。熊克小纪云，时夏国乘金人有折可求之丧，攻府州，夺之。子彦文奔河东，金复命知代州。纪均未载。

二年（己未——三九）**春正月戊戌，以宗隽为太保，领三省事，进封兖国王。希尹复为尚书左丞相。**

三月丙辰（按，是年三月辛巳朔，月内无丙辰，疑此处误），**命百官详定仪制。**

夏四月甲戌，百官朝参，初用朝服。〔考异〕大金国志云，金俗好衣白，自灭辽臣宋，渐有文饰。至于衣服，尚依旧俗，贵贱以布之粗细为别。富人春夏多以纻丝绵绸为衫裳，亦间用细布；冬以貂鼠、青鼠、狐貉皮或羔皮为裘，或作纻丝绸绢；秋冬亦衣羊皮，或獐鹿皮为衫。裤袜皆以皮。续通考云，金时，凡大祭祀、加尊号、受册宝，则服衮冕。行幸、斋戒、出宫，或御正殿，则通天冠、绛纱袍。初，太宗即位始服赭黄。章宗初立，以世宗丧，服淡黄袍，乌犀带；常朝服，小帽、红襕偏带，或束带。天眷二年，命百官朝参用朝服，凡道驾及行大礼，文武皆服之。正一品，貂蝉笼巾，七梁额花冠，貂鼠立笔，银立笔，犀簪道，佩剑；正二品，七梁冠，银立笔，犀簪道，不佩剑。余以次递杀。中丞，则獬豸冠，青荷莲绶。公服大定制文资五品以上官服紫，皆加襕。祭服，泰和元年，礼官言衮冕十二旒，元衣纁裳，备十二章，天子之祭服也。通天冠，绛纱袍，红罗裳，天子之朝服。臣下则服青衣朱裳以祭，朱衣朱裳以朝。国朝唯天子备衮冕，通天冠二等之服。今群臣但有朝服而无祭服，宜参酌古今改置祭服，冠如朝冠，而但去貂蝉立笔，服用青衣朱裳白袜朱履，非摄事官则用朝服。从之。太子冠服，冕用白珠九旒，红丝组为缨，青衣朱裳九章，谒庙则服之。至远游冠，名始魏、晋，后世承袭非宜，殆不同于鲵鱼邪，菎之禁者也。余详舆服志。

六月辛亥，乌舍原作吴（矢）〔十〕（据金史卷四熙宗纪改）。〔考异〕熊克小纪作仲和什，又作乌克绅，疑误。毕沅续通鉴作和什，云原作谢什。谋反，伏诛。

秋七月辛巳，宗磐、宗隽谋反，伏诛，诏天下。〔考异〕宗磐传，太宗长子，天会间为乌赫哩贝勒。熙宗立，益加优礼。宗翰没，日更跋扈。尝与宗干争论上前，持刀向之。既而达兰、宗隽入朝，阴相党附，遂谋作乱。宗干、希尹发其事，下诏诛之。宗隽，太祖子，大金国志作太宗次子，云，郎君吴矢谋反，下狱，事连宗盘、宗隽，及虞王宗英、滕王宗伟等。（用）〔因〕（据大金国志卷一〇熙宗纪改）朝旦，伏兵诛之，夷其族。诏略曰："周行管、蔡之诛，汉致燕王之辟，惟兹无赦，古不为非。不图骨肉之间，有怀蜂虿之毒。"又曰："宗盘，族连诸父，位冠三司，信任宵人，煽为奸党，坐图问鼎，行将弄兵"云云。翰林学士韩昉笔也。

系年要录作知制诰刘昉笔。纪未载。以宗弼为都元帅，越国王；达兰为行台左丞相。甲午，咸州详衮原作详稳沂王晕坐与宗磐谋反，诛。辛丑，以宗干为太师，梁宋国王。

八月辛亥，达兰与翼王呼兰原作鹘懒及呼勒希图、原作活离胡土达兰子斡带、额特布原作斡带、乌达补谋反，并诛。

九月戊寅朔，降封太宗诸子。〔考异〕续纲目云，是冬，金呼沙呼攻蒙古，粮尽而还，蒙古追袭之，大败其众于海岭。蒙古在女真东，唐为蒙兀部，劲悍善战，夜中能视，以鲛鱼皮为甲，可捍流矢。李心传朝野杂记云，金盛时，置东北招讨司以御蒙兀、高丽；西南招讨司以统鞑靼、西夏。蒙兀所据，盖吴乞买创业时二十七团寨。鞑靼之境，东接临潢府，西邻夏，南距静州，北抵大人国，所谓生鞑靼也。宇文懋昭谓金初代之蒙古，与元之蒙古为二国，相去千里。究之今蒙古诸境，延袤万里，或称萌骨、朦骨、盲骨、蒙兀、蒙骨斯，部族虽殊，总属朔漠，其实皆蒙古耳。赵翼陔余丛考引孟珙蒙达备录谓，北有蒙古斯国，雄于北边，后衰灭。成吉思起兵，慕蒙为雄国，乃改称大蒙古。盖蒙古斯，即磨古斯，"磨"、"蒙"声相近也，建号由此。可补元史之阙。系年要录云，时海寇张青至辽东，伪称王师，破苏州，辽土大扰。中原之被掠者，多起兵应之。史均未载。

三年（庚申——四〇）春正月癸巳，以宗弼领行台尚书省事。

夏四月乙巳朔，温都思忠廉问诸路贪廉，升黜有差。〔考异〕续通考云，金考课法，凡内外官政绩，及所历资考、更代之期、去就之故，秩满皆备陈于解由，吏部据以定能否。又撮解由之要，于铨拟时读之，谓之铨头。又会历任铨头而书于行止簿。又为簿列百司官名。有所更代，则以小黄绫书其期及去就之故，而制其铨拟之要领焉。天眷三年，思忠察得廉吏杜遵晦等百二十四人，进一阶；贪吏张轸等二十一人，皆罢之。大定以后，分道考察，号称得人。见兴定初，中丞李英奏。丁卯，帝如燕京。

五月丙子，诏元帅府复取河南、陕西地。宗弼自河南趋汴，萨里罕原作撒离喝出河中趋陕。〔考异〕熊克小纪云，金签军法：元帅府下诸路帅，帅下节镇，节镇下郡县，籍丁多寡，令备军装，以听点集。初，皆尼雅满之徒专之，至是始令诸路不得从元帅府，须见里面使臣所持御画、牌札，方许签发，盖疑其下也。然元帅府距国都甚远，缓急安能应援两河哉。未几，河南平。

六月，陕西平，遣使奏捷。

秋九月癸亥，杀左丞相希尹、右丞相萧庆及希尹子巴达、原作把搭满达。原作漫带

冬十一月癸丑，以孔子裔孙璠袭封衍圣公。本传，字文老。齐阜昌三年补迪功郎，袭封，主祀事，至是加承奉郎。子拯，字元济。皇统三年璠卒，拯袭。大定十四年，命礼官参酌开元礼，定释奠仪。以兖国公颜、邹国公孟配。十六年，立兖州学阙里庙宅，子孙入学者听。二十年，授孔总曲阜令。明昌三年，〔诏衍圣公可超〕（据金史卷一〇五孔元措传补）迁中议大夫。祀用三献，祭酒充，改用太常乐工。十月，修曲阜宣圣庙，党怀英撰碑文。赐

孔端甫同进士出身。四年八月，亲行释奠礼。<u>承安二年，孔元措</u>袭封，丁祭，帝亲为赞文。五年，命进士名避圣讳。<u>元措</u>后归<u>元</u>。余详<u>续通考</u>。

十二月己亥，以<u>阿里布</u>为左副元帅，<u>萨里罕</u>为右副元帅。〔考异〕<u>续纲目</u>云，时<u>金</u>主兴礼乐，立<u>孔子</u>庙于<u>上京</u>，得其四十九代孙<u>璠</u>，遂封之。又置屯田军于<u>中原</u>，自<u>燕京</u>至<u>淮</u>、<u>陇</u>之北皆有之。<u>纪</u>未载屯田事。

皇统元年 （辛酉——一四一）〔考异〕<u>蒋芾逸史</u>云，<u>高丽日历</u>，壬戌年改<u>皇统</u>，乃<u>绍兴</u>十二年。<u>熊克小</u>（历）〔纪〕（据<u>中兴小纪</u>改）改<u>皇统</u>在<u>绍兴</u>十四年。据<u>绍兴讲和录萧毅</u>所持乌珠书，已称<u>皇统</u>元年，合之<u>王大观行程录</u>，则改元在<u>绍兴</u>十一年较妥。<u>蒋</u>与<u>熊</u>皆误。春二月戊寅，诏致仕官至三品者，给半俸。〔考异〕<u>续通考</u>云，<u>天眷</u>三年，诏文武五品以上致仕给半俸，三品者给俸全。<u>皇统</u>元年，诏致仕三品者俸禄人力各给半。<u>大定</u>十一年，诏年七十以上致仕者，不拘官，亦给半俸。二十五年，增留守、总管、统军、转运、府尹、节度月俸。二十八年，增外任小官、烦剧局员俸。给诸教授俸。<u>明昌</u>初，令增百官俸。按，〔<u>金史百官志</u>〕（按，下文有"所载甚详"，无所承，今据补），俸给之数，正一品：三师，钱粟三百贯石，麹米麦各五十称石，春衣罗、秋衣绫各五十匹，春秋绢各二百匹，绵千两；三公、亲王以次递减。外官诸使司都监，食置二十万以上六十贯，十万贯以上五十贯，以下递减。又二品以上无职田，三品而下在京者亦无职田。正三品外官，公田三十顷，统军、招讨二十五顷，从三品以下递减。凡职田，亩取粟三斗，草一称，仓场随月俸支。所载甚详。戊（午）〔子〕（据<u>金史</u>卷四<u>熙宗纪</u>改）亲祭<u>孔子</u>庙，北面再拜。退谓侍臣曰："朕幼年游侠，不知志学，岁月逾迈，深以为悔。孔子虽无位，其道可尊，使万世景仰。大凡为善不可不勉。"自是颇读尚书、论语及五代、辽史诸书。

夏四月丙子，以韩昉参知政事。辛巳，宗弼请侵宋，从之。

五月己酉，宗干卒。

〔七月丙午〕（据金史卷四熙宗纪补）以宗弼为尚书左丞相，领行台如故。

秋九月戊申，诏赐鳏寡孤独不能自存者，人绢二匹、絮三斤。〔考异〕续通考云，天寿节设施老疾贫民钱数，在都七百贯，宫籍监给诸京二十五贯，以次递减。诸孤老幼疾人，各月给米二斗，钱五百文，春秋绢各一匹。身故者给殡埋钱一贯。

是秋，宗弼侵宋，寻及宋平，画淮为界。〔考异〕地理志，皇统元年十月，宗弼画淮中流为界，西自邓州南四十里，西南四十里为界。泰和八年始置沿淮巡检使。续通鉴作十一月，本纪及弼传均未载，所系日月各异。

二年（壬戌——四二）春正月己亥，帝猎于拉林河。

夏五月癸巳朔，不视朝。帝自去年荒于酒，与近臣饮，或继以夜。宰相入谏，辄饮以酒，曰："知卿等意，今既饮矣，明日当戒。"因复饮。寻宴群臣于五云楼，皆尽醉而罢。〔考异〕毕沅续通鉴云，时金使求白面猢狲及鹦鹉、孔雀、狮子、猫儿，帝令悉与之。曰，闻金后擅政，三省惟承后旨。性侈靡，其珍珠装被，集绣妇至数千，后日更绣衣一袭，直数百缗。其风如此，岂能久耶。<u>续通考</u>云，时临潢<u>卢彦伦</u>性机巧，能迎合悼后意，颇见宠任，官至礼部尚书，封郇国公。纪均未载。

三年（癸亥——四三）春正月己丑朔，以皇太子<u>济安</u>丧，不御正殿。〔考异〕<u>毕沅续通鉴</u>云，<u>济安</u>初病时，主与后幸佛寺焚香泣祷，曲赦五百里内罪囚，卒，谥<u>英悼</u>。所载较详。<u>赵兴祥</u>传，<u>卢龙</u>人，思温裔。归国，为六宅使，同知宣徽院。母忧去官。<u>熙宗</u>素闻其孝行，及<u>英悼</u>太子受册，以本官起复，护视太子。转宣徽使，封<u>申国公</u>，定武节度。纪未载。

三月辛卯，以<u>勖</u>为平章政事，<u>宗宪</u>为尚书左丞。

夏五月甲申，初立太庙、社稷。〔考异〕<u>金图经</u>云，<u>金</u>本无宗庙，不修祭祀。自平<u>辽</u>后，<u>汉</u>臣言天子孝在尊祖，宜建宗庙，主乃筑室内东南隅，制极简略。<u>亮</u>迁<u>燕</u>，筑巨阙于南城之南，曰<u>太庙</u>，标名衍庆宫。贞元三年，始奉安神主。大定十一年，郊祀前一日享<u>太庙</u>，议荐新礼。<u>续通考</u>云，天辅七年，太祖（筑）〔葬〕（据续文献通考卷八十改）上京宫城西南，建（凝）〔宁〕神殿（同上）于陵上。后诸京皆立庙，在京师者曰<u>太庙</u>。天会十三年，<u>熙宗</u>幸<u>燕</u>及受尊号，皆亲享。天眷二年，立太祖原庙于<u>庆元宫</u>及会宁府。追太庙成，改曰衍庆宫。圣武殿复建世祖、太宗、睿宗神御殿。皇统三年立<u>太庙</u>于<u>上京</u>。<u>海陵</u>迁<u>燕</u>，增广旧庙，奉安神主。正隆中建<u>南京</u>，复立宗庙。<u>宣宗</u>迁<u>汴</u>，遂因之。大定七年，建社稷坛于<u>中都</u>，祭用春秋二仲月上戊日。天德后始有南、北郊之制。大定、明昌，礼寝备。南郊坛在<u>丰宜门</u>外，圜坛三成。北郊坛在通元门外，方坛三成。常以冬至日合祀天地于圜（邱）〔丘〕（据续文献通考卷六五改），夏至日祀地祇于方（邱）〔丘〕（同上）。明一统志云，金拜郊台，在府西南七里，大定间建。析津志云，郊天台，在京城南五里，大定十一年建。朱彝尊日下旧闻云，金时郊台在丰宜门外，疑即今丰台，为京师养花之所。

秋七月丙寅，致祭太皇太后，寻谥为钦仁皇后，葬恭陵。后为唐古氏。是年三月辛酉崩。〔考异〕熊克小纪云，绍兴十三年十二月，金遣右宣徽使完颜日晔、秘书少监马谔贺宋正旦。己酉见于紫宸殿，献金注碗、金盘各一，金盏四，杂色绫罗纱縠三百，良马六。自是使命往复不绝，岁贡物数亦无增损。初，北使来，命户部张澄馆伴。是礼久不讲，澄颇知旧制。凡使人入见及谢辞、燕犒、赐予之仪，澄皆传之，悉合法度，遂为定式。是冬金使，交聘表未书，即皇统三年也。纪亦未载。

四年（甲子——一四四）春正月甲寅，诏以去年宋币赐始祖以下宗室。〔考异〕续通考云，皇统四年，诏左丞勖、平章奕，职俸外，别给二品俸。旧制，皇兄弟及子封一字王者，为亲王，给二品俸；宗室封一字王者，给三品俸。勖等别给二品俸，异数也。张九思传，字全行，锦州人。历亳州防御使，副刘仲延受宋币于泗州。往岁，使者每以币物不精责宋使，〔宋使〕（据金史卷九〇张九思传改）乃私馈银帛，各直数百千以为常。九思独不肯受，仲延从之。自是私馈遂绝。

秋八月癸未，杀其子魏王道济。按，宗室表，熙宗子：济安、道济，凡二人。

九月乙酉（按，是月己酉朔，月内无乙酉，此月份或干支有误），如东京，畋于沙河，方舆纪要云，在复州卫南八里。

出卫东得利嬴城山，合麻河，西注于海。**射虎，获之。**〔考异〕程寀传，字公弼，析津人，辽末中进士甲科，官殿中丞。入国朝，历史馆修撰。熙宗时为右谏议大夫，上疏谏猎，请戒有司图上猎地，简忠义爪牙之士守卫左右，不然，恐贻宗庙忧。终彰德节度。纪未载。

冬十（一）（据金史卷四熙宗纪删）月壬辰，立借贷饥民酬赏格。以河朔诸郡地震，复百姓一年。死者，官为敛葬。陕西等处饥，民典雇为奴婢者，官给绢赎还。是月，帝猎于海岛，至东京。〔考异〕毕沅续通鉴云，主猎三日，亲射五虎。左丞勖献东狩射虎赋，主甚悦，厚贶之。大金国志云，是春，渤海千户马拽固谋叛，杀万户乌抡，欲遁之沙漠，为元帅府所诛。熊克小纪云，是冬，属国黄龙之北大雪，色如血赤，至春方消。纪均未载。

五年（乙丑——四五）春二月乙未，次济州地理志云，即利涉军，更名隆州，后升为隆安府。春水。

三月戊辰，次天开殿。

夏五月戊午，初用御制小字。以平章勖谏，帝为止酒，仍布告廷臣。

秋九月庚申，至自东京。〔考异〕续通考云，是年四月丙申，彗星见西北，长丈余，至五月乃灭。七年正月辛未，彗星见东方，长丈余，凡十五日灭。又三年八月丙申，老人星见。系年要录云，是年，金主以生子大赦，度僧凡三万。熊克小纪系于绍兴十四年及皇统四年，稍异。大金国志云，是秋，国中大旱、蝗，飞蝗蔽日，诏蠲民租。时有蒙兀之扰，又值荒旱，民不聊生，大河复决李固渡，漂居民五千余家。纪均未载。

六年（丙寅——一四六）春正月壬申，封太祖诸孙为王。乙亥，畋于美棱。原作谋勒壬（申）〔辰〕（据金史卷四熙宗纪改），如春水。帝从禽，导骑误入大泽中，马陷，因步出，不罪导者。

夏四月庚子朔，以宗固为太保、右丞相兼中书令。

六月乙巳，杀宇文虚中及高士谈。〔考异〕续纲目云，金重虚中才，号国师。恃才傲物，好讥讪，目女真为矿卤，贵人积不能平。至是，唐古酬等上变，鞫治无状，乃以图书为反具。虚中曰："死自吾分，然图籍，南来士大夫家皆有之，翰林学士高士谈家尤多，岂亦反耶？"并杀士谈。虚中老幼百口同尽。士谈，琼孙也。本传，虚中，蜀人。官礼部尚书，翰林承旨。唐古酬作唐古绰〔哈〕（据道光版殿本金史卷七九宇文虚中传补）。通鉴辑览作唐古充爱，云旧作唐古酬斡。系年要录作五年九月事，云，虚中与士谈结东北义士，欲因郊天劫杀金主，以蜡书告宋，桧不纳，宋后赠开府，谥肃愍，赐庙名仁勇，为置后。朝野杂记云，时，秦会之当国，遽缴其书遗金人，高宗不知。今其孙绍节，官右司郎中。续通考云，虚中谋劫二帝归宋，不克而死，赐其后姓赵氏。李大谅征蒙记、王大观行程录所载略同，疑其说有因也。虚中，死时年六十八，子师瑗，亦赠官。元好问中州集，虚中，字叔通，成都人。宋黄门侍郎，金历承旨。皇统初，诸俘虏谋奉为帅，夺兵杖南奔，事觉，系诏狱。余同。所载上乌林天使诗三首云："平生随牒浪推移，只为生民不为私。万里翠舆犹远播，一身幽圄敢终辞。鲁人除馆西河外，汉使驱羊北海湄。不是故人高议切，肯来军府问钟仪。""拭玉辕门吐寸诚，

敢将缓颊（阻）〔沮〕（据中州集甲集改）天兵。雷霆倘肯矜雕弊，
草莽何须计死生。定鼎未应周命改，登坛合许赵人平。知君妙有经
邦策，存取威怀万世名。”“当时初结两朝欢，曾见军前捧血槃。本
为万年依荫厚，那知一日遽盟寒。羊牵已作俘囚献，鱼漏终期网罟
宽。幸有故人知底蕴，下臣获考敢谋安。”又，士谈，字子文。宣和
末忻州户曹。有蒙城集行世。其丙寅刑部中诗二首云：“世事邯郸
枕，归心渭上舟。衅来无朕兆，意外得俘囚。忠信天堪仗，清明泽
自流。藜羹犹火食，永愧绝粮（邱）〔丘〕（同上）。”“幽囚四十日，
坐稳穴藜床。缧绁元非罪，艰难已备尝。全家音顿阻，孤枕梦难忘。
会有相逢日，牵衣话更长。”周密云烟过眼录云，房山高克恭彦敬有
二琴，其一后题金儒鸣玉。唐大中五年进上，处士金儒斫此琴。其
名鸣玉。下刻“高士谈家宝藏”六字，已为人削去，尚存书迹。琴
乃宣和御府故物，后归金。士谈以通宋被杀，或者恶而去之。色赤
如新栗壳，断文隐起如蛇虬，奇物也。其一三足鼎峙，皆美玉，咸
通中张钺斫。款用小篆，精妙，铭文漫漶不可识。顾奎光金诗选载
士谈棣棠诗云，“闲庭随分占年芳，袅袅青枝淡淡香。流落孤臣那忍
看，十分深似御袍黄。”又题禹庙诗云：“可怜风雨胼胝苦，后世山
河属外人。”均有故主之思，闻者悲之。

　　是岁，遣钮祜禄罕努原作粘葛韩奴招耶律达实，原
作大石被害。〔考异〕熊克小纪云，先是，使北者得自辟十人以从，
赏典既厚，愿行者多，纳金以请，遂为故事。时礼侍周执羔为贺金
生辰使，始拒绝之。事在绍兴十六年。毕沅续通鉴云，金讨蒙古，
连年不能克，命萧保寿努与议和，割二十七团寨，且岁遗牛、羊、
米、豆，并册其酋为国王，不许。

　　七年（丁卯——四七）春正月癸未，以西京鹿囿为
民田。〔考异〕熊克小纪云，绍兴十七年二月，宰执奏：国信所乞

裁减接伴北使官属事，上曰："奉使边知白渡淮数日，尚未至，恐滞中途，则众人不能无扰，可降指挥，今后计程赴行在。"

夏四月戊午，宴便殿，帝醉酒，杀户部尚书宗礼。〔考异〕续纲目云，金主初年倚任勋旧，吏清政简。既而费摩后干政，朝官因之以取宰相。主欲立继嗣，为后制，心不能平，因纵酒酗怒，至手刃侍臣十余人。所载较详。

六月丁酉，杀横海军名，即沧州。节度使田毅等八人。

秋九月，右丞相宗固卒。以宗弼为太师，领三省事，都元帅行台如故。勗为左丞相，〔宗〕贤（据金史卷四熙宗纪补）为右丞相，萧仲恭本传，原名珠鲁准，一作术里者。祖、父仕辽皆贵显。仲恭母，辽道宗季女也。辽主命其弟仲宣留侍母，仲恭从而西。及被获，太宗嘉其忠，擢用之，累官右丞相、太傅、越国王，除燕京留守。正隆例，降郑国公，谥贞简。子拱，官礼部侍郎，为海陵杀。仲宣，本名伊里布，卒官武宁节度。为平章政事，刘筈为左丞，李德固为右丞，萧肄参知政事。〔考异〕刘筈于皇统五年为行台右丞相。见本传，而熙宗纪载在六年，稍异。

冬十一月癸未，以亮为左丞。

十二月戊午，以秉德参知政事。〔考异〕毕沅续通鉴云，三月，金始与蒙古和，岁遗甚厚。其酋鄂啰贝勒自称祖元皇叔〔帝〕（据续通鉴卷一二七补），改元天兴，金不能讨，但分据要害而已。又云，主无嗣，宗贤劝选后宫，遣相士选西河室女，得四千余人，皆入宫。史均未载。

八年（戊辰——一四八）夏四月甲寅，辽史成。〔考异〕伊喇子敬传，字同文，本名鄂克多啰。辽五院人，平章巴格曾孙。皇统间特进。伊喇因修辽史，辟为掾，史成，除同知辽州事，签书枢密，同修国史，卒官广宁尹。萧永祺传，字景纯，本名富里，广宁尹耶律固奉诏译书，辟置门下。固作辽史未成，永祺继之，作纪三十卷，志五卷，传四十卷上之，除太常丞。迁承旨，同修国史。纪均未载。时文登郭长倩，字曼卿，中皇统经义乙科，官秘书少监，兼修起居注。撰石决明传，时辈称之。所著有昆（仑）〔崙〕集（据金史卷一二五郭长倩传改）。见续通考。

六月乙卯，以左丞亮为平章政事，唐古辩为左丞。寻因奉职不谨，杖之。

秋八月庚子，出勖领行台事，以宗贤为尚书左丞相，萧仲恭为尚书右丞相。

九月丙申，唐古辩罢，以禀为左丞。

冬十月辛酉，宗弼卒。

十一月乙未，诏州郡长吏兼用本国及诸色人。辛丑，以亮为（右）〔左〕（据金史卷四熙宗纪改）丞相，秉德为平章政事。

十二月乙卯，以萧仲恭为太（保）〔傅〕（同上），领三省事，宗贤为太师，领三省事兼都元帅。〔考异〕续纲目云，是冬十二月，亮生日，金主遣大兴国以司马光画像、玉陶罕、厩马赐之。后亦附赐礼物，主闻之，怒，杖兴国而夺回赐物。亮本怀不轨，疑畏更甚。纪未载。

九年（己巳——一四九）春正月戊戌，宗贤出领行台，（按，据<u>金史</u>卷四<u>熙宗</u>纪，戊戌，"……都元帅<u>宗贤</u>罢。领行台尚书省事<u>勖</u>为太师……"这里显系句读致误）以<u>勖</u>为太师，领三省事，<u>亮</u>兼都元帅，太保，领三省事。

〔二月甲寅〕（据<u>金史</u>卷四<u>熙宗</u>纪补）<u>唐古辩</u>复为右丞。〔考异〕<u>大金国志</u>云，春三月，<u>黄头女真</u>三千叛，遣右都监<u>拔束</u>讨平之。<u>史</u>未载。

夏四月壬申夜，大风雨，雷电震坏寝殿鸱尾，火入帝寝，烧帏幔，趋别殿避之。丁丑，龙斗于<u>利州榆林河</u>水上。<u>地理志</u>云，<u>龙山县</u>有<u>榆河</u>，属<u>北京路</u>之<u>利州</u>，即此。〔考异〕<u>续通考</u>云，即<u>辽中京阜俗县</u>。<u>统和</u>末置刺史。又<u>开泰</u>中升观察，金因之，领<u>阜俗</u>、<u>龙山</u>二县，<u>漆河</u>一镇，<u>绿州</u>一寨。大风坏民居官舍，瓦木人畜皆飘扬十余里，死伤数百人。〔考异〕<u>续通考</u>，时同知州事<u>石抹里</u>压死。又云，<u>天眷</u>二年三月辛巳朔，岁星留逆在太微。九月辛巳，太白犯轩辕左星；乙巳，犯左执法。十一月戊寅，太白入氐。三年七月壬戌，月犯毕。十二月壬午，掩东井轩辕南第一星。<u>皇统</u>元年二月甲戌，月掩毕大星。二年十一月己酉，月犯轩辕大星；甲寅，犯氐东北星。三年正月己丑，荧惑犯轩辕次北一星。二月己丑，月犯毕大星。八年闰八月丙子，荧惑入太微垣。九年七月丁亥，荧惑犯南斗第四星，凡二次。<u>毕沅续通鉴</u>云，九年四月戊辰，日左右生青赤黄珥，太白犯月。太史言不利于君，大臣将作乱。<u>纪</u>多未载。

五月戊子，因天变肆赦。命翰林学士<u>张钧</u>草诏，参政<u>萧肄</u>谓其语涉诽谤，杀之。〔考异〕<u>苗耀神麓记</u>云，<u>钧</u>赦文称："乃者龙潜我宫"之句，大怒，曰："龙奈我何！"杖数百，截去手足而斩之。萧肄传，奚人，有宠于熙宗，复谄事悼后。钩草诏，肄译其语为诽谤，帝怒，命拽下榜数百，不死，以手剑鏖其口而醢之。肄与海陵后有恶，除名，放归田里。岳珂桯史云，张钩视草有"顾兹寡昧"及"眇予小子"之言，译者曰："汉儿强知（职）〔识〕（据桯史卷一二改）以詈我主上耳！"主问故，曰："寡者，孤独无亲；昧者，不晓人事；眇为瞎（子）〔眼〕（同上）；小子为小孩儿。"主怒，醢之。亮登位，赦，暴其恶及此。所载各异。是日，曲赦上京罪囚。庚寅，出亮领行台，寻召入为平章政事。〔考异〕续纲目云，主既杀钩，问谁使之，宗贤以亮对，遂出亮。过中京，与萧裕约而去。至良乡召还，逆谋益甚。纪未载。戊申，武库署令耶律巴克沁原作八斤妄称上言宿直将军萧荣与祚王元本传，宗峻子，太祖诸孙中最称贤。子育本名和卓，大定中历南京副留守。〔考异〕续通考云，元系纪王习泥列子。宗室表：育官大宗正丞。所载稍异。为党，诛之。〔考异〕续通考云，七月甲辰，太白、辰星、岁星会于张。纪未载。

秋八月庚申，宰臣议徙辽阳、渤海之民于燕南，从之。侍从高寿星等当迁，诉于后，〔后〕（据金史卷四熙宗纪补）以言激帝怒，杖议者平章秉德，杀郎中萨哈，原作三合寿星竟得不徙。秉德寻复为左丞相。

九月戊戌，出宗敏领行台，以宗本为太保，领三省事。

冬十月乙丑，杀北京留守祚王元及弟安武节度使扎拉、原作查剌。〔考异〕宗室表，祚王元及扎拉，皆景宣帝宗峻子，与熙宗兄弟，凡三人。左卫将军塔斯、原作特斯故邓王子阿兰、原作阿懒。〔考异〕汪辉祖金史同名录云，卷六十三海陵时昭妃；卷七十世宗时右丞相，三人同名阿懒。又，唐古辩传作敖拉。钱大昕集云，一作阿楞。达兰。原作达林，一作达赉。〔考异〕续纲目云，亮忌胙王常胜及邓王子阿林，会河南孙进叛，自称皇（帝）〔弟〕阿禅大王，（据金史卷六九胙王元传改）乘此构之，遂杀常胜、阿林及扎拉等。宗杰传，太祖子，名穆里延，又名没里野，追封越王，进赵王，谥孝悼。子奭为会宁牧，封邓王，终西京留守。子阿兰、达兰。达兰原作达懒，海陵为相，构杀之。及篡立，并杀宗杰妻。胙王元，本名常胜。阿禅大王，原作按察大王。阿兰官奉国上将军。系年要录云，时兵部尚书赛音、奇辰，护卫将军巴克沁、广威宿直将军塔斯、定远，各以罪，族。续通考云，卫王宗强，太祖子，其子为荣王爽，本名阿邻。所载各异。

十一月癸未，杀皇后费摩氏，召胙王妃萨满〔考异〕系年要录作费摩申。毕沅续通鉴作萨摩，通鉴辑览作萨茂。一作撒卯。入宫。癸巳，帝猎于和罗温图珲，遣使杀妃乌库哩原作乌古论氏及瓜尔佳原作夹谷。〔考异〕毕沅续通鉴作瓜勒佳。氏、张氏。

十二月丙辰，杀妃费摩氏于寝殿。寻为亮所弑，年三十一，降为东昏王。贞元三年，改葬大房山蓼香甸，诸王同兆域。大定间，追尊宏基缵武庄靖孝成皇帝，庙号熙宗，葬思陵。〔考异〕系年要录云，大定中，追尊武灵皇帝，庙号闵宗，逾年乃改封。大定二十八年，改葬思陵。制曰："朕惟熙宗以皇元嫡孙，受文烈顾命。即位十五年，庶人亮篡逆，诬谄，降从王封。肆予一人，缵承先绪，仰惟<u>熙宗</u>，位号宜正。稽合礼文，升祔太室。葬非其所，卜地涓日，奉迁梓宫，备礼改葬，庶慰在天之灵。"见<u>思陵录</u>。<u>史</u>失书。<u>大金国志</u>云，<u>熙宗</u>幼聪悟，得<u>韩昉</u>等教之，赋诗染翰，雅歌投壶，尽失<u>女真</u>故态。屏弃旧臣，后宫盛色，骨肉之间，邪心斯起。末年淫刑滥杀，以及于祸。<u>纪</u>未载。

金史纪事本末卷十九

达兰构乱

太祖天辅六年（壬寅一一二二）春三月，宗翰原作粘罕追辽主于鸳鸯泺，辽都统玛格原作马哥奔道兰，达兰收其群牧。宗翰使达兰追击之，不及，获辽枢密使德勒岱〔考异〕太祖纪作德哷台，云，旧作得里底。及其子摩格、原作摩哥。〔考异〕卷一百三十三窝斡传太宗时忠勇校尉，另一人。纳延原作那野。〔考异〕太宗天会四年将、海陵天德四年猛安，三人同名那野。以还。达兰〔考异〕蒙古语七十数也。原作挞懒，亦作挞辣，今译改。通鉴辑览作达赉。汪辉祖金史同名录云，卷五海陵纪西京路统军银术可子彀英本名、正隆四年宿直将军、卷五十九宗室表太祖子宗杰孙、卷六十六宗室特进、卷六十八欢都传贞惠皇后弟乌古论氏、卷一百二十唐括德温传父临海节度，七人同名达懒。改名昌，穆宗子。〔考异〕大金国志云，武元从弟，为人骁勇无赖，少时暴横，部落苦之。达兰传未载。续通考，齐国公蒲察、崇国公蒲里迭亦穆宗子，封时均未详。

秋八月癸巳，太祖自将追辽主于大鱼泺，留辎重于草泺，使达兰、雅穆原作牙卯守之。时，奚路兵官珲楚不能安抚其众，以达兰为奚六部军帅，镇之。实古纳、原作习古乃博纳和原作婆卢火护送常胜军及燕京豪族、工匠，自亭松关入内地，太祖戒之曰："若遇险厄，则分兵往，二人乃合于达兰。〔考异〕大金国志云，是岁，达懒从破燕山，武元爱其隽爽。传未载。

七年（癸卯——一二三）太宗九月即位，改为天会元年。夏五月己巳，奚六部军帅达兰讨噶珊、原作劾山苏库原作速古部，奚人据险战，杀且尽，苏库、卓琳、原作啜里托纽原作铁尼十三岩皆平之，降诏奖谕。其后，抚定奚部，表请设官镇守，命依东京、渤海例，置千户穆昆。〔考异〕宏简录云，达懒遣奚马和尚攻下品、达鲁古并五院司诸部，执其节度乙列，诏以克副所托，良用嘉叹，奖之。所载稍异，今从达兰传。

太宗天会二年（甲辰——一二四）秋八月丁巳，达兰击走辽外戚约尼原作遥辇札古雅原作昭古牙部族于建州，〔考异〕续通考云，辽以建州南地给五十亩与晋太后耕种，营屋、建庙。圣宗因水害迁州治于唐，故崇州地曰武宁军，领永霸、永唐二县，今领永霸一县，本唐昌黎县地。方舆纪要云，在太宁卫东南四百余里，唐昌乐县地，亦曰保静军。擒其队将克尔叟、原作曷鲁燥博斯呼原作白撒曷杀之。先是，舍音原作斜野袭走约尼二部，获其妻孥及官豪之族。至是达兰复击破之，进降金源县属大定府，唐青山县地。及约尼二部，再破兴中兵，降建州官属，札古雅兵败亦降，兴中、建州悉平，诏增给银牌。达兰举萧公翊为兴中尹，余皆以契丹、汉人摄治，帝皆从之。

三年（乙巳——二五）冬十月甲辰，诏大举侵宋，以达兰为六部路都统，与宗望原作斡离不自南京入燕山。

四年（丙午——二六）春二月己亥，宗望与宋盟，师还，达兰仍归中京。

秋八月庚子，宗翰、宗望再侵宋，军趋汴，达兰、阿里库破宋兵二万于杞，覆其三营，获都总管胡直孺及其二子与都统制随师元及其三将，遂克拱州，降宁陵，破睢阳，下亳州。宋兵来复睢阳，击走之，擒其将石瑱。〔考异〕特进达兰传，宗室子，年十六事太祖，未尝去左右。珠赫店之役，控止太祖马，挺枪杀十数人，太祖壮之。及战达噜噶城，大败其众，攻临潢、春、泰州、中、西二京，皆有功。仕终银青光禄大夫，加特进，卒。本另一人，而传中亦载破杞县军、获胡直孺事，及擒石瑱，与此无别。未知孰是，故附录于此以俟考。

五年（丁未——二七）夏四月，诸军凯还。丙戌，擢达兰为元帅左监军。

五月，达兰徇地山东，取密州，克钜鹿属顺德府，下祁州，永宁军降。地理志云，宋以定州博野县置，初号宁边军，更今名。〔考异〕大金国志云，是年七月，挞懒亲围中山，中山巨镇也，守御尤严于他郡，明年二月始克之。达兰传未载。

六年（戊申——二八）春三月己酉，达兰下恩州。

夏六月己未，遣兵分下磁州、信德府。时刘豫以济南府降，诏以豫为安抚使，治东平，达兰以左监军镇抚之，大事得专决焉。〔考异〕大金国志云，六年冬，挞懒会窝里嗢之众，败马扩于北京。清平七年二月，复合兵，分下山东诸郡，进屯滨州。达兰传未载。

八年（庚戌——三〇）秋九月戊申，诏立刘豫为齐帝。初，宋人既诛张邦昌，帝命复求如邦昌者立之，或举折可求，达兰力举刘豫，故立之。〔考异〕大金国志云，挞懒久居滨、潍，刘豫以相近，奉之尤厚，故尝有许豫僭逆之意。高庆裔恐为所先，因劝粘罕立之。宋史亦谓挞懒尝言于粘没喝，未许，因高庆裔力劝，乃从之。国志又云，挞懒自八年攻淮（南）〔东〕（据大金国志卷二七挞懒传改），人马疲弊，复为张敌万所败，其婿万不刺被擒，锐气沮丧。且传南军来袭，军中夜惊，寇盗蜂起，遂率众北归，请于粘罕，乞割齐国沧州盐场，不许。北盟会编云，挞懒攻张荣于泰州缩头湖，为所败，士卒溺死甚众，乃收余众二千还楚州。张汇节要，万不刺作户不刺，俘溺番汉四千余。又九年正月，富察哈布尔、完颜图哩讨张万敌于白（头）〔马〕湖（据金史卷三太宗纪改），陷于敌。见太宗纪，惟人名、地名均异，未知孰是。达兰传均未载。史称辽、金故地滨海多产盐，上京、东北二路食肇州盐，率宾路食海盐，临潢之北有大盐泺，乌尔古实垒部有盐池，皆足以食境内之民。大定二十（二）〔一〕（据金史卷四九食货志改）年，修辽东等路诸盐场，为两盐司各行其地。北京宗、锦之盐行本路及临潢府、肇州、泰州之（盐）〔境〕（同上），与接壤者亦给焉。二十四年，帝在上京，谓乌库哩元忠等曰："旧率宾以东食海盐，夫余、呼尔哈等路食肇州盐。初，定额万贯，今增至二万七千。若罢盐引，添灶户，庶可易得。"明年还京，谓宰臣曰："凡人家食盐，无引目即以私治罪，细民徐买食之，何由有引？"因罢辽东盐使司。见满洲源流考。

熙宗天会十五年（丁巳——一三七）十三年正月熙宗即位未改元冬十月乙卯，以达兰为左副元帅，封鲁国王。

十一月丙午，降刘豫为蜀王。豫既立，数年无尺寸功，迨乞兵侵宋，达兰复率兵往援，豫兵屡败，始命达兰与宗弼原作兀术赴汴，执而废之。

天眷元年（戊午——一三八）秋八月己卯，诏以陕西、河南地与宋。先是，达兰与宗弼俱在河南，宋使王伦求陕西、河南地于达兰。及达兰朝京师，倡议以废齐地与宋，帝命群臣议，会东京留守宗隽原作讹鲁观来朝，与达兰合力，时宰相宗磐原作蒲卢虎主其议，位在宗干上，宗宪本传，本名阿兰，亦作敖拉，宗翰弟，仕至右丞相，封钜鹿郡王。熙宗因是议，称其识虑深远。争之不能得。达兰弟勗原名乌页亦以为不可，弗听，竟执议以地与宋。〔考异〕大金国志云，金克山东，多挞懒力。久居潍州，回易屯田遍于诸郡，每认山东为己有，始欲立豫。然尝怒其不拜，有悔意，遂献议以新河为界。粘罕用事，不得行，只取清州。

粘罕死，议取山东，未果。豫废，因归之于宋。达兰传未载。

久之，宗磐跋扈尤甚，宗隽亦为丞相，达兰持兵柄，均附之。谋反有状，宗磐，宗隽皆伏诛。诏以达兰属尊，有大功，释不问，出为行台左丞相，诏慰遣之。〔考异〕舒穆鲁卞传，本名阿尔噶里，初隶宗弼帐下，时宗磐为太师，达兰为左副元帅，人争附之。使人召卞，卞不往。及二人诛，人多其有识，历河南招讨使、临洮尹，卒。达兰至燕京，愈骄肆不法，复与翼王呼兰原作鹘懒谋反，而朝议知其初与宋交通，倡议割地，宗弼请复取之。〔考异〕大金国志云，时除杜充右丞相，命下，挞懒语使者曰："我开国功臣，何罪而与降奴为伍耶？"不受命而叛。兀术留宋使王伦于祁州，密奏曰："挞懒、宗盘主谋割地，二人必阴结彼国，今使至汴，未可令过界。"遂拘送祁州。又云，挞懒令中山府拘伦，会诸军欲叛盟以应宗盘，所载互异，达兰传均未载，今从史。会有上变告达兰者，下诏诛之。达兰自燕京南走，追杀于祁州，并杀翼王及宗人呼勒希图、原作活离胡土达兰二子威泰、乌达布〔考异〕熙宗纪作斡泰、额特布，又作斡带、乌达（捕）〔补〕（据金史卷四熙宗纪改）而赦其党与。〔考异〕大金国志云，挞懒欲走宋，不克，乃北走沙漠。兀术遣都监挞不也追获之，下祁州狱，诛。临刑，谓兀术曰："我死，祸必及尔，宜速图之。"兀术俛首无言。囚其子大拽，久之，赦出庶子勖，后官平章。按勖系挞懒弟，此误。洪皓松漠纪闻，大拽作大拽马，勖作敦，字勉道，一曰乌拽马，熊克小纪作泰伊，系年要录作大伊玛。谓达赍走至儒州望云甸被获。其二子后以赦得释。苗耀神麓记云，时契丹召哲郎君告讦于兀术，遣兵五百获之于虎北口，赐死祁州。三子宗武、宗旦、宗望与妃荣哥皆遇害。李大谅征蒙记云，闼辣有长男胜都花，知罪北遁，捕杀之。王山言，兀术之戕挞懒，帛练拉杀之，其家三百口同尽，合焚其尸，屠其所居，三村之人皆不留。赵甡之遗史云，秦桧闻挞懒封鲁王，遣燕人高益恭往贺，且劝就封鲁地，己为之应。益恭至祁，为人告，遂诛挞懒及其一族八百余口，而烹益恭。小纪又云，时金法严令暴，加以饥馑，民不聊生，下令欠债者以人口折还，及藏逃亡而被告者皆死。至是，大臣如宗磐、达兰悉诛，党与滋众，皆为亡命，所在蜂起。平定、威胜、辽州道路不通，及太行山义士入怀州万善镇，州人大恐。中原盛传大驾亲征，民皆阴备军器，昼则罢市，晚视霞起，则曰御营烈火光矣。毕沅续通鉴云，昌既诛，其子胜花都郎君率故部曲叛，与蒙古通，以是复强取二十七团寨，金讨之不能制。王大观行程录，胜花都作星哈都，达兰传均未载。

金史纪事本末卷二十

宗弼兵略

太宗天会四年（丙午一一二六）春正月戊辰，宗弼侵宋，取汤阴县，降其卒三千。宗弼，本名乌珠，原作斡啜又作兀术，亦作斡出，〔考异〕卷一百二十二女奚烈斡出官桢州刺史，别一人。或作晃斡出，太祖第四子也。〔考异〕大金国志云，武元第六子，生时穹庐中郁郁有气，均异之。为人豪杰，胆勇过人，猿臂善射，遇战酣，出入阵中，部众惮之。宗弼传未载。希尹原作兀室获辽护卫实讷埒，知辽主在鸳鸯泺。都统杲出青岭，宗弼从宗望原作斡离不率百骑与马和尚逐越卢、孛古、〔考异〕卷一百二十粘割韩奴传，大定时康里部长孛古另一人。伊勒希原作野里斯等，驰击，败之。矢尽，夺辽兵士枪，独杀八人，生擒五人，遂追袭辽主于鸳鸯泺。至是，从宗望攻宋，取汤阴。至御河，宋已焚桥，不得渡，克尔叟原作合鲁索以七十骑涉之，杀宋焚桥军五百人。宗望抵汴，宗弼以三千骑薄其城，宋上皇出奔，选百骑追之，弗及，获马三千而还。

夏四月癸卯，宗望因和议成，遣宗弼来奏捷。

六年（戊申——二八）春正月丙戌朔，宗弼破宋郑宗孟军于青州，克其城。初，宗望卒，宗辅代为右副元帅，徇地淄、青，宗弼从行。至是，克青州，复破贼将赵成于临朐，县名，属青州。大破黄琼军，遂取临朐。宗辅军还，遇敌三万众于河上，宗弼击败之，杀万余人。

秋七月乙巳，宋帝请和，诏进兵，宗辅发河北，宗弼攻开德府，粮乏，转攻濮州。前锋乌凌阿托云原作乌林答泰欲破王善二十万众，遂与王伯龙等取濮州，降旁近五县。再攻开德府，宗弼先登，克之。及攻大名府，宗弼复先登，克其城，河北平。

七年（己酉——二九）夏五月乙卯，巴尔斯袭宋帝于扬州。

〔九月〕（据金史卷三太宗纪补）宗弼败宋兵于睢阳，降其城。复进兵归德，降之。

冬十月，宗弼请帅师南侵，许之。先遣阿里、富埒珲原作蒲卢浑至寿春，宗弼军继之。宋马世元降。进降庐州及巢县，属无为州王善降。〔考异〕太宗纪，十月丁西，阿里、当堪、大臭破敌于寿春。己亥，安抚马世元以城降。甲辰，庐州降，稍异。今从宗弼传。

十一月丙辰，当堪原作当海等破郦琼万余众于和州，克其城，宗弼遂自和州渡江。将至江宁西二十里，宋副元帅杜充率步骑六万来拒，呼拉布、原作鹘卢补当堪、达呼原作迪虎大臭 等合击败之，守臣陈邦光以城降，留长安努、乌哩雅原作斡里也守之。使阿里布原作阿鲁补等别将兵徇地，下太平州、濠州及句容、溧阳等县。太平州属县三，今升为府，句容、溧阳均属江宁府。溯江而西，屡败张永等兵，杜充遂降。〔考异〕太宗纪均作明年正月事。宗弼自江宁取广德〔军〕（据金史卷七七宗弼传补）路，今为州，治建平。〔考异〕舆地广记云，春秋为吴、越地，汉属丹阳郡，梁置大梁郡，又为陈留郡，隋唐属宣州。续通考云，唐初以绥安县置姚州，后废州，改绥安为广德县，宋为广德军，领广（平）〔德〕（据舆地广记卷二四、元丰九域志卷六改）、建（德）〔平〕（同上）二县。追袭宋帝于越州。至湖州，取之。先遣阿里、富埒珲趋杭州，具舟于钱塘江。宗弼至，攻杭州，克之。宋帝闻杭州不守，遂奔明州。复遣阿里、富埒珲追袭之，破宋兵三千，渡曹娥江，去明州二十五里，大破宋兵。追至城下，复败之。宋帝入于海。时鄂勒博、珠尔苏降越州，大臭亦破宋周汪（按，金史卷三太宗纪作周望）军。

八年（庚戌——三〇）春正月己未，阿里、富埒珲与当堪克明州，泛海至昌国县，追三百余里，不及而还。

二月乙亥，宗弼自杭州还军，取秀州及平江。持嘉晖击宋兵，败之。

三月，阿里率兵先趋镇江，宗弼军继至。宋韩世忠以舟师扼江口，与战不利。

夏四月丙申，复与韩世忠战于江宁，败之，遂渡江北还。语详南侵江浙事中。

秋九月，宗弼从宗辅定陕西。癸亥，与张浚战于富平，败之。时宗弼陷重围中，韩常矢中目，怒拔去其矢，血淋漓，以土塞（枪）〔创〕（据金史卷七七宗弼传改），跃马奋呼搏战，遂解围，与宗弼俱出。

九年（辛亥——三一）春正月癸丑，宗弼与阿里布抚定巩、洮等州，并招降熙河、泾原两路。

冬十月戊寅，宗弼与宋吴玠战于和尚原，败绩，将士多陷没，语详规取陇、蜀事中。〔考异〕大金国志云，兀术南侵，与宋陈思恭战于姑苏，韩世忠战于大江，刘锡战于富平，吴玠战于剑外，凡四战皆败，往返万里，首尾二年，士马消耗十存三四，自以箭枪，帛缠其臂，其众由是不振。本传未载。按陈思恭系故相执中曾孙。

十一年（癸丑——三三）冬十一月丙寅，宗弼克和尚原，时<u>古云</u>以本部兵破<u>宋</u>师五万，遂夺新（义）〔叉〕口。（据<u>金史</u>卷七二<u>聂英</u>传改）是夜大雪，道路皆冰，<u>宋</u>兵驻<u>和尚原</u>，势重难遽取，<u>宗弼</u>用<u>古云</u>策，入自旁道，迫高山丛薄间，出其不意，遂取之。<u>古云</u>请速入<u>大散关</u>，<u>宗弼</u>在<u>仙人关</u>，_{在凤县南百二十里。}<u>古云</u>先攻之，<u>宗弼</u>叱使退，<u>古云</u>曰："敌气已沮，不取，后必悔。"已而果然。乃班师，<u>古云</u>殿，且战且行，达<u>秦中</u>。〔考异〕<u>宗弼</u>传作十年事，今从<u>太宗</u>纪。

<u>熙宗天会</u>十五年（丁巳——三七）_{熙宗于天会十三年正月即位，未改元。}冬十月乙卯，以<u>宗弼</u>为右副元帅，封<u>沈王</u>。

<u>天眷</u>二年（己未——三九）秋七月丙戌，以<u>宗弼</u>为都元帅，进封<u>越国王</u>。先是，<u>达兰</u>、_{原作挞懒}<u>宗磐</u>_{原作蒲卢虎}执议以废<u>齐</u>地与<u>宋</u>，<u>宗弼</u>察<u>达兰</u>与<u>宋</u>人交通赂遗，奏请诛之，因复旧疆。时<u>宗磐</u>已诛，<u>达兰</u>在行台，复与<u>呼兰</u>_{原作鹘懒}谋反，遂诏<u>宗弼</u>为太保，领行台尚书省、都元帅如故，军旅钱粮悉总其事，往<u>燕京</u>，诛<u>达兰</u>，并拘留<u>宋</u>使<u>王伦</u>不遣。〔考异〕<u>奔睹</u>传，是年<u>宋</u>将<u>岳飞</u>以兵十万攻<u>东平</u>，<u>奔睹</u>仓猝出御，时桑柘方茂，<u>奔睹</u>多张旗帜于林间，为疑兵，<u>飞</u>不敢动，相持数日而去。<u>飞</u>又以十万众围<u>邳州</u>，守将告急，<u>奔睹</u>语使者，城西南有堙，深丈余，急窒之，<u>飞</u>果从此穴地入，以有备而止。按，是时<u>金</u>以地与<u>宋</u>，并无战事，即次年叛盟，<u>飞</u>在<u>京西</u>，亦未尝至<u>东平邳州</u>也，<u>史</u>恐误。

三年（庚申——一四〇）夏五月丙子，诏元帅府复取河南、陕西地。〔考异〕无名氏绍兴讲和录载诏书曰："非朕一人与夺有食言，尚念军士久岁征役，所成大事，或当此行，尚慎终其初，亦使四海永清光昭我烈祖之德威"云云，词多不具载。命都元帅宗弼自黎阳趋汴京，右监军萨里罕原作撒离喝自河中趋陕西。〔考异〕东南纪事以金人渝盟，用郦琼为谋主。按史称复取陕、豫，本宗弼之谋，琼不过从而附和耳，今不取。宋岳飞、韩世忠分据河南州郡要害，复出兵涉河东，驻岚、石、保德之境，以相牵制。宗弼遣孔彦舟下汴、郑两州，王伯龙取陈州，李成取洛阳，〔考异〕续纲目云，乌珠大阅国中兵，分道入寇，率孔彦舟入汴，遣乌禄取归德，李成取河南，分兵下诸郡。时东京留守孟庾，南京留守路允迪皆以城降，权西京留守李利用弃城走，河南州县悉降，拱州守王愭死之。系年要录云，或曰允迪至汴京，七日不食死。时宋诏有能生擒乌珠者除节度使，赐银帛五万两匹，田千顷，第一区，且下檄文数其罪，所载较详。呼尔哈传，天会八年攻庐、和，比至含山县，伏兵擒宋姚观察。九年，定陕右，破敌兵千，从富埒珲徇地熙、秦，败宋人二千于秦州。宋兵屯襄阳，击破之，宗弼复河南，攻陈州，呼尔哈领二穆昆军大败宋兵，终显德节度使，宗弼传未书。自率众取亳州〔考异〕续纲目，时提点魏经死之，史未载。及顺昌府。〔考异〕续纲目云，时刘锜至顺昌，闻东京降，与知府陈规为守城计。部将许清议合，治守具，六日粗毕，金遂围城，韩常营白沙窝击败之。葛王乌禄龙虎大王兵薄城，击却之，溺死无算。破其铁骑三千，移砦李村，夜斫其营，终夜自战，积尸盈野，退军老龙湾。

乌珠率十万众来援，及战，锜为五浮桥于<u>颍河</u>上，毒<u>颍</u>上流，敌饮水即病，锜士气间暇，俟敌气怠，遣兵出击，殊死斗，敌大败。是夕，大雨，平地水尺余。明旦，<u>乌珠</u>拔营去，追击之，死者数万。牙兵三千，号"铁浮屠"，及铁骑拐子马，号"长胜军"，均被杀。平日所恃以为强者，十损七八，器械山积，至陈数将士罪，皆鞭之。<u>洪皓</u>密奏，是捷金人震恐，燕之宝器悉徙而北，意欲捐燕以南弃之。<u>宗弼</u>传未载。<u>刘锜</u>传，戎兵逼<u>顺昌</u>，以破敌弓射之，翼以神臂（弓）（据<u>宋史</u>卷三六六<u>刘锜</u>传删）强弩射之，敌稍稍引去。又<u>韩世忠</u>尝献克敌弓，上命增损其制做造之。<u>杨存中</u>更造马黄弓，制度精密。<u>绍兴</u>十三年冬，上以所造弓矢赐北使，均见<u>玉海</u>。<u>熊克</u>小纪云，时<u>刘锜</u>领<u>王彦</u>所统"八字军"赴任，至<u>顺昌</u>，议城守，通判<u>王若海</u>缘府檄至行在，锜以奏附行，即登城区处。命<u>许青</u>守东门，<u>杜杞</u>守北门。又，<u>李村</u>斫营者为骑将阎充，<u>系年要录</u>作闾充。又云，<u>贺辉</u>守西门，<u>钟彦</u>守南门。<u>郭乔年破贼录</u>云，太尉欲敛兵入城，为守御计，陈守愕然曰，城中人闻警报皆欲去，太尉独望守城耶？疑规未必有此语，今不取。<u>杨汝翼破贼录</u>云，时<u>王德</u>奉命来援，兵退始至，且以解围奏。锜寻被旨，先发赴<u>镇江</u>，命<u>杜杞</u>等防护，德申宣抚司曰，某以全军裹送出颍河矣，其诞妄如此。德<u>巩县</u>人，号<u>王夜叉</u>。<u>顺昌破贼记</u>云，<u>王山</u>言，金只乌珠一人，国兵尽随南下，及败于<u>顺昌</u>，时三郎君亦败于<u>陕西</u>，<u>南宋</u>若更有一项军来，敌可擒也。<u>王存元丰九域志</u>云，顺昌为颍州汝阴郡顺昌军，治汝阴县，在东京五百五十里。县四，<u>汝阴</u>、<u>万寿</u>、<u>颍上</u>、<u>沈</u>（邱）〔丘〕（据<u>元丰九域志</u>卷一改）。

<u>嵩</u>、<u>汝</u>等州相次皆下。时暑，<u>宗弼</u>还军于<u>汴</u>，<u>岳飞</u>等军皆退去，<u>河南</u>平。〔考异〕<u>薛应旂通鉴</u>云，五月，<u>岳飞</u>长驱以图中原，将发，密奏，帝褒其忠，授少保。<u>李宝</u>、<u>牛皋</u>破敌于<u>京西</u>，飞自克<u>蔡州</u>，遣<u>张宪</u>败<u>韩常</u>于<u>颍昌</u>，复<u>淮宁府</u>。<u>郝晟</u>复<u>郑州</u>，

张应、韩清复西京，杨遇复南城军，乔握坚复赵州，金人大震。李兴复伊阳八县及汝州，李成遁，诏兴知河南府。张应会兴复永安军。兀术逼郾城，飞奋击，以麻札刀破"拐子马"，大败之。杨再兴复破之于小商桥，杀二千人，再兴战死。张宪继至，再败之，兀术遁，中原大恐。遣子云击杀其婿夏金吾，使梁兴会太行忠义败之于垣曲及沁水，遂复怀、卫州，追至朱仙镇，大破之。遣使修治诸陵。时两河豪杰皆约期会兵，自燕以南，金号令不行，欲金兵，无一人应者。金将王镇等相继降，韩常亦欲率众五万内附，飞喜曰，直抵黄龙府，与诸军痛饮耳。方指日渡河，桧力主和议，飞一日奉十二金字牌。自郾城还，新复府州悉陷。初，兀术欲弃汴去，书生叩马谏曰，自古未有权臣在内而大将能立功于外者，岳少保且不免，况欲成功乎？遂止。嗣遗桧书曰，汝朝夕以和请，岳飞方为河北图，必杀飞始可和。故桧力谋杀之。宋史高宗纪，与再兴同战死者为王兰，通鉴辑览作王蔺，系年要录谓尚有张林。宋史牛皋传后总叙飞功，谓飞遣皋及王贵、董先、杨再兴等经略东、西京、汝、颍、陈、蔡诸郡，时李宝捷于曹州，董先捷于颍昌，刘政捷于中牟。梁兴垣曲之捷，金张太保、(李)〔成〕太保（据宋史卷三六八牛皋传改）等以众降，稍异，余同。熊克小纪云，飞拔起列将为张、韩所忌，飞破杨么，献楼船各一，兵械俱备，韩大悦，俊益恶之。薛弼每劝其调和，而轻锐者复劝飞勿苦降志，隙益深矣。俊后遂构成其狱。飞在鄂，尝梦辛中丞勘狱，适次膺至，厚礼之，及下狱，乃万俟卨除新中丞也。洪迈夷坚志以为何铸云，狱，坐金南侵不赴援，指斥乘舆，命孙叶作书与张宪，令擘画，看毕焚之。又诈传兀术犯上，流云与宪咨目，宪怀之，遂谋反。僧泽一向宪言，宜先以兵守总领转运司。北盟会编云，飞谋令回军，军士应时南向，飞口呿而不能合，良久乃曰，岂非天乎？在寺中，与王贵、董先、张宪、王俊坐，飞忽曰，天下事竟如何？宪曰，在相公处置耳。俊告讦，引此语，追先为证，死狱中，枭其首，云与宪皆弃市。岳侯传，字鹏举，相州人，少为韩魏王庄客。下狱，中毒死，葬临安菜园内。林泉野记云，飞死时年三十九，妻子迁岭外，天下冤之。汾州和詵上书辨其冤，编管袁州。飞初于建炎中论事坐废，母姚氏留河北，迎归，事之孝。妻刘氏改适，在世忠军中，飞遗钱三百千，奏闻，见要录。又和詵作智詵。朝野杂记云，时缘坐者尚有王处仁、蒋世雄、孙莘、于鹏除名，编管僧泽一，智詵决杖，配流。朱芾、李若虚尝为谋议官，落职。又云，近岁邮置最速者，莫如金字牌，递凡赦书及军机要务则用之，仍自内侍省遣拨，日行四百里。又飞尝诣资善堂，见孝宗英明俊伟，疏请建国储，谓欲图恢复，必先正国本。张戒默记谓绍兴七年事，其孙珂作行实，谓为十年事，且辨默记之讹。宋史飞传，世忠心不平，诣桧诘之，桧答曰，事体"莫须有"，而中兴纪事本末作"必须有"，朱彝尊从之。按，云为飞养子，宪爱将也。桧恶岳州因飞姓改纯州，改岳阳军为华容军，飞客姚岳请之也。后因亮败盟，诏飞妻李氏子霖等皆生还。布衣刘允升讼飞冤，下棘寺死。大金国志云，洪皓蜡书奏金所畏惟飞，至呼为父。闻其死，酌酒相庆。何铸传云，铸治飞狱，力辨其冤，谓不当无故杀一大将，似能主持公道者。而铸尝与罗汝楫劾飞，见汝楫传。又尝为桧劾王居正为赵鼎党，夺职奉祠，见居正传。劾张九成党赵鼎，见九成传。今铸传皆不载，史亦有意回护者。

六月，宗弼遣使奏捷，帝遣使劳问宗弼以下将士。寻攻岚、石、保德，皆克之。〔考异〕薛应旂通鉴云，时韩世忠使王胜等复海州，张浚遣王德复颍昌，还，复宿州。德自寿春驰至蕲县，却金游骑，因趋宿州，守将马秦降。乘胜入亳州，郦琼与乌禄闻其至，曰，夜叉未易当也，即遁去。德请乘机进取，俊不许而还。杨沂中兵溃，自寿春走还泗。金屠宿州。九月，诸将奉诏皆还镇。熊克小纪云，俊出庐州，命赵密出西路，败敌兵于宿城。王德连下宿、亳，以孤军驻寿春，累月敌不敢南向。世忠遣王胜，成闵趋淮扬，水陆转战，金兵入沂河，死者甚众，获战船二百。胜与王权破海州，擒伪守王山，获金人，押至行在。系年要录云，时解元败金人于沂州潭城县，世忠复败之于㳽〔口〕镇（据系年要录卷一三七补），刘宝等破之于千秋湖陵。阿里布传，宗弼复河南，阿里布先济河，抚定诸郡，再为归德尹。宋岳飞等来取河南地，拔陈、许、颍三州，旁郡响应，阿里布击败攻归德之兵，复亳、宿等州，河南平，功居最。历右监军、节度使，为海陵杀。后赠仪同。舒穆鲁卞传，宗弼复取河南，与宋战颍州，汉军少却，卞身被七创，率勇士十余骑奋击败之。宗弼传均未载。

冬十二月乙亥，宗弼上言宋将岳飞、张俊、韩世忠率众渡江，诏命击之。〔考异〕续通鉴本末补，绍兴十一年，命张俊、杨沂中率师赴淮西，岳飞进兵江州，无世忠率众渡江之文。史遗沂中而称世忠，疑是传闻之误。按绍兴十一年系皇统元年。赵彦卫云麓漫钞云，建炎时韩、岳军最精，时于军中角其勇健者，（另）〔令〕（据云麓漫钞卷七改）为籍，以次递升，别置亲随军。（另）（据云麓漫钞卷七删）谓之背峞军，悉于上等人内角其优者补之。一入背峞诸军，统制而下与抗礼，犒赏异常。凡遇坚敌无不立破，见范参政致能说。燕北人呼酒瓶为峞，大将之酒瓶必令亲信人负之，范尝使北，见道中人有负罍者，则指云，此背峞也。故韩、岳因以名军，峞即罍，北人语讹，故云韩军误用字耳。周密癸辛杂识云，周益公日记，杨存中，人呼为"髯阉"，以其多髯而善逢迎也。王梅溪集亦同。

皇统元年（辛酉——四一）夏四月辛巳，宗弼请侵宋，从之。

秋七月丙午，以宗弼为尚书左丞相兼侍中、都元帅、领行台如故。遂率师渡淮，宋乞罢兵，以便宜画淮为界。〔考异〕薛应旂通鉴云，春正月乙卯，兀术犯寿春。初，兀术谋再举，闻诸将还，遂引兵陷寿春，渡淮，克庐州，取商州，命诸将赴援，屡败金兵。二月，王德拔和州，兀术退屯昭关。商守邵隆破金人于洪门，复商州。金争和州，俊败之。王德败之于含山关，师古败之于巢县。德复含山及昭关，崔皋败之于舒城。丁亥，杨沂中、刘锜大破兀术于柘皋，时兀术以柘皋地平，利用骑，因驻师。锜夹石梁河而阵，沂中引兵会，分为三，渡河进击。兀术骑兵十万，分两隅，德直犯其锋，诸军继之，敌大败，又追破之于东山，死者万计。又败之于店步，复庐州。熊克小纪云，时寿春守孙晖与统制雷仲弃城去，庐州守陈规卒，故二城皆陷。刘锜至庐州，敌骑大集，锜少退，以避其锋，继屯东关，遏敌冲，军势复振。俊遣侄子盖及王德复和州，追至全椒，敌引去。赵密出六丈河，遏贼归路。锜与乌珠遇，据柘皋，夹道而阵，德与田师中渡桥合击，俊军继至，敌大败，复庐州。诏诸将捷音继至，军声大振，兵兴以来未有今日之盛。知福州张浚以缗钱六十万助军，诏奖之。俊兵八万皆精锐，号"铁山军"。三月，濠州陷，王进被杀。俊会沂中追敌，遇伏，德救免。诏飞引兵援淮西，以粮乏为辞。及濠州破，俊、桧皆恨之。桧用范同计，召诸将还，罢其兵柄，令列校各统所部，得专达，曰统制御前军焉。又万俟卨谓飞倡言弃两淮，均不可信。时飞与俊在镇江阅兵，乞罢除宫观。时淮西遇敌力战，死者尚有刘实。南宋书，濠州之陷，邵青死之，张宏战没于沔阳。温特赫富拉塔传，（龙）〔隆〕州（据金史卷八一温迪罕蒲里特传改）人，皇统元年从宗弼南侵，留军唐州。击败敌众，复破大名军数万，讨平邳州土贼二十万，南京路遇敌兵二万，击败之，仕至泰宁节度。毛硕传，字仲权，甘陵人。皇统元年，权知拱州。宋张俊据亳州，柘城（海盐）〔酒盐〕（据金史卷九二毛硕传改）房人杰叛应，硕讨平之，复柘城，卒官南京〔都〕（据金史卷九二毛硕传补）转运使。李心传朝野杂记云，绍兴初，内外大军凡十九万四千余，而川、陕不与，宿卫、神武、右军、中军七万二千八百，张（俊）〔浚〕（据朝野杂记甲集卷十八改）将（左）〔右〕（同上）军，杨沂中将中军。江东刘光世，淮东韩世忠，湖北岳飞，湖南王（琼）〔瓊〕（同上，下同），四军十二万一千六百。寻并神武、中军，隶殿前，而右军如故。五年春，（琼）〔瓊〕罢，以万五千归张俊（按，据上书同卷"张俊"当作"韩世忠"），由是三（卫）〔衙〕（同上，下同）外，有韩、张、岳三人，今镇江大军韩氏部曲也，建康大军张氏部曲也，鄂州大军岳氏部曲也。至三（卫）〔衙〕诸军，殿前司，则本辛永宗中军部曲而益以他军也。马军司，则本王彦部曲而益以解潜、刘锜、田晟军也。步军司，则本颜渐部曲而益以他军也。马步二司不能敌殿前之半，故杨存中权势独盛。若御前军，但供厮役，如昔厢军为武臣差遣。兴州、兴元府、金州三都统司兵，本曲端、吴玠、关师古之徒，后皆为玠并，共七万人。至乾道末，籍存者凡九万七千三百零，岁用钱千七十八万七千一百四十二缗、粮百五十八万七千六百七十三斛。李大谅征蒙记云，时兀术诸军饥苦，深惧宋师渡江，不击自溃，但用一檄书下宋取捷，自诩为万世不传之策。迨病笃，犹虑南军精锐，有心争战，将来不能制御，可辅天水郡王安坐汴京，并力破敌云云。续纲目，和议成作十一月事，地理志作十月，今从宗弼传。

（三）〔二〕（据金史卷七七宗弼传改）年（壬戌——四二）春二月，宗弼入朝，诏监修国史，赐以人口、牛马各千，驼百，羊万，仍每岁宋币内给银绢二千两

匜。初，和议成，拜太傅，赐金券。至是表乞致
仕，优诏不许。

七年（丁卯——一四七）秋九月，以宗弼为太师、领
三省事、都元帅，领行台如故。

八年（戊辰——一四八）秋八月戊戌，宗弼进太祖实
录，帝焚香立受之。

冬十月辛酉，宗弼卒。大定中，谥忠烈，配享
太宗庙廷。〔考异〕系年要录云，没于皇统五年。李大谅征蒙记
云，赠大孝昭烈皇帝。元一统志，燕旧城仙露坊有玉虚观旧碑，金
泰和八年，主事庞铸所撰重修三清殿记，文简理明。观中有故太师
梁忠武王祠堂。王讳宗弼，乃武元第八子。泰和四年八月，道士高
守冲为立碑，文亦铸作。至元七年，建玉虚观大道祖师传授之碑，
参政杨果撰、萧挺书。观在今罐儿衖同，已废，惟明胡濙、李锦二
碑尚存，乃景泰中立，非正统中也，见日下旧闻考。洪迈夷坚志云，
兀术有妃耶律氏，方颐修额、明眸华发，权略过男子，兀术敬畏之。
辽末，为常胜军校庞太保妻，尝诣燕山乐先生问命，卦成，决其有
后妃之贵，后归兀术，封越国王妃。云先公在燕时，熟识其状，予
奉使日，接伴使日，工部侍郎庞显忠盖耶律氏在庞时生也。本传
未载。

子亨，本名伯特，原作孛迭。〔考异〕汪辉祖金史同名录
云，卷五海陵贞元二年通进，被杀；卷十四宣宗贞祐四年翰林学士；
卷七十四宗望传辽节度；卷八十一大名尹景国公，亦作勃迭，耶律
氏；卷九十四瑶里氏崇义节度；卷一百三十三窝斡传大定初昭信校
尉，七人同名孛迭。封芮王，海陵以为右卫将军。

海陵忌太宗诸子，因谒太庙，赐亨良弓卫左右。亨性直，材勇绝人，辞曰："弓弱不可用"，遂忌之，出为真定尹，历留守。家奴梁遵诬告亨与卫士符公弼谋反，案验无状，遵坐诛，益为所忌。改广宁尹，使李老僧图之，家奴鲁尔锦原作六斤。〔考异〕汪辉祖金史同名录云，卷六世宗纪故吏；卷七十四宗望传辽详稳；卷九十八完颜纲传泰和六年队校，仆散氏；卷一百三乌古论礼传本名，河东北宣抚；卷一百五温达罕绨达传大定十九年内直丞；卷一百二十二乌古论德升传本名，左监军；本卷完颜氏，宣宗时保大节度；卷一百二十九李通传海陵末契丹贼边氏；又至宁元年提控、宿直将军，从乱；一五十户不肯从乱，后官钤辖，均蒲察氏，并见执中传，十一人同名六斤。因与亨侍妾私通，告其谋逆，榜掠不伏。本传，鞫是狱者为工部尚书耶律安礼、大理正图哩。〔考异〕图哩本作忒里，卷三太宗天会九年将忒里另一人。老僧至囚所，使人就其阴间杀之。比死，不胜楚痛，声达于外。嗣并杀其妃图克坦氏、次妃大氏、子音德原作羊蹄。〔考异〕宗室表名扬德。等三人。大定初追复亨官爵，封韩王，并妻、子改葬之。〔考异〕大金国志云，乌陵思谋，本北辽曷苏馆女真，字仲远，官宁远大将军，沁南军节度。兀术为元帅时，凡军国大事皆（委）〔问〕（据大金国志卷二七乌陵思谋传改）之。又韩常，燕山人，字元吉。官万户都统，兀术南侵，常为先锋，累有功。在陕数年，每役必从，后知颍昌府。熊克小纪云，金人近岁用兵多不利，始知惮中国。时辽军万户韩常为濬州守，与判官宫茵论南北兵战之事，茵曰："此非南之所能敌。"茵益都人，盖谀之也。常曰："不然，今昔异势，昔我强彼弱，今我怯彼勇，所幸者南人未知北间事耳。"张汇节要云，思谋小名撒卢母，从粘罕为都提点，用为腹心。粘罕死，叹曰："可惜官人，备历艰阻以取天下，今为数小子所坏，我未知死所矣。"后事兀术。妻曹氏，乃彬之裔也。李大谅征蒙记云，兀术死后，天德三年诛韩常、周桼等四十余员，内多有亲立战功者。系年要录云，乌陵思谋即乌凌噶色埒美。韩常，庆和子，史均未立传。瀛洲道古录云，元时翰林院以金乌珠第为之，欧阳楚公诗曰："翰林老屋势深雄，犹是金家兀术宫"是也。史亦未载。

金史纪事本末卷二十一

田豰之狱

熙宗皇统元年（辛酉——一四一）秋七月丙午，以宗弼为尚书左丞相兼侍中，都元帅、领行台如故。

六年（丙寅——一四六）春二月，尚书（左）〔右〕（据金史卷四熙宗纪、卷七八韩企先传改）丞相韩企先卒。

七年夏六月丁酉，杀横海军节度使田豰、左司郎中奚毅、翰林待制邢具瞻〔考异〕元好问中州集，具瞻字岩夫，辽西人，天会二年进士。与吴、蔡为文章友，其出塞诗曰："楼外青山半夕阳，寒雅翻墨点林霜。平沙细草三千里，一笛西风人断肠。"史未载。及王植、高凤廷、王效、赵益兴、龚夷鉴等。

先是，韩企先为相，拔擢一时贤能，皆置机

要。田毂与孟浩皆在尚书省。毂为吏部侍郎，浩为左司员外郎。既典选，善铨量人物，分别贤否，所引用皆君子。而蔡松年、许霖、曹望之皆小人，求与毂相结，毂薄其为人，拒之。

松年，蔡靖子，〔靖〕（据金史卷八九孟浩传补）失守燕山，败宋国，毂讥斥松年。松年初事宗弼于行台省，以微巧得幸。宗弼当国，引为刑部员外郎，望之为尚书省都事，霖为省令史。皆怨毂等，时毁短之于宗弼。凡与毂善者，皆指以为朋党。韩企先病甚，宗弼候之。时毂在企先所，闻其至，知其恶己，避之。宗弼曰："丞相年老且疾，病，谁可继丞相乎？"企先举毂，而宗弼先入松年等谮，谓之曰："此辈可杀。"毂闻，流汗浃背。企先卒，毂出为横海军节度使。选人龚夷鉴除名，值赦，得与覃恩。吏以夷鉴白毂，毂乃倒用月日署之。许霖在省典覃恩，行台省工部员外郎张子周素与毂有怨，因事在京师，知之，嗾许霖发其事，诋以专擅朝政。诏狱鞫之，拟毂与奚毅、邢具瞻、王植、高凤廷、王效、赵益兴、龚夷鉴〔考异〕毕沅续通鉴，王效作王敬、夷鉴作彝鉴。死，其妻、子及所往来孟浩等三十四人皆徙海上，仍不以赦原。天下冤之。〔考异〕刘祁归潜志云，毂等好分别流品，谓松年失节，望之俗吏，霖小人，屏不用，皆恨之。会企先卒，毂等失势，三人趣辽王宗弼，起党事，奏闻熙宗，曰："党人何为？"曰："党人相结欲反耳。"熙宗曰："若尔，当尽诛之。"遂收下狱，且远捕四方党与。每得一人，先漆其面赴讯，使不相识。捞掠万状，毂、具瞻死狱中。三人皆进用。所载较详。王寂拙轩集，先君行状云，知真定府平山县，秩满赴行台，吏部王植、王效辈一见喜曰，吏部知公廉士，久欲改官，当从此著鞭矣。辞以疾，除唐县令，退谓所知曰，田侯疾恶太甚，怨隙已成，其能免乎？未几，果起大狱。按寂父讳础，字镇之，大名莘人也。伯特德哩布传，原作伯德特离补，奚五王族人。国初，与父托卜嘉归朝，从宗望南侵，别次安肃州，大破宋兵，取其城。讨平群盗，擒降将胡愈，擢涿州刺史，入为工部郎中。从张浩营东京宫室。田毂党事起，朝省一空，摄行六部事，终崇义节度。纪未载。按卷一百二十九李通传，海陵时护卫特离补另一人。**松年用是迁左司员外郎。海陵立，累迁户部尚书。海陵迁中都，徙榷货务以实之，复钞引法，皆用松年谋。及议南侵，命为正旦使使宋，嗣进右丞相，封卫国公。正隆四年死，谥文简。望之，宣德人，擢行台吏部员外郎，历户部尚书。霖以谄事海陵，仕至左宣徽使。世宗立，黜之，放归田里。**〔考异〕刘祁归潜志云，松年在相位，其后晨赴朝，上马见毂召辨，左右闻松年云，某当便行。望之在吏部厅事，亦见毂召辨，二人由此死。而霖病创颈断死，天之报施亦显矣哉。大抵类田蚡、灌夫事也。史未载。然祁当代人，所言当不妄，故附录之，以昭炯鉴。元好问中州集云，松年字伯坚，父靖，官翰林学士。松年工乐府，与吴彦高齐名，号"吴蔡体"，有集行世。其镇阳别业有萧闲堂，自号萧闲老人。（广）〔永〕平（据中州集辛集改）王扩字充之，明昌五年进士，（官）〔权〕（同上）陕西〔西路〕（同

（上补）转运使，行六部尚书。尝疏言，<u>大定</u>间<u>曹望之</u>为户部，天下仓廪、府库皆实，百姓无怨叹之声，存乎其人，不在改官称也，今乞罢三司，仍复户部之旧，毋骇民听可也。据此，则<u>望之</u>亦似有才能者。<u>扩</u>谥刚毅。

初，<u>世宗</u>在当时，知<u>毂</u>党事皆<u>松年</u>等构成。而党人遇<u>天德</u>赦令还乡里，多物故，惟<u>孟浩</u>与<u>毂</u>兄<u>谷</u>、<u>王补</u>、<u>冯煦</u>、<u>王中安</u>在。<u>大定</u>二年召见，复官爵。<u>浩</u>，字<u>浩然</u>，<u>滦州</u>人，<u>辽</u>末第进士。<u>天会</u>中，由令史历郎中，至是擢侍御史，复拜（右）〔左〕（据<u>金史</u>卷八九孟浩传改）司员外郎，进尚书右丞，兼太子少傅。罢为<u>真定</u>尹，卒官。性笃实，遇事辄言，无所隐。<u>世宗</u>嘉其忠，每称之。<u>谷</u>自大理寺丞，累官同知，<u>中京</u>留守，终<u>利涉军</u>节度使，补官工部员外郎。<u>煦</u>为工部主事。<u>中安</u>知<u>火山军</u>事。〔考异〕<u>王贲</u>传，字<u>文孺</u>，<u>宛平</u>人。父<u>中安</u>，第进士，坐<u>田毂</u>党事废。<u>世宗</u>立，党禁解，终<u>沂州</u>防御使。<u>贲</u>第进士，终<u>南京</u>按察使。弟<u>质</u>亦进士，官礼部尚书。<u>元好问</u>中州集，时<u>济南</u><u>李之翰</u>字<u>周卿</u>，<u>宣和</u>末擢第，仕国朝，守<u>宁州</u>。陷<u>毂</u>党籍，除名，徙<u>上京</u>，遇赦，复官，终东（京）〔平〕（据中州集辛集改）倅，有<u>漆园集</u>行世。子<u>灵石</u>尉<u>谦</u>，孙<u>德元</u>。又<u>王仲通</u>字（连）〔达〕夫（同上），<u>长庆</u>人，<u>天会</u>六年进士。陷<u>毂</u>党，编配<u>五国城</u>，会赦还。<u>世宗</u>立，复官，终<u>永定</u>节度使。史均未载。

迨<u>章宗</u>即位，诏尚书省曰：“故吏部侍郎<u>田毂</u>等皆中正之士，小人以朋党陷之，由是得罪。<u>世宗</u>

用孟浩为右丞，当时在者俱已用之，亡者未加追复，其议以闻。"时顾命大臣张汝霖，其父浩素与松年友善，力阻之而止。汝霖没，章宗复诏曰："田觳闻党事之后，有官者以为戒，惟务苟且，习以成风。先帝知其无罪，录用生存之人，有擢至宰执者，其次有为节度、防御刺史者。其死者犹未追复，〔子孙〕（据金史卷八九孟浩传补）尚在编户，朕甚悯焉。宜并加恩恤，以励风俗。据田觳一起人除已叙用外，但未经任用身死，并与复旧官爵，其子孙坐此事削除官职者，亦与追复。应合追复爵位，其子孙不及荫叙者，亦皆量与恩例。"〔考异〕刘仲洙传，觳等党事废锢者三十余家，仲洙知其冤，上书力辨，帝从之，乃复觳官爵，而党禁益解。纪未载。仲洙字师鲁，宛平人。第进士。性刚直，果于从政，尤善治民，为一时能吏。历官定海节度使。亦见本传。同时李完，字（令）〔全〕道（据金史卷九七李完传改），马邑人，词赋进士。历陕西〔西路〕（同上补）转运使，亦长于吏治。马百禄字天锡，三河人。父柔德，天会初第进士，历修撰，坐田觳党免官。世宗朝，召用。百禄登词赋进士，终南京提刑，以刚直廉干闻。杨伯元字长卿，尉氏人，第进士。以才干多被委任，终安武节度。刘玘字仲璋，益都人。第进士，官太常卿。兄（琬）〔琬〕（据金史卷九七刘琬传改）字伯玉，官定海节度。弟玮，太府监。康元弼字辅之，云中人，正隆进士，终南京转运使。伊喇益字子迁，中都路人。以荫补官，终河东按察使。国史均有传。

金史纪事本末卷二十二

秉德唐古辩谋逆　乌达等附

<u>熙宗皇统</u>七年（丁卯——一四七）冬十一月乙亥，兵部尚书<u>秉德</u>进三角羊。擢为参知政事。<u>秉德</u>，本名<u>伊逊</u>，原作乙辛。〔考异〕<u>苗耀</u>神麓记作阿辛。续通考羊作牛，云，一作羊。又<u>天眷</u>五年十月，<u>大名</u>进牛生麟。<u>宗翰</u>原作粘罕子也。初为<u>西南</u>招讨使，改<u>汴京</u>留守。丁母忧，起复。至是由兵部尚书，拜参政。

八年（戊辰——一四八）夏四月辛丑，遣<u>秉德</u>与<u>乌凌</u><u>阿富勒呼</u>等廉察官吏，使还，拜平章政事。

九年（己巳——一四九）十二月<u>海陵</u>篡立，改为<u>天德</u>元年。秋八月庚申，廷议徙<u>辽阳</u>、<u>渤海</u>之民于<u>燕南</u>，<u>秉德</u>

及左司郎中萨哈原作三合主其事。侍从高寿星等当迁，诉于后，后怒，白帝，〔帝〕（据金史卷四熙宗纪补）怒议者，杖秉德，杀萨哈。

九月戊戌，以秉德为尚书左丞相兼中书令。

时熙宗在位久，悼后干政，而继嗣未立，帝无聊，不平，屡杀宗室，棰辱大臣。秉德怀忿，乃与唐古辩、乌达等谋废立。乌达告海陵，海陵因与秉德谋弑帝。遂于是年十二月九日，与唐古辩、乌达、呼图、额勒楚克、大兴国、李老僧、海陵妹夫塔斯弑帝于寝殿。〔考异〕大金国志云，燕京留守岐王亮时在外，诸王召入同谋。〔亮〕（据大金国志卷一二熙宗纪补）潜往上京至驸马宅与燕、赵诸王议，驸马曰："有一人可使，乃兴国奴也。此人好犀带、岐王照夜白马，惠之必从。"兴国奴大喜，结门者乞伏效里等，令开门，诸王入，主熟寝，叱曰："无道主，匹夫耳，可速斩之！"言讫，剑落，良久死，驸马以衾裹其尸。苗耀神麓记云，唐古卞率平章亮、参政萧王仲武、太常乌达、宿直将军斡诸、尚厩局使高景山及兴国奴同谋，护卫忽突以枪刺杀之。系年要录云，时有护卫将军瑚图克，初不与谋，亮等入霄仪殿门，亶惊起，求弓刀不获，瑚图克以枪刺亶于殿壁，众前争斫杀之。所载姓名互异，今从史。

秉德意未有所属，呼图奉海陵坐，因罗拜，呼万岁，杀曹国王宗敏、本名阿里布，太祖子，大定间追复官爵。〔考异〕汪辉祖金史同名录云，亦作阿鲁补。卷三太宗纪天会八年将，官归德节度；卷五十九宗室表景祖裔，行台左丞相，即阿离补，亦作阿里补、阿卢补；卷七十六宗固传太宗子虞王宗伟及海陵子光英，五人同名阿鲁补。苗耀神麓记作阿鲁孛山，子阿里罕亦被害。又，宗室表，宗敏官太傅，领东京行台尚书省事，长子褒，本名萨哈连，封舒国公，进爵王，次子阿里罕封密国公，所载各判。左丞相宗贤。本名色哩，一作赛里，希卜苏孙。官太保都元帅、领三省事，与海陵同相，未尝假借，为所忌，被杀。初，熙宗杀胙王常胜，纳其妻宫中。寻杀悼后，将以常胜妻为后，未果，海陵诡以熙宗议立后召，将入，犹曰当力争，及被杀，尚未知也。见本传。〔考异〕续通考，希卜苏一作辞不出，孙宗贤，皇统四年封豳国公，至列传第六十六卷之宗贤，宗（定）〔室〕（据续通考卷二〇六改）子，本名阿噜，临海节度，封广平郡王，正隆例降，大定初封景国公，起博索路都总管，卒，另一人。汪辉祖金史同名录云，赛里一作塞里，卷七十一斡鲁传曾孙、卷一百二十一温迪罕蒲睹传迪斡群牧使，三人同名赛里。海陵立，以秉德为左丞相兼侍中，左副元帅，封萧王，〔考异〕苗耀神麓记云封楚国公。赐铁券，赏赉有加。

海陵天德二年（庚午——五〇）春正月乙巳，出秉德领行台尚书省事，因乌达谮之也。时秉德方在告，限十日发行。会海陵欲除太宗诸子，并除秉德，以秉德首谋废立，及弑熙宗不即劝进，衔之。乌达因言秉德与宗本谋反有状，曰："昨会宗本家，海州刺史子忠〔考异〕系年要录作乌尔衮言其貌类赵太祖，秉德笑受其言。且谓历数有归。其妻尝指斥主上，语皆不顺。"遣使就行台杀之。秉德以口语致怨，既死，并杀其弟图哩、原作特里嘉哩、原作（纠）〔糺〕里。

（据金史卷一三二秉德传改，下同）〔考异〕海陵纪又作纠里罕。汪辉祖金史同名录云，卷三太祖纪辽都统、卷七十四太宗时都统，三人同名纠里。又，宗室表载秉德弟色克，原作斜哥，劝农副使，而未列图哩、嘉哩名，与传互异。及宗翰子孙、死者三十余人，宗翰之后遂绝。

世宗立，追复秉德官爵，赠仪同。诏以明安、穆昆还萨哈原作撒改曾孙佛门，原作盆买遣使改葬，家产给近亲奉祠。

同时与秉德首谋废立者曰唐古辩。

熙宗皇统八年（戊辰——一四八）夏六月乙卯，以都点检唐古辩为尚书左丞。唐古辩，本名翁鄂罗，原作斡骨剌。〔考异〕薛应旂通鉴作唐括辩。尚熙宗女代国公主，为驸马都尉。至是由参政拜左丞。

秋七月戊寅，以左丞唐古辩奉职不谨，杖之。

九月，唐古辩罢。

九年（己巳——一四九）春二月甲寅，会宁牧唐古辩复为尚书左丞。

冬十二月丁巳，唐古辩与秉德等弑熙宗。

初，秉德等谋废立，而乌达以语海陵，海陵谓辩曰："若行大事，谁可立者？"辩曰："无乃胙王常胜乎？"问其次，曰："邓王子阿林。"〔考异〕钱大昕云，一作阿懒，邓王；父名宗杰，景宣同母弟，故辩以为当立。海陵曰：“阿林属疏，安得立？”辩曰：“公岂有意耶？”海陵曰：“若不得已，舍我其谁？”遂旦夕相与密谋。护卫塔斯疑之，告悼后，后语熙宗，熙宗怒，责之，逆谋益甚。十二月九日，海陵、秉德等会辩家。至夜，辩等以刀藏衣下，随入宫，门者以辩驸马，不疑，皆纳之。遂弑熙宗，立海陵，辩为尚书右丞相兼中书令，封王，赐钱绢及铁券，进左丞相。

辩为海陵谋逆，海陵深忌其忮忍。尝与观太祖画像，谓其眼相似，彼此均色动。寻用萧裕计，坐与宗本谋反，诛。

父，重国，官东平尹，夺职，复起防御使。大定间，以政绩闻，终横海军节度使。

同党乌达，〔考异〕满洲语置也，原作乌带，今译改，复改名言。卷一百二十九李通传正隆二年刑部尚书，按即耨盌温敦兀带，传在卷八十四，亦作斡带，另一人。汪辉祖金史同录云，卷八十一温迪罕蒲里特传其子武功将军、卷一百三十三窝斡传大定二年咸平路总管，三人同名兀带。又，卷一世纪穆宗时副都统、卷四熙宗纪天眷二年挞懒子、卷七十一婆卢火传其孙广威将军，四人同名斡带。金史国语解云，凡市物已得曰“兀带”，取以名子者犹言货取如物然也。兀带即武远。（按，据上文“武远”当作“乌达”）阿里布原作阿鲁补子也。〔考异〕宗室表，阿里布系出景祖，行台

（右）〔左〕（据金史卷五九宗室表改）丞相。谭国公子乌达，崇义节度。孙乌达布，同知大兴尹。乌达布子乌页布，笔砚祗候。阿里布次子方，签书枢密，袭穆昆。所载甚详。熙宗时官大理卿。当秉德谋废立，乌达知之，告海陵，遂与俱弑熙宗。海陵立，为平章政事，封许国王。

乌达妻唐古氏淫佚，尝与海陵通，又私其家奴阁乞儿，秉德面斥之，遂诬奏秉德欲立葛王。海陵出秉德，遂杀之。以秉德世袭明安穆昆并家产授乌达，进司空、左丞相兼侍中。寻以事出为节度使，使其妻唐古氏杀之，而纳为贵妃。

子，乌达布原作乌答补，亦作兀答补。〔考异〕卷八十八移剌道传，太宗时磁州刺史兀答补另一人。终同知大兴尹。

大兴国〔考异〕大金国志作兴国奴，本宋内侍，为金所虏。事熙宗为寝殿实达尔，原作小底权近侍局直长，最见亲信，未尝去左右。海陵生日，熙宗使兴国赐珍玩，悼后亦以物附赐，事闻，杖兴国一百。海陵因使李老僧说兴国举大事，欣然许之，乃约期起事。兴国取符钥开门，矫诏召海陵等入。熙宗尝置佩刀御榻上，兴国先取投榻下，乱作，熙宗索佩刀不得，遂被弑。海陵即位，以为广宁尹，赐与如其党。寻改崇义军即义州，辽宜州也，县二。节度使，赐名邦基。大定间诏磔于思陵之侧。

图克坦额垳楚克，原作徒单阿里出虎会宁人，徙懿州。父巴噶，<small>原作跋改</small>官兴中尹，与宗干世为姻家。皇统末，与布萨呼图俱为护卫十人长。海陵告以逆谋，许以女妻其子，遂与布萨呼图直禁中，约期入宫。至寝殿，额埒楚克先进刃，呼图继之，熙宗仆，海陵复刃之，血溅其面及衣。海陵立，累官太原尹，封王。其子珠苏尔尚荣国公主和尼，<small>原作合女</small>为驸马都尉。额埒楚克后坐谋反，诛，并杀其妻，命其子焚尸投骨水中。〔考异〕刘枢传，字居中，三河人，天眷二年进士，官奉直大夫。张浩营建燕京宫室，遣枢治工役。迁（工）〔刑〕（据金史卷一〇五刘枢传改）部员外郎，鞫治太原尹额埒楚克反状，旬日（具狱）〔狱具〕（据金史卷一〇五刘枢传改）。历工部侍郎，卒官中都路转运使。父巴噶，后历官工部尚书、济南尹，卒。

布萨呼图，〔考异〕薛应旂通鉴作仆散忽土，亦作乌土。汪辉祖金史同名录云，卷七世宗纪大定十七年兵部郎中、卷八十二光英传咸平路猛安、卷九十二克宁传熙宗悼后弟，均姓陀满氏，卷一百十六石盏女鲁欢传正大九年权元帅，亦作胡土，六人同名忽土。改名思恭，上京人。本微贱，宗干常周恤之。十二月九日直宿，海陵因之入宫。至寝殿，熙宗闻步履声，咄之，众皆却，呼图曰："事至此，不进得乎？"乃相与排闼入。既弑熙宗，秉德尚未有所属，呼图因奉海陵坐，众前称万岁，并使杀曹国王宗敏。累官右丞相、太尉、枢密使，封王，后使讨契

丹萨巴，不克，族灭之。本传，思恭临刑，绳枚室口，不能
言，但举首视天日而已。

图克坦贞，本名塔斯，原作特思。〔考异〕亦作特厮。
卷八十一蒲察胡盏传，父谋克特厮另一人。赠司徒博勒和原作
婆卢火子也。其妻为海陵同母女弟，亦与逆谋。历官
都点检，封王，迁枢密副使，擢御史大夫、左监
军，从侵宋。大定间改太原尹。后伏诛，及其妻与
二子慎思、实禄，原作十六而宥其诸孙。其女为章宗
母，章宗立，尊为皇太后，追赠贞等有差。〔考异〕王
翛传，章宗改葬贞，欲用前代故事，班剑、羽葆。宰臣以贞与弑熙
宗，意难之。下礼官议，翛时为礼部尚书兼大理卿，上言："晋葬王
导有之，唐以下王公卤簿并无班剑兼羽葆，非臣下所宜用。"上弗从。
性刚直，临事果决，吏民惮其威，虽豪右不敢犯。卒官定海节度使。

李老僧，〔考异〕续纲目作罗卜藏。旧为将军司书吏，
与大兴国有亲，素相厚。海陵将举事，使老僧结兴
国。逆谋成，海陵立，迁同知广宁尹。使察韩王亨
罪，意迟回，黜为易州刺史。后赐名惟忠，一作维忠
改延安（尹）〔府〕（据金史卷一三五李老僧传改）同知。
大定初，坐与兵部尚书克实谋反，诛。

又有高怀贞者，由令史累迁礼部侍郎。海陵以
近属，为宰相，专威福柄，遂成弑逆之计，皆怀贞
辈小人怂恿导之。大定二年，放归田里，后起为定
国军地理志云，即同州，县九，后改今名。节度使。

金史纪事本末卷二十三

海陵淫暴

熙宗皇统九年（己巳——一四九）十二月海陵篡立，改为天德元年。冬十二月丁巳，平章政事亮弑其君亶而自立。亮字元功，本讳都古鲁讷，原作迪古廼。〔考异〕大金国志云，幼名孛烈汉。辽王宗干原作斡本次子也。〔考异〕炀王江上录云，系阿骨打长子宗翰之元子。按宗干乃太祖庶长子，录误以宗干为宗翰，且系宗干次子称元子亦误。今从史。母大氏，天辅六年壬寅岁生。天眷三年以奉国上将军赴宗弼军前任使，拜行军万户，擢中京留守。为人僄急，多残忍，猜忌任数。〔考异〕大金国志云，好读书，外宽和而城府深密，人莫测其际。矫饰盗名，包藏祸心。所载较详。初，熙宗以太祖嫡孙嗣位，而己亦太祖孙，遂怀觊觎。在中京，专务立威。明安萧裕倾险敢决，亮结纳之。因劝举大事，语在萧裕乱政事中。

皇统七年（丁卯——一一四七）五月，（诏）〔召〕（据金史卷五海陵纪改）判大宗正事，进平章政事，揽权植党，引肃裕为兵部侍郎。寻由平章擢右丞相，兼都元帅。先是，因召对，熙宗语及太祖创业艰难，亮呜咽流涕，信为忠。嗣使大兴国赐亮生日，悼后亦附赐，熙宗怒，夺还，由此不自安。加太保、领三省事，复坐张钧事，出领行台。过中京，与萧裕定约。至良乡，召还，为平章政事，用是益危迫。会右丞相秉德、左丞唐古辩因被杖，谋废立。乌达语亮，亮因与相结，并使李老僧约寝殿实达尔原作小底大兴国、护卫十人长图克坦额勒楚克、原作徒单阿里出虎布萨呼图原作仆散忽土等举大事。熙宗被弑，呼图倡言奉亮，坐，皆拜称万岁，遂杀左丞相宗贤、曹国王宗敏，乃即位。以秉德为左丞相，唐古辩为右丞相，乌达为平章政事，余爵赏有差。召秉德等六人誓太祖庙，赐铁券及钱绢、牲畜，追谥皇考为睿明皇帝，庙号德宗。〔考异〕系年要录云，兴国努传旨，敛取侍卫弓刀，挥出殿门。诈召大臣，沂王宗贤入宫，为所害。宗敏继至，缢杀之。交聘表云，时宋贺正旦使至广宁，遣人谕以废立，遣还。按，宋贺正使副，太常少卿张杞，和州团练使赵述，而贺生辰使副，司农卿<u>汤鹏举</u>，吉州刺史<u>石靖</u>，同时遣还。表未具书耳，见<u>钱大昕</u><u>潜研堂集</u>。<u>熊克</u><u>小纪</u>云，<u>鹏举</u>奏见彼国接伴使言，新主<u>亮</u>登位，见报诸国，乃下诏排办准备。有司奏，每年<u>金</u>贺正旦使到阙（相）〔朝〕（据<u>中兴小纪</u>卷三四改）见日，依<u>五礼新仪</u>设黄麾角仗千五十六人，将来使到，乞依<u>新仪</u>，从之。

　　<u>海陵</u><u>天德</u>二年（庚午——五〇）春正月癸巳，尊嫡母<u>图克坦</u>原作<u>徒单</u>氏、母<u>大</u>氏、皆为皇太后。〔考异〕<u>毕沅续通鉴</u>云，<u>宗干</u>初纳<u>宗雄</u>妻，与<u>海陵</u>不相能，及篡位，囚于府第，并其子及<u>宗雄</u>孙七人杀而焚之，弃其首于濠水。<u>纪</u>未载。以<u>萧裕</u>为秘书监，出<u>秉德</u>领行台尚书省事。

　　二月戊辰，以<u>唐古辩</u>为左丞相，<u>乌达</u>为右丞相。

　　三月丙戌，以弟<u>兖</u>为司徒兼都元帅。〔考异〕<u>沈炳震</u><u>廿一史四谱</u>，<u>海陵</u>朝宰辅领三省事者为，<u>完颜兖</u>、<u>徒单恭</u>、<u>耨盌温敦思忠</u>、<u>大臬</u>，丞相则<u>唐括辨</u>、<u>乌带</u>、<u>刘筈</u>、<u>完颜昂</u>、<u>萧裕</u>、<u>张浩</u>、<u>仆散思恭</u>、<u>萧玉</u>、<u>蔡松年</u>，平章则<u>宗义</u>、<u>李德固</u>、<u>张通古</u>、<u>张晖</u>，左右丞则<u>字极</u>、<u>刘麟</u>、<u>张中孚</u>、<u>刘萼</u>、<u>萧赜</u>、<u>耶律安礼</u>、<u>良弼</u>、<u>刘长言</u>、<u>李通</u>，均见<u>本纪</u>。

　　夏四月戊午，杀太傅领三省事<u>宗本</u>、本名<u>阿噜</u>，一作<u>阿鲁</u>。左丞相<u>唐古辩</u>、判大宗正事<u>宗美</u>。原作<u>呼尔察</u>。〔考异〕<u>薛应旂</u><u>通鉴</u>作<u>胡里甲</u>。遣使杀领行台事<u>秉德</u>、东京留守<u>宗懿</u>、〔考异〕<u>续纲目</u>作<u>阿林</u>。<u>薛应旂</u><u>通鉴</u>作<u>阿邻</u>。北京留守<u>卞</u>本名<u>克实</u>。〔考异〕<u>续纲目</u>作<u>呼拉布</u>。<u>薛应旂</u><u>通鉴</u>作<u>斛禄补</u>。及<u>太宗</u>子孙七十余人，<u>宗翰</u>子孙三十余人，诸宗室五十余人。辛酉，以尚书省译史萧玉为礼部尚书，萧裕进尚书左丞，乌达加司空，（左）〔右〕（据金史卷五海陵纪、卷八四耨盌温敦思忠传改）丞相温都思忠本名伊里布。〔考异〕本传温都作诺延云，原作耨盌温敦，而百官志耨盌与温敦作二姓，乃熙宗、海陵二纪又称温都，未知孰是。国语解云，"温敦"即"武图"。又，是时乌林答赞谟为行台参政，恶思忠贪黩。赞谟妻，秉德乳母也，思忠因构赞谟杀之。赞谟即赞谋，见思忠传。思忠，阿尔萨水人。太祖伐辽，时无文字，诸将军事皆口授思忠面奏，受诏传致，虽往复数千言无少误。辽议和，皆思忠与赞谟往来专对。累官尚书令，封广平郡王，海陵用其谮，杀赞谟。世宗时，诏复赞谟官爵，且谓宰臣曰："赞谟忠实、刚毅，思忠与有隙，谮杀之，今思忠子孙皆不肖，亦阴报也。"初，思忠构杀赞谟，纳其妻曹氏及财产之半，章宗时，因其女五十九言，诏还之。续通考云，正隆例降封异姓，惟思忠封广平郡王，赐玉带。按，金设枢密院，其为上下所倚任者，名奏事官，其目有三：一曰承受圣旨；二曰奏事，谓事有区处，当取奏裁；三曰省院议事，昏默记之，退为检目，皆以一人主之。〔正〕大（据金史卷一一四白华传补）中白华尝居此职云。所载甚详。为平章政事，刘筈为右丞相，布萨呼图为殿前都点检。

秋七月己丑，乌达罢，以思忠为左丞相，萧裕为平章政事。

九月甲午，立惠妃图克坦氏为后。〔考异〕后妃传，海陵善饰诈，妾媵初不过三数人。及即位，逞欲无厌，后宫诸妃十二位，余难举数。后由岐国妃正位中宫。南侵时，后与太子光英居守，光英为图们额哩页所杀，后归母家，卒于上京。续通考云，世宗怜其无依，诏归父母家，岁赐钱二千贯，奴婢皆给官廪。大定十年卒。而北盟会编云，后为徒姑丹氏，亮被弑，遣驿使杀之。系年要录云，张浩害太子光英及后图克坦氏，皆传闻之误。

冬十月辛未，杀太皇太妃萧氏系太祖妃及其子任王威赫。遣使杀左副元帅萨里罕原作撒离喝。〔考异〕系年要录云，时其子御史大夫沙律亦被杀。于汴，并杀平章政事宗义、原作博济，系舍音子。前工部尚书穆里延、原作谋里野，景祖孙，们图珲次子。〔考异〕续纲目作穆里野。御史大夫宗安，皆夷其族。因令史约索原作遥设诬其谋反也。以魏王威泰〔考异〕续纲目作威台，通鉴辑览作斡尔达，亦作斡带。孙呼尔察旧作活里甲，亦作呼尔吉。好修饰，亦族之。

十二月己未，罢行台尚书省。改都元帅府为枢密院。以都元帅充为枢密使、太尉，领三省事如故。右副元帅大臬为右丞相，左监军昂为枢密副使。〔考异〕后妃传，是年，使礼部侍郎萧拱取耶律氏女密哷于汴，以非处女出之。赐拱死，以其妻赐实格之夫文，复召入宫乱之。密哷寻召入，封柔妃。续通考云，是年正月甲辰，日有晕珥，白虹贯之。十一月丙戌复然。九月乙亥，太白昼见，至明年正月辛卯后不见。五行志，是年十二月乙卯，庆云见，状如鸾凤，五彩。明年正月丁酉，白虹贯日，所载各判，纪未书。（按，据金史此载天文志）

三年（辛未——五一）春三月壬辰，诏广燕京，建宫室。〔考异〕大金国志云，时右丞相梁汉臣、兵部侍郎何卜年俱劝迁都，从之。续纲目云，命左丞相张浩、右丞相张通古等调诸路夫匠，营燕京宫室，一依汴京制度。运一木之费至二十万，牵一车之力至五百人。宫殿遍傅黄金，间以五彩，金屑飞空如落雪。一殿之费以亿万计，成而复毁，务极华丽。所载较详。但海陵纪，右丞相无梁汉臣名，张浩时为尚书右丞，亦非左丞相。毕沅续通鉴谓副张浩者为蔡松年，又异。金图经云，浩等按图修缮宫室，城四围，凡九里三十步。自天津桥北曰宣阳门，门分三，中绘一龙，两偏绘凤，用金镀银实之。中门惟车驾出入，两边分双、只日开。东为太庙，西为尚书省。通天门观高八丈，朱门五，饰以金钉，又设左右掖门。南城正东曰宣华，正西曰玉华，北曰拱辰门。内殿九重，殿三十有六，门阁倍之。中曰皇帝正位，后曰皇后正位，东曰内省，西曰十六位，为妃嫔居。西出玉华门为同乐园、瑶池、蓬、瀛、杏林尽在是。范成大揽辔录云，亮建燕都，规摹出孔彦舟。役夫百二十万，作治数年，死者无数。宫中屏扆牕牖皆汴宫故物。汴匠燕用，制作工巧，所造皆刻其名，今用于燕，其兆先见。析津志云，金筑燕城，用涿州土人，置一筐，左右手排，立定，自涿至燕传递，空筐出，实筐入，人止一畚，不日成之。材木则取之真定府潭园。王恽玉堂嘉话云，天眷三年，析津放第于广阳门西一僧寺，门上唱名。至迁都后，命宣阳门上唱名，遂为定例。许亢宗奉使行程录云，燕城周围二十七里，楼台高四丈，楼计九百一十座。池堑三重，开八门。至天德三年，展筑南城三里，国志所引蔡珪大觉寺碑合计周三十里，并外郛共周七十五里。城门十二，其标题皆礼部尚书王竞，士林推重。卢彦伦传，临潢人，时官大名尹，奉诏营燕京宫室。纪未载。

夏四月丙午，诏迁都燕京。〔考异〕系年要录载诏，略曰："昨因绥抚南服，分置行台，时则边防未宁，法令未具，本非永计，（亦）〔只〕（据系年要录卷一六二改）是从权。既而人拘道路之遥，事有岁时之滞，凡申款而待报，乃欲速而愈迟。今既庶政惟和，四方无侮，用并尚书之亚省，会归（权）〔机〕（同上）政于朝廷。又以京师粤在一隅，而（分）〔方〕（同上）疆广于万里。以北则民清而事简，以南则地远而事繁。深虑州府申陈，或至半年而往复，闾阎疾苦，何由期月而周知？供馈困于转输，使命苦于驿顿，未可时巡于四表，莫如经营于两都。眷惟全燕，实为要会。将因宫庙而创官府之署，广阡陌以展西南之城。勿惮暂时之艰，以就得中之制。所贵两京一体，保宗社于万年，四海一家，安黎元于九府。咨尔中外，体予至怀。"但系之岁末，与史异。安塔哈传，一名鄂勒欢，宗雄次子，性端重。时判大宗正，将迁中都，谏曰："弃祖宗兴王之地而他徙，非义也。"海陵不悦，留之上京，大定间封金源郡王。纪未载。

　　五月壬子，宰臣请益嫔御，广嗣续。〔考异〕续通考云，金制，元妃、贵妃、淑妃、德妃、贤妃，正一品；昭仪、昭容、昭媛、修容、修仪、修媛、充仪、充容、充媛，曰九嫔，正二品；婕妤正三品，美人正四品，才人正五品，各九员，曰二十七命妇。宝林正六品，御女正七品，秀女正八品，各二十七员，曰八十一御妻。贞祐后，贵妃下有真妃，淑妃下有丽妃、柔妃而无德妃、贤妃。复有尚宫夫人、钦圣夫人、资明夫人，均正五品。其宫闱岁给，太后、太妃宫各钱二千万，彩二百段，绢千匹，绵五千两。妃岁给钱千万，彩百段，绢三百匹，绵三千两。嫔下递减。又，金代后不娶甥舅之家，有周姬齐姜之义，所载甚详。**命图克坦贞诏宰臣，前所（录）〔诛〕**（据金史卷五海陵纪改）**党人诸妇女中，多朕中表亲，欲纳之宫中。萧裕谏，不从。遂纳宗本子苏尔图、**原作莎里喝**宗固**〔考异〕续纲目作舒噜。

子呼喇勒、原作胡里剌。〔考异〕续纲目作苏喇勒。宗雄传，宗雄孙亦名胡里剌，另一人。和硕打、原作胡失打。〔考异〕续纲目作和硕台。秉德弟嘉哩妻宫中。后妃传，嘉哩妻高氏，封修仪，后以家事诉，遣出之。

六月丙子，杀太府监完颜富鲁原作冯六。

冬十月己巳，杀兰子山明安萧拱。

十二月戊辰，杖寿宁县主苏尼原作徐辇。

是岁，子崇王元寿卒。〔考异〕续通考云，是年始制国子监定词赋经义生百人，小学生百人。又算学，凡司天台学生，女直二十六人，汉五十人。医学凡十科，大兴府学生三十人，余京、府同，散府递减。太宗时，赤盏晖为归德节度，时宋州旧无学，晖建学舍，课生徒，复其身，此为州府设学之始。世宗大定中，诏京、府设学养士，凡十七处，共千人。章宗时复增置府、州学舍以进士。官提控。纪均未载。

四年（壬申——五二）夏六月戊寅，权超台原作楚底部明安纳延伏诛。

秋七月癸卯，命崇义节度使乌达妻唐古定格原作定哥。〔考异〕续纲目作鼎格。汪辉祖金史同名录云，卷五海陵天德四年徒单恭兄、卷一百十八胡天作传天作子奉职，三人同名定哥。杀其夫而纳之。

九月甲午，次中京。丙午，杀太府少监刘景。

冬十月甲申，杀太祖长公主乌噜，杖其夫平章图克坦恭。恭兄定格，初尚乌噜。定格死，恭强纳焉，而不相能，又与侍婢呼达原作忽挞。〔考异〕，汪辉祖金史同名录云，卷一百二十裴满达传本名，太尉徐王亦作忽达，又作胡挞，二人同名忽挞。不协。呼达得幸于后，遂谮杀之，而并罢恭。封呼达为〔莘〕国夫人（据金史卷七七完颜亨传补）。

十一月辛丑，买珠于乌尔古德呼勒原作乌古迪烈部及扶余〔考异〕毕沅续通鉴作富楚，云，原作蒲与。路，禁私相贸易，仍调两路民采珠一年。地理志云，扶余路初置万户，海陵改置节度。乌尔古德呼勒为招讨司，两路相近，南至上京六百七十里，北至北边界。世宗纪大定十九年始罢东北路采珠。

十二月甲子，斩妄人敲仙于中京市。〔考异〕续纲目云，是年，亮召济南尹乌禄妻乌凌阿氏，至良乡，得间自杀。薛应旂通鉴作乌林答氏，即世宗妻，后谥昭德皇后。世宗终身不别立后。蒋一葵长安客话云，自杀在良乡之固节驿，以县得名。妃闻其名，曰："我得死所矣。"李嘉宾题驿诗云："（往）〔狂〕（据长安客话卷五改）金跨中原，南渡转炎精。海陵灭三纲，丑类禽兽行。杀夫纳其妇，节义（渐）〔澌〕（同上）以倾。（贞）〔贤〕（同上）哉葛王妃，挺挺女中英。被召欲不往，夫祸与之并。辞王随使去，庶使全王生。行矣死传舍，而不坠初盟。乌噜得再世，众推帝东京。江上毙凶逆，境内乐升平。人称小尧舜，实延完（颜）〔氏〕（同上）祚。燕山有佳色，燕水有余清。山青节不朽，水远流芳声。乾坤气磊落，驿名永以旌。"按，世宗次室张氏，玄征女，进封元妃。三李氏丞相石女，生卫王。薨，葬海王庄。卫王立，追谥光献后。见后妃传。

贞元元年（癸酉——五三）春二月庚申，幸燕京。

三月辛（卯）〔亥〕（据金史卷五海陵纪改）至，初备法驾。〔考异〕续通考云，金初得辽仪物，克汴始有车辂之制。熙宗幸燕始用法驾。世宗有事南郊，命太常寺仿宋卤簿造之，缺金辂、玉辂，可见者象辂、革辂、木辂、耕根车、皮轩车、进贤车、明远车、白鹭车、羊车、革车、大辇，凡十有一。又，七宝辇饰以玉裙，网七宝滴子，用真珠，宋钦宗为上皇制，海陵自汴取用之。至行仗，则有法驾、大驾、黄麾仗，凡行幸及郊庙祀享则用之。其常行仪卫，宫中导从大抵依宋制增损之。熙宗用法驾凡士卒万四千五十六人，马六千七十八匹。海陵初，祀庙用黄麾仗四千人，至迁燕，用万八百二十三人，马三千九百六十九，分八节，诸从驾官陪从朝服，不足者公服。世宗时只用三千人，郊祀用大驾七千人。先是，行幸皆役民执仗，始易以军士。章宗朝南郊，用人二万一千二百一十八，马八千一百九十八，又遇大礼、大朝会，有内外立仗，海陵时用三千人，大定后递减其数。其册太子用黄麾半仗。所载甚详。甲寅，选良家子百三十人充后宫。乙卯，以迁都诏中外，改元。〔考异〕张棣金志云，大赦境内。然亮诏未肆赦，志恐误。诏略曰："顾此析津之分，实惟舆地之中。参稽师言，肇迁都邑。乃严宗庙之奉，乃相宫室之宜，遂正畿封，以作民极"云云。纪未载。

以燕京为中都，汴京为南京，中京为北京。〔考异〕地理志云，贞元元年，定都以燕，乃列国名不当为京师号，遂改名圣都，寻改中都。大金国志云，天德四年冬，燕京新宫成，自会宁府迁都之。贞元元年正月元夕，张灯宴群臣，赋诗纵饮而罢。与纪异。花外东风阁日记云，元世祖以北平为大都，然安禄山已先称之矣。海陵以北平为燕京，然史思明已先称之矣。滦雪偶谈云，陶潜咏荆卿诗云："提剑出燕京"，盖燕之名京久矣。按，史记云，燕亦渤、碣之间一都会也。南通齐、赵，东北边上谷至辽东，北邻乌桓、夫余、东缩、涉貉、朝鲜。桓宽盐铁论云，燕之涿、蓟，富冠海内，为天下名都。河图括地象云，燕却背沙漠，进临易水，西至军都，东至辽，长蛇带塞，险陆相乘也。唐六典云，东至于海，南迫于河，西距太行，北通榆关、雁门。新唐书杜牧传云，舜分冀州为幽、并，程其水土，与河南等，常重十三，自黄帝后，帝王多居其地。朱子语类云，冀都山脉，从云中发来，前则黄河环绕，泰山耸左为龙，华山耸右为虎，嵩为前案，淮南诸山为第二重案，江南五岭为第三重案。故建都莫过于冀，所谓无风以散之，有水以界之也。惟叶子奇草木子云，元刘太保迁元京北城，取居庸关水入城，冀稍润其土，然不及百年祸变，亦作岂地数有限而致然耶？均见日下旧闻考。**丙辰，以图克坦恭为太保，领三省事，萧裕为**（左）〔右〕（据金史卷五海陵纪改）**丞相，张浩、**本传，本姓高，东明王后，渤海人。第进士，历礼部尚书。田毂狱起，台省一空，命行六部事，卒官太师、尚书令、南阳郡王谥文康。子汝霖，官平章，芮国公，谥文襄。〔考异〕元好问中州集，汝霖字仲泽，封莘国公。弟汝为字仲宣，河北转运使。汝翼仕不达，皆进士。汝方字仲贤，汝猷字仲谋，均宣徽使。父子兄弟皆有诗传于世。外孙为王子端，内翰。汝霖春溪诗云："黯黯春愁底处销？小桃无语半含娇。东风不管前溪水，暖绿溶溶拍画桥。"**张通古为平章政事。**

〔四月〕（据金史卷五海陵纪补）**戊寅，皇太后大氏崩。**〔考异〕续通考云，四月，太后崩，诏尚书省应随朝官至五月一日方治事，中都自四月十九日为始，禁乐一月；外路自诏书到后，官司三日不治事，禁乐一月，声钟七昼夜。纪未载。

夏五月辛卯，杀弟西京留守博恰原作蒲家**及完颜穆剌斡**原作谟卢瓦**等。**博恰传，本名富勒坚，坐事出为西京留守。海陵忌之，尝与穆隆阿有旧，以玉带遗之，谓为尉迟敬德，且召日者问休咎，家奴哈里上变，悉诛之。所载较详，唯作穆隆阿稍异。乙卯，以京城隙地赐朝官及卫士，寻征钱有差。

冬十月丁巳，猎于良乡。封料石冈神为灵应王，以尝祷此祠，得吉卜也。〔考异〕方舆纪要云，地在县治东三里，冈有古城五座，方圆棋布。冈顶有多宝佛塔，隋时建。日下旧闻考云，古城址已废，"料"亦作"燥"，佛塔今尚存。牛象坤良乡县志云，塔高十五丈，唐尉迟敬德修。蒋一葵长安客话云，良乡县南有琉璃河，自房山龙泉峪流至霸州，入拒马河。又，胡良河自房山经涿州入此河。旧有桥，旁有一铁竿，长数丈，盖镇压物。俗谓王彦章〔所遗〕，（据长安客话卷五补）谬。范成大石湖集，琉璃河又名刘李河。路振乘轺录同。宋敏求入蕃录谓为六里河。桑钦水经云，圣水出上谷。孙汝澄曰，即琉璃河，见孙国枚燕都游览志。郦道元水经注云，圣水自涿县东与桃水合首，受涞水于徐城东南良乡，西分洹水，世呼南涉沟，即杭水，亦名督亢水。高士奇扈从西巡日录云，琉璃河，王曾奉使录作刘李河，盖刘、李二姓人居之，大房山孔水入焉。石桥巨丽。会典谓自磁家务发源，潜流地中，至良乡东入浑河。宝坻县志云，县城东街有大觉寺，辽重熙年建。相传寺内有古钟，系东海浮来。见曹学佺名胜志。

附录：金张瓒大觉寺记云："下管院在新仓木南，始辽重熙间老僧常住建弥陀佛舍，后趺坐而化，火之不灰，夏腊七十余，其徒二人以师像立于佛侧。已而发再生，盈月则削，为女子所污而止。二僧传其法，度沙门五人：志普、志言、志名、志远、志月。自是，佛宫日广，建毗卢殿，寻更为十方院，辽之天庆六年也。其后，又建弥陀殿与两庑及藏经之所。又冶钟，既成，将建楼，而主僧行超遇疾，以贞元初年十二月逝，僧善昶主寺，建窣堵以葬其师。又建内经一藏，漆函金饰，工制瑰玮。刻毘卢坛覆以毳幕、珠缨、宝帜，文采灿然。又建东堂及钟楼，开园凿井，甃垣一周，于是僧徒伐贞石，属西来客张瓒书其事。瓒为孔氏学，若浮屠，非夙所嗜，见昶师不忘祖功有足嘉者，于是乎书。"见宝坻旧志。

十二月戊午，赐贵妃唐古定格家奴孙梅进士及第。定格寻坐与旧奴阇乞儿〔考异〕汪辉祖金史同名录云，卷四十四兵志天兴时金昌府虎威都尉纥石烈氏、卷一百三十二执中传至宁元年护卫，三人同名乞儿。奸，赐死。乞儿及比邱尼三人皆伏诛。〔考异〕后妃传，定格妹实格，为秘书监文妻，海陵私之而纳于宫中。召文至便殿，使实格秽谈，戏文以为笑。定格死，出之，复召为修容，进丽妃。纪未载。封侍婢贵格莘国夫人，封所纳皇叔曹国王宗敏妃阿兰为昭妃。

闰月乙酉朔，杀护卫特默格原作特谟葛。

二年（甲戌——四五）春正月甲寅朔，帝有疾，不视朝。右丞相萧裕与前真定尹萧丰家努原作冯家奴等谋反，伏诛。

二月甲申朔，以张浩为右丞相兼中书令，萧玉为平章政事，张晖为尚书右丞。

夏五月丁丑，太原尹图克坦额呼楚克伏诛。

秋九月己未，常武殿击鞠，令百姓纵观。礼志云，金因辽旧俗，行拜天礼，重午于鞠场，中元于内殿，重九于都城外。其制，刻木为盘，如舟状，赤为质，画云鹤文。为架高五六尺，置盘其上，荐食物于中，聚宗族拜之。若至尊，则于常武殿筑台为拜天所。又重午日插柳毬场，为两行。当射者以尊卑序，各以帕识其枝，去地约数寸，削其皮而白之。先以一人驰马前导，后驰马以无羽横镞箭射之，既断柳，又以手接而驰去者为上。断而不能接去者次之。或断其青处又中而不能断，与不能中者为负。每射，必伐鼓以助其气。已而击毬，各乘马持鞠杖，长数尺，其端如偃月。分其众为两队，共争击一毬。先于毬场南立双桓，置板，下开一孔为门，而加网为囊，能夺得毬击入网囊者为胜。毬状（如小）〔小如〕（据金史卷三五礼志改）拳，以轻靭木枵其中而朱之。按，常武殿与广武殿本击毬习射之处。〔考异〕宏简录云，是月次顺州，还宫时，以顿次需索民间，一鹅售用数万，以一牛易一鹑。纪未载。

冬十月庚辰朔，杀广宁尹韩王亨。宗弼子也。

十一月戊辰，帝命诸从姊妹皆分属诸妃，出入禁中，与为淫乱。卧内遍设地衣，裸逐为戏。〔考异〕后妃传，寿宁县主实库宗望女。静乐县主布拉及锡纳，宗弼女。实古尔，宗隽女。皆从姊妹。混同郡君苏哗和卓及其妹伊都，宗本女，为再从姊妹。重节宗磐女孙。及母大氏表兄张定安妻蕭喇古、丽妃妹富鲁和卓，皆有夫，惟实库丧夫。海陵无所忌耻，使高实古、讷格、阿古等传达言语，皆私之。惟锡纳及苏哗和卓最宠，恃势笞决其夫。凡宫人有夫者，〔其夫〕（据金史卷六三后妃传补）皆遣往上京。常令教坊番直禁中，每幸妇人，必使奏乐，撤其帏帐，或使人说淫秽语于其前。〔尝〕（据金史卷六三后妃传补）幸室女不得遂，使元妃以手左右之。妃嫔列坐，率意淫乱。或令人效其形状以为笑乐。所载较详。按，（银）〔锡〕纳（据上文改）原作习撚，与海陵昭媛札巴侍女同名。

十二月乙酉，以温都思忠为太师，领三省事如故。

三年（乙亥——一五五）春正月辛酉，以大臭为太傅，领三省事。

二月壬午，以昂为太尉、枢密使，张浩为左丞相，布萨思恭为右丞相。

三月壬子，杖张浩及平章张晖。〔考异〕毕沅续通鉴云，时磁州僧法宝欲去，浩、晖欲留之。主责之曰："闻卿等到寺，法宝正坐，卿等侧坐，失大臣体。"杖各二十。法宝惧甚，杖二百。纪未言留法宝及法宝惧，稍异。

夏四月丁丑朔，昏雾四塞，日无光，凡十有七日。

五月七日，南京大内火。

六月（丙戌）〔乙未〕（据金史卷五海陵纪改），命布萨思恭等如上京，奉迁太祖、太宗梓宫至大房山山陵〔考异〕方舆纪要云，山在房山县西十五里。亮以灵峰寺为山陵，故县有万宁之名。系年要录云，金初无陵寝，但葬于护国林，至是始改，卜迁于良乡县西之大洪山佛寺。金图经云，亮令司天台于良乡县西五十里大红山西大红谷曰龙衔寺，峰峦秀拔，毁其寺，改葬祖父于寺基之上，将正殿元位佛像凿穴，奉安太祖、太宗、德宗，余随昭、穆序焉。大红谷国志作大洪谷，龙衔寺作龙城寺。惟熙宗葬山阴。海陵纪，大房山行宫名磐宁。正隆元年二月庚子，谒山陵。七月己酉，命太保昂如上京，奉迁始祖以下梓宫。十月乙酉，葬始祖以下十帝于大房山。闰月己亥朔，山陵礼成。大定二十一年，封大房山神为保陵公。册曰："古之建邦设都，必有名山大川以为形胜。我国家既定鼎于燕，西顾郊坼，巍然大房，秀拔浑厚，云雨之所出，万民之所瞻，祖宗陵寝于是焉依。仰惟岳镇，古有秩序，皆载祀典。矧兹大（事）〔房〕（据金史卷三五礼志改），礼可阙欤？其爵号、服章俾列于侯伯之上，庶足以称。今遣官备物，册命为保陵公。敕有司岁时奉祀，并禁樵采。"寻置万宁县。明昌初，改奉先。元至元中改为房山县。本良乡之昌黎里。见朱彝尊日下旧闻。刘静修集有过奉先县诗。及迎皇太后图克坦氏。

秋七月辛酉，如大房山，杖提举营造官、吏部尚书耶律安礼等。

九月丁卯，帝迎梓宫及太后于沙流河，命持杖二束，跽太后前，请笞之。太后抚慰而罢。

十月丙子，太后至中都，居寿康宫。按，史志云，正北列三门，中曰粹英，为寿康宫，母后所居也。

十一月戊申，山陵礼成。

十二月乙未，帝朝太后于寿康宫。己亥，太傅领三省事大臬卒，帝亲临哭，命有司废务及禁乐三日。〔考异〕毕沅续通鉴作大托卜嘉，云，降金，从伐辽侵宋，屡有功。历行台右丞相，构陷完颜杲，得主意，擢用之。卒，赠太师、晋国王，谥杰忠，见卷六（按，当见卷八〇大臬传）。

正隆元年（丙子——一五六）春正月己酉，群臣上尊号。帝自九月废朝，常数月不出，有急奏，召左右司郎中省于卧内。庚戌，始视朝。〔考异〕续通考云，二月，遣刑部尚书纥石烈娄室等十一人，分行大兴府、山东、真定府拘括系官或荒闲牧地，及官民占射逃绝户地。戍兵占佃宫籍监，外路官本业外增置土田，及大兴府平州路僧尼、道士、女冠等地，尽以授所迁之猛安谋克户，且令民请射而官得其租。纪未载。

夏五月辛亥，修容安氏阁女御为妖所凭，舞谍宫中，命杀之。〔考异〕后妃传，凡坐中有嫔御，海陵掷一物于地，使近侍环视，他视者杀。男子于妃嫔位举首者刵其目。便旋须四人偕往，所司执刀监护，不由路者斩之。日入，下阶者死。告者赏钱二百万。男女误相触，先言者赏三品官，后言者死，齐言者皆释之。女使辟拉有孕，海陵欲幸之，〔饮〕（据金史卷六三后妃传补）以麝香水，躬自揉拉其腹，竟堕其胎。按，是时被罪死者甚多，史盖不胜书耳。

是月，颁行正隆官制。

六月庚辰，天水郡公赵桓薨。〔考异〕窃愤录云，主大阅讲武殿，令天水侯领一队，乘羸马，围既合，为骑兵践踏死。且作六年事。严冬友谓当从文道纪年纪略作为海陵所害，庶于书法为允。毕沅谓录为伪书，不足信。今从之。潘永因宋稗类抄云，献陵北狩不还，任元受时为下僚，率中原搢绅为位佛宫，作疏哀之。曰："时巡万里，群心久阻于望霓；岁阅三星，仙跸俄迁于奔电。悲缠率土，冤薄层空。臣等迹忝簪缨，心增茶蓼，从君以出，始惭晋国之亡臣；御主而还，终愧赵家之养卒。攀号奚及？摧陨何穷！尝闻无罪而杀一夫尚复有辞，而吁上帝，矧兹二载，丧我两君，义不戴天。叩九阍而靡愬，礼应投地。希十力之可凭，爰竭蚍蜉之（诚）〔忱〕（据宋稗类抄卷三改）。仰于龙象之驭，恭惟孝慈渊圣皇帝，凤跞上哲，遽属多艰。嗣服几年，躬勤庶政。遥羁元朔，只为苍生，已深露盖之嗟，更（割）〔剧〕（同上）辒车之惨。遗弓安在，凭几莫闻。万乘墨缞，将御徐戎之难，六军缟素，咸声义帝之冤。自怜草野之踪，莫效涓埃之报。惟依妙果，式佐神游，伏愿法证三乘，趣超十地。如天子名为善寂，万有皆空，犹世尊身入涅槃，一真不坏，兜离响灭，恒闻梵呗之潮音，区脱尘空，来（印）〔即〕（同上）宝华之法会。然后神明助顺，中外谋全。载木主以徂征，誓修幽壤之怨。奉梓宫而旋旆，冀慰在天之灵。"按，任名尽言，著小丑集，杨诚斋序。桧没后，高宗除汤鹏举为侍御史，以启贺，公论大申。浚作都督，辟入幕，以养母力辞。岳珂桯史云，徽宗上宾，渊圣方身糜异境，高景山初以讣闻，任元受作疏文以奠于郡国，礼制之外因心荐严。虽前无此比，亦不失臣子尽诚之谊。文系二篇，且于"凭几莫闻"下接云："熏修唯借于佛乘，升济或资于仙驾。恭愿神游，超越睿识圆明，区脱尘空，来（印）〔即〕（据桯史卷一五改）宝华之法会。兜离响灭，常闻金鼓之妙音。更冀大觉垂慈，三灵协佑，护持正法，隆世祖中兴之功，摧伏诸魔，雪怀王不返之怨。"二曰："仙驭宾空，载严退驾。法筵撤席，更罄余哀。恭惟大行孝慈渊圣皇帝蹈千仞之渊冰，脱群生（之）〔于〕（同上）涂炭。""皇天降割裔土告终"以后，始接"万乘墨缞"等句。余字句间有不同。

　　冬十月庚寅（按，是年闰十月己亥朔，月内无庚寅，这里干支有误），杖右丞相萧玉、左丞蔡松年、右丞耶律安礼、御史中丞马讽等。安礼传，本名纳罕，系出约尼氏。历枢副、左丞，封温国公。鞫宗弼子韩王亨狱，奏无反状。及议降累朝功臣封爵，谏南侵，忤旨，罢为南京留守。致仕，卒。讽字良弼，漷阴人。〔考异〕续通考云，正隆元年，庞迪为凤翔尹，时兴师南侵，征敛烦急，官吏因缘为奸，富者贿免，贫者破产。迪悉召民，使共议，增减不假，威督而役力均，人情大悦。纪未载。

　　二年（丁丑——一五七）春二月癸卯，诏削降封爵，命公私文书但有王爵字者，立限毁抹，虽坟墓碑志并发而毁之。

冬十月壬寅，命会宁府毁旧宫殿、诸大族第宅及储庆寺，仍夷其址而耕种之。丁未，禁卖古器入他境。乙卯，初铸铜钱。〔考异〕续通考云，正隆二年十月，以议鼓铸禁铜越外界悬赏赏格，括民间输器。陕西、南京者输京兆，他路悉输中都。三年二月，中都置钱监二，东曰宝源，西曰宝丰。京兆置监一，曰利用，文曰"正隆通宝"，轻重如宋小平钱，而肉好，字文峻整过之，与旧钱通用。所载较详。

三年（戊寅——五八）春正月丙寅，子舒苏鄂博原作矧思阿不死，杀太医副使谢友正及其乳母等。己卯，杖右谏议大夫杨伯雄。本传，生实达尔东胜家，保养之，封其母唐古氏为柔妃。死后，追封宿王。伯雄窃议其不宜养于宫外，被杖。字希云，藁城人。忠实敢言，仕至礼部尚书。海陵尝登瑞云楼纳凉，命伯雄赋诗，句云："六月不知蒸郁到，清凉会与万方同。"海陵曰："伯雄出语不忘规戒，人臣当如是矣。"除定武节度，改平阳尹，徙河中，卒。谥庄献。显宗在东宫，时伯雄为少詹事，集古太子贤不肖为书进之。弟伯仁字安道，第进士，官翰林学士、礼部侍郎，文词典丽。

秋七月甲申，以耶律安礼为尚书左丞，进参政赫舍哩良弼为右丞，敬嗣晖、李通为参知政事。

冬十一月癸未，诏左丞相张浩、参政敬嗣晖营建南京宫室。〔考异〕系年要录载于元年及四年，稍异。王士点禁扁云，金以幽州为中都，汴为南京，宫之扁曰：启庆、衍庆、圣寿、翠微、庆宁、景明、坤宁、光春、万宁、磐宁、寿康、仁寿、隆庆、寿安、长春、建春、兴德、庆元、光兴、孝宁、寿圣、集庆、坤仪、会圣。殿之扁曰：长乐、长生、浮玉、仁安、仁智、仁政、保安、保成、洪政、大安、大庆、崇庆、广寒、广德、广仁、琼光、隆德、瀛洲、重光、厚德、天兴、枢光、光德、光兴、集英、明俊、熙春、集贤、明扬、庆春、泰和、纯和、庆和、太和、德和、元和、鱼藻、德昌、福宁、燕寿、德寿、福寿、端仪、德仪、徽音、常武、扬武、阅武、临武、圣武、皇武、文明、芳明、承明、文昭、乾元、承华、临芳、贞元、宣华、慈训、绛霄、蓬莱、睿思、翠霄、宁福、紫宸、奉慈、涌金、仪宸、孝慈、玉清、神龙、丕承、景祥、德辉、辰居。其他楼、阁、池、苑名多不具录。日下旧闻考云，土点所载宫殿各名，据地理志及本纪间有与上京、东京、西京等处名目相同者，如皇武、光德、德元、辰居等殿，兴德、庆元、光兴等宫，史系之上京，保安殿系之西京，孝宁宫系之东京，景明宫、扬武殿在桓州，枢光殿在抚州，柔远殿、长春行宫在滦州石城县、光泰殿在遂城县，或异地同名，姑存以俟考。大金国志云，崇庆元年，元军至城下，城中乏薪，拆绛霄殿、翠霄殿、琼华阁材分给四城。孙承泽春明梦余录云，辽正殿曰洪武，元正殿曰大明，后之年号、国号先见，谓非定数耶？朱昆田日下旧闻补遗云，辽以大安名殿，而金以之纪年，亦兆之先见者。郑建充传，字仲实，鄜州人。仕宋，知延安府。来降，擢京兆都监，历平凉尹。时营缮南京宫室，山、陕材木浮河下，多沈溺，有司锢其家。建充请至砥柱解筏顺流，锢者得释。李晏传所载略同。

是岁，封子广阳为滕王，寻卒。〔考异〕毕沅续通鉴云，九月，改光州为蒋州、光化军为弤化军、光山县为期思县，避金太子光瑛名也。太子年十二，善骑射。尝射獐获之，主以荐太庙。赵翼劄记谓光化军改为通化军。又，金章宗以完颜匡为贺宋正旦使，权易名弼，避宋讳，此彼此避讳故事也。海陵以"英"字与"鹰"字声相近，改"鹰坊"为"驯鸷坊"，国号有"英国"改为"寿国"、"应国"为"杞国"。滕王母南氏，本大臬家婢，封才人。续通考云，三年正月丁亥，有星大如杯，长二丈余，其光烛地，出太微，没于梗河之北。

四年（己卯——一五九）春二月丁未，修中都城。造战船于通州。续通考云，唐为潞县，金天德中改今名。有丰备、通济二仓。兴定中升防御州，领潞县、三河二县。谕宰臣以南侵事。调诸路明安穆昆军，皆籍之。

冬十二月乙亥，杀太医使祁宰，以其上疏谏侵宋故也。〔考异〕系年要录云，是年金命罢诸路榷场，只留泗州一处，遂诏留盱眙军榷场，余并罢。商贾失业者众，渐致抄掠，久之乃定。

五年（庚辰——一六〇）春二月辛未，河东、陕西地震。镇戎、德顺军大风，坏庐舍，人多压死。甲戌、遣引进使高植、邢部郎中海古勒原作海狗分道监视所获盗贼，并凌迟处死，或锯灼去皮、截手足。仍戒屯戍千户穆昆等，后有获者并处死，总管府官亦决罚。〔考异〕续通考云，金旧俗，轻罪笞以柳菱，杀人及盗劫者击其脑杀之，没其家赀，十四入官，六偿主，家人为奴婢。狱掘地〔深〕（据续通考卷一三五补）广数丈。太宗稍用辽、宋法，刑赎并行。嗣后以杖折徒，州县立威，置刃于杖，虐于肉刑。季年，君臣好用筈笸故习，官吏日以惨酷为能。有司奸赃，真犯可决也，而微过亦然。风纪之臣，失纠皆决。考满，校其受决多寡为殿最。其初，效秦人强主威，待宗室少恩，〔待〕（据金史卷四五刑志补）士〔大〕（同上）夫少礼，均隐忍就功名。世宗临驭，去律援经，言几于道，鲜有及之者。章宗继体，尚有祖风。熙宗创皇统〔制〕，（据金史卷四五刑志补）颁行，取河南地，罢酷毒刑具。大定初，立军前权宜条理，复命删定，与前制书并行。寻命大理卿移剌道重修大定制条，凡千一百九十条，计十二卷。泰和元年，司空襄进新定律令敕条格式，后又命尼庞古鉴等重修新律。哀宗时，用张行信言，罢高琪所定职官犯罪的决法。

三月辛巳，东海县属海州民张旺、徐元等反，遣都水监徐文等率舟师九百浮海讨之，以试水师。未几，平。庚子，进右丞良弼为左丞，横海节度使、致仕刘长言起为右丞。〔考异〕元好问中州集，东平刘长言字宣叔，宋相莘老孙。宣叔为正隆宰相，诗文能世其家。今不复见矣。史只载其为右丞，十一月罢，未言其为宰相。

夏四月庚戌，昭妃富察阿里库原作阿里忽有罪，赐死。昭妃为驸马都尉穆里延女。初嫁宗磐原作蒲卢虎子阿古岱，被诛，再嫁宗室囊嘉特，亦死。海陵初欲取之，其父不从，及即位，三日即纳之。因嗜酒，宠衰。其女重节亦与海陵乱，昭妃怒批重节颊，滋不悦，嗣因榜杀厨婢三娘，命缢杀之。

冬十二月癸丑，禁中都、河南北、山东诸路军民网捕禽兽及畜养鹰隼者。禁朝官饮酒，犯者死，三国人使燕饮者罪。

六年（辛巳——六一）春正月丁丑，判大宗正图克坦贞等饮酒，杖之。〔考异〕爽传，名阿林，卫王宗强子，官横海节度使。海陵将侵宋，严酒禁，坐与弟阿苏及从父兄亨、图克坦贞会饮被杖，坐左迁。所载较详。海陵纪尚有益都尹京，又异。辛丑，杀富察阿古岱原作阿虎迭女彻辰。彻辰，庆宜公主出，幼鞠宫中，海陵欲纳之，太后不可。嗣讽其夫阿里布出之，而纳于宫中。至是，以彻辰与完颜守诚有奸，并杀之。〔考异〕续纲目云，亮使伊喇补出其妻富察伊彻〔而纳之。伊彻〕（据续纲目补），亮姊女也。

二月乙巳，杖卫王襄之（女）〔妃〕（据金史卷五海陵纪改）及左宣徽使许霖。癸亥，发中都。丙寅，次安肃州。

三月己卯，改河南北邙山在洛阳府城外十里为太平山。将至获嘉，县名，属卫辉府。有男子上书言事，斩之。所言莫得闻。自中都至河南，所过麦皆空。复禁扈从扰累，莫有从者。

夏四月庚戌，发河南府，契丹本布原作不补伏道左，陈破海贼功，为李惟忠所抑，立命斩之。弟兖妻乌雅原作乌延氏有罪，赐死，因与奴奸也。其弟指挥实讷原作习泥〔烈〕（据金史卷五海陵纪改）亦罪诛。（按，据金史卷五海陵纪，诛兖妻乌延氏、弟习泥烈皆为三月事）

五月，契丹诸部反，遣右〔卫〕（同上）将军萧图喇原作秃剌等讨之。寻命枢密使布萨思恭等继往。〔考异〕伊喇鄂尔多传，一名巴锦，系出辽五院司，由令史历孟州防御使。正隆间，转同知北京留守。会伊克河阑子山等明安契丹谋乱，时方发兵讨之，鄂尔多押军至松山县，为所执，不屈困辱，之后得脱。还，卒官通远节度。纪未载。壬戌，次南京。是夜，大风坏承天门鸱尾。〔考异〕续通考云，正隆五年八月庚午，日中有黑子，状如人。六年二月甲辰朔，日有晕珥戴背，纪均未载。癸亥，备法驾，入于南京。〔考异〕熊克小纪云，时张浩具九节仪从迎亮入南薰门，及门，而雨暴至，仪从皆不可举。入内，至承天门，迅雷大作。天变如此，竟不知惧。所载各判。

秋七月己丑，命杀亡辽耶律氏、宋赵氏子男凡百三十余人。

八月壬寅，单州杜奎据城叛，遣都点检耶律湛等讨之。癸丑，以图克坦太后谏南侵，弑之于宁德宫，命焚之，弃骨水中，并杀侍婢十余人。太后为帝嫡母，宗干正室，蒲带〔考异〕汪辉祖金史同名录云，卷七十三宗雄传，其孙北京临潢提刑使；卷八十八完颜守道传，其弟点检司判官；卷一百三十夹谷阿鲁真传，其子，四人同名蒲带。之女。贤而无子，逮下有恩，帝母大氏事之谨。熙宗被弑，太后心非之，不曾贺，阴衔之。及即位，嫌隙愈深。大氏崩，自上京迎至中都，谏阻侵宋，益不悦。迨迁汴，太后使侍婢高福娘问起居，帝私之，使伺察动静。其夫特默格教之增饰其言。嗣布萨思恭讨契丹，入见，太后语久之，福娘以告。使点检大怀忠〔考异〕大金国志作赤盏彦忠，熊克小纪作持嘉彦忠，各判。等往弑之。至，则命太后跪受诏，尚衣局使华特默击之，仆而复起，护卫高福等缢杀之。〔考异〕北盟会编云，亮在汴，母病往视，问所苦，曰："远征江南，是吾病也。"亮大怒曰："非朕母也，乃梁宋国王之小妻耳！"遂赐白练，死。系年要录又作亮生母，命护国将军迟嘉彦忠弑之。时图克坦后及太子光瑛复谏，亮亦欲诛之，避三日而后去。所载各判。封福娘郧国夫人，夫为刺史。大定间均伏诛。杀右〔卫〕（同上）将军萧图喇、护卫鄂勒博，族枢密使布萨思恭、北京留守萧颐、西京留守萧惟忠，杖尚书令张浩、左丞相萧玉。

九月戊子，杀前寿州刺史摩啰欢。原作毛良虎庚寅，大名府贼王九据城叛，众至数万，所至盗贼蜂起，官军莫敢近。有言者，辄罪之。（庚寅）〔甲午〕（同上改），大举侵宋，发南京，留皇后及太子光英居守。宗室表，海陵子凡四人，光英本名阿里布，元寿封崇王，舒苏鄂不封宿王，广阳封滕王。光英传，系图克坦后生，时燕京转运使赵袭庆多男，故又名赵六，养于同判大宗正事方之家，赐方钱千万。〔考异〕赵可所撰王基墓志云，亮借民税五年，民益愤怨。纪未载。

冬十月丙午，庆云见。世宗即位于辽阳，改元大定。左司郎中鄂博库原作吾补可。〔考异〕宏简录作兀不喝，后事世宗。嘉其公忠，累官横海节度使。见本传。等入白，乃拊髀叹曰："我本欲灭宋后改元大定，岂非天命乎？"乃出素所取一戎衣大定事示群臣。〔考异〕大金国志作<u>张浩</u>录赦文，驰奏，即遣先锋<u>郭安国</u>回众攻之，命尽诛<u>黄河</u>以北之叛己者。<u>系年要录</u>作<u>郭瑞孙</u>，云，系安国子，所载各判。

十一月甲午，刻期渡江。乙未，兵变，俄为<u>完颜元宜</u>等所弑，年四十。〔考异〕<u>大金国志</u>云，主死于<u>瓜洲渡龟山寺</u>。先一夕，有大星坠地，声如雷。且称其知书，自矫饰府库资财，无所爱，吟咏冠绝当时。并未言及诸淫亵事。<u>贾益谦</u>传谓<u>海陵</u>被弑，<u>世宗</u>立，<u>大定</u>间禁近能暴扬<u>海陵</u>蛰恶者辄得美仕，故当日史官修实录多所附会。史称<u>海陵</u>之事，君子不无憾焉。夫<u>正隆</u>暴恶其大者斯亦足矣，中冓之丑史不绝书，诚如<u>益谦</u>言，则史亦可为取富贵之道乎？嘻！其甚矣。<u>郑子聃</u>传，字<u>景纯</u>，廷试第一甲第一人，官赞<u>皇</u>令，召为书画直长。<u>海陵</u>以会试第一人程文示<u>子聃</u>，意少之。<u>海陵</u>因命与<u>张汝霖</u>等同进士杂试，中第者七十三人，<u>子聃</u>果第一。历吏部侍郎，修国史。<u>世宗</u>修<u>海陵</u>实录，知其详无如<u>子聃</u>者，盖以史事专责之也。都督府以其枢置<u>南京班荆馆</u>，后葬于<u>大房山鹿门谷</u>诸王兆域中。<u>大定</u>二年降为<u>海陵郡王</u>，谥曰炀。二十年降为庶人，改葬山陵西南四十里。

金史纪事本末卷二十四

太宗子孙之戮　萧玉事附

废帝海陵庶人天德元年（己巳——四九）冬十二月，以太保宗本为太傅，领三省事。宗本，原名阿鲁，太宗子。熙宗天眷三年封原王。

初，宗干谋诛宗磐原作蒲卢虎，故海陵心忌太宗诸子。熙宗时，〔海陵〕〔据金史卷七六宗本传补〕私议宗本等势强，主上不宜优宠太甚。及篡立，猜忌益深，遂与秘书监萧裕谋杀太宗诸子。诬以秉德出领行台，与宗本别，因会饮，约内外相应。使尚书省令史萧玉首告。又宗本言"长子锡里库原作锁里虎。〔考异〕宗室表作阿里库云，原作阿里虎，而未列其弟萨尔拉之名。

五〇七

汪辉祖金史同名录云，卷七十四文传灵寿县主、卷六十三海陵昭妃姓蒲察氏，三人同名锁里虎，亦作阿里忽。当大贵，因不令见主上"。又，秉德言（按，据金史卷七六宗本传，"秉德"当作宗本）："若太傅得大位，此心方安。"唐古辩谓宗本言"内侍张彦善相，相太傅有天子分。"宗本答云："有兄东京留守在。"宗美原作呼尔察。〔考异〕系年要录作卫王宗义。言："太傅是太宗主家子，合为北京留守。"卞一作呼拉布，本名可喜，见宗本传。汪辉祖金史同名录云，卷六世宗大定二年兵部尚书，有传；卷十四宣宗贞祐四年延州刺史，三人同名可喜。与宗本言，"事不宜迟"。宗本与玉言，"大计只于围场内决"。并赐袍、马为表识物，遂以告萧裕，裕以闻。萧玉出入宗本家，亲信如家人。海陵恐宗本、秉德等宗室懿亲，诛之无名，使玉上变，可示信。于是使人召宗本等击鞠，海陵先登楼，命左卫将军图克坦塔斯、〔考异〕宏简录作徒单特思。近侍局副使耶律必垾哩〔考异〕宏简录作辟离剌，为萧裕妹婿。实达尔密伺宗本、宗美，至即杀之。宗美时判大宗正事，临死神色不变。宗本已死，萧裕使人召萧玉，以车载至裕弟萧柞家。时玉被酒方醒，惊恐号（跳）〔咷〕（据金史卷七六宗本传改），裕附耳告以故，且言告款已具，因引见。海陵言，宗本反状如裕所告，因遣使杀东京留守宗懿一作阿林、北京留守卞。及迁益都县名，属青州府尹毕王宗哲原作和硕、平阳尹禀、本作呼尔哈，亦作胡里改。〔考异〕卷八十二显德军节度胡里改，另一人。左宣徽使京本作和色哩，原作胡什赍。〔考异〕汪辉祖金史同名录云，卷七世宗大定十三年宿直将军、卷八大定二十一年右副都点检，三人同名胡什赍。又胡失来见海陵昭妃阿懒传与卷一百三十四西夏传贞祐三年陕西宣抚副使，亦作胡失剌。又，忽失来见卷一百十八胡天作传元光元年知平阳府事，与执中传至宁元年奉御，同名。等，家属分置别所。既而使人要于路，并其子男无少长皆杀之。而中京留守宗雅喜事佛，世称"善大王"，召至阙，亦杀之。太宗子孙死者七十余人，〔考异〕苗耀神麓记云，杀太宗子潞王阿鲁、中京留守胡里不阿里、留守判宗胡里加、宰王胡沙、霍王胡东、郓王神徒马、蔡王乌也八人及后嗣七十余口，所载略殊。太宗后绝。遂以宗本等罪诏天下。

宗固，本名呼噜。原作胡鲁。〔考异〕汪辉祖金史同名录云，卷一世（宗）纪（据金史卷一目录删）穆宗时蒲察部字董，卷十六宣宗元光二年札也，卷一百六高琪传贞祐初按察判官，卷十六宣宗兴定五年御史乌古论氏，卷九十三荆王守纯传兴定时令史，卷一百八宣宗、哀宗时平章把氏，七人同名胡鲁。天会十五年为燕京留守，封豳王。熙宗既诛宗磐，本名富勒呼，原作蒲鲁虎。太师、宋王。使宗固子京往燕京慰谕。既而翼王呼兰原作鹘懒复从达兰原作挞懒谋反，因降封太宗诸子，且下诏曰："豳王宗固等或谓当绝属籍，朕所不忍。但不得称皇叔，其母、妻封号从而降者，审依旧典。"皇统二年使判大宗正事。（三）〔六〕（据金史卷七六宗固传改）年为太保、右丞相兼中书令，是岁卒（按，据金史卷四熙宗纪，宗固当卒于皇统七年）。子京坐宗本诛。

宗雅，本名呼拉布，中京留守，封代王。宗伟，本名阿里布，原作阿鲁补。封虞王。宗英本名呼拉布。〔考异〕宗室表作呼沙呼云，原作斛沙虎。封滕王。宗懿本名阿林东京留守，封薛王。呼兰封翼王。宗美本名孛吉，一作呼尔察。判大宗正，封丰王。实图美一作神土门封郯王。哈必苏原作斛孛束封霍王。沃里一作斡烈封蔡王。宗哲本名和硕，亦名鹘沙。〔考异〕汪辉祖金史同名录云，卷六世宗大定九年御史、卷八大定二十八年殿中侍御史、卷六十三熙宗悼平后祖，四人同名鹘沙。益都尹，封毕王。皆天眷中受封。宗顺，本名阿噜岱，亦作阿鲁带。〔考异〕汪辉祖金史同名录云，卷四熙宗皇统八年御史；卷九章宗明昌二年边将，为夏人所杀；卷九十四内族襄传其父，皇统中参政；卷一百十一完颜讹可传宣宗时内族元帅都监，亦作阿虎带；卷一百十三赛不传；泰和时副统、卷一百二十一粘割韩奴传大定时通事；卷六世宗大定二年万户；卷十一章宗泰和三年安国节度副使；卷一百二必兰阿鲁带传宣宗时益都行省参政，十人同名阿鲁带。天会二年卒，后封徐王。惟翼坐达兰诛，余均与宗本同时被害。

大定二年，追封宗固鲁王，宗雅曹王，宗顺隋王，宗懿郑王，宗美卫王，宗哲韩王，宗本潞王，实图美幽王，哈必苏沈王，沃哩鄂王，呼尔哈和色哩克实并赠金吾卫上将军。惟宗磐、阿里布、呼沙呼、呼兰四人不复加封。〔考异〕宗室表，太宗子凡十四人。史载北京留守卞、平阳尹稟皆太宗孙，不称谁子，未列世次。

萧玉，奚人，既从萧裕诬宗本罪，海陵喜甚，自尚书省令史为礼部尚书，赐予甚厚。数月，为参知政事。丁母忧，起复，授明安。子尚公主，赐第一区，分宗本家资赐之。俄代张浩为尚书右丞，历平章政事、右丞相，封陈国公。因讯阎拱事不合，决杖。正隆三年，进司徒，判大宗正事。五年，以司徒兼御史大夫。海陵至南京，擢左丞相，改吴国公。寻议伐宋事，玉曰：“天以长江限南北，舟楫非我所长。苻坚百万伐晋，不能一骑渡，故知其不可。”海陵叱使出，怒其以苻坚为比。因杖张浩，再杖玉。及发南京，留玉与张浩同治省事。世宗立，降奉国上将军，放归田里，夺所赐家产。久之，起为孟州防御使，转定海节度使、太原尹，坐事免，寻死。子德用，世宗屏不任。

金史纪事本末卷二十五

萧裕乱政

熙宗皇统七年（丁卯——一四七）冬十一月癸未，以同判大宗正亮为尚书左丞，亮引萧裕为兵部侍郎。裕本奚人，名扬珠原作遥折，初以明安居中京，海陵为留守，与相结，每论天下事。裕揣海陵有觊觎心，密谓曰："留守先太师，太祖长子，人心天意，宜有所属，诚举大事，愿竭力以从。"海陵逆谋，裕实启之也。至是，除裕兵部侍郎，出同知南京留守事，改北京。海陵领行台，过北京，谓裕曰："我欲就河南兵建立位号，先定两河，举兵而北。君结诸明安以应我。"定约而去，中道召还，遂篡立，拜秘书监。

海陵天德二年（庚午——五〇）夏四月戊午，杀太傅宗本本名阿噜等，以萧裕为尚书左丞。初，海陵心忌太宗诸子，欲除之，与裕密谋。裕倾险巧诈，因构致其罪。宗本等已死，裕乃求宗本门客萧玉告以反状，已具令，上变，天下冤之，语详宗本事中。因拜裕左丞，加仪同，授明安，赐予甚厚。

秋七月己丑，进拜平章政事，监修国史。旧制，首相监修。今以授裕，异数也。

贞元元年（癸酉——五三）春三月辛亥，迁都燕京，以萧裕为右丞相兼中书令。裕在相位，任职用事颇专恣，威福在己，势倾朝廷。海陵倚信之，他相仰成而已。裕与高药师善，尝告以海陵密谋，药师奏之，且谓裕有怨望心，海陵戒谕不罪之。或又谓裕擅权者，海陵以为忌裕者众，不之信。因出其弟左副点检祚为益都尹，妹夫左卫将军耶律必埒里原作辟离刺为宁昌节度使，地理志云，军名，即懿州。县二，辽为广顺军。以绝众疑。裕未悉其意，转谓海陵疑己。海陵弟衮共在相位，以裕多自用，颇防闲之。裕又谓海陵使衮备之也。而海陵猜忌嗜杀，裕恐及祸，遂与前真定尹萧丰嘉努、原作冯家奴前御史中丞萧珠展、原作招折博州同知约索、原作遥设裕女夫和勒博原作曷剌补谋立亡辽豫王延禧孙，并使亲信萧托诺原作屯纳往结西北招讨使萧怀忠。一作海呼。〔考异〕系年要录作和和。怀忠依违未决，谓托诺曰："此大事，汝归遣一重人来。"裕乃使珠展往。怀忠问与谋者复有何人？珠展曰："五院节度使耶律朗。"而怀忠先与朗有隙，而珠展尝上达兰原作挞懒变事，怀忠疑其反覆，因执之，并收朗系狱，上变。时约索亦赐布达〔考异〕满州语，饭也。旧作白答，今译改。书，令相助，布达奏之。海陵命斩于市，会怀忠上变事入奏，得免。

海陵引见裕，问谋反故，裕以前事所疑对。且曰："陛下与唐古辩及臣约同生死，辩以强忍果敢致死地，臣恐不得死所，故谋反耳！太宗子孙无罪皆死臣手，臣死亦晚矣。"海陵尚欲曲贷之，裕曰："臣子既犯如此罪，何面目见天下人，愿绞死，以戒不忠者。"海陵遂以刀刺左臂，取血涂裕面，谓曰："汝死，当知朕无疑汝心。"因哭送出门，杀之，并诛约索及丰嘉努。丰嘉努妻，豫王女也，与子谷皆与反谋，并杀之。遣护卫巴噶原作庞葛往西北招讨司诛朗及珠展，而托诺、和勒博皆亡走，捕得，托诺弃市，和勒博自缢死。

巴噶杀珠展等，并杀无罪四人，杖五十。以裕等罪诏天下。迁怀忠枢密副使，以布达为牌印。高药师尝奏裕怨望，进阶显武将军。怀忠寻出为西京留守，正隆末，坐讨契丹事被杀，夷其族。

金史纪事本末卷二十六

契丹诸部之叛　萨巴　萧斡罕　德寿

海陵正隆六年（辛巳——一六一）十月世宗即位，改为大定元年。夏五月庚辰，契丹诸部反，遣右〔卫〕（据金史卷五海陵纪改）将军萧图喇原作秃剌等讨之，寻命枢密使布萨思恭、〔考异〕通鉴辑览作瑚图克西京留守萧怀忠往助。

初，西北契丹部有萨巴原作撒八。〔考异〕汪辉祖金史同名录云，卷二太祖天辅七年命招谕兴中府；卷三太宗天会九年耶律大石党；卷六十三徒单后传宁德宫直长，为海陵杀；卷六十九欢都传穆宗时纳喝部人；卷七十一斡鲁传，子银青光禄大夫；又，使人为高永昌杀；卷八十九移剌子敬传世宗时都监；卷一百二十九李通传世宗初诏使；卷八十七志宁传，父怀忠本名，官开远节度，十人同名撒八。者，为招讨使司译史。正隆五年，海陵征诸道兵南侵，使牌印苏赫、旧作燥合，一作素赫。洋格尽起西北路契丹丁庄，契丹人曰："西北路接近邻国，世为仇怨。若男丁尽从军，彼以兵来，则老弱必尽系累矣。愿使者入朝言之。"苏赫畏罪不敢言，洋格虑后有事，忧死。苏赫复与牌印耶律诺尔、原作（哪）〔娜〕（据金史卷一三三窝斡传改）令史穆达里哈原作没答（捏答）〔合〕（同上）督起西北路兵。于是萨巴与博多布原作孛特补及部众杀招讨使完颜乌色原作沃（则）〔侧〕（同上）。本传，尼楚赫弟，玛奇子。从宗望侵宋有功，还，驻东平。攻陕西，为右翼都统。迁华州防御使、西北招讨使。萨巴秩满已数月，冒食俸禄，乌色发其事，遂遇害。所载较详。及苏赫，执耶律诺尔、穆达里哈。取招讨司贮甲三千，遂反。议立豫王延禧子孙，推都监老和尚〔考异〕通鉴辑览作楞华善。又，窝斡传一都监、一五院司部人，皆正隆五年从叛，而世宗纪大定二年书契丹老和尚降，二人未知谁属。为招讨使，山后四群牧、山前诸群牧皆应之。

时乌哲群牧使温特赫布敦原作温迪罕蒲睹闻乱作，阴为备，贼不得发，乃给诸奴借与兵仗，明旦，贼至，无以御，遂被执，不屈，脔杀之，子孙皆与害。伊啰斡群牧使鹤寿，郓王昂子，本名乌达布，原作吾都不不应老和尚招，与二子皆被杀。及诸群牧使副图克坦色哩、原作徒单赛里。〔考异〕汪辉祖金史同名录云，作赛一，思忠父，正隆末糺椀群牧使；卷八十七志寷传大定时谋克；卷九十八完颜匡传匡兄，章宗时奉御，三人同名赛一。持嘉和硕台、原作赤盏胡失答和色哩、原作胡失赖完颜珠勒呼、原作术里骨希卜苏，原作辞不失详衮原作详稳瓜尔佳迈珠、原作加古买住完颜苏玛格、原作达没葛高彭祖等皆殉难。五院司部人老和尚、纳延亦杀节度使珠嘉乌哲以应之。千户实格等与前招讨使完颜满丕杀招讨使乌凌阿富勒呼，以所部趋西北路，为节度使阿尔萨哩原作阿（厕）〔斯〕列（据金史卷一三三移剌窝斡传改）所追击，实格与数骑遁去，合于萨巴。

咸平府地理志云，初为咸平路，升为府，置总营府。县八，故城在铁岭卫东北。穆昆瓜里原作括里与所部自山后逃归，咸平少尹完颜额哩页原作余里野。〔考异〕太祖纪天辅六年辽臣，另一人。欲收捕瓜里家属，瓜里遂招诱富家奴隶，数日得二千人，攻陷韩州及柳河县，地理志云，本渤海粤喜县地，属韩州乐平军。遂趋咸平。额哩页迎击，兵败，贼遂据咸平。于是缮完器甲，出财募兵，势甚张。明安纳喇绰奇原作绰质，一作纳兰绰赤。聚兵扼〔干〕夜河（据金史卷一三三移剌窝斡传补），贼不得东。〔绰奇〕（同上）兵败，〔考异〕忠义传，瓜里兵四万大至，绰奇拒战。贼兵十倍，遂见执，裔杀之。诏赠官两阶，二子皆得荫。斡罕传未载。瓜里遂犯济州，为将军富珠哩富卦喇原作孛术鲁吴括剌等击败之于信州。地理志云，即彰信军。治武昌县，本渤海怀远军。**瓜里收余众趋东京**。〔考异〕乌雅扎拉传，**瓜里**陷韩州，围信州，远近震骇。**扎拉**道出咸平，遂率本部亟还信州，与战，败之。贼整兵攻城，**扎拉**下巨木压之，杀贼甚众，乃解去。**扎拉**手执两大铁简，重数十斤，追击于韩州东，复大败之，走东京。斡罕传不作扎拉事，余详后。

时**世宗**为留守，以兵四百拒之。贼至（长）〔常〕安县（同上），闻（宫）〔空〕（同上）中声如击数千鼓者，候见旌旗蔽野，传言留守以十万兵至矣，即引还，亦与萨巴合。〔考异〕续通考云，时**世宗**守东京，有大星流入第中，梁水暴涨，水与城等，举酒酹之，退。至是，乃遣思恭等讨之。

秋八月癸亥，族枢密使布**萨思恭**等。先是，**萧图喇**往讨**萨巴**，相持数日，连战皆无功。粮饷不继，**图喇**退军临潢。而**萨巴**度大军必继至，谋归**达实**，原作大石乃率众沿龙驹河方舆纪要云，在长泰县北千余里。西出。及**思恭**等至，与**图喇**合兵，追至河上，不及而还。**思恭**与**怀忠**坐逗留，皆族诛，**图喇**亦诛死。北京留守**萧赜**不能制其下，杀降人而取其妇女，亦坐诛。诏以**白彦敬**〔考异〕海陵纪作彦恭，系一人。汪辉祖金史同名录云，本名遥设。卷三太宗天辅七年辽官、卷五海陵贞元二年博州同知，三人同名遥设。又，彦敬父、辽率府率阿斯，与海陵嫡母徒单氏侍女同名。为北面兵马都统，**赫舍哩**原作纥石烈**志宁**副之。**完颜古云**原作毂英为西北路兵马都统，**唐古布古岱**原作唐括（索）〔孛〕姑的（同上）。〔考异〕海陵纪作孛古的。副之，以讨**萨巴**等。**萨巴**既西行，而众不欲往，伪署**六院节度使伊喇斡罕**〔考异〕国语解云，满洲语，袖头也。原作移剌窝斡，今译改。本纪作萧斡罕。按逆臣传云，斡罕姓耶律氏，故亦称伊喇，非后族也。本纪误。熊克小纪作鄂哈。通鉴辑览作鄂斡。又异。汪辉祖金史同名录云，母名徐辇。卷五海陵纪天德三年寿宁县主亦名徐辇，另一人。**兵官辰嘉**原作陈嘉杀**萨巴**，执**老和尚**、**博多布**等。**斡罕**自为都元帅，**辰嘉**为都监，拥众东还，至**临潢府**东南**新罗寨**。

　　冬十月丙午，**世宗**即位于**东京**，改元**大定**。以**完颜古云**为左副元帅，驻**归化**。遣**伊喇扎巴**原作移剌扎八招**契丹**诸部为乱者。**扎巴**等见**斡罕**，以上意谕之，〔考异〕任熊祥传，字子仁，燕人，辽末第进士。入金为枢密院令史。时高庆裔摄院事，熊祥未尝阿意事之。大定初，为太子（太）〔少〕（据金史卷一〇五任熊祥传改）师。时斡罕窃号，用兵未息，上忧之。诏百官议所以招伐之宜，熊祥请以恩信招怀之。帝问孰可使？熊祥请行。帝曰："卿老矣，无烦为此。"纪未载。既约降，复谓**扎巴**曰："若降，汝能保我辈无事乎？"**扎巴**见**斡罕**势富强，度其有成，反说之曰："汝等兵势强盛，若果有大志，吾不复还。"贼将**绰哈**原作逐斡亦阻之，遂不降。**扎巴**留贼中，其副**博哈**、原作播斡**玛哈**原作麻骇还归。〔考异〕忠义传，额里页亦作讹里也，为尚厩局直长。遣招谕契丹，斡罕叱使跪，不屈，被杀。从者闾孙、史大、习马实达尔博多皆遇害。事闻，赠额里页宣武将军，余校尉。斡罕传未载。**斡罕引兵攻临潢府，总管伊苏玛勒兵败被执，进围其城，众至五万。**〔考异〕宏简录作移室懑，前败契丹兵，杀万余贼于伊改河，以功迁临潢尹。本传，姓温特赫氏，率宾路人，官德昌军节度。正隆末，契丹反，败会宁六明安于提木岭，屯于信、韩二州之境。伊苏玛勒率数千人杀贼万余于雅哈河迁临潢尹。斡罕来攻，接战，剿杀甚众。所乘马中流矢而仆，为贼所执。寻执至城下，使招降。其妻子官属登城临望，厉声曰："我恨军少不能灭贼，贼毋能为也，慎勿降。"贼怒杀之。推官麻珪等皆感激拒守。贼引退。所载各异，斡罕传均未书。

十二月，斡罕称帝，改元天正。时都统白彦敬、副统志宁在北京，闻世宗即位，以兵来归。乃使左都监乌哲库、原作吾扎忽。本传，泰州博勒和子，屡从侵宋，有功。契丹反，与伊苏玛勒同讨之。大定初，改咸平尹，徙临潢，摄左都监。与欢塔俱从实图美解临潢之围。及寇退，泰州得完，徙百姓旁邑及险厄地以俟大军。战长泺、陷泉皆有功。卒，官呼尔哈节度。善用军，所往无不克，号为"鹘军"。所载稍异。右都监实图美、本诸宗室，从志宁败贼长泺，战霶霳河，皆有功，仕至博索路都总管。父胡速鲁改，与卷六世宗纪大定二年丹州刺史姓赤盏氏者同名。广宁尹布萨欢塔原作仆散浑坦讨之，本传，扶余路人，枢密使呼图弟。呼图为海陵所诛，释欢塔，官兴平军节度。斡罕反，为行军都统。贼平，改临潢尹，终利涉军节度。所至有治声。〔考异〕斡罕传无布萨欢塔，尚有同知北京留守完颜果济。所载互异。**并救临潢。比至，贼解围去攻泰州。乌哲库追**

及于斡里原作窊历山，将战，明安呼鲁苏原作忽剌叔以所部应贼，大军遂败。〔考异〕楚呼传，姓尼玛哈氏，哈斯罕人。初，从大臭南侵宋，屡有功，授庆阳尹。与都统乌哲库、副统珲等讨斡罕，行至斡里，与之遇，左军少却，楚呼挺枪（既）〔驰〕（据金史卷八六尼庞古钞兀传改）入其阵，杀多人，贼乃退。契丹平，迁东北招讨使。忤思敬，坐事被逮，自缢死。斡罕传未载。

泰州节度使乌哩页原作乌里雅。〔考异〕汪辉祖金史同名录云，卷六世宗大定四年宿直将军，姓完颜氏；卷八十一夹谷谢奴传太宗时将，三人同名乌哩雅。军与贼遇，亦战败，乌哩页仅以数骑免。贼势益张。贼四面登城，明安乌克逊阿里布力战，斩贼甚众，贼退，城赖以完。

世宗大定二年（壬午一一六二）春正月庚寅，遣右副元帅完颜默音率师讨萧斡罕。

二月，诏应贼诸人于贼中自拔来归者，更不问。其有官职及率众归附者，仍与官赏；才能者录用；奴婢、宫籍监人皆与放免。如能捕杀斡罕者，加特进，授真（定）（据金史卷一三三窝斡传删）总管。

〔闰月〕（据金史卷六世宗纪补）庚寅，遣平章政事伊喇元宜往泰州，规措边事。乙未，兵部侍郎温都珠德勒等与斡罕战，败于胜州。

夏四月己巳，完颜默音等大破斡罕于长泺。乙亥，复破之于霖霖河。先是，瓜里将犯韩州，闻元帅兵至，不战遁去，将转趋懿、宜州。默音屯懿州庆云县，及屯川州武平县，方舆纪要云，霈霖河在临潢西南境。长泺或云即饶州长乐县。〔考异〕说文系传云，天气下地不应曰霈，地气发天不应曰雾。霾，风雨土也。地理志云，庆云县属咸平府；武平县，初隶高州，今属大定府。斡罕遂自泰州往攻济州，欲邀粮运。默音与右监军完颜福寿、本传，哈斯罕人，父和卓，国初来归，授明安。福寿袭其职，仕至兴平军节度。左都监乌哲库合兵万三千，总管图克坦克宁与布萨欢塔、完颜页页、原作岩雅唐古乌延为左翼，节度使志宁、实图美与完颜果济、尼玛哈楚呼原作庞古钞兀为右翼，至珠格崖，委辎重，赍数日粮，轻骑袭之。降人吉勒扎〔考异〕克宁传作降吏奇彻云，原作乣者。说默音攻贼巢穴，取辎重，乃乘夜亟发。斡罕知之，还救，遇于长泺，伏兵四起，贼不能支，诸将整阵力战，忽反风扬砂，贼阵乱，官军驰击，大破之。斡罕率众西走，追及之于霈霖河。贼已济，毁其津口，令于下流束柳填港过。追数里，得平地，方食，贼奄至。志宁军急整阵，贼自南冈驰下，冲阵者三，志宁力战，流矢中左臂，战自若。大军毕至，左翼骑兵先与贼接，贼据上风，纵火击官军，官军步兵亦至，并力合战，会天雨风止，官军奋击，大破之。克宁追奔，不及而还。〔考异〕克宁传、大军遇贼于长泺，贼二万余欲绕出阵后，克宁奋击，贼乃却。左翼万户襄与大军合击，贼遂败。追奔十余里，时四月一日也。越九日，追及于霧霖河。左翼先战，<u>克宁</u>骑三千追掩十五里，贼迫涧不得亟渡，杀伤甚众。贼收军，<u>克宁</u>令军士下马射贼，贼遂引而南，所载互异。<u>襄</u>传，时从<u>默音</u>与贼战于<u>肇州</u>之<u>长泺</u>，<u>襄</u>先登鏖战，足中流矢，（襄）〔襄〕（据<u>金史</u>卷九四襄传改）创以战，气愈厉，七战皆胜。贼走渡<u>霧霖河</u>，追及之，所驻地多草，贼乘风纵火，<u>襄</u>亦纵火，立空地以竢。寻率众搏战，大败之，俘获万计。<u>斡罕</u>传未载襄战事。

<u>贼既败，默音</u>不复追讨，驻军<u>白泺</u>。<u>斡罕</u>攻<u>懿州</u>，不克，遂破<u>川州</u>。于是发骁骑数万，命左都监<u>高忠建</u>总兵往讨。右宣徽使<u>宗亨</u><u>本传</u>，本名<u>托卜嘉</u>，<u>希卜苏</u>之孙，<u>呼沙呼</u>子也。性忠谨，充护卫，擒<u>宗磐</u>、<u>宗隽</u>有功，加忠勇校尉。从<u>海陵</u>南伐，领<u>武阳军</u>都总管，过<u>淮</u>，得<u>世宗</u>手诏，即入朝，授右宣徽使。讨<u>契丹</u>贼，为（西北）〔北京〕路（据<u>金史</u>卷七〇宗亨传改）都统。为<u>北京路</u>都统，<u>完颜德济</u>副之，会元帅府击贼。

五月己亥，以<u>志宁</u>为右监军。<u>默音</u>坐逗留，与<u>福寿</u>均召还。以<u>布萨忠义</u>为平章政事兼右副元帅，〔考异〕<u>克宁</u>传作兼都元帅。时<u>默音</u>请益万骑，<u>克宁</u>传谓宜更置良帅可有功，否则骑虽十倍未见其利，朝廷如其议，诏还<u>默音</u>。所载较详。经略<u>契丹</u>。以<u>宗叙</u>为兵部尚书，<u>宗尹</u>为<u>河南</u>统军使，<u>富察世杰</u>为<u>西北路</u>副统，从行。未几，与贼战于<u>和托</u>，左翼军万户<u>扎拉</u>奋击，败之，左翼<u>宗亨</u>军乱，败于贼，右翼<u>宗叙</u>引兵来救，贼乃退。〔考异〕<u>扎拉</u>传，一作<u>查刺</u>，姓<u>乌雅</u>氏，<u>率宾路</u>人，<u>庆阳</u>尹<u>普嘉努</u>子也。卒官<u>兴平</u>节度使。临战奋勇，见者辟易，虽重围万众，出入若无人之

境。时大军未集，<u>扎拉</u>领六百骑与贼战，斩首三千。<u>宗亨</u>、<u>世杰</u>七穆昆兵战不利，<u>世杰</u>走<u>扎拉</u>军。贼攻之，<u>扎拉</u>拒战。<u>宗亨</u>军来援，贼乃去。所载稍异，今从<u>斡罕</u>传。又，同时有名<u>扎拉</u>者姓<u>瓜尔佳氏</u>，隆州人，工部尚书实讷子，仕至<u>西北招讨使</u>，另一人。

<u>斡罕</u>西走，<u>忠义</u>、<u>志宁</u>合军，追及于<u>袅岭</u>〔考异〕<u>世宗纪</u>及<u>志宁</u>传均作诺尔岭。方舆纪要云，<u>袅岭</u>在临潢西南，今<u>翁牛特</u>左翼西南一百十里，里有<u>袅岭</u>，字形相近，或即是也。<u>西陷泉</u>。明日，贼骑三万涉水而东。大军先据南冈，作偃月阵，步兵居中，骑兵据其两端，使贼不见首尾。是日，大雾晦冥，既阵，雾开，少顷晴霁，〔考异〕<u>忠义</u>传，时昏雾四塞，<u>忠义</u>祷曰：狂寇肆暴，杀戮无辜，天不助恶，当为开霁。奠已，昏雾廓然。<u>斡罕</u>传未载。贼见左翼据南冈，不敢击，击右翼军，<u>乌延扎拉</u>力战，贼稍却。<u>志宁</u>率诸将合战，贼大败，〔考异〕<u>扎拉</u>传，贼先犯右翼，<u>扎拉</u>击走之。<u>斡罕</u>使<u>阿卜萨</u>自后斫<u>扎拉</u>，<u>扎拉</u>回顾，以简背击<u>阿卜萨</u>，折其右臂。与<u>志宁</u>军合击，贼大败。又，<u>楚呼</u>传以前锋追及<u>斡罕</u>于陷泉，大破之。<u>斡罕</u>传均未载。将涉水去，大军逐北，人马相蹂践死者不可胜计，陷泉皆平。踵击余众，俘斩万计，〔考异〕<u>襄</u>传，从<u>忠义</u>追贼至<u>袅岭</u>西之<u>陷泉</u>，及之，率右翼军先奋击，贼大溃，人马相蹂而死，<u>陷泉</u>几平。贼首<u>斡罕</u>仅与数十骑遁去，卒就擒。论功为第一。授<u>亳州防御使</u>，时年三十三。<u>斡罕</u>传未载<u>襄</u>事。生擒其弟伪六院司大王<u>诺尔</u>，原作<u>袅斡罕</u>仅与数骑脱去，<u>瓜尔佳清臣</u>等追之不及，斩千余级，获车帐甚众。其母<u>苏尼</u>自<u>罗和冈</u>西走，<u>志宁</u>追

及之，获其辎重，俘五万余人，杂畜无算。伪节度使六，及其部族皆降。〔考异〕宏简录云，六月，忠义与窝斡战于花道，大败之。史未载。

　　斡罕合散卒万余人入奚部，时出寇苏勒库淀、古北口、兴化之间。万户温特赫阿噜岱与战，败焉。〔考异〕斡罕传，时阿噜岱以兵四千屯古北口、蓟州石门关等处，各以兵五百守之。阿噜岱，蒙古语山阴也，旧作阿鲁带。苏勒库淀作苏噜克古淀，蒙古语牧群也，旧作速鲁。今俱译改。诏默音等合兵击之。完颜思敬以所部兵助讨贼，降者甚众，余多疾疫死，无复斗志。斡罕度势穷，〔考异〕世宗纪，时左监军高忠建破奚于栲栳山，及招降旁近奚六营，有不降者，攻破之，尽杀其男子，以其妇孺分给诸军。忠义传云，时伊喇道取茂巴尔诸奚之家，茂巴尔奚乃降，斡罕势益穷。本传未载。谋自羊城道西京奔夏国。大军追益急，众多散，度不得西，乃北走沙陀间。志宁获贼朔和卓〔考异〕志宁传作硕和卓。弗杀，纵还，许捕斡罕以自效。

　　秋九月甲午，默音擒奚明安和卓。原作合住，此与本卷中之和卓非一人。庚子，朔和卓与锡勒塔干执斡罕，诣右都监思敬军，并获其母苏尼及其妻、子、子妇、弟侄。唐古布古岱获前节度使顺原作什温及其家属，李嘉努原作李家奴，见卷一百三十三窝斡传，世宗时西北招讨使。至卷二太祖纪天辅二年诏招谕未降者，亦名李家奴，另一人。获伪枢密绰哈等三十余人。伪监军纳延亦降。仍获伪都元帅酬格。原作丑哥志宁率清臣等追余党，至燕子城，地理志云，即柔远县，隶宣德州。尽得其党。前至茂巴勒达原作抹拔里达之地，均获之，逆贼悉平，〔考异〕宏简录云，九月乙未，诏右丞纥石烈良弼招抚奚、契丹之未降者。斡罕传未载。诏天下。思敬献俘于京师，枭斡罕首，磔其手足，分悬诸京府。其母、妻并戮之。瓜里、扎巴南奔宋，左宣徽使宗亨坐降宁州刺史。以思敬为右副元帅，忠义擢右丞相，志宁迁左副元帅，朔和卓、锡勒塔干除同知节度事。〔考异〕诺延温都乌达传，太师思忠侄。斡罕初定，人心未安，世宗召授咸平尹，为北边行军都统，改会宁尹。为治宽简，多备御，谨斥候，边郡以宁。入拜参政，卒。纪未载。续通考云，大定十七年，以西南、西北招讨司恐契丹余党生事，令迁于乌古里（古）〔石〕垒部（据金史卷七世宗纪改）及上京之地。

章宗承安元年冬十一月庚寅，特们原作特满群牧契丹图卜苏、姓也，原作（随）〔陁〕锁（据金史卷十章宗纪改），今从八旗姓谱改正。德寿〔考异〕卷七十一宗叙传本名，大定时参政，另一人。据信州反，建元曰身圣。众号数十万，远近震骇。左丞相襄时行省事于北京，遣临潢道总管乌库哩道远、咸平总管富察守纯分道讨之，擒德寿送京师，伏诛。本传云，初，襄之出镇也，至石门镇，密谓僚属曰："北部犯塞奚足虑？第恐奸人乘隙而动。北京近地军少，当预为之备。"即遣官发上京等军六千，至，果得其用。按，石门镇在蓟州东六十里，俗呼石门口，亦呼石门峡，山峡壁立，即郭药师败宋师处。大金国志云，泰和元年，耶律德寿叛，聚兵数万，以毛尾为大帅主，拜十一骑为元帅〔马〕，（据大金国志卷二〇章宗纪补）纥石烈善乐为招讨使，将兵三十万以击之，诛德寿、毛尾，遂追其余众至草地，凡六十日而归。与史异。今从史。

金史纪事本末卷二十七

海陵南侵

海陵天德二年（庚午——五〇）春正月乙巳，遣完颜思恭等以废立事报宋。

二月甲子，以完颜元宜充贺宋生辰使。〔考异〕交聘表，二年正月辛巳，以名讳告谕宋。遣都指挥使完颜思恭、翰林直学士翟永固为报谕宋国使。二月甲子，以兵部尚书完颜元宜、修起居注高怀贞为贺生日使。系年要录云，绍兴二十年五月甲午，金贺生辰使副完颜思恭、翟永固见于紫宸殿。思恭等来报亮代立，既出境，就遣来贺。与表异，恐当以表为正，见钱大昕金史考异，今从海陵纪。思敬传，名萨哈，扎兰河人，实图美子。初名思恭，避显宗讳改，卒官枢密使。熊克小纪云，绍兴十九年三月，思恭等入见，贡金注椀二、绫罗三百、良马六。纪又未载。

三月丙戌，宋遣使贺即位，诏以天水郡王玉带赐之。〔考异〕交聘表，宋正使参政余唐弼、副使保信节度郑藻。宋史及系年要录唐弼作尧弼，宏简录作康弼。史作唐弼，系避世宗父讳追改之耳。是冬，金遣秘书监萧颐、翰林待制王兢贺宋正旦。纪未载。

三年（辛未——一五一）夏六月丙子，宋遣使祈请山陵，不许。〔考异〕续纲目云，二月，以签枢巫伋为祈请使。至金，首请迎靖康帝归国。金主曰："不知归后何处顿放？"伋唯唯而退。熊克小纪云，巫伋与余尧弼乞今后朝退，依典故权赴桧府第聚议，从之，盖皆桧党也。交聘表，副伋者，保信节度郑藻。是年，宋贺正使副礼部侍郎陈诚之、均州观察使钱恺，贺生辰则权直学士王暵、和州团练使赵述。又，三月，遣少府监耶律乌格使宋贺生辰。十月，以副点检富珠哩阿哈使宋贺正。宋史作兀术鲁定方。系年要录云，五月，金使詹事刘长言、指挥使耶律夔贺天中节。十二月，使乌珠鲁定方、萧永祺贺正。熊克小纪云，绍兴二十一年正月，礼部兼侍读陈诚之使金。初，亶之存也，本朝太后岁与亶妻礼物巨万，至是亮代，遂辍此礼。诚之入北，豫为逊辞谕之，彼国竟不敢言，及还，上嘉之。纪均未载。

四年（壬申——一五二）春正月丁酉朔，宋使贺正旦。正使为检正文字陈夔、副使惠州刺史苏华。壬子，宋使贺生辰。正使为检详文字陈相，副使吉州刺史孟思恭。

冬十月甲申，以太子詹事张用直、本传，临潢人，以学行称。宗干延置门下，海陵与兄充皆从学。赐及第。海陵立，进太常卿詹事，谓曰："朕父子皆受卿学，亦儒者之荣。"使宋贺正，卒于汴，丧归，亲临奠。子授武义将军。〔考异〕宋史作张利用。交

聘表，用直卒，改使转运左瀛。纪未书。左司郎中温都威泰原
作斡带。〔考异〕系年要录作耨盌温都子敬，官兵部郎中。为贺宋
正旦使。〔考异〕系年要录云，五月，金使大理卿田秀颖、客省使
大允贺天中节。交聘表，秀颖官刑部尚书。大允作大斌，官东上阁门
使。纪均未载。

　　贞元元年（癸酉——一五三）春正月辛卯朔，帝不视
朝，命有司受宋贡献。丙午，生辰，宋遣使来贺。
〔考异〕衮传，海陵弟，官太尉。天德四年十二月晦，卒，明年元旦，
帝辍朝不受贺。纪未书。系年要录，是年，宋贺正使副，权国子司
业孙仲鳌、宣赞舍人陈靖。贺生辰使副，吏部员外郎李琳、忠州防
御使石靖。宋史失载。

　　三月，迁都燕京。

　　夏四月辛酉，以右宣徽使赫舍哩萨哈连原作纥石
烈撒合辇。宋史作大雅，副使兵部郎中萧简。使宋贺生日。

　　冬十一月丙申，以户部尚书蔡松年使宋贺正
旦。〔考异〕系年要录作纥石烈师颜，副使右司郎中罗索。

　　二年（甲戌——一五四）春正月甲寅朔，帝有疾，不
视朝，宋使就馆燕。（乙）〔己〕（据金史卷五海陵纪改）
巳，宋使贺生辰。〔考异〕贺正使副，检正公事施钜、带御器械
冀彦明。生辰使副，左司郎中吴桌、宣赞舍人张彦攸。宋史，吴桌贺
正旦，施钜贺生辰。所载各异，纪均未书。

　　夏四月辛卯，遣工部尚书耶律安礼、吏部侍郎
许霖贺宋生日。〔考异〕系年要录载于五月。

　　冬十月庚子，遣刑部侍郎白彦恭贺宋正旦。彦敬

传，本名约索，博勒和部族人，避睿宗讳，改名彦恭。按，显宗，本名允恭，当是避其讳，改名彦敬，与完颜思敬同，本传疑误。时副使，翰林待制胡励。本传，字元伉，磁州人。天会十年举进士第一，卒官刑部尚书。

十二月丁未，宋使贡方物。〔考异〕宋史及系年要录均无遣使事。潘永因宋稗类抄云，施圣与尝使金，亲王至，不肯退班，时称其有守。金使至阙，问馆伴曰："师点今居何官？"馆伴宇文价指示之，金使恍然曰："一见正人，令人眼明。"按，圣与使金，未知何时，姑附于此。

三年（乙亥——五五）春正月己酉朔，宋使贺正旦。正使为国子司业沈虚中，副使毅武郎张抡。甲子，宋使贺生辰。正使为左司郎中张士襄，副使宣赞舍人张恍。〔考异〕熊克小纪云，明年，上谓宰相曰："去岁士襄奉使回，朕前奏事，欺罔不实，宰臣只以不肃罢之，既与以宫祠，可与远小监当，以为将来奉使之戒。"

三月庚午，遣左司郎中李通贺宋生日。〔考异〕交聘表，副使同知转运耶律隆。纪未书。

夏五月癸丑，南京大内火。〔考异〕续纲目云，金主阴有南侵意，将迁汴，遣完颜长宁等经画之。既而大火，宫室尽焚，主大怒，杖杀长宁。纪未载。（按，金史不载完颜长宁事，唯与大内火有关者名冯长宁，被杖除名，疑即其人。）

冬十月己亥，遣翰林承旨耶律归一贺宋正旦。副使，大理少卿马讽。纪未书。〔考异〕熊克小纪云，绍兴二十五年冬，金使将到，诏诸路差牵挽人并给钱米，违者弹劾。初，和议定，时国书中有不得辄易大臣之语，盖桧恐复用浚也。至是忌之尤深，兴狱株连，并捕赵鼎子汾下大理狱，凡五十三人。狱上，而桧病笃，不能书，寻死，子熺以少师致仕。方诏狱之兴，逮百余家，帅臣王师心随事救之，得免者多。桧死，狱乃熄。

正隆元年（丙子——一五六）**春正月癸卯朔，宋使贺正旦。**正使为礼部侍郎王珉，副使宣赞舍人王汉臣。**戊午，宋使贺生辰。**正使为宗正丞郑梓，副使宣赞舍人李大授。〔考异〕系年要录云，梓因张修劾罢，改命徐嚞。纪未书。

三月庚申，遣左宣徽使敬嗣晖、大理卿萧中立贺宋生日。〔考异〕宋史云，三月，东平进士梁勋上言，金人必举兵，宜为备。帝怒，编管千里外州军。下诏戒妄言边事。四月，宋遣翰林学士陈诚之领阁门事苏华贺尊号。交聘表失书，纪亦未载。熊克小纪云，时诚之假官资政殿大学士，曾于绍兴十八年贺生辰，至是凡三使，颇见信。后有往聘者，必问其安否？是秋七月丁未，夜彗出东方井宿间。诏避殿减膳，士庶直言得失，辅臣沈该等待罪。上曰："看所临分野，当在秦、晋间。朕以天下为忧，岂问远近耶？"又谓宰执曰："比年金使到馆，朕给内库钱一万付都亭驿，备人使买物，先为还其直，其归还与否亦不较也。"潘永因宋稗类抄云，是年，淮、宋之地将秋收，蝗飞蔽天，忽有鸟名鹙，高且大，胆有长嗉，可贮数斗物，千百为群，连城数十邑，才旬日，食蝗靡孑遗，岁以大熟。事闻，金廷下制，封鹙为护国大将军。

冬十一月己巳朔，遣右司郎中梁（球）〔铢〕（据金史卷五海陵纪、卷六〇交聘表改）、**左**〔卫〕（同上补）**将军耶律湛贺宋正旦。**〔考异〕系年要录湛作谌，金无"左将军"官，录称定远大将军，当从之，亦见范成大揽辔录。纪未载湛名。

二年（丁丑——一五七）**春正月戊辰朔，宋使贺正**

旦。正使为宗正少卿<u>李琳</u>，副使干办公事<u>宋均</u>。癸未，<u>宋</u>使贺
生辰。正使为左司郎中<u>葛立方</u>，副使宣赞舍人<u>梁份</u>。

夏六月乙未，遣礼部尚书<u>耶律守素</u>贺<u>宋</u>生日。
<u>系年要录</u>，副使为太常少卿<u>许嵷</u>。〔考异〕<u>交聘表</u><u>嵷</u>作<u>崧</u>，官刑部
侍郎。

冬十一月辛未，遣副都指挥使<u>高珠巴克</u>原作<u>高助</u>
<u>不古</u>。〔考异〕<u>系年要录</u>，正使为<u>高士廉</u>，副使<u>珠勒根彦忠</u>。<u>本传</u>，
原名<u>斡克珊</u>，<u>哈斯罕</u>人。由令史历刑部尚书。使<u>宋</u>还，所得金缯，
分赠亲友。<u>交聘表</u>，<u>彦忠</u>作<u>温绰</u>，云，原作<u>阿勒根宨产</u>，又异。贺
<u>宋</u>正旦。

三年（戊寅——五八）春正月壬戌朔，<u>宋</u>使<u>孙道夫</u>
贺正旦。陛辞，<u>海陵</u>使<u>敬嗣晖</u>谕曰："归白尔帝，
事我上国，多有不恭。今略举二事：尔民有逃入我
境者，边吏皆即发还，我民有叛入尔境者，有司索
之，往往托辞不发，一也；尔于沿边盗买鞍马备战
阵，二也。我闻此二事，皆尔国<u>杨太尉</u>所为。"又
曰："尔国比来行事，殊不似<u>秦桧</u>时，何也？"盖欲
南侵，故设此二端，而杂以他辞言之。〔考异〕<u>宋史纪事</u>
<u>本末</u>云，<u>道夫</u>还，具奏<u>海陵</u>语，帝曰："朝廷待之甚厚，彼以何名为
兵端？"<u>道夫</u>曰："彼身弑其君而夺之，兴兵岂问有名！"<u>汤思退</u>非
之，<u>道夫</u>每言武事，<u>沈该</u>疑其引用<u>张浚</u>，恶之，贬知<u>绵州</u>。<u>思退</u>，
字<u>退之</u>，<u>处州</u>人。<u>道夫</u>，字<u>大冲</u>，<u>眉州丹棱</u>人，时官礼部侍郎。<u>系</u>
<u>年要录</u>作太常少卿，副使为宣赞舍人<u>郑朋</u>。丁丑，<u>宋</u>使贺生
辰。正使为起居郎<u>刘章</u>，副使舍人<u>李邦杰</u>。

三月辛巳，遣兵部尚书萧恭贺宋生日。〔考异〕毕沅续通鉴云，时副使魏子平还朝，帝问苏州与大名孰优？对曰，不可比。曰，何谓也？曰，宫室、车马、衣服、饮食，人之所美也。江湖卑湿，舟船以为居，鱼虾以为酿，夏服蕉葛犹不堪其热，盖不侔矣。主时欲南侵，闻之不悦。纪未载。

冬十一月辛酉，遣工部尚书苏保衡贺宋正旦。副使为率府率阿克占谦。〔考异〕交聘表，副使吏部侍郎阿克占和实玛勒，云，原作阿典和实满，所载各异。癸未，诏左丞相张浩、参政敬嗣晖营建南京宫室。嗣晖传，字唐臣，易州人。天眷二年进士，官参政。〔考异〕宋史纪事本末云，时国子司业黄中使金，还，上言金治汴京以迫我，宜早为备，果至汴，则强兵健马数日可及境。思退怒，贬官。中，字通老，邵武人。大金国志作黄允中，官工部侍郎。纪未载。

四年（己卯——一五九）春正月丙辰朔，宋使贺正旦。正使为秘书少监沈介，副使阁门祗候宋直温。辛未，宋使贺生辰。正使为司业黄中，副使阁门祗候李景夏。〔考异〕宋使黄中使金作去年事，见上。毕沅续通鉴云，是月，命罢沿边诸榷场，只留泗州一处。

二月丁未，修中都城，造战船于通州。〔考异〕大金国志，董是役者户部尚书苏保衡，侍郎韩锡，夫死甚众。张棣正隆事迹，尚有郎中张彦愈；宋史张浩、敬嗣晖及内侍梁汉臣、降将孔彦舟诸人。宋翌金亮本末系之十月。纪均未载。谕宰臣以侵宋事，调诸路明安、穆昆军，年二十以上、五十以下者皆籍之。虽亲老丁多亦不许留侍。续纲目云，前后签军五十余万人。

　　三月丙辰朔，遣使分诣诸道总管府督造兵器。诏诸路旧贮军器，并致于中都。〔考异〕宋翌金亮本末云，十月，命集诸路夫匠造军器于燕京，以李通董之。时工役繁兴，民不能堪，箭翎一尺至千钱，村落间往往椎牛以供筋革，至鸟雀狗彘无不被害者。郑建充传，正隆军兴，括筋革造军器，百姓多椎牛取之，或生拔取其角，牛有泣下者，建充白其事于朝。时官平凉尹，后为胥吏李换诬其藏甲欲反，下狱，死。余详卷二十三。

　　夏四月辛亥，遣秘书监王可道贺宋生日。副使为左司郎中王蔚。〔考异〕毕沅续通鉴云，四月，宋归朝官李宗闵上书，言备金三事。宋史作李宗闰，系年要录云是李邈子。

　　秋八月，诏诸路调马，以户口为差，计五十六万余匹，富室有至六十匹者，仍令户自饲养，以俟师期。〔考异〕续通考云，天会三年七月，诏南京括马，分给诸军。天德间迪河斡朵、斡里保、蒲速斡、燕恩、兀者五群牧所，皆因辽旧，设官分治。又于诸色人内，选家富丁多及品官家子，猛安、谋克、蒲辇军等使之。司牧曰群子分牧，并立刑赏格。契丹之乱，遂亡其五，存者马驼千余。正隆四年，调诸路马五十六万匹。大定时置牧所七，更定赏罚。末年，马至四十七万，牛十三万，羊八十七万，驼四千。卫王以后，屡次括马，哀宗时至杀官马犒军士，以迄于亡。

　　冬十月乙亥，猎于近郊，观通州造战船。甲辰，宋使上表谢，赐诏戒谕。（按，是年十月辛亥朔，月内无甲辰。据金史卷六〇交聘表，"宋使上表谢"事在七月甲辰。此误）〔考异〕系年要录，是年九月，称谢使同知枢密王纶、昭信节度曹勋还朝，入见，即此事。续纲目云，纶还言，和好无他，盛德所致。思退等皆贺，帝深叹进取非计。纶，字德言，建康人。按，宋史曹勋传，王纶作王伦。伦死在绍兴十四年，安得二十九年尚有与勋同使之事。及阅王纶传，始知其误，见赵翼劄记。海陵纪未载宋使事，今从交聘表。

十一月甲辰，遣翰林侍讲学士施宜生贺宋正旦。

〔考异〕交聘表，副使为宿州防御使耶律必哷里，原作辟里剌，系年要录，名翼。纪未载。卷七十二娄室传，辽奉圣州守臣辟里剌，另一人。宋史纪事本末云，宜生，闽人。帝命吏部尚书（梁）〔张〕焘（据宋史纪事本末卷七四改）馆之都亭驿，以首邱讽之，乃为隐语曰："今日北风甚劲。"又取几间笔扣之曰："笔来！笔来！"后为介所告，主烹之。焘，字况之，郓州须城人。宏简录云，宜生密言其主图绘山水题诗事，帝始惊惧。张端义贵耳集云，宜生，邵武人，宋颍州教授。以罪北走，仕金，试一日获三十六熊赋，擢第一。破题云："云屯八百万骑，日射三十六熊。"翰墨大全云，试赋为状元。潘永因宋稗类钞云，宜生少游乡校，遇异僧，善风鉴，谓面有权骨，可公卿。身毛皆逆上，且覆腕，时范汝为讧建剑，干以秘策，尊用之。范败，变服为佣，渡江至泰，匿吴翁家。三年，至龟山，仍遇前僧，资之渡淮至燕。上书，被系，赦得释，应归义试，擢第一，历官礼部尚书。僧后至金，宜生荐为天使国师。李心传朝野杂记云，淳熙中，北使贺正，自负其辨，颇凌慢王人，韩彦古子师时为馆伴，北使自诵其廷试赋"云屯一百万骑，日射三十六熊"句。子师遽曰，"一百万骑仅能得三十六熊，何其鲜也？"使惘然。熊，射侯也。韩不学，窃以为熊罴之熊，故使猝然无以应，自是辞色颇恭。日下旧闻考，蓟州学有金正隆元年翰林直学士施宜生撰渔阳重修宣圣庙学碑，字迹剥落。学在城内拱星街，明洪武七年修。见图经志书。顾奎光金诗选载其平阳书事诗云，"春寒窣窣透春衣，沿路看花缓辔归。穿过水云深密（里）〔处〕（据金诗选卷一改），马前蝴蝶作团飞。"元好问中州集，宜生，字明望，浦城人。曾仕齐，自号三住老人，有集行世。赋柳云："朱门处处临官道，流水年年绕禁宫。"山谷草书云："行所当行止（所）（据中州集乙集删）当止，错落中间有条理。意溢毫摇手不知，心自书空不书纸。"初，在颍州，日从赵德麟游，颇得苏门沾丐云。张隶正隆事迹云，修撰蔡珪作诗书屏上，曰："万里车书一混同，江南岂有别疆封？提兵百万西湖侧，立马吴山第一峰。"主与马韩哥坐论胜概，奋髯箕踞，不胜其锐。薛应旂通鉴云，初，孙何帅临安，柳耆卿作望江潮词赠之，极言景物繁华，其词流播，因而羡慕。潘永因宋稗类钞载其词云："东南形胜，三吴都会，钱塘自古繁华。烟柳画桥，风帘翠幕，参差十万人家。云树绕堤沙，怒涛卷霜雪，天堑无涯。市列珠玑，户盈罗绮竞豪奢。重湖叠巘清佳，有三秋桂子，十里荷花。羌管弄晴，菱歌泛夜，嬉嬉钓叟莲娃。千骑拥高牙，乘醉听箫鼓，吟赏烟霞。异日图将好景，归去凤池夸。"后谢处厚有诗云："莫把杭州曲子讴，荷花十里桂三秋。那知卉木无情物，牵动长江万里愁。"大金国志云，主闻李贵儿唱望海潮词，梁大使曰："此神仙词也。"亮赠其相温敦诗曰，"一醉吴山顶上峰。"见王之望文集序。潜说友咸淳临安志云，吴山在城中，宋人祠子胥山上，因名胥山。卢元辅作胥山铭，毁于火。乐史太平寰宇记云，北有寒泉，清甘不竭。西湖在郡西，旧名钱塘湖，出于武林泉，周回三十里。自唐及今，为游观胜地。中兴以来，衣冠之集，宫室之丽，尤非昔比。赵翼刽记云，主尝令画工密图杭州湖山，亲题诗其上，有"立马吴山第一峰"之句。

十二月乙卯，宋遣使告母韦氏哀。〔考异〕系年要录，正使为翰林学士周麟之，副使吉州团练使苏华。时亮喜麟之辨利，宣赐金澜酒三樽，银鱼、牛鱼各一盘，皆金宝器，并赐麟之。归缴进，赐之。周煇清波杂志云，显仁上仙，遣使告哀，并致遗留物，金器二千两，银器二万两，银丝合十面，各实以玻璃、玉器、香药，青红撚金锦二百匹，玉笛二管，玉觱栗二管，玉箫一攒，象牙拍板一串，象牙笙一攒，缕金琵琶一副，缕金龟（同）〔筒〕（据清波杂志卷六改）稽琴一副，象牙二十株。时宗枢持节往次燕，二日，中贵人密饷金澜酒二尊，〔银鱼〕（同上补）牛鱼各一盘，皆金宝器，并令留之，伴使致词竦贺，馆人以手加额上，谓前此未有，为特礼也。北辕录云，燕山酒颇佳，馆晏所饷极醇厚，名金澜酒，盖用金澜水所酿。或作金澜，旧注改作澜，不知是否？集韵，澜，阿葛切，音遏。金有金澜水。范成大桂海虞衡志载金澜酒事云，金澜，燕京山名。周必大二老堂杂志云，周枢密充金哀谢使，主爱之，享以所钓牛鱼，非旧例也。枢密糟其首，归献于朝。同馆王龟龄目为鱼头，公闻金甚贵此鱼，一尾之直与牛同。按，辽主于达抡河钓牛鱼，以其得否，占岁好恶，今曰手亲新钓。金亦用辽制也。王易燕北录云，牛鱼即南方鲟鱼，冯道使辽，尝得牛鱼赐，即此。程大昌演繁露谓即本草所著东海之鱼其头如牛者，非真牛头也。按，此即鳣鳇也，宋人呼为牛头耳。周麟之海陵集云，予憩会同馆，先朝内侍梁大使传旨赐金澜头二斟，银鱼、牛鱼二盘，斟盘皆金银，形制精巧。古乐府“月穆穆以金波”，又“洞庭秋月生湖心，层波万顷如镕金。”名盖取诸此乎？燕中暑月，于冰窖造御酒，甚清冽，使至，尝被赐。女真多酿糜为酒，盛馔，雁粉为贵，以木柈贮之，其沉墨色，以葱蒜置其上。麟之诗曰：“金澜酒，皓月委波光。入牖冰台，避暑压琼艘，火炕敌寒挥玉斗，追欢长是秉烛游。日高未放传杯手，生平饮血狐兔场，酿糜为酒毡为裳。犹存故事设茶食，金刚大镯胡麻香。五辛盈盘雁粉黑，岂解玉食罗琼浆。南使来时北风冽，冰山峨峨千里雪。休嗟北酒不醉人，别有班赐下层阙。或言此酒名金澜，金数欲尽天意阑。醉魂未醒盏未覆，会看骨肉争相残。一双宝榼云龙鬐，明日朝辞倒壶去。只留余沥酹昭台，帝乡自有蔷薇露。”按，金俗又重茶食，国初尤尚此品，若中州饼饵之类，多至数十种。用大盘累钉，高数尺，所至供客赐宴亦用焉。一种名金刚镯，尤大。

乙丑，遣左副点检大怀忠使宋吊祭。〔考异〕交聘表，副使为大兴少尹诺延温都谦。系年要录作努延温都谨。熊克小纪，大怀忠，官左宣徽使。努延温屯谦，原作耨盌温都谨，官礼部侍郎。系之绍兴三十年二月，为正隆五年二月，所载各判。**乙亥，太医使祁宰谏侵宋，杀之。**〔考异〕系年要录作五年正月，时年七十，官翰林副使。大金国志作翰林学士祁宣。本传，字彦辅，江淮人。宋季，以医术补官入朝，官中奉大夫。欲自效，会元妃疾，入视，即上疏谏南侵，言甚激切，戮于市，籍其家，天下哀之。世宗时赠资政大夫，给还田宅。章宗录用其子忠勇校尉，谥忠毅。宏简录载疏略云：“况今各安土（字）〔宇〕（据宏简录卷二四二祁宰传改），师出无名。加以大起徭役，营建两都，缮治甲兵，调发军旅，赋役繁重，民人怨嗟。星变屡见，已岁自刑，害气在扬州，太白未出，进兵者败。〔兼〕（同上补）地利不便，舟师水涸，骑兵驰射，不可驱逐。”又云，主谓其疏为綦戬笔，杖之，〔綦戬〕（原文义不明，据金史卷八三祁宰传补）实不知也。张棣正隆事迹，奏曰：“民为邦本，本固邦宁，今则北造军器，南修宫室，民苦转输，不胜疲弊。来岁害气在进，不利行师，伏望曲从臣请。”炀王江上录云，宣奏曰：“陛下弃宫殿，幸诸州，败盟兴师，无故举事，兴工动土，修造两京，内开无用之河，嗟怨盈路，太乙出现，谓妖不畏，伏望察天地之不祥，收兵罢役，通和南宋，复还故都，天下幸甚。”主怒，族诛之。所载互异，姑附录之。

五年（庚辰——一六〇）春正月庚辰朔，宋使贺正旦。正使为起居舍人杨邦弼，副使荣州刺史张说。乙未，宋使贺生辰。正使为太府卿李润，副使宣赞舍人张安世。

二月壬子，宋参知政事贺允中为韦后遗献使。〔考异〕系年要录，副使为保信节度使郑藻。纪均未载。

夏四月，宋使叶义问来谢吊祭。〔考异〕义问官枢密，字审言，严州寿昌人。副使为和州防御使刘允升，纪及交聘表均未载。熊克小纪云，义问还朝，密奏金将入侵，宜备海道。既，又奏应变持久二说，不报。时太常奏金使来贺天中节，诏工部侍郎黄中充馆伴。故事，锡宴，使者谢于庭下，至是辞以方暑，请拜庑下，中持不可，乃如故。及送伴还，言闻金日缮甲兵不休，且重兵屯中州，宜有以待之。纪均未载。甲寅，宿州防御使耶律翼坐使宋失体，杖二百，除名。

秋七月癸卯，遣使签诸路汉军。〔考异〕张棣正隆事迹，时使者为尚书梁球（按，据金史卷五海陵纪"球"当作"銶"）、萧德温、侍郎高怀正等十五人。熊克小纪云，时亮命梁球、萧德温先计女真、契丹、奚家三部之众，不限丁数，悉签起之，凡二十四万，壮者为正军，弱者为伊勒希。一正军以二伊勒希副之，类为十二万。又，中原汉儿与渤海军总十七路，惟中都路造军器、河南路修汴京免签外，其十五路，通为二十七万。仿唐制，分为二十七军，正副诸军，悉令蕃、汉相兼，毋用一色人。所载较详。炀王江上录云，时童谣曰："正军三匹马，签军两量鞋，郎主向南去，赵老送灯台。"纪未载。

冬十月庚午，遣完颜希琳原作普（速）〔连〕（据金史卷五海陵纪改）等二十四人督捕诸路盗贼。籍水手，得三万人。〔考异〕宏简录云，是月，遣虞允文贺金正旦。还奏将看花洛阳，前使贺允中亦言必叛盟，宜为备。不听，命致仕。允文，字彬甫，隆州仁寿人，谥忠肃。李心传朝野杂记云，时光州守强友（亮）〔谅〕（据朝野杂记甲集卷二〇改）言，金主已死，胡雏嗣立，改元新德，大臣信之。虞并父使还，言金酋不死，已授甲造舟，为南渡计。续纲目云，九月，以李宝为浙西副总管。宝尝陷金，自海道来归，召见，言北事甚悉。令于平江督海舟捍御。宝河北人，卒，赠少保。

十一月乙酉，遣济南尹布萨乌哲、原作仆散乌者翰林直学士韩汝嘉贺宋正旦。〔考异〕宋史作仆散权。是年，金遣右副点检萧荣、谕德张忠辅贺宋生辰。交聘表失书。寻使益都尹京等三十一人押诸路军器于军行要会处安置，使军至分给，余则聚而焚之。〔考异〕宏简录云，是月戊申夜，白气亘天。大金国志云，是年，楚王、泽王、德王以南侵为忧，用梁汉臣潜，杀之。纪均未载。

六年（辛巳——一六一）春正月甲戌朔，宋使贺正旦。正使为起居舍人虞允文，副使知阁门事孟思恭。〔考异〕允文使金，宏简录作五年事。见上。己丑，宋使贺生辰。正使为检详文字徐度，副使带御器械王谦。庚子，诏自中都至河南府，所过州县调从猎骑士二千。

二月甲寅，以参政李通为右丞。征诸道水手运战船。癸亥，发中都。

三月癸巳，次河南府。〔考异〕熊克小纪云，左仆射陈康伯与参政杨椿密议备敌策有四，两淮诸将分画地界，措置民社，寓兵于农；沿江诸郡，增壁积粮，及论刘宝将骄卒少，不可专用。寻因陈俊卿言，罢宝兵柄，朝论快之，侍御史汪澈亦极陈利害。康伯，字长卿，弋阳人，封鲁国公，谥文正。

　　夏四月戊申，诏有司移问宋人蔡、颍、寿诸军对境创置堡戍者。命签枢密院高景山贺宋生日，（左）〔右〕（据金史卷一二九李通传改）司员外郎〔考异〕系年要录作刑部侍郎。王全副之。临行，谓全曰："汝见宋主，即面数其罪。当命大臣某某来此，朕当亲诘问之，〔考异〕晁公迈败盟记云，当于汤思退、陈康伯、王纶三人内差员，及杨沂中、郑藻并内臣一人同来议事。且索汉、淮之地。不从，则厉声诋责，彼必不敢害汝。"盖欲激怒为兵端。谓景山曰："回日，以全所言奏闻。"全至宋，如言诃斥。宋帝曰："闻卿北方名家，何乃如是？"全复曰："赵桓今已死矣。"宋帝遽起，发哀而罢。〔考异〕晁公迈败盟记云，全谓天水郡公以风疾故，并奏事讫，驾兴，宰执入议凶制，调发军马，并无遽起发哀之事。史盖传闻之误。熊克小纪云，时宰臣于都堂议举哀典故，有谓上不可以凶服见使者，欲俟其去乃发哀。黄中亟曰："此大事，一失礼，谓天下后世何？且使人或问故，将何以对？"于是始议行礼及调发守江、淮之策。庚戌，发河南府，次温汤，遣使征诸道兵。〔考异〕薛应旂通鉴云，帝召群臣议举兵，内侍张去为陈退避策，妄传幸闽、蜀，人情恟恟。陈康伯曰："金敌败盟，神人共愤，今日之事，有进无退，圣意坚决，则士气自倍，愿分三卫禁旅助襄、汉，待其先发应之。"乃以利州西路都统吴拱知襄阳府，部兵三千戍之，退守荆南，以视缓急。拱，玠子也。命成闵率兵三万戍鄂州，侍御史陈俊卿以去为阴沮用兵，乞斩之，以作士气。帝嘉纳。以刘锜为江淮、浙西制置使，屯扬州。闵，字居士，邢州人。俊卿，字应求，兴化人，封魏国公，谥正献。潘永因宋稗类钞云，秦桧之初得疾，宣州通判李季设醮于天台桐柏观，途遇一士曰："公为太师奏章乎？"曰："然。"曰："徒劳耳！数年后，张德远当自枢府再相，刘信州当总大兵捍边，若太师不死，安有是事耶？"醮之明日而秦死。后果验。

六月癸卯，自汝州如南京。〔考异〕系年要录作七月事。宋遣使来贺迁都，使韩汝嘉就境上止之，曰："朕始至此，比闻北方小警，欲复归中都，毋庸来贺。"宋使乃还。〔考异〕正使为枢密都承旨徐嚞，副使知阁门事张抡。系年要录，正使初命周麟之，辞不行，罢官，命嚞代。汝嘉官翰林侍讲学士，自是使命遂绝。又，载在七月，稍异。北盟会编云，亮欲举兵，谏议大夫韩汝嘉自盱眙归，请寝兵讲和。亮曰："汝为宋游说耶？"赐死。纪及交聘表均未载。元好问中州集，汝嘉，字公度，宛平人，昉子。皇统二年进士，历真定转运，坐事，转清州防御使，召为学士，卒。未言赐死。寄元真同年诗曰："十年尘土鬓先斑，杖履还来踏故山。叶寄残红春尚在，云酣湿翠雨仍悭。不堪倚树追前事，更恐临溪见病颜。一日暂来千日去，何时倦鸟得真还。"

秋七月己丑，大括天下骡马，官至七品，听留一匹，等而上之。并旧籍民马，其在东者给西军，在西者给东军，交相往来，络绎不绝，死者狼籍于道。亡失多者，官吏惧罪，或自杀。所过蹂践民

田。调发牵马夫役。诏河南州县，骡马所至，当给
田。调发牵马夫役。诏河南州县，骡马所至，当给
刍粟，无可给，有司以为请。海陵曰："此方百姓，
储蓄尚多，今禾稼满野，骡马可就牧田中，借令今
岁不获，亦何伤乎？"及征发诸道工匠至京，疫死
无数，天下始骚然矣。盗贼蜂起，大者连城邑，小
者保山泽，所至开劫府库，令人攘取。太府监高彦
福、大理正耶律道、翰林待制大颖出使还朝，皆言
盗贼事，怒杖之。由是人莫敢言。世宗纪：颖后起官秘书
丞。道传作伊喇道，历御史中丞，签枢，转西京留守，卒。

　　八月，自将三十二总管兵侵宋，进自寿春。以
枢密使昂原名瑸都，亦作奔睹，景祖弟伯赫孙，咱斡子，卒官都
元帅，汉国公。子宗浩，官都元帅。〔考异〕续通考云，赫作跋黑。
又世祖幼子亦名昂，本名吾鲁古，皇统初封漆水郡王，诏署衔加皇
叔祖字，卒，追封郓王，另一人。宗室表，昂，本名乌达，亦作乌
特，官平章，封郓王。子正嘉，原作郑家，益都尹。鹤寿，本名乌
达，布伊啰斡群牧使。正嘉子承晖，本名福兴，右丞相。为左领
军大都督，（左）〔右〕（据金史卷五海陵纪改）丞李通副
之。（右）〔左〕（同上）丞赫舍哩良弼为右领军大都
督，大宗正乌雅富呼珲〔考异〕宋史作乌延蒲卢浑。富察通
传，本名富埒珲，一作蒲鲁浑，中都路人。从南侵，隆州诸军尤精
锐，命总之。兵压淮，通率骑二百先济觇敌。及夰中，敌兵跃出，
通按兵直前，傍有舞槊来刺者，回身射之，应弦毙。诸军并击，败
之。纪未载。通后事世宗，官平章，封任国公，以开府致仕，卒。
副之。图克坦贞及永年为左右监军，许霖、富察鄂

伦为左右都监，皆从。苏保衡为浙东道水军都统
制，完颜正嘉原作郑家副之，浮海趋临安。刘萼为汉
南道都统制，布萨乌哲原作乌者副之，进自蔡州。图
克坦喀齐喀原作徒单合喜为西蜀道都统制，张中彦副
之，取大散关。时昂以旧将总师，从人望，通实专
其事。召诸将授方略。令后与太子居守，张浩等留
治省事。〔考异〕海陵纪，分置诸将作九月事。李通传作八月，今
从通传。炀王江上录作五年五月，兵分八路，起汴京。完颜仲取川、
陕，完颜明取均、房，阿鲁穆尔自亳州，齐芬珠彻自寿州，郭拉扪
自青、齐，苏保衡自通州。所载年月事迹均异。又云，时御制喜迁
莺词，曰："旌麾初举，正驶骎力健，嘶风江渚。射虎将军，落雕都
尉，绿帽锦袍翘楚。怒磔戟髯争奋，卷地一声鼙鼓。笑谈顷指长江，
齐骇六师飞渡。此去无自堕，金印如斗，独在功名取。断锁机谋，
垂鞭方略，人事本无今古。试展卧龙韬韫，果见功成朝暮，问江右，
想云霓，以俟元黄迎路。"岳珂桯史云，亮初王岐，以事出使，咏驿
中竹曰："孤驿潇潇竹一丛，不同凡卉媚春风。我心正与君相似，只
待云稍拂碧空。"书壁述怀曰："蛟龙潜匿隐沧波，且与虾蟆作混和。
等待一朝头角就，撼摇霹雳震山河。"题瓶中岩桂云："绿叶枝头金
缕装，秋深自有别般香。一朝扬汝名天下，也学君王著赭黄。"及迁
汴，中秋待月不至，赋鹊桥仙词曰："停杯不举，停歌不发，等候银
蟾出海。不知何处片云来，做许大通天障碍。虬髯搦断，星眸睁裂，
惟恨剑锋不快。一挥截断紫云腰，子细看嫦娥体态。"其桀骜之气，
溢于言表。宋史：是月，宿迁魏胜起兵复海州，屡败金兵。字彦威，
后赠保宁节度，谥忠壮。系年要录云，时汪应辰上复和策，王继先
请斩主兵官，帝不怿，刘婉仪宽解，词相似，帝怒出之，免继先官，

籍家。所载甚详。

九月甲午，发南京，嫔妃皆从。〔考异〕薛应旆通鉴云，金兵六万，号百万，毡帐相望，钲鼓之声不绝。李通造浮梁于淮水，上将自清河口入淮东，远近大震。丁亥，高平人王友直起兵复大名府，寻自寿春归宋，授忠义都统制。北盟会编云，是月，夏俊克泗州，张超败金人于光化军。宋史作通化军。纪均未载。

冬十月乙巳，阴晦，失路，是夜二更始至蒙城。县名，属亳州。丁未，渡淮，将至庐州，获白鹿，以为武王白鱼之兆。〔考异〕毕沅续通鉴白鹿作白兔。宋史纪事本末云，时亮渡淮，分军围海州，魏胜乞援于李宝，合击于新桥，败之，拔砦去。刘锜扼之于清河口，王权弃庐州，退屯昭关，还至和州，锜亦退军扬州，金主入庐州。帝议欲航海，陈康伯力劝亲征，从之。次平江，命叶义问督师，虞允文参军事。李心传朝野杂记云，海陵临江，中外震惧。陈鲁公为左相，独镇以静，人心少安。会羽书至，召辅臣，中使屡趣之，鲁公行益缓，上尝夜出手札散百官，浮海避狄，公取御札焚之。时都人皆遁，赖陈不为摇，敌退，独公与王通老家属在城中。赵甡之遗史云，义问见军报金添生兵，顾侍史曰："生兵是何物？"远近传以为笑，时谓"去源枢密"。系年要录"去源"作"土园"。南宋书云，李宝遣孔福败金人于大人洲，穆椿夜攻金营，杀其帅高定山，复庐州。北盟会编云，金入庐州，安抚龚（璹）〔涛〕（据北盟会编卷二三四改）弃城走，都监杨春权州事。与金战，杀康定山，复庐州。邵宏渊败金兵五千于六合，又战于西府桥，兵败，真州陷。宋史作胥浦桥，在仪真县西十七里。杨春作杨椿。所载各异。纪均未书。汉南道刘萼取通化军、蒋州、信阳军。即义阳军，隶京西北路。〔考异〕舆地广记云，春秋属申，秦、汉属南阳郡，晋置义阳郡，宋立宋安郡，南齐置司州，有三关之险，后魏曰郢州，后周曰申州，隋改义州，又为义阳郡，唐因之，今为义阳军。县二：信阳、罗山。舒穆鲁卞传，时为武毅军都总管，由别道进。遇宋伏兵，击败之，遂下信阳军及罗山县。至蒋〔州〕（据金史卷九一石抹卞传补），宋守将弃城遁，遂取其城。所载较详。**图克坦贞败宋王权于盱眙，进取扬州。前锋军至假寨，宋戍兵皆遁，败宋兵于蔚子桥及巢县。**〔考异〕大金国志云，时金破安、圭、光、和等州，万户萧琦以十万骑取滁州，破扬州。宏简录云，金骑追王权至蔚子桥，统制姚兴战死。吴拱复唐州，金兵抵樊城，守将翟贵、王进战死。王彦复蔡州，斩其总管杨寅。北盟会编云，破蔡州者赵樽，安抚刘泽弃扬州走。熊克小纪云，金既入两淮，亟命成闵总诸军回援淮西，金刘谔拥众十万，声言取荆南，又欲自光、黄捣武昌，朝廷虑其由此入江西，命吴拱援武昌，王澈止之。敌果犯襄阳，拱击却之。周煇清波杂志云，韩蕲王尝在镇江，晚令帐前提辖王权至金山，仍戒不得用船渡，恳给浮环，借一卒至西津，遂浮以渡。登岸，僧（巨）〔叵〕（据清波杂志卷五改）测，疑为鬼神，诘得其详，因指适所历处皆鼋鼍穴，曰："官既不死，他日必贵。"权后果建节。**至和州，王权夜以兵来袭，射却之。翌日，雨，宋人焚积聚，宵遁。诘旦追之，宋兵逆战，明安韩棠军却，遂失利。武（健）〔捷〕**（据金史卷五海陵纪改）**军副总管阿萨尔**原作阿散，**即富察世杰。力战，却之，王权退保南岸。**〔考异〕阿林传，时为神勇都管，至庐州，与宋王权军十万战于柘皋蔚子桥，败之。至和州南，复与权军八万战，又败，追杀至江上，斩首数千级。后以全军还，世宗嘉之，擢兵部尚书。从征斡罕，军还，至懿州，卒。纪未书阿林名。宋史高宗纪，权退屯采石，金主陷和州，入扬州，刘锜留驻瓜洲。金兵来争，遣统领员琦逆击于皂角林，大破之，斩其婿高景山。及再犯，锜病剧，诏还镇江，尽失两淮地。刘汜、李横连战皆败，魏俊、王方死之。义问走建康。罗大经鹤林玉露云，逆亮窥江，刘锜病，亦同捍御。亮歼，锜亦卒，特赠太尉。周益公行词曰："岑彭殒而公孙亡，诸葛死而仲达走，虽成功有命，皆莫究于生前，而遗烈在人，可徐观于身后。"读者服其的切。北盟会编云，皂角林之战，初杀二千余人，复战，又杀敌，横尸二十里。魏俊作魏友。按，赵翼劄记引乌延蒲辖奴传载大定二年与延安高景山及宋兵战于庆阳，世宗纪大定四年冬，都统高景山取商州，据此，则景山未被杀也。所载各异，纪均未书。方舆纪要云，皂角林在扬州府南三十里。**浙东道苏保衡与宋人战于海道，败绩，副统正嘉死之**。本传，系郓王昂子，为火炮所击，赴水死。〔考异〕宋史高宗纪云，李宝大败金兵于陈家岛，杀其将完颜郑家奴等五人，擒倪询等献于朝。崔皋及金人战于定山，败之。大金国志云，李宝之战，统军苏保衡未发，旋闻兵败，自经死，盖用冯忠嘉海道记所书也。北盟会编，倪询外，尚有应简，后均伏诛云，宝结王世隆、赵开等皆来降，遂与曹洋等击破之。金兵被焚及投海死者约数万，获苏保衡、完颜郑家、蒲莘阿元、孟斌、高什等。熊克小纪云，时宝遣辨士招纳降附山东豪杰王世隆、明椿、刘异辈，皆来投，宝与子公佐率兵至胶西石臼岛。时金舟泊唐岛，相距止一山，候风即南，不知王师猝至，宝遣将祷于石臼神，祈风助顺，果风自南来，众喜，争奋，遂大败之，中原民降者三千余人，遣曹洋飞小舟告捷。应简作商简，倪询作倪荀，尚有梁三儿等，帝降诏奖之，授宝靖海节度、沿海制置使。李心传朝野杂记云，淮、浙奸民倪询、梁简等至北地，献议造舟，因为向导，至是悉被诛，焚舟数百艘，获军储器械万计。周煇清波杂志云，时敌舟皆以油缯为帆，舒张如锦绣，未须臾，喷涛怒浪，卷聚一隅，此以火箭还射之，烟焰蔽天。捷闻，锡赍甚渥，御书"忠勇李宝"四字以宠之。按，保衡，字宗尹，云中天成人，实未死，亦未被获，卒官右丞。见本传，今从之。郓王昂传陈家岛作松林岛。所载各异。时筑台于江上，海陵披金甲登台，杀黑马祭天，以一羊一豕投江中。召都督昂及富埒珲曰："舟楫已具，可以济江矣！"富埒珲曰："臣观宋舟甚大，我舟小而行迟，恐不可济。"海陵怒曰："尔昔从梁王追宋帝入海岛，岂皆大舟耶？明日汝与昂先济。"昂惧，欲亡去，至暮乃使人谓曰："前言一时之怒耳，不须先渡江也。"明日，遣总管阿林、阿萨尔率舟师先济，宿直将军温都敖拉、国子司业马钦、武库直长实实皆从战。置黄旗、红旗于两岸，红旗立则进，黄旗仆则退。既渡江，两舟先逼南岸，水浅不得进，与宋兵相对射者良久，矢尽，遂为所获，亡一明安，军士百余人。退还和州。〔考异〕宋史纪事本末云，金令渡江，晨炊玉麟堂，先济者与黄金一两。会义问命虞允文往芜湖迎李显忠，交王权军。至采石，权去，显忠未来，败兵星散，允文立召诸将，勉以忠义，曰："金帛、告命皆在此，以待有功。"众请死战，命列大阵不动，分戈船为五部。敌麾数百船绝江来，抵南岸者七十余艘，薄官军，军少却。允文抚时俊背曰："汝胆略闻四方，立阵后则儿女子尔。"俊即挥双（力）〔刀〕（据宋史纪事本末卷七四改）出，士殊死战。官军以海（鳅）〔鳅〕（同上）船冲敌舟，皆沉。敌半死半战，日暮未退。会有溃卒自<u>光州</u>来，<u>允文</u>授以旗鼓，从山后转出，敌疑援至，始遁。命劲弩追射，大败之。敌归者，<u>亮</u>皆敲杀之。<u>宏简</u>录，<u>时俊</u>外，尚有<u>张振</u>、<u>王琪</u>、<u>戴皋</u>等。<u>李显忠行状</u>尚有<u>张荣</u>。<u>北盟会编</u>尚有<u>盛新</u>，其被害者为<u>沈文贵</u>。时<u>亮</u>自<u>杨林口</u>出舟，当涂民观者数十里不断，不啻数十万人，<u>亮</u>色动。又云，<u>金</u>以十七舟渡江，仅凿没其二舟，至<u>瓮驹瓜洲</u>毙<u>亮</u>记所载<u>采石</u>之功，未免失之夸诩，皆嫉功之言，不足信。<u>员兴宗采石战胜录</u>云，时<u>金</u>兵死于岸者二千七百余人，射死万户一人，生获千户五人，<u>女直</u>三百余。<u>王明清挥麈第三录</u>云，时诸将已破敌，<u>允文</u>偶至<u>采石</u>，遂令奏捷。蒙睿知<u>盛新</u>功多赏薄，抑郁死。所载各异。<u>周密癸辛杂识</u>云，<u>亮</u>窥<u>江</u>，步帅<u>李棒</u>建谋欲断<u>吴江长桥</u>以扼奔突，时<u>洪景伯</u>知<u>平江</u>，奏止之。俄又有建策于<u>常熟福山</u>一带多凿窖以陷虏马者。<u>赵翼劄记</u>云，<u>宋史李显忠传</u>，<u>亮</u>南侵，将济<u>江</u>，<u>王权</u>自<u>和州</u>遁归。命<u>显忠</u>代，诏<u>虞允文</u>趣<u>显忠</u>交军，于是有<u>采石</u>之捷。<u>显忠</u>遣万人渡江，尽复<u>淮西州</u>郡。<u>亮</u>切责诸将，诸将弑之。按，<u>允文传</u>，<u>采石</u>之捷，<u>显忠</u>未至，其功无与于<u>显忠</u>。又，<u>亮</u>因<u>采石</u>之败，即趋<u>瓜洲</u>，克日渡江，未渡而被弑，亦非关<u>显忠</u>之复<u>淮西</u>而责诸将也。

时闻<u>世宗</u>即位<u>东京</u>，谋北归，且分兵渡江，<u>李通</u>不可，遂趋<u>扬州</u>。过<u>乌江县</u>，观<u>项羽</u>祠，叹曰："如此英雄，不得天下，诚可惜也！"〔考异〕<u>系年要录</u>云，<u>亮</u>诣<u>西楚霸王</u>祠卜济<u>江</u>，不吉，命爇其座。俄大蛇见栋梁，其间如数千人大呼，<u>亮</u>大惊，亟引去。<u>史</u>未载。抵<u>扬州</u>，使<u>耶律摩多</u>原作没答。〔考异〕<u>通鉴辑览</u>作<u>默达</u>。护神果军扼<u>淮</u>渡。凡自军中还至<u>淮</u>上，无都督府文书皆（焚）〔杀〕（据<u>金史</u>卷一二九<u>李通传</u>改）之。乃出内箭系帛书其上，使射之南岸，招谕宋人。王权亦纵所获金人赍书数其罪，命焚之。〔考异〕毕沅续通鉴谓遣瓜洲所获镇江军校尉张干挈舟持书至军前，将士皆变色。系年要录载亮书云："朕提兵南渡，汝望风即去，已见汝具严天威。今至江上，南兵亦不多，但汝舟师进退有度，朕甚赏爱。若尽陪臣礼，举军来降，高爵厚禄，在所不吝。倘执迷不悟，朕今往瓜洲渡江，必不汝赦。"允文用显忠言作檄曰："昨王权望风退舍，使汝鸱张。已将权重寘典宪，今将乃李世辅，汝岂不知？若渡江，愿一战以决雌雄。"亮大怒。所载各异。

海陵亟欲渡江，骁骑果桑原作高僧。〔考异〕通鉴辑览作噶山。欲率众亡，事觉，杀之。下令，军中卒亡者杀其富垮珲；〔考异〕宋史作"蒲里衍"，通鉴辑览作"富鲁章京"。富垮珲亡者杀其穆昆，穆昆亡者杀其明安，明安亡者杀其总管，士益危惧。并令军士运鸦鹘船及粮船于瓜洲渡，期明日渡江，敢后者死。〔考异〕宋史纪事本末云，允文知亮败必复来，分遣海舟缒上流，别使盛新扼杨林河口。明日，敌至，夹击，大败之，焚其舟三百。亮率军趋扬州，至瓜洲，居龟山寺，允文与杨存中命战士试舟中流，回转如飞，亮笑曰："纸船耳！"有一将跪奏："南军有备，不可轻。"杖之。杨林渡在和州东二十五里。北盟会编云，杨林之战，敌应弦倒者万数，焚其舟百五十。李心传朝野杂记云焚其舟九百五十。所载互异。纪未书兵败，今从之。

〔十一月〕（据金史卷五海陵纪补）乙未，浙西都统制完颜元宜军反，遂遇弑。并收其妃嫔及李通等皆杀之。〔考异〕塞驹瓜洲毙亮记云，时虢州签军雷政渡江归顺，报金主被弑事。宋史纪事本末云，时元宜遣使议和。未几，金军在荆、襄、两淮者皆拔栅去。初，金人之犯边也，郑樵言岁星在宋、金主将自毙，至是果验。樵，字渔仲，莆田人。罗大经鹤林玉露云，绍兴辛巳，亮南侵，高宗下诏亲征，略曰："惟天惟祖宗，既共昌于基运，有民有社稷，敢自逸于燕安？"又曰："岁星临于吴分，（定）〔冀〕（据程史卷三改）成淝水之勋，斗士倍于晋师，（可）〔当〕（同上）决韩原之胜。"洪容斋笔也。幸平江，亮授首，遂班师。岳珂程史云，亮渝盟，有上封事者言，吾方得岁，寇（目）〔且〕（同上）送死。诏问太史考步，如言。陈文正当国，请以著之，诏书盖指此。又云，狄骑初退，朝议尚怀杞忧，范宗尹荐朝散大夫毛随有甘石学，召赴行在，入对，言今年冬岁当躔而兴宋，自此敌必不敢南渡矣！然御戎上策，先自治，愿修政以应天道。系年要录云，亮死之日，天重阴。时有胡斌者，先语洪迈曰："昨夕四鼓，浓云塞空欲雪，而东北忽穿漏，一大星坠，盖金主死祥也。"先是，有客诣叶义问上书曰，以太乙局考之，金于冬至，必有萧墙之变。赵彦卫云麓漫钞云，绍兴三十一年七月二十六日侵晨，日出如在冰面，色淡如白，中有二人，一南一北，南者色白，北者色黑，相与上下甚速。至日中，光彩射火，以水照之，只见面白一人，余不见。是年十二月，逆亮送死于淮南，悟黑人为亮云。大金国志云，时紫茸车克宋秦州，又侵茨湖。茨湖在大江之南，国人以舟渡，欲攻光化趋襄阳，为史俊败，复为杨钦破之于洪泽镇，吴超败之于杨林渡，翼日乃退。北盟会编云，时李贵克顺昌府，茨湖之役，史俊杀金酋杜总管。十二月，吴拱复邓州及汝州，成闵复扬州及盱眙军、泗州、陈州，武钜复河南府，李显忠复和州及淮西诸郡。熊克小纪云，丙申，亮细军破泰州，统制王刚弃城走江阴。十二月，赵樽克蔡州，刺史萧懋德遁去。　宋史高宗纪，李滕复通化军，杜隐复嵩州，沙世坚入泰州，眢朝复邓州，王选复楚州，牛宏入汝州，刘锐入泗州。金高显以寿春府来降，王任自寿春来归。史多未载。桯史又云，刘蕴古，燕人。亮将南侵，使伪降以觇国。以首饰贩鬻寿春，颇言金国虚实，边臣以闻，召赴行都，授迪功郎，浙西差遣。金亮诛，未得间，隆兴初，濠梁奏北方游手万余人，应募营田，蕴古请自将与金角，次相史文惠斥其奸，不果。张忠献奏改倅太平州，禀议军事。后数载，〔蕴古〕（文义不明，据桯史卷一〇补）使仆骆昂北归，搜其橐，得所刺朝廷机事，乃伏诛。初，吴山伍员祠，扁额金碧甚侈，蕴古至，辄易之，而刻其姓名。时右武大夫魏仲昌独知为真细作，榜其名以示踵至者。亦见潜说友咸淳临安志。

金史纪事本末卷二十八

李通奸佞　张仲（珂）〔轲〕（据金史卷一二九李通传改，下同）　梁珫附

海陵正隆三年（戊寅——一五八）秋七月甲申，以（户）〔吏〕（据金史卷五海陵纪改）部尚书李通为参知政事。通以便辟侧媚，得幸于海陵。累官右司郎中，迁吏部尚书。请谒贿赂，辐辏其门，海陵尝戒谕之。〔考异〕宏简录云，凡渤海汉人仕进者，必赖通及户部尚书许霖为之先容，右司郎中王蔚任其事。所载较详。至是，拜参政。海陵恃累世强盛，欲大肆征伐，以一天下。尝曰："天下一家，然后可以为正统。"通揣知其意，遂与张仲（珂）〔轲〕、马钦、宦者梁珫，近习群小辈，

盛谈江南富庶、子女玉帛之多，逢其意而先道之。海陵信其言，以通为谋主，遂议兴兵南侵。〔考异〕宋史纪事本末云，初，金主御武德殿，召李通及胡厉、萧廉语之曰："尝梦上帝召见，命为天策上将，令征宋国。"众皆称贺，南侵议始决。又召通与翟永固、敬嗣晖、韩汝嘉入见薰风殿，问曰："朕欲迁都于汴，遂侵宋，统一海内，卿意如何？"通以天时、人事不可失机对，亮大悦。惟永固力言不可，汝嘉是之。亮怒，寻赦之，汝嘉卒以劝寝兵被杀。永固，字孟坚，良乡人，官左丞，见本传。熊克小纪云，海陵曰："朕受命出而上马，见鬼兵无数，朕发一矢射之，众皆嗟叹，觉，声犹在耳，既视厩中马，其汗如水，箭亦亡其一，此异梦也。"按亮所乘乌骓小马，号"小将军"。纪均未载。

四年（己卯——一一五九）春二月，海陵谕宰相曰："宋虽臣服，有誓约而无诚实。比闻沿边买马及招纳叛亡，不可不备。"遣使籍诸军并括民马，造战船于通州。〔考异〕大金国志云，是岁，命通造军器于燕京。本传未载。

六年（辛巳——一一六一）春正月，命参政李通谕宋使徐度等曰："朕昔从梁王尝居南京，乐其风土。帝王巡狩，自古有之。淮右多隙地，欲校猎其间，从兵不逾万人。汝等归告汝主，令有司宣谕朕意，使淮南之民，无怀疑惧。"

二月甲寅，以李通为尚书右丞，诏曰："卿典领缮完兵械，今已毕功，朕嘉卿忠谨，故有是命。俟江南事毕，别当旌赏。"

秋（八）〔九〕（据金史卷五海陵纪改）月，自将三十二总管兵侵宋，以太保昂原作璪都为左领军大都督，李通副之。〔考异〕大金国志云，主以李通为大都督，粘安阿述虎副之，稍异。今从海陵纪。昂系旧将，使帅诸军，从人望，实使通专其事。海陵恐粮运不继，命诸军渡江，无以僮仆从行，闻者皆怨嗟。将至庐州，见白鹿，驰射不中。既而，后军获之以进，大喜，赐以金帛。谓通曰："昔武王伐纣，白鱼跃入舟中。今朕获此，亦吉兆也。"时梁山泺水涸，先造战船不得进，乃命通更造之。督责苛急，将士七八日夜不得休息。坏城中民居以为材木，煮死人膏为油用之。〔考异〕宏简录云，殚民力如马牛，费财用如土苴，又过于狭小，不能济大江。通传未载。先是，诸军发南京，将士亡归者相属于道。哈斯罕明安福寿、东京穆昆金住等始受甲于大名，即举部亡归，从者万余，皆公言于路曰："我辈今往东京立新天子矣。"〔考异〕宋史作曷苏馆猛安福寿、高忠建、卢万家。婆娑路总管谋衍、东京谋克金住等。通鉴辑览曷苏作和硕，婆娑作博索，谋衍作默音，金住作金柱。纪载各异。

冬十月丙午，世宗即位于辽阳，数海陵过恶数十事。会济江兵败，郎中鄂博库原作吾补可等入白，遂召诸将谋北归，且分兵渡江。议定，通复入奏曰："陛下亲师，深入异境，无功而还，若众散于前，敌乘于后，非万全计。若留兵渡江，车驾北

还，诸将亦将解体。今燕北诸军近辽阳者，恐有异
志，宜先令其渡江，敛舟焚之，绝其归望。然后陛
下北还，南北皆指日而定矣。"深然之。明日，遂
趋扬州，会师于瓜洲渡，期以明日济江。寻为完颜
元宜等所弑。都督府以南伐之计，皆通赞成之，右
监军图克坦永年乃其姻戚，刑部尚书郭安国，众所
共恶，皆杀之。〔考异〕系年要录云，诸将杀补阙马钦。按，钦
至大定中尚存，非死于扬州也。今不取。大定二年，削通官
爵，人心始快。

同党张仲（珂）〔轲〕，幼名努尔，原作牛儿。〔考
异〕卷一百二十四毕资伦传，其子皇后位奉阁舍人亦名牛儿，另一
人。市井无赖，说传奇小说，杂以俳优诙谐语为业。
海陵引之左右，以资戏笑。海陵封岐国王，以为书
表，及篡立，为秘书郎。海陵尝对仲（珂）〔轲〕与
妃嫔亵渎，仲（珂）〔轲〕但称死罪，不敢仰视。又
尝令仲（珂）〔轲〕保形以观之，侍臣往往令保裼，
虽图克坦贞亦不免此。完颜布琳、原作普连大兴少尹
李惇皆以赃败，海陵置之要近。伶人于庆儿官五
品，大氏家奴王之彰为秘书郎。之彰翠珠偏僻，海
陵亲视之，不以为亵。唐古辩家奴和尚、〔考异〕汪辉
祖金史同名录云，卷二太祖天辅六年辽节度被获，后以叛诛；卷六
世宗大定四年卫王襄子，伏诛；卷七大定十五年符宝郎；卷十三卫

王至宁元年完颜元努子，奉御，死难；卷十四宣宗贞祐三年司属令、四年工部侍郎、兴定三年金安节度；卷八十六独吉义传义子、大定时应奉翰林文字；又同卷尼庞古钞兀子，大定时谋克；卷一百四郭俣传大定末利涉节度；卷一百二十蒲察鼎寿传本名，河南尹；卷一百二十一伯德梅和尚传明昌六年德昌节度，十三人同名和尚。乌达家奴葛温、葛鲁皆置宿卫，有侥幸至一品者。左右或无官职，人或以名呼之，即授以显阶。尝置黄金裀褥间，喜之者令自取之，其滥赐如此。

宋余唐弼贺登极，且还，海陵以玉带附赐宋帝。仲（珂）〔轲〕曰：“此希世之宝，可惜轻赐。”海陵曰：“江南之地，他日当为我有，此置之外府耳。”由是知有南侵意，益务逢迎。俄迁秘书丞，转少监。海陵尝召仲（珂）〔轲〕与右补阙马钦、校书郎田与信、直长实实原作习失。〔考异〕毕沅续通鉴作迪实。入便殿，侍坐。海陵与仲（珂）〔轲〕论汉书曰：“汉之封疆，不过七八千里，今吾国幅员万里，可谓大矣。”仲（珂）〔轲〕曰：“本朝疆土虽大，而天下有四主，南有宋，东有高丽，西有夏，若能一之，乃为大耳。”海陵曰：“彼且何罪而伐之？”仲（珂）〔轲〕曰：“臣闻宋人买马修器械，招纳山东叛亡，岂得为无罪？”海陵喜曰：“向者，梁琢尝言宋有刘贵妃者，资质艳美，蜀之花蕊、吴之西施所不及也。今一举而两得之，俗所谓‘因行掉手’也。

江南闻我举兵，必远窜耳！”钦、与信对曰："海岛、蛮越，臣等皆知道路，彼将安往？"钦又曰："臣在宋时，尝率军征蛮，所以知也。"海陵谓实实曰："汝敢战乎？"对曰："受恩日久，死亦何避？"既而曰："朕举兵灭宋，远不过二三年，然后讨平高丽、夏国。一统之后，论功迁秩，分赏将士，彼必忘劳矣。"

四年（己卯——一五九）三月，仲（珂）〔轲〕死。冬至前一夕，海陵梦仲（珂）〔轲〕求酒，既觉，嗟叹良久，遣奠其墓。

马钦，幼名韩哥。尝仕宋，〔考异〕系年要录云，为刘光世亲军副都统。海陵南侵，遂召用。自贵德县属贵德州宁远军。令为补阙，迁国子司业。大定二年，以巧佞除名。〔考异〕系年要录云，金主被弑，诸将杀补阙马钦，系误。

同时，宦者梁珫，本大臭家奴，〔考异〕宋史作梁汉臣。炀王江上录云，汉臣本宋内侍，每思报仇。系年要录云，系师成养子。珫传未载。随元妃入宫，以阉竖事海陵。性便辟，善迎合，特见宠信。旧制，宦者惟掌掖庭事。天德三年始以王光道为内藏库使，卫愈、梁安仁皆以宦官领内藏，以唐庄宗委张承业为比，宦者始预政事。而珫委任尤甚，累官近侍局使。及营建南京宫室，数命珫往视工役，或言其未善，虽已成，即

尽撤去。丞相张浩亦曲意事之，与之均礼。〔考异〕炀
王江上录云，梁汉臣劝修两京，以为正使，孔彦舟为副，仍差都统
阿史多木津宁统骑军二十万驻汴城外，以防夫匠逃走。彦舟后被谗，
赐酒酖之，出为西京留守，中途药发，死。大金国志云，梁汉臣献
策于主曰："汴京重地，镇服南边一也，令诸州置造器甲，咸使精备
二也，粮食不缺三也，创置巨船，训习水军，支备海道四也，招募
义士，使为先锋五也。主皆从之。琦传均未载。

海陵欲侵宋，琦因极言刘贵妃绝色倾国。及将
发，令县君高实古〔考异〕毕沅续通鉴作高苏库尔，云，原作师
古儿。贮衾褥之新洁者，俟得即用之。议者言琦与宋
通谋，劝侵宋以疲敝国中。海陵抵和州，闻琦与宋
人交通有状，谓之曰："闻汝交通宋国，传泄军情。
汝本奴隶，朕拔擢至此，乃敢尔耶？若至江询得实
迹，杀汝亦未晚也。"又谓校书郎田（尔）〔与〕信
（据金史卷一三一梁琦传改，下同）曰："汝面目亦可疑，
必与琦同谋。"皆命执之。及被弑，琦与（尔）〔与〕
信皆为乱兵所杀。〔考异〕宋史，亮兵败，焚其龙凤舟，斩梁汉
臣及造舟者二人。炀王江上录云，采石兵败，北船千余奔还西岸，
梁大使奏曰："本国大捷，请陛下登舟，早达建康。"将从之，为赤
盏明威谏阻。亮大怒曰："汝本宋旧臣，朕高爵厚禄，恩逾朝士，不
知纪极，而敢反朕！"遂命斩于江岸。员兴宗记采石始末称，十一月
金主鞭梁大使一百，又称众杀金主，并杀梁大使。注，名球，引亮
来采石者。按，大使即汉臣，球时官户部尚书，另一人，均与史异。
通鉴辑览云，时内侍被杀者尚有大庆善。薛应旂通鉴作大庆山。

金史纪事本末卷二十九

完颜元宜之变

海陵天德元年（己巳——一四九）冬十二月，以完颜元宜为兵部尚书。元宜本名阿里，原作阿列一名伊德讷，亦作伊特年，原作移特辇。本姓耶律氏。父慎思，〔考异〕汪辉祖金史同名录云，卷八十四白彦敬传海陵时开府、卷八世宗纪大定二十二年徙单贞子，三人同名慎思。天辅七年，宗望追辽主至天德，慎思来降，且告夏人以兵迎辽主，将渡河去。宗望移书夏人，谕以祸福，夏人乃止。赐慎思完颜氏，官至仪同三司。元宜便骑射、善击毬。皇统元年，充护卫，累迁额勒本群牧使，入为武库署令，转符宝郎。至是，海陵篡立，擢兵部尚书，复姓耶律氏。

正隆六年（辛巳——六一）秋九月庚寅，南侵宋，以元宜为神武军都总管。先是，元宜由尚书出为节度使，历顺义、即朔州，领县三。昭义即古潞州二军，再入为兵部尚书、劝农使，从军以本官领都总管。诏以大名路骑兵万余益之。前锋渡淮，拔昭关，方舆纪要云，在和州含山县北十里小岘山西，崎岖险仄，为庐、濠之厄要。遇宋兵万余于柘皋，力战却之。至和州，宋兵十万来拒，元宜麾军力战，抵暮而罢。宋人乘夜袭营，元宜击走之。黎明追及宋军，斩首数万，以功迁银青光禄大夫。海陵增置浙西都统制，使元宜领之，督诸军渡江，佩金牌，赐衣一袭。是时，世宗已即位于辽阳，军中多怀去就。海陵军令惨急，亟欲济江，众思亡归，决计于元宜。明安唐古乌页〔考异〕宋史作唐括乌野，通鉴辑览作乌延。曰："前阻淮渡，皆成擒矣！比闻辽阳新天子即位，不如共行大事，然后举军北还。"元宜曰："待王祥至，谋之。"王祥者，元宜子，为骁骑副都指挥使，在别军，元宜使人密召之。既至，遂约诘旦卫军番代即行事。元宜先绐其众曰："有令，尔辈皆去马，明日渡江。"众皆惧，乃以举事告之，皆许诺。

冬十月乙未黎明，元宜、王祥与武胜军都总管图克坦守素、明安唐古乌页、穆昆鄂勒博、原作斡卢保〔考异〕卷五海陵纪，正隆六年护卫十人长，被杀。按，亦作斡卢补。斡鲁保，另一人。**罗索**、原作娄薛**温都长寿**〔考异〕汪辉祖金史同名录云，卷四十七食货志太师耨盌温敦思忠孙。纳合椿年传作思忠子，名长寿，当是一人。而卷九十二克宁传，大定四年猛安、卷一百一仆散端传贞祐二年河南统军使、卷九十高德基传大定时东京推官、卷一百三宣宗时通远节度，姓包氏、卷一百十七徒单益都传正大九年战没，六人同名长寿。等率众犯御营。**海陵**闻乱，疑宋兵奄至，揽衣遽起，箭入帐中，取视之，愕然曰："乃我兵也。"**大庆善**原作大庆山曰："事急矣，当出避之。"**海陵**曰："将安往？"方取弓，已中箭仆地。**延安少尹纳哈塔鄂勒博**旧作纳合斡鲁补，通鉴辑览作斡喇布。先刃之，手足犹动，遂缢杀之。〔考异〕系年要录云，亮妹夫唐古安礼知兵，亮闻新主立，使以本部归，故诸将益无所惮。大金国志云，诸将谋举事，总管**万载**曰："杀郎主，欲与宋和则生矣！"时细茸军卫之甚严，说遣往**秦州**，去者过半。威胜统军**耶律劝农**兵多逃，惧诛，与子宿直将军**母里**谋，亦欲杀之。**赵甡之遗史**细茸军作紫茸军，又号细军，**秦州**作**泰州**。云，乱矢齐发，毙于帐中。**熊克小纪**万载作万戴，**母里**作穆尔。**晁公迈败盟记**云，作乱者戴总管、李总管。变作，亮妹夫先划刃于其腹，己亦被杀。**炀王江上录**云，总管**大怀忠**、萧鷝巴、乐家奴谋乱。是夜，乐家奴先盗郎主剑，以烛引主出帐，诸人万箭齐施，射杀之。**大怀忠**引军北遁。系年要录作耶律阿烈与其子**母里哥**谋，又鷝巴作札巴，乐家奴作药家奴。纪载各异。今从元宜传。续通考云，时**海陵**问司天马贵中曰："近日天道何如？"对曰："前年八月，太白入太微右掖门，九月，至端门左掖门，并历左右执法。太微为天子南宫，太白兵将之象，其占兵入天子之庭。"海陵曰："今将征伐，而兵将出入太微，正其事也。"贵中又言："当有出使者，或为兵，或为贼。"海陵曰："兵兴之际，小贼不能为也。"是岁，南侵，被弑。先是，又尝问马贵中曰："朕将伐宋，天道如何？"对曰："去年十月甲戌，荧惑入太微，至屏星留退西出。占书，荧惑常以十月入太微庭受制，出伺无道之国。"又，"去年十一月太白昼见经天，占为兵丧，为不臣，为更主。又主有兵，兵罢，兴兵，兵起。"又，"正隆六年临潢府闻空中有军马声，仰见风云，杳霭神鬼，甲兵蔽天，自北而南，仍有语经行者。"未几，海陵南征遇害。郭彖暌车志云，逆亮末年，自制尖靴，头极长锐，曰："便于取鐙。"而足指所不及，谓之不到头。又为短鞭，仅存其半，谓之"没下鞘"。其后渝盟，果为其下戕死江上。骁骑指挥使大磐整兵来救，王祥出语之曰："无及矣。"大磐乃止。军士攘取行营服用皆尽。乃取大磐衣（布）〔巾〕（据金史卷一三二完颜元宜传改），裹其尸焚之。遂收李通、郭安国、图克坦永年、梁琉、大庆善，皆杀之。〔考异〕续纲目云，收其妃嫔及李通等皆杀之。熊克小纪云，杀其太傅及三妃，与谋事者十余人。晁公恝败盟记云，杀妃五人及太傅一人，左右数十人。苗耀神麓记尚有王光道、马钦。又，梁琉作梁恪。纪载各异，今从元宜传。元宜行左领军副大都督事，使使者杀太子光英于南京。〔考异〕大金国志作光瑛，杀之者为额里页，时官太子少师兼河南统军使，历右都监，宋陷陈、蔡，为所败，终京兆尹。按，光英颇警悟，读孝经，至"三千之罪莫大于不孝"，意指海陵弑母之事。死时年十二，本名阿里布。见本传。汪辉祖金史同名录云，额里页原作讹里也。卷八世宗大定二十二年寿州刺史处死、卷八十九魏子平传大定时<u>沧州</u>同知、<u>卷九十移剌道传</u><u>大定</u>初应奉翰林文字、<u>卷一百二十一</u><u>大定</u>初尚厩局直长，死节、<u>卷七十四</u><u>文传</u><u>大定</u>十二年修撰、<u>卷一百二十乌古论元忠传</u>本名，官<u>彰德</u>知府，七人同名讹里也。**诸军北还**。〔考异〕<u>续纲目</u>云，<u>元宜</u>退军三十里，遣人持檄诣<u>镇江</u>军议和，遂北归。<u>大金国志</u>，时移牒略曰："<u>正隆</u>失德，无名兴师，两国生灵，横被涂炭。已从废殒，见议班师。各务散兵，以图旧好。"<u>系年要录</u>云，亮死，众乱。用<u>梁球</u>言，草檄讲好，遣降人<u>张真</u>持之南渡。檄略云："<u>太祖</u>创业开基，奄有天下，迄今四十余年，讲信修睦，兵革寝息，百姓安业。不意<u>正隆</u>失德，师出无名，使两国生灵，枉被涂炭。奉新天子明诏，已行废（陨）〔殒〕（据<u>系年要录</u>卷一九五改），大臣将帅，方议班师赴阙。各宜戢兵，以敦旧好。须至牒者，右领军都监开国公<u>布彻</u>等。"<u>元宜传</u>未载。

　　<u>世宗大定</u>二年（壬午——六二）春，<u>元宜</u>入见，拜御史大夫，诏以<u>高桢</u>勉之。未几，进平章政事，封<u>冀国公</u>，赐玉带、甲第一区，复国姓。往<u>泰州</u>规措<u>契丹</u>事。<u>元宜</u>使忠勇校尉<u>李荣</u>招<u>斡罕</u>，被害，诏追赠荣官四阶。未几，<u>契丹</u>平，<u>元宜</u>还朝，奏请益诸群牧铠甲，从之。复请益<u>临潢</u>戍军士马，诏给马六百匹。久之，罢为<u>东京</u>留守，乞还所赐甲第，许之。赐以袭衣、吐鹘、厩马、"海东青"鹘。寻致仕，卒。遣使致祭，赙赠甚厚。

　　子<u>萨尼雅布</u>，官符宝祗候，<u>世宗</u>令还本姓。<u>大定</u>十一年，尚书省奏拟<u>纳哈塔鄂勒博</u>除授，帝曰："昔废<u>海陵</u>，此人首入杀之，人臣之罪，莫大于是，

岂可复加官赏？其世袭穆昆，姑听仍旧。"十八年，济噜海原作扎里海上言："凡为人臣，能捍灾御侮者，宜录用之。今弑海陵者，以为有功，赏以（官）〔高〕（据金史卷一三二完颜元宜传改）爵，非所以劝事君也。宜削夺，以为人臣之戒。臣在当时亦与其党，如正名定罪，请自臣始。"帝曰："济噜海自请其罪以劝事君，此亦人之所难。"使充赵王府祗候郎君。

金史纪事本末卷三十

世宗致治

世宗大定元年（辛巳——六一）冬十月丙午，庆云见，帝即位于东京。〔考异〕续通考云，正隆六年六月丙午，庆云见，世宗即位于辽阳。又，天德二年十二月乙卯，庆云见，状如鸾凤五彩。后大定间，庆云环日者三：八年七月己卯、八月辛亥、二十三年十月己未。又，在辽阳时，方寝，有红光照室，及黄龙见于寝上，复有云气自西来，黄龙见其中，是年即位。十四年八月，次纠里，亦日中白龙见于御帐东，俄乘云上升，尾犹曳地，北去。讳雍，本名乌禄。原作乌噜。〔考异〕满洲语"是"也。大金国志名褒，张棣正隆事迹名褱，字彦举，小字忽辣马，一作呼喇美。所载各异。太祖孙，圝王宗辅原作窝里嗢子也。〔考异〕汪辉祖金史同名录云，宗辅二子，长世宗，次齐王吾里补，与显宗子瀛国公琦同名。琦又作吾里不，卷八十一芮国公传字特本部节度，姓夹谷氏；卷八十二通远节度，姓乌延氏；卷一百二十徒单恭传其子，谏议大夫，五人同名吾里补。母贞懿皇后李氏。〔考异〕大金国志作秃丹氏。天辅七年癸卯岁生于上京。体貌奇伟。美须髯，长过腹，胸间有七子如北斗形〔考异〕大金国志云，生云中，夜有光明，体重异常儿。李心传朝野杂记云，舍人赵温叔使北还，入见，上问"朕何如葛王？"对曰："臣观葛王，望之不似人君，规模气象，不及陛下万一，中原不难复也。臣敢再拜贺。"上大悦。性仁孝，沈静明达。善骑射，推第一。〔考异〕大金国志云，尝侍熙宗，见桎梏重囚，请赦之，降其罪。扈从侵宋，常在兵间，为士卒推服。纪未载。皇统间封葛王，为兵部尚书。贞元三年，改东京留守，徙王赵。正隆例降曹国公。六年，居母丧，值契丹反，起东京留守。瓜里来犯，击却之。海陵使副留守高存福伺起居，将与推官李彦隆托为击毬，谋不利。别遣摩啰欢原作谋良虎图淮北诸王。会故吏鲁尔锦原作六斤。〔考异〕通鉴辑览作埒尔锦。自南来，具言其事，李石因劝早图之。遂召官属会议，于座上执存福及彦隆。〔考异〕宏简录云，石与彦隆托为击毬，即于座上执存福。与纪异。时完颜福寿、本传，哈斯罕人。正隆末，从南侵，由山东道至泰安。既授甲，乃诱将校北还，共立世宗。进右监军，命讨斡罕，败之。召还，授兴平节度，卒。〔考异〕汪辉祖金史同名录云，卷一百三桓端传贞祐三年都统，姓温迪罕氏；卷一百六高琪传泰和六年将，姓夹谷氏；卷一百二十二唐邑主簿，姓孛术鲁氏；卷一百三十二执中传至宁元年符宝郎，姓徒单氏，五人同名福寿。**高忠建、卢万家努、完颜默音等各率兵来附，共杀存福等，遂即位。**〔考异〕苗耀神麓记作十月八日事。赦文略曰："朕惟前君，乃太祖长孙，受文烈遗命，嗣膺神器，十有五年，内抚外宁，近安远至，虽晚年刑戮过甚，而罪不及民。亮位叨宰相，不思尽忠以救，敢行篡弑，自僭窃以来，昏虐滋甚，是用列其无道，昭示多方。朕方留守东京，遵养时晦，众来赴愬，同辞敦请，朕推诚固让，至于再三，俯循群情，勉登大宝，临御之始，如履春冰，宜推肆眚之恩，以布维新之令"云云。内数十罪，词多，不具载。

十一月己卯，**阿苏、**原作阿锁**璋**本名呼密，原作胡麻愈，世祖子鲁王乌哲孙，实图美子。**杀中都留守萨勒札，**原作莎离只**使厚嘉努**（按"厚"当作"实"，因原文"石"讹作"后"，改译致误。）原作（后）〔石〕家奴（据金史卷六五完颜璋传、卷六九阿琐传改）。**等来贺。**〔考异〕（梁）〔荣〕王爽传，（据金史卷六九爽传改）海陵渡淮，分遣使者翦灭宗室。爽时为安武节度，忧惧不知所出。会世宗立，宗室璋推爽弟阿苏行中都留守，遣报爽。爽弃妻子偕弟克实东迎车驾，至鱼梁务，入见，世宗大悦，除都指挥，封温王，判大宗正，进荣王，陪葬山陵。阿苏历兴平节度、济南尹。厚嘉努作实嘉努。固云传，是年十一月，固云以军至中都，同知留守璋请至府议事。固云疑璋有谋，阳许诺，排节仗若将往者，遂〔率〕（据金史卷七二毂英传补）骑从出施仁门，驻兵通州，见世宗于三河。按，固云，唐古特语"才能"也。旧作毂英，今译改，即古云。**以如中都期，诏群臣。谕中都转运使左渊曰："凡宫殿张设，毋得增置，无役一夫，以扰百姓，但谨围禁、严出入而已。"**〔考异〕系年要录云，金遣通事萧恭持敕诏抚定州、县。及中都，权留守拒不纳，恭立诛之，大兴尹李天吉惧而听命。自黄河以北皆下。与纪异。

十二月丁巳，幸中都。诏军士扈从者复三年。同知河间尹高昌福上书陈便宜，览之再三。诏内外职官言事。昌福，宛平人，天会十年进士，历工部尚书，改彰德节度，徙河中尹，卒。〔考异〕方舆纪要云，大定初，世宗自辽阳赴燕京，次海滨县，寻至榛子镇。镇在滦州西九十里。史未载。地理志云，是年十月，命都门外夹道重行植柳，各百里。续通考云，是年用吏部尚书张中彦言，命陕西路参用宋旧铁钱。四年，寝不行。诏陕西行户部详究其事，言公私不便，遂罢之。时将东巡，费用百出，自辽以东，钱货甚少，计司患不给，欲辇运以资调度。张亨谓上京距都四千余里，挽钱而行，率三致一，极劳民力，不若行会法便，使行旅便于囊橐，国家无转输之劳，而用自足。从之。纪均未载。

二年（壬午——六二）春正月戊辰朔，日食。帝彻乐、减膳不视朝。〔考异〕王寂拙轩集有万春节口号诗云：“翠微黄伞望天颜，警跸西清缀两班。瑞日曈曈明彩仗，香云霭霭拥蓬山。已闻贺使朝金阙，伫看降王款玉关。君寿国安从此始，老人星见丙丁间。”按，万春节，世宗生日。此诗似作于大定初也。庚午，帝谓宰相曰：“进贤退不肖，宰（臣）〔相〕（据金史卷六世宗纪改）职也。有才能高于己者，或惧其分权，不肯引置同列，朕甚不取。卿等无以此为心。”〔考异〕续通考云，大定二年，诏随朝六品、外官五品以上，各举廉能官一员。三年，定制，若察得所举相同者，即拟旌除，其声迹秽滥，所举官降罚。十九年，时朝廷既取民所誉者升迁之，后民赴都

举请者多，诏罢之。<u>章宗</u>立，以选举十事谕尚书省。**都统<u>色克</u>、**
<u>原作斜哥</u>**副统<u>布呼</u>**<u>原作布辉</u>，<u>哈斯罕</u>人。祖<u>和卓</u>，<u>静江</u>节度，父
<u>额里页</u>，<u>真定</u>安抚。<u>布辉</u>尝从追<u>宋</u>帝于<u>明州</u>。<u>睿宗</u>召至麾下，以昭
勇大将军从<u>海陵</u>侵<u>宋</u>，半道亡归<u>辽</u>，拜<u>哈斯罕</u>节度，终<u>顺天</u>节度。
有传。〔考异〕卷八十<u>尼庞古钞兀</u>传字<u>董布辉</u>，另一人。**坐擅<u>易中</u>**
<u>都</u>官吏，除名。壬申，敕御史台检察六部文移，稽
而不行，行而失当者，皆举劾之。乙亥，如<u>大房</u>
<u>山</u>。献享山陵，礼毕，欲猎，因左丞相<u>晏</u>（按，据<u>金</u>
<u>史</u>卷六<u>世宗</u>纪，"献享山陵"乃丙子事）<u>本传</u>，名<u>鄂伦</u>，一作<u>斡论</u>，
<u>景祖</u>孙，<u>阿里罕</u>次子。明敏多谋略，历都元帅、<u>广平</u>郡王，加太尉，
卒官。<u>汪辉祖金史同名录</u>云，卷十六<u>宣宗兴定</u>五年<u>唐邓</u>元帅；卷八
十二<u>石垒</u>部族节度，姓<u>乌孙氏</u>；卷九十三<u>章宗</u>子<u>寿王洪辉</u>；卷一百
八<u>侯挚</u>传<u>贞祐</u>三年同签枢，姓<u>阿勒根氏</u>；卷一百十三<u>白撒</u>传<u>天兴</u>二
年都尉，姓<u>纥石烈氏</u>；卷一百二十<u>乌古论元忠</u>传其父；卷一百三十
二<u>李老僧</u>传<u>海陵</u>时小底，八人同名<u>讹论</u>。又，<u>斡论</u>，卷二<u>太祖</u>〔纪〕
（据<u>三史同名录</u>卷九补）<u>中京</u>都统；卷六十三<u>海陵</u>母<u>徒单氏</u>传翰林待
制；卷六十六<u>合住</u>传<u>世宗</u>时昭毅大将军，叛诛；卷七十六<u>永元</u>传<u>世</u>
<u>宗</u>时<u>滨州</u>防御；卷八十五<u>永德</u>传其子（炎）〔琰〕（据<u>金史</u>卷八五<u>永</u>
<u>德</u>传改）；卷八十六<u>大定</u>尹，七人同名<u>斡论</u>。**等谏，还宫。因**
曰："朕尝慕古帝王，虚心纳谏。卿等有言即言，
毋缄默自便。"〔考异〕<u>黄久约</u>传，字<u>弥大</u>，<u>东平</u>人，第进士。尝
侍朝，故事，宰相奏事，近臣避。<u>久约</u>欲趋出，<u>世宗</u>止之。自是，
谏臣不避以为常。时以太常卿兼谏职，历<u>横海</u>节度。隽朗敢言，为
文典赡，有外祖风。<u>久约</u>母<u>刘氏</u>，右丞<u>长言</u>妹。<u>长言</u>无传。<u>元好问</u>
<u>中州集</u>，字<u>宣叔</u>，父<u>迹</u>，官<u>仪征</u>令。工诗文，有<u>南荣集</u>传<u>东州</u>。<u>史</u>

云外祖，盖指迹也。辛巳，兵部尚书克实原作可喜，太祖孙，父名宗强，本作阿噜，卫王，兄名爽。等谋反，伏诛。乌哲传，时中都留守璋与克实谋，结将军鄂伦、延安尹李惟忠、副统布呼等。因帝谒山陵作乱。会于克实家，说万户高松，不允，乃与克实执鄂伦等上变。克实诛，拜璋彰化节度使，布呼澶州防御使，松崇义节度使。璋后侵陕有功，擢左都监，终临洮尹。帝念克实太祖孙只数人，诏勿缘坐。李惟忠即老僧。松本名抟多，析木人。又，和卓传，时鄂伦与布呼亲旧与谋议，既知事不成，乃上变。所载较详。是日，诏前工部尚书苏保衡、太子少保高思廉等振赐山东百姓粟帛，无妻者具姓名以闻。〔考异〕续通考云，是年，有司以用度不足，奏预借河北东、西路、中都租税，诏不允。时崞州游完，因饥，日赈三百余口，冬给穷民衣服五百套，春秋募人平治道路二百五十里，北至太和岭，南至忻口。老犹以仁爱励子孙。平阴王去非督妻孥耕织给伏腊，教授束脩分惠人弟子。班忱贫，女及笄，代办资妆嫁之。壬辰，帝谓宰执曰：“朕即位未半年，可行事甚多，近日全无敷奏。朕深居九重，赖卿等赞襄，各思所长以闻，朕岂有倦？”又曰：“卿等当参民间利害及时事可否，以时敷奏，不可自便优游。”（按，据金史卷六世宗纪，“又曰”乃甲午事）命河北、山东、陕西等路征南步军并放还家。咸平、济州人三万屯京师。

二月庚子，诏前户部尚书梁（球）〔铢〕（据金史卷六世宗纪改）等安抚山东百姓。招谕盗贼，或避贼及徭役他徙者，并令归业，诸罪并与原免。定军煮

私盐及盗官盐法，命猛安、谋克巡捕。〔按，据<u>金史</u>卷
四九食货志，此事在<u>大定三年</u>二月。）〔考异〕<u>续通考</u>云，<u>金</u>滨海多产
盐，<u>上京</u>、<u>东北二路</u>食<u>肇州</u>盐，<u>速频路</u>食海盐，<u>临潢</u>北有<u>大盐泺</u>，
<u>乌古里石垒部</u>有盐池。及得中土，盐场倍之，故设法立官加详焉。
<u>大定</u>初，<u>梁肃</u>为转运，移牒<u>肇州</u>、<u>北京</u>、<u>广宁</u>盐场，许民以米易盐，
公私皆利。后<u>曹望之</u>请于<u>大盐泺</u>设官榷盐，听民以米贸易，凡贮米
二十余万石，岁凶，民赖以济。寻增置七盐司，后以扰民，罢<u>辽东</u>、
<u>北京</u>盐使司，别设巡捕官，禁不得于人家搜索，食盐一斗不得究治，
惟盗贩私煮则捕之。所载较详。

闰月甲戌，帝谓宰臣曰："比闻外议言，奏事
甚难。朕于可行者未尝不从。自今敷奏勿有所隐，
朕固乐闻之。"又曰："臣民上书者，多敕尚书省详
阅，而不即具奏，天下将谓朕徒受其言而不行也。
其亟条具以闻。"（按，据<u>金史</u>卷六<u>世宗</u>纪"又曰"条乃戊子
事）〔考异〕<u>续通考</u>云，诸士庶陈言有可采行者，依等第给赏，上等
银绢各三十两匹，中等二十两匹，下等十两匹。数事从一支，若大
事应补官者，从吏部格。

三月乙巳，免<u>南京</u>正隆丁夫贷役钱。以廉平戒
谕官吏。诏<u>河南</u>、<u>陕西</u>、<u>山东</u>良民被诬为贼者，釐
正之（按，据<u>金史</u>卷六<u>世宗</u>纪，"诏<u>河南</u>"为癸亥事）。

夏四月乙亥，诏减御膳及宫中食物之半。〔考异〕
<u>赵兴祥</u>传，时官左宣徽使，上谓曰："俸禄出于百姓，不可妄费。今
尚食庖人猥多，徒縻廪禄，可约略损减。"近臣献琵琶，上却之，谓
<u>兴祥</u>曰："朕忧劳天下，未尝以声妓为心。自今以后，勿复有献，宜

悉谕朕意。"有司奏南北边未息，恐财用未给，乞罢修神龙殿凉位工役，诏兴祥传旨罢之。兴祥，卢龙人，思温裔。纪未载。

五月壬寅，立楚王允迪为皇太子。〔考异〕宏简录云，本讳胡土瓦，赐名允迪。卒，谥宣孝。章宗立，追谥显宗光孝皇帝，葬裕陵。

秋七月丁（西）〔巳〕（据金史卷六世宗纪改），牵宾军士珠勒呼等诬完颜默音子色克寄书其父谋反，帝览书，辨其诬，诛告者。〔考异〕大怀贞传，字子正，辽阳人。大定二年，官洺州防御使，改沂州，迁彰国、安武军节度。县尉获盗，得一旗，上图（元）〔亢〕（据金史卷九二大怀贞传改）宿。诘之，有谋叛状，株连凡万人。怀贞诛其首乱者十八人，余皆释之，终彰德节度。纪未载。

八月癸酉，帝谓宰相曰："唐虞之圣，犹务兼览，乃能治。正隆专任独见，故取败亡。朕早夜孜孜，冀闻谠论，卿等宜体朕意。"诏"百官官吏，凡上书言事或为有司所抑，许进表以闻，朕将亲览，以观人材优劣。"谓御史台曰："卿等所劾，惟诸局文移稽缓，及缓于赴局者，此细事也。自三公以下，百僚善恶邪正，当审察之。否则治罪。"（按，据金史卷六世宗纪，"谓御史台"为丁亥事）辛卯，罢诸关征税。〔考异〕续通考云，二年，制院务创亏及功酬格。八月，罢诸关征税，只令讥察。二十年，定商税法，金银百分取一，诸物百分取三。明昌初，敕尚书省定院务课商税额，诸路使司院务千六百一十六处，比旧减九十四万一千余贯。五年，增置院务千二十三处。初，大定间中都税使司岁获十六万四千四百四十余贯。承安元年，岁获二十一万四千五百七十九贯。所载较详。

　　冬十〔一〕（据金史卷六世宗纪补）月丁酉，第职官为三等黜陟之。

　　十二月乙酉，遣刑部侍郎刘仲渊等廉察宣谕东京、北京等路。〔考异〕史志云，是年闰月，神龙殿十六位火，延及泰和、厚德殿，或谓系官人称心等放火。见列传。按，伊德传作闰二月癸巳，世宗纪作闰二月辛卯，各异。续通考云，是年十月戊辰，有大星如太白，起室壁间，没于羽林军，尾迹长丈余。汪辉祖金史同名录云，是年，泽州刺史特末哥伏诛。卷八世宗纪大定二十四年遥里特末哥官侍御史，另一人。

　　三年（癸未——一六三）春二月甲子，诏太子少（保）〔詹事〕（据金史卷六世宗纪、卷一〇五杨伯雄传改）杨伯雄等廉问山西路。招谕陕西。（按，据金史卷六世宗纪，"招谕陕西"为壬申事）诏，"滦州饥民移于山西赡济，仍于道路计日给食。"（按，据金史卷六世宗纪，此事在二月庚午；紧接杨伯雄廉问山西路下。此系于招谕陕西之下，误。）

　　三月丙申，遣官往捕中都以南八路蝗。命户部侍郎魏子平（据金史卷六世宗纪，"命魏子平"事在壬寅）本传，字仲均，宏州人。历户部尚书，出为南京留守，卒官平阳尹。等分诣诸路劝农，及廉问官吏。诏免去年诸路租税。

　　夏四月，诏吏犯赃罪，虽会赦，不叙。〔考异〕续通考云，金制，取吏员者，有律科，亦曰进士。其法以律令内出题，

每五人取一。大定中，定试令史格，取无定数。章宗立，命吏并通
治论孟。按，皇统八年，曾定右职、省令史、译史格。宣宗时，马
庆祥以尚书省译史官、凤翔判官死节。乌古论奴申以译史官、行省
郎中死节。蒲察琦以刑部椽官都统死节。乙酉，振山西路贫
民，给六十日粮。

六月己卯，观稼于近郊。诏"正隆末，济州逃
军为中都〔官军〕（据金史卷六世宗纪补）邀杀者，官为
收葬。"复诏"中都、平州及饥荒地并经契丹剽掠，
有质卖妻子者，官为收赎。"（按，据金史卷六世宗纪，"复
诏"条在十一月。此系于六月，误。）寻令流民未复业者，
增限招诱。〔考异〕续通考云，诸因灾伤及盗劫去处，良民被卖为
奴者，赎为良，分例照原赁钱，给男妇一十五贯，年幼减半。又，
是月，纪载以刑部尚书苏保衡参知政事，而保衡传谓由礼部拜。
小异。

秋八月庚午，诏曰，祖宗时有劳效未曾迁赏
者，尚书省酌量升除。谕求仕官辄入权要门，追一
官，仍降除。以请求有所馈献及受之者，具状奏
裁。（按，据金史卷六世宗纪，"谕求仕官"一条，为十一月戊申
事。此系于八月，误。）戊寅，诏罢契丹明安、穆昆户，
分隶女直。〔考异〕续通考云，金制，户有数等，有物力者为课役
户，无者为不课役户。女直为本户，汉人及契丹为杂户。猛安之奴
婢免为良者，止隶本部为正户，没入官良人，隶宫籍监者为监户，
没入官奴婢，隶太府监者为官户、奴婢户。辽人佞佛，以良民赐诸
寺，分其税一半输官，半输寺，为二税户。户以五家为保，户主推

其长充。凡户口计帐，三年一籍，凡汉人、渤海人，不得充猛安、谋克户。后变为通检，又为推排。凡户隶州县与隶猛安、谋克者，其输纳高下又不同。其因户之园宅、牲畜、树艺及藏镪多寡而征者，谓之物力，贵贱均征，无能免者。至大定初，诏免二税户，凡六百余人。又明昌时，北京等路奏免二税户凡一千七百余户，万三千九百余口。由是二税户多为良矣。旧额，推排物力钱三百二万二千七百十八贯九百二十二文，至承安三年，计十三路，共钱二百五十八万六千七百二贯四百九十文，盖以贫乏，除免六十三万八千一百十一贯也。

九月丙午，诏翰林待制刘仲诲等廉问车驾所经州县。

十一月癸丑，罢贡金线缎匹。

四年（甲申——一一六四）春正月戊子，罢路府州元日及万春节贡献。〔考异〕大金国志云，正月，诏造总计录，知有余不足之数，革去吏奸。纪未载。

二月，免安州地理志云，宋为顺安军，治高阳，金隶河北东路，徙治葛县。今年赋役。世宗纪载，壬寅，至安州大猎，诏扈从人舍民家者，人日支钱一百与其主。免北京今年课甲。以粟价踊贵，故复免北京岁课缎匹一年。（按，据金史卷六世宗纪，“免缎匹”为三月事）

夏五月，旱。癸卯，敕有司审冤狱，禁宫中音乐，放毬场役夫。祷雨于北郊，未几雨。

秋八月壬申，帝谓宰臣曰：“卿每奏皆常事，凡治国安民及朝（廷）〔政〕（据金史卷六世宗纪改）不便于民者，未尝及也。如此，则宰相之任，谁不能之。"〔九月〕（同上补）又曰："形势之家，亲识诉讼，请属道达，官吏屈法徇情，宜一切禁止。"〔考异〕时征南节度赵隇子孙、司徒张通古子孙皆不肖，淫荡破赀产，卖田宅，诏曰："自今官民祖先亡没，子孙不得分割居第，止以嫡幼主之母致鬻卖，仍著为令。纪未载。

是岁大有年，断死罪十有七人。〔考异〕忠义传，时徐州江志叛，曹珪子弼在贼中，珪谋诛志并其子，弼杀之，诏再进一阶。续通考云，是年十月，命泰宁节度张（宏）〔弘〕信（同上改，下同）等二十四人，分检诸路物力。嗣（宏）〔弘〕信在山东专以多得物力为功，督责苛急，棣州防御宗室永元面责其非。惟梁肃通检东平、大名平允，诏他路以为准。后十五年，复命肃等二十六人，二十二年，命完颜乌里也等，二十六年，命李晏等均分路推排。所载甚详。

五年（乙酉——六五）春正月辛未，命有司，旱蝗水溢之处，免租税。〔考异〕大金国志云，赐高年孝弟力田人粟帛，赦河南被兵诸州。纪未载。

二月壬寅，罢纳粟补官令。〔考异〕续通考云，皇统三年三月，陕西旱，饥，始诏富民入粟补官。大定初，以兵兴岁歉，令民进纳补官。又募能济饥民者，视其人数多寡为补官格。十月，省臣奏，正隆中进钱粟者，亦授官，从之。五年二月，以边鄙宁息，罢。明昌二年，敕山东、河南、北阙食之地纳粟补官有差。承安二年，复令入粟补官。贞祐二年从胥鼎言，令丁忧人许应举求仕，监户许从良入粟有差。三年二月，敕司县官有能劝率出粟，以多寡迁官，皆注见阙。天兴元年八月，京城人杨兴入赀，授延州刺史，刘仲温入赀，授许州刺史。

冬十一月丙午，帝谓宰臣曰："朕在位日浅，未能遍识臣下贤否，全赖卿等尽公举荐。今六品以下殊乏人材，何以副朕求贤之意。"

是岁，听人射买宝山县银冶。〔考异〕续通考云，九年，御史台以河南府和买金银冶，抑配百姓，奏罢之。十二年，诏金银坑冶听民开采，毋收税。二十七年，听民于农隙采银，承纳官课。时定襄退吏诬县民匿铜者十八村，节度张大节廉得其实，抵吏罪，民立石颂之。又部中银冶众，议官榷，大节曰："山泽之利，当与民共，贫而无业者，虽严刑，能禁其窃取乎？宜明谕民，授地输课。"从之。明昌二年，计见在金千二百余锭，银五十五万二千余锭。三年，御史李炳言，有司奏在官铜数可支十年，请勿令夫匠逾天山北界采铜，恐生边衅，从之。用提刑言，封诸处银冶，禁民采炼。五年，台臣奏复召募射买。泰和时，李复亨言汝州、鲁山、保丰、邓州南皆产铁，募工置冶，可获利，从之。贞祐中，宗室从坦奏平陆产银铁，若以盐易米，募工炼冶，可以资财，从之。所载甚详。

六年（丙戌——一六六）春正月庚午，敕宫中张设，毋以涂金为饰。

夏四月甲戌朔，诏月朔禁屠宰。寻诏每月朔望及上七日，无奏刑名。（按，据金史卷六世宗纪，朔望"无奏刑名"事在是年十二月甲戌。）

五月戊申，幸华严寺，观故辽诸帝铜像，诏主僧谨视之。〔考异〕析津志云，大圣安寺在旧城，皇统中赐名大延圣寺。大定三年，新堂成，改额大圣安，殆金、元以来名刹也。释智朴盘山志云，普济寺，一名甘泉寺。昔为毒龙湫，徙山后之蒋福山，号"三潭"。金释圆照有甘泉寺通和尚塔序，略曰："师讳行通，俗姓张氏，云中人，天会间闻辨公倡法燕都，参示仰山。大定四年，退居三河白塔，次年拟上盘山，道经甘泉，众请师住，未几，怡然而化。"塔在寺正北高阜。日下旧闻考云，蓟州西有盘山，旧名四正山，亦曰盘龙山，一名田盘山，魏田畴隐此，故名。姬翼云山集谓古有田盘先生，自齐来此，因名。二说未知孰是？山有感化寺，有辽乾通七年碑，渔阳南忭撰文，沙门肃回书碑，称魏太和十九年无终县民田氏营建，唐太和、咸通间，道宗、常实二师继踵住持，幽州主帅清河张公奏请于朝，因得赐额。寺有金圆新和尚窣堵坡记，大定中，沙门法诠撰。按，感化寺，旧名宝积寺，明成化中，易额广济。又，金上方感化寺，故监寺澄方遗行碑铭，大安七年释志隆立石，惟辽无乾通年号，疑误。又，瑞云庵，始建岁月无考，金大安中重修，西有朝阳洞、归云洞。白岩寺，唐贞观中建，辽天显十一年复建，金大定中重修。均见盘山志。又，香水寺，唐建，有头陀大师灵塔实行碑，金正隆六年，中都宝塔寺沙门知心撰，善进书。文曰："师讳行及，海东新罗常兴人。览兹香水，偶然挂锡，创石头庵，山精自窜，拓灵源脉，岩虎他之。于广明元年仲夏，无疾而终，门人惠超等塑以真像，塔而藏之。其后塔庵尽阤，恒净等视之不忍，重修巨塔表焉。"寺在盘山西南二十余里，金国文具录，秘书省，今在燕宏法寺。析津志云，宏法寺在旧城，大定十八年潞州崔进女法珍印经一藏进于朝，命圣安寺设坛，为法珍受戒为比邱尼。二十三年，赐紫衣宏教大师。明昌四年立碑石，秘书丞兼翰林修撰赵沨记，翰林侍讲学士党怀英篆额。盖此刹元时尚存，至明始废。姑录于此，以存金石之遗。**壬子，诏云中大同县及警巡院给复一**

年。〔考异〕续通考云，金制，凡叙使品官之家并免杂役，验物力所当出者只出顾钱。进纳补官，未至荫子孙，及凡有出身者出职，带官叙当身者杂班叙使，五品以下及正品承荫已带散官，未及职者，子孙与其同居兄弟，下逮终场举人、系籍学士、医学生皆免一身之役。三代同居，已旌门则免差发，三年后免杂役。此金代复除之法也。**壬戌，谕将幸银山，诸扈从军士赐钱五万贯，有损苗稼者并偿之。**

冬十月甲申，诏免雄、莫等州今年租。〔考异〕大金国志云，七月，嗢热国内附，以其地为资、霖等州。十月，免诸杂色（隶役）〔役隶〕（据大金国志卷一六世宗纪改）为白户。十一月，诏从征阵亡者蠲其〔家〕（同上补）租税。十二月，以京畿两猛安民户，不自耕垦，及供桑枣为薪，命大兴少尹完颜让巡察。纪均未载。方舆纪要云，是年，世宗至望云，将如金莲川，不果，至十二年始至金莲川纳凉，后数至焉。在云州堡东北百里，川产黄花，望若芙蕖，因名。梁襄传，字公赞，绛州人，大定三年进士。历薛王府掾。世宗将幸金莲川，襄疏谏，上曰："襄言可取，故罢其行。然襄谓隋炀帝以巡游败国，不亦过乎？如炀帝者，盖由失道虐民，自取灭亡。虽不巡幸，国将安保？为人上者，但尽君道，虽或巡幸，庸何伤乎？"襄因以直声闻，终保大节度。学问该博，练习典故。

七年（丁亥——六七）夏五月丙午，大兴府狱空，诏赐钱三百贯以宴劳之。

六月癸酉，命地衣用龙文者，罢之。

秋七月戊申，禁服用金线，其织卖者皆抵罪。〔考异〕续通考云，闲官八品以上及士人僧尼有师号者，许服花纱、绫罗、丝紬。诏百官从人，只许服黑紫。命省臣奏事衣窄紫。又吏员有书袋之制，公服常服皆悬于束带上，违者所司纠之，以别于士民也。

九月，诏修起居注王天祺察访所经过州县官。

冬十月乙未朔，诏所幸郡邑，曾宴寝堂宇勿避。敕有司于东宫凉楼前增建殿位，孟浩谏而止。令吏部察县令贤否，黜陟之。丁巳，帝谓宰臣曰："海陵不辨人才优劣，惟徇己欲，多所升擢。朕以此为戒，只用实才，自今鹰坊各局分，不得授以临民职任。"〔考异〕续通考云，时蠡州同知移剌延寿在官污滥，帝询其出身，乃正隆时鹰坊子，始下此敕。纪未载。

八年（戊子——一六八）春正月乙丑，帝谓宰臣曰："朕治天下，方与卿等共之，事有不可，各当面陈，慎勿阿顺取容，偷安自便。"又曰："朕思得贤士，寤寐不忘。自今朝臣出外，即令体访廉能及草莱可助治者以闻。"（按，据金史卷六世宗纪，"朕思得贤"一段，为七月戊辰语）又曰："卿等举用人材，凡己所知识，必使他人举奏，朕甚不喜。如贤，何必计亲疏也。"（按，据金史卷六世宗纪，"卿等举用"一段，为九月癸酉语）又曰："海陵修起居注，不任直臣，故所书多不实。可访求得实，详录之。"孟浩曰："良史直笔，君举必书，古帝王不自观史，意正在此。"＊（按，据金史卷六世宗纪"海陵修起居注"及"孟浩曰"一段，为十月乙未语）帝谓侍臣曰："唐、虞未有华饰，汉文务为纯俭。朕兴修宫室，均损宫人岁费充之，今亦不复营建矣。如宴饮，惟太子生日及岁元，近亦止上元、中秋，未尝至醉。至佛法，尤不信。梁武为同泰寺奴，辽道宗以民户赐寺观，加三公官，其惑深矣。"谕敬嗣晖曰："凡为人臣，上欲要君之恩，下欲干民之誉，必亏忠节，卿宜戒之。"（按，据金史卷六世宗纪，"谕敬嗣晖"一段，在二月）本传，字唐臣，易州人。天眷二年第进士。海陵侵宋，留南京，与张浩同治尚书省事，卒官参知政事。谓李石曰："台宪固在分别邪正，然内外百司，岂谓无人？惟见卿等劾罪，不闻举善。今宜刺举善恶，分别以闻。"（按，据金史卷六世宗纪，"谓李石曰"一段，为九月辛巳语）

秋九月辛酉，令"自今差役，凡称御前者，皆须禀奏，仍附册。"

冬十月己丑朔，诏戒谕官吏贪墨。令图画功臣于太祖庙。〔考异〕大金国志云，七月，以水涝遣使巡抚流亡，令恤冤狱，久者罚。续通考云，是年二月甲子，北望淀雨雹，广十里，长六十里。十一年六月戊申，西南招讨司苾里海水之地，雨雹三十余里，小者如鸡卵，其一最大，广三尺，长丈余，四五日始消。哀宗正大二年四月，京畿大雨雹。五年四月，郑州大雨雹，桑柘皆枯。余不胜书。

九年（己丑——一六九）春正月庚午，诏诸州和籴，无得抑配百姓。

二月庚寅，制妄言边关兵马者，徙二年。丙申，诏改葬汉二燕王于城东〔考异〕郦道元水经注云，燕王陵有伏道，西北出蓟城中。景明中造浮屠，建刹，穷泉，掘得此道。王府所禁，莫有寻者，通城西北大陵，而是二坟基址盘固，犹自高壮，竟不知何王陵。史列传，初，两燕王墓旧在中都城外，海陵广京城，围墓在东城内。前尝有盗发其墓，大定九年诏改葬于城外，俗传六国时燕王及太子丹之葬。及启圹，其东墓之枢，题其端曰燕灵王旧。"旧"，古"柩"字通用，乃西汉高祖子刘建葬也。其西墓，盖燕康王刘嘉葬也。蔡珪作两燕王墓辨，据葬制、名物、款刻甚详。庚子，以中都等路水，免税。曹、单二州水尤甚，复一年。〔考异〕大金国志云，二月，命侍郎完颜孛烈思往辽东一带询访官吏治状，按举黜陟，问民疾苦。纪未载。

三月辛巳，以大名路艰食，遣使减粜。

夏四月癸巳，遣使诸路劝农。

六月，久旱，命宫中毋用扇。未几，雨。

秋七月乙卯朔，罢东北路采珠。

冬十月辛丑，诏宗庙之祭，以鹿代牛，著为令。

十二月丙（子）〔戌〕（据金史卷六世宗纪改），诏振临潢、泰州、山东东路、河北东路诸民饥。

是岁，帝谓宰臣曰："亡辽日屠食羊三百，岂能尽用？徒伤生耳。朕每食，常念民饥，犹在己也。彼身为恶而口祈福，何益之有。朕与大臣论议，非正不（行）〔言〕（同上），卿等不以正对，非臣道也。"谓宰臣曰："诸臣初仕，竞求声誉，爵位既显，即徇默苟容，为自安计，朕甚不取，（其）〔宜〕（同上）宣谕之。"

十年（庚寅——七〇）春正月甲子，命宫中元宵毋得张灯。〔考异〕大金国志云，是月，诏以去年临洮府路兰、秦、河、会州旱，大饥，命所司存恤。纪未载。

二月甲午，安化〔军〕（据金史卷六世宗纪补）节度使图克〔坦〕子温、（据道光版殿本补）副使老君努以赃罪诛。

冬十月甲寅，猎于霸州。宋史地理志，本幽州永清县地，后置益津关。〔考异〕舆地广记云，汉属渤海郡，后汉属广阳国河间郡，晋入辽，周复之，置霸州，今为永清郡。县二：文安、大成，详卷三十九。闻固安令高昌裔不职，罢之。司候成奉先率职谨恪，除固安令。〔考异〕续通考云，大定中，卢庸为定平令，修筑旧堰，引泾水溉田，民获其利。大金国志云，时燕群臣于同乐园之瑶池，语及帝王成败，以不嗜杀为本，数年休息，民力（其）〔少〕（据大金国志卷一七世宗纪改）苏，独贪残吏恐为百姓蠹，宜时加稽察，以革其弊。孛诘烈稽首曰："陛下言及此，社稷之福也。"纪未载。按，元好问中州集载师拓同乐园诗云："晴日明华构，繁阴荡绿波。蓬邱沧海（近）〔远〕（据中州集丁集改），春色上林多。流水时虽逝，迁莺暖自歌。可怜欢乐（地）〔极〕（同上），钲鼓散云和。"刘祁归潜志作尹无忌诗。又赵秉文诗云："春归空苑不成妍，柳影毵毵水底天。过却清明游客少，晚风吹动钓鱼船。"见滏水集。帝谓侍臣曰："护卫以后皆是治民之官，其令教以（诗）〔读〕（据金史卷六世宗纪改。又，此段话纪在二月戊申）书。"谓宗叙本传，原名德寿，栋摩第四子，官参政。曰："卿昨为河南统军时，言黄河堤埽利害，甚合朕意。朕每念百姓差调，官吏互为奸弊，不早计料，临期星火率敛，所费倍蓗，为害非细。卿当革弊，择利为之。"（按，据金史卷六世宗纪，"谓宗叙"一段，在三月庚午）〔考异〕河渠志云，是年，议决卢沟以通漕运，计当役千里内民夫。上命免被灾之地，以百官从人助役。未几，以山东岁饥，罢之。十一年十二月，省臣奏复开之，自金口疏导至京城北入濠而东，至通州之北入潞水，计工可八十日。及渠成，以地高水峻，不能胜舟，上与宰臣语及之，平章元忠曰，请求识河道者按视其地，竟不能行而罢。纪未载。谓石琚曰："女直人径居达要，不知闾阎疾苦。汝等自丞簿至是，民间何事不知？凡有利害，当悉敷陈。"（按，据金史卷六世宗纪，"谓石琚"一段，在三月庚午）谕宰臣曰："朕论事有未究利害者，宜悉心论列，毋为面从，退有后言。"又曰："比体中不佳，有妨朝事。今观所奏事，皆依条格，殊无一利国之事。若一朝行一事，岁计有余，则其利博矣。朕居深宫，岂能悉知外事？卿等尤当注意。"（按，据金史卷六世宗纪，"又曰"一段在十二月丙寅）

十一年（辛卯——七一）春正月壬午，诏职官年七十以上致仕者，给半俸。命振南京屯田明安被水灾者。诏宰执以下官生日受馈献者，罢官。谓宰臣曰："往岁清暑山西，近路禾稼甚广，殆无畜牧之地，因命五里外乃得耕垦。今闻民皆去之他所，甚可矜悯，其命依旧耕种。"

夏六月己酉，诏罢同州沙苑岁贡羊。谕自今劳民之事，具以闻。〔考异〕史称会宁府岁贡秦王鱼，又贡猪二万。辽阳府土产白兔、师姑布、鼠毫、白鼠皮、人参、白附子。按，"秦王"二字，即"鳝鲸"之误。

秋八月癸卯朔，诏朝臣直言国家利便，治体遗阙，毋隐。敕举劾职官勤惰，命宰臣举五品以下官。

冬十月甲寅，帝谓宰臣曰："朕已行之事，卿等务为承顺，不复执奏。自今朕旨虽出而有未便者，即奏改之。汝尚书省亦当容受直言勿拒。"

十一月戊寅，幸东宫，谓太子曰："吾儿在储贰之位，朕当〔为汝〕（据金史卷六世宗纪补）措天下，无复有经营之事。〔汝〕（同上）但无忘祖宗纯厚之风，以勤修道德为孝，明信赏罚为治而已。如辽海滨王，以国人爱其子，嫉而杀之，此何理也！昔唐太宗属高宗继伐高丽，此等事，朕不遗汝。"又谓："'尔于李勣无恩，今出之，尔后以为仆射，必致死力。'君人者焉用伪为？朕御臣下惟以诚实耳。"〔考异〕续通考云，是岁，尚书省奏天下仓廪贮粟二千七十九万余石。上曰："朕闻国无九年之蓄，则国非其国，故括天下之田以均赋，岁取九百万石，自经费七百万石外，二百万石又为水旱所蠲免及赈贷之用，余才百万石而已，以广储蓄，备饥馑也。小民以为税重，小臣沽民誉，亦多议之，皆不虑国家缓急之备。"

十二年（壬辰——一一七二）春正月戊寅，诏有司，"凡陈言文字，皆国政利害，自今言有可行，封送秘书监，当行者，录副付所司。"谕诸王长史曰："朕选汝等劝导诸王为善，否，当力谏。不从，则具某日行某事以闻，阿意者罪。"（按，据金史卷七世宗纪，"谕诸王长史"在二月壬寅）丙申，以水旱，免中都等路去年租税。〔二月〕（据金史卷七世宗纪补），尚书省奏，廉察到清强官，令速议升除。诏"自今官长不法，其僚佐不纠正及不举发者，皆坐之。"户部尚书高德基滥支朝官俸钱四十万贯，杖八十。本传，字元履，渤海人。第进士，为令史。海陵刚愎自用，每与详辨。至是降兰州刺史。子锡。

〔三月〕（据金史卷七世宗纪补），诏尚书省，赃污官已被廉问者，即罢之。

夏五月甲戌，命振山东东路饥。戊寅，禁百官及承应人不得服纯黄油衣。禁扈从蹂践民田。令询问亡失民间物，偿其直。诏给西北路人户牛。〔考异〕续通考云，金制，有牛头税，即牛具税，猛安、谋克部女直户所输之税也。其制：每（来）〔末〕（据金史卷四七食货志改，下同）牛三头为一具，限民（日）〔口〕（同上，下同）二十五受田四顷四亩有奇，岁输粟约一石。官民占田无过四十具。天会三年，以岁稔，官无储积，无以备饥馑，诏令一（牛）〔耒〕赋粟一石。四年，诏内地诸路，每牛一具，赋粟五斗，为定制。大定时，每牛一头，令各输三斗。后又限民（日）〔口〕二十五算牛一具，随年输纳。被灾者蠲之，贷者俟来年征还。

冬十一月甲戌，诏"宗室中有不任职者，授以散官，量与廪禄。"丙子，曹国公主家奴犯事，宛平令刘彦弼杖之，以主折辱令，深责之。台臣不言者，夺俸一月。戊子，帝屏侍臣与宰臣议事，记注官亦退，帝曰："史官记人君善恶，朕之言动及与卿等所议，皆当与知，其于记录，毋或有隐。可以朕意谕之。"

十二月辛亥，禁审录官以宴饮废公务。诏金、银坑冶，听民开采，毋得收税。〔考异〕续通考云，是年三月庚寅，雨土。十六年三月戊申，雨豆于临潢之境，形锐而赤，味颇苦。二十三年三月乙酉，氛埃雨土。大金国志云，是年两河大饥，死亡枕藉，令所在开仓赈恤。冀、莫、泽、潞等州盗起，令仆（射）〔散〕忠义（据大金国志卷一七世宗纪改）等讨之，屠及无辜，而强壮逃免，竟不能制。五行志云，宛平张孝善有子曰合得，大定十二年三月旦以疾死，至暮复活，云是良乡人王建子喜儿，而喜儿前三年已死，建验以家事，能具道之。尚书省奏，此盖假尸还魂，拟付建为子。上曰："若是，则奸幸小人竞生诈伪，黩乱人伦，止付孝善。"纪均未载。

十三年（癸巳——七三）春正月癸酉，诏免南客车俊者误犯边界罪。令有司严禁州县坊里为民害者。〔闰月〕（据金史卷七世宗纪补）诏"东宫官属有行检不修及不称职者，具以名闻。"

三月乙卯，太子詹事刘仲诲请增东宫牧人及张设，不许。本传，字子（惠）〔忠〕（据金史卷七八刘仲诲传改），宰相筈子。官太子少师、御史中丞，为东宫官十五年，多进规戒，显宗特加礼敬。

夏四月己巳，特授洺州舆地广记云，春秋为赤狄国，汉置广平国，魏置广平郡，后周改洺州，唐为广平郡。今县五：永年、肥乡、平恩、鸡泽、曲周。孝子刘政太子掌饮丞。〔考异〕续通考云，政母目丧明，旦夕餂之，忽能视。后母有疾，刲股肉啖之，愈。诏旌其庐。金初有温迪罕斡鲁，西北路猛安人，年十五居父丧，庐墓。母疾，刲股疗之，愈。诏授护卫。陈颜，汲县人。父光，为奴诬告贼杀人，系狱，拷讯自诬服。颜请代父死，守白帅，并释之。天会间诏旌其门。明昌三年有司奏，文登王震孝行，赐同进士出身，注教授。又益都王枢博学善书，事亲至孝，赐同进士出身，附王泽榜。同时，棣州刘瑜母丧，质子给葬事。诏赐（束）〔粟〕（据金史卷一二七刘瑜传改，下同）帛终其身。相州温石，幼孤，奉母以天年终，穿土起坟，庐墓侧，垂老祭祀，亲涤器。武陟刘全，值金末丧乱，父源母崔为寇掠，父卒，母被鬻，乞食得金，赎母还，侍养三十余年。河东薛继元事母孝，所在化之。孟兴早丧父，事母孝谨，事兄亦如之，赐（束）〔粟〕帛。国史均有传。

五月戊戌，禁女直人毋得译为汉姓。〔考异〕国语解所载完颜曰王，女奚烈曰郎之类，皆大定、明昌间所译也。见钱大昕潜研堂集。

　　秋七月庚子，复以会宁府为上京。帝谓宰臣曰："会宁，国家兴王地，自海陵迁都永安，女直人寖忘旧风。朕初尝见女直风俗，迄今不忘。今之燕饮音乐，皆习汉风，盖以备礼也，非朕心所好。东宫不知女直风俗，第以朕故，犹或存之。恐异时一变此风，非长久之计。甚欲一至会宁，使子孙得见旧俗，庶几习效之。"（按，据金史卷七世宗纪，"会宁"一段在三月乙卯）寻御睿思殿，命歌者歌女直词。顾谓太子诸王曰："朕思先朝所行事，未尝暂忘，故时听此词，亦欲令汝辈知之。汝辈自幼惟习汉人风俗，不知女直纯实，至文字语言或不通晓，是忘本也。自今当体朕意。"（按，据金史卷七世宗纪，"御睿思殿"一段在四月乙亥）〔考异〕赵翼劄记云，是年八月，金始以策论试女直进士于悯忠寺。寺有双塔，进士入院之夜半，闻东塔有音乐声西入宫，试官侍御史完颜蒲捏、李晏等曰："文路初开，而有此兆，得贤之征也。"中选者图克坦镒等二十七人，后多为显官。见选举志。此寺在京师宣武门外，即法源寺，最宏敞，辽闻宋真宗讣，曾于此建道场。又，兴宗十一年，遇景宗宣献后忌辰，帝与皇太后素服饭僧于此。宋王曾记契丹事云，燕京有悯忠寺，本唐太宗为征辽阵亡将士造。宋使至辽，遣馆伴导以游观。曹勋北狩见闻录，宋徽宗至燕，馆于大延寿寺，钦宗馆于悯忠寺。金胡沙虎反，召完颜纲至，因于悯忠寺，明日杀之。后谢枋得至燕，寓悯忠寺，见壁间曹娥碑，泣曰："小女子犹尔，吾岂不汝若哉？"遂不食死。此皆悯忠寺故事，并录之。陆游南唐书，元宗嗣位，遣公乘镕使契丹，至幽州，馆于憨忠寺。先迎御容入宫，言元欲识唐皇帝面，乃引见如旧仪。赵子砥燕云录云，渊圣至自云中，驻跸悯忠寺。岳珂桯史云，徽祖上宾，洪皓尝于悯忠寺肆筵以奠。张养浩归田类稿云，天会五年，迎旃檀瑞像至燕，奉安悯忠寺，见瑞像来仪记。陆游老学庵笔记云，肃王与沈元用使北，馆悯忠寺，见唐碑皆偶俪，凡二千余言。元用素强记，归，取笔书之，阙十四字，肃王辄补之无遗者，又改谬误四五处，元用骇服。此又悯忠寺故事，劄记所阙，补录之。刘侗帝京景物略云，悯忠寺中一碑，下半断裂，可读者其上段字，有观音地宫舍利函记，辽大安十年沙门善制。朱彝尊日下旧闻云，是碑文字悉完，未尝断裂。末曰："大安十年，岁次甲戌，闰四月辛未朔二十二日壬辰申时，功德主燕京管内左右街都僧录、崇禄大夫、检校太师、行鸿胪卿、聪辨大师、赐紫沙门善制，门人义中书。"此外累朝遗碣。如唐灵芝书宝塔颂、景福元年采师伦书重藏舍利记、辽王进思寺尼荐福尊胜陀罗尼幢记及金大定间礼部令史题名记，党怀英撰，诸碑皆足资考证。惟景物略所称明陈赞公蕙二碑，词芜不足录。

　　十四年（甲午一一七四）春二月戊寅，诏免去年被水旱百姓租税。敕禁明安、穆昆民毋故会饮。命"卫士习女直语，仍自后不得汉语。"（按，据金史卷七世宗纪"禁会饮"、"习女直语"皆在三月）

　　夏四月乙丑，禁民间妄建佛寺。

　　冬十月乙卯朔，诏图画功臣二十人于衍庆宫圣武殿左右庑。〔考异〕赵翼劄记云，金史实实传所载凡二十一人：辽王舍音、金源郡王萨哈、辽王宗干、秦王宗翰、宋王宗望、梁王宗弼、金源郡王希卜苏、斡鲁、希尹、罗索、尼楚赫、完颜忠、萨尔罕、楚王宗雄、鲁王栋摩、隋国公鄂兰哈玛尔、豫国公普嘉努、兖国公刘彦宗、特进乌楼古、齐国公韩企先，并特进实实，皆功臣最著者也。阿里布传又载：代国公罕都、金源郡王实图美、徐国公珲楚、郑国公们图珲、濮国公实古讷、济国公芬彻、韩国公锡默阿里、左监军巴尔斯、鲁国公富察实嘉努、光禄大夫蒙克、隋国公和尼、特进托克索、齐国公博勒和、仪同三司乌雅富勒珲、阿里布、镇国上将军乌凌阿托云、太师勋、太傅大臭、大兴尹持嘉晖、金吾卫上将军玛武、骠骑卫上将军韩常、谭国公阿里布，共二十二人。此又多景祖、世祖开国时立功最著者也。大定十五年，又图志宁、良弼，泰和元年续图石琚。此一朝策勋典故也。帝谓大臣曰："海陵崇尚吏事，宰执只以案牍为功。卿等当思经济之术，不可狃于故常也。"（按，据金史卷七世宗纪，"谓大臣曰"一段，在三月甲午）谓太子诸王曰："行莫大于孝弟，孝弟自蒙天祐。汝等各思自尽，勿因妻妾离间以至相违。"（按，据金史卷七世宗纪，"谓太子诸王"一段，在四月）谓尚食局使曰："太官之食，皆民脂膏。日者品味太多，徒为縻费。自今只进可口者数品而已。"（按，据金史卷七世宗纪，"谓尚食局使"在十一月戊戌）

十五年（乙未——一七五）春正月。〔考异〕史原文注云，此下阙。世宗当极盛之世，半年余岂无一事可纪？今自本纪外，既无附见传志之事，而遍考诸书，无可引证。或史臣疏漏，抑偶有残阙欤？今仍阙疑。王寂拙轩集有渡辽诗云："我家河朔望咸平，飞鸟犹须半月程。尽道辽阳天梯远，渡辽何况更东行。"又，渡辽舟中小酌诗云："佳会清歌取次成，逸篇高咏极峥嵘。掀髯已判玉山倒，蘸甲不辞金椀倾。落日衬云鱼尾赤，斜风卷水谷纹生。豫愁江上分飞后，千里关河月共明。"寂于<u>大定</u>十五年奉命往<u>白霫</u>治狱，二十九年提点<u>辽东路</u>刑狱，此二诗未知作于何时。

闰九月己酉朔，帝谓<u>良弼</u>曰："今在官者，须职任称惬所望，始加勉。否则因循，岂为忠臣之道？"又曰："<u>秉德</u>等在<u>武灵</u>时皆有能名，然不务远图，只以苛刻为事，卒卖直取死，得为能乎？"

十六年（丙申——七六）春正月甲寅，诏免去年被水、旱路分租税。

夏四月丙戌，诏京府设学养士，及定宗室、宰相子程式等第。制商贾舟车，不得用马。

秋九月己酉，诏西边所在和籴为缓急备。诏<u>海陵</u>时臣下被戮者，官为收葬。

冬十一月甲子，以<u>钮祐禄罕努</u>前使<u>西辽</u>被害，录用其子。〔考异〕<u>续通考</u>云，<u>熙宗天眷</u>中，门荫之制，凡一品至八品皆不限所荫之人。<u>大定</u>二年二月，前遣<u>辽阳</u>主簿<u>石抹移迭</u>、都监<u>移剌葛补招奚</u>、<u>契丹</u>叛人，为<u>志宁</u>、<u>白彦敬</u>所害，诏录其子。四年五月，诏皇家袒免以上亲就荫者，依格引试，中选者勿令当僕使。五年十月制，亡<u>宋</u>官当荫子孙者，并同亡<u>辽</u>官用荫。又更定冒荫及取荫官罪赏格。

十二月丙子，诏诸流移人老病者，官与养济。〔考异〕<u>续通考</u>云，十七年五月，省奏<u>咸平府路</u>一千五百余户，自陈皆<u>长白山星显禅春河女直</u>人，<u>辽</u>时签为猎户，移居于此，号<u>移典部</u>，遂附<u>契丹</u>籍。国初首诣军降，仍居本部，今乞整正，诏从之。

十七年（丁酉——七七）春正月壬戌，诏"<u>海陵</u>时大臣无辜被戮家属籍没者，并释为良。<u>辽豫王</u>、<u>宋</u><u>天水郡王</u>被害子孙，各葬旧茔。”

三月辛亥，诏免河北十路去年被旱、蝗租税。振<u>东京</u>、<u>博索</u>、<u>哈斯罕</u>三路饥。〔考异〕<u>大金国志</u>云，四月，主与太子、诸王东苑赏牡丹，<u>晋王允猷</u>赋诗，和者十五人。时<u>兀术子伟</u>侍侧，言曰：“国家起自漠北，皆以勇力战争，今多用<u>辽宋</u>遗臣，〔以〕（据<u>大金国志</u>卷十七世宗纪补）富贵文字，坏我风俗。<u>宋</u>主有志报复，<u>朦骨</u>不受调役，<u>夏</u>亦侵边，不知三边有急，使诗人去当得否？”主默然。知内侍省事<u>余万福</u>扶出，自是文武如冰炭矣。纪未载。

六月己卯，谓宰臣曰：“朕年老矣，恐因一时喜怒，处置有所不当，卿等即当执奏，毋为面从，成朕之失。”

秋八月庚辰，谓宰臣曰：“今在官者，同僚所见，事虽合理，亦以为非，意谓从之，则恐政非己出。朕甚恶之。”壬午，谓宰臣曰：“今在下僚岂无人材？但在上者不为汲引，恶其材胜己故耳。”丙戌，谓台臣曰：“台臣纠察吏治能否，务去其扰民，且冀其得贤也。今所至皆受讼谍，听其妄告，使为政者如何则可？”

冬十月辛巳，谓宰臣曰：“今在位不闻荐贤何也？昔<u>狄仁杰</u>起自下僚，力扶<u>唐</u>祚，使既危而安，延数百年之永。<u>仁杰</u>虽贤，非<u>娄师德</u>何以自荐乎？”

又曰："朕年已老，宜及康强时，其政令之未完、法令之未一者，皆修举之，朕不为怠。"（按，据金史卷七世宗纪，"朕年已老"句，在十二月）〔考异〕续通考云，是年上谓宰臣曰："辽东赋税旧六万余石，通检后，几二十万，六万时何以仰给？二十万后，所积几何？"户部契勘，谓先以官吏数少故能给，今官吏兵卒及孤老数多，以此费大。上曰："当察其实，毋令妄费。"纪未载。

十八年（戊戌——七八）春正月庚申，免中都、河北等路前年被灾租税。

闰（五）〔六〕（据金史卷七世宗纪改）月辛丑，命振西南、西北两招讨司民，及乌库哩实垒部转户饥。帝谓宰执曰："县令之职，最为亲民，当得贤材用之。迩来犯法者众，殊不闻有能者。比在春水，见石城、玉田两县令皆年老，苟禄而已。"平章石琚曰："良乡令焦旭、庆都令李伯达皆能吏，可任。"帝命擢用之。（按，据金史卷七世宗纪，"谓宰执"一段，在三月丁未）复曰："朕巡幸所至，必令体访官吏臧否。向玉田知主簿舒穆噜查，能吏也，可授本县令。"（按，据金史卷七世宗纪，"复曰"一段在四月）

冬十一月庚申朔，尚书省奏，拟宗室额尔克原作阿可为刺史。帝曰："郡守系千里休戚，安可不择人而私其亲耶？"不许。〔考异〕大金国志云，正月，学士张酢、吴与权等请修明军政为自立计，从之。九月，夏将蒲鲁合野攻麟州、卬（郡）〔都〕（据大金国志卷一七世宗纪改）酋禄东贺叛应之，城陷。夏遂掳金帛子女数万，毁城而去。续通考云，是年，代州立监铸钱，命震威节度李天吉、知保德军高季孙往监之，所铸不可用，削二人官，仍杖季孙八十。命工部郎中张大节、吏部员外郎麻珪代。文曰："大定通宝。"字文肉好，胜正隆时。世传其钱料微用银云。十九年始铸新钱，至万六千余贯。二十年，名代州监曰阜通，设监，正副各一，以节度州同知兼领。寻以参政粘葛斡特剌为提控。二十七年，别设曲阳监，名利用，设监副、监丞，经营铜事。二十八年，京府节度州增流泉（监）〔务〕（据金史卷五七百官志改）凡二十一所。章宗立，五台民刘完上诉，命丁用楫往审，还言阜通、利用二监，岁铸钱十四万余贯，费至八十万余贯，病民而多费，诏并诸流泉务均罢之。

十九年（己亥——七九）春二月乙卯，免去年被水旱民田租税。

夏四月己丑朔，诏振西南路饥。帝谓宰臣曰："奸臣欲有规求，往往私其党与，托以他事，阳不与，而阴为之力。朕观古之奸邪，当建储之际，惟劝择立昏懦，冀他日可弄权为奸利也。"又曰："朕观前贤，将谏，与父母妻子诀，示以必死。同列目睹其死，不顾身，又为之谏，此尽忠于国者，人所难能也。"又曰："人多奉释、老，意欲徼福。朕初颇惑之，旋悟其非。且上天立君使之治民，若盘乐怠忽，欲以侥幸，难矣。果能爱养下民，天必祐之。"（按，据金史卷七世宗纪，以上对话皆在三月）〔考异〕续通考云，天会元年，上京庆元寺献佛骨，却之。时移瑞像佛牙入内殿供养。五年，移旃檀瑞像于悯忠寺。皇统二年，于上京宫侧造大储庆寺，普度僧尼百万，大赦天下。六年，赐清惠佛智护国太师号，金襕大衣，所用珍异，其钦敬古未有，帝后亲奉抚足礼受。大定元年，燕京建大庆寿寺，敕皇子降香赐钱及田。二年，除迎赛神佛禁令。六年，东京建清安禅寺，般瑟于吧会。时（真仪）〔贞懿〕皇后（据金史卷六四后妃传改）出家，建重庆寺。二十年，建仰山栖隐禅寺。二十四年，大长公主建昊天寺，给田度僧。二十六年，幸香山寺，赐名大永安，赐田及钱。九月，次朔州，屡幸仙洞、香林、净名、上方、中盘、天香、感化诸寺。章宗以后，更难具载矣。

六月戊子朔，诏更定制条。〔考异〕伊喇慥传，本名伊德尔，契丹人。十九年官大理卿，典领更定制条。初，皇统间参酌隋、唐、辽、宋律令，以为皇统制条。海陵率意更改，吏缘为奸。慥详定，凡千一百九十余，为十二卷，书奏颁行。寻同修国史，卒官临洮尹。纪未载。

秋七月辛未，有司奏拟赵王子实古纳人从，帝曰："儿辈尚幼，若奉承太过，使侈心滋大，卒难节抑，此不可长。诸儿每入侍，朕必涖之以严，庶知朕教戒之意。"〔考异〕大金国志云，正月，晋王允猷为盗所杀，太子允升所使也。嗜酒好猎，胆勇能用兵，每劝南侵，混一天下，主不听。至是，杀允猷，事觉，奔和龙，至会同调兵，主遣明威将军刘宇至，合战，兵败，被杀，并诛其妻子八十余人，谥允猷为元悼太子。二十年，立升王允恭为太子。世宗子七：长太子允升、次升王允恭、晋王允猷、四、五阙名，次郑王永蹈、次卫王允济。今以史考之，世宗子十：显宗母弟赵王、越王早卒，未赐名，此外无名允猷者。若夔王允升历事四朝，年齿最高，至宣宗朝尚存，初无立为太子、谋叛见杀之事，不足信。见钱大昕潜研堂集。又，允升，本名斜不，传在卷八十五。至食货志所载泰和七年河北按察使，另一人。

二十年（庚子——一八〇）春正月丁丑，以玉田县行宫地偏林为御林，大淀泺为长春淀。〔考异〕郭造卿碣石丛谈作长春泺，有长春宫，殿曰芳明。二十四年，如长春宫春水。二十六年、二十七年，两至。世宗殂，后主如春水，改都南行宫为建春，改遂城行宫为光春，而长春不书矣。按，玉田县在蓟州城东八十里，古无终子国，汉臧荼置无终县，隋为渔阳郡治，唐更名玉田，属蓟州，宋改经州，金复旧。

三月乙丑，诏免中都等路去年租税。寻罢西北路进马、驼、鹰、鹘等。〔考异〕续通考云，是月，诏诸稻粟非边要地当储外，听民折纳。时参政梁肃奏曰："方今斗米三百，人已困饿，钱难得故也。计天下岁入二千万贯，岁用余千万，院务场坊及百姓合纳钱者，通减数百万。院务场坊可折纳谷帛，折支官兵俸给，使钱帛布散，民间易得。"上曰："悬欠院务，许折纳可也。"是月，以户尚曹望之言，诏减鄜延及河东路税五十二万余石，增河北西路税八万八千石。纪均未载。

夏四月乙巳，帝谓宰臣曰："女直官多谓朕食用太俭，朕年高，不欲屠宰物命。贵为天子，克自节约，亦不恶也。服御或旧，常使瀚濯，破始更易。帐幕但令足用，何用华饰？"复曰："山后地皆亲王、公主、势家所占，转租于民，〔皆〕（据金史卷七世宗纪补）由卿等之不察。当尽心勤事，毋令朕烦劳也。"又曰:"朕观资治通鉴,编次历代废兴,甚有鉴戒,用心如此,古之良史也。"（按,据金史卷七世宗纪,"复曰"以下至此,为十月事）又曰:"郡守选人,资考虽未及,廉能者则升用之,以励其余。"（按,据金史卷七世宗纪,以上"又曰"一段在十一月乙亥）又曰:"岐国用人,一言合意,便升用之。否即责罚。凡人言辞得失,贤者不免。自古用人,咸试以事,奏对间安能知人?朕惟众所与者用之,不以独见为是也。"（按,据金史卷七世宗纪,以上"又曰"一段,为十二月辛巳事）〔考异〕大金国志云,是年,亡辽遗族群牧使耶律斡罕聚兵十万,自号后辽皇帝,结北地诸部为援。主遣宣徽使纥石烈撒合辇为元帅,将兵八千击擒之,封金源郡王。按,斡罕叛乱系正隆末年事,志纪海陵未载斡罕之叛,而载于是岁,系误。

二十一年（辛丑——一八一）春正月壬子,帝闻山东、大名等路明安、穆昆之民,骄纵奢侈,不事耕稼。尽令汉人莳种。诏遣阅实户数,计口给地,必令自耕。地有余而力不赡者,方许招佃,仍禁农时饮酒。寻复令阅实勤惰及收获多寡定责罚。丙子,次永清县,赐孝子钱五百贯。

二月乙巳,以元妃李氏丧,致祭兴德宫,谕宰臣勿禁市肆音乐。〔考异〕续通考云,是年二月,元妃李氏薨,诏允蹈、允（斋）〔济〕（据金史卷一三卫绍王纪改）、允德皆服衰绖居丧。己丑,太子及扈从臣僚奉慰于芳明殿。辛卯,留守平章唐括安礼及曹王允功等上表奉慰。所载较详。

三月丁未朔，闻蓟、平、滦等州民乏食，发粟贷之。乙丑，诏山后官地，冒占十顷以上者，皆籍入官，均给贫民。〔考异〕续通考云，是月，陈言者谓豪强多占夺田土者。上曰："前参政纳合椿年占地八百顷。又，山西田亦多为权要占，以致小民无田可耕，徙居阴山恶地，何以自存？"故有是诏。省臣又奏：椿年、猛安三合、故太师思忠孙长寿等亲属七十余家占地三千余顷。上曰："至秋，除牛头地外，各给十顷，余拘入官。山后招讨司所括者亦同此。"明年，命招复梁山泺流民，官给以田。所载甚详。

闰月，帝谓宰臣曰："古人君多用谗谄，蒙蔽为害，汉明帝尚为此辈所惑，朕于近习谗言，未尝入耳。至宰辅亦不偏用一人私议也。"复曰："朕言行岂能无过？常欲人直谏而无肯言者。使其言果善，朕从而行之，何难也？"（按，据金史卷八世宗纪，"复曰"一段在四月）〔考异〕续通考云，是年，谕省臣曰："黄河已移故道，梁山泺水退甚广，已安置屯田民。昔尝恣意种之，今官已籍其地，而民惧征其租，逃者甚众，可免征并赦罪，赈以官粟。"金制：屯田户佃官地者，有司移猛安、谋克督之。收国五年二月，遣昱及宗雄分诸路猛安、谋克民万户屯泰州，以婆卢火统之，赐耕牛五十。天会九年，宗叙请募贫民戍边屯田，给廪粟，使贫者无艰食之患，富家免更代之苦，得专农业。上善之。四月，诏新徙戍边户乏耕牛者，给官牛，别委官劝督。其续迁戍户未至者，姑止，即其地种艺，使毕获而行，及来春农至戍所。

二十二年（壬寅——一八二）春三月（丁丑）〔甲申〕

（据金史卷八世宗纪改），诏今岁行幸山后，所须并不得取之民间，虽人夫亦官给值，违者杖八十。〔考异〕续通考云，车驾巡幸，顾工马夫，日给三百文，步夫二百三十文，围鹅夫随程干办人各二百文，传递果子夫百五十文。若以私家作行宫者，量给缎匹。太庙神厨、祠祭勾当人、少府监随色工匠部役官，受给官司更钱粟二贯石，春秋绢各一匹。

秋七月辛巳，宰臣奏事，因帝违豫，请退。帝曰："岂以违爽于和，而倦临朝之大政耶？"使终其奏。

冬十二月辛酉，立强取诸部羊马法。

二十三年（癸卯——一八三）春二月庚戌，御史台进所察州县官罪，止录其恶，而不举善，诏并察以闻。

三月丙戌，诏戒谕中外百官。

秋八月乙未，以女直字孝经千部分赐护卫亲军。

九月己巳，命颁行所译五经、诸子及新唐书。〔考异〕续通考系之二十四年，稍异。

冬闰十一月甲午，帝谓宰臣曰："帝王之政，固以宽慈，然梁武帝专务宽慈，致纲纪大坏。朕尝思之，赏罚不滥，即宽慈也。"复曰："燕人自古忠直者鲜，其俗诡随，有自来矣，虽屡经迁变，而未尝残破者，此也。南人劲挺敢言，直谏者多，前有一人见杀，后复继之，甚可尚也。"（按，据<u>金史</u>卷八<u>世宗纪</u>，"复曰"一段在六月壬子）〔考异〕<u>管子</u>云，<u>燕</u>之水，萃下而弱，沈滞而杂，故其民愚戆而好贞，轻疾而（好走）（据<u>日下旧闻考</u>卷一四六删）易死。<u>吴子</u>云，<u>燕</u>性愨，其民慎，好勇义，寡诈谋，故陈守而不走。<u>史记货殖传</u>云，<u>燕</u>地踔远，人民希与<u>赵</u>、<u>代</u>俗相类。<u>礼书</u>云，<u>燕</u>人少思虑，多轻薄，地使之然也。轻死，急人，俗使之然也。<u>汉书地理志</u>云，<u>燕</u>俗愚悍少虑，轻薄无威。亦有所长，敢于急人，<u>燕丹</u>遗风也。<u>杜樊川集</u>，<u>幽</u>、<u>并</u>之地，程其水土，与<u>河南</u>等，（处）〔常〕（同上改）重十一二，其人沈鸷多材力，重许可，能辛苦。<u>东坡集</u>，<u>燕</u>俗劲勇而沈静。<u>乐史太平寰宇记</u>，<u>燕</u>，其（地）〔气〕（同上）躁急。<u>燕</u>之为言，燕也，其气内盛。<u>祝穆方舆胜览</u>，民务农桑，士习诗、书，无强暴相凌之风，有寡求不争之习。<u>郝经陵川集</u>，<u>燕</u>洊历<u>辽</u>、<u>金</u>几四百年，然而不渐宣、<u>政</u>佻靡之化，豪劲任侠，浑厚敦雅，有<u>唐</u>遗风。<u>辽志</u>云，<u>南京</u>水甘土厚，人多技艺，秀者学读书，次则习骑射，耐劳苦。<u>元刘静修过易台</u>诗云："万里河山有<u>燕</u>、<u>赵</u>，百年风气自<u>辽</u>、<u>金</u>。"<u>易台</u>，今<u>顺天府</u>属地，所载互异。因<u>世宗</u>语及，并录之。又曰："昨夕苦暑，朕通宵不寐。因念小民比屋卑隘，何以安处？"（按，据<u>金史</u>卷八<u>世宗纪</u>，此"又曰"一段亦为六月壬子事）又曰："<u>女直</u>进士，可依<u>汉</u>进士补省令史。夫儒者操行清洁，非礼不行。以吏出身者，习为贪墨，至为官，习性难改。政道废兴，实由于此。"〔考异〕<u>续通考</u>云，正月，<u>广乐园</u>灯山焚，延及<u>熙春殿</u>。见<u>五行志</u>，纪未载<u>熙春殿</u>。纪载八月<u>大名府</u>猛安人<u>马和尚</u>谋叛，伏诛。卷二<u>太祖天辅</u>七年将、卷五<u>海陵贞元</u>二年<u>临潢府</u>总管、卷一百三<u>桓端</u>传<u>贞祐</u>三年都统，四人同名<u>马和尚</u>。又，天辅时，有奚马和尚。

二十四年（甲辰——八四）春三月壬寅，如上京，命太子允恭守国，赵王永中辅之。帝谓宰臣曰："卿辈皆故老，宜悉心辅导。"顾六部官曰："朕闻省部文字，多以小疵驳之，致累岁不能结，朕甚恶之，自今宜戒。"

夏五月己丑，至上京，居光兴宫。戊戌，宴于皇武殿。谓宗戚曰："朕思故乡，积有年矣，今既至，可同欢饮。"宗戚皆沾醉起舞，竟日乃罢。

六月辛酉，幸按春水临猗亭。壬戌，阅马于绿野淀。谓宰臣曰："天子巡狩，当举善罚恶，凡士民之孝弟姻睦者举用之，其不顾廉耻无行之人则教戒之，不悛，即加惩罚。"（按，据金史卷八世宗纪，"谓宰臣"一段在七月乙未）

秋八月乙亥，诏免上京今年市税。〔考异〕续通考云，是年闰十一月，制外任官尝为宰执者，凡吏牍上省部，依亲王例免书名。明年十月，以宰臣年老艰于久立者，命置小榻廊下，使少休息。承安三年四月，谕宰相遇雨可循廊庑出入。兴定三年四月，以天暑，诏宰相四日一奏事。纪多未载。

二月癸酉，以东平尹乌库哩色呼原作思列。〔考异〕

金史纪事本末

六〇八

伊喇道传，<u>世宗</u>时河南统军使思列，当即此人。又，<u>完颜思列</u>，见卷七<u>世宗</u>纪<u>大定</u>十七年忠顺节度副使；卷八十六<u>乌延蒲离黑</u>传祖<u>乌延思列</u>，均另一人。怨望，杀之。

〔四月〕（据金史卷八世宗纪补）丁丑，宴宗室、宗妇于<u>皇武殿</u>，赐官阶、银绢有差。宗室妇女及群臣故老以次起舞，进酒。帝自歌本曲，道王业之艰难，及继述之不易，至"慨想祖宗，宛然如睹"，慷慨悲咽，不能成声。于是诸夫人皆歌本曲，如私家之会。既醉，帝复续（词）〔调〕（据金史卷八世宗纪改），至一鼓乃罢。诏曲赦<u>会宁府</u>，免今年租税，百姓年七十以上者补一官。（按，据金史卷八世宗纪，"曲赦<u>会宁府</u>"在壬申）复谓群臣曰："<u>上京</u>风物，朕自乐之，每奏还都，辄用感怆。祖宗旧邦，不忍舍去，万岁之后，当置朕于<u>太祖</u>侧，卿等勿忘。"己卯，发<u>上京</u>，宗戚奉辞。帝曰："朕久思故乡，甚欲留一二岁，京师天下根本，不能久于此也。太平岁久，国无征徭，汝等皆奢纵以致贫乏，朕甚怜之。务当俭约，毋忘祖先艰难。"因泣数行下，众皆感怆而退。

〔考异〕是年夏四月，<u>涿州</u>重修<u>文宣庙</u>，有<u>黄久约</u>碑记，云："<u>范阳</u>旧有<u>夫子庙</u>，在城东南，<u>唐贞元五年</u>，<u>卢龙</u>节度<u>刘公</u>所建，<u>辽统和</u>中始移置于此。年襀绵远，将倾圮。前为守者，非无意于更新，徒以州治当南北之冲，四方行旅，取道往来，十率八九，使客冠盖，旁午晨夕，疲于应接。又案牍簿书，视他州为繁，日不暇给，故视为余事。大定二十三年冬，汾阳郭侯豫自尚书郎出殿是邦。下车之初，以令从事伏谒祠下，既而周览庭宇，悯其敝陋，愀然变容，退而叹曰：'为政之先，独不在于斯乎？矧圣天子在上，阐弥文，缉坠典，凡所以尊礼先儒，诱进多士，纤微毕举，发于诚心。而州近在畿甸之内，乃不能助宣风化，况疏远者哉！'于是命工绘图，亟议改筑，计所当费，约用钱二十余万。即日移文计司，久乃得报，减三分之二，止得其一。既不足于用，方左筹右度，未有以为计。其僚有显武将军梁效先者，为主仓库官，毅然以身任其责，造黄堂而请曰：'效先，里人也，上世以儒学取功名，享爵位。小子不肖，亦幸赖先人余荫，入官秩，登五品，迹所由来，非治心行己，仰遵先师遗训，何以臻此？今庙在乡里，废毁如是，贻使君忧，心实耻之。愿因斯时，会里中一二大姓及子弟之业儒者，各出私财，以佐国用度。'侯闻其言而义之，即为割月俸，并诸赎锾尽付之，授之以成须，厥效于后起。二十五年夏四月二十日癸丑，讫五月八日庚寅，总为屋二十有八楹。制度大小广狭，悉因其旧。榱栋之腐桡者，撤而易之，垣墙之颓靡者，筑而起之，阶陛之缺罅者，甓而完之。薙薙荒翳，涂墍漫漶，中奠庙室，旁列东西两序，以达于大门，庖廪斋舍，各有次第，皆备无缺。工募于民，厚与之直。役夫则用胥靡之徒，其饮食皆不戒而劝。旧图六十二从祀弟子，及前代名儒之像于殿陛十哲塑像之后，则改绘于两庑。诸费除官给外，独用钱四十余万，皆出于众人之乐输，非有以畏迫勉强而然者。落成之日，公私改观，父老称赞，咸谓不有刊勒，何以视久远，侯乃遣人走京师，遗书故人须〔昌〕（城）（据金史卷九六黄久约传改）黄久约为记，而系之以铭。铭曰："卓哉素王，百世之师。出逢周衰，大道蔽亏。立言著行，是训是彝。有国有家，政行令施。只率轨范，永作表仪。生为至人，没有严祠。衮乌煌煌，巍然而离。春秋奠荐，著令攸司。范阳遗宫，有年于兹。日毁月坏，风雨弗支。郭侯下车，经之营之。去故取新，付托畴咨。允毅梁君，造请以辞，愿干葺事，惟公之为。市财佣工，费钜不赀。弗足于公，竞捐其私。屹然崇成，曾靡愆期。学者用劝，祀事以时。之德之功，去益见思，后来之人。当敬勿隳。”按，涿州又有汉昭烈庙碑记，王庭筠撰。云：“仁者未必成功，成功者未必仁。仁者之心以仁仁天下，不仁者之心以仁济其私。故善论人者，论其心之何如，而成败不与。以仁济其私者，发于其言，见于其事，亦仁也，盖窃仁以欺天下。夫窃仁者，是有大不仁根著于心，然窃仁易穷也，而根著于心者卒不可掩，天下之人莫不腹訾噫唾，虽一时成功，旋与草木同腐矣。仁者之心，不以其身其家而以天下，故天下之人亦相与讴歌戴仰，愿以为君，虽生无成功，天下之人莫不叹息，至后世犹喜称道。精爽在天，能推其仁心，用之不已，施之不竭，呼吸而云雨，咄嗟而风霆，咫尺万里，朝夕千载，此（政）〔理〕（据日下旧闻考卷一二八改）之自然无足怪者。先主，仁人也。当阳之役，不以身而以民，永安之命，不以家而以贤，虽不能如其言，要之其心，如是而已。有厚天下之心，必飨天下之报，至今天下之人，犹叹息其无成而〔喜〕（同上补）称道之，涿之人又祠而奉之，宜哉。涿，先主之故家也。庙距州西南十里而远，庭有石，乃刺史娄君延重修记，唐乾宁四年也，则血食于此旧矣。岁久屋老，才庇风雨。今年夏四月，里民始议增葺，于是富者以资，巧者以艺，少者走以服其劳，老者坐以董其功。稍完治中堂，新作门屏，又作两庑配祀，元臣诸葛孔明、关云长、法孝直在东；庞士元、张翼德、简宪和在西。既成，具兴废岁月，乞文于庭筠，将以刻诸石。庭筠曰：“五季兵火之余，室庐焚荡殆尽，而庙貌岿然独存，悍夫暴客过堂下，敛兵肃迹不敢犯，则其仁之入于民深矣。大哉，仁乎！蕴于心，充于天地，被于万物，盖有不与死而俱亡者。

幽而为神，其遗泽残烈施及天下后世，以达其生平未厌之心必矣，岂独私乎一乡哉？祠而奉之者，特其乡人之情耳。庭筠既书其事，复作歌遗之，使迎送神，佐其鼓舞以乐之，其辞曰："舜禹不可作兮古獻日溃，盗取盗守兮恬不怪。仁人起兮力砭其废，志天下兮岂独为汉计？大统未一兮时以逝，奄为神明兮陟配上帝。何纾我忧兮仁及异世。彼曹丕兮死为妖彗，握长铗兮载芟载刈。燕山之陴兮，范水之裔，平畴如砥兮惟神之圭沛。郁幢幢兮羽葆盖，怅篱树兮今安在？记先时之旧事兮，想亦为之一忾，神之去来兮苍虬翠，驷粲华裾兮锵鸣玉佩。絙瑟而吹籥兮，纷群音之繁会。牲肥酒香兮，神其饫醉。末云席帘兮，回风满斾。将而送兮百拜，民不忘兮遗爱。驱螟蝗兮疫疠，时雨旸兮屡岁。俾富康兮耆艾，民德神兮事（事）〔之〕（同上）无替。"见朱彝尊吉金贞石志。蒋一葵长安客话云，先主故宅在涿州西南十五里楼桑村，建于唐乾宁四年。今承安初重修，黄华老人有记，载涿州志，即指此。涿州境东南有卢植墓，俗呼南台，植，涿人，先主尝从受学者也。元好问中州集载王寂诗："南台故址今颓然，汉卢植墓疑相传。"又，寂有先主庙诗云："当年竹马戏儿曹，笑指楼桑五丈高。故国神游得无恨，坏（坵）〔垣〕（据中州集乙集改）风雨夜萧骚。"

夏六月庚申，太子允恭卒，遣使致祭。

秋九月甲申，次辽水，召见百二十岁老人，能道太祖开创事，嘉叹，赐食及帛。己酉，还宫，奠宣孝太子于熙春园。〔考异〕毕沅续通鉴云，太子常侍宴常武殿，典食进粥，有蜘蛛在盌中，典食惧，太子曰："蜘蛛吐丝乘空，适堕此中耳，岂汝罪哉！"在东宫十五年，恩德浃人者深，军民巷哭。元好问中州集载赐右相石琚诗云："黄阁今姚宋，青宫旧绮园。绣绨归里社，冠盖画都门。善训怀师席，深仁寄寿尊。所期河润溥，

余福被元元。"<u>风筝</u>诗次<u>高骈</u>韵云:"心与寥寥太古通,手随轻籁入
天风。山长水阔无寻处,声在乱云空(壁)〔碧〕(据<u>中州集</u>卷首
改)中。"此诗,<u>山阳</u>民家所上者。续通考云,<u>世宗</u>第二子,<u>章宗</u>
父,追谥<u>显宗</u>〔光〕孝皇帝(据<u>金史</u>卷一九<u>世纪</u>补补),后徒<u>单氏</u>,谥
<u>孝懿</u>,<u>刘氏</u>谥<u>昭圣</u>。

　　二十六年(丙午——一八六)春三月己丑,诏尚书省
曰:"卿等未尝荐士,只限资格,安能用人?古有
布衣入相者,闻<u>宋</u>亦多用流寓之人,皆不拘贵近
也。以本朝境土之大,岂无其人?朕难遍知,卿又
不举。自古岂有终身为相者?外官三品以上,必有
可用之人,但无由得进耳。"又曰:"皇孙<u>原王</u>府官
属,当选纯谨秉性忠直者充,勿用有权术之人。"
(按,据<u>金史</u>卷八<u>世宗纪</u>,"皇孙"一段,在四月壬子)癸巳,<u>香</u>
<u>山</u>寺成,幸其寺,赐名<u>大永安</u>,给田二千亩,栗七
千株,钱二万贯。〔考异〕<u>世宗纪</u>载是年四月己未,幸(永)
〔寿〕安宫(据<u>金史</u>卷八<u>世宗纪</u>改)。禁扁诸书未载。(匡)〔巨〕<u>构</u>传
(据<u>金史</u>卷九七<u>巨构传</u>改),<u>大定</u>中,诏<u>构</u>与近臣经营<u>香山</u>行宫及佛
舍,疑即指此。见<u>日下旧闻考</u>。

　　五月戊子,<u>卢沟</u>决于<u>上阳村</u>,漂流成河,遂因
之。〔考异〕<u>河渠志</u>,是月,<u>卢沟</u>决于<u>上阳村</u>。先是,决<u>显通</u>(塞)
〔塞〕(据<u>金史</u>卷二七<u>河渠志</u>改),诏发<u>中都</u>三百里内民夫塞之。至
是,复决,朝廷恐枉费工物,令勿治。二十八年,诏<u>卢沟河</u>使旅往
来津要,令建石桥,未行<u>世宗</u>崩。<u>章宗</u>立,命造舟,复令建石桥。
<u>明昌</u>三年三月成,赐名<u>广利</u>,并建东西廊,令人居之。许<u>亢宗</u>奉使

行程录云，卢沟河水极湍激，每候水浅，河置小桥以渡。近年两岸造浮梁，建龙祠，仿佛如黎阳三山。高士奇扈从西巡日录云，卢沟桥跨桑乾河，俗呼浑河，亦曰小黄河。桥建自明昌初。范成大石湖集载卢沟诗云："草草舆梁枕水低，匆匆小驻濯涟漪。河边服匿多生口，长记轺车放雁时。"又，九月过卢沟，水调歌头词："万里汉家使，双节照清秋，旧京行遍中夜，呼渡济黄流。寥落桑榆西北，无限太行紫翠，相伴过卢沟。岁晚客多病，风露貂裘。对重九，须烂醉，莫牵愁。黄花为我一笑，不管鬓霜羞。袖里天书咫尺，眼底关河百二，歌罢此生浮。惟有平安信，随雁到南州。"赵秉文滏水集诗云："河分桥柱如瓜蔓，路入都门似犬牙。落日卢沟沟上柳，送人几度出京华。"令免诸路水旱租税四十九万余石。诏"凡陈言文字，诣登闻检院送学士院闻奏，勿经省廷。"（按，据金史卷八世宗纪，"免租"为四月事，"凡陈言文字"一段则为六月甲戌事）

冬十月戊寅，定职官犯赃同僚相纠察法。甲午，诏增河防军数。寻命诸军以时训练。

十二月甲申，因黄久约言，罢递送荔支。〔考异〕续通考云，八月乙亥朔，日月五星会于轸。先是，四年正月戊子，荧惑岁星同居氐。十七年九月庚戌，岁星荧惑太白聚于房。二十二年十二月癸未，荧惑太白皆居氐中。二十四年十月壬申，太白辰星同度。

二十七年（丁未——一八七）〔二月〕（据金史卷八世宗纪补）乙酉，帝谓宰执曰："朕于言事狂妄者，未尝罪之。卿等不尽言，何也？今事有利害，可竭诚言之。朕见缄默不言之人，不欲观之矣。"又曰："十室之（人）〔邑〕（同上改），必有忠信。今地广民众，岂得无人？唐颜真卿、段秀实皆节义臣，终不升用，亦大臣蔽而不举也。卿等当不私亲故，而特举忠正，朕将用之。"（按，据金史卷八世宗纪，"又曰十室"一段系三月事）又曰："朕观唐史，惟魏征善谏，所言皆国家大事，甚得谏臣之体。近时台谏，止摘细微，未尝及国家大利害，岂知而不言欤，毋乃亦不知也。"（按，据金史卷八世宗纪，"观唐史"一段，为十月庚寅事）丁亥，命沿河京、府、州、县长贰官，并带管勾河防事。免中都、河北等路被河决水灾军民租税。（据金史卷八世宗纪，"免"下系六月戊寅事）诏"河水泛溢，农夫被灾者，免差税一年。卫、怀、孟、郑四州塞河劳役，并免今年差税。"（按，据金史卷八世宗纪，"免差税"事在十一月甲寅）

三月乙卯，尚书省言"孟家山金口闸下视都城百四十余尺，恐暴水为害，请闭之。"从之。〔考异〕金口闸在石景山迤东。元都水少监郭守敬请于金口西预开减水口，西南〔入〕（据文义补）大河，以防水患，而利漕运。命罪人在禁有疾，听亲属入视。（按，据金史卷八世宗纪"命罪人"条乃二月丙申事）〔考异〕元好问中州集，咸阳萧贡，字真卿，大定中进士。历右司郎中，预修律令，条画当上心，兴陵嘉叹曰："汉有萧相国，我有萧贡，刑狱吾不忧矣。"又奏："死囚狱已（其）〔具〕（据中州集戊集改），仍责家人伏辨，以申冤抑。"从之。迁刑部侍郎，入谢曰："臣愿因是官广陛下好生之德。"上大悦，凡所平反，皆允之。终户部尚书，谥<u>文</u>简。<u>本传未载其恤刑事。所著有史记注百卷。</u>

夏五月壬子，诏罢<u>海兰路</u>所进海葱及太府监日进时果。

冬十二月戊子，<u>禁女直</u>人改称<u>汉</u>姓，学南人衣装，犯者抵罪。

二十八（戊申——八八）年春三月丁酉朔，宴群臣于<u>神龙殿</u>，诸王、公主以次上寿。帝欢甚，以本国音自度曲，盖言临御久，春秋高，思国家基绪之重，万世无穷之托，以戒皇太孙，当修身养德，善于持守，及命左丞相<u>克宁</u>尽忠辅导之意。

夏四月癸未，命建<u>女直</u>太学。制诸教授必以宿德高才者充。

冬十一月庚子，诏<u>南京</u>、<u>大名府</u>等处避水逃移不能复业者，官与津济钱，仍量亩给以耕牛。

十二月乙亥，帝不豫，诏皇太孙摄政。明年正月癸巳，崩于<u>福安殿</u>，寿六十七，<u>葬兴陵</u>。〔考异〕<u>续通考</u>云，二十九年正月己卯巳初日有晕，左右有珥，白虹贯之亘天，东有戟气，长四尺余。丁巳，巳初日有两珥，上有背气两重，复于日上为冠。二月甲子辰刻日上有重晕两珥，拖而复背，凡数次。乙丑，日晕，两珥，有负气，承气，而白虹亘天，左右有戟气。又，正月丁酉，土星留氐中三十七日，逆行，后七十九日乃出氐。六月丙辰，月犯太白，月北星南，同在柳宿。十一月己未，荧惑守轩辕，至戊辰退行，其色稍怒。又自即位以来，太白昼见及经天，并五星侵犯，不胜书。

　　史称自南北讲和，与民休息，群臣守职，上下相安，家给人足，仓廪有余，刑部断死罪，岁或十七人，号称"小尧舜"。然求贤之急，求言之切，不绝于口，而群臣不能将顺其美，以底大顺，惜哉。

金史纪事本末卷三十一

大定初宋人和战

世宗大定元年（辛巳——一六一），即宋绍兴三十一年也。冬十二月庚申，以元帅左监军高忠建等为报谕宋国使。〔考异〕宋史系于次年二月。今从史交聘表。副使为德昌节度张景仁。语以罢兵，归还正隆所侵地。纪未载。丙寅，诏左副元帅完颜古云规措南边及陕西等路事。〔考异〕宋史纪事本末云，十二月，成闵李显忠收复两淮州郡。时，张浚被召，过池阳，闻金败兵二万犹屯和州，浚往犒显忠军，即趋建康，先谍通判刘子昂备行宫仪物，请帝临幸，帝从之。

二年（壬午——一六二）春正月辛巳，遣左副点检富察阿布哈原作蒲察阿孛罕等，赏赍河南军士。甲午，命河北、山东、陕西等路征南军士，并放还家。〔考异〕

续纲目云，正月，<u>山东</u>人<u>耿京</u>起兵复<u>东平</u>，遣<u>辛弃疾</u>入朝。<u>京</u>寻为
<u>张安国</u>所杀。<u>弃疾</u>还，谋诛<u>安国</u>，授<u>江淮</u>判官。<u>宋史高宗纪</u>，<u>弃疾</u>
外，尚有<u>贾瑞</u>云。是月，<u>金</u>攻<u>寿春府</u>，<u>宋</u>忠义将<u>刘泰</u>战死。<u>金</u>人引
去。<u>弃疾</u>字幼安，<u>历城</u>人。<u>李宝</u>将<u>王世隆</u>执<u>安国</u>以献。按，<u>弃疾</u>初
在<u>耿京</u>军中，僧<u>端义</u>窃印以逃，<u>辛</u>追获之。<u>端义</u>曰，我识君相乃青
兕也，力能杀人，幸勿杀我。<u>辛</u>斩其首，归报<u>京</u>。<u>史</u>未载<u>寿春</u>战事。

二月丙辰，<u>嵩州</u>刺史<u>舒穆噜珠德勒</u>原作<u>石抹术突剌</u>
败<u>宋</u>兵于<u>寿安县</u>。属<u>河南府</u>。〔考异〕<u>富察鄂伦传</u>，<u>上京</u>人，<u>大
定</u>初，官<u>河南</u>统军使。<u>宋</u>兵据<u>寿安</u>，<u>嵩州</u>刺史<u>舒穆噜图喇</u>等求救于
<u>鄂伦</u>，遣<u>呼沙呼</u>将兵助之，大败<u>宋</u>师于<u>铁索口</u>，复其城。所载各异。

丁巳，<u>郑州</u>防御使<u>富察世杰</u>取<u>陕州</u>。甲子，诏都元
帅<u>瑸都</u>原作<u>奔睹</u>开府<u>山东</u>，经略边事。〔考异〕<u>宋史纪事本
末</u>云，是月，帝还<u>临安</u>，御史<u>吴芾</u>请留跸<u>建康</u>，不听。命<u>虞允文</u>为
<u>川陕</u>宣谕使，至<u>蜀</u>，与<u>吴璘</u>经略<u>中原</u>。<u>王宣</u>败<u>金</u>人于<u>汝州</u>，再战，
败还。<u>汲靖</u>破之于<u>确山</u>。<u>吴拱</u>复<u>永安军</u>。<u>王刚</u>败之于<u>海州</u>，<u>杜彦</u>救
<u>淮宁</u>，败<u>金</u>人于<u>项城</u>。<u>大金国志</u>云，<u>金</u>破<u>淮宁府</u>，<u>宋</u>守臣<u>陈亨祖</u>战
死。<u>毕沅续通鉴</u>云，<u>亨祖</u>母及其家五十余人皆死。统领<u>戴规</u>巷战死。
<u>系年要录</u>云，<u>金</u>围城，<u>亨祖</u>登埤，中流矢死。城陷，家属遇害，与
<u>规</u>均赠官。<u>纪</u>皆未载。<u>王存元丰九域志</u>云，<u>淮宁府</u>为<u>陈州淮阳郡镇
安军</u>，（洽）〔治〕（据<u>元丰九域志</u>卷一改）<u>宛邱县</u>，在<u>东京</u>二百四
十五里，县四。详卷九。

三月癸卯，左都监<u>图克坦喀齐喀</u>败<u>宋</u>师于<u>德顺
州</u>。〔考异〕<u>宋史纪事本末</u>云，四月，<u>金</u>遣<u>豆斤</u>太师发兵二十余万复
攻<u>海州</u>，<u>魏胜</u>乞援于<u>李宝</u>，<u>宝</u>以闻。命<u>镇江</u>都统<u>张子盖</u>救之，与<u>胜</u>
合，大败<u>金</u>人于<u>石湫堰</u>，溺死者半，围遂解。<u>豆斤</u>旧作<u>五斤</u>。<u>续纲</u>

目作乌锦。通鉴辑览作乌珍。南宋书云，是役统制张玘战死。世宗纪均未载。

夏五月丁巳，押军万户费摩阿拉原作裴满（按）〔按〕刾（据金史卷六世宗纪改）等败宋兵于华州。〔考异〕续纲目云，是月，以议和罢三招讨司。时李显忠阴结金都统萧琦为内应，请出师。自宿、亳趋汴以通关、陕，而鄜延一路素知显忠威名，必皆响应。且欲起其旧部，以取河东。会诏罢兵乃止。

六月，宋遣使来贺即位。〔考异〕交聘表，正使为翰林学士洪迈，副使镇东节度张抡。迈为皓季子，字景卢，时官起居舍人。抡知阁门事。表所书皆假官。续纲目云，金高忠建至临安议遣使报聘，且贺即位。工部侍郎张阐请严遣使之命，正敌国之礼，不从则战，庶中国之威可振。遂遣迈往，迈奏接伴礼仪十四事。俄，忠建责称臣并新复州郡，陈康伯以义折之，乃止，遂行。至燕，阁门见书不如式，令改陪臣二字，必用旧仪。迈执不可。锁使馆，三日水浆不通。迈语不逊，欲留之，张浩不可，乃遣还。所载较详，惟作闰二月出使。宋史系之四月，各异。阐字大猷，永嘉人。潘永因宋稗类抄云，景卢奉使，父皓尝荐之。及为金困辱归，太学诸生作词曰："洪迈被拘留，垂哀告彼酋。七日忍饥犹不耐，堪羞，苏武曾经十九秋。厥父既无谋，厥子安能解国忧？万里归来夸舌辨，村牛，好摆头时不摆头。"盖洪好摇头也。罗大经鹤林玉露云，景卢往报聘，入境，与其接伴约用敌国礼，伴许诺。故沿途表章皆用在京旧式。未几，尽却回，使依近例。易之不可，乃扃驿门绝供馈者。一日，馆伴复来言，尝从忠宣学，劝勿固执。景卢等惧，易表章授之，供馈乃如礼。时为之语曰："一日之饥禁不得，苏武当时十九秋。传语天朝洪奉使，好掉头时不掉头。"所载不同，当从续纲目为正。史均未载。

秋七月丙午，宋高宗传位，孝宗嗣立。〔考异〕宋史载在六月；南宋书作五月；交聘表、世宗纪作七月。当是金于是时始闻报耳。时张浚入见，命宣抚两淮，劝坚志以图恢复。欲遣舟师由海道以捣山东，命诸将出师犄角以向中原。史浩议欲城采石、瓜洲，浚不可，遂有隙。凡所规画多沮之。浩字直翁，鄞县人。是月，追复岳飞官，以礼改葬，官其孙六人。赵樽复光州。李心传朝野杂记云，孝宗为太祖七世孙，秦王德芳裔。父秀安僖王子偁，第进士，官嘉兴丞，母祥符张氏。生时红光满室，如日正午。以岁在协洽，属羊，字曰羊。潜说友咸淳临安志云，时高宗将倦勤，即桧旧第筑新宫，名德寿。六月乙亥，内出御札曰，朕宅帝位三十有六载，荷天之灵，宗庙之福，边事粗宁，国威益振。惟祖宗传序之重，兢兢焉，惧不克任。忧勤万几，弗遑暇逸。思欲释去重负，以介寿臧。蔽自朕心，亟决大计。皇太子贤圣仁孝，闻于天下，明知世故，久系民心。其从东宫，付以社稷，惟天所相，非朕敢私云云。丙子，行内禅礼毕，移仗居焉。岳王墓在栖霞岭下，岭在钱塘门外显明院北。旧多桃花，开时烂然如霞，因名。周淙乾道临安志云，绍兴三十二年六月四日，旨以德寿宫为名，十一日，上皇退处是宫，今上即位。宫在望仙桥东门外，有百官待漏院。袁氏枫窗小牍云，高庙在建康，有大赤鹦鹉自江北来，集行在承尘上，口呼万岁，鼓翅下有小金牌，刻"宣和"二字。比上膳，鹦鹉大呼："卜尚乐，起方响。"久之，曰："卜娘子不敬万岁。"盖道君时掌乐宫人以方响引乐者，故犹以旧格相呼。帝为罢膳，泣下。后持至临安，死，帝亲为文祭之。潘永因宋稗类钞云，高宗宫中养鹦鹉数百，因思归，送赴陇山。后数年，使臣过，鹦鹉问曰："上皇安否？"曰："崩矣。"皆悲鸣。赋诗云："陇口（深山）〔山深〕（据宋稗类钞卷三改）草木黄，行人到此断肝肠。耳边不忍听鹦鹉，犹在枝头说上皇。"又云，孝宗复岳官爵，收召子孙，给还（田资原）〔原资〕，（据宋稗类钞卷三改）入止九千缗。卒时系请具浴拉胁，李隗顺负尸出，葬北山之漘。有一玉环殉，树双橘于上。棺上一铅筩有棘，寺曾勒字为埋殡之符。后官访其瘗，以一班职赏上告。尸色如生，更敛礼服。武穆有满江红词，曰："怒发冲冠，凭栏处，潇潇雨歇。抬望眼，仰天长啸，壮怀激烈。三十功名尘与土，八千里路云和月。莫等闲白了少年头，空悲切。靖康耻，犹未雪，臣子恨何时灭？驾长车，踏破贺兰山缺。壮志饥餐仇恨肉，笑谈渴饮奸雄血（按，据全宋词，"仇恨"当作"胡虏"，"奸雄"当作"匈奴"，盖清文禁甚严，故回避也）。待从头收拾旧山河，朝天阙。"死后金使（王）〔刘〕陶（同上改）问何罪？馆伴以谋叛对。陶曰："江南忠臣善用兵者，止一飞，所谓有一范增不能用。"桧闻，令馆伴勿奏。寻贬之。其赠鄂王，谥忠武。文曰："李将军口不出辞，闻者流涕。蔺相如身虽已死，凛然犹生。易名之典虽行，议礼之言未一。始为忠愍之号，旋更武穆之称。获睹中兴之旧章，灼知皇祖之本意。爰取危身奉上之实，仍采戡定祸乱之文。合此两言，节其一惠。共孔明之志兴汉室，子仪之光复唐都。虽计效以或殊，在秉心而弗异。垂之典册，何嫌今古之同辞。赖及子孙，将与河山而并久。"据此则称忠武为宜。周密齐东野语云，洪迈追复制词曰，"事上以忠，至无嫌于辰告。师行有律，几不犯于秋毫。"辰告者，岳尝上疏请建储并实录也。系年要录云，先是金遣忠义、志宁经略四川，为南师所败，檄至盱眙。按，是时忠义等方讨斡罕，无暇以檄致宋。至冬方奉南侵之命，且云败于四川，尤系传闻之误。见毕沅续通鉴。

九月壬子，以完颜思敬为右副元帅经略南边。癸亥，河南统军使宗尹阿里罕孙，官平章，代国公。复汝州。时宋取汝州，宗尹使富珠哩原作孛术鲁定方本名阿哈，宁嘉河人。将兵四千往攻之。汝州东南北三面皆山林险阻，不可以骑军战。宋兵时由鸦路出没。定方至襄城县名，属汝州。牒知，声言诸军至。俄，定方趋鸦路，宋人果弃城遁。追至布袴叉，击败之，遂复其城。〔考异〕瓜尔佳清臣传，时宋兵二万袭陷汝州，杀刺史乌克逊满丕及汉军二千，宗尹遣定方与清臣领骑兵四千往击之，宋人弃城遁，复其城。稍异。

　　冬十一月，以布萨忠义为右丞相，将兵侵宋，赫舍哩志宁为左副元帅副之。〔考异〕南宋书作林忠义、高志宁。续纲目云，金主以宋不称臣，诏忠义总戎事，居南京，节制诸军。志宁驻兵淮阳。将行，谕曰："宋若归侵疆，贡礼如故，则罢兵。"忠义至汴，简阅士卒，分屯要害。所载较详。潘永因宋稗类钞云，寿皇锐意亲征，大阅禁旅。郭杲为殿岩。庐陵刘改之过赋一词与郭曰："玉带猩袍，遥望翠华，马去似龙。拥（千官鳞集）貂蝉争出，〔千官鳞集〕（据全宋词改）貔貅不断，万骑云从。细柳营开，团花袍窄，人指汾阳郭令公。山西将，算韬钤有种，五世元戎。旌旗蔽满寒空，鱼阵整、从容虎帐中。想刀明似雪，纵横（安稍）〔脱鞘〕（同上），箭飞如雨，霹雳鸣弓。威撼边城，气吞漠北。惨（淡）〔淡〕（据宋稗类钞卷五改）尘沙（叹落日）〔吹北风〕（同上）。中兴事，看君王神武，驾驭英雄。"郭饷刘数十万钱。潜说友咸淳临安志云，是岁，知临安府赵子潚加兵部侍郎。金使来议和，子潚言交兵后，事情叵测，宜待以军礼，一以示武，二以从俭，三以自备。及孝宗立，有恢复志，常虑兵卫不武，子潚练本府兵，习为鹅鹳鱼丽阵。上观于便殿，嘉奖，赐金带。宗宁传，本名阿多古，景祖裔阿里罕孙。初从海陵南侵，战瓜洲渡，功最。大定二年，擢归德节度，历天德军，为行军都统，贺宋正旦使，终平章事。按，交聘表只有宗室（崇）〔宗〕宁（据金史卷六一交聘表改）于十一年以西南招讨充正旦使。未知是一人否。

三年（癸未——一六三）春正月壬子，遣客省使乌居仁赏劳河南军士。

二月壬申，诏抚谕陕西。

夏四月，取商、虢、环州，宋所侵一十六州皆复。〔考异〕宋史纪事本末云，金志宁以书求海、泗、唐、邓、商州地及岁币。先是，金兵十万屯河南，声言规取两淮。张浚请屯盱眙、濠、泗以备之。至是以书抵浚，欲依皇统旧约，否则会兵相见。且遣蒲察徒穆、大周仁屯虹县，萧琦屯灵壁。续纲目蒲察徒穆作富察都木，大周仁作达周仁。薛应旂通鉴云，帝锐意恢复，浚乞幸建康，浩不可。浚请出师渡淮，三省、密院不预闻。遂遣显忠屯灵壁，邵宏渊趋虹县。浩乞罢王十朋，劾其怀奸误国八罪，出知绍兴府。十朋字龟龄，乐清人，谥忠文。南宋书，环州之破，守臣强霓及弟震死之。世宗纪均未载。

五月丙申，宋人攻破灵壁、属宿州虹县。属凤阳府辛丑，以忠义兼都元帅，还军河南。统军使奚托卜嘉一作挞不也。〔考异〕汪辉祖金史同名录云，卷九章宗纪明昌元年西上阁门使；卷七十宗亨传本名，宗室，宁州刺史；卷八十一伯德特鲁补传父京兆尹；卷八十二萧仲恭传祖辽枢密使，五人同名挞不也，又作挞不野。宋史作蒲察徒穆、大周仁及萧琦。叛入于宋。宋人攻破宿州。〔考异〕舆地广记云，春秋属宋，秦属泗水郡，汉属沛郡，唐置宿州。今县五：符离、蕲、临涣、虹县、灵壁。续通考云，宋升保静军，金置防御使，隶山东西道，后升节度。领县四，无虹县。稍异。时宋将黄观察据蔡州，杨思据颍昌。志宁使完颜王祥复取蔡州，黄观察遁去。完颜襄拔颍州，获杨思。〔考异〕襄传，时为颍、寿都统，率甲士二千渡颍水，败敌兵五千，复颍州，擒杨思。次濠州，宋将郭太尉退保横涧山，襄攻之，伏弩射中其膝，督攻愈急，拔之，获郭太尉。趋滁州，将至清流关，敌欲三道来袭，志宁命襄率骑分二道，攻克其关，称为天下英杰。所载较详。移牒宋密院张浚，依皇统旧式，浚复书至麾下议之。宋李世辅用降将瓜里、扎巴，〔考异〕大金国志作萧鹩巴、耶律通里，契丹余党，皆骁将也。正月，自海道奔宋。潘永因宋稗类钞云，曾觌字纯甫，偶归正官萧鹩巴来谒、既退，复一客至，其素所狎也。因问曰："萧鹩巴可对何人？"客曰："可对曾鹈甫。"曾以为慢己，与之绝。陆游老学庵笔记云鹩巴，北人谓之札八。所载各异。谋攻灵壁、虹县，进陷宿州。归德尹珠嘉苏色、防御使乌凌阿萨喇、原作乌林答刺撒万户温特赫苏赫、费摩罗索不（受）〔守〕（据金史卷八七纥石烈志宁传改）约束，轻兵出战，故败，城遂陷。瓜尔佳呼喇没于阵。本传，上京人。初为行军明安，（按，金史卷八六夹谷胡刺传，不载其"为行军猛安事"）海陵使将骑兵往扬州，败宋兵于宣化镇。从侵宋，领万户，由泗州进。战没，赠镇国上将军。〔考异〕续纲目云，显忠自濠梁渡至陡沟，击败萧琦兵，复灵壁。归附日众。宏渊围虹县，久不下，显忠遣降卒开谕祸福，富察都木、达周仁皆降。宏渊耻功非己出，显忠又斩其卒，由是不协。萧琦亦降于显忠。薛应旂通鉴云，显忠兵傅宿州城，大败金兵。巷战，斩数千，擒八千，中原震动。诏授招讨使，宏渊副之。南宋书云，时统制王珙战死。所载较详。志宁复取之。世辅既得志，日置酒高会。志宁率万骑自睢阳趋宿州。令从军尽执旗帜，驻州西为疑兵，三明安兵驻州南，自以中军驻州东南扼归路。世辅果谓中军在州西，而东南兵少，以步骑数万先击之，使别将率兵三千出自东门，欲自阵后攻志宁军，万户芬彻击败之。右翼瓜尔佳清臣为前行，短兵接战，世辅军乱，追杀至城下。是夕，世辅将按诛败将，统制棠（奇）〔吉〕（据金史卷八七纥石烈志宁传改）惧来奔，尽得城中虚实。明日出战，志宁率清臣力战，大败之，杀骑士万五千，步卒三万。世辅夜遁，清臣追及，复斩首数千级，获甲仗甚众，遂复宿州。河南副统富珠哩定方死于阵。时天大暑，定方督战，驰突敌阵中，出入数四，因渴甚，下马取水被害。〔考异〕宋史纪事本末云，时显忠击败志宁军，孛撒复自汴率步骑十万来攻。晨薄宿州城，显忠邀宏渊夹击，不从，独以所部力战。敌大至，用克敌弓射却之。宏渊曰："当此盛夏，摇扇清凉且不堪，况烈日披甲苦战乎？"人心遂摇。至夜，统制周宏、邵世雄（按，宋史纪事本末卷十七"雄"作"雍"）、刘侁引兵遁，左师渊、李彦孚（纵）〔从〕（据宋史纪事本末卷七七改）之，显忠移军入城，统制张训通等亦遁。金攻城，显忠力战，斩二千级。因宏渊走，遂引还。次符离，师大溃，丧失资械殆尽。至扬州上疏自劾，安置潭州。寻复太尉奉祠。浚罢为江淮宣抚使，思退等复召用矣。李心传朝野杂记云，显忠晚年再典骑军，病废，诏常俸外，岁给上供米三千斛。时赵樽最廉，及罢，加锡赉助其归。宋史孝宗纪，张浚上书请议和，帝不许。洪稚存据行状疑为误。周密齐东野语云，浚退至维扬，解所佩鱼，假张蕴古为朝议大夫使金求和，僚吏止之，乃乞遣使议和。帝怒曰："方战而求和是何举措？"杂记亦云，则实有是请矣。野语又云，浚初出师，德寿知之，谓寿皇曰："毋信浚虚名，将来必误大计。他专把国家名器、财物做人情。"及败，孝宗下诏罪之。有云："明不足以见万里之情，智不足以择三军之帅。号令既乖，进退失律。"又云："素服而哭殽函之师，敢废穆公之誓。尝胆而雪会稽之耻，当怀勾践之图。"赵翼劄记云，宿州之败，因破宿州时，显忠欲私其金帛，不以犒军，忤宏渊，致师溃。见胡铨传。今显忠传乃谓宏渊欲发仓库犒军，显忠不可，只以见钱充赏，士不悦，致溃。似显忠之慎重仓库，并无私意，然论罪时，显忠之谪独重，则激变非无因也。续纲目潭州作筠州。毕沅续通鉴孛撒作贝萨，异。**乙卯，复以完颜思敬为右副元帅。**〔考异〕续纲目云，八月，因陈俊卿言，复命浚都督江淮军马，刘宝招抚淮东。金志宁复以书议和，张阐力陈六害，不可许。帝遣卢仲贤报聘，戒勿许四郡。思退命许之。浚奏仲贤不可委，弗听。十一月，仲贤还，以罪窜郴州。复遣胡昉往。召浚还，集议和金得失，浚及虞允文、胡铨、阎安中疏争不从。罢康伯相，以思退代。浚以平章仍督师。宋史，胡昉外尚有杨由义。周密齐东野语云，时诏浚视师，浚复谋大举，帝不从。召浚还，罢相，废都督府。及和议将成，浚坚持以为未可，思退乃白上，以张蕴古求和事，议遂绌。史均未载。

四年（甲申——六四）春正月甲辰，元帅府言："宋审议官胡昉致书议和，以其言失信，拘军中。"

帝览之曰："宋人失信，行人何罪，当即遣还。边事令元帅府从宜措画。"〔考异〕薛应旂通鉴云，帝闻昉被执，谓浚曰："和议不成，天也。自此，事当归一矣。"诏王之望以币还金，寻遣昉归。初，思退恐和议不成，奏乞禀请上皇，帝批曰："金无礼如此，卿尚欲议和，今日敌势非桧时比，卿议论桧不若。"思退大骇，阴谋去浚。令之望奏守泗非计，帝惑之。会钱端礼亦言宜以符离之溃为戒，遂诏浚行视江淮。金撤兵退。伊喇子敬传，忠义南侵，宋请和，而书式、疆界未定。帝曰："宋主求成，反覆无信，喜为夸大。"子敬对曰："宋书言海陵败于采石，大军北归，按兵不袭，俾全师还。海陵未尝败于采石，其谲诈多此类。"与诸书异。纪均未载。

夏六月壬戌，尚书左丞赫舍哩良弼至自征南元帅府。庚辰，诏谕元帅府曰："所请南征军万五千，今以骑三千，步四千赴之。"诏陕西帅府议入蜀利害以闻。〔考异〕薛应旂通鉴云，四月，思退讽右正言尹穑论浚跋扈，且费国不赀，奏令张深守泗，不受赵廓之代为拒命。复（谕）〔论〕（据薛鉴改）参政冯方（按，据宋史纪事本末卷七七，冯方为督府参议官，疑作参政误），罢之。浚乞解督府，诏钱端礼、王之望宣谕两淮，罢浚，判福州。陈良翰、周操谏，不听，皆坐罢。思退亟欲和议成，命撤两淮边备，决弃地求和之计。浚疏谏，行至余千，得疾，卒。赠太师，谥忠献。良翰字（良）〔邦〕彦（据宋史卷三八七陈良翰传改），临海人。周密齐东野语云，时金志宁遗书议和，有曰："出师诡道，袭我灵壁、虹县，以十余万众窃取二小邑，主将气盈，率众直抵符离。帅府以应兵进讨，凭仗天威，以全制胜，所杀过当，余众溃去，计其得丧孰少孰多？若谓以少致败，则请空国之众，以迎我师"云云。宋史赵鼎传，时议回临安，鼎奏："恐回跸后，中外谓朝廷无恢复志。"上曰："张浚措置三年，竭民力，耗国用，何尝得尺寸地，此论不足恤也。"刘氏日记云，浚自任恢复，朝廷莫敢违。及辟查籥冯方为属，尤轻锐。周益公时为中书舍人，唐文若来别，益公执手戒勿轻举。浚知，极憾。然卒败事。何氏备史云，符离之败，兵财扫地尽，反谓杀伤相等，行赏转官无虚日，实录时政无一字及之，公论安在哉？涧上闲谈云，近修四朝史，如浚传所书嘉禾、刺客，乃附会杂说张元刺韩忠献事。又载蜡书遗郦琼语，亦是潘远纪闻岳武穆秦州叛卒事。至云符离溃师，公方鼻息如雷，乃是心学，亦取莱公纪事中意。乃不审其是非，登之信史可乎？罗大经鹤林玉露云，尹穑字少稷，博学工文，与陆游同赐出身。穑言行有法，又通世务，时论归重。嗣附思退，力排浚，除谏议，公论始薄之。后贬岭南，累年，蒙恩北归；见周益公，自悔名望扫地，怅然久之，益公每举为士夫戒。

秋八月甲寅朔，诏元帅府曰："前所请收复旧疆，乞候秋凉进发。今已秋凉，复俟何时？"〔考异〕宋史纪事本末云，八月，胡铨疏谏和，略曰，成则十可吊，不成则十可贺。又，臣恐再拜不已必至称臣；称臣不已必至请降；请降不已必至纳土；纳土不已必至衔璧；衔璧不已必至舆榇；舆榇不已必至如晋帝青衣行酒，然后为快。今日朝士皆妇人也。不听。壬午，遣宗正少卿魏杞如金议和，帝谕曰："今遣使，一正名，二退师，三减岁币，四不发归附人。"杞条陈十七事。陛辞，奏曰："臣奉旨出疆，岂敢不勉？万一无厌，愿速加兵。"帝善之。钱端礼奏遣王（怍）〔抃〕（据宋史纪事本末卷七七改）持周葵书致金二帅。时思退亟欲和，尹穑乞置狱，取不肯撤备及弃地者二十余人论罪。及命思退视师，辞，乃命杨存中为同都督。杞字南夫，寿春人。端礼字处和，临安人。葵字立义宜兴人。

冬十一月乙酉，河南都统图克坦克宁败宋魏胜兵于十八里庄（按，"十八里庄"，金史卷六一交聘表作"十八里口"。宋史纪事本末只称"淮阴东十八里"。未详孰是），取楚州。方舆纪要云，即淮安府，县九，州二。〔考异〕舆地广记云，秦属九江郡，汉属临淮郡，东汉属广陵郡，晋置〔正〕〔山〕阳郡（据舆地广记卷二〇改），魏曰淮阴郡，隋立楚州。今县四：山阳、宝应、盐城、淮阴。续通考云，宋为淮安府，领山阳、盐城、桃源、清河四县。李心传朝野杂记云，十一月，诏略曰："朕以太上圣意不敢重违，而宰辅群臣前后屡请，以尽依初式，再易国书，岁币成数亦如议，若彼坚欲商秦之地、俘降之人，则朕有以国毙不能从也。"克宁传，时魏胜取弊舟凿底，贯大木植水中，别以船载巨石，贯铁锁沉水底，以塞十八里口。克宁使锡默和尚选善泅者以大（筏）〔绳〕（据金史卷九二徒单克宁传改）植木拔出之，彻去沉船。进至淮口，大败宋兵，射杀胜，取楚州及淮阴县。是役也，萨喇功居多。时和议尚迁延，至是，宋大惧，乃如约。宋史纪事本末云，时思退阴遣孙造，说金以重兵胁和，忠义（遽）〔遂〕（据宋史纪事本末卷七七改）渡淮。魏杞行至盱眙，忠义使赵房长来，求观国书。杞不可，驰白忠义，疑国书不如式，又求割商秦地及归正人、岁币二十万。帝命尽依初式。许割四州。忠义犹未厌，与志宁分兵犯楚州，刘宝遁。魏胜拒战，中矢坠马死，城陷。金入濠、滁州，王彦弃昭关走。朝议欲弃淮保江，杨存中持不可，乃已。太学生张观等劾思退与尹穑、王之望奸邪误国，钩致敌人罪，乞斩三人谢天下。思退窜永州，行至信州，忧悸死。复相陈康伯。之望免。丙子，王（忭）〔抃〕（同上）见二帅，得报书归，复持康伯书往。周密齐东野语云，孝宗闻胜死，追惜之，谕近臣曰："人才须用而后见，使魏胜不因边峰，何以见其才？如李广在文帝时故不用，使生高帝时，必立大功矣。"后放翁赠刘改之诗曰："李广不生楚汉间，封侯万户宜其难。"盖用阜陵语也。所载较详。

五年（乙酉——一六五）春正月己未，宋通问使魏杞等以国书来。书不称"大"，称"宋皇帝"，称名，"再拜奉书于叔大金皇帝。"岁币二十万。辛未诏中外。〔考异〕大金国志云，国书略曰："（备）〔修〕（据大金国志卷一六世宗纪改）好齐盟出于初议，中因曲（议）〔见〕（同上）或为矛盾之言，致此数年未讲衣裳之会。兹聆嘉报，不替旧欢，仰卫社之大忠，谨睦邻之高谊。已遵要束，无复异图。二（帅）〔将〕（同上）令与其介康谞同诣燕山，国（兵）〔师〕（同上）亦罢。"时四年十一月也。续通考云，宋岁币，天会时银二十万两、绢三十万匹，每年代税钱壹百万缗。皇统时银二十万两、绢三十五万匹。大定时银绢各三十万两匹。时宋许犒军钱三十万贯，邀其银三百万两。宋移书乞减，乃如旧。陆游老学庵笔记云，魏道弼参政使金军，抗辞不挠，金酋大怒，欲于马前斩之，挥剑垂及颈而止，故道弼头微偏。续纲目云，乾道元年三月，杞还自金。初，金馆伴张恭愈以国书称大宋，胁杞去"大"字，不可，且言天子神圣，才杰奋起，人人有敌忾意，北朝用兵能保必胜乎？金君臣环听拱竦，卒正敌国礼而还。帝慰藉甚厚。交聘表，杞官礼部尚书。康谞作康湑，官崇信军承宣使。史未载胁杞去"大"字事。张景仁传，字寿甫，辽西人，官翰林待制。忠义侵宋，景仁掌其文辞。宋议和已，改表为书，称臣为侄，但不肯世称侄国，往复凡七书乃定，皆景仁为之。世宗称其能，谓"指事达意，辨而裁，真能文士。"历承旨兼御史大夫，同修国史。尝劾乌库哩元忠，有直声。同时富珠哩阿娄罕隆州人，从忠义侵宋，屡入奏事，论断可否，世宗甚重之。又使宋结和，议定入奏，得厚赐。累官参政、北京留守。纪均未载。癸酉，命元帅府诸新旧军以六万人留戍，余并放还。以宋岁币悉赏诸军。

二月壬午，以左副都点检完颜仲等为宋报问使。〔考异〕大金国志"仲"作"中"，副使为翰林直学士杨伯通。至是始谓江南为宋皇帝。仲传，初为报问使，奏请与宋主相见仪，世宗曰："宋主起立接书则授之。"及至宋，如礼。交聘表伯通作伯雄，官詹事。潘永因宋稗类钞云，绍兴讲和后，金使经由官私牌额，悉以纸蒙覆之。隆兴间，金使往天竺山烧香，过太学门，临安尹命吏持纸幂太学二字，程宏图坚持不令登梯。事闻，皇陵嘉叹，遂免。至今循之。宏图后登第，上记其姓名，擢大理司直，迁丞，卒。

夏四月丁未，都元帅忠义还自军，擢左丞相。

〔五月壬子〕，（据金史卷六世宗纪补）召志宁入见，拜平章政事，还军。

秋八月己卯，前宿州防御使乌凌阿萨喇〔考异〕毕沅续通鉴作喇萨，云旧作剌（萨）〔撒〕（据金史卷六世宗纪改）。以与宋李世辅交通，伏诛。

九月，遣吏部尚书高衎等贺宋生日。〔考异〕交聘表，副使伊喇道，纪未载。

冬十一月戊午，遣右副都点检乌库哩尼玛哈原作乌古论粘没喝。〔考异〕宋史作忠弼。贺宋正旦。〔考异〕交聘表，为副者礼部侍郎刘仲渊。又，三月，宋遣礼部尚书洪适、崇信军承宣使龙大渊贺万春节。八月，复遣吏部尚书李若川、宁国承宣使曾觌贺尊号。纪均未载。盘洲集，适使北回，至涿鹿，诗云："回首<u>燕然</u>日再西，一杯相属使轺归。残花媚野不妨好，倦鸟投林自在飞。可惜光阴销客枕，不嫌尘土染征衣。大明退直清和日，已约梯云访翠微。"<u>李心传</u>朝野杂记云，自渡<u>江</u>后，北使往来皆称其国御名、庙讳，而本朝止传御名。<u>绍兴</u>初，重明节<u>黄文叔</u>接伴，遣掌仪<u>田愿</u>等持庙讳、御名三纸往。北使副曰："前无此例。"往返久之，北使乃曰："所言极是当理，为来时未奉朝廷指挥，望相谅。"<u>文叔</u>乃已。及归奏，乞请更正。又，北使与馆伴往来文牒，皆以花字代书名，<u>隆兴</u>再和，未之有改。<u>乾道</u>二年冬，<u>陈应求</u>初执政，北使贺正者至，<u>应求</u>押宴，使改私觌状，不书名，却之。掌仪惧生事，<u>应求</u>力持。使者词屈，问<u>应求</u>爵里甚悉，而易状书名，曰，特为<u>陈公</u>屈，遂为例。旧例，宰执亲为北使除馆，以三衙卫士给役。<u>乾道</u>初，<u>虞相</u>始革之。岁使北使，金银器皿<u>文思院</u>造成，工部及宰执相继阅验，然后进呈。<u>淳熙</u>末，因<u>李侍郎昌图</u>止，令赴都堂验视。又云，<u>张诏</u>使北，一日，持所绘<u>祐</u>、<u>献</u>二陵像至馆，皆北地服，<u>诏</u>尝识列圣御容，即再拜。<u>酋</u>问之，答曰："<u>诏</u>虽不识其人，但见龙凤之姿、天日之表，疑北朝祖宗也，敢不下拜？"<u>酋</u>无语。<u>孝宗</u>喜，遂骤用。

六年（丙戌——一六六）春正月丙午朔，宋遣使来贺。

正使为户部尚书<u>方滋</u>，副使福州观察使<u>王</u>（忭）〔抃〕（据<u>金史</u>卷六一交聘表改）。

三月（壬寅）〔甲辰〕（同上），宋遣使贺万春节。

正使为吏部尚书<u>王曦</u>，副使利州观察使<u>魏仲昌</u>。

秋九月丁未，遣户部尚书魏子平贺宋（主）〔生〕（据金史卷六一交聘表改）日。

副使为左卫将军<u>瓜尔佳扎拉</u>。

冬十一月癸丑，遣右副都点检乌库哩元忠贺宋

正旦。副使为少府张仲愈。〔考异〕李心传朝野杂记云，乾道二年，蒋子礼执政，以张俊明州城下、吴玠和尚原、杀金坪、韩世忠大仪镇、刘锜顺昌府、员琦皂角林、邵宏渊胥浦桥、李宝唐岛、虞允文采石矶、赵樽蔡州、吴拱茨湖、王宣确山、张子盖海州，为十三处战功。而藕塘不与，系破伪齐。然陈思恭大湖之战几获兀术，锜与沂中柘皋之战，破敌十万，均不载，何也？毕沅续通鉴云，六年八月，宋诏将诸军战功显著十三处，立定格目。玉海本会要亦载之。又见李璧中兴战功录。然王应麟谓沂中藕塘之战因破伪齐不与其列，岳飞郾城之战亦未载，固多不审矣。

七年〔丁亥——一六七〕春正月庚子朔，宋遣使来贺。正使为工部尚书薛良朋，副使昭庆承宣使张说。

三月己亥朔，宋遣使贺万春节。正使为翰林学士梁克家，副使安庆承宣使赵应熊。

秋九月己巳，遣劝农使富察索啰原作莎鲁窝贺宋生日。副使为东上阁门使梁彬。

冬十（二）〔一〕（据金史卷六世宗纪改）月辛未，遣河间尹图克坦克宁贺宋正旦。〔考异〕交聘表未载，今从世宗纪。周密齐东野语云，乾道丁亥冬至，郊祀，有风雷之变，宰相叶颙、魏杞策免。先是会庆节，北使在庭，时受誓戒矣，议者欲权免上寿，就馆锡宴，未果，宴集英如常。天变岂偶然哉？洪迈当制，有曰："理阴阳而遂万物，所嗟论道之非，因灾异而策三公，实负在天之愧。"盖有所讽也。

八年（戊子——一六八）春正月甲子朔，宋遣使来贺。正使为户部尚书唐璙，副使保宁承宣使宋钧。

三月癸亥朔，宋使贺万春节。正使为试工部尚书王

（溜）〔渝〕（据金史卷六一交聘表改），副使未载。

秋九月癸亥，遣右宣徽使<u>伊喇锡勒塔干</u>_{原作神独}<u>干</u>贺宋生日。副使为太府监<u>高彦佐</u>。

冬十一月乙丑，遣同签大宗正事<u>博和托</u>_{原作辟合}<u>土</u>贺宋正旦。副使为右司郎中<u>李昌图</u>。

九年（己丑——六九）春正月戊午朔，宋遣使来贺。正使为工部尚书<u>郑闻</u>，副使明州观察使<u>董</u>（诚）〔诚〕（同上）。

三月丁巳朔，宋使贺万春节。正使为翰林学士<u>胡元质</u>，副使保康承宣使<u>宋直温</u>。

秋九月甲寅朔，遣刑部尚书<u>高德基</u>贺宋生日。

冬十一月辛酉，遣京兆尹宗室<u>毅</u>贺宋正旦。副使为左司郎中<u>牛德昌</u>。

十年（庚寅——七〇）春正月壬子朔，宋遣使来贺。正使为试吏部尚书<u>汪大猷</u>，副使宁国承宣使<u>曾觌</u>。

三月壬子朔，宋使贺万春节。交聘表，正使为试工部尚书<u>司马伋</u>，副使泉州观察使<u>马定远</u>。闰五月丁酉，尚书省奏宋祈请使赴阙日期。诏以九月十一日朝见。九月丙戌，<u>宋资政殿大学士范成大</u>、崇信节度使<u>康湑</u>至。〔考异〕宋史纪事本末云，<u>乾道</u>六年闰五月，以起居郎<u>范成大</u>为祈请使，求陵寝地及更受书仪，盖泛使也。初，<u>桧</u>媚金，凡使至，捧书升殿，北面立榻前跪进。帝降榻受书，交内侍。<u>康伯</u>当国，令伴使取书进。<u>思退</u>又循<u>桧</u>故事，帝悔，欲更之，乃令<u>成大</u>往，密草奏，具言受书仪并陵寝，怀之入。初进国书，辞气慷慨，<u>金</u>君臣方倾听，忽揎笏出疏，主骇曰："此岂献书处耶？

俄归馆，金廷纷纭。太子允恭欲杀成大，或劝止之。二事皆无成。大金国志，复书略云："和约再成，界山河而如旧，缄音遽至，指巩洛以为言。援昔时无用之文，渎今日既盟之好，既云废祀，欲伸追远之忧；止可奉迁，即俟刻期之报。至若未归之旅榇，亦当并发于行途。抑闻附请之词，欲废受书之礼，出于率易，要以必从，于尊卑之分何如？顾信誓之诚安在？事当审处，邦可孚休。"成大字致能，吴郡人，历官参政。韩淲涧泉日记云，绍兴戊辰，太常少卿方庭硕如金展陵寝。先是诸陵皆遭发掘，哲宗至暴骨，庭硕解衣裹之。惟昭陵如故。归奏，上泣，悲动左右。时相大怒，劾其奉使无状，除广东提刑，到官瘴死。出疆者莫敢言陵寝事矣。隆兴改元，胡铨召对，首及庭硕语，帝悟，亟议遣使问陵寝之故，未果，后遂有成大之事。岳珂桯史，时金遣吏部郎中田彦皋、侍御史元颜温来迓。范知金法严，附请决难达不泄，语二使，不复疑。至燕，乃密草奏，具言受书事，始尝附元颜仲、李若川等口陈，久未得报。臣有奏札在此，掐笏出之。嗣乃宣诏令纳馆伴处。太子欲戮之，越王不可。顷，引见如常仪。归，馆伴果宣旨取奏去。廷议方殷，会西夏任得敬谋篡蜀，宣司尝以蜡书通问，为夏获，送金，主益怒。范朝辞，诘之，范言奸伪不可测，嗣见真书，又曰，御宝可为，况印文乎？主直其词，事得不竟。罗大经鹤林玉露云，致能使北，口奏河南为宋陵寝地，乞与宰相议，未允。主意不回。乃自为书纳袖中，跪进。既退，金廷议羁留，主不可。及回，奏曰："口奏之事，乞于国书中明报，仍先宣示，庶使臣不堕欺罔之罪。"许之。既还，上嘉其不辱命，因至大用。初，在燕京，寓会同馆，吏微言有羁留议，乃赋诗曰："万里孤臣致命秋，此身何止一浮沤。提携汉节同生死，休问羝羊解乳不。"会同馆，燕山客馆也，辽已有之。燕宾馆，燕山城外馆。致能又有诗曰："九日朝天种落欢，也将佳节劝盘餐。苦寒不似东篱下，雪满西山把菊看。"见石湖集。周煇北辕录云，入宣阳门由驰道西南入会同馆。李心传朝野杂记云，使至燕，寓来远驿，泛使则居远驿焉。思陵录云，淳熙十五年二月，遣留礼仪使颜师鲁、高震至燕京，燕宾馆宴毕入来宁馆，盖泛使馆也。

秋九月壬（子）〔午〕（据金史卷六世宗纪改），遣签书枢密事伊喇子敬贺宋生日。副使为宫籍监张仅言。

冬十一月丁亥，遣詹事富察富色克贺宋正旦。副使为同知宣徽院韩（潤）〔纲〕（据金史卷六一交聘表改）。〔考异〕薛应旆通鉴云，十月，起居舍人赵雄请置局议恢复，擢中书舍人。十一月，遣雄等如金贺生辰，别函书请陵寝，更受书礼，主不许。辞归，主曰："汝国何舍钦宗灵枢而请巩洛山陵？如不欲钦宗之枢，我当为汝国葬之。"毕沅续通鉴云，时雄还，谓金主为庸人，中原日望王师，帝甚悦。李心传朝野杂记云，乾道六年十月，金使伊喇子敬来，赵雄为馆伴，探问敌情甚多，奏闻，帝甚善之。

十一年（辛卯——七一）春正月丙子朔，宋遣使来贺。正使为试工部尚书吕正己，副使利州观察使辛坚之。

三月乙亥朔，宋使贺万春节。正使为翰林学士赵雄，副使泉州观察使赵伯骕。辛巳，以天水郡公旅榇依一品礼葬于巩洛之原。〔考异〕圣政草载在岁末。宋史系之三月。会要载金人宣谕甚详，不具书。宋史孝宗纪又作五月。所载各判。

秋八月己巳，遣刑部侍郎乌凌阿天锡贺宋生日。副使为中丞李文尉。

冬十一月丁丑，遣西南招讨使宗宁等贺宋正旦。交聘表，正使作宗室崇宁，副使户部侍郎程辉，所载各异。

十二年（壬辰——一七二）春正月庚午朔，宋遣使来贺。正使为试工部尚书莫蒙，副使利州观察使孙显祖。

三月己巳朔，宋使贺万春节。正使为龙图阁翟绂，副使宜州观察使（祖）〔组〕士㮁（同上）。

夏四月，宋试吏部尚书姚宪、安德承宣使曾觌来贺上尊号。

秋九月辛巳，遣右副点检瓜尔佳清臣贺宋生日。副使为左司郎中张汝弼。

冬十一月丙子，遣户部尚书曹望之贺宋正旦。副使为右司郎中赫舍哩哲。

十三年（癸巳——一七三）春正月乙丑朔，宋遣使来贺。正使为试吏部尚书冯檝，副使泉州观察使龙云。

三月癸巳朔，宋使贺万春节。正使为试礼部尚书韩元吉，副使利州观察使郑兴裔。

秋八月丙戌，遣左副都点检宗室襄贺宋生日。副使为国子司业张汝霖。

冬十一月，遣大兴尹璋贺宋正旦。副使为客省使高翊。

十四年（甲午——一七四）春正月己丑朔，宋遣使来贺。正使为翰林学士留正，副使利州观察使张（嶷）〔蟁〕（据金史卷六一交聘表改）。癸巳，宋使朝辞，尚书省奏宋来书语涉平易，遣谕宋使。大兴尹璋至宋，宋人夺其国书，璋仍赴宴受私物。除名，杖百五十，礼物入官。见交聘表。

二月丙寅，以刑部尚书梁肃为宋详问使。副使为赵王府长史富察额哩埒。肃至宋，宋帝接书如旧仪。五月，肃还，宋以谢书附奏。见交聘表。肃传载国书略曰："盟书所载，只于帝加皇字，免奉表称名称臣再拜，并减岁币，便用旧仪，亲接国书。兹礼一定，于今十年。今知岁元国信使到，彼不依礼例引见，辄令迫取于馆，俟国礼体当如是耶？往问其详，宜以诚报。"肃至宋，宋一一如约。肃还，附书谢略曰："惟十年遵盟之久，无一毫成约之违。独顾礼文，宜存折衷。矧辱函封之贶，（当）〔尚〕（据金史卷八九梁肃传改）循躬受之仪，既俯迫于舆情，尝屡伸于诚请，因岁元之来使，遂商榷以从权。敢劳将命之还，先布鄙悰之恳。自余专使肃控请祈。"肃至泗州，先遣都管图们富尼玛入奏，上大喜，超拜济南尹。所载较详。

三月戊子朔，宋使贺万春节。正使为户部尚书韩彦直，副使保信承宣使刘炎。

秋九月乙未，遣兵部尚书完颜让贺宋生日。副使为秘书少监贾少仲。己酉，宋试工部尚书张子颜、明州观察使刘密报聘，求免起立接书，诏不许。见交聘表，纪未载。

冬十一月丙申，遣御史中丞刘仲海贺宋正旦。副使为左卫将军赫舍哩额页。

十五年（乙未——一七五）春正月，宋遣使来贺。正使为试户部尚书蔡洸，副使江州观察使赵益。纪失载，今从交聘表。

秋〔闰〕（据金史卷七世宗纪补）九月己未，遣归德尹完颜王祥贺宋生日。副使为客省使卢玑。

冬十一月戊午，遣右宣徽使宗室靖贺宋正旦。副使为拱卫都指挥高运国。

十六年（丙申——一七六）春正月戊申朔，宋遣使来贺。正使为试户部尚书谢廓然，副使泉州观察使黄夷行。

三月丙午朔，宋使贺万春节。正使为试工部尚书张宗元，副使利州观察使谢纯孝。壬子，宋翰林学士汤邦彦、昭信承宣使陈雷奉书申请，及朝辞，帝答以书。见交聘表。〔考异〕大金国志云，是年八月，宋汤邦彦来申议请陵寝地，至燕，拒不纳。旬余乃入见，夹道皆控弦露刃，邦彦不敢措一辞而出，坐流新州。纪均未载。

秋九月癸丑，遣殿前都点检富察通贺宋生日。副使为左司郎中张亨。

冬十一月戊午，遣同知宣徽院刘珫贺宋正旦。副使为近侍局使乌凌阿愿。〔考异〕玉海云，淳熙三年，权礼部侍郎李焘进四系录，记女真、契丹起灭，自绍圣至宣和、靖康凡二十卷。上曰："朕可一日忘此虏哉？"按，淳熙三年即大定十六年。先是乾道七年。太常簿赵粹中进恢复机密十论及制狄权鉴四十卷、富强要策十卷。按，乾道七年为大定十一年也。

十七年（丁酉——一七七）春正月壬寅朔，宋遣使来贺。正使为试吏部尚书阎苍舒，副使江州观察使李可久。

三月辛丑朔，宋使贺万春节。正使为试户部尚书张子正，副使明州观察使赵士葆。

秋九月辛丑，遣右副都点检完颜实讷埒原作习泥烈贺宋生日。副使为仪鸾使曹士元。

冬十一月丙辰，遣延安尹完颜富拉塔原作蒲剌睹贺宋正旦。副使为翰林直学士郑子海。

十八年（戊戌——一七八）春正月丙申朔，宋遣使来贺。正使为翰林学士钱良臣，副使严州观察使延玺。

三月乙未朔，宋使贺万春节。正使为试礼部尚书赵思，副使宜州观察使郑槐。

秋九月辛未，遣大理卿张九思贺宋生日。副使为左卫将军宗室崇肃。

冬十一月壬申，遣静难节度使乌雅扎拉原作乌延查剌贺宋正旦。副使为太府监王汝楫。

十九年（己亥——一七九）春正月庚申朔，宋遣使来贺。正使为户部侍郎宇文价，副使江州观察使赵鼐。

三月己未朔，宋使贺万春节。正使为龙图阁学士钱冲之，副使潭州观察使刘咨。

秋九月戊午，遣左宣徽使富察（鼐）〔鼎寿〕（据金史卷六世宗纪、卷六一交聘表改）贺宋生日。副使为刑部郎中高德裕。

冬十一月壬戌，遣御史中丞伊喇愭贺宋正旦。副使为东上阁门使左光庆。

二十年（庚子——一八〇）春正月（庚申）〔甲寅〕（同上）朔，宋遣使来贺。正使为试礼部尚书陈岘，副使宜州观察使孔昇。

三月癸丑朔，宋使贺万春节。正使为试工部尚书傅淇，副使婺州观察使王公弼。

秋九月壬戌，遣太府监李俏贺宋生日。副使为左司郎中完颜乌哩雅。

冬十一月乙丑，遣真定尹图克坦守素贺宋正

旦。副使为左谏议大夫杨〔伯〕仁（据金史卷六一交聘表补）。

二十一年（辛丑——一八一）春正月戊申朔，宋遣使来贺。正使为龙图阁学士叶宏，副使福州观察使张诏。

三月丁未朔，宋使贺万春节。正使为试户部尚书盖经，副使阆州观察使裴良能。

秋八月乙丑，遣右副点检宗室和索哩原作胡什赉贺宋生日。副使为左司郎中邓俨。按，是年冬正旦使，纪及交聘表均未载。

二十二年（壬寅——一八二）春三月辛未朔，宋使贺万春节。〔考异〕宋贺生日，纪及交聘表未书使臣姓名。

秋九月戊寅，遣左卫将军宗室彻辰原作禅赤贺宋生日。副使为翰林直学士吕忠翰。

冬十一月丙子，遣吏部尚书富察珠哩罕贺宋正旦。副使为都水监宋中。

二十三年（癸卯——一八三）春正月丁卯朔，宋遣使来贺。正使为试吏部尚书王蔺，副使明州观察使刘敬。

三月丙寅朔，宋使贺万春节。正使为试工部尚书贾选，副使武奉承宣使郑兴裔。

秋九月己巳，遣同签大宗正宗室方贺宋生日。

冬闰十一月甲午，遣西京留守博勒和贺宋正旦。副使为尚食局使李溙。

二十四年（甲辰——一八四）春正月辛卯朔，宋遣使来贺。正使为显谟阁学士余端礼，副使宜州观察使王德显。

三月庚寅朔，宋使贺万春节。正使为试吏部尚书陈居仁，副使随州观察使贺锡〔来〕（据金史卷六一交聘表补）。

秋八月癸亥，遣太府监张大节贺宋生日。副使为左司郎中完颜博勒和。

冬十一月甲午，诏上京地远天寒，行人跋涉艰苦，来岁宋国正旦、生辰，勿遣使。

二十五年（乙巳——一八五）冬十一月甲午，遣临潢尹布萨守中贺宋正旦。副使为中丞马惠迪。十二月，宋遣试礼部尚书王信、明州观察使吴琚贺万春节。见交聘表。纪均未载。

二十六年（丙午——一八六）春三月己卯朔，宋使贺万春节。正使为试户部尚书章森，〔副使为〕（依本书例补）容州观察使吴曦。

秋八月辛卯，遣益都尹宗浩贺宋生日。副使为谏议大夫黄久约。

冬十一月辛亥，遣刑部尚书伊喇子元贺宋正旦。副使为左司郎中马琪。

二十七年（丁未——一八七）春正月癸卯朔，宋遣使来贺。正使为试刑部尚书李巘，副使漳州观察使赵多才。

三月癸卯朔，宋使贺万春节。正使为试兵部尚书张淑春，副使鄂州观察使谢卓然。

秋九月己酉，遣河中尹田彦皋贺宋生日。副使为近侍局使呼沙呼。

冬十月乙亥，宋高宗崩。

十一月庚戌，遣左副都点检崇安贺**宋**正旦。副使为御史中丞李晏。

十二月壬午，**宋**遣使告哀。正使为敷文阁学士韦璞，副使鄂州观察使姜特立。〔考异〕李心传朝野杂记云，寿皇居高庙，丧，未改月，值会庆节，金使至，从沈清臣正卿议，命却其书币，就馆津发，北使感叹而去。继贺正使踵至，从尤延之等议，就殿东楹设素幄引见，使人、百官并免私见，其礼物勿入殿，付有司。明年会庆节依正旦例，于垂拱殿东楹设淡黄引见，仍用绍兴三十年故事，移宴于馆，不用乐。节前一日，谕使人免贺，止就东阁门拜表起居。又，故事，北使来朝，例锡花宴，如在大祀斋禁中，则不用乐。乾道三年，值亲郊散斋内，用蒋子礼说，诏垂拱上寿止乐，正殿为北使权用。六年，始从赵温叔言，去乐，论者龇之。

二十八年（戊申——八八）春正月丁酉朔，**宋**遣使来贺。正使为试工部尚书万钟，副使（宣）〔宜〕州（据金史卷六一交聘表改）观察使赵不违。癸卯，遣左宣徽使富察克忠如**宋**吊祭。副使为户部尚书刘玮。

二月己丑，**宋**遣使献遗留物。正使为试户部尚书颜师鲁，副使福州观察使高（丽）〔震〕（同上）。

三月，**宋**使贺万春节。正使为试户部尚书胡晋臣，副使鄂州观察使郑康孙。

夏五月戊申，**宋**使来谢吊祭。〔考异〕交聘表作甲辰，正使为试礼部尚书京镗，副使容州观察使刘端仁。潘永因**宋**稗类钞云，镗使金报谢，康元弼馆伴，锡宴汴亭，力请撤乐。既还，孝宗嘉其能守礼，称为今毛遂，除权侍郎，至大用。陆游老学庵笔记云，集英殿宴金使九盏：第一肉咸豉，第二爆肉双下角子，第三莲花肉油饼骨头，第四白肉胡饼，第五群仙肉太平毕罗，第六假圆鱼，第七奈花索粉，第八假沙鱼，第九水餤咸豉，旋鲊瓜姜，看食枣锢子髓饼、白胡饼、镮饼。

秋九月甲午朔，遣安武节度使<u>王克温</u>贺<u>宋</u>生日。〔考异〕<u>交聘表</u>甲午作丙申，安武作武安，副使为近侍局使呼沙呼。

冬十一月甲辰，遣河中尹<u>田彦皋</u>贺<u>宋</u>正旦。副使为吏部侍郎<u>伊喇仲方</u>。

二十九年（己酉——一八九）春正月壬辰朔，帝大渐，不能视朝。<u>宋</u>正旦使遣还。正使为显谟阁学士<u>郑侨</u>，副使<u>广州</u>观察使<u>张时修</u>。癸巳，帝崩。<u>章宗</u>嗣。甲辰，遣大理卿<u>王元德</u>等报哀于<u>宋</u>。

二月，<u>宋孝宗</u>内禅，<u>光宗</u>立。

夏四月辛未，<u>宋</u>使来吊祭。正副使为<u>葛廷瑞</u>、<u>赵不慢</u>。

五月壬寅，<u>宋</u>使告嗣位。正副使为<u>罗点</u>、<u>谯熙载</u>。戊午，遣东北招讨使<u>温特赫苏赫</u>原作<u>温迪罕速可</u>使<u>宋</u>，贺即位。〔考异〕<u>陆游老学庵笔记</u>云，使北旧惟使副得乘车，三节人皆乘马，马恶则蹄啮不可羁，钝则不能行，良以为苦。淳熙己酉，<u>完颜璟</u>嗣伪位，始命三节人皆给车，供张饮食比前加厚。时<u>金</u>贺登宝位使自云<u>悟室</u>孙，喜读书。馆伴<u>邓千里</u>与游<u>西湖</u>，至<u>林和靖</u>祠堂，忽问曰，<u>林</u>公尝守<u>临安</u>耶？<u>千里</u>笑而已。

闰月庚辰，<u>宋</u>使来贺登位。正副使为<u>沈揆</u>、<u>韩侂冑</u>。

六月乙卯，敕有司移报<u>宋</u>天寿节。〔考异〕<u>陆游老学</u>

庵笔记云，<u>谢子肃</u>使<u>金</u>回云，<u>金</u>廷群臣自<u>徒单</u>相以下皆白首老人，<u>徒单</u>年逾九十矣。戎人姓多三两字，有姓<u>斜卯</u>者。己酉春，<u>金</u>移文境上曰："皇帝生日本是七月，今为南朝使人冒暑不便，已权改作九月一日。"其内乡之意，亦可嘉也。

秋七月辛巳，遣刑部尚书<u>完颜守贞</u>等贺<u>宋</u>生辰。

八月丙辰，<u>宋</u>使贺天寿节。正使为礼部尚书<u>谢深甫</u>，副使观察使<u>赵昂</u>。

冬十一月辛酉，遣右宣徽使<u>费摩余庆</u>等贺<u>宋</u>正旦。

金史纪事本末卷三十二

世宗朝宰辅

世宗大定元年（辛巳——六一）冬十一月辛未，以户部尚书李石为参知政事。石字子坚，辽阳人，贞懿皇后弟。先世仕辽，为宰相。父绰尔齐，原作雏讹只〔考异〕汪辉祖金史同名录云，卷八十一夹谷谢奴传猛安、卷八世宗纪大定二十三年县令、（第）〔卷〕（据金史同名录卷六改）七十三宗尹传大定二年万户，四人同名雏讹只。桂州观察使。高永昌据东京叛，攻之不克，死。石敦厚寡言，器识过人。天会中，官景州刺史。海陵迁燕京，入见，指之曰："此非葛王之舅乎？"葛王谓世宗也。寻除兴中少尹，托疾归。海陵使高存福图世宗。石知之，劝其先发，从之。至是以定策功，拜参政，纳其女后宫，生<u>郑王永蹈</u>、<u>卫王永济</u>，是为元妃。

二年（壬午——六二）春正月庚午，以<u>济南尹布萨</u>_{原作仆散}<u>忠义</u>为尚书右丞。<u>忠义</u>本名<u>乌哲</u>，原作乌者。〔考异〕<u>汪辉祖金史同名录</u>云，卷七<u>世宗大定</u>十七年<u>滕王府</u>长史姓<u>徒单</u>氏、卷九<u>章宗大定</u>二十九年修起居注姓<u>完颜</u>氏、卷七十八<u>刘仲诲传大定</u>时<u>密云</u>县尉姓<u>石抹</u>氏，四人同名乌者。<u>上京博勒和</u>原作拔卢古<u>河</u>人，<u>宣献后</u>侄，元妃兄也。先代自国初世袭穆昆，父<u>博罗</u>，原作背鲁官<u>博索路</u>统军使，致仕。<u>忠义</u>魁伟长髯、喜谈兵，有大略。幼从<u>宗辅</u>原作窝哩温定<u>陕西</u>，行间射中<u>宋</u>大将，<u>宋</u>兵溃，遂知名。从<u>宗弼</u>原作兀术再取<u>河南</u>，为明安。攻<u>冀州</u>，先登。攻<u>大名府</u>，力战，破其军十余万。渡<u>淮</u>，克<u>寿</u>、<u>庐</u>等州，<u>宗弼</u>称为将帅器。<u>皇统</u>四年，除<u>博州</u>防御使。学女<u>直</u>字及古算法，阅月尽通之。职业修理，郡中称治。一夕阴晦，囚徒谋反，狱将校皆惶骇失措，<u>忠义</u>令守更吏挝鼓鸣角，囚徒惊为天晓，不敢出，咸自就桎梏。<u>海陵</u>南侵，为<u>汉南</u>路副统，克<u>通化军</u>。至是，由<u>济南</u>尹入朝拜右丞。

夏六月庚午，进<u>忠义</u>平章政事，兼右副元帅，经略<u>契丹</u>。先是<u>斡罕</u>原作窝斡叛，<u>完颜默音</u>讨破之，乃拥众贪卤掠，不进击，而纵其子<u>色克</u>暴横军中，士卒解体，久无功。<u>忠义</u>请讨贼自效，因召<u>默音</u>还，勒<u>色克</u>归本贯，以<u>忠义</u>代，加封<u>荣国公</u>。未几，契丹平，语详契丹诸部叛乱事中。师还，拜右丞相。

冬十一月癸巳朔，诏忠义帅师侵宋，以左副元帅赫舍哩原作纥石烈志宁副之。志宁本名萨哈连，原作撒合辇，亦作撒曷辇。〔考异〕汪辉祖金史同名录云，卷十四宣宗贞祐三年枢密，终中京留守；卷六十四宣宗明惠皇后传哀宗时点检；卷六十五蛮睹传孙猛安；卷六十九宗敏传子褒本名，舒王；卷一百六高琪传贞祐初近侍局直长，六人同名撒合辇。又，卷八十六独吉义传大定初护卫（司史）（据金史卷八六独吉义传删），同名撒曷辇，姓陁满氏。上京和坦原作胡塔安人。自五代祖太尉罕齐原作韩赤以来，世姻王室。父萨巴官开远节度使。志宁沈毅有远略，娶宗弼女，宗弼最爱之。皇统间为护卫。海陵时累擢枢副、开封尹。契丹萨巴原作撒八反，布萨思恭原作仆散呼图等征讨无功，诛。命志宁与白彦敬讨之。至北京，闻世宗有异志，阴结会宁尹完颜富色哩原作蒲速赍等，将攻之。会世宗立，遣使来招，志宁杀使者九人。诏默音讨之，众不肯战，乃降。〔考异〕通吉义传，海陵南侵，诸军多逃归，而世宗在东京得众心。都统白彦敬自北京使人阴结义，共图世宗。及即位，义即日来归，具陈密谋。帝嘉其不欺，拜参政，终益都尹。纪未载。按，义本名呼拉布，原作鹊鲁补，哈斯罕人。又卷七十三丞相晏传，晏兄子亦名鹊鲁补，另一人。寻命为右监军，从忠义讨平契丹，至是，还自军，拜左副元帅，经略南边。

是岁六月戊子，以南京留守赫舍哩良弼为尚书右丞。（右副元帅）（据金史卷六世宗纪、卷八八纥石烈良弼传删）良弼本名罗索，原作娄室辉发原作回怕川人。父太宇，世袭佛宁，原作蒲辇徙宣宁。天会中，选女直字学生，良弼在选中，希尹原作兀室称为国令器。由令史擢右司郎中。参政椿年荐，历参政，〔考异〕良弼传，椿年荐由右司郎中擢刑部尚书。而椿年传谓由大理丞为右司员外郎。所载互异。按，椿年本名乌页，纳哈塔氏，历官参政，封谭国公，谥忠辨，见本传。又，缔达传，时女直字设学校，命讹离剌等教之。其后纳哈椿年、纥石烈良弼皆由此致相位，而温〔迪〕罕缔达（据金史卷一〇五温迪罕缔达传补）最号精深。缔达官翰林学士承旨，谥文成。转左丞。海陵侵宋，谏不听，为右领军大都督。世宗立，改留守，至是召为右丞。

三年（癸未——六三）夏四月丁卯，以参政李石为御史大夫，封赵国公。

五月辛卯朔，右丞相忠义朝京师，命兼都元帅，还军。时志宁与宋兵战，大捷，复宿州。忠义以书责宋，宋遣洪遵等来议，前后贻书凡七，宋托故未从。乃移军压淮境，遣志宁率偏师渡淮，取庐、和等州。宋人惧，而世宗亦思与天下休息，诏忠义度宜以行，语详宋人和战事中。

乙卯，诏参知政事完颜守道按问大兴府捕蝗官。守道本名实讷埒，原作习泥烈，亦作习泥列。〔考异〕汪辉祖金史同名录云，卷六世宗大定三年宿直将军，交聘表作习泥；

卷六十五翰者传大定时权副都统；卷六十一交聘表大定十七年右副都点检，四人同名习泥列。以祖希尹功擢应奉翰林文字。世宗立，迁左谏议大夫，进参政。时契丹余党未附者众，北京、泰州、临潢民不安，诏守道往招抚，呼敦纽赫等内附，民以宁息。

冬十一月甲寅，进良弼左丞，以吏部尚书石琚为参知政事。琚字子美，定州人，沈厚好学。父皋，补郡吏，从栋摩原作阇母克青州，谏止虏掠，随守定州，故焚叛民籍，全活者众。琚博通经史，工词章，天眷二年，中进士第一起家，历吏部侍郎。世宗旧闻其名，及即位，擢左谏议大夫，详定制度，拜参政。

四年（甲申——一六四）夏五月己酉，命参政石琚等于北郊望祭祷雨，壬子雨。

〔六月〕（据金史卷六世宗纪补）壬戌，左丞良弼至自征南元帅府。

秋七月庚子，以良弼为平章政事。

八月戊午，以参政守道为尚书左丞。尝从猎近郊，有虎伤猎（犬）〔夫〕（据金史卷八八完颜守道传改），帝欲亲射之，守道叩马极谏，乃止。

是日，以大兴尹唐古安礼为参知政事。安礼本名乌楞古，原作斡鲁古。〔考异〕董师中传作讹鲁古。汪辉祖金史同名录云，卷十一太祖时谋克，卷九十一温迪罕移室懑传兄子谋克，三人同名斡鲁古。**字子敬。好学，知为政大体，累官临海节度使。大定初，迁益都尹**，地理志云，临海，军名。本锦州，县三，隶北京路。益都，本镇海军，县七，即山东东路。**徙大兴，召为参政。**

五年（乙酉——一六五）**春正月己未，宋和议成。**

夏四月丁未，右丞相忠义还自军。

五月壬子，左副元帅志宁以召入见。丁巳，进忠义左丞相，加志宁平章政事，还军。谕曰："卿壮年能立功如此，朕甚嘉之，南服尚须一往规画。"

六年（丙戌——一六六）**春二月丁亥，左丞相忠义卒。**〔考异〕本传作正月。**帝亲临哭奠，赙赠加等，命参政安礼护丧事，谥武**(壮)〔庄〕（据金史卷八七仆散忠义传改）。**忠义动由礼法，谦以接下，善御将士，能得其死力。及入辅，知无不言。自汉唐以来，外家未有兼任将相功名始终如忠义者。图像衍庆宫，配享世宗庙廷。子揆。**

是月，志宁还京师，拜枢密使。〔考异〕世宗纪作十二月。

冬十一月丁卯，参政石琚以母忧，罢。

十二月丙申，进良弼右丞相监修国史，封宗国公。

七年（丁亥——一六七）**春正月辛亥，起复石琚为参知政事，寻进右丞。天长观灾，诏有司营缮，辟民**

居以广大之，费钱三十万贯。〔考异〕元一统志云，天长观在旧城，内有唐再修天长观碑，节度衙推刘九霄撰。咸通中，道士李知仁重摹。金明昌三年重建，元元贞二年重修，有承旨王鹗碑，与此所载不合。姚牧庵集，王处一，宁海东牟人。大定二十七年征至燕京，居天长观。帝问卫生为治，对曰："含精以养神，恭己以无为，虽广成复生，为陛下言，无易此者。"世宗嘉之。蔚州采地蕈，役数百千人。琚奏之，帝曰："自今凡称御前者，当禀奏。"对曰："圣训及此，百姓之福也。"时议禁网捕狐、兔等野物，累计其获，或至徒罪。琚奏曰："捕禽兽而罪至徒，恐非陛下意，请杖而释之。"帝曰："然。"

夏四月壬辰，加御史大夫李石司徒。时安化军名，即密州，县四。节度使图克坦子温，平章喀尔喀侄也，赃滥不法，石劾之。石奏事，宰相下殿立，俟良久。既退，或问石"奏何久？"石正色曰："正为天下奸污未尽诛耳。"闻者悚然。

秋九月辛未，参政安礼罢。

冬十一月，太子生日，宴东宫，志宁奉觞上寿。帝悦，顾谓太子曰："天下无事，吾父子今日相乐，皆此人力也。"使取御前玉大杓酌酒，帝手饮之，即以玉杓及黄金五百两赐之。以女下嫁志宁子诸神努。皇女以妇礼谒见，舅姑坐受，欢饮而罢。

八年（戊子——六八），帝因常德晖言，谓宰相曰："朕思庶职多不得人，中夜而寤，或达旦不能寐。卿等注意选择，朕亦密加体察。"良弼对曰："女直、契丹人须是（会）〔曾〕（据金史卷八八纥不烈良弼传改）习汉人文字，然方今多为党与，或称誉于此，或见毁于彼，所以难也。"帝曰："朕所以密令体察也。"又曰："明安穆昆牛头税粟，本以备凶年，凡水旱乏粮处，就振给之。"

九年（己丑——六九）冬十月辛丑，进拜良弼左丞相。良弼为相最久，练达朝政，帝所询访，尽诚开奏，垂绅正笏，不动声气，议论多称帝意。参政宗叙请置沿边濠堑，良弼曰："敌国果来伐，此岂可御哉？"帝曰："卿言是也。"诏以志宁为右丞相。

十一月己未，左丞守道擢平章政事，右丞石琚为左丞。帝曰："古有居下位能忧国为民、直言无忌者，今何以无之？"琚对曰："是岂无之，但未得上达耳。"帝曰："宜尽心采（择）〔擢〕（据金史卷八八石琚传改）之。"

十二月丙戌，以东京留守图克坦喀齐喀原作徒单合喜。〔考异〕汪辉祖金史同名录云，卷一百完颜伯嘉传贞祐四年前韩州刺史，卷一百十三哀宗时枢密姓赤盏氏，三人同名合喜。为平章政事。喀齐喀，上京（连）〔速〕苏海水（据金史卷八七徒单合喜传改）人，蒲捏子。〔考异〕卷七世宗纪大定十四年劝农副使，亦名蒲揑，另一人。魁伟，膂力过人。皇统间，由穆昆历陇州防御使，屡败宋兵，迁平凉尹，擢左都监。正隆末，为西蜀道都统。世宗立，降诏抚谕，表陈侵宋方略，许便宜从事。屡破宋吴璘军，语详规取陇蜀事中。陕西平，诏书褒美，入为枢副，改留守，擢平章，封定国公。

十年（庚寅——七〇）春正月甲戌，以司徒李石为太尉、尚书令，封平原郡王，进广平。

夏闰五月庚辰，夏国王李仁孝请分国之半，以封其臣任得敬。帝问宰相，李石等请许之。帝曰："此非仁孝本心，不可从。"良弼议与帝意合。既而夏诛得敬，上表谢。

秋九月庚辰，良弼丁忧，起复如故。

十一年（辛卯——七一）夏六月甲子，平章喀齐喀卒，赙赠有加，迁其孙萨哈武功将军。原作三合。〔考异〕汪辉祖金史同名录云，卷四熙宗皇统元年左司郎中，被杀；卷四十七食货志大定二十一年猛安；按，即椿年子参谋合，见传；卷一百三十二执中传泰和六年谋克；卷八十二签枢，有传；卷一百十五崔立传天兴三年元帅，详武仙传，六人同名三合。配享世宗庙廷。

冬十月丙寅，左丞相良弼进睿宗实录。时高丽国王睍让国于其弟晧，帝疑之，问良弼，对以非睍本心。其后赵位宠求以四十州来附，其表果言王晧弑其君睍，如良弼策。语详高丽事中。〔考异〕良弼传，时每旦暮日色皆赤，帝问："何故?"对曰："旦而色赤应在东，高丽当之，暮而色赤应在西，夏国当之，愿陛下修德以应天，则灾变自弭。"已而，夏与高丽相继变作，其言皆验。世宗纪未载。

是岁，志宁代宗叙北征。既还，遣使迎劳，赐弓矢、玉吐鹘。封广平郡王，进金源，赐宗弼所服玉带。

十二年（壬辰——一七二）夏四月丙寅，右丞相志宁卒，帝亲临其丧，赙赠甚厚，谥武定，图像衍庆宫。帝尝曰："志宁临敌身先士卒，勇敢之气，自太师梁王未有如此人者也。"明昌五年，配享世宗庙廷。

十三年（癸巳——一七三）冬十月丙子，以前南京留守唐古安礼为尚书右丞。先是安礼为参政，以事忤帝意，出为横海节度使，数年不复召。石琚对便殿，从容进曰："安礼忠直，久在外官。"帝然之，遂自南京召为右丞。

十四年（甲午——一七四）春二月庚午，以太尉李石为太保，致仕，寻卒，谥襄简，配享世宗庙廷。世宗时，尚书令凡四人，张浩以旧官，守道以功，图克坦克宁以顾命，石以定策，他无及者。子献可，第进士，历户部侍郎、山东提刑使。〔考异〕元好问中州集，石，辽末状元。献可字仲和，世宗元妃弟，大定十年进士。历州县，入翰苑，终提刑。卫王立，以元舅，赠特进，道国公。有召还，过故关山诗云："过关天日正晴明，谁道山神不世情？远客得归心绪别，陇泷间作断肠声。"本传未载。

冬十二月戊寅，进平章守道右丞相，以枢密副使图克坦克宁为平章政事。克宁本名锡馨，原作习显。〔考异〕汪辉祖金史同名录云，卷一太祖天辅三年金备高丽官曷懒甸孛董，一作石显；卷一百十六宦努传天兴二年内族；卷一百九陈规传正大四年御史，四人同名习显。又卷六十七景祖时乌林答部〔人〕（据金史卷六七石显传补）名石显。莱州地理志云，本宋东莱郡，号定海军，县五。〔考异〕舆地广记云，即禹贡莱夷，春秋为莱国，二汉为东莱郡，后魏兼置光州，隋改莱州，亦曰东莱郡，唐因之。今县四：掖县、莱阳、胶水、即墨。人。父和珍原作况者官汾阳军名，今汾州。宋为西河郡，县五。见地理志。详卷九。节度使。克宁资质浑厚，寡言笑，善骑射，有勇略。因母舅希尹荐，熙宗时由符宝祗候历忠顺军名，今蔚州，后改。一名武安军，县五。见地理志。节度使。其妻为宗干女嘉祥县主。海陵诛其同母兄富勒坚，原作蒲甲降克宁知滕阳军。今滕州，县三。大定初，以都统从默音征契丹。用其议，召默音还，以忠义代讨平之，擢太原尹。复从侵宋，取楚州及淮阴县。和议成，改大名尹。至是，由枢副拜平章，封密国公。

是岁，宋使张子颜等请更受书仪，琚与安礼劝许之，良弼持不可。守道等议合，事遂寝。由是终不复改。〔考异〕赵翼劄记云，孝宗尝欲改受书仪，遣范成大至金陈奏，世宗不允。后金遣完颜璋贺宋正旦，宋使人就馆取书而去。璋还，杖一百除名。见璋传。次年，刘仲海来贺正旦，宋仍欲变接书仪，仲海不可，乃仍用旧仪。已而，金使乌林答天锡来贺会庆节，要孝宗降榻问金主起居，帝不许，天锡跪不起。宰相虞允文请帝还内，令使者明日随班上寿。见宋史孝宗纪及允文传。又，金黄久约为贺宋生日副使，适宋馆伴正使病，欲以馆伴副使代正使行事，久约曰："倘副使亦病，则将以都辖掌仪等行礼乎？"竟令正使独前，行已，与馆伴副使联骑。见久约传。盖仪节有关国体，皆不肯自屈耳。至使臣朝贺，时均有山呼舞蹈礼，金海陵爱宋使山呼声，使神卫军习之。见蔡松年传。金张暐使宋，以世宗大行在殡，受赐不舞蹈。见暐传。是两国使臣非国丧均舞蹈也。按，璋聘宋还被杖除名，即大定十四年事。仲海亦于是年冬被命使宋贺正旦。均见世宗纪，而交聘表张子颜、刘窑报聘求免起立接书系之九月。纪未载。良弼请诏"朝官六品以上，外官五品以上，各举所知。"从之。帝问宰相曰："尧有九年之水，汤有七年之旱，而民不病饥。今一二岁不登，而人民乏食，何也？"良弼对曰："古者地广人稀，崇尚节俭，而又惟农是务，故蓄积多，而无饥馑之患也。今地狭民众，又多弃本逐末，耕之者少，食之者众，故一遇凶岁，而民已病矣。"帝深然之。命有司惩戒荒纵不务生业者。

十六年（丙申——七六）春二月己亥，平章克宁罢为东京留守，以其女嫁为沈王永成妃得罪，克宁不悦，求致仕故也。妃时以奸伏诛。

十七年（丁酉——七七）冬十一月戊戌，以克宁为平章政事，进右丞安礼为左丞（按，据金史卷七世宗纪，安礼进左丞在十二月），左丞石琚擢平章政事，封莘国公。

十八年（戊戌——七八）春正月庚戌，修起居注伊喇杰言："每屏人议事，虽史官亦不与闻，无由纪录。"帝问平章琚、左丞安礼，对曰："古者史官，天子言动必书，使人君知畏也。"帝然之。朝奏屏人议事，记注官不避自此始。

夏六月庚午，左丞相良弼卒，谥诚敏。良弼性聪敏、忠正，善断决，出人意表。虽起寒素，致位宰相，朝夕惕惕，尽忠于国。谋虑深远，荐举人材，常若不及。居位（凡）〔几〕（据金史卷八八纥石烈良弼传改）二十年，成太平之功，称贤相焉。图像衍庆宫，改谥武定（按，据金史卷八八本传未载改谥武定事，疑此误），配享世宗庙廷。伊喇造传，本名伊德尔，契丹部人，由令史历（陕）〔陈〕州（据金史卷八九移剌愤传改）防御使。良弼欲致仕，上问："谁可代卿者？"曰："伊喇造清干忠正，臣不及也。"召为太府监，进刑部侍郎，改大理卿。被诏更定制条成书，十二卷。奏进，赐银币有差，迁刑部尚书，改西京留守。徙临洮尹，卒官。又良弼子哈达，本作曷达，亦作曷答。卷九十八完颜匡传世宗时侍正曷答，另一人。

秋八月丙辰，进守道为左丞相，以石琚为右

丞相。

九月癸酉，以左丞安礼为平章政事，参政伊喇道为右丞。道本名赵三，其先伊实部人，徙咸平。宽厚，有大志，以笃孝著名。由令史历户部郎中。海陵谓其骨相异常，必登公辅。从侵宋，为长史。世宗立，擢翰林直学士，历右丞。〔考异〕钮祜禄额特埒传，由令史历昌武节度使，十八年入为刑部尚书，拜参政。世宗尝谕唐古安礼曰："朕思为治之道，考择人才最难，（知）〔如〕（据金史卷九五粘割斡特剌传改）额特埒所举者，颇称朕意。"又曰："朕素知此人极有识虑，貌虽柔而心甚刚直，所行不率易也。"进右丞兼枢副，出为上京留守。章宗立，拜平章，封芮国公，谥成肃。又蔚州程辉字日新，第进士，二十三年拜参政。承安元年卒，谥忠简。性倜傥敢言，世宗屡称之。香河王蔚字叔文，第进士，历参政，进右丞。性通敏，晓析吏事，世宗称其才干。潳阴马惠迪字吉甫，第进士，历中丞，拜参政，终南京留守。世宗喜其聪而朴实，朝官少有如者。均见本传。

十九年（己亥——七九）秋八月壬辰，右丞相石琚致仕。世宗屡称其知人，曰："琚为相，举能其官。"尝内燕，琚在坐，诸王窃语，世宗曰："使我父子家人辈得安坐无事，而有今日之乐者，此人力也。"乃历举数十事晓之，皆俯伏请罪。大定间，将立元妃，琚曰："元妃自有子，元妃立，东宫摇矣。"帝悟而止。二十（三）〔二〕（据金史卷八世宗纪、卷八八石琚传改）年卒，谥文宪，图像衍庆宫，配享世宗庙廷。

二十年（庚子——八〇）春三月辛巳，以克宁为右丞相，徙封谭国公。克宁为相，持正守大体，不屑屑于簿书期会，帝屡称之。

冬十一月丁巳，右丞道罢为南京留守，寻入拜平章政事。

二十一年（辛丑——八一）春闰三月癸卯，以左丞相守道为太尉、尚书令。

〔四月戊申〕，（据金史卷八世宗纪补）进克宁左丞相；安礼右丞相，封芮国公，进封申。

秋七月己亥，以克宁为枢密使，守道复为左丞相。

二十二年（壬寅——八二），右丞相安礼卒，世宗称其忠直，且练习政事，无出其右者。配享世宗庙廷。

二十三年（癸卯——八三）秋七月乙酉，平章伊喇道罢为咸平尹，封莘国公。明年，卒，图像藏秘省。子光祖官左宣徽使。

二十六年（丙午——八六）夏四月壬戌，左丞相守道致仕。自秉政以来，效竭忠勤，明昌四年卒，谥简靖。子珪袭穆昆，瑾第进士。

五月甲申，以司徒克宁为太尉、左丞相，命辅导原王。屡请立为皇太孙，因侍宴，称为"忠实、明达，汉之周勃"。帝尝问史事，奏曰："臣闻古者人君不观史，愿陛下勿观。"帝曰："朕岂欲观（史比）〔此〕（据金史卷九二徒单克宁传改），深知史事不详，故问之耳"。初，芦沟水决，久不能塞，加封安平侯，久之，水复故道。帝喜获感应，克宁奏曰："神之所佑者正也，人事乖，则弗享矣。报应之来皆由人事。"帝曰："卿言是也。"时颇信神仙浮图事，故克宁及之。

二十八年（戊申一一八八）冬十一月癸丑，幸太尉克宁第。

十二月乙亥，帝不豫，命克宁兼尚书令，封延安郡王，与宰执宿内殿。

章宗立，徙封东平，拜太傅，加太师，进封淄王。明昌二年卒，谥忠烈，图像衍庆宫，配享章宗庙廷。〔考异〕世宗朝，丞相尚有完颜晏、完颜宗宪、乌古论元忠、完颜襄。平章尚有完颜元宜、完颜毂英、完颜思敬、蒲察通、完颜崇尹、张汝霖。左右丞尚有翟永固、苏保衡、孟浩、张汝弼、粘割斡特剌。见沈炳震廿一史四谱，此未尽载。蒲察通，中都路人，谥成肃。（按，金唯卷九五粘割斡特剌谥成肃，蒲察通无谥。盖因上述二传前后相接，致误）

金史纪事本末卷三十三

河决之患

世宗大定八年（戊子——六八）夏六月，河决李固渡，方舆纪要云，大名府魏县东南有李固镇，清、淇合流于其侧，亦大河津渡处也。入曹州。续通考云，曹州本唐济阴郡。大定八年，城为河所没，迁州治于古乘氏县。领县三：济阴、定陶、东明。黄河当克宋之初，两河悉畀刘豫。豫亡，河遂尽入国境。数十年或决或塞，迁徙无定，因设官置属以主其事。沿河上下，凡二十五埽，六在河南，十九在河北。埽设散巡河官一员，而置都巡河官六员。后又特设崇（枢）〔福〕（据金史卷二七河渠志改）上下埽都巡河官兼石桥使。凡巡河官，皆从都水监廉举，总统埽兵万二千人。至是，河决李固渡，水溃曹州城，分流于单州之境。

九年（己丑——一六九）春正月，遣都水监梁肃本传字孟容，奉圣州人，官参政，谥正宪。往视决河。河南统军使宗室宗叙言：“大河所以决溢者，以河道积淤，不能受水故也。今曹、单虽被其害，而所坏农田无几。今欲河复故道，不惟大费工役，亦卒难成功。纵能塞之，他日霖潦又将溃决，则山东河患又非曹、单比也。且沿河数州县兴大役，人心动摇，恐宋人乘间，构为边患。”肃亦言：“新河水六分，旧河水四分。今若塞新河，则二水合流。如遇涨溢，南决则害南京，北决则山东、河北均受其害。不如李固南筑堤，以防决溢为便。”帝从之。

二月庚子，以中都等路水，免税。又以曹、单二州被水尤甚，给复一年。

十年（庚寅——一七〇）春三月戊午，拜宗叙为参知政事，谕曰：“卿昨言黄河堤埽利害，甚合朕意。”

十一年（辛卯——一七一）春正月丙申，命振南京屯田明安被水灾者。

是岁，河决王村，方舆纪要云，即今濮州治，又州东北有石村。南京孟、卫州界，多被其害。

十二年（壬辰——一七二）春正月，尚书省奏言：

"水东南行，其势甚大。可自河阴县名，属郑州。广武山山在县东北十里，见方舆纪要。循河而东，至原武、阳武、二县均属开封府。东明县名，属开州。等县，孟、卫等州增筑堤岸。诏遣太府少监张九思及赫舍哩逖小字阿卜萨监护工作。

十三年（癸巳——七三）春三月，尚书省请修孟津、荥泽、属郑州崇福埽堤以备水患。帝乃命雄武以下八埽并以类从事。

十七年（丁酉——七七）秋七月，大雨，河决白沟。

冬十二月，尚书省奏："请修堤埽，日役夫万一千五百，以六十日毕工。"诏以工部郎中张大节及高苏董其役。〔考异〕大节传，河决于卫，横流而东，沧境有九河故道，大节即相宜缮堤，水不为害。大节字信之，代州五台人。第进士，历官震武军节度。世宗称其忠实。又曰赋性刚直，果于从政，在王翛上。子岩叟，亦进士，终沁南节度。同时费摩亨字仲通，临潢人。第进士，终河东按察使。沃埒忠本名苏布，盖州人，由令史历武宁节度。均以政绩称。

十九年（己亥——七九）秋九月，因南京有司言，增京埽巡河官一员。

二十年（庚子——八〇）冬十二月，河决卫州舆地广记云，卫州，战国属魏，秦属三川郡，二汉属河内郡，魏置朝歌郡，晋改汲郡，东魏置义州，后周改卫州，又为修武郡，唐曰卫州，亦为汲郡。今县四：<u>汲县</u>、<u>获嘉</u>、<u>新乡</u>、<u>共城</u>。及<u>延津</u>县名属<u>开封府</u>。<u>京东</u>埽，弥漫至<u>归德府</u>，遂失故道，势益南行。乃自<u>卫州</u>埽下接<u>归德府</u>南北两岸增筑堤防，以捍湍怒，并设<u>归德</u>巡河官一员。

二十一年（辛丑——八一）冬十月，以<u>河</u>移故道，命筑堤以备。

二十六年（丙午——八六）秋八月戊寅，尚书省奏<u>河</u>决<u>卫州</u>堤，坏其城。帝命户部侍郎<u>王寂</u>、都水少监<u>王汝嘉</u>驰传措画备御。既而<u>河</u>势泛滥及<u>大名</u>，遣户部尚书<u>刘玮</u>本传，字德玉，咸平人，官右丞，谥安敏。巡视。以<u>寂</u>不职，黜为<u>蔡州</u>防御使。〔考异〕<u>毕沅续通鉴</u>云，<u>寂</u>与<u>汝嘉</u>徙<u>卫州</u>胙城，<u>寂</u>不以拯灾为事，集众网鱼，取官钱以致民怨，坐贬。而<u>寂拙轩集</u>所载各诗，谓群言媒孽所致。<u>元好问中州集</u>言之甚略，无可取证。按，<u>续通考</u>云，八月，<u>河</u>决<u>卫州</u>堤，坏其城。遣官巡视者，专以网鱼取官物为事，既而，<u>河</u>势泛及<u>大名</u>，于是别遣<u>刘玮</u>行户部事，从宜规画。又遣<u>王寂</u>、<u>王汝嘉</u>徙<u>卫州胙城县</u>，所载又异。又，<u>中州集</u>云，<u>寂</u>字元老，<u>蓟州玉田</u>人，天德三年进士。<u>兴陵</u>朝，以文章政事显，终于<u>中都</u>路转运使，年六十七，谥<u>文肃</u>。有拙轩集、北迁录行世。元老专于诗，其元夕感怀云："残梦关河鳌禁月，旧游灯火马行春。"留别郭熙民云："五年风雪<u>黄州</u>（国）〔闻〕（据中州集乙集改），万里关河渭水秋。"人共传之。子钦哉、直哉、邻哉，俱为能吏。纪昀云，<u>寂</u>所著北迁录今失传，而好问所选<u>寂</u>诗仅七首及附见姚孝锡传后一首。惟<u>永乐大典</u>内所载<u>寂</u>诗文尚多，各体具备，清刻镂露，不愧作者<u>金</u>代知名士。见<u>中州集</u>者百数十家，今惟<u>赵秉文</u>、<u>王若虚</u>二集尚有传本，余多湮没。独<u>寂</u>所编拙轩集六卷足与<u>滹南</u>、<u>滏水</u>相抗行，俾读者得以考见，<u>金源</u>文献之遗，可为宝贵矣。又称登<u>天德</u>二年第，起家<u>祈县</u>令，曾为<u>中都</u>副留守。其以人言去国，尚在刺<u>蔡州</u>时云。

冬十月，命添设河防军，禁推排物力。

二十七年（丁未——一八七）春正月，因尚书省言河庆安流，请加<u>郑州</u><u>河阴县</u>圣后庙褒赠，诏加号曰（圣）〔顺〕（据<u>金史</u>卷二七河渠志改）济圣后，庙曰灵德善利之庙。〔考异〕续通考云，时河决<u>卫州</u>，自<u>卫</u>抵<u>清</u>、<u>沧</u>皆被其害。诏<u>刘玮</u>以户部尚书兼工部尚书往塞之。或谓天灾流行，非人力可御，惟当徙民以被其冲。<u>玮</u>曰："不然，天生五材，递相休旺。今河决者，土不胜水也。俟秋冬之交，水势稍杀，以渐兴筑，庶几可塞。"明年，<u>玮</u>斋戒祷于河，工役齐举，河乃复故。按，<u>正隆</u>二年，<u>东京</u>水溢，水与城等。决入女墙石罅中，湍激如涌，人惶骇。<u>世宗</u>时为留守。亲登城，举酒酬天，水退。<u>贞祐</u>三年九月，以河水决，亦遣参政<u>侯挚</u>祭河神于<u>宣州</u>。<u>兴定</u>三年八月地震，遣礼部尚书<u>杨云翼</u>祭社稷。均见续通考。

二月，因御史台臣言，命<u>南京</u>沿河四府十六州长贰官皆提举河防事，四十四县令佐皆管勾河防事。或能捍御及致疏虞，随时闻奏，以议赏罚。每岁命工部官一员，沿河检视。初，<u>卫州</u>为河水所坏，乃命增筑<u>苏门</u>，迁其州治。至明年水息，居民仍还，皆不乐迁，遣大理少卿<u>康元弼</u>字辅之，云中人，官刑部侍郎，见本传。按视，请修治旧城便，从之。〔考异〕续通考云，二十七年，河决曹、濮间，濒水者多垫溺，朝廷遣康元弼往相视。其地水盛，而城在盎中，水易为害，请命于朝徙之。卒改筑于北原，曹人赖之。二十八年，议迁卫州治，以避河患。既而，以民不乐迁止。敕自今河防官司怠慢失律者，皆重抵以罪。似州治之迁系曹、濮，而卫并未尝迁也。又云，十二月，工部言营筑河堤用工六百八万余，就用埽兵军夫外，有四百三十余工当用民夫。遂命去役所五百里州府差顾，于不差夫之地均征顾钱，验物力科之。每工百五十文外，日支官钱五十文，米升半。仍命彰化节度使内族裔、都水少监大龄寿，提控五百人往来弹压。先是河南提刑言，沿河居民多困乏逃移，盖以河防差役故也。窃惟御水患者不过堤埽，若土工从实计料，薪稿桩杙以时征敛，亦复何难？今春筑堤，都水监初料取土甚近，及其兴工乃远数倍，人夫惧不及程，贵价买土，一队之间，多至千贯。又许州初料薪稿十八万余束，既而，又配四万四千，是皆常岁必用之物，农隙均科则易输纳。自今堤埽兴工，乞令本监以实计度一岁所用物料，验数折税。或令私买于冬月，分为三限输纳为便。诏尚书省详议以闻。按，岁用薪百一十一万三千余束，草百八十三万七百余束，桩杙不与。均见续通考。

二十九年（己酉——一八九）夏五月，河溢于曹州小堤之北。以奏报稽迟，诏切责之。

章宗明昌四年（癸丑——一九三）冬十一月，尚书省奏："河平军即卫州治。节度使王汝嘉等言'大河南岸旧有分流河口，如可疏导，足泄其势，及长堤以北，亦有可归纳排瀹之处，其济北埽以北宜创起月堤。'请遣本监官从汝嘉等同往相视，庶免异议。如大河南北必不能开挑归纳，其月堤宜依所料兴修。"帝从之。

十二月，命都水监官提控修筑黄河堤。

五年（甲寅——九四）春正月，尚书省奏："都水监丞田栎等言，前代每遇古堤南决，多经南、北清河分流。南清河北下有枯河数（套）〔道〕（据金史卷二七河渠志改）河水流其中者长至七八分。北清河乃济水故道，可容二三分而已。今河水趋北，啮长堤而流者十余处，而堤外率多积水，恐难依元料增修长堤与创筑月堤也。可于北岸墙村决河入梁山泺故道，依旧作南、北两清河分流。然北清河旧堤岁久不完，当立年限增筑大堤。而梁山故道多有屯田军户，亦宜迁徙。今拟先于南岸王村、宜村两处决堤导水，使长堤可以固护，姑宜仍旧，如不能疏导，即依上开决，分为四道，俟见水势随宜料理。"宰臣以栎议所关利害非细，请遣官覆视。诏以知大名府事内族裔、户部郎中李敬义充行户工部事，命参政胥持国都提控。又奏差德州防御使李献可及焦旭

本传，字明锐，柏乡人。时称能吏，卒官西京转运使。章宗初立，为御史，劾奏太傅克宁、丞相襄不应请车驾田猎，帝命勿治。见本传。同时漳阴张亨字彦通，第进士，终南京转运使。明达吏事。渔阳韩锡字难老，以荫补官，历绛阳节度。懿州邓俨，字子威，第进士，官户部尚书，出知归德府卒。蓟州巨构字子成，登进士，终横海节度。济阴贺（杨）〔扬〕庭（据金史卷九七贺扬庭传改）字公

叟，经义进士，卒官陕西转运使。宛平阎公贞，字正之，由进士同知武定节度，入为大理卿，迁学士，校定律令，多所是正，金人以为法家之祖云。国史均有传。于山东当水所经州县筑护城堤，及北清河两岸旧堤〔别〕（据金史卷二七河渠志补）役夫修筑。嗣后集百官详议，咸以为黄河水势变易无定，非人力可以指使，况梁山泺淤填已高，而北清河狭不能容，兼所经州县田庐不一，使大河北入清河，山东必被其害，应毋容议，事遂寝。〔考异〕李愈传，愈时为河南提刑使，宪台廉察以愈为最。入见，帝称其敢为。又曰："愈论河决事，谓宜遣官视护以慰人心，其言良是。"明年，改河平军节度，卒，谥清献；有狂愚集二十卷。字景韩，绛州正平人。正隆中词赋进士，历官刑部尚书。

秋八月，河决阳武故堤，灌封邱县名，属开封府。而东，诏同知都转运使高旭及钮祜禄弈小字罕嘉努，原作韩家奴。同往规措。王汝嘉等杖七十，罢职。复命参政马琪往，仍许便宜从事。琪本传，字（伯）〔德〕玉（据金史卷九五马琪传改），宝坻人。官参政，性明敏，习吏事，尤长于钱谷。然吝好利，为上所少。通鉴辑览云，河决阳武，灌封邱，东历曹、濮、郓、范诸州县界，中至寿张，注梁山泺分为二派，由北清河入海。南派由南清河入海。从此南北分流，不能复塞。考北清河即今大清河，南清河即泗水。胡渭禹贡锥指云，河汇梁山泺，分二派入南、北清河。自宋熙宁十年，始寻经塞治，至是复行其道，而河流又为一大变矣。议者谓金欲以宋为壑，利河之南而不欲其北，故不复治。不知河自北而南在汉已然，观武帝瓠子歌淮、泗满之文，可知河之入淮不自宋始。<u>宣房</u>之举，力倍工坚，故能终久不溃。<u>宋熙宁</u>时，<u>王安石</u>用事，任使非人，施工苟且。所以才及百年即大徙，不可复塞也。按，<u>玉海</u>云，<u>熙宁</u>十年七月，<u>河</u>决<u>澶州曹村</u>。元丰元年春，修塞治，以牲玉祭河。闰正月丙戌首事，四月，名埽曰<u>灵平</u>，立庙曰<u>灵津</u>。<u>孙洙</u>撰记，是年五月甲戌朔，新堤成，长百十四里。<u>河</u>自<u>定武</u>还北流，群臣表贺。<u>苏轼</u>作<u>河复</u>诗："吾君仁圣如<u>帝尧</u>，百神受职河神骄。帝遣<u>风师</u>下约束，北流夜起<u>澶州桥</u>。"时<u>胥持国</u>与<u>马琪</u>奏言："已至<u>光禄村</u>周视堤口，堤岸陷溃，至十余里外方能取土。而堤面窄狭，仅可数步，人力不能施，虽成易毁。而中道淤淀，地有高低，流不得泄，且水退，新滩亦难开凿。其<u>孟华</u>等四埽与<u>孟阳</u>堤道，沿<u>汴河</u>东岸，但可施工者，即悉力修护，则京城不至为害。"<u>琪</u>又言："都水监员数冗〔多〕<small>(据金史卷二七河渠志补)</small>事废，请罢各掾，设勾当官二员，其都散巡河官入县令廉举人内选注。"从之。未几，<u>琪</u>还朝奏言："<u>孟阳</u>河堤及<u>汴</u>堤已修筑，水不能犯<u>汴</u>城。自今河势趋北，来岁春首，拟于中道疏决，以解南北两岸之危。"遂命翰林待制<u>鄂屯忠孝</u>、太府少监<u>温</u>(防)〔昉〕<small>(同上改)</small>充行户工部事，修治河防。寻命御史台官体究河防利害。

六年<small>（乙卯——一九五）</small>(春三)〔夏四〕<small>(据金史卷一〇章宗纪改)</small>月，以河防工毕，<u>参政胥持国</u>等进官有差。

<u>宣宗贞祐</u>三年<small>（乙亥—一二一五）</small>夏四月，<u>单州</u>刺史

延札天泽言："守御之道，当决大河使北流德、博、观、德州即宋平原郡，县三。博州即东昌府。观州即景州，县六。〔考异〕舆地广记云，德州春秋属齐，秦属齐郡，二汉曰平原郡，晋为平原国，隋置德州，复为平原郡，唐同今。县二：安德、平原。博州春秋属齐，秦属东郡，晋属平原国，宋分置魏郡，后魏曰南冀州，隋立博州，唐改博平郡。今县四：聊城、高唐、（棠）〔堂〕邑（据舆地广记卷一〇改，下同）、博平。续通考云，德州，唐改平原郡，后仍旧。今隶山东西路，领安德、德平、平原三县。博州，唐博县，宋隶河北东路，今隶大名府。明升东昌府，领临清、高唐、濮三州，聊城、（棠）〔堂〕邑、莘县、博平、荏平、邱县。沧之地。今其故堤犹在，工役不劳，水就下必无漂没之患。而难者若不以犯沧盐场损国利为说，则以浸没河北良田为解。然河徙之后，淤为沃壤，正宜耕垦，收倍于常，利孰大焉？否则河南一路兵食不足，而河北、山东之地皆瓦解矣。"命议之。

四年（丙子一二一六）春三月，延州刺史温札萨克苏原作温撒克锡言："近世河离故道，自卫东南而流，由徐、邳邳州属淮安府，县二。〔考异〕续通考云，邳州，唐后废属泗州。宋置淮阳军，今为州，元领宿迁、下邳、睢宁三县。入海，以此河南之地为狭。窃见新乡县属卫辉府（按舆地广记卷一一当作中山府）西河水可决使东北，其南有旧堤，水不能〔溢〕，（据金史卷二七河渠志补）遵行五十余里与清河合，则由濬州、大名、观州、清州、柳口入海，此河之故道也，皆有旧堤，补其缺罅足矣。如此则山东、大名等路皆河南，而河北诸郡亦得其半，退足为御侮之计，进可壮恢复之基。"

五年（丁丑—二—七）夏四月，敕枢密院，沿河要害之地，可垒石岸，仍置散星桩、陷马堑以备敌。

金史纪事本末卷三十四

章宗嗣统

世宗大定二十九年（己酉——一八九）春正月癸巳，帝崩。皇太孙即位。讳璟，小字玛达格，原作麻达葛。〔考异〕续通考云，章宗生于此山，世宗爱其山势衍气清，故以命名。后改为胡土白山，建庙。明昌四年八月，册山神为瑞圣公，命有司春秋致祭。通鉴辑览又作玛达干，稍异。显宗嫡子也。〔考异〕宗室表，显宗子七，郓王琮，本名承庆；开府瀛王瑄，本名罕都，原作欢睹；开府霍王从彝，本名阿林；秘书监瀛王从宪，本名沃里布，原作吾里补；秘书监温王（价）〔玠〕（据金史卷五九宗室表改），本名摩啰欢，原作谋良虎；与章宗、宣宗共七人。按瑄名欢睹，与世宗子永升子璀同名。续通考，明昌中，琮谥庄靖，后改庄〔惠〕（据金史卷九三完颜琮传补）。瑄谥文敬。从彝一名瓒，皆田氏生。吾里补一名琦，谥敦懿，刘氏生。价作玠，谥悼敏，王氏生。又琦子从厚封艾国公。所载稍判。母孝懿皇后图克坦氏。〔考异〕大金国志作赵氏，故郓王楷幼女。续通考云，父贞尚辽王宗干女梁国公主，生后于辽阳。母梦神授宝珠，光焰满室，祔葬裕陵。以大定八年七月丙戌生。初，封金源郡王，进原王。二十六年五月甲申，拜右丞相。十一月庚申，立为皇太孙。〔考异〕刘祁归潜志云，时待制赵可当笔，有云："念天下大器，可不正其本欤？而世嫡皇孙所谓无以易者"，人皆称之。及即位，首擢直学士。章宗纪未载。本传，字献之，高平人。贞元二年进士，翰林制诰多出其手。其歌诗乐府尤工，号玉峰散人集。元好问中州集载其使高丽次来远驿雪夕诗，有"煖老正思燕地玉，辟寒谁有魏台金"之句。子述字勉叔，承安中登科。绛州梁襄字公赞，大定初进士，官保大军节度。其贺章宗即位表云："曾天子、祖天子，世嫡相承；舜何人，予何人，自强不息。"又刘迎字无党，东莱人，大定十三年对策为当时第一。明年，第进士，官太子司经，显宗亲重之。章宗立，录旧学劳，赐其子国枢进士第。所著号山林长语，诏国学刊行。十二月乙亥，世宗不豫，遂摄政，居庆和殿东庑，至是即位。丙申，诏免今岁租税，及历年逋欠。鳏寡孤独人绢一匹，米二石。

二月甲子，命学士院进呈汉、唐便民事，及当今急务。敕开登闻鼓院，以达冤枉。戊辰，诏宫籍监户及奴婢悉放为良。丁丑，增定百官俸。令有司稽考典故，许引用宋事。是月，宋孝宗内禅，子光宗即位。

夏五月壬子，敕收录功臣子孙，量材任使。

六月辛卯，修起居注完颜乌哲等上书谏猎，纳其言。拾遗马升上俭德箴。乙未，初置提刑司，分按九路，兼劝农、采访事，屯田、镇防诸军皆属。

秋七月辛酉，减民地税十之一，河东南、北路十之二，下田十之三。令农民于钱悭之郡所纳钱货，许折粟帛。〔考异〕续通考云，八月，尚书奏河东地狭，稍凶荒，则流亡相继。窃谓河南地广人稀，若令招集他路，量给闲田，则河东饥民减少，河南且无旷土。从之。九月，又奏，制诸人佃官闲田者，免五年租课，今乞免八年，则或多垦。从之。辛巳，诏京府、节镇、防御州设学养士。初立经童科。

九月壬戌，诏罢告捕乱言人赏。制强族大姓，不得与所属官吏交往。

冬十一月，诏五品以上官各举所知，否则坐以蔽贤罪，并到任即举自代。辛巳，诏各路饥馑，先赈后奏。

十二月戊戌，复置北京、辽东盐使司，仍罢（巡盐）〔盐巡〕（据金史卷九章宗纪改）使。〔考异〕续通考云，章宗谕有司曰：“比因猎，知百姓多有盐禁获罪者，民何以堪？”令百官议。邓俨等谓，若令民计口定课，民既输干办钱，又必别市而食，是重费民财，而徒增煎贩者之利。现盐价减至每斤为三十八文，乞更减去八文，价贱易售，羡余必多。况今府库金钱约折钱万万贯有奇，若量入为出，必无不足之患。李晏等谓，干办既非美名，又非良法，必欲杜绝私煮盗贩之弊，乞每斤减为二十五文。郭邦杰等谓，平、滦濒海，及太原卤地，可依旧干办，余同俨议。王俣请每斤减为二十文，罢巡盐官。徒单镒，则以干办为便。宰臣奏，每斤官本五十文，减为二十五文，似为得中。上遂命宝坻、山东、沧盐每斤减为三十文，余从所请，干办盐钱遂罢，计减百八十五万四千余贯。未几，复加三文，后递加价七，盐司旧课岁入六百二十二万六千六百三十六贯有奇。嗣后增至千七十七万四千五百一十二贯有奇。寻诏沿淮诸榷场听民以盐市易。

章宗明昌元年（庚戌——九〇）春正月壬戌，以王(尉)〔蔚〕（据金史卷九章宗纪、卷九五王蔚传改）为尚书右丞，完颜守贞为参知政事。本传，本名苏页，袭祖古新穆昆，同知西京留守。章宗立，召为刑部尚书。使宋贺生日还，拜参政。时帝锐意于治，问汉宣综核名实之道，施行果何如？对以枢机周密，品式详备。帝曰："行之果何如？"答曰："在陛下励精无倦耳。"历平章，移知济南府，卒官。谥肃。

三月，初设应制及宏词科。辛巳，诏修曲阜孔子庙学。寻敕党怀英撰碑文，亲行释奠礼，北面再拜。〔考异〕大金国志云，时以张克己为参知政事，谓有建储勋也。

夏五月戊午，拜天于西苑，射柳击毬，纵百姓观。〔考异〕王恽西苑怀古和刘怀州韵云："彩凤箫声彻晓闻，宫墙烟柳接龙津。月边横吹非清夜，镜里蓬莱总好春。行殿基存蕉作土，踏锥舞歌草留茵。野花岂解兴亡恨，犹学宫妆一色匀"。又西园怀古诗云："锦摛西苑正隆修，大定明昌事谦游。海露恩波鳌拚首，花翻瑶艳雪迷楼。三千歌舞繁华歇，一片风烟惨淡愁。兴废算来无五纪，至今灵沼咏西周。"刘景融西园怀古诗云："琼苑韶华自昔闻，杜鹃声里过天津。殿空鱼藻山犹碧，水涸龙池草自春。民乐当歌身后曲，弓弯不见舞时茵。绛桃谁植宫墙外，露湿胭脂恨未匀。"均见秋涧集。史学宫词云："宝带香襦水府仙，黄旍彩扇九龙船。薰风十里琼华岛，一派歌声唱采莲。"刘秉忠游琼华岛词云："琼华昔日，贺新成，与苍生乐升平。西望长山，东顾恨沧溟。翠辇不来，人换世，天上月自虚盈，树分残照水边明。雨初晴，气还清，醉却兴亡，惟有酒多情。收取置人腮上泪，千载后，几新亭。"见藏春诗集。果啰洛纳延诗云："秋水清无底，凉风起绿波。锦帆非昨梦，玉树忆清歌。帝子吹笙绝，渔郎把钓多。矶头浣纱女，犹恐是宫娥"。见纳新金台集。按金之琼华岛即元万岁山，一曰万寿山。至陶宗仪辍耕录，谓金人厌胜筑。琼华岛之土皆取自塞外之山，未免附会。见日下旧闻考。

六月壬辰，奉太后幸庆寿寺。〔考异〕元会汾金史考证云，原本作寿庆。按，朱彝尊日下旧闻，庆寿寺，金章宗时所刱，并无寿庆寺。又孙承泽春明梦余录载双塔寺即金庆寿寺。今据改。

秋八月乙酉，诏设常平仓，罢诸府镇流泉务。选才干官为刺史。戊戌，帝谓宰臣曰："何以使民弃末而务本，以广储蓄？"户部尚书邓俨曰："今风俗侈靡，宜定制度，辨上下，使服用居室各有差等。用度有节，蓄积自广矣。"

是年，以伊喇履为尚书右丞，本传，字履道，辽东丹王七世孙。第进士，历参政。刊修辽史，谥文献。〔考异〕元好问中州集，履学易，通太玄，精阴阳历数，以荫补国史掾。历礼部尚书，特赐孟宗献榜进士。预淄王定策功，拜参政，进右丞，卒，谥宪（按中州集壬集不载其谥号，疑此处误）。其史院感怀诗曰："不学知章乞鉴湖，不随老阮醉黄垆。试从麟阁诸贤问，肯居兰台小（吏）〔史〕（同上改）无。一战得侯输妄尉，长身奉粟愧侏儒。禁城钟定灯花落，坐拊陈编惜壮图。"三子：辨才武庙署令，善才工部尚书，楚材中书令。所载较详。**图克坦镒为参知政事，寻进右丞。**本传，镒该习经史。时帝锐意治平，镒上言："抚太平之基，宜稽古崇德，毋因物以为好恶，轻忽小善，不恤人言。昔唐陆贽尝陈隔塞之弊九，上有其六，下有其三。陛下能慎其六，为臣者敢不慎其三哉。上下之情通，则纲举目张矣。"帝嘉之。纪未载。沈炳震廿一史四谱，章宗朝，尚书令徒单克宁，丞相夹谷清臣、完颜襄、宗浩，平章完颜宗宁、乌林答愿、粘割讹特剌、夹谷衡、张万公、徒单镒、仆散揆、完颜匡、仆散端、完颜守贞，左右丞王（尉）〔蔚〕（据金史卷九章宗纪改）、移剌履、刘玮、胥持国、董师中、完颜晏、杨伯通、孙即康、独吉思忠。均见本纪。**右丞相襄罢。**襄传，本名安，原作俺，昭祖五世孙。初，讨契丹，功第一，授亳州防御使。从侵宋，擒杨思、郭太尉。师还，累官右丞相，任国公。受顾命辅章宗，至是罢。卒，谥武昭，南阳郡王。〔考异〕宗室表，实古纳本作什古乃，昭祖曾孙，东京留守。子阿噜岱，原作阿鲁带。（参政孙）〔孙参政〕（据金史卷九四襄传改）襄历左丞相，配享章宗庙廷。按什古乃亦作什古，与宗望女昭宁公主同名。续通考又作释古。大金国志云，是年夏国入寇岚州，又侵石州。纪未载。

二年（辛亥一一九一）春正月甲寅，始许宫中称圣主。

二月壬辰，敕亲王及三品官家，毋许僧尼道士出入。禁以太一混元受箓，私建庵室者（按，据金史卷九章宗纪"禁受箓建庵"在十月）。〔考异〕续通考云，承安元年，幸天长观，建普天大醮，禁屠宰七日，无奏刑，百司权停决罚。泰和七年，幸玉虚观。按道家有三正一教者，龙虎山张氏所传是也。真大道教者，始金季道士刘德仁，以苦节危行为先，不妄取于人，不苟侈于己。五传至郦希诚，见重于元宪宗，授太元真人。太乙教者，金天眷中，道士萧抱真传太乙三元法箓之术，亦显于元。又王嚞字允卿，名中孚，改世雄，字德威，后入道，号重阳子，咸阳人。母姙二十四月而生，遇异人为吕仙翁化身，授口诀。大定七年抵宁海，立全真观，弟子（乌）〔马〕钰（据新元史卷二四三马钰传改，下同）嗣其教，与谭处端、刘处元、邱处机继主宗盟，以钟、吕、刘为三祖，嚞为祖师。元赠重阳全真开元真君。（乌）〔马〕钰名玉甫，宁海人，号丹阳子。谭字伯玉，宁海人，号长春子。刘字通妙，东莱人。邱栖霞人，号长春子，大显于元。又孙仙姑，号清净散人，宁海忠翊女。郝大通字太古，宁海人，号广宁子。王处一东牟人，号金阳子。刘德仁沧州乐陵人。郭志空章邱人。李笈济南人。张信真乐安人。吕道章垣曲人。李志方安阳人。又訾豆，自号宁真子。所载甚详。

（三）〔四〕（据金史卷九章宗纪改）月庚寅，禁民庶不得服纯黄、银褐色。癸巳，谕有司："自今女直字直译为汉字，国史院专写契丹字者罢之。"

六月癸巳，禁称本朝人及本朝言语为"番"，违者杖之。

冬十一月甲寅，禁伶人不得以历代帝王为戏及称万岁。〔考异〕大金国志云，上赵太后尊号寿福，集百官大列妓乐。三月，拜经童为相，经童者僧童也。封监女为贵妃，内庭事惟其言是听，外事惟乞儿李点检主之。朝纲不正，军民胥怨。西夏陷鄜、坊州，攻保安军。续通考云，十一月乙丑，危宿在羽林军上垒壁星下，光芒明大。纪均未载。

　　三年（壬子——一九二）春正月丙辰，以孝懿皇太后小祥，尚书省请依元年世宗忌辰例，诸王陪位，服惨（素）〔紫〕（据金史卷九章宗纪改），去金玉之饰，百官不视事，禁音乐屠宰，从之。〔考异〕续通考云：时孝懿后梓宫在殡，太傅克宁卒，帝欲亲为烧饭，张暐言而止。又霍王从彝母早死，温妃石抹氏养之。明昌六年，温妃卒，暐奏：“慈母服齐衰三年，桐杖布冠，礼也。从彝近亲，至尊压降与臣下不同，乞于未葬前服白布衣绢巾，既葬，只用素服终制，朝会从吉。”允之。壬戌，如春水。〔考异〕刘祁归潜志云，章宗春水放海青，时赵黄山在翰苑扈从。既得鹅，索诗，立进之。诗云：“驾鹅得暖下陂塘，彩骑星驰入建章。黄伞轻阴随凤辇，绿衣小队出鹰坊。抟风玉爪凌霄汉，瞥目风毛堕雪霜。共喜园陵得新荐，侍臣齐捧万年觞。”赵名沨，字文（儒）〔孺〕（据金史卷一二六赵沨传改），东平人。大定间进士，官礼部郎中。自号黄山，篆书配党怀英，号“党赵”，赵秉文称其书法在苏、黄伯仲间。著黄山集。阎咏亦有复轩集。曹班又有春澜集二卷。南宫吕宗孚字信臣，所著有清漳集。均见续通考。按，文艺传，宗孚作中孚，冀州人。清漳作南漳，又异。

　　二月辛丑，诏追复田毅等官爵。

　　三月辛卯，令“检勘前后所申孝义之人，如有可用者，具以闻。”

　　夏四月丙（辰）〔寅〕（据金史卷九章宗纪改），旱灾，下诏责躬。罢不急之役，省无名之费，汰冗员，〔考异〕续通考云，金朝官数，大定末，在任官万九千七百员，四季赴选者千余，岁数监差者三千。明昌四年，奏周岁官死及事故者，六百七人，新入仕者五百一十，见任者万一千四百九十九，内女直四千七百五员，汉人六千七百九十四员。至泰和七年，在任官四万七千余，四季赴部拟授者千七百，监官到部者七千二百九十余，则三倍大定时矣。所载甚详。决滞狱。

五月癸酉，罢北边开壕之役。甲戌，雨。戊寅，出宫女百八十三人。

秋八月甲辰，集百官问朝政得失及民间利害，令各书以对。

冬十月戊午，命访求博物多知之士。〔考异〕大金国志云，主登极，尊礼大臣，讲论经史。至是除内侍江渊为内都知，出入宫掖，大受赂遗，国体始弱矣。纪未载。

四年（癸丑——一九三）春正月癸未，命察举官吏以德化为先。辛卯，赈河北诸路被水者。癸巳，谕点检司，"行宫外地及围猎之处，悉与民耕。虽禁地，听民持农器出入。"〔考异〕续通考云，明昌元年，诏濒水民地，已种莳而为水浸者，可令以所在官佃对给。五年十一月，诏罢紫荆岭所护围场。

三月（庚午）〔壬申〕（据金史卷一〇章宗纪改），制定民习角觝枪棒罪。甲申，幸香山永安寺及玉泉山。〔考异〕胡砺传，天会间，大军下河北，砺为军士所掠，行至燕，亡匿香山寺。大定二十六年重修，寺成，赐名大永安。章宗纪又书承安三年七月，幸香山。八月，猎于香山。四年八月，复猎。五年八月，幸香山。泰和元年六月，幸香山。六年九月，幸香山。南濠集云，香山寺亦名甘露。上金刚殿后有古椿六，又上由画廊登慈恩殿，其右为香炉冈，冈下有蟾蜍石、丹井，又有梦感泉。章宗尝至其地，梦矢发，泉涌，旦起掘地，果得泉。后僧潜之，遂隐。刘侗帝京景物略云，山多名迹，有葛稚川丹井、金章宗祭星台、护驾松、碁盘石、香炉石。蒋一葵长安客话云，今来青轩之前，两腋皆叠嶂环列，宾轩为章宗祭星台。其西南道上，章宗经此，有松密覆，因名护驾松。日下旧闻考云，蟾蜍石即今蟾蜍峰。丹井即今双井。香炉石即今玉乳峰。余均无考。宋启明长安可游记云，香山有乳峰石，时嘘云雾，类匡庐香炉峰，故名。孙承泽北平古今记记云，祭星台或是元时祭遁甲神之地，号灵应万寿宫。刘太保秉忠遗址。明王衡缑山集诗云："空潭落星辰，腾沙郁四野。不知何王碑，隔坡问牧者。"王崇简冬夜笺记云，香山又有碧云寺。元之碧云庵，辽耶律阿勒弥所建。明巨当于经拓为寺。经死，魏忠贤重修。均立冢域，后为御史张瑗奏毁。刘友先玉泉山诗注，章宗构芙蓉殿于此山。客话又云，玉泉山顶有章宗行宫芙蓉殿故址。章宗尝避暑于此。

夏五月辛巳，谕诸路，令月具雨泽田禾分数以闻。

冬十二月甲寅，册长白山神为开天宏圣帝。〔考异〕续通考云，初，有司言，长白山在兴王之地，服章爵号非在公侯上不足称。因册为兴国灵应王，敕每岁降香，有司春秋致祭。明昌四年十月，御大安殿，用黄麾立仗，复册为开天宏道圣帝。所载较详。按，大定四年，礼官言岳、镇、海、渎当以五郊迎气日祭之。诏依典礼，以四立土王日，就本庙致祭。在他界者，遥祀封爵，仍唐、宋旧。明昌六年，诏加岳渎王爵，从沂山道士杨道令言也。每岁遣使奉御署祝版，奁香乘驿行礼。

是岁，大有年，邢、洺、深、冀、河北〔西路〕（据金史卷一○章宗纪补）十六穆昆之地，野蚕成茧。〔考异〕续通考云，天会三年七月，锦州野蚕成茧，以丝绵来献，诏赏其长吏。承安元年六月，平晋县民利通，家蚕自成绵长七尺一寸五分，阔四尺九寸，诏赐绢十匹。所载甚详。

五年（甲寅——一九四）春正月己巳，诏行"区田法"，相其地宜，务从民便。〔考异〕续通考云，先是武陟高翌上"区种法"，且请验人丁地土多少，定数令种。下省臣议，令农田百亩以上，如濒易得水地，须区种三十余亩，多种者听。无水者从民便。乃委各千户、谋克、县官依法劝率，后竟不能行。纪又载承安元年四月行"区种法"，民年十五以上、六十以下有土田者，丁种一亩。

〔二月〕（据金史卷一○章宗纪补）丁酉，诏购求崇文总目内所阙书籍。

三月戊子，置宏文院，译写经书。〔考异〕续通考云，章宗立，诏自今学士院诏诰并用四六，寻因温敦伯英言，命学官讲经。泰和元年十月，诏有司购遗书，宜高价以广搜罗。诏藏书家不愿送官者，官为誊写，毕，复还之，仍量给半直。四年十月，诏亲军年三十以下，令习孝经、论语。

夏四月壬辰，幸北苑。〔考异〕赵秉文有北苑诗，见滏水集。刘颋传，帝幸南苑，苑中有唐旧碑，书"贞元十年御史大夫刘怦葬"。帝见之曰："苑中不宜有墓。"以颋本怦后，赐钱三百贯，改葬之。纪未载。乙卯，幸景明宫，董师中本传，字绍祖，洺州人。第进士，官左丞。通古今，善敷奏，练达典故。处事精敏，尝言宰相不当亲细故，要知人才，振纪纲。卒，谥文（宪）〔定〕

（据金史卷九五董师中传改）。元好问中州集作邯郸人，皇统九年进士。直道自立，虽性喜恢谐，不害为国朝名相。有漳州集行世。等疏谏，不听。是月，宋孝宗崩。

秋七月戊辰，猎于和济格尔，原作豁赤火一发贯双鹿。是日获鹿二百二十二，颁赐有差。〔考异〕蒋一葵长安客话云，大通桥东有鹿园，方广十余里，地平如掌，古树偃仰，与高冢相错，传是章宗故址。刘侗帝京景物略云，鹿园，章宗故园也，今为蓝靛厂。日下旧闻考，蓝靛厂有二处，一在西直门外，今西顶广仁宫即其地。一在东直门外，即此鹿园遗迹也。

九月戊寅，敕尚书省集百官议备边事。命诸路并北准布〔考异〕满州语提撕也，旧作阻礷，今译改。以六年夏，会兵临潢。〔考异〕续通考云，金制，会兵用虎符。初，礼官言汉与郡国守相为铜虎符，唐以铜鱼符起军旅，易守长等用之。至是，斟酌前制，其符用虎分左右，左者留御前，以亲臣掌之，右付招讨统军官主之。发兵三百以上及征兵、召易本司长贰官，从尚书省奏请左第一符，近侍局囊封付主奏者，省臣录圣旨与符函封，用省印记之，专带牌驰送付彼。至，则视其封以右符勘合，然后奉行。用后复封送左符付使者，送省衙进。倘事急，亦许先发后闻，诏即施行之。贞祐三年，更定密院用鹿符，宣抚用鱼符，统军用虎符。其发与付印封，如例。

冬十二月辛酉，平章政事完颜守贞罢。本传，守贞读书通法律，明习国朝故事。时金有国七十年，礼乐刑政，因辽、宋旧，杂乱无绪，帝欲更正为一代法，其仪式条约多守贞裁订。故明昌之治，号称清明。喜推毂善类，接引后进，朝中正人多出入门下，为胥持国等所忌，故罢。〔考异〕续纲目，守贞之罢载在六年冬。

毕沅续通鉴云，守贞既罢相，出守，持国犹忌。寻以在政府与近侍窃言宫掖事，坐解职。下诏切责其不公。纪未载。以尼玛哈鉴为参知政事。本传，原名威喇，隆州人。第进士，历太子侍丞。世宗称其保护太孙，礼节言动犹有国俗纯厚旧风。章宗立，拜参政。卒，谥文（恭）〔肃〕（据金史卷九五尼庞古鉴传改）。

六年（乙卯——九五）春正月庚戌，罢陕西括地。时北边警，庆州被围急，招讨副使裕尔伯特原作瑶里孛迭击却之。

夏五月庚戌，遣左丞相瓜尔佳清臣本传，原名阿卜萨，窣都人。讨契丹、侵宋均有功，累官左丞相，密国公。〔考异〕汪辉祖金史同名录云，阿卜萨一作阿不沙。卷八十六乌延查剌传世宗时叛党、卷一百二十一讹里也传其子，官世宗时外帐小底，三人同名阿不沙。行省事于临潢府。寻遣使来献捷。清臣领军出征，令伊喇敏为都统，完颜安国副之，〔考异〕忠义传，伯特梅和尚，（秦）〔泰〕州（据金史卷一二一伯德梅和尚传改）人。官崇义节度，时为副统，会敌入临潢，力战，被射死，赠龙虎上将军、护卫。博克托等战没。纪未载。博克托原作辟合土。卷六世宗纪大定八年同签大宗正，贺宋正旦辟合土另一人。清臣传，时左卫将军完颜充与安国分左右翼，与纪异。又，传后作右卫将军，疑误。按，充于泰和间屡立战功，具载章宗纪，而此事独未之载，又无本传可证，故补识之。分领前队，自选精兵为后队。进至哈里河，前队于栲栳泺攻营十四，下之。回迎前军，属部色彻掩其所获羊马资械归。清臣遣人责其赎罚，北准布由是叛去，大肆侵掠。事闻，降授

横海节度使。是役也，<u>清臣</u>首其事，致北鄙不宁者
数岁，天下尤之。<u>安国传</u>，时为先锋都统，适属部叛，<u>安国</u>讨
定之。迁本路招讨使。<u>纪未载</u>。命尚书左丞瓜尔佳衡<u>本传</u>，
本名阿里布，<u>山东西路</u>人。第进士，历应奉翰林文字，擢左丞，改
<u>上京</u>留守，迁枢副，进平章，<u>英国公</u>。卒，谥（文）〔贞〕献（据金
史卷九四夹谷衡传改）。〔考异〕<u>汪辉祖金史</u>同名录云，原作<u>阿里补</u>。
<u>卷六世宗大定</u>十年户部郎中、<u>卷七十一吾扎忽传大定</u>时泰州押军猛
安、<u>卷九十移喇道传大定</u>时同知睢州事，均姓<u>乌古论</u>氏，四人同名
<u>阿里补</u>，又作<u>阿里不</u>。<u>卷一百十九仲德传哀宗</u>时元帅，同名。将
兵赴<u>抚州</u>。<u>地理志</u>即镇宁军。县四，治柔远，隶<u>西京路</u>。诏右
丞相<u>襄</u>领行省事。败敌于<u>望云</u>，遂率驸马都尉<u>布萨</u>
<u>揆</u>等进军<u>大盐泺</u>，<u>地理志</u>属<u>北京路</u>，隶<u>临潢府</u>。分兵攻取
诸营。时<u>襄</u>招降<u>呼必幺</u>，原作<u>胡匹幺</u>遣<u>完颜充</u>进次<u>乌</u>
<u>鲁斯</u>原作<u>斡鲁速</u>城。寻命支军出东道，自出西道。东
军至<u>龙驹河</u>，被围。<u>襄</u>驰救，合击，大破之。敌奔
<u>斡勒嘉</u>原作<u>斡里札</u>河，遣<u>完颜安国</u>追蹑之，众散走，
冻死者十八九，降其部长，遂勒勋<u>九峰石壁</u>。<u>安国</u>
<u>传</u>，<u>襄</u>总师，进<u>安国</u>两路都统，大捷于<u>多泉子</u>。统所部万人疾驱。
薄敌，破，降之。擢枢副，卒。<u>忠义传</u>，<u>彰德</u>治中<u>舒穆噜</u>元毅本名
<u>舒苏</u>，以边警改<u>抚州</u>刺史。出，与敌遇，力战死之。赠信武将军。
子<u>世勋</u>，后登进士第。<u>纪均未载</u>。是月，命减<u>万宁宫</u>陈设九
十四所。〔考异〕<u>史志</u>云，京城北离宫有<u>大宁宫</u>，<u>大定</u>十九年建。
后更为寿宁，又为寿安。<u>明昌</u>二年，更为万宁。<u>泰和</u>四年，<u>万宁宫</u>
端门灾，即此。<u>张仅言传</u>，护作<u>大宁宫</u>，引宫左流泉溉田，岁获稻

万斛。赵秉文有扈跸诗，见滏水集。元史舒穆噜明安传，攻万宁宫，克之，取富昌、丰宜二门。元遗山集云，寿宁宫有琼华岛、绝顶广寒殿，近为黄冠辈所毁。

十月，以岁幸春水、秋山，自今十日一进起居表。〔考异〕宋潜溪集云，金源之制，岁以正月如春水，九月幸秋山，群臣一进起居表。朱彝尊日下旧闻云，春水、秋山疑无定所，春渔于水，即曰春水，秋猎于山，即曰秋山云尔。顾炎武昌平山水记云，州西二十五里有驻跸山，山南有栖云啸台，高二丈许，正北有石梯可上，金章宗建亭于此。山下有石床、石釜，今亡。畿辅山川志云，章宗驻跸处，岩镌"驻跸"二大字。又，神岭峰在灌石村西北，章宗游此，以所饮酪浆洒石壁上，至今犹白。西南有寒岩，多奇花异草。芹城小志云，州东十五里有绵山，一名宜山。祝穆方舆胜览载有绵山寺，金真定周昂题诗云："野阔群山惊破碎，云低沧海认微茫。"潘自牧记纂渊海云，燕山自西山逶迤东来，至玉田县西北，延袤数百里，直抵海岸。翁文简集云，燕山去神京百里，明朝诸陵在焉，更名天寿，即昌平县东黄土山也。曹学佺名胜志云，平谷县城南五里，逆流河西，有章宗看花台遗阜。又县东二十里有望马台，西北二十里有发箭台，皆章宗游猎处。按，平谷本汉县，属渔阳郡，金大定末，大王镇升。地理志作平峪。问奇集云，"峪"读如"裕"。释志朴盘山志云，翁同山一名空同山，在蓟州城北五里。上有崔府君祠，又呼府君山。旧有日照寺，寺有圆覆法师舍利塔。金大定九年，进士孙设撰记。甃塔之东西有小石碣，列建塔居士沙门姓名。寰宇通志云，避暑亭在蓟州西北五里，相传章宗避暑于此。

承安元年（丙辰——一九六）春正月甲申，大盐泺群牧使伊喇觌等为光嘉喇原作广吉剌部兵所败，死之。

二月丁卯，右丞相襄、左丞衡至自军中。己巳，复命还军。

秋七月庚辰，御紫宸殿受贺，赐诸王宰执酒，敕有司以酒万尊置通衢，赐民纵饮。都人寻进酒三千二百瓶。乙酉，命有司收瘗西北路阵亡骸骨。

九月丁丑朔，幸天长观。按，本纪，承安二年七月，幸天长观，建普天大醮。泰和元年二月，复幸。三年十二月，赐天长观额为太极宫。〔考异〕山中白云祠，旧太极宫，即元大都长春宫。栖霞邱处机幼为全真，学于宁海昆仑山，金宋二季征召不赴。太祖自奈曼命近臣持诏求之，入见，屡以止杀为戒，全活甚众，赐还。与高弟十八人游漠北，居燕长春宫地，化焉，今都城西南白云观也。见元史及于慎行谷城山房笔麈。李孟谦甘水仙源录云，时北平王粹，字子正，遇长春弟子李志常，北面执礼，居长春宫孝元堂，嗜读工文，诗有陶、韦风，有“十月风霜侵病骨，数家针线补残衣”之句。从弟郁亦工诗，尝以布为囊，采当世名公卿诗投其中。少居钓台，潜心述作。李钦叔得所著赋及碑，大惊，荐于诸公，后为兵杀。见刘祁归潜志。钓鱼台，在三里河西北里许，是金主游幸处。见问次斋集。台前有泉涌出，不竭，凡西山支流悉注此。元时谓之玉渊潭，为丁氏园池。元人游赏赓和，极一时之盛。见刘侗帝京景物略。辛巳，襄赴阙，进拜左丞相，封常山郡王。

冬十月，准布复叛，命襄行省北京、签枢密完颜匡行院抚州。〔考异〕裕尔伯特传，时领步骑万次懿州，贼数万逆战，势张甚。伯特击却之，身中二创。捷闻，迁一官。明年，乣军千余剽掠锦、懿间，伯特败之，夺所掠，还本户。纪均未载。

十一月庚寅，特们原作特满群牧契丹图卜苏、原作陋锁德寿等据信州反，襄遣将讨平之。〔考异〕宏简录云，襄命总管乌古论道远、蒲察守纯分道进讨，擒德寿等送京师。大金国志载在泰和元年，稍异。详卷二十六。

二年（丁巳——一九七）春三月，召左丞相襄还，命参政裔行省北京。未几，北部复叛，裔战失律，杖除名。复命襄为左副元帅莅师，寻拜枢密使兼平章政事。时襄遣宗浩出军泰州，左丞衡出军西北路，以邀准布，自率兵出临潢。顷之，色彻部族诣抚州降。襄乃进屯默音坪里、额穆尔苏〔考异〕宏简录作沔移剌烈、乌满扫等山以逼之。无何，泰州军与敌接战，宗浩督其后，杀获过半。诸部相率纳款，自是北（邮）〔陲〕（据金史卷九四完颜襄传改）遂定。〔考异〕宗浩传，章宗初，北部光嘉喇屡入塞，准布亦叛，丞相襄谓破光嘉喇，则准布无东顾忧。宗浩请先讨光嘉喇。时哈达济与占楚珲皆北方别部，往来准布、光嘉喇间，连岁扰边。宗浩命主簿萨招降光嘉喇，期会于伊玛河，宗浩前军至特尔格山，遇占楚珲军，斩千二百级，俘车畜甚众，哈达济、占楚珲二部长皆降。乃移军趋伊玛，大破必里克图军。萨等追蹑，及之斡里雅布水，大破之，博斯和九部请内属。所载较详。又，裕尔伯特传，三年，从宗浩为都统，战伊玛河及骨堡子西，杀获甚众。大金国志云，是年大旱，山东、泽、潞寇盗屯结，命龙虎将军张天翼讨之，江渊遣其弟源监军，兵败，天翼战死。时渊用事，除拜、生杀皆出其口，张克己等朝夕候门下，军报不时闻，兀术子伟谏，除名，徙代州。元圣武亲征录云，时襄率兵逐叛者北走，帝闻之，遂起兵斡难河迎讨，与战于<u>纳剌秃失图</u>之野，获大车、金银绷车各一，遂授帝为<u>察兀秃鲁</u>。按，帝即<u>元太祖</u>也。史均未书。

秋八月丙戌，以左宣徽使<u>膏</u>为尚书右丞。〔考异〕<u>钱大昕潜研堂集</u>云，<u>史</u>作<u>膏</u>。"膏"字不见于字书，疑讹。余见<u>曲阜孔庙石刻</u>，<u>承安</u>四年三月，<u>泰定军</u>节度使兼<u>兖州</u>观察使<u>完颜膏</u>祭文，后有<u>孔元措</u>跋曰："相国<u>完颜</u>公自右丞出镇<u>沇郡</u>，"与<u>章宗纪承安</u>三年十二月，右丞<u>膏</u>罢年月相合，然则"膏"即"膏"之讹。说文，膏、用也，从膏，从自，读若庸。石刻作膏，隶体小变耳。<u>通鉴辑览</u>云，音庸，<u>续纲目</u>误作膏。本名<u>额里埒</u>，旧作<u>阿里剌</u>，宗室也。又，备考内有膏字，余颂切，音用，解作鼻知香云。<u>续通考</u>云，是年十二月，遣户部侍郎<u>上官瑜</u>体究<u>西京</u>逃亡，劝沿边军民耕种，户部郎中<u>李敬义</u>规措临潢等路农务。<u>章宗纪</u>"瑜"作"逾"，稍异。

三年（戊午——九八）**春正月丙辰，如城南春水，寻名都南行宫曰<u>建春</u>。**〔考异〕<u>章宗纪</u>，<u>明昌</u>五年正月，幸城南别宫，即<u>承安</u>时之<u>建春宫</u>。<u>明昌</u>在<u>承安</u>前，时尚未有<u>建春</u>名，故称别宫耳。见<u>日下旧闻考</u>。<u>隐逸传</u>，<u>赵质</u>字<u>景道</u>，<u>辽</u>相<u>思温</u>后。<u>大定</u>末，举进士不第，隐居<u>燕城</u>南，教授为业。<u>明昌</u>间，<u>章宗</u>游春水过焉，闻弦诵声，幸其斋舍，见壁所题诗，讽咏久之。召至行殿，命之官，固辞曰："臣僻性野逸，志在长林丰草，金镳玉络非所愿也。"上益奇之，赐田千亩，复之终身。

三月壬寅，始榷醋。〔考异〕<u>续通考</u>云，<u>大定</u>初，以国用不足，权时榷醋，以助经费。二十一年，府库充牣，罢之。<u>明昌</u>五年，旋榷旋罢。<u>承安</u>三年，省臣以国用浩大，复榷之。五百贯以上设都监，千贯以上增同监一员。

冬十月癸未，行枢密院萨察等言，请开榷场于色勒年，原作辖里（裹）〔裊〕（据金史卷一一章宗纪改）从之。丁亥，定官民存留见钱之数，设回易务，更立行用钞法。〔考异〕续通考云，明昌四年八月，因陕西提刑言，令本路榷税及诸名色钱折交钞，官兵俸许钱绢银钞各半，若钱银数少，即全给交钞。五年三月，立存留见钱法，令官民家见钱不过二万贯，猛安、谋克不过万贯，余则易他物收贮，告者赏。承安二年，省臣议，旧制，银每锭五十两直百贯，遂改铸银，名"承安宝货"，一两至十两分五等，每两折钱二贯，公私同见钱用，寻罢。（太）〔泰〕和（据金史卷四八食货志改）二年十二月，上以交钞事召户部尚书孙铎、侍郎张复亨议于内殿，复亨以三合同钞可用，铎请废不用。自是国虚民贫，经用不足，专以交钞愚百姓，而法又不行，世宗之业衰焉。四年七月，用户部尚书上官瑜言，请罢限钱法。

十一月辛亥，以边事定，大赦。赐丞相襄以下将士金币有差。〔考异〕史称北边之警，清臣首议出师，遂以贪小利败。襄虽贤，竭力而后胜其任，然而兵连祸结，以终金世。迹襄之筑壕堑以自固，其犹元魏、北齐之长城欤。

四年（己未——一九九）春正月辛酉，复以张万公为平章政事，封寿国公。本传，字良辅，东阿人。第进士，历官中外，终山东安抚使，谥文贞。辅政八年，荐拔〔多〕（据金史卷九五张万公传补）廉让之士。性刚正，典章文物多所裁定。元好问中州集载其登稷山清樾诗云："问囚推案朝还暮，危坐不知春浅深。今日檐间看风色，一株红杏暗惊心。"宣宗纪，帝言章宗秋还，闻平章万公卒，叹曰："朕回将拜万公丞相，而遂不起，命也。"传未载。

二月乙丑，如建春宫春水。〔考异〕续通考云，时帝谕点检司曰："自蒲河至长河及细河以东，朕常所经行，宫为和买其地，令百姓耕之，仍免其租税。嗣后，元兵至，舒穆鲁明安曾驻军于此。见元史本传。庚午，御宣（和）〔华〕门（据金史卷一一章宗纪改）观迎佛。〔考异〕刘侗帝京景物略云，潭柘寺去都城西九十里，金碑二，明昌五年，僧重玉（记）〔诗〕（据帝京景物略卷七改）、大定十三年杨节度（建）〔记〕（同上）。寺在晋、梁、唐、宋代有尊宿，而唐华严为著。王衡猴山集云，寺之两殿，鸱工绝，金、元时故物也。寺创于唐，重饬于大定。释重玉有从显宗游龙泉寺诗云："一林黄叶万山秋，銮仗参陪结胜游。怪石斓斑蹲玉虎，老松盘屈卧苍虬。俯临绝壑安禅室，迅落危岩泻瀑流。可笑红尘奔走者，几人于此暂心休。"按，重玉诗刻在延寿塔后。龙泉寺即潭柘寺，距寺半里许有塔园，僧塔五：一曰中都潭柘山龙泉寺宝禅师塔，皇孙祖敬撰，大定二十八年休休道者祖深建；一曰浑源州永安禅师第一代归云大禅师塔，铭寂通居士陈时可撰，郭恤建竖石；一曰中都竹林禅寺第七代奇和尚塔，大圣安寺，西堂传法沙门广善铭，大定十九年建；一曰第九代了公禅师塔，铭大庆寿寺住持传法沙门德顺撰，泰和四年门人善琼等建，余一石刻云，故广慧通理禅师之塔，其碑字已漫灭。又雀儿庵，在潭柘后山五里。章宗幸此弹雀，弹发不虚，帝喜，为建庵，曰雀儿，今废。熊相蓟州志云，隆福寺在州东六十里，有金泰和三年吕卿云葛山重修隆福院记，词多，不具载。析津志云，宝集寺，唐时建。有石幢在佛殿前，辽统和间沙门彦珪、彦琼、宗景，重熙间慧鉴，金天会时思愿、智遍，大定间重晖，承安间志元，皆统领教门。至元至正三年，仪公被诏主寺，尝承诏校金书藏典，为撰续释氏通鉴，进诸嘉禧殿，上嘉叹之。明初寺废。

　　三月己亥，户部尚书孙铎等始转对香阁。铎传，字振之，历亭人。大定时历同知检院（按，据金史卷九九孙铎传，铎为同知检院当在明昌初），奏言"上诉者皆因省断不得直，若上诉者复送省，则必不行矣。乞自宸衷断之。"上然之。诏凡诉者，每朝日奏十事。泰和末进参政，改绛阳节度。贞祐初卒。

夏五月壬辰朔，以旱，下诏责躬，求直言，理冤狱。

六月癸未，奉职酬和尚进浮漏水称影仪简仪图，命有司仿造。

冬十月甲申，初置审官院。

〔十一月〕（据金史卷一一章宗纪补）乙（酉）〔未〕（同上改），敕京、府、州县设普济院。

十二月癸未，更定科举法。〔考异〕大金国志云，二月，建太学于京城南，生徒甚众。主博学工诗。五月，在泰和殿赏牡丹，咏诗云："洛阳谷雨红千叶，岭外朱明玉一枝。地力发生虽有异，天工造物本无私。"九月，赵太后薨，遗命宸妃谓其家三四百口为炀王所杀，丛葬和龙，欲创一寺，追荐冥福。遂下和龙府，起大明寺，建九级浮屠。谏议胡列璧谏，不省。纪未载。元好问中州集亦载牡丹诗云。泰和殿在云龙川。又，道陵中秋赏月瑶光楼，召文孺对御赋诗，以清字为韵。诗云："秋气平分月正明，蕊珠宫阙对蓬瀛。已驱急雨消残暑，不遣微云点太清。帘外清风飘桂子，夜深凉露滴金茎。圣朝不奏霓裳曲，四海讴歌即乐声。"道陵大加赏异，手酌金钟以赐。且字之曰："文孺，以此钟赐汝作酒直。"士林荣之。文孺赵沨字也。坚瓠集云，章宗尝诏录马嵬诗，得五百余首，付词臣品第。高德卿诗在高等。诗云："事去君王可奈何，荒坟三尺马嵬坡。归来枉为香囊泣，不道生灵泪更多。"周密癸辛杂识云，章宗母乃徽宗某公主女。故章宗嗜好书札，悉效宣和字画，尤为逼真。金之典章文物，惟明昌为盛。

五年（庚申—一二〇〇）春三月辛巳，定本国婚聘礼制。

夏四月丙午，尚书省进律义。

秋七月癸亥，定居祖父母丧，婚娶听离法。

冬十一月乙卯，初定品官过阙则下制。〔考异〕大金国志云，是年，蒙军大举深入，至斯波川，和龙帅完颜太康御之于东津，爱王兵与之合，自君子津济。十二月，和龙陷，遂取东、平、滦三州。次年三月，蒙军犯北部，败其众于骨立，追至扬割城而还。大兴以北千里萧条，耕桑俱废。加以旱暵，民不聊生。史未载。

泰和元年（辛酉—一二〇一）春正月己巳，更定荫叙法，颁行之。〔考异〕续通考云，明昌初，诏收录功臣子孙，量才于局分承应。定品官子孙试补令史格。吏部言，天眷中，八品用荫不限所荫之人。贞元中，七品用荫方限以数。乞依旧格，五品以上荫一名，六品荫子孙兄弟二人，七品仍旧格。时又以旧格虽有己子，许荫兄弟侄，所以崇孝弟，而新格禁之，遂听让荫。又定承荫人试弓箭格。至是，用太府监孙复言，门荫太滥，更定其法，颁行之。六年，以蒲古烈图剌、完颜言僧皆死国事，官其子。所载较详。

二月壬辰，去造土茶律。

夏五月戊寅，削尊长有罪卑幼追捕律。

六月己亥，申风俗奢靡之禁。

秋七月辛酉，禁放良人不得应科举，子孙不在禁限。甲子，谕"上书人言及宰相者，不得申省。"

九月戊申朔，更定赡学养士法：生员给田及粟有差。

冬十月壬寅，敕有司购遗书，量给其直。

十二月丁酉，司空襄等进新定律令敕条格式五十二卷。辛丑，诏颁行之。〔考异〕刑志载新定律令三十卷，敕条三卷，六部格式三十卷，司空襄进，诏以明年五月颁行之。与此小异。

二年（壬戌—一二〇二）秋八月丙申，凤凰见于磁州武安县鼓山石圣台。〔考异〕续通考云，是月，石圣台有大鸟十，其羽五色烂然，高可逾人，九子差小，倚旁高四五尺，禽鸟万数如朝拱然。俄有大鸟怒来搏击，群以为凤凰也。留二日，西北去。事闻，告宗庙、诏中外。周密癸辛杂识谓为泰和四年六月事。云，凤去，村民疑台下有异，私掘三尺余，石罅中直插金箭一，取不能尽。击折，得其半。以火煅剑，见火，化飞蝉蜂散飞去。所载各异。

冬十一月甲辰，更定德运为土，腊用辰。诏中外。

三年（癸亥—一二〇三）夏四月己未，命吏部侍郎李炳等详定仪礼。

夏五月壬申，以重五拜天射柳，上三发三中。四品以上官侍宴鱼藻殿。〔考异〕礼志，常以冬至日合祀天地于圜邱，夏至日祀地祇于方邱。春分朝日坛曰大明，在施仁门外东南。秋分夕月坛曰夜明，在彰义门外西北。风师坛在景风门外东南，岁以立春后丑日祀。雨师坛在端礼门外西南，岁以立夏后申日祀。

是日，祭雷师于位下。明昌六年，帝未有子，行高禖之祀。坛在景风门外，与圜邱东南相望，岁以春分日祀。续通考云，大定十一年郊祀，定议以太祖配享南郊。前一日，遍告祖宗。其日，备法驾、卤簿，躬诣郊坛行礼。承安元年，将郊，命礼神之玉及燔玉皆用真玉。前郊祀，党怀英读祝册，至帝名，声微下，帝命平读之。五年五月，敕来日重五拜天，服公裳者拜礼仍旧，诸便服者并用女直拜。按，女直拜，先袖手，微偃身，稍复却，罢左膝，左右摇肘，若舞蹈状。凡跪，摇袖，下拂膝，侧左右肩者凡四。如此者四跪，复以手按右膝，单跪左膝而成礼。国言摇手而拜，谓之撒速。

六月戊申，定职官追赠法。

冬十月戊戌，日将暮，赤如赭。己亥，大风。甲辰，申、酉间天大赤，夜将旦亦如之。〔考异〕大金国志云，四年三月，中天以北，其色殷红如血。司天奏，十年后主天下大乱。主怒责之。毕沅续通鉴云，时杜时升知天文，谓所亲曰：吾观正北赤气如血，东西亘天，天下当大乱，乱而南北合为一，因南渡河，隐居嵩洛山中。续通考云，明昌三年十二月丙申，北方微有赤气。泰和四年二月丁卯，日出无光。五年九月戊子，西北方黑气，间有赤气如火。又西南、正南、东南皆赤，中有白气贯彻。既而风雨。二更，黑云间赤气复起，往来游曳，内有白气数道，其赤气又满中天，约四更始散。六年正月，北京申，龙山县西，见有云结成车牛行帐之状，前后摧损，晡时乃散。九月己酉，夜将曙，北方有赤白气数道，历王良下，徐行至北斗，开阳、瑶光之东而散。所载甚详。

四年（甲子—一二〇四）春二月庚戌，始祭三皇、五帝、四王。寻诏定〔前代〕（据金史卷一二章宗纪补）帝王合致祭者。〔考异〕续通考云，金制，前代帝王三年一祭于仲春之月。伏羲陈州，神农亳州，轩辕涿州，少昊兖州，颛顼开州，高辛归德府，陶唐平阳府，舜、禹、汤河中府，文、武京兆府。泰和三年，省臣奏，开元礼，祀古圣王请御署，自汉高下二十七帝不署。平章镒等议，降祝版又请署，从之。三月，诏定前代帝王合致祭者。省臣奏，三皇、五帝、四王已行三年一祭礼，若自夏太康十七君致祭为宜。从之。

夏四月丙申，诏定县令已下考课法、衣服制。

秋八月庚子，命完颜纲等编类陈言文字，凡二千卷。

九月壬申，定屯田户自种及租佃法。〔考异〕续通考云，五年二月，上先闻诸路括地时，其间屯田军户多冒名增口，以请官地及包取民田，民有空输赋税，虚抛物力者。至是，省臣言，若复遣官分往追照案凭，讼言纷纷，何时已乎。遂令虚抱税石已输送入官者，命于税内每岁续扣之。时主兵者言，比岁征伐，兵多败衄，盖屯田地寡，无以养赡，至有不免饥寒者，故无斗志。愿括民田之冒税者，分给之，则战士气自倍矣。廷议已定，平章张万公疏言五不可，不报。时又括官田以给军。保州节度张行简疏陈，比者括官田给军，既一定矣，有告欲别给者，辄从其告，至今未已。名曰官田，实取之民，当限以日月，不许再告为便。省臣请实有水占河拓不可耕种者，下按察司覆，同，然后改拨。余准已拨为定。制可。所载甚详。

冬十月甲午，定私麹法。令亲军均习孝经、论语。

五年（乙丑—二〇五）春三月癸亥，更定两税输限。〔考异〕续通考云，三月，谕宰臣，凡输送粟麦，三百里外减五升。以上，每三百里递减五升。粟折秸百称者，百里内减三称，二百里内减五称，不及三百里减八称，三百里及输本色稿草减十称。九月，谕宰臣曰："十月民获未毕，遽令纳税可乎？改秋税限十一月为初。中都、西京、北京、上京、临潢、陕西地寒，稼穑迟熟，夏税限以七月为初。"

夏六月丁酉，制定本朝婚礼。

冬十一月乙未，初定武举格。〔考异〕续通考云，金武举始于皇统时，至承安四年十一月，许诸色人试武举，其制则详于泰和式，有上中下三等。又，依荫例问律一条，孙、吴事十条，能说五者为上等，否则黜，余为中下等。愿再试者，听。凡不知书者，虽上等为中，中为下。泰和六年九月，敕省臣，有方略出众，武艺绝伦，工干办事工巧过人者，其招选之。贞祐三年，武举中者同进士例，赐敕命章服。又，随处武举入试者遣诣京师，别为一军，备缓急。诏近臣举良将。兴定二年四月，特赐温迪罕缵住等一百四十人及第。己亥，更定宫中局、署承应收捕格。〔考异〕大金国志云，正月，完颜天穆与蒙军战于北陕口，死之。进至桑乾，其弟天与亦战死，蒲伏虎乌伦大漠收众天都山，不甚败。二月，蒙军退，三月陷末波城，出白道，杀三戍将及千户贺拔禾。四月，自飞狐道回河东，岚、代二州皆震。十二月（按，大金国志卷二一章宗纪作十一月），蒙军分二道，一自白檀，一自靡陂，群臣请迁都避之。徐王律明等大败，仅以身免，夜入长秦城。蒙军寻闻西夏之警，乃去。纪未载。

六年（丙寅—一二〇六）春正月辛丑，更定保伍法。
〔考异〕续通考云，上以旧定保伍法有司灭裂不行，其令结保，有匿奸细、盗贼者连坐。宰臣请从唐制，五家为邻，五邻为保，城置坊正，乡置里正，催督赋役，劝课农桑。又有主首、壮丁，巡警盗贼。猛安谋克设寨使，寺观设纲首。凡坊正、里正、以其户十分内取三分，富民出顾钱募充，人不得过百贯，役不得过一年。又大定初，举国户才三百余万，二十七年，户六百七十八万九千四百零，口四千四百七十万五千零。明昌初，户六百九十三万九千，口四千五百四十四万七千九百。时户口数如此，而粟只五千二百二十六万一千余石，除官兵二年之费，余验口计之，口月食五斗，可为四十五日之食。上以蓄积不多，力农者少，诏百官议务本、广储之道。（太）〔泰〕和（据续通考卷一二改）七年冬，户七百六十八万四千四百零，口四千五百八十一万六千零，户增大定时百六十二万二千七百一十五、口增八百八十二万七千六百五，此金版籍之极盛也。

夏五月癸巳，山东路灾，赦死罪以下。

秋八月乙亥，赦唐、邓、颖、蔡、宿、泗六州，免（今）〔来〕（据金史卷一二章宗纪改）年租税三分之一。

冬十一月庚子，初定茶禁。〔考异〕续通考云，金茶自宋岁贡外，皆贸易于宋界榷场。大定十二年冬，定榷场香茶罪犯法。十六年，以私贩茶者多，乃更造香茶罪赏格。承安三年秋，以茶费国用而资敌，命设官制之。时贾铉疏论山东采茶事，谓茶树随山皆有，一切护逻已夺民利，又以拣茶树执诬小民，吓取货赂，宜严禁止。四年春，淄、密、宁、海、蔡州各置一坊，造新茶，依南方例，每斤为袋，直六百文，命各司县鬻之。买引者，纳钱及折物各从其便。寻禁山东造卖私茶。泰和元年二月，去造土茶律。四年，令每袋价减三百文。五年春，罢造茶之坊。六年冬，省臣奏："茶非必用之物，上下竞啜市井，茶肆相属，商旅以丝绢易，岁费百万，若不禁，恐耗财弥甚。"遂命七品以上官，其家方许食茶，仍禁贩卖及馈献，不应留者以斤两定罪、赏。宣宗末年，因省臣言，制亲王公主及现任五品以上官，蓄者存之，不得卖馈，余人并禁之。犯者徒，告者赏。所载较详。是日，日斜，有流星二，光芒如炬，几及一丈，起东北没东南。〔考异〕续通考云，是年八月癸卯，月晕围太白、荧惑二星。九月癸丑，夜半有流星如太白，色赤，起于娄宿。明年正月丙戌，月有晕，围岁、镇二星，在参、毕间。纪未载。日下旧闻考云，是年，诏建昭烈武成王庙，其制如唐旧礼。按，唐书礼乐志，开元十九年，始置太公尚父庙，以张良配，春、秋上戊祭之。以古名将为十哲坐侍，后废。至是复祀，追明洪武中，令武成王从祀帝王庙，罢其旧庙，仍去王号，庙祀遂废。

七年（丁卯一二〇七）夏六月己酉，以山东盗，制同党能自杀捕出首官赏格。

秋九月壬寅，敕女直人不得改为汉姓、学南人装束。〔考异〕续通考云，章宗时，诏臣庶名犯古帝姓及同者禁之。又定皇族收养异姓男为子者徒三年，姓同者减二等。定以国姓赐功臣赏法。

八年（戊辰一二〇八）春正月癸酉，收毁大钞，行小钞。〔考异〕孙铎传，上言乞罢诸路钞局，惟省库仍旧。小钞无论路分，可令通行，上命速行之。

夏六月癸未，免河南、山东、陕西六路今年夏税，河东、河北、大名等五路半之。乙未，定服饰明金象金制。

秋七月乙巳，诏颁捕蝗图于中外。更定生发坐罪格。

冬十一月丁未，敕谕临潢、泰州路修边备。丙辰崩，葬道陵。谥宪天光运仁文义武神圣（仁）〔英〕（据金史卷一二章宗纪改）孝皇帝，后蒲察氏谥钦怀。〔考异〕太祖陵曰睿陵，太宗恭陵。苗耀神麓记，太祖葬泰陵，太宗豫陵。按，太祖、太宗后虽改葬大房山，名仍其旧。苗氏所载与史不同，或者其初拟名也。见徐乾学读礼通考。又，熙宗初葬于费摩后墓中。贞元三年，改葬大房山蓼香甸。大定初，追上谥号，陵曰思陵。二十八年，改葬峨嵋谷，陵名仍旧。炀王葬于大房山鹿门谷诸王兆域中，后改葬山陵西南四十里。睿宗号景陵，显宗号裕陵，均在大房山。世宗葬兴陵，章宗葬道陵，宣宗葬德陵。明因我朝龙兴克辽东，惑形家言，劚断房山地脉，建关庙于其地，为厌胜术。明亡，始命修复焉。储欋大房金源诸陵诗云："奉先西下乱山侵，涧道回旋入暮林。翁仲半存行殿迹，莓苔尽蚀古碑阴。秋山春水风烟换、大定明昌德泽深。却是宣和解亡国，穹庐黄屋恐非心。"见柴墟集。

金史纪事本末卷三十五

李妃干政 胥持国事附

章宗明昌五年（甲寅——一九四）春正月乙丑，昭容李氏进位淑妃。李氏名师儿，其家有罪，没入宫籍监。父湘，母王盼儿，皆微贱。大定末，以监户女子入宫。是时，宫教张建教宫中，师儿并诸宫女皆从学。故事，宫教以青纱隔障蔽内外，不得见面。有不识字及问义，皆自障内映纱指字请问，宫教自障外口说教之。诸女子中惟师儿易为领解，建不知其谁，但识其声音清亮。章宗尝问建，宫教中女子谁可教者？建对曰："就中声音清亮者最可教。"章宗以建言求得之。〔考异〕元好问中州集，建字吉甫，蒲城人。

明昌初，举才行，授绛州教官，召为宫教，应奉翰林文字，出同知华州防御事。道陵赐诗，有"从今昼锦蓬峰下，三乐休夸荣启期"。士林荣之。自号兰泉老人，有集行世，见本传。又有毛宫教麾，字牧达，平阳人。大定中举学行，赐进士，授校书郎，入教宫掖，终同知沁州军事，有平水集行世。朱宫教澜，字巨观，学问该洽，大定末进士，应奉翰林文字，终于待制。以尝入教宫掖，故集中多宫词。史皆未载。宦者梁道誉师儿才美，劝章宗纳之。章宗好文辞，妃性慧黠，能作字，知文义，尤善伺候颜色，迎合旨意，遂大爱幸。明昌四年，封为昭容，至是，进淑妃。〔考异〕刘祁归潜志云，世言李氏姿色不甚丽，其盛时不减杨贵妃家，然止于奢纵，不能蠹政害民也。毕沅续通鉴云，元妃尝遣人以皂币易内藏红币，左藏库副使高竑拒不肯，元妃奏之，帝喜，转竑仪鸾局少府少监。纪及妃传均未载。北平旧志载金明昌遗事，有燕京八景，元人或作为古风。所谓八景者：玉泉垂虹、太液秋波、琼岛春阴、居庸叠翠、蓟门飞雨、西山积雪、芦沟（晚）〔晓〕（据长安客话卷四改）月、金台夕照是也。玉泉在宛平县西北三十里，山有石洞三，甘泉涌出，色如素练，洞门刻玉泉二字。山有观音阁、吕公洞，其上有金时芙蓉殿故址，为章宗避暑处。太液在城右，东瞰琼华岛，而西北南三面极深广，东南有仪天殿，中架长桥以通往来。又有土台，松桧苍蔚，芰荷舒卷，波澜涟漪，上下天光，真胜境也。琼岛在皇城西北苑中，下瞰池水，环以雉堞。承光殿东之北孤屿，瞰临北海，相传为辽之琼华岛。上多奇石，宋艮岳之遗，金人辇致于此。今为永安寺，悦心，其便殿也。蒋一葵尧山堂外纪云，章宗为李宸妃建梳妆台于都城东北隅，今禁中琼华岛妆台，本金故物也。目为辽萧后梳妆台，恐误。纳新金台集云，妆台，李妃所筑，今在昭明观后。妃尝与章宗露坐，上曰：

"二人土上坐"，妃应声曰："孤月日边明。"上大悦。果啰洛纳延妆台诗云："废苑莺花尽，荒台燕麦生。韶华如逝水，粉黛忆倾城。野菊金钿小，秋潭玉镜清。谁怜旧时月，曾向日边明。"亦见金台集。艺林伐山云，章宗宫中以张过麝香小御团为画眉墨。徐昌祚燕山丛录云，宛平西斋堂村产石，黑色而性不坚，磨之如墨。金时宫人多以画眉，名曰眉石，又曰黛石。按，西苑之太液池、琼华岛为金明昌中万宁宫西园遗迹，乃有明别馆所在。至（今）〔金〕（据文义改）时大内，当在今广宁、右安门外。居庸去北京九十里，关中有峡，曰弹琴，道旁有石，曰仙枕，两崖峻绝，层峦叠翠。蓟门在旧城西北隅，门外旧有楼馆，行人多赋咏，今只二土阜，树木苍翠。西山来自太行，上干霄汉。值大雪初霁，凝华积素，若图画。章宗西山八院，其一曰清水院，即今大觉寺，在黑龙潭北十五里。见刘侗帝京景物略。素园石谱云，西山与天寿山相接，其石精巧，人常以此充英石，但色枯不甚黑耳。郭璞山海经注云，燕山多婴石，似玉有符采婴带，所谓燕石也。芦沟本桑乾河即浑河，在都城西南四十里。有石桥，上刻石狮，形状奇巧，明昌间所造。金台有三处，并在易州易水东南，为燕昭师事郭隗处。金人慕之，而筑此台。今在旧城内。均见日下旧闻考。

　　承安四年（己未——一一九九）冬十二月，进封淑妃李氏为元妃。先是追赠妃父湘上柱国、陇西郡公。祖父、曾祖父皆追赠。兄喜儿尝为盗，与弟特尔格〔考异〕刘祁归潜志作帖哥。汪辉祖金史同名录云，卷十五宣宗兴定元年河间招抚使，姓移剌氏；卷九十一移剌成传把羊族都管，姓赵氏；卷一百三东北招讨使，姓完颜氏；卷一百二十二温迪罕老儿传万奴子，五人同名铁哥。皆擢显近，喜儿累官宣徽使、安国节度使。

特尔格历近侍局使，少府监。见妃传。势倾朝廷，风采动四方。射利竞进之徒，争趋走其门。南京李炳、中山李著与通谱系，超取显官。〔考异〕刘祁归潜志云，炳官按察，著官翰林，皆与妃家结为亲。独李怀川晏辞不肯。妃传未载晏事。晏传，字致美，高平人。皇统六年经义进士，历御史中丞。辽以良民为（上）〔二〕（据金史卷四六食货志、卷九六李晏传改）税户，锦州龙宫寺僧横尤甚，诉者害之岛中。晏奏免者六百余人。年老，以礼部尚书、昭义节度致仕。卒，谥文简。元好问中州集云，与兴陵有藩邸之旧，召入翰林，为学士。高文大册，号称独步。子仲略，大定中进士，均有集行世。详卫王遇害注中。著字彦明，真定人。承安二年经义第一人，官翰林，迁彰德府治中。城陷，不屈死。顾奎光金诗选载李晏高丽平州中和馆后草亭诗云："籐花满地香仍在，松影拂云寒不收。山鸟似嫌游客到，一声啼破小亭幽。"胥持国附依以取宰相。怙财固位，上下纷然。知其奸蠹，不敢击之，虽击之，莫能去也。〔考异〕姬端修传，字平叔，汝州人。本姓宗氏，避睿宗讳改。大定中进士。承安初，官御史，上书乞远小人。帝问："小人为谁？"对曰："李仁惠兄弟。"仁惠，喜儿赐名也。喜儿不敢隐，具奏之。上虽责之，而不能去也。历大理丞，谓执中言事涉私，解职。卒官节度副使。董师中传，时帝问端修言小人为谁？师中曰："应谓李喜儿辈。"与端修传异。又，图克坦镒传，时淑妃擅宠，烈风昏曀连日，镒官平章，上疏谏，切中时弊，不能行。帝问汉高、光孰优？镒曰："光武在位久，无沈湎冒色之事。高祖惑戚姬，卒致乱。由是言之，光武优。"帝知其讽谏，默然。元好问中州集，德州教授田庭芳上书，言近臣怙宠。帝问绍祖，近臣为谁？绍祖指喜儿。史不载田庭芳名，或阙书。绍祖系董师中字。又云，端修一字伯正，卫王避世宗讳改。卒官全州节度副使。侄孙汝作守汝州，殉难。顾奎光金诗选载端修漫书诗云："冷面宜教冷眼看，只惭索米向长安。阴崖何限枯松树，望见屏帏尽牡丹。"续通考云，时太宗诸子宗本等，皆因避讳，加山为崇。**赫舍哩执中贪愎不法，章宗知其跋扈，而屡斥屡起，卒乱天下。自钦怀皇后崩，**本传，富察氏，上京和硕河人。祖名阿胡迭，与迪姑迭传其父胡论水部长姓温迪罕者同名。父鼎寿，尚熙宗女郑国公主，赠太尉、越国公。后初为夫人，进为妃。风仪粹穆，知读书为文。追册为后。〔考异〕续通考云，蒲察鼎寿，曷速河人。沈厚有明鉴，通契丹、汉字，长吏事。大定中历外任，有惠政。世连姻戚，女为皇后，长子辞不失凡尚定国、景国、道国三公主，不以势力骄人，称为外戚之冠云。又，唐括德温本名阿里，上京率河人。父挞懒，尚康宗女。德温尚睿宗女楚国长公主。官大名尹，封道国公。蒲察阿虎迭尚海陵姊辽国长公主，卒，继尚邓国长公主。历尚书、节度，封楚国公。徒单公弼本名习烈，河北东路人。尚世宗女息国公主，官平章，定国公，谥（愿恪）〔恪愿〕（据金史卷一二〇徒单公弼传改）。其父府君奴尚熙宗女。唐括贡本名（远）〔达〕歌（据金史卷一二〇唐括贡传改），太傅阿里子。尚世宗女吴国公主，官枢密，（肃）〔萧〕（同上）国公。又金时徒单照至曾孙绎，凡四世尚主。**中宫虚位久，意属李氏。故事，皆图克坦、唐古、富察、纳喇布、赫舍哩、乌凌阿、乌库哩诸部长家，娶后尚主，而李氏微甚。又大臣台谏，持不可，**〔考异〕毕沅续通鉴云，张万公传，谓御史姬端修论淑妃，帝怒，杖之七十。御史大夫张暐、侍御史路铎坐降官。然端修被杖，非因论淑妃，暐、铎削官亦不因李氏也。**乃进位元妃，**

而势位熏赫与皇后侔矣。〔考异〕大金国志云，宸妃者，南（宋）〔宫〕（据大金国志卷一九章宗纪改）华原郡王郑居中曾孙女，因内侍江渊，江从一、季瑍言，纳之集庆宫中，甚嬖之。时酣醉，日昃不视朝，三省黄案委令裁决，坐膝上批答诏旨。渊时献宝玩，与相结，改姓郑。时爱王叛乱，妃执盃劝酒，歌解愁曲，主益悦，起芳华阁为长夜饮，奏报不时闻，及会宁失，平、涿陷，皆不知。因谢世云等言，始骇。完颜世卿曰："太宗讨赵氏，携三千口来，今日乱国家者皆是其女孽，此天也。"又云："承安三年春，主幸蓬莱院，陈玉器玩好，款识多宣和物，主恻然动色。宸妃进曰：'作者未必用，用者未必作，宣和作此为陛下用耳。'尝与主同辇过御龙桥，见白石如雪，爱之，归白主辇至，筑岩洞于芳华阁。用工二万人，牛马七百乘，道路相望。会是冬赏菊于东明园，见屏间画宣和艮岳，问内侍余琬，对曰："宣和帝运东南花石筑艮岳，致亡其国，先帝命图之以为戒。"妃怒曰："宣和之亡不缘花石，乃用童贯、梁师成故尔。"盖讥琬也。本传未载。又析津志云，京师南城外三十里有葭台，故老相传明昌时李妃避暑之台，无碑志，有寺甚壮丽，乃故京药师院之支院也。朱彝尊日下旧闻云，宋显夫南城俚歌十首其四有，"停骖惆怅圣安寺，后堂空祀李宸妃"之句。元一统志云，大圣安寺在旧城。按，寺记金天会中，佛觉大师琼公，晦堂大师俊公自南应化而北，道誉日尊，学徒万指，帝后出金钱数万为营缮费，成大法席。皇统初，赐名大延圣寺。大定三年，命晦师主其事，内府出重币以赐之。六年，新堂成，崇五仞，广十筵，轮奂之美，为都城冠。八月朔，作大佛于寺以落成。七年二月，改额为大圣安寺。又宋牧仲诗注，圣安寺在柳湖村，旃檀佛尝飞至寺中。元学士程钜夫有记。周篔析津日记，圣安寺金、元旧碑无一存者，向有金世宗、章宗、李宸妃像，今皆无之。殿前怪柏已尽，地名东湖柳村。后圮，明正统中复修，易名普济寺。今殿前只存明碑二：一慈仁寺沙门德庆撰，通政司参议广阳赵昂书，成化末立石；一上谷参军张寿民撰，江西道监察御史徐图书，万历中立石。又西山隆教寺西，越涧有长岭，岭半有章宗看花台，台畔有古松一株。见孙承泽春明梦余录。

附录诸表臣圣安寺旃檀佛像刻石记略：自古灵像颇多，惟优填王旃檀像其传最远。按佛以周昭王二十四年甲寅诞圣西域，五十二年壬申入灭。佛成道之后，尝升忉利为母氏说法，数月未还，时优填王以久阔瞻依，乃刻旃檀佛像圣表，以纾翘想之怀。目犍连虑有缺谬，以神力摄三十二匠升天，谛观相好，三返乃得其真。既成，王与国人若与神对。及佛复降人间，王率臣庶往迎佛，其像升空谒佛，佛为摩顶，记曰，我灭，度千年后，尔往震旦国，大兴佛化。佛灭千二百八十余年，始自西域至龟兹。六十八年东至凉州。一十四年至长安。一十七年传至江左，百七十三年至淮南，三百一十七年复至江南，二十一年北至汴京，百七十六年北至燕京，居圣安寺。一十二年又北徙上京，二十八年复至燕京，居于内殿。五十四年会旧内火，复迁居圣安，一十九年诏迎入万岁山，安置仁智殿。六年，当己丑之岁，诏迎入大圣寿万安寺，处于后殿。计自优填王像刻之初，至泰定乙丑，凡二千三百余岁矣。万历己丑，僧通月重刻于石。见日下旧闻考。

泰和二年（壬戌—一二〇二）秋八月丁酉，皇子德里一作忒邻生。初，钦怀后及妃姬尝有子，或二三岁或数月即夭。〔考异〕宏简录云，资明夫人林氏生荆王洪靖。诸姬生荣王洪熙、英王洪衍、寿王洪辉，皆夭。续通考云，章宗长子洪裕三岁卒。明昌三年追封绛王。宗室表，章宗子六，洪裕绛王；洪靖本名阿古剌，原作阿虎懒，荆王；洪熙本名鄂特藏布，原作斡鲁不，荣王；洪衍本名萨哈，原作撒改，英王；洪辉本名额琳，原作讹论，寿王；德里原作忒邻，葛王，凡六人。所载各异。承安五年，帝以继嗣未立，祷祀太庙、山陵。太府少监张汝猷奏乞亲行祀。事后，遣近臣诣诸岳观祈祷。命完颜匡往亳州祷太清宫。至是，元妃生德里，宴五品以上于神龙殿，六品以下宴于东庑。诏平章图克坦镒报谢太庙，右丞匡报谢山陵。既弥月，诏赐名，封葛王。

冬十二月，以皇子生满三月，敕放僧道度牒三千道，〔考异〕章宗纪，十二月癸酉，以皇子晬日，放僧道戒牒三千，稍异。设醮玄真观，祈福。丁丑，御庆和殿，浴皇子。诏百官用元旦礼仪进酒称贺，五品以上进礼物。〔考异〕卢玑传，字正甫，彦伦子，官左宣徽使。时元妃李氏生皇子满三月，章宗以玑年七十，老而康强，命以所策杖为洗儿礼物。纪未载。生凡二岁而薨。

八年（戊辰一二○八）承御贾氏及范氏皆有娠，未及乳月，章宗已得嗽疾，颇困。时卫王永济来朝，章宗于诸父中最爱之，欲使嗣立，语在卫王事中。卫王朝辞，章宗力疾，与击毬，谓曰："叔（父）〔王〕（据金史卷六四后妃传改）不欲作主人，遽欲去耶。"元妃在旁，谓帝曰："此非轻言者。"

十一月乙卯，章宗大渐，卫王未发，元妃与黄门李新喜议立卫王，使内待潘守恒召之。守恒曰："此大事，当与大臣议。"遂使召平章匡。匡显宗侍读，最为旧臣，有征伐功。至，则与定策立<u>卫王</u>。丙辰，<u>章宗</u>崩。遗诏曰："朕之内人见有娠者两位。如其中有男，当立为储贰。如皆是男，择可立者立之。"

<u>卫绍王大安</u>元年（己巳—二〇九）春二月壬辰，<u>章宗</u>内人<u>范氏</u>损其遗腹，诏内外曰："<u>章宗</u>皇帝以重器畀眇躬，遗旨谓掖廷内人有娠者两位，如得男则立为储贰。申谕多方皎如天日。朕虽凉菲，实受付托。思克副于遗意，每曲为之尽心。择静舍以（避）〔俾〕（据<u>金史</u>卷六四后妃传改）居，（俾）〔遣〕（同上）懿亲而守视。<u>钦怀后</u>母<u>郑国公主</u>及乳母<u>萧国夫人</u>昼夜不离。昨闻有爽于安养，已用轸忧而弗宁。爰命大臣专为调护。今者平章<u>布萨端</u>、左丞<u>孙即康</u>奏言：'承御<u>贾氏</u>当以十一月免乳，今则已出三月，来事未可度知。<u>范氏</u>产期，合在正月，而太医副使<u>仪师颜</u>言，自年前十一月，诊得<u>范氏</u>胎气有损，调治迄今，脉息虽和，胎形已失。及<u>范氏</u>自愿于神御前削发为尼。'重念先皇帝重属大事，岂期闻此？深用怛然。今<u>范氏</u>既已有损，而<u>贾氏</u>犹或可冀，告于先帝，愿降灵禧，默赐保全，早生圣嗣。尚恐众庶未究端由，要不匿于播敷，使咸明于吾志。"

夏四月庚辰，杀<u>章宗</u>元妃<u>李氏</u>及承御<u>贾氏</u>，以

完颜匡为尚书令。诏曰："近者有诉李氏潜计负恩，自泰和七年正月，章宗暂尝违豫，李氏与新喜窃议，为储嗣未立，欲令宫人诈作有孕，计取他儿伪称皇嗣。遂于年前闰月十日，因贾承御病呕吐，腹中若有积块，谋令贾氏诈称有身，俟将临月，于李家取儿以入。月日不偶，则规别取，以为皇嗣。值帝崩，谋不及行。当先帝弥留之际，命平章匡都提点中外事务，明有敕旨，'我有两宫人有孕'，更令召平章，左右并闻斯语。李氏并新喜乃敢不依敕旨，欲唤喜儿、特尔格，事既不克，窃呼提点近侍局乌库哩庆寿与计。因品藻诸王，议复不定。知近侍局副使图克坦札克繖，原作徒单张僧遣人召平章，已到宣华门外，始发勘，同平章入内，一遵遗旨，以定大事。方先帝疾危，数召李氏，不到。索衣，亦不即来，犹与其母私议。先皇平昔或有幸御，李氏嫉妒，令女巫李定奴作纸木人、鸳鸯符以事魇魅，致绝圣嗣。所为不轨，莫可殚陈。事既发露，遣大臣按问，具伏。使宰臣往审，亦如之。有司议，法当极刑。以为久侍先帝，欲免其死，王公百僚，执奏坚确。（令）〔今〕（同上）赐李氏自尽。王盼儿、李新喜各正典刑。喜儿、特尔格如律，追除复系监籍，安置远地。诸连坐，并依律行。承御贾氏亦赐自尽。"或谓完颜匡欲专定策功，构致如此。〔考异〕布萨端传，时与孙即康护视章宗内人有娠者，已而有人告李氏、贾氏事，并坐诛，端得为右丞相。本名齐勤，中都路人。赠延安郡王，谥忠正。续通考谓为忠义子，疑有误。自后不复称元妃，但呼李师儿云。

宣宗贞祐元年（癸酉一二一三）秋闰九月丙戌，诏降故卫王为东海郡侯。诏曰："大安之初，颁谕天下，谓李氏令贾承御虚称有身，各正罪法。朕惟章宗圣德聪明，岂容有此欺绐。近因集议，武卫军副使兼提点近侍局完颜达、霍王傅大政德皆言有冤。此时达职在近侍，政德护贾氏，所以知之。朕亲临问，左证其事暧昧〔无〕（同上）据，当时被罪贬责者，可俱令放免还家。"由是李氏家族皆得还。

同时胥持国字秉钧，代州繁畤人。经童出身，〔考异〕续通考云，金制，经童，凡士庶子年十三以下，能诵二大经、三小经，又诵论语、诸子五千字以上，府试十五题，通十三以上，会试每场十五题，三场共通四十一以上，为中选。所贵在幼而诵多者，若年同，则以诵大经多者为最。皇统末，诏开童子举，取至百二十二人。天德时废之。章宗立，复置。明昌三年，平章完颜守贞乞约数取之，参政胥持国请中选者加修举业，勿遽登仕途。能擢进士，第同进士任用。凡举不中，方从本科出身，从之。五年，敕神童三次终场，同进士恩榜迁转，每举放四十人。天会中，东平童子刘天骥，七岁能诵论、孟五经，明昌初，益都童子刘住儿，十一岁能诗赋，诵大小六经，行草有法，孝行夙成。上召试凤凰来仪赋、鱼在藻诗及旱诗，赐本科出身。其后称神童者五人：太原常添寿，四岁能作诗，刘滋、刘微、张汉臣，后皆无闻。独易州麻九畴，三岁识字，七岁能草书，作大字，赵秉文目为"征君"而不名。又易州张元素，八岁试童子举。所载甚详。调博野县属保定府丞，授太子司仓，转掌饮令。太子识之，擢只应司令。章宗立，除宫籍副监，赐库钱五十万，宅一区。俄改同签宣徽院事、工部侍郎，兼领宫籍监。阅三月，迁尚书，使宋。

明昌四年（癸丑——一九三），拜参政，赐孙（即）〔用〕康（据金史卷一二九胥持国传改）榜下进士及第。会河决阳武，持国请督役，遂行尚书省事。明年，进右丞。

为人柔佞有智术。初，李妃起微贱，得幸于帝。持国久在太子宫，知帝好色，阴以秘术干之。多赂妃左右用事人。妃亦自嫌门第薄，欲借外廷为重，乃数誉持国能，由是大为帝所信任，与妃表里，笐（摄）〔擅〕（同上）朝政。诛郑王、镐王，黜完颜守贞等事，皆起于李妃、持国。士之好利躁进者，皆趋走其门下，四方为之语曰："经童作相，监女为妃"，恶其鄙贱也。〔考异〕薛应旂通鉴云，翰林赵秉文上书劾奏，主召问，语颇差异。命内族訾鞫之，遂引王庭筠等，并下狱，被斥。秉文传，庭筠外，尚有御史周昂，省令史潘豹、郑赞道、高坦共五人。刘祁归潜志云，秉文由外官为庭筠所荐，入翰林，上言进君子退小人，帝召问为谁，对以君子为<u>守贞</u>，小人为<u>持国</u>。诘问何以知之？<u>赵惶</u>迫曰："朝论如此。"因收<u>庭筠</u>等下吏，各贬官，杖七十。时语有"不攀栏槛只攀人"之句。<u>元好问中州集</u>载<u>庭筠</u>狱中二诗赋萱云："沙麓百战场，乌卤不敏树。况复幽圄中，万古结愁雾。寸根不择地，于此生意具。婆娑绿云杪，金凤擎未去。晚雨沾濡之，向我泣如诉。忘忧定漫说，相对清泪雨。"见燕云："笑我迂疏触祸机，嗟君底事入圜扉。落花吹湿东风雨，何处茅檐不可飞。"<u>周昂</u>字<u>德卿</u>，<u>真定</u>人，<u>沁南</u>节度<u>伯禄</u>子。年弱冠擢第，历台省，为人所挤，竟坐诗得罪，谪<u>海上</u>。复入翰林，言事愈切。出佐三司，从<u>承裕</u>军<u>上谷</u>，城陷，与从子<u>嗣明</u>同死于难。未载为<u>秉文</u>所累事。<u>本传</u>，（同）〔周〕<u>昂</u>（据金史卷一二六周昂传改）有送<u>李天英</u>下第诗，云："不须寂寞恨东归，洗眼三年看一飞。试卷波澜入毫颖，莫教欧九识刘几。"<u>天英</u>名<u>经</u>，<u>锦州</u>人。作诗极刻苦，不蹈袭前人，<u>李纯甫</u>称为"今太白"。再举不第，莫知所终。见<u>本传</u>。<u>顾奎光金诗选</u>载周昂诗四首，其<u>夜步</u>云："击柝（却）〔邻〕（据中州集丁集改）居静，（闭）〔开〕（同上）门宿鸟惊。西风秋半急，北斗夜深明。独立乾坤大，徐行杖履轻。遥怜汉宫阙，重露湿金茎。"

承安三年（戊午——一九八），台臣劾奏："右司谏<u>张复亨</u>、右拾遗<u>张嘉贞</u>，同知节度使事<u>赵枢</u>、<u>张光庭</u>，户部主事<u>高元甫</u>，刑部员外郎<u>张岩叟</u>，省令史<u>傅汝梅</u>、<u>张翰</u>、<u>裴元</u>、<u>郭</u>（乳）〔郭〕（据金史卷一二九胥持国传改）皆趋走权门，人谓为'胥门十哲'。〔考异〕续通考云，十人均为御史台臣。<u>复亨</u>、<u>嘉贞</u>尤卑佞苟进，不称谏职，俱宜黜罢。"于是持国以通奉大夫致仕，<u>嘉贞</u>等皆补外。久之，起知<u>大名府</u>事，未行，改枢

密副使，〔考异〕续纲目云，九月，起官参知政事。佐枢密襄
治军北京。一日，帝召修撰路铎问以他事，语及董
师中、张万公优劣，铎曰："师中附持国进。持国
奸邪小人，不宜典军马。不惟不允人望，亦不能服
军心。若回日再相，必乱天下。"铎传，字宣叔，伯达子。
明昌中为右拾遗，谏幸景明宫。上书请复用守贞，乃入拜平章。郝
忠愈狱起，事涉镐王，疏奏宽解上意，言切直，得召对，言："宰相
权太重，均衔之。"劾参政杨伯通引李浩，谓以公器结私恩。终孟州
防御使。贞祐初，城破，投沁水死。刚正有直臣风。伯通字吉甫，
宏州人。元好问中州集云，宣叔，冀州人。文尤奇，诗精微温润，
自成一家。有虚舟居士集，得之乡人刘庭干家。弟钧，字和叔，亦
有重名，第进士，终莱州判官。父伯达，字仲显，正隆五年进士，
仕终武安节度使。国史有传。顾奎光金诗选载铎七夕诗云："秋香泻
月笑谈香，饮散归来夜未央。（关）〔阙〕（据中州集丁集改）角星
河摇淡影，柳行灯火试新凉。雄飞勋业归时辈，信美江山（著）
〔着〕（同上）漫郎。万事浮云心铁石，休将梁国吓蒙庄。"帝颔
之。寻死于军中。谥曰通敏。子鼎。〔考异〕毕沅续通鉴
云，主问张万公曰："持国已死，其为人竟何如？"对曰："持国素行
不谨，如货酒乐平楼，好利可知。"主曰："此非好利，如马琪鬻省
酤，乃为好利也。"纪未载。

金史纪事本末卷三十六

镐王郑王之杀

<u>世宗</u>〔<u>大定</u>〕（据<u>金史</u>卷九章宗纪补）二十九年（己酉
——八九）春正月癸巳，<u>章宗</u>即位。

夏闰五月丙子，进封<u>赵王永中</u>为<u>汉王</u>，赐修公
廨钱三百万，特加其子<u>实古纳</u>原作石古乃银青荣禄大
夫，<u>阿里罕</u>原作阿离合懑奉国上将军。

初，<u>世宗明德皇后</u>〔考异〕后传，本谥昭德，因有司奏<u>太
祖</u>谥有昭德字，乃改明德。生<u>显宗</u>、<u>赵王苏尼</u>、原作勃輦<u>越
王萨唠勒</u>，原作斜鲁二王皆早卒。元妃<u>张氏</u>生<u>永中</u>及
<u>越王永功</u>。元妃<u>李氏</u>生<u>郑王永</u>(韬)〔蹈〕（据<u>金史</u>卷八
五永蹈传改，下同）、<u>卫王永济</u>、<u>潞王永德</u>。<u>梁昭仪</u>生

豫王永成。石抹才人生夔王永升。永中本名萨喇勒，原作实鲁剌又名万僧。大定元年，封许王，改封赵，累官枢密使，判大宗正事。十九年，改葬明德皇后于坤厚陵，永中母元妃张氏陪葬。十一月庚申，自磐宁宫发引。永中以元妃柩先发，使执黄伞者前导。俄顷，皇后柩出，显宗徒跣。少府监张（谨）〔仅〕言（据金史卷一三三张仅言传改，下同）〔考异〕宏简录作张仅言。呼执黄伞者，不应。既葬，（谨）〔仅〕言欲奏其事，显宗解之，乃止。〔考异〕续通考云，大定九年五月，尚书省奏越王永中、隋王永功二府有所兴作，宜发役夫。上曰："朕见宫中竹有枯瘁者、欲令更植，恐劳人而止。二王府各有引从人力，又奴婢甚多，何得更役百姓？尔等但以例为请，海陵横役无度，可尽为例耶。自今在都浮役，久为例者仍旧，余皆官给佣直，重者奏闻。"纪未载。二十四年，世宗幸上京，留显宗与永中居守。二十五年，显宗薨于中都，召永中赴行在，加开府仪同三司。〔考异〕宏简录云，明年复为枢密使。赐诸子名：石古乃曰瑜，神土门曰璋，阿思懑曰玘，阿离合懑曰璬。汪辉祖金史同名录云，卷八世宗纪大定二十一年定州刺史、卷九十一温迪罕移室懑传大定初辅国上将军，三人同名阿思懑。至是，章宗立，起复判西京留守，进封汉王。〔考异〕后妃传，太子薨，永中行次最长，图克坦克宁劝世宗立章宗为太孙。世宗尝曰："克宁与永中有亲，而建议立太孙，真社稷臣也。"纪未载。

章宗明昌二年（辛亥——一九一）春正月辛酉，孝懿皇太后崩，吴王永成、隋王永升奔丧后期，皆罚俸一月，杖其长史五十。永中适有寒疾，不能至。帝怒，颇意诸王有轻慢心，遣使责永中曰："已近公除，亦不须来。"

二月，永中始入临，行烧饭礼。及朝辞，与诸王并赐遗留物，而嫌忌自此始。

夏四月甲午，改封并王。

三年（壬子——一九二），以永中判平阳府事，进封镐王。初置王傅、府尉官，名曰官属，实检制之也。〔考异〕章宗纪作二年二月事。府尉希望风旨，过为苛细。永中自以世宗长子，且老矣，动有掣制，情思郁郁，乃表乞闲居，诏不许。

四年（癸丑——一九三）冬十二月戊戌，郑王永蹈以谋逆诛。增置诸王司马一员，检察、禁防。河东提刑判官伯勒赫原作把里海。〔考异〕毕沅续通鉴作巴哩哈。私谒永中，杖，解其职。前近侍局副使费摩克尔森原作裴满可孙。〔考异〕毕沅续通鉴作费摩克斯。受永中属，为实古纳求除官，坐免。

五年（甲寅——一九四）冬十月庚戌，故尚书右丞张汝弼妻高托噶原作高陀斡以谋逆伏诛。汝弼者，元征子，永中母舅，其妻高托噶屡以邪言怃永中。自大定间，画永中母张妃像，奉之甚谨，挟左道为永中求福，希冀非望。至是，坐诅祝，诛。事连汝弼，以死后事觉，得不追削官爵。〔考异〕汝弼传，字仲佐，彰（德）〔信〕（据金史卷八三张汝弼传改）节度使，玄素兄。正隆二年第进士，历官左丞，罢为广宁尹，卒。妻张氏与世宗母贞懿皇后有属，世宗纳元征女为次室，曰元妃，生永中。所载较详。帝疑事在永中，未有以发也。

六年（乙卯——一九五）夏五月乙未，判平阳府事镐王永中以罪赐死，并及二子。诏中外。时镐王傅尉奏其第四子阿里罕因防禁严密，语涉不逊，诏同签大睦亲府事臺〔考异〕永中传作臺，云，"郭"本字也。原本讹审，非。孙即康传作臺，亦误。御史中丞孙即康本传，字安伯，大兴人。大定十年进士，由令史历泰宁节度。章宗议置相，张万公等荐即康，且言即康及第在贾铉前，帝曰："用相安问榜次，朕意谓铉才可用也。"卒相即康。（按，自"章宗议置相"至此，见金史卷九九贾铉传）拜参政，历左右丞。卫王立，进平章，封崇国公。铉字鼎臣，博平人。第进士，官参政，与党怀英刊修辽史，出知济南府卒。党怀英传，与治中郝俣充辽史刊修官，伊喇益、赵沨等七人为编修官，迁学士。章宗后乃令陈大任继成辽史焉。未列铉名。稍异。鞫问，并得第二子实图美原作神土门所撰词曲，语不道。家奴德格首，永中尝与侍姜瑞雪〔考异〕孙即康传作瑞云，且云是狱天下冤之。言："我得天下，子为大王，以尔为妃。"遣官覆按，状同。命礼部尚书张暐、本传，字明仲，日照人。正隆五年进士，博学该通，卒官安武节度使。兵部侍郎乌库哩庆寿覆之。帝谓"镐王只以言语得罪，与永蹈异"。参政马琪以为"人臣无将"，左丞相清臣谓"素有妄想之心"。诏集百官议，均请如律。惟宫籍监丞卢利用乞贷其死，〔考异〕后妃传，平章守贞持其事，不肯决。帝怒，罢知济南府事。永中传未载。诏不许。永中遂死，二子皆弃市。用国公礼收葬，官给葬具，妻子威州地理志云，即陉山郡，治井陉，属河北西路。〔考异〕续通考云，威州，唐初改井陉县为井州，寻省。宋置天威军。金天会初，以井陉县升为威州陉山军，后为刺郡。领井陉一县。元加洛水，明降为县。安置。

六月丙辰，右谏议大夫贾守谦、右拾遗布萨额尔克原作讹可坐奏对不实，罢其官。中丞孙即康、右补阙蒙古呼喇、右拾遗田仲礼各罚金二十斤。〔考异〕后妃传，贾守谦、路铎上疏欲宽解上意，滋不悦，皆斥外。刘祁归潜志云，贾字彦亨，东平人。少擢第，为谏议，上疏力争镐王狱，士论直之。后官左丞，卒官。益谦传，沃州人，大定十年词赋进士。历州郡，以能称，擢左司郎中。上疏谏幸景明宫，入对称旨，进吏部侍郎。以议卫王事，解职。寻改山东按察使，河北转运使，入为御史中丞，改吏部尚书，拜参政，迁右丞，以左丞致仕。正大三年卒，年八十三。子（坚）〔贤〕卿（据金史卷一〇六贾益谦传改）、（欧）〔颐〕卿（同上）、翔卿，皆以门资入仕。元好问中州集云，字亨甫，本名守谦，避哀宗讳改。有赠答史院从事诗，尚佳。

泰和七年（丁卯—一二〇七）春二月丁巳，诏复永中王爵，谥曰厉。改葬实古纳于威州。

宣宗贞祐二年（甲戌—一二一四）夏五月辛巳，诏徙镐王家属于郑州。

三年（乙亥一二一五），太康县属开封府人刘全尝为盗，入卫真县名，属亳州。界，诡称爱王，指实古纳也。全欲为乱，因假托以惑众，诱王氏女为妻，且言其子方聚兵河北。东平李宁居嵩山，方舆纪要云，在登封县北十里，为中岳。有妖术。全邑人时温称宁可论大事，乃使范元书伪号召之。宁至，推为国师，议僭立。事觉，全、温、宁皆伏诛。

兴定二年（戊寅一二一八），谯县属亳州孙学究私造妖言云："爱王终当奋发，今匿迹民间，自号刘二。"卫真百姓王深等皆信以为然。有刘二者，出而当之，遣欧荣辈结党、市兵仗，署旗，谋僭立。事觉，诛死者五十二人，缘坐者六十余人。〔考异〕大金国志云，爱王为郑王允蹈子，名大辨，封遂宁郡王，改爱王。母萧氏，生时梦一人乘马持刀自南来云，"宋绍兴主遣至"。及长，以蒙人屡入寇，使镇北边，为大通节度使。及郑王死，遂于明昌五年正月据五国城叛，命东安王瑜、武定王瑶讨之。至桑乾，为骨字兴所败。寻复签军二十万往，苏宝奴兵败自杀。爱王惧，遣何大雅赴蒙古求援，连兵克大都及和龙。泰和四年卒，子雄三大王葬之于冷山，遂代立。卫王即位，手诏谕曰："泰和猜忌，兄弟失欢，骨肉至亲化为仇怨，诱引外敌，倾危本家，计王之心，亦复何忍？往事已矣，今宜改图。"李心传朝野杂记云，爱王，葛王孙，始允恭早世，葛王爱其兄越王，欲立之，不果。金主立，爱王遂谋叛，为其妻父仆散琦所逐，乃以放牧会宁府为名，居上京以叛。明昌六年三月丁酉也。金主三召之不至，连结契丹、鞑靼、蒙国，取慈、岳等州。

时越王在咸平，契丹檄金人请立之为帝，金主徙王于庆阳。五月丁酉，赐王死，诛其家属八十余人，惟爱王在，至今为患。琦即承安四年来贺上生辰者。按，明昌六年，本朝庆元二年。承安四年，本朝庆元六年。作此录，后按年乃见。有记房中事者，以爱王为鄗王允恭子。然鄗王乃（王）〔主〕（依本书例，据金史卷九章宗纪、卷一九显宗纪改）瓓父，淳熙十六年，御札下沿边诸州，避其名讳甚详。昔以为鄗王后，甚误。钱大昕云，爱王父子称兵事，不载于史，且志称为郑王子，史作镐王子，亦异。按，其时元太祖尚未建元，所谓大朝者何指？然自明昌后，北边屡用兵，内族襄等传但云"边事急"，不言首难之人。从者多契丹旧部，史虽讳其事，然实推之，必有爱王倡乱北边，久之病死也。故内地奸人亦屡假其名也。永中子孙禁锢，自明昌至正大末凡四十年。天兴初，诏弛禁。未几，南京亦不守云。永中死前二年，有郑王永（韬）〔蹈〕之事。

郑王永（韬）〔蹈〕本名尼楚赫，初名实古尔。原作石狗儿大定十一年，封滕王，进封徐。二十五年，加开府。迁大兴尹。章宗立，判彰德节度使，进封卫王。明昌二年，徙封郑王，三年，改判定武军。即中山府，县七。

初，崔温、郭谏、马太初与永（韬）〔蹈〕家奴毕庆寿私说谶记灾祥。郭谏善相，庆寿以告永（韬）〔蹈〕，乃召郭谏相己及妻子。谏曰："大王相貌非常，王妃及二子皆大贵。"又曰："大王元妃长子，不与诸王比也。"又召崔温、马太初论谶记天象。

温曰："丑年有兵灾，属兔命者，来年春当收兵得位。"谏曰："昨见赤气犯紫微，白虹贯月，皆主丑后寅前，兵戈僭乱事。"〔考异〕宏简录以此数语为马太初所言。永（韬）〔蹈〕深信之，乃阴结内侍郑（两）〔雨〕儿（据金史卷八五永蹈传改）伺帝起居，以崔温为谋主，郭谏、马太初往来游说。河南统军使布萨揆尚永（韬）〔蹈〕妹韩国公主，〔考异〕续通考载睿宗妹梁国公主亦下嫁布萨揆云，金朝公主史多不全，今列其可考者：太祖女毕国公主下嫁乌古〔论〕讹论（据金史卷一二〇乌古论元忠传补），太宗女鄂国公主下嫁夺阿邻（按，据金史卷一二〇徒单绎传，绎母为鄂国公主。然是传不载绎父名，"夺阿邻"系绎祖所授猛安名。此处作绎父名，误），熙宗女郑国公主嫁蒲察鼎寿，第七女沈国公主嫁徒单绎。又，府君奴尚熙宗女，不著封号。睿宗女楚国公主嫁唐括德温，冀国公主嫁乌古论粘没喝。海陵妹辽国公主迪钵、定国公主崔哥，女弟庆宜公主皆嫁蒲察阿虎迭。世宗第一女鲁国公主嫁乌古论元忠，第二女唐国公主嫁徒单思忠，第四女吴国公主嫁唐括贡，第七女宛国公主嫁乌林答复。定国、景国、道国三公主皆嫁蒲察辞不失。卫国公主嫁蒲速烈，泽国公主长乐不著所尚。显宗女邹国公主嫁乌古论谊，邢国公主嫁仆散安贞，升国公主不著所尚。章宗女郜国公主嫁乌林答琳，宣宗女温国公主不著所尚。按，金朝公主之可考者如此，余详上卷。名号稍异。永（韬）〔蹈〕谋取河南军以为助，与妹泽国公主长乐〔考异〕汪辉祖金史同名录云，卷一百十四斜卯爱实传天兴元年内族，宿直将军；卷十七哀宗天兴元年点检，为家奴所害；卷一百十三白撒传正大九年总领，为习显所害，四人同名长乐。谋，使驸马都尉富拉塔原作蒲剌睹。〔考异〕

卷六十一交聘表，大定十七年延安尹蒲剌睹，亦作蒲剌睹，另一人。
致书于揆，且请婚。揆拒不许结婚，使者遂不敢言
不轨事。永（韬）〔蹈〕家奴董寿谏，不听。以语同
辈奴迁家努，上变。时永（韬）〔蹈〕在京师，诏平
章完颜守贞、参政胥持国、尚书杨伯通、知大兴府
事尼玛哈鉴鞫问，连引甚众，久不能决。帝怒，责
守贞等。右丞相清臣劝速结以安人心，遂赐永（韬）
〔蹈〕及妃卞玉、二子安春、原作按春。〔考异〕汪辉祖金史
同名录云，卷十四宣宗贞祐三年巩国公、卷一百十一古里甲石伦传
正大时内族赛不子，三人同名按春。爱新、原作阿辛公主长乐
自尽。以永（韬）〔蹈〕家产分赐诸王，泽国公主财
物分赐诸公主。富拉塔、崔温、郭谏、马太初等皆
伏诛。〔考异〕大金国志云，允（韬）〔蹈〕为世宗第六子，母赵氏，
性宽厚有局量。时主酗饮荒政，谣云："东欲行，西欲飞，中间一路
赤垂垂，我醉不醉知不知"。完颜高、完颜志密谋立郑王，遣其妹夫
唐适、蒲剌兄察说王，允之。会唐适婢春英与张卫通，卫为适所逐，
春英以谋告卫，遂诣大兴告变。分兵捕，下狱，郑王及唐适、蒲剌、
同母妹新兴公主、荣安公主并伏赐死，余党夷三族。诏曰："天下一
家，讵可窥于神器，公族三宥，卒莫逭于常刑。非忘本根骨肉之情，
盖为宗社安危之计，亦由凉德，有失睦亲，乃于间岁之中连致逆谋
之起。恩以义掩，至于重典之亟行。天高听卑，殆非此心之得已。
兴言及此，恸叹奚穷。"元好问中州集云，此诏为党公怀英笔。公制
诰，百年以来推第一。字世杰，泰安军奉符人，宋太尉进裔孙。大
定十年擢进士甲科，历官翰林学士。出为大定节度，以承旨致仕，

卒年七十八。是夕，大星殒于堂，谥文献。礼部闲闲公志其墓，称其文似欧公，诗似陶、谢，书法为中朝第一。其题宋上皇扇后诗云："便面团圞字点鸦，天风吹堕委尘沙。燕泥庭草争工拙，何似当年陌上花"。布萨揆坐除名，董寿免死，隶监籍。迁家奴赏钱二千贯，迁五官。自是诸王禁防益密矣。〔考异〕大金国志云，事发，时主与郑宸妃、张婕好皆醉卧未兴，江渊以水沃面告以故，乃分兵捕获。主听谗多疑，寻黥其伯永中于平阳。章宗纪未载。

泰和七年（丁卯—二〇七），诏复王封，改葬，谥曰剌。以卫王永济子阿禅为永（韬）〔蹈〕后，奉其祀。时下诏曰："朕追惟郑邸，误蹈非彝，稿空原野，多历岁年。怛然轸怀，有不能已，乃诏追复王爵，备礼改葬。今稽式古典，命汝为郑王后，守其祭祀"。〔考异〕阿禅，赐名璪，本名按辰，亦作按陈。卷七十三守能传新息县令按辰另一人。

永中同母弟越王永功，〔考异〕宏简录云，本名宋葛，又名广孙。本传，初封谯王，后进越王，而卫王元年冬进封越王为谯王，与宗室表及传互异。章宗时历西京留守，判平阳府事。宣宗即位，从迁汴。兴定五年卒，谥忠简。子璐，本名福孙、琳本名粘没曷、璹本名寿孙，〔考异〕卷一百十一撒合辇传正大四年尚书另一人。累官开府，封密国公。〔考异〕宏简录云，字仲实，一字子瑜。资质简重博学，有俊才，喜为诗，工草书。元好问中州集云，越王长子，宗室中第一流人也。乐善好贤，风流蕴藉，有承平时王孙故态。所居有樗轩，自号樗轩老人。围城中，以疾薨，年六十一。其题梁台诗云："汴水悠悠蔡水来，秋风古道野花开。行人惊起田（家）〔间〕（据中州集戊集改）雉，飞上梁王鼓吹台。"自题写真云："枯木寒灰久亦神，（因）〔应〕（同上）缘来现胙公身。只（缘）〔因〕（同上）酷爱东坡老，人道前身赵德麟。"樗轩尝封胙国公，故云。时开封赵滋字济甫，画入能品，诗学亦有功，题黄石庙等最工。以布衣从胙公游，商略法书名画，以真赏称焉。后没于东平，年五十九。**与赵秉文、杨云翼等交。南迁时，尽载法书，名画以从。所著有如庵小稿。第五子守禧，字庆之，风神秀彻，特所钟爱，平日所蓄书画尽付之。及汴城降，年未三十病卒。**

永（韬）〔蹈〕同母弟潞王永德，章宗时历劝农使。宣宗兴定五年，判大睦亲府，卒。子鄂伦〔考异〕续通考作斡论，改名（琤）〔琰〕（据金史卷八五永德传改）。

异母弟豫王永成本名哈雅，原作鹤野章宗时历官判咸平、太原、平阳府事。泰和四年卒，谥忠献。〔考异〕续通考云，永成所著有乐善居士文集。其子玮本名仁寿、瑭本名仁安。

夔王永升本名锡卜察，原作斜不出。〔考异〕汪辉祖金史同名录云，本名鹤寿，传在卷八十五。至卷六十五郓王昂传子耶鲁瓦群牧使，本名吾都不，见温迪罕蒲睹传；卷一百二十二宣宗时鄜州元帅，姓纥石烈氏，三人同名鹤寿。章宗时历（宣）〔定〕武（据金史卷八五永升传改）节度使，宣宗贞祐元年卒。〔考异〕续通考云，其子雄本名欢睹。又，世宗孙有吾睹补者，大定十九年封温国公，不知谁是。按，宗室表，世宗子永中封镐王；苏尼原作孰辇，封赵王；萨喽勒原作斜鲁，封越王；永功本名桑阿，判中山府，越王；永成本名罗索，豫王；永升本名锡卜察，定武节度，夔王；永蹈郑王；永德本名恩楚，判大睦亲府，潞王；与显宗、卫绍王凡十人。

金史纪事本末

三

〔清〕李有棠 撰 崔文印 点校

中华书局

金史纪事本末卷三十七

布萨揆侵宋更盟

章宗明昌元年（庚戌——一九〇）春正月丙辰朔，宋试户部尚书郭德麟、宜州观察使蔡锡贺正旦。〔考异〕章宗纪系之去年十二月，以世宗丧，正旦不受贺，且未列使名。今从交聘表，以下同。

秋七月己巳，遣礼部尚书王翛等贺宋生日。

八月己酉，宋使贺天寿节。正使为显谟阁学士（邱）〔丘〕崈（据金史卷六二交聘表改），副使福州观察使蔡必胜。

冬十一月乙卯，遣签书枢密事巴达尔呼等贺宋正旦。

二年（辛亥——一九一）春正月庚戌朔，宋试吏部尚书苏山、潭州观察使刘询贺正旦。辛酉，孝懿太后崩。丙寅，遣左副都点检<u>亶</u>等报哀于宋。

三月丁丑，<u>宋使来吊祭</u>。正使为试礼部尚书<u>宋之瑞</u>，副使<u>严州</u>观察使<u>宋嗣祖</u>，太常少卿<u>王叔简</u>读祭文。

秋七月己巳，遣同签大睦亲府事<u>充</u>等贺<u>宋</u>生日。

八月乙巳，<u>宋使贺天寿节</u>。正使为试户部尚书<u>赵痌</u>，副使<u>婺州</u>观察使<u>田皋</u>。

冬十一月丁巳，遣<u>幽</u>王傅<u>宗璧</u>等贺<u>宋正旦</u>。

三年（壬子——九二）春正月乙巳朔，<u>宋焕章阁学士黄申</u>、<u>明州</u>观察使<u>张宗益</u>贺正旦。〔考异〕章宗纪系之去年十二月，以太后丧，正旦不受贺，且未列使名，下同。

秋七月辛卯，遣都点检<u>布萨端</u>等贺<u>宋</u>生日。

八月丁卯，<u>宋使贺天寿节</u>。正使为工部尚书<u>钱之望</u>，副使<u>广州</u>观察使<u>杨大节</u>。

冬十一月戊寅，遣右副都点检<u>温都忠</u>等贺<u>宋正旦</u>。

四年（癸丑——九三）春正月己巳朔，<u>宋显谟阁学士郑汝谐</u>、<u>均州</u>观察使<u>谯令</u>〔雍〕（据<u>金史</u>卷六二交聘表补）贺正旦。

秋七月己丑，遣御史中丞<u>董师中</u>等贺<u>宋</u>生日。

九月甲子朔，<u>宋使贺天寿节</u>。〔考异〕交聘表系之八月辛酉，正使为吏部尚书<u>许及之</u>，副使<u>明州</u>观察使<u>蒋介</u>。

冬十一月戊寅，遣翰林直学士<u>完颜匡</u>等贺<u>宋</u>正旦。命匡权易名弼，以避宋讳故也。

五年（甲寅——一九四）春正月癸亥朔，宋使贺正
旦。正使为翰林学士倪思，副使知阁门事王知新。

夏六月戊戌，宋孝宗崩。

秋七月甲子，光宗逊位，宁宗立。

九月戊午朔，宋使贺天寿节。〔考异〕交聘表系之八
月乙卯，正使为试工部尚书梁总，副使明州观察使戴勋。壬申，
宋使来告哀。正使为显谟阁学士薛叔似，副使广州观察使谢渊。
戊寅，遣知大兴府事尼玛哈鉴等使宋吊祭。

冬十月庚寅，宋使献遗留物。正使为户部尚书林湜，
副使泉州观察使游恭。

闰月戊午朔，宋使告即位。正使为翰林学士郑湜，副
使广州观察使范仲任。甲戌，遣河东南、北提刑使王启
往贺。副使为广威将军舒穆噜仲温。

十一月庚子，遣右宣徽使伊喇敏贺宋正旦。副使
为山东东路转运使高世忠。

六年（乙卯——一九五）春正月丁亥朔，宋使贺正
旦。使者为试礼部尚书曾三复。

二月癸未，宋使来报谢。正使为焕章阁学士林季友，
副使明州观察使郭正己。

秋八月辛未，遣吏部尚书吴鼎枢等贺宋生日。

九月壬午朔，宋使贺天寿节。〔考异〕交聘表系之八
月己卯，正使为试吏部尚书汪义端，副使福州观察使韩侂胄。

冬十一月丙申，遣刑部尚书赫舍哩贞贺宋正旦。

承安元年（丙辰——一九六）春正月辛巳朔，宋使贺正旦。正使为翰林学士黄艾，副使均州观察使柳正一。

秋九月丁丑朔，宋使贺天寿节。〔考异〕交聘表系之八月甲戌，正使为试工部尚书吴宗旦，副使湖州观察使张卓。癸未，遣吏部尚书张嗣等贺宋生日。

冬十一月甲午，遣陕西统军使崇道等贺宋正旦。

二年（丁巳——一九七）春正月乙亥朔，宋使贺正旦。正使为焕章阁学士张贵谟，副使严州观察使郭倪。辛丑，宋遣使告母后哀。正使为试礼部尚书赵介，副使利州观察使朱龟年。（按，此与三年正月乙丑重复。据宋史卷三七宁宗纪宋"母后"崩于庆元三年，却承安二年十一月，此处误。）〔考异〕章宗纪及交聘表均未书遣使吊祭。

秋九月辛丑朔，宋使贺天寿节。〔考异〕交聘表系之八月戊戌，正使为试工部尚书卫泾，副使泉州观察使陈奕。丁未，遣知归德府事完颜愈等贺宋生日。

三年（戊午——一九八）春正月己亥朔，越辛丑，宋使来贺正旦。正使为焕章阁学士曾炎，副使鄂州观察使郑挺。乙丑，宋遣使告祖母后哀。正使为试礼部尚书赵介，副使利州观察使朱龟年。

二月辛巳，遣都指挥使乌凌阿天益等使宋吊

祭。〔考异〕交聘表未书，今从纪。

秋八月癸未，宋遣使报谢。正使为试刑部尚书汤硕，副使福州观察使李汝翼。

九月丙申朔，宋使贺天寿节。正使为显谟阁学士杨王休，副使利州观察使李安礼。遣中都都转运使孙铎等贺宋生日。

冬十一月丁未，遣太常卿杨庭筠等贺宋正旦。

四年（己未——一九九）春正月癸巳朔，宋使贺正旦。正使为工部尚书马觉，副使广州观察使郑芨。

秋九月庚寅朔，宋使贺天寿节。〔考异〕交聘表系之八月己丑，正使为试工部尚书李大性，副使泉州观察使金汤楫。己未，遣知东平府事布萨琦等贺宋生日。

冬十一月甲寅，遣知济南府事范楫等贺宋正旦。

五年（庚申一二〇〇）春正月戊子朔，宋使贺正旦。正使为焕章阁学士朱致知，副使福州观察使李师挚。

秋九月甲寅朔，宋使贺天寿节。〔考异〕交聘表系之八月壬子，正使为户部尚书赵善义，副使鄂州观察使厉仲祥。

冬十月庚子，宋使告母后哀。〔考异〕交聘表，正使为试刑部尚书吴旰，副使利州观察使林可大。十一月乙卯，遣工部尚书乌库哩谊使宋吊祭。章宗纪均未书。

十一月己巳，宋复遣使告哀。按，光宗以八月辛卯崩，至是始告哀。正使为焕章阁学士李寅仲，副使福州观察使张良显。辛未，遣右副点检赫舍哩忠定贺宋正旦。

十二月癸未朔，遣河南统军使充等使宋吊祭。

泰和元年（辛酉—二〇一）春正月壬子朔，宋使贺正旦。正使为宝谟阁学士林梄，副使利州观察使王康成。壬戌，宋使献先帝遗留物。正使为试工部尚书丁常任，副使严州观察使郭佟。

三月乙亥，宋使报谢。正使为试刑部尚书虞俦，副使泉州观察使张仲舒。

秋八月丙申，宋复遣使谢。正使为试户部尚书俞烈，副使福州观察使李言。

九月戊申朔，宋使贺天寿节。〔考异〕交聘表系之八月丙申，正使为试吏部尚书陈宗召，副使广州观察使窦夒。遣右宣徽使图克坦怀忠等贺宋生日。

冬十一月庚申，遣右卫将军赫舍哩齐勤等贺宋正旦。

二年（壬戌—二〇二）春正月丁未朔，宋使贺正旦。正使为焕章阁学士李景和，副使福州观察使陈有功。

秋九月壬寅朔，宋使贺天寿节。〔考异〕交聘表系之八月庚子，正使为试工部尚书赵不艰，副使鄂州观察使黄卓然。甲寅，遣都指挥使完颜瑭等贺宋生日。〔考异〕交聘表系之八月丙辰，（按，是年八月壬申朔，月内无丙辰。"八月"当是"九月"之误）副使张行简。

冬十二月癸酉，遣武安节度使图克坦公弼等贺宋正旦。

三年（癸亥—一二〇三）春正月辛未朔，宋使贺正旦。正使为试吏部尚书鲁𬭚，副使利州观察使王处久。

秋九月丙寅朔，宋使贺天寿节。〔考异〕交聘表只书甲子日，未系月，疑有脱误（按，是年九月丙寅朔，"甲子"是其前二日，则"甲子"前脱"八月"二字）。正使为试礼部尚书刘甲，副使泉州观察使郭倬。壬申，遣刑部尚书承晖等贺宋生日。

冬十一月辛未，遣签枢密院事通吉思忠等贺宋正旦。时奉御完颜阿噜岱使宋还，言宋权臣韩侂胄市马厉兵，将谋北侵。帝怒其生事，笞五十，贬官。及淮平陷，擢安国节度副使。见章宗纪。

四年（甲子—一二〇四）春正月乙丑朔，宋使贺正旦。正使为试吏部尚书张孝曾，副使容州观察使林伯成。丁丑，孝曾回，至庆都县卒。遣防御使钮祜禄〔元〕（据金史卷六二交聘表补）充敕祭使，赙赠绢布各二百二十匹，馆伴张云护丧归。〔考异〕章宗纪钮祜禄作努色尔，原作女奚列。

秋八月乙卯，遣知真定府事完颜昌等贺宋生日。

九月庚申朔，宋使贺天寿节。〔考异〕交聘表系之八月癸丑，正使为试礼部尚书张嗣古，副使广州观察使陈（焕）〔涣〕（同上改）。

冬十一月丁卯，遣右副都检点乌凌阿毅等贺宋正旦。〔考异〕交聘表，癸未，宝鸡郿县诸社被宋抄掠。纪未载。

五年（乙丑—一二〇五）**春正月己未朔，宋使贺正旦。**〔考异〕交聘表，正使为试吏部尚书邓友龙，〔副使〕（据例补）利州观察使皇甫斌。庚申，宋兵入遂平县纵掠，出狱囚，火官舍，害令尉而去。二月己酉，掠泌阳，剿巡检家赀，害其家人。纪未载。薛应旂通鉴云，宁宗嘉泰三年冬，邓友龙使金，有赂驿使求见者，具言金为鞑靼所困，饥馑连年，民不聊生。王师若来，势若拉朽。友龙归告。韩侂胄上倡兵之书，北伐议遂起。时金国多难，惧朝廷乘其隙，沿边聚粮增戍，且禁襄阳榷场。边衅之开自此始。续纲目云，三年七月，造战舰。八月增置襄阳骑军，寻又置澉、浦水军。四年正月，定议伐金。金为北鄙准布等部所扰，无岁不兴师讨伐，兵连祸结，国势日弱。有劝侂胄立盖世功名以自固者，遂聚财募卒，出封桩库黄金万两，以待赏功。命吴曦练兵西蜀。安丰守臣厉仲方言，淮北流民咸愿归附，浙江安抚使辛弃疾入见，言金国必亡，愿属元老备兵为缓急计。郑挺、邓友龙附和其说，用师之意益锐。通鉴辑览谓金自明昌末，北部哈达锦、桑节衮恃强扰边，光嘉喇尤桀骜，屡胁诸部入寇。卓木布亦叛，师老财匮。按，哈达锦旧作合底忻，桑节衮旧作山只昆，光嘉喇旧作广吉剌，卓木布旧作阻䪝，即准布。所载稍异。周密齐东野语云，长沙邓友龙尝从南轩游，自诡道学，后为谢丞相被累，出为淮西漕，日夕谋复入。时金方困北兵，岁荐饥，于是沿边不逞号“跳河子”者，时时剿猎事状，陈说利害，友龙得之，为奇货，献于韩，兵端实友龙发之也。李心传朝野杂记云，侂胄死，从事郎毛自知降充殿试第五甲，仍夺第一人恩例，以首论用兵也。潜说友咸淳临安志云，封桩库在三省大门内，肇于孝皇之世。玉音对辅臣谓，创此备缓急者是也。嘉定七年，又分户部所掌钱物隶本所，于是有上下之别，下库在左藏库中门内，又安边太平库在封桩下库南。左藏库在清湖桥西，以韩世忠所献赐第为之。

三月乙丑，宋兵入秦川界。辛巳，入巩州来远镇。唐州得宋谍言，韩侂胄屯兵鄂、岳，将谋北侵。〔考异〕交聘表，三月戊午朔，宋兵焚平氏镇，掠民财。纪未载。

夏四月癸巳，命枢密院移文宋人，依誓约撤新兵，毋纵入境。〔考异〕交聘表，（四）〔三〕（据金史卷六二交聘表改）月庚午，宋兵掠邓州白亭巡检家赀，持其印去。纪未载。宋史及通鉴均不书，惟见完颜匡传。又，巩州来远镇及唐州得宋牒，均系之是月，与纪异。

五月甲子，以平章布萨揆为河南宣抚使，籍诸道兵备宋。甲申，宋人入涟水县。〔考异〕大金国志云，宋镇江都统戚拱，结弓手李成焚涟水。完颜匡传，宋人入确山界夺民马。宋史李成作李全。交聘表，甲申，楚州安抚使戚拱遣其将高显以兵五百人破涟水。纪未载姓名。

六月戊子，复涟水县。甲寅，召诸大臣问备宋之策，皆以设备养恶为言。帝以南北和好四十余载，民不知兵，不忍先发。〔考异〕完颜匡传，时赵之杰、承晖、孟铸等皆谓宋不敢败盟。独匡曰："彼置忠义保捷军，取先世开宝、天禧纪元，岂忘中国者哉？参政思忠，大理卿乌延议与合。又云，侂胄尝再为国使，觇知虚实，及为相，遂与苏师旦倡议复仇。毕沅续通鉴云，据两朝纲目备要言，金北边聚粮，且禁襄阳榷场，与宋史同。然金主惮于用兵，见本纪。又完颜匡传，此宋人托为兵端，曲在金耳，今不取。

秋八月辛卯，诏罢宣抚司。时宋殿帅郭倪，濠州守将田俊迈诱虹县民苏贵等为间。河南将臣所遣谍多受宋赂，皆言宋增戍本虞他盗。及闻行台建，亦畏慹不敢去备，且兵皆白丁，饥疫死者什二三，由是中外信之。宣抚司以宋三省、枢密院及盱眙军谍来上，又皆镌点边臣为辞。撵固请罢司，从之。〔考异〕交聘表系之五月稍殊。复奏罢临洮等路新置弓箭手。

　　九月甲申朔，宋使贺天寿节。〔考异〕交聘表系之闰八月辛巳，正使为试吏部尚书李璧，副使广州观察使林仲虎。戊子，遣河南统军使赫舍哩子仁等贺宋生日。纪载，是日西北方黑云间有赤气如火色，次及西南、正南、东南皆赤，有白气贯其中，至中夜赤气满天，四更乃散。戊戌，宋兵三百攻比阳寺庄，地理志云，比阳县名，属唐州淮安郡。副巡检阿里哈肆嘉努原作阿里根寺家奴。〔考异〕汪辉祖金史同名录云，卷十五宣宗兴定二年密州同知节度，姓夹谷氏；卷九十八完颜匡传世宗时侍正，三人同名寺家奴。死之。甲辰，宋人焚黄涧，掳巡检高颢。

　　冬十月丁丑，宋人袭比阳，唐州军事判官索多原作撒睹死之。

　　十一月乙酉，宋人入内乡，县名，属邓州。攻洛南县名，属商州。之固县，商州司狱寿祖追至丹河，〔考异〕汉书地理志云，丹水出上雒冢岭山，至析入钧。史记正义云，故丹城去丹水二百步。郦道元水经注云，出上洛县西北冢岭山，过县南，又自仓野东，历菟和山东南，过商县，南历少习，出武关，东南流入曰口，南合沴水曰淅口。按，丹水计经商州境三百二十里，经山阳径十四里，又经商南境二百二十里，共五百五十四里出境。源自冢岭山之息邪涧黑龙峪，水自蓝田界入焉，又会洪门河、蒲埒沟水、水道河、大荆川、西荆川、泉水、大小黄川、紫峪河、埒口河、荆川、大小桃埒河十九河。诸水余不具载。见刘于义陕西通志。击败之。己丑，遣太常卿赵之杰等贺宋正旦。〔考异〕薛应旂通鉴云，时之杰入见，侂胄故使赞者犯金主父嫌名以挑之。之杰遂倨慢，侂胄请帝还内。著作郎朱质请斩金使，不报。诏使人更以正旦朝见，寻因北使倨慢，夺馆伴使副官。是冬，以邱崈为江淮宣抚使，辞不拜。手书谏北伐，不从。崈字宗卿，江阴军人，官枢府，谥忠定。命辛弃疾安抚两浙，进枢密承旨，辛弃疾（长沙）〔历城〕（据宋史卷四〇一辛弃疾传改）人，豪爽尚气节，喜功名，时亦为侂胄所用。元好问中州集，之杰字伯英，大定人。本名宗杰，避讳改。大定十六年进士，仕终太常卿。使宋还，言事云："宋人文敝之极，且脆弱，不足忧，边部为可虑也。"其前识如此。子绘，名进士，早卒。孙季卿，今在燕中。史未载。顾奎光金诗选载之杰题洛源龙潭寺诗一首。

　　十二月，宋吴曦拥众兴元，欲窥关陇，皇甫斌扰淮北。

　　六年（丙寅一二〇六）春正月癸未朔，宋使贺正旦。正使为试刑部尚书陈景俊，副使知阁门事吴琯。丁亥，宋使陈克俊朝辞，谕曰："大定初，世宗皇帝许宋世为侄国，朕遵守遗法，和好至今。岂意尔国屡有盗贼犯我边境，故遣大臣宣谕河南。及得尔国公移，已（点）〔黜〕（据金史卷一二章宗纪改）边臣，抽去戍卒，朕不介意小嫌，遂罢宣抚。比来群臣屡以尔国渝盟为言，朕惟和好岁久，委曲涵容。恐佐宋皇帝或未详知。若依前不息，朕虽兼爱生灵，事难终已。卿等归国，当具言之。"〔考异〕续纲目云，景俊还，以告陈自强，自强戒勿言，由是用兵益决。

三月己酉，宋人攻灵璧，南京按察使行部至县，匿民舍得免。

夏四月丙辰，宋人围寿春，防御使贤圣努击却之。统军使赫舍哩子仁遣严整等觇敌，还言皇甫斌聚兵规取唐邓，以降人田元、张贞、张胜为乡导，乃请以南京副留守赫舍哩毅及副统军图克坦铎分统诸军，而自以兵驻汴防守，从之。〔考异〕大金国志云，是时，汴京留守为完颜童奏报始知。纪未载。丙寅，诏平章布萨揆领行省于汴，便宜从事。以赫舍哩执中为都统，完颜萨喇原作撒剌。〔考异〕汪辉祖金史同名录云，卷十一章宗纪承安五年大理卿、卷四十五刑志泰和五年翰林修撰，三人同名撒剌。为副统，尽征诸道兵。复以完颜充为陕西五路都统。语详规取陇蜀事中。丁丑，宋人入新息，县名，属息州。内乡及泗州、虹县、颍上。续通考云，息州，唐后改新息，金升为州，以新息为倚郭，割真阳、褒信、新蔡隶焉。泗州，唐改临淮郡，后仍旧，金置榷场，领淮平、临淮、睢宁、淮滨四县。〔考异〕宋史宁宗纪云，时镇江都统制陈孝庆复泗州，江州都统制许进复新息，光州忠义人孙成复褒信，陈孝庆复虹县。大金国志陈孝庆作陈孝广。通鉴辑览云，郭倪遣兵复泗州，时毕再遇为先锋，功第一。再遇克期进，闻金已有备，乃先一日出其不意。旧有二城，乃伪为攻西城状，迳趣东城。先登，克之。杀金兵数百，西城亦降。所载互异。续纲目云，侂胄闻捷，乃降诏伐金。略曰："天道好还，中国有必伸之理，人心效顺，匹夫无不报之仇。军人塞而犹肆创残，使来庭而敢为桀骜。洎行李之继遣，复慢词之见加，含垢纳污，在人情而已极，声罪致讨，值胡运之将倾。兵出有名，师直为壮。言乎远、言乎近，孰无忠义之心？为人子、为人臣，当念祖宗之愤。"直学士院李璧词也。璧字季章，眉州丹棱人，焘子。李心传朝野杂记云，侂胄举兵，先以叶正则适值学士院，使草出师诏，再三辞，又欲命鲁鸿父渐，亦辞，乃命璧为之。所载甚详。

五月壬午，宋李爽围寿州，田俊迈入蕲县，属宿州。秦诜攻蔡州，防御使完颜佛珠原作佛住败之。入金城海口，杀长山尉，执二巡检去。〔考异〕薛应旂通鉴云，时建康都统李爽攻寿州，兵败。江州都统王大节攻蔡州，亦不克而溃。宋史宁宗纪云，大节兵溃除名，袁州安置，寻徙封州。史未载大节事。丙戌，以出师告于天地太庙。戊子，命平章揆兼左副元帅，完颜匡为右副元帅，陕西都统充为右监军，乌库哩毅为左都监。癸巳，宋田俊迈率步骑二万攻宿州，安国军名，即邢州。节度副使纳喇邦烈与同知防御使穆延萨克达逆击，败之。邦烈中流矢。宋郭倬、李汝翼以众五万继至，遂围宿州。会霖雨，邦烈遣骑潜出敌后，击败之。萨克达率骑蹂之，杀伤数千人。敌复闻援军将至，遂夜遁，黎明踵击，追至蕲，州名。〔考异〕舆地广记云，春秋属楚，秦属九江郡，二汉属江夏郡，吴置蕲春郡，北齐置雍州，后周曰蕲州。今县五：蕲春、蕲水、罗田、广济、黄梅。续通考云，唐后改蕲春郡，后仍旧。宋为防御州，明隶黄州府，领广济、黄梅二县。执田俊迈。〔考异〕宋史宁宗纪云，郭倪遣郭倬等攻宿州，败，还至蕲，金人追而围之。倬执统制田俊迈以与金人，乃得免。续纲目及薛应旃通鉴倬外尚有李汝翼。岳珂桯史云，王师始渡淮，李汝翼以骑帅，郭倬以池，田俊迈以濠，分三军并趋符离，围之。虏守欲迎降，忠义已肉薄而登，我军反嫉其功，自下射之。颠守陴者曰："是一家人，犹尔我辈，安得脱？"复为备，饷为敌焚，三将无觉者。居数日，而士不爨矣。初取泗，居一月，之宿州。汝翼至，营于积水卑洼处，为水淹，军饥，遂先溃。二将亦扫营去，改涂自蕲入城，而敌已至，我军几歼。大酋仆撒字董使谓汝翼，"执俊迈归我，可全师。"不敢应。提辖余永宁告倬，遂执之与敌。敌启门，出二将，犹勤其后骑。倬为招抚倪弟，庇弗究。事闻，命大理正乔梦符置狱京口，杖永宁脊，黥流海岛。倬弟僎妄诉于平原，乔复至，狱具，永宁磔死，倬弃市，从者置极典。汝翼窜琼州，籍其家。俊迈家赐宅予官。倪寻以怯懦谪南康。嘉定中，与僎俱流岭南，没入赀产。倬之罪不及汝翼，其帅九江，刻剥无艺，日课军士，贫者履一双，人呼"李草鞋"。既败，犹取马司五万缗归其家。倪、倬、僎皆浩孙，世将家，宠利盈溢，陨其家声。甲辰，宋皇甫斌攻唐州，刺史乌克逊鄂屯一作兀屯，官左监军，有传。〔考异〕卷〔八十〕一（据金史卷八一夹谷吾里补传补）夹谷吾里补传其父名兀屯，另一人。拒之，行省遣泌阳县名，属唐州。副巡检纳哈塔军胜来援，遂败之。〔考异〕乌克逊温屯传，原作乌古孙兀屯，上京路人。时皇甫斌步骑万人攻唐州，遣泌阳尉博硕布、巡检布希拒守，另遣判官萨克达袭宋营，败之，杀数千百人，宋兵乱，遁去。及斌复来攻，与军胜合击，伏兵发，宋兵为二，遂大溃。至湖阳，斩首万级，又败其别将于竹林寺，手杀之。所载较详。

六月辛亥朔，宋李爽围寿州，刺史图克坦羲拒守，逾月不能下。河南统军判官奇珠原作乞住及迈珠原作买哥等来援，合击败之。同知军州事布埒库原作蒲烈古中流矢死。部曲魏全亦不屈死。〔考异〕大金国志云，时宋李爽侵寿州，败绩。田林取寿春府。宋史宁宗纪田林作田琳，稍异。庚申，右翼都统完颜萨布原作赛不，后官右丞相，行省徐州，死节。〔考异〕汪辉祖金史同名录云，卷一百六高琪传琪奴、卷一百二十二梁持胜传咸平治中，三人同名赛不。败宋曹统制兵于溱水。方舆纪要云，在新郑县北，源出密县境。一名浍水，东北流至县界，与洧水合。洧水源出登封县阳城山。〔考异〕萨布传，宋皇甫斌遣率步骑数万。按，遣字下疑有脱简。考章宗纪，泰和六年六月，萨布败曹统制于溱水，史佚其名，应即斌所遣也。薛应旂通鉴、宋史宁宗纪皆未载此事，无可质证，姑仍其旧。见元会汾金史考证。续纲目云，侂胄以师出无功，免邓友龙官，以邱崈为两淮宣抚，驻扬州。崈至镇，部署诸将，悉以三衙江上军分守江淮要害。于是王大节、李汝翼、皇甫斌、李爽等皆坐贬。斩郭倬于镇江。苏师旦以罪窜韶州，籍其家。所载甚详。丁巳，诏彰德府，宋韩侂胄祖琦坟毋得损坏，仍禁樵采。有宋宗族所居，各具以闻。长官常加提控。

卷三十七　布萨揆侵宋更盟

七四七

秋七月癸未，<u>宋</u>商<u>荣</u>复攻<u>东海县</u>，令<u>完颜绷森</u>原作<u>卜僧</u>击败之。还，中伏矢死。甲午，<u>宋</u>统制<u>戚春</u>以舟师攻<u>邳州</u>，刺史<u>完颜从正</u>败之。<u>春</u>赴水死，斩其副<u>夏</u>统制。〔考异〕（<u>爱实</u>）〔<u>宗室</u>〕传（据<u>金史</u>卷六六宗室传改），原作<u>阿喜</u>，宗室子。历同知<u>归德</u>节度。<u>宋</u>统制<u>刘文</u>（俭）〔谦〕（据<u>金史</u>卷六六<u>阿喜</u>传改）攻<u>宿迁</u>，<u>爱实</u>迎击，破之。复破<u>戚春</u>、<u>夏兴国</u>舟兵万余人，斩<u>兴国</u>于阵。迁镇国上将军。复渡<u>淮</u>，破<u>宝应</u>、<u>天长</u>二县。据此，则<u>夏</u>统制名<u>兴国</u>，可补本纪之阙。

九月戊戌，命尚书左丞<u>布萨端</u>行省于<u>汴</u>。

冬十月〔考异〕<u>宋史</u>作八月。戊申朔，平章<u>揆</u>分九道侵<u>宋</u>。以行省兵三万出<u>颍</u>、<u>寿</u>，统军使<u>子仁</u>兵三万出<u>涡口</u>，副元帅<u>匡</u>兵二万五千出<u>唐</u>、<u>邓</u>，左监军<u>执中</u>兵二万出<u>清口</u>，右监军<u>充</u>兵一万出<u>陈仓</u>，右都监<u>贞</u>兵一万出<u>成纪</u>，安抚使<u>纲</u>兵一万出<u>临潭</u>，都总管<u>舒穆仲温</u>〔考异〕<u>宋史</u>作<u>石抹仲</u>。兵五千出<u>盐川</u>，防御使<u>完颜璘</u>〔考异〕<u>续纲目</u>作<u>畴</u>，<u>宋史</u>一名<u>嶙</u>。兵五千出<u>来远</u>。<u>方舆纪要</u>云，<u>涡口</u>故城在<u>怀远县</u>东北十五里，今讹为<u>萢城</u>。<u>清口</u>在<u>淮安府</u>城西，今为<u>清江浦</u>。<u>陈仓山</u>在<u>宝鸡县</u>东南四十里。<u>成纪</u>，县名，属<u>秦州</u>。<u>临潭城</u>在<u>洮州卫</u>西南七十里。<u>盐川城</u>即<u>漳县</u>，在<u>巩昌府</u>南七十里。<u>来远镇</u>在<u>漳县</u>西南三十里。〔考异〕<u>续通考</u>云，<u>清河县</u>西有<u>清河</u>，即<u>泗水</u>下流，源自<u>泰安州</u>，经<u>徐州</u>至<u>邳</u>东境曰<u>直河</u>，西境曰<u>沙河</u>，又南下至<u>清江县</u>西北<u>三汊河口</u>，分为大小三清河达于<u>淮</u>。

十一月壬午，<u>匡</u>遣<u>乌库哩庆寿</u>攻下<u>枣阳</u>，<u>完颜江山</u>克<u>光化军</u>，<u>乌克逊尼敦</u>原作<u>温古孙乃屯</u>（按，据<u>金史</u>

卷九八完颜匡传，"乃屯"当是"兀屯"之误）**攻神马坡。**〔考异〕温屯传，从匡取枣阳，袭神马坡，宋兵五万夹水阵，以强弩拒岸。温屯分兵夺其三桥，自辰至午连拔十三寨。从攻襄至汉江。纪作尼敦，异。**完颜谙达攻随州，庆寿扼赤岸，断襄汉路，宋将雷太尉遁，遂取之。匡进围德安，别以兵徇下安陆、应城、云梦、孝感、汉川、荆山等县，遂攻襄阳，破其外城。芬彻并克宜城。**宋史地理志云，枣阳县属随州。光化军治乾德县，后改为县。随州为汉东郡，崇信军，县三。德安，府名，本安州安远军。安陆、应城、云梦、孝感均县名，属德安府。汉川属汉阳府。荆山属怀远军。宜城属襄阳府。〔考异〕舆地广记云，随州，古随国，秦、汉属南阳郡，晋惠置随（州）〔郡〕（据舆地广记卷八改），西魏置并州，改随州，唐改汉东郡，今升崇义军，改崇信。县三：随县、唐城、枣阳。郢州，晋、宋为竟陵郡，后周置石城郡，兼置郢州，唐后为富水郡。今县二：长寿、京山。安州，汉、晋为江夏郡，宋分置安陆郡，西魏置安州，后唐升安远军。县五：安陆、云梦、应城、考城、应山。按，德安本安州，属县只少孝感。安陆，本郢州，属县钟祥即长寿。天门即竟陵、京山。只多潜江。续通考云，随州，唐后改汉东郡，后仍旧。宋为崇信军又为枣阳军，元复故。领随县、应山二县。德安府，唐初为安州，一名安陆郡，宋为府，领安陆、孝感、应城、云梦四县。汉阳府，唐初为沔州，又改沔阳郡，宋为汉阳军，领汉阳、汉川二县。续纲目云，金犯神马坡，江陵副都统魏友谅突围奔襄阳。招抚使赵淳焚樊城遁。金遂破信阳、襄阳、随州，进围德安府。大金国志云，金围德安，为守将李师尹所败。史未载。**丁亥，行省揆克安丰军，取霍邱县，**均属寿春府**进次庐江。**属无为军。

续通考云，无为州，宋始以城口镇置，元领无为、庐江、巢县三县。〔考异〕穆延萨克达传，挞出颍、寿，萨克达为中军副统，克安丰军，战霍邱、花靥功居多，军中号"长枪副统"。续纲目云，挞引兵至淮，测八叠滩可涉，即遣奥屯骧扬兵下蔡，声言欲渡。守将何汝(励)〔砺〕(据金史卷九三仆散挞传改)、姚公佐屯兵花靥，以备之。挞乃遣赛不等潜师渡八叠滩，驻南岸，官军遂溃，死者无数，遂夺颍口，下安丰军及霍邱。八叠滩在寿州西北淮水旁。通鉴辑览奥屯骧作鄂吞襄。挞传作鄂屯骧。宏简录作奥屯襄，所载各异。襄传，上京路人。官北京留守、宣抚使，为宣差提控锡林所害。锡林原作习烈。卷六十八欢都传穆宗诸父子；卷一百二十徒单公弼传本名，定国公，三人同名习烈。**壬辰，宋督师邱崈遣刘祐来乞和。庚子，复遣林拱**〔考异〕交聘表作林拱(辰)(据金史卷六二交聘表删)**持书来议。癸卯，复遣宋显等以书币来献。**〔考异〕薛应旂通鉴云，时金攻淮南日急，诏郭杲将兵驻真州以援之。命邱崈督视江淮军马，或劝弃庐、和为守江计，崈曰："弃淮则与敌共长江之险，吾当与淮南俱存亡。益增兵防守。"时，**执中克淮阴，**县名，属楚州山阳郡**自清河口渡淮，遂围楚州。**〔考异〕大金国志云，时宋将郭超失利，史未载。**子仁克定远县及滁州，徇下来安、全椒二县，取真州。**定远属凤阳府。来安、全椒属滁州。真州即仪征县。〔考异〕舆地广记云，滁州，秦、汉属九江郡，宋置新昌郡，齐置南谯州，北齐改临滁，后周曰北谯，隋立滁州，唐为永阳郡。县三：清流、来安、全椒。真州，分扬州置，南唐以永山县地置迎銮镇，今为建安军，升真州。县二：杨子、六合。续通考云，滁州，唐析扬州城置，又改永阳郡，后为滁州。周密齐东野语云，开禧用兵，金元帅纥石烈子仁领兵据濠、梁，大书一词于倅厅壁，词名<u>上平南</u>，即<u>上西平调</u>，云："虿锋摇，螳臂振，旧盟寒。恃洞庭彭蠡狂澜，天兵小试，万蹄一饮<u>楚江</u>干。捷书飞上九重天，春满<u>长安</u>。<u>舜</u>山川，<u>周</u>礼乐，<u>唐</u>日月，<u>汉</u>衣冠。洗五州妖气，关山已平，全<u>蜀</u>风行，何用一泥丸。有人传喜日边，都护先还。"时<u>宋真州</u>兵数万保河桥。<u>子仁</u>分军涉浅，潜出敌后，敌大惊，不战而溃。斩首二万余级，生擒其将<u>刘挺</u>、<u>常思敬</u>、<u>萧从德</u>、<u>莫子容</u>，皆骁将也。〔考异〕<u>宋史纪事本末</u>云，<u>子仁</u>入<u>真州</u>，士民奔逃渡江者十余万。知<u>镇江府宇文绍节</u>亟具舟以济，又廪食之。自是<u>淮西</u>郡县皆陷。<u>史</u>未载。

十二月丁未朔，<u>揆</u>攻<u>和州</u>，<u>萨克达</u>中流矢死。〔考异〕<u>宋史宁宗纪</u>作十一月，云，<u>金</u>围<u>和州</u>，守将<u>周虎</u>拒之。敌骑万五千驻<u>六合</u>，县名，属<u>真州建安军</u>。<u>揆</u>以右翼掩击，斩首八千级。进屯<u>瓦梁河</u>，以控<u>真</u>、<u>扬</u>诸路之冲。整步骑，列旗帜，沿<u>江</u>上下，<u>江</u>表大震。<u>邱崈</u>复遣<u>陈璧</u>等奉书乞和。〔考异〕<u>宋史纪事本末</u>云，是月，<u>金</u>攻<u>六合</u>，<u>郭僎</u>败于<u>胥浦桥</u>。<u>倪</u>弃<u>扬州</u>走。<u>魏友谅</u>溃于<u>花泉</u>，走<u>江陵</u>。时<u>揆</u>欲通和罢兵。有<u>韩元靓</u>者，<u>琦</u>五世孙，<u>揆</u>遣渡<u>淮</u>，<u>崈</u>获之，佯诘其由，始露讲解意。仍使北归，得<u>金</u>行省文字，闻于朝。<u>侂胄</u>许之，遂遣<u>陈璧</u>往，<u>王文</u>继之，具言用兵乃<u>苏师旦</u>、<u>邓友龙</u>、<u>皇甫斌</u>所为，今皆贬。<u>揆</u>犹以<u>侂胄</u>为词，因许还其<u>淮</u>北流移人，及今年岁币，始允和，退屯<u>下蔡</u>。按，<u>交聘表韩元靓</u>作<u>韩元靖</u>（按，<u>金史</u>卷六二<u>交聘表</u>仍作"靓"），稍异。<u>薛应旂通鉴</u>云，冬，以<u>毕再遇</u>权<u>山东</u>、<u>京东</u>招抚司。时诸将皆败，唯<u>再遇</u>数有功。<u>金</u>常以水柜取胜，<u>再遇</u>夜缚稿人数千，被甲执旗，俨立成行。昧爽鸣鼓，敌惊，放水柜，后知其非兵，甚沮。进攻，金大败。又尝以香料煮豆，诱敌马就食。佯败，反攻，死者无计。再遇字德卿，兖州人。史未载。又纪载是年五月甲申，太白昼见。六月辛未木星昼见，未几经天。八月辛亥，木星晨见。己未太白昼见，寻经天。九月乙酉，将五鼓，北方有赤白气数道，起王良下，至北斗开阳、摇光东。

　　是岁，吴曦叛宋来降，封蜀王。〔考异〕宋史宁宗纪云，吴曦始自称蜀王。

　　七年（丁卯—一二〇七）春正月丁丑朔，完颜匡攻襄阳，遂取谷城。乙酉，赠故寿州死节军士魏全宣武将军。庚寅，行省撼还驻下蔡。县名，属寿春府。时宋复遣陈璧来，撼却之，宋人乃决巨胜、成公、在扬州府西五十里。雷埦（按，金史卷九三仆散揆传"埦"作"塘"）在扬州府西北十五里。〔考异〕续通考云，雷埦在扬州府城北十里，一名雷陂，唐长史李袭誉引渠水溉田。又有得胜湖，在兴化县东十里，宋张荣、贾虎败金人于此，因名。渚积水为阻，尽焚其庐舍、储积，过江遁。撼以方春地湿，欲休养士马，乃振旅还军。遂有疾，以左丞相宗浩兼都元帅代之。〔考异〕章宗纪作崇浩，今从本传。

　　二月丁巳，宋知枢密院张岩遣方信孺以书诣行省议和。〔考异〕续纲目云，密言金欲和，宜移书成前议，且暂免；侂胄系衔，遂罢，以张岩代。侂胄募人使金，信孺自萧山丞召赴都曰："开衅自我，金若问首谋，以何词对？"侂胄矍然遂往。时叶适兼江淮制置使，乞节制江北诸州，从之。李心传朝野杂记云，宗卿之罢，命由中出，执政不之知。<u>李季章</u>在都堂力争，谓"<u>宗卿</u>有人望，奈何去之？"<u>侂胄</u>变色曰："方今天下只有<u>邱宗卿</u>耶？"因拂衣起。按，<u>邱崟</u>之罢，<u>宋史全文</u>及<u>两朝纲目备要</u>作本年，而<u>宋史侂胄传</u>作明年，疑误。<u>信孺</u>字<u>孚若</u>，<u>兴化军</u>人。己未，<u>完颜匡</u>克<u>荆门</u>（州）〔军〕（据<u>金史</u>卷一二<u>章宗纪</u>改）。属<u>荆湖北路</u>，县二。〔考异〕<u>续通考</u>云，<u>荆门州</u>，<u>唐</u>为县，<u>宋</u>升为军，<u>元</u>升为府，寻复旧。领<u>长林</u>、<u>当阳</u>二县。戊辰，左副元帅<u>揆</u>卒于军。<u>本传</u>，本名<u>临喜</u>，<u>忠义</u>子。尚<u>韩国公主</u>，官统军使，坐<u>永</u>（韬）〔蹈〕（据<u>金史</u>卷九三<u>仆散揆传</u>改）事免，起官节度。以北边战功，历<u>西南</u>招讨使，筑塞九百里。还拜参政，进平章，封<u>济国公</u>。侵<u>宋</u>屡捷，卒，谥<u>武肃</u>。子<u>安贞</u>，尚<u>邢国长公主</u>。次子<u>宁寿</u>为奉御。

三月庚子，以<u>完颜匡</u>为左副元帅，<u>本传</u>，本内族，名<u>苏色</u>。累官枢副，进平章。代<u>崇浩</u>总兵，封<u>定国公</u>。<u>章宗</u>崩，<u>卫王</u>立，专定策功，构杀<u>李妃</u>，拜尚书令，封<u>申王</u>。怙宠自用，官以贿成。〔考异〕<u>续通考</u>云，<u>世祖</u>九世孙。<u>宗室表</u>，<u>始祖</u>子<u>斡鲁</u>八世孙，官太师。<u>汪辉祖金史同名录</u>云，<u>苏色</u>本作<u>撒速</u>。卷六十三<u>寿宁县主传</u>海陵时近侍局直宿；卷八十七<u>志宁传世宗</u>时归德尹，姓术甲氏；卷一百一<u>承晖传</u>从孙奉御，四人同名<u>撒速</u>。子<u>仁</u>为右副元帅。

五月丙申，<u>宋张岩</u>复遣<u>方信孺</u>以书至元帅府，增岁币，乞和。〔考异〕<u>钱大昕</u>云，<u>宋史</u>，六月以<u>林拱辰</u>为通谢使，遣<u>富琯</u>告谢太后哀，<u>刘弥正</u>贺生辰。<u>交聘表</u>均未书，盖其时以和议未成，不得达也。

秋八月戊申，<u>方信孺</u>复赍其主誓书橐来。〔考异〕<u>宗浩传</u>，<u>信孺</u>致书略云："<u>方信孺</u>还，远赍报翰及所承钧旨，仰见以生灵休息为重，曲示包容矜轸之意。闻命踊跃，私窃自喜，即具奏闻，备述**大金皇帝**天覆地载之仁，与都元帅海涵春育之德。旋奉上旨，亟遣信使通谢宸庭，仍先令**信孺**再诣行省，以请定议。区区之愚，实恃高明，必蒙洞照，重布本末，幸垂听焉。"又言，"合遣人使，接续津发，已具公移，企望取接。伏冀鉴其至再至三之诚，亟践请盟之诺，即底于成，感戴恩德，永永无极。誓书副本虑往返迁延，就以录呈。"金复书略云："方**信孺**重以书来，详味其辞，于请和之意虽若婉逊，而所画之事犹未悉从，惟言当还**泗州**等驱掠而已。至于责贡币，则欲以旧数为增，追叛亡，则欲以横恩为例，而称臣、割地、缚送奸臣之事，则并饰虚说，（并当）〔弗肯〕（据金史卷九三宗浩传改）如约。岂以为朝廷过求有不可从，将度德量力足以背城借一与我军角一日胜负者哉？"所载较详。

　　九月甲戌朔，都元帅宗浩卒于军。本传，系内族昂子，字**师孟**，本名老。**大定**时官参政。**章宗**立，改**北京**留守。征北有功，擢枢密使，封**荣国公**，进左丞相。建议筑濠堑，命督役。代揆督师侵**宋**。与**宋**议和，卒，谥通敏。

　　冬十一月丙子，宋遣左司郎中王柟以书讲和，称伯，增犒军钱，诛苏师旦，函首以献。〔考异〕**薛应旂**通鉴云，初，**信孺**至**濠州**，**子仁**下之狱，露刃环守，绝薪水，要以反俘、归币、缚送首谋、称藩、割地五事。曰："反俘、归币可也。缚送首谋自古无之。称藩割地非臣子所敢言。"**子仁**曰："若不望生还耶？"答曰："吾将命出国门，已置生死度外矣。"送至**汴**，辨对不少屈。以还，更以**林拱辰**为通谢使，与**信孺**持国书誓草及许通谢钱百万缗，**宗浩**仍未允，复遣还。**侂胄**问五事，五不敢言。固问，则曰："欲得太师头耳。"**侂胄**大怒，贬三官，**临江军**居住。凡三使金，以口舌折强敌，虽未即和，已有成说矣。以**柟**代，假官持书北行。**柟**，伦孙也。所载较详。**壬辰，宋参政钱象祖以诛韩**

侂胄移书行省。诏檄宋以侂胄首赎淮南地。〔考异〕续纲目云，侂胄怒金索首谋，复锐意用兵。以赵淳镇江淮，免张岩。岩开督府九月，耗县官钱三百七十万缗，而无成功。礼部侍郎史弥远请诛侂胄，杨后助之，使荣王曦疏奏，帝不答。后请命其兄次山合谋，弥远得密旨，乃告钱象祖，许之，遂命夏震统兵拥至玉津园侧，杀之。下诏暴其罪，时十一月乙亥也。赵翼劄记云，事见杨后传，而侂胄及李璧二传均同。乃弥远传，则谓弥远与皇子询先奏罢侂胄，官给舍，交章论之，乃就诛。召弥远对咸和殿，此盖讳其擅杀之迹，与宁宗纪合。潜说友咸淳临安志云，玉津园在嘉会门外，绍兴十七年建。金使萧秉温来贺天申节，遂燕射其中。孝宗数临幸，与太子亲王以下讲燕射礼。淳熙元年，尝御制诗以赐，云："一天秋色破寒烟，别篆连堤压巨川。欣见岁功成万宝，因行射礼命群贤。腾腾喜气随飞羽，嫋嫋凄风入控弦。文武从来资并用，酒余端有侍臣篇。"时光宗在东宫，及右丞相曾怀皆有赓和，刻之石。叶梦得石林燕语云，琼林苑、金明池、宜春苑、玉津园，谓之四园。琼林苑乾德中置。金明池在苑北，以习水战，后与琼林均为游燕之地。宜春（院）〔苑〕（据上文改）本秦悼王园，后废不治。玉津园则五代之旧，半以种麦。仲夏，驾幸观刈麦。后惟契丹赐射为故事。周淙乾道临安志云，玉津园在龙山北。

八年（戊辰—一二〇八）春二月乙巳，宋钱象祖复遣王柟来请川、陕关隘。

夏四月癸卯，日晕三重，皆内黄外赤。

〔闰月〕（据金史卷一二章宗纪补）乙未，宋献韩侂胄等首于元帅府。

五月丁未，御应天门，备黄麾立仗，亲王文武合班起居。平南抚军上将军赫舍哩贞以宋贼臣首献，并奉露布以闻。悬其首、画像于市，罢兵。丙辰，平章匡至自军。改元帅府为枢密院。〔考异〕薛应旂通鉴云，正月，右谏议大夫叶时请枭侂胄首于两淮，以谢天下，不报。初，柟至金，请依靖康故事，世为伯侄国，增岁币为三十万两匹，犒军钱三百万缗，并函师旦首献。金主命索侂胄首。柟还，召百官议，倪思谓有伤国体。吏部尚书楼钥谓奸宄已毙之，首又何足惜。命斫棺取首，枭之两淮，仍谕诸路。遂以二首付柟送金，以易淮、陕侵地。邵伯温四朝闻见录云，章良能谓奸宄之首不足惜，王介争之。倪思议与章同。宋史作楼钥谓首不足惜，而倪思谓有伤国体，盖传闻之异。又云，金受侂胄首，谥曰忠谬侯。史不载。钥字大防，鄞县人。潜说友咸淳临安志云，丁卯，和议，金索首谋，函首予之。或为乐府云："宝莲山下韩家府，主人飞头去和虏。"高九万吴山绝句云："拂晓官来簿录时，未曾吹彻玉参差。旁人不忍听鹦鹉，欲向金笼唤太师。"又，开禧中，帅臣赵师罿于柳州龙王庙重塑五王像，冕旒珪服毕具，其中三像，一模侂胄，二自强，三师旦。时韩、陈犹在，台臣攻师旦，唯于疏中。及师旦自貌其像，不敢斥韩、陈，至今未有易之者，然师旦论疏可考也。李心传朝野杂记载有小诗云："函首和戎事亦非，当时于此息兵机。咸阳追复真堪恨，那得中原驾六飞。"潘永因宋稗类抄云，函侂胄首，宋金乞和。时太学诸生有诗曰："自古和戎有大权，未闻函首可安边。生灵肝脑空涂地，祖父冤仇共戴天。晁错已诛终叛汉，於期未遣尚存燕。庙堂自谓万全策，却恐防边未必然。"明年，阁门舍人周登出聘，金使令引南使观忠谬侯墓，且释曰："忠于为国，谬于为身。"询之，乃韩也。又，钱象祖尝谏用兵，与侂胄有隙，史弥远因合谋诛之。宁宗不知也。都下语曰："释伽佛中间坐，罗汉神立两傍。文殊普贤自斗，象

祖打杀师王。"闻者绝倒。周密齐东野语云，弥远初未有杀侂胄意，
谋之张镃，镃曰："势必不两立，不如杀之。"弥远抚几曰："君真将
种也，吾计决矣。"时侂胄三夫人满头花生辰，镃移庖韩府，酣饮至
五鼓，周筠告变，不听。既被诛，上愕然不信。台谏交章论列，三
日后犹未悟其死。继乃下诏暴其罪，家籍没，至函首送金。谓林大
中议亦同倪思，主之尤力。独章良能以为事关国体，抗词力争。时
有题诗于侍从宅者曰："平生只说楼攻愧，此愧终身不可攻。"又云：
"岁币顿增三百万，和戎又送一於期。无人说与王柟道，莫遣当年寇
准知。"按，侂胄任情妄动，自取诛。僇然杂记所载赵师罾犬吠，乃
郑斗所造，以报挞武学生之愤。至许及之屈膝，费士寅狗窦，亦皆
撰造丑诋。信史不择是非，而尽纪之，何哉。又，癸辛杂识云，王
宣子尝为太学博士，适一婢有孕，而不容于内，出之女僧家。韩平
原父同乡无子，闻王氏有孕婢在外，遂明告而纳之，未几得男，即
平原也。

　　六月癸酉，宋通谢使试礼部尚书许奕、福州观
察使吴衡奉其主书入见。甲戌，谒谢于衍庆宫。丁
酉，以左副都点检〔完〕颜侃（据金史卷十二章宗纪补）
为宋谕成使，礼部侍郎乔宇副之。

　　秋七月戊申，宋使朝辞，致答通谢书及誓书
于宋。

　　八月己丑，遣户部尚书高汝砺等贺宋生日。

　　冬十月辛巳，宋使来贺。〔考异〕交聘表，谕成使只载
〔完〕颜侃（同上），无乔宇名，且系之七月戊申。又书，己
酉宋户部尚书邹应龙、泉州观察使李谦贺天寿节，与纪异。宋史宁宗纪，六
月，金遣使来归大散关及濠州。八月，置安边所。九月，以和议成

谕天下。系年要录云，是年，宋遣曾从龙贺明年正旦，闻章宗之丧，改充吊祭使。遣宇文绍彭贺即位。金遣裴满正来告哀，蒲察知刚致遗留物，又遣使告即位。交聘表失书。又，瀛州道古录云，宋与辽、金南北通问，各设国信使。使至，俱置客省司四方馆。使引进，有官押燕，有伴使。事不一，大半多用词臣。北有燕宾馆，南有班荆馆。至燕京，则许游悯忠、庆寿诸刹，至临安，则伴使偕往天竺烧香，次冷泉亭、呼猿洞而归。当时纪行之书存于今者：王曾上契丹事、富弼奉使录、许亢宗奉使行程录、洪皓松漠纪闻、范成大揽辔录、周煇北辕录，仅寥寥数卷，其宫阙制度犹可借以考证。外如路振乘轺录、宋敏求入蕃录、范镇使北录、刘敞使北语录、江德藻聘北道里记、沈括使辽图抄、李罕使辽见闻录、寇瑊奉使录、王曙戴斗奉使录、王晋使范、连鹏举宣和使金录、何铸奉使杂录、雍垚佐隆兴奉使审议录、张棣讲和事迹、韩元吉金国生辰语录、姚宪乾道奉行录、余嵘使燕录、楼钥北行日录、富轼奉使语录，间轶不传。又若赵良嗣燕云奉使录、马扩茅斋自叙、沈括南归录、郑望之靖康奉使录、李若水山西军前奉使录、傅雱建炎通问录、范仲熊北纪、晁公迈金人败盟记，虽散见于北盟会编，而未必全。至若皇华录、南北欢盟录、南北对镜图、南北国信记、议盟记、接判语录、北朝国信语录、贺正人使例、使北录、靖康要盟录、绍兴通和录、讲和录、开禧通和特书通问本末诸书，或仅留其目，并作书者姓氏多佚矣。

金史纪事本末卷三十八

卫王遇害

<u>章宗</u>泰和八年（戊辰—二〇八）冬十一月丙辰，<u>章宗</u>崩，<u>卫王</u>即位。讳<u>永济</u>，初作<u>允济</u>，避<u>显宗</u>讳改。小字<u>兴胜</u>，<u>世宗</u>第七子，母曰元妃<u>李氏</u>。王长身，美须髯，天资俭约，不好华饰。<u>大定</u>十一年封<u>薛王</u>，改封<u>滕</u>。<u>章宗</u>立，进封<u>潞王</u>。<u>承安</u>二年，改封<u>卫王</u>，历判府军。初，<u>章宗</u>诛<u>郑王</u>、<u>镐王</u>，久颇悔之，复爵赐谥，且以<u>卫王</u>子<u>阿禅</u>原作按陈为<u>郑王</u>后，改<u>卫王</u>武定节度使。八年冬入朝，时<u>章宗</u>已感嗽疾，<u>卫王</u>辞行，而<u>章宗</u>意留之。先是置王傅府尉官，检制宗室。王虽<u>郑王</u>母弟，柔弱鲜智能，为帝所爱。既无

继嗣，欲立王，故留之。〔考异〕两朝纲目备要云，世宗子时唯永济在。然其时尚有越王永功、夔王永升，不止卫王也。今从史。

及大渐，元妃李氏与黄门李新喜召平章完颜匡定策，奉王即位。〔考异〕大金国志云，李黄门与右丞撒窣立之，拜撒窣太傅领三省事，封申王。诏群臣先缘事罢者悉复叙用。北边被兵，贫民所在，有司存问赈恤。纪未载。李心传朝野杂记，右丞撒窣作右丞相撒罕，又异。

卫绍王大安元年（己巳—二○九）春正月辛丑，飞星如火，起天市垣，有尾，迹若赤龙。

二月乙丑，太白昼见，经天。立元妃图克坦氏为皇后，封皇子六人为王。

三月甲辰，以平章布萨端为右丞相。

夏四月庚辰，杀章宗元妃李氏及奉御贾氏。以平章完颜匡为尚书令。〔考异〕沈炳震廿一史四谱，卫王朝宰辅为尚书令者只完颜匡，而丞相则仆散端、徒单镒，平章则独吉千家奴、徒单公弼，左右丞则奥屯忠孝、胡沙虎、完颜福兴、完颜元奴，均见本纪。

冬十月，岁星犯左执法。

十一月，平阳地震，有声如雷，自西北来。诏免租税，抚恤有差。

是冬，诏戒厉风俗。〔考异〕续通考云，是年，徐浦界黄河清五百余里，凡二年。以其事诏中外。临洮杨珪上疏，谓为灾异。宰臣议以妖言诛之，恐绝言路，诏大兴锁还本管。后宣宗贞祐二年六月，黄河自陕州界至卫州八柳树沟，十余日纤鳞皆见。纪载徐、邠州河清事，系之二年四月，稍异。大金国志云，是岁，谕民纳粟补官。自四月至于六月不雨，内出宝器及图书、文画付杂买场卖。史均未书。

二年（庚午—一二一〇）春正月庚戌朔（按，据长术，是年正月庚寅朔，此误），日中有流星出，大如盆，其色碧，向西行渐如车轮，尾长数丈，没于（蜀）〔浊〕（据金史卷一三卫绍王纪改）中，至地复起，光散如火。

二月，客星入紫微垣，光散为赤龙。地大震，有声如雷。

夏四月，北方有黑气，如大道，东西亘天。〔考异〕续通考载于元年四月壬申。

五月，诏儒臣编续资治通鉴。

六月，大旱，下诏罪己，赈贫民阙食者。

八月乙丑，立子胙王从恪为太子。

十一月，中都大悲阁东渠内火自出，逾旬乃灭。阁南刹竿下石䃟中火自出，人近之即灭，俄复出，如是者复旬日。中都火（掀）〔焮〕（同上）民居。〔考异〕五行志竿下作幡竿下，云，自是都城燔爇二三十处。又三月，大悲阁灾，延烧万余家，火五日不绝。析津志云，大悲阁东南有披云楼，旧有题额，是章宗手书。上有远树影，虽风雨晦冥皆见之。孙承泽春明梦余录，耶律楚材和韵题诗云："闲上披云第一重，离离禾黍汉家宫。窗开青琐招晴色，帘卷银钩挹晓风。好景安排诗句里，闲愁分付酒杯中。静思二十年间事，聚散悲欢一梦同。"载湛然居士集。续通考云，大安二年，溃河之役，以交钞八十四车为军饷，兵蚀国残，不遑救弊，交钞之轻，几不能市易矣。

是岁地屡震。

三年（辛未一二一一）春正月乙酉朔，荧惑入氐中，凡十有一日乃出。

二月，荧惑犯房宿。有大风从北来，发屋折木，通玄门关、东华门重关皆折。〔考异〕王士点禁扁云，金以幽州为中都，汴为南京，门之扁曰宣和、曰启夏、曰丰宜、曰丹凤、曰大庆、曰承天、曰日精、曰月华、曰左右升平、曰左右升龙、曰隆德、曰严祗、曰繁禧、曰安泰、曰祗肃、曰安贞、曰南薰、曰大兴、曰大安、曰南顺、曰顺阳、曰四会、曰仁安、曰德和、曰德昌、曰文明、曰光兴、曰启庆、曰明昌、曰徽音、曰光翼、曰宣阳、曰光牒、曰宣华、曰玉华、曰应天、曰嘉会、曰宣曜、曰阳春、曰施仁、曰灏华、曰丽泽、曰彰义、曰景风、曰端礼、曰通玄、曰会城、曰崇智。按，应天门内有左右翔龙门，皇太后册立乘舆至翔龙门。见礼志。又，贞元三年，废帝登宝昌门观角觚，及登宝昌门楼杀昭媛彻伯尔，御宝昌门临轩观试。见纪传。泰和六年，诏建昭烈武成王庙于阙廷之右丽泽门内。见本纪。元遗山集载梁园春词云："双凤箫声隔彩霞，宫莺催赏玉谷花。谁怜丽泽门边柳，瘦倚东风望翠华。"王恽玉堂嘉话云，燕城西南门曰端礼，有大定末刘无党所撰左丞唐古安礼碑云："尹大兴，时迎午休吏，燕雀语堂下，人不知有官府。"王文正上辽事，南门外有裕悦王廨，为宴集之所。永平馆旧名碣石馆，清和后易之，亦为朝士宴游地。见明一统志。按，清和恐系统和之讹。周煇北辕录云，入丰宜门，过龙津桥。桥分三道，通用夺玉石扶阑，上琢为婴儿状，极工巧。范成大石湖集，桥在宣扬门外，以玉石为之，引西山水灌其下。诗云："燕石扶阑玉雪堆，柳塘南北抱城回。<u>西山</u>剩放龙津水，留待官军饮马来。"

闰月，荧惑犯键闭星。

三月，<u>大悲阁</u>灾，延及民居。有黑气起北方，广长若大堤，内有三白气贯之，如龙虎状。

冬十月，每夜初更，东、西方天明如月初出，经月乃灭。荧惑犯垒壁阵。

十一月，杀河南陈言人<u>郝赞</u>。〔考异〕<u>五行志</u>云，二月，大风从西北来，发屋拔木，吹<u>清夷门</u>关折。时有男子<u>郝赞</u>诣省，语帝即位后天变屡见，宜退位，让有德。有司问："汝狂疾乎？<u>赞</u>曰："我不狂疾，但为社稷计，宰相皆非其才。"每日省前大呼，凡半月。上怒，诛之隐处。<u>大金国志</u>云，是岁，礼部兼太常卿<u>杜世昌</u>请郊天地，秘书监<u>邵文虎</u>乞州县立力田科。纪均未载。

<u>崇庆</u>元年 (壬申一二一二) 春三月，大旱。

夏五月，诏卖空名敕牒。<u>河东</u>、<u>陕西</u>大饥，斗米钱数千，流莩满野。

秋七月，有风自东来，吹帛一段，高数十丈，飞动如龙形，坠于<u>拱辰门</u>。

冬十月，曲赦<u>西京</u>、<u>辽东</u>、<u>北京</u>。

十一月，振<u>河东南路</u>、<u>南京路</u>、<u>陕西东路</u>、<u>山东西路</u>、<u>卫州</u>旱灾。

<u>至宁</u>元年 (癸酉一二一三) 春正月，振<u>河</u>(南)〔东〕(据<u>金史</u>卷一三<u>卫绍王纪</u>改)、<u>陕西</u>饥。

二月，诏招抚<u>辽东</u>。知<u>大名府</u>事<u>乌库哩谊</u>谋不

轨，伏诛。

三月，太阴、太白与日并见，相去尺余。〔考异〕续通考载于崇庆元年正月日正午时，与此稍异。

夏五月，改元。〔考异〕五行志，初，卫王即位，改元大安。四年，改曰崇庆。既又改曰至宁。有人谓曰："三元大崇至矣。""大崇"者，大虫也。俄而有胡沙虎之变。陕西大旱。诏招谕咸平路契丹部人之啸聚者。起呼沙呼〔考异〕满州语鸥鸦也。旧作胡沙虎，今译改。后改名执中。复为右副元帅，领兵屯通玄门外。

秋八月，大雾昼晦。〔考异〕五行志云，是月，卫绍王之变。是日，海水不潮，宝坻盐司惧其亏课，致祷无应。及宣宗即位，乃潮。纪未载。治中福海，呼沙呼传，系南平姻家，姓完颜氏。〔考异〕卷九十六完颜匡传泰和六年将福海，另一人。将兵屯城北。辛卯，呼沙呼矫诏诛反者，执福海杀之，夺其兵。壬辰，自通玄门入，杀知大兴府图克坦南平及其子刑部侍郎默呼原作没撚。〔考异〕一作没烈。卷六十五蛮睹传曾孙惟镕本名没烈，宣宗时邠州经略。另一人。于广阳门西。〔考异〕大金国志云，南平官左副元帅，迎合上意，沮格军赏，众皆怨之。执中因以诛南平为名。李革传，南平贵幸用事，势倾中外。遣所亲以进取诱革，革拒之。承晖传，南平父子大为奸利，尝面斥其非。本传，时南平行至广阳门西寓义坊，马上与执中遇，执中手枪刺杀之。所载较详。福海男符宝珊延率众拒战，死之。珊延原作鄯（延）〔阳〕（据下文及金史卷一三卫绍王纪改）。〔考异〕满州语白色也。旧作鄯阳，今译改。宏简录同大金国志作善羊。

云，官都统，率五百人力战。自旦至午，手杀数十人，身中数十矢而死。所载较详。**都统实古纳**原作石古乃。〔考异〕日下旧闻考作实库，满州语撒袋内衬帖也。旧作石古，今译改。通鉴辑览作锡固纳。汪辉祖金史同名录云，卷七世宗大定十九年赵王子；卷七十一婆卢火传平迭剌，即太祖时都统习古乃，亦作实古乃；卷七十二娄室子仲本名，北京留守，四人同名石古乃。**亦战死**。本传，时变起仓卒，中外不知所为，善延、实库乃往天王寺召大汉军五百人赴难，与执中战于东华门外。蒋一葵长安客话云，天王寺即隋之宏业寺，元魏孝文所建，隋于此建塔藏舍利。唐开元中，改额天王寺。金大定二十九年，改名大万安禅寺。见耶律楚材湛然居士集。明宣德间，敕更天宁寺。其塔高二十七丈五尺五寸。今塔下有敕更名敕碑，后有尊胜陀罗尼石幢，辽重熙十七年五月立。见艮斋笔记及隩志。**呼沙呼叩东华门，遣人呼守直亲军百户栋尔**、原作冬儿。〔考异〕卷十七哀宗正大六年陇州防御使冬儿，另一人。**五十户富察鲁尔锦**，原作蒲察六斤。〔考异〕续纲目作陆锦，通鉴辑览作埒尔锦。**不应。许以世袭明安三品官职，亦不应**。〔考异〕大金国志云，时主遣皇子蒋王持诏投门下，募能杀执中者，白身除大兴尹，世袭千户，无应者。纪未载。**都点检图克〔坦〕威赫**（据道光殿本金史卷一三卫绍王纪补）原作渭河，一名镐。**缒而出**，〔考异〕呼沙呼传，威赫缒城出，见以积薪焚东华门，立梯登城。纪未载。**护卫色埒默**原作斜烈（乞儿）（据金史卷一三卫绍王纪删）。〔考异〕大金国志作将军合住。通鉴辑览作色埒默和尔，呼沙呼传作实埒奇尔，外尚有将军春山。所载互异。**掊锁启门，呼沙呼以兵入宫，尽逐卫士，代以其党，自称监国元帅。〔考异〕本传，时召礼部令史张好礼，欲铸监国元帅印。好礼曰："自古无异姓监国者"，乃止。元好问中州集，一日，虎贼下礼部铸监国宝，张信甫时为尚书，持不可。虎贼虽怒，亦竟不能杀也。纪均未载。薛应旂通鉴云，主复用呼沙虎将兵，徒单镒谏不听。又责其好猎，遂与其党完颜丑奴、乌古论夺剌等作乱，分军为三，叩东华门，呼曰："鞑靼至北关，已接战矣。"使徒单金寿召南平，至，手刃杀之，遂入宫。居大兴府，召声妓与亲党会饮。续纲目丑奴作绰诺，夺剌作道喇，所载各异。癸巳，逼帝（人）〔出〕（据金史卷一三卫绍王纪改）宫，以素车载至故邸，遣兵锢守。尚宫左夫人郑氏掌宝玺，闻难，端居玺所。呼沙呼遣黄门入收玺，郑曰："玺为天子用，呼沙呼人臣，取将何为？"黄门曰："今天时大变，主上且不保，况玺乎？侍御当思自脱计。"郑厉声叱骂，遂瞑目不语。黄门出，呼沙呼卒取"宣命之宝"。〔考异〕本传，时庄献太子在中都，迎至东宫。遣图克坦福寿取符宝，陈于大兴府露阶上，盗用御宝出制、除拜。所载较异。续通考云，大定二十三年三月，铸"宣命之宝"，金玉各一。金宝以进呈为，始一品及王公。妃用玉宝。二品以下用今"宣命之宝"。其党迁官凡数十人，遂使宦者李思（忠）〔中〕（同上）〔考异〕大金国志作李监成，宏简录作李思中。害帝于邸。〔考异〕大金国志云，主初即位，命学士吴宗稷具述国难及哀痛之意。寻动无名之师，轻挑外侮，甚至蔬食徒跣，日焚香，告天不幸，适丁其会矣。纪未载。

九月甲辰，宣宗即位。诣邸，临奠伏哭尽哀。

敕以礼改葬。〔考异〕续纲目云，呼沙呼欲僭位，访之徒单镒，答曰：“翼王，章宗兄，显宗长子，众望所属，宜立之。”遂遣徒单铭迎升王珣，立之。本传作遣奉御和色哩三人、护卫布希班第、完颜酬努十人迎立宣宗。大金国志谓用乌陵用章、聂希古议，迎立丰王珣。所载互异。呼沙呼请废为庶人，诏百官议。太子少傅鄂屯忠孝、侍读学士富察思忠请从废黜，户部尚书武都、拾遗田庭芳等三十人请降为王侯，太子太保张行简请用汉昌邑王、晋海西公故事，侍御史完颜恩楚原作讹出等十人请降复王封。呼沙呼不从，竟降封东海郡侯。〔考异〕宏简录云，时召群臣议，众相视莫敢言。独拾遗白庭秀奋然曰：“先朝素无失德，在礼不当废。”从之者礼书张敬甫、户部武文伯、谏议张信甫、庞才卿、石抹晋卿等三十四人。呼沙呼传拾遗作文学。循吏传，武都字文伯，东胜州人。大定中进士，官兵部尚书。坐事罢，起为刑部尚书。中都被围，为河东宣抚使，卒。及呼沙呼诛，始赠实古纳顺州地理志云，为辽归化军，县二，隶中都路。刺史、珊延顺天节度〔副〕使（据金史卷一二一鄱阳传补）、栋尔加龙虎卫上将军、鲁尔锦加定远大将军，余赠恤有差。

宣宗贞祐二年（甲戌一二一四）夏五月，将南迁，诏徙故卫王家属于郑州，寻徙南京。〔考异〕宗室表，卫王子六，可考者四：太子从恪；琚本名明安，原作猛安；瑄本名安春，原作按出；（燥）〔璪〕（据金史卷五九宗室表改）本名阿禅，原作按辰。母氏所出，均未详。

三年（乙亥一二一五），黜卫王母光献李后尊谥，及神主迁出太庙。

四年（丙子一二一六），诏追复卫王，谥曰绍，加开府仪同三司。

兴定五年（辛巳一二二一）正月，诏修卫王事迹。时左丞贾益谦尝事卫王，遣使就郑州访之。曰："知卫王者莫如我。为人勤俭，慎惜名器，校其行事，中材不及者多矣，吾知此耳。设欲饰言以实其罪，吾亦何惜余年。"朝议伟之。

哀宗天兴元年（壬辰一二三二），诏释卫王子孙禁锢，听自便。〔考异〕巴胡鲁传，元光元年，宣宗以巴胡鲁为巡护卫绍王宅都将。卷二太祖纪天辅七年契丹乱人，与巴胡鲁同名九斤。爱实传，卫绍王、镐厉王家属皆以兵防护，巡察之严〔过〕（据金史卷一一四爱实传补）于狱犴。爱实上言，哀宗始听自便。张特立传，字文举，东明人。泰和中进士，官御史。疏言"卫、镐二王久加禁锢，如防寇盗，世宗在天之灵得无伤乎？圣嗣未立，未必不由此也。"所载较详。

赫舍哩原作纥石烈呼沙呼，一名胡沙虎，改名执中。阿苏裔孙也，徙东平路明安。明昌初，历右副点检，肆傲失职，降肇州详卷三。防御使，迁兴平军名，即平州。节度使。丁母忧，起复归德节度使，转招讨副使。承安二年，命签枢密院，佐丞相襄北征，辞。下有司，降为永定军名，即雄州，县三。节度使，坐事解职。泰和（九）〔元〕（据金史卷一三二纥石烈执中传改）

年，起知<u>大兴府</u>。中丞<u>孟铸</u>劾其"贪残不法，怙罪弗悛，既蒙恩贷，转生跋扈。如<u>雄州</u>诈认马，<u>平州</u>冒支俸，破<u>涞州</u>人<u>魏廷实</u>〔考异〕<u>孟铸传</u>廷实作廷硕。家，发其家墓，拜表不赴，祈雨聚妓，殴骂同僚，擅令停职，失师帅之体，不称京尹任"。〔考异〕<u>孟铸传</u>，由令史历主事，升中丞。后<u>执中</u>作乱，执<u>铸</u>及<u>张行信</u>至，问曰："汝辈向来弹我者耶？"<u>铸</u>等以正言答之。遣还家，曰："且俟后命。"<u>执中</u>死，<u>铸</u>寻卒。所载较详。<u>李仲略传</u>，<u>晏子</u>，字<u>简之</u>。第进士，历修撰，权左司都事，<u>世宗</u>称为健吏。又曰："<u>仲略</u>精神明健，如俊鹘脱帽。"迁侍郎。时<u>执中</u>坐赃，命<u>仲略</u>鞠之，罪当削解。权要言太重，<u>仲略</u>谓其凶残狠愎，慢上虐下，不可宥。帝是之。授<u>山东</u>按察使，卒，谥<u>襄献</u>。俄从<u>布萨揆</u>侵<u>宋</u>，为都统，屡败<u>宋</u>兵。克<u>淮阴</u>，进围<u>楚州</u>，擢左监军。兵罢，改招讨使，<u>西京留守</u>。

<u>卫王大安</u>三年（辛未一二一一），命行枢院，与<u>元</u>兵遇于<u>定安</u>北。先遁，师遂溃。行次<u>蔚州</u>，擅取官库银币，夺官民马，杀<u>涞水</u>令。至<u>中都</u>，皆释不问，迁右副元帅，权左丞。

<u>崇庆</u>元年（壬申一二一二），放归田里。

明年，复召至<u>中都</u>议军事。左谏议大夫<u>张行信</u>上书谏，丞相<u>图克坦镒</u>亦谓不可用，参政<u>梁镗</u>跪奏其奸恶，乃止。〔考异〕<u>苏㻌传</u>，弹奏者尚有<u>乌库哩德升</u>。<u>刘祁</u>归潜志云，<u>张毂</u>字<u>伯英</u>，<u>许州</u>人。官御史，言奸臣<u>执中</u>事，士论壮

之。后官平阳转运使。李逎字平甫，滦州人。擢第，为御史，亦言执中不法事，后官东平治中。执中传均未载。然善结近侍，交口称誉，复使将兵，遂作乱，弑卫王。

九月，迎立宣宗。拜太师、尚书令、都元帅，封泽王，授中都路和罗噶图世袭明安。(第)〔弟〕(据金史卷一三二纥石烈执中传改) 特默一作特末也。〔考异〕汪辉祖金史同名录云，卷八世宗大定二十七年宝坻尉、卷七十思敬传大定初叛党，三人同名特末也。为都点检，子准一作猪粪。〔考异〕卷百十九粘葛奴申传天兴二年陈州建威都尉亦名猪粪，另一人。除濮王傅、兵部侍郎。以乌库哩谊第赐之。仪鸾局给供张，妻王氏，赐紫(给)〔结〕(同上)银铎车。侍朝赐坐，亦不辞。提点近侍局庆善努、副使惟弼、奉御惟康请除之，宣宗不许。及右监军珠格原作术虎高琪屡战不胜，呼沙呼戒之曰：“今日出兵果无功，当以军法从事。”及出战，复败。高琪惧，遂率所部乣军围其第。呼沙呼闻变，弯弓注矢外射，不胜，登后垣欲走，衣袿堕而伤股，军士就斩之。〔考异〕薛应旂通鉴云，蒙古兵至怀来，金高琪拒之，败绩，僵尸四十余里。进围中都，至皂河，欲渡高桥，胡沙虎病足，乘车督战，大胜。翼日再战，创甚。期高琪以乣军出拒，不至，欲斩之。主令免死。胡沙虎乃益其兵令出战曰：“胜则赎罪，否则斩。”及败还，遂杀胡沙虎。所载较详。刘祁归潜志云，果勒齐入其第，露刃前，执中方濯足，大骇，走入卧内，军士追杀之。又异。高琪执其首，诣阙待罪，赦之。拜左副元帅。〔考异〕大金国志云，主尽收弑逆之人杀之，拜高乞枢密使。其党呼乣军反，市人争杀之，乣军死者甚众，抚谕乃安。诏暴其罪恶，削官爵。弟特默等补外官。而庆善努等皆迁赏。

贞祐二年（甲戌一二一四），德州防御使酬努亦伏诛。

金史纪事本末卷三十九

元人克燕

卫绍王大安二年（庚午一二一〇）秋九月庚子，遣使慰抚宣德行省军士。丙午，京师戒严。上日出巡抚，百官请视朝，不允。辛亥，宣德行省罢。诏抚谕中都、西京、清、沧被兵民户。

是岁大饥。禁百姓不得传说边事。〔考异〕元史太祖纪云，讳特穆津姓却特氏，蒙古部人。十世祖勃端察尔，母曰阿伦果斡，嫁托本默尔根，生二子而寡居。夜寝帐中，梦白光自天窗入，化为金色神人，趋卧榻，遂有娠，生勃端察尔。卒，子巴噶哩台哈必齐嗣。卒，子玛哈多丹嗣。妻摩纳伦，生七子而寡，为雅赍尔灭。六子皆死，惟季子纳沁存，抚立其长孙海都为君，部族渐众。传至伊速克依即也速该，并吞各部，卒，谥烈祖神元皇帝。初，征塔塔尔部，获其酋特穆津，即铁木真。适宣懿皇后生子，以名之，手握凝血如赤石。烈祖殁，帝幼，部众多归泰赤乌，寻与札木哈克等部来侵，破走之，诸部多降。会金师灭塔塔尔部，授察克秃鲁，复破奈曼部博啰汗于和伦札色山及杭爱山，奈曼势弱。及克埒部王汗叛，战于哈喇克沁沙图之地，破平之。因征西夏，大掠而还。遂称帝于鄂诺河，即斡难河，号青吉斯皇帝，即成吉思。时金泰和六年丙寅，乃宋开禧二年也。平奈曼，以博罗汗归即乃蛮国。因金杀其宗亲罕布海汗，欲复仇。五年春，金筑乌沙堡，命哲伯袭杀其众，遂略地而东。初，卫王奉命往静州受贡，奇帝状貌。帝见卫王不为礼，王归，欲请兵攻之，未果。王即位，诏至，当拜受，问为谁？曰："卫王。"遽南面唾曰："我谓中原皇帝是天上人做，此等庸懦亦为之耶？"即乘马北去。王怒，欲俟其入贡害之。事觉，遂与金绝。两朝纲目备要云，王遣众分屯山后，欲袭杀之，为乣军所告，遂不果。蒙古小彻辰萨囊台吉蒙古源流云，元太祖称帝不建年号。孟珙蒙达备录谓有天兴之号，疑误。至文献通考则以谥号为年号，尤非也。薛应旂通鉴却特作奇握，温孛端察尔作孛端乂儿，阿伦果斡作阿兰果火。云，帝母月伦生帝于跌里温盘陀山。杭爱作沆海，博罗汗作盃禄可汗。续纲目月伦作谔楞。通鉴辑览阿伦果斡作阿伦郭斡。邵远平元史类编，托本默尔根作脱奔佯哩犍。大方通鉴云，阿兰一乳三子，长孛完合答吉，次孛合撒赤，季孛端乂儿。国语解云，特穆津，蒙古语铁之最精者。旧作忒没真，今译改。哲伯，蒙古语梅针箭也。旧作遮别，今译改。按，诸书所载姓名各异。元史所谓太祖五年，即大安二年也。李心传朝野杂记云，生鞑靼有白黑之别，今忒没真乃黑鞑靼也。与白鞑靼皆属金，岁亲入贡，但答赐，不使入其境。明昌元年，白鞑靼王摄叔弟杀兄自立，摄叔子白波厮方二岁，金取归：养之黑水千户家。泰和七年春，摄叔入贡，金袭杀之，立白波厮，遣还国。白波厮在黑水千户家，悦其女，欲娶之，璟不许。白波厮怒，叛归，黑鞑靼以此益强。又云，鞑靼以射猎为生，兼器甲弓矢惟骨镞，地不产铁也。契丹铁禁甚严，及金得河东，废夹锡钱，执刘豫，又废铁钱。由是秦晋铁钱皆归之，遂大作军器，国益强。金盛时，岁入贡，隶东北招讨司。

三年（辛未一二一一）春三月，诏括民间马，令职官出马有差。

夏四月，元兵来征，遣西北招讨使钮祜禄哈达原作粘合合打乞和。平章政事通吉迁家努、原作独吉千家奴，一名思忠。〔考异〕卷八十五永蹈传家奴，亦名千家奴，另一人。参政和硕一名承裕，亦名胡沙，又作呼实。〔考异〕汪辉祖金史同名录云，卷八十斜卯传太祖时太尉、卷一百二十四马庆祥传元光元年桢州全胜堡提控，姓仆散氏，三人同名胡沙。和硕，宗室子。初，侵宋，屯成纪，大败宋兵，克成州。迁统军使，以参政御元兵，大败，除名。起临海节度使，卒。思忠亦因兵败坐解职。均见本传。行省事，西京留守赫舍哩呼沙呼行枢密院，备边。〔考异〕元史太祖纪云，二月，帝南伐，败金将达实于野狐岭，取大水泺、丰利等县。金复筑乌沙堡，七月，命哲伯攻拔之，及乌月营。续纲目云，初，金纳哈买住守北鄙，奔告金主曰："近见蒙古邻部附从西夏献女，而造箭制盾不休，行营令男子乘车惜马力，非图我而何？"主怒，囚之。至是始释之，而遣使请和，不允。大金国志云，七月，元军自和龙趋山后，与国兵战于灰河而败，命执中往助，复败于大胜甸，奔还。主怒，罢之。进逼屏口，国兵又败。通鉴辑览买住作塔迈珠。纪未载。

秋八月，诏奖谕行省官，慰抚军士。迁嘉努、和硕自抚州即兴和城。唐新州地，去宣府三百余里。〔考异〕续通考云，辽秦国长公主建为抚州，金明昌中设刺史，为桓州支郡，治柔远镇，承安中，改镇宁军。领柔远、集宁、丰利、威宁四县。退军，驻宣平。县名，属宣化府，在明万全卫西十里，即大新镇。河南大名路军逃归，诏招抚之。

　　九月，迁家努、和硕败绩于会河堡。在明万全卫西，为辽、金戍守之地，今宣化府境。时，因乌沙堡在废兴和城西。之役不为备，失利，迁嘉努解职，以和硕主兵事。元兵至野狐岭，在万全卫北三十里，今宣化府境。和硕南遁，追击至会河堡，兵大溃，脱身走入宣德，诏除名。〔考异〕张翰传，字林卿，秀容人。大定末进士，历户部员外郎。思忠、承裕行省〔戍边〕（据金史卷一〇五张翰传补），翰充左右司郎中，论议不相叶，处置乖方，翰屡争之，不见听。承裕就逮，卫王知翰尝有言，特召见，慰之。宣宗南迁，为户部尚书，经度皆有条理。卒，谥达义。元好问中州集云，秀容张翰，贞祐初，历户部侍郎。车驾南渡，出为河平节度使，召拜户部尚书。草创之际，经费空竭，事皆倚办，信通济之良材也。旦暮为相，会卒，年五十五。弟翛，字飞卿，亦进士，仕终河东北都总管。犹子天彝，亦登科。子天任，字西美，近侍局副使，死于宋州之难。翰有奉使高丽过平州馆诗云："昨日龙泉已自奇，一峰寒翠压檐低。兼并未似平州馆，屋上层峦屋下溪。"居庸关失守，禁男子不得辄出中都城门。前军至中都，戒严。遣参政梁璫镇抚之。〔考异〕元史太祖纪云，八月，帝及金帅战于宣平之会河川，败之。九月，拔德兴府，守将遁去，哲伯遂入关，抵中都。两朝纲目备要、

宋史全文均作崇庆元年入居庸关，乃明年事。与纪差一年。薛应旂
通鉴云，元兵拔乌沙堡、乌月营，破白登城，攻西京，凡七日，胡
沙虎等遁。追至翠屏山，遂取西京及桓、抚州。方舆纪要云，乌月
营在乌沙堡西南。白登城在大同府东百十里。西京即大同府。翠屏
山在万全卫北三里。元兵入居庸，至皂河，欲度高梁桥，为金将胡
沙虎所败。皂河即高梁河，在顺天府城西，所载各异。元好问中州
集，瑝字国宝，范阳人。大定十六年进士，由州县历参政。天资方
正，敢言大事。北兵起，立和议，人有笑其懦者，后如其言。卒官。
胡沙虎咤曰："梁瑝在，族矣。"其为人可知。有留题长平驿诗云：
"杀降未见无祸者，（果）〔累〕（据中州集壬集改）将其能有种乎？"
史未载。续通考云，德兴府本唐新州地，辽改奉圣州，今升为德兴
府。领县六：德兴、妫川、缙山、望云、龙门、矾山。镇一：永安。
明改保安州。

　　冬十月，泰州刺史珠格原作术虎高琪屯通化门
外。上巡抚诸军。

　　十一月，以上京留守图克坦镒为右丞相。镒初
闻中都警，遣同知乌克逊鄂屯原作乌古孙兀屯将兵二万
入卫。尝请徙桓、昌、抚桓州本乌桓所居，在开平卫西。昌
州即宝昌县，在兴和西北。抚州见上。〔考异〕续通考云，桓州本上
谷郡地，金置桓州威远军，明昌中，改置刺史。领清塞一县。百姓
入内地，上信梁瑝议，责之曰："是自蹙境土也。"
及元兵定三州，始悔之。至是，镒复请置行省于东
京，备不虞。上不悦曰："无故遣大臣，动摇人
心。"未几，东京不守，上乃大悔。〔考异〕毕沅续通鉴

云，时元将哲伯攻东京，不拔，用部将索济伦布哈计，袭破之。本传作今年事，元史本纪作明年事。以呼沙呼为右副元帅，权右丞。时方弃西京走还，仍遣将兵，因又请兵二万，屯宣德。诏与三千人屯妫川。〔考异〕方舆纪要云，在延庆卫城东南，时欲移屯南口，蒙古袭败之，即居庸南口也。迁家努坐覆军，除名。和硕责授咸平路总管。〔考异〕本传，王薄其罪，除名。续纲目云，时将士以其罚轻，益不用命。纪未载。命万户奎腾〔考异〕蒙古语冷也。旧作（狐）〔狐〕头（据金史卷一三卫绍王纪改），今译改。屯古北口。

十二月，签陕西两路汉军五千人赴中都。太保张行简、左丞相布萨端宿禁中议军事。端寻罢。

是岁，德兴府、宏州、昌平、怀来、缙山、圭润、密云、抚宁、集宁，东过平、滦，南至清、沧，由临潢过辽河，西南至忻、代，皆为元陷。〔考异〕元史太祖纪云，十月，袭金群牧监，驱其马而还。耶律阿哈降，入见帝于行在所。皇子卓沁、察罕台、谔格德依分徇云内、东胜、武、朔等州，下之。是冬，驻跸于金之北境。刘伯林、瓜尔佳常格等来降。薛应旂通鉴卓沁作术赤，察罕台作察合台，谔格德依作窝阔台，即太宗也。续纲目窝阔台又作乌格台。通鉴辑览术赤作卓齐。大金国志云，十二月，元军薄都城，完颜天骥遣将金突通拒战，杀三千人。大兴尹乌陵用章拒守，天骥欲劫寨，完颜律明不可，建议巷战。元攻南顺门，天骥纵其入，用火焚屋，元军死伤甚众，引退。天骥战死。律明守内东城，发大炮击元军，邵邑战殒。遣东安王请和，许婚公主及缯帛三百囊。元焚缯帛，欲烹东安王。未果，攻转急，律明拒却之。又，以野狐岭之败为独吉毛吃合及乌林答，而完颜七斤复败于晋山县。所载均与金、元史异。

崇庆〔考异〕大金国志作重庆，续纲目及薛应旂通鉴均作崇宁。元年（壬申一二一二）春正月〔己酉〕（据金史卷一三卫绍纪补）朔，呼沙呼请退军屯南口。移文尚书省曰："大兵来必不支，一身不足惜，三千兵为可忧，十二关、建春、万宁宫且不保。"朝廷恶其言，下有司按问，数其罪，罢之。〔考异〕元史太祖纪云，正月，帝破昌、桓、抚等州。金将赫舍哩纠坚等率兵三十万来援，帝与战于獾儿嘴，大败之。薛应旂通鉴作去秋事。云，闰九月，金命完颜九斤、完颜万奴等率兵四十万驻野狐岭，胡沙虎为后继。或请掩击，九斤不许。元主进兵獾儿嘴，大败金师。胡沙虎仅以身免。克晋安，居庸守将福兴遁。薄中都，金主欲奔汴，会元兵败，引还，乃止。李心传朝野杂记云，崇庆二年正月，鞑兵至居庸关，左将军福海弃关遁。允济议以细军自卫，奔南京开封府。会细军五百人自相激励，誓死迎敌，杀鞑兵数百。鞑兵不敢进。问所俘乡民，细军有几？绐曰："二十万。"遂惧，敛兵退。所载年月各异。通鉴辑览万奴作谔诺勒。按，金史、元史去年均无薄中都事。又云，是年三月，元主命第四子拖雷与赤驹驸马攻克德兴府，尽拔境内诸城堡而去。金人复守之。而圣武亲征记又作去年事。元史作明年七月事。拖雷作图类，赤驹作齐奇。续纲目拖雷作图垒。大金国志云，正月，统军完颜及等赴援，至易州，遣使朦骨国，俾袭其后。元军觉，不得志。亦请和，退取兴中路，归。贾兴、穆思顺追败其后军。至临洮，别将攻兴化、和建并永霸皆陷，赤地千里。寻遣使请婚及割地，许以熙宗女顺国公主嫁之，岁币三十万，遣王良往至阴山见国相，不允。

良复回。纪均未载。

夏五月，签陕西军三万赴中都，并括其马。以南京留守布萨端为河南、陕西安抚使，提控军马。〔考异〕元史太祖纪云，秋，围西京。金左都监鄂通襄来援，帝遣兵诱至密谷口，逆击之，尽殪。复攻西京，帝中流矢，遂撤围。九月，察罕克奉圣州。大金国志云，九月，元军取三韩，哨骑至顺州，举朝失措。张庆之请迁都。用章、律明誓死守。拜用章枢密使。十月，至城下，百计攻城，用章与李思安、张琼、范（增）〔臻〕（据大金国志卷二三东海郡侯纪改）随机堵御，元军死者众，乃退。十二月，屯顺州，毁城，忽不知所在。越半月，始自古社越龙漠去。史未载。

至宁元年（癸酉一二一三）九月后为宣宗贞祐元年。夏五月，复起呼沙呼为右副元帅，领武卫军三千屯通玄门外。〔考异〕元史太祖纪云，七月，克宣德府，遂攻德兴府，拔之。次怀来。及金帅完颜纲、高琪战败之，追至古北口，金兵保居庸，诏克特卜齐守之，遂趋涿鹿。呼沙呼遁。帝出紫荆关，败金师于五回岭，拔涿、易，契丹乌兰巴尔等献古北口，哲伯遂取居庸，与克特卜齐会。邵远平元史类编云，时命遮别反自南口攻居庸，破之，出古北口，与可忒薄刹军合。薛应旂通鉴可忒薄刹作可忒薄察。续纲目云，既而又选诸部精兵五千，奇尔台、哈台二将围守中都。按，怀来卫在万全司东南百五十里，即辽可汗州地。紫荆即金坡关，在易州西八十里。五回岭在易州西南百二十里，武水所出。大金国志云，七月，元军至山后，都元帅福兴迎战而败，主黜之。两朝纲目备要同，然考之承晖传，未尝迎战而败，盖因完颜纲之败而误也。元史谓趋涿鹿，呼沙呼遁，然此时呼沙呼未尝守涿鹿，亦因高琪之败而误也。李心传朝野杂记云，至宁元年七月，鞑兵复至山后，都元帅福海迎敌而败，允济黜之。鲁国忠武王行录云，金人以山后诸郡不可守，即移兵山前。时太祖经略山后诸州，皆平，自紫荆关领兵大入。攻涿州，州兵殊死战，昼夜急攻四十余日，拔之。又，元史可忒薄刹译作奇塔特博恰。"奇塔特"，蒙古语汉人也。"博恰"，身笨也。元史列传云，金恃居庸险，冶铁锢关门，布铁蒺藜百余里，守以精锐。彻伯尔还报，遂进师。距关百里，不能前，召彻伯尔问计，对曰："从北黑树林中有间道，容一骑，若勒兵衔枚出，终夕可至。"乃令轻骑前导，自暮入谷，黎明，已至平地。疾趋南口，金鼓之声自天下，金人睡未知，比惊起，莫能支，遂克之。所载较详。按，彻伯尔，蒙古语廉洁也。旧作察八，今改。

秋八月，呼沙呼废卫王而弑之。时，左丞完颜纲以兵十万行省事于缙山，诱其子奉御和尚，使作书召其父入，纲遂以军来，并其子皆杀之。本传，一名元努，字正甫。子名安和，谓囚之悯忠寺。明日，押至市口，使张霖卿数其失四川、败缙山事，杀之。后安和讼父冤，复官。弟鼎努，官参政。〔考异〕大金国志云，时执中领兵至紫荆关，开门延敌，军溃还，纲御之易州，大败。密奏执中受北赂，故放入关，执中惧诛，遂作乱。与史异。

九月甲辰，宣宗立。

冬十月丁酉朔，京师戒严。辛丑，元使伊垎齐来。辛亥，右监军高琪战于城北，凡两败绩而归，就以兵诛呼沙呼于其第，仍授左副元帅。壬子，元兵下涿州。

十一月庚午，将乞和于元，诏百官议于尚书省。癸未，元兵徇观州，刺史高守约死之。又徇河间府、沧州。〔考异〕元史太祖纪云，秋，分兵三道，命皇子卓沁、察罕台、谭格德依为右军，循太行而南，取保、遂、安肃、安定、邢、洺、磁、相、卫、辉、怀、孟，掠泽、潞、辽、沁、平阳、太原、吉、隰，拔汾、石、岚、忻、代、武等州而还。皇弟哈札尔及旺沁诺延、卓济特、博恰为左军，遵海而东，取蓟州、平、滦、辽西诸郡而还。帝与皇子图类为中军，取雄、霸、莫、安、河间、沧、景、献、深、祁、蠡、冀、恩、开、濮、滑、博、济、泰安、济南、滨、棣、益都、淄、潍、登、莱、沂等郡。复命穆呼哩屠密州，史天倪、萧博特来降，授万户。帝至中都，还屯大口。时唯中都、通、顺、真定、清、沃、大名、东平、海、邳、德等州十一城未下。李心傅朝野杂记云，崇庆二年秋，卫王被弑，鞑靼留大酋撒没喝围燕京，自将所降杨伯遇、刘伯林汉军四十六都统，分大军为二路，攻取两河诸州郡。伯遇者，蔚州吏。伯林者，集宁海射士也。时中原兵皆金往山后，令乡兵防守。鞑靼尽驱其家属来攻，父子兄弟遥相呼认，人无固志，所攻皆下。薛应旂通鉴云，时留怯台恰台屯燕城北，余分三道，破九十余郡，数千里杀戮几尽，子女牲畜皆席卷去。续纲目怯台恰台作奇尔哈台。时屋庐焚毁，城郭邱墟。惟大名、真定、青、郓、邳、海、沃、顺、通州有兵坚守，未能破。永清史秉直，率里人数千诣涿州军门降。穆呼哩欲用秉直，秉直辞。以其子天倪为万户，领降人家属屯霸州。史均未载。天倪字和甫，后官都元帅，为武仙杀。父秉直，官尚书。叔天祥，官都元帅。弟天泽，字润甫，官左相，赠太师，谥忠武，进封镇阳王。均见元史本传。又，穆呼哩，满州语秃尖也。旧作木华黎，今译改。本传，扎拉尔氏，世居鄂诺河，本戚里与保尔济、博啰罕、齐拉衮号都尔本库鲁克，犹华言四杰也。为佐命元勋，卒年五十四，赠太师，谥忠武。续纲目保尔济、博罗罕作博尔济、傅勒呼。

宣宗贞祐二年（甲戌—一二—四）春正月辛未，元兵徇彰德府，知府事洪果玖珠原作黄掴九住。〔考异〕汪辉祖金史同名录云，卷十六宣宗元光元年唐州提控，姓夹谷氏；卷十八哀宗天兴元年都总领，亦作久住；卷四十四兵志正大时内族统亲卫军，亦作久住；卷九十八完颜匡传大定时寝殿小底；卷一百十七王宾传天兴元年濮州观察副使；卷一百十九娄室传天兴二年息州帅；卷一百二十一宗室，成州刺史，贞祐二年死节，八人同名九住。又，久住二见上。一见白华传，仕金归宋降元，为同列所害。三人同名久住。死之。〔考异〕邵远平元史类编载在五月。复徇益都府，下怀州，沁南军节度使宋宸死之。〔考异〕邵远平元史类编作朱宸，载在五月。

二月壬子，元使伊垎齐札巴来。

三月辛未，遣平章承晖如元乞和。甲申，伊垎齐札巴复来，诏百官议。庚寅，奉卫绍王公主归于元，是为公主皇后。元兵下岚州，镇西节度使乌库哩仲温死之。〔考异〕邵远平元史类编载在五月。大金国志云，是春，元约宋夹攻钟离县。夜有三骑渡淮而南，出文书一囊，绢画地图一册，云，"来请兵"。宋守臣不敢受。史未载。李心传朝野杂记载，初见三骑渡淮者，为水、陆路巡检梁实。守臣遣效用统领李兴等辞之。鞑兵至济南，复遣三十七人护三人者来，又以三百兵送过邳州，夺舟渡河而西，为濠州所却。路绝，不得归，匿虹县白鹿湖中。后三日，县遣人捕送泗州。并戒边吏，后有似此者驱去，违者从军法。或谓三人一为鞑通事，一为金莫州同知，一为汉儿。或谓其一为河北士人张三深云，所载更详。

夏四月，元兵退，诏以和议成，赦国内。〔考异〕

元史太祖纪云，驻跸中都北郊，诸将请乘胜破燕，不从。遣使谕金主曰："两河郡县皆为我有，所守唯燕京，天既弱汝，我复迫汝于险，天其谓我何？我今还东，汝不能犒师以弭诸将怒耶？"遂乞和。奉卫绍王女岐国公主及金帛、童男、女五百，马三千以献，遂遣丞相福兴送出关。邵远平元史类编谓送至野麻地而还。大金国志云，时李雄聚众数万于居庸关，欲邀击之，福兴传主命不许。既出关，驱中原少壮数十万而去。召雄归，授镇国上将军。寻运粮涿州，为元杀。京城白金三斤，不能易米三升，死者无数。续纲目云，高琪谓鞑靼人马疲病，当决一战。承晖曰："不可，我军身在都城，家属各居诸路，向背未可知。战败必散，胜亦思妻子而去，社稷安危在此一举，莫如遣使议和，待彼还军，更为之计。"主然之。又谓元既和，出关尽取所掳，山东、两河少壮男女数十万皆杀之。史均未载。

夏五月壬午，车驾发中都。加都元帅平章承晖一名福兴。〔考异〕汪辉祖金史同名录云，卷十四宣宗贞祐四年中丞、又贞祐元年赠官，姓裴满氏；卷一百二十一宁海州刺史，贞祐二年战死，荣祖本名，姓乌古论氏；卷一百二十七辛愿传河南府尹，姓温迪罕氏，五人同名福兴。**金紫光禄大夫，封定国公。左丞兼左副元帅穆延**原作抹撚。〔考异〕元史作穆雅。八旗姓谱作穆延，今从之。**尽忠，加崇进，封申国公，留守中都。**〔考异〕大金国志云，主以完颜昌为大兴尹兼留守。临辞，劳之曰："卿家曾大父开国元勋，父复死国难，宜竭力固守，使无后顾忧。"昌大恸，主亦挥泪令速回，许便宜从事。与史异。又云，初，粘罕欲都燕，司天监郝世才本辽臣，精术数，谓燕京土燥山远，水泉不润，可以威守，难以文定。泰和末童谣曰："易水流，汴水流，百年易过又休休。两家都好住，前后总迟留。"后皆验。史未载。金国南迁录云，初，尼堪有志都燕，因辽宫阙，于内城筑四城，每城各三里，前后各一门，楼橹池堑，皆如边城。每城之内，立仓廒、甲仗库，各穿复道，与内城通。时乌舍、韩常、洛索皆笑其过计。尼堪曰："百年间当以吾言为信。"及海陵定都，欲撤其城，翟天祺曰："忠献开国元勋，措置必有说"，乃止。按，辽、金故都在今都城南面，而元代尚有遗址，谓之南城，而称新都为北城。自明嘉靖间筑外罗城，故迹渐湮。今参稽记载，如悯忠寺、昊天寺在今宣武门南，与广宁门相近，元人称为南城古迹。又，今城外白云观西南有广恩寺，即辽、金奉福寺，距西便门尚远，而金泰和中曹谦碑记谓寺在都城内。又，金天王寺即今天宁寺，在广宁门外稍北，而元一统志谓在旧城延庆坊内。又，今琉璃厂在正阳门外，近得辽时墓碑，称为东门外之海王村。又，今黑窑厂在永定门内先农坛西，而其地有辽寿昌中慈智大师石幢，亦称为京东。又，图经志书载都土地庙在旧城通玄门内路西，通元乃金都城北门，而都土地庙今在武定门外西南土地庙斜街。由是观之，则辽金故都尚在今外城迤西及郊外地，其东北隅约与今都城西南隅相接。见日下旧闻考。又，孙承泽春明梦余录云，南城在今城西南，唐藩镇城及辽、金故都城也。隋之天宁寺旧在城中，今在城外矣。悯忠寺有唐景福元年重藏舍利记，其铭曰："大燕城内，地东南隅有悯忠寺，门临康衢。"悯忠寺旧在城中东南，今在城外西南僻境矣。朱彝尊日下旧闻云，隋、唐之幽州洪业寺在城内，唐之幽州悯忠寺在城东南隅。辽之南京因之。今拓南城，时妆台在城东北，至元之中都，则今德胜、安定、东直三门外，皆城中地，而白马庙、琼华岛、妆台、太液池、柴市、悯忠寺、大悲阁咸在南城。迨徐宁改筑，缩其北五里，废光熙、肃清二门，规制差隘。永乐中重拓南城，然悯忠寺、大悲阁仍限门外。盖都城凡数徙，坊市变置。阅绛云楼书目，有皇元建都记及萧洵有故宫遗录二编，惜燔于火，遗迹遂难征矣。按，朱氏所称琼华岛、太液池在南城者，乃指金时周七十五里之外城，非金都三十里之内城也。元至元间改建都城，去都东北三里，则指金之内城东北。若外城之琼岛、液池，元人即于此营建大内，并未尝全弃其地。析津志及元李洧孙大都赋记载甚明。

秋七月，车驾至南京。

八月庚子，太子至自中都。

九月癸亥，山东路报莱州之捷。续通考云，莱州，唐初改东莱郡为莱州。宋为防御州，金升定海军，明为府。领平定、胶州二州，掖县、潍县、昌邑、高密、即墨五县。〔考异〕元史太祖纪云，六月，金乣军卓多等杀其主帅，率众来降。诏萨木哈、舒穆噜明安与卓多等围中都。薛应旂通鉴云，主至良乡，扈从乣军叛，杀主帅素温，推矻答、比涉儿、札剌儿三人为帅，北还。承晖拒之于芦沟，矻答击败之，降元。合兵围燕京，太子行，中都益惧。邵远平元史类编云，乣军之"乣"音"冥"。辽东君也，凡二十五部族。史均未载。日下旧闻考云，素温，满州语姜黄色也，今译改索珲。矻答，蒙古语石也，今译改札达。又，克特亦旧作矻答，蒙古语火镰也。比涉儿，唐古特语琥珀也，今译改贝实勒。札剌儿，蒙古语缨络也，今译改扎拉尔。

冬十月丁酉，元兵徇顺州，劝农使王晦死之。〔考异〕邵远平元史类编系之五月。壬寅，诏曲赦中都路。乙卯，遣参政富珠哩德裕原作富拉塔，亦作蒲剌布。行省事于大名府。元兵下成州。

十二月戊戌，遣真定帅永锡一名哈昭，原作合周。等援中都。〔考异〕德裕传，隆安路人。时中都围急，诏发河北兵救之，凡真定、中山、保、涿等兵，左监军永锡将之。大名、河间、清、沧、观、霸、河南等兵，德裕将之，并护粮运。德裕不时发，及李英兵败，坐贬。终知益都府事。永锡削官，杖八十。本内族，后复使总兵，失潼关除名。哀宗立，起参政。英传，字子贤，益都人。擢进士第。贞祐二年正月，英乘夜与壮士李雄等四百九十人出城，缘西山进至佛岩寺，令雄等下山招募军民，旬日得万余人，择众所推服者领之。寻率之援燕。史未载。**丁未，以和议既定，听民南渡。乙卯，元兵徇懿州，节度使高闾山死之。**〔考异〕元史太祖纪云，十月，穆呼哩征辽东高州，卢琮、金朴等降。锦州张鲸杀其节度使，自称临海王，遣使来附。邵远平元史类编云，始置行省于宣平，以撒没哈领之，统金降民。纪未载。

三年（乙亥一二一五）春正月壬戌，遣内侍谕永锡防边，毋以和议为（解）〔辞〕（据金史卷一四宣宗纪改）。**乙亥，北京军乱，杀宣抚使鄂屯襄，降诏招谕。**〔考异〕毕沅续通鉴云，提控实呼杀鄂屯襄，推乌库哩音达珲为帅。寻降元，为留守。实呼为宣抚使所杀。实呼旧作习烈。音达珲旧作寅答虎。薛应旂通鉴作去秋事，云，木华黎攻北京，守将银青败于花道，为完颜昔烈、高德玉等所杀。寅答虎降元，权北京留守。以吾也儿权帅府事。金顺、成、懿、通州悉降。亦见苏天爵名臣事略。元史寅答虎作伊勒都呼。吾也儿作乌页尔，云，原作吾也而，沙卜珠氏，官至北京总管，都元帅。续纲目云，九月，穆呼哩攻金辽西州郡，下之。时进兵攻金北京，守将银青帅众二十万御于花道，败还，婴城自守。其裨将完颜实呼、高德玉等杀银青，推音达珲为帅。史天祥等率兵进攻，遂举城降。穆呼哩怒其降缓，欲坑之，萧额森曰："北京为辽西重镇，既降而坑之，后岂有降者乎？"从之。奏寅答虎权北京留守，以乌页尔权帅府事以镇之。于是金顺、成、懿、通州相继降。所载各异。丁丑，右副元帅富察齐勤以军叛，降元。曲赦其党，募能获齐勤者以其官官之。〔考异〕元史作蒲察七斤，云，以通州降元，授元帅。时金将完颜和卓、监军爱新苏赫以步兵万二千人、粮车五百辆援中都，舒穆鲁明安将三千骑往击之。遇于涿州宣封塞，获苏赫，和卓遁去，尽得其辎重。见元史本传。按，"和卓"，满洲语美好也，旧作"合住"。"爱新"，满洲语金也，"苏赫"斧也，旧作"阿兴松哥"，今俱译改。又，涿州志，宣封塞作宣封坡，见日下旧闻考。李心传朝野杂记云，贞祐三年春，东平援兵五万至安次，遇鞑兵，不战而溃。大名兵八万至固安亦溃。惟真定兵四万，合保、涿援兵一万，至旋风塞，与战二日，粮绝而败。所载各异。

二月辛卯，元使伊埒齐来，遣宰臣馈以酒馔。〔考异〕元史太祖纪云，兴中府元帅石天应来降，授兴中府尹。天应字瑞之，永清人。史未载。壬辰，命御史中丞李英、左都监乌库哩庆寿领兵护饷中都，付以空名宣敕，许视功迁赏，逗挠者从军律。

夏四月丙辰，帝议遣亲军六千余及所募二千七百余人〔援〕（据金史卷一四宣宗纪补）中都。宰臣以行宫单弱止之。〔考异〕元史太祖纪云，时金中丞李英等率师援中都，战于霸州，败之。四月，克清、顺二州。英传，时中都急，诏庆寿将兵，英收义军，督〔粮〕（据金史卷一〇一李英传补）运援燕。驭众素无纪律，遇元兵于霸州，被酒，大败，英死，士卒歼焉。事闻，赠官，谥刚贞。录用其子。刘祁归潜志云，英渤海人。素以气节闻，至潞州战死，天下惋惜。庆寿作庚寿，无罚。历官集庆节度。元史云，时帝遣右副元帅星萨将四百骑迎战，舒穆噜明安将五百骑继之，遇于永清。将战，命士卒佯败，金兵来追，回击，大败之，死及溺死者甚众。获李英及所佩虎符，得粮千余车，遂屠永清。所载较异。明一统志云，霸州在顺天府南二百一十里，本秦上谷郡地，石晋时入于辽，周克益津关，置霸州，割文安、大城二县隶之。益津关本幽州会昌县，唐天宝中改永清，宋省县入文安，政和三年，升为郡，寻入金，天会七年置信安（郡）〔军〕（据金史卷二四地理志改），属河间路，贞元初改属中都。蒋一葵长安客话云，霸城，宋将杨延朗修，号北方重镇。沿城有七十余井，曰护城井。端拱二年，于此置榷场，为辽、宋分界处。州北一里有界河，延朗建草桥于此，因以名关。曹学佺名胜志云，狼臧城去信安城三十里。又十里为拆城，延朗尝屯兵拒辽于此。金史列传，伊喇益为霸州刺史，郡东南有堤久圮，屡为民害，并增修之，民以为便。元史伊喇萧尔诣太祖军门，献十策，帝召见，问生何地？曰："霸州。"因号为霸州元帅。又，舒穆噜拜达，仕金为平曲水砦管民官，木华黎率师至霸州，遂降。续通考云，贞元二年，改属上都，领益津、文安、大城、信安四县。大定中，以霸州治益津县。大城县志云，本汉东平舒县，周属霸州，改今名。学宫在县治西，金天会十二年，县令姚璧建。有刘光国记云："昔王仲淹游孔子之庙，尝叹曰：'大哉乎，君君、臣臣、父父、子子、兄兄、弟弟、夫夫、妇妇，夫子之力也。'盖夫子之道具于人心，而著于君臣、父子、兄弟、夫妇之伦。其教具于六典，而行于邦国、乡党、家庭之间。自汉、唐以至于今，莫不知尊其道矣。其道尊，则其祀亦尊，庙貌之崇，垂之有永，前哲之所以形于歌咏，镌于金石者岂无谓哉！平舒公廨之西，孔圣旧宫在焉。规制大陋，瞻视未尊，岁久而就圮。天会十二年秋九月，邑令姚公下车未久，一日顾谓僚属诸士子曰：'风化之地衰敝若此，吾何以辞其责乎？'乃积良材，运坚甓，集众工以量度之。上而殿庑，下而庖庚，莫不缮治。而复赍之墁饰缭之垣堵，焕然其一新矣。余惟儒学之设，明人伦、育人才，非徒美观也。唐虞三代之盛，盖有自来，而秦火煨烬，圣学榛芜，视学宫为传舍者众矣。昔范宁宰余杭，性质直，好儒学，风化大行于期月之后，自中兴以来莫之或先云。今公加意学校，可无愧于余杭风矣。然范公之崇学、敦教者，不止于修葺宫墙，公之教平舒也，岂无身先士类者乎？其于圣经贤传之大旨，君、臣、父、子之大伦，礼乐刑政之大法，讲习讨论于师友之间，勇往奋迅，洗濯刮磨，务臻师道之妙。士习丕变，与学宫而俱新，庶不负夫子之教，而造士作人之盛心，愈久而不泯也。于是乎书。"

夏五月庚申，招抚山西军民，仍降诏谕之。〔考异〕刘祁归潜志云，辽东高庭玉字献臣，官河中府治中，与元帅温迪罕福兴交恶。值燕京危，欲赴援，屡以言激福兴，被诬下狱，拷掠死。名士如庞才卿、雷希颜、辛敬之皆逮系。会赦，免庭玉死，诏除河南副安抚，代福兴。寻知其冤，谪福兴远郡，昭雪之。元好问中州集云，庭玉，恩州人，大定末进士。章宗、卫王朝甚有时名。豪爽尚气节，一时名士多归之。贞祐初，自左右司郎官出为河南府治中，与知府复兴忤，被陷。工诗赋，犹子广（元）〔之〕（据中州集戊集改）今在河中。才卿名铸，辽东人。少擢第，仕有声。南渡后，为翰林待制，迁户部、历京兆转运使，卒。博学能文，尤工诗。见本传。敬之名愿，福昌人。庭玉闻其名，引为上客。坐累，被讯掠几死。能诗，佳句极多。顾奎光金诗选载廷玉平州诗云："柳色方浓别玉京，程程又值石龟城。山重水复人千里，月苦风酸雁一声。上国春风桃叶渡，东阳寒食杏花饧。楚魂蜀魄偏相妒，两地悠悠寄此情。"铸亦有赠田器之燕子图诗。愿过崧山诗云："催老年光衮衮来，好怀知欲向谁开。箕山颍水春风里，呼起巢由共一杯。"史均未载。是日，<u>中都</u>破，右丞相兼都元帅<u>承晖</u>死之。户部尚书<u>任天宠</u>、知<u>大兴府</u>事<u>高霖</u>皆及于难。〔考异〕<u>邵远平元史类编</u>云，<u>燕京</u>破，<u>石抹明安</u>入城，焚宫室，火月余不灭。盖围三年矣。时帝避暑<u>桓州</u>，遣使劳问，辇其府库之资北去。<u>元史</u>谓遣<u>呼图克</u>籍帑藏。<u>大金国志</u>云，主命<u>福兴</u>与<u>完颜昌</u>守，<u>燕城</u>陷，<u>昌</u>投于火，<u>福兴</u>窜归<u>汴</u>，亦被诛。<u>宋通鉴</u>注云，<u>福兴</u>自到死。<u>薛应旂通鉴</u>云，时被围久，<u>承晖</u>悉以兵付<u>尽忠</u>，自持大纲，以矾写奏，告急。援绝，仰药死。<u>尽忠</u>将南奔，妃嫔闻之，皆束装至<u>通玄门</u>。<u>尽忠</u>绐曰："我当先出，与妃嫔首途。"皆信之，乃与爱妾及所亲出城，不反顾，<u>金</u>祖宗神御及诸妃嫔皆沦没焉。<u>尽忠至汴</u>，释不问，仍为平章。<u>贞祐</u>三年十月，始伏诛。按，<u>国志</u>误以<u>尽忠</u>为<u>福兴</u>，致与<u>史</u>不合，今从<u>史</u>。时有户部令史<u>郭忠</u>者，<u>蔚州</u>人。率<u>山后</u>军民与<u>元</u>兵战，败之。<u>金</u>后名其军为"花帽军"。又，元帅<u>撒没曷</u>所居用金饰龙床，足踏金杌子，以银为马槽，金为酒瓮，大者重数千两。奢侈如此，而征求不已，<u>燕</u>人患之。见<u>大金国志</u>。<u>李心传朝野杂记</u>云，<u>撒没曷</u>，<u>山东</u>人。或谓名<u>摩猴罗</u>，或以为<u>合谋理</u>，未知孰是。时<u>燕京</u>宫室雄丽为古今冠，<u>鞑</u>人见之，敬畏不敢仰视。俄为乱兵所焚，蓄积货财，初无所用。<u>元王恽秋涧集</u>云，<u>金</u>故苑西有<u>虞帝庙</u>，兵后废不治。独<u>贞元</u>间颜<u>鲁公</u>子<u>頵</u>书<u>幽州</u>节度<u>韦稹</u>重修庙碑尚存。<u>稹</u>撰文，<u>頵</u>正书并篆额。书画端庄，殊有父风。亦见<u>赵明诚金石录</u>及<u>析津志</u>。<u>元史王楫传</u>，<u>燕京</u>始平，宣抚<u>王檝</u>请以<u>金枢密院</u>为<u>宣圣庙</u>。二十四年，迁都<u>北城</u>，立国子学于国城之东，乃以<u>南城国子学</u>为<u>大都路学</u>，春秋率诸生行释菜礼，仍取旧<u>岐阳石鼓</u>列庑下。<u>耶律楚材湛然居士集</u>云，<u>王巨川</u>于灰烬之余草创<u>宣圣庙</u>，以己丑二月八日丁酉行释奠礼，诸儒相贺曰："可谓吾道有光矣。"<u>刘侗帝京景物略</u>云，石鼓高二尺，广径一尺有奇，其数十，其文籀，其词颂天子之田。

元大德十一年，虞集为大都教授，得之泥中，始移国学大成门内。言鼓者人人殊，谓周宣王之鼓，韩愈、张怀瓘、窦臮也。谓文王之鼓，至宣王刻诗，韦应物也。谓秦氏之文，宋郑樵也。谓宣王而疑之，欧阳修也。谓宣王而信之，赵明诚也。谓成王之鼓，程大昌、董逌也。谓宇文周作者，金马子卿定国也。鼓文剥漫，宋治平中存字四百六十有五。元至元中存字三百八十有六。据今拓本，则甲鼓字六十一、乙鼓字四十七、丙鼓字六十五、丁鼓字四十七、戊鼓字一十二、己鼓字四十一、庚鼓字八、壬鼓字三十八、癸鼓字六，共三百二十五字。惟辛鼓字无存者。日下旧闻考云，石鼓文重文不计，共字六百二十，阙者三百六字，不全者七十四字，全者二百有四十字，较景物略所载计少八十五字。孙承泽春明梦余录云，石鼓旧在陈仓野中，韩昌黎官博士，请祭酒舆致太学，不从。郑余庆迁之凤翔孔子庙。五代时散失。宋司马池知凤翔，复舁至府学，已失其一，皇（祐）〔祐〕（据春明梦余录卷六七改）四年，向傅师搜足。大观二年，归汴京，以金填其文。初置辟雍，后移（保）〔宝〕和殿（同上书改）。金克汴，舁至燕，（元初）（同上书删）置王宣抚家，移〔大兴〕（同上书补）府学，皇庆移至文庙戟门内。其文漫漶不可读，潘慳山迪音训载四百九十四字，薛尚功帖载四百五十一字，今存三百二十五字。按，马定国所著石鼓辨万余言，引据详明。又有六经考，见续通考。使蒙日录云，端平甲午九月初一日抵燕京，守将保喇巴图出迎，馆人使于王檝宅堂。重九日，宴人使，女乐俳优毕集。十二日，同王檝谒宣圣庙，即是金旧枢密院，因就看亡金宫室，瓦砾填塞，荆棘成林。按，"保喇"，蒙古语雄驼也。"巴图"，坚固也。旧作布吾剌拔都，今译改。图经志书云，石经文碑在旧燕城南白纸坊，乃金旧国子学，殿堂、门庑皆毁，惟余石碑二通，上刻春秋经传及礼记，文多磨灭不完。明一统志亦云。又，元王恽有修理大都石经事状，载春明梦余录。录云，九经石刻旧在汴梁学宫，金人移置于燕，今不复存矣。又云，唐太宗闻兰亭真迹在僧辨才处，遣御史萧翼赚得，命汤普彻、冯承素、诸葛贞、欧阳询、褚遂良临之，欧、褚最传。欧为定武本，褚为唐绢本。定武本当时刻石已值万钱。石晋乱，辽人辇之而北，路弃杀虎林。宋庆历中，李学究得之。时宋景文守定武，以币金代偿其子官钱，纳石于库。熙宁间，薛师正出牧，刊一别本，以应求者。其子绍彭又剔损古刻"湍流带左右"五字为识，大观中，向其子嗣昌取龛宣和殿。靖康之乱，金人取石鼓及兰亭叙辇至燕。石鼓在国学，而兰亭不知所在矣。今存国学者，疑是定州薛师正翻刻本或绍彭所刻本，虽非古刻，然元人不能也。此石一云明初出天师庵土中，一云元主北迁，弃于路，徐中山取置国学，未知孰是。

金史纪事本末卷四十

宣宗南迁

卫绍王至宁元年（癸酉一二一三）秋九月甲辰，宣宗即位。〔考异〕续通考云，是时紫云覆城上数日。又，帝彰德故园竹开白花，如鹭鹚籊，俄而入继大统。纪均未载。讳珣，本名乌达布。原作吾睹补。〔考异〕世宗纪作吾都补。又，世祖子郓王昂同名吾睹补，亦作吾都。显宗庶长子，母曰昭华刘氏，辽阳人。生宣宗，是日，大雨震电，惊悸卒。宣宗立，追尊皇太后。见后妃传。大定三年癸未岁生。初封温国公，进丰王。泰和中，赐名从嘉，徙封邢，改封昇，所至著祥异。〔考异〕大金国志云，幼，美风姿，嗜学，善谈论，工诗。奇伟宽容，隆准龙颜。大安间，长人见大兴，曰："丰王宜王燕。"俄不见。道人持方寸玉印，曰："以献新君。"置诸市，莫知所在。纪均未书。至是，<u>卫王被弑</u>，迎于<u>彰德府</u>，遂即位。改是年为<u>贞祐元年</u>。〔考异〕<u>大金国志</u>云，时其子<u>谭哲马</u>既在京，乃以符宝付之。<u>纪</u>未载。乙巳，谕尚书省，事皆即规画，悉依<u>世宗</u>所行行之。诏群臣直言无隐。左谏议大夫<u>张行信</u>言崇节俭、广听纳、明赏罚三事。寻请立<u>守忠</u>为皇太子。从之。〔考异〕<u>史</u>称守忠为元妃生。贞祐元年立为后，其名既不可考，又云自<u>王氏</u>姊妹入宫而后宠衰，寻为尼。然<u>本纪</u>二年立都察氏为后，时守忠尚在，主何故遽废其母？且太子卒，立太孙，太孙卒，乃立<u>王氏</u>子守礼，是未尝移宠于<u>王氏</u>也。恐误。

<u>续通考</u>云，<u>宣宗</u>后<u>王氏</u>，<u>中都</u>人，<u>明惠皇后</u>妹也。母梦二玉梳化为月，而生二后。<u>宣宗</u>为（冀）〔翼〕王（据<u>金史</u>卷一四宣宗纪、卷一七哀宗纪改）时纳为元妃，姊为淑妃，生<u>哀宗</u>。后无子，养<u>哀宗</u>为子。<u>贞祐</u>二年，赐姓<u>温敦氏</u>，立为后。<u>哀宗</u>立，尊为太后，居<u>仁圣宫</u>。及城破，后及诸妃嫔北迁，不知所终。后立时，姊进元妃，<u>哀宗</u>立，尊为太后，居<u>慈圣宫</u>。待哀宗严，即位，始免夏楚。<u>正大</u>八年崩，葬迎翔门外<u>百里庄</u>，谥明惠。所载又异。

冬十月乙巳，诏应迁加官赏，诸色人与本朝人一体。壬子，设京城镇抚弹压官。置招贤所。放宫女百三十人。

十二月丁酉朔，以平章<u>图克坦公弼</u>为尚书（左）〔右〕（据<u>金史</u>卷一四宣宗纪改）丞相，<u>珠格高琪</u>为平章政事。〔考异〕<u>沈炳震廿一史四谱</u>，<u>宣宗</u>朝宰辅为尚书令者<u>胡沙虎</u>，而丞相则<u>徒单镒</u>、<u>徒单公弼</u>、<u>仆散端</u>、<u>完颜承晖</u>、<u>术虎高琪</u>、<u>高汝砺</u>，平章则<u>抹撚尽忠</u>、<u>完颜守纯</u>、<u>胥鼎</u>、<u>把胡鲁</u>，左右丞则<u>徒单铭</u>、贾益谦、侯挚、永锡、蒲察移剌都、徒单思忠，均见本纪。　续通考云，八月〔戊子〕（据金史卷二三五行志补），将曙，大雾苍黑，跬步无见。十月丙午，夜有白气，三冲紫微而不贯。十二月丙申，白气东西竟天，移时方散。又云，卫州有童谣曰："团圝冬，劈半年，寒食节，没人烟。"明年正月，元兵破卫，城遂丘墟。又，兴定五年，京师童谣云："青山转，转山青，耽误尽，少年人。"盖是时人皆为兵，战斗山谷，辗转不休，尚至老也。　周密癸辛杂识云，贞祐初，洛阳大旱，登封西告成村有魃为虐。父老云，旱魃至，必有火光。少年辈入昏凭高望之，果见火光入农家。以大棓击之，火焰散乱，有声如驰。古云，旱魃长三尺，行如风，未闻有声也。

宣宗贞祐二年（甲戌—二—四）春正月乙酉，征处士王浍，不至。后授大中大夫，翰林学士，赐诏褒谕。命有司复议本朝德运。〔考异〕大金德运图说一卷，皆贞祐二年尚书省集议之案牍也。金初，用金德，色尚白。自泰和二年，更用土德。至是，更令所司集议，言应为土德者四人，应为金德者十四人，迄无定论而罢。所载较详。

（二）〔三〕（据金史卷一四宣宗纪改）月癸未，京师大括粟。

夏四月乙未朔，以胥鼎为尚书右丞。命布萨安贞等为诸路宣抚使，安集遗黎。时山东、河东、北诸郡失守、残毁，惟真定、大名、清、沃、东平、徐、邳、海数城仅存而已。至是，以元允和议，京师解严，赦国内。庚戌，左丞相图克坦镒卒。尚书省奏幸南京，从之。

五月乙亥，帝决意南迁，太学生赵昉等上章极论利害，皆慰谕之。诣原庙奉辞。戊寅，以南京留守布萨端尝请临幸，及行，先诏谕之。时端判南京，与统军使长寿、按察使王质，三奏请南迁，参政耿端义本传，字忠嗣，博平人，大定末进士，官参政。力主之，意乃决。百官士庶皆力言不可，赵昉等四百人力争，皆不听。〔考异〕纳塔谋嘉传，上京路人。历修撰，转监察御史。时议迁都，谋嘉谏曰："河南地狭土薄，他日宋、夏交侵，河北非我有矣。当选诸王分镇辽东、河南，中都不可去也。"不听。后复谏伐宋，亦弗从。终兵部侍郎。 李心传朝野杂记云，霍王从彝谏南迁，（王）〔主〕（据朝野杂记乙集卷一九，"燕京乏粮"为宣宗答话，本书下文称宣宗为主，据改）谓燕京乏粮。从彝请自督运，主不许。忧愤成疾，卒。 大金国志云，大名守余从义奏乞迁都，张庆之、聂希古、费歙、孙大鼎议与合。庆王琮嗣、安王伸、霍王从彝、枢密承旨完颜宗鲁等谏，不听。以希古提举行宫事，乌陵用章总宿卫。所载各异。壬午，车驾遂发中都。丙戌，次定兴。禁扈从蹂践民田，并敕计直酬之。

六月甲午朔，以高汝砺为参加政事。戊午，次彰德府，曲赦其境内。庚申，南京行宫宝镇阁灾。壬戌，次宜封，黄龙见西北，〔考异〕五行志云，六月潮（行）白河（据金史卷二三五行志删）溢，漂古北口铁裹门关至老王谷。古北口，国语瑠和岭也。

秋七月，至南京。〔考异〕贾益传，字损之，通州人。初，宣宗为吏部尚书，益为侍郎，相得欢甚。贞祐二年，至汴京，访益所在，召为太常卿。上防秋十三事。与户部尚书<u>李革</u>论迁<u>河北</u>军民不便，不报。致仕归。父少（伸）〔冲〕（据<u>金史</u>卷九〇<u>贾少冲</u>传改），立元妃<u>温都氏</u>为皇后。〔考异〕<u>续通考</u>云，九月，元妃、淑妃<u>王氏</u>受封。大风昏霾，黄色充塞天地。纪未载。

〔八月〕（据<u>金史</u>卷一四<u>宣宗</u>纪补）庚子，皇太子至自<u>中都</u>。明年，卒，谥庄〔襄〕〔献〕（据<u>金史</u>卷九三<u>庄献太子</u>传改）。〔考异〕<u>续通考</u>云，谥<u>庄献</u>。时太子少师为<u>阿鲁罕</u>。见<u>太子</u>传。与<u>世宗</u>时<u>北京</u>留守<u>孛术鲁阿鲁罕</u>同名。

冬十月甲午，诏遣官市<u>木波</u>、<u>西羌</u>马。<u>陕西</u>军士战死者，命给粮赡其家。〔考异〕<u>大金国志</u>云，十月，幸<u>中山府</u>。诏<u>太原</u>出兵戍<u>飞狐</u>。幸<u>大名</u>。<u>穆日华</u>备船四千艘，二十四日始至<u>汴</u>。所载月日与<u>史</u>异。

十一月丁卯，以<u>布萨端</u>为左丞相。〔考异〕<u>大金国志</u>云，<u>聂希古</u>迁太傅、<u>魏国公</u>，<u>乌陵用章</u>太保<u>卫国公</u>，<u>余崇义</u>太保<u>郑国公</u>，<u>张庆之</u><u>濮阳郡公</u>。诏曰："一人无良，万方何罪？兴言及此，流涕奚从。朕方图大，以宅中期，与更新而休化。"又曰："朕属兹艰难，多凭忠义。逮兹三十年之间，科举一遵于彝（训）〔制〕（据<u>大金国志</u>卷二四<u>宣宗</u>纪改）。胡为四百州之广，任使屡病于无人？已敕攸司，精于选士。"纪未书。

十二月戊戌，颁劝农诏。〔考异〕<u>续通考</u>云，贞祐初，<u>田琢</u>上疏略曰："臣闻古之名将，虽在征行必须屯田，<u>赵充国</u>、<u>诸葛亮</u>是也。古之良吏，必课农桑以足民，<u>黄霸</u>、<u>虞诩</u>是也。方今旷土多，游民众，乞明敕有司，无蹈虚文，严升降之法，选能吏劝课。公私皆得耕垦，富者备牛出种，贫者佣力服勤。若又不足，则教之'区种'，期于尽辟斯已。官师圈牧，势家兼并，亦籍其数，授之农民，宽其负算，息其徭役，使尽力南亩。则蓄积岁增，家给人足，富国强兵之道也。"宣宗深然之。又云，是年正月壬戌，日有左右珥，上有冠气。纪未载。只于九月丁亥，载太白昼见于轸，十一月辛巳，载荧惑犯房宿钩钤星。而续通考又阙书。

三年（乙亥—一二一五）春（正）〔二〕（据金史卷一四宣宗纪改）月丁酉，诏诸色人迁官并视女直人，否则以违制论。（二月）（据金史卷一四宣宗纪删）乙卯，敕奏急事不拘假日。丁巳，日初出赤如血，欲没复然。〔考异〕续通考系之二年二月己巳。戊午，大风，隆德殿鸱尾坏。是秋七月庚申，纪又载有星如太白，色青白有尾，出紫微北极傍，入贯索中。

三月壬戌，诏河北州县官，令文武五品以上辟举，不听以它事差占，仍勒终任。诏各路训练义兵，邻境有警，责其救援。降人自拔归国者，迁职。沿河州县官罢软不胜职者，汰去之。令百官各陈防边利害，封章以闻。（宰臣）〔朕〕（据金史卷一四宣宗纪改。又，"置局"事在五月辛巳。）于宫中置局，命方正官数员采取施行。

夏四月癸卯，籍赴选监当官为军。〔考异〕刘祁归潜志云，金朝兵制最弊，每下令签军，州县骚动。贞祐初，签任子选监当官者为军，屡赴诉台省，始免之。元光末，备潼关、黄河，签军自未居官者外，无文武小大职事官，皆拣之至许州。前侍御史刘元规年几六十，选为千户，余先子以前监察御史，亦为千户，余不胜计。物议哗然，后亦罢之。惟余以终场举人获免。立法之弊一至于此。所载较详。

秋七月丙寅，制品官纳弓箭之令，丁忧、致仕者免。〔考异〕是秋七月，工部下开封市白牦，取皮制御用鞠仗。珠格筠寿时为器物局副使，以其家所有鞠仗以进。奏曰："中都食尽，远弃宗社，陛下当坐薪悬胆之日，奈何以毬鞠细物动摇民间，使屠宰耕牛以供不急之用，非所以示百姓也。"帝不悦，掷仗笼中。出为桥西提控。见本传。

八月甲辰，诏诸职官有才可大用者，尚书省具以闻。命近臣举良将（按，据金史卷一四宣宗纪，"命近臣"事在丁未）。御史许古上恢复中都策。（按，同上书，"许古上策"在己酉）

冬十月己丑，平章穆延尽忠以罪下狱，诛。诏求承晖后，以其犹子永怀为器物直长（按，同上书，"求承晖后"在甲辰）。壬子，召衍圣公孔元措为太常博士，以山东多寇故也。〔考异〕续通考云，是岁正月，旦，黑雾四塞，巳时乃散。六月，京城中夜妄相惊逐狼，月余方息。十月，夜，西北有雾气如积土。纪未载。

四年（丙子—一二一六）春正月癸酉，诏谥故皇太孙曰冲怀。己卯，立遂王守礼为皇太子，〔考异〕续通考云，宣宗四子，庄献太子守忠及玄龄，其母未详。明惠皇后生哀宗，真妃（丽）〔宠〕氏（据金史卷九三守纯传改）生荆王守纯。守忠子冲怀皇太孙，名铿。守纯子曹王讹可、戴王某、巩王孛德，后与宗室皆死青城之难。宗室表，守纯本名昂图，原作普图尔（按，据金史卷九三守纯传，其本名当作盘都），判大睦亲府事。孛德亦作伯特。按，守纯子三，可以名见者二人。改名守绪。诏控制枢密院事。〔考异〕赵翼劄记云，金初，制度未立，多兄弟叔侄互相传袭。太宗以弟继兄，熙宗以从孙继叔祖，皆未尝立为皇太子也。熙宗始立子济安为太子。未几，薨。海陵立子光英为太子，亦遇害。世宗先立允恭为太子，未即位薨。后立璟为皇太孙。卫绍王立子从恪为太子。绍王被弑，从恪亦禁锢二十余年。"汴京之变"，崔立立为梁王。降元，被杀于青城。宣宗立子守忠为太子，三年薨。后又立子守绪为太子，是为哀宗，竟亡国。统计金源所立太子，竟无一享国者。庚辰，诏免逃户租。时言者请遣官劝农。秋成，考绩以甄赏。宰臣言民恃农以生，初不待劝，但宽其力，勿夺其时可也。遣官不过督州县，计顷亩，严期会而已。吏卒因为奸利，是乃妨农，何名为劝？帝是其言，不遣。

二月甲辰，命参政李革〔为〕（据金史卷一四宣宗纪补）修太庙使，礼部尚书张行信修社稷，并定太庙、袝享、亲祀仪。未几，礼成。〔考异〕续通考云，燕京庙制，初止十一室。大定十九年四月，禘袝闵宗，遂增展太庙为十二室。明昌初，世宗将袝庙，有司言，太庙十二室，自始祖至熙宗虽系八世，然世祖与熙宗兄弟，不相为后，用晋成帝故事，止系七世，若特升世宗、显宗，即系九世。于是，五月遂祧献祖、昭祖，升袝世宗、明德后及显宗于汴京。庙制，在宫南驰道东，（风）〔凡〕（据金史卷三〇礼志改）十一室，中为始祖庙，袝德帝、安帝、献祖、昭祖、景祖，祧主五。世祖室袝肃宗，穆宗室袝康宗，余各一室，无袝。始祖东向，余依昭穆，南北相向。贞祐初，权奉肃宗止世祖室，始祖以下诸神主，于随室奉安。庚戌，诏凡死节臣，籍数立庙致祭。

夏四月丁酉，太白昼见于奎。甲辰，<u>扶风</u>、<u>郿县</u>有蝱伤麦。

六月丙申，岁星昼见于奎，百有一日乃伏。壬子，以旱，命<u>李革</u>审决京师冤狱。

冬十月丙寅，诏京城具防城器械，多凿坎阱，筑垣墙于隙地。命吏、礼、兵、工四部尚书董防城之役。

十一月（庚）〔壬〕（据金史卷一四宣宗纪改）午，<u>河东</u>行省<u>胥鼎</u>自将<u>平阳</u>精兵入卫，拜左丞。命枢府督军应之。

<u>兴定</u>元年（丁丑—二一七）春正月癸卯，议减庶官冗员。

二月壬戌，尚书省请罢诸州府学生廪给，不许。

三月乙酉，遣官分道捕蝗，仍禁苛暴扰民。寻因<u>单州</u>雨雹伤稼，诏遣官劝谕农民改莳秋田，官给其种。纪载五月壬辰，<u>原武县</u>雨雹伤稼，复遣官贷种改莳。

夏四月丁未朔，以<u>宋</u>岁币不至，遣将经略南边。

五月丁亥，民<u>苑汝济</u>上书陈利害。帝示宰臣曰：“卑贱小人犹能如此尽言，有可采者即行之。”右丞<u>富察伊埒图</u>原作<u>移剌都</u>弃官，擅赴京师，降知<u>河</u>

阳府即孟州，详下卷（按，据金史卷一五宣宗纪，"河阳"当作
"河南"）事。山东帅府蒙古纲擅械转运〔使〕（据金史卷
一五宣宗纪补）李秉钧，法当决，秉钧反罥纲应论赎，
诏两释之。

六月庚戌，诏捕治辽东受伪署官家属，得按察
使高礼妻子，戮子。甲寅，招抚使惟宏言彰德守臣
擅徙民山砦避兵，帝曰："难保之城，守之何益，
徒伤我民尔。勿治。"乙丑，置南京流泉务。寻罢
之，设提举仓场使副。

冬十月丁未，以霖雨，诏宽农民输税之限。

十一月庚子，命蠲百姓逋赋及免征军须钱。

十二月庚午，免逃户复业者差赋。

是岁，（右）〔左〕（据金史卷一五宣宗纪、卷一一三白撒
传改）都监承裔袭破果尔原作瓜黎余族诸番帐，屡破
之，奏捷。河西嘉纳克原作掬纳等族千余户来归。〔考
异〕薛应旂通鉴云，十月，以河东为中京会宁府。纪未载。 续通考
云，是年，徒单颁僧言："兵兴以来，以劳进阶，下僚或至极品。自
今非亲王子及职一品，余人虽散官至一品，乞皆不许封公，其已封
者，虽不追夺其仪卫，亦当降从二品制。"从之。又十月癸丑，夜有
流星大如杯，长丈余，自轩辕起贯太微，没角宿上。纪均未书。只
载四月戊辰，太白昼见于井。八月戊申，木星昼见昴，六十有七日
乃伏。九月癸巳，月犯东井西扇北第二星。十一月癸未，月晕木火
二星，木在胃，火在昴。而续通考又失载。

二年（戊寅一二一八）春正月乙亥，诏议振恤。〔考

异〕续通考云，时刘从益为叶县令，自兵兴，户减三之一，田不毛者方七千亩有奇，其岁入七万石如故。从益请于大司农，为减一万，民甚赖之，流亡归者四千余家。纪未载。

二月甲辰，免中京、嵩、汝等州逋租。〔考异〕续通考云，右丞领三司事侯挚言："按河南军民，田总一百九十七万顷有奇，见耕种者九十六万余顷。上田可收一石二斗，中田一石，下田八斗，十一取之，得九百六十万石，自可饶给岁支，且使贫富均，小大各得其所。臣在东平尝试行一二年，民不疲而军用足。"诏有司议行之。纪未载。定奴婢救主法。

夏四月乙巳，曲赦辽东等路。(防)〔坊〕州（据金史卷一五宣宗纪改）宣抚副使赫舍哩阿敦，原作按敦为左监军格绷额原作哥不霭诬其叛，杀之。阿敦议恤，格绷额释不问（按，据金史卷一五宣宗纪，纥石烈按敦被杀议恤事在三月）阿里巴斯原作阿里不孙自潼关之败，逃匿，遣子请罪，赦之。谕以自效。癸亥，遣重臣审理京师冤狱。

五月丙申，增随朝官及诸承应人俸。

秋七月，大旱。遣官望祀岳镇海渎于北郊，祭九宫贵神于东郊。命杨云翼等分道理冤狱。寻大雨。

九月丙戌，谕太子："军务当亟行者，先行后闻。"

冬十一月庚午，大赦。御登贤门，召致政旧

臣，赐食，访时政得失。〔考异〕刘祁归潜志云，宣宗喜刑法，政尚威严，故在位多苛刻。徒单右丞思忠，好用麻椎击人，号"麻椎相公"。李运使特立号"半截剑"，冯内翰璧号"马刘子"，雷希颜为御史，至蔡州，杖杀奸豪五百人，号"雷半千"，完颜麻斤出、蒲察咬住皆以酷闻。至蒲察合住、王阿里、李涣等，胥吏中尤忮刻者也。宣宗纪未载。璧字叔献，真定县人。承安二年经义进士，历州县，召入翰林，擢修撰。屡奉使鞠大狱，不少贷，权贵侧目。兴定末，以同知集庆节度致仕。卒，年七十九。子渭，字清甫，仕为密院机察，人称冯孝子。希颜名渊，一字季默，浑源人。崇庆二年进士，仕至翰林修撰。生平慕田畴、陈元亮之为人，为御史，弹劾不避权贵。出巡郡邑，豪猾望风遁。均见本传及中州集。又，顾奎光金诗选载希颜赠陈正叔诗，有"赋出石肠欲婉丽，政成铁面却中和"之句。又在洛阳，同裕之、钦叔赋诗，有"事去关河不横草，秋来陵寝但飞蓬"句，尤为感慨遥深。酷吏传，马刘子作冯剑；蒲察咬住作富察莽伊苏；合住作和卓，后刺恒州，北走被诛，与王阿里、富察耀珠号宣朝三贼。耀珠居睢阴，军变被杀。续通考云，是年八月壬戌，有流星大如杯，尾长丈余，其光烛地，起建星没尾中。一云自东北至西北而坠，其光如塔长，先有声如风，后若雷者三，窗纸为震。纪未载。只载十月癸亥，月犯轩辕左角之少民星。

三年（己卯—一二一九）春正月丙子，税民种地亩，议行均输。敕和市边城军需，无至配民。免单丁民户月输军需钱。

〔二月甲辰〕（据金史卷一五宣宗纪补）令军中诛赏，四品以下听决。

夏四月庚午，筑京师里城，命侯挚董役，高琪总之，遣近侍四人巡视。癸未，<u>陕西</u>黑风昼起，有声如雷，地大震。纪载五月壬子，太白昼见于参。六月戊子，<u>平凉</u>等处地震。八月丁卯，木星犯舆鬼东南星。戊辰，木星昼见于柳，百有九日乃灭。〔考异〕（五行）〔天文〕志（据金史卷二○天文志改，下同）云，五月壬子，太白昼见于参，三十有六日经天，百八十四日乃伏。七月壬寅，有星自西南来，光烛地，状如月，小星千百环之，若迸火然，坠于东北，声如鼓。十一月癸丑，白虹二夹月，寻复贯之。 续通考云，四月，大风吹<u>河南府</u>署飞百余步，户案门钥开，文牍飘落不知所在。<u>平凉</u>、<u>镇戎</u>、<u>德顺</u>尤甚，庐舍倾压，死者万计。五月庚戌，月食既。纪多未书。

六月戊寅，曲赦河东南、北路。

秋七月庚子，曲赦<u>陕西</u>路。乙卯，曲赦<u>山东西路</u>。

八月丁丑，缓在京差徭。

冬十月乙丑，<u>平凉府</u>庆云见，以图来。百官表贺，告太庙，诏国内。癸未，里城毕工，赐赉宰臣有差。建碑会<u>朝门</u>纪其功。是役，帝虑扰民，募人能致甓五十万者迁一官，百万仍升一等。<u>平阳</u>判官<u>完颜阿拉</u>及<u>霍定和</u>，发宋<u>蔡京</u>故居，得二百万有奇，准格迁赏。

十一月丁巳，右丞相<u>高琪</u>以罪下狱。寻伏诛。

四年（庚辰—一二二○）春正月壬子，昼晦，有顷，大雷电，雨以风。（二）〔三〕（据金史卷一六宣宗纪改）月甲寅，木星犯鬼宿积尸气。纪复载六月戊辰，月犯土星。

己巳，太白昼见于张，百八十有四日乃伏。十一月壬辰，木星昼见于翼，积六十有七日伏，夜又犯灵台第一星。〔考异〕续通考云，正月戊辰，二更，天鸣有声。是年，华州渭南县裴德宁家伐树，破，其中有五色大字，表里吻合，有司谓为太平之兆，乞付史馆。纪未书。

夏五月甲午，击鞠临武殿。以暑，免常朝，四日一奏事。谕工部，暑月停工役。

六月甲戌，旱，敕有司阅狱，杂犯死罪以下悉释之。

秋七月癸丑，遣参政李复亨等分道劝农。〔考异〕续通考云，四年十月，移剌不言："军户自徙于河南，数年尚未给田，移徙不常，贫者甚众。请括诸屯处官田，人给三十亩，仍不移屯他所，则军户安居，官粮可以渐省。"宰臣言："前此亦有言授地者，枢密院谓值事缓而行之。今河南罹水灾，流亡者众，所种麦不及五万顷，减往年大半，岁所入殆不能足，若拨之为永业，俟有获，即罢其家粮，亦省费之一端也。"上从之。五年正月，京南行三司石抹斡鲁言："京东、西、南三路，屯军老幼四十万口，岁费粮百四十余万石，皆坐食民租，甚非善计。宜括逋户旧耕田。南京一路旧垦田三十九万八千五百余顷，内官田民耕者九万九千顷有奇。今饥民流离者大半，东、西、南路计亦如之。朝廷虽招使复业，民恐既复之后，生计未定而赋敛随之，往往匿而不出。若分给军户，人三十亩，使之自耕，或召人佃种，可数岁之后蓄积渐饶，官粮可罢。"令省臣议之，竟不能行。所载较详。

十二月乙酉，镇南节度使温特赫思敬上书，言钱币、税赋二事。〔考异〕续通考云，思敬上言："今民输税，其法大抵有三，上户输远仓，中户次之，下户最近。然近者不下百里，远者数百里，道路之费，倍于所输。而雨雪有稽迟之责，遇贼有死伤之患，不若止输本郡，令有司核算仓之所积，称屯兵之数，使就食之。若有不足，则增敛于民。民计所欲不及道里之费，将忻然从之矣。"所载较详。

五年（辛巳－一二二一）春正月戊子，括南京诸（河）〔州〕（据金史卷一六宣宗纪改）逋户旧耕官田，给军户。辛丑，太白昼见于牛，二百三十有二日伏。〔考异〕（五行）〔天文〕志（据金史卷二〇天文志改，下同）云，时司天瓜尔佳德（五）〔玉〕（据金史卷二〇天文志改）等奏，为臣强之象，请禳之。帝曰："斗牛吴分，乃宋境，他国有灾，吾禳之可乎？"纪未载。又云，九月岁星犯左执法。闰十二月戊子，荧惑犯轩辕。甲午月犯荧惑。戊戌镇星昼见于轸。己亥太白昼见于室。　续通考云，正月，山东奏庆云见。四月丙子，日正午，有黄晕四匝，色鲜明。六月戊寅，日将出，有气如大道，经丑未历虚危，东西不见首尾。十二月己丑，北方有白气，广三尺余，东西竟天。纪多未书。

二月癸酉，以旱灾，曲赦河南路。丙子，禁京城兵器。

〔三月〕（据金史卷一六宣宗纪补）己亥，省试经义进士，考官额外多放乔松等十余人。帝以久旱，特允之。

夏六月戊寅，驸马都尉布萨安贞坐谋反，并其三子皆伏诛。本传，原名阿哈，尚邢国长公主。屡平群盗，侵宋归，省官因其不杀宋宗室，奏其谋叛。又畏谗，贿近侍局，反以证成其罪。尝曰："三世为将，道家所忌。"卒以祖忠义，父撵有大功，免兄弟连坐。　按，阿哈亦作阿海。汪辉祖金史同名录云，卷六十七阿辣传其父、卷八十一夹谷谢奴传其祖、卷八十六孛术鲁定方传世宗时凤翔尹、卷九十四内族襄传明昌二年左司郎中、卷一百十六石盏女鲁欢传天兴二年归德总帅、卷一百三十四西夏传太宗时臣，七人同名阿海。

秋八月甲戌，除逋户负租毋征见户。

冬十月乙卯，太医侯济、张子英治皇孙疾，误致死，不忍诛，杖除名。

十一月辛丑，蠲徐、邳、宿、泗及归德、亳、寿、颍等州逋租。〔考异〕续通考云，十月，上谕宰臣曰："比欲民多种麦，故令所在官贷易麦种。今闻实不贷与而虚立案簿，反收其数以补不足之租，其遣使究治。"纪未载。

闰十二月己丑，同知保静节度使郭澍以征粮失期，诬杀平民，坐诛。

元光元年（壬午—一二二二）春正月壬子，遣官垦种京东、西、南三路水田。〔考异〕续通考云，贞祐三年三月，谕尚书省，岁旱议弛诸处碾硙，以其水溉民田。四年八月，程渊言："砀山诸县陂湖，水至则畦为稻田，水退种麦，所收倍于陆地。宜募人佃之，官取三之一，岁可得十万石。"诏从之。兴定五年五月，南阳令李国瑞（利）〔刱〕（据金史卷五〇食货志改）开水田四百余顷，诏升职二等，仍录其最状，遍谕诸道。是冬，议兴水田。省奏："汉召信臣于南阳灌溉三万顷，魏贾逵堰（沙）〔汝〕水（同上）为新陂，通运二百余里，人谓之贾侯渠。邓艾修淮阳、百尺二渠，通淮、颍，大治诸陂于颍之南。穿渠三百余里，溉田二万顷。今河南郡县多古所开水田之地，收获多于陆地数倍。"敕令分治，户部按行州县，有可开者，诱民赴功，其租止移陆田，不复添征，仍以官赏激之。陕西除三白渠设官外，亦宜视例施行。元光元年正月，遣户部郎中杨大有等诣京东、西、南三路开水田。　按，金代水利，惟章、宣二宗讲求，为最备云。

夏四月辛巳，〔置〕（据金史卷一六宣宗纪补）大司农以下官，各路兼置行司。丁酉，更定辟举县令法。〔考异〕纪于兴定三年十月，定保举县令能否升黜举主制，未几，罢。至是，更定其法。史言辟举法行，县令多得人。如咸宁令张天纲、长安令李献甫、洛阳令张特立三人有传。余如兴平师夔、临潼武天祯、汜水党君玉、偃师王登庸、高陵宋九嘉、登封薛居中、长社李天翼、河津孙鼎臣、郏城李无党、荥阳李过庭、尉氏张瑜、长葛张子玉、猗氏安德璋、三原萧邦杰、蓝田张德直、叶县刘从益，皆极一时之选。　刘祁归潜志云，兴定初，朝议县令最亲民之官，立保举法。一时能吏如王庸令洛阳，程震令陈留，皆著治绩。或入为台部官。自是，争以能相尚，民亦多受其赐。洵良法也。所载甚详。

六月戊寅朔，命造舟运陕西粮，由大庆关渡抵湖城。〔考异〕续通考云，世宗大定初，刘玑同知漕运司事，奏言"漕户顾直大，高虚费，官物宜酌量裁损。若减三之一，岁可省官钱一十五万余贯"。上是其言。章宗明昌六年三月，以北边粮运，括群牧驼，以银五十万两，钱二十三万六千九百贯以备支给。银五万两、金器一千八百两、金牌百两、银盂八十两、绢五万匹、杂彩千端、衣四百四十六袭以备赏劳。哀宗天兴元年八月，发丁壮五千人运粮以饷合喜。合喜时为枢密，将兵应完颜思烈等，自汝州急入援，故饷之。

秋七月乙亥，太白昼见经天，与日争光。

八月己卯，彗星见西方。改元，大赦。〔考异〕续纲目云，长星见，<u>耶律楚材</u>谓其主曰：“<u>女真</u>将易主矣。”<u>刘祁</u>归潜志云，<u>兴定六年</u>夏，彗星出西方，长丈余。据汉武故事，改元禳之。其年十一月崩。已而，<u>宋帝</u>亦崩。天道果谁应耶？所载年月不合。

（五行）〔天文〕志云，是年正月，月犯荧惑。壬戌，犯轩辕。三月壬子，月食太白。四月丙寅，岁星犯太微左执法。八月，彗星出亢宿摄提周鼎之间，指大角。太史奏，“除旧布新之象，宜改元修政以消天变。”九月丁未灭。壬申，月食岁星。　续通考云，十一月丁未，东北有赤云如火。纪多未书。

冬十月甲申，猎近郊，免百官迎送，勿令治道劳百姓。甲辰，以<u>京兆</u>官民避兵<u>南山</u>者多至百万，遣官安抚之。

二年（癸未－一二二三）春正月戊午，鬻爵恩例有丁忧官得起复者，令罢之。

三月辛酉，命禁茶。

秋八月乙亥，火星入鬼宿中，掩积尸气。〔考异〕（五行）〔天文〕志云，八月乙亥，荧惑入舆鬼，掩积尸气。十月壬午，犯灵台。十一月又犯心大星。　续通考云，正月，有鹤千余翔于殿庭，移刻乃去。时，乌鹊夜惊，飞鸣蔽天。其余妖怪甚多。纪多未书。丙戌，遣官分行<u>蔡</u>、<u>息</u>、<u>陈</u>、<u>亳</u>、<u>唐</u>、<u>邓</u>、<u>裕</u>诸州。凡官吏有与民立砦避兵者，置砦长、副员，仍先迁一官。〔考异〕续通考云，九月，权立职官有田不纳租罪。上问："向者有司以征税租之急，民不待熟而刈之以应限。今麦将熟矣，其谕州县有犯者，以慢军储治罪。"时京南司农卿李蹊言："按齐民要术，麦晚种则粒小而不实，故必八月种之。今南路当输秋税百四十余万石，草四百五十余万束，皆以八月为终限。若输远仓，及泥淖往返不下二十日，使民不暇趋时，是妨来岁之食也。乞宽征敛之限，使先尽力于二麦。"朝廷不从。见续通考。

冬十二月辛巳，免延安土民差税。邠州民丁阵亡者，各赠官一阶。归德、徐、邠、宿、泗、永、亳、颍、寿等州，复业及新地民，免差税二年。丁亥，帝不豫，太子率百官入问起居。庚寅，崩，寿六十一，号宣宗，葬德陵。

金史纪事本末卷四十一

中原沦陷

宣宗贞祐三年（乙亥—二—五）秋七月戊午朔，元兵收济源县。〔考异〕元史太祖纪云，十年七月，红罗山寨主杜秀降，授锦州节度使。遣伊奇哩往谕金主，以河北、山东未下诸城来献，去号，为河南王，当为罢兵。不从。诏史天倪南征，授右副元帅，赐金虎符。纪未载。

八月庚子，前冀州〔考异〕舆地广记云，冀州，春秋属晋，秦属钜鹿郡，汉置信都国，景帝改广川，明帝更乐安，安帝曰安平，后兼置冀州，后魏为长乐郡，隋为冀州，又置信都郡，唐为冀州，今升武安军。县六：信都、蓨县、南宫、枣强、武邑、衡水。

续通考云，冀州，唐改魏州，后仍旧。宋为信都郡，升武安军，金因之。领信都、南宫、衡水、武邑、枣彊五县。教授钮祐禄特烈原作忒都，亦作忒邻。〔考异〕章宗纪，葛王同名忒邻，见卷九十三。集义兵，复立州治，招徕民户至五万，置山东西路总管府于归德府及徐、亳二州。特迁三官。以太常卿侯挚为参政，行省事于河北东、西两路。甲辰，置行枢密院于徐州、归德府。戊申，东平、益都、太原、潞州置元帅府。壬子，置行省于陕西，以左丞相布萨端领之。谕坚守各处要害。令宣抚使治邠州，更以步骑守沿渭诸津。设潼关提控，总领军马等官。

九月甲戌，诏开、滑、濬、济、曹、滕诸州置连珠寨如卫州。〔考异〕元史太祖纪云，八月，史天倪取平州，金经略使奇珠降。穆呼哩遣史进道攻广宁府，降之。是秋，取城邑凡八百六十有二。薛应旂通鉴，奇珠作乞住，宣宗纪均未载。

冬十二月乙巳，元兵徇大名府。〔考异〕元史太祖纪云，十一月，史天（倪）〔祥〕（据元史卷一太祖纪改）讨兴州，擒其节度使赵守玉。纪未载。

四年（丙子—一二—六）春正月庚午，元兵取曹州。

二月甲申朔，围太原。丁亥，以胥鼎为枢副权左丞，行省事于平阳。〔考异〕舆地广记云，平阳府，古晋州，尧所都。秦、汉属河东郡，魏分置平阳郡，刘渊都焉。后魏兼置唐州，改晋州，隋置临汾郡，唐升定昌军，后唐为建雄军，今因之。县十：和川、岳阳、临汾、洪洞、襄陵、神山、赵城、汾西、霍邑、冀氏。　续通考云，平阳，唐为晋州，金为平阳府。领十县，有浮山而无神山，余同。　薛应旂通鉴云，四月，胥鼎闻蒙古兵度潼关，即遣<u>必兰阿鲁带</u>、<u>徒单百家</u>帅兵万五千济河趋<u>关陕</u>，自以精兵援<u>汴京</u>，又遣<u>仆散扫吾出</u>会诸将以拒<u>蒙古</u>兵之自关而东者。主嘉其忠，拜左丞还镇。<u>宣宗</u>纪载在十月，姓名亦异。己亥，<u>元</u>兵攻下<u>霍山</u>诸隘。山在<u>平阳府</u><u>霍州</u>东南三十里。同知<u>观州</u>事<u>张开</u>复<u>河间府</u><u>沧</u>、<u>献</u>本<u>乐寿县</u>，隶<u>河北东路</u>。等州，并属县十有三。

三月庚辰，复（邺）〔<u>邢</u>〕州（据<u>金史</u>卷一四<u>宣宗</u>纪改）捷至。

夏四月癸巳，<u>张开</u>奏复<u>清州</u>等十一城。

五月癸丑朔，<u>山东</u>行省上<u>沂州</u><u>宋</u><u>琅琊郡</u>，县二。〔考异〕<u>舆地广记</u>云，<u>沂州</u>为<u>齐</u>、<u>鲁</u>地，<u>秦</u>属<u>琅琊</u>，<u>汉</u>置<u>琅琊国</u>，<u>宋</u>为<u>琅琊郡</u>，<u>后魏</u>置<u>北徐州</u>，<u>后周</u>曰<u>沂州</u>。今县五：<u>临沂</u>、<u>承县</u>、<u>沂水</u>、<u>费县</u>、<u>新泰</u>。　<u>续通考</u>云，<u>唐</u>改<u>琅琊郡</u>，后仍旧，<u>宋</u>、<u>金</u>因之。领<u>临沂</u>、<u>费县</u>、<u>剡城</u>三县。之捷。辛酉，以右丞<u>侯挚</u>行省事于<u>东平</u>。

〔六月〕（同上补）癸卯，罢<u>河北</u>诸路宣抚司，更置经略司。

秋七月癸丑朔，<u>昭义节度使</u><u>必喇阿噜岱</u>原作<u>必兰阿鲁带</u>。本传，官<u>宁化州</u>刺史，擢签枢，权参政，行省<u>益都</u>。复立<u>潞州</u>，最为有功。复<u>威州</u>及<u>获鹿县</u>。

闰月辛卯，复<u>深州</u>。地理志云，<u>获鹿县</u>，属<u>真定府</u>。<u>深州</u>为<u>饶阳郡</u>，县五。〔考异〕<u>舆地广记</u>云，<u>深州</u>，<u>春秋</u>属<u>晋</u>，<u>汉</u>属<u>信都国</u>，<u>魏</u><u>晋</u>为<u>博陵国</u>，<u>后魏</u>为<u>博陵郡</u>，<u>隋</u>置<u>深州</u>，<u>唐</u>曰<u>饶阳郡</u>。今县五：<u>静安</u>、<u>束鹿</u>、<u>安平</u>、<u>饶阳</u>、<u>武强</u>。　<u>续通考</u>云，<u>金</u>为刺郡，

余同。

八月丙子，元兵攻<u>延安</u>。

九月辛巳朔，攻<u>坊州</u>，以<u>永锡</u>为御史大夫，领兵赴<u>陕西</u>，便宜从事。壬辰，<u>元兵</u>攻<u>代州</u>，经略使<u>鄂屯酬和尚</u>战没。〔考异〕邵远平<u>元史类编</u>云，十月，<u>木华黎</u>攻<u>延安</u>，经略使<u>奥敦丑和尚</u>死之。与纪异。

冬十月己未，招射生猎户练习武艺知山径者，分屯<u>陕</u>、<u>虢</u>要地。命左监军<u>必喇阿噜岱</u>守<u>潼关</u>，知<u>归德府</u>事<u>完颜仲元</u>军<u>卢氏</u>。县名，属<u>虢州</u>。<u>元兵</u>攻<u>潼关</u>，西安节度使<u>尼玛哈富勒呼</u>〔考异〕邵远平<u>元史类编</u>作<u>泥庞古蒲鲁虎</u>。战没。命<u>伊喇卓拉布</u>原作<u>伊剌周剌阿不</u>屯<u>关</u>、<u>陕</u>（按，同上书，"屯关陕"事在乙丑）。戊辰，<u>元兵</u>徇<u>汝州</u>。己巳，命沿<u>河</u>唯存通报小舟，余悉焚之。丙子，行枢院<u>完颜哈达</u>以征兵失应，坐诛。〔考异〕<u>元史太祖纪</u>云，秋，<u>色尔济鄂特萨木哈巴图尔</u>率师由<u>西夏</u>越<u>潼关</u>，获<u>金西安节度使尼玛哈富勒呼</u>，拔<u>汝州</u>等郡，抵<u>汴京</u>而还。 <u>薛应旂</u>通鉴云，<u>蒙古</u>主驻军<u>鱼儿泺</u>，遣<u>三哥拔都</u>帅万骑自<u>西夏</u>趋<u>京兆</u>，攻<u>潼关</u>，不下，乃由<u>嵩山</u>小路趋<u>汝州</u>，过山涧，辄以铁锁相钩，连接为桥以渡，遂赴<u>汴</u>。<u>金</u>主急召"花帽军"于<u>山东</u>。<u>蒙古</u>兵至<u>杏花营</u>，距<u>汴京</u>二十里，"花帽军"击败之，遁还<u>陕州</u>。适<u>河</u>冰合，遂渡而北。时所至皆下，<u>金</u>求和，<u>蒙古</u>主欲许之，谓<u>撒没喝</u>曰："辟如围场中獐鹿，吾已取之矣，唯余一兔，盍舍之。"<u>撒没喝</u>议以<u>河北</u>、<u>山东</u>未下诸城来献，去帝号，称臣，议遂寝。与<u>元史</u>不合，且系之<u>贞祐</u>三年十月亦异。 按，<u>色尔济鄂特</u>原作<u>撒里知兀觯</u>。<u>续纲目</u>作<u>撒格</u>

巴图，即三哥拔都也。萨木哈即撒没喝。　续纲目云，时御史台言："敌兵深入重地，近抵西郊，彼知京师屯宿重兵，不复叩城索战，但以游骑遮击道路，而别兵攻击州县，是亦困京师之渐也。若专以城守为事，中都之危复见今日，况公私蓄积，视中都百不及一，此臣等所以寒心也。愿陛下命陕西兵扼潼关，与伊尔必斯为犄角，选勇将十数，各付精兵，随宜伺察，且战且守，复逾河北亦以此待。"因高琪言，不许。所载较详。

十一月壬午，行省胥鼎入卫京师，拜左丞。以王质、完颜僧嘉努权左右监军，代镇河东。〔考异〕续纲目云，鼎虑蒙古兵扼河，乃檄绛、解、隰、吉、孟五州经略司，会师夹攻。及敌兵自三门、析津北渡，至平阳，乃遣兵拒战，大败之，遂北去。纪未载。乙酉，元兵至沔池。〔考异〕沔池当作渑池。宋史地理志云，县名，隶河南府，所谓渑、渑也。沔水则当从沔，此疑误。右副元帅富察阿里巴斯原作阿里不孙军溃而逃，失其所佩虎符。戊戌，华州元帅府复潼关。庚子，河南统军使赫舍哩素赫原作扫合。〔考异〕汪辉祖金史同名录云，卷六十五蛮睹传其子猛安；卷六十六穆宗曾孙齐本名，官上京留守；卷一百三纳兰胡鲁剌传曹州豪民；卷一百四郭俣传大定末同知宏文院，姓把氏；卷一百二十八石抹元传贞祐初副统，六人同名扫合。以发兵后期，坐诛。

十二月癸亥，元兵攻平阳。徇大名府。进自代州神仙横城及平定承天镇诸隘，进攻太原府。宣抚使乌库哩礼间道告急，诏发潞州诸道兵援之。

兴定元年（丁丑一二一七）春正月乙巳，元兵攻观州。

二月己未，徇忻、〔考异〕舆地广记云，忻州，春秋属晋，秦、汉属太原郡，元魏置肆州，后周徙治于雁门郡，隋置新兴郡，改忻州，取忻口为名，唐仍忻州，后为定襄郡。今县二：秀容、定襄。　续通考云，忻州，唐初改新兴郡，后仍旧，又改定襄郡，金隶太原府。代。

三月戊寅，以李革权参政，行省事于河东南路。乙未，先征山东兵接应经略使苗道润，共复中都，而石海据真定叛，虑为所梗，乃集钮祜禄贞、郭文振、武仙所部精锐，与东平军为犄角之势，图之。石海寻伏诛。详下卷。己亥，元兵攻新城及霸州。〔考异〕大金国志云，时易州苗仙武、清州郭仲元、霸州统军白文哥，聚兵合八十万，元患之。言于金，遣夹谷监军讨之。文哥缢死，仙武、仲元亦召回赐死，军遂溃散。北军归，转攻回鹘，夺其纤珠坚城而都之。遣兵掠西河等路，金遣侍郎乌古孙孛吉入贡，凡去汴三万里。纪未载。

夏四月癸丑，命完颜寓权左都监，行帅府事，督苗道润进复都城。先是，招抚使伊喇特尔格，原作铁哥与道润不协，互言有异志，故命重臣镇之。己未，以辽东行省完颜阿里巴斯为参政，行省事于博索路。辽东宣抚富察乌锦原作五斤。〔考异〕汪辉祖金史同名录云，卷十二章宗泰和六年右振肃，宣宗贞祐元年迁参政；卷十七哀宗正大元年大行山陵使，姓仆散；卷九十一石抹卞传其父群牧使，三人同名五斤。行省事于上京。

五月甲辰，元兵下沔城县（按，金史地理志无沔城县，疑地名有误），军官任福死之。

六月己酉，修潼关，以暑药劳夫匠。设潼关使副及三门、集津提举官（按，据金史卷一五宣宗纪"设潼关使副"在乙丑）。〔考异〕元史太祖纪云，夏，盗祁和尚据武平，史天祥讨平之，遂擒金将巢元帅以献。察罕破金监军瓜尔佳于霸州，金求和，察罕乃还。纪未载。

秋八月壬子，削御史大夫永锡官，有司论失律当斩，特贳其死。

九月丁丑，以左监军必喇阿噜岱行省事于益都。辛卯，元兵攻隰州及汾西县，属平阳府。围沁州。攻太原簸箕掌寨，进薄太原城。攻交城、清源（按，同上书，"攻太原"事在乙未）。二县名，均属太原府。癸卯，命立沿河冰墙鹿角。

冬十月乙卯，元兵徇中山府及新乐县。属定州。下磁州。取邹平、长山二县名，均属济南府。及淄州。

十一月丙戌，元兵收滨、棣、博三州。地理志云，滨州治渤海，县四。棣州，宋安乐郡，县三。博州，宋博平郡，县五。〔考异〕舆地广记云，滨州，由涤州分置，五代置榷盐务于海旁，后置瞻国军，后周立滨州。今县二：渤海、招安。棣州，春秋属齐，宋为乐陵郡，唐置棣州。今县三：厌次、（商）〔滴〕河、（据舆地广记卷一〇改）阳信。 续通考云，滨州，唐置榷盐务，周改滨州，今隶益都路。领渤海、利津、蒲台、沾化四县。棣州，隋置，唐改乐安郡，金为棣州。博州见上。下沂州。复攻太原府。

十二月甲（申）〔辰〕（据金史卷一五宣宗纪改）朔，元兵攻潞州，都统马甫死之。克益都府。复攻沂州，官民弃城遁。辛酉，下密州，节度使完颜寓死之。

是月，进富察乌锦右副元帅，行省事于辽东。〔考异〕邵远平元史类编云，八月，以木华黎为太师，封鲁国王，赐九斿旗，曰：“建此旗以出号令，如朕亲临也。”薛应旂通鉴云，主以木华黎有大功，拜太师、国王，承制行事，赐誓券金印，分宏吉剌等十军，并番汉诸军悉隶麾下，建行省于燕、云，谓曰：“太行之北，朕自经略，太行之南，卿其勉之。”乃自中都南攻遂城及蠡州，皆下之。时，木华黎欲屠城，州人赵瑨泣请得免。遂东击齐，定益都、临淄、登、莱、潍、密等州而去。续纲目，宏吉剌作鸿吉哩，稍异。

二年（戊寅一二一八）春二月壬子，御史以北兵退，请汰各处行院帅府冗官。不许。己巳，以侯挚行省河北兼安抚使。

夏四月乙巳，以瓜尔佳必喇原作必兰权参政，行省辽东。壬子，侯挚督兵复密州及高密县。

〔五月〕（据金史卷一五宣宗纪补）壬辰，河北行省复黄县。己亥，元兵徇锦州，元帅刘仲亨死之。〔考异〕大金国志云，是月，蚩尤旗见，长竟天。纪未载。

六月甲辰，枢院言：“元集兵应州、飞狐，将分道南下，观其意，不在河北，而在陕西。河东各路义士宜于农隙校阅。东平、单州冲要，豫徙其农民粮畜置可守之城，修近城水砦。潼谷远连商、虢，宜令两帅府按视扼塞。”又言“贾瑀刺杀苗道润，乞正专杀之罪”。诏勿问。寻以其军隶涿州刺史李奇噜，原作瘸驴副以张甫、张柔。道润传，从迁汴，屡战有功，授宣武将军，擢中都留守。〔考异〕薛应旂通鉴云，道润初为河北队长，击群盗有功，迁知中山府，擢中都经略使。有勇略，得众心，抚定五十余城。署保定张柔右监军，行帅事。 续纲目云，道润素与瑀有隙，瑀伏甲射杀之，从者何伯祥以闻，部将靖安民代领其众。柔方会兵复仇，趋中山，与元遇，战于狼牙岭，马蹶被擒，遂降。为河北都元帅。柔字德刚，易州定兴人。卒，赠太师，汝南王，谥忠武。子十一，宏范最显，见元史本传。 方舆纪要云，狼牙岭即狼牙口，在定州倒马关西南六十里。三关外墙至此与内墙合为一。纪未载。命参政巴古拉与平章胥鼎协力防秋（按，同上书，“防秋”事在丁未）。

八月己酉，诏河（东）〔北〕（同上改）行省完颜霆赴援山东。元穆呼哩原作木华里。〔考异〕续纲目诸书均作木华黎。等帅步骑数万，自太和岭徇河东取代州及（陉）〔隰〕州（同上）。

九月乙亥，下太原府，左监军乌库哩德升死之。〔考异〕续纲目云，时穆呼哩围太原数匝，德升并力御之。城西北隅坏，德升联车塞之，三却三登，矢石如雨，守陴者不能立。城破，德升谓其姑及妻曰：“吾守此数年，不幸力穷。”自缢死。所载较详。丙戌，以纳哈塔富拉塔原作纳合蒲刺都。〔考异〕续纲目作布拉图布德裕。为右监军，行帅府事于潞州。戊子，置秦关等处九守御使，命完颜芬彻等分成诸厄。元兵徇汾州，节度使乌雅恩彻亨原作兀颜讹出虎。〔考异〕通鉴辑览作完颜恩彻痕。死之。辛卯，下孝义县〔考异〕元史，是秋，金将武仙攻满城，张柔击败之。史未载。

冬十月己酉，徇绛、潞。遂攻平阳，提控郭用死之。城破，行省知府事李革〔考异〕邵远平元史类编作李华。及苏尔坦死之。〔考异〕续纲目云，时革守平阳，兵少援绝，城陷。或谓革上马突围出，革叹曰："吾不能保此，何面目见天子？汝辈可去矣！"遂自杀。所载较详。权平定州〔考异〕舆地广记云，平定军，晋为乐平郡，今置平定军。县二：平定、乐平。续通考云，唐为广阳县，宋为平定军，金升为州。详卷六。刺史范铎以弃城，诛。丁巳，元兵攻泽州。

十一月甲申，取潞州，右监军纳哈塔富拉塔及王良臣死之。丙申，下太原之韩村砦。

十二月己亥朔，命完颜伯嘉权参政、左监军，控制河东南、北路，便宜从事。

三年（己卯—二—九）春正月壬辰，以元兵已定太原，河北事势非复向日，集百官议备御策。

夏六月壬申，制沿河戍兵逃亡罪。甲戌，定防秋将校击毬、饮燕之罚。戊子，辽州总领提控唐古果勒原作狗儿帅师复太原府。〔考异〕续纲目云，五月，张柔率兵南下，克雄、易、保安诸州。攻贾瑀于孔山台，断其汲道，力穷乃降。缚瑀，剖心祭道润。引兵次满城，与武仙战，大破之。鼓噪追击，尸陈数十里。下完州，祁阳、曲阳皆降。进攻中山府，与仙将葛铁枪战新乐，飞矢中柔颊，落其二齿。柔拔矢再战，铁枪大败，死者数千。刘成来攻，复破之，遂南掠鼓城、深泽、宁晋诸县。由是深、冀以北，镇定以东三十余城，望风降附。柔之威名震于河朔。　元史张柔传，新乐之战，柔中流矢，拔之复战，斩数千级，擒藁城令刘成。寻为燕帅屠赤台所谮，幽土室，及死乃得免。纪均未载。　元史王鹗传，本金正大元年第一甲第一名进士，官左右司郎中。金亡，将被杀，张柔闻其名，救之，馆于家。荐历翰林学士承旨，制诰典章多所裁定。后宋留梦炎亦以一甲一名进士，官右丞相，入元为承旨。是两国状元均为元所用也。

秋八月壬申，元兵下武州，军事判官郭秀死之。丁丑，下合河县，属岚州县令乔天翼等死之。

九月甲辰，徇东胜州，节度使伯特乌格原作伯德窟哥死之。庚戌，命行省胥鼎领兵赴河中。〔考异〕元史太祖纪云，是秋，穆呼哩克岢岚、吉、隰等州，进拔绛州，屠之。史未载。

冬十月丁卯，以完颜开、郭文振权左右都监，行帅府事，谋复太原。丁亥，元兵屯绵上。

十一月癸巳朔，遣枢副布萨安贞、同签枢额尔克行院事于河北。己亥，元兵徇彰德府。下晋安府，即绛州，县八，号绛阳军。工部尚书钮祐禄贞死之（按，据金史卷一五宣宗纪，“下晋安府”事在戊午）。

四年（庚辰一二二〇）春正月丁酉，元兵下好义堡，霍州续通考云，霍州，唐初为霍山郡，又改吕州，州废，以县属晋州，金升为霍州。领赵城、汾水、灵石三县，后为镇定军。刺史伊喇阿里哈等死之。

三月己酉，以吏部尚书李复亨参政，珠嘉赛音行怀、孟帅府事。

夏四月戊辰，元遣赵瑞下孟州。〔考异〕舆地广记云，孟州，春秋属周，汉后属河内郡，唐置孟州。今县六：河阳、温县、济源、汜水、河阴、王屋。今为河阳府。 王存元丰九域志云，孟州为河阳三城节度，治河阳县，去东京三百五十里。提控鲁德、王安复大名府。以参政巴古拉为左副元帅，承立为右监军，行省京兆。

五月癸卯，元兵徇隩州，地理志云，即宋火山军，改今名，隶岚州，治河曲。下兖州，节度使（完）〔兀〕颜威赫作原畏可（据金史卷一六宣宗纪改）死之。

六月丁丑，元遣杨在下大名，攻开州东明、长垣。二县名，属开州，隶大名府。

秋七月癸丑，遣乌库哩仲端等使元。〔考异〕续纲目云，仲端如蒙古求和，呼为兄，主不允。遣达呼如金报聘，谓仲端曰："向欲汝主授我河朔地，彼此罢兵，汝主不从。今念汝远来，河朔既为我有，关西数城未下者割付我，令汝主为河南王，勿复违也"。达呼，一作塔忽，见宣宗纪，所载较详。元史太祖纪系之十七年，乃元光元年也，又异。

八月丙戌，恒山公武仙降元。〔考异〕薛应旂通鉴云，木华黎至满城，使蒙古不花将骑三千出倒马关，适葛铁枪兵攻台州，不花与之遇，战败之，仙遂举城降。通鉴辑览，不花作布哈，"三千"作"二千"，仙以真定降。倒马关即古临上关，今保定府唐县北。　续纲目云，穆呼哩以史天倪权知河北西路兵马事，仙副之。天倪说穆呼哩云："今中原已粗定，大兵所过犹抄掠，非王者吊伐意。且王为天下除暴，岂可效他军所为乎？"穆呼哩善之。即下令禁剽掠，遣所俘老幼。军中肃然。所载较详。　按，元史太祖纪谓以天倪为都元帅。又异。

冬十月壬戌，元复遣蒙古达呼、额哩垺来。

十一月乙巳，诏柴茂、盖仁贵摄左右都监，行帅府事于真定。元穆呼哩以兵围东平。〔考异〕元史太祖纪云，初，东平严实来归。冬，邢州节度武贵降。进攻东平，不克，留严实守之。撤围趋洺州，分兵徇河北诸郡。　薛应旂通鉴云，木华黎既戕士卒，州郡悦附，遂以轻骑入济南。严实挈所部三府六州户三十万诣军门降，拜为行省。实将李信乘实出，杀其家属来降，实攻信，杀之。复取青崖岨。时金兵二十万屯黄陵冈，遣将袭济南，大败。木华黎遂薄黄陵冈，金兵复败，溺死者众。进陷楚邱，围东平。　元史实传，字武叔，泰安长清人。卒，封鲁国公，谥武忠。

五年（辛巳—一二二一）春正月丁酉，元兵攻天井关。庚戌，山东行省奏东平之捷。

二月丙辰朔，置招抚司于单州。曲赦东平府。

夏五月癸丑，东平内徙，命蒙古纲行省邳州，王庭玉行帅府于黄陵冈。〔考异〕续纲目云，初，金兵固守东平，穆呼哩谓严实曰："东平粮尽，必弃城去，汝入城安辑，勿苦郡县以败事也。"乃留苏噜克图屯守，命实权行省。谓千户萨里台曰："东平破，可命石珪、严实分城南北守之。"遂北还。五年五月，东平被围久，粮道复绝，行省蒙古纲、监军王庭玉不能守，率众趋邳州，蒙古苏噜克图邀击，斩七千级，严实遂入城。萨里台中分其城，以实抚东平以北恩、博诸州，石珪移治曹州。珪寻为王庭玉所破，珪被杀。元史本纪及穆呼哩传，均以实入东平为四月事。 又，蒙古纲一作呼尔噶。本传，本名呼尔根，原作胡里纲，咸平人。承安中进士，历右副元帅，权参政，行省山东，后为禄格所害。元史太祖纪谓金东平行省为孟古，原作忙古云。六月，宋石靖降，授济、兖、单三州总管。所载各异。 赵翼劄记云，严实自请攻卫州，与金伊喇富阿遇于南门，适合达自北奄至，实兵败被执。史天倪率壮士伏于延津，截其归路，实得脱归。事见天倪传，而实传不载。

冬十月癸丑，布萨毅夫行省京东，督诸军刍粮。辛酉，元兵攻绥德州。戊寅，命许州帅赫舍哩鹤寿将兵屯潼关西。

十二月辛亥朔，元兵下潼关、京兆，诏省院议之。

闰月辛巳朔，元兵徇鄜州，节度使完颜鲁尔锦、左都监鹤寿、右都监富察罗索及钮祜禄资禄皆死之。〔考异〕薛应旂通鉴云，冬，木华黎由东胜州涉河，引兵而西。夏主惧，遣塔海监府等宴之于河南，且遣塔哥甘普将兵五万属焉，遂入葭州。金将王公佐遁，命石天应权行台守之，自将攻绥德，破马、克戎两寨。夏将迷仆往会，不肯拜，引众去。至是，攻延安，迷仆始赞马而拜。金帅合达与纳合买住御之，木华黎命蒙古不花佯败，伏发，金兵乱，杀七千余人，合达走入延安城。留军围之，自将兵南攻鄜、坊等州，所载较详。 续纲目，塔海作塔尔海；塔哥甘普作唐海甘布；迷仆作玛尔布。通鉴（通）〔辑〕览（据本书卷末引用书目改），塔海监府作塔卜沁布，塔哥甘普作特格甘普，玛尔布作蔟布。　按，马、克戎两寨，续纲目作马、克戎尔寨。当作马栏、克戎两寨。延安府志云，马栏镇在宜君县西南百二十里，通庆阳界。克戎寨在绥德州西北六十里，接米脂界。本夏人细浮图砦，元丰四年收复，元祐中畀夏人，绍圣四年收复。亦见宋史地理志。

元光元年（壬午—一二二二）春二月乙未，元兵屯葭州。（常）〔帝〕（据金史卷一六宣宗纪改）念鄜延被兵，又延安受围，尝发民粟给官军。诏除延安、鄜、坊、丹、（霞）〔葭〕（同上）、绥德税租。〔考异〕元史太祖纪云，是春，穆呼哩克乾、泾、邠、原等州，攻凤翔不下。史未载。

夏四月壬午，元兵攻陵川县。属泽州。

五月戊申朔，屯隰、吉、冀等州。〔考异〕薛应旂通鉴云，金于牛心寨侨治吉州事，木华黎自隰州攻之，知州杨贞令妻孥先坠崖，己从之，皆死。木华黎留兵守之。纪未载。

秋七月庚戌，元将阿勒楚尔原作按察儿屯兵晋安、冀州境。丙辰，上党公完颜开复泽州。〔考异〕薛应旂通鉴云，七月，金平阳公胡天作叛，降元。　续纲目云，穆呼哩徇青龙堡，天作遂降。　元史太祖纪，天作为天祚。是秋，金复遣乌克逊仲端请和，见帝于回鹘国，议未允，归。　宣宗纪，兴定五年冬，礼部侍郎仲端及翰林待制安庭珍使北还，各迁一官。所载年月互异。

八月癸巳，河间公伊喇重嘉努、原作众家奴高阳公张甫复河间府。

冬十月癸未，复曹州。乙未，元兵下荣州之胡璧堡及临晋。

十一月丁未，徇同州，节度使李复亨及副使额尔克〔考异〕薛应旆通鉴作讹可。通鉴辑览作鄂和。死之。戊辰，蒙古布哈原作蒲花，亦作不花攻凤翔府。〔考异〕续纲目云，穆呼哩所过皆下，且使蒙古布哈引游骑出秦、陇以为声援，自将兵下孟州晋阳、霍邑等寨，使石天应为河东行台，诸将并受节制。遂趋长安，使元哈纳台布哈屯守之，遣昂吉将兵断潼关。 薛应旆通鉴谓使兀胡乃太不花屯守安赤，断潼关。 通鉴辑览，兀胡乃不花作乌呼萧尔台布哈，安赤作阿齐台。 日下旧闻考作台哈布哈。云，"台哈"，蒙古语长毛也。"布哈"，犍车也。旧作太不花。所载各异。

二年（癸未—一二二三）春正月乙巳，元兵下河中府，〔考异〕侯小叔传作元光元年十二月。宣宗纪作二年正月。薛应旆通鉴及续纲目均作去年十月取河中，使石天应守之。元史石天应传又作元年九月移军河中。所载年月互异。 按，元史太祖纪云，十月，河中来附，以石天应守之。与穆呼哩传合。见毕沅续通鉴。右都监侯小叔〔考异〕通鉴辑览作侯孝顺复之。未几，复陷。〔考异〕续纲目云，穆呼哩攻凤翔，久不下，将北还，侯小叔袭破河中，杀石天应，焚浮桥而退。命天应子乌格代领其众。初，金都监阿噜岱守河中，怯怯不能军，竭民膏血为浚筑计。及绛州破，遂驰奏河中不可守。弃之，烧民居官舍，一二日而尽。寻有言河中重镇，不可弃，复命修葺，终不能成，故随守随陷。所载较详。薛应旆通鉴，乌格作斡可。侯小叔传以复取河中连系于元年十二月，又异。

二月己亥，凤翔围解，实嘉喀齐喀擢左监军，余升赏有差。本传，二月，穆呼哩国王、萨勒奇布哈等及夏人围凤翔，步骑数十万，东自扶风、岐山，西连汧、陇数百里，皆其营栅，攻城甚急，喀齐喀力御之。时同知临洮府延札哈玛尔战尤力，以便宜授通远节度，帝许之。喀齐喀拜签枢。哀宗立，擢参政，权枢副。纪载哈玛尔云原作颜盏虾蟆，以功进官。

三月癸丑，以推官嘉勒斡原作籍阿外权右都监，代领侯小叔军。甲子，命完颜伯嘉权参政，行省河中。续纲目云，是月，穆呼哩自河中还至解州闻喜县，构疾死，年五十四。

夏四月癸酉朔，复霍州汾西县。

五月丙午，复河中府及荣州。乙卯，权平阳公史咏复霍州及洪洞县。〔考异〕布萨安贞传赞云，贞祐时，安贞定山东，布萨端镇陕西，胥鼎控制河东，侯挚经营赵、魏，其措注有可观者。故田琢抚青、齐，完颜弼保东平，必喇阿噜岱守上党，皆向用有功焉。高琪忌功，汝砺固位，西启夏衅，南挑宋兵。宣宗道谋是用，未几，潼关破，（淆）〔崤〕（据金史卷一〇二仆散安贞传改）、渑毁，汴城昼闭，方且增城隍缮御寨，以祈逃死。然田琢走益都而青、齐裂，纲去东平而兖、鲁蹙，安贞死而南伐无功。自时厥后，无足言者矣。

金史纪事本末卷四十二

群盗叛服

卫绍王大安三年（辛未一二一一）秋九月，元兵薄中都，中都戒严。〔考异〕续纲目云，初，益都杨安国少无赖，以鬻鞍辔为业，人呼杨鞍儿，遂自名杨安儿。泰和中，金南侵，起为群盗。嗣降金，至防御使。及蒙古兵至，招铁瓦敢战军，得千人，以唐古哈达为都统，安儿副之，戍边。至鸡鸣山，亡归山东，与张汝楫聚党攻击州县，杀掠官吏，山东大扰。薛应旂通鉴，都统为唐括合打。稍异。卫王纪未载。

崇庆元年（壬申一二一二）夏五月，河东、陕西大饥，斗米钱数千，流莩满野。命南京留守布萨端为河南、陕西安抚使，提控军马。〔考异〕薛应旂通鉴云，是岁，金泰安刘二祖兵起，寇掠淄、沂二州。李心传朝野杂记云，二祖女刘小姐亦聚众数万，后为"花帽军"所破。纪均未载。

　　至宁元年（癸酉一二一三）九月后，为宣宗贞祐元年。春二月，诏招抚辽东。〔考异〕续纲目云，二月，契丹人瑠格官北边千户。蒙古兵起，金疑辽遗民有异志，瑠格不自安，遁至隆安，聚众至十余万，称都元帅，遣使附于蒙古。金遣呼实率兵往攻，瑠格大败之，遂自立为辽王，改元元统，尽有辽东州郡，都咸平。薛应旂通鉴，瑠格作留哥，后降蒙古，为元帅，令居会宁。呼实作胡沙，一作和硕。　　元史太祖纪作去年事。瑠格传，其将伊实布寻谋叛自立，改元天威，被杀。其相奇努（复叛）〔监国〕（据元史卷一四九耶律留哥传改），为金山杀，称王，改元天德。其后，通古哈沙相继叛，均瑠格讨平之。卒，子实沙嗣，世镇广宁。所载较详。金史承裕传，瑠格一作留可，即移剌留哥。纪传屡见，多不系姓。卷一穆宗时乌古论部人亦名留哥，另一人。　　地理志，隆州为利涉军，升为隆安府。通鉴辑览作龙安，恐是其地。

　　宣宗贞祐二年（甲戌一二一四）夏四月乙未朔，因元兵退，以布萨安贞等为诸路宣抚使，安集遗黎。

　　五月壬午，迁都南京。〔考异〕舒穆噜元传，字希明，懿州人。由译史历山东西路转运使。贞祐初，洪果乌登征兵东平，拥众不进，大括民财，众皆怨怒。副统布隆苏赫杀乌登于坐，取其符佩之，纵恣尤甚。元密疏，劾其擅杀近臣，无上不道，苏赫坐诛。纪未载。　　薛应旂通鉴云，十二月，金潍州李全兵起。全北海农家子，锐头蜂目，权谲善下人。弓马迅捷，能运铁枪，人号"李铁枪"。开禧中，戚拱尝结之以复涟水。时迁汴，赋敛益横，两河遗民群聚为盗，寇掠州郡，皆衣红衲袄以相识，呼为红袄贼。全与仲兄福聚众数千，抄掠山东。刘庆福、国安用、郑衍德、田四、千潭等皆附之。　续纲目，于潭作于洋，子潭，小异。又，张鲸据锦州，自称临海王，兴中府石天应皆附于蒙古。元史作明年事。纪均未载。

三年（乙亥—一二一五）春正月乙丑，诏宣抚阿哈、总管和卓讨贼刘二祖、张汝楫。

二月丙午，武清县巡检梁佐，柳口巡检李耀珠，原作咬住以诛乩贼张晖、刘永昌等进官，赐姓完颜。丁未，山东宣抚使布萨安贞原作阿哈，亦作阿海。遣提控布萨瑠嘉等，破贼杨安儿步骑三万，歼其众，降伪头目三百，胁从户三万。先是安儿与张汝楫等攻劫州县，安贞击败之于益都城东。安儿奔莱州，徐汝贤以城降。至登州，刺史耿格纳伪，邹都统付以州印，安儿遂僭号，改元天顺，陷宁海。州名，属登州。〔考异〕续通考云，伪齐以登州之文登、牟平二县立宁海军。金升为宁海州。攻潍州，其党（郭方）〔方郭〕三（据金史卷一〇二仆散安贞传等改，下同）据密州，李全掠临朐。县名，属青州。安贞以瑠（格）〔嘉〕（据道光殿本金史卷一〇二布萨安贞传改）及额琳分左右翼，大败贼众于昌邑县名，属平度州（按，据金史卷二五地理志，昌邑当属潍州）。东及辛河，杀获无算，遂复莱州。斩汝贤。安儿脱身走，耿格、史泼立降。袭杀（郭方）〔方郭〕三，复密州。安儿后与汲政乘舟入海，欲走岠嵎山，舟人曲成等击之，坠水死。耿格伏诛，妻子皆远徙。〔考异〕宣宗纪作贞祐二年十二月诛耿格，三年二月破杨安儿。安贞

传作二年七月破安儿，十二月诛耿格，年月各异，未知孰是。 薛
应旂通鉴云，时安贞与行省完颜霆、经历黄掴将"花帽军"讨安儿，
败之，歼其众，安儿坠水死。无子，其妹四娘子狡悍善骑射，刘全
收余党，奉之称姑姑，众尚万余，至磨旗山。李全附之，因与私，
以为夫。 续纲目，黄掴作洪果。通鉴辑览作洪郭。宣宗纪未载。
周密齐东野语云，淄州李全第三，以贩牛马来山东，有北永州牛客
张介引至涟水，充尉司弓卒，复还淄业屠，结群不逞抄掠淄、青界。
时杨安儿聚众数万，妹曰小姐姐，或曰其女，后称师姑，能马上运
双刀。全攻劫其堡，安儿令至与妹角胜负，全设伏钩致之，安儿迎
归，便成姻，自是名闻南北。因张介招，复归金。全穷蹙谋南附，
知楚州应纯之纳焉，官副总管。金复下诏招之，全复书有云："宁作
江淮之鬼，不为金国之臣。"潜往潍州，迁其父母兄嫂之骨，葬于淮
南，不复北向。

三月壬午，山东宣抚司报大沫堌之捷。时安贞
遣赫舍哩约赫德原作牙吾答。〔考异〕国语解云，即岳纳哈。薛
应旂通鉴作丰阿拉。通鉴辑览作要赫德。破巨蒙等四堌及马
耳山，杀刘二祖贼四千余人，降余党八千，擒伪宣
差程宽，〔招〕（据金史卷一〇二仆散安贞传补）军使程福，
降胁从民三万。遣兵会瓜尔佳锡尔格〔考异〕薛应旂通鉴
作夹谷石里哥。及默埒，败贼刘二祖于宿州大沫堌，
擒斩之，及其党崔天祐、李思温。余众保大、小峻
角子山，前后殪贼万计。〔考异〕续纲目云，刘二祖死，余党
推霍仪为帅，彭义斌、石珪、夏全、时青、裴渊、葛平、杨德广、
王显忠附焉。时青后降金，而石珪、夏全、裴渊等降宋，珪后为李
全所图，复杀渊降元，为元帅。纪均未载。 赵翼劄记云，彭义斌

自山东起义，随<u>李全</u>来归，即与<u>赵范</u>、<u>赵葵</u>破<u>金</u>兵，<u>义斌</u>独击至<u>下湾渡</u>，掩<u>金</u>人于<u>淮</u>。见<u>贾涉</u>传。后因<u>全</u>乱<u>楚州</u>，制置使<u>许国</u>走死，<u>义斌</u>斩<u>全</u>使，誓必报仇。令攻<u>恩州</u>，击败之。致书<u>赵善湘</u>，愿讨<u>全</u>自效。令诬<u>义斌</u>叛，朝廷惮<u>全</u>，未行赏，遂拓地而北，结<u>东平</u><u>严实</u>，图<u>河朔</u>，攻<u>真定</u>，降<u>武仙</u>，众至数十万。<u>实</u>降<u>元</u>，与<u>博罗罕</u>军合，与战<u>五马山</u>，兵败死之。事闻，嘉其忠，得追赠。见<u>赵范</u>、<u>李全</u>传及<u>元史严实</u>传，而<u>宋史</u>不为立传，亦史家之疏也。事详卷四十六。

己丑，赠（防）〔<u>华</u>〕州（据<u>金史</u>卷一四<u>宣宗纪</u>改）防御使<u>完颜巴锦</u>官。长胜军都统<u>杨珪</u>伏诛（按，据<u>金史</u>卷一四<u>宣宗纪</u>，"<u>杨珪</u>伏诛"事在四月，此系之三月误）。先是<u>京兆</u>治中<u>李友直</u>私逃<u>华州</u>，结同知<u>冯朝</u>，判官<u>郝遵甫</u>，同知<u>杨庭秀</u>，〔考异〕<u>元好问</u><u>中州集</u>，<u>华州杨庭秀</u>，字<u>德懋</u>，<u>大定</u>中进士。学诗于<u>张建</u>，有"渴心晓梦江湖阔，醉眼春风草木低"之句，出刺<u>泽州</u>，致仕，闲居乡里。坐为<u>杨珪</u>诖误被法，士论冤惜之。<u>史</u>未载。主簿<u>宿徽</u>等，团集州民，号"忠义扈驾都统府"，作乱，杀<u>巴锦</u>。以书约都统<u>杨珪</u>，<u>珪</u>讳之，嗣请自效。执<u>友直</u>，坑其党千余人。安抚使以便宜族<u>友直</u>等。事闻，故有是命。

夏四月壬子，<u>山东西路</u>宣抚副使<u>完颜弼</u>本名达吉不，传在卷一百二。〔考异〕<u>汪辉祖</u><u>金史同名录</u>云，卷十<u>宣宗承安</u>元年国子监丞，姓<u>乌古论</u>氏；卷九十<u>高德基</u>传<u>大定</u>时司候，姓<u>尼庞古</u>氏；卷一百三十四<u>西夏</u>传<u>大定</u>初吏部郎中，四人同名<u>达吉不</u>。又郎中一作<u>达吉</u>，与<u>斡者</u>传<u>大定</u>时中丞同名。奏招<u>大沬埚渠</u>贼<u>孙邦佐</u>、<u>张汝楫</u>以五品职，下诏湔洗其罪。<u>汝楫</u>复谋叛，诱邦佐，邦佐斩使，驰报弼，弼杀汝楫及其党万余。以邦佐为德州防御使，擢泰定节度使，仍官其子。弼封密国公。**本传**，本名达希布，盖州人。累官宣抚使，卒。所辟承裔、图们胡图克们、约赫德皆立方面功。治东平，爱民、省费，雅歌投壶，有良将风。丙辰，谕田琢留山西流民少壮者充军，老弱就食邢、洺，欲趣河南者听。

琢本传，字器之，蔚州定安人。明昌五年进士，历官山东西路转运使，权知益都府事，行六部尚书，讨平胶西乱，擒李旺，破张聚，复滨、隶二州。屡遣将击却李全兵。治中张林凶险不逞，耻出琢下，时琢在山东征求过当，颇失众心，林兵逐之。事闻，宣宗召琢还，行至寿张，疽发背，卒。元好问中州集，时有乔宇者，字德容，洪洞人，进士乔扆子。大定中登科，贞祐初，〔为〕（据中州集丙集补）益都按察转运使，与田琢俱没兵间。琢尝在塞外，系诗燕足云："几年塞外历崎危，谁谓乌衣亦此飞，朝向芦陂知有为，莫投茅舍重相依。君怜我处频迎语，我忆君时不掩扉。明日西风悲鼓角，君应先去我何归？"后任潞州，双燕仍集廨舍，系足蜡丸故在，因请庞君才卿绘为图，求诸公赋诗。琢慷慨有奇节，闲闲公所谓"田侯落落奇男子"是也。

秋八月己酉，红袄贼掠（城）〔成〕武，（据金史卷一四宣宗纪改）县名，属兖州府。（按，据舆地广记卷七成武属单州）宣抚副使延札原作颜盏天泽讨走之，斩首数百级，进一官。命侯挚招邢州贼程邦杰以官。

九月乙亥，红袄贼周元儿陷深、祁州、束鹿、安平、无极等县，真定帅府以计破之，斩元儿及其党五百。

冬十月戊戌，辽东宣抚司报破瑠格原作留哥之捷。壬子，辽东贼布希万奴僭号，改元天泰。〔考异〕薛应旂通鉴云，金宣抚蒲鲜万奴据辽东，自称天王，国号大真。元史，东平王于太宗五年癸巳，与皇子贵由攻完颜万奴于辽东，平之。万奴为金内族，自乙亥聚众据辽东，号东夏，至是凡十九年而灭。所载族姓互异，赫舍哩德传，字广之，真定人。明昌二年进士，历辽东转运使。万奴逼上京，德与部将刘子元击却之。迁东京留守，后权右都监行帅府于宿州，终工部尚书。　汪辉祖金史同名录云，卷十五宣宗兴定二年将，姓纥石烈氏；卷一百二十四马庆祥传正大时死节士，姓冯氏，三人同名万奴。又，哀宗纪正大三年反贼作万家奴，疑系一人。卷六世宗纪大定元年显德节度万家奴，另一人。

十一月丙辰，河北行省侯挚入见，寻遣还镇。诏河北西路宣抚副使田琢自澶徙其兵屯陕。

十二月乙未，太康县人刘全、时温，东平府民李宁谋反，伏诛。〔考异〕续纲目云，蒙古以张鲸总北京兵，从夺呼兰、萨里必南征。鲸怀反侧，穆呼哩命萧额森监其军。至平州称疾不进，额森杀之。弟致愤其兄被害，杀长史，据锦州，称瀛王，改元兴隆。略平、滦、瑞、利、义、懿、广宁等州，下之。穆呼哩率先锋蒙古布哈、权帅乌页尔等军讨之，州郡悉复。元史太祖纪云，改元兴龙，号汉兴皇帝，系于四月。又，十一月瑠格来朝，以其子实沙入侍，实沙原作斜阊。纪多未载。

四年（丙子—二一六）春正月丙寅，红袄贼犯泰安、德、博等州，山东西路行帅府兵败之。

三月己巳，经略副使张文破赵福，复恩州。

夏四月己丑，<u>秦州</u>官军破妖贼<u>赵用</u>、<u>刘高二</u>等，奏捷。辛丑，<u>侯挚</u>言："红袄贼掠<u>临沂</u>、<u>费县</u>境，官军败之。时，贼渠<u>郝定</u>僭号署官，陷<u>滕</u>、<u>兖</u>、<u>单</u>诸州〔及〕（文义不贯，据<u>金史</u>卷一〇八<u>侯挚</u>传补）<u>莱芜</u>、<u>新泰</u>。"二县均属<u>泰安州</u>。〔考异〕<u>续通考</u>云，<u>泰安州</u>本<u>博城县</u>，<u>唐</u>于县置<u>东泰州</u>，州废，改<u>乾封县</u>。<u>宋</u>改<u>奉符县</u>。<u>金</u>置<u>奉安军</u>，升为州。领县二：<u>奉符</u>、<u>莱芜</u>。<u>元</u>加<u>长清</u>、<u>新泰</u>二县。<u>布萨安贞</u>遣兵讨之，连战皆捷，杀九万人，降者三万，<u>郝定</u>仅以身免。未几，为<u>侯挚</u>所擒，送<u>汴</u>伏诛。自<u>安儿</u>、<u>二祖</u>败后，<u>河北</u>残破，干戈相寻，所在团结寇掠，官军虽讨之，不能除也，大抵皆<u>李全</u>、<u>国用安</u>、<u>时青</u>之徒焉。〔考异〕<u>大金国志</u>云，有<u>郝八</u>者，名<u>仪</u>，据<u>山东</u>叛，僭号<u>大齐</u>，改元<u>顺天</u>。疑是<u>郝定</u>之讹。

六月壬辰，<u>辽西</u>伪<u>瀛王</u><u>张致</u>遣<u>完颜内赫</u>、原作<u>南合</u><u>张乌逊</u>原作<u>顽僧</u>奉表降，诏授<u>致</u><u>北京路</u>行帅府事兼宣抚使，<u>内赫</u>同知兵马总管府，<u>张乌逊</u>同知<u>广宁府</u>。〔考异〕<u>薛应旂</u><u>通鉴</u>云，<u>木华黎</u>以<u>致</u>兵精，且依险为阻，欲设奇取之，乃命<u>吾也儿</u>等别攻<u>溜石山堡</u>，谕曰："汝急攻<u>溜石</u>，贼必遣兵往援，我出不意断归路，可一战擒也。"又<u>金</u><u>蒙古不花</u>屯<u>永德县</u>西十里以伺之，<u>致</u>闻<u>溜石</u>被围，果以兵救，<u>不花</u>遣骑扼归路，且驰报<u>木华黎</u>。夜半，引军疾驰，比曙抵<u>神水</u>，与<u>致</u>遇，<u>不花</u>兵亦至，前后夹击，大败之，进围<u>锦州</u>。拒守月余，其监军<u>高益</u>缚<u>致</u>出降，杀之。

<u>续纲目</u>，<u>不花</u>作<u>布哈</u>，余同。<u>元史</u><u>太祖</u>纪作春月事，云，<u>致</u>陷<u>兴中府</u>，<u>穆呼哩</u>讨平之。所载互异。 <u>地理志</u>，<u>永德县</u>属<u>兴中府</u>。神

兴定元年（丁丑─二一七）春三月甲辰，威州刺史武仙讨真定石海，斩之，及其党二百人。降葛仲、赵林、张立等军，尽获海僭拟之物。进仙权知真定府事。

夏四月戊申，孟州万户（李）〔宋〕子玉（据金史卷一五宣宗纪改）率兵叛，斩关而出，经略使苏尔坦等追败之。至辉州今为辉县，属卫辉府。〔考异〕续通考云，唐以共城县置共州，宋隶卫州，金改河平县，又为苏门县，复升为辉州，置山阳县属焉。境，其党邢福杀子玉以降，余党家属悉放归农。庚戌，"花帽军"作乱于滕州，诏山东行省讨之。南阳五朵山盗千余，剽掠至方城，节度副使伊喇洋格原作羊哥。〔考异〕汪辉祖金史同名录云，卷十四宣宗贞祐四年知归德府、迁郑州防御除名，姓裴满氏；卷一百二蒙古纲传兴定五年为佃户所害，三人同名羊哥。讨败之，歼其众。戊午，平定州贼阎显，杀其贼渠阎德用以降。乙丑，济南、泰安、滕、兖等州贼并起，侯挚遣棣州防御使完颜霆讨平之，降壮士二万，老弱五万。〔考异〕续纲目云，时霆自清河出徐州，斩霍仪，前后斩首千余，招降伪元帅石珪、夏全，余众皆溃。纪未载。

五月癸卯，兰州千户李平，苦提控富察雅尔坚原作燕京贪暴，杀之，构夏人以叛，为其党张宸所获，迁宸官四阶。

六月己酉，苗道润表降人李琛复叛，琛亦告道润异谋，诏山东行省察之。〔考异〕道润传，官中都留守，招降蠡州通吉齐勤。与琛忤，琛攻满城、完州，道润拒战，杀其兄荣及弟明等。互相讦奏，诏和解之。会道润与伊兰特尔格合抚定河北，令诸道共为应援。后与贾同、贾瑀互攻，瑀诈约和，刺杀之。余详前卷。高汝砺传，贾同作贾全，所载各异。乙丑，辽东行省奏败契丹之捷。事在正月中，至是始来告耳。

秋七月癸未，陕州万户马宽逐其刺史李策，据城叛，州吏擒斩之，夷其族。

八月戊申，陕西行省奏木波贼犯洮州，败绩遁去。

九月癸巳，辽东行省完颜阿里巴斯为叛人伯特呼图原作伯德呼土所杀，权左都监纳塔裕等讨诛之。赠阿里巴斯平章、（葛）〔芮〕国公（据金史卷一〇三完颜阿里不孙传改）。

冬十一月壬午，用从宜伊喇迈努原作移剌买奴言，徙贼鱼张二等亲属于归德、睢、陈、钧、许间。〔考异〕郭仲元传，是年，败红袄贼于白里港，获老幼万余，纵遣之。红袄贼复犯曹马城，剽掠徐、单之间，提控高琬等分兵击之，俘生口二千。 续纲目云，七月，李全等出没岛屿，宝货山积，不得食，相率食人。会镇江武锋卒亡命山阳，诱致米商，获利数十倍。因说知楚州应纯之以归铜钱为名，弛渡淮之禁，由是来者莫遏。有定远民季先，初为杨安儿军职。安儿死，先至山阳，夤缘沈铎得见纯之，言山东豪杰愿归正。以铎为武锋副将，与高忠皎集兵，分二道伐金，先遂以全五千人附忠皎，合攻海州，不克。全寻与其兄福袭金青、莒州，取之。时承相史弥远鉴开禧之事，不明招纳，密敕纯之慰接，号"忠义军"，给粮。于是东海马良、高林、宋德珍等万人辐辏涟水，全等生羡心焉。史未载。宋史李全传，全既降宋，与金兵战，制置使贾涉以朝命许杀太子者赏节度使，杀亲王者赏承宣使，杀驸马者赏观察使。全以所得金牌上于涉，谓杀驸马阿哈所得者。涉遂奏，授广州观察使。其实四驸马不死也。见赵翼劄记。续通考云，钧州，伪齐置颍顺军，金改为钧州。领阳翟、新郑二县。元加密县。

二年（戊寅一二一八）春二月庚戌，许州长社县何冕等谋反，伏诛。〔考异〕薛应旂通鉴云，正月壬午，李全率众归宋，以全为京东路总管。纪未载。

夏四月戊午，红袄贼犯徐、邳，行枢院兵大破之。东平行省破（红袄）〔黑旗〕（据金史卷一五宣宗纪改）贼，拔胶西县。属密州。渠贼李全来援，并败之。河北行省破红袄贼，进至密州，降伪将校数十，士卒七百，悉令复业。

五月甲戌，招抚副使洪果阿噜岱原作黄帼阿鲁答袭破李全于莒州续通考云，莒州，唐置，复罢，宋以县属密州，金复为州，治莒县。又领沂水、日照二县。及日照县之南，三道击之，追奔四十里。辛巳，莱州民曲贵杀经略使内族专努，原作转奴自称元帅，构宋人据城叛，提控王庭玉等讨平之，诛曲贵及其党白珍、吕忠等数十人。

六月甲辰，石州贼冯天羽据临泉县叛，州刺史赫舍哩公顺讨之。天羽等迎降，杀之。余众走保积翠山，王九思等攻之，杀贼二千人。遣马季良持诏招谕，其党安国用降，迁防御使，分其军于绛、霍间。〔考异〕续纲目云，七月，金石州人国安用降宋，以为同知孟州事。纪未载。壬子，红袄贼犯沂州，官军败之，追至（百）〔白〕里港（据金史卷一五宣宗纪改），提控齐信没于阵，命议恤。

秋八月辛酉，棣州提控赫舍哩绰哈原作丑汉。〔考异〕汪辉祖金史同名录云，同时寿光县巡检，均见卷一百二田琢传；卷六十六世祖曾孙衷传本名，镇西节度，三人同名丑汉。讨贼张聚，大破其众，复滨、棣二州。奸人李宜伏诛。〔考异〕田琢传，聚杀防御使锡默，据棣州，并取滨州，琢遣绰哈讨破之，复二州。纪未书田琢所遣。

九月庚寅，李全破密州，执招讨副使洪果阿噜岱及同知瓜尔佳肆嘉努。进破寿光县。属青州府。

冬十月甲辰，李全破邹平县及临朐县。甲寅，山东转运副使程戬、邳州提控王汝霖等通宋人为变，侯挚遣兵讨诛之，及其党崔荣、韩松、戚谊皆伏辜。〔考异〕侯挚传，戬官防御使。己未，李全据安邱，提控王政屯昌乐，二县名，均属青州府。侯王庭玉兵同进讨。太府少监伯特玩擅率政兵攻全，致败，提控王显死之。〔考异〕田琢传作伯特完，时琢奏，"完本相视山东山峒、水寨，未尝遍行，独留密州，辄为此举，乞治其罪。"诏遣官鞫治，会赦而止。

十二月甲寅，<u>红袄贼</u>攻<u>彭城</u>县名，属<u>徐州</u>。之<u>胡</u>(村)〔<u>材</u>〕寨（同上），<u>徐州</u>兵败之。

三年（己卯一二一九）夏六月甲戌，<u>李全</u>寇<u>日照</u>、县名，属<u>莒州</u>。<u>博兴</u>，县名，属<u>青州府</u>。<u>赫舍哩万奴</u>败之。寇<u>即墨</u>，<u>完颜僧寿</u>又败之，复<u>莱州</u>。

秋八月丁丑，<u>中山</u>治中<u>王善</u>杀知府事<u>李仲</u>等以叛。

冬十一月甲寅，<u>徐州</u>总领<u>纳哈塔禄格</u>原作纳合六哥大破<u>红袄贼</u>于<u>狄山</u>。丁巳，<u>泰安军</u>副使<u>张天翼</u>为贼<u>张林</u>所执以归<u>宋</u>，縶之<u>楚州</u>，逃归，授<u>睢州</u>刺史。〔考异〕续纲目云，初，<u>蒙古</u>克<u>益都</u>，不守，府卒<u>张林</u>复立府治，归<u>金</u>为治中。会知府<u>田琢</u>在<u>山东</u>征求过当，失众心，<u>林</u>逐之。<u>琢</u>走还<u>汴</u>，<u>林</u>遂据<u>益都</u>，<u>山东</u>诸郡皆附之。<u>林</u>欲归<u>宋</u>，会<u>李全</u>克<u>齐州</u>，进薄<u>青州</u>城下。挺身入城说<u>林</u>，结为兄弟，遂奉<u>青</u>、<u>莒</u>、<u>登</u>、<u>莱</u>、<u>滨</u>、<u>棣</u>十二郡归<u>宋</u>，授<u>林京东</u>安抚使兼总管。　<u>薛应旂</u>通鉴云，时大雨雪，冰合，<u>全</u>说<u>贾涉</u>，请取<u>泗州</u>东、西城自效，<u>涉</u>许之。<u>全</u>以长枪三千人夜半渡<u>淮</u>，潜向<u>泗</u>之东城。将踏濠水傅城下，俄城上获炬齐发，曰："贼<u>李三</u>，汝欲偷城耶？天黑特烛之"！<u>全</u>知有备，引兵还。所载较详。　<u>周密</u>齐东野语云，<u>全</u>下<u>益都</u>，<u>张林</u>降，献二府、九州、四十县，降头目千人、战马千五百匹、兵十五万。闻于朝，授左武卫大将军、<u>广州</u>观察使、忠义军都统制，特赐银绢缗钱等。　<u>赵翼</u>劄记云，<u>宋史贾涉</u>传，<u>全</u>取<u>海州</u>及<u>密</u>、<u>潍</u>，收<u>登</u>、<u>莱</u>二州，又结<u>青州</u><u>张林</u>，以<u>滨</u>、<u>棣</u>、<u>淄</u>、<u>济</u>、<u>沂</u>等州来降，自是<u>恩</u>、<u>博</u>、景、德至邢、洺十余州相继请降。涉传檄中原，以地来归及反戈自效者，朝廷爵土无所吝。　按，是时金衰，盗贼分据，全北行招林，遂来降。其表云："举七十城之全齐，归三百年之旧主。"实李全功也，而系之涉传，竟似涉发踪指示者，亦未免附会也。

四年（庚辰一二二〇）春三月乙巳，林州续通考云，林州本林虑县，金升为州。元复为县，又析辅岩入焉，隶彰德路。明降为县。元帅惟良擒叛人单仲、李俊，诛之。降其党卢广。壬子，红袄贼于忙儿袭据海州。〔考异〕舆地广记云，海州，春秋为鲁东地，秦属薛郡，后分为郯郡，汉改东海郡，东魏置海州，唐因之，亦为东海郡。今县四：朐山、怀仁、沭阳、东海。　续通考云，唐为海州，宋隶淮东路，金为海州，中刺史。领朐山、赣榆、东海、涟水、沭阳五县。经略使完颜辰尔原作陈儿击败之，复其城。

夏四月癸亥，安武节度使柴茂破红袄贼于枣强。县名，属冀州。祁州经略段增顺击叛贼甄全于唐县，属保定府。败之。庚辰，东平提控富察善尔原作山儿破红袄贼于聊城。县名，属东昌府。

五月癸巳，红袄贼犯乐陵、县名，属武定州。盐山，县名，属沧州。横海节度使王福连击败之。张聚来寇，又败之。

秋七月辛卯，宋人及红袄贼犯河朔，诸郡皆降，独沧州经略使王福固守。会益都贼张林来攻，福乃叛降林。〔考异〕钱大昕金史考异云，时有两张林，此攻沧州者，本益都府卒，授治中，兴定三年逐转运使田琢而据其地，史所称益都张林也。是年八月，金犯东平府，监军王庭玉败之，擒其伪安化节度使张林，则为益都桃林寨总领，号张大刀者也。癸丑，林州总领严禄等讨红袄贼于彰德府，生擒伪安抚使王九。

八月戊午朔，严实、成江、王赟据济南，山东招抚高居实遣人招严实于青崖（堌）〔砦〕（据金史卷一六宣宗纪改），获其款以闻。李全犯东平府，监军王庭玉败之，擒其伪安化节度使张林。〔考异〕续纲目云，严实初为金长清令，为主将所疑，挈家壁青崖堌（按，金史卷一六宣宗纪作"青崖砦"）依张林。会宋遣赵拱招谕，因归宋。分兵四出，州郡悉下，太行以东皆受节制。贾涉以闻，复遣拱往，遂与李全、张林合兵攻东平。蒙古纲固守，全等夹汝水而砦，诘旦，与金监军王庭玉遇。会将军鄂博台兵大至，旁有绣旗女将持枪突斗，全几不免，退保长清，精锐丧失殆尽。全还楚州。实后复降蒙古，见上卷。

薛应旂通鉴，鄂博台作斡不答。后宋大名忠义彭义斌复京东州县，严实将晁海以青崖堌（按，金史卷一六宣宗纪作"青崖砦"）降宋，时嘉定十五年九月，乃金元光元年也。

九月甲辰，滕州提控夏义勇讨红袄贼，败之。

冬十月己卯，红袄贼复入泗州，掠人畜而去。辛巳，授红袄贼时青滕阳公、本处兵马总领、元帅兼宣抚使。〔考异〕薛应旂通鉴云，青初与叔父全俱为红袄贼。及安儿、二祖败死，青降金，为济州万户。后附李全归宋，处之龟山，众至数万。至是，金纥石烈牙吾塔招之，降，乞邳州屯老幼，未许。复归宋，拜京东钤辖，攻泗州，拔西城，鄂尔多大败之，率众遁。

所载较详。

五年（辛巳—一二二一）秋七月己亥，义（阳）〔勇〕（据金史卷一六宣宗纪改）军叛，据砀山县。属徐州。夜袭永城，县名，属亳州。为副总领高琬所败，命蒙古纲并力讨捕。

八月壬子朔，谕尚书省，给砀山叛军家属粮。癸亥，林、怀帅府邀击红袄贼于伏恩村，败之。

（九）〔十〕（据金史卷一六宣宗纪改）月戊午，遣亲军讨河南群盗。

冬十一月乙未，红袄贼掠（徐）〔宿〕州（同上）。辛丑，蒲城县属华州。民李文秀等谋反，伏诛。

闰十二月乙酉，提控珠嘉耀珠破沈丘贼于陈瓦。己丑，孙瑀、乌肯彻原作吾古出招降泰和属颍州。贼（三）〔二〕（同上）千人。诏斩其首恶，余并释之。丙申，红袄贼夜入蒙城县，属寿州。令失符印，军民死者甚众，贼大掠而去。己亥，发兵捕京东盗。陈、亳等州，鹿邑、城父二县名，均属亳州。诸县盗蜂起，命枢府遣官讨之。捕盗军所过残民，遣御史按视。军所获牛，有司以官钱收赎。诏定招捕土寇官赏格。〔考异〕宏简录云，正月，时青破泗州，昌武节度使毕资伦被执，不屈。因之镇江府土狱十四年，胁诱百方，终不从。后闻哀宗死，设祭江岸，投水死。　薛应旂通鉴云，十一月，宋京东安抚张林叛降蒙古。时李全既并涟水忠义军，益骄悍，始造舣艇，舟通互市。使兄福守胶西，诸郡贸易车夫，皆取办于林，林不能堪。林财计仰六盐场，福恃弟势，欲分其半，不许。福怒曰："若背恩耶？待与都统提兵取君头耳。"林惧，用其党李马儿计，以京东诸郡复降蒙古，授山东东路都元帅。福走还楚州，林遗贾涉书言，非己叛，实由李福也。明年夏，宋知济南府种赟讨张林，林败走。李全入青州，据之。 罗大经鹤林玉露云，李全常曰："吾不患兵不精，唯患财不赡。"有教以依朝廷式样造楮币，从之，所造不胜计，持过江南市物，人莫能辨。其用顿饶，而江南之楮益贱，上下共以全为忧。辛卯，上元夜，酒酣，自提兵攻维扬，忽陷于城外淖中，死。宋、元史张林作张琳，谓授沧、景、滨、棣等州元帅。

元光元年（壬午一二二二）春正月辛亥，元帅惟弼破红祆贼于张骞店。

二月戊申，恒州军变，万户呼延械等千余人焚掠城中而去。

夏六月丁酉，红祆贼掠柳子镇，驱掠人畜，提控张瑀追击，夺还。伪监军王二据黎阳县，属濬州。提控王（全）〔泉〕（据金史卷一六宣宗纪改）讨之，复其城。

秋七月己未，归德行院王庭玉破红祆贼于曹州。复袭徐州之十八里砦及古城、桃源，县名，属淮南府。官军破之。庚申，河北群盗犯封丘、开封界，令枢院御捕之。

冬十月壬午，河中万户孙仲威执其安抚使阿布哈呼喇，据城叛，陕西行省讨平之。

二年（癸未—一二二三）秋八月辛未朔，邳州经略使纳哈塔禄格原作陆格，亦作六哥。〔考异〕汪辉祖金史同名录云，卷八十一高彪传父辽刺史、卷八十二颜盏们都传子武功将军，三人同名六哥。等率都统金山颜俊入省署，杀行省右副元帅蒙古纲，据州叛。遣官招谕，禄格拒命。约赫德率兵围之，焚其楼橹，斩首百余。宋钤辖高显、统制侯进、正将陈荣等诛禄格降，众尚拒守，方督兵进攻，宋总领刘斌、黄温等缚颜俊、戚谊、奇格一作乞哥。〔考异〕卷一百二十三陈和尚传，父，泰和时同知阶州。另一人。及枭金山巴达首来献，徐福亦纳款，抚慰其众。〔考异〕薛应旂通鉴云，纲驭下严，纳合六哥杀之，据州反。与蒙古将李二措致书海州，欲附李全，全遣王喜儿以兵应接而已。继之二措纳喜儿而囚之，全欲攻邳，四面阻水，不得进，与战，兵败，走还青州。牙吾答讨杀六哥，复其城。史未载全事。

九月丙午，约赫德报桃源、淮阳捷，并以纳哈塔（鲁尔锦）〔禄格〕（据道光殿本金史卷一六宣宗纪改）构李全状来告。降人孙邦佐自全军中来归，擢山东西路都总管。格所署伪都统乌库哩赛罕、原作赛（堪）〔汉〕（据金史卷一六宣宗纪改）瓜尔佳瑠珠原作留住。〔考异〕汪辉祖金史同名录云，卷一百二蒙古纲传元光二年总帅，姓孛术鲁氏；卷一百二十乌林答琳传本名，贞祐时静难节度，三人同名留住。等来归。丙寅，札雅呼噜原作札也胡鲁等拔邳州南城。约赫德函禄格首来献（按，据金史卷一六宣宗纪，牙吾塔献首在十一月）。

冬十月壬辰，<u>滕州</u>人<u>时明</u>谋反，伏诛。

十一月丙午，<u>邳州</u><u>红袄</u>贼三千来降，命使抚谕，遣还<u>河朔</u>。

金史纪事本末卷四十三

封建九公

宣宗兴定四年（庚辰—一二二〇）春二月，封经略使王福等九人为郡公，皆兼宣抚使，便宜行事。〔考异〕薛应旂通鉴、续纲目均作四月事。初，贞祐四年，右司谏珠嘉济敦原作术（里）〔甲〕直敦（据金史卷一一八苗道润传改）乞封建河朔，诏尚书省议，事寝不行。兴定三年，太原不守，河北州县不能自立，集百官议。翰林承旨图克坦镐等十有六人谓"制兵有三，战、和、守。今欲战，则兵力不足。欲和，则彼不肯从，唯有守耳。河北州郡既残破，不可一概守，宜取愿徙者，屯河南、陕西，否则许推其长，保聚险阻"。

刑部侍郎鄂屯哈斯罕原作奥屯胡撒合三人曰："宜令诸郡选才干、众所推服、能纠众迁徙者，愿之河南或晋安、河中及诸险隘，量给之食，授田耕垦，置侨治官抚循之。壮者教之战阵。敕晋安、河中守臣檄石、岚、汾、霍之兵，以谋恢复，莫大之便。"兵部尚书乌凌阿原作乌林答与二十一人曰："河朔诸州，亲民掌兵之职，择土人尝居官有材略者授之。急则走险，暇则耕种。"宣徽使伊喇光祖等三人曰："太原虽暂失，亦可复。当募（土）〔土〕（同上）人威望服众者，假以方面重权，能复一道，即以本道总管授之。能悍州郡，即以长佐授之。必能各保一方，使百姓复业。"提点尚食局舒穆噜〔穆〕（同上补）请以高爵募民，略同光祖议。宰臣欲置公府，帝意未决，中丞完颜伯嘉曰："宋以虚名致李全，遂有山东实地。苟能统众守土，虽三公亦何惜焉？"帝曰："他日事定，公府毋乃多乎？"伯嘉曰："若事定，以三公就节镇，何不可者？"计乃定。〔考异〕明陈仁锡谓，即汉高捐关东，使布越三人人自为战之计。详见苗道润传。宣宗纪未载。至是，封沧州经略使王福为沧海公，以清、沧、观州，盐山、无棣、二县名，均隶沧州。（东）〔乐〕陵（据金史卷一一八王福传改）、东光、宁津、吴桥、将陵、阜城、六县名，均隶景州，属河间府。蓚县属冀州隶焉。河间路招抚伊喇重嘉努原作移剌众家奴。〔考异〕卷一百十三白撒传正大九年纠军将田众家奴，另一人。为河间公，以献、蠡、地理志云，献州本乐寿县。县二。蠡州，宋永宁州，治博野。安、深州，河间、肃宁、二县名，均属河间府。安平、武强、饶阳、三县名，均属晋州。六家庄、郎山寨隶焉。真定经略使武仙为恒山公，以中山、真定府，沃、地理志云，沃州，宋庆源府。金改为赵州，后仍旧。县七。〔考异〕续通考云，宋为庆源军，金天会中，改赵州。领县七：平棘、临城、高邑、赞皇、宁晋、柏乡、隆平。冀、威、镇宁、平定州，抱犊寨、乐城、县名，属真定府。南宫县属冀州。隶焉。中都东路经略使张甫为高阳公，以雄、莫、霸州，高阳、属安州。信安、文安、大（成）〔城〕（据金史卷一一八张甫传改）、保定、四县名，属霸州。静海、县名，属河间府。宝坻、武清、二县名，属通州。安次县属大兴府。隶焉。中都西路经略使靖安民为易水公，以涿、易、安肃、旧为州，今为县，属保定府。〔考异〕续通考云，本易州宜戎镇地，宋建安肃州，又为县。天会中升为徐州，天德中改今名。领安肃一县。保州、君氏川、季鹿、三保河、北江、矾山寨、青白口、朝天寨、水谷、欢谷、东安寨隶焉。〔考异〕方舆纪要云，矾山在保安州西南百二十里，有南北二口，出白绿矾，涞水出焉。唐置矾山县，金末建为寨。君氏川以下，其地皆在州境。辽州从宜郭文振为晋阳公，河北东路皆隶焉。平阳招抚使胡天作为平阳公，以平阳、晋阳府、（陉）〔隰〕（据金史卷一一八胡天作传改）、吉州隶焉。

昭义节度使完颜开为上党公，以泽、潞、沁州隶
焉。山东安抚副使燕宁为东莒公，益都府路皆隶
焉。总帅本路兵马，署置官吏，赋敛、赏罚得以便
宜行之。除已画定所管州县外，如能收复邻近州
县，亦听管属。同时，九府财富兵强唯武仙耳。

武仙，威州人。尝为道士。初，率乡民保威州
西山，权刺史。兴定元年，破石海，命即真迁知真
定府，累官中京留守，权右都监，封恒山公。四
年，叛降元，〔考异〕续通考云，金玉妻，宁晋人。玉署元帅府
监军。时武仙叛，遣人赍诰命，诱玉妻，妻拒曰："妾岂可使夫怀二
心于国家耶？"仙怒，围之数匝，杀其子宁寿。副史天倪治真
定。仙兄贵为安国节度使，史天祥击之，亦降元。
仙治真定六年，与天倪积不相能，宣宗遣谍招之，
遂于哀宗正大二年杀天倪，〔考异〕毕沅续通鉴云，即元太
祖二十年，而姚燧牧庵集撰史公神道碑误作十年。复以真定来
降，为元将萨纳台原作笑乃（碍）〔㾿〕（据金史卷一一八武
仙传改）。〔考异〕元史本传作实讷台，云与天泽合兵取真定。及复
叛，又取之，遣弟赛罕杀仙弟于紫荆关，俘其妻子而还，后斩。仙
将卢治中围仙于双门，仙遁走。所击，乃奔汴。〔考异〕元史太
祖纪云，二月，仙杀天倪，以真定叛。三月，天泽击仙，走之，复
真定。　据王恽秋涧集撰天泽家传，则复真定在六月，而薛应旂通
鉴系之正月，误也。　方舆纪要云，时武仙置抱犊砦，据以自守。
天泽屯真定，以高公、抱犊诸砦为仙巢穴，攻破之。寨在获鹿县西

八里。

五年（戊子—一二二八），哀宗召见，复封爵，置府卫州。

七年（庚寅—一二三〇），围上党，闻元兵攻卫州，退还。诏平章哈达原作合达及布哈原作蒲阿救之，徙仙兵屯胡岭一作胡陵关，扼金州路。

八年（辛卯—一二三一），元兵涉襄、汉，哈达、布哈驻邓州，仙由荆子口引兵会。

天兴元年（壬辰—一二三二）正月，布哈兵败于三峰山，仙由密县属禹州，隶南阳府。走南阳，收溃军，得十万，屯留山，立官府，聚粮，缮器，兵势复振。〔考异〕宏简录云，仙从四十骑趋御寨，不纳，乃舍骑登嵩山绝顶，得免。

三月，汴京被围，拜仙参政兼枢副。合色呼一作锡林。〔考异〕宏简录作思烈，丞相襄子，由提点近侍局迁都点检、权参政，行省邓州。兵败，降中京留守。元兵围之不下，崔立使其子胁降，射之，俄闻立叛，恚病数日卒。兵入援。八月，至密县，遇元苏布特原作速不鲁兵，即按军眉山店，劝色呼阻涧结营与俱进，不听。先至京水，兵溃。仙还军留山，召入卫，不果。仙与总领洪果萨哈有怨，萨哈降元，〔考异〕宏简录作黄掴三合。云，思烈承制授宣差，总领五朵山一带行元帅府。仙恶其权盛，改为征行元帅，遂怨。诈以书约取裕州，续通考云，唐初置北澧州，又改鲁州，州属唐州，今升为裕州。领县三：方城、舞阳、叶县仙至，与元兵夹击，败仙于柳河，仙跳走圣朵寨。〔考异〕宏简录云，仙败，责沈邱尉曹政擅杀裕州防御使李天祥，令总领杨全斌械之。会赦得释，与杨全斌俱降宋。

时哀宗走归德，使修撰魏璠字邦彦，浑源人。贞祐二年进士，后为元世祖征至和林。卒，谥靖肃。见续通考。间道召仙，不赴。璠责之，几被杀。寻以军乏食，徙邓州，总帅伊喇瑗本名聂赫，一作粘合，字廷玉。畏其逼，以女妻之，乃还顺阳。故城在淅川县东北三十里。瑗举城降宋，疽发背死。仙为宋将孟珙所袭击，败珙兵，生擒其统制数十，获马千余。〔考异〕宋史孟珙传，时仙为珙败于顺阳，退保马蹬山。珙用降将刘仪计，追击败之，降其众七万。山在内乡县西南百八十里，史未载。仙惧复来，徙淅川县名，在邓州西南百二十里。之石穴，迫哀宗走蔡州，遣近侍乌页原作兀颜责其赴难，终不应。〔考异〕哀宗纪，武仙劫将士谋取宋金州，至淅水，军溃。尚书卢芝、侍郎石玠谋归蔡州，仙追芝不及，遂杀玠。玠字子坚，河中人，进士。为汝州防御，行侍郎。芝字廷瑞，河东人。任子补官，以西安节度行尚书。仙追不及，走至南阳，为土贼杀。见宏简录。俄至黑谷泊，进退失据。蔡州破，粮尽军散，从十八人北行渡河，为泽州戍兵所杀。〔考异〕刘祁归潜志云，李汾字长源，太原人。仙辟掌书记，国亡，汾劝仙归宋，为仙麾下害。史称仙与思烈不合，惧汾，欲除之。汾觉，遁。泌阳令王德追获之，绝食卒，未言被害事。元好问中州集，元光末，用荐得从事史馆，与雷李忭，坐罢，武仙署为讲议官。不合，遁泌阳，为所害。工诗，如"长河不洗中原恨，赵括元非上将才。""三辅楼台失归燕，上林花木怨啼鹃。""空余一掬伤时泪，暗堕昭陵石马前。"同辈作七言诗者皆不及也。又遗山有哀李长源诗，云："冀州事死东州祸，李翰林亡陕府兵。方为骚人笺楚些，更禁诗客堕秦坑。石苞本不容孙楚，黄祖安能贷祢衡？同甲四人三横赏，此身虽在亦堪惊。"王元粹亦有哭长源诗，云："十月西来始哭君，山中何处有孤坟？以才见杀人皆惧，忤物能全我未闻。李白歌诗堪应诏，陈琳书檄偶从军。穷途无地酬知己，会待升平缉旧文。"见顾奎光金诗选。

王福本河北义军，积战功为同知横海节度事。复滨、棣二州，拜沧州经略使。迁知东平府，权右都监，〔考异〕宏简录云，福遣张聚、王进复滨、棣二州，以聚摄棣州防御事，进摄滨州刺史。寻与聚有隙，聚以棣附益都张林。福欲自为经略使，上言乞选重臣为使，朝廷因而授之。封沧海公。红袄贼屡来犯，击却之。〔考异〕宏简录云，红袄贼李二太尉寇乐陵，击败之。寇盐山，副使张文与战，大胜，擒其二统制，斩首二千级。乐陵，县名，今属武定州。寻引宋人入河北，福婴城固守。益都张林、棣州张聚日来攻掠，势危蹙。福将南奔，众止之，遂降于张林。

伊喇重嘉努，积战功，赐姓完颜。历河间路招抚使，权右都监，封河间公。兴定末，所部州县皆不守，移屯信安，与张甫合兵，复取河间府及安、蠡、献三州。寻改信安为镇安府，与甫协力保守，镇安遂全。〔考异〕宏简录云，时遣将孙汝楫、杨寿、袁德、李成分保外垣，遂全镇安。 　日下旧闻考云，伊喇旧作移剌，从八旗姓谱改。重嘉努亦作仲夹奴。时，奏"镇安距迎乐塯海口二百里，实辽东往来之冲。高阳公甫有海船在镇安西北，可募人直抵辽东，以通中外之意。赏不重不足以使人，拟应募者迁忠显校尉，仍赏钱五千贯。"诏从之。见本传。信安军，宋置。初名破卤军，即淤口寨，金初因之。大定七年降为县，隶霸州。见地理志。

张甫，初附元，嗣为涿州刺史李奇噜原作瘸驴所招，遂与张进来降，授中都路经略使。与永定节度使贾同不协，屡相攻击。会同杀甫参议官邢（璋）〔珌〕（据金史卷一一八张甫传改），甫力攻之，同败，自缢死。及奇噜降元，遂代为中都东路经略使，权右都监，封高阳公。〔考异〕宏简录云，元将俚砦奴屡窥雄、霸，甫遣骁将窝罗虎假千里马以献，俚砦奴乘间推投阁下，几毙，窝罗虎复乘千里马以归，追者莫及。按，俚砦奴，今译作里斋努。窝罗虎，今译作鄂啰呼，蒙古语，进也。 　宋史云，时会饮于燕京之大悲阁，鄂啰呼醉，里斋努而推使投阁，仍佯醉下楼，乘马归甫。人服甫之用间焉。所载各异。及伊喇重嘉努不能守河间，甫居之信安，卒全其城。〔考异〕元史张禧传，张仁义，金末徙家益都。元太宗下山东，仁义乃走信安。时，燕、蓟已下，独信安犹为金守。其主将知仁义勇而有谋，用之左右。国兵围信安，仁义率敢死士三百开门出战，围解。以功署军马总管府，守信安逾十年。度不能支，乃与主将举城降。 　又杨杰珠格传，从额苏伦攻信安。信安城四面阻水，其帅张进数月不降，杰〔谓〕（据文义补）珠格曰："彼恃巨浸，我师进不得利，退不得归，不若往说之。"凡三往乃降。按，珠格，蒙古语，闲散也。旧作只哥。额苏伦，蒙古语，和也。

旧作阿术鲁。今俱译改。赐姓完颜。进亦擢左监军，赐国姓。〔考异〕赵翼劄记云，赐姓始于汉高祖赐项伯姓为刘氏。金末亦多有赐姓者，其制亦异，有赐本国大姓者，如东永昌赐姓温都氏；包世显、包长寿、包疙疸赐姓乌库哩氏；多隆乌赐姓哈萨喇氏；何定赐姓必喇氏；马福德、马柏寿赐姓瓜尔嘉氏；杨沃衍赐姓乌凌阿氏；资禄赐姓女奚烈氏；李辛赐姓温撒氏是也。其功多势大者，竟赐国姓，如郭仲元、郭阿邻、李霆、梁佐、李咬住、国用安、张甫等皆赐姓完颜氏是也。其附入属籍，又有差等，以千人败敌三千者，赐及缌麻以上；败二千人者，赐及大功以上；败千人者，赐止其家。

靖安民，德兴府永兴县人。初，充义军，隶苗道润。历安武节度使、知德兴府，中都西路招抚使。道润死，与李奇噜分领其众，权左监军，行帅府事。安民上书言"经略使刘铎嫉道润功，反间贾瑀、李琛，杀道润。"铎亦讦奏安民擅杀杜贵事，召铎还。封安民易水公。安民出兵至矾山，复取檐车寨。在保安州西南。元兵乘虚袭之，提控马豹以其妻子老弱降。安民及经历郝端还颍，遂遇害。赠金紫光禄大夫。

郭文振字拯之，太原人。由进士历辽州刺史，深得众心，擢中都副留守，权左都监，行帅府事。与张开合兵复取太原，封晋阳公。寻以辖境辽阔，请命葭州刺史瓜尔佳芬彻原作古里甲蒲察分治岚、管以西诸州，制可。上书乞遣前平章胥鼎行省河北，诸公府、帅府并听节度，以图恢复。不报。诏<u>文振</u>应援<u>史咏</u>复<u>河东</u>。未几，<u>辽州</u>不守，徙其军于<u>孟州</u>，复徙<u>卫州</u>。然亦不能军，寄寓而已。

<u>胡天作</u>字<u>景山</u>，<u>管州</u>地理志云，本宋<u>宪州</u><u>静乐郡</u>。人。初，以乡兵守本州，为刺史，改同知<u>平阳府</u>。复<u>平阳</u>，充招抚使，权左都监，封<u>平阳公</u>。守凡四年，屡有功。录其子<u>定格</u>为奉职。未几，<u>青龙堡</u>危急，诏遣<u>瓜尔佳实伦</u>会<u>郭文振</u>、<u>张开</u>兵救之，次<u>弹平寨</u>，知府事<u>珠格和索哩</u>原作<u>术虎忽失来</u>等降元。以兵临城，索其妻子。<u>天作</u>被执，〔考异〕史系于元光元年十月，而<u>元史</u><u>穆呼哩传</u>系之七月。嗣受官爵。招抚<u>怀</u>、<u>孟</u>，其子<u>定格</u>闻之，自经死。赠信武将军。<u>天作</u>后谋脱走，为元杀。<u>宣宗</u>以<u>史咏</u>权<u>平阳公</u>府事，徙军<u>河中府</u>。当<u>平阳</u>初破，<u>咏</u>父<u>祚</u>、母<u>萧氏</u>、妻<u>梗氏</u>皆殉难。

<u>张开</u>，<u>景州</u>人。初，团结乡兵为固守计，历（青）〔清〕<u>州</u>（据金史卷一一八张开传改，下同）防御副使，同知<u>观州</u>事。复<u>河间府</u>及<u>沧</u>、<u>献</u>二州十三县。复（青）〔清〕<u>州</u>，加经略使，赐国姓。俄<u>潼关</u>不守，召入卫，累官<u>潞州</u>（安）〔招〕（同上）抚使，〔权〕（同上补）<u>林州</u>元帅府，擢左都监。与<u>郭文振</u>共复<u>太原</u>，封<u>上党公</u>。复取<u>高平县</u>属<u>泽州</u>及<u>泽州</u>，大战<u>壶关</u>，县名，在今<u>潞安府</u>东二十五里。有功。<u>正大</u>间，<u>潞州</u>失守，

开居南京，部曲离散。天兴初，起复，与刘益为西面元帅，领兵攻卫州，败于白公庙。时哀宗走归德。开与刘益谋收溃兵从卫，不果。遂与承裔西走，皆为民家所杀。

燕宁，初为莒州提控，守天胜寨，与益都田琢、东平蒙古纲相依为辅车之势，山东倚三人为重。宁击败红袄贼（五）〔王〕公喜（据金史卷一一八燕宁传改）兵，复沂州。招抚胡七、胡八，引为腹心。累官山东安抚副使，封东莒公。与蒙古纲、王庭玉保全东平，加金紫光禄大夫。还军天胜，战死。诏赠祖父母、父母官，族属五十余人皆廪给之。自益都张林逐田琢，继而宁死，蒙古纲势孤，徙邳州，而山东不复能守矣。〔考异〕史传赞云，苗道润死，靖安民与张甫中分其地，然无北境矣。大凡九公封建，宣宗实录所载如此。他书载沧海公张进、河间公伊喇重嘉努，一作移剌中哥，易水公张进、晋阳公郭栋，此必正大间继封，如史咏继胡天作者，然不可考矣。赵翼劄记云，九公之外又有十郡王之封。十郡王者，李德明、封仙、张瑀、张左、卓翼、康琮、杜政、吴歪头、王德全、刘安国也。十人皆无传。惟德全、安国、封仙、杜政略见国安用传中。大抵皆安用部曲，无功绩可纪者也。

金史纪事本末卷四十四

宋人构怨

宣宗贞祐元年（癸酉—二—三）秋闰九月辛未，遣使如宋。〔考异〕交聘表，使奉国上将军乌陵阿与、户部侍郎高霖为报谕宋使。十一月，宋贺正使入境有期，以大兵在近，姑停之，令有司移报。宣宗纪未载。

二年（甲戌—二—四）春正月辛未，宋人攻秦州。统军使舒穆噜仲温击却之。〔考异〕交聘表，正月丁丑，宋刑部尚书真德秀等贺即位，驻境上，以中都被围，谕罢之。纪未载，而表亦未书宋攻秦州事。所载各异。

三年（乙亥—二—五）春正月辛酉朔，宋使来贺。癸亥，曲宴宋使。〔考异〕交聘表，正使为显谟阁学士聂子述，副使广州观察使周师锐。纪未载。

八六五

三月壬申，宋使贺长春节。〔考异〕正使为显谟阁学士丁焴，副使和州观察使侯忠信。是月丙子，宋使朝辞，因言宋帝请减岁币如大定例，帝以本自称贺，不宜别有祈请，谕解之。纪均未载。

冬十一月戊午，诏以王世安为（安）〔招〕（据金史卷一四宣宗纪改）抚使。枢密院进世安取盱眙县名，属泗州。之策，命与泗州帅府所遣人同往计度其事。南侵之议自此始。〔考异〕交聘表，九月己巳，遣左谏议大夫巴古拉、工部侍郎图克坦鄂勒博贺宋生日。十一月庚辰，遣都指挥使富察乌锦、礼部侍郎杨云翼贺宋正旦。纪均未载。而纪于十二月甲寅，书礼部奏正旦宋使来贺，不宜辍朝，不举乐，服色如常仪。交聘表又未载。续纲目云，宁宗嘉定七年五月，起居舍人真德秀上书请绝岁币，帝从之。盖贞祐二年也。明年，以德秀为江东转运副使。朝辞，先言十失，后奏五事：宗社之耻不可忘、比邻之道不可轻、幸安之谋不可恃、导谀之言不可听、至公之论不可忽。反复切至。宋史五月作七月。毕沅续通鉴云，宋岁币盖因德秀之言而议罢，至乔行简言之始改计耳。故今岁十二月，明年正月、十二月尚遣使也。至冯璧传云，贞祐四年，宋拒使者于淮上，遣兵南侵。而宣宗纪及交聘表，四年皆书宋遣使来贺，并无拒使事。系误。德秀字景元，浦城人。官参政，谥文忠。李心传朝野杂记云，卫王允济立，辛未秋，朝廷余郎中嵘北使贺万秋节，而燕京被围，不暇延使者。嵘至涿州还。癸酉秋，卫王被弑，郓王珣立。董舍人居谊贺生辰，至沃州还。继而，贺登极真舍人德秀、贺正李舍人壄均抵盱眙，金皆不克迓。谍者言，金有内难。朝议纷然矣。

四年（丙子一二一六）春三月丙寅，宋使贺长春节。〔考异〕交聘表，正月（己）〔乙〕（据金史卷六二交聘表改）卯朔，宋试工部尚书施累、广州观察使陈万春贺正旦。三月甲子，宋华文阁学士留筠、宜州观察使师亮贺长春节。纪未书正旦使事，而长春节又未书使者姓名。

秋九月壬辰，遣中卫尉完颜诺尔布原作奴婢贺宋生日。

冬十一月甲辰，遣工部侍郎和尚贺宋正旦。〔考异〕交聘表，生日副使为少詹事纳塔谋嘉，正旦副使为右司郎中布萨毅夫。纪均失书。

兴定元年（丁丑—二—七）春正月己卯朔，宋遣使来贺。〔考异〕交聘表，正使为焕章阁学士陈伯震，副使福州观察使霍义。纪未列使名。癸未，宋使朝辞，帝谓宰臣曰："闻息州南境有盗，此乃彼界饥民，沿淮为乱耳。宋人何故攻我？"高琪请伐之，以广疆土。帝曰："朕意不然，但能守祖宗所付足矣，安事外讨。"

三月庚寅，宋使贺长春节。〔考异〕交聘表系之三月己丑，正使为试工部尚书钱抚，副使潭州观察使冯（炳）〔柄〕（据金史卷六二交聘表改），纪未列使名。

夏四月丁未朔，以宋岁币不至，命乌库哩庆寿、完颜萨布原作赛不等经略南边。甲子，萨布奏败宋兵于信阳，州名，属汝宁府。〔考异〕续通考云，唐初为申州，又改义阳郡，宋为信阳军，元升为府。领罗山、信阳二县。明降为县，寻为州。斩首八千，生擒统制周光。及陇山在信阳州东北等处，前后六战，俘馘甚众。复遣兵渡淮，略中渡店，拔光山、罗山、定城等县，破光州两（邑）〔关〕（据金史卷——三完颜赛不传改），斩首万余级。宋史地理志，光山、定城均属光州。罗山属信阳军，均县名。光州今属汝宁府。定城废，今为光州治。〔考异〕舆地广记云，光州，春秋为黄、弦二国，秦属九江郡，汉为汝南江夏郡，魏分立弋阳郡，梁兼置光州，唐曰光州，又为弋阳郡，今因之。县四：定城、固始、光山、仙居。薛应旂通鉴云，金渡淮犯光州中渡镇，执榷场官盛允升杀之。庆寿分兵寇樊城，围枣阳、光化军，别遣完颜阿邻入大散关，围西和、阶、成州，宋诏赵方、李珏、董居谊御之。阿邻即郭阿林，以功赐国姓。方字彦直，衡山人。赠太师，谥忠肃。

　　五月癸巳，宋人攻颍州，焚掠而去，遂取涟水县。戊戌，行枢院兵败宋人于泥河湾及樊城。在襄阳府城北汉江上，与府城对峙。〔考异〕续纲目云，五月，金犯襄阳、枣阳，赵方抗疏主战，檄扈再兴、陈祥、孟宗政等御之，仍增戍光化、信阳、均州。金兵至，再兴等分三阵，设伏以待。及战，再兴中出一阵，复却，金人逐之，宗政与祥分左右翼掩击，大败之，尸骸枕藉山谷间。寻报枣阳围急，宗政午发岘首，迟明即至，金人骇，遁。方闻捷，大喜，以宗政权知枣阳军。未几，京湖将王辛、刘世英亦败金兵于光山、随州。　宋史宁宗纪，王辛败金人于安昌砦，杀其统军完颜掩，金兵遁去。徐州、光化皆以捷闻。史均未载。再兴字叔起，淮人。宗政字德夫，绛州人，官防御使。

　　六月丙辰，宋人合土寇攻东海境，诏谕沿边罪宋。〔考异〕薛应旂通鉴云，时赵方请以伐金诏天下。略曰："朕励精更化，一意息民。犬戎跨我中原，天厌久矣。狐兔失其故穴，人竞逐之。岂不知机会可乘，仇耻未复？念甫申于信誓，实重起于争端，若能立非常之勋，则亦有不次之赏。"遂传檄诏谕中原官吏军民。<u>南宋书</u>作"蚕食快其所求，鹊巢征其将覆。"所载稍殊。

秋七月辛巳，宋人围<u>泗州</u>及<u>灵璧县</u>。乙酉，袭破<u>东海县</u>，复合土寇攻<u>海州</u>，经略使击破之。

八月己酉，<u>海州</u>军败宋人于<u>石湫</u>南及<u>涟水县</u><u>中土桥</u>。癸丑，宋兵攻<u>确山县</u>，败之。壬戌，经略使<u>阿布哈努色尔</u>原作阿不罕奴失剌败宋军于<u>海州</u>境。提控<u>李元</u>亦屡败宋兵，多所俘获。

九月己卯，<u>蔡州</u>帅府诱宋人侵<u>息州</u>，邀击之，虏其将<u>沈俊</u>。

冬十月壬戌，右司谏<u>许古</u>上疏，请先遣使与<u>宋</u>议和。<u>高汝砺</u>言："和议先发于我，恐自示弱，非便"。帝命<u>古</u>草通和谍，宰臣以其言有祈哀意，无足取，议遂寝。

十一月丁酉，诏<u>唐</u>、<u>邓</u>、<u>蔡州</u>诸帅府举兵侵<u>宋</u>。

十二月甲寅，提控<u>韩璧</u>败宋人于<u>盐仓</u>。权右都监（高）〔<u>完颜</u>〕（据<u>金史</u>卷一○○<u>完颜</u>闾山传改）<u>闾山</u>败宋兵于<u>吴寨谷</u>。改知<u>平凉府</u>。〔考异〕<u>完颜</u>闾山传，盖州人。<u>明昌</u>二年进士，知<u>凤翔府</u>，权右都监。宋兵千余伏<u>吴寨谷</u>，<u>闾山</u>率骑掩击，败之，杀三百，获牛羊千计。改知<u>平凉</u>，召为吏部尚书，行<u>晋安</u>帅府，卒。<u>纪</u>作<u>高闾山</u>，疑误。（按，据<u>金史</u>卷一五<u>宣宗纪</u>，未载<u>高闾山</u>败宋<u>吴寨谷</u>事）又<u>宣宗纪</u>贞祐二年冬殉难<u>懿州</u>节度<u>高闾</u>

山、卷七十三宗雄传海陵时牌印亦名闾山，均另一人。**单州节度使郭仲元败宋人于龟山**在盱眙县东北三十里。**及盱眙。**仲元传，中都人。官兵部尚书，右监军，知凤翔府，赐国姓，为南渡名将。兴定元年，宋人围海州，仲元军高桥，令提控阿林领骑绝出其后夹击之，宋兵解去。〔考异〕薛应旂通鉴云，时完颜赟犯四川，迫湫池堡，破天水军，守臣黄炎孙遁。攻白环堡，破之。进逼黄牛堡，统制刘雄弃大散关，遁。史均未载。

二年（戊寅一二一八）春正月壬午，宋人攻淮北，唐州帅府败之，获统领（季）〔李〕雄韬（据金史卷一五宣宗纪改）、陈皋以归。癸未，近侍局副使额尔克报南师之捷。戊子，唐、邓元帅萨布连报攻宋捷。宋人攻泗州，又战却之。时宋兵万余攻泗州，赫舍哩约赫德原作牙吾答赴援。至临淮，杀宋卒三百，进破宋兵八千于城下。围盱眙，败宋援兵，斩首千余，溺死无算，俘获千计。又破宋师于莲塘。〔考异〕冯璧传，是役也，宋坚壁不战，约赫德无功而还。行省奏其故违节制，诏璧佩金符鞫之。纪及约赫德传均未载。宋史宁宗纪，正月，金犯隔芽关，兴元都统李贵遁，官军大溃。纪亦未载。**元帅萨布败宋人于铁山及上**（舍）〔石〕店（据金史卷一一三完颜赛不传改）、**唐县。**属南阳府。

二月癸卯，宋人攻青口，行枢院遣兵败之。丙午，额尔克败宋人于防山。赫舍哩和勒端原作桓端。〔考异〕汪辉祖金史同名录云，亦作唤端。卷一百七张行信传大定二年平凉府判官，姓乌古论氏；卷一百十一古里甲石伦传兴定三年石州同知；卷一百十三赛不传天兴二年都尉，姓尼庞古氏；卷一百十九娄室传天兴三年睦亲府同签；又本卷仲德传天兴三年元帅；又宗室表富勒呼子金吾卫上将军，七人同名桓端。奏光州、信阳捷。庚戌，海州经略败宋兵于朐山，县名，属海州。表请继其军储。诏东平帅府发兵护资粮应之。壬子，萨布攻枣阳，败宋兵三万。薄城壕，杀及溺死者三千，遂围之。宋骑兵千、步卒万来援，复大败之。

〔考异〕续纲目云，时孟宗政权枣阳，筑堤积水、修治城堞，简阅军士。至是，萨布率步骑围城，宗政与扈再兴拒守。历三月，大小七十余战，金兵辄败。忿甚，围城开壕，控兵列壕外。宗政募壮士突击，金人不能支。盛兵薄城，宗政随方力拒。随州守许国援师至白水，鼓声相闻，宗政率诸将出战，金人奔溃。与纪异。大金国志云，时游骑至汉上，均州守应谦之弃城走。史亦未载。癸丑，郭阿林败宋兵于皂郊堡，在今秦州西南三十里。擒其将吴筠及将校二百。〔考异〕宋史宁宗纪，二月，金破大散关去。沔州都统王大（节）〔才〕（据宋史卷四〇宁宗纪改）马矙，死于河池。丙午，金克皂郊堡，宋师死者五万人。进焚湫池堡。薛应旂通鉴云，先是安丙尝纳夏人合从之请，会师攻秦、巩，而夏人不至，遂有皂郊之败。复破之于裴家庄、六谷中及寒山岭、龙门关、大石渡、稍子岭，俘获甚众。已而，兵败死之。事闻，赠西京留守。本传，姓郭，以功赐国姓。宣宗立，为通州防御使，改清州、山东西路宣抚使。〔考异〕裴家庄等处之捷，宣宗纪作额尔克事，云得粟二千石，所载各异。　薛应旂通鉴云，利州都统王逸，率兵十万复大散关及皂郊堡，斩金统军完颜赟。进攻秦州，至赤谷口，沔州都统刘昌祖命退师，且散忠义人，遂大溃。　宋史地理志，利州为益川郡宁武军，县四。沔州，顺政郡，县二。所载胜败互异。宋史宁宗纪，时镇江忠义都统制彭惟诚等败于泗州。丁巳，寿州行枢院败宋人于高柳桥水砦，夷其砦而还。壬戌，额尔克遣兵拔宋寨棋盘岭。约赫德破宋人于盱眙军。

三月癸未，额尔克败宋人于光化军。舆地广记云，春秋属楚，二汉属南阳郡，西魏置郧城郡，今为光化军。治乾德。表言国兵自桐柏县名，属唐州。入宋境，所向克捷。〔考异〕大金国志云，宋楚州钤辖梁昭祖掩击金师，都统沈铎遣兵助之，金人不胜，粮舟被焚。纪未载。

夏四月丁未，巩州行省承裔一名博索败宋人于皂郊堡。丁巳，陕西行省兵破宋鸡公山，取和州、成州。至河池县黑谷关，守者皆遁，前后获粮九万斛，钱数千万，军实不可胜计。〔考异〕薛应旂通鉴云，四月，金攻皂郊堡，趋西和州，刘昌祖焚城遁还。守臣杨克家及成州守罗仲甲，阶州守侯颐，皆弃城走，金入诸州。犯大散关，守将黄立遁。犯黄牛堡，兴元都统吴政拒却之。政至大散关，斩立以徇。事闻，政进三官。昌祖窜韶州，克家等皆远窜。所载较详。

丁卯，临洮路奏败宋人之捷。

五月辛未朔，凤翔元帅完颜闾山破宋人于（部）〔步〕落塌（据金史卷一五宣宗纪改）、香炉堡诸屯。丙戌，承裔遣提控乌库哩长寿出盐川镇，即今巩昌府漳县治。纳喇吉逊出铁城堡，在岷州境，属熙河路。所向皆捷。辛卯，寿州行枢院兵败宋人于史河。在霍邱县北。

冬十月甲寅，宋人攻涟水县，提控刘瑛败之。

十二月甲寅，以开封治中吕子羽〔考异〕元好问中州集，字唐卿，大兴人。大定末进士，仕至陈州防御使。元光末，为酷吏所诬，以乏军兴系狱。比赦至，先自缢死，后复官。雷希颜为制辞曰："毁誉之来，在仁贤而不免。是非之论，至久远而乃公。"人谓唐卿无愧。屏山故人外传，吕氏凡中第者六，以"六桂"名其堂。贞干字周卿，著碣石志数十万言，皆近代事，幽隐谲怪，无所不有。在史馆论正统，谓国朝当承辽。章庙怒，谪西京运幕。余均名士。等使宋讲和。〔考异〕交聘表，时朝议乘胜与宋讲和，以子羽及南京转运副使冯璧为详问使。行至淮中流，宋人拒止之。自此和好遂绝。纪系之明年正月。癸亥，命布萨安贞权参政，为左副元帅，行省帅事，侵宋。安贞率兵至安丰，宋兵七千拒战，完颜呼喇勒击败之。追至泚水，方舆纪要云，出庐州府西北四十里鸡鸣山，分二派，一入巢湖，一入淮。详卷七。死者二千余。至大江而还。

是岁，完颜霆击败宋兵于胊山，斩高太尉、彭元帅于阵，余众溃去。逾月复至，击却之。本传，霆本姓李，官至安抚使，知归德府事。

三年（己卯一二一九）春正月庚午，吕子羽至淮，不纳而还。下诏南侵。〔考异〕续纲目作去年事，且云，主命安贞辅太子率师南侵。薛应旂通鉴云，正月，金寇西和州，守将赵彦呐设伏待之，歼其众乃还。乙未，兴元都统吴政及金人战于黄牛堡，死之。二月，金攻武休关，都统李贵遁还。进破兴元府，权府事赵希旨弃城走，遂破大安军及洋州。四川制置使董居谊遁。沔州都统张威使石宣邀击于大安军，大破之，歼其精兵三千，俘其将巴土鲁安，金人遁。　续纲目又云，金入洋州，守臣蔡晋卿拒之。不克，城陷，金焚之而去。居谊自利州还，诏窜永州，以聂子述代。宣宗纪，取武休在二月，取兴元、洋州在三月，余均未载。　凤翔府志云，武休关在凤县南二百三十里，接褒城界，今置武关驿。王存元丰九域志云，梁泉有武休镇。　祝穆方舆胜览云，褒斜谷旁连武休关，极东为饶风关。异时，独倚饶风以控商、虢，由武休以达长安。故当关为蜀之咽喉，宜严其备。　宋史地理志云，大安军本三泉县，属兴元府永州宁陵郡，县三。

二月庚子，约赫德败宋人于滁州。乙巳，攻宋光山县，俘其统制蔡从定等。光州以兵来援，复败之。戊申，拔小江寨，杀其统制王大蓬，斩三万，俘万余。复取武休关。〔考异〕约赫德传，正月，败宋人于濠州之香山村。二月，又破辅嘉平〔山〕寨（据金史卷一一一纥石烈牙吾塔传补），斩首数千，俘五百余人，马牛数百，粮万斛。　大金国志云，克凤州，守臣雷云走，夷其族。复攻武休关，破之。纪未载。帝曰："顷近侍还自陕西，谓博索原作白撒，即承裔。见上。已得凤州。如得武休关，将遂取蜀。朕意不然，假令得之，亦何可守？此举特为宋人渝盟，初岂贪其土地耶？朕重惜生灵，惟和议早成为佳尔。"已未，行省安贞入宋境，破梁县属庐州。等军，擒统制李申之。右副元帅萨布、左都监约赫德奏白石关、平山砦之捷。〔考异〕薛应旂通鉴云，二月，金完颜讹可复大举围枣阳，赵方命许国、扈再兴兵三万，分二道攻唐、邓，捣其虚。子范监军，葵为殿。讹可百计攻城，宗政随机守御，杀伤甚众。金兵顿城下八十余日，会国等攻唐、邓，大胜，引军还战，杀金兵三万，讹可单骑遁，俘获无算，追至邓州而还。金自是不复窥襄、汉，遗民归者万数。籍勇壮，号"忠义军"，宗政威振境外，金呼为孟爷。宣宗纪未书。赵翼劄记云，宋本纪，嘉定十二年，书金帅讹可攻枣阳，孟宗政传亦书讹可枣阳败归之事，而讹可传转不载何耶？范，字武仲，葵，字南仲。

三月庚午，萨布败宋人于七口仓。右都监完颜哈达原作合达。〔考异〕刘祁归潜志作合打。汪辉祖金史同名录云，卷九章宗明昌三年郊社署令，姓唐括氏；卷一百十九粘割奴申传天兴二年陈州虎威都尉；卷一百二十二粘葛贞传贞祐元年恩州刺史，四人同名合达。又卷十三卫绍王大安三年西北招讨使，姓粘合氏；卷十四宣宗纪贞祐三年签枢，伏诛，姓完颜氏；卷一百二安贞传大安三年都统，姓唐括氏；卷一百三桓端传贞祐三年都统，姓夹谷氏；卷一百四宣宗时归德知府，姓斡勒氏，六人同名合打。破宋人于（海）〔梅〕林关（据金史卷一五宣宗纪改），擒统制张时。己卯，提控鄂屯沃哩布原作奥（登）〔屯〕吾里不（同上）败宋师于上津县。属商州。军还至濠州，宋人来拒，约赫德击走之。乙酉，哈达败宋人于马岭堡。丙戌，安贞败宋师于石㟢山及涂山。哈达攻拔麻城县，属黄州府获其令张偁、（斡）〔干〕（据金史卷一一二完颜合达传改）办官郭守（礼）〔纪〕（同上）。萨布夺宋小口仓，获粮九千石，兵仗三十余万。又败其兵于老口镇及石鹘（岩）〔崖〕（据金史卷一五宣宗纪改）。是月，行省安贞入朝。以南侵师还，罢南边州郡籍民为兵者。胥鼎等迁赏有差。〔考异〕续纲目云，金寇淮西，围安丰军及滁、濠、光州，李珏命将救之，不达。遂犯和州、全椒、来安、天长、六合，淮南流民渡江避乱，诸城悉闭。金游骑至采石杨林渡，建康大震。时贾涉以淮东提刑知楚州，节制京东忠义，乃遣陈孝忠向滁州，石珪、夏全、时青向濠州，季先、葛平、杨德广继之，李全、李福邀其归路。至涡口，与约赫德、呵哈连战于化湖陂，杀其将数人，乃解诸州之围而去，追败之于曹家庄。金自是不敢寇淮东。纪未书金兵败事。周密齐东野语云，贾涉官淮东制阃，尝遣赵珙往元军议事。归，得其大将朴鹿花所献皇帝"恭膺天命之宝"玉玺一座，并元符五年宝样一册，及翟朝宗所献宝检一座进于朝，下礼部议受宝典礼，此嘉定十四年七月也。诏文武各进秩，诸军三学并推恩。按，"靖康之变"，金取玉宝十四去，而此宝居二，其一则哲宗元符三年制，一钦宗靖康元年制也。及金南迁，宝玉多为元取，当时识者谓不宜铺张云。

夏五月乙未朔，凤翔帅府兵败宋人于黄牛等堡。

秋九月丙申，唐州从宜瓜尔佳天成败宋人于桐柏。〔考异〕薛应旂通鉴云，十二月，京湖制置使赵方使扈再兴、许国、孟宗政分三道伐金，戒之曰，"毋深入、毋攻城，第溃其保甲，毁其城寨，空其资粮而已。"宋史"三道"作"二道"，余同。纪未载。

四年（庚辰—一二二〇）春正月庚戌，宋步骑十余万围邓州，闻援军至，夜焚营去。招抚副使珠格伊垿

图_{原作术虎伊剌荅}追及之，夺其俘还。〔考异〕续纲目云，时
扈再兴、许国等攻唐、邓州，皆不克而还，孟宗政败金人于湖阳。
薛应旂通鉴作再兴攻唐，国攻邓，皆不克还。　大金国志许国误作
"许因"。云，金攻樊城，为赵方所拒。史均未载。

夏六月庚辰，宋人方子忻来归，有司处之郑
州。诏增廪给，优遇之。

秋七月辛卯，宋人及红袄贼犯河朔，诸郡皆
降。经略王福以沧州附张林。〔考异〕薛应旂通鉴云，六月，
贾涉诱杀涟水忠义军副都统季先，其下推石珪为帅以拒涉。初，李
全自化湖陂之捷，有轻诸将心，以季先威望出己上，结涉吏莫觊谮
先欲反，涉命先赴密院议事，于道杀之。遣统制陈选代领先众，其
部曲裴渊、宋德珍、孙武正、王义深、张山、张友六人拒不纳，潜
迎石珪为统帅。选还，涉耻之，分珪军为六，命渊等分统，亦不从，
乃授珪统辖。珪寻以入涟水，非涉本心，怀不安。李全复请讨珪，
遂命全移师驻楚州之南渡门，而遣将招珪军。来者，增钱粮，否则
罢给，众心遂散。珪杀渊，挟武正、德珍降蒙古，为元帅。全求并
将涟水军，涉不能却，因付之。　周密齐东野语云，涉以先反侧闻
于朝，赴密院审察。甫至都门，殿帅冯树宴之三茅观后小寨，命勇
士扑杀之。全愈无忌惮，涟水人心不安。裴渊等请石珪为帅，制司
恐，令全率万人以往。全惮珪，不敢动。涉呼渊赴山阳禀议，令珪
密图之。会鞑兵至，珪自疑，遂杀渊以归鞑。先是权上书胡榘，尝
言"全狼子野心，不可倚仗"。及全获捷于曹家庄，擒金人伪驸马，
乃作濠梁歌以谀之。赵翼剳记云，先死，全欲并将其军，诡称其军
有三千虚籍，覆之可省费，遂付以兵。欲覆视，全忽报邳州有警，
已遣七千人往救，不果覆。全往山东，涉劝农出郊。暮归，全军在

楚州者遮道不得入，涉使人语全妻杨氏，杨氏挥之退，始入城。见全传。今涉传不载，反谓全得玉玺献于朝，赏节度，涉叹曰："朝廷但知官爵可以得其心，岂知骄则至于不可救耶？"是似能驾驭群盗者。此传必其子似道当国日，史馆所立，元人因之不改也。

九月壬寅，宋人围皂郊堡，提控完颜伊都原作益都击败之。甲寅，宋人出秦州，会夏人来侵。〔考异〕薛应旂通鉴云，时安丙遗夏书，约夹攻。九月，夏遣枢密宁子真率众二十万围巩州，安丙命诸将分道会。攻城不克，遂趋秦州，夏亦退师。语详征抚西夏事中。

五年（辛巳一二二一）春正月戊戌，宋人袭泗州西城，提控王禄死之。〔考异〕续纲目云，时青入泗州西城，二月，金来救，青败乃还。乙巳，诏诸道兵集蔡州，侵宋。

二月庚（辰）〔申〕（据金史卷一六宣宗纪改），命内族惟弼行院事于中京；沃呼哈达行帅府于蔡、息；纳哈塔降福行院事于宿州；富珠哩达哈、原作孛术鲁达阿完颜额珠行帅府于唐、邓。辛未，安贞以兵出息州，破宋人于净居山寺，拔黄土关。癸酉，约赫德攻泗州西城，大破宋兵。时青乘城指挥，射中其目，遂拔众南奔。追击之，宋兵大溃，遂复西城。进逼濠州，至涡口，乏粮，引还。

三月庚寅，宋人围唐、邓，行帅事额琳力战却之。前千户摩啰欢自拔归国，授同知唐州事。

夏四月丙寅，安贞破宋黄、蕲等州，前后杀掠不可胜计。俘宋宗室男女七十余口献于京师。安贞每获宋壮士，释不杀，无虑数万，因用其策，辄有功。〔考异〕续纲目云，金寇蕲州，知州事李诚之百计守御。会黄州失守，金并兵攻蕲，城始陷，诚之并其妻子官属皆死之。金兵退，扈再兴邀击于天长，败之。及渡淮北去，李全又大败之。薛应旂通鉴云，二月，金围光州，犯五关，围黄州，分兵破诸县。别将复犯汉阳军。三月，再兴攻唐州。金围黄州久，诏冯檝援蕲、黄，不进，黄州守何大节佩郡印誓死守，城陷，沉江死。陷蕲州，李诚之自杀，家属赴水死。事闻，赠诚之官，立庙。不录大节死事，史官且书其弃城遁，非是。诚之，婺州东阳人。

五月戊戌，宋人据楚丘，县名，属归德军官军复之。时宋人攻唐州，守将额琳为所败，死者七百。匿之，以捷闻。御史纳兰发其事，帝以额琳系萨布犹子，不之罪。录纳兰敢言功。

六月戊寅，安贞坐谋反，并其三子皆伏诛。

秋八月乙丑，宋人掠沈丘，县名，属顺昌府。杀县令。

九月，约赫德大败宋人于团山，迁赏有差。

十一月乙未，宋人攻蕲县。壬寅，宋人焚颍州，执防御判官去。〔考异〕元好问中州集，宣宗频岁南侵，密县吕大鹏作诗欲以撼主兵者云："缝掖无由挂剑衣，剑花生涩马空肥。灯前草就平南策，一夜江神泣涕归。"大鹏字鹏举，自言系宋申公裔。史未载。

元光元年（壬午—一二二二）春二月，宋以重兵攻平舆、褒信，_{二县名，属蔡州}。国兵力战却之。捷闻，诏遣官核实赏给。己酉，命额尔克行帅府事，节制三路军马侵宋，时全行院事，副之。

三月辛酉，宋人掠确山县_{属蔡州}之刘村。

夏四月丁未，行枢院报淮南之捷。

五月壬戌，额尔克、时全军大败。额尔克（镌）〔朘〕（据金史卷一六宣宗纪改）官两阶，时全伏诛。〔考异〕薛应旂通鉴云，时讹可等由颍、寿进，渡淮，败宋军于高塘市。攻固始县，破庐州将焦思忠兵。俄牒言，时全佺青受宋诏，拒金兵，全匿其事。五月，讹可引众还，距淮二十里，将渡，全矫诏留诸军收淮南麦，众惑之。留三日，讹可欲还，全力沮。是夕，大雨，淮水暴涨，乃为桥渡军，宋兵袭之，大败。桥坏，全以轻舟先济，士卒尽没，兵财益匮，全坐诛。 赵翼劄记云，金史本纪书讹可帅师侵宋，书讹可、时全军大败，讹可当死，面责而释之。时全传亦载师还收麦，遇雨，为宋兵袭败，乃讹可传绝无与宋交兵一字。殊为记载之疏。

秋九月壬子，约赫德请由寿州渡淮，捣宋巢穴，不从。己巳，宋人掠遂平_{县名，属蔡州}之石砦店，复侵南阳，_{县名，属邓州}。唐州提控瓜尔佳玖珠败之。

冬十月壬午，宋张惠攻零子镇，为鄂尔多_{原作斡鲁朵}所败，虏其神将二人。

十一月甲寅，约赫德报临淮破宋兵之捷。时宋人潜渡淮，至聊林，尽伐堤柳，塞汴水，断粮道。

约赫德遣精兵千人破之，获其舟及渡者七百人，汴流复通。

二年（癸未一二二三）春三月甲辰朔，宋人袭汝阳。县名，属蔡州。

夏六月乙亥，京东总帅报淮南之捷。

秋九月庚子朔，宋人入寿州，钮祜禄博诺原作蒲乃力战却之，提控珠嘉算绰和原作术甲（刺）〔剠〕只罕（据金史卷一六宣宗纪改）破宋兵。甲辰，宋人攻南阳，约赫德败之于桃（源）〔园〕（同上）、淮阳。时约赫德率兵渡淮东，破两寨，焚其村坞数十。还，遇宋兵阵淮南岸，击败之。寻有兵自东南来追，复大破之。进败宋兵于湖陂（按，金史卷一六宣宗纪作胡陂），提控珠嘉绰尔原作术（蒲）〔虎〕春儿（同上改）遇害。事闻，赠银青（光）〔荣〕（同上）禄大夫。

冬十月戊戌，唐、邓行帅府报淮南之捷。〔考异〕薛应旂通鉴云，宁宗嘉定十七年三月，金主遣其尚书令史李唐英至滁州通好。　既而，复遣枢密判官移剌蒲阿率兵至光州，榜谕军民，更不南侵。交聘表，（二）〔三〕（据金史卷六二交聘表改）月，以边帅意，遣忠孝军三百，送唐英至滁州，宋人宴犒旬日，以奏禀为辞，和事竟不成。六月，复遣伊喇布哈，以文榜谕，自是宋人亦敛兵。哀宗纪未书唐英通好事。余所载略同。按，宋嘉定十七年，即金哀宗正大元年也。

金史纪事本末卷四十五

高琪用事　高汝砺附

卫绍王大安三年（辛未一二一一）秋九月，中都戒严。

冬十月，命泰州刺史珠格原作术虎。〔考异〕国语觯，即珠赫呼，亦见八旗姓谱。高琪将所部乣（部）〔军〕（据金史卷一〇六术虎高琪传改）三千人屯通玄门外。高琪或作高乞，〔考异〕满洲语，中心也。旧作高琪，今译改果勒齐，见通鉴辑览。西北路明安人。大定末，由护卫十人长累官宿直将军、同知临洮府事。泰和六年，与彰化节度副使巴噶罕侵宋，备巩州诸镇。宋兵万余自巩州辘轳岭入，高琪奋击，败之。叠州舆地广记云，古诸羌地，晋属汶山郡，后周立西疆、恒香二郡，兼立叠州，隋废，唐复立叠州曰合川郡。县二：合川、常芬。羌酋青伊克内附，〔考异〕完颜纲传，青伊克本吐蕃种。宋取河湟，夏取河西四郡，部落散处西鄙。其呼里族帅曰埒尔锦，据古叠州，有四十三族，十四城，三十余万户，盖蛮境也。埒尔锦卒，子额尔衮嗣。宋不能制，縻以官爵，传六世，至青伊克尤劲勇得众。欲归金，父事洮州刺史曹佛哩。请内附，弗许。迨佛哩死，子普贤为怀羌巡检使，会完颜纲经略西事，普贤传箭入羌中，青伊克率诸部内属，授叠州副都总管，赐诏奖谕。所载甚详。诏与知府事舒穆噜仲温出界，合青伊克兵进取，深嘉其奋勇。俄为封册使，封吴曦为蜀国王。〔考异〕为副者翰林直学士（詹）〔乔〕宇（据金史卷一〇六术虎高琪传改）。诏高琪曰："卿以边面宣力，加之读书，蜀人识卿威名。勿以财贿动心，失大国体。检制随去奉职，勿有违枉生事。"见本传。使还，加都统，号平南虎威将军。宋安丙遣将李好义攻秦州，围皂郊堡，高琪赴救，大破之，围解。宋兵三千人攻马连寨以窥湫池，遣瓜尔佳福寿击走之。至是，因元兵逼，诏屯通玄门外，寻为镇州防御使，权右都监。

至宁元年（癸酉—一二一三）九月，宣宗即位，改为贞祐元年。秋八月，高琪从行省完颜纲军屯缙山，县名，属德兴府，为晋新州地。与元兵战，大败。初，高琪驻兵缙山，得士卒心。左丞纲将赴京，行省图克坦镒劝其勿往，不听。至是，果败。

闰九月，擢高琪为右监军。诏曰："闻军事皆

（申）〔中〕（据金史卷一〇六术虎高琪传改）覆，得无失机会乎？自今当即行之，朕但责成功耳。"寻被诏自镇州移军守御中都迤南，次良乡，不得前，乃还中都。

冬十月，高琪与元兵战，凡两败绩而归。赫舍哩呼沙呼即纥石烈执中戒之曰："汝连败矣，若再不胜，当以军法从事。"及出，复败。高琪惧诛，自军中入，遂以兵入呼沙呼第，杀之。持其首诣阙待罪，帝赦之。授左副元帅，将士迁赏有差。诏曰："呼沙呼蓄无君之心，形迹露见，不可尽言。提点近侍局庆善努、近侍局使色哷默、原作斜烈直长萨哈连原作撒合辇累曾陈奏，方慎图之。色哷默漏此意于呼噜，原作胡鲁呼噜以告恩楚，原作讹出恩楚达于高琪，今月十五日将呼沙呼戮讫。惟兹臣庶将恐有疑，肆降札书，不匿厥旨。"论者谓高琪专杀，故降此诏。

十二月丁酉朔，进高琪平章政事，兼前职。翰林院完颜苏哷原作素兰。〔考异〕刘祁归潜志作速兰，女直进士魁。自中都议军事还，上书求见，乞屏左右。故事，有奏密事辄屏左右。先是，太府监丞游茂以高琪威权太重，因入见，屏人密奏，请裁抑之。帝未从，茂转告高琪，乃具以闻。茂论死，诏免之，杖一百除名。自是，密奏必令一近臣侍立。及苏哷请帝御便殿见之，惟留近侍局直长赵和和侍立。苏咮奏曰："日者帅府议削伯特文格原作伯德文哥兵权，乃诏领义军。改除之命拒而不受，帅府方欲讨捕，朝廷复赦之，且不隶帅府。臣风闻皆出平章高琪。"帝曰："汝何以知之？"苏咮曰："臣见文格与永清副提控刘温牒云，平章已处分，令隶大名行省，毋遵帅府约束。然则，文格与高琪计结明矣。"帝颔之。复奏曰："高琪本无勋望，因畏死，擅杀呼沙呼，计出于无聊耳。妬贤树党，窃弄威权。去岁，都下书生樊知一言乣军必生乱，遂以刀杖决杀之。使其党伊喇托卜嘉原作移剌搭不也为武宁节度使，招乣军，无功，复为武卫军使。此贼灭乱纪纲，祸害忠良，惟陛下察之。"帝曰："朕徐思之。"苏咮出，复戒曰："慎勿泄也。"本传，一名翼，字伯（阳）〔扬〕（据金史卷一〇九完颜素兰传改）。登策论进士，由翰林擢御史。宣宗迁汴，上书末曰："中都粮乏，故车驾至此，稍获安地。倘不知设备，再如前日，未知有司复请何之。"所进言多有裨益。历中丞、参政、行省京兆。召还，至陕，亡奔行在，中途遇害。父丧，曾庐墓三年。

宣宗贞祐四年（丙子—二—六）春二月乙酉，平章高琪表乞致仕，不允。

冬十月，元兵取潼关，次嵩、汝间，令史高巗乞命高琪为帅，亟图进御，不报。御史台言："兵逾潼关，深入重地，请选勇将各付精兵，且战且守。”诏付尚书省。高琪曰：“台官素不习兵，备御方略，非所知也。”遂寝。高琪只欲以重兵屯驻南京以自固，州县残破不复恤。帝惑之，计行言听，终以自毙。〔考异〕刘祁归潜志云，性颇廉，月俸计家所费外，悉纳之官。惟忮忍，多害其敌己者。杀东平帅移剌都者，皆其力也。所载较详。

十二月辛亥，高琪加崇进、右丞相。请修南京里城。帝曰：“民力已困，此役一兴，病滋甚矣。城虽完固，朕亦何能独安此乎。”

兴定元年（丁丑—二—七）春正月癸未，宋贺正旦使朝辞，帝曰：“闻息州透漏宋人，此乃彼界饥民沿淮为乱，宋人何敢犯我？”高琪请伐之，以广疆土，不许。

冬十月壬戌，右司谏许古请与宋议和，命草牒，示宰臣，高琪曰：“辞有哀祈之意，自示微弱，不足取。”遂罢。集贤院谘议官吕鉴请往南边，驰书招谕，高琪曰：“鉴狂妄无稽，但其气岸可尚，付陕西行省备任使。”制可。

十二月辛亥，陕西行省胥鼎谏侵宋，高琪曰：“诸军已进，无复可议。”遂寝，不报。鼎复言“钱谷之冗，非九重所能兼，但当总大纲，责成功。”高琪曰：“陛下法上天行健之义，忧勤庶务，夙夜不遑，乃太平之阶也，鼎言非是。”当是时，南北用兵，帝深以为忧。右司谏吕造乞诏内外百官上封事，直言无讳，或召见，亲访以尽下情。帝嘉纳，诏百官议河北、陕西备御之策。高琪深忌之，一无所用。高琪督修里城，帝问曰："人言此役恐不能就，如何？"高琪曰："终当告成，但其壕未及浚耳。"帝曰："无壕可乎？"高琪曰："苟防城有法，正使兵来，臣等愈得效力。"帝曰："与其临城，曷若不令至此为善？"高琪无以对。及工毕，受金鼎之赐。〔考异〕刘祁归潜志云，高琪建议，南京城分八十里，极大难守，内筑子城周四十里，坏民屋舍甚众。使朝官监役，不前，辄杖之。及元兵至，仍守外城。当工初起，得石碣，有诗云："瑞云灵气镇城东，他日还应与北同。岁月迁移人事变，却来此地再兴工。"亦有数云。纪未载。高琪自为相，专固权宠，擅作威福，与高汝砺相唱和。高琪主机务，汝砺掌利权，附己者用，否则斥。凡言事忤意及负材力与己颉者，对上阳称其才，使干当于河北，阴置死地。〔考异〕刘祁归潜志云，高琪为相，初欲擢用文人。自许古、刘元规等相继弹劾坐罢，因大恶进士，专用胥吏，由是吏权大盛，吏员不五年皆得要职。帝亦喜此曹刻深，皆亡国之政也。纪及本传均未载。自罢枢密元帅，后常欲得兵权。遂力劝南侵，置河北不复措意，凡精兵皆置河南，苟且岁月，不肯出一卒应方面急。

三年（己卯—二—九）冬十一月丁巳，高琪以罪下狱。

十二月，高琪伏诛。初，英王守纯欲发其罪，惧其党与盛，未果。会高琪使奴萨布原作赛不杀其妻，归罪于萨布，送开封府杀之以灭口。开封府不敢违。事觉，帝久闻其奸恶，因此事诛之。〔考异〕刘祁归潜志云，高琪坐杀妻为家人讼，宰执将奏，法当避，高琪怒，遽索马归。帝命擒下狱，以大不敬论死。先是，高琪恶士大夫，辄以军储加棰杖。赵秉文摄南京转运使，亦坐误粮储杖四十，赵大愤。及诛，诏适当笔，首曰："君臣分严，无将之罪莫大。夫妇义重，不睦之刑安逃？曾是一身，兼此二恶。"人谓赵仇雪矣。纪及本传均未载。尚书省都事布萨纳木舍布原作仆散奴失不曾以英王谋告高琪，论死。余各杖七十，勒停。先是，帝将南迁，欲置纠军于平州，高琪难之。及迁汴，戒抟多厚抚此军，抟多辄杀数人，以至于败。帝尝曰："坏天下者，高琪、抟多也。"终身以为恨云。〔考异〕抟多，原作彖多，姓穆延，名尽忠，上京路人。第进士，历西京按察使。及执中走还，代为留守，进都元帅、平章。与承晖守燕，城破，奔还汴，仍为平章。竹高琪，与弟乌哩雅语及中都事，乌登告其谋逆，下狱诛，并杀其弟。余详元人克燕注中。

同时高汝砺，字岩夫，应州金城人。大定中，第进士，莅官有能声。明昌初，授石州刺史。历谏议，请群臣奏事谏官得预闻。乞举行"推排法"。令户部尚书贾执刚与汝砺先推排在都物力。〔考异〕续通考谓汝砺疏奏，国朝自大定通检后，十年一推物力，惟贵简静而重劳民。今言者，请如河北岁括实数之田，计亩征敛，有大不可者三，议遂寝。　赵翼劄记云，周官以岁时定民之众寡，辨物之多少，入其数于小司徒。三年，则天下大比，此良法也。金制则分按民之贫富而籍之，以应科差，谓之"推排"，亦曰"通检"。率十年一次，督责苛急，易滋抑勒、告讦、贿诈之弊，与宋吕惠卿"手实法"正同。然以宋暂行即罢之弊政，而金代数十年行之不变，故虽以世宗之求治，无救于民病也。　按，大定中，推排各户，土地、牛具、奴婢之数分上中下三等，务使贫富适均。承安中，遂定制，已典卖物力，止随物推收。析户异居者，许令别籍。户绝及困弱者免，新强者增之。泰和间，累擢中都路都转运使，进户部尚书。时钞法滞，因随事上言，多所更定，民甚便之。〔考异〕刘祁归潜志云，金钱币只用铜钱。正隆时，始铸新钱，余皆宋旧钱。高岩夫为三司副使，倡行钞法，初甚贵重，过于钱。嗣后兵燹，官出甚众，民间始轻之，法益衰。南渡初，至有交钞千贯，不抵钱十文用者。商贾重困，俗谓"坐化"。官知其非，屡为更造，一起一衰，迄于国亡，钱不复出矣。　续通考云，金初用辽、宋旧钱，天会末，虽刘豫"阜昌元宝""阜昌重宝"亦用之。海陵贞元二年，迁都后，户部尚书蔡松年请复钞引法，始置印造钞引库及交钞库，皆设使、副、判各一员，都监二员，而交钞库副专主书押、搭印、合同之事。印一贯、〔二贯〕（据金史卷四八食货志补）三贯、五贯、十贯五等，曰大钞；一百、二百、三百、五百、〔七百〕（同上）五等，曰小钞，与钱并用。以七年为限，纳故易新，循宋张咏四川"交子法"，而纾其期。时，有欲罢之者，有司奏言公私俱便，不可废，只乞削去年限，民得常用。其年久文字磨灭，许纳旧换新。从之。厥后，法屡更而弊益滋矣。史臣曰，正隆初，议鼓铸，铜禁甚严，铜不给用，渐兴窑冶，凡产铜地脉，遣吏访察，且及外界。而民用铜器不可缺者，皆造于官而鬻之，官民交病，听民自造而官为立价以售，此铜法之弊也。若钱法，则鼓铸未广，敛散无方，初恐官库多积钱不及民，立法广布，继恐民多匿钱，乃设存留之限，开告讦之路，犯者绳以重法，卒莫能禁。州县钱艰，民多私铸，苦恶特甚，乃以官钱五百易其一千。及改铸大钱，所准加重，百计流通，终莫获效。济以铁钱，钱不可用，权以交钞。钱重钞轻，相去悬绝，物价腾踊，钞至不行。权以银货，银币又滋，遂罢铜钱专用交钞。银货在官，利于用大钞。大钞出多，民益见轻。在私利于用小钞，小钞入多，国亦无补。于是禁官不得用大钞。已而，恐民用银而不用钞，责民以钞纳官，先造二十贯至百贯例，后造二百贯至千贯例，先后轻重不伦，民益骇惑。后又限以年数，限以地方，公私受纳，限以分数，民疑益深。其间易交钞为宝券，又为通宝为宝泉，未几，织绫印钞，名曰珍货，复作宝会，讫无定制，而金祚亡矣。所载甚详。**宣宗南迁，拜参政。**

贞祐三年（乙亥—二一五）**五月，朝议括官田及牧马地，以赡河北军户之徙河南者，以汝砺总其事。寻因群臣言不便，事遂寝。**〔考异〕续通考，时因汝砺言，命右司谏冯开随处按视，人给三十亩，以汝砺总之。还奏不可为，求加察。石抹世勣、刘元规皆言不便，诏罢给田，但半给粮半给实直焉。四年，复遣官括河南牧马地，既籍其数，议给军。因宰臣言，命再议，乃拟民有能开牧马地及官荒地作熟田者，半给为永业，半给军，诏从之。未几，省臣请令诸帅府各以其军耕耨，为以逸待劳之策。许之。

四年（丙子—二一六）**正月，由右丞进左丞。时高琪欲岁阅民田征租，汝砺力阻而止。南侵，民困，**

言者请议和，汝砺言其非计，不许。同提举榷货司王三锡建议榷油，高琪劝帝从之，以汝砺言乃罢。未几，拜平章，进右丞相，监修国史，封寿国公，加荣禄大夫。谓其官未至二品，特升两阶。

哀宗立，谏官言汝砺欺君固位，天下所共嫉，宜黜之，以厉百官。不允。又有投匿名书云"高某不退，当杀之"，因请老，不许。正大元年卒。性缜密廉洁，结人主知。然规守格法，循默避事，故为相十余年，未蒙谴诃。贪恋不去，士论讥之。〔考异〕元好问中州集云，南渡后，机务倥偬，未尝一日废书不观。临终留诗有"寄谢东门千树柳，安排青眼送行人"之句。卒时七十一，配享宣宗庙廷。士论谓其才量浑厚，足为守成良相，恨所遭不时耳。所载稍异。

金史纪事本末卷四十六

哀宗守汴

宣宗元光二年（癸未—一二二三）冬十二月庚寅，帝崩于（隆）〔宁〕德殿（据金史卷一六宣宗纪改）。辛卯，皇太子守绪即位。初讳守礼，又讳宁嘉禄。原作宁甲速宣宗第三子。母明惠王后，赐姓温都氏。承安三年八月生。宣宗立，封遂王。贞祐四年，立为太子。〔考异〕大金国志云，性宽和慈仁，嗜书博学，干戈扰攘谈论不辍，才藻富赡好为文章。纪未载。至是，宣宗不豫，暮夜，近臣皆出，惟前朝资明夫人郑氏年老侍侧。帝知其可托，曰："速召太子主后事。"言绝而崩。是夜，皇后及庞贵妃问安寝闼。庞氏阴狡机慧，常以其子守纯年长不得立，心鞅鞅。夫人恐其为变，绐之曰："帝方更衣，后妃可少休他室。"伺其入，遽钥之。急召大臣，传遗诏，立太子，始启户出后妃，发丧。太子方入宫，英王守纯已先至，命护卫监守，乃即位。

哀宗正大元年（甲申一二二四）春正月庚子，权吏部侍郎富察和卓原作合住。〔考异〕汪辉祖金史同名录云，卷六世宗大定二年奚猛安被擒；六年泰州叛人，伏诛；卷十四宣宗贞祐三年总管；又兴定五年通远节度，姓孛术鲁氏；卷六十六辽领辰、复二州；卷六十九胙王元传子育本名，大宗正卿；卷七十四文传大定时南京路猛安；又家奴姓石抹氏；卷八十六福寿传父猛安；卷九十三荆王守纯传宣宗末驸马都尉，姓徒单氏；卷一百四郭俣传大定末侍仪司令；同卷乌林答与本名，宣宗时工部尚书；卷一百二十徒单四喜传正大九年经历官，十四人同名合住。改恒州刺史，未几伏诛。左司员外郎尼玛哈华山改同知桢州事。逐二奸臣，士夫相贺。戊午，帝始视朝，大风飘端门瓦。〔考异〕续通考云，是日，昏霾不见日，黄气塞天。人以为壬辰、癸巳之兆。纪及五行志均未载。有男子服麻衣，望承天门且笑且哭。诘之，则曰："吾笑，笑将相无人。吾哭，哭金国将亡。"重杖而遣之。南阳民布陈谋反伏诛。

三月，荧惑犯左执法。纪又载，四月癸酉，犯右执法。而（五行志）〔天文志〕（据金史卷二〇天文志改，下同），正月丙午，月犯昴。三月癸丑，犯荧惑。四月乙未，太白辰星相犯。纪阙书。甲寅，以延安帅完颜哈达原作合达权参政，行省京兆，兼统河东两路。

夏五月戊申，诏刑部，登闻检、鼓院听冤者陈诉。

〔六月〕（据金史卷一七哀宗纪补）辛卯，立妃图克坦氏为皇后。〔考异〕元史太祖纪云，夏，宋大名总管彭义斌侵河北，史天倪败之于恩州。

秋九月，枢密判官伊喇布哈原作移剌蒲阿，改作伊喇丰阿拉。复泽、潞，获马千匹。

〔十二月〕（据金史卷一七哀宗纪补）高琪定职官犯罪的决百余条，因左丞张行信言，改依旧例。

二年（乙酉—一二二五）春正月甲申，有黄黑之祲。

夏四月辛卯朔，起复胥鼎为平章，行省卫州。

五月丁丑，苏椿自大名来奔，诏置之许州。〔考异〕薛应旂通鉴云，嘉定十七年六月，大名府苏椿等举城来归，诏悉补官，即以其州授之。当正大元年，至是复自宋来奔耳。时李全遣刘庆福围许国，国缢死，全据楚州。牒诱彭义斌，不从，遂攻恩州。义斌与战，败之。义斌既克山东，复纳李全降兵，兵势大振，遂围东平，下真定。严实与蒙古将孛里海合图之，兵溃，义斌为史天泽所擒，不屈死之。京东州县复为实有，凡五十四城。　元史太祖纪云，六月，彭义斌以兵应武仙，天泽御于赞皇，擒斩之。史未载。

八月，巩州元帅田瑞反，行省军围之。弟实格原作十哥。〔考异〕卷一百三十三窝斡传正隆末辟沙河千户十哥，另一人。杀瑞，出降，授泾州节度使，世袭明安。

九月，夏国和议成，遣使来聘。

冬十月乙亥，伊喇布哈败宋人于光州，获马数千，斩首千余级。内族王嘉努原作王家奴。〔考异〕汪辉祖金史同名录云，卷十五宣宗兴定三年葭州刺史，姓纥石烈氏；卷六十三海陵嫡母徒单氏传宁德宫直长，为海陵杀；卷八十一乌古迪烈招讨都监，姓萧氏；卷一百二完颜弼传大安三年押军千户，五人同名王家奴。故杀鲜于主簿，特命斩之。诏有司为死节士十三人立褒忠庙。〔考异〕续通考云，时完颜陈和尚死节钧州，陀满〔胡〕土门（据金史卷一二三陀满胡土门传补）死节临洮，皆立像祀之，庙曰褒忠。 按，天眷中，洪洞令刘徽柔断叔杀侄事，部民惊服，为立生祠。大定间，长社令张万公招谕土寇数万，众感悟去，邑人立生祠。明昌五年，言者谓叶鲁、谷神创女直文字，乞封赠立祠，诏依仓颉立庙鳌屋例，官为立庙于上京。兴定中，王浩令泾阳，有惠政，去后民立生祠。又商衡令威戎，开仓赈饥，民德之，为立生祠。命赵秉文、杨云翼作龟镜万年录。〔考异〕续通考云，时秉文等上君臣政要。又沙溪傅慎微有兴亡金镜录百卷。正大间，同知集贤院吕造，著尚书要录奏进。东明王鹗，金末状元，著论语集义、应物集、汝南遗事。信安桂瑛著语孟旁通。

三年（丙戌—一二二六）夏五月己未，宋兵掠寿州境。癸亥，永州桃园军失利，死者四百。

六月壬子，诏谕辽东行省讨反贼万嘉努，原作万家奴赦胁从者。

秋八月，伊喇布哈复曲沃县名，属绛州及晋安。

〔考异〕元史太祖纪云，九月，李全执张琳，郡王岱逊进兵围全于益都。十二月，李全降。　续纲目云，三月，蒙古围全于青州，粮援路绝，使其兄福还楚州。时朝廷欲图全，以制置使徐晞稷畏懦罢之，以刘琸代。琸资望尤浅，盱眙忠义夏全作乱，逐琸，以众降金。琸走死，又以姚翀制置淮东。寄治僧舍，媚事全妻杨氏。李福谋杀刘庆福，复逐翀至明州，死。福为张林杀，全击林，杀之，复诱杀时青并其众。时正大四年六月、七月事也。先是，蒙古围青州一年，全降系五月事。而富珠哩传谓全于三年十二月引兵入齐，至四年四月乃降元。所载时日互异。

冬十月己巳，宋忠义军夏全自楚州来归，王义深、张惠、范成〔进〕（据金史卷一七哀宗纪补）以城降，封四人为郡王，改楚州为平淮府。〔考异〕薛应旂通鉴云，八月，檄知盱眙军彭忔等赴楚州图李全余党，时青密遣人报全，张惠、范成进以朝檄不及己，归盱眙，缚忔渡淮，以盱眙降金。金使专制河南以拒蒙古。全得时青报，还楚州。王义深奔金，国安用杀张林、邢德以自赎。　周密齐东野语云，初，贾涉病归，许国代知楚州，授文阶，坐受李全庭参礼，激变走死，文武被害者数十人。徐晞稷代，至则一意逢迎，全益骄，还青州。晞稷罢，琸代，措置乖方。会夏全自盱眙率众来归。先是李全欲杀夏全，得琸救免。至是留以自卫，又命封闭李全、刘全、张林等府库，限北军三日出城。寻与杨氏通，遂合。李福作乱逐琸，事闻，命姚翀代。时，全犹未归，李姑姑与其夫兄李福杀刘庆福、张甫，以诛逆闻，封姑姑楚国夫人。翀赖国安用匿免。未几，安用诛李福，姑姑易服往海州。续纲目云，时有郭统制者，杀全次子通及全妻刘氏，诡称杨氏，函首献。杨绍云后亦为全杀。严道甫云，夏全等四人封王，非一时，金史牵连书之，亦有舛误。

是岁，设益政（书）（据金史卷一七哀宗纪删）书院于内廷，以杨云翼等为说书。〔考异〕元史，是冬，皇子谔格德依及察罕之师围金南京，遣唐庆责岁币于金。史未载。（五行）〔天文〕志云，十一月丙辰，月掩荧惑。丁巳，荧惑犯岁星。庚申，犯垒壁阵。癸酉，五星并见于西南。十二月，荧惑入月。续通考云，三月乙丑，有火自吏部出，大如斛，流行展转，人皆惊避，逾时而灭。庚午，省前有气微黄，自东北亘西南，状如虹，中有白物十余，往来飞翔。又有光倏见，如二星，移时方灭。纪均未载。

四年（丁亥一二二七）春正月壬戌，增筑中京城，浚汴京外壕。

二月，布哈、约赫德复平阳，执知府李齐勤，〔考异〕钱大昕诸史拾遗云，一作李七斤，即元史忠义传之李守忠也。获马八千。〔考异〕约赫德传作三千。又本纪载布哈、约赫德复平阳，而布哈传不载，盖约赫德之复平阳，未尝与布哈偕也。今从纪。而布哈灵宝之捷，本纪又未书。

三月，元兵克德顺府，节度使爱新、原作爱申。〔考异〕别名忙哥。卷一百二十四乌古孙奴申传哀宗奉御亦名忙哥，另一人。亦见崔立传。摄府判马肩龙死之。元兵复下平阳。已巳，征夏税二倍。

夏五月丁丑，元兵克临洮府，总管图们呼图克们原作陀满胡土门。〔考异〕通鉴辑览作和抟死之。〔考异〕元史太祖纪云，正月，帝攻积石州。二月，破临洮府。三月，破洮河、西宁二州，遣旺泌诺延攻拔信都府，系月稍异。邵远平元史类编云，时与总管同死者，尚有知州陈寅。诏议乞和于元。陕西行省进三策：上策自将出战、中策幸陕州、下策弃秦保潼关，不从。

六月戊申朔，遣前御史大夫完颜哈昭原作合周。〔考异〕通鉴辑览作哈准，一名永锡。为议和使。〔考异〕元史太祖纪云，时副使为鄂通阿古，原作奥屯阿虎。纪未载。

秋七月，元兵自凤翔徇京兆，关中大震。未几，复克商州。〔考异〕薛应旂通鉴云，蒙古入京兆，复破关外诸隘。至武、阶，四川制置使郑损弃沔州遁，三关不守。金尽弃两河、关陕，并力守河南，保潼关。自洛阳、三门、析津，东至邳州之源雀镇，东西二千余里，立四行省，帅精兵二十万守御。是冬，铁木真殂于六盘山，立二十二年，年六十六。临终嘱假道于宋，下兵唐、邓，直捣大梁，后卒如其策。庙号太祖。六子，长术赤早卒、二察合歹、三窝阔台、四拖雷，至是，拖雷监国。六盘山，在固原州西南三十里。　元史太祖纪云，帝次清水县西江，七月，崩于萨里川哈喇图之行宫，葬起辇谷。　日下旧闻考云，特穆津墓在芦沟河侧，山水环绕。相传插矢以为垣，逻骑以为卫，阔逾三十里。特穆津生于此，故葬此。今墓无考。

八月己巳，大风，落左掖门鸱尾，坏丹凤门扉，陨霜杀禾。〔考异〕（五行）〔天文〕志云，正月壬戌，荧惑犯太白。六月丙辰，太白入井。七月丁亥，荧惑犯斗从西第二星。

续通考云，六月丙辰，白气经天。十月乙未，日上有虹，背而向外者二，长丈余，两旁均有白气贯之。纪多未书。

是月，李全自益都复据楚州，遣总帅额尔克、原作讹可元帅庆善努原作庆山奴守盱眙，与战于龟山，败绩。封全淮南王，不受。

五年（戊子—一二二八）春正月庚辰，遣知开封府事完颜莽伊苏原作麻斤出如元吊慰。寻以不职，免死除名。

二月乙巳朔，大寒，雷，雨雪，木之华者尽死。〔考异〕（五行）〔天文〕志云，五月乙酉、月掩心大星。续通考云，八月，御座上闻若有言者曰"不放（枪）〔舍〕（据金史卷二三五行志改）则何"？索之不见。纪未载。癸丑，诏塑呼图克们像入褒忠庙。书死节子孙于御屏，量才任使。

三月甲戌朔，群臣请依旧制，枢密（使）〔院〕（据金史卷一七哀宗纪改）听尚书省节制，不从。〔考异〕续纲目云，三月，蒙古兵入大昌原，金哈达使忠孝军提控完颜陈和尚为前锋，以四百骑大破蒙古兵八千，盖二十年来始有此捷，奏功第一，名振国中，授定远大将军，世袭谋克。又于七年正月，书蒙古入金大昌原，布哈败之，庆阳围解。薛应旂通鉴同。按，大昌原之捷，陈泾续编作五年三月，薛通鉴因之，与续纲目同，盖本忠义传。徐乾学后编系之六年，本哀宗纪。惟毕沅续通鉴改作七年正月，据约赫德、布哈传，云，七年正月战于大昌原，庆阳围解，即为陈和尚前锋。奏捷之事，前人误分大昌原、庆阳为二事，故致误耳。大昌原在庆阳府南，接宁州界。

秋八月甲子，以博索原作白撒为尚书（左）〔右〕（据金史卷一七哀宗纪改）丞。

十二月壬子，完颜讷新原作讷申改侍讲学士，充国信使。〔考异〕元史太（祖）〔宗〕纪（据元史卷二太宗纪改。又，此事在元太宗元年，即较此晚一年），八月，金遣阿固岱来归太祖赗；寻复遣使来聘，却不受。所载各异。

六年（己丑—一二二九）春二月丙辰，命丞相萨布_原
_{作赛}不行省关中，召平章哈达还朝。布哈率忠孝军总
领陈和尚〔考异〕毕沅续通鉴作完颜彝，通鉴辑览作禅华善。驻
邠州。遣白华宣谕，专备军须。

秋八月丙申，布哈再复泽、潞。

冬十月，元兵驻庆阳界，诏陕西行省遣使乞
缓师。

十二月乙未，命副枢布哈、总帅约赫德、签枢
额尔克合兵救庆阳。〔考异〕续纲目云，八月，元太宗窝阔台
立。十二月，定算赋。以史天泽、刘黑马、萧扎拉为万户，统汉兵
分守中原。

七年（庚寅—一二三〇）春正月，副枢布哈等解庆阳
之围。以额尔克屯邠州，布哈等还京兆。以约赫德
为左副元帅。值元使翁鄂罗北还，约赫德出语不
逊，激怒元主，即自将侵陕西。〔考异〕薛应旂通鉴云，
初，蒙古使斡骨栾至陕西议和，蒲阿、牙吾答留之。及庆阳围解，
志意骄满，蒲阿乃遣斡骨栾还，谓曰：“我已准备军马，能战则来。”
归告元主，即与拖雷侵陕西，破山砦六十余所，遂趋凤翔。　约赫
德传，一名志，本出亲军。明年，弃京兆，归至阌乡，得寒疾，不
汗死。性鸷狠，好结小人，不受朝廷节制。诋毁宰执，陵侮朝使。
以银符佩妓，屡往州郡取赇，号督差，行省厚贿之。御史康锡疏劾，
释不问。屡破宋兵，威震淮南。喜用鼓椎击人，号“卢鼓椎”，可止
儿啼，如呼“麻胡”云。子阿里哈，号“小鼓椎”，坐宫努诛。原作

阿里合，一作合里合，卷一百二十二移剌阿里合同名。宣宗时霍州刺史康锡，字（百）〔伯〕禄（据金史卷一一一康锡传改），赵州人。至宁元年进士，拜御史，劾侯挚、师安石非相才；萨哈连声势熏灼，请托公行，不可在禁近，时论鄙之。后为河中府治中，城破，从帅济河，船败死。与雷渊、冀禹锡齐名。

夏五月，释清口宋败军三千人，愿留者五百，屯许州，余纵遣之。

秋八月，元兵围武仙于旧卫州。

冬十月己未朔，命平章哈达、参政布哈引兵解其围。军还，帝登承天门犒劳，并赐世袭明安，行省阌乡，县名，属陕州。以备潼关。〔考异〕元史太宗纪云，春，遣兵围京兆，金主率师来援，败之，拔其城。夏，多果朗及金兵战，败绩，命苏布特援之。七月，帝南伐，拔天成等堡，遂渡河，攻凤翔。十一月，攻潼关、蓝关，不克。十二月，拔天胜寨及韩城、蒲城。纪未载。 （五行）〔天文〕志云，十月己巳，月晕，至五更复有大连环贯之，络北斗，内有戟气。十二月庚寅，有星出天津下，大如镇星，色不明。初犯辇道，二日见于东北，在织女南。乙未，入天市垣。戊午，方出。癸丑，历房北，复东南行，入积薪凡二十五日而灭。 续通考云，十二月，新卫州北三里许，有影在沙上，如旧卫州城状，寺塔宛然，数日乃灭。纪均未载。

八年（辛卯一二三一）春正月，元兵围凤翔。遣判官白华等谕阌乡行省进兵，哈达、布哈以未见机会，不行。寻复遣谕，亦不行。〔考异〕哈达传，正月，元苏布特破小关，残卢氏、朱阳，散漫数百里。潼关总帅纳哈塔迈珠拒之，乞救于二帅。遣陈和尚往援，北兵退至倒回谷（按，金史卷

一一二完颜合达传"倒回谷"作"谷口")而还。卢氏、朱阳，二
县名，属虢州。纪未载。苏布特原作速不台，蒙古乌梁海人。卒，
封河南王，谥忠定。　续纲目云，自华还，金主复遣谕以凤翔围久，
恐不能支，可领军出关，略与渭北军交手，北军闻必奔赴，少纾凤
翔之患。哈达、布哈始出关，行至华阴，与渭北军交战。比晚，收
军入关，不复顾凤翔矣。所载各异。

　　夏四月丁巳朔，元兵克凤翔。两行省弃京兆，
迁居民于河南，留庆善努守之。〔考异〕元史太宗纪，凤翔
之破作二月事，云，攻洛阳、河中诸城，下之。五月，命图类出师
宝鸡，遣绰布干使宋，假道杀之。复遣李国昌使宋索粮。绰布干原
作搠干罕。　续纲目作苏巴尔罕云，金降人李昌国言于图垒，出宝
鸡以侵汉中，不一月可达唐、邓，从之。使苏巴尔罕如宋假道，且
谓会兵，至洮州青野原，统制张宣杀之。图垒曰："宋自食言，背盟
弃好，今日之事，曲直有在矣。"

　　五月，李全妻杨妙真以全陷没于宋，构浮梁楚
州，欲复宋仇。遣哈达、布哈屯桃源界潡河口，以
防侵轶。时两行省约宋师为夹攻计。牒知楚州大军
已还河朔，哈达遂取淮阴，诏改名归州。以行省乌
库哩雅尔噶守之，郭恩为右都监。明日，宋将烧浮
梁，泗州总领实格叛归杨妙真，防御使图克坦达喇
死之。总帅迈珠旧作买住，姓纳哈塔氏，旧作纳合。〔考异〕卷
一百二十一温迪罕蒲睹传速木典乣详稳亦名买住，姓加古氏。另一
人。亦以盱眙降宋。〔考异〕薛应旂通鉴云，时赵善湘制置江、
淮，李全据楚州叛，攻泰州，知州宋济降。闻赵范、赵葵已入扬州，

鞭郑衍德，率众攻扬州，立栅湾头，与战辄败。筑长围，困三城，为范葵破，退陷于新塘淖中，伏诛。其党国安用从全妻杨氏，范葵追击，大败之，走山东，降蒙古，为都元帅，行省山东。　周密齐东野语云，全叛围扬州，诏削夺官爵，停给钱粮，令诸路兵讨之。兵败，陷新塘，次日，于沮洳尸中得一红袍无一手指者，乃全也。时理宗绍定四年五月。北军悉遁，诸州皆复。又云，全孽子瓒，初名松寿，乃徐晞稷子。贾涉开阃维扬，尝使与诸子同学，其后全无子，屡托涉视之，涉遂与以为后，更名瓒云。刘子澄尝著淮东补史，纪载甚详。

　　秋九月丙申，元兵驻河中府，庆善努弃京兆东还。召哈达、布哈赴汴，议救河中，惧不行。还陕州，出师至冷水谷而归。元兵攻河中，乃遣元帅王敢率兵万人救之。〔考异〕元史作十月围河中。薛应旂通鉴云，八月，拖雷分三万骑入大散关，趋华阳关，破凤州，屠洋州，攻武休，出其东南。围兴元，军民死者数十万。其西军由沔州取大安军路，渡嘉陵江，趋葭萌，略地至西水县，破城寨百四十而还。东军屯兴元、洋州间，趋饶风关。葭萌，县名，属利州。西水县属阆州。华阳关在洋县北百五十里华阳山，唐置为县，要地。见汉中府志。又，柳宗元馆驿使记云，自长安至盩厔其驿十有一，其蔽曰洋州，其关曰华阳。赵翼劄记云，元史图类传，时分兵攻宋诸城堡，长驱入汉中，陷阆州。过南郑，遂由金入房，乘骑浮渡汉水而北。是图类之经宋境，由力战而入也。而按竺迩传，图类由山南入金境，时为先锋，趣散关，宋已烧绝栈道。制置桂如渊守兴元，按竺迩假道如渊，度我兵压境，势不徒还，遂遣人导之，由武休东抵邓州而去。是宋许假道未尝战也。所载各异。　续纲目云，十月，四川制置使桂如渊逃归，诏以李𡐛代知成都府，赵彦呐副之，知兴元府。初，彦呐治西和五年，安丙待之厚。崔与之谓必误国事，朝廷不从。

冬十一月丁未，元兵至饶风关，〔考异〕哀宗纪一作峣峰，一作饶丰，合达传作饶峰，系一地。由金州而东。省院议以逸待劳，未可与战。帝曰："南渡二十年，所在之民，破田宅、鬻妻子，竭肝脑以养军。今兵至，不能逆战，止以自护，京城虽存，何以为国？天下其谓我何？朕思之熟矣，存与亡有天命，惟不负吾民可也。"乃诏诸军屯襄、邓。

十二月己未，河中府陷，签枢草火额尔克原作讹可。〔考异〕元史塔思传作完颜火燎。通鉴辑览作鄂和。死之。元帅板子额尔克原作讹可提败卒三千走阌乡。诏赦将佐以下，杖额尔克，死。〔考异〕续纲目云，时蒙古筑松楼，高二百尺，下瞰城中，百道并攻。草火额尔克搏战力竭，城陷被擒，就死。板子额尔克走阌乡。初，在阌乡，为监战陆尔所制，有隙，及改河中总帅，同赴召。陆尔潜其畏避，主信之。至是，怒其不死节，杖杀之。两人皆内族，一得贼，好以草火烧之，一尝误呼宫中牙牌为板子，故因以别之。陆尔原作六儿。卷二太祖纪天辅二年降人同名。　刘祁归潜志云，南渡后，内侍权重，宣宗倚为耳目，伺察百官。故奉御辇采访民间，号"行路御史"。或得一二事奏之，因以责台官，皆抵罪。又方面之柄，虽责将相，每差一奉御监战，临机应变，多所牵制。遇敌，多先奔，故师多丧败。哀宗因之不改，以迄于亡。哈达、布哈率诸军入邓州，杨沃衍、陈和尚、武仙兵皆会，出屯顺阳。戊辰，元兵渡汉江〔考异〕续通考云，汉江，由汉中流经郧县、均州、光化至襄阳府城北，又东南经宜城抵安陆，至大别山入江。其水因地而名，曰漾、曰沔、曰汉、曰沧浪，总之一汉也。沔江在荆门州东九十里，源自陕西汉中，为汉水，至荆山南为沧浪水，过潜江为沔水。潜江，在潜江县入汉，直江荆门州东南百六十里，南流入潜江界平塘湖，达三湖以合沔水。潼水，京山县西八十里，又沔阳州东南有三潼水。襄阳府城东北有白河，源出邓州界，入汉。又城东北百里有唐河，源出唐县入汉。均州南六里，有曾河，源出大利山，东流经城南入汉。清凉河，南漳县东十二里，源出西溪洞，与蛮河合。蛮河源自房县界，经南漳入宜城西南六十里，均入汉。滚河，枣阳县西南合白河入汉。泌河，光化县东南，流至府界与白河合，入汉。而北，诸将请乘其半渡击之，布哈不从。及兵毕渡，战于禹山在邓州淅川县东南三十里。之前，元兵少却，营三十里外，以大捷闻。〔考异〕元史太宗纪作次年正月，盖据报闻之日耳。拖雷传，是日大雾迷道，为金人所袭，杀伤相当。　金史蒲阿传谓，战三交，北兵少退，向蒲阿后突之，为蒲〔阿〕〔察〕定住（据金史卷一一二移剌蒲阿传改）所却。北兵又拥高英军，军动，合达欲斩英，英复力战。北兵又拥樊泽军，合达斩一千夫长，军殊死斗，乃却之。合达传，拖雷兵至禹山，合达等拒战，北兵袭之。武仙一军殊死斗，北兵退走。追奔之际，忽大雾四塞，合达命收军。顷之，雾散，乃前有一大涧，阔数里。非此雾，则北兵人马满中矣。是此战实有却敌之功，非全虚也。诸相置酒省中，左丞李蹊曰：“非今日之捷，生灵之祸可胜言哉。”无何，元兵分趋汴京，京师戒严。是夜二鼓，哈达、布哈引军还邓州，元兵蹑其后，尽获其辎重。〔考异〕薛应旂通鉴云，禹山之战，蒙古兵突前，蒲察定住力战始退。合达欲逐之，蒲察不可。明日，<u>蒙古</u>兵忽不见，逻骑还，始知在<u>光化</u>对岸枣林中，不下马已四日，林外不闻音响。二帅议入<u>邓州</u>，敌兵至，邀其辎重去。二帅入<u>邓州</u>，蒙兵趋<u>汴</u>，时民保城壁者，闻捷皆散还乡里。不数日，游骑突至，多被俘获。所载较详。

　　<u>天兴元年</u>（壬辰—一二三二）是年本<u>正大</u>九年，正月改<u>开兴</u>，四月始改<u>天兴</u>。春正月壬午朔，日有两珥。癸未，置尚书省、枢密院于宫中，以备召问。时元兵道<u>唐州</u>，元帅<u>完颜两罗索</u>原作娄室与战<u>襄城</u>之<u>汝坟</u>，败绩，走还<u>汴</u>。遣<u>完颜莽伊苏</u>等部民丁万人，决<u>河</u>水卫京城。（癸未）（据<u>金史</u>卷一七<u>哀宗纪</u>删）起前元帅<u>瓜尔佳实伦</u>行帅府事。<u>哈达</u>、<u>布哈</u>引军自<u>邓州</u>趋<u>汴京</u>。乙酉，以点检<u>瓜尔佳萨哈</u>原作撒合。〔考异〕<u>汪辉祖</u><u>金史</u>同名录云，卷十八<u>哀宗</u><u>天兴</u>元年东面元帅，姓<u>把</u>氏；卷七十<u>宗贤</u>传<u>太祖</u>时战没；卷一百三<u>桓端</u>传<u>贞祐</u>四年<u>沂州</u>同知防御事，四人同名撒合。为总帅，将兵三万巡<u>河渡</u>，权近侍局使<u>图克坦长乐</u>监其军。起近京诸邑军家属五十万口入京。丙戌，<u>元兵</u>定<u>河中</u>，由<u>河清县</u>宋属河南府。<u>白坡</u>镇名，河清县城东。渡<u>河</u>。〔考异〕<u>呼图</u>传，<u>开兴</u>元年正月戊子，北兵以河中一军由<u>洛阳</u>东四十里<u>白坡</u>渡河。<u>白坡</u>，故河清县，河有石底，岁旱水不能寻丈。国初，以三千骑由此路趋<u>汴</u>。是后，县废为镇。<u>宣宗</u>南迁，<u>河</u>防上下千里，常以此路为忧，每冬日，命<u>洛阳</u>一军戍之。河中破，有言此路可徒涉者，已而果然。北兵既渡，夺<u>河阳</u>官舟以济诸军。所载较详。丁亥，<u>萨哈</u>、<u>长乐</u>率兵至<u>封邱</u>县名，宋属开封府。而还。左司郎中<u>锡默爱实</u>原作斜卯爱实。官<u>中京</u>留守，

有传。〔考异〕汪辉祖金史同名录云，卷十八哀宗天兴二年都尉，姓王氏；卷百二十四乌古孙仲端传其子，官奉御，三人同名爱实。请斩之以肃军政，不从。〔考异〕薛应旂通鉴云，正月，以孟珙为京西钤辖，代江海统忠顺军，驻枣阳。命史嵩之制置京湖，知襄阳府。时金主闻兵至，召群臣议，令史杨居仁请乘其远至击之，平章白撒不从。蒙古主用西夏人恤可计，自白坡渡河，驰报拖雷以师会。夹谷撒合至封丘，军还。蒙古兵奄至，麻斤出等皆死，丁壮得免者仅三百。纪未载。都尉乌凌阿呼图一军自潼关入援，至偃师，遁走登封二县名，均属河南府。少室山。在登封县境，与太室山相埒，相去十七里，总名嵩山。壬辰，卫州节度使完颜萨尼雅布原作斜捻阿不弃城走汴。甲午，修京城楼橹及守御备。元兵薄郑州，与白坡兵合，屯军元帅马伯坚以城降，〔考异〕元史作马伯奇，云，授令符，使守之。防御使乌凌阿耀珠死之。乙未，元游骑至汴城。〔考异〕续纲目云，蒙古主入郑州，遣苏布特等攻汴。金群臣议所守，言高琪所筑里城决不可守，于是定计守外城。主命赵秉文为赦文，情词哀痛，闻者感励，洛阳人至于痛哭。纪未载。丁酉，大雪。两行省军及元兵战于钧州之三峰山，败绩。方舆纪要云，钧州即今禹州，属开封府。三峰山在州西北三十里。〔考异〕张翥题纳新金台集云，时金师三十五万来拒，忽中夜大雪，戈戟、弓矢冻不能施，我师一鼓歼之。元史塔察儿传，与金合达战三峰山，败之。明年壬辰三月，太宗班师，命偕速不台围汴。按，合达、蒲阿二传及元史睿宗图类传，三峰山之战在壬辰正月，今叙于壬辰之前，作辛卯冬事。塔察儿传误。又，史天泽传谓太宗三峰山战胜后即北还，留睿宗总兵围<u>汴</u>。按，<u>塔察儿</u>传，<u>太宗</u>围<u>汴</u>，<u>金</u>主以<u>讹可</u>出质，<u>太宗</u>与<u>睿宗</u>还<u>河北</u>。<u>睿宗</u>传亦云<u>睿宗</u>同北归，未尝留围<u>汴京</u>也。<u>天泽</u>传亦误。<u>哈达、陈和尚、杨沃衍</u>〔考异〕<u>沃衍</u>别名<u>斡烈</u>，传在卷百二十三，左监军，赐姓<u>兀林答氏</u>。卷七十六<u>宗本</u>传<u>太宗</u>子<u>鄂王</u>亦名<u>斡烈</u>，另一人。走<u>钧州</u>，城破皆死之。副枢<u>布哈</u>就执，寻亦死。<u>武仙</u>走<u>密县</u>。自是军不复振。〔考异〕<u>续纲目</u>云，时<u>哈达、布哈</u>率兵十五万援<u>汴</u>，<u>蒙古</u>兵三千尾之，且行且战。至<u>黄榆店</u>，望<u>钧州</u>二十五里，忽有旨召二帅赴京，兵方发，<u>蒙古</u>兵自北渡者毕集，以大树塞道，<u>杨沃衍</u>夺路，得至<u>三峰山</u>。<u>蒙古</u>兵四面围之，嗣开<u>钧州</u>一路，纵之走，<u>哈达、陈和尚</u>等入<u>钧州</u>。<u>蒙古</u>主在<u>郑州</u>，闻<u>图垒</u>与<u>哈达</u>相持，乃遣<u>昆布哈、齐拉衮</u>等赴之，至，则<u>金</u>军已溃，乃合攻<u>钧州</u>。<u>哈达</u>匿窟室中，城破，发而杀之，<u>陈和尚</u>自诣军前，不屈死。　<u>薛应旂通鉴</u>云，<u>武仙</u>走<u>密县</u>，<u>杨沃衍、樊泽、张惠、高英力</u>战死。<u>蒲阿</u>走，被擒，至<u>官山</u>杀之。<u>蒙古</u>主所遣将为<u>口温不花、赤老温</u>。　<u>哈达</u>传，名<u>瞻</u>，字<u>景山</u>。由推官权右监军，讨<u>平州</u>乱，城破降<u>元</u>。居半岁，自拔归，擢右都监。屡败<u>宋、夏</u>兵，<u>张行信</u>称为良将。封<u>芮国公</u>，兵败为<u>元</u>杀。<u>元</u>将尝曰："汝家所恃惟<u>黄河</u>与<u>哈达</u>耳！今<u>哈达</u>为我杀，<u>黄河</u>为我有，不降何待？"<u>布哈</u>本<u>契丹</u>人，兵败亦死。　<u>大金国志</u>云，<u>蒲瓦</u>兵败，出降，系误。　<u>元史郭德海</u>传，<u>哈达、布哈</u>走匿浮图上，<u>德海</u>命掘浮图基，出其柱焚之。　<u>太宗</u>纪，丁酉，获<u>布哈</u>；戊戌，获<u>哈达</u>。是<u>布哈</u>之擒在<u>哈达</u>先，又异。　<u>移剌蒲阿</u>传，<u>三峰山</u>之战，<u>元</u>兵开<u>钧州</u>路，纵<u>金</u>兵走，而以生军夹击之，<u>杨沃衍、樊泽</u>皆战死于路。<u>沃衍</u>传则谓<u>沃衍</u>已入<u>钧州</u>，<u>元</u>使人招之不从，自缢死。二传所载不符。己亥，<u>徐州</u>行省<u>庆善努</u>引兵赴援，入<u>睢州</u>，谋走归德，至阳驿店，遇敌，徐帅完颜乌里原作兀里，一名鄂伦。力战死。庆善努被擒，使招京城，不从。睢州刺史张文寿弃城从庆善努，皆死之，遂下睢州。（按，据金史卷一七哀宗纪庆山奴（即善努）谋走归德至"下睢州"为二月事）义胜军校侯进、杜正、张兴率所部北降。潼关守将李平以关降元。许州军变，杀元帅瓜尔佳实伦、〔考异〕刘祁归潜志，一作卜伦。钮祜禄同周、苏椿，以城降元。〔考异〕实伦传，隆安人，刚悍自用。历节度行帅事，以罪免，起昌武节度，代同周。至是，内族安春等开门降，实伦投廨后井中，同周自缢，苏椿被杀。所载较详。

二月甲寅，元兵徇临涣，县令张若愚死之。戊午，次卢氏，关陕行省总帅两军，及秦蓝帅府军弃潼关而东，与之遇，值大雪，未战而溃。行省图克坦乌登、原作兀典，亦作吾典，传在卷百十六。〔考异〕汪辉祖金史同名录云，卷十五宣宗兴定三年故行军副提控，姓夹谷氏；卷百十八苗道润传兴定元年潞州提控，姓乌林答氏；卷百二十八石抹元传贞祐初近臣，姓黄掴氏，四人同名吾典。又卷十八哀宗纪天兴二年息州行省，参政抹撚兀典，另一人。总帅纳哈塔和硕原作纳合合闰。〔考异〕续纲目"合闰"作"合音"，通鉴辑览作"赫伸"败死。完颜重喜〔考异〕卷七十四文传家奴重喜，另一人。降，斩于马前。都尉郑倜杀都尉苗英亦降，经历商衡死之。〔考异〕续纲目云，时主召乌登援汴，与合音、重喜帅军十一万，骑五千，尽撤秦、蓝诸关之备，从虢入陕。军粮数十万斛，船二百余艘，皆顺流东下。闻敌至，尽弃之。复尽起州民运灵宝、硖石仓粟，会游骑至，杀掠不可胜计。至铁岭，降元，被杀。乌登、合音走山谷，被擒，亦死。图克坦百家时在陕，招纳溃军，兵势稍振，败于郑西。至京，言乌登等铁岭败状，籍三人家资，暴其罪。

方舆纪要云，灵宝，县名。属陕州。硖石城，在陕州东南三十里。铁岭在卢氏县北四十里。　元遗山岐阳诗三首云："突骑连营（马）〔鸟〕（据金诗选卷四改）不飞，北风浩浩发阴机。三秦形胜无今古，千里传闻果是非。偃蹇鲸（鮿）〔鲵〕（同上）人海阔，分明蛇犬铁山围。穷途老阮无奇策，空望岐阳泪满衣。""百二关河草不横，十年戎马暗秦京。岐阳西望无来信，陇水东流闻哭声。野蔓有情萦战骨，残阳何意照（孤）〔空〕（同上）城？从谁细向苍苍问，争遣蚩尤作五兵。""眈眈（如）〔九〕（同上）虎护秦关，懦楚孱齐机上看。禹贡土田推陆海，汉家封檄尽天山。北风猎猎悲笳发，渭水萧萧战骨寒。三十六峰长剑在，倚天仙掌惜空闲。"时金守将李平以关降元，遂长驱入陕，诗盖作于此时也。　顾奎光金诗选载李长源避乱陈仓南山，回望三峰，追怀淮阴侯诗云："凭高四顾战尘昏，鹑野山川自吐吞。渭水波涛喧陇阪，散关形势扼兴元。旌旗日落黄云戍，弓剑霜寒白草原。一饭悠悠从漂母，谁怜国士未酬恩？"乙丑，元兵攻归德。〔考异〕薛应旂通鉴云，石盏女鲁欢命冀禹锡守御，竭其材智，得不陷。史作实嘉纽勒罕，通鉴辑览作什嘉纽勒绎。庚午，起复萨布为左丞相。〔考异〕沈炳震廿一史四谱云，哀宗朝丞相只赛不，而平章则胥鼎、合达、侯挚、完颜合撒，左右丞则张行信、赤盏尉忻、师安石、李蹊、颜盏世鲁、完颜忽斜虎，均见本纪。　刘祁归潜志云，二月，陈州陷，元帅粘割奴申死之。纪未载。括京民军二十万分隶诸帅。

三月丁亥，元兵攻中京，留守萨哈连原作撒合辇。投水死。〔考异〕薛应旂通鉴云，蒙古立炮攻洛阳，城中唯三峰溃卒三四千及忠孝军百余守御，撒合辇疽发背，不能军，投濠水死。元帅任守贞摄府事。及援汴，众推强伸为金事，赤身搏战，号"憨子军"。用铜鞭发箭，又创遏炮，能发大石于百步外，所击无不中。攻三月，不能拔，乃退。纪未载。续纲目强伸作"齐克伸"，"伸"亦作"绅"。甲午，命平章博索宿上清宫，枢副喀齐喀宿大佛寺，以备缓急。〔考异〕刘祁归潜志云，时，帝在宫中常聚后妃涕泣，欲自缢，为宫人救免。将坠楼，亦为左右救。白撒与赤盏合喜用事，奸佞无远略，士庶皆恶之。帝信任不去，识者知其误国矣。 喀齐喀传，先以守凤翔自夸，至是守西北隅，受攻最急，语言失措，面无人色。军士特以车驾数出慰劳，人自激昂，争为效命耳。纪均未载。元遣使自郑州来谕降，出国书，索学士赵秉文、衍圣公孔元措等二十七家及归顺人家属，布哈妻子、绣女、弓匠、鹰人又数十人。庚子，封荆王守纯子额尔克原作讹可。为曹王，〔考异〕续通考云，讹可初封萧国公。又，守纯次子戴王史失其名，三子孛德封巩王。天兴初，守纯第产肉芝一株，高五寸许，红鲜可爱。既而，枝叶津流，濡成血，臭不可闻，剜而复生者再。又，第中每夜房间狐鸣，秉烛逐之则失所在。 汪辉祖金史同名录云，卷十章宗明昌六年右拾遗、卷十六宣宗元光元年定国节度死节、卷百十一内族一战死一杖死、卷百十四白华传内族首领官，六人同名讹可。命左丞李蹊送元营为质，后与其子同俱还。〔考异〕刘祁归潜志，李蹊外，尚有翰林学士张本，纪未载。 元好问中州集，本字敏之，观津人。贞祐二年进士，工大篆及八分，诗有古意。正大九年，从曹王出质，客居燕京长春宫将十年，后游济南，病卒。**密国公璹以曹王幼，请代，不许。遣谏议大夫费摩阿古岱、**原作裴满阿虎带**太府监国世荣为讲和使。**〔考异〕刘祁归潜志，为副者尚有吏部侍郎刘仲周。**权参政杨慥分军防守四城。元兵攻城，帝出抚慰军士，千户刘寿语不逊，释勿问。亲傅战伤者药，出内府金帛、器皿赏战士。**

夏四月癸丑，元帅刘益叱其子战死。丁巳，遣户部侍郎杨〔居〕仁（据金史卷一七哀宗纪补）**奉金帛请和，见允，以珍异往谢。**〔考异〕薛应旂通鉴云，时蒙古主北还，遣使谕降。金使讹可为质请和，速不台曰："我奉命攻城，不知其他也！"乃立攻具，沿壕列木栅，驱老幼填壕。平章白撒，以议和不敢战。主从六七骑出端门，时新雨泥泞，至舟桥，都人遮拥，至有误触御衣者。进笠，不受，曰："军中暴露，安用此？"为曹王行，敌兵进攻，击以火炮，楼橹皆以牛皮为障，随即延爇。相传周世宗筑京城用虎牢土，坚密如铁，受炮惟凹而已。所载较详。**癸亥，明惠后陵被发，失枢所在，寻获而葬之。甲子，御端门，肆赦改元。**〔考异〕刘祁归潜志云，四月八日始辍攻，下诏改元。众谓攻三日不解，城将隳。俄见元兵焚炮车，众皆贺。已而不退，四面驻军环之，由是知祸未艾也。士庶纵酒肉，歌呼，无久生心。所载略异。　薛应旂通鉴云，时参政合喜以守城为己功，欲率百官入贺，参政思烈曰："城下之盟，春秋所耻，况以罢攻为可贺耶？"合喜怒曰："社稷不亡，君臣免难，汝等不以为喜耶？"乃命赵秉文为表。秉文曰："春秋，新宫灾，三日哭。今园陵如是，酌之以礼，当慰不当贺。"事乃已。诏官民能复州郡者赏。出金帛犒军。减御膳、罢冗官、放宫女，上书不得称圣，改圣旨为制旨。汴京解严，步军始出封邱门采薪蔬。〔考异〕元史石抹阿辛传，阿辛将黑军长驱捣汴州，入自仁和门，收图籍，振旅而归。按，金史，汴京之围，哀宗以讹可为质，蒙古主即还，使碎不嫪等围守，未尝攻破汴城。塔察尔与金人战南薰门，亦未尝破门而入。迨哀宗出走，崔立叛降，元兵始入城。其先亦无攻破城门之事，阿辛传误。见赵翼劄记。丙寅，以尚书省兼枢密院事。国制，枢院虽主兵，而节制在尚书省。兵兴以来，兹制渐改，凡军事，省官不得预，院官独任专见，往往败事。言者多谓将相权不当分，至是始并之。〔考异〕赵翼劄记云，金初，为相者多兼元帅，如宗翰为固伦贝勒兼都元帅、领三省事；宗弼入朝，为太师，领三省事，都元帅如故，可见兵事皆宰相参决也。明昌以后，蒙古勃兴，北部骚动，惟恐漏泄、传播，只令枢密主之，宰相遂不得预。陈规疏请战守大计，须省院得议，杨云翼亦奏军旅大事，宰相不得与闻，欲使利病不蔽得乎？皆不听。至是始复旧制，而国亡矣。己巳，建威都尉完颜鄂伦原作兀论同元使摩多原作没忒入城，见于隆德殿。

夏五月辛巳，迁民告出城者以万数，萨布、博索不听。乙酉，以南阳王子思烈（按，据道光版殿本金史卷一七哀宗纪，"思烈"当作"色呼"）原作色呼（按，当作"思烈"，同上）行省邓州，召援兵。诏博索致仕。放京城四面军，李辛不奉诏。戊子，裕州将贺德希原作都喜率西军二千入援，放迁民出城。辛卯，大寒如冬，城中大疫，凡五十日，诸门出死者九十余万人，贫不能葬者不在是数。寻复修汴城，塞四门，以便守御。以疫后，园户、僧道、医师、鬻棺者擅厚利，命倍征以助国用。杨春入据亳州，判官刘均死之。

六月，丰绅原作封仙据徐州，图克坦益都〔考异〕宣宗纪兴定四年行军提控，后为秦州节度完颜益都，另一人。走宿州，推张兴行省事。国安用入徐州，杀张兴，推丰绅主州事。〔考异〕薛应旂通鉴，作乱者尚有总领王祐，为国安用杀。纪未载。宿州将高拉格、原作腊哥李宣杀节度使赫舍哩阿古原作阿虎。〔考异〕宣宗纪贞祐三年户部郎中，后官宣徽使，见合达传，另一人。父子，奉伊都为帅，不从，走谷熟，县名，属归德府。遇元兵死之。

秋七月甲申，飞虎军士申福、蔡元擅杀元使唐庆等三十余人于馆，诏贳其罪，和议遂绝。〔考异〕刘祁归潜志云，七月，庆等来邀帝往议，帝托疾卧御榻，庆等无礼，语不逊。飞虎军数辈愤，夜持兵入馆杀庆等，馆伴奥屯按出虎及画二人亦死。赵翼劄记云，元史太宗命庆往谕金主，黜帝号称臣，主不听，庆以语侵之。金君臣遂谋害庆，夜半，令人入馆杀之。则庆之死，为金主使矣。然是时，哀宗方纳质求和，岂敢杀使招衅？此盖元人借口以为兵端也。乙未，宿州帅重嘉努原作重僧奴称国安用降，遣因世英等封为兖王，行省京东，赐姓完颜，改名用安。〔考异〕续纲目云，安用既得徐州，金宿州帅刘安国、邳州帅杜政皆以城降，安用遂据三州。蒙古帅额苏抢怒，遣将张进率兵入徐，图安用。安用惧，遂与徐州帅王德全劫杀张进及海州帅田福等数百人，与杨妙真绝，乃同安国、德全因重僧努降金。杨妙真屠其家属，走青州，金主遣因世英封拜安用，令主事常谨表谢，后复与安国、德全有隙。所载较详。丙午，参政思烈、恒山公武仙、巩昌帅呼沙呼原作忽斜虎，字仲德。〔考异〕哀宗纪又于八月书前仪封令魏璠上言，巩昌帅完颜仲德沈毅有远谋，请奉命往召，不报。 按，前称其名，后乃称其字，致误分为二人，今不取。率兵自汝州入援，命枢密使喀齐喀将兵万五千应之。

八月己酉朔，进屯中牟故城。辛亥，思烈遇元兵于京水，在荥阳县境，源出嵩渚山，至郑州入郑川。遂溃，走御寨。时思烈不用武仙策，谓仙本无入援意，左司员外郎王渥谏，几被杀。兵果败，渥没于阵。〔考异〕续纲目云，初，三峰山之败，仙收溃军十万屯留山。汴被围，诏与色呼等入援。仙至密县东，遇蒙古兵，即按军眉山店，报色呼曰："阻涧结营，待仙至俱进"，不听。至京水，军溃。渥太原人，令宁陵，有治绩，得内擢。 元好问中州集，字仲泽，兴定二年进士。历枢密院经历官，权右司郎中。中牟失利，不知所终。博通经史，工书法，诗其专门〔之〕（文义不明，据中州集巳集王渥小传补）学。尝被檄再至杨州制司，宋人爱其才，有中州豪士之目。顾奎光金诗选，载其游蓝田诗。武仙退保留山，左监军任守贞死之。喀齐喀奔还，免为庶人，籍其家赐军士。本传，元兵退，喀齐喀引为己功，由是军国事尽决其手。初，<u>汴京</u>被围，司谏<u>陈岢</u>上封事切直，呼其名为"陈山可"，怒叱之，皆窃笑。及被废，居<u>汴</u>，鞅鞅不乐。后为<u>崔立</u>所杀。**降监军<u>长乐官</u>。戊午，括民间粟，寻罢。复以进献取之。及赏官并买进士第。**〔考异〕<u>续通考</u>云，<u>金</u>末括粟，拦枲一切，掊克之政靡不为之，加赋数倍，豫借数年。或欲得钞，则豫卖下年差科。<u>高琪</u>为相，议至榷油，进纳滥官则受空名宣敕，或与五品正官。僧道入粟，始自度牒，终至德号，刚副威仪，寺观主席亦鬻之。甚而丁忧求仕，监户从良，进士出身，鬻至及第。叛臣、剧盗之降无不激赏，加以王爵，赐以国姓。名实混淆，国欲不亡得乎？其弊在鄙<u>辽</u>朴俭，袭<u>宋</u>繁缛之文，惩<u>宋</u>宽和，加<u>辽</u>操切之政故也。所载较详。**戊辰，起复<u>侯挚</u>平章，行省京**（都）〔东〕**路**（据金史卷一七哀宗纪改）。**帅兵至<u>封丘</u>，溃还。甲戌，金木星交。**

九月辛丑，夜大雷，工部尚书<u>富聂逊</u>震死。原作蒲乃速。一作范乃速，误，今改正。〔考异〕卷百十四<u>石抹世勣</u>传宣宗时<u>桢州</u>参政，另一人。<u>哀宗纪</u>，七月乙巳，金木火太阴会于轸翼，司天<u>武亢</u>极言天变，上惟叹息，不之罪。闰九月己酉，彗星见东方，色白，长至四丈余，凡四十八日灭。司天奏其咎在北，帝曰："我亦北人，今日之事我当灭也，何乃不先不后适丁此乎？"见（五行）〔天文〕志。 <u>续通考</u>云，八月，有箭射入宫中，书奸臣姓名，两日再得之。<u>哀宗纪</u>载于闰九月己未，稍异。

闰月辛酉，再括京城粟，以御史大夫<u>哈昭</u>、点检<u>图克坦伯嘉</u>主之。总领<u>完颜玖珠</u>以粟有蓬稗，杖杀孝妇于省门。〔考异〕<u>薛应旂通鉴</u>云，<u>合周凯</u>复用，建言京城括粟，尚可得百万石，命为参政，与右丞<u>李蹊</u>主其事。令各家自实，壮者存石有三斗，幼者半，书其数门首，匿者以升斗论罪。<u>久住</u>尤酷暴，杖杀寡妇，闻者尽弃其余于粪溷中，所括不能三万斛，满城萧然，死者相枕。<u>刘祁</u>归<u>潜志</u>云，主之者裴满阿虎带。蹊官左丞，掌财赋，<u>南京</u>被围，坐粮饷不继，免。以侍郎<u>张师鲁</u>代，未言括粟事。又云，十月下令括粮，自亲王宰相下，皆留三月粮，人三斗，余入官，匿者死，虽后妃家不免，被罪者多。<u>蒲察定住</u>尤暴，杖杀无辜数人。　按，<u>哈昭</u>一名<u>永锡</u>，性好作诗，词语鄙俚，人皆戏笑。自草括粟榜文，有"雀无翅儿不飞，蛇无头儿不行"等语，书"而"作"儿"，掾吏知之，不敢易也。京城因目为"雀儿参政"。所载较详。

冬十一月壬子，京城人相食，诏<u>曹门</u>、<u>宋门</u>放士民出就食。时左司郎中<u>锡默爱实</u>以言事忤近侍，送有司，寻释之。〔考异〕<u>续纲目</u>云，时京城人相食，主出太仓粟食饿者，<u>爱实</u>叹曰："与其食之，何如勿夺？"为奉御<u>把奴</u>告，送有司，赖近侍<u>李大节</u>救免。　<u>本传</u>，字<u>正之</u>，策论进士。官学士，上言罢括粟，则改虐政为仁政，散怨气为和气，不报。又上书，历数时相非材多，坐罢。谏近侍权太重，近侍泣诉送有司，<u>李大节</u>救免。改<u>中京</u>留守，不知所终。<u>通鉴辑览</u>作<u>玛喇爱锡</u>，所载各异。<u>大节</u>后仕<u>元</u>，官补阙，谥<u>贞肃</u>。壬戌，<u>兖王</u>用安率兵至<u>徐州</u>，元帅<u>王德全</u>不纳。会<u>刘安国</u>与<u>重僧努</u>入援，至<u>临涣</u>，<u>用安</u>劫杀之。攻<u>徐州</u>，不下，退保<u>涟水</u>。制使<u>因世英</u>还，至<u>宿州</u>，遇元兵死之。〔考异〕<u>安用传</u>，<u>淄州</u>人，名<u>耀</u>（甫）〔尔〕（据道光版殿本<u>金史</u>卷一一七<u>国用安传</u>改），一作<u>咬</u>（住）〔儿〕（据<u>金史</u>卷一一七<u>国用安传</u>改）。本<u>红袄</u>贼党，归元为元帅，归金拜平章。上迁蔡，疏陈"六不可"，因乏粮，复归宋，为总管。与元兵战，败走徐州，投水死。怨家田福一军脔食其肉立尽。世英赠汝州防御使。　宋史理宗纪，赠安用顺昌节度。子国兴授承节郎。　薛应旂通鉴云，十月，金盱眙守将以城归宋，改为昭信军。金以汪世显为巩昌总帅。初，世显以战功为征行从宜，分治陕西西路。时调度窘迫，世显发家赀率豪右助边，邻郡效之，军饷遂足。主以忽斜虎为总帅，世显同知府事，二人尽忠抗蒙古。及忽斜虎勤王，以世显代之。纪未载。丙寅，河、解元帅赵伟据陕州叛，杀行省阿布哈努色尔原作阿不罕奴十剌等二十一人，诬以反状闻。帝知其冤，不能直，授伟（右）〔左〕（据金史卷一八哀宗纪改）监军行帅事。寻归元。时伟屯金鸡堡，因粮匮，恨左右司员外郎李献能，斩之，遂作乱。杀行省，而献能被害尤酷。字钦叔，贞祐间进士。绛州录事张升赴水死。〔考异〕元好问中州集，时安邑刘祖谦字光甫，承安五年进士。历州县有政声，拜御史，以鲠直称，终翰林修撰。一时名士如雷御史渊、李内翰献能、王右司渥，皆游其门。献能，河中人，以省元赐第，廷试第一人。在翰苑十年，文章行业过人处甚多，事母尤纯孝。集中有赠王飞伯杂言及送其归阳翟诸诗尤工。飞伯名郁，大兴人。为文阔肆奇古，诗歌俊逸。汴被围，上书言事，不报。围解，突出，为兵士害。详卷三十四。国史均有传。

十二月甲申，诏议亲出，遂除拜扈从及留守官。庚子，发南京。

金史纪事本末卷四十七

宋元克蔡

<u>哀宗天兴元年</u>（壬辰—二三二）冬十二月丙子朔，帝以事势危急，遣近侍即<u>白华</u>问计，对以纪<u>季</u>以<u>鄟</u>入<u>齐</u>之义，请车驾出就外兵，留<u>荆王</u>监国。于是亲巡计决，遂拜右司郎中。〔考异〕<u>薛应旂</u>通鉴云，主召群臣议，或言<u>归德</u>四面皆水，可自保。或言宜沿<u>西山</u>入<u>邓</u>。或言<u>速不台</u>在<u>汝州</u>，不如取陈、蔡路往<u>邓</u>。遣问<u>白华</u>，谓"宜直赴<u>汝州</u>决战，外可激三军之气，内可慰都人之心。若只图迁避，民恋家业，未必毅然从行，可详审之。"时丞相<u>萨布</u>主<u>邓</u>议，<u>哈萨喇</u>、<u>乌达布</u>、珠尔、<u>高显</u>、<u>王义深</u>均主<u>归德</u>议，帝不能决。所载稍异。甲申，诏议亲出。再议于<u>大庆殿</u>。帝欲以<u>官努</u>、一作固纳<u>高显</u>、<u>刘益</u>〔考异〕<u>刘祁</u>归潜志"益"作"奕"为元帅，不果。是

日，以右丞相萨布原作赛不兼左副元帅，平章博索原作白撒兼右副元帅。及参政恩楚，原作讹出。〔考异〕刘祁归潜志作斡出。汪辉祖金史同名录云，卷七十三宗雄传其孙；世宗子潞王永德本名；卷九十八完颜匡传世宗时入殿小底；卷一百四寅传本名、安化节度，五人同名讹出。左丞〔考异〕薛应旂通鉴作左丞相。李蹊，左监军图克坦伯嘉原作百家等，〔考异〕刘祁归潜志，尚有近侍局副使李大节，左右司郎中进德、张衮。率军扈从。命参政完颜纳新原作奴申。〔考异〕国语解作"讷苏克"，通鉴辑览作"纳苏肯"。等留守汴京。丁亥，御端门，发府库及两府器皿、宫人衣服赐军士。〔考异〕薛应旂通鉴云，初议亲出，诸将佐合辞奏曰："圣主不可亲出，只可命将。"至是，民间哄传车驾往归德，军士家属留汴。目今食尽，坐视城中，均饥死矣。纵能至归德，军马所费支吾，复得几许日？"主命赛不宣言曰："前日巡狩之议为白华改，今往汝州索战矣。"所载较详。遂发南京，与太后、皇后、诸妃别，大恸。行次公主苑，太后持米肉遍犒军士。辛丑，诏谕戍兵曰："社稷宗庙在此，汝等军士勿以不预进发便谓无功，若保守无虞，将来军赏岂在战士下？"闻者洒泣。是日，巩昌元帅呼沙呼原作忽斜虎至自金昌，为帝言京西三百里间无井灶，不可往，东行之议遂决，授右丞。癸卯，次黄城。丞相萨布子安春有罪，伏诛。甲辰，次黄陵冈。在仪封县东北五十里，接山东曹县界。史作黄龙冈。乙巳，诸将请幸河朔，从之。

〔考异〕续纲目云，十一月，蒙古再遣王檝来议夹攻，史嵩之以闻。朝臣皆谓可遂复仇之举，独赵范不喜曰：“宣和海上之盟，厥初甚坚，迄以取祸，不可不鉴。”帝不从。命嵩之报使许之，遂遣邹伸之往许，俟成功，以河南地来归。元遗山有车驾东狩后即事诗五首云：“翠被匆匆见执鞭，戴盆郁郁梦瞻天。只知河朔归铜马，又见台城堕纸鸢。血肉正应皇极数，衣冠不及广明年。何时真得携家去，万里秋风一钓船。”“惨淡龙蛇日斗争，干戈直欲尽生灵。高原水出山河改，战地风来草木腥。精卫有冤填瀚海，包胥无泪哭秦庭。并州豪杰今谁在？莫拟分军下井陉。”“郁郁围城度两年，愁肠饥火日相煎。焦头无客知移突，曳足何人与共船？白骨又多兵死鬼，青山元有地行仙。西南三月音书绝，落日孤云望眼穿。”“万里荆襄入战尘，汴州门外即荆榛。蛟龙岂是池中物？虮虱空悲地上臣。乔木他年怀故国，野烟何处望行人？秋风不用吹华发，沧海横流要此身。”“五云宫阙露盘秋，银汉无声桂树稠。复道渐看连上苑，戈船仍拟下扬州。曲中青冢传新怨，梦里华胥失旧游。去去江南庾开府，凤凰楼畔莫回头。”

二年（癸巳一二三三）春正月丙午朔，帝济河，北风大作，后军不克济。丁未，元兵追击于南岸，元帅完颜珠尔、原作猪儿贺德希原作都喜死之。帝于北岸为之震惧，为珠尔等设祭，赠官，录用其子孙。建威都尉完颜额埒春降，斩其二弟以徇。议取卫州，今卫辉府元帅官努将忠孝军千人，东面元帅高显、果毅都尉钮祜禄耀珠领军万人为前锋，至蒲城。在汾西县西南二里。〔考异〕博索传，时前锋军尚有范承进、王义深、张开、刘益，皆总帅伯嘉总之。各赍十日粮，听博索节制。纪未载。庚戌，至沤麻冈，命博索引兵攻卫州，不克。闻元兵至，遂退师，战于白公庙，在卫州城东。败绩，弃军东遁，元帅刘益、上党公张开亦遁，皆为民家所杀。益部曲王全降元。按，元遗山有卫州感事诗云："神龙失水困蜉蝣，一舸仓皇入宋州。紫气已沈牛斗夜，白云空望帝乡秋。劫前宝地三千界，梦里琼枝十二楼。欲就长河问遗事，悠悠东注不还流。""白塔亭亭古佛祠，往年曾此走京师。不（如）〔知〕（据金诗选卷四改）江令还家日，何似湘累去国时？离合兴亡邃如此，栖迟寥落竟（何）〔安〕（同上）之？太行千里青如染，落日阑干有所思"。戊午，帝进次蒲城，复还魏楼村，遂走归德。辛酉，司农卿富察世达、元帅完颜呼图原作胡土，亦作忽土，见石盏女鲁欢传。〔考异〕汪辉祖金史同名录云，卷十章宗明昌六年左司郎中，姓粘葛氏；卷十五宣宗兴定元年叛人；卷六十八欢都传世祖时人；卷百十一正大九年权参政，姓乌林答氏，五人同名胡土。出归德西门奉迎，乃驻跸焉。〔考异〕续通考云，哀宗奔归德，时患炮少，或以泥及砖为之。议者恐为敌所轻，不复用。父老言北门有菜圃，中多石炮，是张进所置。掘之，得五千有奇，上有刻字，或大吉字，甚喜，用之。时官努尝以火枪破敌，其制以赭黄纸十六重为筒，长二尺，诸实以柳灰、铁汁、磁末、硫磺、砒硝之属，以绳系枪端，军士各悬小铁罐藏火，临阵烧之，焰出枪前丈余，药尽而筒不尽。元兵不能支，大溃。纪未载。元全愚蒋正子山房随笔云，金南迁，国弱不支。又迁睢阳，某后不肯播迁，宁死于汴。元遗山诗曰："桃李深宫二十年，更将颜色向谁怜？人生只合梁园死，金水河边好墓田。"遣奉御珠嘉塔克实布、后弟图克坦肆喜往汴京迎两宫。〔考异〕宏简录云，帝遣后弟四喜与内臣马福惠、近侍术甲答失不往迎徒单后及王太后。至，则并柔妃裴满氏、令人张秀藻等十余人及宫中宝物以出。至陈留，见城外火起，仍还宫。四喜与妻完颜氏及塔失不、咬住得归，帝怒，杀之。　哀帝纪谓实布以其父耀珠，肆喜以其妻出，帝怒，斩二人于市。刘祁归潜志云，肆喜独携其族去。所载各异。续通考云，徒单后值宣宗及后有疾，尝刲肤以进，宣宗闻而嘉之。正大三年立为后，迁归德，时遣使奉迎，不果出。城破，北迁，不知所终。父顽僧，官镇南节度。卷十四宣宗纪贞祐四年同知广宁府顽僧，另一人。

壬戌，博索伏诛。萨布致仕，命右丞呼沙呼行省徐州。遣富察世（杰）〔达〕（据金史卷一八哀宗纪改）等如陈、蔡取粮，以元帅李琦、王璧护之。戊辰，崔立叛，据汴京降元。

二月丙子朔，鱼山县名，属汝州。张瓛杀元帅完颜呼图。行省呼沙呼往讨，会从宜严禄诛瓛，乃还。〔考异〕仲德传作二月辛卯夜，张瓛作乱。乃二月十六日也。所载各异。严禄寻叛归涟水。

三月，蔡帅乌库哩镐以粮四百余斛至归德，表请临幸。遣学士乌库哩布希以幸蔡之意谕州人。戊辰，官努叛。

夏四月壬午，徐州行省呼沙呼诛王德全并其子，及党王琳、杨瓒、锡默延寿，召经历商瑀用之。甲辰，邓州节度使伊喇瑗以其城叛，与白华均亡入宋。〔考异〕薛应旂通鉴云，金唐邓行省武仙，与唐守武天锡、邓守伊喇瑗谋迎主入蜀，犯光化，孟珙击天锡，斩之，俘四百余人。又败金人于吕堰，俘获无算，遂攻顺阳，武仙败走马蹬山。县令李英及申州安抚张林均以城降，瑗惧，亦纳款。 白华传，字文举，（澳）〔陕〕州（据金史卷一一四白华传改）人。由进士官翰林、枢密院判，屡言军事，见信用。命召伊喇瑗入援，至邓州，事久不济，会瑗以邓入宋，华亦从至襄阳，宋授均州提督。因范用吉叛宋北归，时议讥之。用吉即富珠哩玖珠。初，归宋，谒制置赵范，故更姓名范用吉。赵喜，擢置左右，复易姓花。使为太尉，改镇均州，寻归元，为家人诬以叛，同列害之。

六月己卯，官努伏诛。帝御双门，赦忠孝军，以安反侧。遂决计迁蔡，诏蔡、息、陈、颍各以兵来迓。壬午，中京陷，留守呼图奔蔡，总帅强伸死之。戊子，召徐州行省呼沙呼还，以穆延乌登原作抹撚兀典行省事，郭恩为总帅副之。辛卯，帝发归德，留元帅王璧守御。壬辰，次亳州。癸巳，命节度使王进、王宾征民兵运铁甲、糗粮，镇防军崔富格原作复哥杀王宾等，张天纲以便宜授富格节度使。罢其役，州人乃安。〔考异〕续通考云，时发自归德，连日大雨，平地水数尺，军士漂没。及蔡始晴，复大旱四月，识者以为不祥。续纲目云，时久雨，朝士扈从者徒行泥水中，掇青枣为粮，足胫尽肿。至亳州，黄衣皂盖，从者二三百人，马五十匹而已。城中父老拜伏道左，谕以祖宗恩德，皆泣下。留一日，进次亳南，避雨双沟寺。蒿艾满目，主叹曰："生灵尽矣。"为之大恸。纪未载。己亥，入蔡州，召徐州行省穆延乌登还，起右丞相萨布代之。〔考异〕续纲目云，主入蔡，仪卫萧条，父老罗拜饮泣，主亦欷歠。以右丞呼沙呼总领省院事。时临淄郡王王义深据灵壁望口寨以叛，遣钮祜禄缊绰将徐、宿兵讨之，义深败走涟水，入宋。

秋七月癸卯朔，曲赦蔡州管内罪犯。弛门禁，通众货，蔡人便之。〔考异〕大金国志，制曰：“天方悔祸，少宽北顾之忧。人亦告劳，爰启南巡之议。惟今蔡郡，实古豫州。干戈以来，市井如故。介孤堻而抗敌，出众力之输勤。及闻临幸之初，愈谨奉迎之礼。呜呼，奉畜尔众，敢辞亳邑之迁，时迈其邦，尚获国家之助。咨尔有众，体予至怀。”史未载。乙巳，以乌库哩镐为御史大夫兼总帅。时从官近侍皆穷乏，悉取给于镐，镐不能人满其欲，日夕交谮，甚以尚食阙供为言。帝怒，稍疏。镐忧郁，常称疾在告。〔考异〕本名噶老，原作栲栳。蔡州城破，执之以招息州。不下，被害。见本传。续纲目及宋史孟珙传均作降，稍异。以张天纲为御史中丞、权参政。完颜药师为镇南节度兼蔡州观察使。乌库哩布希权右都监，行帅事。罗索签枢院事。〔考异〕本姓富珠哩，又作孛术鲁。时总帅为中罗索，元帅小罗索。外有长罗索，前官鹰扬都尉，与元兵战死于白鹿原。三人者皆内族，名同，以长幼别之。见本传。通鉴辑览谓此为小洛索，稍异。丁巳，护卫布希舒噜原作蒲鲜（至）〔石〕鲁（据金史卷一八哀宗纪改）负祖宗御容至自汴，奉安乾元寺。前御史（大夫）〔中丞〕（同上）富察世达、元帅博斯呼至自汴，以世达为吏部侍郎，权行六部尚书。

八月癸酉朔，以秦州元帅钮祜禄乌展原作完展行省陕西，谕取宋兴元。〔考异〕郭哈玛传，天兴三年正月，乌展闻蔡已破，欲城守以待嗣立者。假称有旨宣谕，以安众心。绥德州帅汪世显嫉之，力攻巩昌，破之，劫杀乌展送款于元。所载甚详。

元王檝使宋还，宋遣军护行。帝闻之惧。〔考异〕赵翼劄记云，时金军不复南侵，宋人亦思继好。正大八年，行省忽以札付下襄阳制置司，约同御北兵，且索军饷。札付者上行下之檄也。于是宋制置使陈该遂怒，辱使者，而和好复绝。癸未，元帅楚玶复立寿州于蒙城，迁赏有差。乙酉，元召宋师攻唐州，右监军乌库哩和欢原作黑汉战死，主帅富察某为部曲所食。城破，宋求食人者，尽戮之，余无所犯。驻兵息州南，诏权参政穆延乌登、签枢罗索行省院于息州。以兵袭宋人于中渡店，斩获甚众。〔考异〕续纲目云，蒙古塔齐尔使王檝至襄阳，约攻蔡州。史嵩之先以兵会伐唐州，金将黑汉战死，城遂降。驻军息州南，降者日众。息州刺史乌库哩呼噜惧，请益兵，主遣乌登及中罗索帅忠孝军五百往，谕之曰："北兵，我实难敌。至宋人，何足道哉？朕得甲士三千，纵横江淮间，破之必矣。"寻以呼噜畏缩，命瓜尔佳玖珠代之。乌登后闻国亡，发丧，谥主曰昭宗，举城南迁。元追及于罗山，自万户下七百人皆被杀。薛应旂通鉴呼噜作忽鲁、塔齐尔作塔察儿、玖珠作九住，余同。（九月癸卯朔）〔是月〕（据金史卷一八哀宗纪改）假内族阿古岱原作阿虎带。〔考异〕续纲目作阿固岱。同签大睦亲府，使宋借粮。谕曰："宋人负朕深矣，朕自即位，戒饬边将无犯南界。边臣生事，均责之。得宋一州，随即付与。近淮阴来归，彼多以金帛为赎，朕若受财，是货之也。付之全城，秋毫无犯。

清口临阵，生获数千，悉即资遣。今乘我疲敝，据我寿州，诱我邓州，又攻唐州，彼为谋亦浅矣。元灭国四十以及西夏，夏亡及我，我亡必及于宋。唇亡齿寒，自然之理。若与连和，为我亦为彼也。卿其以此晓之。"至宋，宋不许。

〔九月〕（据金史卷一八哀宗纪补）戊申，鲁山元帅元志入援，升为总帅。庚戌，以重九拜天于节度使厅，谕群臣曰："国家自开创，涵养汝等百有余年，或以先世立功，或以劳效起家，被坚执锐，积有年矣。今当厄运，与朕同患，可谓忠矣。比闻北兵将至，正汝等立功报国之秋。纵死王事，不失为忠孝鬼。往者常虑不为朝廷知，今日临敌，朕亲见矣。汝等勉之。"因赐卮酒。酒未竟，逻骑驰奏"敌兵数百突至"，将士踊跃请战，许之。是日，分军防守四面及子城。以总帅罗索守东面，承麟副之。参政镐守南面，元志副之。点检乌凌阿呼图守西面，元帅蔡巴尔原作八儿副之。副点检王善尔原作山儿，官忠孝军元帅。〔考异〕宣宗纪兴定四年总领提控蒲察山儿，另一人。守北面，元帅赫舍哩柏寿副之。行帅府钮祜禄温绰守东南，左都监瓜尔佳当格原作当哥副之。右卫将军色呼默守子城，都尉王爱实副之。辛亥，元兵筑高垒，围蔡城。命括城中粟，禁公私酿酒。〔考异〕薛应旃通鉴云，众既出，蒙古兵奔溃。塔察儿以数百骑复驻城东，金主遣兵接战，又败之。自是不复薄城，分筑长围困之。 元史注，即塔齐尔，一名布展。居宜山，博啰罕从孙，官行省都元帅。按，塔齐尔，蒙古语瘠地也。哀宗纪蔡州之攻未载塔察儿名。

　　冬十月癸未，徐州守臣郭恩杀官吏以叛，行省萨布死之。戊子，征诸道兵。丙申，副都点检温都察逊原作温敦昌孙战殁。

　　十一月辛丑朔，宋遣其将江海、孟珙率兵万人及粮三十万石助元攻蔡。〔考异〕宋史理宗纪作十月事。珙字璞玉，枣阳人。宗政子，封吉国公，赠太师，谥忠襄。见本传。

　　十二月甲戌，尽籍民丁防守。括妇人壮健者假男子衣冠运大石，帝亲出抚军。丁丑，元兵决练江、宋兵决柴潭入汝水。方舆纪要云，练江在城西十里，出确山县乐山。柴潭在城南三里。汝水出汝州鲁山县西南七十里大盂山。 续通考云，天兴三年正月，册柴潭神为护国灵应王。〔考异〕薛应旃通鉴云，时塔察儿遣张柔薄城，金人钩二卒以去。柔中流矢如蝟，孟珙麾先锋救之，挟柔出。明旦，珙殊死战，夺柴潭楼，拔之。蔡恃潭为固，外即汝河，潭高于河五六丈。楼伏巨弩，相传有龙，不敢近。珙谓彼所恃惟此水，决而注之，涸可立待，遂凿堤，潭果决，入汝水。元亦决练江，由是两军皆济。所载较详。元史太宗纪，十二月，败武仙于息州，金人以莱、潍、海、沂等州降。史未载。 按，柔中流矢，为珙救出事，见宋史孟珙传，而元史张柔传不书。己卯，元兵破外城，宿州副总帅高拉格原作刺格战死。〔考异〕续纲目云，时外城破，进逼土门，金驱老稚熬为油，号"人油炮"。不堪其苦，<u>珙</u>遣道士说止之。<u>金</u><u>罗索</u>率精锐五百夜出西门，人荷束藁，沃油其上，将烧两军寨及炮具。<u>元</u>兵觉，伏弩射却之，伤者甚众，<u>罗索</u>仅以身免。<u>纪</u>未载。己丑，<u>元</u>兵堕西城。〔考异〕<u>薛应旂通鉴</u>云，先是<u>忽斜虎</u>命筑寨、浚濠为备。及西城堕，两军皆未能入，但于城上立栅自蔽。<u>忽斜虎</u>选三面精锐日夕战御。<u>纪</u>未载。帝谓侍臣曰："我为金紫十年、太子十年、人主十年，自知无大过恶，死无恨矣。祖宗传祚百年，至我而绝，与自古荒淫暴乱之主等为亡国，独此为介介尔。"又曰："古无不亡之国，亡国之君往往为人囚縶，或为俘献，或辱于阶庭，闭之空谷。朕必不至此，卿等观之，朕志决矣。"都尉<u>王爱实</u>战殁，总帅<u>王锐</u>杀元帅<u>瓜尔佳当格</u>叛，降<u>元</u>。庚寅，以御用器皿赏战士。甲午，帝微服夜出东城谋遁，及栅，不果，战而还。乙未，杀马二百匹犒将士。〔考异〕<u>大金国志</u>云，三月，<u>白都尉</u>反，上登门谕其军曰："尔等自拔归国，名曰忠孝，岂可杀我?"众感其言，诛<u>白都尉</u>。<u>纪</u>未载。

　　三年（甲午一二三四）春正月甲辰，以近侍分守四城。戊申，夜，帝集百官，传位于内族<u>承麟</u>。<u>博索</u>弟，系出<u>世祖</u>，时官东面元帅。<u>承麟</u>固让。诏曰："朕肌体肥重，不便鞍马驰突。卿平日趫捷，万一得脱，国祚不绝，此朕志也。"己酉，<u>承麟</u>即位。礼毕，亟出捍敌，而南面已立<u>宋</u>旗帜矣。俄顷，四面夹攻，呼声震天地。南面守者弃门遁，敌兵入城，中军巷战，不克，帝自缢于<u>幽兰轩</u>。权点检<u>色埒默</u>矫制召承御实嘉氏、近侍局大使焦春和、内臣<u>宋珪</u>及侍从官巴良弼、阿勒根文卿晓以大义，皆从死。〔考异〕<u>大金国志</u>，色埒默作斜烈。宋珪作宋规，本名乞奴，有传，内侍殿头。<u>汪辉祖金史同名录</u>云，卷八<u>世宗大定</u>二十六年亲军、卷百二十二粘割贞传贞祐元年河间府判官，三人同名乞奴。　薛应旗通鉴云，忽斜虎闻之，谓将士曰："吾君已崩，吾何以战为？吾不能死于乱兵之手，吾赴<u>汝水</u>从吾君矣，诸君其善为计。"言讫，赴水死。于是<u>字术鲁小娄室、兀林答胡土、总帅王志、元帅王山儿、纥石烈柏寿、乌古论桓端</u>及军士五百余人，皆从死焉。末帝退保子城，闻帝崩，大哭，谥曰哀宗。〔考异〕纪传皆称哀宗，独<u>百官、食货</u>志称义宗，<u>大金国志</u>同。息州行省谥曰<u>昭宗</u>，故官传于<u>宋</u>者曰<u>闵宗</u>。刘祁归潜志但称为<u>末帝</u>，纪载各殊。见钱大昕集。　又，<u>元史雪不台传、槃直腯鲁华、阔阔不花</u>等传，均作<u>义宗</u>。哭奠未毕，城溃，诸禁近举火焚之。奉御<u>经实</u>原作绛山收其骨，瘗之<u>汝水</u>上。〔考异〕<u>经实传</u>，<u>色埒默</u>将死，遗言<u>经实</u>，使焚<u>幽兰轩</u>。方火炽，兵入，<u>经实</u>留不去，欲俟火灭，收其骨，虽寸斩不恨。元将布展曰："此奇男子"，许之。乃收余烬，裹以衾，瘗之<u>汝水</u>旁，后不知所终。　续纲目云，<u>孟珙</u>索得金主骨，与塔齐尔分之。　周密齐东野语云，<u>端平</u>元年，<u>史嵩之</u>子<u>申</u>开阃<u>荆湖</u>，与<u>孟珙</u>合鞑靼兵攻<u>蔡</u>，取<u>金</u>主残骸以归，作露布夸耀一时，且绘八陵图以献，遂议遣使修奉陵寝。时郑忠定当国，欲乘时抚定中原，会赵南仲、赵武仲、全子才惑于降人谷用安说，而守<u>河</u>据关之事起矣。入<u>汴</u>、入<u>洛</u>，粮道不继，以至败亡。此殆天意，徒以贪功冒进罪之亦非至公论也。

所载骸骨事与史异。末帝为乱兵所害，〔考异〕元史太宗纪，诏获承麟杀之。乱兵，疑即蒙古兵。金亡。〔考异〕续纲目云，是日黑气压城上，日无光。　大金国志云，是日日大赤无光，京、索间雨血十余里。又云，太祖以甲午岁叛辽，义宗以甲午岁亡国，是有天焉，岂人力哉。　沈炳震廿一史四谱，起太祖收国元年乙未，当宋徽宗政和五年，尽哀宗天兴三年甲午。九主，合一百二十年。杨维桢作宋辽金正统辨，以宋为正，金称国号于重和之元年，历一百一十七年。谓金泰和之议以靖康为游魂余魄，比之昭烈在蜀，则当时之论，固知宋有遗统在江之左矣，而金欲承其绝为得统可乎？好党君子，遂斥绍兴为伪统。吁，吾不忍道矣。且世祖平宋之时，有过唐不及汉，宋统当绝，我统当续之喻，是世祖以历数之正归之于宋，而以今日接宋统之正者自属，更可知矣。又，（谢）〔脩〕端（据国朝文类卷四五改）辨宋辽金正统谓辽金为正，当称"北史"。自宋初至靖康为宋史，而建炎以来为南宋史。待制王（珏）〔理〕（据续通考卷一六一宋史条改）祖之，著（之）〔三〕（同上）史正统论。然士论终以宋为正统，持议不决。至正三年，命脱脱等为总裁，谕宋、辽、金各为史，凡再阅岁，书成，多欧阳玄属笔云，均见续通考。　又，金亡，女直部归元，元设军民万户府五，镇抚北边。曰桃温、曰胡里改、曰斡朵怜、曰脱斡怜、曰孛苦江，分领混同江南北水达达及女直之人有合兰府水达达三路，以总摄之。所载甚详。

金史纪事本末卷四十八

博索误国 承立附

哀宗正大五年（戊子—一二二八）秋八月甲子，以参知政事博索为尚书右丞。博索，内族，世祖裔，原作白撒，〔考异〕续纲目作拜姓。元史郭侃传作伯撒。卷九十移剌道传大定二年降人白撒，另一人。一名承裔，末帝承麟兄也。幼为奉御。贞祐间，累官知临洮府兼兵马都总管。兴定元年，为左都监，行帅府于凤翔。是年，诏陕西行省侵宋，博索出巩州盐（井）〔川〕（据金史卷一一三白撒传改），在巩昌府漳县城，宋因置盐川寨。击破宋兵于皂郊堡及天水军。二年四月，拔西和州及成州。三年，取兴元、洋州，擢权参政，行省平凉。

四年，<u>夏</u>兵由高峰岭攻定<u>西州</u>，旧属<u>巩州</u>通远军遣将大破之，并招谕诸蕃部内附。<u>元光</u>元年，大败<u>夏</u>兵，取<u>大通城</u>。隶<u>乐州向德军</u>。<u>哀宗</u>立，边事日急，召还朝，拜右丞。寻进平章。<u>博索</u>居西陲几十年，当<u>宋</u>、<u>夏</u>之交，虽颇立功效，皆诸将力为多。本怯怯无能，惟以仪体为事。性愎而贪鄙。及为相，专愎尤甚。尝恶堂食不适口，每以家膳自随。国家颠覆，初不恤也。〔考异〕<u>刘祁</u>归潜志云，南渡将相皆膏粱乳臭子，若<u>白撒</u>，只以能打毬称。<u>完颜讹可</u>以打毬号"杖子元帅"。<u>定奴</u>号"三脆羹"。有以忮忍号"火镣元帅"者，纪及本传均未载。

　　<u>天兴</u>元年（壬辰一二三二）即<u>正大</u>九年也。春正月丁酉，两省军败绩于〔三〕峰山（据金史卷一七哀宗纪补），<u>元</u>兵与<u>白坡</u>兵合，长驱趋<u>汴</u>。〔考异〕续纲目云，<u>元</u>主用<u>夏</u>人<u>恤可计</u>，自<u>河中</u>由<u>河清县</u><u>白坡</u>渡河，遣报<u>图垒</u>，以兵会<u>主</u>驻<u>郑州</u>，命<u>苏布特</u>攻<u>汴</u>。所载较详。令史<u>杨居仁</u>请乘其远至击之，<u>博索</u>不从，且阴怒之。遂遣<u>完颜莽伊苏</u>、原作麻斤出<u>邵公茂</u>等部民万人，开短堤、决河水以固京城。功未毕，骑兵奄至，<u>莽伊苏</u>等皆被害，丁壮无还者。壬辰，弃<u>卫州</u>，运守具入京。初，<u>元</u>兵破<u>卫州</u>，<u>宣宗</u>南迁，移州治于<u>宜村渡</u>，筑新城于河北岸，去河不数步，惟北面受敌，而以石包之，岁屯重兵。<u>元</u>兵屡至不能近。至是弃之，旋为<u>元</u>军所据。地理志云，<u>卫城</u>旧治<u>汲县</u>，因河患徙其城。<u>贞祐</u>二年，城<u>宜村</u>，以<u>胙城</u>为倚郭

云。甲午，修京城楼橹。先是宣宗以京城阔远难守，诏高琪筑里城，公私力尽，乃得成。至是，议所守。朝臣有言"里城决不可守，外城决不可弃。"于是决计守外城。在城诸军不满四万，京城周百二十里，人守一乳口尚不能遍，故诏避迁之民充军，又诏在京军官有于上清宫平日防城得功者，如内族按春、原作按出虎，官元帅。〔考异〕汪辉祖金史同名录云，卷七十七宗尹传大定时宗室，为奉御；卷一百二十八赵重福传三司使，三人同名按出虎。塔呼喇、原作大和儿刘伯纲等皆随召而出。截长补短，假借而用，得百余人。又集京东、西沿河旧屯两都尉及卫州已起义军，通建威得四万人，益以丁壮六万，分置（旧）〔四〕（据金史卷一一三白撒传改）城。每面别选一千名"飞虎军"，以专救应。然亦不能军矣。〔考异〕喀齐喀传，元攻城，〔守城之〕（同上补）具有大炮，名"震天雷"者，铁礶盛药，以火点之，炮起火发，其声如雷，闻百里外。所熱围半亩之上，火点着甲铁皆透。大兵又为牛皮洞，直至城下。掘城为龛，间可容人，则城上不可奈何矣。人有献策者，以铁绳悬"震天雷"者，顺城而下，至掘处火发，人与牛皮皆碎迸无迹。又飞火枪，注药，以火发之，辄前烧十余步，人亦不敢近。大兵惟畏此二物云。所载甚详。

二月庚午，起复萨布原作赛不为左丞相。〔考异〕续纲目云，初，萨布谓都事商衡曰："某不知相道，恐他日史官书某时以某为相而国亡"，遂致仕。至是，汴围愈急，财匮援绝，主大惧。拜坹谓势必讲和，议定，则首相当往为质，力请起用萨布云。且括汴京民二十万，分隶诸帅。本传未载。

三月甲午，诏博索宿上清宫以备缓急。时京城被攻，大臣分守四面。博索主西南，受攻最急，楼橹垂就辄摧。传令取竹为护帘，所司大索，无所得。博索怒，欲斩之，员外郎张衮附所司耳语曰："金多即济矣，胡不于平章府求之？"所司怀金三百两径往，赂其家僮，果得之。〔考异〕薛应旂通鉴云，白撒时主和，不敢战，军中喧哄。主出端门，军士进曰："北兵填濠过半，平章令勿放一镞，恐坏和议，岂有此计耶？"主曰："朕以生灵故，称臣进奉，止一子，未长成，今往为质。待曹王出，兵不退，汝等死战未晚。"初，白撒命筑短墙，甚狭，容二三人得过，以防夺门。至是，诸将请乘夜斫营，不能出。比出，已为元觉。又募死士穴城出，烧炮座，城上悬纸灯为应，亦被觉。放纸鸢，置文书其上，以诱被俘者，识者笑之。纪及本传均未载。又，喀齐喀传，时右丞舒噜命作江水曲，使城上人静夜唱之。盖河朔先有此曲，以寄讴吟之思，其谬误如此。纪亦未载。已而议和，兵退。廷议罢博索，不自安，谓令史元好问曰："我妨贤路久矣，得退为幸。为我撰乞致仕表。"俄而诏至，令致仕，军士犹恨其不战误国，扬言欲杀之。博索惧，一夕数迁。帝以亲军二百阴为备，众愤不能泄，遂相率毁其别墅。其党萨尼雅布原作斜捻阿不领本部军戍汴，闻之，径诣其所，斩经其垣下者一人以镇之。是时，迁民告出城者以万数，博索不听。

夏六月，博索开渠于私第东。

冬十月，复起博索为平章政事，权枢密使兼右副元帅。〔考异〕哀宗纪系之十二月丙子朔，今从本传。时苏布特等兵散屯河南，汴城粮且尽，援兵复无至者。群臣为帝画出京计，遂命博索等率军扈从。

十二月，车驾发南京，次黄陵冈。博索先降元兵两寨，得河朔降将。帝赦之，授以印及金虎符。群臣议以河朔诸将前导，鼓行入开州，取大名、东平，豪杰当有响应者，破竹之势成矣。温腾察逊〔考异〕薛应旂通鉴作温敦昌孙，续纲目作温都察逊。所载各异，今从博索传。曰："太后、中宫皆在南京，北行万一不如意，圣主孤身欲何所为？若往归德，更五六月不能还京，不如先取卫州，还京为便。"博索曰："圣体不便鞍马，且不可令元兵知帝所在。今可驻归德，臣等率降将往东平，俟诸军到，可一鼓而下。因经略河朔，且空河南之军。"帝然之。时帝已遣官努将三百骑探沤麻冈，未还。帝将御船，赐博索剑，得便宜从事。决东平之策。官努还奏，"卫州有粮可取。"帝召问博索，〔博索〕（据金史卷一一三白撒传补）曰："京师且不能守，就得卫州欲何为？臣谓东平之策便。"帝主官努议。〔考异〕薛应旂通鉴云，金主惑白撒之说，一意向河朔，稍异。今从博索传。

二年（癸巳—二三三）春正月，帝在黄陵冈，归德守臣以粮糗三百余船来饷，遂就其舟以济南岸，未济者万人。元将和尔古纳_{原作回古乃}率四千骑来追，贺德希_{原作贺都鲁。〔考异〕博索传作贺得希。}挥一黄旗督战，身中多箭，军殊死斗，得卒十余人，元兵稍却。帝送酒百壶劳之。须臾，北风大作，舟皆吹著南岸，元兵复击之，溺死者近千人，元帅珠尔、_{原作猪儿}都尉赫舍哩额琳等皆死之。遂命博索攻卫州。帝驻兵河上，留亲卫军三千护从，命总帅伯嘉总诸军，听博索节制，发自蒲城。帝时已遣萨布将马军北向矣，博索以三十骑追及，谓萨布曰："有旨，令我将马军。"萨布谓帝曰："北行议已决，不可中变。"帝曰："丞相当与平章和同。"完颜呼沙呼_{原作忽斜虎，字仲德。}扣马谏曰："存亡在此一举，卫州决不可攻。"帝麾之曰："参政不知。"博索遂攻卫州。兵至城下，御旗黄伞招之，不下。夜，北骑三千奄至，官努、哈萨哈、_{原作和速嘉}乌达布、_{原作兀地不按春}并力拒战，北兵却六十里。然自发蒲城，迁延八日始至卫，猝无攻具，缚枪为云梯，州人守益固，攻三日不克。会闻元兵济自张家渡，至卫西南，遂班师。元兵蹑其后，战于白公庙，败绩，博索等弃军遁。车驾还次蒲城东三十里，刘益等为民害。博索密奏益军叛去，点检穆延乌登、_{原作抹撚兀典}总领温腾察逊请帝登舟，帝曰："正当决战，何遽退乎？"俄而<u>博索</u>仓皇至曰："今军已溃，<u>元</u>兵近在堤外，请幸<u>归德</u>。"帝遂登舟，侍卫皆不知，巡警如故。时夜已四更矣，遂狼狈入<u>归德</u>。〔考异〕续纲目，时<u>元</u>将为<u>史天泽</u>。与主同登舟者副元帅<u>和尔和</u>六七人。翌日，诸军始知，遂大溃。所载较详。<u>博索</u>收溃兵<u>大桥</u>，得二万余人，惧不敢入。帝闻，遣近侍<u>伊喇宁古</u>、<u>赫舍哩阿里哈</u>以舟往迎。既至，不听入见，并其子下狱。诸军出怨言，乃暴其罪，籍家产赐军士。囚七日，饿死，其子<u>呼图哩</u>原作<u>忽土都</u>，亦作<u>忽土邻</u>。亦死狱中。发其弟<u>承麟</u>、子<u>果勒</u>原作（于）〔子〕（据<u>金史</u>卷一一三<u>白撒</u>传改，下同）<u>狗儿</u>。〔考异〕<u>汪辉祖金史</u>同名录云，卷十五<u>宣宗兴定</u>三年<u>辽州</u>总领提控；卷一百一<u>仆散端</u>传<u>平凉府</u>知府，本姓<u>王</u>氏，见<u>李英</u>传，三人同名（于）<u>狗儿</u>。<u>徐州</u>安置。

初，<u>濒河</u>居民闻军北渡，潜伏洞穴。及见官努军号令明肃，秋毫无犯，老幼妇女不复畏避。俄<u>博索</u>辈纵军四出，剽掠俘虏，所过邱墟。都尉<u>高禄谦</u>、<u>苗用秀</u>等仍掠人食之，而<u>博索</u>诛斩在口。官吏残虐，一饭之费至数十金，公私皇皇，民始思叛。<u>博索</u>目不知书，奸黠有余，簿书政事，闻之即解。善谈议，多知。接人则煦煦然。好货殖，能捭阖中人主心。浸（淫）〔渍〕（同上）取将相，起第<u>汴</u>西城。规傲禁掖，婢妾百数，皆衣金缕。奴隶月廪与列将等，犹以为未足也。帝尝遣中使责之曰："卿汲汲于此，将无北归意耶？"然终不悛，以及于祸。

从弟承立一名庆善努，原作庆山奴字献甫。伟仪观，性悾怯，无能。宣宗立，擢西京副留守兼提点近侍局。呼沙呼专权乱政，尝言于宣宗，后伏诛，承立愈见宠幸，近侍局始用事矣。三年，元兵围中都，遣募兵往援。俄为右都监，行帅府事。四年，迁庆（阳）〔原〕（据金史卷一一六承立传改）都总管。兴定间屡击破夏兵，以功进左都监兼节度使，行帅事于鄜州。哀宗正大四年，李全据楚州，授承立元帅，屯盱眙。兵败，死者万余，委弃资仗甚众。〔考异〕元好问中州集，高平申万全字百胜，贞祐初中乙科。正大中，召为史馆编修，从行省庆山（按，据金史卷一一六承立传，当作"庆山奴"为是）南征，溺水死。史未载。时军无见粮，转输不继，民疲奔命，愁叹盈路。枢密判官白华上章，乞斩之以谢天下，不报。降定国节度使，又以受赂夺一官。八年正月，凤翔破，行省徙京兆民于河南，令承立以行省守之，只病卒八百，瘦马二百，屡请还。每奏以一帖，附其兄博索乞为地，不许。寻弃军还，使代图克坦乌登行省徐州。天兴元年，入援，总领侯进等叛降元。承立退保归德，次杨驿店，遇萨纳台原作笑乃觰军，遂溃。徐州帅鄂伦原作乌里，见哀宗纪。云，旧作兀里，一作兀伦。战死，承立被擒。至真定，见史天泽，戒其以生灵为念，大帅特默岱诱使招京城，不从，卒被害。

鄂伦为丞相萨布佄。元光间，例以诸帅为总领，鄂伦以丞相故，独不罢。防近族而用疏属，故博索、承立、鄂伦辈皆腹心倚之。

金史纪事本末卷四十九

崔立之变

哀宗天兴元年（壬辰—一二三二）冬十二月乙酉，帝亲出师，以崔立为西面元帅，与参政兼枢副完颜纳新、原作奴申，亦作讷申。〔考异〕汪辉祖金史同名录云，卷一百十六官努传天兴二年帅府经历官，姓把氏；卷一百十九传官陈州行省，姓粘葛氏；卷一百二十四传官左司郎中，姓乌古孙氏，四人同名奴申。通鉴辑览作讷苏肯。本传，字正甫，苏晔弟。第进士，历清要，屡使北，以劳拜参政。刘祁归潜志云，齷齪不能有为。枢副权参政萨尼雅布、原作习捏阿不。〔考异〕刘祁归潜志作习保阿不。注云，金史作斜捻阿不。又异。户部尚书完颜珠赫、原作珠颗东面元帅博斯呼、原作把撒合南面元帅珠嘉耀珠、原作术甲咬住。〔考异〕汪辉祖金史同名录云，卷七世宗大定十二年德州防御使，文兄子，亦作咬住；卷十六宣宗贞祐三年柳州巡检，姓李氏；卷十七哀宗天兴元年郑州防御使，姓乌林答氏；卷十八天兴二年果敏都尉，姓粘葛氏；卷一百十九忽斜虎传天兴二年工部侍郎；卷一百二十九蒲察合住传宣宗朝贼臣，七人同名咬住。　又，塔克实布父亦名耀珠，另一人。北面元帅富珠哩迈努原作孛术鲁买奴。〔考异〕卷十五宣宗纪兴定元年从宜，姓移剌氏，另一人。等留守汴京。立，将陵人，少贫无行，尝为寺僧负钹鼓。乘兵乱，从上党公张开，为都统、提控，积阶遥领太原知府。正大初，求入仕，为选曹所驳。每以不至三品为恨。围城中，授安平都尉。至是擢为西面元帅。

二年（癸巳—一二三三）春正月戊午，帝进次蒲城，还驻魏楼村。李辛自汴京出奔，伏诛。〔考异〕刘祁归潜志云，上疑东面帅李新跋扈，先罢为兵部侍郎，即令二相羁縻之。及上出，二相召新入省，新疑见擒，逾城走。命将追及湟水中，斩之。及崔立乱作，各帅无一人与抗，人谓新若在，决与立抗衡。新死，故立得志。所载较详。惟"辛"作"新"异。又白华传谓辛赐姓斡色。辛酉，遣使往汴京奉迎两宫。戊辰，立与其党韩铎、药安国等举兵作乱，杀参政纳新、枢副萨尼雅布。立性淫姣，尝思乱以快其欲。药安国者管州人。年二十余，有勇力。尝为岚州招抚使，以罪系开封狱。既出，贫无以为食，立潜结纳之。安国健啖，日饱之以鱼，遂与之谋。先以家置西城上，事不胜，则挈以逃。日与都尉（杨）〔扬〕善（据金史卷一一五崔立传改）入省中候动静。布置已定，召善以早食，杀之。遂帅甲士二百撞省门而入。二相闻变，趋出，<u>立</u>拔剑曰："京城危困，二公欲如何处之？"二相曰："事当好议之。"<u>立</u>不顾，麾其党张信之、<u>富珠哩昌格</u>出省，二相遂遇害。驰往<u>东华门</u>，道遇点检温都阿里，见其衷甲，杀之。即谕百姓曰："吾为二相闭门无谋，今杀之，为一城生灵请命。"众皆称快。〔考异〕续纲目云，初，<u>汴</u>人以<u>金</u>主亲出师，日听捷报。及闻军败，始大惧。时苏布特攻城日急，内外不通，米升至银三百，殍死相望。缙绅士女多行乞于市，至有自食妻子者。诸皮器物皆蒸充饥。第宅楼馆多撤以爨。及奉迎使至，人情益不安。<u>崔立</u>谋作乱，左司都事<u>元好问</u>谓萨尼雅布曰："自车驾出京，今二十日许，又遣使迎两宫，民间皆谓国家欲弃京城，相公何以处之？"答曰："吾二人惟有死尔。"<u>好问</u>曰："死不难，诚安社稷、救生灵，死可也。否则，徒以一身饱五十<u>红袄</u>军，亦谓之死耶？"纳新传，时民间有立荆王监国，以城归元之议。二相不知，省令史许安国请集百官士庶，问保社稷活生灵之计。<u>元好问</u>以其言白纳新，命与副枢议。以为然，明日召集省中计事。纳新拱立无语，萨尼雅布当反覆申谕，继以涕泣。又明日，乱遂作。刘祁归潜志云，立令众庶曰："吾为二丞相闭门误众，将饿死，今杀之，以救一城生民。"且禁诸军士取民一钱处死，合郡称快。谓有生路也。食时，忽阴雨开霁，日光烂然。纪及本传均未载。

是日，左右司员外郎聂天骥、御史大夫费摩阿固岱、谏议大夫乌克逊纳新、左副点检完颜阿萨尔、原作阿散奉御莽格、原作忙哥讲议富察琦、户部尚书完颜珠赫皆死之。〔考异〕薛应旂通鉴云，时被杀者尚有左司郎中纳合德辉等十余人。立还省中，集百官议所立。勒兵入见太后，传令立卫王子从恪为梁王监国。〔考异〕续纲目云，立曰："卫绍王太子从恪，其妹公主在北兵中，可立之。"乃遣其党韩铎以太后命往召从恪至。所载较详。即自为太师、军马都元帅、尚书令。寻自称左丞相，郑王。〔考异〕大金国志云，时北军因而受之，加河南行省权皇帝。刘祁归潜志云，太后封立为寿国公。弟倚平章政事，侃殿前都点检。〔考异〕刘祁归潜志云，时以张颂为殿前都点检。其党富珠哩察罕〔考异〕立传作昌格。刘祁归潜志作李术鲁济之。注云，金史作李术鲁长河。〔御史中丞〕，（察罕下无所承。据金史卷一一五崔立传补）韩铎副元帅、知开封府，折希颜、〔考异〕刘祁归潜志作折彦颜。药安国、漳军努、完颜哈达原作合答。〔考异〕汪辉祖金史同名录云，卷八十三椿年传子忠武校尉；卷一百三十二执中传泰和时户部侍郎，姓粘葛氏，与李炳鞠魏廷实狱，不附执中者，三人同名合答。并元帅，师肃左右司郎中，贾良兵部郎中兼右司都事。又署工部尚书温特赫额实、原作温迭罕二十吏部（尚书）〔侍郎〕（据金史卷一八哀宗纪改）刘仲周兼参知政事，宣徽使鄂屯舜卿为左丞，户部侍郎张正伦为右丞，〔考异〕刘祁归潜志云，以奥东阿虎带为右丞，刘仲周、张正伦皆参知政事。盖立取仲周女为妻，正伦有人望也。所载稍异。〔左〕（同上）右司都事张节为左右司郎中，尚书省掾元好问为左右司员外郎，王天祺、康瑭为都事。〔考异〕刘祁归潜志云，以刁璧为兵部尚书。初，立起与璧谋，及期，璧不往，立怒，故不得执政。其余以次迁擢，除拜无虚日。开封判官李禹翼弃官去。户部主事郑著召不起。遂送二相所佩虎符诣元苏布特〔考异〕哀宗纪作萨布特，原作碎不觯。元史注原作速不台。军前纳款。初，立假安国之勇以济事，至是，复忌之。闻安国纳一都尉夫人，数其违约，斩之。壬（辰）〔申〕（据金史卷一一五崔立传改），苏布特至青城，立服御衣，仪卫往见之。大帅喜，饮之酒，立以父事之。既还，悉烧京城楼橹，大帅始信其实降也。立托以军前索随驾官吏家属，聚之省中，亲阅之，日乱数人犹若不足。又禁城中嫁娶，有以一女之故杀数人者。未几，迁梁王及宗室近族皆置宫中，以腹心守之，限其出入。以荆王府为私第，取内府珍玩实之。

二月，立以天子衮冕、后服献元。括在城金银，搜索薰灌，讯掠惨酷，百苦备至。郇国夫人〔考异〕刘祁归潜志云，郇国夫人王氏，宣宗后姊，末帝之姨。招权纳赂，积赀如山，号"自在夫人"。崔立之变，凡富贵家皆搜括金银，郇国竟捶死。所载较详。及内侍高祐、京民李民望之属死杖下。温都卫尉亲属八人，不任楚毒，皆自尽。博索夫人、李蹊妻子〔考异〕刘祁归潜志云，白撒夫人尤奢侈，李蹊亦以取积闻。皆被掠死。同恶相济，视人如仇，期于必报而后已。人窃相谓曰："汴京被疫，时死者百余万，恨不早预其数，而值此不幸也。"〔考异〕续通考云，南京未破时，市中有一僧，持一布囊，贮枣，日日散与市人在所，儿童百十从之。又一人拾街上破瓦，复以石击碎之。人皆以为狂。后乃知其意，盖人欲早散，国家瓦裂云。　刘祁归潜志云，南京屡有妖怪。元光间，白日虎入郑门，吏部中有狐跃出，宫中亦有狐及狼。又夜闻鬼哭辇路。每日暮，乌鹊蔽天，皆亡国之兆也。史多未载。立时与其妻入宫，两宫赐予不计其数。立因讽太后作书陈天时人事，遣皇乳母招归德。当时冒进之徒争援刘齐故事以冀非分者，比肩接踵。〔考异〕薛应旂通鉴云，群小附和，请建功德碑。翟奕以尚书省命学士王若虚为文，若虚私谓好问曰："今召我作碑，不从则死，作之则名节扫地，不若死之为愈。然，姑以理谕之。"谓奕曰："丞相功德碑当指何事而言？"奕曰："丞相以京城降，活生灵百万，非功乎？"若虚曰："学士代王言，功德碑谓之代王言可乎？且丞相既以城降，则朝官皆出其门，自古岂有门下人为主帅颂功德而可取信于后世者乎？"奕虽残虐，闻之不能对而去，事遂得已。　刘祁归潜志云，碑序为元裕之笔，其铭词则王若虚点定。既成，趣曹益甫书之。草定者为祁及麻革，赐进士出身。后求巨石不得，取宋时甘露碑，命张君庸书之。刻方毕，北兵入城，未知其竟能立否也。又异。　元好问中州集，若虚字从之，藁城人。承安二年进士，释褐鄜州录事，历翰林直学士。北渡后，居乡里。东游，与刘文季辈登泰山，殁于黄岘峰之萃美亭，年七十。所著慵夫集及滹南遗老集若干卷传于世。国史有传。子恕，字宽夫。顾奎光金诗选载其题归去来图诗四首，有"此公若识真归处，何必田园始是家"及"销忧更藉琴书力，借问先生有底忧"之句，史多未载。时陈州都尉李顺儿杀行省钮祜禄纳新及招抚使刘天起，送款于崔立。张俊民、李琦奔汴京，王璧还归德（按，据金史卷一八哀宗纪，"李顺儿"至"王璧"事，皆在四月）。〔考异〕宏简录云，李顺儿为陈州防御使粘葛奴申帐下振武都尉。奴申完聚陈州流亡数十万口，指为东南生路。知顺儿蓄异志，使孙镇抚图之，为顺儿所害，遂杀奴申及其子侄婿纥石烈正之，送款于立。加淮阳节度，行省如故。寻为蒲察合达等所诛，并其党举城奔蔡，元兵杀之，老幼数十万少有脱者。所载较详。

夏四月癸巳，立以梁王、荆王及宗室男女至青城，皆及于难。〔考异〕刘祁归潜志云，青城在大梁城南五里，乃粘罕驻军处。当时后妃、皇族皆诣焉，因尽俘而北。后元兵亦于此下寨，而后妃、内族复诣此地，多僇死，亦可怪也。 周密癸辛杂识云，北客有咏汴京青城云："万里风霜空绿树，百年兴废又青城。"盖金亡亦集其诸王于此而杀之。顾奎光金诗选载元遗山癸巳四月出京诗云："塞外初捐宴赐金，当时南牧已骎骎。只知瀍上（莫）〔真〕（据金诗选卷四改）儿戏，谁谓神州遂陆沈。华表鹤来应有语，铜盘人去亦何心。兴亡谁识天公意，留著青城阅古今。"此诗盖作于崔立送后妃赴青城，速不台入汴时。甲午，两宫北迁，立妻王氏备仗卫送两宫至开阳门。是日，宫车三十七两，太后先，中宫次之，妃嫔又次之，宗族男女凡五百余口。次取三教、医流、工匠、绣女，皆从行。〔考异〕续纲目云，四月，崔立以太后王氏、皇后徒单氏及梁王从恪、荆王守纯、诸妃嫔、宗室五百余人，衍圣公孔元措、名儒梁陟及医流、三教、工匠、绣女赴青城，苏布特杀二王及族属，而送后妃等于和林。在道艰楚万状，尤甚于徽、钦之时。　元史太宗纪云，立送二后、二王至军前，苏布特遣送行在，并无杀二王事。宏简录云，京城破，两宫诸妃皆北迁，不知所终。惟宝符李氏从至宣德州，居摩阿院，寝佛殿中，常念佛。闻北行，于佛前自缢死。

续通考云，李氏临终自书门纸曰："宝符御侍此处身故。"所载较详。元兵入城，立时在城外。兵先入其家，取其妻妾宝玉以出，立归，大恸而已。〔考异〕薛应旂通鉴云，初，蒙古之制，凡攻城不降，矢石一发，则屠之。汴京既陷，速不台遣使言于其主曰："此城相抗日久，士卒多伤，请屠其城。"耶律楚材驰见蒙古主曰："将士暴露数十年，所争者土地人民耳。得地无民将焉用之？"主不许，楚材固争，乃诏"除完颜氏一族外，余皆原免"。时避兵在汴者尚有四十七万户，皆得保全，遂为定制。　元史楚材传，字晋叔，辽东丹王托云八世孙。卒年五十五，赠太师，追封广宁王，谥文正。匏翁家藏集，耶律丞相墓在瓮山下，前有石像，须丝三缭，其长过膝。青箱堂记云，瓮山下东南数十步，旧有丞相祠，崇祯中尚存公及夫人二石像。陆友墨史云，金季杨文秀以善墨闻。法不用松煤而用灯煤，子彬得其遗法以授楚材，楚材授子铸，使造一万丸，铭曰玉泉万笏。　按，楚材子二，曰铉，曰铸。制墨者系其第二子铸。楚材曾题和林新居壁诗，有"旧隐西山五亩宫"之句。刘侗帝京景物略云，金元间有僧自称万松野老，居燕京从容庵。文正见之，参学三年，僧以湛然居士目之。今乾石桥之北有砖塔，高七级，额曰万松老人塔，在今西牌楼南大街西。　成德渌水亭杂识云，老人有万寿语录、释氏新闻。善抚琴，尝向文正索琴，以承华殿春雷及种玉翁悲风谱赠之，且寄以诗，有"一曲悲风对谱传"之句，见湛然居士集。又尝寄孔雀便面，附以诗，传之法门，亦佳话也。

李琦者，山西人，为都尉，在陈州与钮祜禄纳新同行省事。陈州变，入京，附崔立妹婿折希颜，娶瓜尔佳元妻。年二十余，有姿色，后有言其美于立者，欲强之。差琦出京，琦以妻自随，如是再三，立遂欲杀琦。琦又数为折希颜辱，乃谋杀立。而李伯渊者，宝坻县名，属通州。人，为千户，美姿容，深沈有谋。每愤立不道，欲仗义杀之。李齐诺者，〔考异〕续纲目作李贱奴。燕人，以都尉为东面元帅，立视若部曲，积不能平，均与琦合。

三年六月，传近境有宋军，伯渊等阳与立谋备御。翌日晚，烧外封丘门以警动立。是夜，立寐不安，一夕百卧起。比明，伯渊等约立视火，从苑秀、折希颜数骑往。谕京城男子，皆诣太庙街点集。既还，行及梳行街，伯渊于马上抱立，持匕首刺之，立坠马死。伏兵起，元帅洪果萨哈杀苑秀、折希颜，伯渊系立尸马尾，号于众曰："立杀害劫夺，烝淫暴虐，大逆不道，古今所无。当杀之不？"众齐声应曰："寸斩之未称也。"乃枭立首，望承天门祭哀宗。或剖其心生啖之。以三尸挂阙前槐树上，树忽拔，人谓树有灵，惧为所污。遂籍其家，以其妻王花儿赐丞相镇海帐下士。〔考异〕薛应旂通鉴云，端平元年正月戊辰，史嵩之露布，告金亡，以陈、蔡西北地分属蒙古。蒙古以刘福通为河南道总管，嵩之遣郭春按循故壤，诣奉先县，泛扫祖宗诸陵。孟珙还屯襄阳，江海屯信阳，王旻戍随州，王安国守枣阳，蒋成守光化，杨恢守均州。并益兵饬备，经理屯田于唐、邓州。四月，遣朱复之修奉八陵。六月，赵范、赵葵欲乘时抚定中原，建守河据关收复三京之议，郑清之力主其说。诏知庐州全子才率兵赴汴，李伯渊等以书约降，谋杀崔立，葵遂趋汴。遣徐敏子入洛，为蒙古所败，溃还。事闻，均贬秩。十二月，蒙古王檝来责败盟，遣邹伸之等报谢。河、淮间无宁日矣。所载甚详。

刘祁曰：“金自南渡后，为宰相者无恢复之谋，临事相习低言缓语，互相推让，以为养相（度）〔体〕（据金史卷一一五崔立传改）。每四方灾异，民间疾苦，将奏，必相谓曰：‘恐圣主心困。’事危，辄散曰：‘俟再议。’已而复然。或有言当改革者，辄以生事抑之。故所用必择恮熟无锋铓易制者用之。每北兵压境，则君臣相对泣下，或殿上长吁。兵退，则大张具，会饮黄阁中矣。因循苟且，竟至亡国。又多取浑厚少文者置之台鼎。宣宗尝责丞相布萨齐勤，‘近来朝廷纪纲安在？’齐勤不能对，退谓郎官曰：‘上问纪纲安在？尔等自来何尝使纪纲见我。’故正人君子多不能用，〔用〕（同上）亦未久而即退也。”祁字京叔，浑源州名，属大同府人。应奉翰林文字从益子。　本传，从益字云卿。大安元年第进士。入翰林，逾月卒，年四十四。精于经学，为文章长于诗，五言尤工。有蓬门集。子祁，太学生。郁字文季俱有名于时。尝著归潜志，与元裕之名好问，太原人，德明子。从陵川郝晋卿学，淹贯经传。为箕山琴操等诗，礼部赵秉文见之，以为近代无此作，遂名震京师。第进士，历左司员外郎。国亡不仕。采摭遗闻，嗣后纂修金史多所采录。见本传。　又，好问中州集，晋卿名天挺，少日有赋声，不就举。贞祐之兵，避于河南，往来淇卫间。为人有崖岸，耿耿自信。年五十七卒于舞阳。临终，浩歌自得，不以死生为意。子思温，字和之。孙经，字伯常，今在顺天。德明，秀容人，唐礼部侍郎次山后。累举不第，放浪山水间，饮酒赋诗，年四十八终于家。诗不事雕饰，居东山福田精舍，东岩，其自号也。有集三卷行世。见参政杨玉叔所撰墓铭。中州集末载其律诗四十〔三〕（据中州集癸集补）首。好问兄敏元，读书无所不窥。尝赋望月诗，有"莫怪更深仍坐待，密云或有暂开时"之句，后殁于北兵之祸。元遗山集载其出都诗云："汉宫曾动伯鸾歌，事去英雄可奈何。但见觚棱上金爵，岂知荆棘卧铜驼。神仙不到秋风客，富贵空悲春梦婆。行过卢沟重回首，凤城平日五云多。""历历兴亡败局（基）〔棋〕（据金诗选卷四改），登临疑梦复疑非。断霞落日天无尽，老树遗台秋更悲。沧海忽惊龙穴露，广寒犹想凤笙归。从教尽划琼华了，留住西山尽泪垂。"**壬辰杂编二书多言金末丧乱事，犹有足征者。**〔考异〕裕之所著有诗文集若干卷、杜诗学一卷、东坡诗雅三卷、锦机一卷、诗文自警十卷。又纪录野史多至百余万言。　续通考以裕之与麻知几为翼统先儒。知几名九畴，易州人。弱冠入太学，有文名。南渡居遂平西山，以古学自力。正大初，第进士，官应奉翰林文字。罢归郾城，元兵乱，走确山，为兵所得，遂卒。　朱彝尊日下旧闻云，宋靖康二年正月，金索秘书监文籍，节次解发，见丁特起泣血录。洪迈（客）〔容〕斋随笔（据本书卷末引用书目改）亦云，宣和殿、太清楼、龙图阁所储书籍，靖康荡析之余，尽归于燕。元之平金也，杨

中书惟中于军前收集伊洛诸书，载送燕都。及平宋，王承旨构首请
辇宋三馆图籍，宋之实录、正史皆完，敕平章太原张易兼领秘书监
事，许京朝官借观。至明文渊阁藏书，乃合宋、金、元所储汇于一，
益以永乐间南都所运百柜。考正统六年编定目录，凡四万三千二百
余册，列朝实录、圣训又数千卷。若永乐大典一书多至二万二千九
百三十七卷，皆藏诸皇史宬，不与焉。

金史纪事本末卷五十

官努之叛

　　哀宗天兴元年（壬辰一二三二）冬十二月乙酉，帝欲以<u>富察官努</u>、原作蒲察官奴。〔考异〕<u>大金国志</u>云，本姓移剌。<u>高显</u>、<u>刘益</u>为元帅，不果。〔考异〕续纲目云，主欲以官奴为马军帅，<u>显</u>为步军帅，<u>益</u>副之。三人欲奉命，参政<u>恩楚</u>曰："汝辈把耙不知高下，国家大事可易承耶？"<u>官奴</u>曰："若将相可了，何至使我辈。"事亦中止。所载较详。<u>官努</u>少尝为北兵所虏，往来<u>河朔</u>。后以奸事系<u>燕城</u>狱，劫走<u>夏津</u>，杀<u>回纥</u>使者，得鞍马资货，自拔归朝，以特恩收充忠孝军万户。月给甚优，日与群不逞博，为有司所劾。事闻，以其新自<u>河朔</u>来，未知法禁，诏勿问。从<u>伊喇布哈</u>攻<u>平阳</u>，论功最，迁本军提控，佩金符。<u>三峰</u>

之败，走襄阳，说宋制使以取邓州自效，制使信之，至与同燕饮。已而，知汴城围解，复谋北归。遣伊喇留格入邓，说邓帅聂赫，称欲劫南军为北归计。聂赫欲就此擒之，官努知事泄，即驰还，见制使，请兵掠邓边，获牛羊数百，宋人不疑。因掩宋军，得马三百。至邓州城下，移书聂赫自辨，留马于邓而去，乃缚忠孝军提控姬旺，诈为唐州太守，械送北行。随营帐取供给，因得入汴。有言其出入南北军、行数千里而不慑，其智能可取，宰相悦，使权都尉。寻提军数百驰入北军猎骑中，生挟一回纥还。巡黄陵、八谷等处，劫获甚众，转正都尉。又至黄陵，几获镇州大将，中外皆以为可用，至是欲拜为元帅，不果。未几，真授元帅。戊戌，官努、阿里哈谋立荆王，未发，朝廷知之，置不问。庚子，帝发南京。甲辰，次黄陵冈。时平章博索原作白撒率诸将战，官努之功居多。及渡河，惟官努一军号令明肃，秋毫无犯。

二年（癸巳—一二三三）春正月辛酉，帝至归德，官努再请率军北渡，不许。知府事兼总帅实嘉纽勒珲原作石盏女鲁欢，本名实禄，亦作十六。〔考异〕卷一百三十二徒单贞子亦名十六，另一人。本传，初，以河南统军使擢右都监，行平凉帅府，昌武节度使。屡言边事，诏嘉纳。寻以行枢院守归德，与经历冀禹锡屡拒元兵，得不拔。后为官努害，诬以反，卒昭雪。又，续纲目作实吾纽勒欢，通鉴辑览作什嘉纽勒珲，各异。以军众食寡，惧不能给，请令河北溃军至者就粮徐、宿、陈三州，亲卫军亦遣出城就食。帝不得已，从之。〔考异〕纽勒珲传，时命富珠哩阿哈统诸军行，道中讹语，阿哈请各给以券，军稍定。俄求得讹语者，斩四人，诸军汹汹。二月庚子夜，劫府民武邦杰、富察耀珠等九家，军遂散。数日，官奴变遂作。纪未载。乃谕官奴曰："纽勒珲尽散卫兵，卿当小心。"是时，唯官奴忠孝军四百五十人、马用军七百人留府中。用，本山西人，权果毅都尉，至归德，始擢元帅。尝召之谋事，不及官奴，官奴始有图用之意。元将特默岱〔考异〕续纲目作特穆岱。（驻）〔攻〕（据金史卷一一六蒲察官奴传改）归德，官奴私与国用安谋，邀帝幸海州。及近侍局直长珠勒根乌舍原作兀惹使用安回，附奏谓海州可就山东豪杰图恢复，且已具舟楫，可通辽东。帝不从。又尝请北渡，为纽勒珲阻。自是，有异志矣。且一军倚外兵肆为剽掠，官奴不之禁，因是，左丞李蹊、左右司郎中张天纲、近侍局副使李大节俱言官奴有反状。帝窃忧之，使总领赫舍哩阿里哈、内族锡馨原作习显阴伺其动静，反泄其谋于官奴。

三月戊辰，帝虑官奴与马用互相图为乱，遣宰执置酒和解之。用撤备，俄官奴乘隙率其军攻用，用军败走，被杀。官奴乱杀军民，以卒五十人守行宫，劫朝官皆聚于都水<u>摩和纳</u>宅，以兵监之。驱参政<u>纽勒珲</u>至其家，悉出所有金银，然后杀之。时代为总帅者<u>哈萨喇乌达</u>原作术速嘉兀底亦被害。乃遣都尉<u>马实</u>被甲执刃，劫直长<u>把纳新</u>原作把奴申，亦作把纳绅。于帝前。帝初抚剑，见<u>实</u>至，掷剑于地曰："为我语元帅，我左右只有此人，且留侍我。"<u>实</u>不敢迫，逡巡退。凡杀朝官<u>李蹊</u>而下三百余人，军民死者三千人。郎中<u>完颜呼喇勒</u>、都事<u>冀禹锡</u>赴水死。〔考异〕官努传，禹锡字京（用）〔甫〕，（据金史卷一一六蒲察官奴传改）龙山人。由进士历州郡，有能声。守归德，经画捍御，一府倚重。闻变，或劝微服逃，不从，被害。<u>元好问</u>中州集，禹锡字京父。崇庆二年进士，调<u>沈丘</u>簿，被令诬，坐废十年。<u>正大</u>中，起<u>扶风</u>丞，擢右司都事兼应奉翰林文字。其赠雷御史诗云："平生疾恶如风手，力振台纲事所难。人道千钧羞射鼠，我怜众（照）〔煦〕（据中州集庚集七改）解漂山。明时士论知无负，晚岁交盟岂易寒。见说<u>嵩</u>前若芝老，白云倚杖待君还。"

是日薄暮，<u>官努</u>提兵入见帝，言"<u>纽勒珲</u>反，已杀之。"诏授枢副兼参政，暴<u>纽勒珲</u>之恶。先是，<u>官努</u>母为北兵获，帝与<u>官努</u>谋遣<u>阿里哈</u>诣<u>元特默岱</u>营议和，因归其母，定和计，密结来使，知其大将在<u>王家寺</u>，遂画（研）〔斫〕（据金史卷一一六官奴传改）营之策。

夏五月五日，〔考异〕哀宗纪未载，今从官努传书之。<u>官努</u>率忠孝军自南门登舟，帝御北门系舟，待不胜，则走徐州。四更，接战，军小却。官努持火枪，分军腹背攻之，北军大溃，溺死三千五百余人，尽焚其栅还，遂真拜参政兼左副元帅。元兵退，官努入亳州，留锡馨总其军。〔考异〕官努传，伪与元将武木馞相约，欲劫帝出降，因知其大将在王家寺，乃乘夜斫营，北军大溃，溺死者三千人。以元史槊直腯鲁华传证之，则大将乃撒吾思卜华也。时追金主于归德，驻营城北，左右皆水，金将官努来斫营，腹背受敌，一军皆殁。 史天泽传，天泽闻其背水而营，亦谓非驻兵之地，不听。果全军皆殁。见赵翼劄记。

初，官努以帝居照碧堂，禁诸臣。无一人敢奏对者。日悲泣云："自古无不亡之国、不死之君，但恨我不知用人，故为此奴所囚耳。"于是内侍局令宋齐诺、〔考异〕续纲目作宋珪，与奉御乌克逊爱实、纳喇奇塔特，原作纳兰扢搭。纽祜禄温绰原作女奚烈完出。〔考异〕续纲目作温卓。密谋诛之。或言官努密令乌舍计构用安，胁帝传位，恢复山东，事不成，则献帝于宋，以赎罪。官努时在亳州，再召乃还。帝谕以幸蔡事，官努愤愤而出，至于扼腕顿足，意趣叵测，帝决意欲诛之。

六月己卯，帝与内侍宋齐诺处置，令费摩绰哈召宰相议事，温绰伏照碧堂门间。官努入见，帝呼参政，官努即应，温绰从后刺其肋，帝入拔剑斫之，官努中（枪）〔创〕（据金史卷一一六官奴传改），投

（城）〔阶〕（同上）下走，奇塔特、爱实追杀之。授李泰和虎符，使抚定忠孝军，遂杀白进、阿里哈。诏点检珠勒根阿实达，原作阿勒根阿失答即亳州斩锡馨〔考异〕宦努传，锡馨既党宦努，率兵劫官库，取金四千两。帝命温特赫道僧、把纳新鞫问，下狱。宦努变，锡馨脱走，杀总领完颜长乐及道僧、把纳新二人，遂奔亳。及宦努诛，即亳州斩之。所载较详。及忠孝军首领数人。乌舍使用安未还，伺于中路，数其罪，杀之。〔考异〕大金国志云，是年正月，官奴为参政，纥石烈小钟儿为总管，二人擅用符玺，妄行诛戮，屡说主出降，手刃官奴，小钟儿为众军射死。与传异。　哀宗纪，其党从诛者尚有博济。本传未载。

初，宦努解睢阳之围，官属苦饥窘，闻蔡州城池坚固，兵众粮广，咸劝帝南幸。会总帅乌库哩镐运粮至归德，且请幸蔡州，帝意益决。惟宦努尝过蔡，知其不足恃，力争之，不听。及宦努以作乱诛，遣乌库哩富察如蔡，还，如宦努言。时已在道，无如何。迨被兵，始悔不用宦努计。诏月给其母、妻粮，俾无失所。

金史纪事本末卷五十一

南渡忠谏诸臣

宣宗贞祐二年（甲戌—二—四）夏四月戊戌，帝以元允和议，赦国内。欲幸南京，左丞相广平郡王图克坦原作徒单镒谏曰："銮辂一动，北路皆不守矣。今已讲和，聚兵积粟，固守京师，策之上也。南京四面受敌。辽东根本之地，依山负海，其险足恃，备御一面，以为后图，策之次也。"不从。庚戌卒。乙卯，诏幸南京。后卒如其言。

镒本名安春，原作按出。〔考异〕汪辉祖金史同名录云，卷五十九宗室表卫绍王子瑄、卷九十八完颜匡传章宗时西南路通事、卷一百三纥石烈桓端传贞祐三年猛安，三人同名按出。上京路

九六三

人，北京副留守乌尼音原作乌辇子也。性颖悟，该习经史。枢密使完颜思敬请立女直进士科，镒首登第，授两官，选国子助教，〔考异〕续通考云，大定九年，镒举女直进士第一。镒尝献汉光武中兴颂，世宗大悦曰："不设科举，安得是人。"策论进士，本选女直人之科也。始大定四年，命颁行女直大小字所译经书，每谋克选二人习之，女直字学校诸生至三千人。九年，选异等，得百人，荐于京师，廪给之，命温迪罕〔缔达〕（据金史卷五一选举志、卷九九徒单镒传、卷一〇五温迪罕缔达传补）教之。复试，得徒丹镒以下三十余人。十一年，始议行策选之制。至十三年始设科，乃就悯忠寺试。夜半，闻塔上有乐声入宫，考官完颜浦涅等，喜为得贤之祥，中选者徒单镒以下二十七人。至二十年，遂命镒等教授中外，其学大振，遂定制如汉进士例焉。所载甚详。　又温特赫提克德传，该习经史。初，希尹制女直字，设学校，使额哩垎等教之。其后，学者渐至转习经史，故椿年、良弼皆由此致相位。提克德最精深，大定十三年，设女直进士科，镒等二十七人登第。十五年，提克德迁著作佐郎，终翰林待制，赠承旨，谥文成。为赫舍哩良弼所礼敬。用完颜守道荐，历翰林待制、右司员外郎。章宗时，累擢平章政事，封济国公。当李妃擅政，上疏皆切时弊。出为陕西宣抚使，帅府并受节制，屡破宋兵。卫绍王立，改上京留守。中都戒严，遣兵入卫，征拜右丞相。镒言："自用兵以来，彼聚而行，我散而守，以聚攻散，其败必然。不若入保大城，并力备御。昌、桓、抚三州素号富实，人皆勇健，可内徙，益兵势，人畜货财，不至亡失。"平章伊喇、（按，伊喇为姓，其下失名）〔考异〕辽、金大臣年表并无伊喇之名，卫绍王本纪亦不载，只大安时大臣中有萨喇其人者，此称伊喇，或系记载之讹。参政梁璫曰："如此是蹙境土也。"卫绍王以责镒。镒复奏曰："辽东国家根本，距中都数千里，万一受兵，州府顾望，必须报'可'，误事多矣。可遣大臣行省以镇之。"卫绍王不悦曰："无故置行省，徒摇人心耳。"其后昌、桓、抚三州失守，乃大悔。俄东京复陷，益自讼曰："我见丞相耻哉。"卫王被弑，镒劝呼沙呼迎立宣宗。呼沙呼既杀南平，欲执其弟铭，复止之，使其奉迎。当是时，转危为安，惟镒是赖。

镒明敏方正，学问博洽，一时名士皆出其门，多至卿相。所著有宏道集六卷。其学之急、道之（尚）〔要〕（据金史卷九九徒单镒传改）二篇，大学诸生刻之石。

权参知政事完颜伯嘉，本名百嘉，见食货志。亦作百家。〔考异〕宣宗纪，贞祐四年，孟州经略使徒单百家，另一人。字辅之，北京路人。明昌二年进士，历监察御史。劾奏平章布萨揆。或曰："与宰相有隙，奈何？"伯嘉曰："职分如此。"累擢左监军，河东北路宣抚使，与副使沃呼哈达互讦，改知归德。兴定初，入为吏部尚书，改中丞。时右副元帅富察阿里巴斯原作阿里不孙。〔考异〕宣宗纪及杨云翼传均作阿里巴斯，而伯嘉传作伊尔必斯，所载互异，今改正。又卷一百三宣宗时婆速路行省参政完颜阿里不孙，另一人。备御关、陕，兵逃逸，疏"乞尸诸市，以戒不忠"，乃除名。宣宗忧旱，疏奏"高琪、汝砺不职所致，宜依汉制策免"。二人深怨之。宰相请修山寨以避兵，谏曰："建议者谓据险可安君父，独不见陈后主之入井乎？假令入山寨可以得生，能复为国乎？"由是怒愈甚。以权参政出行省、帅府于河中，因争弃河东，大忤宰执。召还为中丞，充河南宣慰副使，坐事免，起为翰林学士。伯嘉强正，不与时低昂。汝砺方希宠固位，论事辄与之忤，由是毁之者众。寻坐言事过切，降知归德，以权参政行省河中，谋复河东，构疾卒。

尚书左丞张行信，〔考异〕宏简录云，先名行忠，避讳改。字信甫，莒州日照人。登进士第，官铜山令。明昌初，擢御史，历转运、按察使。崇庆二年，为左谏议大夫。时呼沙呼罢职，希再用，行信疏劾之，再上不报。及呼沙呼弑逆，人甚危之，行信坦然不顾也。宣宗立，请立太子。奏罢贪鄙诸将帅。〔考异〕宏简录云，疏劾内族讹可护粮通州，遇敌辄溃，下之狱。中都受兵，方议和，握兵者不敢战，恐坏和局。行信上言："和、战二事不相干，自崇庆来，皆以和误。顷北使既来，然犹破东京，略河东。今我使方行，辄按兵不动，于和议卒无益。宜及此时，择猛将锐兵，往来拒战，使少沮，则和事易成。"帝心知其善，不能用。寻遣参政鄂屯忠孝括官民粮，惨刻失人心，奏免之。兴定元年，拜参政。时高琪专权，窘辱朝士，行信屡引旧制，力诋其非。会宋兵侵境，朝议遣使详问，高琪以为失体，行信独引故事折之。因汝砺言，事终寝。监察御史及各职官坐罪多被的决，奏改之。〔考异〕元好问中州集，时大兴范中字极之，承安中进士，累官京西路司农少卿，滑州刺史。当高琪当国，专以威刑肃物，笞辱士大夫与徒隶等。医家以酒下地龙散，投以蜡丸，则受杖者失痛，此方大行，于时极之。戏为诗云："嚼蜡谁知味最长，一杯卯酒地龙香。年来纸价长安贵，不重新诗重药方。"世人传以为笑。史未载。寻坐族弟行贞受贼伪命事，出为泾州观察使。〔考异〕刘祁归潜志云，为内侍所谮。毕沅续通鉴云，数与果勒齐辨，近侍局谮之。本传云，有以飞语闻者。纪载各异。历静难节度使，致仕。哀宗立，起左丞，言事稍逊，声望颇减。后归隐，卒于嵩山崇福宫。两登相位，殆若无官。然遇事辄发，无所畏避，天下目为正人。初至汴，父昉以御史大夫致仕，犹康健。见行简为承旨，行信为礼部尚书，诸子侄多中第居官，当世未之有也。父兄世为礼官，世习礼学，诸礼制皆有记录。金代儒臣，推张氏父子。行简、行信又前后同领国史云。〔考异〕大金集礼四十卷，为明昌六年礼部尚书张昉奏进。分类纂纂，条理秩然，足见金源一代之掌故，并可订史志之讹。　续通考云，世宗时，命礼尚张晖等参校唐、宋故典沿革，开详定所以议礼，设详校所以审乐，统以宰相精学术者。至明昌初，书成。凡事物名数，井然有条。卫王大安中，杨云翼等重校，名大金仪礼。　元好问中州集，信甫名行中，大定末进士。宣宗立，拜参政。丞相高琪专权用事，信甫与之抗，朝廷称焉。所居拙轩有为作铭者，其引曰："发凶竖未形之谋，则先识者以为明。犯强臣不测之威，则嫉恶者以为刚。"盖实录也。于书无所不读，日书经史五百字为课，寒暑不废者四五十年。诗亦有古意，史未载。行简字敬甫，大定十九年词赋第一人。典贡举三十年，门生遍天下。卒，谥文正。所著有礼例纂百二十卷，又诸礼记录若干卷，及清台记、皇华记、戒严记、为善记、自公记诸书，见续通考。时开封孟宗献，字友之，大定三年乡、府、省、御四试皆第一，供奉翰林，同知单州事。河间赵承元，字善长，大定十三年词赋第一人，官翰林学士。山阴张槻，字巨济，明昌五年词赋第一人，官镇戎州刺史。济南阎长言，字子秀，平生多奇梦，果魁天下。在翰苑十年，出为河南府治中，均见中州集。　函山旅话云，泽州李俊民用章，举承安五年进士第一。金亡后，其同年三十三人，惟高平赵楠仅存。又挈家之燕京，俊民感旧游，以诗题登科记云："试将小录问同年，风采依稀堕目前。三十一人今鬼箓，与君虽在各华颠。"又云："君还依幼去幽、燕，我向荒山学种田。千里暮鸿行断处，碧云容易作愁天。"录中张儒卿介甫、晁李中宝臣、伯德维公理、孔天昭文安、王毅知刚、赵铢敬之，皆大兴府人。又持嘉君，实女真人。居燕城，画竹学刘自然，颇有意趣。见夏文彦图绘宝鉴。　中州集又云，王启字希毕，大兴人。正隆二年进士。章宗立，迁工部侍郎，转河南北路提刑使，进吏部尚书。使宋还，出为绛阳节度，致仕。归（坐）〔乡里〕，（据中州集辛集改）与左丞董公、参政马公、宣徽卢公、尚书郭公为"九老会"。

平章政事胥鼎，字和之，右丞持国子。登进士第，历大理丞。章宗时，擢工部侍郎。至宁初，中都受兵，由兵部尚书拜参政。贞祐元年冬，出为泰定节度使，改知大兴府，进右丞。及南渡，留为汾州观察使，改知平阳府，权宣抚使。三年四月，建言利害十三事，若积军储、备黄河、选官谳狱、简将练卒、钞法、版籍，帝颇采用。以备御功，拜（中）〔本〕（按指河东南路。据金史卷一〇八胥鼎传改）路宣抚使。四年正月，元兵围平阳，急攻者十日，鼎屡击却之，进枢副，兼左丞，行省于平阳。未几，元兵已过关、陕，将薄京城，鼎率兵入援，并遣将趋陕，合力御之。已而，北兵果由三门、集津北渡而去。至平阳，鼎遣兵击却之，乃还。兴定元年正月，帝命鼎选兵付图们呼图克们统之，西伐夏，驰奏罢之，进拜平章，封莘国公。三月，诏举兵侵宋，鼎乃分兵由秦、巩、凤翔三路进。疏陈六不可，弗听。〔考异〕刘祁归潜志云，朝廷将伐宋取蜀，召议。公归，上言止之，坐是忤旨，致仕，卒。与史异。 宏简录云，鼎言伐宋有六不可，大意虽有强兵，尚当伺隙，出其不备乃可取胜。矧今北兵过后，民食不给，远近骚动，军马比旧才十之一，器械亦多损敝。今岁边境无兵，或自息养，如闻王师南征，必将乘隙并至。宋自奉和修好，十年于兹，设闻举事，徙民清野，我军进不得食，退无所掠，兼以西北逃军，屯聚为患，宋人诱胁，足为后忧，此皆社稷大计，不特疆场利害。诏付尚书省议。时诸军由秦、巩、凤翔三路进，不听。二年，上疏劝勿亲细务。帝不悦。高琪谓其言非是，乃喜。屡乞致仕，许之。哀宗立，起用平章，进英国公，行省卫州。未几，卒。

鼎通达吏事，有度量。为政镇静，所至无贤不肖，皆得其欢心。南渡后，书生镇方面者，惟鼎一人。〔考异〕雷希颜为鼎作神道碑，略云："黄霸、王允、萧俛、崔植，皆汉、唐名臣。然或量不足，或才略有所穷，权不足以济事，知不足以知时故也。以姚崇之贤，惟其不知道，未免为救时之相，其他可知也。国家有通明相，曰英国胥公，当兼数公之长。"元好问谓希颜此论，似涉过差，至于为国朝名相，以度量雄天下则无愧矣。在长安，日乞致仕，表云："兴造功业，方圣主有为之时。表里山河，岂愚臣养病之地。"送弟有句云："世事正须高着眼，宦途休厌少低头。"他文类此。弟恒子嗣祖，今在燕中。见元好问中州集。

平章政事侯挚，初名师尹，字莘卿，东（河）〔阿〕（据金史卷一〇八侯挚传改）人。由进士历长武〔考异〕宏简录作长城令、户部主事。宣宗南渡，累擢劝农副使，行六部侍郎。进太常卿，行尚书六部事。上章言九事，帝略施行焉。俄以参政行省事于河北，拜右丞。屡陈便宜，皆见听。时红袄贼渠郝定署官僭号，势甚张。诏挚行省于东平，讨捕乱党。〔考异〕宏简录云，时红袄贼数万入临沂、费县境，官军败之，生擒伪宣徽使李寿甫，讯问。贼首郝定破邳州砀子堌，得船数百艘，连结元、宋，跨河为乱。挚乃遣完颜霆等讨平之。克密州，李全遁，其党于忙儿等降。三年，以里城毕工，迁官。四年，致仕。寻起为大司农，进平章，封萧国公，行省事。至封丘，军变，全师还，复致仕。崔立之变，为元兵所杀。

挚为人威严，御兵人莫敢犯。在朝遇事敢言，喜荐士，如张文举、雷渊、麻九畴辈，皆所拔用。南渡宰执中，名望最重。〔考异〕刘祁归潜志云，居相位，愤无所施。请守大名，诏出行尚书省。未几，还朝，致仕。居南京，有园亭蔡水滨，日与耆老谦饮。南京降，以前宰执，为北兵所杀。又云以治杀使臣唐庆事见杀。

平章政事巴古拉，原作把胡鲁宣宗南迁，由左谏议大夫擢御前经历官，历泾州观察使。兴定元年，授陕西统军使，入为中丞。上言“进士取人泛滥，非求贤之道”。拜参政，同胥鼎防秋。三年，平凉等处地震，上言“乞敬畏天戒”。四年四月，行省帅事于京兆，疏陈养兵恤谷，论甚善。五年十月，西北兵攻延安，遣哈达、迈珠等御却之。改知河中府，入为大司农，拜参政，进右丞。哀宗立，擢平章。卒，赠右丞相，东平郡王。为人忠实，忧国奉公。及卒，天下惜之。

尚书右丞师安石，字子安，清州人。〔考异〕宏简录云，本姓尹，避国讳改。登词赋进士，补令史。承晖殉难中都，以遗表托安石，间道走汴以闻。宣宗以为枢密院经历官。〔考异〕刘祁归潜志云，赵思文时为省掾，从福兴守燕都。福兴死，奔诣南京行宫，擢侍御史，历防御、节度。所在镇静，迁礼部尚书，卒。元好问中州集云，思文字庭玉，永平人。明昌五年进士。为人诚实乐易，有君子长者之目。南狩以后，与杨、赵诸公皆完人，终始无玷缺者也。弟庭珪，同榜登科。三子敬叔、介叔、方叔今居乡里，史未载。累迁中丞，上章言备御二事，嘉纳之。坐劾英王守纯附奏不实，决杖追官。哀宗立，擢同签枢院事，累进右丞。五年，台谏劾近侍〔张文寿〕、（据金史卷一〇八师安石传补）张仁寿、李麟之，安石亦论列三人不已，上怒甚，曰："汝便取贤相，朕为昏主止矣。"如是数百言。安石骤蒙任用，遽遭摧折，疽发脑而卒。〔考异〕刘祁归潜志云，既居位，人望颇减。俄以脑疽卒。未言其忤旨事。 续通考云，万年龟镜录为靖海师安石著。上甚悼惜之。

东京副留守陈规，字正叔，绛州稷山人。登词赋进士，为监察御史。贞祐三年，上章劾侯挚，不报。警巡使冯祥进由刀笔，劾罢之。屡陈利害，多见听纳。四年七月，条陈八事：〔考异〕刘祁归潜志八事作十事，稍异。"一责大臣以身任安危、二任台谏以广耳目、三崇节俭以答天意、四选守令以结民心、五博谋群臣以定大计、六重官赏以劝有功、七选将帅以明军法、八练士卒以振军威"。书奏，帝不悦。宰臣恶其纷更，出为徐州经历官。正大元年，入为右司谏。上章言事，与杨云翼谏修复河中府。又与台谏奏五事。〔考异〕宏简录云，哀宗立，召为右司谏。议修复河中府，与完颜（李）〔素〕兰（据金史卷一〇九完颜素兰传改）、杨云翼等谏，从之。正大元年十一月，改充补阙。二年正月，与台谏奏五事。稍异。四年十月，与右拾遗李大节奏劾萨哈连，出为留守，朝论快之。初，宣宗尝召文绣署令王寿孙作大红半身绣衣，戒勿令陈规知，盖规言事不假借，朝望甚重。凡宫中举事，帝必曰“恐陈规有言”。挺然为一时直臣。后为中京副留守，卒。士论惜之。

　　规博学能文，诗亦有律度。刚毅质实，有古人风。浑源刘从益见其所奏八事，叹曰：“宰相材也。”南渡后，谏官称许古、陈规，而规不以讦直名，尤见重云。〔考异〕元好问中州集载其送雷御史晞颜罢官南归诗云：“五事前陈志拂劘，屹如砥柱阅颓波。一麾共惜延年去，三黜何伤柳季和。（连）〔运〕（据中州集戊集改）蹇仕途如我老，激昂衰俗在君多。扁舟（西）〔南〕（同上）去知难恋，万顷烟波一钓蓑。”又过骊山诗云：“圭、镐无由问故基，三章止见黍离诗。而今多少华清石，都与行人刻艳辞。”明昌五年进士。子良臣，今在燕中。

　　左司谏许古字道真，汾阳节度使安仁子。元好问中州集云，安仁字子靖，河间乐寿人。大定七年进士，历礼部员外郎。以汾阳节度使致仕。其少室道中诗云：“少室峰头晓月沈，千家城郭淡阴阴。五更鸡唱残星灭，马上看山过少林。"本传谓明昌四年，尝疏谏幸景明宫，遂罢幸。出为泽州刺史。上无隐论十篇，卒，谥文简。顾奎光金诗选载游泰安竹林诗云："萧寺天教胜处安，峰峦腾掷水云间。客来总说游山好，不道山僧却厌山。"明昌五年词赋进士。〔考异〕元好问中州集云，承安中进士。稍异。任左拾遗，拜御史。宣宗迁汴，委任高琪，无恢复谋，古上章请慎选将相，起用耆旧，招怀河北诸路，宿重兵京师。勿事搜括，明敕臣僚直言无隐。诏付尚书省，略施行焉。转右司谏兼侍御史。〔考异〕刘祁归潜志云，南渡为侍御史，上章劾高琪。上知其忠，常庇护之。凡有奏下尚书省，辄去其姓名，然竟为高琪所中，贬凤翔幕。史未载。时元兵越潼关而东，集百官议，古请选募锐卒，并力击之，且开其归路，我众从而袭之，其破必矣。高琪格其议，不行。置招贤所，命古领其事。兴定元年，廷议南侵，古上疏力谏。帝命古草议和牒，文成，宰臣以为有哀祈意，遂不用。屡坐事解职。哀宗立，为补阙，迁左司谏，论事稍不及前，寻致仕。元好问中州集载闲闲赵公制词云："安车蒲轮，天子所以厚优贤之礼。黄冠野服，人臣所以遂归老之心。其恩荣足以两全，而前后不可多得。有臣若此，如卿几人？具官道直以方，气刚而大，议论非世儒所到。名节以古人自期。擢自先朝，置之谏列，斥安昌窃位，已闻折槛之忠。及梁冀伏辜，方见（理）〔埋〕（据中州集戊集改）轮之志。朕即大位，稔闻直声，起之于田里退闲之间，超之于侍从论思之地，完备始终之节，从容进退之（余）〔间〕（同上）。

叹<u>阳城</u>之敢言，惜其将去；念<u>孔戣</u>之既老，挽之莫留。特进一阶，荣跻四秩。<u>华山</u>拂袖，最是为世上之闲；<u>神武</u>挂冠，犹不负山中之相。勉终晚节，益介寿祺。"<u>宏简录</u>云，致仕，居<u>伊阳</u>，郡人爱慕，郡守为起<u>伊川亭</u>。<u>正大</u>七年卒，年七十四。

御史台令史<u>刘炳</u>，<u>葛城</u>人。中<u>贞祐</u>三年进士第。即日，上书条便宜十事：一任诸王以镇抚社稷、二结人心以固基本、三广收人材以备国用、四选守令以安百姓、五褒忠义以励臣节、六务农力本以广蓄积、七崇节俭以省财用、八去冗食以助军费、九修军政以习守战、十修城池以备守御。<u>宣宗</u>虽异其言而不能用，但补御史台令史而已。时，<u>程震</u>字<u>威卿</u>，<u>东胜</u>人。（其）〔与〕（据<u>金史</u>卷一一〇<u>程震传</u>改）兄<u>鼎</u>，俱擢第。<u>震</u>入仕有能声，治<u>陈留</u>，为<u>河南</u>第一。召为御史，弹劾无所挠。皇子<u>荆王</u>为宰相，家僮假和市侵渔百姓，<u>震</u>劾之，令出内府银偿物直，杖大奴数人。寻坐事罢，以刚直不能久留于朝，士论惜之。

礼部尚书<u>杨云翼</u>字<u>之美</u>，其先<u>赞皇</u>人，徙<u>乐平</u>。登<u>明昌</u>五年进士第一，词赋亦中乙科。〔考异〕<u>刘祁归潜志</u>云，<u>平定</u>人，先擢词赋第，又经义魁。稍异。应奉翰林文字，擢修撰。<u>大安</u>元年，承旨<u>张行简</u>荐其材，且知术数，兼提点司天台，进礼部郎中。<u>宣宗贞祐</u>三年，擢礼部侍郎。四年，<u>潼关</u>失守，朝议遣<u>富察阿里巴斯</u>为副元帅以御之，<u>云翼</u>言其人言浮于实，必误大事。不听，后果败。<u>兴定</u>元年六月，迁侍讲学士兼修国史，知集贤院事。诏称其遇事敢言，议论忠谠。时议榷油，高琪力主之。云翼与赵秉文、时戬等数人独以为不可，遂寝。高琪后以事谴之，不恤也。二年，迁礼部尚书，改吏部，擢御史中丞。鞠承立狱，劾其拥兵不进，免官。哀宗立，首命摄太常卿，拜翰林学士。后为礼部尚书，兼侍读。设益政院，云翼为选首。〔考异〕刘祁归潜志云，南渡为翰林学士、吏礼部尚书、御史中丞。将大拜，以风疾止。再为翰林学士，卒。士论惜之。　元会汾金史考证云，云翼传，正大三年二月，复为礼部尚书，而哀宗纪不载，只于三年大书置益政院，则与百官志同。以下文"明年设益政院"之文推之，则云翼之复礼部尚书，当在二年，传作三年，疑误。　又，元好问中州集云，大名史公奕，字季宏，大定末进士。程文典雅，历翰林修撰，同知集贤院。正大中，置益政院，杨吏部之美与季宏皆其选也。以直学士致仕，卒。闲闲公称其温厚、谦退、学问愈（和）〔扣〕（据中州集戊集第五公奕小传改）而愈无穷，诗文号洭水集。史未载。每召见，赐坐而不名。尝患风痹，及稍愈，帝亲问愈之方，对曰："但治心耳，心和则邪气不干。治国亦然，人君先正其心，则朝廷百官莫不正。"帝矍然，知其医谏也。五年卒，年五十九，谥文献。天性雅重，待人宽而自律甚严。与人交分一定，死生祸福不少变。国家之事知无不言，而于南侵谏之尤力。及时全倡议侵宋，云翼疏谏，不听。嗣，全军尽覆于淮上。宣宗曰："当使我何面目见云翼耶。"〔考异〕元好问中州集云，兴定末，拜吏部尚书。中外望其旦暮入相，竟以足疾，不果。正大五年八月，终于翰林学士，天下识与不识皆哀惜之。至今评者谓，"百余年来，大夫、士身备四科者，惟公一人。"子恕，字诚之。第进士，今在燕中。云翼所著有周礼辨一篇及文集。见续通考。云，初学语，即画地作字，日诵数千言。

翰林学士赵秉文，字周臣，磁州滏阳人。登进士第，历邯郸令。明昌六年，为应奉翰林文字，同知制诰。上书请罢胥持国，召用宗室守贞，下狱，免。后起同知岢岚州，累擢翰林修撰，转直学士。贞祐初，建言时事可行者三：一迁都、二导河、三封建。朝廷略施行之。明年，乞守残破一州，以宣布朝廷恤民之意。诏称宿儒当在左右，不许。四年，拜侍讲学士。〔兴定元年〕（据金史卷一一〇赵秉文传补）进礼部尚书，同修国史，知集贤院事。坐知贡举得罪，致仕。五年，复起礼部尚书。哀宗立，改翰林学士，兼益政院说书官。正大九年正月，汴京戒严，命秉文为赦文，辞情哀痛。及兵退，大臣欲称贺，秉文言而止。三月，草开兴改元诏，闾巷传诵。洛阳人拜诏毕，举城痛哭，其感人如此。是年五月卒，年七十四。封天水郡侯。尝偕云翼作龟镜万年录。又共集君臣政要以进。本传，所著有易丛说十卷、中庸说（十）〔一〕（据金史卷一一〇赵秉文传改）卷、论孟解各十卷、杨子发微一卷、太玄笺赞六卷、文中子类说一卷、南华略释一卷、列子补注一卷、资暇录十五卷、滏水集三十卷。时<u>东明张特立</u>，字<u>文举</u>，亦著有<u>易集说</u>及<u>历年纪事诗</u>。泰和中进士，后仕<u>元</u>，官洛阳令。

为人至诚乐易，与人交不立崖岸，未尝以大名自居。仕五朝，官六卿，自奉如寒士。与<u>云翼</u>代掌文柄，时号<u>杨</u>、<u>赵</u>。朝使至自<u>河湟</u>者，多言<u>夏</u>人问<u>秉文</u>、<u>庭筠</u>起居状，其为四方所重如此。

<u>庭筠</u>字<u>子端</u>，（<u>河</u>）〔<u>辽</u>〕东（据<u>金史</u>卷一二六<u>王庭筠</u>传改）人。博学，尤工文，且善字画，名重于时。〔考异〕<u>续通考</u>云，<u>明昌</u>三年，召<u>王庭筠</u>应奉翰林文字，命与校书郎<u>张汝方</u>品第法书、名画，遂分入品者为五百五十卷。<u>庭筠</u>传，<u>大定</u>十六年进士。调<u>恩州</u>判官，有政声。召试馆职，中选，台臣言其尝犯赃罪，罢归，居<u>黄华山</u>寺，因以自号。<u>道陵</u>知其材，因<u>守贞</u>荐，召入翰林，历修撰。扈从秋山，应制赋诗三十〔余〕（同上书补）首，上甚嘉之。卒官，年四十七。<u>道陵</u>以诗悼之，〔其引〕（同上）曰："玉堂、东观无复斯人矣！"有<u>文集</u>四十卷行世。子<u>曼庆</u>，亦能诗并书，官右司郎中。<u>元好问</u><u>中州集</u>云，<u>熊岳</u>人，父<u>遵古</u>。<u>正隆</u>五年进士，翰林直学士，才行兼备。<u>道陵</u>称为君子。子<u>万庆</u>，诗笔字画俱有父风。犹子<u>明伯</u>亦能诗。时<u>宏州</u><u>李纯甫</u>有与<u>元裕之</u>题<u>子端</u>山水诗云："<u>辽</u>鹤归来万事空，人间无地（著）〔着〕（据<u>中州集</u>丁集改）诗翁。只留海岳楼中景，长在经营惨淡中。"<u>纯甫</u>字<u>之纯</u>，<u>承安</u>中进士。官右司都事，与<u>雷御史晞颜</u>同为<u>中州</u>豪杰，世号<u>屏山</u>先生。子<u>同</u>，字<u>稚川</u>。今居<u>镇阳</u>。又少作矮柏赋，以<u>孔明</u>、<u>景略</u>自比。由小官上万言书，援<u>宋</u>为证，甚切。不见用。后喜佛，为名教所贬。<u>续通考</u>云，<u>纯甫</u><u>襄阴</u>人。<u>承安</u>二年经义进士。著<u>中国心学</u>一书。同

时任询字君谟，易州人。父贵，善画，游江、浙，生询于虔州。书为当时第一，画亦入妙品。评者谓画高于书，书高于诗，诗高于文。然庭筠独以才具许之。正隆二年进士，北京盐使。　函山旅话云，元裕之寄书耶律中书，荐当时士大夫在河朔者。固安李天翼、渔阳赵铸、燕人张舜俞、曹居一、王铸。且曰："凡此诸人，虽其学业操行参差不齐，要皆天民之秀，有用于世者也。"按，虞文靖学古录，有田氏先友翰墨序，称彰德田师孟绪。其先友手翰中有刘伯熙，字善甫；曹居一字通甫；赵著字光祖，俱燕人，其称著曰大侠。按元集作铸者，字才卿，别是一人也。潘永因宋稗类钞云，元遗山有妹为女冠，文而艳。张平章欲娶之，遗山辞。令其自往访。至，则手补天花板，诵诗曰："补天手段暂施张，不许纤尘落画堂。寄语新来双燕子，移巢别去觅雕梁。"张悚然而出。

金史纪事本末卷五十二

末造殉节诸臣

宣宗贞祐三年（乙亥—二一五）夏五月庚申，中都破。右丞相兼都元帅定国公完颜承晖死之。承晖字维明，本名福兴。〔考异〕元史耶律楚材及石抹明安传均作复兴。续通考云，郓王昂孙，初封邹国公。好学，淹贯经史。袭父穆昆，由符宝祗候历（巡警）〔警巡〕（据金史卷一〇一承晖传改）使。章宗立，迁近侍局使，擢东京提刑副使，豪猾屏息。转北京留守，入为刑部尚书。屡忤权幸，改知大名、兴中府。卫王即位，授御史大夫、参政，进左丞，行省宣德。承裕兵败会河堡，坐除名。贞祐初，拜右丞。妻子留沧州，城破死。执中诛，进平章、都元帅。中都被围，出议和。及南迁，授右丞相，留守中都。以左丞穆延尽忠久在军旅，悉以兵事付之，己乃总持大纲。太子去，右副元帅齐勤以兵叛降元，升尽忠平章，兼左副元帅。中都危急，遣人以矾写奏乞援，高琪忌其成功，诸将顾望。及霸州兵败，势益孤。承晖约尽忠同死，未允。斩其心腹实库，原作师姑。起辞家庙。召赵思文会饮，谓曰："事势至此，惟有一死报国家。"作遗表，付令史师安石，皆论国家大计及高琪奸状。为书以从子永怀为后。神色泰然，谓安石曰："承晖于五经皆经师授，谨守而力行之，不为虚文。"既被酒，取笔与安石诀，最后倒写二字，投笔叹曰："遽尔谬误，得非神志乱耶?"遂仰药死。瘗庭中。是日暮，尽忠南奔，中都陷。事闻，赠太尉、尚书令、广平郡王，谥忠肃。尝置司马光、苏轼画像于书室，曰："吾师司马而友苏公。"平章守贞素敬之，与为忘年交。

同时任天宠，字清叔，定陶人。由进士历户部尚书。中都不守，走南京，中道遇兵，死之。谥纯肃。知大兴府高霖亦及于难。

霖字子约，东平人。官中都留守，权参政。赠承旨，谥文简。本传，大定末进士。历国史院编修。上言"黄河为害，皆（言）〔以〕（据金史卷一〇四高霖传改）河流有曲折，适逢隘狭，故致湍决。按水经，当疏其厄塞，行所无事。今若开鸡爪河以杀其势，可免数埽之劳。"又言"并河堤广植榆柳。"从之。后又请城宜城为卫州，以护北门云。

此外殉节者，在宣宗朝则左监军北京留守乌克逊温屯。原作乌古孙兀屯。上京路人。率兵援中都，诏守定兴，兵败战没。

观州刺史高守约。一作高子约。字从简，辽阳人。第进士。元使降将郭邦献招降，不应，城破死之。赠崇义节度使，谥忠敬。

泰安州刺史哈萨喇安礼。原作和速嘉安礼。字子敬，大名路人，进士。元将劝降，不听，城破被执。或以酒监对，曰："我刺史也，何讳为？"不屈死之。赠泰定节度使，谥坚贞。

参政定海节度使王维翰。字之翰，龙山人。进士，历官有能声。至镇，纵民避乱，力穷被执，与妻姚氏均不屈死。赠中奉大夫，妻芮国夫人，谥贞洁。时安阳进士郭丙妻王氏，丙避乱居柜，元兵渡河，两相失。王与少女俱被掠。王不顾女，自投河死。丙归，感其义，终身鳏居。蒲城许古妻刘氏，贞祐初，贼围蒲急，刘与二女俱自尽。封郡君，谥贞洁，女谥定姜、肃姜，以事付史馆。掖县相祺妻栾氏，贞祐间，红袄贼陷城，杀祺父子，欲妻栾，栾大骂不从，被杀。封西河县君，谥庄洁。石城李伯通妻关氏，元兵乱，被获，投堑不死，后教其子易读书有成。监察御史李英妻张氏，元兵破潍，欲取为夫人，不从，被杀。追封陇西郡夫人，谥庄洁。易州翟氏，金末，夫从军死，翟少，出入兵刃数百里，以尸归，负土葬，欲自尽，救免，年八十卒。鄜州康氏，夫早亡，服阕，父取归，许嫁严沂，康闻，投崖死。事闻，命有司祭其墓。白水李文妻史氏，夫亡，父强以许嫁姚乙，史不听，姚诉官被逼自缢。诏有司旌其墓。行唐蒲氏，适樊姓。夫亡，誓不嫁，山寇逼妻之，跳崖下水中死。乡人号义姜，称其水为玉女塘。均见续通考。

安化节度使伊喇古尼。原作移剌古（奥）〔与〕涅（据金史卷一二一移剌古与涅传改）。元兵取密，率兵力战，连中流矢死，赠定远大将军。

宁海州刺史乌库哩荣祖。原作乌古论福兴，河间人。城破，力战死之。赠安武节度使，谥毅勇。

沁南节度使宋宬。宛平人，进士。元兵至怀州，城破死之。

镇西节度使乌库哩仲温。本名呼喇。盖州人，进士。元兵攻岚州，城破死之。赠博索路都总管，谥忠毅。

武州刺史完颜玖珠。原作久住（按，据金史卷一二一本传，当作九住）。元兵攻城，执其子侄抵城下招降，不顾。城破，力战死。赠临海节度使。判官唐古布格苏同死，赠建州刺史。

应奉翰林文字李演。字巨川，任城人，进士第。丁忧，居里。任城被兵，画守御策。兵败被执，不屈死。赠（齐）〔济〕州（据金史卷一二一李演传改）刺史。

东明令王毅。大兴人，经义进士。守城抗敌，力屈被杀。赠（营）〔曹〕州（据金史卷一二一王毅传改）刺史。

礼部侍郎、权左都监完颜寓。本名恩楚，原作讹出。宁州破，为乱兵所杀。

翰林侍读学士、劝农使王晦，字子明，泽州人，进士。守顺州，城破被执，不屈死。赠枢副。裨将牛斗亦见杀。

淄州刺史齐鹰扬。元兵攻城，巷战，被执，不屈死。赠嘉（义）〔议〕（据金史卷一二一齐鹰扬传改）大夫。从死者判官杨敏中，赠昭勇大将军、张奇噜赠宣武将军。

北京副留守珠嘉佛新，〔考异〕原作佛绅，满州语，桃柄也。原作术甲法心，今译改。同知顺州温特赫雅齐堪。原作温迪罕咬查剌。〔考异〕一作伊札尔，蒙古语，根源也。今译改。二人同守密云县，元执佛新家属招降，不应。城破阵亡。赠枢副，宿国公。雅齐堪亦不屈死，赠顺州刺史。

鸡泽县名，属洺州。令温特赫实芳努、原作十方奴节度判官富察济巴。原作纥舍。〔考异〕忠义传作集赛，蒙古语，轮流值班之谓也。旧作怯薛，今译改。二人同守蓟州，城陷皆死。实芳努赠镇国上将军，济巴赠金紫光禄大夫。

河北东路按察转运使高锡。字永之，德基子。以荫补官，迁（萍）〔平〕乡（据金史卷一二一高锡传改）令，察廉擢今官。至是，城破，自投城下死。〔考异〕"萍"当作"平"。平乡，县名，属邢州。忠义传作"萍"，疑误。

同知太原府吴僧格。克复河朔，诏徙其民南行，中道力惫，死。赠顺义节度使。

左监军行帅府事乌库哩德升。本名鲁尔锦，一作六斤，益都路人，进士。历侍御史，劾执中，改防御使。贞祐初，擢侍郎，权参政。论近侍预政，出为集庆节度使，知太原府。困守数年，城破自缢死。其姑及妻皆自杀。赠承旨。子乌兰威给奉御俸。

参政、河东行省李革，左监军、行帅府事完颜苏尔坦。革，字君美，河津人。第进士，历韩城令，擢参政。元破潼关，罢为绛阳节度使，代胥鼎守平阳，城陷自杀，赠右丞。苏尔坦，城破亦死之，赠昌武节度使。提控郭用，战败不屈死。〔考异〕刘祁归潜志"革"作"巩"，河中人。宏简录苏尔坦作苏从坦。

东胜节度使伯特乌格。原作伯德窟哥。守东胜州，两次被围，战死。

代州经略使鄂屯酧和尚。原作奥屯丑和尚。守代州，兵败被执，不屈死。

进士贾邦宪。守松平寨，被执，不屈死。

霍州刺史伊喇阿里哈。原作移剌阿里合，辽人。元兵至，被执，诱使降，曰："吾有死，无贰心。"叱使跪，但向阙而立，从矢射杀之。赠泰定节度使。节度副使孔祖汤，不屈死，亦赠官。〔考异〕元好问中州集云，时辽东高宪，字仲常，吏部尚书（卫尉）（据中州集戊集删）。泰和三年乙科登第。年未三十，作诗已数千首。释褐博州防御判官，辽阳破，殁于兵间。史未载。

左都监行帅府事赫舍哩鹤寿。河北西路人。守鄜州，城破出走，据土山，力战死。谥果（毅）〔勇〕（据金史卷一二二纥石烈鹤寿传改）。时同死者，保大节度使完颜鲁尔锦，鄜州破，投崖下死，赠特进。金安节度使钮祜禄资格禄，鄜州城破同死，赠中京留守。河东安抚使富察罗索，救鄜州，城陷死之，赠定国节度使，谥襄勇。〔考异〕刘祁归潜志云，张遇字鼎臣，真定人。擢第，为应奉翰林文字，改鄜州经历官，亦遇害。史未书。

同知太原府赵益。太原人，以克复府城功，擢招抚使。元兵至，杀妻子而死。赠宣抚使。

同知河中府、孟州防御使侯小叔。河东人。守河中，力战，城破死。下诏褒赠。〔考异〕刘祁归潜志云，杨桢字正夫，吉州人。擢第，历户部侍郎，行部河中。北兵攻胡壁堡，将陷，知不免，与妻子俱投黄河死。史未载。

右监军、知平阳府王佐。字辅之，霍州人。救襄、垣，寻中流矢死。赠金吾卫上将军。

河东北转运使、知彰德府洪果玖珠。原作黄掴久住，临潢人。战没，赠南京留守。

右副监乌凌阿奇珠。原作乌林答乞住，大名路人。进士，兴平节度使。赴援中都，战殁，赠参政。〔考异〕章宗纪，泰和六年，同知昌武节度乞住，另一人。

保大节度使、知彰德府图们色呼默。原作陀满斜（默）〔烈〕（据金史卷一二二陀满斜烈传改），咸平路人。彰德城破死焉。

西安节度使尼玛哈富勒呼。原作尼庞古蒲鲁虎，中都路人，进士。潼关破，兵败死之。

泰定节度使乌雅威赫。原作兀颜畏可，隆安路人。兖州城破死焉。

汾阳节度使乌雅恩彻亨。原作兀颜讹出虎，隆安路人。进士，补令史，守汾州，城破死。

工部尚书、权左都监钮祜禄贞。原作粘葛贞，本名绰哈，原作抄合，西南路人。进士，守晋安府。城破，与府官十余人皆死之。〔考异〕汪辉祖金史同名录云，卷十二章宗泰和六年将、卷一百十六官努传天兴二年近臣，姓裴满氏，三人同名抄合。

昭义节度使、行帅府事纳哈塔富拉搭。原作纳合蒲刺都，大名路人，进士。守潞州，城破，力战死，赠御史大夫。

孟州防御使（逊）〔孙〕铎（据金史卷九九孙铎传改）。

字振之，滕州人。大定中进士，亢直。贞祐初，孟州城破，投水死。所著有虚舟居士集。（按，据金史卷一○○路铎传，虚舟居士集为路铎之诗文集，此处误。）

桢州刺史钮祜禄恩楚。原作女奚烈斡出。守金胜堡，为张提控所执，胁使降，不屈，杀之，执其妻子降元。判官王谨收众屯周安堡，众溃被执，亦不屈死。诏均赠官六阶。

登州判官吴邦杰。寓居日照村墅，元驱之攻城，不从，杀之。赠定海节度副使。时富珠哩福寿为唐邑主簿，战死，赠官三阶。海盐时茂先不附红袄贼，骂不绝口，亦被杀，赠防御使。

同知上京留守温特赫老尔。原作老儿。时布希万努攻上京，被执，胁降，不从，乱斫死。赠〔龙〕（据金史卷一二二温迪罕老儿传补）虎卫上将军。〔考异〕刘祁归潜志云，魏琦字民英，顺圣人，擢高第，历郎中。元犯潼关，行部至洛阳，见杀。官其子。王良臣字大用，潞州人，官翰林，从李英北征遇害。　续通考云，纳合蒲刺为潞州左监军，王良臣为都参议官、修起居注。宣宗时，元兵攻潞州，蒲刺及良臣均死之，史俱未载。蒲刺疑即纳合蒲刺都。见上。

咸平路经历官梁持胜。字经甫，节度襄子，进士。布希万努有异志，持胜诣行省太平告变。俄太平受万努伪命，毁上京宗庙，执元帅承充，夺其军。持胜与治中费摩萨布、万户韩公恕谋讨之，事泄，均被害。赠持胜韩州刺史、萨布显德节度、公恕信州刺史。〔考异〕刘祁归潜志云，梁名询谊，字仲经，父绛州人，官应奉翰林文字，出为留守判官，未几以节死。汪辉祖金史同名录云，卷十一章宗泰和三年蓟州刺史、卷十六宣宗元光二年奉御、卷九十七世宗时定海节度刘珫小字，四人同名太平。　元好问中州集，经甫，泰和六年进士，制策优等，宏辞亦中选。贞祐初，由博士为咸平治中，宗室承裕辟为僚佐。承裕死，太平谋不轨，以兵胁使作文移，经甫大骂，不从。即日遇害，年三十六。初赴官，有诗云："山云欲雨花先惨，客路无人鸟亦（愁）〔悲〕（据中州集戊集改）。"人以为谶云。又（荣）〔荥〕泽（据中州集壬集改）史士举，字仲升，第进士，历县令。贞祐之乱，避兵太行，保聚失守。仲升义不受辱，投涧死，年七十九。

进士刘德基。
大兴人，守官边邑。夏兵来攻，城破被执，骂贼，死，赠朝列大夫。

吏部侍郎、安州刺史图克坦航。
一名扎克缴，原作张僧。元兵攻城急，先缢其妻子而死。城破，军民犹力战，曰："太守既死，我辈安可降？"死者甚众。

参政、定国节度使李复亨，同知节度事额尔克。
复亨字仲修，河津人，进士。城破自杀。赠资德大夫。额尔克亦同死。〔考异〕刘祁归潜志云，复亨为参政，巩伾镇固州，城陷死之。叔伾相继执政，均死事，士论嘉之。但史"巩"作"革"，稍异耳。

济阴令马骧。
禹城人，进士。曹州破，被执，不屈死。赠朝列大夫。时淄州张顺亦不屈死，赠（定）〔宣〕（据金史卷一二二张顺传改）武将军。〔考异〕元好问中州集，济南周驰，字仲才，大定中屡以策论魁天下。贞祐初，济南陷，不肯降，携其二孙赴井死。所著有亚父撞玉斗（书）〔赋〕（据中州集庚集改）及他文数篇。又，沧州田紫芝，字德秀，疏俊蕴藉，与同郡王元卿齐名。贞祐初，避兵台山，仓卒为游骑所害，士论惜之。史均未载。

懿州节度使高闾山。
澄州析木人。选充护卫，历盘（海）〔安〕（据金史卷一二九高闾山传改）、宁昌诸军节度。贞祐二年，元兵至，城破死之。见酷吏传。

潞州都统马甫。元兵攻潞州，战死。

武州判官郭秀。元兵下武州，死之。

沔城县军官任福。城破，为元兵杀。

合河令乔天翼。城破，为元兵杀。

东（莱）〔莒〕公（据金史卷一一八燕宁传改）燕宁。与元兵战，败，死。〔考异〕元史穆呼哩传，石天应擒金将张铁枪至，欲降之，张厉声曰：“我受金朝恩二十余年，事至此，有死而已。穆呼哩义之。诸将怒其不屈，竟杀之。史枢传，铁枪名资禄。又黑马传，金武仙据真定，黑马从孛鲁讨之。金将忽察虎以兵来援，为黑马所杀。德海传，攻金郑州，杀金将左崇。张荣传，攻金沛县，将唆蛾侯来捣营，荣追杀之。史天倪传，金将合达陷于蒙古，遂降之。已而，与监军王守约连谋，越海归金，天倪来，追杀守约。史均未载。

提控王禄。宋人袭破泗州西城，死之。

山东西路安抚使完颜阿林。与宋人争皂郊堡，兵败战没。

宣抚使鄂屯襄。夏人攻环州，军乱，遇害。

葭州刺史赫舍哩王嘉努。夏破通泰砦死之。

提控珠格绰尔。原作术蒲春儿。与宋人战胡陂，败死。

知中山府李仲。治中王善谋叛，被害。

邳州行省蒙古纲。经略禄格等谋乱，杀之。

中都经略使苗道润。贾瑀等谋乱，刺杀之。

华州防御判官完颜巴锦李友直等谋乱，遇害。

辽东行省<u>完颜阿里巴斯</u>。为叛人<u>伯特胡图</u>所杀。

都提控<u>齐信</u>。<u>红袄</u>贼犯<u>沂州</u>，战没。

提控<u>王显</u>。从<u>伯特玩</u>攻<u>李全</u>，兵败死焉。

经略使内族<u>专努</u>。原作<u>转奴</u>。<u>莱州</u>民<u>曲贵</u>叛，被害。

<u>凤翔</u>万户<u>完颜绰哈</u>。原作<u>丑和</u>，以死节赠怀远大将军。

在<u>哀宗</u>朝，则定远大将军、忠孝统领<u>完颜陈和尚</u>，亦作<u>禅华善</u>，名<u>彝</u>，字<u>良佐</u>，<u>丰州</u>人，系出<u>萧</u>、<u>王</u>诸孙。父<u>奇格</u>，以侵<u>宋</u>功，授同知<u>阶州</u>，战没<u>嘉陵</u>〔<u>江</u>〕（据<u>金史</u>卷一二三<u>陈和尚传</u>补）。<u>陈和尚</u>幼为<u>元</u>兵掳，置大帅帐下。时母居<u>丰州</u>，请归省，与从兄<u>色呼默</u>杀卒，夺马奉母还，<u>宣宗</u>授以官。<u>色呼默</u>行<u>寿</u>、<u>泗</u>帅府，随往，从<u>太原王渥</u>受业，通<u>孝经</u>、<u>左氏传</u>。及<u>色呼默</u>罢为统领，随屯<u>方城</u>，坐事系狱，兄卒得出，授统领，转提控。<u>北</u>兵入<u>大昌原</u>，以四百骑破八千众。其军皆<u>回纥</u>、<u>奈曼</u>、<u>羌</u>、<u>浑</u>，鸷悍凌突，号难制。每战辄先登。寻捷于<u>卫州</u>，复大捷于<u>倒回谷</u>。及<u>三峰山</u>之败，走<u>钧州</u>，城破巷战，俄出曰："我<u>金</u>大将，欲见白事。"诣大帅，问姓名，曰："我<u>陈和尚</u>也。<u>大昌原</u>诸捷皆我。若死乱军，人谓我负国，今日明白死，天下必有知我者。"时帅欲其降，斫足胫折不为屈，割口吻至耳，嚼血而骂不绝声。大将义之，酹以马湩，祝曰："好男子，他日再生，当令我得之。"赠<u>镇南</u>节度，塑像<u>褒忠庙</u>。兄<u>色呼默</u>善战，在<u>商州</u>，得<u>欧阳修</u>子孙并邻族三千余，悉遣还。〔考异〕<u>刘祁归潜志</u>，<u>色呼默</u>作<u>斜烈毕里海</u>。

左监军<u>杨沃衍</u>。<u>朔州</u>人。<u>元</u>招降不应。<u>钧州</u>城破，自缢死。部将<u>刘兴格</u>复于<u>清化</u>战死。时与<u>沃衍</u>同死者，尚有<u>樊泽</u>、<u>张惠</u>、<u>高英</u>。

<u>临洮</u>府总管<u>图们呼图克们</u>。原作<u>陀满胡土门</u>，字<u>子</u>

秀。进士，知临洮，屡破夏兵。迁左监军，行帅府、知晋安，兴役嗜杀。未几城破，死者百万。后镇临洮，城破死之。赠中京留守。妻乌库哩氏，亦从死。

汝州防御使姬汝作。字钦之，汝阳人。元兵过，州人梁皋作乱，被杀。赠昌武节度使。

德顺节度使爱新。一名莽格，原作忙哥。招凤翔马肩龙共守城，力屈均死。诏各赠官。〔考异〕元好问中州集，肩龙字舜卿，宛平人。在太学，有赋声。宣宗初，上书救宗室从坦死，授东平录事，假凤翔总管判官。守德顺城百日，食尽城陷，不知所终，时年五十三。配食褒忠庙。　续通考云，世为辽大族，有知兴中府者，时号兴中马氏。

义顺节度使禹显。雁门人。与元兵战，败，被执，不屈死。时泰州进士张邦宪，官永固令，避兵徐州，被执，不屈遇害。彭城民刘全为国安用执，亦不附，见杀。

凤翔都统马庆祥。元兵将攻凤翔，与治中胥谦分道清野，遇于浍水，战不利，被执，不屈死。赠恒州刺史，谥忠愍。谦及子嗣亨亦不屈死，均赠官。布萨和硕亦死，赠荣禄大夫。〔考异〕续通考云，庆祥字瑞宁，宁（静）〔净〕州（据金史卷一二四马庆祥传改）人。本（姓）〔名〕（同上）习礼吉思，先世自西域徙临洮狄道，以马为氏。城陷，不屈死，赠辅国上将军，谥忠愍。同死者共十三人，从祀褒忠庙，仍录其孤。庆祥子正卿礼部尚书，赠梁郡侯，谥忠懿。

秦蓝帅府经历官商衡。字平叔，曹州人。官监察御史，屡忤权贵。行省乌登败于铁岭。衡招集溃军，被获，不屈，自刭死。许古尝荐衡可任宰相。

权**唐州刺史、行帅府事乌库哩海罕**。原作黑汉。宋兵攻唐州，兵败被执，死。

镇南节度使、元帅珠嘉托罗海。原作术甲脱鲁灰，上京人。从行省乌登率潼关兵入援，至商州，众溃，自杀。

平凉判官杨达夫。字晋卿，三原人。进士，鄠县主簿。避兵州之北横岭，被执，不屈，见杀。

国子监祭酒、权刑部尚书冯延登。字子（骏）〔俊〕（据金史卷一二四冯延登传改），吉州人，第进士。元兵围汴，逃难被执，跃城内井中死。〔考异〕刘祁归潜志云，官吏部侍郎，遭乱不知所终。元好问中州集云，承安二年进士。令宁边日，适闲闲公守此州，与论文义，相得甚欢，故诗文皆有律度。正大末，奉命北使，见留。使招凤翔，不从，欲杀者久之。割其须髯，羁管丰州，二年，乃得还。天兴初元，授礼部侍郎。京城陷，自投井中死。有集，号横溪翁。予过大名，见于其子源〔如〕（据中州集戊集补）。顾奎光金诗选载其寄笋青柯平诗，有"松风度壑江声远，萝月当轩扇影高"之句。

尚书右丞持嘉乌新原作赤盏慰忻，字大用，上京人，进士。劾罢萨哈连，朝论快之。崔立之变，望睢阳痛哭，以弓弦自缢死。子栋（尔）〔齐〕（据道光殿本金史卷一一五持嘉乌新传改）亦没兵间。

翰林承旨、汴京留守乌克逊仲端。原作乌古孙布希，进士。元兵围汴，食尽自缢死。其妻已亦死。明日，崔立乱作。子爱实，以诛官努功授节度。〔考异〕刘祁归潜志作吾古孙仲端，字子正，官参政。

右司员外郎聂天骥。字元吉，五台人，进士。留汴，值崔立乱，被创甚，卧十余日死。女舜英亦自缢。

谏议大夫乌克逊纳新。原作奴申，字道远。性伉直敢为。时兼近侍局使。汴京变，自缢死于台中。

御史大夫费摩阿固岱。原作裴满阿虎带，字仲（林）〔宁〕（据金史卷一二四乌古孙奴申传改），进士。汴京变，于台中自缢死。〔考异〕汪辉祖金史同名录云，卷十八哀宗纪天兴二年内族，同签睦亲府事；卷四十五刑志承安时符宝局（直）〔官〕（据金史同名录卷八改）；卷一百一冯璧传贞祐四年河中帅，宗室，亦作阿禄带、阿鲁带；卷一百三十三张仅言传正隆六年左卫将军，五人同名阿虎带，亦名阿忽带。

户部尚书完颜珠赫。即珠颗，字仲平，进士。汴京变，亦缢死。

奉御完颜莽格。原作忙哥。汴京变，亦不辱而死。

右副点检温都阿里、左副点检完颜阿萨尔。原作阿散，与大理费摩德辉、纳新子刑部掾玛延、讲议富察琦皆值乱，不屈死。琦本名阿怜，与显宗子霍王瓒同名。事母完颜氏孝谨。母方昼寝，梦三人潜伏梁间，惊悟。琦曰："梁上人鬼也，儿志在悬梁，阿母梦先见耳。"家人劝阻，母曰："勿阻，儿所处是矣。"即自缢。〔考异〕忠义传以三人之死在崔立变之明日。归潜志则以为后三日，史作本日。　续纲目，德辉姓纳哈塔氏。　续通考，玛延作麻因。又云，许州苏嗣〔之〕（据金史卷一三〇列女传补）母白氏，宋尚书苏辙五世孙妇也。年二十寡，外家议改醮，不从。曰："我为苏学士家妇，又有子，乃使失身乎？"天兴元年，许州被兵，嗣之为汴京官，白曰："儿往京，老妇死无恨。"即自缢，家人并其屋焚之。

元好问中州集，李端甫字济夫，同州人。第进士，官平定州判官，工于诗。子实，字师白，死于壬辰之难。宁晋康锡字伯禄。擢第，历州县，入为御史，迁京南路司农丞。从军，城陷，投水死。太原赵达夫嗜读书，不事科举。南渡后，居缑氏山中，壬辰之兵，遇害。史均未书。锡见卷四十六。（按，康锡事不见"卷四十六"，而见卷一一一。）

中京留守、左都监、行帅府事强伸

本河中射粮军子弟，貌寝，而膂力过人。初，从安宁复潼关。铁岭败，被执，窜归中京。时城破，萨哈连死，代者任守贞，署伸警巡使。后守贞入援，败死郑州，伸代领府事。甫三日，即被围，竭力守御，凡四阅月，得不拔。命优擢。会色呼入洛，行省事。伸于洛川驿建报恩堂，誓死守。元驱色呼子诱降，命射之，愤卒。乌凌阿呼图代行省事。粮尽，军稍散。伸筑战垒城外，皆有屏，曰"迷魂墙"，元兵来薄，屡却之。呼图走南山，都尉开门降，伸转战。至偃师被执，胁降不屈，死。〔考异〕续纲目作齐克伸，执见元将塔齐尔，语不逊，兵卒曰："汝能北面一屈膝，贷汝命。"不从，左右叱使北面，伸拗颈南向，遂杀之。　元史李宗贤传，攻河南，其渠魁强元帅者以众出奔，宗贤追及，降之。　按，此即强伸也。然伸力战被擒，不屈而死，事见忠义传。而元史谓追及降之，实属曲笔，见赵翼剳记。又，中州集大兴李（坊）〔芳〕（据中州集辛集改），字执刚，承安二年进士。历乾、坊二州刺史，同知〔都〕（同上补）转运使。正大末致仕，殁于洛阳之难。洛州王彧，字子文，承安中进士。官省掾，弃官去。正大壬辰，参政思烈行省洛阳，使参议台事。城陷，不知所终。史未载。

右丞相、枢密使兼左副元帅完颜萨布

原作赛不，始祖弟博和哩后。貌魁伟，有大略。泰和中，从侵宋，为都统，大捷于溱水。贞祐初，签枢院，知临洮，改凤翔，擢招讨、观察使。

嗣出兵河北，招降晋安皇甫珪等，迁枢副。援河东，战屡捷，进复河中。哀宗立，拜平章，进右丞相。屡踬屡起。天兴二年七月，行省徐州，部将郭恩与叛贼郭页噜相结，杀元帅商瑀父子及赫舍哩算卓。十月，页噜遂约麻琮袭破徐州，萨布投河，不死，乃自缢。琮以城降元。

尚书右丞、枢密副使完颜呼沙呼。原作忽斜虎，字仲德，海兰路人。负文武材，第进士，历州县。贞祐初，为元俘，尽解其语，率降人万余来归，授邳州刺史。哀宗立，擢签枢、行院徐州，移知巩昌，行帅事，均有政绩。进行省，以参政行省陕州。汴京急，率兵入援，值帝东迁，妻子留京城五年，不入视。拜右丞兼枢副，从至归德，命行省徐州，讨平王德全乱。及官努诛，议迁蔡，赞成之。至，则领省院，事无钜细，悉亲为之。选士、括马、缮治甲兵，未尝忘西幸秦、巩意。为近侍阻，每深居燕坐，瞑目太息而已。帝命选室女备后宫，及修见山亭，与同知衔为游息所，谏而止。定进马迁赏格，得千余匹。分道征兵，军声稍振。及被围，营画御备、抚循士卒，战没者众。城陷，率军巷战。闻帝缢，乃赴汝水死。掌军务，信赏必罚，号令严整，军士效用无异心。南渡后，将相文武忠亮始终无瑕，呼沙呼一人而已。

权参政乌凌阿呼图。中京破，奔蔡，守西面。城陷，投汝水死。

忠孝军元帅蔡巴尔。原作八儿。元将布展围蔡，潜军击退之。承麟立，礼毕，巴尔不拜，曰："有死而已，安能更事一君。"遂战死。

都尉毛佺。恩州人，围城之战，佺力居多。城破，自缢。子先战没。又，滑州（关）〔阎〕忠（据金史卷一二四毛佺传改）、磁州（郭）〔郝〕乙（同上）同日战死，皆赠官。时女直人无死事者，长公主言于帝曰："近来立功效命多诸色人，无事时则自家人争强，有事则他人尽力，焉得不怨。"帝默然。

左副点检温都察逊。原作温敦昌孙，皇太后侄。命捕鱼练江，遇伏战死。

前监察御史纳塔和硕台。原作纳坦胡失打。蔡城破，恸哭赴水死。

镇南节度副使李献甫。字钦用，献能从弟。博通书籍，第进士。守备之策，时相倚重。蔡州破，死于难所。著有天倪集。顾奎光金诗选载秋风怨诗一首。

礼部尚书舒穆噜世勋。字鲁航，一字景略，第进士。父元毅死王事。哀宗将北渡，世勋求见，力言其不可，弗听。仍从行至新蔡，与子嵩相见，上因擢嵩应奉。蔡州破，父子均死。嵩字企隆，亦进士。世勋本姓石抹，字晋卿，承安中进士。有题纸鸢诗。

应奉翰林文字宋九嘉。字飞卿，夏津人。第进士，致仕。后没于癸巳之难。顾奎光金诗选载其题莲社图诗云："野鹜家鸡俗好乖，虎溪泉石满尘埃。壮哉砥柱颓波里，惟有渊明挽不来。"

御史王国纲。字正之，宏州人。奉诏诣河（东）〔中〕（据金史卷一二六王国纲传改），遇元兵，见杀。〔考异〕刘祁归潜志云，翰林王彪出刺州，未赴，南京被围，饮药死。史未载。

左监军任守贞。思烈等与元兵战，军溃京水，守贞死之。见上。

签枢院事草火额尔克。原作讹可，本内族，元兵破河中，战死。

郑州防御使乌凌阿耀珠。原作乌林答咬住。元帅马伯坚以城降元，耀珠死之。

宿州副总帅**高拉格**。原作剌格，元兵破蔡州外城，战没。

右监军**乌库哩和欢**。原作黑汉。元召宋兵攻唐州，与战死之。

平章**完颜哈达**，原作合达副枢**伊喇布哈**。原作移剌蒲阿。三峰山与元人战，兵败均走钧州。城破，先后见杀。〔考异〕元史雪不台传，哈达作合鞑鞑、李冶传作合答。又塔思传布哈作蒲兀。所载各异。

徐州元帅**完颜乌里**。遇元兵于杨驿店，力战死。时庆善努及睢州刺史张文寿同死。

行省**图克坦伊都**。时宿州高拉格等作乱，杀节度赫舍哩阿古父子，推伊都主帅事，不从。至谷熟，遇元兵，死之。〔考异〕哀宗纪高拉格作腊哥，与前在宿州殉节者另一人。

元帅**完颜珠尔**。原作猪儿。

军将**贺德希**。使国安用还，至宿州，遇元兵死之。

都尉**王爱实**。蔡州城破，战死。

权左副点检**完颜色哷默**。〔考异〕原作斜烈。汪辉祖金史同名录云，卷十三卫王至宁元年护卫；卷一百一抹撚尽忠传贞祐时近侍局提点；卷一百完颜伯嘉传贞祐时权坚州刺史；卷一百十七时青传元光元年从宜；卷百二十二宣宗时彰德知府；卷一百十六石盏女鲁欢传正大九年权奉御；卷一百二十三陈和尚传和尚从兄，名鼎，正大时统领，八人同名斜烈。时哀宗殉国，召侍御等同死。属奉御经实焚幽兰轩，收帝遗骸瘗之。经实一作绛山，后不知所终。

城父令**李用**（宣）〔宜〕（据金史卷一一七粘割荆山传

改）。杨春据亳州作乱，为所杀。春以城降宋。判官刘均，林虑人，先元兵至，仰药死。

行尚书事王宾。字德卿，亳州人，进士。举兵讨杨春，春遁，复其城。镇防军崔富格作乱，杀之。及魏节亨、孙良、孙玖珠、王进皆被害。〔考异〕元好问中州集，德卿学诗甚力，故所得亦多。言怀云："功名不到书生手，坐抚吴钩惜壮图。"又"风生传令箭，星落受降城"。"烟外暮钟催（使）〔倦〕（据中州集庚集改）马，林间残照聚归（鸦）〔鸦〕（同上）。"人甚称之。

元帅瓜尔佳实伦。许州军变被杀。时钮祜禄同周、苏椿等同死。

行省阿布哈努失尔。原作阿不罕奴十剌。河解元帅赵伟谋叛，杀之。凡二十一人。

元帅完颜呼图。鱼山张瑀谋叛杀之。

枢副兼参政实嘉纽勒珲。原作石盏女鲁欢。官努叛，杀之。及左丞李蹊等三百余人。

参政完颜纳新。原作奴申。与枢副萨尼雅布守汴京，被崔立杀。

陈州行省纽祜禄纳新。亦作奴申。都尉李顺儿作乱，与招抚使刘天起同遇害。

行尚书卢芝、行侍郎石玠。二人往召武仙入援，玠为仙杀，芝走，为乱卒所害。

元帅瓜尔佳当格。蔡城围急，为总帅王锐所杀。

扶沟令王浩。循吏传，浩初令泾阳，廉白，为关辅第一。南迁，令扶沟。叛民钱大亨、李钧等降元，劝浩降，不听，杀之，无血。主簿刘坦、尉宋乙并见害。弃尸道傍，自春徂夏，俨然如生。亦见续通考。

左都监、知凤翔府郭哈玛尔。

会州人。屡败夏兵。甲午春，蔡城已破，汪世显叛降元，遣使招降，不从。时西州无不归顺者，独哈玛尔坚守孤城。兵至，力战，自焚死。城中人无一降者。〔考异〕哈玛尔原作郭虾蟆。元史按竺尔传之郭斌，即虾蟆也。见钱大昕诸史拾遗。　续通考云，郭斌，会州将也。元兵围城，既破，斌驱妻子入一室，焚之。已而，自投火中死。女奴自火中推儿出，授人曰："将军尽忠，忍死绝嗣，此其儿也，幸哀而收之。"言毕，复投火死。元将恻然，为保其孤。所载较详。哀宗纪均未书。

元史太宗纪，七年十一月，奎腾攻石门，金便宜都总帅汪世显降。世显字仲明，盐城人。

吏部郎中杨居仁。

字行之，大兴人，进士。国亡北渡，举家投黄河死。

提控毕资伦。

为宋执，囚镇江土牢十四年。国亡，设祭江岸，大哭，投江死。〔考异〕元史赵宏伟传，金亡，有总管王昌、张云复起兵，宏伟夜袭云，斩之。史未载。

参政富珠哩罗索。

帝缢，与总帅元志、元帅王善尔、赫舍哩柏寿等及军士五百余人皆从死。时中丞权参政张天纲，城破为宋孟珙得，械至临安，命知府薛琼问曰："有何面目到此？"答曰："国之兴亡，何代无之？金亡，比汝二帝何如？"琼奏其语，宋帝曰："天纲真不畏死耶？"对曰："大丈夫患死不中节耳，何畏之有？"因祈死不已。令供状，不肯书虏主，但书故主而已。后不知所终。而宋史全文云，端平元年四月，授天纲武翼大夫，给袍带。汪剑潭谓当大书于简，以正金史之讹。　本传，字正卿，霸州益津人。词赋进士，历监察御史。鲠直闻云。

金史纪事本末卷末

引用书目*

钦定日下旧闻考　　　　　周书王会解

钦定满洲源流考　　　　　河图括地象

钦定盛京通志　　　　　　山海经注　郭璞

御批通鉴辑览　　　　　　前汉书　班固

钦定辽金元三史国语解　　汉书地理志注　颜师古

钦定全唐诗　　　　　　　后汉书　范晔

史记　司马迁　　　　　　续汉书　谢承

史记正义　张守节　　　　盐铁论　桓宽

管子　管仲　　　　　　　水经　桑钦

吴子　吴起　　　　　　　水经注　郦道元

竹书纪年　　　　　　　　隋书　魏征

南北史　李延寿

旧唐书　刘昫

新唐书　欧阳修　宋祁

六典　玄宗

通典　杜佑

续通典　宋白

通志　郑樵

文献通考　马端临

续文献通考　王圻

册府元龟　王钦若

说文系传　徐铉

石鼓辨　马定国

石鼓音训　潘惬山迪

尚书要录　吕造

语孟旁通　桂瑛

礼例纂　张行简

诸礼记录　张行简

旧五代史　薛居正

新五代史　欧阳修

五代会要　王溥

南唐书　马令

南唐书　陆游

辽史　脱脱等

契丹国志　叶隆礼

上契丹事　王曾

辽载　林本裕

亡辽录　史愿

亡辽遗录

使北语录　刘敞

燕北录　王易

燕北杂志　武珪

燕山丛录　徐昌祚

虏廷事实　文惟简

直北辽事

全辽志　薛延宠

辽小史　杨循吉

辽史拾遗　厉鹗

辽史拾遗补　杨循吉

金史　脱脱等

大金国志　宇文懋昭

金节要　张汇

金志　张棣

裔夷谋夏录　汪藻

金盟本末　汪藻

金人背盟录　汪藻

三朝北盟会编　徐梦莘

北盟集补　徐梦莘

燕云录　赵子砥

陷燕记　贾子庄

陷燕录　许采

松漠纪闻　洪皓

续松漠纪闻　洪皓

行程录　钟邦直

奉使行程录　许亢〔宗〕

燕云奉使录　赵良嗣

宣和奉使录　连南夫

建炎通问录　傅雱

奉使执礼录　郑俨

奉使录　陶悦

入蕃录　宋敏求

使燕录　余嵘

正惠公使金录　程卓

奉使杂录　何铸

北行日录　楼钥

乘轺录　路振

靖康奉使录　郑望之

山西军前奉使录　李若水

隆兴奉使审议录　雍希稷

揽辔录　范成大

桂海虞衡志　范成大

北狩见闻录　曹勋

茅斋自叙　马扩

神麓记　苗耀

北狩行录　王若冲

痛哭流涕编　耿氏

孤臣泣血录　丁特起

痛定录　吕本中

封氏编年　封有功

南烬（余）〔纪〕闻　〔旧题辛弃疾〕

北风扬沙录　无名氏

窃愤录　〔旧题辛弃疾〕

回天录　秦湛

建炎假道高丽录　杨应诚

南归录　沈珆

辽东行部志　〔王寂〕

北蕃地理志

北盟录

狮山掌录

铁围山丛谈　蔡絛

北征纪实　蔡絛

国史后补　蔡絛

行程录　王大观

征蒙记　李大谅

金太祖实录　宗弼

金太宗睿宗世宗实录　良弼

金章宗宣宗实录　王若虚

四朝圣训　杨廷秀

大定遗训　史奕

女直郡望姓氏谱　乌页

大金德运图〔说〕记

金人疆域图

金中杂事

金国南迁录　张师颜

金华文统

瀛洲道古录

大金集礼　张昞

两燕王墓碑辨　蔡珪

张孝纯尽忠补过录　穆伯㐌

续金石遗文跋尾　蔡珪

东南纪闻

兴亡金镜录　傅慎微

龟镜万年录　赵秉文

君臣政要　赵秉文

壬辰杂编　元好问

中州集　元好问

续夷坚志　元好问

归潜志　刘祁

闲谈刘齐王故事　王恽

海陵外集　周麟之

逆豫传　杨尧弼

二杨归朝录　杨尧弼、杨载探
　报金事

伪齐传　〔杨尧弼〕

平燕录

金史考证　元会汾

金史同名录　汪辉祖

金诗选　顾奎光

北边备对　程大昌

演繁露　程大昌

考古编　程大昌

宋史　脱脱等

东都事略　王偁

南宋书　钱士升

宏简录　邵经邦

王氏家录　王旦

沂公笔录

言行录　王曾

贾黄中谈录　张洎

李氏谈录　李昉

王公谈录　王洙

韩忠献（逸）〔遗〕事　〔强至〕

寇莱公（逸）〔遗〕事

莱公纪事

钦宗实录　洪迈

夷坚志　洪迈

容斋四笔　洪迈

金坡遗事　钱惟演

东北诸蕃枢要　李季兴

宋稗类抄　潘永因

纪谈录　晁公迈

高宗圣政草　陆游

老学庵笔记　陆游

家世旧闻　陆游

避暑漫钞　陆游

清尊录　陆游

云麓漫钞　赵彦卫

东坡题跋　苏轼

东坡志林　苏轼

清夜录笔谈　沈括

朝野佥言　夏少曾

四朝闻见录　叶绍翁

闻见录　邵伯温

闻见后录　邵博

续清夜录默记　王铚

野客丛书　王懋

枫窗小牍　袁氏

云谷杂记　张淏

墨庄漫录　张邦基

侯鲭录　赵德麟

苏诗注　施元之

暌车志　郭彖

挥麈前录、后录、三录　王明清

余话投辖录　王明清

二老堂杂志　周必大

玉堂杂志　周必大

默记　张（戒）〔俨〕

籀史　翟耆年

日记　沈必先

成都丁记　胡元质

王寓思远笔谈

宋会要　王珪

宋续会要　虞允文

宋通典　魏鹤山

中兴会要　梁克家

朝野杂纪　李心传

建炎以来系年要录　李心传

西陲泰定录

三朝政要　富弼

宋史全文

九朝编年备要　陈均

两朝纲目备要

十朝编要　李塛

九朝通略　熊克

中兴小纪　熊克

中兴忠义录　龚颐正

续中兴义录　张钧

中兴纪事本末

中兴战功录　李璧

中兴四朝志

中兴日历　汪伯彦

中兴记　耿延禧

中兴遗史　赵甡之

中兴叛逆传

中兴姓氏录

国门近游录

宰辅编年录　徐自牧

宣政杂录　江万里

林泉野记

涧上闲谈

何氏备史

刘氏日记

图经志书

逸史　蒋芾

嬾贞子　马永卿

避戎夜话　龚茂良

宋朝事实　李攸

宋元史质　王洙

大事记讲义　吕中

汴京纪事　刘子翚

宗忠简逸事

靖康传信录　李纲

靖康遗录　沈良

靖康要盟录

靖康余录

靖康录　朱邦基

靖康要录、前录、后录、小录

靖康小雅

靖康草史　何烈

边和录　陈伯疆

危史　郑昂

桯史　岳珂

愧郯录　岳珂

金陀粹编　岳珂

秀水闲居录　朱胜非

渡江遭变录　朱胜非

蜀口用兵录　费士戡

西事记　王之望

丁巳潇湘录　张浚

猗觉寮杂记　朱翌

台省因话录　石公弼

柏台杂志　石公弼

鹤林玉露　罗大经

许彦周诗话　许顗

能改斋漫录　吴曾

记纂渊海　潘自牧

癸辛杂志　周密

齐东野语　周密

志雅堂杂抄　周密

石林燕语　叶梦得

石林诗话　叶梦得

避暑余话　叶梦得

稽山语录　方畴

使蒙日录

乐善录　李昌龄

纪闻　潘远

吴公手录　吴敏

蕲王元勋碑　赵雄

退朝录　勾龙如渊

吹剑录　俞文豹

涧泉日记　韩淲

清夜录　〔俞文豹〕

瓮牖闲评　袁文

金石录　赵明诚

随隐漫录　陈世崇

泊宅编　方勺

见闻录　吕大麟

朱子语类

名臣言行录　朱熹

春明退朝录　宋敏求

五百家播芳文粹　魏齐贤　叶芬

元丰九域志　王存

名臣碑传琬琰之集　杜大珪

太平寰宇记　乐史

咸淳临安志　潜说友

乾道临安志　周淙

舆地广记　欧阳忞

方舆胜览　祝穆

盘山志　释志朴

寰宇通志　〔陈循等〕

畿辅山川志

滦河图志

宣府镇志　孙世芳

清类天文分野之书

宋史纪事本末　陈邦瞻

续纲目　商辂

宋元通鉴　薛应旂

续通鉴　王宗沐

大方通鉴

续资治通鉴　毕沅

续通鉴本末补

蒙古源流　蒙古小彻辰萨囊台吉

元朝秘史

元一统志

元史　宋濂

元史类编　邵远平

皇元建都记

皇元圣武亲征录

大都赋　李洧孙

元鲁国忠武王行录

故宫遗迹　萧洵

宋辽金正统辨　杨维祯

宋辽金正统论　谢端

玉堂嘉话　王恽

修理大都石经事状　王恽

花外东风阁日记

禁扁　王士点

山房随笔　全愚蒋子正

瀛奎律髓　方回

东夷考略　陈士元

滦志　陈士元

甘水仙源录　李孟谦

玉泉山诗注　刘友先

论语集义　王鹗

归田类稿　张养浩

瑞像来仪记　张养浩

墨史　陆友

文道纪年纪略

青箱堂记

图绘宝鉴　夏文彦

函山旅话

素园石谱

名胜志　曹学佺

石墨镌华　赵崡

长安客话　蒋一葵

尧山堂外纪　蒋一葵

书史会要　陶宗仪

辍耕录　陶宗仪

谷城山房笔麈　于慎行

图书编　章汉

草木子　叶子奇

明一统志　李贤等

狮山掌录（按此书前已著录，
　见九二七页）

国门近游录（按此书前已著

录，见九三〇页）

西轩客谈

浮溪文粹　胡尧臣

芹城小志

雍胜略

雍大记　何景明

县道记

析津日记　周筼

帝京景物略　刘侗

长安可游记　宋启明

燕都游览志　孙国枚

渌水亭杂识　成德

京东考古录　顾炎武

昌平山水录　顾炎武

冬夜笺记　王崇简

香祖笔记　王士禛

日下旧闻　朱彝尊

吉金贞石志　朱彝尊

日下旧闻补遗　朱昆田

读史方舆纪要　顾祖禹

北平古今记　孙承泽

春明梦余录　孙承泽

碣石丛谈　郭造卿

辽金元朔闰考　钱大昕

廿二史考异　钱大昕

三史艺文志　钱大昕

诸史拾遗　钱大昕

廿一史四谱　沈炳震

廿二史札记　赵翼

鸿书　刘逵

翰墨大全　〔刘应李〕

宋牧仲诗注

禹贡锥指　胡渭

归田后录　朱定国

绛云楼书目

滦雪偶谈

扈从东、西巡日录　高士奇

陕西通志　刘于义

江南通志　赵宏恩

延安府志

西安府志

顺天府志

凤翔府志

霸州志　钱达道

冀州志　熊相

陇州志

涿州志

大安军志

兴安州志		杨公文集	杨云翼
三河县志	王自谨	周礼辨	杨云翼
北平旧志		拙轩集	王寂
东安县志	张文举	黄山集	赵沨
良乡县志	牛象坤	滏水集	赵秉文
凤县志		慵夫集	王若虚
漷县志	张祥	滹南遗老集	王若虚
岐山县志		南濠集	都穆
麟游县志		屏山集	李纯甫
雒川县志		礼部集	吴师道
石泉县志		蓬山集	刘从益
宝坻县志		牧庵集	姚燧
丰润县志		燕石集	宋褧
沔县志		金台集	纳新
大城县志		秋涧集	王恽
略阳县志		陵川集	郝经
苏文忠集	苏轼	云山集	姬翼
樊川集	杜牧	静修集	刘因
石湖集	范成大	藏春集	刘秉忠
盘洲集	洪适	猴山集	王衡
屏山集	刘子翚	呆斋集	刘定之
浮溪集	汪藻	匏翁家藏集	吴宽
遗山集	元好问	潜溪集	宋濂
贵耳集	张端义	坚瓠集	〔褚人获〕

潜研堂集　钱大昕

柴墟集　储巏

辽沙门善制燕京大悯忠寺观
　音地宫舍利函记

辽景福元年采师伦书重藏舍
　利记

辽王进思寺尼尊胜陀罗尼
　幢记

辽沙门彦珪等宝集寺佛殿前
　石幢

辽僧南抃盘山感化寺碑

金上方感化寺故监寺澄方遗
　行碑铭

金沙门知心香水寺头陀大师
　灵塔实行碑

金僧圆照甘泉寺通和尚塔序

金僧重玉京师潭柘寺碑记

金张瓒大觉寺碑记

金雷希颜胥鼎神道碑

金节度杨公潭柘寺碑记

金吕卿云葛山重修隆福院记

金诸表臣圣安寺旃檀佛像刻
　石记

金都统经略郎君陕西行记

金国史院编修官党怀英礼部
　令史题名记碑

金黄久约涿州重修文宣王庙
　碑记

金王庭筠涿州汉昭烈帝庙
　碑铭

金刘光国霸州大城县学宫记

＊按，此目据四库总目提要、中国丛书综录等，对个别书名和作者
略作了改补。凡删皆用圆括号，凡补皆用方括号。

校刻辽金纪事本末原叙

辽金二史纪事本末都为九十二卷，伯氏茝生寄自峡江。余先读叙例，作书统纪具矣。尝取袁、陈诸家书，旁皇周览，通贯累晁，独辽、金二代编著未闻焉。昔四库馆臣以宋史纪事本末颇及辽、金，谓当称三史纪事，不得独以宋标名，诋其偏见。余考陈书，涉二国者既鲜，要为有宋之编，称名未舛，此持论之疏。然纪辽、金比它史不同。其人民、官爵繙绎未谙，一人迭出，史讹错者数矣。又其修史率尔，采摭弗广，漏脱者众，罣误时有，盖踵作之难，命笔匪易。前人请事独遗兹编，诚不如别部厘理端绪，详起讫已也。

伯氏编集，起自甲申，汔今一纪，始排比成帙。其书以辽金二史为主，而参以新旧五代史、宋史、元史、叶隆礼契丹国志、宇文懋昭大金国志、司马温公通鉴、朱文公纲目、李氏焘续通鉴长编、徐氏梦莘北盟会编、李氏心传系年要录、商氏辂续纲目、陈氏桱通鉴续编、王氏宗沐续通鉴、薛氏应旂宋元通鉴、徐氏乾学通鉴后编、毕氏沅续资治通鉴等书，以及各家说部、传记、文集，约百数十种。凡事涉辽金者，靡不搜采、考证，同异注于下方，虽自勤日月，不遑人事，后之读二书者，实获逸焉。

伯氏绩学好文，诸经皆有撰述，尤邃于史学，此编可为举前之坠，拥彗后来。

余时奉简，命备兵高廉，官牒积尺，蔑暇校字。命诸弟等审勘，将付手民。常谓纪事本末薄肇尚书史录之祖；后之作者不知其本于此也，乃篇缀以骈偶之辞，不自尊其体。宋景文摘碎云，文有属对，平侧用事，供公家一时宣读，施行似快便，然不可施于史传。予修唐史，未尝得唐人一诏一令可载于传者，惟舍对偶之文，近高古者，乃可著于篇。以对偶之文入史策，如以粉黛饰壮士，笙匏佐鼓鼙，非所施矣。况乃累幅连篇，出于作者，其非史法明矣。余叙刻此书，并诵宋公之言以告学者，兹编两史，不加断论，纂述之道，诚在彼不在此。

伯氏由优选方官峡江训导，督学盛公炳炜得见其书，深用褒许，趣付剞劂。其时从事参订者，诸弟有槩、今由廪贡官江南补用道有榘、由乡举官山西太谷令有荣、由附贡官户部主事有架，由例贡官两淮盐大使校对者余四子豫、由壬辰进士官编修、国史馆协修复、由例贡官陕西直州牧，署留坝厅同知益、改名颐，由拔贡分发湖北补用道夬，改名圭，由乡举官户部郎中同校者伯氏三子履、临、晋也。校刊者伯氏僚婿上海令黄承暄、今官四川盐茶道署理布政

使<u>上舍程嘉彬</u>。缮写者伯氏门人<u>浙江德清</u>茂才<u>蔡震</u>、

改名<u>宝善</u>，今由乡举应经济特科，用<u>陕西</u>知县。<u>广西马平</u>上舍

<u>杨霁</u>、<u>杨霖</u>也。附识于此。时<u>光绪</u>十九年岁次昭阳

大荒落痾月　仲弟<u>有棻</u>谨识

重刊辽金纪事本末跋

在昔，著作之家采摭多遗，每嫌简略。世父积十余年，辛苦搜讨群书，始于峡江官舍编辑辽、金二史纪事本末一书。岁癸巳，家君分巡高廉，邮寄来署。适豫改官庶常，入粤省觐，与诸弟奉严命分司襄校，付诸手民。宇内名宿争先睹为快，颇许为知言。今已风行，远迩不胫而走矣。嗣因精力未衰，丹铅余暇，重加编摩。见于二代制诰、典章、金石文字未曾采录，终难割爱。书中字句间有讹舛，世父复专精增辑，遗者补之，谬者纠之。体例仍前，事迹较备，于以重付剞劂，冀免遗憾焉。

豫以为，古来名儒硕彦，著述不厌求详，即如考亭朱子，亦有晚年定论之书。然编自门人，究不如手为订正之为愈也。

时家君以江藩奉朝旨，护理两江督篆。世父来署盘桓，共相审核。适因豫分校顺直，乡闱事竣，归自汴梁，邮书京寓，属为跋尾，以志巅末云。

光绪二十八年岁次元默摄提格阳月　从子豫谨述

金史人名
清元异译对照表

几点说明

一、本表系根据乾隆间改译殿本，参以道光四年、道光七年殿本编制，凡经改译的人名皆录。但仅仅姓氏改译而名未改译者，如其姓氏已因他名列入本表，名未改译者即不收入。如唐括辩、唐括贡、唐括重国、唐括鼎等，由于唐括氏改译成唐古氏，已在本表其他人名中得到了表现，这些人名一般就不收入了。

二、《金史》人名，有的系姓，有的不系姓，为查找方便，这两种情况分别立目，例如唐括按答海、改译成了唐古安塔哈，由于《金史》常省姓而迳用按答海，故安塔哈也立一目。

三、《金史》多人同名现象十分严重，如这些同名，改译时没有歧译，则只列一个，如按答海皆改译作安塔哈，七斤皆改译作齐勤，其他同名就不列了。

四、《金史》一人多名现象亦很严重，如石土门又叫神徒门、神土懑、神土门等，这些歧译，改译时，虽都统一作实图美，但为了便于使用，仍一一作了对照，使读者一望而知。

五、《金史》在改译时，又出现了新的多人同名，例如石狗儿、师姑儿、赤狗儿，都改译成了实古尔，又如石古乃、习古乃、什古乃、实古乃，皆改译成了实古纳，所有这些都分别立目。

六、本表按改译过的人名拼音首字母排列，如第一字相同，排列顺序暗取第二个字的拼音首字母，如第二字相同，则暗取第三字的拼音首字母，以此类推。

七、《金史纪事本末》的人名错乱较多，如把"得"写作"德"之类，由于音未错，皆未校改，其改译人名的写法，本表则均以《金史》改译为准。

清译名	元译名	清译名	元译名
		阿布哈绥赫	阿不罕斜合
A		阿布哈希卜苏	阿不罕斜不失
阿巴	阿补	阿布哩	爱拔里
阿巴	阿排	阿禅	按辰
阿巴	按补	阿达茂	按得木
阿卜萨	阿本斯	阿达茂	按忒木
阿卜萨	阿补孙	阿都固	按都瓜
阿卜萨	阿不沙	阿多古	阿土古
阿布哈	阿保寒	阿尔本	阿剌本
阿布哈得刚	阿不罕德刚	阿尔本	阿离本
阿布哈德甫	阿不罕德甫	阿尔本	斡里保
阿布哈额哩页	阿不罕讹里也	阿尔本	斡里本
阿布哈努色尔	阿不罕奴失剌	阿尔法	阿鲁瓦
阿布哈努色尔	阿不罕奴十剌	阿尔噶	阿里葛

清译名	元译名	清译名	元译名
阿尔噶里	阿鲁古列	阿喇古勒	阿里骨列
阿尔萨哩	阿厮列	阿喇苏	阿鲁琐
阿尔图	阿里徒	阿兰	阿楞
阿尔图罕	阿鲁台罕	阿老罕	阿鲁罕
阿尔逊	阿鲁来	阿咾罕	敖鲁斡
阿尔占	阿鲁真	阿勒巴	阿里保
阿古	阿聒	阿勒巴	阿鲁保
阿古	阿忽	阿勒楚尔	按察儿
阿古	阿虎	阿勒达	阿里带
阿古岱	阿胡迭	阿勒呼坦	阿里保太弯
阿古岱	阿虎带	阿勒坦	阿鲁太弯
阿古岱	阿虎迭	阿里	阿列
阿古尔	阿虎里	阿里巴斯	阿里不孙
阿古尔	阿活里	阿里布	阿离补
阿古喇	阿虎懒	阿里布	阿里白
阿古喇	沃窟里	阿里布	阿里补
阿固达	阿骨打	阿里布	阿里不
阿固岱	阿库德	阿里布	阿卢补
阿哈	阿海	阿里布	阿鲁补
阿济根	唵吉斡	阿里布	阿鲁不
阿克占富勒呼	阿典蒲鲁虎	阿里哈	阿里合
阿克占和实玛勒	阿典和实懑	阿里哈肆嘉努	阿里根寺家奴
阿克占桑阿	阿典宋阿	阿里罕	阿离合懑
阿库纳	阿古乃	阿里罕	阿里合懑

清译名	元译名	清译名	元译名
阿里库	阿里骨	爱新	爱申
阿里库	阿里刮	爱新爱实拉	爱申阿失剌
阿里库	阿里虎	爱新鄂约	阿沙兀野
阿里托欢	阿里徒欢	安春	按出
阿喽罕	阿鲁罕	安春	按春
阿噜	阿鲁	安福格	安福哥
阿噜岱	阿鲁带	安塔哈	按答海
阿噜岱	阿禄带	安图	安特
阿萨尔	阿撒	安图	安团
阿萨尔	阿散	安扎	阿注阿
阿实克	阿枭	谙达	按带
阿苏	阿疎	按春	按出虎
阿苏	阿斯		
阿苏	阿速	**B**	
阿苏	阿琐		
阿索美	阿斯懑	巴布尔	播逋
阿珠噜	阿术鲁	巴达	拔达
爱呼	按虎	巴达	把答
爱勒	爱剌	巴达尔呼	把德固
爱实	阿喜	巴尔斯	拔离速
爱实	爱失	巴尔斯章	把思忠
爱实拉	阿实赉	巴噶	八狗
爱实拉	外失剌	巴噶	跋葛
爱新	阿辛	巴噶	厖葛
		巴噶布琳	霸合布里

清译名	元译名	清译名	元译名
巴噶罕	把回海	巴图	朴都
巴古拉	把胡鲁	巴图达尔罕	拔炭都鲁灰
巴古拉	保骨腊	巴图噜	傍都里
巴古珠	把古咬住	巴延实喇	把移失剌
巴哈	跋海	把富拉答	把蒲剌都
巴济拉	把内剌	把玖锦	把九斤
巴锦	八斤	把纳新	把奴申
巴玖锦	把九斤	白阿苏	白阿斯
巴克缴	白散	白额布根	白屋仆根
巴克实	八十	白瑠努	白留奴
巴克实	拔石	白约索	白遥设
巴克实	跋石	班珠尔	奔鞠
巴哩	把里	帮图	盘都
巴哩安仁	芭里安仁	北京努	北京奴
巴哩昌祖	芭里昌祖	本布	不补
巴哩公亮	把里公亮	必喇阿鲁岱	必兰阿鲁带
巴哩美	拔乙门	必里克图	迪列土
巴哩庆祖	芭里庆祖	必垲哩	辟里剌
巴哩直信	芭里直信	毕努尔	毕牛儿
巴沁嘉卜	巴毡角	辟拉	辟懒
巴沁师德	庞静师德	标哈	杓合
巴特玛	巴的懑	宾格	宾哥
巴恬努	把添奴	瑸都	班都
巴图	跋忒	瑸都	奔睹

清译名	元译名	清译名	元译名
伯赫	跋黑	博多和	罢敌悔
伯赫	孛黑（即跋黑）	博尔苏	孛剌束
伯赫布尔噶	播立开	博尔苏	勃剌淑
伯勒赫	跋里海	博尔苏	勃剌速
伯勒赫	把里海	博哈	播斡
伯勒赫	仆里黑	博和哩	保活里
伯哩	颇里	博济	孛吉
伯特	孛德	博济	孛极
伯特	孛迭	博克顺	拔合汝
伯特	孛特	博克托	辟合土
伯特	勃迭	博勒和	勃鲁骨
伯特安	伯德安	博勒和	婆卢火
伯特德哩布	伯德特离补	博勒准	孛论出
伯特都努	伯德都奴	博啰	保鲁
伯特和	伯德和	博啰	辈鲁
伯特梅和尚	伯德梅和尚	博罗	盃鲁
伯特玩	伯德玩	博罗	背鲁
伯特文格	伯德文哥	博诺	把奴
伯特乌格	伯德窊哥	博诺	盃乃
伯特章努	伯德张奴	博诺	盆纳
伯腾	孛太裕	博硕	剖叔
博多	颇答	博硕布	白撒不
博多	象多	博斯呼	把撒合
博多布	孛特补	博斯呼	把扫合

清译名	元译名	清译名	元译名
博斯呼	白撒葛	布噜鲁	不鲁剌
博斯呼	白撒曷	布木	别术
博斯纳	蒲速乃	布萨阿哈	仆散阿海
博索	白撒	布萨安贞	仆散安贞
博索	婆速	布萨瑸都	仆散班睹
布达	白达	布萨博罗	仆散背鲁
布达	白答	布萨达斡	仆散太弯
布达	背答	布萨端	仆散端
布达	骹达	布萨额尔克	仆散讹可
布达	蒲答	布萨哈斯罕	仆散曷速罕
布当	补擮	布萨和木索	仆散胡没速
布敦	蒲都	布萨和硕	仆散胡沙
布尔噶苏	不剌速	布萨呼都克	仆散胡睹
布格萨奇珠	仆根撒屈出	布萨呼兰	仆散胡阑
布格苏	不歌束	布萨呼沙呼	仆散忽杀虎
布古德	仆忽得	布萨呼图	仆散忽土
布哈	蒲阿	布萨怀忠	仆散怀忠
布呼	卜灰	布萨欢塔	仆散浑坦
布呼	不灰	布萨撰	仆散撰
布呼	布辉	布萨瑠嘉	仆散留家
布呼	仆灰	布萨莽噶嘉们	仆散忙押门
布呼	仆虺	布萨纳丹珠	仆散纳坦出
布拉	蒲剌	布萨纳延	仆散那也
布琳	普连	布萨讷木舍布	仆散奴失不

清译名	元译名	清译名	元译名
布萨宁寿	仆散宁寿	布希班第	蒲鲜班底
布萨齐勤	仆散七斤	布希长安	蒲鲜长安
布萨琦	仆散琦	布希萨喇勒	滞鲜石鲁剌
布萨萨固珠	仆散扫吾出	布希舒噜	蒲鲜石鲁
布萨萨哈	仆散撒合	布希特尔格	蒲鲜铁哥
布萨师恭	仆散师恭	布希万努	蒲鲜万奴
布萨实勒们	仆散石里门	布展	奔盏
布萨实讷埒	仆散习泥烈	布展	喷盏
布萨守中	仆散守中		
布萨思恭	仆散思恭（即师恭）	**C**	
		蔡巴尔	蔡八儿
布萨素赫	仆散扫合	曹佛哩	曹佛留
布萨伟	仆散伟	曹吉逊	曹记僧
布萨斡喇布	仆散斡鲁补	察必达尔	辙孛得
布萨乌锦	仆散五斤	察喇公济	杂辣公济
布萨乌呼赫	仆散乌里黑	察逊	蝉蠢
布萨乌哲	仆散乌者	察逊雅萨	常孙阳阿
布萨毅夫	仆散毅夫	长安努	长安奴
布萨忠义	仆散忠义	彻辰	禅赤
布萨忠佐	仆散忠佐	彻辰阿固齐	金臣阿古者
布萨倬	仆散倬	彻珍	茶扎
布色	婆萨	成格勒	青狗
布希	蒲闲	成格勒	青狗儿
布希	蒲苋	成格勒	青觉儿

清译名	元译名	清译名	元译名
程察逊	程陈僧	绰尔齐	雏讹只
持嘉秉甫	赤盏秉甫	绰尔台	出里底
持嘉董七	赤盏董七	绰哈	抄合
持嘉和木欢	赤盏忽没浑	绰哈	酬斡
持嘉和色里	赤盏胡失赖	绰哈	丑阿
持嘉和硕台	赤盏胡失答	绰哈	丑汉
持嘉晖	赤盏晖	绰哈	逐斡
持嘉喀齐喀	赤盏合喜	绰奇	绰质
持嘉喀齐喀	石盏合喜	绰斯和	注思灰
持嘉克们	赤盏高门	次额页	次奥野
持嘉师直	赤盏师直	崔齐勤	崔七斤
持嘉乌苏垲克	赤盏胡速鲁改	催格	崔哥
持嘉乌新	赤盏尉忻		
持嘉乌新	石盏畏忻	**D**	
持嘉锡尔格	赤盏实理哥	达春	探春
酬尔	丑儿	达春额哲	大雏讹只
酬格	丑哥	达达里	大迪里
酬和尚	丑和尚	达尔欢	达鲁罕
酬努	丑奴	达尔欢	达鲁欢
楚古尔苏	雏鹘失	达格	达哥
楚古尔苏	雏鹘室	达哈	达阿
楚呼	钞兀	达呼	达回
垂庆	乘庆	达呼	迪虎
绰鄂	酬越	达呼	塔忽

清译名	元译名	清译名	元译名
达呼布	狄故保	大嘉努	大家奴
达呼布	迪古补	大托卜嘉	大挞不野
达呼布	迪古不	大兴国努	大兴国奴
达呼布	迭胡本	大药师努	大药师奴
达呼默	达胡末	道拉	铎剌
达兰	达懒	德格	德哥
达兰	挞懒	德济	达吉
达勒达	挞离答	德济	达纪
达噜噶	达鲁骨	德克德	迪姑迭
达噜葛色埒	达鲁古厮列	德克德	迪忽迭
达鲁	迪六	德克济布	觌吉补
达年鄂博	迪辇阿不	德勒岱	特里底
达萨塔	狄库德	德勒台	达儿觲
达萨塔	敌库德	德里	忒邻
达实	大石	德哩布	特离补
达实	台实	德呼台	得里底
达希布	达及保	德斡	敌斡
达希布	达吉不	迪里	迪烈
达希布	达纪保	迪延	迪越
大兵	太赤	鼎珠	定住
大额页	大奥野	定格	定哥
大富色克	大蒲速越	栋尔	冬儿
大富僧额	大蒲速碗	栋戬	董毡
大嘉哩	大乣里	栋摩	阇母

清译名	元译名	清译名	元译名
都本	迪钵	额哩垺	讹里剌
都古噜讷	迪古迺	额哩页	讹里也
都林	夺邻	额哩页	讹里野
都努	都奴	额哩页	余里也
阇格	阇哥	额哩页	余里野
杜塔富拉	杜天佛留	额琳	讹论
多隆乌	睹令孤	额鲁	讹鲁
多啰	特列	额鲁元智	讹留元智
多啰銮	夺离剌	额呼楚克	阿里出虎
		额森博勒	阿思钵
E		额特布	乌达补
额布根	屋仆根	额特布	乌睹本
额布勒	牙不里	额特垺	讹特剌
额布勒	耶补儿	额特垺	斡达剌
额尔哀	耳骨延	额特垺	斡答剌
额尔古讷	讹古乃	额特垺	斡特剌
额尔衮	讹鲁观	额图珲	阿徒罕
额尔克	阿可	额图珲	阿土罕
额尔克	讹可	额页	奥野
额尔奇木奎伊	移里堇窟域	额伊德昌	讹移德昌
额古德	阿虎迭	额哲垺讷	斡转留奴
额克沁	讹哥金	鄂博	斡不
额哩垺	阿里剌	鄂博库	吾补可
额哩垺	讹离剌	鄂博库	兀不喝

清译名	元译名	清译名	元译名
鄂博台	乌不屯	鄂特藏布	讹鲁不
鄂尔多	讹里朵	鄂特藏布	斡鲁不
鄂尔多	讹鲁朵	鄂屯阿古	奥屯阿虎
鄂尔多	斡里朵	鄂屯阿里布	奥屯阿里不
鄂尔多	斡鲁朵	鄂屯安塔哈	奥燉按答海
鄂和	窝忽窝	鄂屯邦献	奥屯邦献
鄂兰沙津	乌论石准	鄂屯酬和尚	奥屯丑和尚
鄂勒博	斡卢保	鄂屯哈斯罕	奥屯胡撒合
鄂勒博	斡卢补	鄂屯良弼	奥敦良弼
鄂勒欢	阿鲁绾	鄂屯马和尚	奥屯马和尚
鄂勒欢	窝卢欢	鄂屯萨噶尔玛克	奥屯撒合门
鄂勒欢	斡鲁罕		
鄂伦	窝论	鄂屯萨固察	奥屯撒屋出
鄂伦	斡论	鄂屯舜卿	奥屯舜卿
鄂伦	兀论	鄂屯沃哩布	奥屯吾里不
鄂啰啰	斡里懒	鄂屯斡里雅布	奥屯斡里卜
鄂啰纳	斡里裒	鄂屯喜格	奥屯喜哥
鄂啰绍甫	讹罗绍甫	鄂屯襄	奥屯襄
鄂啰绍先	讹罗绍先	鄂屯骧	奥屯骧
鄂啰世	讹罗世	鄂屯雅格	奥屯牙哥
鄂罗绍昌	卧落绍昌	鄂屯扎勒嘉	奥屯扎里吉
鄂摩	吾母	鄂屯忠孝	奥屯忠孝
鄂摩	兀母	鄂约	隈欲
鄂斯欢	阿思魁	谔德忠	卧德忠

清译名	元译名	清译名	元译名
恩楚	讹出	费摩呼达	裴满忽挞
恩楚	斡出	费摩呼敦	裴满忽睹
恩楚华善	阿出胡山	费摩呼喇	裴满胡剌
恩胜努	恩胜奴	费摩呼实	裴满胡喜
		费摩呼图	裴满忽土
F		费摩胡达	裴满胡挞
		费摩华善	裴满虎山
范察逊	范陈僧	费摩克尔森	裴满可孙
费摩阿古岱	裴满阿虎带	费摩齐勤	裴满七斤
费摩阿拉	裴满按剌（即授剌）	费摩钦甫	裴满钦甫
费摩阿里	裴满阿里	费摩萨布	裴满赛不
费摩谙达	裴满按带	费摩舍音	裴满斜也
费摩绰哈	裴满抄合	费摩思忠	裴满思忠
费摩达	裴满达	费摩苏拉	裴满授剌
费摩德辉	裴满德辉	费摩托纽	裴满突撚
费摩德仁	裴满德仁	费摩洋格	裴满羊哥
费摩福兴	裴满福兴	费摩余庆	裴满余庆
费摩富拉塔	裴满蒲剌都	费摩子宁	裴满子宁
费摩富拉塔	裴满蒲剌笃	费摩子仁	裴满子仁
费摩哈希	裴满河西	芬彻	蒲查
费摩和硕	裴满鹘沙	芬彻	蒲察
费摩和坦	裴满胡塔	芬彻都古噜讷	
费摩亨	裴满亨	见富察都古	
费摩呼达	裴满忽达	噜讷	

清译名	元译名	清译名	元译名
丰绅	封仙	富察鼎寿	蒲察鼎寿
冯僧嘉努	冯僧家奴	富察鼎珠	蒲察定住
冯万努	冯万奴	富察都古噜讷	蒲察迪古乃
佛德	佛顶	富察额古德	蒲察阿虎迭
佛哩	佛留	富察额哩垮	蒲察讹里剌
佛门山	什母温山	富察鄂伦	蒲察斡论
佛们	盆买	富察芬撤	蒲察蒲查
佛宁	蒲涅	富察富垮珲	蒲察蒲卢浑
富察阿巴	蒲察按补	富察富色克	蒲察蒲速越
富察阿布哈	蒲察阿孛罕	富察富色哩	蒲察蒲速烈
富察阿古岱	蒲察阿胡迭	富察官努	蒲察官奴
富察阿固岱	蒲察阿虎特	富察哈布尔	蒲察鹊拔鲁
富察阿里	蒲察阿里	富察哈达	蒲察合达
富察阿里罕	蒲察阿离合懑	富察和勒端	蒲察斛鲁短
富察阿林	蒲察阿怜	富察和勒端	蒲察桓端
富察阿萨尔	蒲察阿撒	富察和珍	蒲察胡盏
富察秉铉	蒲察秉铉	富察和卓	蒲察合住
富察秉彝	蒲察秉彝	富察呼兰	蒲察胡里安
富察博纽	蒲察蒲女	富察呼噜	蒲察胡鲁
富察布拉	蒲察蒲剌	富察欢托和	蒲察忽土华
富察布垒	蒲察婆罗偎	富察济巴	蒲察纠舍
富察彻辰	蒲察叉察	富察克忠	蒲察克忠
富察达希布	蒲察答吉卜	富察鲁尔锦	蒲察六斤
富察达希布	蒲察打吉不	富察罗索	蒲察娄室

清译名	元译名	清译名	元译名
富察玛哈雅纳	蒲察毛花辇	富察乌珲	蒲察兀虎
富察明秀	蒲察明秀	富察乌锦	蒲察五斤
富察穆里延	蒲察没里野	富察乌里	蒲察乌烈
富察穆逊	蒲察马孙	富察乌哩雅	蒲察乌里雅
富察纳新	蒲察讹申	富察乌延	蒲察畏也
富察齐勤	蒲察七斤	富察锡津	蒲察西京
富察琦	蒲察琦	富察雅尔坚	蒲察燕京
富察萨布	蒲察赛补	富察耀珠	蒲察咬住
富察萨勒扎	蒲察沙离只	富察伊尔必斯	蒲察阿里不孙
富察善尔	蒲察山儿	富察伊垎图	蒲察移剌都
富察实嘉努	蒲察石家奴	富察永成	蒲察永成
富察世达	蒲察世达	富察扎拉	蒲察查剌
富察世杰	蒲察世杰	富察扎塔	蒲察张铁
富察世谋	蒲察世谋	富察章嘉努	蒲察张家奴
富察守纯	蒲察守纯	富察贞	蒲察贞
富察思忠	蒲察思忠	富察振寿	蒲察振寿
富察索啰	蒲察莎鲁窝	富察郑留	蒲察郑留
富察塔斯	蒲察特厮	富察珠噜	蒲察只鲁
富察台布	蒲察台补	富德	盆德
富察特克新	蒲察太神	富卦喇	仆聒剌
富察通	蒲察通	富呼	蒲虎
富察托色拉	蒲察挑思剌	富均努	府君奴
富察乌达	蒲察兀迭	富勒呼	仆卢古
富察乌登	蒲察吾迭	富勒呼	仆卢虎

清译名	元译名	清译名	元译名
富勒坚	蒲家	富珠哩和卓	孛术鲁合住
富里	蒲烈	富珠哩玖珠	孛术鲁久住
富垎珲	蒲卢浑	富珠哩瑠珠	孛术鲁留住
富垎珲	蒲鲁欢	富珠哩罗索	孛术鲁娄室
富鲁和卓	蒲鲁胡只	富珠哩迈努	孛术鲁买奴
富聂逊	蒲乃速	富珠哩摩啰欢	孛术鲁毛良虎
富哲达兰	富者挞懒	富珠哩尼楚赫	孛术鲁银术哥
富哲尼堪	富者粘罕	富珠哩色色	孛术鲁舍厮
富哲尼玛哈	富者粘没罕	富珠哩用吉	孛术鲁用吉（即
富珠哩阿哈	孛术鲁阿海		范用吉）
富珠哩阿哈	不术鲁阿海	富珠哩子元	孛术鲁子元
富珠哩阿喽罕	孛术鲁阿鲁罕		
富珠哩察罕	孛术鲁长河（亦	**G**	
	作长哥）	噶顺	劾孙
富珠哩昌格	孛术鲁长哥	刚嘎	刚哥
富珠哩达哈	孛术鲁达阿	高搏多（即高	高檀朵
富珠哩德裕	孛术鲁德裕	松）	
富珠哩定方	孛术鲁定方	高道拉	高朵剌
富珠哩福寿	孛术鲁福寿	高佛哩	高佛留
富珠哩富卦喇	孛术鲁吴括剌	高拉格	高剌哥
富珠哩富拉塔	孛术鲁蒲剌都	高拉格	高腊哥
	（孛术鲁德裕	高扬格	高羊哥
	本名）	高元格	高元哥
富珠哩富色里	孛术鲁蒲速列	高昭和硕	高召和失

清译名	元译名	清译名	元译名
高珠巴克	高术仆古	瓜尔佳柏寿	夹谷柏寿
高珠巴克	高助不古	瓜尔佳必喇	夹谷必兰
格绷额	哥不霭	瓜尔佳博诺	夹谷蒲乃
格绷额	葛不霭	瓜尔佳布达	夹谷馺达
格呼勒	遏里来	瓜尔佳布尔噶苏	夹谷不刺速
古尔班	夔里本	瓜尔佳察哈尔	夹谷查合你
古鲁罕扎	忽鲁罕只	瓜尔佳达兰	加古挞懒
古沁文昌	骨勒文昌①	瓜尔佳当格	夹谷当哥
古渠们	骨鞠门	瓜尔佳德新	夹谷德新
古实	故石	瓜尔佳德玉	夹谷德玉
古新	谷神	瓜尔佳鼎珠	夹谷定住
古新	拐山	瓜尔佳都伯	夹谷德伯
古页	国也	瓜尔佳额特垮	夹谷移特刺
古裕	骨欲	瓜尔佳鄂摩	夹谷兀母
固纳	谷赦	瓜尔佳芬彻	古里甲蒲察
固纳	骨赦	瓜尔佳福德	夹谷福德
瓜尔佳阿卜萨	夹谷阿不沙	瓜尔佳福寿	夹谷福寿
瓜尔佳阿多古	夹谷阿土古	瓜尔佳富德	夹谷蒲带
瓜尔佳阿哈	夹谷阿海	瓜尔佳哈达	夹谷合达
瓜尔佳阿里布	夹谷阿里不	瓜尔佳海寿	夹谷海寿
瓜尔佳谙达	夹谷爱答	瓜尔佳衡	夹谷衡
瓜尔佳巴喇玛	夹谷八里门	瓜尔佳呼喇	夹谷胡刺

---

① 骨勒文昌，一本作骨勤文昌。

清译名	元译名	清译名	元译名
瓜尔佳胡山	夹谷胡山	瓜尔佳伊扎尔	夹谷么查剌
瓜尔佳九十	夹谷九十	瓜尔佳元	夹谷元
瓜尔佳玖珠	夹谷九住	瓜尔佳泽	夹谷泽
瓜尔佳瑠珠	夹谷留住	瓜尔佳扎拉	夹谷查剌
瓜尔佳迈珠	加古买住	瓜里	括里
瓜尔佳清臣	夹谷清臣	官努	官奴
瓜尔佳瑞	夹谷瑞	贵格	贵哥
瓜尔佳萨哈	加古撒曷	郭阿林	郭阿邻
瓜尔佳萨哈	夹谷撒喝	郭哈玛尔	郭虾蟆
瓜尔佳萨哈	夹谷撒合	郭页噜	郭野驴
瓜尔佳实伦	古里甲石伦	国耀尔	国咬儿
瓜尔佳实讷	夹谷谢奴	果布	捆保
瓜尔佳守中	夹谷守中	果勒	狗儿
瓜尔佳肆嘉努	夹谷寺家奴	果啰	捆剌
瓜尔佳太守	夹谷太守	果实	钩室
瓜尔佳天成	夹谷天成		
瓜尔佳托云	夹谷陶也	**H**	
瓜尔佳旺嘉努	夹谷王家奴	哈必苏	斛孛束
瓜尔佳温屯	夹谷兀屯	哈布尔	鹘巴鲁
瓜尔佳沃哩布	夹谷吾里补	哈布尔	胡八鲁
瓜尔佳乌登	夹谷吾典	哈布尔	胡巴鲁
瓜尔佳锡尔格	夹谷石里哥	哈布尔	胡拔鲁
瓜尔佳伊德尔	夹打移迪烈	哈布尔	斛拔鲁
瓜尔佳伊里哈	夹谷移里罕	哈达	合达

清译名	元译名	清译名	元译名
哈达	合答	韩福努	韩福奴
哈达	合打	罕都	欢都
哈达	曷达	罕都	欢睹
哈噶	花狗	罕都	欢觌
哈喇	喝里	和拜	胡八
哈喇	合剌	和尔察	忽里者
哈喇古勒	阿里骨列	和尔察	胡论出
哈里	海里	和尔古纳	回古乃
哈里	喝里	和尔和	活腊胡
哈纳	劾乃	和尔台	胡里特
哈萨	胡撒	和勒博	遏剌补
哈萨喇安礼	和速嘉安礼	和勒博	劾里保
哈萨喇国鉴	和速嘉国鉴	和勒博	回离保
哈萨喇乌达	禾速嘉兀底	和勒端	斛鲁短
哈萨喇乌达布	禾速嘉兀地不	和勒端	桓端
哈萨喇乌达布	和速嘉兀底不	和勒端	唤端
哈希	河西	和勒端	活里瞳
哈昭	合周	和哩布（即世祖）	劾里钵
海古勒	海狗		
海古勒和尼齐	劾古活你苗	和哩布	回里不
海古勒兄弟	海姑兄弟	和銮	活罗
海罕	海葛安	和抡	胡剌温
海呼	化胡	和抡	活罗
海努	海奴	和啰海	活里盖

清译名	元译名	清译名	元译名
和啰木萨噶	曷鲁骚古	和索哩	胡苏鲁
和啰奇	劾鲁古	和坦	胡塔
和罗	海罗	和卓	合住
和摩尔	胡麻谷	和卓	劾者
和木索	胡没速	和卓	活拙
和尼	合女	和卓僧秀	霍琢僧秀
和尼	活女	贺德希	贺都喜
和诺克	桓赧	赫伯	喝补
和色哩	忽失来	赫噜	合鲁
和硕	鹊沙	赫噜	曷鲁
和硕	合闰	赫鲁	豁鲁
和硕	忽沙	赫木颇	鹊谋琶
和硕	胡沙	赫色本	劾真保
和硕台	鹊实答	赫舍哩阿卜萨	纥石烈阿补孙
和硕台	胡失答	赫舍哩阿敦	纥石烈按敦
和硕台	胡失打	赫舍哩阿古	纥石烈阿虎
和硕台	胡十答	赫舍哩阿哈	纥石烈阿海
和硕台	胡拾答	赫舍哩阿里哈	纥石烈阿里合
和斯实勒	忽三十	赫舍哩阿实罕	纥石烈阿习罕
和索哩	忽沙里	赫舍哩阿苏	纥石烈阿疏
和索哩	胡失来	赫舍哩阿苏	纥石烈阿疏
和索哩	胡什赍	赫舍哩柏寿	纥石烈柏寿
和索哩	胡石来	赫舍哩伯尔克	纥石烈布里哥
和索哩	胡实赍	赫舍哩博济	纥石烈孛吉

清译名	元译名	清译名	元译名
赫舍哩博索	纥石烈孛孙	赫舍哩萨巴	纥石烈撒巴
赫舍哩珵	纥石烈珵	赫舍哩萨哈	纥石烈撒改
赫舍哩绰哈	纥石烈丑汉	赫舍哩萨哈连	纥石烈撒曷辇
赫舍哩德	纥石烈德	赫舍哩萨里罕	纥石烈辞里罕
赫舍哩德伦	纥石烈铁论	赫舍哩萨恰	纥石烈骚洽
赫舍哩额琳	纥石烈讹论	赫舍哩善才	纥石烈善才
赫舍哩额页	纥石烈奥也	赫舍哩素赫	纥石烈扫合
赫舍哩富拉塔	纥石烈蒲剌都	赫舍哩算卓	纥石烈善住
赫舍哩公顺	纥石烈公顺	赫舍哩太宇	纥石烈太宇
赫舍哩哈达	纥石烈曷答	赫舍哩特伯烈	纥石烈忒不鲁
赫舍哩罕齐	纥石烈韩赤	赫舍哩特默	纥石烈特末也
赫舍哩和勒端	纥石烈桓端	赫舍哩万努	纥石烈万奴
赫舍哩鹤寿	纥石烈鹤寿	赫舍哩王嘉努	纥石烈王家奴
赫舍哩呼喇	纥石烈胡刺	赫舍哩毅	纥石烈毅
赫舍哩呼兰	纥石烈忽懒	赫舍哩约赫德	纥石烈牙吾塔
赫舍哩呼沙呼	纥石烈胡沙虎	赫舍哩扎克丹	纥心烈哲典
赫舍哩呼实默	纥石烈胡失门	赫舍哩哲	纥石烈哲
赫舍哩怀忠	纥石烈怀忠	赫舍哩贞	纥石烈贞
赫舍哩良弼	纥石烈良弼	赫舍哩正之	克石烈正之
赫舍哩啰索	纥石烈娄室	赫舍哩执中	纥石烈执中
赫舍哩邈	纥石烈邈	赫舍哩志	纥石烈志
赫舍哩尼楚赫	纥石烈银术可	赫舍哩志宁	纥石烈志宁
赫舍哩齐勤	纥石烈七斤	赫舍哩忠定	纥石烈忠定
赫舍哩奇尔	纥石烈乞儿	赫舍哩珠尔苏	纥石烈术列速

清译名	元译名	清译名	元译名
赫舍哩珠赫	纥石烈猪狗	呼尔罕	活离罕
赫舍哩诸神努	纥石烈诸神奴	呼尔喀	胡里改
赫舍哩准	纥石烈猪粪	呼拉布	鹘卢补
赫舍哩卓哩	纥石烈照里	呼拉布	鹘鲁补
赫舍哩子仁	纥石烈子仁	呼拉布	忽卢补
洪果阿鲁岱	黄摑阿鲁答	呼拉哈	胡卢瓦
洪果安春	黄摑按出	呼喇	忽剌
洪果达呼布	黄摑敌古本	呼喇	胡剌
洪果玖珠	黄摑九住	呼喇勒	忽鲁剌
洪果纳新	黄摑奴申	呼喇勒	胡里剌
洪果萨哈	黄摑三合	呼喇勒	胡鲁剌
洪果乌登	黄摑吾典	呼喇缴	活剌散
洪果乌页	黄摑兀也	呼兰	鹘懒
鸿特默	忽土特满	呼兰	忽懒
呼卜图	胡补答	呼兰	胡阑
呼达	忽达	呼勒希图	活离胡土
呼达	忽挞	呼噜	鹘鲁
呼敦	忽睹	呼噜	忽鲁
呼敦纽禄	骨迭聂合	呼噜	胡卢
呼尔察	活里甲	呼噜	胡鲁
呼尔哈	胡离改	呼噜古	胡剌古
呼尔哈	活里改	呼鲁苏	忽剌叔
呼尔罕	忽里罕	呼密	胡麻愈
呼尔罕	胡里罕	呼纽	和你隈

清译名	元译名	清译名	元译名
呼沙呼	鹘杀虎	胡定格	胡定哥
呼沙呼	鹘沙虎	华沙	划沙
呼沙呼	忽杀虎	华沙布	胡沙补
呼沙呼	忽沙虎	华特默	虎特末
呼沙呼	忽沙浑	欢塔	浑坦
呼沙呼	忽斜虎	欢塔博索	浑都仆速
呼沙呼	胡沙虎	欢托和	忽土华
呼沙呼	斛沙虎	欢托和	胡都化
呼实	忽史	黄巴尔	黄八儿
呼实	胡率	黄格	黄哥
呼实哈	胡石改	珲楚	浑黜
呼实罕	忽撒浑	珲楚	浑啜
呼实罕	胡实海	珲额哲	沙古质
呼实默	胡十门	辉罕	回海
呼实默	胡什满		
呼塔噶	胡土瓦	**J**	
呼图	忽土		
呼图	胡土	济尔噶济	蒱尼刮失
呼图克	胡突古	济噜海	扎里海
呼图克昆	胡突衮	济色	滓赛
呼图克们	胡土门	嘉勒斡	籍阿外
呼图哩	忽土邻	嘉哩	纠里
呼逊	忽薛	坚	纠
呼逊	胡苏	将罗雅尔唐	章罗谒兰冬
		讲格	江哥

清译名	元译名	清译名	元译名
经实	绛山	拉林	烈邻
纠坚	九斤	喇卜丹	阿鲁不太弯
究颜伊德纳本	完颜移特辇	喇卜丹	刘打
玖格	九哥	来准	来猪粪
玖珠	九住	朗鄂特德光	浪讹德光
玖珠	久住	郎鄂特进忠	浪讹进忠
		朗鄂特文广	浪讹文广
K		朗鄂特元智	浪讹元智
喀勒扎	喝离质	老哈	老斡
喀勒扎	喝里质	老君努	老君奴
喀齐喀	合喜	李绰尔齐	李雏讹只
堪布	看逋	李富色克	李蒲速越
克楚额哲	渠雏讹只	李嘉努	李家奴
克尔森	曷罗哂	李齐诺	李贱奴
克尔叟	合鲁索	李齐勤	李七斤
克尔叟	合鲁燥	李奇噜	李瘌驴
克尔叟	曷鲁燥	李特尔格	李铁哥
克哷克巴噶	哥鲁葛波古	李耀珠	李咬住
克实	可喜	理嘉努	李家奴
库尔达	胡离答	埒尔锦	冷京
		埒克	留可
L		刘春格	刘春哥
拉巴哩	老字论	刘兴格	刘兴哥
拉必	腊醅	瑠格	留哥

清译名	元译名	清译名	元译名
瑠嘉	留家	玛穆丹	麻㯹太弯
瑠努	留奴	玛纳	马脑
瑠珠	留住	玛纳绍文	麻奴绍文
娄者	落兀	玛奇（完颜氏）	麻吉
卢万家努	卢万家奴	玛武（辽将）	马五
鲁尔锦	六斤	玛延（完颜氏）	麻因
陆尔	六儿	玛延萨里罕	漫撚撒离曷
罗和	老忽	玛展	麻哲
罗和	落虎	迈格	买哥
罗索	留速	迈努	买奴
罗伊守忠	啰嗲守忠	迈珠	买住
罗伊思忠	啰嗲思忠	满达	漫带
		满都布	漫都本
M		满丕	麻颇
马苏尔济苏	马习礼吉思	莽噶嘉们	忙押门
马武	马五	莽格	忙哥
马义	马乙	莽古德懋	麻骨德懋
玛察	麻产	莽古进德	麻骨进德
玛察克齐纳尔	梅只乞奴	毛巴克实	毛八十
玛达格（即章宗）	麻达葛	茂赛音	抹腮引
		茂元礼	咩元礼
玛尔戳直萨	木匠直撒	美赫宇文	梅讹宇文
玛哈	麻骇	们都	蛮睹
玛克实	谋葛失	们都	亲睹

清译名	元译名	清译名	元译名
们图珲	谩都诃	默色	黑厮
蒙古达呼	蒙古塔呼	默音	谋衍
蒙古额哩垺	蒙括讹里剌	穆达里哈	没答涅合
蒙古呼喇	蒙括胡剌	穆都哩	毛睹禄
蒙古勒	谋古鲁	穆敦	木吞
蒙古蛮都	蒙括蛮都	穆呼哩	木华黎
蒙古仁本	蒙括仁本	穆喇斡	谟卢瓦
蒙古特默	蒙括特末也	穆里延（完颜氏）	谋里野
蒙克	瞢葛		
蒙克	蒙葛	穆里延	没里野
縻啰完	毛路完	穆隆阿	谋卢瓦
密拉	秘剌	穆隆阿	木卢瓦
密呼	弥勒	穆纳光祖	谋宁光祖
密荐友直	哶铭友直	穆纳好德	谋宁好德
密逊	邈孙	穆逊	马孙
密逊	邈逊	穆延都伦	抹撚独鲁
明安	猛安	穆延额古德	抹撚阿虎德
明师道	哶布师道	穆延呼喇	抹撚胡剌（又名胡鲁剌）
摩多	没忒		
摩格	磨哥	穆延呼喇勒	抹撚胡鲁剌（亦作胡剌）
摩和纳	毛花辇		
摩啰欢	毛良虎	穆延尽忠（本名象多）	抹撚尽忠
摩啰欢	谋良虎		
默呼	没烈	穆延居中	抹撚居中

清译名	元译名	清译名	元译名
穆延萨克达	抹撚史扢搭	纳哈塔迈珠	纳合买住
穆延萨里罕	抹撚撒离喝（亦作漫撚撒离喝）	纳哈塔齐勒	纳合七斤
		纳哈塔萨木哈	纳合参谋合
		纳哈塔通恩	纳合纯恩
穆延苏页	抹撚速也	纳哈塔旺结	纳合万家
穆延抟多	抹撚象多（抹撚尽忠本名）	纳哈塔斡喇布	纳合斡鲁补
		纳哈塔乌页（椿年本名）	纳合乌页
穆延乌登	抹撚阿典		
穆延乌登	抹撚兀典	纳哈塔乌珍	纳合乌蠢
穆延乌哩雅	抹撚吾里也	纳哈塔铉	纳合铉
		纳喇巴克缴	纳兰伴僧
N		纳喇邦烈	纳兰邦烈
那勒博	讹鲁补	纳喇绰奇	纳兰绰赤
纳丹珠（布萨氏）	纳坦出（仆散氏）	纳喇昉	纳兰昉
		纳喇呼喇勒	纳兰胡鲁喇
纳哈塔椿年	纳合椿年	纳喇吉逊	纳兰记僧
纳哈塔道僧	纳合道僧	纳喇奎腾	纳兰佤头
纳哈塔德辉	纳合德辉	纳喇蒙古勒	纳兰谋古鲁
纳哈塔富拉塔	纳合蒲剌都	纳喇奇塔	纳兰忔答
纳哈塔哈达	纳合合答	纳喇氏	挛懒氏
纳哈塔和硕	纳合合闰	纳喇乌新	纳兰吾申
纳哈塔降福	纳合降福	纳琳	乃烈
纳哈塔军胜	纳合军胜	纳琳沁博	纳林心波
纳哈塔禄格	纳合六哥	纳琳思聪	乃令思聪

清译名	元译名	清译名	元译名
纳琳思敬	乃令思敬	尼玛哈	粘没曷
纳苏	南撒	尼玛哈楚呼	尼厖古钞兀
纳塔和硕台	纳坦胡失打	尼玛哈达希布	尼厖古达吉不
纳塔谋嘉	纳坦谋嘉	尼玛哈富勒呼	尼厖古蒲鲁虎
纳塔裕	纳坦裕	尼玛哈和勒端	尼厖古桓端
纳新	讷申	尼玛哈和尚	尼厖古和尚
纳新	奴申	尼玛哈华山	尼厖古华山
纳延	那也	尼玛哈怀忠	尼厖古怀忠
纳延	那野	尼玛哈鉴	尼厖古鉴
鼐尔思聪	乃来思聪	尼玛哈萨兰	尼厖古三郎
鼐喇古	奈喇忽	尼玛哈威喇	尼厖古外留
囊嘉特	南家	聂赫	泥河
讷格	内哥	聂赫	涅合
讷格纳	纳根涅	聂赫	粘合
讷古库	耨酷款	宁嘉苏（哀宗本名）	宁甲速
尼楚赫	银术哥		
尼楚赫	银术可	宁温珠噜	浓瑰术鲁
尼赐鼎	你思丁	纽鄂文忠	纽卧文忠
尼敦巴噶	泥本婆果	纽赫（完颜氏）	女胡
尼格	捏哥	纽勒珲	女鲁欢
尼堪	粘哥	纽抡	袅懒
尼堪	粘罕	纽纽存忠	恶恶存忠
尼玛哈	尼厖古	纽纽世忠	恶恶世忠
尼玛哈	粘没喝	钮祜禄阿里	粘割阿里

清译名	元译名	清译名	元译名
钮祜禄博诺	女奚烈蒲乃	钮祜禄萨哈	粘割撒改
钮祜禄布格苏	女奚烈孛葛速	钮祜禄色埒默	粘合斜烈
钮祜禄绰哈	粘割抄合	钮祜禄尚和	粘葛详古
钮祜禄额特埒	粘割斡特剌	钮祜禄守愚	女奚烈守愚
钮祜禄恩楚	女奚烈斡出	钮祜禄苏卜实	粘割梭失
钮祜禄古尔锦	女奚烈古里间	钮祜禄特烈	粘割忒邻
钮祜禄哈达	粘割合达	钮祜禄全周	粘葛全周
钮祜禄哈达	粘割合答	钮祜禄温绰	女奚烈完出
钮祜禄哈达	粘合合打	钮祜禄乌展	粘割完展
钮祜禄哈尚	粘割胡上	钮祜禄耀珠	粘合咬住
钮祜禄哈坦	粘葛合典	钮祜禄奕	女奚烈奕
钮祜禄罕嘉努	女奚烈韩家奴	钮祜禄元	女奚烈元
钮祜禄罕努	粘割韩奴	钮祜禄贞	粘割贞
钮祜禄和尔察	女奚烈胡论出	钮祜禄忠	粘割忠
钮祜禄和抡克们	女奚烈胡里改门	钮祜禄资禄	女奚烈资禄
		钮祜禄遵古	粘割遵古
钮祜禄呼逊	粘割胡撒	耨埒	耨里
钮祜禄晖	粘割晖	努色尔	南撒里
钮祜禄经实	粘哥荆山	努色尔	女奚烈
钮祜禄烈山	女奚烈烈山	诺尔	袅
钮祜禄林泉	女奚烈林泉	诺尔桑德	纽尚德
钮祜禄罗索	粘割娄室	诺尔桑德昌	纽尚德昌
钮祜禄纳新	粘葛奴申	诺延温都谦	耨怨温敦谦
钮祜禄囊嘉特	女奚烈南家		

清译名	元译名	清译名	元译名
诺延温都威泰	耨怨温敦斡带（即兀带）	齐逊	赤闰
		奇尔	乞儿
诺延温都乌达（亦作威泰）	耨怨温敦兀带（又作吾带、乌带、斡带）	奇格	乞哥
		奇珠	乞住
		迁嘉努	千家奴
诺延温都伊德（诺延温都谦本名）	耨怨温敦乙迭	强谦	敲仙
		敲偓	敲仙
		青伊克	青宜可
诺延温都伊里布（诺延温都思忠本名）	耨怨温敦乙刺补	庆善努（即完颜承立）	庆山奴
		R	
P		儒努	乳奴
颇克绰欢	婆诸刊	**S**	
颇拉叔	颇刺淑	萨	撒
颇拉淑	婆刺淑	萨巴	撒八
普嘉努	蒲家奴	萨必	三滨
		萨卜丹	实不迭
Q		萨布	赛补
齐诺	乞奴	萨布	赛不
齐勤	七斤	萨布	斜钵
齐苏	雏思	萨布特	碎不馣
齐特库尔阿勒玛斯	体土胡鲁雅里密斯	萨察	斜出

清译名	元译名	清译名	元译名
萨尔拉	莎鲁刺	萨喇	撒刺
萨噶尔玛克	撒合懑	萨喇	赛刺
萨噶尔玛克	撒曷懑	萨喇	骚腊
萨古	扫胡	萨喇达	撒刺答
萨固察	撒屋出	萨喇勒	石鲁刺
萨哈	撒改	萨喇勒	实鲁刺
萨哈	撒海	萨喇图	撒里土
萨哈	撒合	萨勒奇布哈	斜里吉不花
萨哈	三合	萨勒扎	沙离只
萨哈珲	撒合问	萨勒扎	沙里只
萨哈连	撒合辇	萨勒扎	沙里质
萨哈连	撒曷辇	萨里罕	辞勒罕
萨克达	撒答	萨里罕	辞里罕
萨克达	撒虎带	萨里罕	撒离喝
萨克达	散达	萨里罕托色	撒里雅寅特斯
萨克达	散答	萨喽勒	斜鲁
萨克达	史抆搭	萨满	撒卯
萨克苏	撒葛周	萨木	厮没
萨克苏	撒葛柷	萨木哈	参谋合
萨克苏	撒骨出	萨纳噶	思泥古
萨克苏	撒合出	萨纳台	小乃𬊎
萨克苏	厮故速	萨纳台	笑乃𬊎
萨拉噶图	撒里古独	萨尼雅布	阿不
萨喇	辞刺	萨尼雅布	习捏阿不

清译名	元译名	清译名	元译名
萨尼雅布	斜捻阿不	色实	谢十
萨塔	撒达	色特尔	择特懒
萨执直	煞执直	僧嘉努	僧家奴
赛必罕	昔毕罕	僧库埒	松古剌
赛格	赛哥	沙必	实匹
赛堪	赛罕	沙津	沙祇
赛音	赛也	珊延（完颜氏）	鄯阳
赛音	赛一	舍音	斜也
赛音诺延	申乃因	神果努	神果奴
桑阿	叟阿	胜额	绳果
色尔衮	实里馆	胜格	胜哥
色克	斜哥	实德珲	石土黑
色克	斜葛	实登	拾得
色哩	赛里	实都	神笃
色哩页	斜里也	实格	十哥
色埒	辞勒	实格	石哥
色埒	辞列	实古尔	赤狗儿
色埒	思列	实古尔	师姑儿
色埒	厮勒	实古尔	石狗儿
色埒	斜勒	实古纳	什古乃
色埒浑	厮鲁浑	实古纳	石古乃
色埒默	斜列	实古纳	实古乃
色埒默	斜烈	实古纳	习古乃
色呼	思烈	实嘉大安	石盏大安

清译名	元译名	清译名	元译名
实嘉哈玛尔	石盏虾蟆	舒穆噜阿玛拉	石抹阿没剌
实嘉纽勒珲	石盏女鲁欢	舒穆噜卡	石抹卞
实嘉努	石家奴	舒穆噜长寿	石抹长寿
实嘉乌尔钦	石盏吾里忻	舒穆噜成格勒	石抹青狗
实库	师姑	舒穆噜充	石抹充
实库	什古	舒穆噜迪里	石抹迭勒
实库	石古	舒穆噜栋尔	石抹冬儿
实禄	十六	舒穆噜和尔	石抹虎儿
实讷	神涅	舒穆噜和尚	石抹和尚
实讷	谢奴	舒穆噜和卓	石抹合住
实讷垿	习尼列	舒穆噜和卓	石抹辉者
实讷垿	习泥烈	舒穆噜呼图	石抹忽土
实实	习失	舒穆噜怀忠	石抹怀忠
实图美	神徒门	舒穆噜锦嘉努	石抹靳家奴
实图美	神土门	舒穆噜晋卿	石抹晋卿
实图美	神土懑	舒穆噜玖珠	石抹九住
实图美	石土门	舒穆噜老哈	石抹老斡
实新安巴	奚沙阿补	舒穆噜里	石抹里
使顺	什温	舒穆噜穆	石抹穆
舒噜	石鲁	舒穆噜荣	石抹荣
舒穆噜阿尔噶	石抹阿里哥	舒穆噜世勣	石抹世勣
舒穆噜阿尔噶里	石抹阿鲁古列	舒穆噜嵩	石抹嵩
		舒穆噜惕益	石抹惕益
舒穆噜阿古	石抹阿古	舒穆噜图喇	石抹突剌

清译名	元译名	清译名	元译名
舒穆噜旺古	石抹王五	硕硕欢	失来宽
舒穆噜斡鲁	石抹斡鲁	硕硕欢	石适欢
舒穆噜乌锦	石抹五斤	斯靳年	新罗奴
舒穆噜乌哲	石抹乌者	肆嘉努	寺家奴
舒穆噜锡喇布	石抹许里阿补	松科	僧酷
舒穆噜延善努	石抹燕山奴	松科	双括
舒穆噜杳	石抹杳	苏布特	速不觯
舒穆噜伊德	石抹移迭	苏布特	斜普
舒穆噜颐	石抹颐	苏布特萨固察	石批德萨骨只
舒穆噜元	石抹元	苏都	厮都
舒穆噜元礼	石抹元礼	苏都哩	散都鲁
舒穆噜元毅	石抹元毅	苏都哩	散笃鲁
舒穆噜贞	石抹贞	苏都哩	散睹鲁
舒穆噜仲温	石抹仲温	苏尔噶勒	石卢斡勒
舒穆噜珠德勒	石抹术突剌	苏尔坦	从坦
舒苏	神思	苏赫	稍喝
舒苏	受速	苏赫	燥合
舒苏鄂博	矧思阿补	苏拉	捼剌
舒苏鄂博	顺思阿不	苏拉布	束里保
舒威英	孰鬼英	苏垀呼图	梭鲁胡土
双宽	胜管	苏哷和卓	莎里古真
双宽	胜昆	苏玛拉	萨谋鲁
双宽	双古	苏尼	孰辇
硕和卓	稍合住	苏尼	徐辇

清译名	元译名	清译名	元译名
苏页	速也	塔坦	台答蔼
苏页	谢野	台楚噜忠毅	天籍辣忠毅
苏页	左屬	太师努	太师奴
酥格	速哥	唐古阿尔逊	唐括阿鲁束
素赫	扫喝	唐古阿古尔	唐括阿忽里
素赫	扫合	唐古阿喇苏	唐括阿鲁锁
素赫	稍合	唐古安塔哈	唐括按答海
绥赫	绥可	唐古布格苏	唐括孛果速
绥赫	斜喝	唐古布古德	唐括孛古底（亦
索多	撒睹		作孛古的）
索多	散都	唐古绰哈	唐括酬斡
索多	散睹	唐古达格（唐	唐括达哥
索啰	莎鲁窝	古贡本名）	
索啰	莎逻	唐古达呼布	唐括迭古本
索罗希	索里乙室	唐古达兰	唐括挞懒
		唐古定格	唐括定哥
T		唐古富鲁和卓	唐括蒲鲁胡只
塔富拉	天佛留	唐古果勒	唐括狗儿
塔呼喇	大和儿	唐古哈达	唐括合达
塔里珲	忒里虎	唐古哈达	唐括合打
塔纳	檀奴	唐古哈达	唐括曷答
塔斯	特思	唐古哈克缴	唐括韩僧
塔斯	特斯	唐古哈纳	唐括劾乃
塔塔	挑挞	唐古呼噜	唐括鹘鲁

清译名	元译名	清译名	元译名
唐古罗索	唐括留速	特默	特末
唐古沙必	唐括实匹	特默	特末也
唐古实格	唐括石哥	特默岱	忒木觯
唐古实库	唐括石古	特默格	特谟葛
唐古苏布特萨固察	唐括石批德撒骨只	特默格	特末哥
唐古特伯烈	唐括脱字鲁	特默格	特谋葛
唐古腾格彻	唐括唐古出	特讷克	独奴可
唐古翁鄂罗（唐古辩本名）	唐括斡骨剌	特通额	达涂阿
唐古乌楞古（唐古安礼本名）	唐括斡鲁古	腾格彻	同刮出
		田实格	田十哥
唐古乌延	唐括乌也	田重嘉努	田众家奴
唐古乌页	唐括乌野	恬霞努	天下努
唐古伊实布	唐括移失不	通恩	钝恩
唐古卓克索巴	唐括直思白	通古	同瓜
特伯烈	忒不鲁	通古	同刮
特伯烈	脱字鲁	通吉鼎珠克	独吉鼎术可
特布赫	陁补火	通吉和尚	独吉和尚
特尔格	铁哥	通吉呼拉布	独吉鹘鲁补
特古斯	土古斯	通吉呼实	独吉忽史
特克新	太神	通吉辉罕	独吉回海
特库	特虎	通吉密拉	独吉秘剌
特哩实克乌页	特里失乌也	通吉尼楚赫	独吉银术可
		通吉齐勤	独吉七斤
		通吉迁嘉努	独吉千家奴

清译名	元译名	清译名	元译名
通吉世显	独吉世显	图克坦德胜	徒单德胜
通吉思忠	独吉思忠	图克坦定格	徒单定哥
通吉温	独吉温	图克坦都呼	徒单度移剌
通吉文之	独吉文之	图克坦额呼楚	徒单阿里出虎
通吉义	独吉义	克	
通吉引寿	独吉引寿	图克坦鄂勒博	徒单欧里白
通吉永中	独吉永中	图克坦佛宁	徒草蒲涅
通吉扎古	独吉照屋	图克坦福定	徒单福定
通肯	同干	图克坦福寿	徒单福寿
图卜苏	陀锁	图克坦富德	徒单蒲带
图卜新	多保真	图克坦富均努	徒单府君努
图党坦酬尔	徒单丑儿	图克坦镐	徒单镐
图尔噶	度卢斡	图克坦公弼	徒单公弼
图罕	秃罕	图克坦恭	徒单恭
图克坦安春	徒单按出	图克坦航	徒单航
图克坦巴噶	徒单拔改	图克坦和罗	徒单海罗
图克坦巴图达	徒单拔炭都鲁海	图克坦和珍	徒单况者
尔罕		图克坦和卓	徒单合住
图克坦伯嘉	徒单百家	图克坦怀贞	徒单怀贞
图克坦博勒和	徒单婆卢火	图克坦怀忠	徒单怀忠
图克坦长乐	徒单长乐	图克坦金寿	徒单金寿
图克坦绰	徒单抄	图克坦居正	徒单居正
图克坦绰里	徒单绰里	图克坦喀齐喀	徒单合喜
图克坦达喇	徒单塔剌	图克坦克宁	徒单克宁

清译名	元译名	清译名	元译名
图克坦铭	徒单铭	图克坦乌尔衮都喀	徒单乌古论都葛
图克坦默哷	徒单没烈		
图克坦默哷	徒单没撚	图克坦乌济	徒单吴甲
图克坦某	徒单某	图克坦乌哩雅布	徒单乌里补
图克坦南平	徒单南平		
图克坦宁庆	徒单宁庆	图克坦乌哩雅布	徒单吾里补
图克坦萨布	徒单赛补		
图克坦萨噶尔玛克	徒单撒合懑	图克坦乌尼音	徒单乌辇
		图克坦乌逊	徒单顽僧
图克坦萨哈	徒单三合	图克坦乌哲	徒单乌者
图克坦赛音	徒单赛一	图克坦锡林	徒单习烈
图克坦三胜	徒单三胜	图克坦锡馨	徒单习显
图克坦色哩	徒单赛里	图克坦羲	徒单羲
图克坦舍音	徒单斜也	图克坦雅尔噶	徒单牙剌哥
图克坦慎思	徒单慎思	图克坦雅尔乌	徒单牙武
图克坦实禄	徒单十六	图克坦伊都	徒单益都
图克坦守素	徒单守素	图克坦伊勒呼	徒单移剌古
图克坦寿春	徒单寿春	图克坦绎	徒单绎
图克坦思忠	徒单思忠	图克坦镒	徒单镒
图克坦肆喜	徒单四喜	图克坦铺	徒单铺
图克坦塔斯	徒单特思	图克坦永康	徒单永康
图克坦特布赫	徒单陡补火	图克坦永年	徒单永年
图克坦威赫	徒单渭河	图克坦扎克缴	徒单张僧
图克坦乌登	徒单兀典	图克坦扎拉	徒单查剌

清译名	元译名	清译名	元译名
图克坦照	徒单照	托迪	突迭
图克坦贞	徒单贞	托迪	驼朵
图克坦仲华	徒单仲华	托和伦	脱或栾
图克坦珠巴克	徒单术辈	托克索	突葛速
图克坦珠苏拉	徒单术斯剌	托克索	突合速
图克坦子温	徒单子温	托摩布	特末阿不
图库	敌库	托纽	突撚
图喇	图剌	托诺	屯纳
图哩	忒里		
图哩	特里	**W**	
图噜拉	突离剌	完塔哈	斡达罕
图们额哩页	陀满讹里也	完颜阿巴	完颜阿排
图们富尼玛	驼满蒲马	完颜阿布哈	完颜阿保寒
图们呼图	陀满忽土	完颜阿禅	完颜按辰
图们呼图	陀满忽吐	完颜阿禅	完颜按陈
图们呼图克们	陀满胡土门	完颜阿多古	完颜阿土古
图们辉罕	驼满回海	完颜阿尔法	完颜阿鲁瓦
图们玖珠	驼满九住	完颜阿尔占	完颜阿鲁真
图们萨哈连	陀满撒曷辇	完颜阿古岱	完颜阿虎带
图们色埒默	陀满斜烈	完颜阿古岱	完颜阿虎迭
图土勒	陁括里	完颜阿古尔	完颜阿虎里
托卜嘉	挞不也	完颜阿古喇	完颜阿虎懒
托卜嘉	挞不野	完颜阿哈	完颜阿合
托卜嘉	挞仆野	完颜阿呼喇	完颜阿喝懒

清译名	元译名	清译名	元译名
完颜阿库纳	完颜阿古乃	完颜爱实拉	完颜阿实赉
完颜阿拉	完颜阿剌	完颜爱辛	完颜阿辛
完颜阿兰	完颜阿懒（即阿楞）	完颜安	完颜唵
		完颜安春	完颜按出
完颜阿兰	完颜阿楞	完颜安春	完颜按春
完颜阿里	完颜阿列	完颜安塔哈	完颜按答海
完颜阿里巴斯	完颜阿里不孙	完颜按春	完颜按出虎
完颜阿里布	完颜阿离补	完颜巴达	完颜拔达
完颜阿里布	完颜阿里白	完颜巴达	完颜把答
完颜阿里布	完颜阿卢补	完颜巴尔斯	完颜拔离速
完颜阿里布	完颜阿鲁补	完颜巴哈	完颜跋海（安帝本名）
完颜阿里罕	完颜阿离合懑		
完颜阿里罕	完颜阿里合懑	完颜巴锦	完颜八斤
完颜阿里库	完颜阿里虎	完颜巴克实	完颜八十
完颜阿林	完颜阿邻	完颜巴图	完颜朴都
完颜阿噜	完颜阿鲁	完颜霸葛布琳	完颜霸合布里
完颜阿噜岱	完颜阿鲁带	完颜帮图	完颜盘都（守纯本名）
完颜阿噜岱	完颜阿禄带		
完颜阿萨尔	完颜阿撒	完颜绷森	完颜卜僧
完颜阿萨尔	完颜阿散	完颜瑸都	完颜奔睹
完颜阿苏	完颜阿琐	完颜伯赫	完颜跋黑
完颜阿索美	完颜阿思懑	完颜伯赫	完颜孛黑
完颜阿索美	完颜阿斯懑	完颜伯勒赫	完颜跋里海
完颜爱实	完颜阿喜	完颜伯勒赫	完颜仆里黑

清译名	元译名	清译名	元译名
完颜伯特	完颜孛德	完颜长珠	完颜长住
完颜伯特	完颜孛迭	完颜彻辰	完颜禅赤
完颜博和哩	完颜保活里	完颜彻珍	完颜茶扎
完颜博济	完颜孛吉	完颜辰尔	完颜陈儿
完颜博克托	完颜辟合土	完颜酬努	完颜丑奴
完颜博勒和	完颜婆卢火	完颜出军努	完颜出军奴
完颜博勒准	完颜孛论出	完颜垂庆	完颜乘庆
完颜博啰	完颜辈鲁	完颜绰哈	完颜酬斡
完颜博诺	完颜盆纳	完颜绰哈	完颜丑阿
完颜博硕	完颜剖叔	完颜绰哈	完颜丑汉
完颜博硕库	完颜不如哥	完颜绰哈	完颜丑和
完颜博斯纳	完颜蒲速乃	完颜催格	完颜崔哥
完颜博索	完颜白撒（一名	完颜达春	完颜探春
	承裔）	完颜达兰	完颜挞懒
完颜博索	完颜婆速	完颜达希布	完颜达吉不
完颜布达	完颜白答	完颜大罗索	完颜大娄室
完颜布达	完颜背答	完颜道格	完颜道哥
完颜布古德	完颜仆忽得	完颜德济	完颜达吉
完颜布呼	完颜布辉	完颜德济	完颜达纪
完颜布呼	完颜仆灰	完颜德里	完颜忒邻
完颜布拉	完颜蒲剌	完颜鼎努	完颜定奴
完颜布琳	完颜普连	完颜栋摩	完颜阇母
完颜布伦	完颜孛论	完颜都本	完颜迪钵
完颜察逊	完颜蝉蠢		

清译名	元译名	清译名	元译名
完颜都古噜讷	完颜迪古乃（海陵本名）	完颜鄂伦	完颜斡论
		完颜鄂伦	完颜兀论
完颜都古噜讷	完颜迪古乃	完颜鄂摩	完颜吾母
完颜阇格	完颜阇哥	完颜鄂特藏布	完颜讹鲁不
完颜额布勒	完颜耶补儿	完颜鄂特藏布	完颜斡鲁不
完颜额尔古讷	完颜讹古乃	完颜恩楚	完颜讹出
完颜额尔衮	完颜讹鲁观（宗隽本名）	完颜芬彻	完颜蒲查
		完颜芬彻	完颜蒲察
完颜额尔克	完颜阿可	完颜佛们	完颜盆买
完颜额尔克	完颜讹可	完颜佛们	完颜蒲马
完颜额哩埒	完颜阿里剌	完颜佛宁	完颜蒲涅
完颜额哩页	完颜余里也	完颜佛珠	完颜佛住
完颜额哩页	完颜余里野	完颜富德	完颜蒲带
完颜额埒春	完颜讹论出	完颜富尔丹	完颜蒲里迭
完颜额埒春	完颜斡论出	完颜富拉塔	完颜蒲剌都
完颜额埒春	完颜兀论出	完颜富拉塔	完颜蒲剌睹
完颜额琳	完颜讹论	完颜富勒呼	完颜蒲鲁虎
完颜额鲁	完颜讹鲁	完颜富勒坚	完颜蒲家
完颜额森博勒	完颜阿思钵	完颜富勒坚	完颜蒲甲
完颜额特布	完颜乌达补	完颜富鲁	完颜冯六
完颜鄂博	完颜乌也阿补	完颜富色克	完颜蒲速越
完颜鄂博库	完颜兀不喝	完颜富色里	完颜蒲速赉
完颜鄂尔多	完颜讹鲁朵	完颜富色里	完颜蒲速列
完颜鄂勒欢	完颜阿鲁绾	完颜噶顺	完颜劾孙

清译名	元译名	清译名	元译名
完颜格哷勒	完颜遏里来	完颜海努	完颜海奴
完颜古新	完颜谷神（希尹本名）	完颜罕都	完颜欢都
		完颜罕都	完颜桓笃
完颜古新	完颜拐山	完颜和勒博缴	完颜胡特孛山（亦作胡特补山）
完颜古云	完颜毂英		
完颜固纳	完颜骨赧		
完颜观音努	完颜观音奴	完颜和勒端	完颜桓端
完颜果布	完颜掴保	完颜和哩布（世祖本名）	完颜劾里钵
完颜果济	完颜骨只		
完颜果嘉努	完颜国家奴	完颜和哩布	完颜回里不
完颜果勒	完颜狗儿	完颜和尼	完颜合女
完颜果啰	完颜掴剌	完颜和尼	完颜活女
完颜果实	完颜钧室	完颜和诺克	完颜桓赧
完颜哈必苏	完颜斛孛来	完颜和色哩	完颜忽失来
完颜哈布尔	完颜胡八鲁	完颜和硕	完颜鹘沙
完颜哈达	完颜合达	完颜和硕	完颜胡沙
完颜哈达	完颜合答	完颜和硕台	完颜胡失答
完颜哈达	完颜合打	完颜和索哩	完颜胡失来
完颜哈喇	完颜合剌（熙宗本名）	完颜和索哩	完颜胡什赉
		完颜和卓	完颜合住
完颜哈里	完颜海里	完颜和卓	完颜劾者
完颜哈雅	完颜鹤野（永成本名）	完颜赫色本	完颜劾真保
		完颜呼尔察	完颜胡里甲
完颜哈昭	完颜合周	完颜呼尔察	完颜活里甲

清译名	元译名	清译名	元译名
完颜呼尔哈	完颜胡离改	完颜呼实默	完颜胡十门
完颜呼尔喀	完颜胡里改	完颜呼塔噶	完颜胡土瓦（显
完颜呼拉布	完颜鹘鲁补		宗本名）
完颜呼拉布	完颜斛鲁补（即	完颜呼图	完颜忽土
	宗雅）	完颜呼图哩	完颜忽土邻
完颜呼喇	完颜忽剌	完颜珲楚	完颜浑黜
完颜呼喇	完颜胡剌	完颜济勒	完颜进儿
完颜呼喇勒	完颜忽鲁剌	完颜嘉哩	完颜乣里
完颜呼喇勒	完颜胡里剌	完颜坚	完颜乣
完颜呼喇勒	完颜胡鲁剌	完颜金僧努	完颜金僧奴
完颜呼兰	完颜鹘懒	完颜经实	完颜绛山
完颜呼勒希图	完颜活离胡土	完颜玖珠	完颜九住
完颜呼噜	完颜鹘鲁	完颜玖珠	完颜久住
完颜呼噜	完颜忽鲁	完颜克实	完颜可喜
完颜呼噜	完颜胡卢	完颜鲁尔锦	完颜六斤
完颜呼噜	完颜胡鲁	完颜罗索	完颜娄室
完颜呼噜古	完颜忽剌古	完颜玛奇	完颜麻吉
完颜呼密	完颜胡麻愈	完颜玛延	完颜麻因
完颜呼沙呼	完颜鹘杀虎	完颜满达	完颜漫带
完颜呼沙呼	完颜鹘沙虎	完颜满都布	完颜谩都本
完颜呼沙呼	完颜忽斜虎	完颜满丕	完颜麻泼
完颜呼沙呼	完颜斛沙虎	完颜满丕	完颜麻颇
完颜呼实	完颜胡率	完颜莽格	完颜忙哥
完颜呼实哈	完颜胡十改	完颜莽伊苏	完颜麻斤出

清译名	元译名	清译名	元译名
完颜茂吉达	完颜毛吉打	完颜尼堪	完颜粘罕
完颜们都	完颜蛮睹	完颜尼玛哈	完颜粘没曷
完颜们都	完颜谩睹	完颜聂赫	完颜泥河
完颜们图珲	完颜谩都诃	完颜纽赫	完颜女胡
完颜蒙克	完颜蒙葛	完颜纽抡	完颜裹懒
完颜蒙克	完颜蒙括	完颜诺尔布	完颜奴婢
完颜明安	完颜猛安	完颜怕克巴	完颜怕八
完颜摩啰欢	完颜毛良虎	完颜颇拉叔	完颜颇剌叔（肃
完颜摩啰欢	完颜谋良虎		宗本名）
完颜默哷	完颜没烈（即惟	完颜颇拉淑	完颜婆剌淑（肃
	镕）		宗 本 名 的 异
完颜默音	完颜谋衍		译）
完颜穆喇斡	完颜谟卢瓦	完颜普嘉努	完颜蒲家奴
完颜穆里延	完颜没里也（宗	完颜齐诺	完颜乞奴
	杰本名）	完颜齐勤	完颜七斤
完颜穆里延	完颜谋里野	完颜奇格	完颜乞哥
完颜纳新	完颜奴申	完颜庆善努（一	完颜庆山奴
完颜鼐尔	完颜乃剌	名承立）	
完颜襄嘉特	完颜南家	完颜萨巴	完颜撒八
完颜讷古库	完颜耨酷款	完颜萨布	完颜赛补
完颜内赫	完颜南合	完颜萨布	完颜赛不
完颜尼楚赫	完颜银术哥	完颜萨布	完颜斜钵
完颜尼楚赫	完颜银术可	完颜萨尔拉	完颜莎鲁剌
完颜尼堪	完颜粘哥	完颜萨哈	完颜撒改

清译名	元译名	清译名	元译名
完颜萨哈连	完颜撒合辇	完颜色克	完颜斜葛
完颜萨克达	完颜撒答（即散答）	完颜色哩	完颜赛里
		完颜色埒	完颜思列
完颜萨克达	完颜散达	完颜色埒默	完颜斜列
完颜萨克苏	完颜撒葛周	完颜色埒默	完颜斜烈
完颜萨喇	完颜撒剌	完颜色哷	完颜思烈
完颜萨喇勒	完颜实鲁剌（永中本名）	完颜僧嘉努	完颜僧家奴
		完颜珊延	完颜鄯阳
完颜萨勒扎	完颜沙离质	完颜舍音	完颜斜也（杲本名）
完颜萨勒扎	完颜沙里质		
完颜萨里罕	完颜撒离喝	完颜神果努	完颜神果奴
完颜萨里罕	完颜撒里合	完颜实格	完颜矢哥
完颜萨里罕	完颜撒里辇	完颜实古尔	完颜师姑儿
完颜萨喽勒	完颜斜鲁	完颜实古尔	完颜石狗儿
完颜萨尼雅布	完颜习捏阿不	完颜实古纳	完颜什古（乃）
完颜萨尼雅布	完颜斜捻阿不	完颜实古纳	完颜石古乃
完颜赛音	完颜赛也	完颜实古纳	完颜实古乃
完颜赛音	完颜赛一	完颜实古纳	完颜习古乃
完颜桑阿	完颜广孙（即永功）	完颜实库	完颜师姑
		完颜实库	完颜什古
完颜桑阿	完颜宋葛（即永功）	完颜实讷埒	完颜习尼列
		完颜实讷埒	完颜习尼烈
完颜桑阿	完颜叟阿	完颜实实	完颜习失
完颜色克	完颜斜哥	完颜实图美	完颜神徒门

清译名	元译名	清译名	元译名
完颜实图美	完颜神土门	完颜恬霞努	完颜天下奴
完颜实图美	完颜神土懑	完颜图哩	完颜忒里
完颜实图美	完颜石土门	完颜图哩	完颜特里
完颜舒噜	完颜石鲁	完颜托卜嘉	完颜挞不也
完颜舒苏	完颜受速	完颜托卜嘉	完颜挞不野
完颜舒苏鄂博	完颜矧思阿补	完颜托果斯	完颜迪古速
完颜苏尔坦	完颜从坦	完颜托果斯	完颜觌古速
完颜苏尔图	完颜莎鲁啜	完颜托克索	完颜突葛速
完颜苏赫	完颜扫合	完颜托克索	完颜突和速
完颜苏哷	完颜素兰	完颜威赫	完颜偎喝
完颜苏哷和卓	完颜莎里古真	完颜威赫	完颜偎可
完颜苏玛喀	完颜速没葛	完颜威泰	完颜斡带
完颜苏尼	完颜孰辇	完颜威准	完颜斡准
完颜苏尼	完颜徐辇	完颜沃里布	完颜吾里补
完颜苏色	完颜撒速	完颜沃哩	完颜斡烈
完颜算卓	完颜撒枳	完颜斡布	完颜斡本
完颜绥赫（献祖本名）	完颜绥可	完颜斡珲	完颜斡忽
完颜塔纳	完颜檀奴	完颜斡喇布	完颜斡离不（宗望本名）
完颜塔塔	完颜挑挞（宗永本名）	完颜斡里雅	完颜斡里安
		完颜斡里雅布	完颜斡里不（宗望本名）
完颜特尔格	完颜铁哥		
完颜特库	完颜特虎	完颜乌达	完颜乌带（即完颜言）
完颜腾格彻	完颜同刮苗		

清译名	元译名	清译名	元译名
完颜乌达	完颜兀带	完颜乌雅舒（康宗本名）	完颜乌雅来
完颜乌达布	完颜吾都补		
完颜乌达布	完颜吾睹补	完颜乌哲	完颜斡者
完颜乌达布	完颜兀答补	完颜乌哲	完颜乌者
完颜乌古痛（景祖本名）	完颜乌古乃	完颜乌哲库	完颜吾扎忽
		完颜乌珠	完颜斡啜
完颜乌呼肯扎塔	完颜吾侃术特	完颜乌珠	完颜兀术
		完颜希卜苏	完颜辞不失
完颜乌肯彻	完颜乌骨出	完颜希卜苏	完颜习不失
完颜乌肯彻	完颜兀古出	完颜希卜苏	完颜习不主
完颜乌库纳	完颜乌故乃	完颜锡伯	完颜斜婆
完颜乌楞古	完颜斡鲁古	完颜锡卜察	完颜斜不出（永升本名）
完颜乌里	完颜乌烈		
完颜乌里	完颜兀里	完颜锡赫特	完颜谢库德
完颜乌里	完颜悟烈	完颜锡里库	完颜厮里忽（宗秀本名）
完颜乌哩雅	完颜乌里雅		
完颜乌哩雅	完颜乌里也	完颜锡里库	完颜锁里虎
完颜乌噜	完颜乌鲁（德帝本名）	完颜锡里库	完颜斜里虎
		完颜锡里库	完颜谢里忽
完颜乌噜	完颜兀鲁	完颜锡哩布	完颜谢夷保
完颜乌色	完颜沃侧	完颜锡林	完颜习烈
完颜乌色	完颜斡赛	完颜锡纳	完颜习撚
完颜乌苏埒克	完颜胡速鲁改	完颜锡馨	完颜习显
		完颜喜格	完颜喜哥

清译名	元译名	清译名	元译名
完颜雅尔坚	完颜燕京	完颜诸达	完颜按带
完颜扬德	完颜羊蹄	完颜专努	完颜转奴
完颜耀珠	完颜皷住	完颜卓巴纳	完颜直里海（即
完颜页噜	完颜耶鲁		滓不乃）
完颜页页	完颜岩雅	完颜卓巴纳	完颜滓不乃
完颜伊都	完颜益都	完颜卓克巴索	完颜注思版
完颜伊克	完颜冶诃	万嘉努	万家奴
完颜伊勒呼	完颜移剌古	万努	万奴
完颜伊里布	完颜乙剌补	王阿哈	王阿海
完颜伊哼讷	完颜恶里乃	王阿鲁	王阿驴
完颜乙逊	完颜乙辛	王果勒	王狗儿
完颜英格	完颜盈歌（穆宗	王努色尔（即	王南撒里
	本名）	王政）	
完颜元努	完颜元奴	王耀尔	王咬儿
完颜云辟	完颜裦频	旺嘉努	王家奴
完颜咱斡	完颜斜斡	威赫	偎喝
完颜扎巴台	完颜扎保迪	威赫	隈喝
完颜扎拉	完颜查剌	威喇	外留
完颜正嘉	完颜郑家	威明仁显	嵬茗仁显
完颜珠尔	完颜猪儿	威明世安	嵬茗世安
完颜珠赫	完颜珠颗	威明彦	嵬岩彦
完颜珠勒呼	完颜术里古	威纽执忠	嵬恶执忠
完颜珠勒呼	完颜术里骨	威泰	斡带
完颜珠噜	完颜术鲁	威伊执信	嵬哆执信

清译名	元译名	清译名	元译名
威载师宪	鬼宰师宪	温特赫巴哈纳	温迪罕怕哥辇
威准	斡准	温特赫博恰	温迪罕蒲匣
温绰欢	斡茁火	温特赫布敦	温迪罕蒲睹
温都阿里	温敦阿里	温特赫成格勒	温迪罕青狗
温都谙达	温敦按带	温特赫达	温迪罕达
温都敖拉	温都奥剌	温特赫道僧	温特罕道僧
温都伯嘉努	温敦百家奴	温特赫德克德	温迪罕迪姑迭
温都伯英	温敦伯英	温特赫迪	温迪罕迪
温都布拉	温敦蒲剌	温特赫都本	温迪痕敌本
温都察逊	温敦昌孙	温特赫额垿春	温迪痕阿里出
温都得寿	温敦得寿（即王得寿）	温特赫额实	温迪罕二十
		温特赫额图珲	温迪罕阿徒罕
温都富勒哈	温敦蒲里海	温特赫鄂勒博	温迪罕斡鲁补
温都璞	温敦璞（即王璞）	温特赫福寿	温迪罕福寿
温都七十五	温敦七十五	温特赫福兴	温迪罕福兴
温都太平	温敦太平	温特赫富拉塔	温迪罕蒲里特
温都威赫	温敦偎喝	温特赫格绷额	温迪罕哥不蔼
温都威泰	温都斡带	温特赫格绷额	温迪罕葛不蔼
温都斡罕	温敦斡喝	温特赫皦珠	温迪罕缴住
温都忠	温敦忠	温特赫老尔	温迪罕老儿
温都珠德勒	温敦术突剌	温特赫罗索	温迪罕娄室
温萨克苏	温撒可喜	温特赫蒙古勒	温迪罕谋古鲁
温特赫阿古岱	温迪罕阿胡迭	温特赫默色	温迪罕黑厮
温特赫阿噜岱	温迪罕阿鲁带	温特赫实芳努	温迪罕十方奴

清译名	元译名	清译名	元译名
温特赫寿孙	温迪罕寿孙	沃赫	斡罗
温特赫思敬	温迪罕思敬	沃勒雅喇	斡勒牙剌
温特赫思齐	温迪罕思齐	沃勒业德	斡勒业德
温特赫苏布特	温迪罕斜普	沃哩	斡烈
温特赫素赫	温迪罕速可	沃哩不	吾里不
温特赫提克德	温迪罕缔达	沃哩布	吾里补
温特赫天兴	温迪罕天兴	沃哩赫	屋里海
温特赫乌达	温迪罕兀带	沃呼哈达	斡勒合达
温特赫乌楞古	温迪罕斡鲁古	沃呼苏布	斡勒宋浦
温特赫伍尔	温迪罕五儿	沃呼伊啰斡	斡勒叶禄瓦
温特赫雅齐堪	温迪罕咬查剌	沃呼忠	斡勒忠
温特赫伊苏玛勒	温迪罕移室懑	斡布	斡本
		斡罕	窝斡
温特赫扎拉	温迪罕查剌	斡珲	斡忽
温特赫张格	温特罕张哥	斡克珊	窊合山
温特赫哲克讷	温迪罕扎古乃	斡喇布	斡离不
温特赫卓诺	温迪罕术辇	斡喇布	斡鲁补
温腾永昌	温敦永昌（即东永昌）	斡勒达	斡敌
		斡里雅	斡里安
温屯	兀屯	斡里雅	斡里衍（完颜娄室字）
翁鄂罗	斡骨剌		
翁鄂罗	斡骨栾	斡里雅	斡列阿
沃辰	窊产	斡里雅	斡鲁也
沃赫	斡豁	斡里雅布	斡里不

清译名	元译名	清译名	元译名
斡里延	斡里衍	乌尔图罕	阿离土罕
斡色辛	温撒辛	乌尔图罕	阿鲁台罕
斡实	顽犀	乌格	乌葛
乌春	吾春	乌格	五哥
乌达	乌带	乌古鼐（景祖	乌古乃
乌达	乌特	本名）	
乌达	吾带	乌呼肯扎塔（完	吾侃术特
乌达	吾挞	颜氏）	
乌达	兀带	乌珲	乌虎
乌达布（宣宗	吾都补	乌锦	五斤
本名）		乌克新	乌克寿
乌达布	乌答补	乌克逊阿里布	乌古孙阿里补
乌达布	吾睹补	乌克逊爱实	乌古孙爱实
乌达布	兀答补	乌克逊爱实	吾古孙爱实
乌登	吾典	乌克逊布希（乌	乌古孙卜吉
乌登	兀典	克逊仲端本	
乌都温	屋徒门	名）	
乌尔古	斡里古（即斡鲁	乌克逊鄂屯△	吾古孙兀屯
	古、完颜氏）	乌克逊弘毅	乌古孙弘毅
乌尔古	乌谷	乌克逊满丕	乌古孙麻泼（亦
乌尔衮都喀	乌古论都葛		作麻发）
乌尔图	斡脱	乌克逊纳新	乌古孙奴申

△　鄂屯，亦译作温屯。

清译名	元译名	清译名	元译名
乌克逊温屯	乌古孙兀屯	乌库哩福龄	乌古论福龄
乌克逊仲端（本名布希）	乌古孙仲端	乌库哩福兴（乌古论荣祖本名）	乌古论福兴
乌克逊仲和	乌古孙仲和	乌库哩富勒呼	乌古论蒲鲁虎
乌肯彻	乌骨出	乌库哩镐（本名喀喇）	乌古论镐
乌肯彻	吾古出		
乌库哩伯祥	乌古论伯祥	乌库哩公政	乌古论公政
乌库哩布噜鲁△	乌古论不鲁剌	乌库哩海牢	乌古论黑汉
乌库哩布希	乌古论蒲鲜	乌库哩罕都	乌古论欢睹
乌库哩长寿	乌古论长寿	乌库哩和勒端	乌古论桓端
乌库哩达兰	乌古论挞懒（亦称富者挞懒）	乌库哩和勒端	乌古论唤端
乌库哩达萨塔	乌古论敌库德	乌库哩和尚	乌古论和尚
乌库哩达希布	乌古论达吉不	乌库哩和卓	乌古论换住
乌库哩大兴	乌古论大兴	乌库哩呼喇	乌古论胡剌（乌古论仲温本名）
乌库哩当堪	乌古论当海		
乌库哩道拉	乌古论夺剌		
乌库哩道远	乌古论道远	乌库哩呼喇勒	乌古论忽鲁剌
乌库哩德升（本名鲁尔锦）	乌古论德升	乌库哩呼噜	乌古论忽鲁
		乌库哩呼噜	乌古论胡鲁
乌库哩额琳	乌古论讹论	乌库哩喀喇	乌古论栲栳（乌古论镐本名）
乌库哩芬彻	乌古论蒲查		

△　布噜鲁之鲁字，疑是"喇"或"勒"字之误。

清译名	元译名	清译名	元译名
乌库哩克尔森	乌古论曷罗哂	乌库哩谊	乌古论谊（本名雄名）
乌库哩老汉	乌古论老汉		
乌库哩礼	乌古论礼	乌库哩元忠（本名额哩页）	乌古论元忠
乌库哩鲁尔锦	乌古论六斤		
乌库哩尼玛哈（本名福兴）	乌古论粘没曷	乌库哩仲端	乌古论仲端
乌库哩庆寿	乌古论庆寿	乌库哩仲温（本名呼喇）	乌古论仲温
乌库哩庆裔	乌古论庆裔	乌库哩重寿	乌古论重寿
乌库哩荣祖（本名福兴）	乌古论荣祖	乌库纳（完颜氏）	乌故乃
乌库哩萨哈	乌古论三合	乌兰威	兀里伟
乌库哩萨喇勒	乌古论石鲁剌	乌楞古	斡鲁古
乌库哩赛罕	乌古论赛汉	乌里	乌烈
乌库哩沙珲	乌古论石虎	乌里	兀里
乌库哩世显	乌古论世显	乌里	悟烈
乌库哩思列	乌古论思列	乌哩雅	斡里也
乌库哩四和	乌古论四和	乌凌阿楚呼	乌林答钞兀
乌库哩素赫	乌古论扫合	乌凌阿敦	乌林答阿督
乌库哩乌兰威	乌古论兀里伟	乌凌阿额哩垮（乌凌阿复本名）	乌林答阿里剌
乌库哩先生	乌古论先生		
乌库哩雄名	乌古论雄名（即乌古论谊本名）	乌凌阿复（本名额哩垮）	乌林答复
乌库哩延寿	乌古论延寿		
乌库哩扬珠	乌古论兖州	乌凌阿富勒呼	乌林答蒲鲁虎

清译名	元译名	清译名	元译名
乌凌阿果多欢	乌林答故德黑	乌凌阿双宽	乌林答胜管（亦作胜昆）
乌凌阿和卓（乌凌阿与本名）	乌林答合住	乌凌阿双宽	乌林答胜昆（即胜管）
乌凌阿呼图	乌林答胡土	乌凌阿天锡	乌林答天锡
乌凌阿呼图	兀林答胡土	乌凌阿天益	乌林答天益
乌凌阿晖（本名摩啰欢）	乌林答晖	乌凌阿托云	乌林答泰欲
		乌凌阿乌登	乌林答吾典
乌凌阿琳（本名瑠珠）	乌林答琳	乌凌阿五十九	乌林答五十九
		乌凌阿耀珠	乌林答咬住
乌凌阿瑠珠（乌凌阿琳本名）	乌林答留住	乌凌阿毅	乌林答毅
		乌凌阿与（本名和卓）	乌林答与
乌凌阿玛展	乌林答谋甲	乌凌阿愿	乌林答愿
乌凌阿摩啰欢（乌凌阿晖本名）	乌林答谋良虎	乌凌阿赞谟	乌林答赞谟
		乌凌阿珠苏库	乌林答术思黑
乌凌阿某	乌林答某	乌噜（德帝本名）	乌鲁
乌凌阿奇珠	乌林答乞住	乌噜	沃鲁
乌凌阿萨喇	乌林答刺撒	乌噜	兀鲁
乌凌阿实德珲	乌林答石土黑	乌呼赫	屋里黑
乌凌阿实嘉努	乌林答石家奴	乌玛喇	屋谋鲁
乌凌阿舒噜	乌林答石鲁	乌明	兀名
		乌木罕	讹谟罕

清译名	元译名	清译名	元译名
乌木罕	讹谋罕	乌雅鄂博（完颜氏）	乌延阿补
乌木罕	窝谋罕		
乌奇迈（太宗本名）	吴乞买	乌雅恩彻亨	兀颜讹出虎
		乌雅富勒呼	乌延蒲鲁虎（即蒲鲁浑）
乌色	沃侧		
乌色	斡塞	乌雅富埒赫	乌延蒲里黑
乌色	斡赛	乌雅古页	乌延国也
乌色	兀撒惹	乌雅呼尔喀	乌延胡里改
乌舍	兀惹（阿勒根氏）	乌雅呼沙呼	乌延鹊沙虎
		乌雅呼实罕	乌延忽撒浑
乌苏	完速	乌雅普霞努	乌延蒲辖奴
乌苏额琳	乌孙讹论	乌雅色埒	乌延思列
乌苏埒克	胡速鲁改	乌雅实讷埒	乌延习泥烈
乌苏萨哈	乌孙撒改	乌雅舒（康宗本名）	乌雅束
乌新	畏新		
乌新	斡善	乌雅威赫	兀颜畏可
乌雅爱实	兀颜阿失	乌雅沃哩布	乌延吾里补
乌雅巴古拉	乌延宇古剌	乌雅乌登	兀颜吾丁
乌雅博恰	兀颜钵辖	乌雅乌玛喇	乌延屋谋鲁
乌雅绰哈	兀颜抄合	乌雅五十六	乌延五十六
乌雅达希布	乌延达吉补	乌雅扎昆	乌延扎虎
乌雅当埒珲	乌延蒲鲁浑（亦作蒲鲁虎）	乌雅扎拉	乌延查剌
		乌延	畏也
		乌延	乌也

清译名	元译名	清译名	元译名
乌页	乌野	锡伯	斜婆
乌页	兀颜	锡卜察	斜补出
乌页尔	吾也蓝	锡卜察	斜不出
乌伊遂良	吴哆遂良	锡布	翕浦
乌哲	斡者	锡尔丹	祥丹
乌哲	乌者	锡赫特	谢库德
乌哲库	吾扎忽（完颜氏）	锡克德肆嘉努	石敦寺家奴
		锡喇	谢老
乌哲讷	乌爪乃	锡勒哈达	实里古达
乌珠（完颜氏）	兀术	锡勒塔干	神独斡
乌珠	斡啜	锡勒塔干	奚抵罕
吴达喇	吴迪剌	锡勒遵义	习勒尊义
吴僧格	吴僧哥	锡里库	厮里忽
		锡里库	锁里虎
X		锡里库	斜里虎
		锡里库	谢里忽
希卜苏	辞不失	锡哩布	谢夷保
希卜苏	辞不习	锡埒	实娄
希卜苏	习不出	锡林	习烈
希卜苏	习不失	锡默	霞末
希卜苏	习不主	锡默阿布哩	斜卯爱拔里
希卜苏	辖拔速	锡默阿古图	斜卯阿鹘土
奚呼实罕	奚胡失海	锡默阿里	斜卯阿里
奚金嘉努	奚金家奴	锡默爱实	斜卯爱实
奚托卜嘉	奚挞不也		

清译名	元译名	清译名	元译名
锡默安图	斜卯阿土	萧丰嘉努	萧冯家奴
锡默果啰	斜卯捆剌	萧富里	萧蒲烈
锡默和摩尔	斜卯胡麻谷	萧高陆	萧高六
锡默和尚	斜卯和尚	萧哈里	萧海里
锡默赫木颇	斜卯鹘谋琶	萧海呼	萧好胡
锡默欢塔	斜卯浑坦	萧呼哩	萧斛律
锡默瑠嘉	斜卯刘家	萧嘉哩	萧糺里
锡默摩啰欢	斜卯毛良虎	萧玖格	萧九哥
锡默宁嘉	斜卯宁吉	萧纳琳	萧乃烈
锡默延寿	斜卯延寿	萧朋格	萧彭哥
锡默重兴	斜卯重兴	萧色佛呼	萧谢佛留
锡纳	习撚	萧堂古特	萧堂古带
锡馨	石显	萧特默	萧特末
锡馨	习显	萧特默	萧特谋
喜格	喜哥	萧特默格	萧特谋葛
仙格	仙哥	萧图喇	萧秀剌
贤圣努	贤圣奴	萧托卜嘉	萧挞不也
贤舒噜	贤石鲁	萧托卜嘉	萧挞不野
萧阿古	萧阿宩	萧托诺	萧屯纳
萧巴锦	萧八斤	萧旺嘉努	萧王家奴
萧必埒哩	萧别离剌	萧斡罕	萧窝斡
萧布展	萧霸哲	萧扬珠	萧遥折
萧察喇	萧察剌	萧伊里布	萧野里补
萧达年鄂博	萧迪辇阿不	萧伊苏	萧乙薛

清译名	元译名	清译名	元译名
萧伊逊	萧乙辛	延扎们都	颜盏门都
萧扎拉	萧查剌	延扎桑阿	颜盏宗阿
萧珠噜准	萧术里者	延扎舒噜	颜盏世鲁
萧珠展	萧招折	延扎洋阿	颜盏羊艾
谢嘉努	谢家奴	燕绰尔	燕曹儿
辛额特垺	辛讹特剌（又作	扬德	羊蹄
	辛斡特剌）	扬格	羊哥
兴国努	兴国奴	扬珠乌垺古	寅术乌笼骨
轩达布	喊得不	杨沃哩	杨斡烈
		杨珠	遥折
Y		洋阿	羊艾
		洋格	羊哥
雅达纳	鸭达	药师努	药师奴
雅尔贝	押剌	耀尔	咬儿
雅尔坚	燕京	耀珠	咬住
雅尔盘	跃盘	耀珠	皎住
雅格	牙哥	耶律阿固齐	耶律奥古哲
雅哈	牙改	耶律阿咾罕	耶律敖鲁斡
雅穆	牙卯	耶律巴克沁	耶律八斤
雅齐堪	么查剌	耶律必垺哩	耶律辟里剌
雅苏守节	拽税守节	耶律伯特	耶律孛迭
延格	颜哥	耶律彻格尔	耶律赤狗儿
延扎芬彻	颜盏蒲查	耶律达实	耶律大石
延扎哈玛尔	颜盏虾蟆	耶律迪延	耶律迪越
延扎禄格	颜盏六哥		

清译名	元译名	清译名	元译名
耶律额页	耶律奥野	耶律乌格	耶律五哥
耶律鄂尔多	耶律讹里朵	耶律乌舍	耶律吴十
耶律佛德	耶律佛顶	耶律锡勒塔	耶律神都斡
耶律古裕	耶律骨欲	（干）	
耶律果巴	耶律高八	耶律伊都	耶律余睹（亦作
耶律津努	耶律张奴		余笃、余睹）
耶律喀勒扎	耶律曷礼质	耶律伊逊	耶律乙辛
耶律玛格	耶律马哥	耶律扎巴	耶律察八
耶律玛武	耶律马五	页里雅尔	姚里鸦儿
耶律玛展	耶律麻者（亦作	页里雅勒呼	姚里雅胡
	麻哲）	页噜（完颜氏）	耶鲁
耶律密呼	耶律弥勒	页噜	叶鲁
耶律摩多	耶律没答	页允克忠	野遇克忠
耶律聂呼	耶律捏里	页允思文	野遇思文
耶律耨垎（即	耶律耨里	伊伯	己彪
耶律恕）		伊德	乙迭（耨怨温敦
耶律努格	耶律奴哥		谦本名）
耶律诺尔	耶律娜	伊德尔	移敌列（移剌愠
耶律萨尼雅布	耶律习涅阿补		本名）
耶律赛音舒噜	耶律慎须昌	伊德纳本	移特辇（完颜元
耶律色实	耶律谢十		宜又名）
耶律实讷垎	耶律习泥烈	伊都	益都
耶律图善	耶律涂山	伊都	余睹
耶律托云	耶律突欲	伊都	馀都

清译名	元译名	清译名	元译名
伊克	冶诃	伊喇查	移剌查
伊喇	冶剌	伊喇长寿	移剌长寿
伊喇	移剌	伊喇成（本名娄）	移剌成（本名落兀）
伊喇	乙剌		
伊喇阿达	移剌阿塔	伊喇道	移剌道
伊喇阿里哈	移剌阿里合	伊喇德元	移剌德元
伊喇阿萨尔（伊喇温本名）	移剌阿撒	伊喇都	移剌都
		伊喇睹	移剌睹
伊喇爱罕	移剌呆合	伊喇额哩页	移剌余里也
伊喇谙达	移剌按答	伊喇鄂尔多	移剌斡里朵
伊喇按（伊喇道本名）	移剌按	伊喇鄂克多啰（伊喇子敬本名）	移剌屋骨朵鲁
伊喇巴噶（伊喇光祖幼名）	移剌八狗	伊喇富森	移剌福僧
伊喇巴格	移剌霸哥	伊喇皋善努	移剌高山奴
伊喇巴锦（伊喇鄂尔多又名）	移剌八斤	伊喇格布	移剌葛补（即曷补）
		伊喇古尼	移剌古与涅
伊喇保	移剌保	伊喇固	移剌固（即耶律固）
伊喇本	移剌本		
伊喇邴	移剌邴	伊喇光祖	移剌光祖
伊喇博啰	移剌拔鲁	伊喇郝	移剌郝
伊喇补	移剌补	伊喇赫伯（亦作格布）	移剌曷补（亦作葛补）
伊喇布哈	移剌蒲阿		

清译名	元译名	清译名	元译名
伊喇呼喇	移剌胡剌	伊喇诺尔	移剌袅
伊喇杰	移剌杰	伊喇萨尔拉	移剌沙里剌
伊喇玖胜努	移剌九胜奴	伊喇舒苏鄂博	移剌顺思阿不
伊喇克忠	移剌克忠	伊喇算卓	移剌山住
伊喇库色勒	移剌窟斜	伊喇塔富拉	移剌天佛留
伊喇埒克	移剌留可（亦作留哥）	伊喇特尔格	移剌铁哥
		伊喇铜和尚	移剌铜和尚
伊喇瑠格（亦作埒克）	移剌留哥（亦作留可）	伊喇托卜嘉	移剌答不也
		伊喇托卜嘉	移剌塔不也
伊喇瑠和	移剌留斡	伊喇托卜嘉	移剌挞不也
伊喇娄（伊喇成本名）	移剌落兀	伊喇托摩布（伊喇益本名）	移剌特末阿不
伊喇履	移剌履	伊喇托云	移剌突裕
伊喇玛纳布	移剌术纳阿卜（即移剌周剌阿不）	伊喇望	移剌望
		伊喇温（本名阿萨尔）	移剌温
伊喇迈努	移剌买奴		
伊喇敏	移剌敏	伊喇斡罕	移剌窝斡
伊喇摩多	移剌毛得	伊喇锡勒塔干	移剌神独斡
伊喇聂赫	移剌粘合	伊喇熙载	移剌熙载
伊喇聂赫	移剌粘何（移剌瑗本名）	伊喇延寿	移剌延寿
		伊喇彦拱	移剌彦拱
伊喇宁	移剌宁	伊喇洋格	移剌羊哥
伊喇宁古	移剌粘古	伊喇伊德尔	移剌移敌列（移剌愭本名）
伊喇诺尔	移剌娜		

清译名	元译名	清译名	元译名
伊喇伊都	移剌余睹	伊楞古（完颜 氏）	移剌屋
伊喇益	移剌益	伊里	乙列
伊喇郁	移剌郁	伊里	乙烈
伊喇元宜	移剌元宜	伊里布	移剌不
伊喇瑗（本名 聂赫）	移剌瑗（本名粘 何）	伊里布	乙剌补
伊喇约博	移剌幼阿补	伊里布	乙里补
伊喇约啰	移剌聿奴鲁	伊垎图（富察 氏）	移剌都（蒲察 氏）
伊喇恺	移剌恺		
伊喇扎巴	移剌札八	伊林	馀里衍
伊喇赵三（伊 喇道本名）	移剌赵三	伊呼讷	恶里乃
		伊实布	移失不
伊喇震	移剌震	伊实布	乙塞补
伊喇仲方	移剌仲方	伊实布达	乙室白答
伊喇重格	移剌中哥（即移 剌众家奴）	伊实拉	移失剌
		伊苏	乙薛
伊喇重嘉努（亦 作重格）	移剌众家奴（亦 作中哥）	伊苏玛勒（完 颜氏）	移室懑
伊喇卓拉布	移剌周剌阿不	伊习兰	移习览
伊喇子敬（本名 屋骨朵鲁）	移剌子敬（本名 鄂克多啰）	伊逊	乙辛
		伊逊	乙信
伊喇子元	移剌子元	伊逊特古斯	移沙土古思
伊勒呼	移剌古	英格	盈歌
伊勒希	雅里斯	裕尔伯特	瑶里孛迭

清译名	元译名	清译名	元译名
裕尔罕都	余里痕都	扎拉	察剌
裕尔雅勒呼	姚里鸦鹘	扎实结	结什角
元努	元奴	札勒嘉	札里吉
圆福努	圆福奴	斋达	闸敌也
约博	幼阿补	斋达	哲垤
约啰	聿鲁	展盘	粘拔恩
约啰特默格	遥里特末哥	漳格	障葛
约尼扎古雅	遥辇昭古牙	昭和硕	召和式
约索	遥设	昭苏	照撒
		昭苏	照三
Z		赵酬尔	赵丑儿
		赵特尔格	赵铁哥
咱斡	斜斡	哲尔格	折哥
扎巴	察八	哲克讷	扎古乃
扎巴	扎八	哲伊俊义	折嗕俊义
扎巴	昭逋	正嘉（完颜氏）	郑家
扎巴台	扎保迪	重嘉努	众家奴
扎古	照屋	重僧努	众僧奴
扎古雅	昭古牙	珠巴克（徒单绎本名）	术辈
扎哈	醮答		
扎呼岱	沙忽带	珠德勒	术突剌
扎克丹	查端	珠敦	术得
扎克丹	哲典	珠敦	注都
扎昆	扎虎	珠尔苏	术列速
扎拉	查剌		

清译名	元译名	清译名	元译名
珠尔苏埒	术实懒	珠嘉乌者	术甲兀者
珠格绰尔	术虎春儿	珠嘉耀珠	术甲咬住
珠格芬彻	术虎蒲查	珠勒根阿哈	阿勒根阿海
珠格高琪	术虎高琪	珠勒根阿实达	阿勒根阿失答
珠格哈达	术虎合沓	珠勒根额琳	阿勒根讹论
珠格罕都	术虎桓都	珠勒根呼雅克	阿勒根和衍
珠格和索哩	术虎忽失来	珠勒根穆都哩	阿勒根没都鲁
珠格笃寿	术虎笃寿	珠勒根温绰	阿勒根宨产
珠格麟	术虎麟	珠勒根文卿	阿勒根文卿
珠格山寿	术虎山寿	珠勒根斡克珊	阿勒根宨合山
珠格伊埒图	术虎移剌答	（珠勒根彦	
珠格扎勒罕	术虎只鲁欢	忠本名）	
珠嘉拜塔兰	诸甲拔剔邻	珠勒根乌舍	阿勒根兀惹
珠嘉布勒图	术甲孛里笃	珠勒根彦忠（本	阿勒根彦忠
珠嘉臣嘉	术甲臣嘉	名斡克珊）	
珠嘉佛新	术甲法心	珠勒根伊实拉	阿勒根移失剌
珠嘉济敦	术甲直敦	珠勒呼	术里古
珠嘉赛音	术甲赛也	珠勒呼	术鲁古
珠嘉苏色	术甲撒速	珠勒呼富聂逊	卓鲁回蒲乃速
珠嘉算绰和	术甲刬只罕	珠勒苏	术烈速
珠嘉塔克实布	术甲塔失不（亦	珠噜（完颜氏）	术鲁
	作 答 失 不、	珠噜	术罗
	搭 失 不）	珠噜准（萧仲	术里者
珠嘉托罗海	术甲脱鲁灰	恭本名）	

清译名	元译名	清译名	元译名
珠苏库（乌凌阿氏）	术思黑	卓巴克	术字
珠苏拉（图克坦氏）	术斯剌	卓巴纳	直离海
		卓巴纳	滓不乃
珠展（萧氏）	招折	卓多	诈都
		卓多	招得
诸神努（赫舍哩氏）	诸神奴	卓克索巴	注思版
		卓拉布	冶剌保
专努	转奴	卓勒	照撒
准	猪奋	卓哩	照里
准	猪粪	卓诺	术莘
准塔	准德		